EUROPA-FACHBUCHREIHE
für elektrotechnische Berufe

# Praxis Elektrotechnik

**15. überarbeitete und erweiterte Auflage**

Bearbeitet von Lehrern an beruflichen Schulen sowie von Ingenieuren

Lektorat: Bernd Feustel

VERLAG EUROPA-LEHRMITTEL · Nourney, Vollmer GmbH & Co. KG
Düsselberger Straße 23 · 42781 Haan-Gruiten

**Europa-Nr.: 30812**

*Autoren:*

Braukhoff, Peter — Reken

Feustel, Bernd — Kirchheim unter Teck

Käppel, Thomas — Münchberg

Tkotz, Klaus — Kronach

Neumann, Ronald — Oberkail

*Leitung des Arbeitskreises und Lektorat:* Bernd Feustel

*Bildentwürfe:* Die Autoren

*Fotos:* Autoren und Firmen (Firmenverzeichnis Seite 349)

- Windows ist ein eingetragenes Warenzeichen der Microsoft Corporation
- INTEL ist ein eingetragenes Warenzeichen der INTEL Corporation
- Linux ist ein eingetragenes Markenzeichen von Linus Torvalds
- Nachdruck der Box Shots von Microsoft-Produkten mit freundlicher Erlaubnis der Microsoft-Corporation
- Alle Warenzeichen, Schriftarten, Firmennamen und Logos sind Eigentum oder eingetragene Warenzeichen ihrer Eigentümer

*Bildbearbeitung:*

Zeichenbüro des Verlags Europa-Lehrmittel GmbH & Co. KG, Ostfildern

15. Auflage 2019

Druck 5 4 3 2 1

Alle Drucke derselben Auflage sind parallel einsetzbar, da sie bis auf die Behebung von Druckfehlern untereinander unverändert sind.

ISBN 978-3-8085-3713-8



Satz: Satz+Layout Werkstatt Kluth GmbH, 50374 Erftstadt
Umschlag: braunwerbeagentur, 42477 Radevormwald
Umschlagfoto: Heinrich Kopp AG, Elektrotechnik – Elektronik, 63796 Kahl
Druck: Drukarnia Dimograf Sp.zo.o., 43-300 Bielsko-Biała (PL)

# Wegweiser zur Praxis Elektrotechnik

## Allgemeines



## Inhaltsverzeichnis (Kurzform)

Kapitelnummer und Symbole



## Praxistipps

# Liebe Leserin, lieber Leser,

das Buch **Praxis Elektrotechnik** vermittelt das für die fachpraktische Ausbildung erforderliche Grund- und Fachwissen in den anerkannten energietechnischen Elektroberufen des Handwerks und der Industrie.

Das Buch baut auf die Ausbildungsordnungen und die Ausbildungspläne der Bundesländer auf. Die 15. Auflage wurde gründlich überarbeitet (siehe Mind-Map-Bild). Bewährt haben sich die Praxistipps zur Unterstützung der beruflichen Tätigkeit, z. B. Leitungsdimensionierung oder Planen eines Zählerschrankes (Übersicht Praxistipps, Seite 3).

Besonderer Wert wurde auf die Einarbeitung der gültigen DIN- und IEC-Normen sowie der DIN VDE-Bestimmungen gelegt. Das Buch ist damit aktuell und berücksichtigt neue technische Entwicklungen. Schaltzeichen und Schaltpläne entsprechen DIN EN 60617.

Das Buch ist in überschaubare Einheiten gegliedert. Über 800 mehrfarbige Bilder, Tabellen, Übersichten und Diagramme helfen den komplexen Stoff der elektrischen Anlagentechnik zu verstehen und ermöglichen einen methodischen, lernfeldorientierten Unterricht.

Das Mind-Map-Bild zeigt wichtige Informationen im Überblick.

**Weitere Bücher der Fachbuchreihe zur Vertiefung**

- Fachkunde Elektrotechnik
- Prüfungsfragen Praxis Elektrotechnik
- Arbeitsbücher Elektrotechnik
  - Lernfeld 1 – 4
  - Lernfeld 5 – 13
- Rechenbuch Elektrotechnik
- Formeln für Elektrotechniker
- Tabellenbuch Elektrotechnik

**Alle Normen nach dem neuesten Stand, z. B.**

- Betrieb elektrischer Anlagen, wiederkehrende Prüfungen (DIN VDE 0105-100)
- Prüfung nach Instandsetzung, Änderung elektrischer Geräte (DIN VDE 0701–0702)

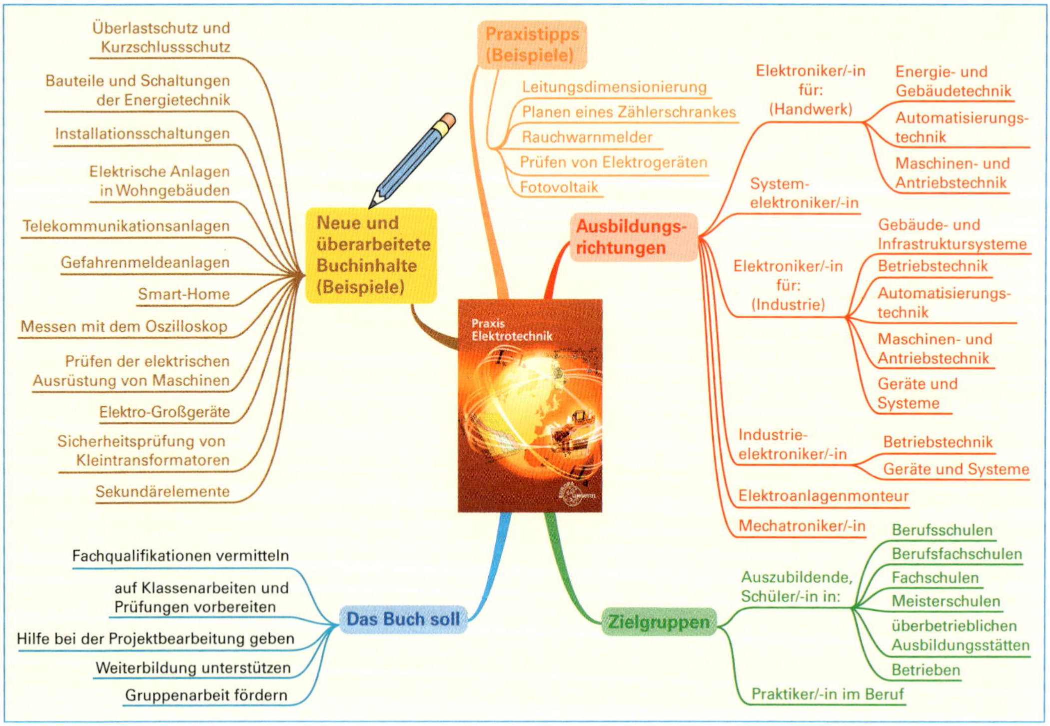


Ihre Meinung zu diesem Buch ist uns wichtig. Teilen Sie uns Ihre Verbesserungsvorschläge, Ihre Kritik, aber auch Ihre Zustimmung mit. Schreiben Sie uns unter: lektorat@europa-lehrmittel.de

Die Autoren und der Verlag Europa-Lehrmittel wünschen Ihnen viel Erfolg. Frühjahr 2019

# Vorbemerkungen zu den Lernfeldern

Das duale System unterscheidet die Lernorte Betrieb und Berufsschule. Die Ausbildungsordnung des Bundes regelt die Ausbildung im Betrieb.

Für die Berufsschulen gelten die Lehrpläne des jeweiligen Bundeslandes, die auf den Rahmenlehrplänen des Bundes aufbauen.

Die Rahmenlehrpläne für den berufsbezogenen Unterricht enthalten die gesamten Ausbildungsinhalte. Sie geben eine inhaltliche und zeitliche Struktur vor, beinhalten aber keine Angaben zu Unterrichtsfächern, Unterrichtsformen und Stundentafeln. Diese organisatorischen Maßnahmen werden durch das jeweilige Bundesland getroffen.

**Rahmenlehrpläne enthalten:**
- Vorbemerkungen
- Bildungsauftrag der Berufsschule
- Didaktische Grundsätze
- Berufsbezogene Anmerkungen
- Lernfeldinhalte

**Lernfelder beschreiben:**
- Lernziele
- Lerninhalte
- Zeitrichtwerte

**Lernfeldbearbeitung erfordert:**
- Projektbearbeitung (Seite 343)
- Lernsituationen (Seite 344)

Der technische, arbeitsorganisatorische und soziale Wandel stellt neue Anforderungen an die Schule und an den Ausbildungsbetrieb. Die Einführung von Lernfeldern ist eine Hilfe zur Umsetzung dieser neuen Anforderungen.

Bei der Umsetzung der Lehrpläne durch Lernfelder **(Tabelle)** ist es sinnvoll, die Lernfeldinhalte in überschaubare fachpraktische Lernsituationen zu unterteilen. Dabei kann eine Gewichtung der ausgewählten Lernsituationen nach den Erfordernissen des Ausbildungsberufes und auch nach den zukünftigen Anforderungen des Ausbildungsbetriebes erfolgen. Eine mögliche Reihenfolge bei der Bearbeitung von Lernsituationen ist im **Bild** aufgezeigt.

**Beispiele zu Lernsituationen:**

- Lernfeld 1: Elektrotechnische Systeme analysieren und Funktionen prüfen, **Seite 344.**
- Lernfeld 2: Elektrische Installationen planen und ausführen, **Seite 346.**

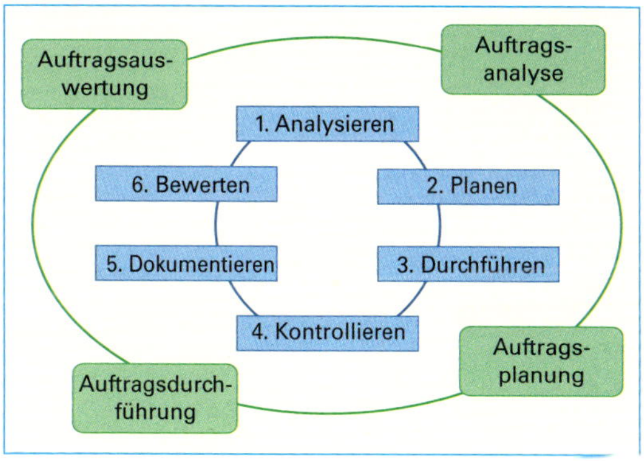


**Bild: Arbeitsschritte einer Projektbearbeitung**

**Tabelle: Führer durch die Lernfelder der Grundstufe, Lernfeld 1 bis 4**

| Lernfeld | | Elektroniker | | | | | Lernfeldinhalt (Beispiele) | Seitenhinweise |
|---|---|---|---|---|---|---|---|---|
| | | EG[1] | MA[2] | AT[3] | BT[4] | GS[5] | | |
| Grundstufe | 1 | x | x | x | x | x | • Elektrotechnische Systeme analysieren und Funktionen prüfen | • Arbeitssicherheit ........ 11<br>• Schaltzeichen, Schaltpläne ........ 79<br>• Verbindungstechnik ........ 49<br>• Messverfahren, Messen und Prüfen ........ 192<br>• Elektronische Bauelemente ........ 234 |
| | 2 | x | x | x | x | x | • Elektrische Installationen planen und ausführen | • Verlegen von Leitungen und Kabeln ........ 31<br>• Leitungen und Kabel ........ 21<br>• Installationsschaltungen ........ 96<br>• Leitungsdimensionierung ........ 71<br>• Schutzmaßnahmen ........ 211 |
| | 3 | x | x | x | x | x | • Steuerungen analysieren und ausführen | • Verbindungsprogrammierte Steuerungen .. 102<br>• Speicherprogrammierbare Steuerungen ... 111<br>• Aktoren, Sensoren ........ 89, 111<br>• Ausführungen von Steuer- und Meldestromkreisen ........ 102<br>• Schutzeinrichtungen ........ 61 |
| | 4 | x | x | x | x | x | • Informationstechnische Systeme bereitstellen | • Zweidraht-Bus-Sprechanlagen ........ 138<br>• ISDN-Anlagen, DSL-Anlage ........ 141<br>• Computertechnik ........ 258 |

Elektroniker für [1] EG: Energie- und Gebäudetechnik [2] MA: Maschinen- und Antriebstechnik [3] AT: Automatisierungstechnik [4] BT: Betriebstechnik [5] GS: Geräte und Systeme, Systemelektroniker (Handwerk)

Vorbemerkungen zu den Lernfeldern

**Tabelle: Führer durch die Lernfelder der Fachstufe I und II, Lernfeld 5 bis 13**

| | Lernfeld | Elektroniker EG[1] | MA[2] | AT[3] | BT[4] | GS[5] | Lernfeldinhalt (Beispiele) | Seitenhinweise |
|---|---|---|---|---|---|---|---|---|
| Fachstufe I | 5 | x | x | x | x | | • Elektroenergieversorgung und Sicherheit von Betriebsmitteln gewährleisten | • Netzsysteme . . . 213<br>• Schutzeinrichtungen . . . 61<br>• Schutzarten . . . 211, 304<br>• Prüfen von Betriebsmitteln . 293, 299<br>• Gleichrichter, Netzgeräte . . . 244, 251 |
| | | | | | | x | • Energieversorgung für Geräte und Systeme realisieren und deren Sicherheit gewährleisten | |
| | 6 | x | | x | x | | • Anlagen und Geräte analysieren und prüfen | • Geräte- und Anlagenprüfung . . . 289<br>• Mess- und Prüfgeräte, Prüfprotokoll . . . 192, 297<br>• Isolationswiderstände, Therm. Klassifizierung . . . 337<br>• Bauteile der Elektronik . . . 234<br>• Planung von Antrieben . . . 303 |
| | | | x | | | | • Geräte und Baugruppen in Anlagen analysieren und prüfen | |
| | | | | | | | • Elektrische Maschinen herstellen und prüfen | |
| | | | | | | x | • Elektronische Baugruppen von Geräten konzipieren, herstellen und prüfen | |
| | 7 | x | | x | x | | • Steuerungen für Anlagen programmieren und realisieren | • Sensoren, Aktoren . . . 86, 111<br>• Gebäudesystemtechnik . . . 162<br>• Steuerungstechnik . . . 102<br>• Betriebsarten . . . 305<br>• Elektrische Maschinen . . . 303<br>• Kleinsteuerungen . . . 109 |
| | | | x | | | | • Betriebsverhalten elektrischer Maschinen analysieren | |
| | | | | | | x | • Baugruppen hard- und softwareseitig konfigurieren | |
| | 8 | x | | x | x | | • Antriebssysteme auswählen und integrieren | • Elektrische Maschinen . . . 303<br>• Bauformen, Betriebsarten von Elektromotoren . . . 304<br>• Anlassverfahren elektrischer Maschinen, Drehzahlteuerung 311, 314<br>• Schutzeinrichtungen . . . 61 |
| | | | x | | | | • Elektrische Maschinen und mechanische Komponenten integrieren | |
| | | | | | | x | • Geräte herstellen und prüfen | |
| Fachstufe II | 9 | x | | | | | • Kommunikationsanlagen in Wohn- und Zweckbauten planen und realisieren | • Leitungen und Kabel . . . 21<br>• Telekommunikationsanlagen . . . 136<br>• Gefahrenmeldeanlagen . . . 153<br>• Antennen-Empfangsanlagen . . . 145<br>• DSL-Anschluss, All-IP-Anschluss 141, 142<br>• Smart-Home . . . 144<br>• Computertechnik . . . 258<br>• Instandsetzung elektrischer Maschinen . . . 323 |
| | | | x | | | | • Elektrische Maschinen in Stand setzen | |
| | | | | x | | | • Steuerungs- und Kommunikationssysteme integrieren | |
| | | | | | x | | • Gebäudetechnische Anlagen ausführen und in Betrieb nehmen | |
| | | | | | | x | • Geräte und Systeme warten, inspizieren und in Stand halten | |
| | 10 | x | | | | | • Elektrische Anlagen der Haustechnik in Betrieb nehmen und in Stand halten | • Elektrogeräte, Kleingeräte . . . 270<br>• Großgeräte . . . 273<br>• Leuchtmittel für Innenräume . . . 182<br>• Blitzschutz . . . 167<br>• Verknüpfungssteuerungen . . . 104<br>• Speicherprogrammierbare Steuerungen . . . 111<br>• Unfallverhütungsvorschriften . . . 12 |
| | | | | x | | | • Steuerungen und Regelungen für elektrische Maschinen auswählen und anpassen | |
| | | | | x | | | • Automatisierungssysteme in Betrieb nehmen und übergeben | |
| | | | | | x | | • Energietechnische Anlagen errichten und in Stand halten | |
| | | | | | | x | • Fertigungsanlagen einrichten | |
| | 11 | x | | | | | • Energietechnische Anlagen in Betrieb nehmen und in Stand setzen | • Netzsysteme . . . 213<br>• Transformatoren, Schaltgruppen 326, 332<br>• Schutzpotenzialausgleich . . . 120<br>• Hauptstromversorgungssystem . . 122<br>• Zählerplatz, Stromkreisverteiler 123, 124<br>• Fotovoltaikanlagen . . . 188<br>• Gefahrenmeldeanlagen . . . 153<br>• Wartung und Instandhaltung von Anlagen und Geräten . . 289, 293 |
| | | | x | | | | • Elektrische Maschinen in technische Systeme integrieren | |
| | | | | x | | | • Automatisierungssysteme in Stand halten und optimieren | |
| | | | | | x | | • Automatisierte Anlagen in Betrieb nehmen und in Stand halten | |
| | | | | | | x | • Prüfsysteme einrichten und anwenden | |
| | 12 | x | | | | | • Energie- und gebäudetechnische Anlagen planen und realisieren | • Fundamenterder . . . 121<br>• Elektrische Anlagen in Wohngebäuden 119<br>• Installation von Räumen besonderer Art 172<br>• Breitband-Kommunikationsanlagen 151<br>• Prüfen von Wicklungen . . . 337<br>• Betriebsstörungen elektrischer Maschinen . . . 324 |
| | | | x | | | | • Antriebssysteme in Stand halten | |
| | | | | x | | | • Automatisierungssysteme planen | |
| | | | | | x | | • Energietechnische Anlagen planen und realisieren | |
| | | | | | | x | • Geräte und Systeme planen und realisieren | |
| | 13 | x | | | | | • Energie- und gebäudetechnische Anlagen in Stand halten und ändern | • Schutzmaßnahmen . . . 211<br>• Prüfen von Schutzmaßnahmen . . . 224<br>• Prüfgeräte . . . 226<br>• Prüfprotokolle . . . 229, 297<br>• Betriebsarten elektrischer Maschinen 305 |
| | | | x | | | | • Antriebssysteme anpassen und optimieren | |
| | | | | x | | | • Automatisierungssysteme realisieren | |
| | | | | | x | | • Elektrotechnische Anlagen in Stand halten und ändern | |
| | | | | | | x | • Fertigungs- und Prüfsysteme in Stand halten | |

Elektroniker für [1] EG: Energie- und Gebäudetechnik [2] MA: Maschinen- und Antriebstechnik [3] AT: Automatisierungstechnik
[4] BT: Betriebstechnik [5] GS: Geräte und Systeme, Systemelektroniker (Handwerk)

Rahmenlehrpläne können auch über die Internetadresse www.kmk.org eingesehen werden.

Inhaltsverzeichnis

Inhaltsverzeichnis

# 1 Unfall- und Arbeitssicherheit

## 1.1 Elektrische Energie und ihre Gefahren

In allen Bereichen des täglichen Lebens wird elektrische Energie benutzt, um sie z.B. in Wärme, Licht oder in mechanische Energie umzuwandeln. Durch die damit verbundenen Annehmlichkeiten steigert die elektrische Energie auch die Lebensqualität, ohne dass man sich ihres Vorhandenseins dauernd bewusst ist.

Missachtet man bei der Nutzung der elektrischen Energie die erforderlichen Sicherheitsmaßnahmen, können lebensbedrohende Gefahren für Menschen und Tiere entstehen **(Bild 1)** sowie eine Gefährdung von Sachwerten eintreten.

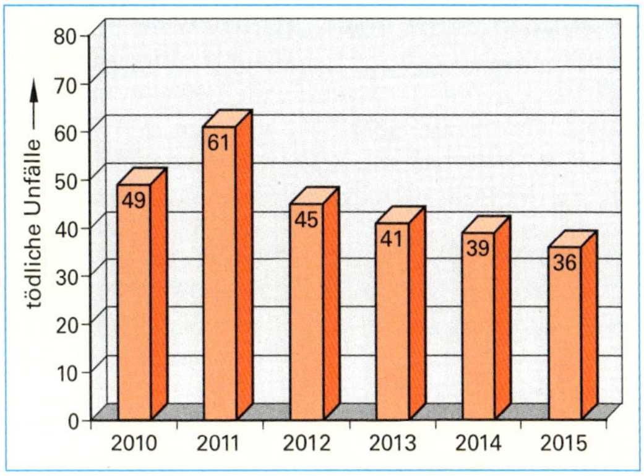


**Bild 1: Tödliche Unfälle durch elektrischen Strom**

Der Staat schützt seine Bürger durch den Erlass von Gesetzen vor Gefahren, die durch den Umgang mit elektrischer Energie entstehen können **(Bild 2)**.

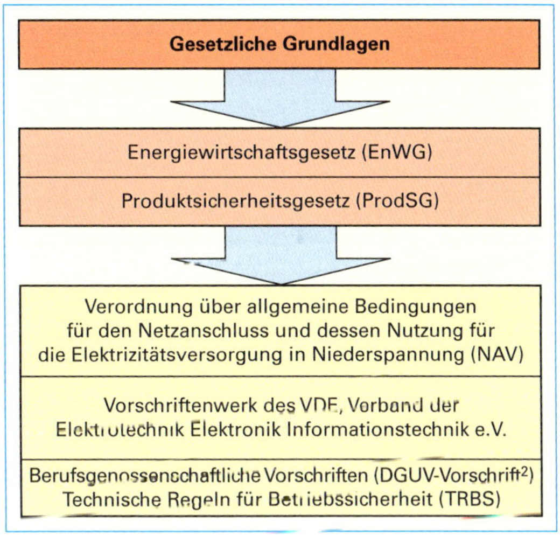


**Bild 2: Gesetze und Vorschriften**

### 1.1.1 Energiewirtschaftsgesetz

Das Energiewirtschaftsgesetz (EnWG) regelt die Zuständigkeit für die Versorgungssicherheit, die Erzeugung und die Verteilung elektrischer Energie. Es enthält aber auch sicherheitstechnische Festlegungen, z.B. das VDE-Vorschriftenwerk **(Seite 12)**.

### 1.1.2 Produktsicherheitsgesetz (ProdSG)

Das ProdSG verpflichtet Hersteller, Importeure und Händler, nur solche technischen Arbeitsmittel in Verkehr zu bringen, die den allgemeinen Regeln der Technik, des Arbeitsschutzes und den Unfallverhütungsvorschriften entsprechen.

Das Bundesministerium für Arbeit und Soziales (BMAS) hat Prüfstellen bei VDE und TÜV beauftragt, technische Arbeitsmittel auf Sicherheit im Sinne des ProdSG zu prüfen. Produkte, die bei der Prüfung positiv beurteilt werden, dürfen das Sicherheitszeichen „GS = Geprüfte Sicherheit" tragen **(Bild 3a)**.

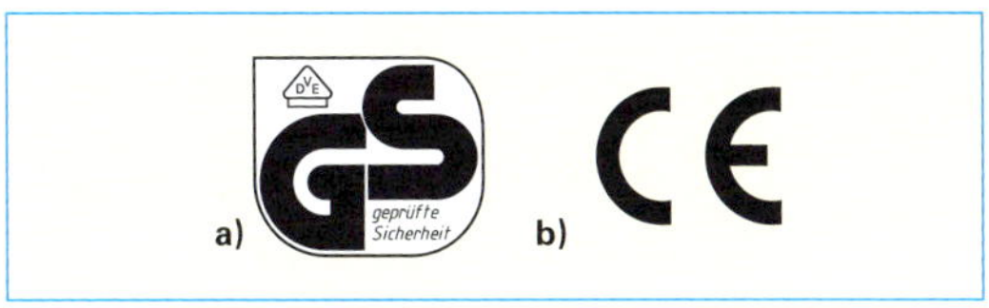


**Bild 3: GS-Zeichen und CE-Zeichen**

In den Ländern der Europäischen Union (EU) müssen alle in Verkehr gebrachten und in Betrieb genommenen Maschinen den Europäischen Maschinenrichtlinien entsprechen und das CE-Zeichen[1] tragen **(Bild 3b)**.

Das CE-Zeichen vergibt der Hersteller für seine Produkte selbst. Er ist verpflichtet, für diese Produkte eine Dokumentation und eine Bedienungsanleitung zu erstellen, die Sicherheitsanforderungen der Europäischen Richtlinien zu erfüllen und in einer Erklärung anzugeben, nach welchen Richtlinien die Maschine hergestellt und geprüft wurde (Konformitätserklärung).

Die „Verordnung über Allgemeine Bedingungen für den Netzanschluss und dessen Nutzung für die Elektrizitätsversorgung in Niederspannung" (NAV) regelt das Vertragsverhältnis zwischen dem Netzbetreiber und dem Anschlussnehmer. Sie ersetzt die ehemalige AVBEltV.

[1] **CE,** Abk. für: **C**ommunauté **E**uropéenne (franz.) = Europäische Union
[2] **DGUV,** Abk. für: **D**eutsche **G**esetzliche **U**nfall**v**ersicherung

## 1.1.3 Unfallverhütung

Die **Unfallverhütungsvorschriften** (UVV) werden unter Leitung der fachlich zuständigen Berufsgenossenschaft erarbeitet. Die **Berufsgenossenschaftlichen Vorschriften** (DGUV-Vorschrift, alt: BGV) enthalten z.B. die Unfallverhütungsvorschrift DGUV-Vorschrift 3 „Elektrische Anlagen und Betriebsmittel" **(Übersicht).** Sie schreibt die von den Berufsgenossenschaften geforderten Maßnahmen, z.B. bei der Prüfung elektrischer Anlagen vor.

Der Versicherte, d.h. der Arbeitnehmer, ist verpflichtet, die Unfallverhütungsvorschriften zu beachten und Anweisungen des Arbeitgebers für arbeitsmedizinisch und sicherheitstechnisch richtiges Verhalten zu befolgen.

Die **Technischen Regeln der Betriebssicherheit (Übersicht)** geben dem Arbeitgeber eine Hilfe, z.B. bei der Festlegung der Prüfabstände für Wiederholungsprüfungen an Anlagen oder Betriebsmitteln. Die TRBS werden vom **Bundesministerium für Arbeit und Soziales** (BMAS) bekannt gegeben.

Der Arbeitgeber ist verpflichtet, eine befähigte Person für die Durchführung der Prüfungen an Anlagen und Betriebsmitteln zu benennen und die Einhaltung der Prüffristen zu überwachen.

Eine befähigte Person besitzt Fachkenntnisse aus Berufsausbildung und beruflicher Tätigkeit.

**Übersicht: Träger der Regeln für den Arbeitsschutz und die Gesundheit am Arbeitsplatz**

| Berufsgenossenschaften | Bundesministerium für Arbeit und Soziales |
|---|---|
| • Berufsgenossenschaftliche Vorschriften (DGUV-Vorschrift, alt: BGV)<br>• Berufsgenossenschaftliche Informationen (DGUV-Information) | Technische Regeln für Betriebssicherheit (TRBS) |
| **Beispiele:**<br>– DGUV-Vorschrift 3: Elektrische Anlagen und Betriebsmittel<br>– BGI 608: Auswahl und Betrieb elektrischer Anlagen auf Baustellen | **Beispiele:**<br>– TRBS 1111: Gefährdungsbeurteilung<br>– TRBS 1201: Prüfungen von Arbeitsmitteln und überwachungsbedürftigen Anlagen |

**DIN VDE 0100 Errichten von Niederspannungsanlagen**
- 100 Allgemeine Grundsätze, Bestimmungen allgemeiner Merkmale, Begriffe
- 200 Begriffe
- 4xx Schutzmaßnahmen
- 5xx Auswahl und Errichtung el. Betriebsmittel
- 6xx Prüfungen
- 7xx Räume und Anlagen besonderer Art

**Bild: Gliederung der DIN VDE 0100 (Auszug)**

## 1.1.4 VDE-Vorschriftenwerk

Zu den Aufgaben des VDE (Verband der Elektrotechnik Elektronik Informationstechnik e.V.) gehören z.B.:

- Sicherheitstechnische Überprüfung elektrotechnischer Erzeugnisse im Sinne der VDE-Bestimmungen **(Bild)** und des Geräte- und Produktsicherheitsgesetzes,
- Mitarbeit an der elektrotechnischen Normung und Erstellung sicherheitstechnischer Festlegungen.

In DIN VDE 0100-200 werden Personen in folgende Gruppen eingeteilt.

- **Elektrofachkraft** (EFK) ist, wer auf Grund seiner fachlichen Ausbildung, Kenntnisse und Erfahrungen sowie durch Kenntnis der einschlägigen Bestimmungen die ihm übertragenen Arbeiten beurteilen und mögliche Gefahren erkennen kann.
- **Elektrotechnisch unterwiesene Person** (EuP) ist, wer unter Anleitung und Aufsicht einer Elektrofachkraft einfache, elektrotechnische Arbeiten durchführt und über notwendige Schutzmaßnahmen belehrt wurde.

Die **Tabelle** zeigt eine Auswahl an Prüfzeichen für Betriebsmittel, die den VDE-Vorschriften entsprechen.

**Tabelle: Beispiele für VDE-Prüfzeichen**

| Prüfzeichen | Bild |
|---|---|
| VDE-Zeichen | DVE |
| VDE-GS-Zeichen | DVE GS geprüfte Sicherheit |
| VDE-Funkschutzzeichen | VDE EMV |
| VDE-Elektronik-Prüfzeichen | VDE |
| VDE-Kabelzeichen | ◁VDE▷ |
| VDE-Harmonisierungskennzeichen | ◁VDE▷ ◁HAR▷ |
| VDE-Kennfaden | |
| VDE-Harmonisierungskennfaden | |

# 1.2 Sicherheitskennzeichnung am Arbeitsplatz

## 1.2.1 Gefahrstoffkennzeichnung

Gefährliche Stoffe und Zubereitungen müssen nach der **Gefahrstoffverordnung** (GefStoffV) gekennzeichnet sein. So müssen als Kennzeichnung z. B. angegeben werden:

- Die Bezeichnung des Stoffes oder der Zubereitung,
- die Gefahrensymbole mit den zugehörigen Gefahrenbezeichnungen nach dem **GHS[1]-System** (Globally Harmonised System, **Tabelle 1**).

Ist der Stoff mehrfach verpackt, so muss jede Verpackung gesondert gekennzeichnet werden.

Umverpackungen in kleinere Einheiten sind ebenso kennzeichnungspflichtig, auch wenn diese nur für den innerbetrieblichen Bedarf bestimmt sind.

Um das gesundheitliche Risiko beim Umgang mit Gefahrgut einzuschränken wurde der **Arbeitsplatzgrenzwert** (AGW) festgelegt. Er gibt die durchschnittliche Konzentration eines Arbeitsstoffes in der Luft am Arbeitsplatz an, bei der eine akute oder chronische Schädigung der Gesundheit der Beschäftigten nicht zu erwarten ist. Dabei geht man von einer täglich achtstündigen Einwirkdauer an fünf Tagen der Woche aus. Der Arbeitsplatzgrenzwert ersetzt die maximale Arbeitsplatzkonzentration (MAK-Wert) und wird in $ml/m^3$ oder $mg/m^3$ angegeben, z. B. für Quecksilber 0,1 $mg/m^3$.

## 1.2.2 Sicherheitszeichen

Unternehmen sind nach den Unfallverhütungsvorschriften (UVV) verpflichtet, an allen Arbeitsplätzen durch Sicherheitszeichen **(Seite 14)** auf Gefahren und auf vorhandene Sicherheitseinrichtungen hinzuweisen sowie Verbote anzuzeigen.

Wie im Straßenverkehr ist bereits durch die Form und die Farbe der Sicherheitszeichen eine Aussage möglich, ob es sich um ein Verbots-, Gebots-, Warn-, Rettungs- oder Brandschutzzeichen handelt **(Tabelle 2)**.

- **Verbotszeichen** untersagen ein Verhalten, das zu einer Gefährdung führen kann, z. B. Rauchen in Batterieräumen.
- **Gebotszeichen** geben Hinweise auf ein bestimmtes notwendiges Verhalten, z. B. auf das Tragen einer Schutzausrüstung.
- **Warnzeichen** sind Sicherheitszeichen, die vor einer Gefahr warnen, z. B. vor gefährlicher elektrischer Spannung.
- **Rettungszeichen** enthalten Symbole, die bei Gefahrensituationen auf Rettungswege oder Rettungseinrichtungen hinweisen, z. B. Hinweis auf eine Augenspüleinrichtung.
- **Brandschutzzeichen** weisen auf Einrichtungen hin, welche zur Meldung oder zur Bekämpfung eines Brandes dienen, z. B. Feuerlöschgerät oder Feuermelder.

Sicherheitszeichen dürfen nur Symbole, d. h. Bildzeichen, aufweisen. Dadurch kann jeder Arbeitnehmer, unabhängig von seiner Landessprache, den Sinn der Sicherheitszeichen erfassen.

An den Sicherheitszeichen dürfen keine zusätzlichen Beschriftungen vorhanden sein. Bei Bedarf ist ein Zusatzzeichen anzubringen **(Bild)**.

[1] **GHS**, Abk. für: **G**lobally **H**armonised **S**ystem (engl.) = Global harmonisiertes System

**Tabelle 1: Gefahrensymbole**

| Symbol nach GHS | Zeichen | | Symbol (früher) |
|---|---|---|---|
|  | Explosionsgefährlich | E |  |
|  | Brandfördernd | O |  |
|  | Leicht entzündlich<br>Hoch entzündlich | F<br>F+ |  |
|  | Umweltgefährlich | |  |
|  | Giftig<br>Sehr giftig | T<br>T+ |  |
|  | Ätzend | C |  |

**Tabelle 2: Sicherheitszeichen**

| Form und Farbe | Bedeutung |
|---|---|
|  | Verbot |
|  | Gebot |
|  | Warnung |
|  | Rettung |
| 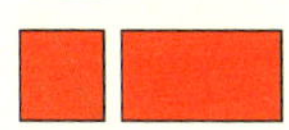 | Brandschutz |

**Bild: a: Warnzeichen mit b: Zusatzzeichen**

## Auswahl von Sicherheitszeichen (nach DIN EN ISO 7010)

### Verbotszeichen

| | | | | |
|---|---|---|---|---|
| Zutritt für Unbefugte verboten | Für Flurförderzeuge verboten | Keine offene Flamme, Feuer, offene Zündquelle und Rauchen verboten | Mit Wasser löschen verboten | Berühren verboten |

| | | | | |
|---|---|---|---|---|
| Rauchen verboten | Für Fußgänger verboten | Kein Trinkwasser | Schalten verboten | Abstellen oder Lagern verboten |

### Gebotszeichen

| | | | | |
|---|---|---|---|---|
| Augenschutz benutzen | Kopfschutz benutzen | Gehörschutz benutzen | Atemschutz benutzen | Fußschutz benutzen |

| | | | | |
|---|---|---|---|---|
| Handschutz benutzen | Schutzkleidung benutzen | Gesichtsschutz benutzen | Netzstecker ziehen | Vor Wartung oder Reparatur freischalten |

### Warnzeichen

| | | | | |
|---|---|---|---|---|
| Allgemeines Warnzeichen | Warnung vor optischer Strahlung | Warnung vor Gasflaschen | Warnung vor Rutschgefahr | Warnung vor Handverletzungen |

| | | | | |
|---|---|---|---|---|
| Warnung vor feuergefährlichen Stoffen | Warnung vor explosionsgefährlichen Stoffen | Warnung vor giftigen Stoffen | Warnung vor ätzenden Stoffen | Warnung vor radioaktiven Stoffen oder ionisierender Strahlung |

| | | | | |
|---|---|---|---|---|
| Warnung vor schwebender Last | Warnung vor elektrischer Spannung | Warnung vor nicht-ionisierender Strahlung | Warnung vor Gefahren durch das Aufladen von Batterien | Warnung vor automatischem Anlauf |

### Rettungszeichen

| | | | | |
|---|---|---|---|---|
| Notausgang rechts | Sammelstelle | Erste Hilfe | Augenspüleinrichtung | Arzt |

### Brandschutzzeichen

| | | | | |
|---|---|---|---|---|
| Löschschlauch | Feuerleiter | Feuerlöscher | Brandmeldetelefon | Mittel und Geräte zur Brandbekämpfung |

# 1.3 Die fünf Sicherheitsregeln

Bei Arbeiten an aktiven Teilen muss vor Arbeitsbeginn der spannungslose Zustand hergestellt und gesichert sein. Dies erfolgt nach den fünf Sicherheitsregeln. Sie werden in der angegebenen Reihenfolge durchgeführt **(Bild 1)**.

**Bild 1: Die 5 Sicherheitsregeln**

## ① Freischalten

Alle Leitungen, die an eine Arbeitsstelle Spannung führen, sind vor Arbeitsbeginn spannungsfrei zu schalten. Die Betätigung des Ausschalters allein ist dabei nicht ausreichend.

In Beleuchtungsanlagen, die meist einpolig geschaltet werden, kann trotz Unterbrechung des Stromkreises am Arbeitsort Spannung gegen Erde anstehen. Es sind deshalb sicherheitshalber für alle zur Anlage gehörenden Stromkreise die Schmelzsicherungen zu entfernen **(Bild 2)** bzw. die Leitungsschutzschalter abzuschalten.

**Bild 2: Elektrofachkraft beim Ziehen eines NH-Sicherungseinsatzes**

In Stromkreisen mit Kondensatoren muss sichergestellt sein, dass diese nach dem Abschalten durch geeignete Vorrichtungen, z. B. über eingebaute Widerstände, entladen werden. Die Spannung an den Kondensatoren muss dabei innerhalb einer Minute auf einen Wert unter 50 V absinken.

## ② Gegen Wiedereinschalten sichern

Betriebsmittel, z. B. Sicherungen und Schalter, mit denen eine Anlage spannungsfrei geschaltet wurde, sind sofort nach dem Abschalten zuverlässig gegen Wiedereinschalten zu sichern.

Abschließbare Hauptschalter sind durch Vorhängeschlösser abzusperren. Arbeiten z. B. an einer Heizungsanlage Elektriker und Heizungsbauer zu gleicher Zeit, so bringt jede Arbeitsgruppe unabhängig voneinander ihr eigenes Vorhängeschloss an, um gegen ungewolltes unter Spannung setzen der Anlage geschützt zu sein. Die Anlage kann erst nach dem Entfernen aller Schlösser wieder in Betrieb genommen werden.

Schaltstellen, auch solche die in unmittelbarer Nähe des Arbeitsplatzes liegen, sind mit einem Verbotsschild (Nicht schalten), sowie einem Zusatzzeichen mit Angabe von Arbeitsort, Datum und Namen der Aufsicht führenden Person zu versehen **(Bild 3)**.

**Bild 3: Verbotszeichen „Schalten verboten" mit Zusatzzeichen**

## ③ Spannungsfreiheit feststellen

Nach dem Freischalten ist an der Arbeitsstelle durch Messung festzustellen, ob tatsächlich Spannungsfreiheit besteht. Nur so lässt sich überprüfen, ob nicht irrtümlich eine Verwechslung von Stromkreissicherungen, Schaltern oder Schaltzellen erfolgte.

Über unbekannte oder nicht beachtete Messleitungen, nicht abgeschaltete Geräte, mechanisch blockierte Schalter- oder Schützkontakte sowie über Ersatzstromversorgungsanlagen kann Rückspannung an die Arbeitsstelle gelangen und zu Unfällen führen. Die Spannungsfreiheit muss deshalb allpolig, zwischen allen Außenleitern L1–L3, dem Neutralleiter N und dem Schutzleiter PE, festgestellt werden. Die Prüfung **(Bild 4)** ist mit Messgeräten oder Spannungsprüfern durchzuführen, welche den VDE-Bestimmungen entsprechen und vor dem Benutzen auf Funktion geprüft wurden. Mit dem Feststellen der Spannungsfreiheit darf nur eine Elektrofachkraft **EFK** oder eine elektrotechnisch unterwiesene Person **EuP** beauftragt werden.

**Bild 4: Überprüfen der Spannungsfreiheit mit einem zweipoligen Spannungsprüfer**

## ④ Erden und Kurzschließen

**Erdungs- und Kurzschließvorrichtungen sind immer zuerst mit der Erde und dann erst mit dem zu erdenden und kurzzuschließenden Anlagenteil zu verbinden.**

Die Vorrichtung zum Erden und Kurzschließen muss von der Arbeitsstelle aus sichtbar sein. In Fällen, in denen dies technisch nicht durchführbar ist, darf auch in der Nähe der Arbeitsstelle geerdet und kurzgeschlossen werden.

Da Erdungs- und Kurzschließvorrichtungen **(Bild 1)** unter Umständen hohe Kurzschlussströme abzuleiten haben, ist auf sicheren Kontakt mit der Erdungsanlage zu achten.

In Anlagen mit Nennspannungen bis 1000 V, mit Ausnahme von Freileitungen, darf auf das Erden und Kurzschließen verzichtet werden, wenn die Sicherheitsregeln ① bis ③ ordnungsgemäß eingehalten wurden.

**Bild 1: Erdungsanschluss an einer Freileitung**

## ⑤ Benachbarte unter Spannung stehende Teile abdecken und abschranken

**Sind in der Nähe eines freigeschalteten Arbeitsortes Anlagenteile, die aus Gründen der Betriebssicherheit oder wegen zu erwartender wirtschaftlicher Schäden nicht abgeschaltet werden können, so sind diese spannungsführenden Teile so abzudecken und zu sichern, dass ein unbeabsichtigtes Berühren mit dem Körper oder mit Werkzeugen nicht möglich ist.**

In Niederspannungsanlagen ist ein Abdecken, z. B. mit Gummitüchern oder Kunststofffolien, Abdeckplatten oder Formstücken möglich **(Bild 2)**. Diese müssen ausreichend isolierend sein und allen mechanischen Beanspruchungen standhalten. Bei der Befestigung der Abdeckungen ist darauf zu achten, dass ein Verrutschen auszuschließen ist.

In Hochspannungsanlagen sind alle benachbarten Gefahrenbereiche der Arbeitsstelle deutlich abzugrenzen und z. B. durch Seile, Absperrplatten und Warnkreuze zu sichern.

**Bild 2: Abdecken spannungsführender Teile**

**Erst nach der Ausführung aller fünf Sicherheitsregeln darf die Arbeitsstelle durch die Aufsicht führende Person freigegeben werden.**

Die unveränderte Reihenfolge ① bis ⑤ der Sicherheitsregeln ist auch verbindlich für Personen, die allein arbeiten.

Mit der Aufhebung der Sicherheitsmaßnahmen darf erst dann begonnen werden, wenn alle Arbeitsstellen die Beendigung der Arbeiten gemeldet haben und die Arbeitsstellen ordnungsgemäß geräumt, also z. B. Werkzeuge, Geräte und Leitern, entfernt wurden. Weiterhin müssen alle Personen den Gefahrenbereich verlassen haben. Die Anlage darf erst nach Freigabe durch die Aufsicht führende Person wieder unter Spannung gesetzt werden.

**Die Aufhebung der Sicherheitsregeln muss in umgekehrter Reihenfolge (⑤ bis ①) erfolgen.**

### Wiederholungsfragen

1. **Nennen Sie Gesetze und Vorschriften, die der Arbeitssicherheit dienen.**
2. **Wer überprüft die Einhaltung der Richtlinien für die Vergabe des „GS-Zeichens"?**
3. **Welchen Zweck haben die Unfallverhütungsvorschriften?**
4. **Nennen Sie Prüfzeichen für Betriebsmittel, welche nach den VDE-Bestimmungen gefertigt werden.**
5. **Welche Eignungen muss eine Elektrofachkraft besitzen?**
6. **Wodurch werden Gefahrstoffe oder deren Zubereitungen gekennzeichnet?**
7. **Was wird durch den Arbeitsplatzgrenzwert festgelegt?**
8. **Welche unterschiedlichen Sicherheitszeichen kennen Sie und worin unterscheiden sich diese?**
9. **Nennen Sie die fünf Sicherheitsregeln in der richtigen Reihenfolge, vor Beginn der Arbeiten an elektrischen Anlagen.**

# 1.4 Sicherheit bei Arbeiten an elektrischen Anlagen

## 1.4.1 Sicherheit beim Arbeiten in der Nähe von unter Spannung stehenden Anlagenteilen

Ist bei Arbeiten an elektrischen Anlagen ein Freischalten benachbarter aktiver Teile, welche nicht gegen direktes Berühren geschützt sind, unmöglich, muss auf die Auswahl geeigneter Werkzeuge und die Einhaltung des Schutzes durch Abstand besonders geachtet werden. **Tabelle 1** gibt die Schutzabstände in Abhängigkeit von der Netz-Nennspannung an.

Diese **Schutzabstände** gelten z.B. für Arbeiten in der Nähe unter Spannung stehender Freileitungsanlagen, die von Elektrofachkräften (EFK), von elektrotechnisch unterwiesenen Personen (EuP) oder unter deren Aufsicht ausgeführt werden.

**Tabelle 1: Schutzabstände** (nach DIN VDE 0105)

| Netz-Nennspannung | Schutzabstand zu unter Spannung stehenden Anlagenteilen ohne Schutz gegen direktes Berühren |
|---|---|
| bis 1000 V | 0,5 m |
| über 1 bis 30 kV | 1,5 m |
| über 30 bis 110 kV | 2,0 m |
| über 110 bis 220 kV | 3,0 m |
| über 220 bis 380 kV | 4,0 m |

Gefahrenzone und Annäherungszone: **Seite 20**

Personen, die weder Elektrofachkraft oder elektrotechnisch unterwiesen sind, z.B. Maler, dürfen in der Nähe von unter Spannung stehenden Anlagenteilen nur unter fachkundiger Aufsicht arbeiten.

## 1.4.2 Sicherheit beim Arbeiten an unter Spannung stehenden Anlagenteilen

Arbeiten an unter Spannung stehenden Anlagenteilen erfordern nicht nur einen erhöhten Aufwand an Zeit, Werkzeug und Material, sondern auch ein hohes Maß an Kenntnissen, Fertigkeiten und Verantwortungsbewusstsein vom Arbeitenden als auch von der Aufsicht führenden Person.

Daher sind Arbeiten an unter Spannung stehenden Anlagenteilen nur in besonderen Ausnahmefällen zulässig (DIN VDE 0105-1). Die **Tabelle 2** nennt Bedingungen für das Arbeiten an unter Spannung stehenden Anlagenteilen bis zu einer Spannung von 1000 V.

**Tabelle 2: Zulässige Arbeiten unter Spannung (AuS)** **(Beispiele)**

| Nennspannungen | Arbeiten welche vom jeweiligen Personenkreis durchgeführt werden dürfen |
|---|---|
| bis AC 50 V<br>bis DC 120 V | **Elektrofachkraft (EFK), Elektrotechnisch unterwiesene Person (EuP) und elektrotechnischer Laie (EL):**<br>Alle Arbeiten, soweit eine Gefährdung, z.B. durch Lichtbogenbildung ausgeschlossen ist. |
| über AC 50 V<br>oder DC 120 V<br>bis zu<br>AC und DC 1000 V | **Elektrofachkraft (EFK) und Elektrotechnisch unterwiesene Person (EuP):**<br>– Heranführen geeigneter Prüf-, Mess- und Justiereinrichtungen, z.B. Spannungsprüfer, von Betätigungsstangen und geeigneten Werkzeugen zum Bewegen leichtgängiger Teile.<br>– Heranführen von geeigneten Werkzeugen und Hilfsmitteln zum Reinigen sowie das Anbringen von geeigneten Abdeckungen und Abschrankungen.<br>– Herausnehmen oder Einsetzen von nicht gegen direktes Berühren geschützten Sicherungseinsätzen, z.B. NH-Sicherungen, mit geeigneten Hilfsmitteln, wenn dies gefahrlos möglich ist.<br>– Anspritzen unter Spannung stehender Teile bei der Brandbekämpfung.<br>– Arbeiten an Akkumulatoren unter Beachtung geeigneter Vorsichtsmaßnahmen.<br>– Abklopfen von Raureif, z.B. an Freileitungen, mithilfe geeigneter isolierender Stangen. |
| | **Nur Elektrofachkraft (EFK):**<br>– Fehlereingrenzung in Hilfsstromkreisen, z.B. Signalverfolgung, sowie die Funktionsprüfung bei Geräten und Schaltungen.<br>– Sonstige Arbeiten, wenn ein zwingender Grund vorhanden ist und zusätzlich die Anweisung einer verantwortlichen Person vorliegt. |

Bei allen Arbeiten sind persönliche Schutzausrüstungen, Werkzeuge, Vorrichtungen und Geräte zu benutzen, die für die Art der Tätigkeit, die Spannungshöhe und die Umfeldbedingungen geeignet sind.

Sind Arbeiten unter Spannung (AuS) notwendig, ist stets isoliertes Sicherheitswerkzeug zu verwenden **(Bild 1)**.

> Die Entscheidung, ob unter Spannung gearbeitet werden muss, darf nicht vom ausführenden Monteur getroffen werden, sondern nur von der Aufsicht führenden Person.

Eine Kennzeichnung für isoliertes Sicherheitswerkzeug erfolgt durch den Aufdruck eines Bildzeichens auf der Isolation. Im Zuge der Harmonisierung innerhalb der Europäischen Union wurde das Zeichen des Isolators mit der Spannungsangabe 1000 V **(Bild 2a)** durch ein Doppeldreieck mit der Spannungsangabe 1000 V **(Bild 2b)** abgelöst. Außer dem Bildzeichen sind als zusätzliche Angaben das Herstellungsjahr (mindestens die beiden letzten Ziffern des Jahres) sowie ein Typenkurzzeichen und ein Herkunftszeichen erforderlich.

> Sicherheitswerkzeuge bieten erhöhten Berührungsschutz.

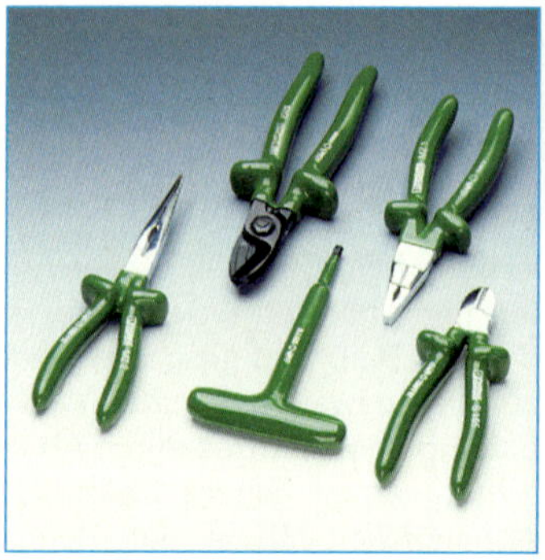

**Bild 1: Sicherheitswerkzeug**

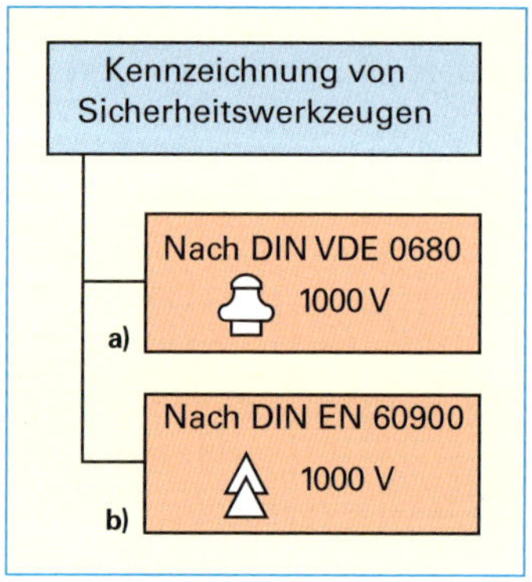


**Bild 2: Bildzeichen und Spannungsangabe bei Sicherheitswerkzeugen**

## 1.4.3 Sicherer Umgang mit Werkzeug und Gerät

Die Anwendung der elektrischen Energie hat zu einer Vielzahl, zum Teil recht unterschiedlicher Elektroberufe geführt. Jeder Beruf erfordert die Einhaltung von Sicherheitsvorkehrungen, die den jeweiligen Tätigkeitsmerkmalen angepasst sind, um mögliche Gefahren wirksam abzuwenden. Hierbei handelt es sich nicht nur um Gefahren die durch den elektrischen Strom hervorgerufen werden können, sondern auch um Gefährdungen, die beim Umgang mit Werkzeugen und Geräten auftreten.

> Gute und sichere Arbeit erfordert einwandfreies und zweckmäßiges Werkzeug.

Bei der Aufbewahrung der Werkzeuge ist zunächst auf die Übersichtlichkeit zu achten. Übersichtlich aufbewahrtes Werkzeug **(Bild 3)** ist schneller zu finden, außerdem wird eine Beschädigung der Werkzeuge untereinander vermieden.

Eine vorbeugende Instandhaltung sollte auch für die täglich benutzten Handwerkzeuge durchgeführt werden. Bohrwerkzeuge müssen immer scharf geschliffen, Meißelköpfe gratfrei sein. Der Hammer muss mit dem Stiel fest verkeilt sein. Schraubenschlüssel und Schraubendreher sind passend zu den entsprechenden Muttern und Schrauben zu wählen.

Falsche Werkzeugauswahl führt z.B. zu Beschädigungen an Verbindungselementen und Werkzeugen und damit zu einer erheblichen Verletzungsgefahr, z.B. durch Abrutschen.

Handgeführte Elektrowerkzeuge sind eine häufige Unfallursache und bedürfen deshalb einer besonders sorgfältigen Pflege.

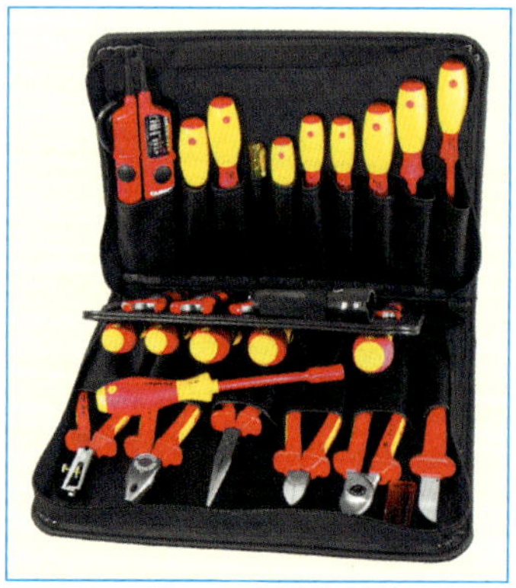

**Bild 3: Werkzeugtasche eines Elektronikers, Fachrichtung Energie- und Gebäudetechnik**

> Elektrowerkzeuge sind vor jedem Einsatz durch den Benutzer einer Sichtprüfung auf äußere Beschädigungen zu unterziehen.

Gefahren drohen beispielsweise durch:

- Schadhafte Steckvorrichtungen,
- nicht fachgerechte oder unvollständige Instandsetzung,
- abgebrochene oder fehlende Teile des Gehäuses oder der Umhüllung,
- freiliegende Einzeladern an Leitungseinführungen, z.B. am Knickschutz,
- durchgescheuerte, poröse, geknickte oder angeschnittene Isolierung der Anschlussleitung.

Neben der Sichtprüfung ist für elektrische Betriebsmittel eine regelmäßige Prüfung durch eine befähigte Elektrofachkraft auf ordnungsgemäßen Zustand notwendig. Das Gerät erhält nach der Überprüfung eine Prüfplakette, auf der das Datum der nächsten Überprüfung ersichtlich ist **(Bild 1)**.

Die Zeitspanne für eine regelmäßige Überprüfung ortsveränderlicher elektrischer Werkzeuge ist vom Einsatzort und von den Betriebsbedingungen abhängig. Richtwerte der Prüffristen **(Seite 229)** können der DGUV-Vorschrift 3 entnommen werden.

**Leitern** müssen standsicher aufgestellt und gegen Umkippen gesichert sein. Eine zusammenklappbare Stehleiter darf nicht als Anlegeleiter dienen, weil der frei hängende Schenkel ein Abrutschen begünstigt. Werden bei Arbeiten an elektrischen Anlagen Leitern aus Metall benutzt, muss, wegen der Leitfähigkeit, auf die Unfallgefahr durch elektrischen Schlag geachtet werden.

Schadhafte Leitern dürfen nicht weiterbenützt werden. Behelfsmäßige Reparaturen an Leitern, wie das Aufnageln einer Latte auf angebrochene Holme oder Sprossen, oder das Bandagieren eines angerissenen Leiterteils sind verboten.

Bei Stehleitern müssen die Schenkel durch Spreizsicherungen gegen Auseinandergleiten gesichert sein **(Bild 2)**. Werden Universalleitern als Anlegeleitern eingesetzt, muss darauf geachtet werden, dass die Abrutschsicherung **(Bild 2)** richtig und fest eingerastet ist.

Bei Anlegeleitern ist ein Anstellwinkel von 70° bis 75° einzuhalten. Nach DIN EN 131 müssen Leitern über einer Länge von 3 Metern, die als Anlegeleitern benutzt werden können, mit einer Quertraverse **(Bild 2)** versehen sein.

**Bild 1: Prüfplakette für elektrische Betriebsmittel**

**Bild 2: Stehleiter**

## 1.4.4 Schutzkleidung, Schutzausrüstung

Sicherheitsbeauftragte sorgen für die Einhaltung der Sicherheitsvorschriften und den Einsatz der Persönlichen Schutzausrüstung (PSA).

Persönliche Schutzkleidung und Schutzausrüstung (PSA) dienen der Erhaltung der Gesundheit und sollen Verletzungen und Erkrankungen vermeiden.

Beispiele für Schutzausrüstungen und deren Schutzwirkung:

- **Kopfschutz** verhindert Verletzungen des Kopfes durch herabfallende, umfallende, wegfliegende oder pendelnde Gegenstände.
- **Fußschutz,** z. B. Sicherheitsschuhe, ist dort erforderlich, wo mit Fußverletzungen durch mechanische, thermische, chemische oder elektrische Einwirkung gerechnet werden muss.
- **Körperschutz** wird durch Schutzmäntel, Schutzschürzen oder Schutzanzüge **(Bild 3)** erreicht.
- **Augen- und Gesichtsschutz** bieten Schutz vor dem Eindringen von Splittern, vor zu hoher Leuchtdichte sowie vor Einwirkung durch z. B. Laugen oder Säuren.

**Bild 3: Elektrofachkraft mit isolierendem Schutzanzug**

**Wiederholungsfragen**

1 **Welcher Schutzabstand gilt für unter Spannung stehende Teile mit einer Nennspannung von 400 V?**
2 **Wann darf prinzipiell unter Spannung gearbeitet werden?**
3 **Woran erkennen Sie Sicherheitswerkzeuge für Arbeiten an unter Spannung stehenden Teilen?**
4 **Wodurch wird eine wiederkehrende Prüfung von elektrischen Betriebsmitteln gekennzeichnet?**
5 **Nennen Sie zwei Beispiele für die Verwendung von Schutzausrüstungen.**

## Situationsbeschreibung:

In einer Energieversorgungsanlage (Freiluftanlage) sind Inspektions- und Wartungsarbeiten erforderlich. Vor dem Arbeitsbeginn ist es erforderlich, die Mitarbeiter auf die einzuhaltenden Sicherheitsabstände zu unter Spannung stehenden Teilen hinzuweisen und die Grenzen des Arbeitsbereiches deutlich anzugeben.

Neben den Arbeiten im spannungsfreien Zustand können auch Arbeiten in der Nähe unter Spannung stehender Teile, als auch Arbeiten unter Spannung erforderlich sein, z.B. bei Arbeiten an Fotovoltaikanlagen.

Von Arbeiten unter Spannung (AuS) spricht man, wenn der Arbeitende unter Spannung stehende Teile berührt oder mit Teilen seines Körpers oder mit Werkzeugen, Ausrüstungen und Geräten in die Gefahrenzone eindringt.

Der Abstand $D_L$ legt die äußere Begrenzung der **Gefahrenzone** fest **(Bild 1)**.

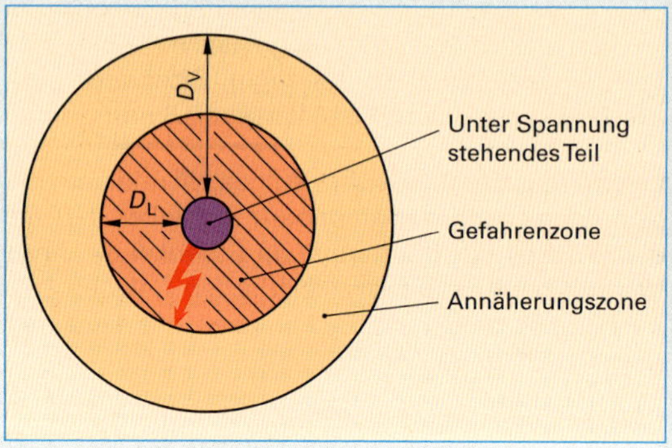


**Bild 1: Annäherungs- und Gefahrenzone**

Bei Arbeiten in der Nähe unter Spannung stehender Teile dringt der Arbeitende mit Körperteilen, Werkzeugen, Ausrüstung oder Geräten in die Annäherungszone **(Bild 1)** ein, jedoch ohne die Gefahrenzone zu erreichen.

Der Abstand $D_V$ legt die äußere Begrenzung der **Annäherungszone** fest **(Bild 1)**.

Grundsätzlich ist bei Arbeiten unter Spannung und in der Nähe von unter Spannung stehenden Teilen, die Sicherstellung des Gesundheitsschutzes aller an den Arbeiten beteiligten Personen zu gewährleisten.

Arbeiten an unter Spannung stehenden Teilen dürfen nur speziell ausgebildete Elektrofachkräfte (EFK) ausführen.

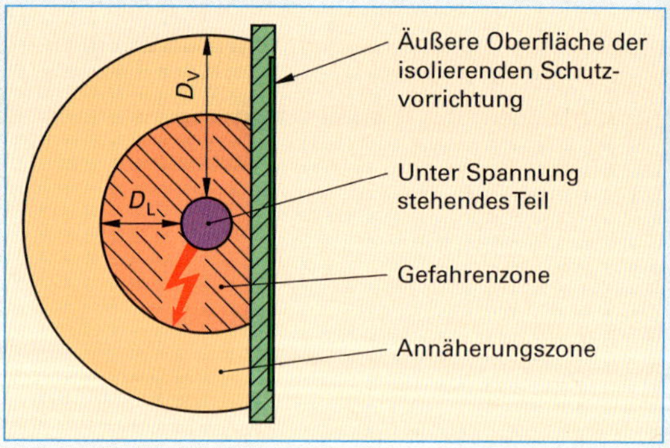


**Bild 2: Begrenzung der Annäherungs- und der Gefahrenzone**

Sollen Arbeiten unter Spannung ausgeführt werden, muss eine Gefahr durch Explosion oder Brand ausgeschlossen sein.

Weiterhin ist es erforderlich, Mindestabstände zu unter Spannung stehenden Teilen einzuhalten.

Die Gefahrenzone sowie die Annäherungszone können durch isolierende Schutzvorrichtungen begrenzt werden **(Bild 2)**.

Richtwerte für die jeweiligen Mindestabstände der beiden Zonen sind in der **Tabelle** enthalten. Diese Werte gelten bei Abständen in Freiluftanlagen.

Umwelteinflüsse wie z.B. Regen, Schnee, Gewitter oder Nebel wirken sich negativ auf diese Mindestabstände aus. So sollte z.B. bei starken Winden oder bei feuchter Luft, die Arbeit eingestellt werden.

**Tabelle: Richtwerte für die Begrenzung von Gefahrenzone $D_L$ und Annäherungszone $D_V$**
(Nach DIN VDE 0105-100, Auszug)

| Netz-Nennspannung in kV | ≤ 1 | 10 | 20 | 110 | 220 | 380 |
|---|---|---|---|---|---|---|
| $D_L$ Äußere Grenze der Gefahrenzone in mm | keine Berührung* | 150 | 220 | 1000 | 1600 | 2500 |
| $D_V$ Äußere Grenze der Annäherungszone in mm | 300 | 1150 | 1220 | 2000 | 3000 | 4000 |

* In der Nähe unter Spannung stehender Teile darf nur gearbeitet werden, wenn sichergestellt ist, dass unter Spannung stehende Teile nicht berührt werden können oder die Gefahrenzone $D_L$ nicht erreicht wird.

# 2 Isolierte Leitungen und Kabel

## 2.1 Aufbau und Anforderungen an isolierte Leitungen und Kabel

Isolierte Leitungen und Kabel **(Übersicht)** bestehen aus einer oder aus mehreren gegeneinander isolierten Aderleitungen, die durch eine gemeinsame Umhüllung zusammengefasst sind **(Bild 1)**.

Die **Aderleitung** ist die einfachste Leitungsart, sie besteht nur aus einem Leiter mit der Aderisolation.

**Isolierte Leitungen** sind einfach im Aufbau und haben eine geringere mechanische Festigkeit als Kabel.

Leitungen dürfen nicht im Erdreich verlegt werden.

**Kabel** haben gegenüber isolierten Leitungen eine stärkere Mantelisolierung und können zusätzliche Umhüllungen oder Bewehrungen haben, die einen umfassenden Schutz gegen mechanische und chemische Beanspruchung gewähren. Kabel können deshalb unter erschwerten Bedingungen, z.B. bei der Verlegung im Erdreich, in Industrieanlagen oder im Bergbau, angewendet werden.

Kabel sind zur Verlegung im Erdreich geeignet.

**Leiteraufbau.** Als Leiterwerkstoffe dienen Kupfer oder Aluminium. Nach der Form des Querschnittes unterscheidet man Rund- und Sektorleiter **(Bild 2)**.

**Rundleiter** werden am häufigsten eingesetzt.

**Sektorleiter** bieten bei größeren Leiterquerschnitten eine gute Ausnutzung des Kabelquerschnitts.

Leiter können eindrähtig, mehrdrähtig, feindrähtig oder feinstdrähtig sein **(Bild 3)**.

**Eindrähtige Leiter** sind starr. Sie werden mit Querschnitten bis 10 mm² hergestellt und sind nur für feste Verlegung zugelassen.

**Mehrdrähtige Leiter** lassen sich mechanisch leichter bearbeiten und werden bei Querschnitten ab 16 mm² eingesetzt.

**Fein- und feinstdrähtige Leiter** sind sehr gut beweglich, sodass auch bei vielfacher Bewegung kein Brechen der Adern auftritt. Sie werden zum Anschluss ortsveränderlicher Verbraucher oder zum Verdrahten von Verteilern und Geräten verwendet.

Beim Verlegen der Leitungen und Kabel sind Mindestquerschnitte zu beachten **(Tabelle)**.

**Isolierwerkstoffe.** Die Isolierung der Leitungen und Kabel muss den zu erwartenden Beanspruchungen, z.B. Spannung, Temperatur, Feuchtigkeit, sowie chemischen Einflüssen standhalten **(Tabelle 3, Seite 22)**. Halogenfreie Isolierstoffe bieten einen besseren Flammschutz.

**Übersicht: Aufgaben von isolierten Leitungen und Kabeln**

- Transport elektrischer Energie vom Erzeuger zum Verbraucher
- Übertragen von Signalen z.B. in Mess-, Steuer- oder Regeleinrichtungen

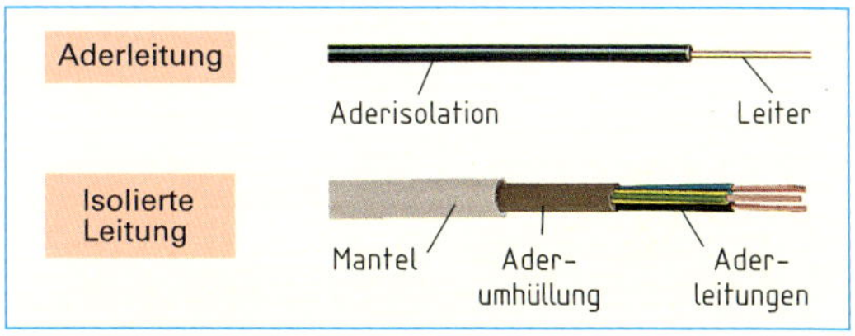


**Bild 1: Aufbau isolierter Leitungen**

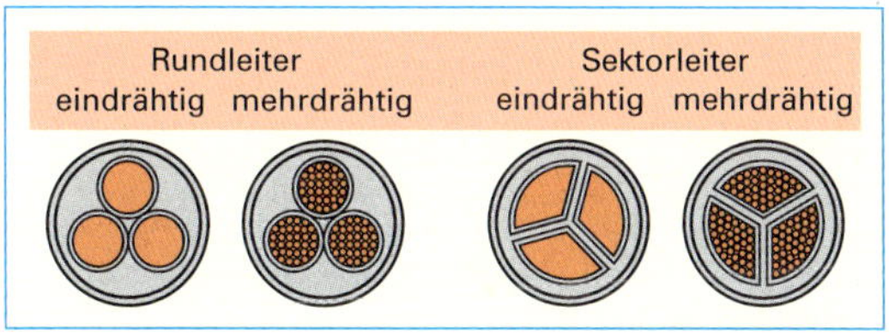


**Bild 2: Leiterformen**

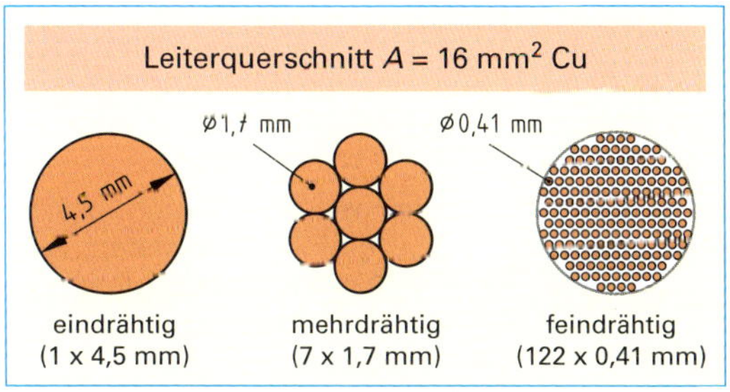


**Bild 3: Leiterarten**

**Tabelle: Mindestquerschnitt $A$ von Kupferadern**

| Arten | $A$ in mm² | Anwendungsbeispiele |
|---|---|---|
| Kabel, Mantel- und Aderleitungen bei fester Verlegung | 1,5 | In Licht- und Steckdosenstromkreisen |
| | 0,5 | In Melde- und Steuerstromkreisen |
| Schutzpotenzialausgleichsleiter | 2,5<br>4 | In Räumen mit Badewanne oder Dusche bei<br>– geschützter Verlegung<br>– ungeschützter Verlegung |
| | 4 | Bei Antennenanlagen |
| | 6 | Schutzpotenzialausgleich über die Haupterdungsschiene |

**Farbkennzeichnung.** Bei Leitungen und Kabeln mit bis zu 5 Adern müssen die einzelnen Aderisolierungen durch Farben gekennzeichnet werden. Nach DIN VDE 0293-308, unterscheidet sich die Farbkennzeichnung bei Leitungen und Kabeln mit Schutzleiter und ohne Schutzleiter **(Tabelle 1).** Leitungen und Kabel für feste Verlegung oder zum Anschluss ortsveränderlicher Verbraucher haben dabei die gleichen Aderfarben **(Tabelle 1).**

Bei Leitungen oder Kabeln mit mehr als 5 Adern sind die Adern schwarz und mit einem Zahlenaufdruck versehen. Ein Verwechseln, z.B. der Adern 6 und 9, wird durch Unterstreichen der Ziffern verhindert. In Schaltungsunterlagen verwendet man auch internationale Buchstabencodes, die aus den englischen Farbbezeichnungen abgeleitet sind **(Tabelle 2).**

**Tabelle 2: Internationaler Farbcode (nach IEC 60757)**

| Farbe | englische Bezeichnung | Farbcode |
|---|---|---|
| schwarz | black | BK |
| braun | brown | BN |
| grau | grey | GY |
| blau | blue | BU |
| grüngelb | green-yellow | GNYE |

Die grüngelbe Ader darf ausschließlich als Schutzleiter (PE) verwendet werden. Der Neutralleiter (N) muss in seinem gesamten Verlauf blau gekennzeichnet sein.

Ist in einem Leitungsabschnitt kein Neutralleiter erforderlich, z.B. in der Schalterleitung **(Bild 1),** darf die blaue Ader auch als Schaltdraht oder als Außenleiter benutzt werden.

**PEN-Leiter** (Neutralleiter mit Schutzleiterfunktion) haben nach DIN VDE 0100-510, durchgängig eine grüngelbe Aderfarbe. Zur Unterscheidung zwischen PE und PEN-Leiter sind PEN-Leiter zusätzlich an den Leiterenden blau zu kennzeichnen, z.B. durch ein Markierungsband oder einen Leitungsclip **(Bild 2).**

**Tabelle 1: Aderfarben von Kabeln und Leitungen**

| Aderzahl | Kabel oder Leitungen mit Schutzleiter | | | | | | Kabel oder Leitungen ohne Schutzleiter | | | | | |
|---|---|---|---|---|---|---|---|---|---|---|---|---|
| 2 | – | – | | | | | blau | braun | | | | |
| 3 | grüngelb | blau | braun | | | | blau | braun | schwarz | | | |
| 3* | – | – | – | | | | | braun | schwarz | grau | | |
| 4 | grüngelb | blau | braun | schwarz | | | blau | braun | schwarz | grau | | |
| 4* | grüngelb | – | braun | schwarz | grau | | – | – | – | – | | |
| 5 | grüngelb | blau | braun | schwarz | grau | | blau | braun | schwarz | grau | schwarz | |
| > 5 | grüngelb | ❶ | ❷ | ❸ | ❹ | ❺ | ❶ | ❷ | ❸ | ❹ | ❺ | ❻ |

* In Drehstromkreisen sollen für die drei Außenleiter die Aderfarben Braun, Schwarz und Grau verwendet werden.

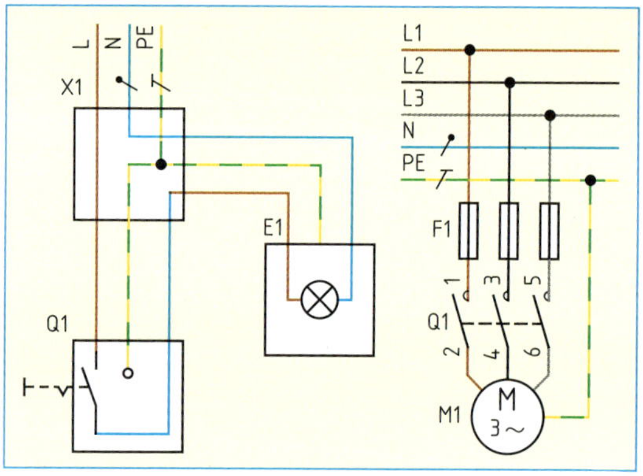


**Bild 1: Farbkennzeichnung von Adern**

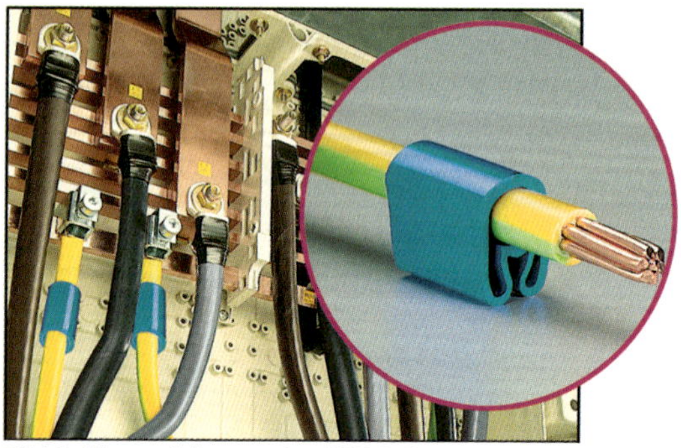

**Bild 2: Kennzeichnung des PEN-Leiters**

**Tabelle 3: Isolierwerkstoffe für Kabel und isolierte Leitungen**

| Isolierwerkstoff | Dauerbetriebstemperatur | Isolierstoffeigenschaften |
|---|---|---|
| Polyvinylchlorid (PVC) | 70 °C | Hohe elektrische Durchschlagfestigkeit, ölfest, beständig gegen verdünnte Säuren und Laugen |
| Natur-Kautschuk (NR) | 60 °C | Dauerelastisch, abriebfest, wärmebeständig |
| Chloropren-Kautschuk (CR) | 85 °C | Chemisch beständig gegen Öle und Fette, dauerelastisch, mäßiges Kälteverhalten |
| Silikon-Kautschuk (SIR) | 180 °C | Dauerelastisch, hohe Wärmebeständigkeit |
| Ethylen-Propylen-Kautschuk (EPR) | 90 °C | Hohe Ozon- und UV-Beständigkeit, sehr gutes Kälteverhalten |
| Vernetztes Polyethylen (PE-X) | 90 °C | Chemisch beständig gegen verdünnte Säuren und Laugen, gute Kältebeständigkeit |

**Normung.** Leitungen und Kabel müssen durch den Hersteller normgerecht gekennzeichnet werden.

Nach DIN VDE 0298 unterscheidet man:

- Bauarten nach nationalen Normen,
- Bauarten nach harmonisierten Normen.

**Bauarten nach nationalen Normen** werden nur durch die VDE-Prüfstelle genehmigt. Ihre Kennzeichnung erfolgt mit dem Aufdruck ◁VDE▷ oder durch einen schwarz-roten Kennfaden **(Bild).**

**Bauarten nach harmonisierten Normen** erfüllen die von den CENELEC[1]-Gremien ausgearbeiteten Bestimmungen. Diese werden von allen Mitgliedsstaaten der EU und weiteren Ländern anerkannt. Die Harmonisierungskennzeichnung erfolgt durch das nationale Prüfstellenzeichen, z.B. ◁VDE▷ für Deutschland, und das Harmonisierungszeichen ◁HAR▷. Anstelle dieser Kennzeichnung kann auch ein VDE-Kennfaden mit der Farbfolge schwarz-rot-gelb in der Leitung mitgeführt werden **(Bild).**

Durch einen zusätzlichen Kennfaden (Ursprungszeichen) oder einen Aufdruck auf die Isolierung wird der Hersteller angegeben.

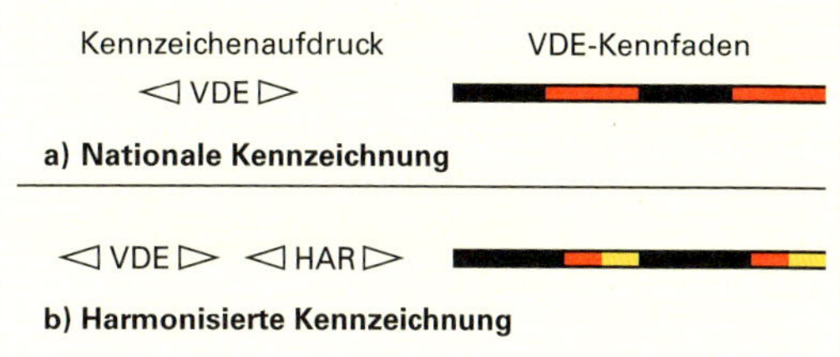


**Bild: Kennzeichnung von Leitungen und Kabeln**

## 2.2 Leitungen

Man unterscheidet isolierte und blanke Leitungen **(Übersicht).**

**Blanke Leitungen** haben keine Isolation.

**Isolierte Leitungen** haben Leiter mit einer Aderisolierung und eine zusätzliche Umhüllung, die als Mantel bezeichnet wird. Jede isolierte Leitung erhält ein Typkurzzeichen, das Auskunft über Bemessungsspannung, Bauart sowie Anzahl und Querschnitt der Adern gibt.

Man unterscheidet Typenbezeichnungen nach:

- Nationaler Norm **(Tabelle)** und
- Harmonisierter Norm **(Tabelle, Seite 24).**

**Leitungen für feste Verlegung (Tabelle 1, Seite 25)** ändern ihre Lage nach der Verlegung nicht mehr. Sie werden z. B. in Rohren, Kanälen oder unter Putz verlegt. Leiter mit Querschnitten bis 10 mm² werden eindrähtig, ab 16 mm² mehrdrähtig ausgeführt.

**Flexible Leitungen (Tabelle 2, Seite 25)** dienen zum Anschluss ortsveränderlicher Verbraucher oder bewegter Teile, z. B. von Werkzeugmaschinen und Förderanlagen. Sie müssen eine hohe Beweglichkeit haben und werden deshalb fein- oder feinstdrähtig ausgeführt.

Für spezielle Anwendungsbereiche setzt man Sonderleitungen ein.

📖 Wichtige Sonderleitungen: **Seiten 26 und 27**

**Übersicht: Leitungsarten**

- **Isolierte Leitungen**
  - Leitungen für feste Verlegung
  - Flexible Leitungen
  - Sonderleitungen
- **Blanke Leitungen:** 📖 Seite 48

**Tabelle: Buchstaben-Kurzzeichen für Leitungen nach nationaler Norm (Auswahl)**

| Kurzzeichen | Bedeutung | Beispiele |
|---|---|---|
| A | Ader | N4G**A** |
| B | Bleimantel | NY**B**UY |
| C | Abschirmung | NSH**C**ÖU |
| F | Flachleitung (Stegleitung) | NYI**F** |
| FA | Fassungsader | NY**FA** |
| FF | feinstdrähtig | NSL**FF**ÖU |
| G | Gummiisolierung | N4**G**A |
| H | Hochfrequenzschutz | N**H**YRUZY |
| I | Stegleitung (Imputzleitung) | NY**I**F |
| J | Leitung mit Schutzleiter | NYM-**J** |
| L | Leuchtröhrenleitung | NY**L**RZY |
| M | Mantelleitung | NY**M** |
| N | genormte Leitung | **N**YM |
| O | Leitung ohne Schutzleiter | NYM-**O** |
| Ö | ölfest | NSSH**Ö**U |
| PL | Pendelleitung | N**PL** |
| R | Rohrdraht | NHY**R**UZY |
| S | Sonderleitung | N**S**GAÖU |
| St | Statischer Schirm | (N)YM(**St**) |
| T | Leitungstrosse | N**T**M |
| U | Umhüllung unbrennbar | NSSHÖ**U** |
| W | wärmebeständige Leitung | NYFA**W** |
| Y | Kunststoffisolierung | N**Y**L |
| Z | Zwillingsausführung | NYFA**Z**W |

[1] **CENELEC:** Abk. für: **C**omité **E**uropéen de **N**ormalisation **Elec**trotechnique (Europäisches Komitee für elektrotechnische Normung)

**Tabelle: Typkurzzeichen für harmonisierte Starkstromleitungen** (nach DIN VDE 0292, Auswahl)

Beispiel: H07 RN-F 3 G 1,5

| Kennzeichnung, Bemessungsspannung | | Isolierung, Leiterart | | | | Aderzahl, Schutzleiter, Querschnitt | | |
|---|---|---|---|---|---|---|---|---|
| H | 07 | R | N | – | F | 3 | G | 1,5 |
| 1 | 2 | 3 | 4 | 5 | 6 | 7 | 8 | 9 |

**1 Kennzeichnung**

**H:** Harmonisierte Bestimmung
**A:** Anerkannter nationaler Typ

**2 Bemessungsspannung $U_0/U$***

**01:** 100/100 V
**03:** 300/300 V
**05:** 300/500 V
**07:** 450/750 V

**7 Aderzahl**

**8 Schutzleiter**

**X:** ohne Schutzleiter
**G:** mit Schutzleiter

**9 Querschnitt in mm²**

**3 Isolierwerkstoff des Leiters**

**B:** Ethylen - Propylen - Kautschuk
**R:** Natur- und/oder synthetischer Kautschuk
**S:** Silikonkautschuk
**V:** PVC, weich
**V2:** PVC, weich, für Betriebstemperaturen von 90 °C
**V3:** PVC, weich, Einsatz bei Niedrigtemperaturen
**V5:** PVC, weich, ölbeständig
**Z:** Thermoplast aus Polyolefinen

**4 Mantelwerkstoff**

**J:** Glasfasergeflecht
**N:** Polychloropren-Kautschuk
**Q:** Polyurethan
**R:** Natur und/oder synthetischer Kautschuk
**S:** Silikonkautschuk
**T:** Textilgeflecht
**V:** PVC, weich

**5 Besonderheiten im Aufbau**

**H:** flache, aufteilbare Leitung
**H2:** flache, nicht aufteilbare Leitung
**H6:** flache Leitung mit 3 oder mehr Adern
**H8:** Wendelleitung

**6 Leiterform**

**- F:** feindrähtig (flexible Leitung)
**- H:** feinstdrähtig (flexible Leitung)
**- K:** feindrähtig (fest verlegte Leitung)
**- R:** mehrdrähtiger Rundleiter
**- U:** eindrähtiger Rundleiter
**- Y:** Lahnlitzenleiter (hochflexibel)

* $U_0$ größte zulässige Spannung Leiter gegen Erde; $U$ größte zulässige Spannung Leiter gegen Leiter

## Beispiel:

Beschreiben Sie den Aufbau der Leitung H05RNH2-F 2X1,5.

## Lösung:

Es handelt sich um eine zweiadrige Leitung in flacher Ausführung, die nicht aufteilbar ist.

Die beiden feindrähtigen Kupferleiter haben einen Leiterquerschnitt von je 1,5 mm² und besitzen eine Aderisolierung aus natürlichem oder synthetischem Kautschuk. Die gemeinsame Mantelisolation besteht aus Polychloropren-Kautschuk.

Die zulässige Spannung der Leitung beträgt 300 V zwischen Leiter und Erde bzw. 500 V zwischen den beiden Leitern.

**Tabelle 1: Leitungen für feste Verlegungen (Auswahl)**

| Leitungsaufbau | Bezeichnung | Kurzzeichen | $U_0/U$* in V | Aderzahl | $A$** in mm² | Verwendung |
|---|---|---|---|---|---|---|
|  | PVC-Ader-Leitung | H07V-U<br>H07V-R<br>H07V-K | 450/750 | 1 | 1,5 bis 10<br>1,5 bis 400<br>1,5 bis 240 | Verlegung in Rohren und geschlossenen Installationskanälen in trockenen Räumen, innere Verdrahtung von Geräten, Schaltanlagen und Verteilern, als Potenzialausgleichsleitung. |
| 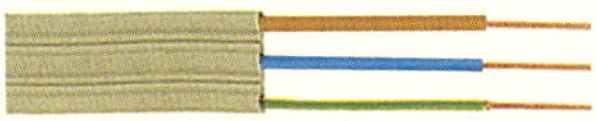 | Stegleitung | NYIF | 230/400 | 2 bis 5<br>2 und 3 | 1,5 und 2,5<br>4 | Im und unter Putz in trockenen Räumen.<br>Nicht zugelassen: In den Bereichen 0, 1 und 2 in Räumen mit Badewanne oder Dusche (Ausnahme: **Seite 133**). Nicht auf Holz, auf Metall und in Hohlräumen. |
|  | Mantelleitung | NYM | 300/500 | 1<br>2 bis 5<br>7 | 1,5 bis 16<br>1,5 bis 35<br>1,5 und 2,5 | Auf, im und unter Putz in trockenen, feuchten und nassen Räumen.<br>Nicht direkt in Rüttel- oder Stampfbeton, bei Verwendung im Freien vor direkter Sonnenstrahlung schützen. |
|  | Mantelleitung, statisch geschirmt | (N)YM(St) | 300/500 | 3 und 4<br>5 | 1,5 bis 6<br>1,5 bis 25 | Auf, im und unter Putz in trockenen, feuchten und nassen Räumen. Zur Begrenzung elektromagnetischer Störwechselfelder z. B. in Messwarten, Computerräumen oder medizinisch genutzten Bereichen der Gruppen 1 und 2. |

* $U_0$ größte zulässige Spannung Leiter gegen Erde; $U$ größte zulässige Spannung Leiter gegen Leiter
** $A$ Leiterquerschnitt

**Tabelle 2: Leitungen zum Anschluss ortsveränderlicher Verbraucher (Auswahl)**

| Leitungsaufbau | Bezeichnung | Kurzzeichen | $U_0/U$* in V | Aderzahl | $A$** in mm² | Verwendung |
|---|---|---|---|---|---|---|
|  | leichte PVC-Schlauchleitung | H03VV-F | 300/300 | 2 bis 4 | 0,5 und 0,75 | Bei geringer mechanischer Beanspruchung, z. B. Stehleuchten, Rundfunkgeräte. Nicht für Wärmegeräte, nicht im Freien verwenden. |
|  | mittlere PVC-Schlauchleitung | H05VV-F | 300/500 | 2 bis 5 | 0,75 bis 2,5 | Bei mittlerer mechanischer Beanspruchung, z. B. für Hausgeräte, auch in nassen Räumen und explosionsgefährdeten Bereichen. |
|  | mittlere Gummi-Schlauchleitung | H05RR-F | 300/500 | 2 und 5<br>3 und 4 | 0,75 bis 2,5<br>0,75 bis 6 | Bei geringer mechanischer Beanspruchung im Haushalt und Büro, z. B. für Hausgeräte und Elektrowerkzeuge. |
|  | schwere Gummi-Schlauchleitung | H07RN-F | 450/750 | 1<br>2 und 5<br>3 und 4<br>6 bis 18 | 1,5 bis 300<br>1 bis 25<br>1 bis 300<br>1,5 bis 4 | Bei mittlerer mechanischer Beanspruchung, im Freien, auf Baustellen sowie in landwirtschaftlichen und gartenbaulichen Betriebsstätten. |

* $U_0$ größte zulässige Spannung Leiter gegen Erde; $U$ größte zulässige Spannung Leiter gegen Leiter
** $A$ Leiterquerschnitt

**Tabelle: Sonderleitungen (Auswahl)**

| Leitungsaufbau | Bezeichnung | Kurzzeichen | $U_0/U$* in V | Aderzahl | $A$** in mm²; $d$ in mm | Verwendung |
|---|---|---|---|---|---|---|
|  | PVC-Klingeldraht | Y-Draht | 60 | 1 | $d = 0{,}8$ | Für feste Verlegung in Rohren auf und unter Putz, in trockenen Räumen. |
| 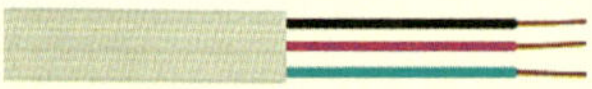 | PVC-Klingel-Stegleitung | J-FY | 375 | 2 und 3 | $d = 0{,}8$ | Für feste Verlegung im und unter Putz, in trockenen Räumen. |
|  | PVC-Klingel-Mantelleitung | YR | 100 | 2 bis 24 | $d = 0{,}8$ | Für feste Verlegung auf und unter Putz, in trockenen und feuchten Räumen sowie im Freien. |
|  | PVC-Verdrahtungsleitung | H05V-U | 300/500 | 1 | $A = 0{,}5$ bis 1 | Bei geschützter Verlegung in Geräten, in und an Leuchten. Verlegung in Rohren auf und unter Putz, jedoch nur in Signal- und Steuerstromkreisen. |
|  | | H05V-K | 300/500 | 1 | $A = 0{,}5$ bis 1 | |
|  | Gummiaderleitung | H03RT-H | 300/300 | 2 und 3 | $A = 0{,}75$ und 1 | Zum Anschluss von Elektrowärmegeräten im Haushalt und Büro, z. B. Bügeleisen, Heizdecken. |
|  | Zwillingsleitung | H03VH | 300/300 | 2 | $A = 0{,}75$ | In Haushalt, Küche, Büro bei sehr geringer mechanischer Beanspruchung, z. B. Rundfunkgeräte, Uhren. |
|  | Schweißleitung | H01N2-D | 100/100 | 1 | $A = 10$ bis 185 | Bei Elektroschweißgeräten im Werkzeug-, Automobil- und Schiffsbau, mechanisch hoch beanspruchbar. |
|  | Fernsprech-Innenleitung | J-Y(St)Y | 250/250 | 2 bis 100 | $d = 0{,}6$ | Im Sprech- und Nebenstellenaufbau, für feste Verlegung, vor Sonneneinstrahlung schützen. |
|  | Datenleitung (Kat. 7) | J-02YSCH | 225/225 | 2 bis 400 | $d = 0{,}56$ | Zur Verbindung von Kommunikationsanlagen in Büro- und Verwaltungsgebäuden. |
|  | PVC-Steuerleitung | NYSLYÖ | 300/500 | 3 bis 60 | $A = 0{,}5$ bis 2,5 | Anschluss- und Verbindungsleitung für Steuergeräte an Werkzeugmaschinen, Fließ- und Montagebändern, in trockenen und nassen Räumen. |
|  | Bus-Leitung | YCYM | 250/250 | 2 und 4 | $d = 0{,}8$ | Für Bussysteme der Gebäudesystemtechnik (KNX), für feste Verlegung, vor Sonneneinstrahlung schützen. |
|  | MSR-Leitung | PYCYM | 250/250 | 2 bis 100 | $d = 0{,}6$ und 0,8 | Geschirmte, paarig verseilte Leitung zur Messwert- und Prozessdatenübertragung, für feste Verlegung, vor Sonneneinstrahlung schützen. |

* $U_0$ größte zulässige Spannung Leiter gegen Erde; $U$ größte zulässige Spannung Leiter gegen Leiter
** $A$ Leiterquerschnitt; $d$ Leiterdurchmesser

**Tabelle: Leitungen für spezielle Anwendungen**

| Leitungsaufbau | Bezeichnung | Kurzzeichen | Eigenschaften | Verwendung |
|---|---|---|---|---|
|  | LWL-Breakoutkabel | AT-V(ZN)HH-0104 | • 2 bis 18 verseilte Quarzglasfasern,<br>• Außenmantel halogenfrei und nicht flammenausbreitend,<br>• Biegeradius: 12 x Kabeldurchmesser. | Für einfache Verbindungen von LWL-Verteilungen im Innen- und Außenbereich. |
|  | LWL-Universalkabel | A-I-D(ZN)H-0102 | • 2 bis 24 verseilte Quarzglasfasern mit Bündelader,<br>• Außenmantel halogenfrei und flammwidrig,<br>• kleiner Durchmesser und geringes Gewicht,<br>• Biegeradius: 15 x Kabeldurchmesser | Für Verbindungen von Datennetzen im Innen- und Außenbereich. Sehr leichte Verlegung in Rohren und Kabelkanälen. Längswasserdicht und gegen Nagetiere geschützt. |
|  | POF-Kabel | I-V2Y11Y1P980/1000 | • 1 oder 2 Quarzglasfasern,<br>• schwarzer Mantel aus PE, 11Y-Version zusätzlicher orangener Außenmantel auf PUR-Basis,<br>• Dämpfung: max. 200 dB/km,<br>• Adern auftrennbar,<br>• Biegeradius: 10 x Kabeldurchmesser. | Für Verbindungen von Datennetzen und industriellen Feldbus-Applikationen, 2Y-Version im Innenbereich, 11Y-Version für raue Umgebungsbedingungen im Außenbereich. Maximale Streckenlänge 100 m. |
|  | Brandmeldekabel | JE-H(St)H... Bd-484 | • 2 bis 52 Aderpaare,<br>• eindrähtiger Cu-Leiter,<br>• Aderdurchmesser 0,8 mm,<br>• Mantelfarbe rot oder orange,<br>• halogenfrei und flammwidrig,<br>• Biegeradius: 6 x Kabeldurchmesser | Für feste Verlegung in trockenen und feuchten Räumen und an geschützten Außenwänden im Freien. Zur Signalübertragung in Brandmelde- und ELA-Anlagen. |
|  | Koaxkabel | Koaxkabel-305 | • Innenleiter aus Cu mit einem Durchmesser von 0,65 bis 1,63 mm und PE-Isolierung,<br>• Außenleiter (Abschirmung) aus alukaschierter Polyesterfolie oder Cu-Draht-Geflecht und PVC-Isolierung,<br>• Außendurchmesser 3,0 bis 7,2 mm,<br>• Wellenwiderstand 75 Ω,<br>• Biegeradius: 1 x Kabeldurchmesser | Zur Hochfrequenzübertragung in Sende-, Empfangs- und Telekommunikationsanlagen. Videokabel übertragen mit geringer Dämpfung (2,0 bis 4,5 dB/100 m) analoge und digitale Fernsehsignale zwischen Kamera und Monitor. |
|  | Fernmeldekabel | J-YY...Bd-410 | • 1 bis 100 Aderpaare,<br>• je 4 Adern zum Sternvierer verseilt,<br>• eindrähtiger Cu-Leiter,<br>• Aderdurchmesser 0,6 mm,<br>• grauer Außenmantel auf PVC-Basis, flammwidrig,<br>• Biegeradius: 7,5 x Kabeldurchmesser | Zur Installation von Fernmeldeanlagen, für feste Verlegung in Innenräumen. Die paarige Verseilung ermöglicht sehr niedrige Kopplungswerte (ca. 100 bis 300 pF pro 100 m). |
|  | Fernmeldeaußenkabel | A-2Y(L)2Y... St III Bd-440 | • 2 bis 600 Adern,<br>• 4 Adern zum Sternvierer, 5 Vierer zum Hauptbündel verseilt,<br>• eindrähtiger Cu-Leiter mit 0,6 oder 0,8 mm Durchmesser,<br>• schwarzer Außenmantel auf PE-Basis, mit Aluminiumband fest verklebt,<br>• Biegeradius: 10 x Kabeldurchmesser | Als Ortsverbindungskabel für Fernmeldeanlagen. Verlegung im Erdreich, Kabelkanälen und im Innenbereich zulässig. Einsatz in explosionsgefährdeten Bereichen nur mit zusätzlichen Schutzmaßnahmen (Herstellerangaben beachten) möglich. Kopplungswerte bis 400 pF pro 300 m. |

## 2.3 Kabel

Kabel **(Übersicht)** können im Vergleich zu den isolierten Leitungen zusätzlich Mäntel und Bewehrungen haben **(Bild 1)**.

Kabel dürfen unter erschwerten Bedingungen, z. B. im Erdreich, in Wasser oder in Beton, verlegt werden.

Als **Leiterwerkstoff** verwendet man vor allem Aluminium, bei kleinen Querschnitten auch Kupfer.

**Konzentrische Leiter (Bild 1)** dienen als PE- oder PEN-Leiter sowie als Schutz gegen mechanische Beschädigungen. Da sie nicht isoliert sind, dürfen diese aber nicht als Neutralleiter verwendet werden. Bei Kunststoffkabeln besteht der konzentrische Leiter aus Kupfer, bei Massekabeln kann auch Aluminium verwendet werden.

Durch **sektorförmige Leiter (Bild 2)** erreicht man bei Kabeln mit großen Leiterquerschnitten eine gute Ausnutzung des Kabelquerschnitts.

Die **Leiterisolierung** besteht bei Niederspannungskabeln meist aus PVC, bei Kabeln bis 35 kV aus Polyethylen (PE) oder Papier, das mit einer Imprägniermasse getränkt ist. Kabel, die stärkeren mechanischen Belastungen ausgesetzt sind, haben unter dem Mantel eine Schutzhülle aus getränktem Papier. Diese Umhüllung nennt man Gürtelisolierung. Sie dient als Polster zum Druckausgleich bei mechanischer Beanspruchung, z. B. beim Biegen. An der Farbe des Außenmantels kann man die Einsatzgebiete der Kabel erkennen **(Tabelle)**.

**Kunststoffkabel** enthalten als Leiter- und Mantelisolierung Kunststoffe. Sie können auch eine Bewehrung haben. Kunststoffkabel haben gegenüber Massekabeln ein geringeres Gewicht und eine höhere Elastizität. Sie lassen sich leichter verarbeiten. Kunststoffkabel werden in Nieder- und Mittelspannungsanlagen eingesetzt.

**Massekabel** sind ein- oder mehradrige papierisolierte Kabel mit einem oder mehreren Metallmänteln. Sie haben eine äußere Umhüllung aus Jute oder Kunststoff. Die einfachsten Massekabel sind die Gürtelkabel, die für Spannungen bis 10 kV hergestellt werden.

**Einleiterkabel** führen die Wärme besser ab und sind deshalb höher belastbar als Mehrleiterkabel. Dreimantelkabel enthalten 3 Einleiterkabel, die durch eine gemeinsame Umhüllung und Bewehrung zusammengefasst sind.

**Sonderkabel** werden für spezielle Aufgaben hergestellt, z. B. Ölkabel in Hochspannungsanlagen, Fluss- und Seekabel, Kabel für den Bergbau, Schiffskabel und Steuerkabel.

**Übersicht: Einteilung der Kabel nach**

- **Verwendungszweck**
  - Energiekabel
  - Steuerkabel
- **Bauart**
  - Kunststoffkabel
  - Massekabel
  - Ölkabel
- **Bemessungsspannung**
  - Niederspannungskabel $U_0/U$* bis 0,6/1 kV
  - Mittelspannungskabel $U_0/U$ bis 18/30 kV
  - Hoch- und Höchstspannungskabel ab 110 kV

* $U_0$ größte zulässige Spannung zwischen Leiter und metallischer Umhüllung bzw. Erde
$U$ größte zulässige Spannung zwischen den Leitern.

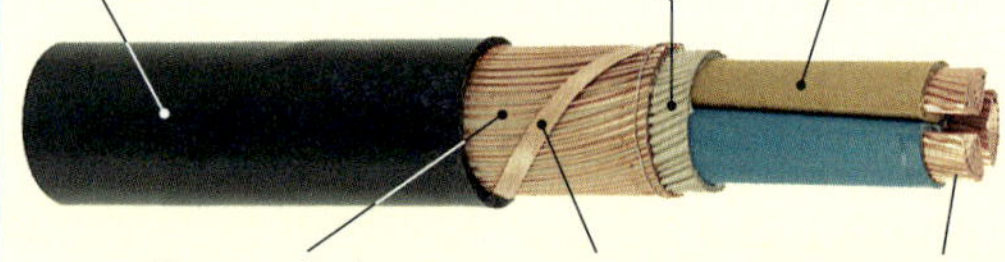


**Bild 1: Energiekabel NYCWY**

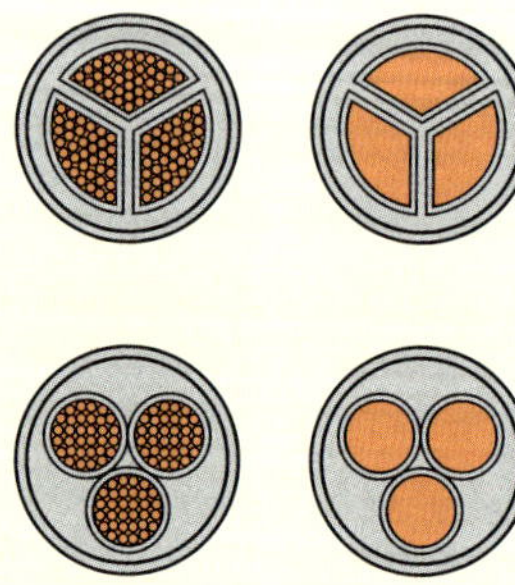


**Bild 2: Leitertypen**

Kabelarten: **Seite 29**

**Tabelle: Farben der Kabelmäntel**

| Farbe | Einsatzgebiet |
|---|---|
| schwarz | Energiekabel bis 1 kV |
| rot | Energiekabel über 1 kV |
| gelb | Kabel in Bergwerken und Leuchtröhrenanlagen |
| hellblau | Kabel für eigensichere Stromkreise |

Die Typkurzzeichen nach DIN VDE 0276-603 **(Tabelle 1)** beschreiben die Kabeleigenschaften.

**Tabelle 1: Typkurzzeichen von Starkstromkabeln (Auswahl)**

Beispiel: NYCWY-O 4 x 50 SM 0,6/1 kV

| N | | Y | CW | | Y | - O | 4 | x 50 | SM | 0,6/1 kV |
|---|---|---|---|---|---|---|---|---|---|---|
| 1 | 2 | 3 | 4 | 5 | 6 | 7 | 8 | 9 | 10 | 11 |

**1 Kennzeichnung**

- **N:** VDE-Norm
- **X:** in Anlehnung an VDE

**2 Leiterart**

- **A:** Aluminium
- **–:** Kupfer

**3 Isolierwerkstoff der Adern**

- **Y:** PVC
- **2X:** vernetztes PE (VPE)
- **–:** imprägniertes Papier

**4 Konzentrischer Leiter, Schirm**

- **C:** konzentrischer Leiter aus Cu
- **S:** Kupfer-Schirm
- **W:** wellenförmig
- **E:** pro Einzelader
- **H:** leitfähige Schicht
- **(F):** längswasserdicht

**5 Bewehrung**

- **B:** Stahlband
- **F:** Flachdraht verzinkt
- **G:** Gegenwendel aus verzinktem Stahl
- **R:** Runddraht verzinkt

**6 Mantel**

- **A:** Faserstoffe
- **K:** Blei
- **KL:** Aluminium
- **Y:** PVC (Polyvinylchlorid)
- **2Y:** PE (Polyethylen)

**7 Schutzleiter**

- **J:** mit Schutzleiter
- **O:** ohne Schutzleiter

**8 Anzahl der Adern**

**9 Leiterquerschnitt in mm²**

**10 Leiterform**

- **R:** rund
- **S:** sektorförmig
- **O:** oval
- **E:** eindrähtig
- **M:** mehrdrähtig
- **H:** Hohlleiter

**11 Bemessungsspannung $U_0 / U$**

- **$U_0$:** größte zulässige Spannung Leiter gegen Erde
- **$U$:** größte zulässige Spannung Leiter gegen Leiter

**Tabelle 2: Kabelarten (Auswahl)**

| Kabelaufbau | Kurzzeichen | Bemessungsspannung $U_0/U$* | Besonderheiten im Aufbau | Verwendung |
|---|---|---|---|---|
|  | NYY | 0,6/1 kV | Kunststoffkabel mit Cu-Leiter, Aderumhüllung und Außenmantel aus Kunststoff. | Energiekabel für Ortsnetze, wenn mechanische Beschädigungen nicht zu erwarten sind. Auch in Innenräumen, Installationskanälen und im Freien. |
|  | NAYY | 0,6/1 kV | Wie NYY, jedoch mit eindrähtigem Al-Leiter. | |
|  | NYCWY | 0,6/1 kV | Mit konzentrischem wellenförmigem Schutzleiter aus Cu-Drähten. | Energiekabel für Ortsnetze, wenn Schutz gegen mechanische Beschädigung notwendig ist. |
|  | NAKBA | 6/10 kV | 3-adriges Massekabel, mehrdrähtiger Al-Leiter, Aderumhüllung aus Papier, Bleimantel, Stahlbandbewehrung. | In Anlagen bis 10 kV, Verlegung in Erde, Luft, Wasser, Beton. |
|  | N2XH | 0,6/1 kV | Steuerkabel, bis zu 40 Adern. | Feste Installation für Mess-, Signal- und Steuerzwecke. |

* $U_0$ größte zulässige Spannung Leiter gegen Erde;
$U$ größte zulässige Spannung Leiter gegen Leiter.

**Kabelgarnituren (Übersicht)** dienen dazu, Verbindungen von Kabeln untereinander oder zu anderen Bauteilen herzustellen.

**Anforderungen an Kabelgarnituren:**

- Herstellen sicherer elektrischer Verbindungen,
- sichere Verbindung der metallischen Aufbauelemente,
- Schutz gegen Eindringen von Wasser,
- thermische Beständigkeit,
- mechanische Festigkeit.

**Verbindungsmuffen** verbinden zwei Kabelenden.

**Abzweigmuffen (Bild 1)** stellen einen Kabelabzweig her, z.B. bei einem Hausanschluss.

**Übergangsmuffen** verwendet man z.B. zur Verbindung eines Massekabels mit einem Kunststoffkabel.

**Sperrmuffen** begrenzen den Druck in Öl- oder Massekabeln, insbesondere auf Strecken mit großen Höhenunterschieden.

**Kabelendverschlüsse (Bild 2).** Kunststoffkabel bis 1 kV benötigen bei Innenraumanlagen meist keinen Endverschluss. Die Leiterenden werden mit Kabelschuhen versehen.

Kabel mit Spannungen über 1 kV enthalten an jedem Kabelende einen Kabelendverschluss aus Kunststoff oder aus Gießharz.

Kabel für Freiluftanlagen erhalten meist zusätzlich eine Regenschutzglocke an jedem Kabelende und an der Aufteilungsstelle.

Massekabel haben meist einen Endverschluss mit Vergussmasse. Mehrleiterkabel teilt man ebenso wie Kunststoffkabel in Einzeladern auf. Die Aderenden erhalten einen Überzug aus Kunststoffschläuchen. Der Endverschluss besteht meist aus einer durchsichtigen Kunststoffform, die mit Vergussmasse gefüllt wird. Metallmäntel von Kabeln werden zusätzlich mit einem Kupferseil oder mit Schellen angeschlossen und geerdet.

Als **Vergussmasse** verwendet man meist kalthärtendes Epoxidharz, das unmittelbar vor dem Vergießen der Kabelmuffen aus dem Grundharz und einem Härter gemischt wird. Ferner verwendet man bereits fertig gemischtes Gießharz auf Polyurethanbasis. Die Aushärtezeit beträgt 1 bis 3 Stunden.

**Übersicht: Kabelgarnituren**

- **Kabelmuffen**
  - Verbindungsmuffen
  - Abzweigmuffen
  - Übergangsmuffen
  - Sperrmuffen
- **Kabelendverschlüsse**
  - Innenraum-Endverschlüsse
  - Freiluft-Endverschlüsse

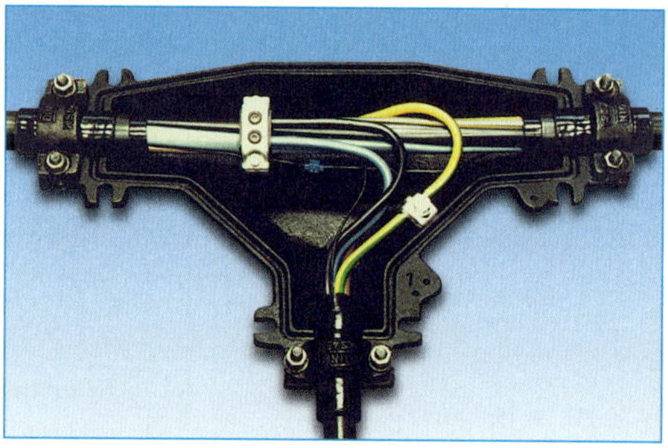

**Bild 1: Abzweigmuffe**

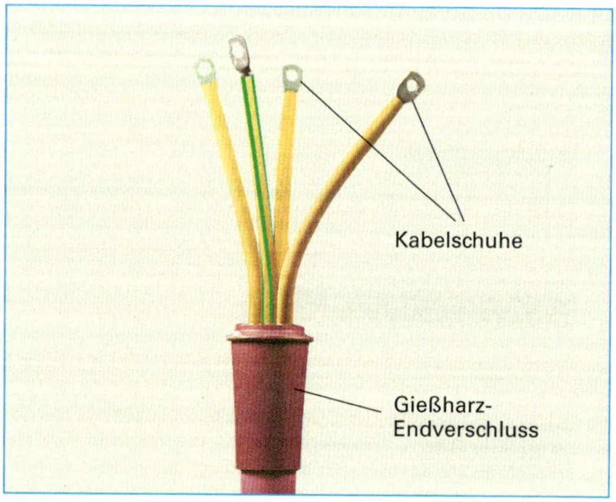


**Bild 2: Kabelendverschluss**

## Wiederholungsfragen

1 **Wodurch unterscheiden sich Leitungen und Kabel?**
2 **Welche Leiterformen werden unterschieden?**
3 **Welche Leiterarten gibt es und wo werden sie angewendet?**
4 **Beschreiben Sie den Aufbau und nennen Sie die Aderfarben der Leitungen NYM-J 5x1,5 und H07RN-F 5X1,5.**
5 **Welche Aderfarben sind zum Anschluss von a) Neutralleiter, b) Schutzleiter, c) PEN-Leiter vorgeschrieben?**
6 **Welche Leitung verwendet man beim KNX-Bus?**
7 **Worin unterscheiden sich Masse- von Kunststoffkabeln?**
8 **Welche Aufgabe hat ein konzentrischer Leiter bei Kabeln?**
9 **Wozu dienen Kabelmuffen und Endverschlüsse?**

# 3 Verlegen von Leitungen und Kabeln

Elektrische Betriebsmittel, z.B. Schalter, Steckdosen und Leuchten, werden mithilfe von Leitungen oder Kabeln zu elektrischen Stromkreisen verbunden. Das Verlegen von Leitungen und Kabeln hat fachgerecht nach den DIN-VDE-Vorschriften, DIN-Normen und den Unfallverhütungsvorschriften zu erfolgen.

## 3.1 Grundsätze der Leitungsverlegung

Die Planung des Leitungsweges setzt eine genaue Kenntnis der gewünschten Anschlussstellen mit den erforderlichen Maßen voraus. Künftige Erweiterungsmöglichkeiten müssen bereits in die Planung der Neuanlage aufgenommen werden. Bei der Wahl des Leitungsweges sollen Bereiche, in denen zu einem späteren Zeitpunkt z.B. Sanitär- oder Heizungsinstallationen zu erwarten sind, gemieden werden. Damit beim Anbringen von Gegenständen an den Wänden durch Schrauben, Haken oder Nägel keine Leitungen beschädigt werden, muss man den Leitungsverlauf verfolgen können. Im Wohnbereich sind die Installationszonen **(Seiten 127 und 128)** zu beachten.

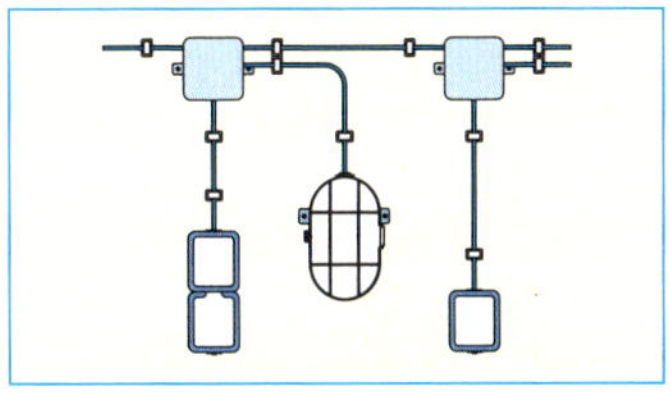

**Bild 1: Richtige Leitungsführung bei der Wandinstallation**

**Regeln der Leitungsverlegung:**

- Bei Wandinstallationen verlegt man Leitungen immer senkrecht oder waagerecht **(Bild 1)**.
- Sichtbar verlegte Leitungen sollen möglichst unauffällig verlegt werden, z.B. entlang bestehender Kanten von Türfüllungen.
- Elektrische Leitungen sind in ihrem gesamten Verlauf gegen mechanische Beschädigungen zu schützen, z.B. durch
  - Verlegen in Schutzrohren oder in Leitungskanälen,
  - Verlegen im und unter Putz.
- Mantelleitungen und Kabel gelten als ausreichend geschützt.

Bei Wandinstallationen führt man Leitungen immer senkrecht oder waagerecht. Leitungen sollen möglichst unauffällig verlegt werden.

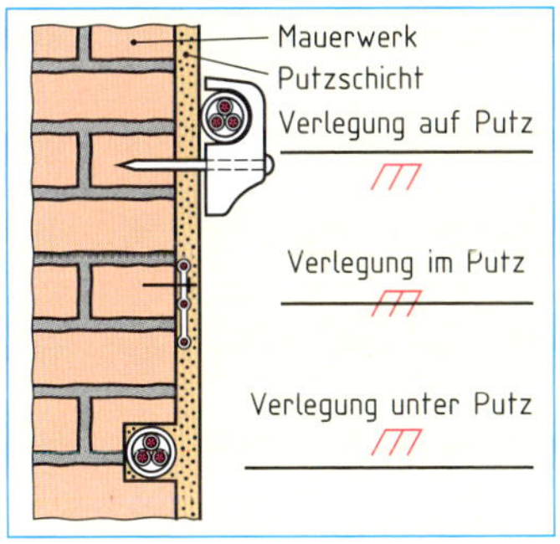


**Bild 2: Die klassischen Verlegearten**

Besonders gefährdet sind auf Putz verlegte Leitungen im Bereich von Fußbodendurchführungen, in Toreinfahrten oder an Treppenabgängen. An solchen Stellen mit besonderer Gefährdung ist daher ein zusätzlicher Schutz erforderlich, z.B. durch druckfeste Installationsrohre oder Installationskanäle aus Kunststoff oder Metall.

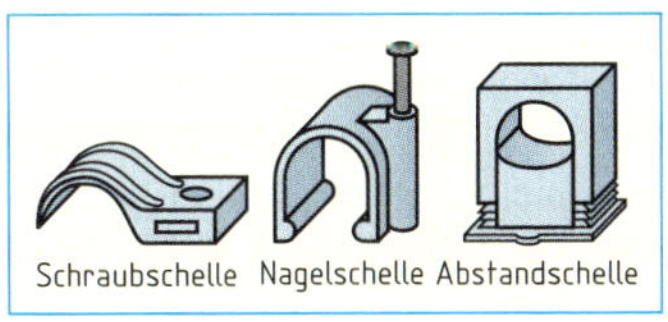


**Bild 3: Befestigungsschellen zur Leitungsverlegung auf Putz**

## 3.2 Die klassischen Verlegearten

Zu den klassischen Verlegearten **(Übersicht)** gehören die Leitungsverlegung auf Putz, die Leitungsverlegung im Putz und die Leitungsverlegung unter Putz **(Bild 2)**.

**Übersicht: Verlegearten von Leitungen und Kabeln**

| Klassische Verlegearten | Im Fertigbau | In Kanalsystemen | Sonderverlegungen |
|---|---|---|---|
| • Verlegung auf Putz | • im Beton | • in Installationskanälen | • im Erdreich |
| • Verlegung im Putz | • in Hohlwänden | • Unterflurinstallation | • als Freileitungen |
| • Verlegung unter Putz | | | • auf Kabeltragegestellen |

### 3.2.1 Leitungsverlegung auf Putz

Bei der Verlegung auf Putz wird die Leitung direkt auf der Unterlage oder mithilfe von Abstandschellen befestigt. In trockenen Räumen werden einlappige Schraub- oder Nagelschellen verwendet. In feuchten oder nassen Räumen, Kellerräumen oder Industriehallen verwendet man meist Abstandschellen **(Bild 3)**.

**Auf Putz verlegte Leitungen bleiben sichtbar. Sie müssen deshalb gleichmäßig und formschön verlegt werden.**

**Regeln für die Einteilung der Befestigungsschellen bei der Aufputzinstallation.**

- Die erste Befestigungsschelle wird mit einem Abstand $b = 80$ mm zur Außenkante der Betriebsmittel gesetzt **(Bild 1)**.
- An den Übergängen vom waagerechten zum senkrechten Leitungsweg werden gleichmäßige Bögen ausgeformt.
- Der Mindestbiegeradius $R$ nicht harmonisierter Leitungen, z.B. NYM-J, beträgt $R \geq 4 \cdot d$ **(Tabelle)**.
- Die erste Befestigungsschelle nach einem Bogen ordnet man etwa 50 mm nach dem Bogenende an **(Bild 1)**. Den Abstand $a$ der ersten Befestigungsschelle nach dem Bogen, gemessen vom Schnittpunkt des waagerechten und senkrechten Leitungsweges, berechnet man: $a = R + 50$ mm.
- Die Zwischenräume, z.B. zwischen der ersten Schelle nach der Abzweigdose und der Schelle vor dem Schalter, teilt man in gleich große Befestigungsabstände $s$ ein **(Bild 1)**.

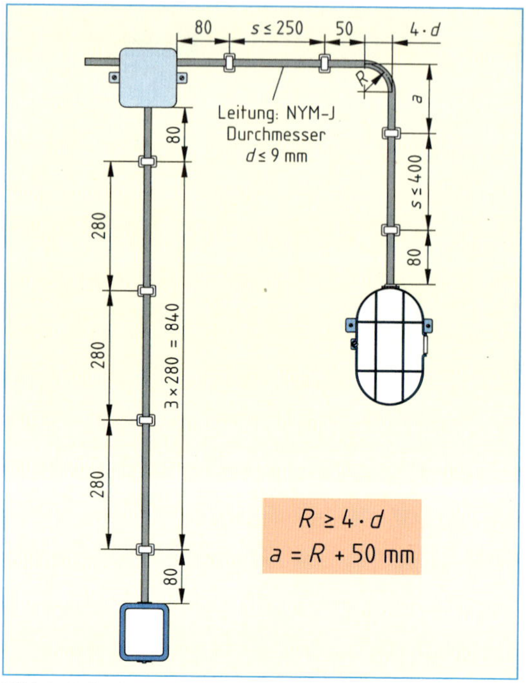


**Bild 1: Beispiel einer Schelleneinteilung bei der Leitungsverlegung**

| **Übersicht: Maximale Befestigungsabstände $s$ (nach DIN VDE 0298-300, Auszug)** | | |
|---|---|---|
| Leitungsdurchmesser $d$ | Befestigungsabstand $s$ bei Verlegung | |
| | waagerecht | senkrecht |
| $d \leq 9$ mm | $\leq 250$ mm | $\leq 400$ mm |
| 9 mm $< d \leq 15$ mm | $\leq 300$ mm | $\leq 400$ mm |

**Beispiel:**

**a)** Bestimmen Sie den Mindestbiegeradius $R$ einer Mantelleitung NYM-J 3 x 1,5 mm² mit einem Leitungsdurchmesser von $d = 10$ mm.

**b)** Legen Sie den Abstand $a$ der ersten Schelle zum Schnittpunkt des Leitungsweges fest.

**Lösung:**

**a)** $\boldsymbol{R} = 4 \cdot d = 4 \cdot 10\text{ mm} = \mathbf{40\text{ mm}}$

**b)** $\boldsymbol{a} = R + 50\text{ mm} = 40\text{ mm} + 50\text{ mm} = \mathbf{90\text{ mm}}$

**Anordnung der Befestigungsschellen.**

Leitungen, die ohne Abstand auf dem Mauerwerk verlegt werden, können mit einlappigen Schellen befestigt werden. Die Schellen sind dabei so zu befestigen, dass die Befestigungsmittel, z.B. Stahlnägel, unterhalb der Leitung angeordnet sind. Die Schelle soll die Leitung tragen **(Bild 2a)**.

Bei einer Leitungsverlegung über Sockelleisten oder auf Mauervorsprüngen darf die Befestigungsschelle auch hängend angeordnet werden **(Bild 2b)**.

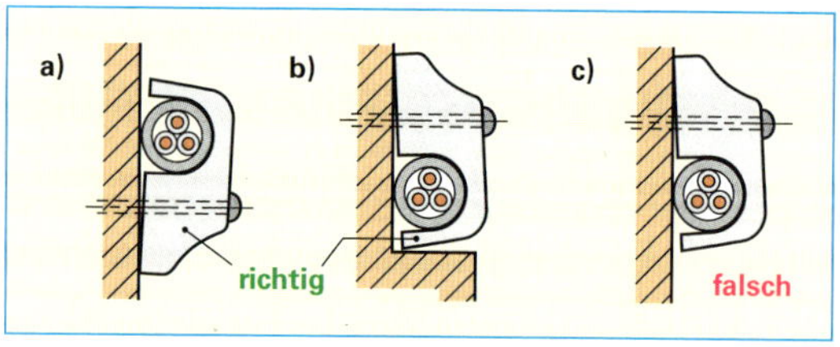


**Bild 2: Anordnung der Befestigungsschellen**

| **Tabelle: Mindestbiegeradien für fest verlegte Leitungen und Kabel** | | | | |
|---|---|---|---|---|
| Nicht harmonisierte Leitungen und Kabel | | | Harmonisierte Leitungen | |
| nach DIN VDE 0298-3 | nach DIN VDE 0276-603 | | nach DIN VDE 0298-300 | |
| Leitungen, z.B. NYM-J | Kabel, z.B. NYY-J, NYCWY-J | | z.B. H05VV-F, H07RN-F | |
| Mindestbiegeradius $R$<br>$R \geq 4 \cdot d$ | Aufbau des Kabels | Mindestbiegeradius $R$ | Leitungsdurchmesser $d$ | Mindestbiegeradius $R$ |
| | einadrige Kabel | $15 \cdot d$ | bis 12 mm | $3 \cdot d$ |
| | mehradrige Kabel | $12 \cdot d$ | über 12 mm | $4 \cdot d$ |

Bei mehreren parallel zueinander verlegten Leitungen bleibt der Leitungsabstand *e* im Bogenbereich unverändert. Der kleinste Bogen wird so ausgeformt, dass der Mindestbiegeradius der Leitung nicht unterschritten wird **(Bild 1)**.

> Bei parallel verlegten Leitungen werden die äußeren Bögen an den kleinsten inneren Bogen angepasst.

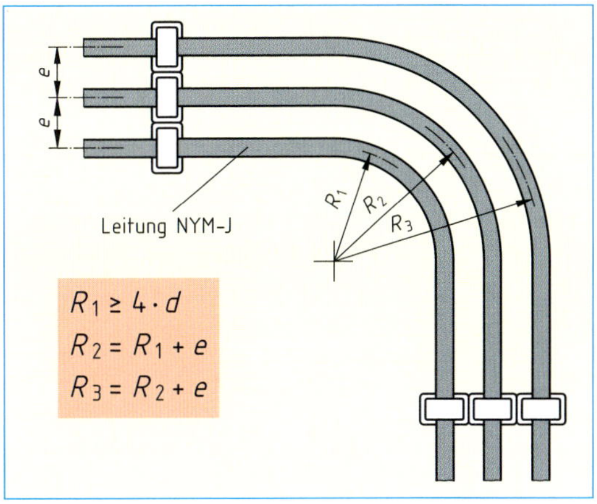


**Bild 1: Parallel verlegte Leitungen im Bogenbereich**

**Befestigen mit Dübeln.**

Zum Befestigen der Betriebsmittel und Schellen verwendet man meist Spreizdübel aus Kunststoff.

Zum Bohren der Dübellöcher **(Bild 2a)** benutzt man Schlagbohrmaschinen oder Bohrhämmer mit Gesteinsbohrern, die mit Hartmetallplättchen bestückt sind.

> Um einen festen Sitz der Betriebsmittel zu erreichen, müssen Durchmesser und Tiefe des Bohrloches, der geeignete Dübel für den vorhandenen Werkstoff, sowie die eingesetzte Schraube aufeinander abgestimmt sein.

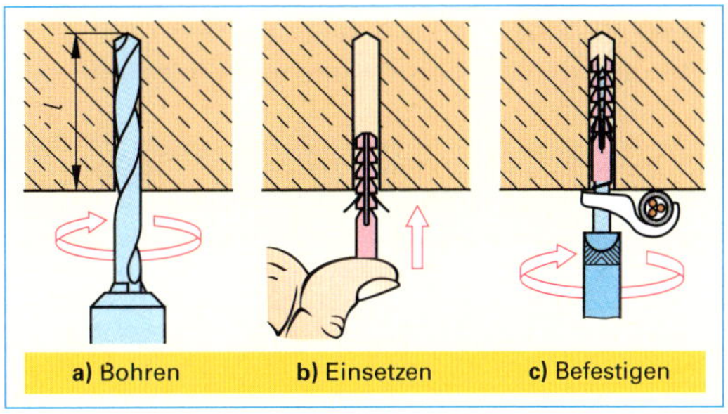


**Bild 2: Arbeitsgänge beim Setzen von Dübeln**

**Spreizdübel.** Am Spreizdübel längs verlaufende Flügel bzw. Kanten sichern diesen gegen Verdrehen. Für einen Spreizdübel, z.B. 6 × 30 mm, muss das Bohrloch einen Durchmesser von 6 mm und eine Tiefe von etwa 40 mm haben **(Bild 3)**. Die Befestigungsschraube mit einem Durchmesser von 4 bis 5 mm wird in ihrer Länge so gewählt, dass sie nach dem Eindrehen mindestens um den Durchmesser der Schraube über das Dübelende hinausreicht **(Bild 3)**.

> Die Länge *l* der Holzschraube ergibt sich aus der Addition von Dübellänge, Schraubendurchmesser und Materialstärke des zu befestigenden Bauteils **(Bild 3)**.

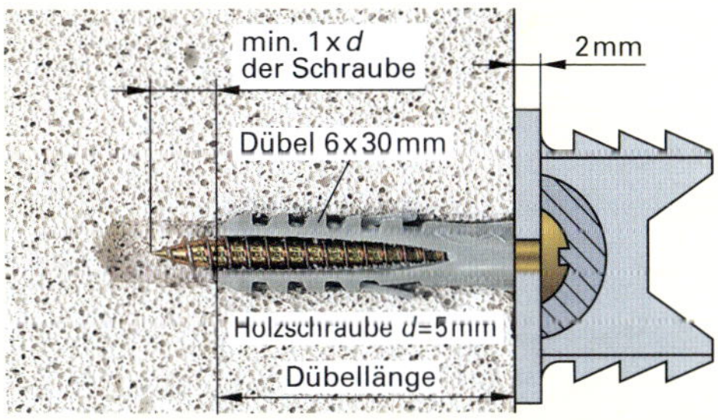


Bestimmen Sie die Länge *l* der Befestigungsschraube.
**Lösung:** $l = 30\text{ mm} + 5\text{ mm} + 2\text{ mm} = 37\text{ mm}$
gewählt: **40 mm**

**Bild 3: Befestigung eines Schellenunterteils mit einem Spreizdübel**

**Schwerlastdübel.**

Zur Montage schwerer Gegenstände, z.B. von Warmwasserspeichern oder Schaltschränken, verwendet man Schwerlastdübel mit metrischem Gewinde **(Bild 4)**. Durch Anziehen der Schlitzmutter wird der Konus in die Spreizhülle gezogen und verspannt diese gegen die Bohrlochwand. Mit der Sechskantmutter wird der zu montierende Gegenstand befestigt.

> Zur Montage von z.B. Antennenmasthalterungen sind ausschließlich Schwerlastdübel aus Metall zulässig.

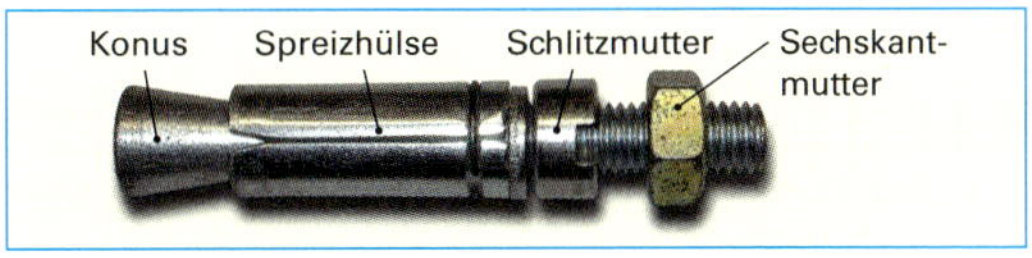


**Bild 4: Schwerlastdübel**

**Gipskartondübel (Bild 5a)** verwendet man zur Befestigung von z.B. Leuchten an Gipskartonplatten.

Der Gipskartondübel wird bei Plattenstärken bis 15 mm mit dem Setzwerkzeug **(Bild 5b)** ohne Vorbohren formschlüssig in die Gipskartonplatte eingedreht. Zur Befestigung können Holz-, Blech- und Spanplattenschrauben verwendet werden. Das Setzwerkzeug eignet sich auch zum Eindrehen der Schrauben.

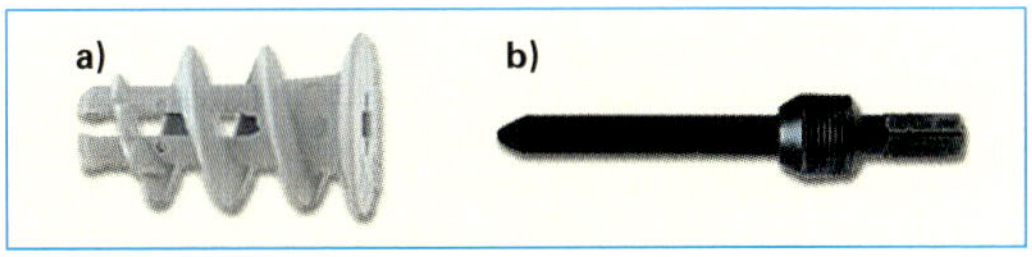


**Bild 5: Gipskartondübel mit Setzwerkzeug**

**Einführung der Leitung in Betriebsmittel.**

Bei der Installation in trockenen Räumen sind die Unterteile oder Einsätze der Betriebsmittel, z. B. Schalter, Steckdosen oder Verbindungsdosen, durch die Oberteile so abgedeckt, dass man keine spannungsführenden Teile berühren kann (Basisschutz, **Seite 214**).

Die Leitungseinführungen müssen dem Außendurchmesser der Leitung angepasst werden.

Die äußere Umhüllung der Leitung muss etwa 2 mm in das Gehäuse des Betriebsmittels hineinragen und darf nicht vor der Abdeckung enden.

An allen Betriebsmitteln für die Installation in feuchten oder nassen Räumen sind die Leitungseinführungen gegen Eindringen von Feuchtigkeit abzudichten. Leitungseinführungen können durch **Kabelverschraubungen (Bild 1a)** oder durch **Würgenippel (Bild 1b)** abgedichtet werden. Kabelverschraubungen werden in Kunststoff- oder in Metallausführung hergestellt.

Kabelverschraubungen müssen dem Leitungsdurchmesser angepasst sein.

Zwischen Oberteil und Unterteil des Betriebsmittels ist zusätzlich eine Dichtung erforderlich.

**Beispiel:**

Welche Kabelverschraubungen passen zu einer Leitung mit einem Außendurchmesser von 12 mm?

**Lösung:**

Metrische Verschraubung der Größe M20 oder M25 **(Tabelle)**.

Bei Kabelverschraubungen **(Bild 1a)** muss die Gummidichtung fest auf der äußeren Umhüllung der Feuchtraumleitung sitzen. Damit eine Aderverletzung an einer scharfen Kante oder an einem Grat der Kabelverschraubung vermieden wird, soll der Leitungsmantel der eingeführten Leitung etwa 2 mm **(Bild 2)** über die innere Kante der Kabelverschraubung in das Gehäuse des Betriebsmittels hineinragen. Die Schraubhülse der Kabelverschraubung wird mit einem Gabelschlüssel fest angezogen.

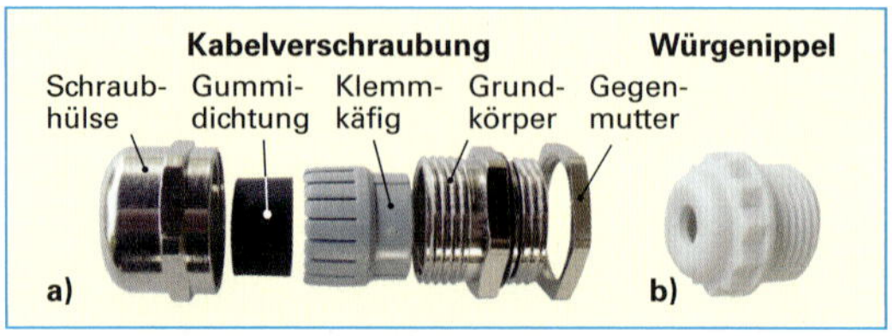


**Bild 1: Aufbau von a) Kabelverschraubung und b) Würgenippel**

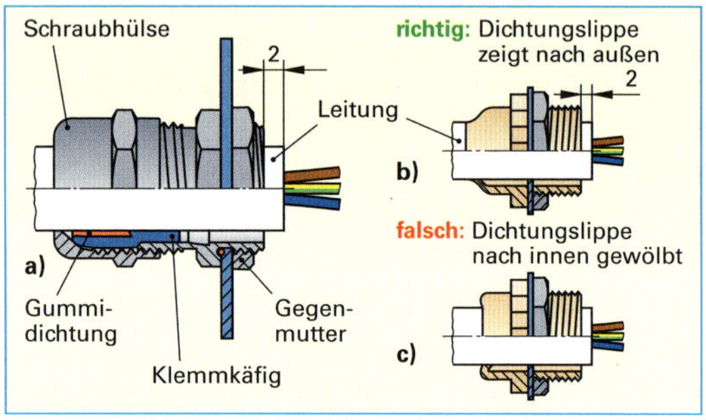


**Bild 2: Leitungseinführung mit Kabelverschraubung und mit Würgenippel**

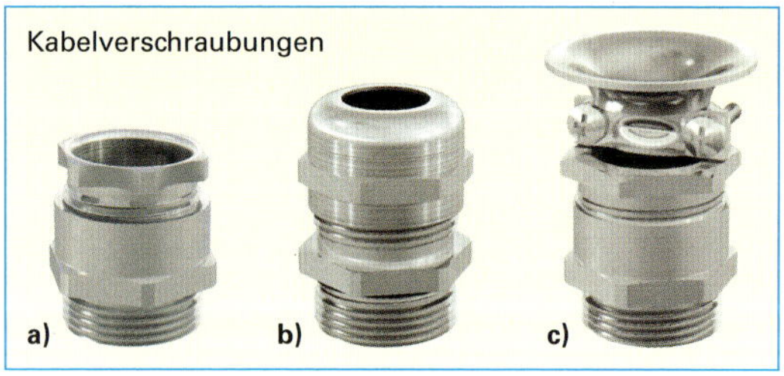


**Bild 3: Kabelverschraubung, a) ohne Zugentlastung, b) mit Klemmkäfig, c) mit Zugentlastung**

**Tabelle: Nenngröße und Dichtbereich von Kabelverschraubungen**

| Nenngröße M* | 12 | 16 | 20 | 25 | 32 | 40 | 50 | 63 |
|---|---|---|---|---|---|---|---|---|
| Dichtbereich in mm | | | | | | | | |
| von | 3 | 5 | 6 | 11 | 15 | 19 | 27 | 34 |
| bis | 6 | 10 | 12 | 17 | 21 | 28 | 38 | 44 |

* Metrisches ISO-Gewinde nach DIN EN 60423

Bei einer Leitungseinführung in ortsveränderliche Betriebsmittel dürfen Kabelverschraubungen **(Bild 3a, 3b)** oder Würgenippel nicht die Zugentlastung für Kabel oder isolierte Leitungen ersetzen. Es müssen besondere Zugentlastungsschellen oder Kabelverschraubungen mit Zugentlastung verwendet werden **(Bild 3c)**.

**Wiederholungsfragen**

1. **Warum werden Leitungen an Wänden immer waagerecht oder senkrecht verlegt?**
2. **Nennen Sie die drei klassischen Verlegearten für elektrische Leitungen.**
3. **Mit welchem Radius darf eine Mantelleitung NYM-J mit einem Außendurchmesser von 12 mm gebogen werden?**
4. **In welchem Abstand wird bei Mantelleitungen die erste Befestigungsschelle gesetzt a) zu Betriebsmitteln, b) nach Bögen?**
5. **Welche Befestigungsabstände *s* sollen bei einer waagerecht geführten Leitung mit Ø 9 mm auf Putz nicht überschritten werden?**
6. **Wie müssen einlappige Befestigungsschellen bei waagerechter Leitungsführung angeordnet werden?**

## 3.2.2 Leitungsverlegung im Putz

Bei der Verlegung im Putz werden die Leitungen, z. B. Mantelleitungen oder Stegleitungen, direkt auf dem Rohmauerwerk verlegt. Diese Verlegeart findet vor allem Anwendung an Gebäudeteilen aus Spann- oder Schüttbeton und an Wänden, die aus statischen Gründen ein Ausfräsen von Leitungsschlitzen nicht zulassen. Um die Putzstärke gering zu halten, wird hauptsächlich Stegleitung (NYIF-J, **Seite 25**) verwendet.

Stegleitungen sind nur in trockenen Räumen im Putz oder unter Putz verlegt zulässig. Stegleitungen dürfen nicht auf brennbaren Baustoffen, z. B. auf Holz, verlegt werden (DIN VDE 0100-520).

In Räumen mit Badewanne oder Dusche **(Seite 132)** dürfen Stegleitungen in Wänden, Decken, Dachschrägen und fest angebrachten Abtrennungen bis zu einer Tiefe von 6 cm, gemessen von der Wandoberfläche, nicht verlegt werden.

Nach dem Verputzen müssen die Stegleitungen von einer mindestens 4 mm starken Putzschicht bedeckt sein.

Stegleitungen dürfen nur dann ohne Putzabdeckung in Hohlräumen von Decken und Wänden verlegt sein, wenn die Hohlräume durch nicht brennbare Baustoffe, z. B. Beton oder Ziegelsteine, begrenzt sind. In Elektroinstallationsrohren oder in Installationskanälen dürfen Stegleitungen nicht verlegt werden. Bei einer Verlegung in Rohren oder Kanälen ist die erforderliche Wärmeabführung für die zulässige Strombelastbarkeit nicht sichergestellt. Eine Verlegung unter Gipskartonplatten ist nur erlaubt, wenn die Platten durch Klebemörtel und nicht durch Nägel oder Schrauben befestigt werden.

Zum Befestigen der Stegleitungen dürfen nur solche Befestigungsmittel verwendet werden, die die Leitung nicht in ihrer Form ändern und die Isolierhülle der Stegleitung nicht beschädigen. Beim Verlegen von Stegleitungen muss die Leitung fest und vollflächig am Mauerwerk anliegen. Die Abstände von Gipspflastern oder Stahlnägeln zur Stegleitungsbefestigung sollen daher nicht größer als 200 mm sein.

**Übersicht: Es ist verboten, Stegleitungen zu verlegen:**

- Auf Holz oder brennbaren Baustoffen,
- in Installationsrohren und in Installationskanälen,
- in landwirtschaftlichen und gartenbaulichen Betriebsstätten,
- in Räumen mit Badewanne oder Dusche (DIN VDE 0100-701),
- unter genagelten oder geschraubten Gipskarton-Platten,
- in medizinisch genutzten Räumen der Gruppe 2.

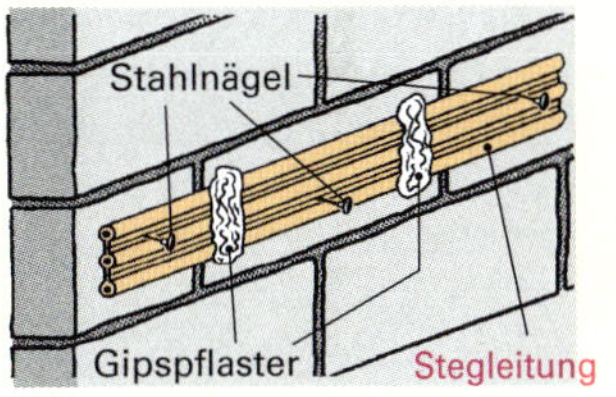


**Bild 1: Befestigung einer Stegleitung durch Gipspflaster**

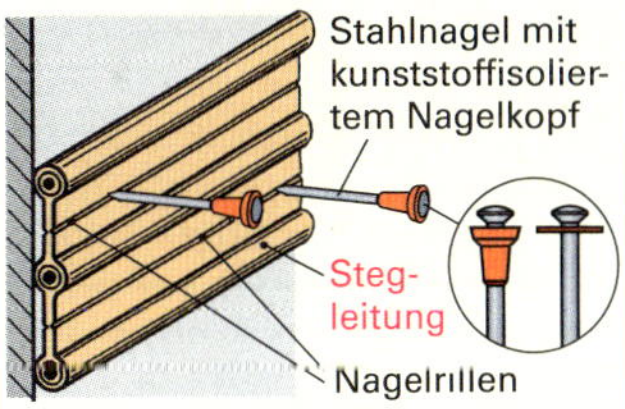


**Bild 2: Befestigung einer Stegleitung durch Stahlnägel**

**Befestigen der Stegleitung.**

**Gipspflaster.** Die Stegleitung wird zunächst mit Stahlnägeln am Mauerwerk angeheftet **(Bild 1)**. Der Gipsbrei wird mit einem Spachtel quer über die Leitung aufgebracht. Die Gipsbrücken sind flach auszuführen, damit sie beim Verputzen der Wände überdeckt werden. Nach dem Abbinden der Gipsbrücken werden die Stahlnägel wieder vorsichtig entfernt.

Gips darf nach VOB[1] nicht zum Befestigen der Stegleitung in Verbindung mit zementhaltigem Mörtel sowie in feuchten Räumen und im Freien verwendet werden. Anstelle von Gips kann schnellbindender Montagemörtel benutzt werden.

**Annageln.** Stegleitungen können mit speziellen Stahlnägeln direkt auf das Mauerwerk genagelt werden **(Bild 2)**. Vor dem Annageln der Stegleitung sind Unebenheiten des Mauerwerks zu beseitigen.

Um eine Beschädigung der Aderisolation zu vermeiden, dürfen Stegleitungen nur durch Stahlnägel mit Isolierstoffscheiben oder mit kunststoffisolierten Nägelköpfen **(Bild 2)** durch die Nagelrillen befestigt werden. Der Durchmesser der Isolierstoffscheibe muss größer sein als der Rundkopf des Stahlnagels.

**Ankleben.** An trockenen, staubfreien Wänden oder Decken ist ein Ankleben der Stegleitung mit speziellen Kontaktklebern möglich. Es werden zunächst Leitung und Mauerwerk entlang dem gewählten Leitungsweg mit Klebstoff eingestrichen. Nach einer Trockenzeit von 5 bis 10 Minuten wird dann die Leitung fest angedrückt.

[1] **VOB**, Abk. für: **V**ergabe- und Vertrags**o**rdnung für **B**auleistungen

Werden mehrere Stegleitungen parallel zueinander verlegt, ist zwischen den einzelnen Leitungen ein Abstand von 10 bis 20 mm einzuhalten, um der Putzschicht einen sicheren Halt zu geben.

Um eine unzulässige Erwärmung der Stegleitungen zu vermeiden, müssen Häufungen und Bündelungen von Stegleitungen vermieden werden.

**Ausformen von Bögen bei Stegleitungen.** Bei Übergängen vom waagerechten in den senkrechten Leitungsweg müssen Bögen ausgeformt werden **(Bild 1)**. Die Stegleitung wird dazu mit einem Kabelmesser auf einer Länge von 30 mm bis 40 mm entlang der Nagelrille zwischen den einzelnen Adern aufgetrennt. Die Trennstelle wird von Hand auf etwa 150 mm erweitert. Die aufgetrennten Adern zieht man so nach innen, dass sich ein Bogen mit gleichbleibender Leitungsstärke ausformen lässt **(Bild 1a)**. Stegleitungen lassen sich auch rechtwinklig biegen **(Bild 1b)**. Da die Leitung bei Anwendung dieser Bögen stark aufträgt, muss das Mauerwerk im Bogenbereich ausgespart werden, damit die Stegleitung auch hier ausreichend mit Putz abgedeckt wird.

Maßnahmen um ein Abbröckeln der Putzschicht zu vermeiden und um der Stegleitung einen sicheren Halt zu geben:
- Zuleitungen zu Wandleuchten sollen in Wandauslassdosen enden **(Bild 2a)**.
- An Leitungsauslässen an der Decke sollen Deckenauslassschellen mit Deckenhaken angebracht werden **(Bild 2b)**.

**Anschließen der Verbindungsdosen.** Das Verdrahten der Adern in den Verbindungsdosen erfolgt bei der Imputzverlegung meist vor dem Verputzen, da man zu diesem Zeitpunkt den Leitungsverlauf noch überprüfen kann. Nach Beendigung der Verdrahtungsarbeiten werden alle Wandgehäuse mit Hilfsmitteln verschlossen, um ein Eindringen von Putz und Feuchtigkeit in Schalter- oder Verbindungsdosen zu verhindern.

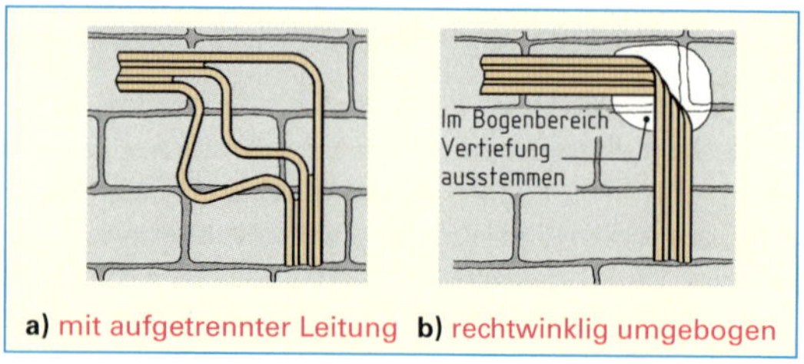


**Bild 1: Ausformen von Bögen bei Stegleitungen**

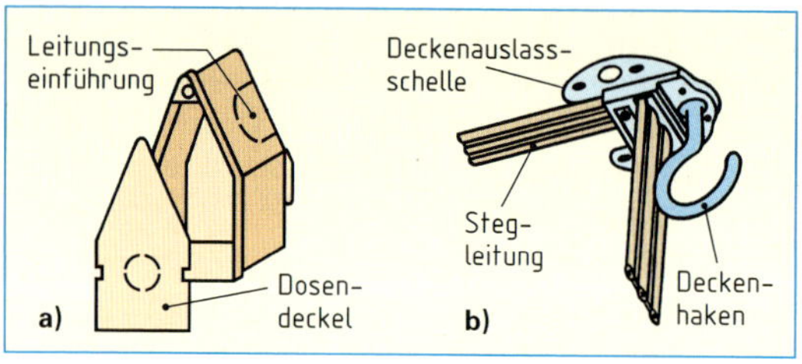


**Bild 2: a) Wandauslassdose, b) Deckenauslassschelle**

**Bild 3: Fräsen mit der Mauernutfräse**

Verbindungen von Stegleitungen dürfen nur in Installationsdosen aus Isolierstoff vorgenommen werden (DIN VDE 0100-520).

**Die Überprüfung der Stegleitungen,** z.B. eine Durchgangsprüfung und die Messung des Isolationswiderstandes, sollte nach einer Trockenzeit von etwa 4 bis 6 Wochen vorgenommen werden. Beschädigte Leitungen lassen sich dann notfalls noch vor Beginn der Malerarbeiten auswechseln.

## 3.2.3 Leitungsverlegung unter Putz

Die Verlegung von Leitungen unter Putz erfolgt nach der Fertigstellung des Rohbaus vor Beginn der Putzarbeiten. Unter Putz werden z.B. Mantelleitungen (NYM-J) oder Aderleitungen, z.B. H07V-U, in Installationsrohren verlegt. Zuerst werden die Aussparungen für die Schalter- oder Verbindungsdosen mit einem Dosenfräser ausgefräst. Danach werden die Leitungsschlitze mit der Mauernutfräse erstellt **(Bild 3)**.

Die Schlitze zur Aufnahme der Leitungen müssen so tief ausgefräst werden, dass die verlegte Leitung bündig mit dem Mauerwerk abschließt. Die Standfestigkeit der Wände darf nicht beeinträchtigt werden (DIN 18015-1 und DIN 1053-1).

Die notwendige Schlitztiefe lässt sich an der vorderen Laufrolle der Mauernutfräse einstellen **(Bild 3, Seite 36.** Die Montage der Schalterdosen und Verbindungsdosen erfolgt durch Eingipsen **(Bild 1)** oder durch Annageln. Zum Annageln sind die Dosen mit Nagellaschen ausgestattet **(Bild 2).** Unter Putz verlegte Rohre werden durch Gipsbrücken oder durch Kunststoffschellen befestigt. Dabei dürfen die verlegten Installationsrohre nicht flachgedrückt werden. Beim Verlegen von Mantelleitungen muss eine Beschädigung der äußeren Umhüllung oder eine Formänderung der Leitung durch zu fest eingeschlagene, zu kleine oder durch unpassende Schellen vermieden werden.

**Beim Verlegen von Installationsrohren unter Putz** müssen alle Bögen mit großem Biegeradius ausgeführt sein, damit sich die isolierten PVC-Aderleitungen, z.B. H07V-U, gut einziehen lassen. Dies ist besonders an Übergängen von der Wand zur Decke **(Bild 3)** und bei der waagerechten Verlegung in Zimmerecken zu beachten.

Bei Rohrlängen über 12 m und mit mehr als zwei Richtungsänderungen in der verlegten Leitungsstrecke, soll eine Durchzugdose eingebaut werden (DIN 18015-1).

Die PVC-Aderleitungen werden erst dann in die verlegten Rohre eingezogen, wenn das innen verputzte Gebäude genügend ausgetrocknet ist. Zum Einziehen der Leitungen verwendet man bei längeren Leitungsstrecken eine Einziehspirale aus Stahldraht oder einen Einziehdraht aus Kunststoff.

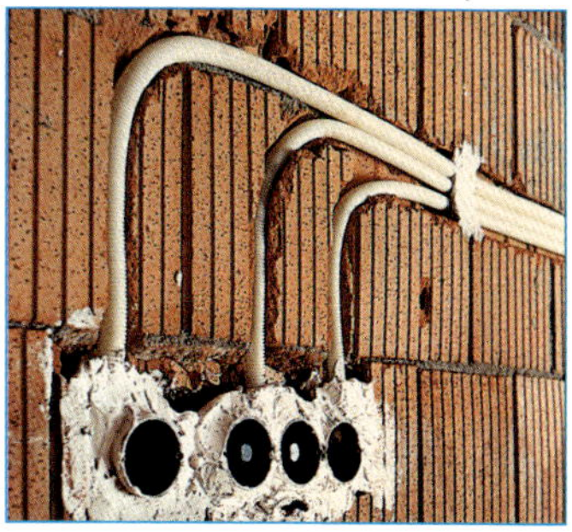

**Bild 1: Unterputzinstallation**

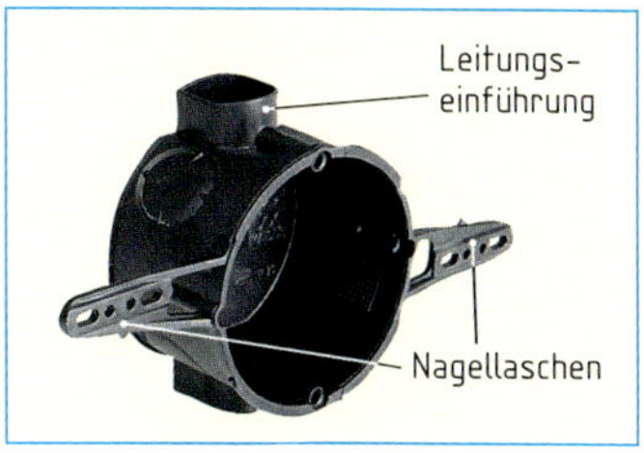


**Bild 2: Gerätedose mit Nagellaschen**

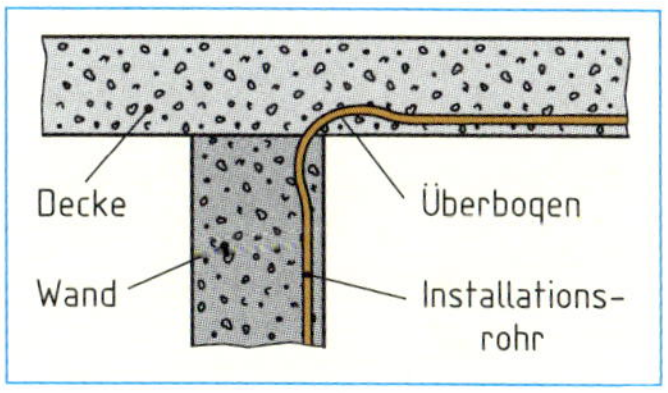


**Bild 3: Bogen bei Übergang zwischen Wand und Decke**

## 3.2.4 Leitungsverlegung in Installationsrohren

Bei den Installationsrohren unterscheidet man starre und flexible Isolierrohre aus Kunststoff, Stahlpanzerrohre und flexible Stahlrohre. Bei der Verlegung auf Putz übernehmen Installationsrohre an besonders gefährdeten Stellen den mechanischen Schutz der verlegten Leitungen und Kabel.

Die Auswahl der Installationsrohre richtet sich nach der Beanspruchung am Einbauort **(Übersicht).**

### Kennzeichnung der Installationsrohre (DIN VDE 0605-1)

Rohre müssen mit dem Namen oder Warenzeichen des Herstellers (Vertreibers) und einem Produkterkennungszeichen versehen sein. Sie können zusätzlich mit mindestens den ersten 4 Ziffern eines aus 13 Kriterien bestehenden Klassifizierungscodes gekennzeichnet werden **(Tabelle).** Weitere Kennzeichnung des 13-stelligen Klassifizierungscodes siehe DIN VDE 605-1 (DIN EN 61386-1).

**Tabelle: Kennzeichnung von Elektroinstallationsrohren** (Auszug)

Beispiel: 3 2 3 3

| Druckfestigkeit | | Schlagfestigkeit | | Minimale Installationstemperatur | | Maximale Installationstemperatur | |
|---|---|---|---|---|---|---|---|
| 1 | sehr leicht | 1 | sehr leicht | 1 | + 5 °C | 1 | + 60 °C |
| 2 | leicht | 2 | leicht | 2 | – 5 °C | 2 | + 90 °C |
| 3 | mittel | 3 | mittel | 3 | – 15 °C | 3 | + 105 °C |
| 4 | schwer | 4 | schwer | 4 | – 25 °C | 4 | + 120 °C |
| 5 | sehr schwer | 5 | sehr schwer | 5 | – 45 °C | 5 | + 150 °C |
| | | | | | | 6 | + 250 °C |
| | | | | | | 7 | + 400 °C |

**Übersicht: Auswahlkriterien von Installationsrohren** (nach DIN VDE 0605-1)

- **Mechanische Eigenschaften**
  - Widerstand gegen Druckbelastung
  - Schlagbeanspruchung
  - Biegung
- **Elektrische Eigenschaften**
  - elektrische Leiteigenschaften
  - elektrische Isolationseigenschaften
- **Widerstand gegen äußere Einflüsse**
  - Schutz gegen Eindringen von Fremdkörpern
  - Schutz gegen Eindringen von Wasser
  - Schutz gegen Korrosion
- **Widerstand gegen Flammausbreitung**
  - nicht flammenausbreitend
  - flammenausbreitend

Die **Kennzeichnung** der Installationsrohre wird auf der Rohroberfläche in Abständen von vorzugsweise 1 m bis max. 3 m aufgedruckt.

Rohre aus flammenausbreitenden Materialien müssen unabhängig von ihrer Klassifizierung orange eingefärbt sein.

Die empfohlenen Rohrweiten für PVC-Rohre, bei Verlegung von PVC-Aderleitung H07V-U, sind in der **Tabelle** angegeben.

Installationsrohre aus PVC dürfen nur bei Temperaturen von −15 °C bis +50 °C verarbeitet werden.

Zur Verbindung von Installationsrohren verwendet man Steckmuffen **(Bild 1)**. Panzerrohre werden durch Steckmuffen oder durch Schraubmuffen **(Bild 1)** miteinander verbunden. Dafür wird auf jedes Rohrende ein Gewinde mit halber Muffenlänge geschnitten. Sind zwei festverlegte Panzerrohre miteinander zu verschrauben, so ist an einem der Rohre ein Langgewinde erforderlich. Die Schraubmuffe wird zunächst ganz auf das Rohr mit dem Langgewinde aufgeschraubt. Beim Zurückdrehen der Muffe werden dann die beiden Rohre miteinander verbunden. Der an allen Schnittstellen entstehende Grat wird mit dem Kegelsenker oder mit einer Halbrundfeile entfernt.

Installationen auf Putz mit starren Installationsrohren können in offener Verlegungsart (Industrieverlegung, **Bild 2**) oder in geschlossener Verlegungsart **(Bild 3)** ausgeführt werden. Bei der offenen Verlegung sind die Rohre im Bogenbereich unterbrochen. Bei der geschlossenen Verlegungsart setzt man meist vorgefertigte Bögen in den Verlauf des Rohres ein.

Stahlpanzerrohre bis Rohrgröße M20 werden mithilfe von Biegevorrichtungen kalt gebogen. Dadurch entfallen die zusätzlichen Verbindungsstellen an den Bögen. Bei Rohrweiten über M20 müssen die Rohre im Bogenbereich erwärmt werden. Um ein Einknicken der Rohre beim Biegen zu vermeiden, werden die Rohre vor dem Erwärmen z. B. mit Sand gefüllt und an den Enden mit Stopfen verschlossen. Danach wird die Biegezone mit einem Schweißbrenner erwärmt und der Rohrbogen mit dem gewünschten Biegeradius über eine Biegeschablone gebogen.

Starre Kunststoffrohre werden beim Biegen mit Heißluft erwärmt. Eine in das Rohr geschobene Biegefeder verhindert, wie die Sandfüllung beim Stahlpanzerrohr, ein Einknicken des Rohres beim Biegen. Nach dem Abkühlen wird die Biegefeder wieder entfernt.

Durch den Einsatz von Winkelstücken lassen sich auch Bögen mit kleinstem Biegeradius ausführen. Zum Einziehen der Leitungen müssen die Abdeckungen der Winkelstücke entfernt werden.

## Wiederholungsfragen

1 **Für welche Verlegearten ist die Stegleitung (NYIF-J) zugelassen?**
2 **Auf welchen Baustoffen darf keine Stegleitung verlegt werden?**
3 **Beschreiben Sie die beiden Möglichkeiten zum Herstellen eines Bogens an einer Stegleitung.**
4 **Welcher Befestigungsabstand soll bei der Verlegung von Stegleitungen nicht überschritten werden?**
5 **Welche Schlitztiefe ist bei unter Putz verlegten Leitungen einzuhalten?**
6 **Welche Farbe müssen Installationsrohre aus flammenausbreitenden Materialien haben?**

**Tabelle: Rohrweiten metrischer PVC-Installationsrohre**

| Querschnitt der Leiter | Leiteranzahl H07V-U 3 | 4 | 5 |
|---|---|---|---|
| | Rohrweite in mm | | |
| 1,5 mm² | 16 | 16 | 16 |
| 2,5 mm² | 16 | 16 | 16 |
| 4 mm² | 16 | 16 | 16 |
| 6 mm² | 16 | 20 | 20 |
| 10 mm² | 20 | 20 | 25 |
| 16 mm² | 25 | 25 | 32 |

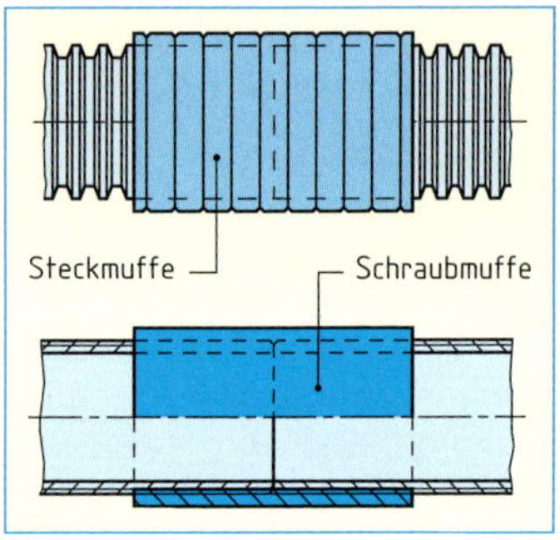

**Bild 1: Muffen für Installationsrohre**

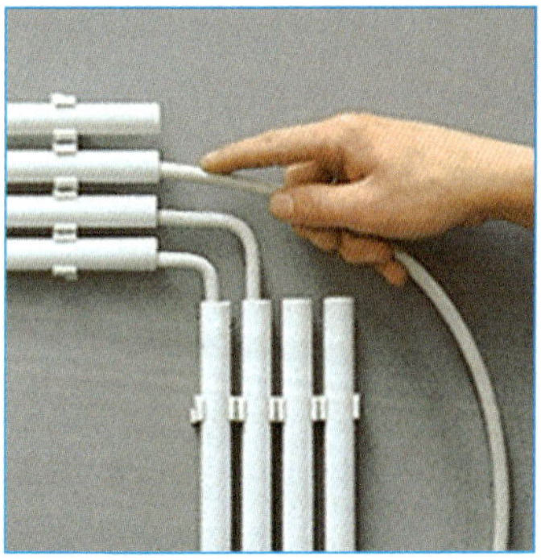
**Bild 2: Installationsrohre, offen verlegt**

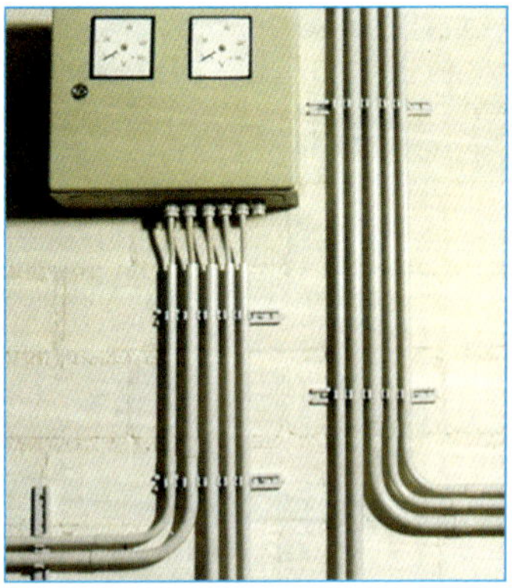
**Bild 3: Installationsrohre, geschlossen verlegt**

# 3.3 Elektroinstallation im Fertigbau

## 3.3.1 Leitungsverlegung im Beton

Bei der Fertigteilbauweise und der Ort- oder Schüttbeton-Bauweise kann eine nachträgliche Installation nur sehr schwer und mit erheblichem Kostenaufwand durchgeführt werden. Deshalb wird die Elektroinstallation bereits vor dem Betonieren der Wände und Decken in die Schalungen eingebracht **(Bild 1)**. Eine sorgfältige Planung und die Auswahl von geeignetem Installationsmaterial sind dabei unbedingt erforderlich.

**Anforderungen an das Installationsmaterial.** Bei der Leitungsverlegung im Beton dürfen nur Kabel, z. B. NYY-J, direkt im Beton verlegt werden. Aderleitungen, z. B. H07V-U, oder Mantelleitungen, z. B. NYM-J, sind in druckfesten Schutzrohren zu verlegen.

> Mantelleitungen dürfen nicht direkt in Beton verlegt werden, der noch einem Verdichtungsvorgang, z. B. durch Rütteln, unterzogen wird.

Erlaubt ist das Einlegen von Mantelleitungen in Aussparungen und das Bedecken mit Beton wie bei einer Unterputzverlegung.

Beim Einschütten und Verdichten des Betons kann in der Schalung ein Druck bis 600 N/cm² entstehen. An Rohren und Betondosen dürfen durch diesen Druck keine Verformungen entstehen, die eine Montage der Installationsgeräte oder das Einziehen der Leitungen in die Rohre unmöglich machen.

> Installationsrohre für die Verlegung im Beton müssen DIN VDE 0605 entsprechen und für eine mittlere mechanische Druckbeanspruchung hergestellt sein.

Gerätedosen, Verbindungsdosen und Leuchtenanschlussdosen müssen für die Installation in Beton geeignet sein.

> Alle Einführungsstellen an Gerätedosen und Rohrverbindungen müssen absolut dicht ausgeführt sein, um ein Eindringen von Betonmilch in die Dosen oder Rohre zu vermeiden.

> Gerätedosen für die Imbetoninstallation tragen das Kennzeichen ▽B (DIN VDE 0606-1).

**Befestigen der Gerätedosen an der Schalung.** Auf Schalungen mit Holzbelag werden die Befestigungsdeckel angenagelt und die Oberteile der Dosen aufgedrückt **(Bild 2)**. Müssen mehrere Installationsgeräte mit gemeinsamer Abdeckung montiert werden, so lassen sich die Dosen auf Anschlag mit Normabstand 71 mm befestigen.

**Übersicht: Installationsarten im Fertigbau**

- Leitungsverlegung im Beton
- Leitungsverlegung in Hohlwänden

Bild 1: Elektroinstallation in einer Wandschalung

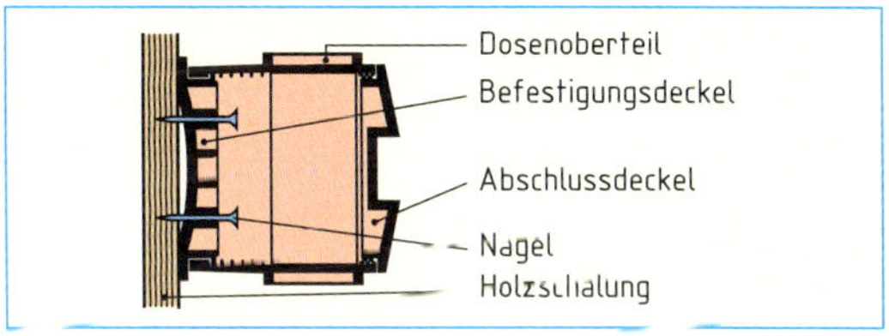


Bild 2: Befestigen einer Gerätedose durch Annageln

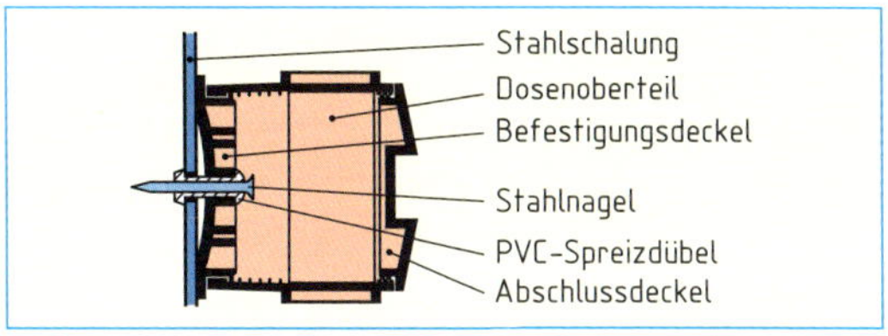


Bild 3: Befestigen einer Gerätedose durch Spreizdübel

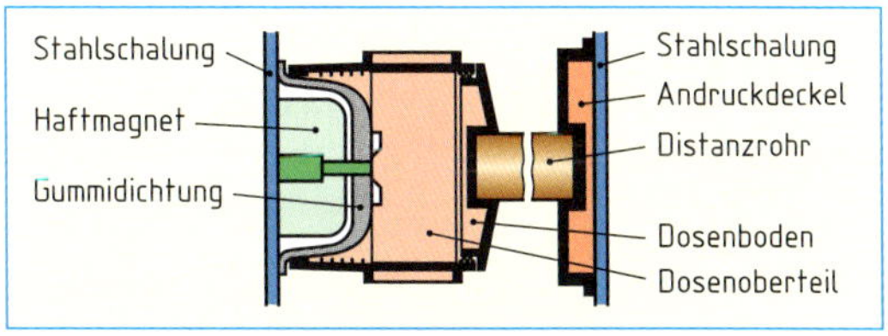


Bild 4: Befestigen einer Gerätedose durch Haftmagnet

Bei Stahlschalungen ist die Montage des Befestigungsdeckels schwieriger. Für den erforderlichen PVC-Spreizdübel **(Bild 3, Seite 39)** muss in die Schalung ein Loch mit 6 mm Durchmesser gebohrt werden.

Der Spreizdübel wird durch das Zentralloch des Befestigungsdeckels gedrückt und in das vorgebohrte Loch der Schalung geschoben. Der eingeschlagene Stahlnagel spreizt den Dübel und gibt dem Befestigungsdeckel einen sicheren Halt.

**Anschweißen von Gewindestiften.** Ist ein Anbohren der Stahlschalung nicht erlaubt, können Gewindestifte M6 an der Schalung stumpf angeschweißt werden. Der Deckel der Gerätedose wird dann mit einer Flügelmutter befestigt. Diese Befestigungsart ist zweckmäßig, wenn die Schalung mehrmals bei Räumen mit gleicher Installation eingesetzt wird, z. B. auf Großbaustellen.

**Haftmagnete.** An Stahlschalungen kann auch mithilfe von Haftmagneten ein guter Halt der Gerätedosen erreicht werden. Diese Magnete haben die Form einer Halbkugel und sind auf ihrer gewölbten Seite mit einer Gummischicht überzogen **(Bild 4, Seite 39).** Die Gerätedose wird über den an der Stahlschalung angelegten Haftmagneten gestülpt. Die Gummischicht dichtet die Dose ab und verhindert das Eindringen von Betonmilch. Bei senkrechten Schalungen müssen alle Dosen zusätzlich an der gegenüberliegenden Schalwand abgestützt werden, um ein Abkippen der Dosen beim Einfüllen des Betons zu verhindern. Dazu wird ein Distanzrohr am Dosenboden eingesteckt und am Ende mit einem Andruckdeckel versehen **(Bild 4, Seite 39).** Der federnde Dosenboden gleicht die Maßtoleranzen der geschalten Wand aus.

**Einführungsstellen für Installationsrohre** werden mit speziellen Stanzzangen für Kunststoffe gelocht. Die Öffnung ist passgenau, sodass Installationsrohre ohne weitere Dichtung eingeführt werden können. Die Dosen **(Bild 1)** besitzen eine Schnellkupplung für die üblichen Rohrgrößen, z. B. M20 oder M25, die das Rohr sicher halten. Ein Anschlag an der Einführungsstelle verhindert, dass die Rohre zu tief eingeschoben werden können. Ein Kürzen der Rohre in der Dose ist dann nicht erforderlich.

**Fertigteilbauweise.** Wände und Decken werden bei der Fertigteilbauweise im Betonwerk vorgefertigt. Die Elektroinstallation wird dort vor dem Betonieren eingebracht. An allen Übergängen von Wand zu Wand oder von der Decke zur Wand **(Bild 2)** werden Verbindungstrichter oder Verbindungsdosen eingebaut. Bei der Montage der Fertigteile werden die Übergangsstellen durch kurze Rohrstücke miteinander verbunden **(Bild 2).** Um ein Abbinden des Betons zu beschleunigen, werden im Betonwerk die Schalungen für Fertigteile meist beheizt.

**Bild 1: Anschluss einer Deckendose mit Schnellkupplung**

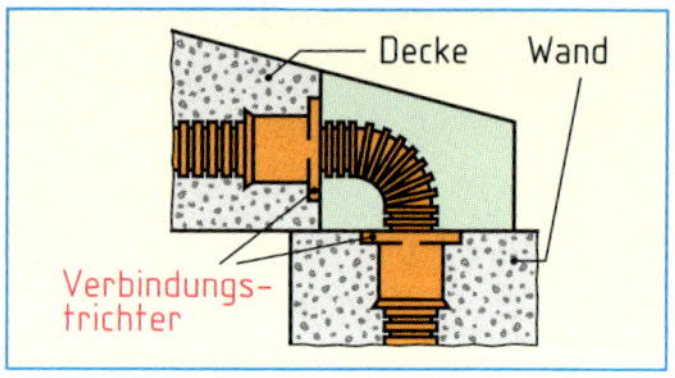


**Bild 2: Übergänge Wand-Decke durch Verbindungstrichter**

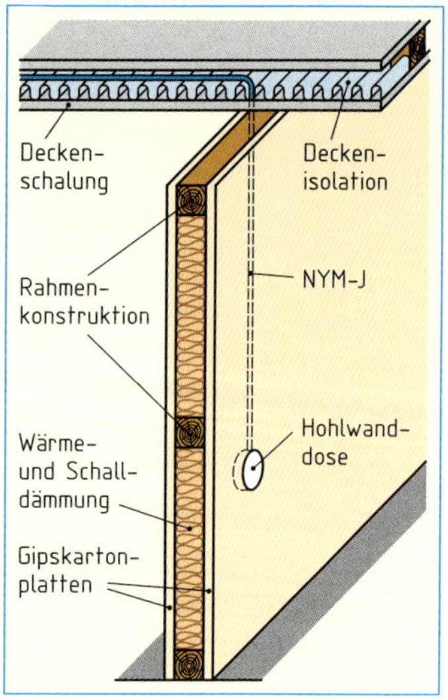


**Bild 3: Leitungsführung in Hohlwänden**

## 3.3.2 Leitungsverlegung in Hohlwänden

Fertighäuser werden meist aus Leichtbauwänden erstellt. Die geschosshohen Leichtbauwände werden vorwiegend als Rahmenkonstruktion ausgeführt. Durch eine Beplankung mit Platten aus Gipskarton, Holz oder mit Röhrenplatten ergeben sich Hohlräume, welche die Elektroinstallation aufnehmen können **(Bild 3).** Die Verbindungen zwischen den einzelnen senkrechten Abgängen und die Zuleitungen zu den Stromkreisen führt man meist im Deckenbereich durch. Leitungen, die bei der Hohlwandinstallation eingesetzt werden, z. B. NYM-J, müssen eine nicht flammenausbreitende äußere Umhüllung aufweisen.

Installationsrohre für die Hohlwandinstallation dürfen nicht flammenausbreitend sein. Stegleitungen dürfen in Hohlwänden nicht verlegt werden.

Anschlussstellen von Leitungen, die in Hohlwänden verlegt und nicht befestigt werden können, sind an den Einführungsstellen in Hohlwanddosen von Zug und Schub zu entlasten. Für den Einbau aller Installationsgeräte, z.B. Steckdosen, Schalter oder Geräteanschlussdosen, verwendet man Hohlwanddosen **(Bild 1)**. Die passende Einbauöffnung mit der Vertiefung für den Rand der Dose wird mit einem Dosenfräser mit eingesetztem Randversenker ausgefräst. Die Hohlwanddose lässt sich dadurch wandbündig montieren.

Bei der Hohlwandinstallation dürfen Einbaugeräte, z.B. Schalter oder Steckdosen, nur am Zentralring der Einbaugeräte befestigt werden. Eine Befestigung durch Schraubkrallen ist verboten (DIN VDE 0100-482).

Betriebsmittel für die Hohlwandinstallation, z.B. Verbindungsdosen oder Kleinverteiler, müssen besondere Anforderungen im Hinblick auf die mechanische Festigkeit und die Feuersicherheit erfüllen.

Betriebsmittel für Hohlwandinstallationen tragen das Kennzeichen ▽H (DIN VDE 0606-1).

Kleinverteiler, Zählerschränke oder Hohlwanddosen ohne diese Kennzeichnung dürfen in Hohlwände nur eingebaut werden, wenn sie mit einer mindestens 12 mm dicken Schicht, z.B. aus Fibersilikat oder mit einer 100 mm starken Schicht aus Glas- oder Steinwolle umhüllt werden.

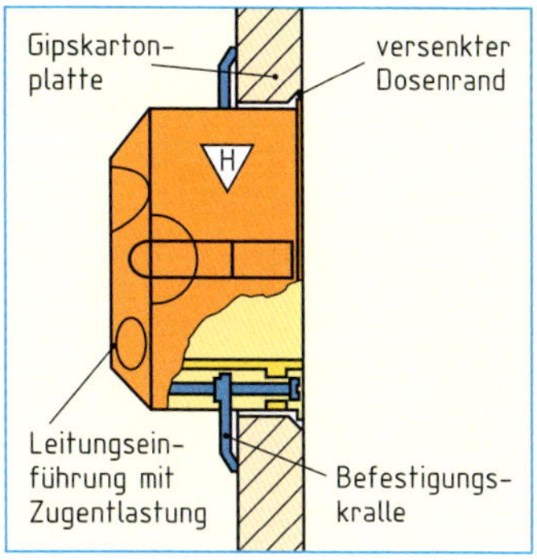


**Bild 1: Wandbündiger Einbau einer Hohlwanddose**

**Bild 2: Installation im Leitungskanal**

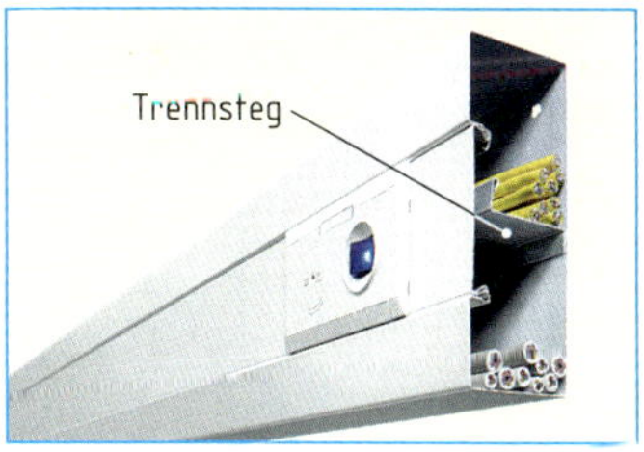


**Bild 3: Geräteeinbaukanal mit Trennsteg**

## 3.4 Leitungsverlegung in Installationskanälen

Durch den Einsatz von Installationskanälen wird eine schnelle, wirtschaftliche und optisch wirkungsvolle Verlegung auf Putz an Wänden und Decken erzielt. Installationskanäle werden in Kunststoff- und Metallausführung hergestellt.

Bei der Verlegung von Installationskanälen aus Metall müssen alle Kanalteile fortlaufend miteinander metallisch verbunden und in den Schutzpotenzialausgleich des Gebäudes einbezogen werden.

Sind Klemmstellen für Starkstromleitungen unmittelbar im Kanalbereich angeordnet, z.B. beim Einbau von Steckvorrichtungen oder LS-Schaltern in Brüstungskanälen, so sind metallene Installationskanäle in eine Schutzmaßnahme einzubeziehen.

Installationskanäle montiert man fortlaufend mit einem Abstand von etwa 1 mm zwischen den Kanälen, um die Längenausdehnung bei Temperaturerhöhung auszugleichen. Bei einer Temperaturerhöhung um 10 K dehnt sich ein 2 m langer PVC-Kanal um etwa 1,4 mm, ein gleich langer Metallkanal um etwa 0,4 mm.

**Übersicht: Kanäle zur Leitungsverlegung**

- Leitungskanäle
- Geräteeinbaukanäle
- Brüstungskanäle
- Sockelleistenkanäle
- Aufbodenkanäle
- Unterflur-Installationssysteme

### 3.4.1 Verlegung in Leitungskanälen

Installationskanäle, die nur der Leitungsführung dienen und keinen Geräteeinbau zulassen, bezeichnet man als Leitungskanäle **(Bild 2)**. Leitungskanäle werden mit Dübeln und Schrauben an der Wand oder Decke befestigt. Der Befestigungsabstand soll 600 mm nicht überschreiten. Für horizontale oder vertikale Richtungsänderungen des Kanals setzt man vorgefertigte Formstücke ein **(Bild 1, Seite 42)**.

Sind in einem Installationskanal z.B. nicht geschirmte Stromversorgungs- und Kommunikationsleitungen gemeinsam verlegt **(Bild 3)**, sind die Mindesttrennabstände *A* nach **DIN EN 50174-1 (VDE 0800-174-2)** einzuhalten **(Tabelle, Seite 46)**.

Bei der Leitungsverlegung in Installationskanälen wird die Wärmeabfuhr der Leitungen behindert. Steigt die Umgebungstemperatur z.B. auf 40 °C an, dürfen PVC-isolierte Leitungen nur noch mit 87 % ihrer zulässigen Strombelastbarkeit $I_r$ belastet werden.

Bei der Verlegung in Installationskanälen ist bei Häufung von Leitungen eine verminderte Strombelastbarkeit zu berücksichtigen (DIN VDE 298-4).

Umrechnungsfaktoren $f_2$ bei Häufung von Leitungen: **Tabelle 2, Seite 73.**

Die maximale Anzahl von Leitungen in einem Kanal **(Tabelle)** richtet sich nach dem Außendurchmesser der zu verlegenden Leitungen. Die Leitungen sollen nicht mehr als 60 % des inneren Kanalquerschnittes belegen (Füllfaktor = 60 %).

**Tabelle: Mögliche max. Anzahl von Leitungen in Abhängigkeit von der Kanalgröße***

| Kanalgröße in mm | J-Y(St)Y-J 4 x 2 x 0,6 mm | NYM-J 3 x 1,5 mm² | NYM-J 5 x 2,5 mm² | NYM-J 4 x 10 mm² |
|---|---|---|---|---|
| 30 x 30 | 8 | 4 | 2 | 1 |
| 30 x 60 | 17 | 8 | 5 | 2 |
| 40 x 60 | 23 | 11 | 7 | 3 |
| 40 x 90 | 38 | 17 | 12 | 5 |
| 40 x 110 | 41 | 21 | 13 | 6 |
| 60 x 150 | 91 | 37 | 29 | 13 |

* Füllfaktor ca. 60 %

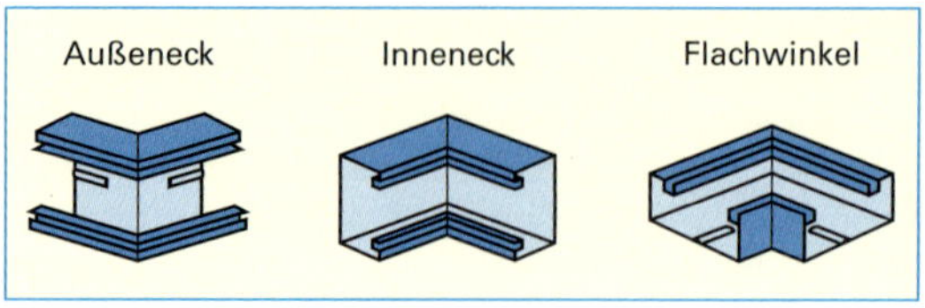


**Bild 1: Formstücke für Installationskanäle**

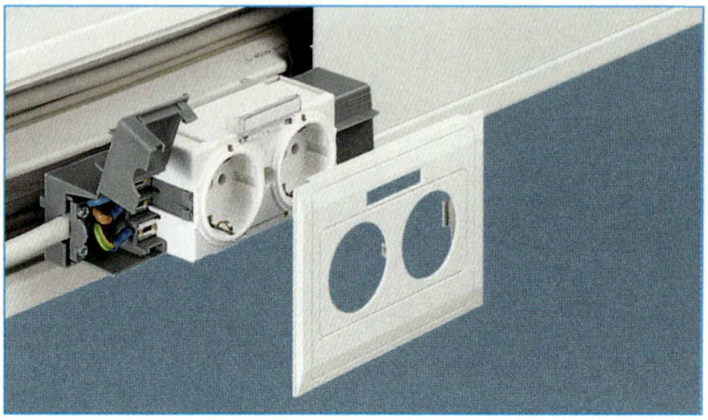

**Bild 2: Geräteeinbaukanal mit Schutzkontaktsteckdose**

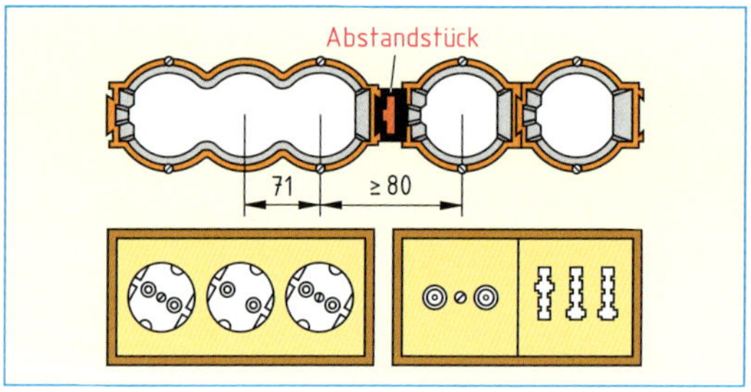


**Bild 3: Kombination von Stromversorgungs- und Kommunikationseinrichtungen**

## 3.4.2 Verlegung in Geräteeinbaukanälen

**Geräteeinbaukanäle** sind mit einem Profil am Kanalboden ausgestattet. In dieses Profil rastet die Geräteeinbaudose ein. Vorverdrahtete Doppelsteckdosen sind mit einer Zugentlastung für die Anschlussleitung und mit einer Abdeckung für den Anschlussraum versehen **(Bild 2)**. Bei Kombinationen aus Kommunikations- und Stromversorgungseinrichtungen in Geräteeinbaukanälen sind getrennte Abdeckungen für die Einbaugeräte **(Bild 3)** vorzusehen. Der Abstand von Dosenmitte zu Dosenmitte muss mindestens 80 mm betragen. Die einander zugekehrten Einführungsstellen dürfen nicht ausgebrochen sein (DIN VDE 0800).

Die Abdeckungen von Stromversorgungseinrichtungen und von Kommunikationseinrichtungen müssen getrennt sein.

**Brüstungskanäle** sind Geräteeinbaukanäle, die in Höhe der Fensterbank installiert werden. Sie können formschön und unauffällig in die Heizkörperverkleidung integriert werden.

### Wiederholungsfragen

1 **Unter welchen Bedingungen dürfen Mantelleitungen direkt in Beton verlegt werden?**
2 **Welche Leitungsarten sind für die Hohlwandinstallation zugelassen?**
3 **Wie sind Gerätedosen gekennzeichnet a) für die Hohlwandinstallation und b) für die Imbetoninstallation?**
4 **Beschreiben Sie den wandbündigen Einbau einer Hohlwanddose mit versenktem Dosenrand.**
5 **Unter welcher Voraussetzung dürfen Stromversorgungs- und Kommunikationsleitungen zusammen in Kanälen verlegt werden?**

## 3.4.3 Verlegung in Sockelleistenkanälen

Zur Modernisierung in Altbauten und bei der Erweiterung bestehender Anlagen in Wohnungen und Büroräumen wird häufig ein Sockelleistenkanal **(Bild 1)** verwendet. Dieser Kanal wird anstelle der Sockelleisten am Fußboden entlang geführt. Für die unterschiedlichen Installationssysteme, z.B. für Antennen-, Lautsprecher-, Kommunikations- oder Stromversorgungsleitungen, stehen im Kanal getrennte Kammern zur Verfügung. Die Montage handelsüblicher Installationsgeräte erfolgt mithilfe von Geräteträgern **(Bild 2)**, die auf das Kanalsystem abgestimmt sind und durch an die Kanalform angepasste Schalter **(Bild 1)**.

## 3.4.4 Verlegung in Aufbodenkanälen

Die Montage des Kanals erfolgt auf dem Fußboden vor dem Aufbringen des Bodenbelages. Die Kanalinstallation auf dem Fußboden **(Bild 3)** wendet man meist bei der Renovierung von Räumen an. Sie bietet die Vorzüge der Unterflurinstallation, wobei lediglich Wanddurchbrüche zwischen den einzelnen Räumen zu erstellen sind. Der fertig montierte Kanal ist begehbar und kann mit dem Fußbodenbelag, z.B. Teppichboden, überklebt werden. Die Installationsgeräte können wie bei den Unterflursystemen in Geräteträgern montiert werden.

**Bild 1: Installation mit Sockelleistenkanal**

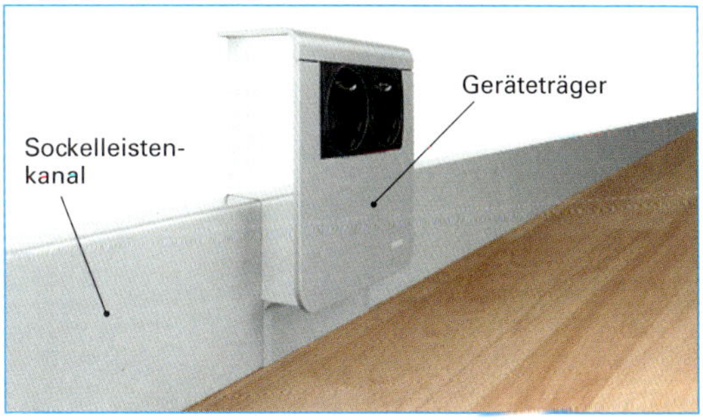


**Bild 2: Sockelleistenkanal mit Geräteträger**

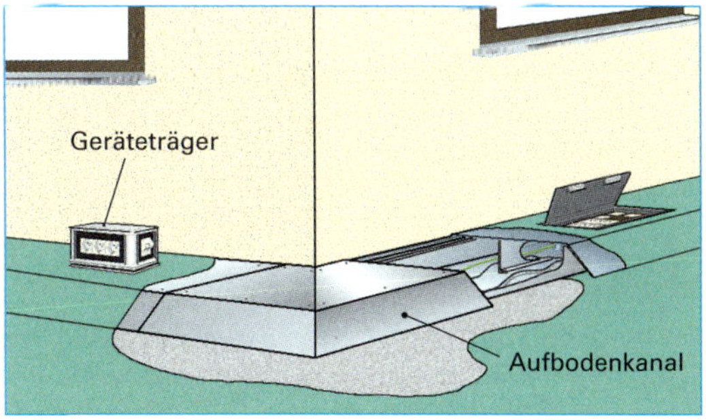


**Bild 3: Leitungsführung im Aufbodenkanal**

# 3.5 Unterflur-Installationssysteme

Bei der Unterflur-Installation **(Übersicht)** werden die Leitungen in Kanälen aus verzinktem Stahlblech geführt. Die Kanäle sind unter der Fußbodenoberfläche oder bündig mit ihr verlegt. Die Unterflur-Installation wird z.B. in Großraumbüros, in Laboratorien und in Mess- und Prüfräumen eingesetzt. Die gesamte Raumfläche wird von Installationskanälen überzogen, sodass die elektrische Versorgung und der Anschluss von z.B. Kommunikationseinrichtungen an jedem Arbeitsplatz gesichert ist. Die Kanalquerschnitte sind so zu wählen, dass eine ausreichende Platzreserve für spätere Erweiterungen zur Verfügung steht. Sind in einem Kanal sowohl ungeschirmte Stromversorgungsleitungen als auch ungeschirmte Kommunikationsleitungen untergebracht, so sind Trennstege im Kanalsystem erforderlich.

Bei Kreuzungen und Näherungen zwischen Kommunikations- und Stromversorgungsleitungen müssen abhängig von der Leitungsabschirmung die Mindestabstände nach DIN EN 50174-2 (VDE 0800-174-2) **(Praxistipp, Seite 46)** eingehalten werden.

**Übersicht: Unterflur-Installationssysteme**

- Estrichüberdecktes Kanalsystem
- Estrichbündiges Kanalsystem
- Imbeton-Kanalsystem
- Doppelboden-System

### 3.5.1 Estrichüberdecktes Kanalsystem

Bei dieser Verlegungsart werden Leitungskanäle, Abzweig- und Kanalauslassdosen direkt auf der Rohbetondecke befestigt. Auf den in ihrer Einbauhöhe verstellbaren Auslassdosen werden die fußbodenüberragenden Geräteträger für Einrichtungen der Stromversorgungs-, Kommunikations- oder Gebäudesystemtechnik montiert **(Bild 1).** Gelangen durch den Ein- oder Aufbau der Geräteträger Klemmstellen für Stromversorgungsleitungen in den Kanalbereich, muss das metallene Kanalsystem in eine Schutzmaßnahme einbezogen werden. Bei isoliert oder berührungssicher ausgeführten Klemmstellen, z.B. durch den Einbau von Geräteträgern aus Kunststoff, kann man auf eine Schutzmaßnahme verzichten. Da man die spätere Nutzung der Unterflur-Installation bei der Montage nicht überblicken kann, ist es jedoch ratsam, metallene Kanalsysteme grundsätzlich in eine Schutzmaßnahme einzubeziehen. Bei der Erweiterung einer bestehenden Anlage wird das Kanalsystem von oben vorsichtig angebohrt, damit bereits im Kanalsystem verlegte Leitungen nicht beschädigt werden.

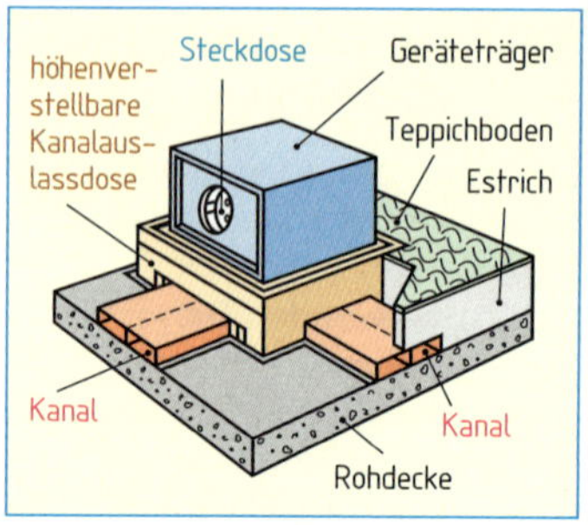

**Bild 1: Estrichüberdecktes Kanalsystem**

### 3.5.2 Estrichbündiges Kanalsystem

Die Kanäle, Abzweig- und Kanalauslassdosen werden auf der Rohdecke montiert und mithilfe von Stellschrauben auf Oberkante Fertigfußboden justiert **(Bild 2).** Vor dem Einbringen des Estrichs wird der Kanal an allen Hohlstellen mit Mörtel unterfüttert. Der eingebrachte Estrich wird auf der Kanaloberkante abgezogen. Beim estrichbündigen Kanalsystem können die Kanalabdeckungen entfernt werden. Bei Nachinstallationen lassen sich die Leitungen bequem und schnell von oben einlegen.

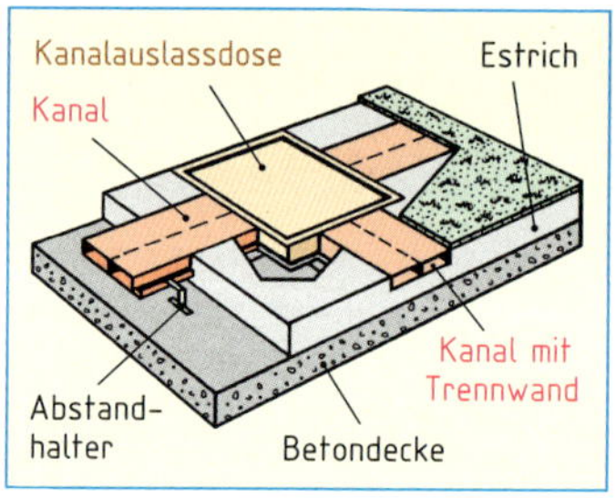

**Bild 2: Estrichbündiges Kanalsystem**

### 3.5.3 Imbeton-Kanalsystem

Bei der Verlegung der Leitungskanäle im Beton **(Bild 3)** werden Kanäle, Auslassdosen oder Abzweigdosen vor dem Betonieren der Decke auf der Deckenschalung montiert. Die Verlegung im Beton wird angewandt, wenn eine Kanalinstallation notwendig ist, auf der Rohdecke aber kein Estrich aufgebracht werden soll. Da die Kanäle in die tragende Betondecke eingebracht werden, ist eine frühzeitige Planung unter Mitwirkung des Baustatikers erforderlich. Um ein Eindringen von Betonmilch in das Kanalsystem zu vermeiden, müssen alle Stoßstellen der Kanalteile und die Einführungsstellen an den Kanalauslassdosen mit Klebebändern abgedichtet werden.

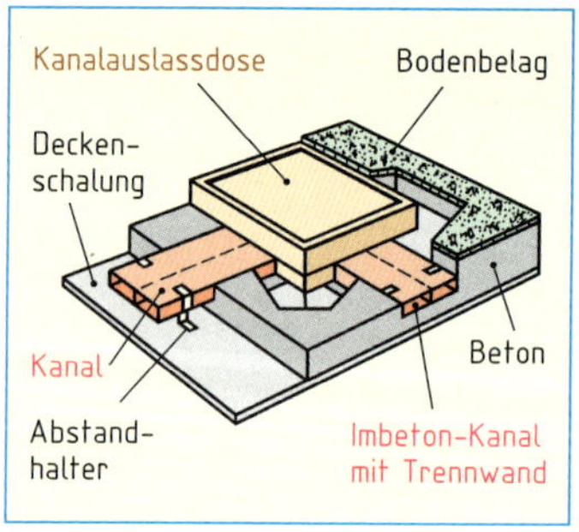

**Bild 3: Imbeton-Kanalsystem**

### 3.5.4 Doppelboden-System

Die Bodenplatten liegen unbefestigt auf einer Tragkonstruktion. Die flexiblen Anschlussleitungen **(Bild 4)** zwischen Unterflur-Verteilern und Einbaueinheiten erhalten soviel Leitungsreserve, dass man beim Umgruppieren von Arbeitsplätzen die Bodenplatte versetzen kann, ohne die bestehenden elektrischen Verbindungen zu lösen.

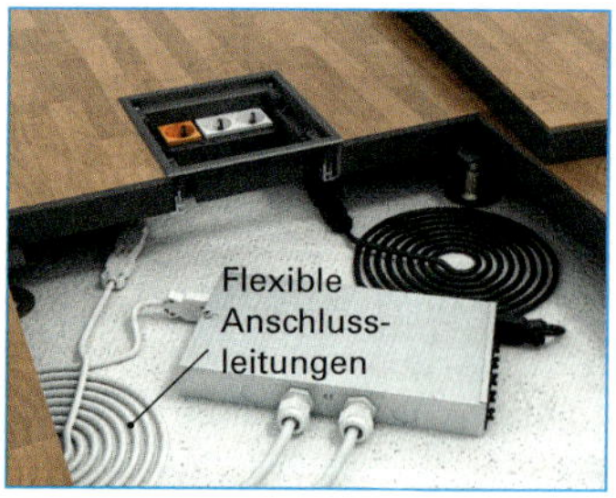

**Bild 4: Installation im Doppelboden**

## Wiederholungsfragen

1 **Beschreiben Sie den Unterschied zwischen Leitungskanälen und Geräteeinbaukanälen.**
2 **In welchen Räumen werden bevorzugt Unterflur-Installationssysteme eingesetzt?**
3 **Welche Installationskanäle werden bevorzugt bei Altbausanierungen eingesetzt?**
4 **Welcher Mindestabstand ist bei der Montage einer Kombination aus Kommunikationseinrichtung und Schutzkontaktsteckdose vorgeschrieben?**

# 3.6 Brandschottung in elektrischen Anlagen

Großbauten und Hochhäuser werden durch Wände und Decken in Brandabschnitte unterteilt. Elektrische Kabel oder Leitungen können durch ihre brennbaren Kunststoffisolierungen, z.B. PVC oder PE, das Feuer vom Brandherd durch unverschlossene Öffnungen in andere Brandabschnitte übertragen. Deshalb sind die Leitungsdurchbrüche in Brandschutzwänden oder Decken nach der Installation so zu verschließen, dass die Feuerwiderstandsklasse der Wand oder Decke erhalten bleibt. Das Abschotten von Wand- und Deckendurchbrüchen kann z.B. durch spezielle Mauermörtel mit Dämmschichtbildner **(Bild 1a)**, mit einem Weichschott aus Mineralfaserplatten **(Bild 1b)**, mit einem Kissenschott aus Glasgewebe **(Bild 1c)**, mit Brandschutzschaum **(Bild 1d)** oder einem Schaumblockschott **(Bild 1e)** erfolgen. Spalten werden mit Brandschutzspachtelmasse verschlossen.

Installationsöffnungen in Brandschutzwänden oder Decken sind nach Abschluss der Installationsarbeiten feuersicher zu verschließen. Die Feuerwiderstandsklasse, z.B. F30[1], der Bauteile muss erhalten bleiben.

Bei besonders wichtigen Leitungen, z.B. Zuleitungen zu Intensivstationen in Krankenhäusern, kann nach Abschluss der Montagearbeiten auf der Leitung ein Brandschutzmittel aufgebracht werden. Derartig vorbehandelte Leitungen können im Brandfall ihre Funktion etwa 30 Minuten länger aufrechterhalten als unbehandelte Leitungen.

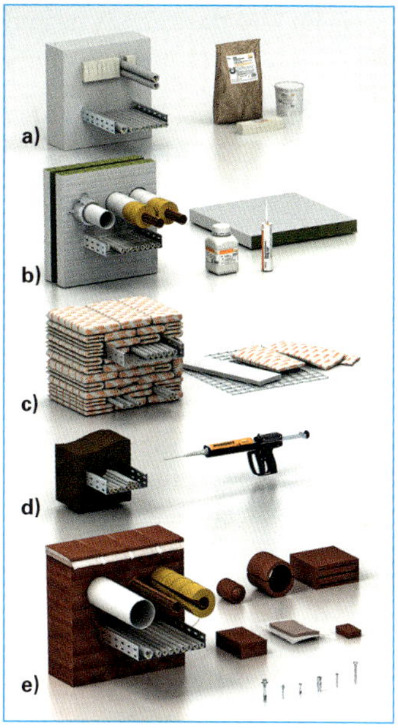


**Bild 1: Wanddurchführungen mit Brandschottung**

# 3.7 Verlegung auf Kabeltragegestellen

In Industrieanlagen, z.B. Walzwerken, werden Leitungen und Kabel zur Energieversorgung und Steuerung der Anlagen auf Kabeltragegestellen verlegt. Man unterscheidet bei Kabeltragegestellen Kabelpritschen, Kabelrinnen, Drahtkabelträger und Steigetrassen.

Bei der Auswahl des geeigneten Kabelträgers müssen die Art der zu verlegenden Leitungen oder Kabel, die zu erwartende mechanische Belastung und die Art der Befestigung berücksichtigt werden.

**Verlegung auf Kabelpritschen.** Bei Leitungen, die sich im Betrieb stark erwärmen, muss eine gute Wärmeabfuhr sichergestellt sein. Deshalb werden diese Leitungen auf Tragegestellen mit durchbrochener Bodenfläche, sogenannten Kabelpritschen, verlegt. Kabelpritschen **(Bild 2)** bestehen aus zwei Tragholmen, die durch quer verlaufende Sprossen im Abstand von etwa 300 mm verbunden sind. Kabelpritschen werden an der Wand durch Ausleger befestigt.

**Bild 2: Leitungsverlegung auf Kabelpritschen**

**Verlegung auf Kabelrinnen.** Kabelrinnen **(Bild 3)** haben im Gegensatz zu Kabelpritschen eine durchgehende Auflagefläche. Der Einsatz von Kabelrinnen ist vor allem vorteilhaft, wenn eine größere Anzahl von Leitungen mit kleinen Querschnitten, z.B. Zuleitungen für Licht- und Steuerstromkreise, verlegt werden. Kabelrinnen werden aus verzinktem Stahlblech in Längen bis zu 6 m hergestellt.

In Anlagen mit aggressiver Atmosphäre, z.B. in chemischen Betrieben, werden meist Kabelrinnen aus glasfaserverstärktem Polyester montiert. Kabelrinnen aus verzinktem Stahlblech würden dort oxidieren. Für Richtungsänderungen setzt man Formstücke, z.B. Bögen in horizontaler oder vertikaler Form sowie Abzweig- und Kreuzstücke ein.

**Bild 3: Leitungsverlegung auf Kabelrinnen**

[1] F30 z.B. bedeutet eine Feuerwiderstandsdauer von mindestens 30 min.

 (Nächster Praxistipp: Seite 74)

## Situationsbeschreibung:

In einem Mehrfamilienhaus sind Leitungen für die Kommunikationsanlage zu verlegen. Die Kommunikationsleitungen werden zusammen mit den Stromversorgungsleitungen im Keller über Kabelrinnen **(Tabelle a)** und in den Wohnungen in Geräteeinbaukanälen **(Tabelle b)** geführt. Nach **DIN 18015-1** müssen die Kommunikationsleitungen auswechselbar sein und dürfen nicht direkt im Putz oder unter Putz verlegt werden. **DIN EN 50174-2 (VDE 0800-174-2)** fordert bei gemeinsamer Verlegung von Stromversorgungs- und Kommunikationsleitungen Mindesttrennabstände *A*, die von den Eigenschaften der Leitungen sowie vom verwendeten Kanalsystem abhängig sind **(Tabelle)**. Durch geeignete Maßnahmen, z. B. Befestigung mit Kabelbindern, entsprechende Anordnung der Trennstege oder durch horizontales Trennen der Leitungen ist der Mindesttrennabstand im gesamten Verlauf einzuhalten. Welcher Mindesttrennabstand *A* muss eingehalten werden?

Für übliche Wohngebäude ist es ausreichend, die Mindesttrennabstände nach der **Tabelle** einzuhalten. Bei der Installation von umfangreicheren Kommunikationsanlagen, z. B. in Bürogebäuden, sind nach DIN EN 50174-2 (VDE 0800-174-2) zusätzlich zu berücksichtigen:

- die Klassifizierung der Kommunikationsleitungen in die Trennklassen *a* bis *d*,
- die Mindesttrennabstände *A* unterschieden nach Trennklasse und Art der Verlegung und
- der Faktor *P* für die Anzahl der Stromversorgungskreise (z. B. 1 bis 3 Stromkreise → $P = 0{,}2$).

**Tabelle: Mindesttrennabstände *A* zwischen Stromversorgungs- und Kommunikationsleitungen DIN EN 50174-2 (VDE 0800-174-2)**

| Art der Installation (Kanalsystem und Leitungsaufbau) | Abstand *A* zwischen den Leitungen in mm | | |
|---|---|---|---|
| | Kanal ohne Trennsteg oder Trennsteg nicht aus Metall | Kanal mit Trennsteg aus Aluminium | Kanal mit Trennsteg aus Stahl |
| ungeschirmte Kommunikationsleitungen, z. B. YR und ungeschirmte Stromversorgungsleitungen, z. B. NYM-J | 200 | 100 | 50 |
| geschirmte Kommunikationsleitungen*, z. B. J-02YSCH und ungeschirmte Stromversorgungsleitungen, z. B. NYM-J | 50 | 20 | 5 |
| ungeschirmte Kommunikationsleitungen, z. B. YR und geschirmte Stromversorgungsleitungen, z. B. (N)YM(St)-J | 30 | 10 | 2 |
| geschirmte Kommunikationsleitungen*, z. B. J-02YSCH und geschirmte Stromversorgungsleitungen, z. B. (N)YM(St)-J | 0 | 0 | 0 |

* Die geschirmten Kommunikationsleitungen müssen den Normen DIN EN 50288 entsprechen.

a) Verlegung auf Kabelrinnen

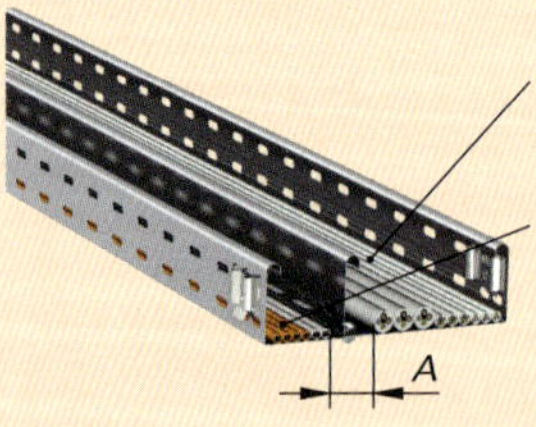


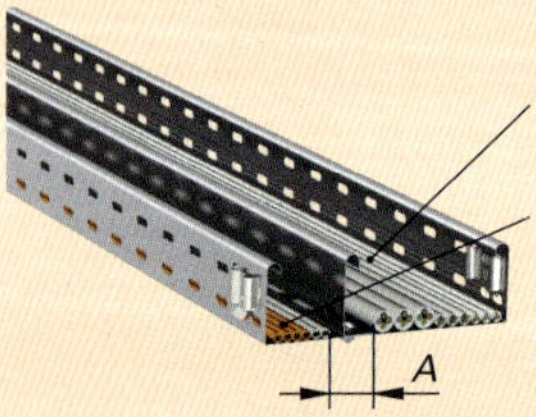


b) Verlegung im Geräteeinbaukanal

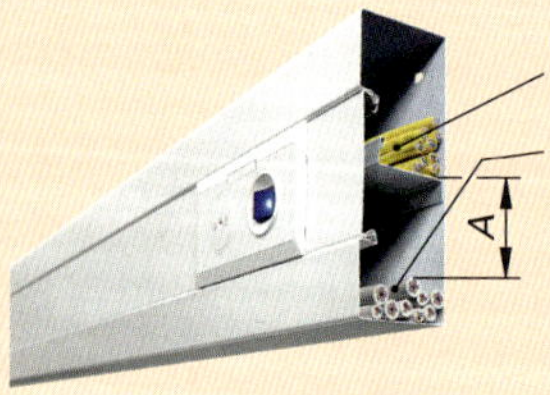


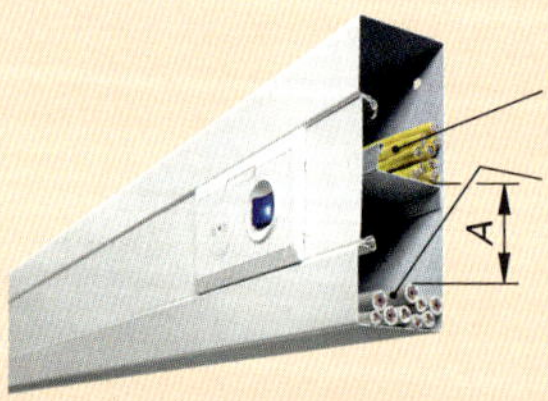

# 3.8 Verlegung im Erdreich

In Wohngebieten werden anstatt Freileitungen vorzugsweise Erdkabel verwendet. Kabel werden meist im Bereich des Gehweges verlegt. Die erforderliche Grabenbreite und Grabentiefe hängt von der Anzahl und Art der verlegten Kabel ab.

Kabel müssen im Bereich von Gehwegen mindestens 0,6 m tief, unter Straßen mindestens 0,8 m tief verlegt werden.

Kann die vorgeschriebene Bettungstiefe nicht eingehalten werden, so sind die Kabel durch Abdeckungen, z.B. Schutzhauben, Ziegelsteine oder Betonplatten zu schützen. Kreuzt die Kabeltrasse Fahrwege oder Straßen, werden im Kreuzungsbereich möglichst Schutzrohre oder Kabelkanal-Formsteine eingelegt.

**Verlegen des Kabels.** Vor dem Verlegen des Kabels **(Bild 1a)** wird die Grabensohle von allen Unebenheiten, z.B. kantigen Steinen oder vorstehenden Wurzeln, befreit und mit einer etwa 10 cm hohen Sandschicht bedeckt. In den Graben werden in Abständen von 3 bis 4 m **Kabellegerollen (Bild 2)** eingesetzt. An Biegungen der Trassenführung müssen Eckrollen **(Bild 3)** so eingebaut werden, dass der Mindestbiegeradius des Kabels beim Verlegen nicht unterschritten wird.

PVC-isolierte Kabel dürfen nur bei Temperaturen über –5 °C verlegt werden. Sind an bereits verlegten Kabeln Arbeiten unterhalb dieser Temperatur auszuführen, sind die Kabel vorsichtig zu erwärmen.

Zum Verlegen des Kabels verwendet man einen Kabelziehstrumpf **(Bild 4a)** oder einen Kabelziehkopf **(Bild 4b)**. Der röhrenartig geflochtene **Kabelziehstrumpf** wird über die äußere Umhüllung des Kabels geschoben, am **Kabelziehkopf** werden die einzelnen Adern des Kabels eingespannt. Die zulässigen Zugkräfte, 50 N/mm² bei Kupfer- und 30 N/mm² bei Aluminiumleitern, dürfen nicht überschritten werden.

Vor den Einmündungen in Schutzrohre oder in Kabelkanal-Formsteine müssen Vertiefungen ausgegraben werden, um ein Einschleifen von Sand oder Erdreich in die Schutzrohre zu vermeiden. Nach Abschluss der Verlegearbeiten wird das Kabel an allen Übergängen zwischen Schutzrohr und Kabelgraben durch Unterfüttern mit steinfreier Erde abgestützt. Dieses Polster **(Bild 5)** schützt das Kabel vor unzulässigem Druck auf die Rohrkante.

Kabel sollen im Kabelgraben nicht gerade, sondern leicht geschlängelt ausgelegt werden, damit Längenänderungen des Kabels infolge Wärmedehnung ausgeglichen werden können.

Das fertig ausgelegte Kabel wird mit einer 10 cm hohen Sandschicht abgedeckt, die das Kabel beim Auffüllen des Kabelgrabens vor mechanischer Beschädigung schützt. Das Erdreich wird schichtweise in den Kabelgraben gefüllt und verdichtet. Im oberen Drittel des Kabelgrabens wird ein Trassenwarnband **(Bild 1b)** eingelegt, das bei späteren Grabarbeiten auf das verlegte Kabel aufmerksam machen soll.

Bei Kreuzungen von Kommunikations- und Starkstromkabeln muss auf das tiefer liegende Starkstromkabel ein Schutz aus nicht brennbaren Werkstoffen aufgebracht werden, z.B. durch Hauben, Platten oder Rohre.

Kommunikationskabel und Starkstromkabel sind mit möglichst großem Abstand voneinander zu verlegen. Bei Abständen unter 30 cm müssen Starkstromkabel abgedeckt werden.

Bild 1: a) Verlegen von Erdkabel
b) Trassenwarnband

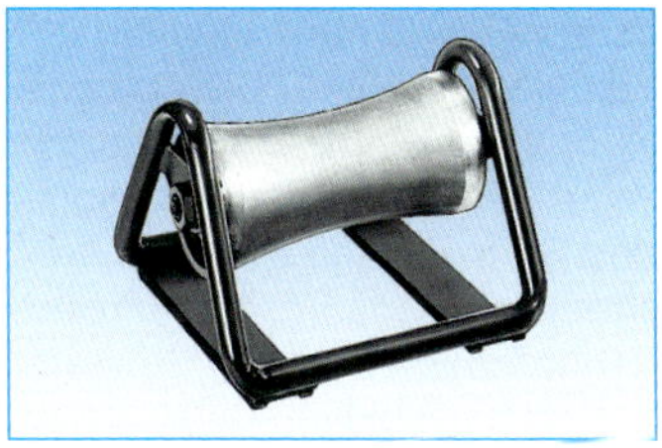
Bild 2: Kabellegerolle

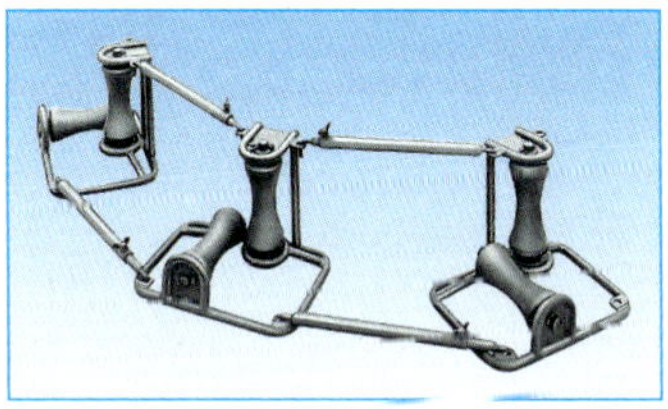
Bild 3: Eckrolle

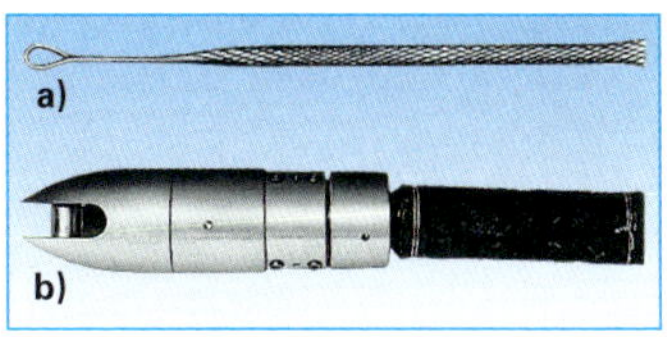

Bild 4: a) Kabelziehstrumpf
b) Kabelziehkopf

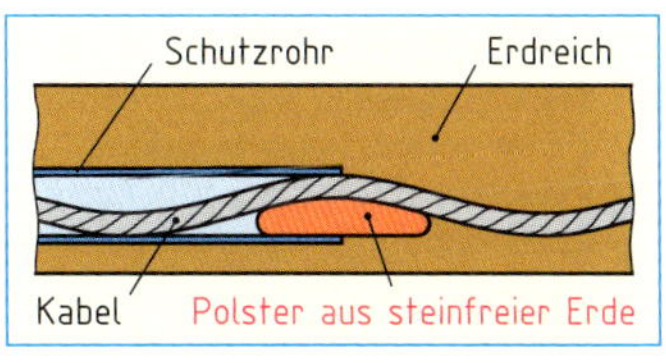

Bild 5: Schutz des Kabels bei Rohreinführungen

# 3.9 Verlegen von Freileitungen

**Blanke Freileitungen.** In Niederspannungsnetzen wird die elektrische Energie von den Umspannstationen über Freileitungsnetze oder Kabelnetze zum Verbraucher übertragen. Freileitungsnetze sind im Aufbau kostengünstiger als Kabelnetze. Freileitungen werden über Masten oder Dachständer (Tragstützpunkte) geführt. Nach der Einbauart in die Leitungstrasse unterscheidet man Trag-, Winkel-, Abspann- und Verteilungsstützpunkte. Maste können als Holz-, Beton- oder Stahlmaste ausgeführt sein. **Dachständer (Bild)** werden aus verzinkten Stahlrohren gefertigt.

Dachständer dürfen wegen Brandgefahr durch Erdschluss nicht geerdet werden (DIN VDE 0211).

Als Träger für blanke Freileitungen dienen Isolatoren, z.B. aus Porzellan. Die Isolatoren werden an Masten und Dachständern mit Stützen auf Traversen befestigt. Stützpunkte und Isolatoren müssen den zu erwartenden mechanischen Beanspruchungen, z.B. Eigengewicht der Leitungen, Zusatzlasten durch Eis und Schnee und der Zugspannung, standhalten. Als Schutz gegen unbeabsichtigtes Berühren müssen bei blanken Freileitungen die in der **Tabelle** angegebenen Sicherheitsabstände eingehalten werden.

**Isolierte Freileitungen.** Freileitungen können auch mit isolierten Freileitungsseilen erstellt werden. Die Leiterisolation besteht meist aus witterungs- und lichtbeständigem Polyethylen. Als Leiterwerkstoff für isolierte Freileitungsseile wird Aluminium mit Querschnitten von 25 mm² bis 70 mm² verwendet. Die Leitungen sind meist zu Viererbündeln verseilt **(Bild)**. Die einzelnen Leiter sind durch längsverlaufende Noppen gekennzeichnet. Der Neutralleiter bzw. der PEN-Leiter erhält keine Kennzeichnung. Die isolierten, verseilten Leitungen werden an den Stützpunkten (Masten) durch Hängeklemmen mit isolierten Einsätzen abgespannt. Der Einsatz von isolierten Freileitungen erlaubt geringere Abstände zu Gebäuden oder Bäumen als bei blanken Freileitungen **(Tabelle)**.

**Bild: Dachständer**

In isoliert ausgeführten Freileitungsnetzen können keine Störungen durch zusammenschlagende Leiter oder in die Leitung ragende Äste von Bäumen auftreten.

**Tabelle: Mindestabstände von nicht isolierten (blanken) Starkstrom-Freileitungen bis 1000 V bei Leitungsführung über Gelände, Straßen und Gebäuden** (nach DIN VDE 0211; Auszug)

| Leitungsführung über | Beispiele | Richtung | Mindestabstand in m |
|---|---|---|---|
| Gelände | Bewirtschaftet, z.B. Äcker, Wiesen<br>Nicht befahrbare Grundstücke (nur unter Hausanschlussleitungen) | senkrecht<br>senkrecht | 5<br>4 |
| Bäume | Bäume, die bestiegen werden, z.B. zur Pflege und Ernte<br>Bäume, die nicht bestiegen werden, z.B. Zierbäume | allseitig<br>allseitig | 1<br>0,5 |
| Straßen | Autobahnen und Fernstraßen<br>Fahrwege und Ortsverbindungswege | senkrecht<br>senkrecht | 6<br>6 |
| Bauwerke | Begehbare Dachfläche (Dachneigung bis 15°)<br>Nicht begehbare Dachfläche (Dachneigung über 15°)<br>Über dem Dachfirst | nach oben<br>nach oben<br>nach oben | 2,5<br>0,4<br>0,4 |
| Antennen | Abknickende Antennenteile dürfen die Freileitung nicht berühren | allseitig | 1 |

## Wiederholungsfragen

1 **Warum müssen Wanddurchbrüche in Brandschutzwänden nach Abschluss der Installationsarbeiten wieder feuersicher verschlossen werden?**
2 **In welchen Betrieben müssen Kabeltragegestelle aus Polyester eingesetzt werden?**
3 **Beschreiben Sie den Aufbau einer Kabelpritsche.**
4 **In welcher Bettungstiefe sollen Kabel verlegt werden a) im Gehwegbereich, b) unter Straßen?**
5 **Warum werden Kabel im Erdreich leicht geschlängelt und nicht gerade verlegt?**
6 **Nennen Sie die Mindestabstände blanker Freileitungen zu a) Straßen, b) Bäumen.**
7 **Wodurch sind die Außenleiter bei isolierten Freileitungen gekennzeichnet?**

# 4 Verbindungstechnik

Verbindungen teilt man in lösbare und nicht lösbare Verbindungen ein **(Übersicht).** Im Gegensatz zu den lösbaren Verbindungen, z.B. einer Schraubverbindung, lassen sich die nicht lösbaren Verbindungen, z.B. Pressverbindungen, nur durch Zerstören des Verbindungsmittels trennen.

**Übersicht: Elektrische Verbindungen**

- **Lösbare Verbindungen**
  Schraubverbindungen, Klemmverbindungen, Stiftverbindungen, Federverbindungen
- **Nicht lösbare Verbindungen**
  Löten, Nieten, Schweißen, Crimpen, Wire-Wrap, Termi-Point

## 4.1 Zurichten isolierter Leitungen

**Abisolieren** ist das Durchtrennen und Entfernen der Leiterisolation, z.B. bei Aderleitungen H07V-U.

**Abmanteln** ist ein Abziehen oder Auftrennen des Leitungsmantels, z.B. bei Mantelleitungen NYM.

Zum Abisolieren verwendet man **Abisolierzangen,** thermische **Abisoliergeräte** und **Kabelmesser.** Eine automatische Abisolierzange **(Bild 1)** kann, im Gegensatz zur üblichen Abisolierzange **(Bild 2),** bei kleinen Querschnitten, z.B. von 0,08 mm² bis 6 mm², ohne besondere Einstellung der Abisoliermesser eingesetzt werden. Die Einstellung entfällt ebenso beim Abisolieren von Aderleitungen mit normaler Isolationsstärke, z.B. H07V-U. Eine Beschädigung der Leiterisolation wird durch einen dem Leiterquerschnitt angepassten Anpressdruck der Haltebacken verhindert. Nach dem Abisoliervorgang öffnen die Haltebacken die Abisoliermesser automatisch und verhindern auch das Aufspleißen einzelner Drähte bei flexiblen Leitern. Die erforderliche Abisolierlänge wird an einem verstellbaren Anschlag eingestellt **(Bild 1).**

**Thermische Abisoliergeräte** schneiden mit beheizten Backen innerhalb kurzer Zeit, z.B. 1 bis 2 Sekunden, in die Isolation ein, sodass dann die Isolation abgezogen werden kann. Die Heizung des Gerätes ist nur während des Schneidevorganges eingeschaltet.

Das **Abmanteln** muss mit Sorgfalt erfolgen, damit die unter dem Mantel liegende Aderisolation nicht beschädigt wird. Zum Abmanteln von Kunststoff- und Gummimänteln verwendet man z.B. den **Mantelschneider (Bild 3)** oder andere Abmantelungswerkzeuge **(Bild 4).** Der Mantel kann auch mit einem Kabelmesser abgenommen werden. Mantelschneider und Abmantelungswerkzeuge haben gegenüber dem Kabelmesser den Vorteil der einstellbaren Schnitttiefe und dadurch der geringeren Verletzungsgefahr für die Aderisolation. Bei der Produktion von elektrotechnischen und elektronischen Geräten erfolgt das Abisolieren und Abmanteln oft mithilfe von Automaten.

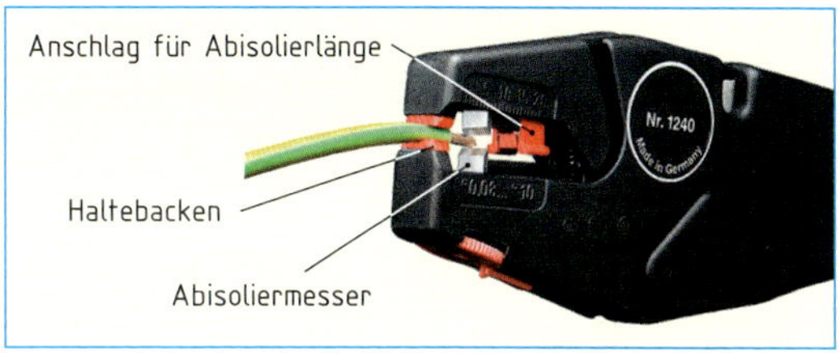


**Bild 1: Automatische Abisolierzange**

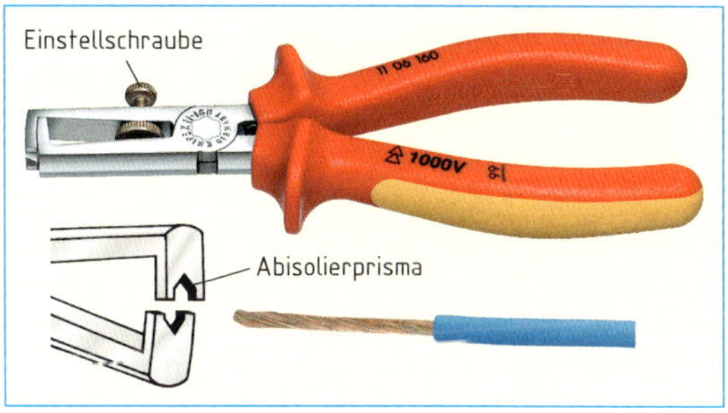


**Bild 2: Abisolierzange mit Einstellschraube**

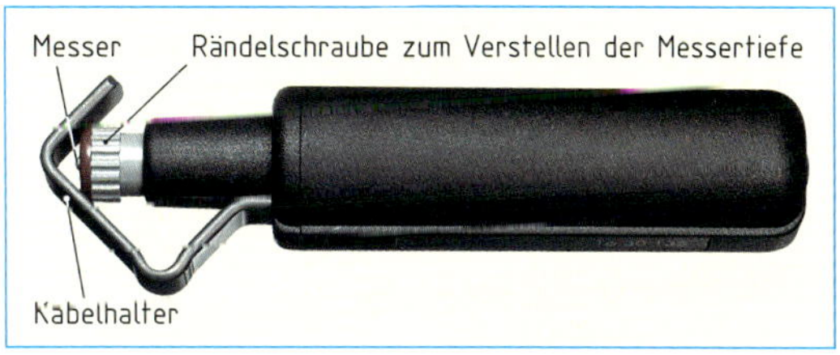


**Bild 3: Mantelschneider**

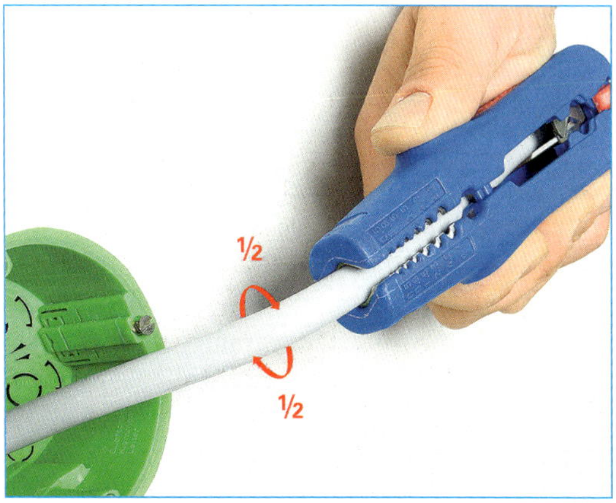


**Bild 4: Abmantelwerkzeug (Entmanteler)**

# 4.2 Schraubverbindungen

Schraubverbindungen verwendet man in der Elektrotechnik zum Herstellen lösbarer Leitungsverbindungen, z. B. zum Befestigen und zur Montage von Betriebsmitteln und Bauteilen.

Schrauben haben **Festigkeitsklassen**. Diese richtet sich nach deren Zugfestigkeit. So entspricht z. B. die Zugfestigkeitsklasse 6.8 einer Zugfestigkeit von 600 N/mm². Beim Anziehen von Schraubverbindungen sollte man das jeweilige **Anzugsdrehmoment** kennen. So beträgt das Anzugsdrehmoment z. B. einer Reihenklemme 2,5 mm² etwa 0,6 Nm und einer LS-Schalterklemme 3 Nm.

## 4.2.1 Arten von Schraubverbindungen

Man unterscheidet

- Schraubverbindungen mit Schraube und Mutter sowie
- Schraubverbindungen mit Innengewinde.

**Bei der Schraubverbindung mit Schraube und Mutter (Bild 1a)** haben die zu verbindenden Teile, z. B. Sammelschienen, eine Durchgangsbohrung. Die Teile werden durch eine Schraube (Durchsteckschraube) und eine Mutter zusammengefügt. Scheiben (Unterlegscheiben) verhindern, dass die Mutter oder der Schraubenkopf das Werkstück beim Anziehen beschädigen. Schraubverbindungen werden mithilfe von Schraubensicherungen **(Seite 51)** gesichert.

**Schraubverbindungen mit Innengewinde (Bild 1b)** befinden sich z. B. an Steckdosen und Schaltern. Ein Teil hat eine Durchgangsbohrung, das andere Teil ein Gewinde. Die Verbindung kann durch eine Kopfschraube, z. B. zum Befestigen eines Klemmbrettdeckels, erfolgen.

## 4.2.2 Schrauben, Muttern, Schraubenprofile und Schraubensicherungen

In der Elektrotechnik verwendet man häufig:

- Sechskantschrauben **(Bild 1)**,
- Schlitzschrauben **(Bild 2)**,
- Schrauben mit Kreuzschlitz **(Bild 2)**,
- Zylinderschrauben mit Innensechskant **(Bild 3)**,
- Blechschrauben **(Bild 4)** und
- Holzschrauben **(Bild 5)**.

**Schlitzschrauben** werden mit dem Schraubendreher angezogen bzw. gelöst.

Die Klinge des Schraubendrehers ist der Schlitzbreite der Schraube anzupassen.

**Schrauben mit Kreuzschlitz oder Torx** lassen sich fester anziehen als Schlitzschrauben. Der kreuzförmige und spitz zulaufende Kreuzschlitz-Schraubendreher und der sternförmige Torx-Schraubendreher haben eine bessere Führung im Schraubenkopf.

Zur Befestigung von z. B. Schraub- oder Abstandschellen auf Blechen oder Metallträgern verwendet man vor allem Gewindeschneidschrauben **(Bild 4a)**, Blechschrauben **(Bild 4b)** oder Bohrschrauben mit Blechschraubengewinde **(Bild 4c)**.

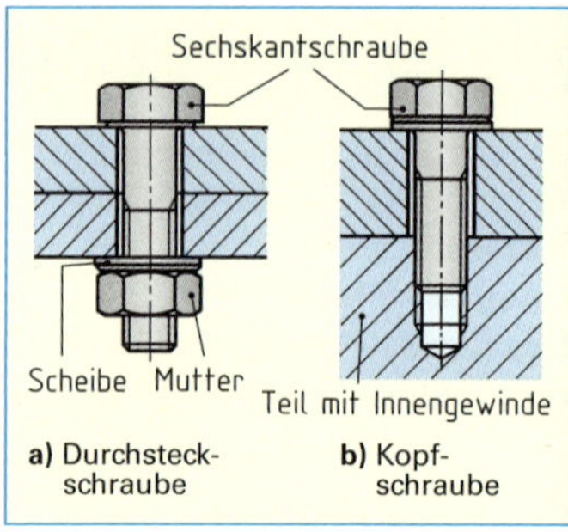


**Bild 1: Schraubverbindungen**

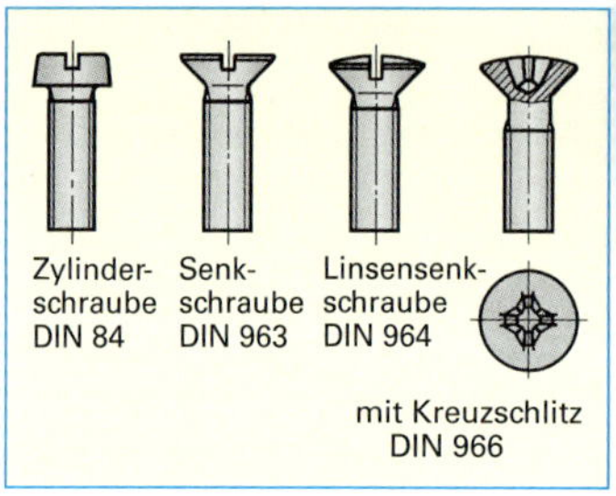


**Bild 2: Schlitzschrauben**

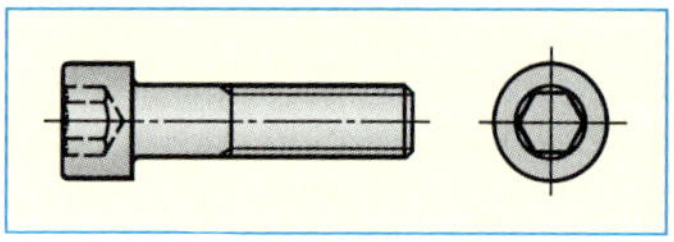

**Bild 3: Zylinderschraube mit Innensechskant**

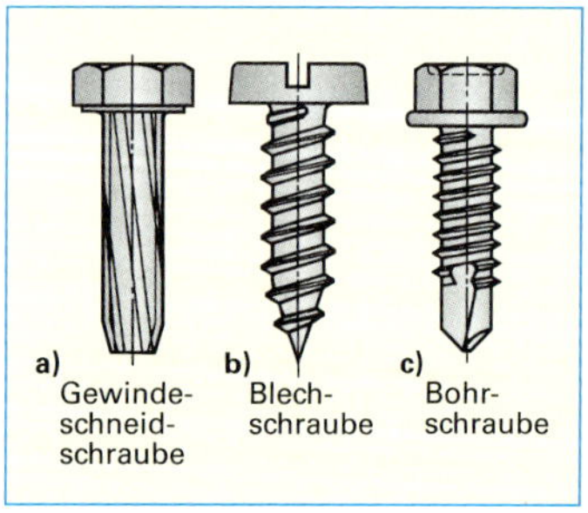


**Bild 4: Blechschrauben**

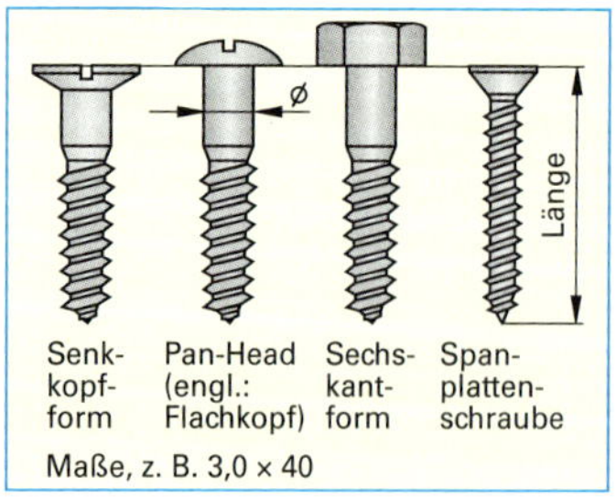


**Bild 5: Holzschrauben**

**Muttern** dienen zum Übertragen der in der Schraube wirkenden Zugkräfte auf die Werkstücke. In der Elektrotechnik verwendet man meist Sechskantmuttern in Verbindung mit Sechskantschrauben. Muttern gibt es in der Größe M1,6 bis M64. M für Metrisch, die Zahl ist der Nenndurchmesser in Millimeter.

**Sichern von Schraubverbindungen.** Damit sich Schraubverbindungen nicht lösen, verwendet man Schraubensicherungselemente. Nach der Wirkungsweise unterscheidet man vor allem in der Elektrotechnik

- Setzsicherungen, z.B. Federringe **(Bild 1)**, und
- Losdrehsicherungen, z.B. Sperrzahnscheiben **(Bild 2)**.

**Setzsicherungen** verhindern weitgehend ein Kriechen des Werkstoffes und damit das Lösen der Schraubverbindungen.

Ab der Schraubenfestigkeitsklasse 8.8 sind federnde Elemente, z.B. Federringe oder Zahnscheiben, unwirksam, da diese für große Verbindungskräfte nicht geeignet sind.

**Losdrehsicherungen** verhindern ein Losdrehen der Schraubverbindung z.B. durch verzahnende Elemente an der Auflagefläche **(Bild 2a)** oder durch chemische Schraubensicherungen.

Chemische Schraubensicherungen sind z.B. Flüssigklebstoffe oder mikroverkapselte Klebstoffe. Bei mikroverkapselten Klebstoffen werden beim Einschrauben Mikrokapseln durch Druck zerstört. Der in den Kapseln enthaltene Klebstoff und Härter wird freigesetzt und härtet den Klebstoff aus.

Um das Öffnen von z.B. elektrotechnischen Geräten durch Laien zu erschweren, werden Schrauben mit besonderen Schraubenprofilen **(Bild 3)** verwendet. Dabei muss die Schraubendrehergröße dem Schraubendurchmesser angepasst werden **(Tabelle)**.

## 4.2.3 Lösen festsitzender Schraubverbindungen

Schwergängige Schraubverbindungen können beim Lösen beschädigt werden. Durch Abrutschen können Unfälle entstehen.

Um das Lösen schwergängiger Schraubverbindungen zu erleichtern, wird die Schraubverbindung mit einem Gleitmittel, bei korrodierten Verbindungen mit einem Rostlösemittel, eingesprüht. Nach einer Einwirkdauer kann die Verbindung meist durch Handkraft gelöst werden. Ist die Verbindung trotzdem nicht lösbar, so kann mit speziellen Werkzeugen, z.B. Zugschlüssel, Schlagschlüssel oder Schlagschrauber, ein Lösen versucht werden.

Zugschlüssel haben eine Verlängerung zur Erhöhung der Hebelkraft. Übliche Ring- oder Gabelschlüssel dürfen wegen der geringeren Festigkeit nicht verlängert werden.

**Schlagschlüssel** übertragen die Kraft durch Hammerschläge auf den Schlüsselschaft. Festsitzende Schrauben können auch mithilfe eines **Schlagschraubers** gelöst werden.

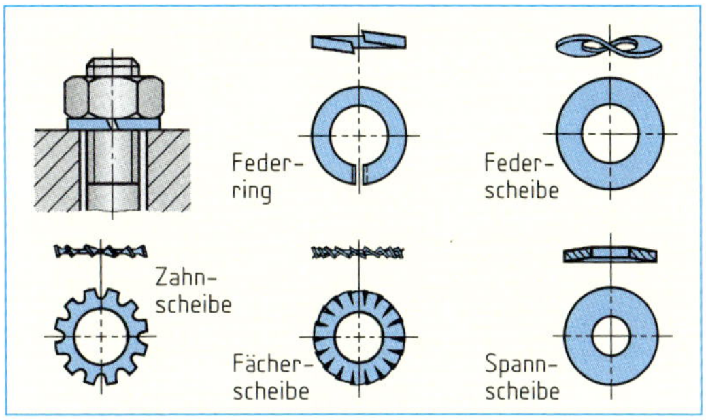


**Bild 1: Setzsicherungen (teilweise nicht genormt)**

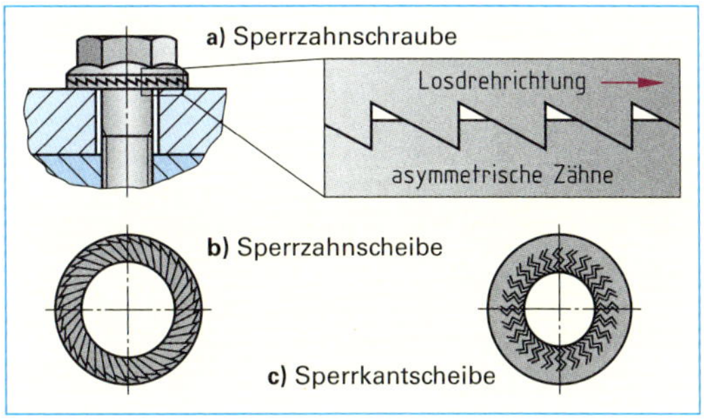


**Bild 2: Sperrende Schraubensicherungselemente (Kontaktscheiben)**

**Bild 3: Schraubenprofile (Auswahl)**

**Tabelle: Schraubendreherauswahl** (Beispiel)

| Schraubendurchmesser *d* in mm | | 3 | 3,5 | 4 | 5 | 6 |
|---|---|---|---|---|---|---|
|  | Phillips-Schraubendrehergröße (PH) | 2 | 2 | 2 | 2 | 3 |
| | Pozidriv-Schraubendrehergröße (PZ) | 1 | 1 | 2 | 2 | 3 |
| | Torx-Schraubendrehergröße (Tx) | 10 | 15 | 20 | 25 | 30 |

### Wiederholungsfragen

1 **Nennen Sie verschiedene Schraubenarten.**
2 **Womit kann man Schrauben gegen unbeabsichtigtes Lösen sichern?**
3 **Welche Aufgaben haben Schraubensicherungen?**
4 **Nennen Sie Arten von Schraubensicherungen.**

## 4.2.4 Biegen von Ösen

Ösen dienen zum Anschluss eindrähtiger Leiter an Schrauben, z.B. an Schaltern, Steckdosen oder Motorklemmbrettern. Vor dem Biegen muss der Leiter abisoliert werden.

Die Abisolierlänge $l$ errechnet man aus dem notwendigen Umfang der Öse (z.B. Schraubendurchmesser $d \cdot \pi$) plus einem Zuschlag von 5 bis 6 mm.

**Beispiel:**

Berechnen Sie die Abisolierlänge $l$ zum Biegen einer Öse für eine Schraube M8.

**Lösung:**

$l = \pi \cdot d + 6\ \text{mm} = \pi \cdot 8\ \text{mm} + 6\ \text{mm} \approx \mathbf{32\ mm}$.

Zum Biegen von Ösen benützt man Rundzangen **(Bild 1)**. Durch entsprechendes Ansetzen der kegeligen Backen der Rundzange kann der Innendurchmesser der Öse dem jeweiligen Schraubendurchmesser angepasst werden.

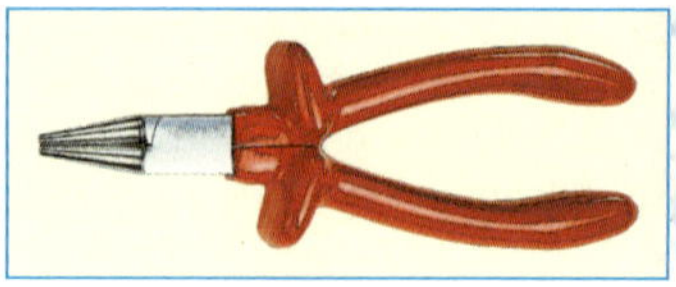

**Bild 1: Rundzange**

**Arbeitsgänge beim Biegen von Ösen:**
1. Abisolieren der Leitung auf die erforderliche Länge.
2. Biegen des abisolierten Leiterendes nach **Bild 2**.
3. Öse muss geschlossen sein.
4. Prüfen der Öse auf den richtigen Durchmesser.
5. Zurückbiegen der Öse auf Leitermitte.

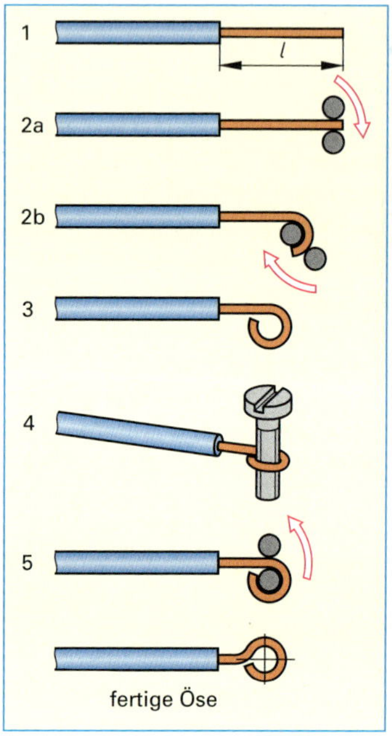


**Bild 2: Arbeitsgänge beim Biegen einer Drahtöse**

Beim Anschluss von Leitern mit gebogenen Ösen muss beachtet werden:

- Die Biegerichtung der Öse **(Bild 2)** muss mit der Drehrichtung beim Anziehen der Schraube bzw. der Mutter übereinstimmen, damit die Öse beim Anziehen nicht aufgebogen wird.
- Ösen müssen immer zwischen Scheiben (Unterlegscheiben) gelegt und gegen Lösen gesichert werden.
- Liegen mehrere Ösen übereinander, so muss zwischen den einzelnen Ösen jeweils eine Scheibe liegen.

Fehler beim Biegen von Ösen sind z.B. falsche Biegerichtung, zu kurze Abisolierlänge und zu großer oder kleiner Ösendurchmesser. Mit Ösen dürfen nur eindrähtige Leiter angeschlossen werden.

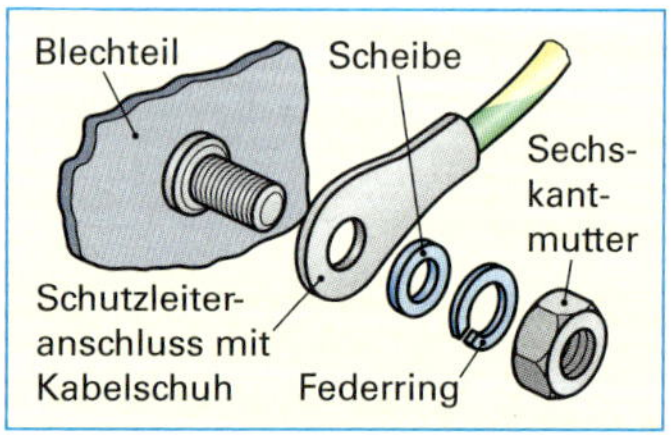


**Bild 3: Vorschriftsmäßiger Schutzleiteranschluss im Schaltschrankbau**

Das Verzinnen von mehrdrähtigen, fein- und feinstdrähtigen Leitern und das Biegen solcher Leiter ist nach DIN EN 60670 (VDE 0606) nicht zulässig, da sich der verzinnte Leiter unter dem Druck der Schraube oder Mutter verformt.

Durch Verzinnen der Leiter können Lockerungen und Kontaktschwierigkeiten entstehen. Zum Anschluss von fein- und feinstdrähtigen Leitern verwendet man Aderendhülsen **(Bild 5, Seite 53)** oder Kabelschuhe **(Bild 6, Seite 53)**.

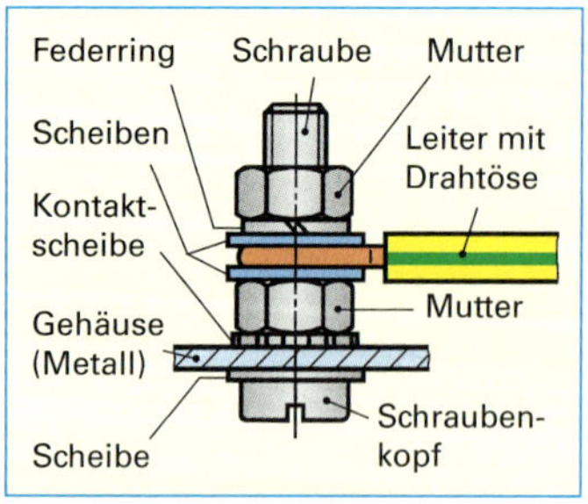


**Bild 4: Vorschriftsmäßiger Schutzleiteranschluss mit Durchsteckschraube**

Schutzleiteranschlüsse **(Bild 3 und Bild 4)** sind mit besonderer Sorgfalt durchzuführen und dürfen mechanisch nicht belastet werden! Sie dienen ausschließlich der elektrischen Sicherheit.

## 4.3 Lötfreie Verbindungstechniken

Lötfreie Verbindungstechniken sind Crimpen, die Wire-Wrap- und die Termi-Point-Verbindung **(Seite 54)** sowie die Durchdringungstechniken.

Lötfreie Verbindungen sollen gasdicht sein. Leiter und Verbinder werden so miteinander verpresst, dass keine Zwischenräume mehr vorhanden sind. In normaler atmosphärischer Umgebung kann dann kein gasförmiger Stoff, der zur Oxidation führen könnte, in die Verbindung eindringen.

### 4.3.1 Crimpen

In der Elektrotechnik ist Crimpen[1] das mechanische Zusammendrücken einer Hülse, z.B. Aderendhülse oder Kabelschuh, um einen elektrischen Leiter. Dadurch entsteht eine nicht lösbare elektrische und mechanische Verbindung. In der Praxis werden für das Crimpen auch die Fachbegriffe Pressen oder Quetschen benutzt. Bei Crimpanschlüssen unterscheidet man eine geschlossene Leitereinführung **(Bild 1 und Bild 2)** und eine offene Leitereinführung **(Bild 3)** bei unterschiedlichen Verformungsarten.

> Beim Crimpen werden durch hohen Druck Leiter und Verbinder, z.B. Hülsen, elastisch und plastisch verformt. Dadurch entsteht zwischen Leiter und Verbinder eine sichere, unlösbare Verbindung.

Zum Crimpen eignen sich alle Leiterarten, besonders jedoch mehrdrähtige und feindrähtige Leiter. Zum Herstellen der Verbindung wird der abisolierte Leiter in die Hülse bzw. den Kabelschuh gesteckt und durch Druck verformt. Als Crimpwerkzeuge eignen sich pneumatisch oder hydraulisch betriebene Werkzeuge sowie von Hand betriebene Zangen **(Bild 4)**.

**Aderendhülsen (Bild 5)** bzw. Kabelschuhe **(Bild 6)** sind meist aus Kupfer oder einer Kupferlegierung. Sie sind blank oder zum Korrosionsschutz zusätzlich verzinnt und haben z.T. einen farbigen Kragen aus Isolierstoff **(Tabelle)**. Der Kragen aus Isolierstoff erleichtert das Einführen der Leitungsader in die Aderendhülse. Zusätzlich wird durch den Isolierstoffkragen der Übergang vom abisolierten zum isolierten Leiter berührungssicher abgedeckt. Leiterenden, die mit Aderendhülsen versehen sind, brechen auch bei Vibrationsbelastungen nicht ab.

**Arbeitsregeln für die Montage von Crimpverbindungen:**

- Leiterenden von Schmutz und Oxidschichten reinigen.
- Leiterenden bei Kabelschuhen bis zum Anschlag, bei Hülsen bis zur Mitte des Verbinders einführen.
- Vor dem Crimpen prüfen, ob die Kennzahl des Werkzeugeinsatzes mit der des Verbindungsmittels übereinstimmt.
- Kabelschuhe werden, an der Laschenseite beginnend, in Richtung Hülsenende verpresst **(Bild 7)**. Bei Crimpverbindern beginnt man in der Mitte der Hülse.

**Tabelle: Farbkennzeichnung von Aderendhülsen** (Nach DIN 46228)

| Leiterquerschnitt | Farbe | Leiterquerschnitt | Farbe |
|---|---|---|---|
| 0,5 mm² | weiß | 2,5 mm² | blau |
| 0,75 mm² | grau | 4 mm² | grau |
| 1 mm² | rot | 6 mm² | gelb |
| 1,5 mm² | schwarz | 10 mm² | rot |

[1] to crimp (engl.) = pressen

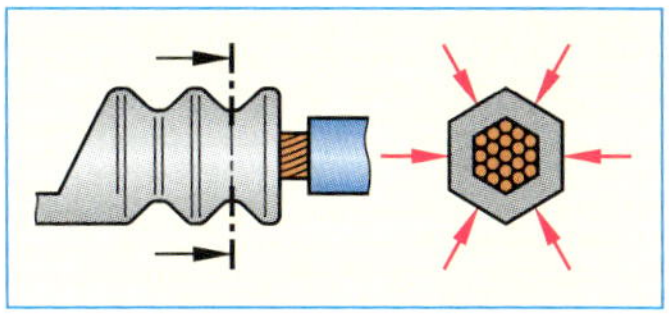

**Bild 1: Crimpverbindung (allseitige Verformung)**

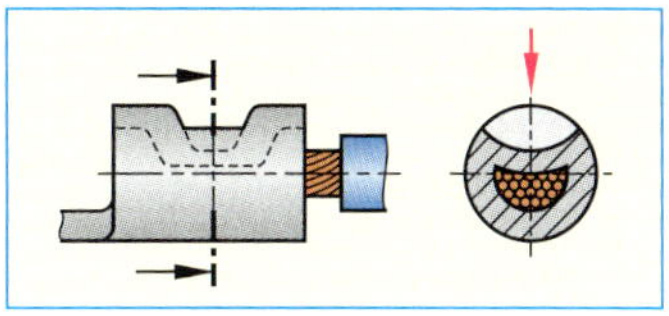

**Bild 2: Crimpverbindung (einseitige Verformung)**

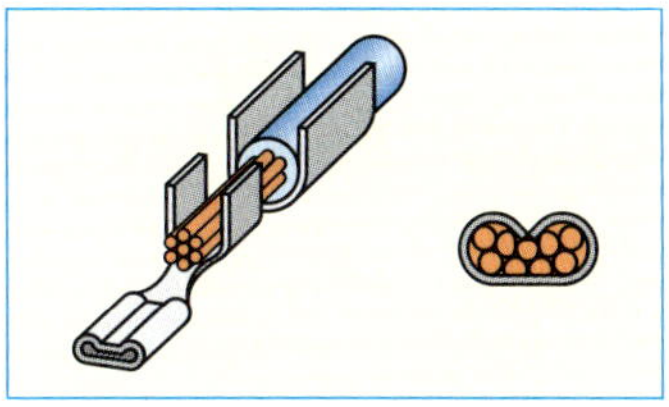

**Bild 3: Crimpen (einseitige Verformung durch Umlegen der Hülsenlappen)**

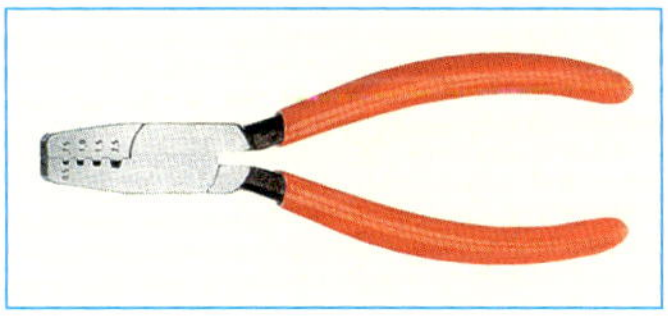

**Bild 4: Aderendhülsen-Zange**

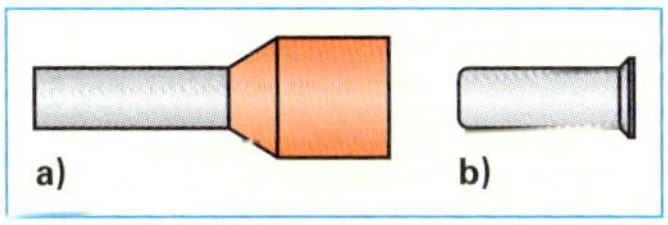


**Bild 5: Aderendhülsen a) mit, b) ohne Kunststoffkragen**

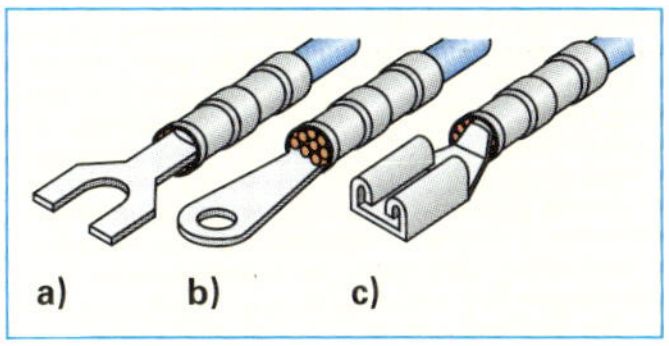


**Bild 6: Kabelschuhe a) offen, b) geschlossen, c) Flachsteckhülse**

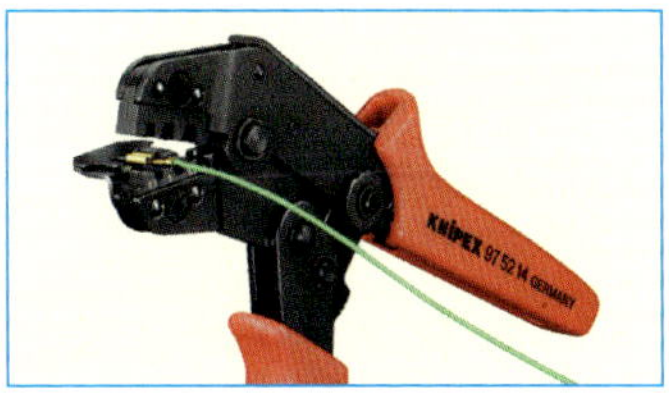


**Bild 7: Crimpen eines Kabelschuh**

### Beispiel: Crimpen eines Western-Steckers

Elektrische Verbindungen mithilfe eines Western-Steckers werden in der Telekommunikationstechnik, z.B. bei Anschlussleitungen von Telefonen oder bei Patchkabeln von Netzwerkverbindungen, benötigt. Man unterscheidet Standards, z.B. RJ10, RJ11, RJ12 und RJ45. RJ-Stecker haben verschiedene Größen, z.B. RJ10 mit einer Breite von 7,7 mm für 4 Adern oder RJ45 mit einer Breite von 11,6 mm für 8 Adern. Deshalb muss die Crimpzange **(Bild 1)** für den benötigten Standard geeignet sein.

**Arbeitsgänge:**

- Die Leitung rechtwinklig, z.B. mit dem Schneidemesser der Crimpzange, abschneiden **(Bild 2a)**.
- Den Mantel der Leitung entfernen. Dabei ist die Steckergröße zu beachten **(Bild 2b)**. Zum Abmanteln wird meist ein zusätzliches Werkzeug verwendet.
- Den Stecker auf die Leitung schieben. Dazu müssen die Adern parallel und in der richtigen Reihenfolge liegen **(Bild 2c)**.
- Stecker und Leitung mithilfe der Crimpzange verpressen **(Bild 2d)**.

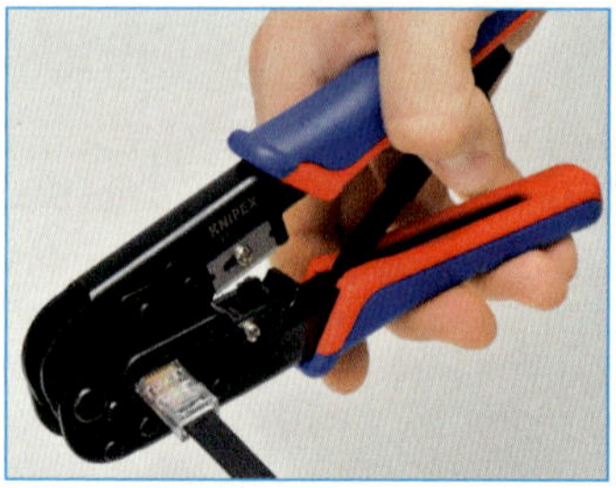

**Bild 1: Crimpzange**

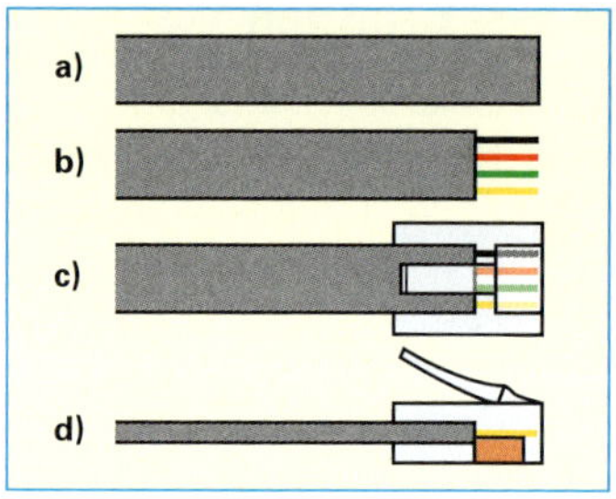


**Bild 2: Arbeitsgänge**

## 4.3.2 Schneidklemmtechnik

Bei der Schneidklemmtechnik erfolgt ein elektrischer Kontakt durch Einpressen in eine federnde Schneidklemme. Dabei wird die Isolierung des Leiters durchtrennt. Es entsteht eine leitende Verbindung zwischen dem Leiter und der metallischen Schneidklemme. Der Leiter wird z. B. mithilfe eines LSA[1]-Werkzeuges **(Seite 265)** auf die Schneidklemme gedrückt **(Bild 3)**. Eine Schneidklemmverbindung ist meist wieder lösbar. Verwendet wird die Schneidklemmtechnik z. B. bei Netzwerkverkabelungen **(Seite 265)** und bei Telekommunikationsanlagen **(Seite 139)**.

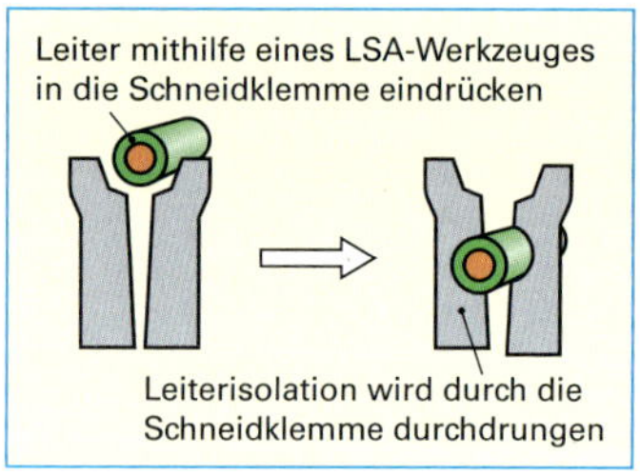


**Bild 3: Schneidklemme**

## 4.3.3 Termi-Point-Verbindung

Beim Termi-Point-Verfahren[2] werden ein oder mehrere Drähte mithilfe eines Clips mit Feder auf einen Pfosten mit rechteckigem Querschnitt gesteckt **(Bild 4)**.

Den Leiter braucht man nicht abisolieren, weil die Isolation beim Aufschieben des Drahtes zuverlässig entfernt wird. Der Anpressdruck wird durch die Federbeine des Clips aufgebracht. Er ist bei der Termi-Point-Verbindung etwa gleich hoch wie bei Wire-Wrap-Verbindungen (etwa 200 N/mm). Man kann damit eindrähtige Leiter bis etwa 1 mm Durchmesser und feindrähtige Leiter mit Querschnitten von 0,05 $mm^2$ bis etwa 0,65 $mm^2$ verbinden. Das Werkzeug zum Aufschieben des Clips besitzt ein Magazin zur Aufnahme der Clips.

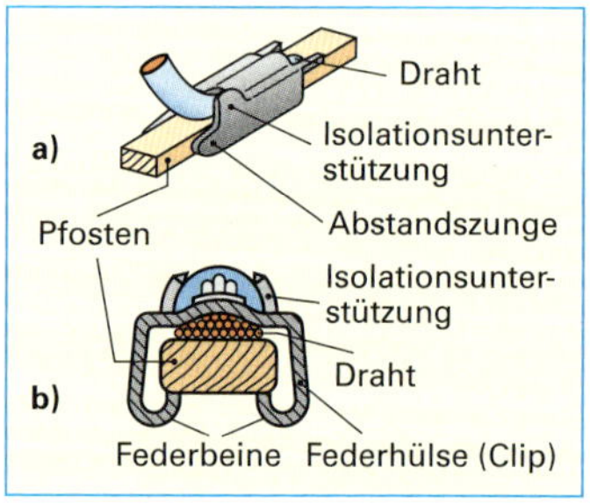


**Bild 4: a) Aufbau und b) Schnitt einer Termi-Point-Verbindung**

## 4.3.4 Wire-Wrap-Verbindung

Bei der Wire-Wrap-Verbindung[3] wird ein abisolierter eindrähtiger Leiter unter Zug um einen Stift mit quadratischem Querschnitt (Pfosten) gewickelt **(Bild 5)**.

Beim Biegen des Drahtes um die scharfen Kanten des Pfosten dehnt sich der Draht. Er verformt sich dabei und erhält dadurch eine größere Berührungsfläche. Zugleich tritt Kaltverfestigung ein. Die Elastizität des Drahtes ermöglicht einen hohen Kontaktdruck und ergibt gasdichte Berührungsflächen.

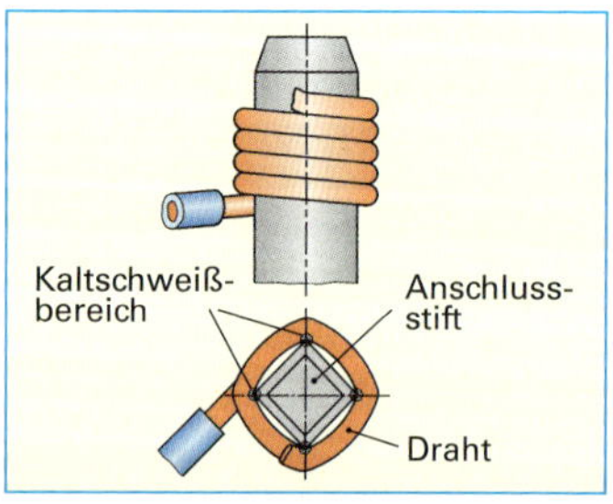


**Bild 5: Wire-Wrap-Verbindung**

[1] **LSA**, Abk. für: **l**öt-, **s**chraub-, **a**bisolierfrei
[2] Termi-Point, aus dem Englischen. Point (engl.) = Punkt; Bedeutung etwa: Verbindung von Punkt zu Punkt.
[3] von „wire“ (engl.) = Draht und „to wrap“ (engl.) = umwickeln, sprich: „wair-repp“.

## 4.3.5 Klemmenverbindungen

Klemmen sind Betriebsmittel zum Verbinden von Leitern.

Klemmen müssen einen genügend großen Kontaktdruck erzeugen um den Übergangswiderstand an der Klemmstelle gering zu halten. Bei zu großem Übergangswiderstand erwärmt sich bei Stromfluss die Anschlussstelle unzulässig. Ferner entsteht an der Klemmstelle ein zusätzlicher Spannungsfall. Lose Klemmen können zu Wackelkontakten und damit auch zu Störungen im Rundfunk- und Fernsehempfang führen. Mangelhafte Kontaktstellen können auch elektrisch gezündete Brände hervorrufen. Verdrillte Würgeverbindungen führen zu Wackelkontakten und sind deshalb verboten.

Die stromführenden Teile von Klemmen sind meist aus Kupfer hergestellt. Sie werden vernickelt oder erhalten einen Überzug aus einem nichtrostenden Metall. Für Klemmen werden auch verzinkte Stahlteile verwendet. Die Schrauben sind meist aus Messing.

**Klemmenarten.** Man unterscheidet:

- Klemmenverbindungen mit Schrauben, z. B. Verbindungsklemmen **(Bild 1),** und
- schraubenlose Klemmen **(Bild 2 und Bild 3).**

Bei den schraubenlosen Klemmen kommt der Klemmendruck durch eine Federklemme **(Bild 5)** zustande. Bei diesen Klemmen wird zum Anschließen des Leiters eine Federklemme (Käfigzugfeder) heruntergedrückt und das abisolierte Ende des Leiters in die Klemme bis zum Anschlag eingeführt. Schraubenlose Verbindungen sind schneller herzustellen als Schraubverbindungen. Auch können feindrähtige Leiter ohne Aderendhülsen in schraubenlosen Verbindungen eingesetzt werden. Schraubenlose Klemmen lassen sich häufig mithilfe eines Werkzeuges, z.B. eines Schraubendrehers, oder durch Drehen und Ziehen des Leiters wieder lösen.

Nach ihren Aufgaben unterscheidet man:

- Verbindungsklemmen,
- Reihenklemmen,
- Anschlussklemmen und
- Geräteklemmen.

**Verbindungsklemmen,** z. B. Dosenklemmen, verbinden elektrische Leiter untereinander, z. B. in Verbindungsdosen. Dosenklemmen können auch als schraubenlose Klemmen ausgeführt sein **(Bild 3).**

**Reihenklemmen (Bild 4)** sind Verbindungsklemmen. An Reihenklemmen können eindrähtige und mehrdrähtige Leiter angeschlossen werden. Mehrdrähtige Leiter schließt man mithilfe von Aderendhülsen **(Seite 53)** an. Reihenklemmen sind anreihbar und können mehrere Anschlussstellen, z. B. für L1, N und PE **(Bild 4),** haben. Man verwendet sie z. B. in Schaltschränken und Verteilungen, da sie platzsparend und übersichtlich in Reihe auf Tragschienen (Hutschienen), montiert werden können.

**Anschlussklemmen,** z. B. Leuchtenklemmen, sind Klemmen für den äußeren Anschluss (Netzanschluss) von Einzelgeräten oder Gerätekombinationen.

**Leuchtenklemmen (Bild 5)** stellen die Verbindung zwischen dem eindrähtigen Leiter (Netzanschluss) und den feindrähtigen Leitern der Leuchten-Anschlussleitung innerhalb von Leuchten her. Im üblichen Sprachgebrauch nennt man Leuchtenklemmen auch Lüsterklemmen.

**Bild 1: Verbindungsklemmen**

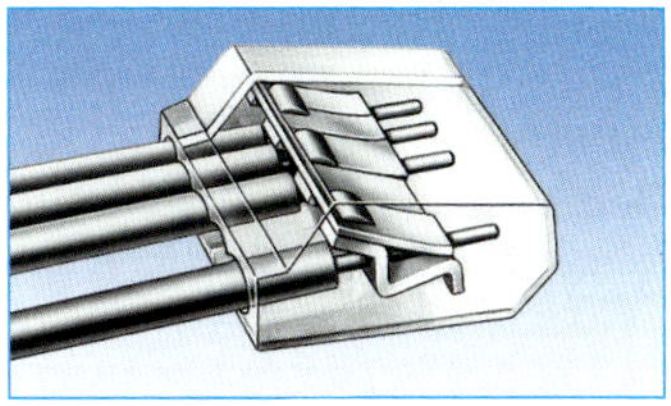

**Bild 2: Prinzip der schraubenlosen Klemme**

**Bild 3: Schraubenlose Klemmen**

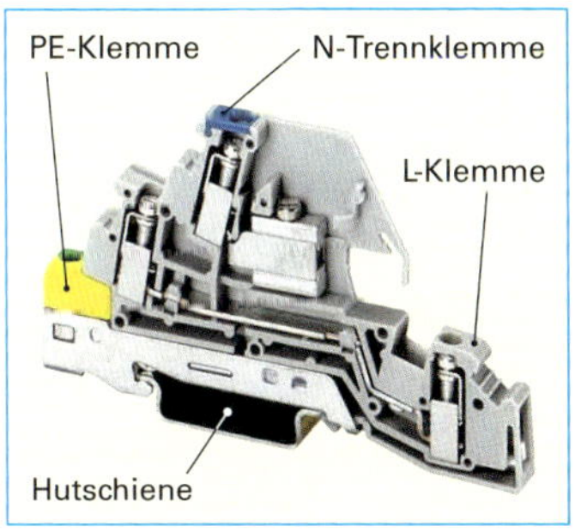


**Bild 4: Reihenklemme**

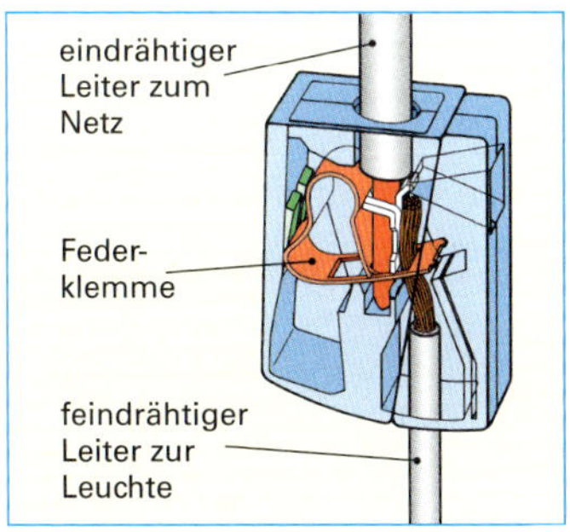


**Bild 5: Leuchtenklemme**

**Geräteklemmen** sind Klemmen innerhalb von Geräten und bilden mit diesen eine Einheit, z.B. bei Schaltern und Steckdosen.

## Arten von Klemmen

Nach ihrer Konstruktion unterteilt man Schraubklemmen hauptsächlich in Kopfkontaktklemmen, Buchsenklemmen und Bügelklemmen.

**Kopfkontaktklemmen (Tabelle).** Der Leiter wird unter einen Bügel geklemmt und durch eine Schraube gehalten. Man verwendet diese Klemmen z.B. als Anschlussklemmen.

**Buchsenklemmen (Tabelle)** enthalten einen Klemmkörper mit Klemmschrauben und meist auch Druckstücke. Druckstücke verhindern, dass der Leiter beim Anziehen der Schraube abgeschert wird.

Buchsenklemmen gibt es in teilbarer und in nicht teilbarer Ausführung. Auch Leuchtenklemmen sind Buchsenklemmen.

**Bügelklemmen** sind im Prinzip ebenfalls Buchsenklemmen. Sie haben jedoch in ihrem oberen Teil ein elastisches Druckstück, einen Bügel. Das Druckstück verhindert eine Beschädigung des Leiters beim Anziehen der Klemmschraube.

Mehrdrähtige, fein- und feinstdrähtige Leiter dürfen beim Anschluss an eine Schraubklemme nicht verzinnt werden, da durch Fließen des Zinns der Kontaktdruck nachlässt.

Um das sogenannte Aufspleißen bei mehr- und feindrähtigen Leitern zu vermeiden, befestigt man am Leiterende eine Spleißschutzklammer oder eine Aderendhülse **(Seite 53).** Verwendet man zum Anschluss feindrähtiger Leiter Klemmen mit Käfigzugfedern **(Bild 1),** so ist eine Verwendung z.B. von Aderendhülsen nicht notwendig. Bei richtiger Klemmenhandhabung wird der feindrähtige Leiter abspleißfrei eingeführt und sicher geklemmt.

Klemmen unterteilt man ferner nach der Art der Kontaktgabe **(Tabelle).** Können zwei Leiter an eine Flachklemme angeschlossen werden, so spricht man auch von einer Verbindungsklemme.

Die Zahl der Klemmen und Leiter je Verbindungsdose oder Verbindungskasten ist nach DIN EN 60670 (VDE 0606) begrenzt, da ausreichender Anschlussraum für die Klemmen und für die zu verbindenden Adern vorhanden sein muss.

Die maximale Klemmenzahl und die maximale Leiterzahl sind abhängig vom Volumen des Anschlussraumes **(Bild 2).**

Bei Leiterquerschnitten über 4 mm² müssen die Klemmen in ihrer Lage innerhalb der Verbindungsdose fixiert sein.

**Tabelle: Einteilung der Klemmen nach der Übertragung der Kontaktkraft**

<table>
<tr><th>Klemmenart</th><th>Bild</th><th>Anwendungsbeispiele</th></tr>
<tr><td>Kopfkontaktklemme mit Führungsnase</td><td>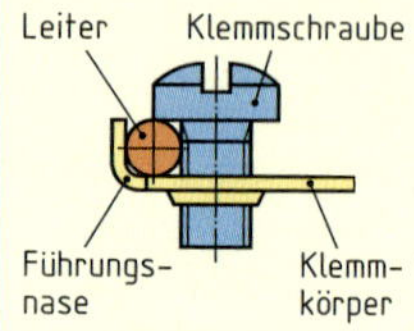
</td><td rowspan="3">Steckdosen, Taster, Schalter, Schütze, Relais, Fassungen, Sicherungselemente</td></tr>
<tr><td>Kopfkontaktklemme mit Klemmbügel</td><td>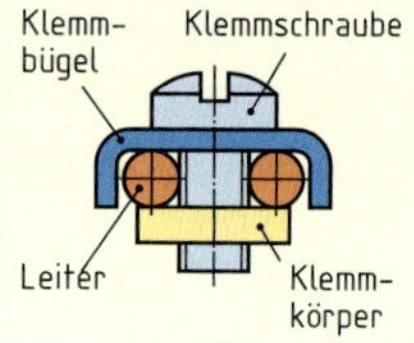
</td></tr>
<tr><td>Kopfkontaktklemme mit Anschlussscheibe</td><td>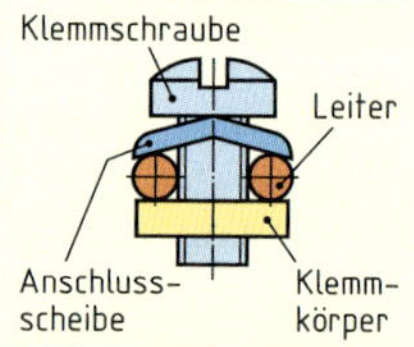
</td></tr>
<tr><td>Buchsenklemme</td><td>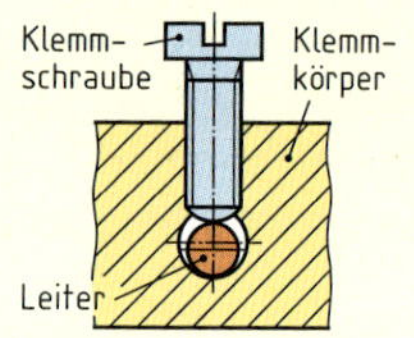
</td><td>Fassungen, Leuchtenklemmen, Geräteklemmen, Reihenklemmen, Abzweigklemmen</td></tr>
</table>

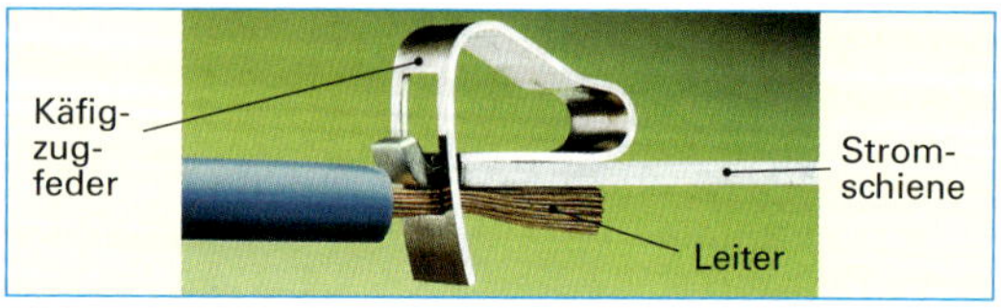


**Bild 1: Käfigzugfeder**

Nach z. B. DIN EN 60947-7-1 (VDE 0611-1-1) darf üblicherweise nur ein Leiter pro Klemmstelle angeschlossen werden. Ausnahmen sind bei speziellen Klemmen möglich, z. B. bei schraublosen Klemmen und Verbindungsklemmen (**Seite 55**).

**Anschlussraum 115 cm³**

bei 1,5 mm²: 6 Klemmen, 20 Leiter,
bei 2,5 mm²: 5 Klemmen, 15 Leiter,

**Anschlussraum 200 cm³**

bei 1,5 mm²: 8 Klemmen, 24 Leiter,
bei 2,5 mm²: 6 Klemmen, 20 Leiter,
bei 4,0 mm²: 5 Klemmen, 15 Leiter

**Bild 2: Verbindungsdose**

## 4.4 Weichlöten

Nach der erforderlichen Arbeitstemperatur unterscheidet man Weichlöten (bis 450 °C) und Hartlöten (über 450 °C).

Bei allen Lötverfahren **(Übersicht 1)** wird das Lot durch Wärmezufuhr geschmolzen und bildet mit dem zu verbindenden Grundwerkstoff, z.B. Kupfer oder Messing, Mischkristalle **(Bild 1a)**. Das Lot dringt in die obere Schicht des Grundwerkstoffes (Basismaterial) ein und bildet mit ihm eine unlösbare Verbindung. Diesen Vorgang nennt man Diffusion. Da die Benetzbarkeit verschiedener Metalle unterschiedlich ist, unterscheidet man gut lötbare Metalle, z.B. Kupfer, Silber und Messing, schwer lötbare Metalle, z.B. Aluminium und Magnesium und kaum lötbare Metalle, z.B. Chrom und Titan. Löten erfordert Lot, Flussmittel und Wärme.

**Weichlote.** Alle Weichlote, z. B. S-Sn60Pb40 oder S-Sn96,5Ag3,5, sind Legierungen mit einem hohen Anteil an Zinn (Sn) und mit geringen Zusätzen von z.B. Kupfer (Cu), Silber (Ag), Blei (Pb) oder Gold (Au).

Nach dem Elektro- und Elektronikgerätegesetz (ElektroG) sowie den EU-Richtlinien über Elektro- und Elektronikschrott dürfen seit 1. Juli 2006 elektrische Geräte fast kein Blei enthalten. Deshalb werden bleifreie Weichlote verwendet **(Übersicht 2)**.

Weichlote werden nach DIN EN 29453 mit dem Werkstoffkurzzeichen S[1] bezeichnet. In der Elektrotechnik verwendet man für Handlötungen meist Röhrenlot mit Flussmittelseele **(Bild 1b)** und einem Durchmesser von z.B. 1 mm, 1,5 mm oder 2 mm. Die Zusammensetzung des Lotes bestimmt den Schmelzbereich und die Arbeitstemperatur **(Bild 2)**.

**Beispiel:**

Welche Zusammensetzung hat das Weichlot S-Sn95,5Ag3,8Cu0,7?

**Lösung:**

95,5 % Zinn (Sn); 3,8 % Silber (Ag); der Rest 0,7 % ist Kupfer (Cu).

Die Schmelztemperatur des Weichlotes S-Sn95,5 Ag3,8Cu0,7 beträgt 217 °C. Bei der Arbeitstemperatur benetzt, fließt und bindet das Lot **(Bild 2)**.

**Flussmittel (Tabelle 1, Seite 58)** haben die Aufgabe, die zu lötenden Metalloberflächen vor und während des Lötvorganges von Oxiden zu befreien und eine Neubildung von Oxiden zu verhindern.

[1] **S** für **s**older (engl.) = Lot

### Übersicht 1: Einteilung der Lötverfahren (Beispiele)

- **Nach der Arbeitstemperatur**
  Weichlöten ≤ 450 °C; Hartlöten > 450 °C
- **Nach Art der Lötstelle**
  Auftrags-, Verbindungs-, Spalt- und Fugenlöten
- **Nach Art der Oxidbeseitigung**
  Löten mit Flussmittel oder unter Schutzgas
- **Nach Art der Lotzuführung**
  Tauchlöten, Löten mit Lötdepot
- **Nach Art der Fertigung**
  Handlöten, maschinelles Löten

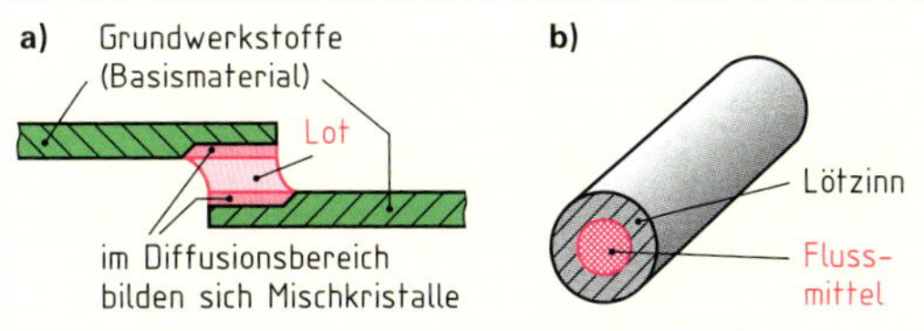


**Bild 1: a) Lötverbindung, b) Röhrenlot (Elektrolot)**

### Übersicht 2: Bleifreie Weichlote

- Sie enthalten mehr als 90 % Zinn,
- haben einen um etwa 40 °C höheren Schmelzpunkt als bleihaltige Lote,
- können matte Oberflächen haben,
- dürfen z.B. bei Reparaturlötungen nicht mit bleihaltigen Loten gemischt werden,
- haben höhere Arbeitstemperaturen als bleihaltige Lote, wodurch die Bauelemente und das Lötwerkzeug thermisch stärker belastet werden.

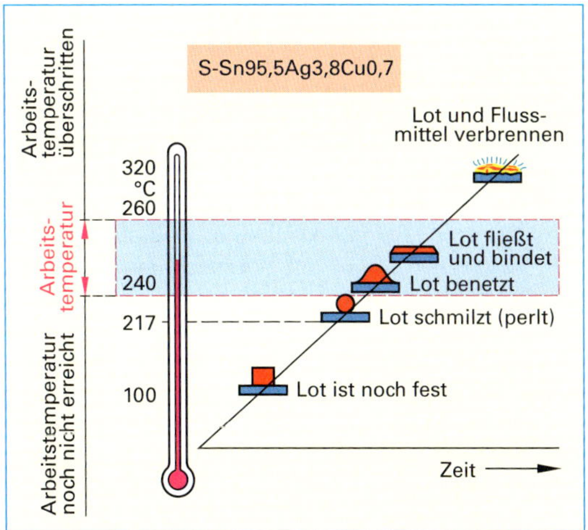


**Bild 2: Temperatur-Zeit-Diagramm beim Löten am Beispiel des Lotes S-Sn95,5Ag3,8Cu0,7**

**Tabelle 1: Flussmittelkennzeichnung** (nach DIN EN 29454)

Beispiel: 1.1.1

| Flussmitteltyp | Flussmittelbasis | Aktivator |
|---|---|---|
| 1: Harz | 1: Kolophonium, 2: ohne Kolophonium | 1: ohne Aktivator[1]<br>2: mit Halogenen[2]<br>3: ohne Halogene |
| 2: organisch | 1: wasserlöslich, 2: nicht wasserlöslich | |
| 3: anorganisch | 1: Salze | 1: mit Ammoniumchlorid,<br>2: ohne Ammoniumchlorid |
| | 2: Säuren | 1: mit Phosphorsäure, 2: andere Säuren |
| | 3: alkalisch | 1: Amine und/oder Ammoniak |

**Tabelle 2: Flussmittel zum Weichlöten von Schwermetallen (Beispiele)**

| Kurzzeichen | Beschreibung | Verwendung |
|---|---|---|
| 1.1.1 | Kolophonium als Flussmittel. Ohne Aktivator. Rückstände müssen nicht entfernt werden. | Als Flussmittelseele in Weichloten. Bei gedruckten Schaltungen. |
| 1.1.2 | Kolophonium als Flussmittel. Mit Halogenen aktiviert. Wirkt nicht korrodierend. | Im Elektrogerätebau, besonders für Induktionslötungen. |
| 2.2.1 | Gemisch aus Zink- oder Ammoniumchlorid. Rückstände müssen entfernt werden. | Vorwiegend für Kupferlötungen. |
| 3.2.2 | Säurehaltiges Flussmittel aus Zink- oder Ammoniumchlorid. Rückstände sind abzuwaschen. | Zum Löten von Blechen und im Apparatebau. |

**Flussmittel** gibt es zum Weichlöten **(Tabelle 1 und Tabelle 2)** und zum Hartlöten. Es gibt Flussmittel, deren Rückstände Korrosion hervorrufen, deren Rückstände bedingt korrodierend wirken können oder deren Rückstände nicht korrodierend wirken. Flussmittel der Elektrotechnik bestehen meist aus Kolophonium, einem Harz. Kolophonium wirkt nicht korrodierend. Im Röhrenlot (Elektrolot) ist dieses Flussmittel bereits in Pulverform als sogenannte Seele enthalten **(Bild 1b, Seite 57)**. Deshalb muss bei Verwendung von Elektrolot kein Flussmittel zugeführt werden. Flussmittel werden flüssig, fest oder als Paste angeboten.

Flussmitteldämpfe können gesundheitsschädlich sein. Dadurch können z.B. die Atmungsorgane gereizt und geschädigt werden. Deshalb werden Lötrauchabsaugungen verwendet.

**Lötkolben.** Zum Schmelzen des Lotes benötigt man Wärme. Diese Wärme wird meist im Lötkolben erzeugt. Elektrisch beheizte Lötkolben werden mit Leistungen von 15 W bis etwa 550 W hergestellt **(Tabelle 3)**. Zum Löten von gedruckten Schaltungen benötigt man Lötkolben mit einer kleinen Leistung, z.B. 25 W. Das Löten von Kabelschuhen bis etwa 4 mm² wird mit einer Lötkolbenleistung von etwa 50 W durchgeführt. Wird die Leistung eines Lötkolbens zu klein gewählt, so dauert der Lötvorgang zu lange. Dadurch können empfindliche Bauteile durch Wärme zerstört werden oder unbrauchbare, sogenannte „kalte Lötstellen" entstehen. Ist die Leistung eines Lötkolbens zu groß, so schadet es dem Lot, dem Flussmittel und der Lötstelle. Ferner gibt es temperaturgeregelte Lötstationen **(Bild)**, schutzisolierte Lötkolben und Gaslötkolben.

**Tabelle 3: Lötkolben (Beispiele)**

| Art und Leistungsangabe | Verwendung |
|---|---|
| 15 Watt  | Für feinste Lötungen, z.B. in der Mikroelektronik. |
| 25 Watt  | Zum Löten an gedruckten Schaltungen und Steckern. Für Leitungen bis 1,5 mm². |
| 50 bis 150 Watt  | Für Leitungen und Kabelschuhe bis etwa 4 mm². Bleche bis etwa 1,5 mm Dicke. |
| 200 bis 550 Watt 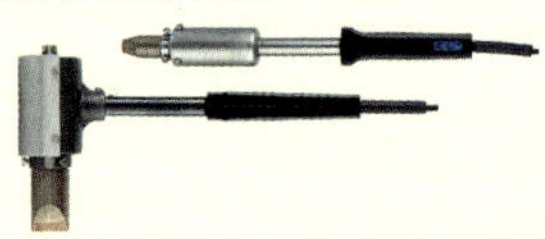 | Für Leitungen über 10 mm². Löten der Pole an Akkumulatoren, Bleche über 2 mm Dicke, für Spenglerarbeiten. |

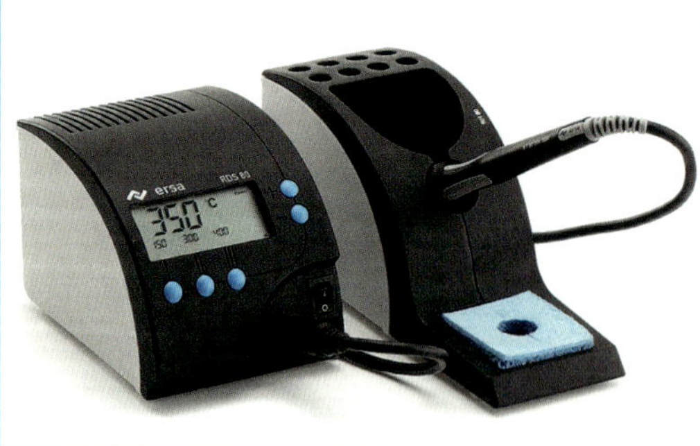


**Bild: Lötstation**

[1] Stoff, der die Wirksamkeit einer chemischen Reaktion beschleunigt oder verlangsamt

[2] Stoff, der ohne Beteiligung von Sauerstoff mit Metallen Salze bildet

**Temperaturgeregelte Lötkolben** (Lötstationen) besitzen an der Lötspitze einen Wärmefühler. Mithilfe einer Regelelektronik wird die zuvor eingestellte Temperatur konstant gehalten. Neben den elektronisch geregelten Lötkolben werden auch Lötkolben mit mechanischer Temperaturregelung verwendet. Dabei wird die Wärmeausdehnung eines Messstabes zum Ein- und Ausschalten benutzt. Temperaturgeregelte Lötkolben arbeiten mit Kleinspannung, z.B. 24 V. Der Temperaturbereich kann von etwa 150 °C bis 450 °C eingestellt werden. Sie werden z.B. für Lötungen an Leiterplatten verwendet.

**Schutzisolierte Lötkolben** für Kleinspannung werden z.B. bei Arbeiten in Kommunikationsanlagen benutzt. Dort müssen Lötarbeiten unter Spannung ausgeführt werden. Die für den Lötkolben benötigte Kleinspannung wird einem Transformator entnommen.

**Gaslötkolben (Bild 1)** werden mit handelsüblichem Feuerzeuggas betrieben und verfügen über eine Piezo-Zündung. Es sind Leistungen von 25 W bis 130 W möglich. Die Betriebsdauer mit einer Gasfüllung beträgt etwa 2 Stunden.

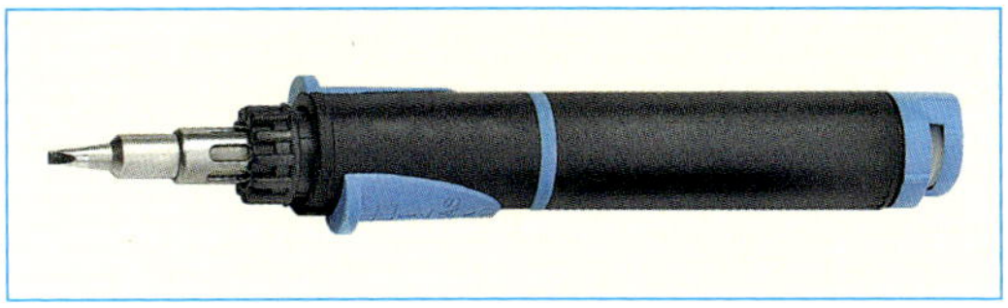
Bild 1: Gaslötkolben

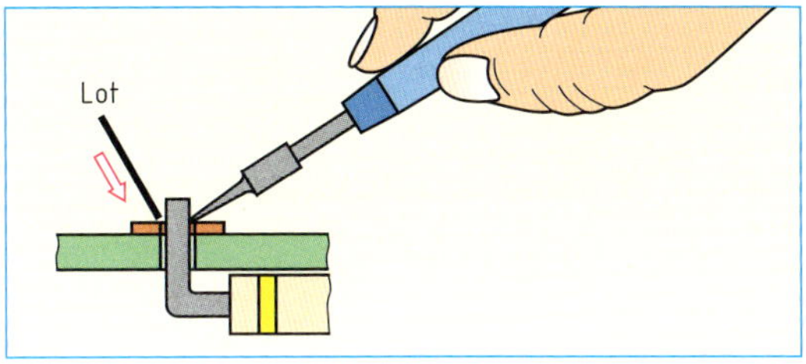

Bild 2: Handhabung beim Löten

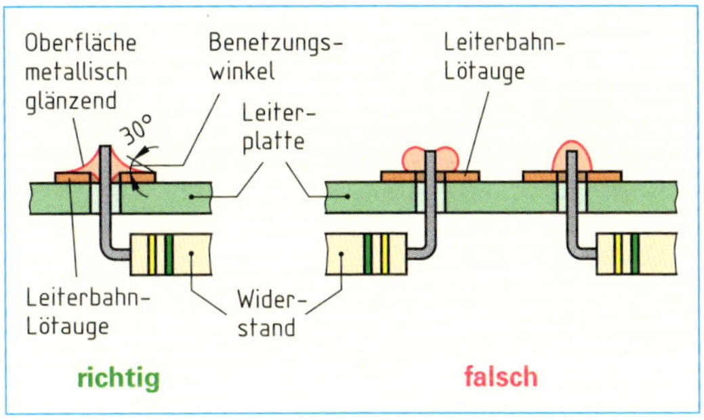

Bild 3: Richtige und falsche Lötstellen

**Lötspitzen.** Die Lötspitze wird durch das Heizelement des Lötkolbens erwärmt und kann je nach Leistung des Heizelementes Temperaturen zwischen 250 °C und 600 °C erreichen. Durch hohe Temperaturen im Heizkörper bildet sich aber am Schaft der Kupferlötspitze eine Oxidschicht. Durch die Ausdehnung der Oxidschicht kann deshalb die Lötspitze festsitzen. Nach etwa 30 Stunden Lötzeit sollte daher eine Kupferlötspitze aus dem Heizkörper entnommen und gereinigt werden.

Die Lötbahn einer Kupferlötspitze weist den größten Verschleiß auf. Unter Hitzeeinwirkung wird das Kupfer durch das Lot aufgelöst. Es bilden sich deshalb an der Lötbahn der Lötkolbenspitze Auswaschungen, die eine Wärmeübertragung erschweren und eine Nachbearbeitung notwendig machen. Deshalb werden sogenannte **Dauerlötspitzen** verwendet, bei denen Wartungsarbeiten entfallen können. Die Oberfläche von Dauerlötspitzen ist galvanisch veredelt.

## Arbeitsregeln beim Weichlöten

- Zum Löten muss eine metallisch reine Oberfläche vorliegen. Deshalb werden die miteinander zu verbindenden Teile z.B. mit Schmirgelleinen von Lack- oder Oxidresten mechanisch gereinigt. Mit einem z.B. in Spiritus getränkten Tuch können Fette oder Öle entfernt werden.
- Beim Löten ist die Lötkolbenleistung an die Lötaufgabe anzupassen.
- Der Lötkolben muss seine Arbeitstemperatur (etwa 300 °C bis 350 °C) erreicht haben.
  Die Schmelztemperatur des Lotes muss unterhalb der Arbeitstemperatur des Lötkolbens liegen.
- Die heiße Lötkolbenspitze wird mit einem feuchten Schwamm abgewischt und anschließend mit Elektrolot verzinnt.
- Der Lötvorgang läuft in drei Phasen ab: Erwärmen ⇒ Lötzinnfluss ⇒ Abkühlen.
- Lot und Werkstück müssen die Arbeitstemperatur erreicht haben.
- Beim Weichlöten erfolgt die Wärmeübertragung von der Lötkolbenspitze über das flüssige Lot zum Werkstück **(Bild 2)**. Das Lot soll durch die erwärmte Lötstelle und nicht durch die Lötkolbenspitze zum Fließen gebracht werden.
- Ist genügend Lot abgeschmolzen, werden Lötdraht und Lötkolbenspitze von der Lötstelle entfernt.
- Während des anschließenden Abkühlens darf die Lötstelle nicht bewegt werden.
- Eine richtige Lötstelle **(Bild 3)** erkennt man an ihrer glatten, metallisch-glänzenden Oberfläche und einem flachen Benetzungswinkel von etwa 30°.

**Beispiel: Anlöten eines Kabelschuhes**

Beim Anlöten eines Kabelschuhes an eine Kupferader soll die Ader vorher verzinnt werden. Der Kabelschuh wird mit der Lötkolbenspitze von unten erwärmt **(Bild 1).** Hat die Lötstelle die Schmelztemperatur des Lotes erreicht, so wird das Lot von oben zugeführt und durch Wärme geschmolzen.

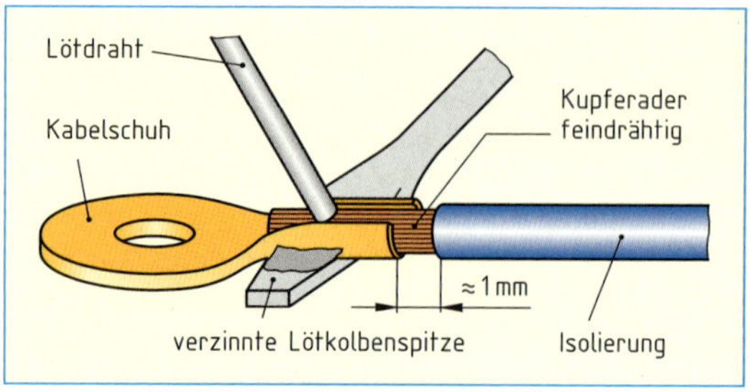


**Bild 1: Anlöten eines Kabelschuhes**

Halbleiterbauelemente dürfen beim Einlöten nicht über die vom Hersteller vorgegebene Grenztemperatur erwärmt werden. Grenztemperaturen und Lötzeit müssen beachtet werden.

## Auslöten von Bauteilen

Zum Auslöten von Bauteilen, z. B. von Widerständen oder Transistoren, verwendet man den Lötzinnabsauger oder die Entlötlitze. Das Auslöten von SMD-Bauelementen **(Seite 237)** erfordert einen hohen Aufwand, z. B. mit Entlötpinzetten.

**Lötzinnabsauger (Bild 2)** bestehen aus einem Kolbenmechanismus mit einer Saugspitze aus wärmebeständigem Kunststoff (Polytetrafluorethylen). Der Saugkolben ist durch Federkraft vorgespannt. Nach dem Erwärmen der Lötstelle mit einem Lötkolben wird die Entlötspitze in das geschmolzene Lot eingetaucht und der Saugmechanismus ausgelöst. Durch das Vakuum wird das flüssige Lot vom Bauelement oder von der Leiterplatte abgesaugt. Für industrielle Anwendungen gibt es Vakuumabsauger mit beheizten Spitzen.

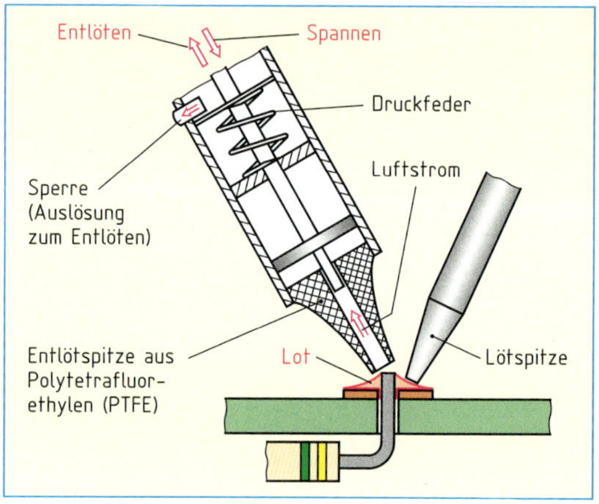


**Bild 2: Auslöten eines Widerstandes aus einer Leiterplatte mit dem Lötzinnabsauger**

**Entlötlitze.** Sie besteht aus einer Kupferlitze **(Bild 3)**, die mit Flussmittel getränkt ist. Diese wird beim Entlöten zwischen Lötkolbenspitze und Lötstelle gelegt und erwärmt. Durch die Kapillarwirkung der feindrähtigen Entlötlitze wird das Lot der Lötstelle von der Entlötlitze aufgenommen. Das vollgesaugte Stück der Entlötlitze wird abgeschnitten.

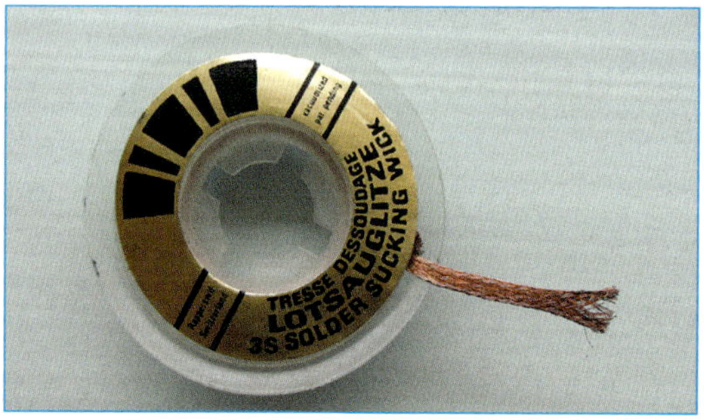


**Bild 3: Entlötlitze**

### Fehler beim Weichlöten

- Bei zu niedriger Temperatur bildet das Lot Klumpen oder Kugeln. Abhilfe: Lötkolben mit größerer Leistung.
- Ist die Leistung des Lötkolbens zu groß, so verbrennt das Weichlot und das Flussmittel. Die Leistung des Lötkolbens muss deshalb verringert werden.
- Wird von der Lötkolbenspitze kein Lot angenommen, so ist die Spitze verunreinigt oder verzundert. Die Verunreinigung der Lötspitze wird mit einem Tuch oder Schwamm beseitigt. Bei Verzunderung der Lötspitze muss die Lötbahn neu verzinnt werden.
- Nimmt z. B. eine Platine, ein Bauteil oder eine Kupferader kein Lot an, so liegt eine Verunreinigung vor.
- Wird während des Abkühlens die Lötverbindung bewegt, so entsteht eine unbefriedigende Verbindung. Man sagt die Lötstelle ist gestört.
- Ist die Wärmezufuhr ungenügend oder wird die Arbeitstemperatur nicht erreicht, entsteht eine kalte Lötstelle. Sie hat keine durchgehende Verbindung zwischen Lötstelle und der zu lötenden Oberfläche.

### Wiederholungsfragen

1. **Nennen Sie Beispiele für Klemmenarten zum Verbinden von Leitern.**
2. **Der Übergangswiderstand einer Klemme ist zu groß. Erklären Sie eventuelle Folgen.**
3. **Welche Vorteile haben schraubenlose Verbindungen?**
4. **Von welcher Größe ist die Anzahl der Klemmen in einer Verbindungsdose abhängig?**
5. **Müssen Klemmen in einer Verbindungsdose fixiert werden? Begründen Sie Ihre Entscheidung.**
6. **Zu welcher Verbindungsart zählt das Löten?**
7. **Welche Aufgabe hat das Flussmittel beim Löten?**
8. **Wodurch entstehen „kalte" Lötstellen?**

# 5 Überlastschutz und Kurzschlussschutz

Fließt in einem Leiter Strom, so erwärmt sich der Leiter. Eine unzulässig hohe Erwärmung zerstört bei Leitern die Isolation und kann zu einem Brand führen. Ursache hierfür können Überlastströme oder Kurzschlussströme sein.

**Überlastströme** entstehen in fehlerfreien Stromkreisen, wenn zu viele Verbraucher oder aber Verbraucher mit einer zu hohen Stromaufnahme angeschlossen sind.

**Kurzschlussströme** entstehen als Folge von Schaltungsfehlern oder einer nahezu widerstandslosen Verbindung (Isolationsfehler) zwischen zwei Punkten, die gegeneinander Spannung führen, z. B. zwischen Außenleiter und Neutralleiter.

Eine unzulässige Leitererwärmung verhindert man durch den Einbau von Überstrom-Schutzeinrichtungen **(Übersicht).** Sie müssen Stromkreise selbsttätig unterbrechen, bevor an der Leiterisolation, an Betriebsmitteln oder in deren Umgebung Schäden durch zu hohe Leitererwärmung auftreten.

Überstrom-Schutzeinrichtungen schützen Leitungen und Betriebsmittel vor Überlastung und Kurzschluss. Sie unterbrechen den Stromkreis selbsttätig.

**Übersicht: Überstrom-Schutzeinrichtungen**

- Schmelzsicherungen
- Leitungsschutzschalter
- Leistungsschalter

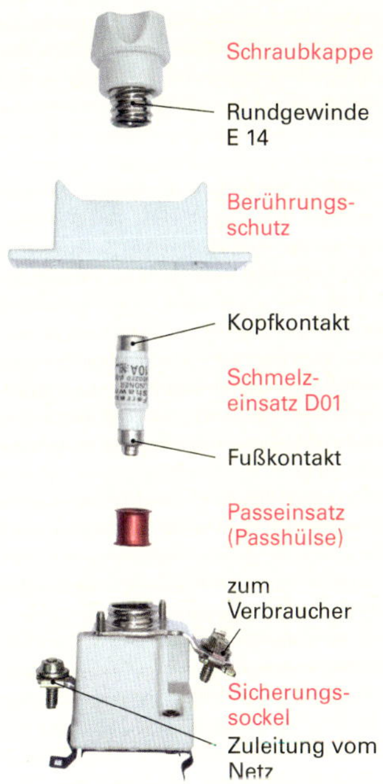


**Bild 1: Einzelteile des Schraub-Sicherungssystems D01 (Neozed-System)**

## 5.1 Schmelzsicherungen

**Schmelzsicherungen** unterscheidet man in:

- Schraubsicherungen,
- NH-Sicherungen **(Seite 63)** und
- Geräteschutzsicherungen **(Seite 64)**.

### 5.1.1 Schraubsicherungssysteme

**Schraubsicherungssysteme (Bild 1)** bestehen aus dem Sicherungssockel, dem Passeinsatz, dem Schmelzeinsatz, dem Berührungsschutz und der Schraubkappe.

**Der Schmelzeinsatz (Bild 2)** besteht aus einem hohlen, zylindrischen Keramikkörper, der mit Quarzsand gefüllt ist. Der **Schmelzleiter** verbindet den Fußkontakt mit dem Kopfkontakt. Neben dem Schmelzleiter befindet sich im Inneren der Sicherung noch der sogenannte **Haltedraht.** Wird der Abschaltstrom $I_a$ des Schmelzeinsatzes erreicht, schmelzen Schmelzleiter und Haltedraht ab und unterbrechen den Stromkreis. Der **Kennmelder** des Schmelzeinsatzes zeigt die Funktionsfähigkeit an, die Kennmelderfarbe gibt den Bemessungsstrom des Schmelzeinsatzes an **(Tabelle 1, Seite 62)**.

Schraubsicherungen mit Nennspannung bis AC 400 V und einem Bemessungsstrom bis 63 A dürfen von Laien auch im stromführenden Zustand ausgewechselt werden (DIN VDE 0105-100).

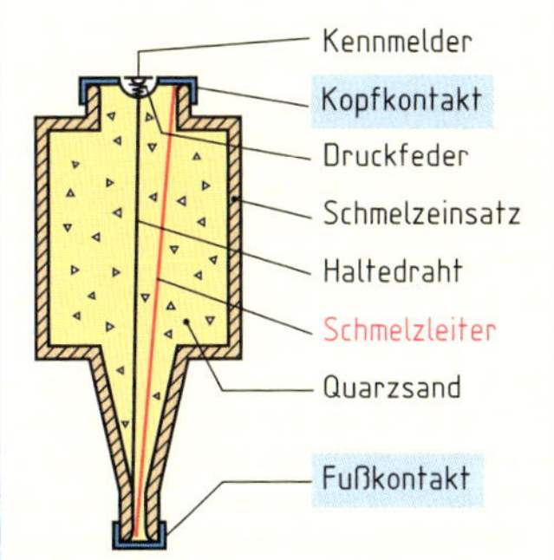


**Bild 2: Aufbau des Schmelzeinsatzes**

Damit man Schmelzeinsätze nicht irrtümlich gegen solche mit höherem Bemessungsstrom austauschen kann, sind die Durchmesser von Schmelzeinsatz und Fußkontakt je nach Höhe des Bemessungsstromes verschieden groß. In den Sicherungssockel setzt man einen **Passeinsatz,** z. B. Passhülse **(Bild 1),** Passring oder Passschraube ein, dessen Innendurchmesser dem Außendurchmesser des Fußkontaktes am Schmelzeinsatz angepasst ist. Passhülsen oder Passringe darf man nur mit der Passhülsenzange, Passschrauben nur mit dem Passschraubenschlüssel auswechseln.

| Tabelle 1: Bemessungsströme und Kennmelderfarben von Schraubsicherungen | | | | | | | | | | | | |
|---|---|---|---|---|---|---|---|---|---|---|---|---|
| Bemessungsstrom | 2 A | 4 A | 6 A | 10 A | 13 A[1] | 16 A | 20 A | 25 A | 35 A | 50 A | 63 A | 80 A | 100 A |
| Kennmelderfarbe | rosa | braun | grün | rot | schwarz | grau | blau | gelb | schwarz | weiß | kupfer | silber | rot |

**Tabelle 2: Schraubsicherungen**

| System | Größen des Schmelzeinsatzes | Bemessungsstrom | Schraubkappe |
|---|---|---|---|
| **D-System**<br>AC 500 V<br>DC 500 V | DII<br>DIII<br>DIV | 2 bis 25 A<br>35 bis 63 A<br>80 und 100 A | E 27<br>E 33<br>R $1^1/_4$ |
| **D0-System**<br>AC 400 V<br>DC 250 V | D01<br>D02<br>D03 | 2 bis 16 A<br>20 bis 63 A<br>80 und 100 A | E 14<br>E 18<br>M 30 × 2 |

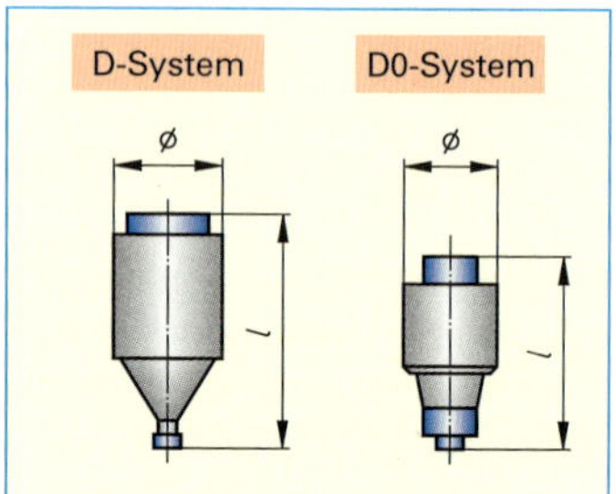


| Abmessungen der Systeme in mm | | | | | |
|---|---|---|---|---|---|
| System | l | ⌀ | System | l | ⌀ |
| DII | 50 | 22 | D01 | 36 | 11 |
| DIII | 50 | 27 | D02 | 36 | 15 |
| DIV | 63 | 37 | D03 | 43 | 22 |

**Bild 1: Schraubsicherungen**

**Anschluss des Schraubsicherungssystems.** Die Zuleitung vom Netz wird am Fußkontakt, die zum Verbraucher führende Leitung am Gewindering des Sicherungssockels angeschlossen **(Bild 1, Seite 61).** Damit wird ein zufälliges Berühren unter Spannung stehender Teile beim Auswechseln des Schmelzeinsatzes verhindert.

Die Zuleitung vom Netz wird immer am Fußkontakt des Sicherungssockels angeschlossen.

Bei Schraubsicherungen **(Bild 1)** unterscheidet man das D-System (Diazed-System) und das D0-System (Neozed-System).

**D-System.** Beim Diazed-System setzt man meist die Größen DII und DIII ein **(Tabelle 2).** Schmelzeinsätze des D-Systems sind **Ganzbereichssicherungen** der Betriebsklasse gG[1] **(Seite 64).** Man setzt sie zum Leitungsschutz und zum Schutz von Geräten ein, die hohe Einschaltströme verursachen, z. B. bei Motoren.

Betriebsklassen von Schmelzeinsätzen: **Seite 64**

**D0-System.** Neozed-Systeme **(Tabelle 2)** gibt es in den Größen D01, D02 und D03. Die Sicherungssockel des D0-Systems sind schmaler als die Sockel des D-Systems mit gleichem Bemessungsstrom. Neozed-Schmelzeinsätze sind Ganzbereichssicherungen der Betriebsklasse gG. Sie haben eine geringere Verlustleistung und erwärmen sich deshalb bei gleichem Belastungsstrom weniger als Schmelzeinsätze des D-Systems.

**Sicherungsschalter.** Einen vollkommenen Berührungsschutz beim Auswechseln von Schmelzeinsätzen erreicht man durch den Einsatz eines Sicherungsschalters **(Bild 2).** Bei dieser Schaltergerätekombination liegt in Reihe zur Schmelzsicherung ein Schaltkontakt. Durch die Bedienung des Schalthebels (Öffnen) wird der Schaltkontakt geöffnet und die Schraubkappe des Sicherungssystems freigegeben. Die Schmelzsicherung kann jetzt gefahrlos im spannungslosen Zustand ausgewechselt werden. Sicherungsschalter setzt man z. B. als Vorsicherung für Stromkreisverteiler oder zur Absicherung von Großgeräten ein.

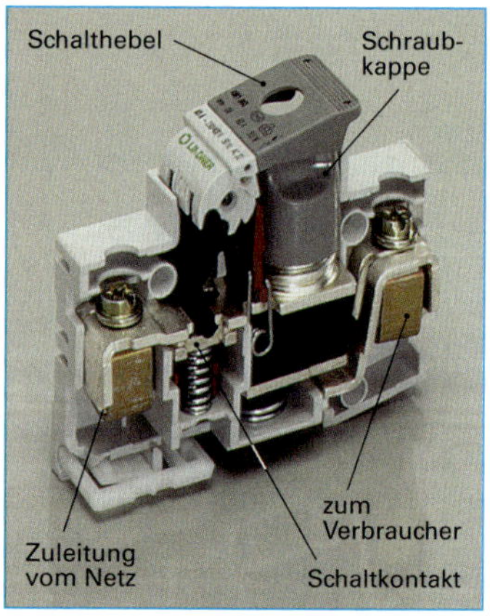


**Bild 2: Sicherungsschalter für Schraubsicherungen**

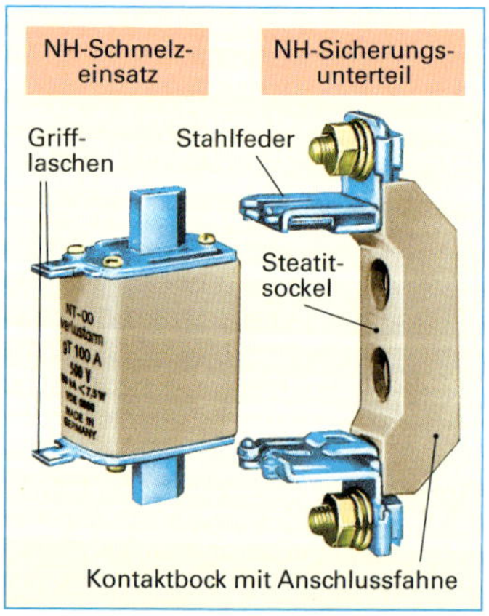


**Bild 3: NH-Sicherungssystem**

[1] Nach DIN VDE 0636-3
[2] gG = Ganzbereichs-Kabel- und Leitungsschutz, (früher gL)

## 5.1.2 NH-Sicherungssystem

Das **N**iederspannungs-**H**ochleistungs-Sicherungssystem (NH-System, **Bild 3, Seite 62**) besteht aus dem NH-Sicherungsunterteil und dem NH-Schmelzeinsatz. Das Sicherungsunterteil dient zum Anschluss der Leitungen und nimmt die NH-Sicherung auf. Es besteht aus einem Steatitsockel[1], der die gabelartigen Kontakte zur Aufnahme der NH-Sicherung trägt. NH-Sicherungen gibt es in den Größen NH 00, NH 0, NH 1 bis NH 4 und NH 4a **(Tabelle)**.

**Tabelle: Baugrößen und Bemessungsströme von NH-Sicherungen**

| Baugröße | NH 00 | NH 0* | NH 1 | NH 2 | NH 3 | NH 4 | NH 4a |
|---|---|---|---|---|---|---|---|
| Bemessungsströme in A | 6 bis 160 | 6 bis 160 | 80 bis 250 | 125 bis 400 | 315 bis 630 | 500 bis 1000 | 500 bis 1250 |

* Für Neuanlagen nicht mehr erlaubt (DIN VDE 0636-2)

NH-Systeme dürfen nur Elektrofachkräfte oder elektrotechnisch unterwiesene Personen bedienen. Sie sollen möglichst nur in unbelasteten Stromkreisen eingesetzt oder herausgenommen werden.

**NH-Schmelzeinsätze** bestehen aus einem Hohlkörper aus Steatit, an dessen Enden die messerartigen Sicherungskontakte angebracht sind **(Bild 3, Seite 62)**. Die Schmelzleiter sind durch den mit Quarzsand gefüllten Hohlkörper geführt und mit den Kontaktmessern der Sicherung verschweißt. Kennmelder zeigen die Funktionsfähigkeit an.

**NH-Sicherungssysteme** sind nicht gegen direktes Berühren geschützt, weil die Grifflaschen der Sicherung **(Bild 3, Seite 62)** unter Spannung stehen. Auf die Grifflaschen wird der Aufsteckgriff zum Einsetzen oder Herausnehmen der Sicherung aufgesetzt. Der NH-Aufsteckgriff **(Bild 1)** ist mit einem Armschutz und einer Verriegelungseinrichtung ausgestattet, sodass ein Lösen der Sicherung erst bei gedrücktem Verriegelungsknopf möglich ist.

In belasteten oder gestörten Stromkreisen ist zum Einsetzen oder Herausnehmen der NH-Sicherung ein Aufsteckgriff mit Armschutz zu verwenden. Zusätzlich ist ein Schutzhelm mit Gesichtsschutz **(Bild 1)** zu tragen.

Die Bedienungssicherheit des NH-Systems lässt sich durch Anwenden von Schmelzeinsätzen mit isolierten Grifflaschen und durch Aufstecken von Isolierstoff-Abdeckungen auf die Kontaktböcke erhöhen. Ein vollkommener Berührungsschutz wird aber nur durch den Einsatz von Sicherungstrennern oder Sicherungslasttrennern **(Bild 2)** erreicht.

**Sicherungstrenner** eignen sich nur zum stromlosen Ein- oder Ausschalten. **Sicherungslasttrenner** tragen in jedem Strompfad auf einem der Kontaktböcke eine Funkenlöscheinrichtung. Mit Lasttrennern können gefahrlos Lastschaltungen, auch Schaltungen in gestörten Anlagenteilen, durchgeführt werden.

In Stromkreisen mit Schmelzsicherungen sind bei Bemessungsströmen ab 100 A NH-Sicherungen zu verwenden (DIN VDE 0100). In zweiseitig eingespeisten Netzen **(Bild 3)**, z. B. in Ring- oder Maschennetzen, dürfen nur NH-Sicherungen verwendet werden. Beim Einsatz von Schraubsicherungen würde bei entfernter Schraubkappe auch am Gewindering des Sicherungssockels Spannung anliegen.

[1] Steatit: Porzellan für technische Zwecke auf Magnesium-Silikat-Basis

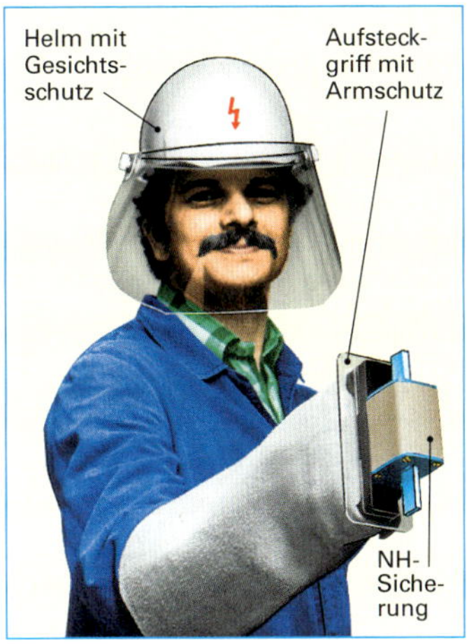


**Bild 1: Schutz beim Einsetzen von NH-Sicherungen**

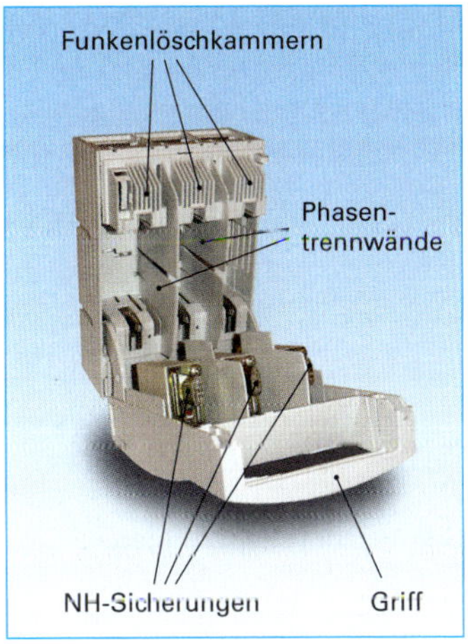


**Bild 2: NH-Sicherungslasttrenner**

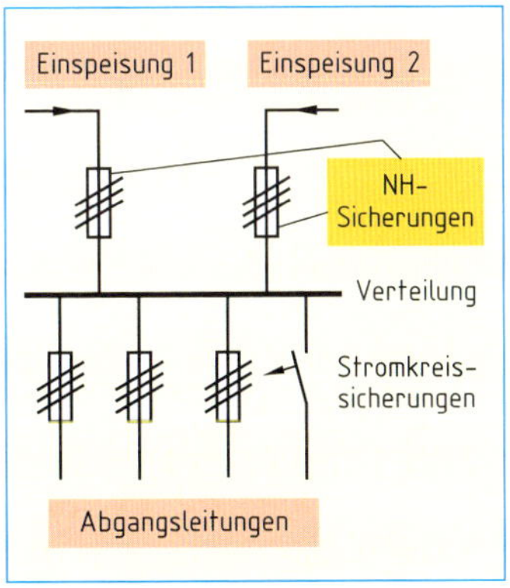


**Bild 3: Zweiseitig eingespeistes Ring- oder Maschennetz**

## 5.1.3 Betriebsklassen von Niederspannungssicherungen

**Niederspannungssicherungen** teilt man in **Betriebsklassen** ein. Sie werden durch die Kombination zweier Buchstaben angegeben **(Tabelle 1).**

Der erste Buchstabe der Betriebsklasse kennzeichnet den **Ausschaltbereich,** z. B. g für Ganzbereichssicherungen. Der zweite Buchstabe nennt die Betriebsklasse der Niederspannungssicherung, z. B. M für den Schutz von Motorstromkreisen.

**Ganzbereichssicherungen (g)** können Ströme bis zu ihrem Bemessungsstrom dauernd führen und Ströme vom kleinsten Schmelzstrom bis zum Bemessungsausschaltstrom sicher abschalten.

> Ganzbereichssicherungen schützen elektrische Anlagen und Verbraucher gegen Überlastung und Kurzschluss.

**Teilbereichssicherungen (a)** können Ströme bis zu ihrem Bemessungsstrom dauernd führen, aber nur Ströme oberhalb eines definierten Vielfachen ihres Bemessungsstromes bis zu ihrem Bemessungsausschaltstrom sicher abschalten. Teilbereichssicherungen werden deshalb immer zusammen mit Schaltgeräten eingesetzt, die den Überlastschutz der Betriebsmittel übernehmen, z. B. Überlastrelais.

> Teilbereichssicherungen schützen elektrische Anlagen und Verbraucher nur gegen Kurzschlüsse.

**Tabelle 1: Ausschaltbereiche und Betriebsklassen von Niederspannungssicherungen** (nach DIN VDE 0636)

| Kennbuchstaben für: Ausschaltbereich | Kennbuchstaben für: Betriebsklasse | Anwendungsbereich |
|---|---|---|
| **g** (Ganzbereichssicherung) | g**G***  | Ganzbereichssicherung für allgemeine Anwendungen |
| | g**M** | Ganzbereichssicherung für den Schutz von Motorstromkreisen |
| | g**D** | Verzögerte Ganzbereichssicherung |
| | g**N** | Nicht verzögerte Ganzbereichssicherung |
| a (Teilbereichssicherung) | a**M** | Teilbereichssicherung für den Schutz von Motorstromkreisen |
| | a**R** | Teilbereichssicherung für den Schutz von Halbleitern |

* früher gL.: Ganzbereichssicherung für Kabel- und Leitungsschutz

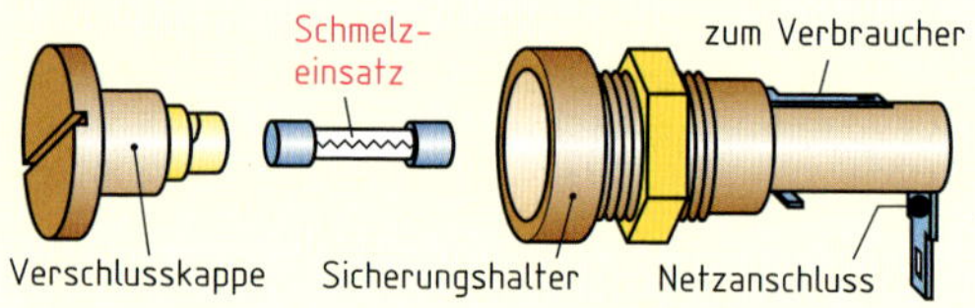


Abmessungen von Geräteschutzsicherungen:
⌀5 mm × 20 mm, ⌀5 mm × 25 mm, ⌀6,3 mm × 32 mm

**Bild: Geräteschutzsicherung**

## 5.1.4 Geräteschutzsicherungen

**Geräteschutzsicherungen** (G-Sicherungen) schützen Geräte, z. B. Netzteile, Rundfunkgeräte oder Messgeräte gegen Überlastung und Kurzschluss. Geräteschutzsicherungen bestehen aus dem Sicherungshalter, dem Schmelzeinsatz und der Verschlusskappe **(Bild).** Der röhrenförmige Schmelzeinsatz aus Glas oder Keramik trägt an den Enden Kontaktkappen, die durch den Schmelzleiter verbunden sind. G-Sicherungen werden meist für die Bemessungsspannung 250 V hergestellt. Sie haben neben dem Aufdruck für Bemessungsspannung, Bemessungsstrom und Bemessungsausschaltvermögen als Kennzeichen für die Abschaltcharakteristik einen Farbring oder einen Buchstaben **(Tabelle 2).**

Das **Bemessungsausschaltvermögen** der Geräteschutzsicherung muss größer sein als der Kurzschlussstrom, den der Schmelzeinsatz unterbrechen soll. Man unterscheidet ein kleines, erhöhtes und großes Bemessungsausschaltvermögen. Das Bemessungsausschaltvermögen wird durch Buchstaben gekennzeichnet **(Tabelle 3).**

**Tabelle 2: Kennzeichnung und Anwendung von Geräteschutzsicherungen** (nach DIN EN 60127-1 (VDE 0820-1))

| Abschaltcharakteristik | Kennzeichnung durch: Farbring | Kennzeichnung durch: Buchstabe | Anwendungsbeispiele |
|---|---|---|---|
| superflink | **schwarz** | FF | Schaltungen mit Halbleitern, Digitalmessgeräte, Dimmer |
| flink | **rot** | F | |
| mittelträge | **gelb** | M | Analogmessgeräte, Kleinspannungsgeräte |
| träge | **blau** | T | Transformatoren, Kleinmotoren |
| superträge | **grau** | TT | Geräte mit hohem Einschaltstrom |

**Tabelle 3: Bemessungsausschaltvermögen von Geräteschutzsicherungen** (nach DIN VDE 0820)

| Kennzeichen des Bemessungsausschaltvermögens*: L | E | H |
|---|---|---|
| 35 A oder $10 \cdot I_N$** | 150 A | 1500 A |

* L: kleines-; E: erhöhtes-; H: großes Bemessungsausschaltvermögen
** Abhängig, welcher Wert höher ist
$I_N$ = Bemessungsstrom der Geräteschutzsicherung

# 5.2 Leitungsschutzschalter

Leitungsschutzschalter (LS-Schalter, **Bild 1**) sind strombegrenzende Selbstschalter, die man nach dem Auslösen wieder einschalten kann.

Die beiden Auslösesysteme des LS-Schalters liegen in Reihe zum Schaltkontakt. Sie lösen die Schaltmechanik **(Schaltschloss)** des LS-Schalters bei Überströmen auch dann aus, wenn der Betätigungshebel vom Bedienenden in der Einschaltstellung gehalten wird **(Freiauslösung)**.

**Thermischer Auslöser.** Bei Überlastströmen wird das Bimetall des Überlastauslösers erwärmt und durchgebogen. Dadurch löst der LS-Schalter verzögert aus.

**Elektromagnetischer Auslöser.** Treten im Stromkreis Kurzschlussströme auf, so baut die Spule des Kurzschlussauslösers ein Magnetfeld auf und zieht den Anker des Auslösers an. Der Schaltkontakt des LS-Schalters öffnet unverzögert.

Der thermische Auslöser des LS-Schalters übernimmt den Überlastschutz, der elektromagnetische Auslöser den Kurzschlussschutz.

Die **Auslösekennlinie** des LS-Schalters besteht aus zwei Bereichen, dem Überlastschutzbereich und dem Kurzschlussschutzbereich **(Bild 2)**. LS-Schalter verwendet man meist in B- und C-Charakteristik.

Auslösekennlinien von LS-Schaltern:
**Hintere Umschlaginnenseite**

**Typ B** schützt Leitungen vor Überlastung und Kurzschluss.

**Typ C** oder **Typ D** setzt man zum Überlast- und Kurzschlussschutz von Geräten ein, die hohe Einschaltströme verursachen, z. B. Motoren.

Im Überlastschutzbereich sind die Auslösekennlinien der LS-Schalter Typ B, C und D deckungsgleich **(Bild 2)**.

Die unverzögerten Kurzschlussauslöser von LS-Schaltern lösen aus:

- Typ B bei 3- bis 5-fachem Bemessungsstrom,
- Typ C bei 5- bis 10-fachem Bemessungsstrom,
- Typ D bei 10- bis 20-fachem Bemessungsstrom.

Leitungsschutzschalter werden nach ihrem **Schaltvermögen** (Kurzschlussschaltvermögen 3000 A, 6000 A oder 10000 A) und nach dem Grad der Kurzschlussstrombegrenzung in die **Energiebegrenzungsklassen** 1, 2 und 3 eingestuft. LS-Schalter der Strombegrenzungsklasse 3 haben die größte Kurzschlussstrombegrenzung **(Bild 3)**.

**Übersicht: Auslösesysteme des LS-Schalters**

- Thermischer Auslöser (Überlastschutz)
- Elektromagnetischer Auslöser (Kurzschlussschutz)

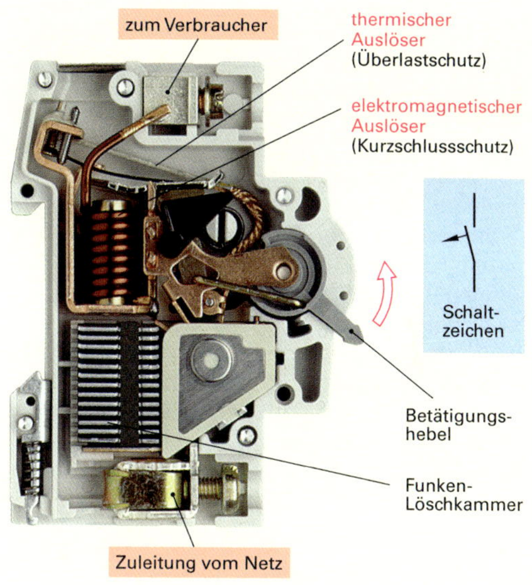


**Bild 1: Aufbau eines Leitungsschutzschalters**

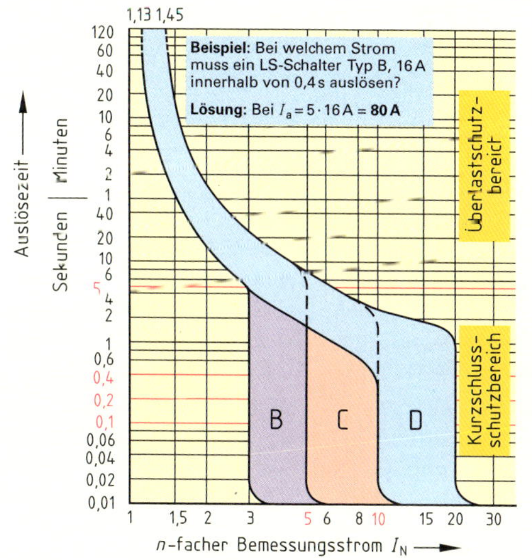


**Bild 2: Auslösekennlinien von LS-Schaltern**

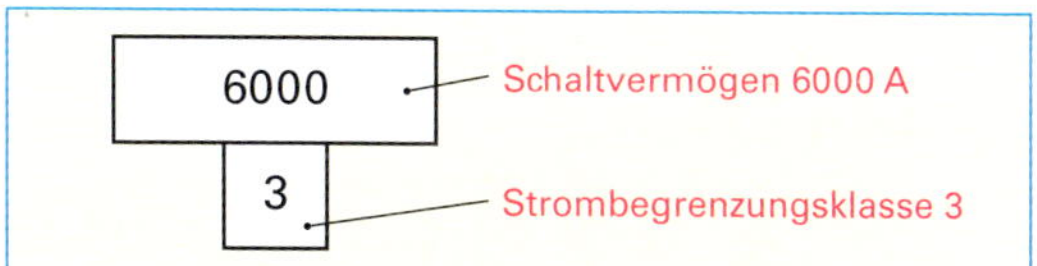


**Bild 3: Bildzeichen für das Schaltvermögen und die Energiebegrenzungsklasse eines LS-Schalters**

**Selektivität.** In elektrischen Anlagen soll im Fehlerfall nur der gestörte Stromkreis abgeschaltet werden. Deshalb fordert man von hintereinander geschalteten Überstrom-Schutzeinrichtungen Selektivität, z. B. zwischen Hausanschlusssicherung und Hauptsicherung des Stromkreisverteilers.

> Selektivität der Überstrom-Schutzeinrichtungen bedeutet, dass immer nur die Schutzeinrichtung direkt vor der Fehlerstelle abschaltet.

Ein LS-Schalter arbeitet dann selektiv, wenn seine Abschaltzeit kleiner als die Abschaltzeit der vorgeschalteten Schutzeinrichtung **(Bild 1)** ist. Der Bemessungsstrom der vorgeschalteten Schmelzsicherung darf bei LS-Schaltern höchstens 100 A betragen **(DIN VDE 0100)**. In Drehstromkreisen werden 3-polige LS-Schalter eingesetzt, die auch dann allpolig abschalten, wenn nur in einem Außenleiter ein Überstrom auftritt. In Gleichstromkreisen mit Spannungen über 48 V müssen sogenannte Allstromautomaten eingesetzt werden. Sie haben zusätzliche Einrichtungen zum Löschen des Lichtbogens.

**Selektive Leitungsschutzschalter (SLS-Schalter, Bild 2)**, von einigen Herstellern auch als selektive Hauptleitungsschutzschalter (SH-Schalter) bezeichnet, schalten ebenfalls Stromkreise bei Über- und Kurzschlussströmen selbsttätig ab. Im Gegensatz zu normalen LS-Schaltern erfolgt bei gleicher Bemessungsstromstärke $I_N$ die Abschaltung im Kurzschlussfall jedoch zeitverzögert, sodass eine Selektivität zu den nachgeschalteten Schutzelementen erreicht wird.

> Selektive Leitungsschutzschalter haben die Auslösecharakteristik E **(Bild 3)**.

SLS-Schalter werden in ein- und in dreipoliger Ausfertigung hergestellt. Dreipolige SLS-Schalter schalten allpolig ab, auch wenn nur in einem Außenleiter ein Fehlerstrom auftritt.

SLS-Schalter werden bevorzugt für die von den TAB[1] geforderte selektive Überstromschutzeinrichtung im unteren Anschlussraum des Zählerplatzes eingebaut. Das geforderte Bemessungsschaltvermögen beträgt 25 kA. Damit ersetzen sie weitgehend die früher dort eingesetzten NH-Sicherungen. Da SLS-Schalter, mithilfe des Kippschalters, schaltbar sind, kann die elektrische Anlage auch von Laien geschaltet werden. NH-Sicherungen z. B. dürfen nur von einer elektrotechnisch unterwiesenen Person oder Elektrofachkraft entfernt oder ersetzt werden. Durch Plomben **(Bild 2)**, Sperrschieber oder Schlösser können die SLS-Schalter gegen unberechtigte Schalthandlungen gesperrt werden.

[1] **TAB**: **T**echnische **A**nschluss**b**edingungen

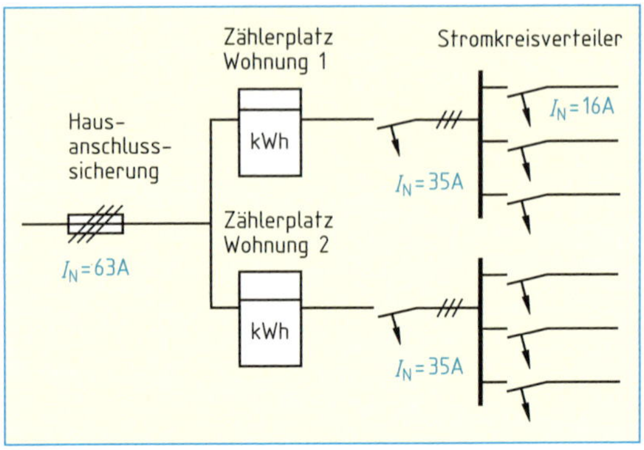


**Bild 1: Selektivität**

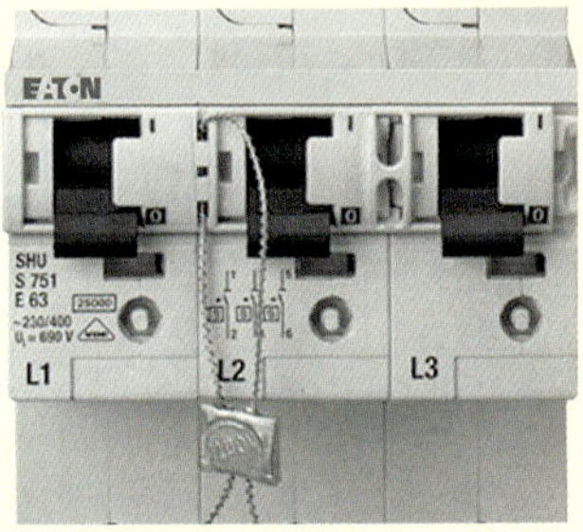


**Bild 2: Selektiver Leitungsschutzschalter**

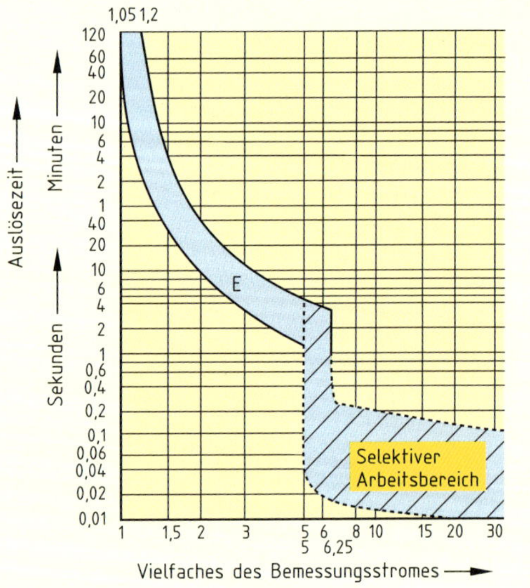


**Bild 3: Auslösekennlinie eines SLS-Schalters**

**Tabelle: Bemessungsströme $I_N$ von SLS-Schaltern**

| | | | | |
|---|---|---|---|---|
| 10 A | 16 A | 20 A | 25 A | 35 A |
| 40 A | 50 A | 63 A | 80 A | 100 A |

# 5.3 Brandschutzschalter (AFDD)

**Brandschutzschalter (AFDD[1]) haben die Aufgabe eine Feuergefahr, die von einem Fehlerlichtbogen ausgeht, zu vermeiden.**

Um den gewünschten Schutz vor Brandgefahr durch Lichtbögen zu erzielen, werden Außen- und Neutralleiter vom Netz getrennt, sobald serielle oder parallele Fehlerlichtbögen erfasst werden. Lichtbögen die betriebsmäßig von Geräten, z. B. einer Bohrmaschine, erzeugt werden (Betriebslichtbögen), führen zu keiner Auslösung. AFDD's überwachen den charakteristischen Sinusverlauf der Spannung und des Verbraucherstromes ab 2,5 A. Ein Auslösen des Brandschutzschalters kann durch serielle oder parallele Fehlerlichtbögen hervorgerufen werden. Serielle Fehlerlichtbögen **(Bild 2)** entstehen, wenn sich z. B. eine lose Klemmstelle, ein Leiterbruch oder eine schlechte Steckkontaktverbindung in Reihe zum Verbraucher befindet. Parallele Fehlerlichtbögen **(Bild 2)** können z. B. durch einen Leitungsschaden bei Bau- und Renovierungsarbeiten entstehen. Es kann z. B. ein Lichtbogen zwischen dem Außen- und Schutzleiter oder dem Außen- und Neutralleiter entstehen. Löst ein Brandschutzschalter aus, ist vor dem Wiedereinschalten eine Ursachenprüfung in dem am AFDD angeschlossenen Stromkreis erforderlich.

a) Leiterbruch durch starkes Knicken b) Kurzschluss von L und N durch Bohrer

**Bild 1: Ursachen für Fehlerlichtbögen**

**Übersicht: Einbaupflicht nach DIN VDE 0100-420 seit dem 18.12.2017**

in einphasigen Endstromkreisen bis 16 A für Räume oder Orte

- mit erhöhtem Feuerrisiko durch verarbeitete oder gelagerte Materialien, z. B. Scheunen, Sägewerke, Schreinereien
- mit unersetzbaren Gütern, z. B. Museen, Rechenzentren, Gallerien, Archive im Standes- oder Katasteramt
- Schlaf- und Aufenthaltsräumen von Heimen und Tageseinrichtungen, z. B. in Kindertagesstätten, Seniorenheimen und barrierefreien Wohnungen nach DIN 18040-2
- mit Gütern von hohem Wert, z. B. Bahnhöfe, Flughäfen
- mit überwiegend brennbaren Baustoffen, z. B. Holzhäuser.

**Für bestimmte Endstromkreise besteht nach DIN VDE 0100-420 eine Einbaupflicht (Übersicht).**

Brandschutzschalter sind am Beginn von Endstromkreisen einzusetzen. Es kann immer nur ein Stromkreis von einem AFDD geschützt werden. Intern ist der Brandschutzschalter vor Überspannungen (< 275 V) geschützt. Eine Funktionsprüfung ist nicht erforderlich, da täglich ein Selbsttest ohne Auslösung erfolgt. Zur Erstinbetriebnahme ist die Betätigung der Prüftaste notwendig. Bei manchen Herstellern muss bei der Isolationswiderstandsmessung die Prüfspannung auf z. B. 250 V reduziert werden **(Seite 227)**. Löst der AFDD aus, erfolgt bei manchen Herstellern eine Anzeige der Fehlerart, z. B. über einen Blinkcode **(Bild 2)**. AFDD's sind als Kompaktbauteil mit integriertem LS, ohne LS oder als Komplettbauteil mit integriertem RCD erhältlich.

| | |
|---|---|
| **Bemessungsströme von AFDD's:** | 6 A, 10 A, 13 A, 16 A, 20 A, 25 A, 32 A und 40 A |
| **Bemessungsschaltvermögen:** | 6 kA bzw. 10 kA |
| **Elektrische Lebensdauer:** | ca. 10.000 Schaltspiele |

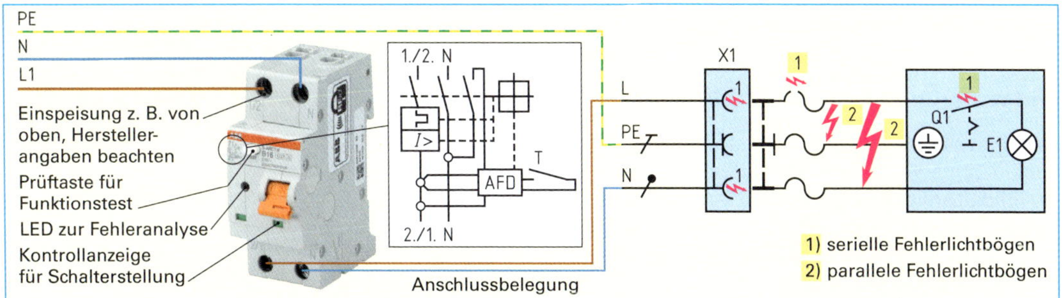


**Bild 2: Anschluss und Fehlerarten eines Brandschutzschalters**

[1] **AFDD**, Abk. für **A**rc **F**ault **D**etection **D**evices = Fehlerlichtbogen-Schutzeinrichtung
[2] **LS**, Abk. für. **L**eitungs**s**chutzschalter

# 5.4 Überlastschutz von Asynchronmotoren

Der Anzugstrom von Asynchronmotoren kann bei direktem Einschalten das 8- und mehrfache des Bemessungstromes erreichen.

Asynchronmotoren: **Seite 306**

Zur Absicherung von Motorstromkreisen werden deshalb Schmelzeinsätze der Betriebsklasse gM, bei Motoren mit kleiner Bemessungsleistung auch LS-Schalter, eingesetzt. Schmelzsicherungen oder LS-Schalter können den Motor jedoch nicht vor Überlastung schützen, weil sie zeitlich begrenzt Überströme zulassen, die den Motor unzulässig erwärmen.

Schmelzsicherungen und LS-Schalter schützen Motorstromkreise nur gegen Kurzschluss.

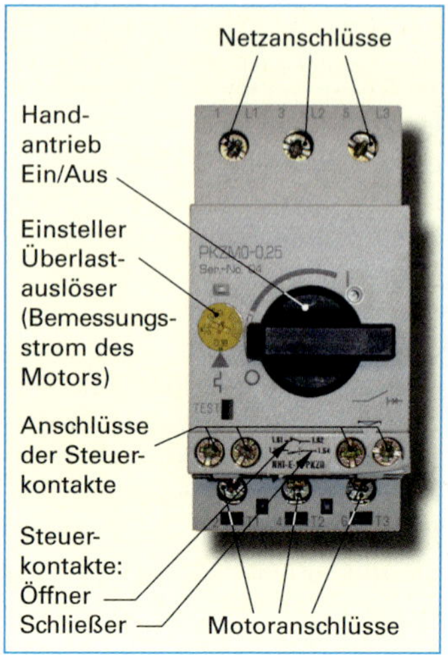


**Bild 1: Motorschutzschalter**

## 5.4.1 Motorschutzschalter

**Motorschutzschalter (Bild 1)** sind dreipolige Leistungsschalter für den Überlastschutz von Motoren. In jedem Strompfad des Motorschutzschalters liegt ein Überlastauslöser (Bimetallauslöser), der vom Motorstrom durchflossen wird. Steigt die Stromstärke über den Bemessungsstrom des Motors an, so wird das Bimetall erwärmt und durchgebogen. Diese Biegung löst das Schaltschloss des Schutzschalters und damit die allpolige Abschaltung aus.

Der Überlastauslöser des Motorschutzschalters muss auf den Bemessungsstrom $I_N$ des Motors eingestellt werden.

Motorschutzschalter können zusätzlich mit einem magnetischen Kurzschlussauslöser (Schnellauslöser) ausgestattet sein. Er löst den Motorschutzschalter bei Kurzschluss unverzögert aus.

Motorschutzschalter, die dem Kurzschluss- und Überlastschutz dienen, müssen am Anfang der Motorzuleitung eingebaut werden (DIN VDE 0100).

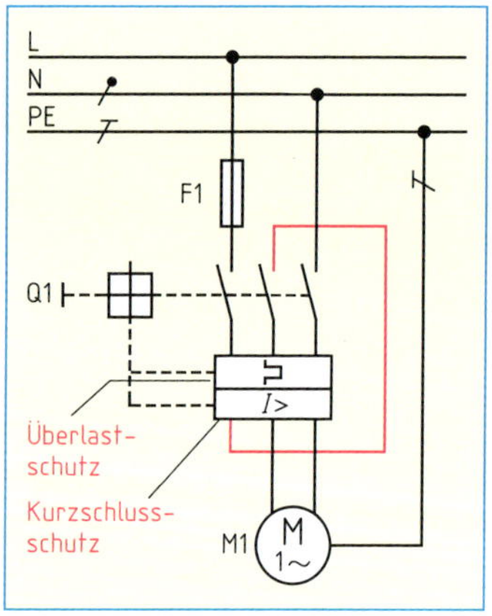


**Bild 2: Überlastschutz eines Einphasenmotors**

Zum Schutz von Einphasenmotoren werden Überlast- und Kurzschlussschutz so geschaltet, dass alle drei Strompfade der Schutzeinrichtung vom Betriebsstrom des Motors durchflossen werden **(Bild 2)**.

### Unterspannungsauslöser (Bild 3)

Der Unterspannungsauslöser schaltet den Motorschutzschalter ab, sobald keine Versorgungsspannung mehr an den Kontakten D1 und D2 **(Bild 3)** anliegt. Ist ein selbsttätiger Wiederanlauf eines Antriebsmotors nach einem Netzausfall unzulässig, z.B. bei Werkzeugmaschinen, rüstet man Motorschutzschalter mit einem **Unterspannungsauslöser** aus. Bei Netzausfall entklinkt der Unterspannungsauslöser das Schaltschloss und löst den Motorschutzschalter aus. Der Unterspannungsauslöser ist seitlich am Motorschutzschalter nachrüstbar und ist als NOT-AUS-Einrichtung nach DIN 60204 (in Kombination mit einem Motorschutzschalter) einsetzbar.

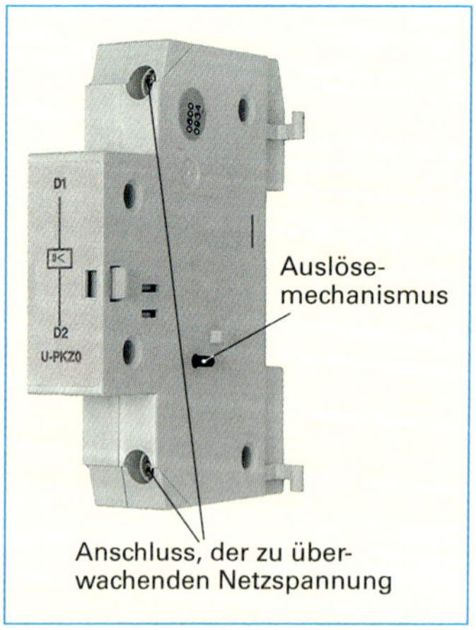


**Bild 3: Unterspannungsauslöser**

## 5.4.2 Thermisches Überlastrelais

**Thermische Überlastrelais (Bild 1)** schützen Elektromotoren vor Überlastung. Sie werden meist direkt an das zum Schalten des Motors verwendete Schaltschütz **(Seite 94)** angebaut.

> Motoren mit Überlastschutz durch thermische Überlastrelais erfordern zusätzlich einen Kurzschlussschutz, z.B. durch vorgeschaltete Sicherungen.

In jedem Strompfad des Überlastrelais liegt ein Bimetall, das mit einer Heizwicklung versehen ist. Über diese Heizwicklung fließt der Motorstrom. Bei Überlastung biegt sich das Bimetall und betätigt den Steuerkontakt. Der Öffner des Überlastrelais F3 in **Bild 2** unterbricht dann den Steuerstromkreis.

Überlastrelais haben meist die wählbaren Betriebsarten Hand- und Automatikbetrieb. Bei **Handbetrieb** muss das ausgelöste Überlastrelais mit der Rückstelltaste wieder betriebsbereit geschaltet werden. Im **Automatikbetrieb** kehrt der Steuerkontakt des Überlastrelais nach der Abkühlung selbsttätig in seine Ruhelage zurück.

**Thermisches Überlastrelais mit Stromwandler.** Bei Motorströmen über 35 A setzt man meist thermische Überlastrelais in Verbindung mit einem Stromwandler ein **(Bild 3)**. Die Heizwicklungen der Bimetalle werden dann nicht mehr vom Motorstrom, sondern vom **Sekundärstrom** des Stromwandlers durchflossen. Soll ein Überlastauslöser mit Stromwandler an einen kleineren Motorstrom angepasst werden, führt man die Motorleitung mehrfach durch den Durchsteckstromwandler. Der Sekundärstrom ändert sich dabei mit der Anzahl der Leitungsdurchführungen.

### Beispiel:

Ein Drehstrommotor mit dem Bemessungsstrom $I_N$ = 41 A wird durch ein thermisches Überlastrelais in Verbindung mit einem Stromwandler vor Überlastung geschützt **(Bild 3)**. Die Zuleitung des Drehstrommotors ist zweimal durch einen Durchsteckstromwandler 100/5 A geführt. Auf welchen Einstellstrom $I_e$ ist das Überlastrelais einzustellen?

### Lösung:

Bei 2-facher Leitungsdurchführung ($N_1$ = 2) fließt beim Eingangsstrom $I_1$ = 50 A der sekundärseitige Bemessungsstrom $I_2$ = 5 A → $ü$ = 10.

$I_e = I_N : ü = 41 \text{ A} : 10 = \mathbf{4{,}1\ A}$.

### Wiederholungsfragen

1. **Welche Aufgaben erfüllen Überlast-Schutzeinrichtungen?**
2. **Aus welchen Einzelteilen besteht das Schraubsicherungssystem?**
3. **Nennen Sie die beiden Auslösesysteme des LS-Schalters und ihre Aufgaben.**

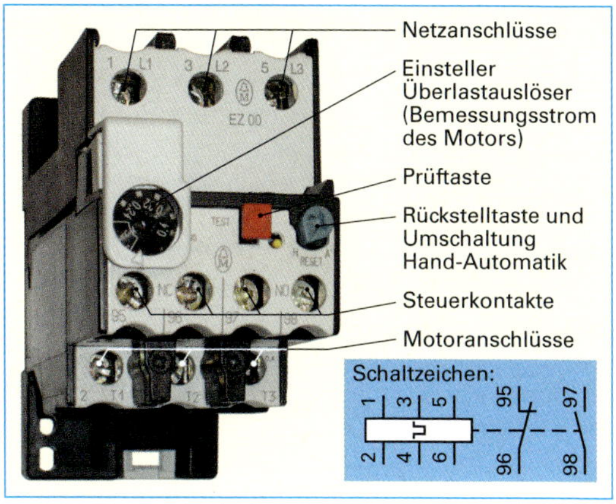


**Bild 1: Thermisches Überlastrelais**

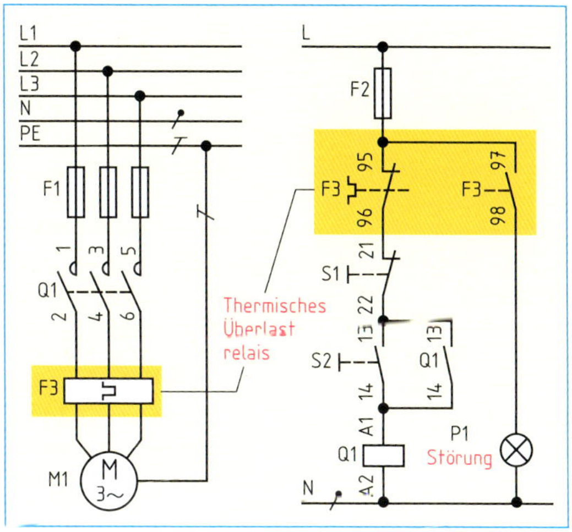


**Bild 2: Schützschaltung mit thermischem Überlastrelais**

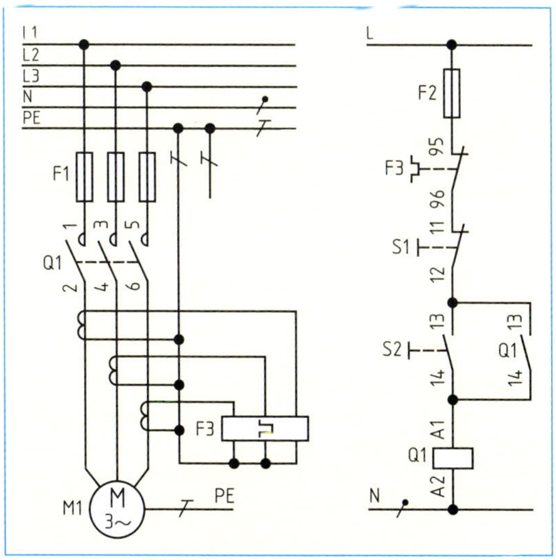


**Bild 3: Thermisches Überlastrelais mit Stromwandler**

## 5.4.3 Motorschutz durch Thermistoren

An elektrischen Maschinen können unzulässig hohe Temperaturen, z.B. durch verminderte Kühlung oder durch Lagerschäden, auftreten. Die Stromstärke in der Motorzuleitung überschreitet in diesen Fällen ihren Bemessungswert nicht. Eine selbsttätige Abschaltung durch Motorschutzschalter oder durch thermische Überlastrelais ist dann unmöglich.

In die Motorwicklung eingebaute Temperaturfühler **(Bild 1)** erfassen jeden Temperaturanstieg in der Wicklung unabhängig von deren Ursache. Als Temperaturfühler setzt man meist **Thermistoren** (Kaltleiter) ein. Bei einer Überschreitung der **Ansprechtemperatur** (AT), z.B. 100 °C, steigt der Widerstandswert des Temperaturfühlers steil an **(Bild 2).**

Thermistoren werden für Ansprechtemperaturen von 90 °C bis 170 °C hergestellt. Die Ansprechtemperatur wird durch die Thermische Klasse des Isolierwerkstoffes und durch die Bauart des Motors bestimmt.

Thermische Klassen der Isolierwerkstoffe: **Seite 337**

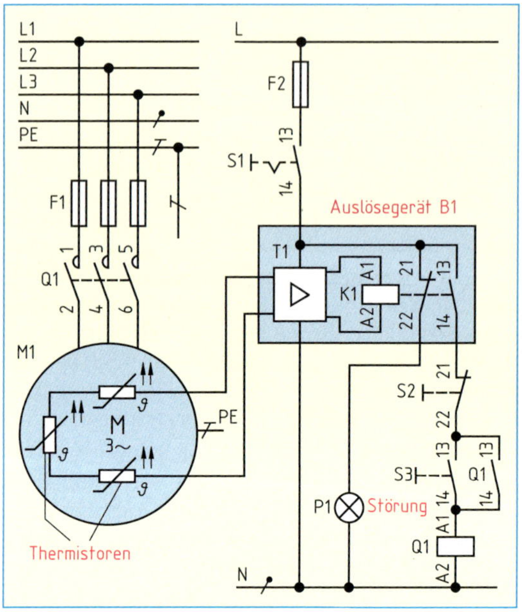


Bild 1: Motorschutz durch Thermistoren

Je nach Anzahl der Wicklungsstränge sind in Drehstrommotoren drei oder sechs Temperaturfühler notwendig. Bei Thermistor-Schutzeinrichtungen wendet man das **Ruhestromprinzip** an. Die Schaltung überwacht sich dann selbst, z.B. gegen Drahtbruch. Die Schutzeinrichtung wird in Verbindung mit Schützen oder Relais eingesetzt **(Bild 1).** Im Betriebszustand ist das Relais K1 angezogen, weil der Widerstand der Thermistoren gering ist. Wird die Ansprechtemperatur überschritten, steigt der Widerstand der Fühler stark an. Das Relais K1 **(Bild 1)** fällt ab, öffnet den Steuerstromkreis der Schützsteuerung und trennt den Motor vom Netz. Anstelle von Thermistoren kann man auch Bimetallschalter in die Wicklung einbauen.

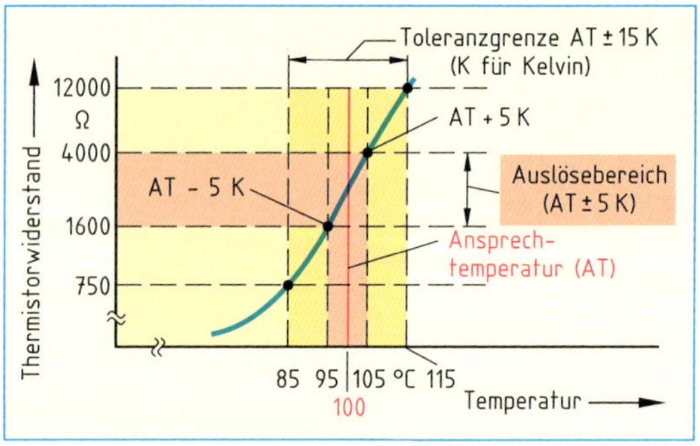


Bild 2: Ansprechtemperatur eines Thermistors

**Thermistoren oder Bimetallschalter werden vom Motorhersteller auf der Abluftseite in den Wickelkopf der elektrischen Maschine eingebaut.**

Dürfen elektrische Maschinen durch Thermistor-Schutzeinrichtungen nicht selbstständig abschalten, sind zwei Thermistorsätze mit unterschiedlicher Ansprechtemperatur erforderlich, z.B. für 90 °C und für 100 °C. Das Auslösegerät setzt dann bei einer Wicklungstemperatur von 90 °C eine Warneinrichtung in Betrieb. Kann man die Ursache der Erwärmung z.B. durch Reinigen des Lüftungsgitters nicht beheben, wird der Motor bei der Wicklungstemperatur 100 °C abgeschaltet.

Thermistor-Schutzeinrichtungen eignen sich besonders zum Überwachen von polumschaltbaren Drehstrommotoren, weil sich dort die Motorleistung und der Motorstrom mit der Drehzahl des Motors ändert. Deshalb müsste zur Überwachung des Motors für jede Drehzahl ein besonderer Motorschutzschalter vorgesehen werden. Bei der Thermistor-Schutzeinrichtung besteht dieses Problem nicht, da nur die Wicklungstemperatur und nicht der Motorstrom zur Abschaltung erfasst wird.

Bei Thermistor-Schutzeinrichtungen mit elektronischem Steuergerät lässt sich die Ansprechtemperatur des Auslösegerätes auf den geforderten Temperaturwert einstellen.

# 5.5 Überstromschutz von fest verlegten Kabeln und isolierten Leitungen

Die Strombelastbarkeit von Kabeln und von isolierten Leitungen wird überwiegend vom Leiterquerschnitt bestimmt, aber auch durch die in der **Übersicht** angegebenen Größen beeinflusst. Nach DIN VDE 0298 beträgt z. B. die zulässige Betriebstemperatur am Leiter bei einer Leiterisolation aus Naturkautschuk oder synthetischem Kautschuk 60 °C.

Zulässige Temperaturen an isolierten Leitern: **Seite 22**

Eine im Installationskanal verlegte Leitung kann z.B. die durch den Strom erzeugte Wärme nur bedingt an ihre Umgebung abgeben, weil Luft ein schlechter Wärmeleiter ist. Eine gute Wärmeableitung haben z.B. auf, im oder unter Putz verlegte Leitungen.

**Übersicht: Einflüsse auf die Strombelastbarkeit von Kabeln und Leitungen**

- Leiterquerschnitt
- Leiterisolierung
- Leitungsaufbau
- Verlegeart
- Umgebungstemperatur
- Häufung von Leitungen oder Kabeln

Kabel und isolierte Leitungen mit einer guten Wärmeableitung haben eine höhere Strombelastbarkeit.

## 5.5.1 Strombelastbarkeit von fest verlegten Kabeln und Leitungen

Nach der Fähigkeit der Kabel oder Leitungen, die durch den Strom erzeugte Wärme abzugeben, unterscheidet man nach DIN VDE 0298-4 neun Verlegearten: A1, A2, B1, B2, C, D, E, F und G **(Tabelle).**

**Tabelle: Verlegearten von Kabeln und isolierten Leitungen** (nach DIN VDE 0298-4; Auszug)

| Verlegeart | | Verlegebedingungen (wichtige Beispiele) |
|---|---|---|
| A1 | 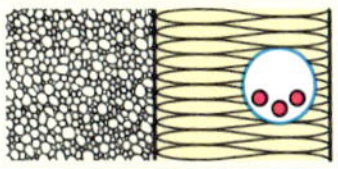 | **Referenzverlegeart*: Verlegung in wärmegedämmten Wänden** • Aderleitungen im Elektroinstallationsrohr, • Aderleitungen in Formleisten oder in Formteilen. |
| A2 | 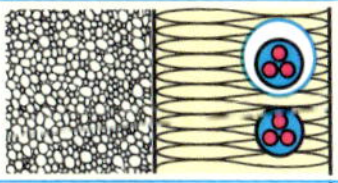 | • Mehradrige Kabel oder mehradrige Mantelleitungen im Elektroinstallationsrohr, • mehradrige Kabel oder mehradrige Mantelleitungen in einer wärmegedämmten Wand. |
| B1 | 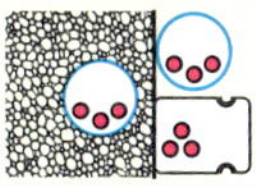 | **Referenzverlegeart: Verlegung in Elektroinstallationsrohren** • Aderleitungen im Elektroinstallationsrohr auf oder in der Wand, • Aderleitungen, einadrige Kabel oder Mantelleitungen im Elektroinstallationskanal. |
| B2 | 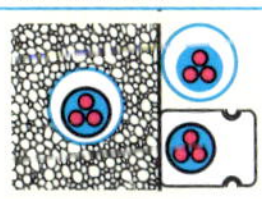 | • Mehradrige Kabel oder Mantelleitungen im Elektroinstallationsrohr auf und in der Wand, • mehradrige Kabel oder Mantelleitungen im Elektroinstallationskanal, • mehradrige Kabel oder Mantelleitungen im Sockelleisten- oder im Unterflurkanal. |
| C | 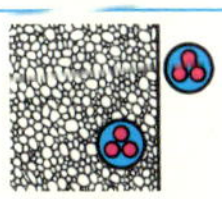 | **Referenzverlegeart: Verlegung direkt auf dem Untergrund (Wand)** • Ein- oder mehradrige Kabel oder Mantelleitungen auf oder in der Wand oder unter der Decke, • Stegleitungen im oder unter Putz. |
| D |  | **Referenzverlegeart: Verlegung in der Erde** • Mehradriges Kabel oder mehradrige ummantelte Installationsleitung im Elektroinstallationsrohr oder im Kabelschacht im Erdboden. |
| E | 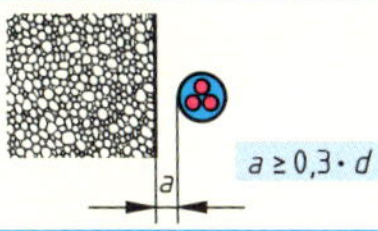  | **Referenzverlegeart: Verlegung frei in der Luft** • Mehradrige Kabel oder mehradrige Mantelleitungen frei in der Luft verlegt mit einem Mindestabstand $a \geq 0{,}3 \cdot d$ ($d$ = Leitungsdurchmesser) zur Wand, • Kabel oder Leitungen auf gelochten Kabelrinnen oder auf Kabelkonsolen. |
| F | 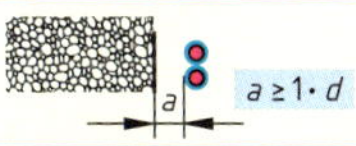  | • Einadrige Kabel oder einadrige Mantelleitungen mit gegenseitiger Berührung verlegt und mit einem Mindestabstand $a \geq 1 \cdot d$ zur Wand. |
| G | 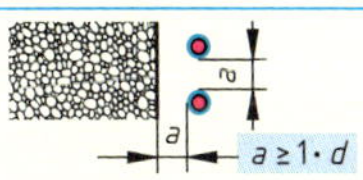  | • Einadrige Kabel oder einadrige Mantelleitungen mit einem gegenseitigen Abstand $a \geq 1 \cdot d$ verlegt und einem Mindestabstand $a \geq 1 \cdot d$ zur Wand, • Blanke Leiter oder Aderleitungen auf Isolatoren. |

* Referenzverlegeart: Grundsätzliches Merkmal der Verlegeart, z.B. in wärmegedämmten Wänden oder frei in der Luft.

**Tabelle 1** gibt die **Bemessungswerte** für die Strombelastbarkeit $I_r$ von Leitungen und Kabeln bei Dauerbetrieb und einer Umgebungstemperatur von 30 °C an. Für jede Verlegeart ist der Bemessungswert bei zwei belasteten Adern (Wechselstromkreise) und bei drei belasteten Adern (Drehstromkreise) angegeben.

Die Bemessungswerte der Strombelastbarkeit $I_r$ sind Grundlage für die Berechnung der Strombelastbarkeit $I_Z$ bei abweichender Umgebungstemperatur oder bei Häufung von Leitungen.

Die **Umrechnungsfaktoren** $f_1$ bei abweichenden Umgebungstemperaturen sind in **Tabelle 1, Seite 73,** die **Umrechnungsfaktoren** $f_2$ bei Häufung von Leitungen sind in **Tabelle 2, Seite 73,** angegeben.

Beispiele zur Leitungsberechnung bei Häufung von Leitungen und/oder abweichenden Umgebungstemperaturen: **Seite 75**

Übersteigt die Umgebungstemperatur den üblichen Wert von 25 °C nicht und liegt auch keine Häufung von Leitungen vor, z.B. durch Verlegung von mehreren belasteten Mantelleitungen NYM-J in einem gemeinsamen Elektroinstallationskanal, so kann man den zulässigen Bemessungsstrom $I_N$ der Überstrom-Schutzeinrichtung direkt aus **Tabelle 2** ablesen.

**Beispiel:**

Welcher Bemessungsstrom einer Überstrom-Schutzeinrichtung ist für eine Mantelleitung NYM-J 5 × 2,5 mm² mit drei belasteten Adern bei Verlegeart B2 zulässig?

**Lösung:**

Eine Überstrom-Schutzeinrichtung mit $I_N$ **= 20 A (Tabelle 2).**

**Tabelle 1: Bemessungswerte $I_r$ der Strombelastbarkeit von Kabeln und Leitungen für feste Verlegung in Gebäuden in den Verlegearten A1, A2, B1, B2, C und E bei einer Umgebungstemperatur von 30 °C** (nach DIN VDE 0298-4)

| Verlegeart | A1 | | A2 | | B1 | | B2 | | C | | E | |
|---|---|---|---|---|---|---|---|---|---|---|---|---|
| belastete Adern | 2 | 3 | 2 | 3 | 2 | 3 | 2 | 3 | 2 | 3 | 2 | 3 |
| Nennquerschnitt in mm² Cu | Bemessungswert $I_r$ der Strombelastbarkeit in A für PVC-isolierte Kabel und Leitungen mit einer Betriebstemperatur am Leiter bis 70 °C | | | | | | | | | | | |
| 1,5 | 15,5 | 13,5 | 15,5 | 13 | 17,5 | 15,5 | 16,5 | 15 | 19,5 | 17,5 | 22 | 18,5 |
| 2,5 | 19,5 | 18 | 18,5 | 17,5 | 24 | 21 | 23 | 20 | 27 | 24 | 30 | 25 |
| 4 | 26 | 24 | 25 | 23 | 32 | 28 | 30 | 27 | 36 | 32 | 40 | 34 |
| 6 | 34 | 31 | 32 | 29 | 41 | 36 | 38 | 34 | 46 | 41 | 51 | 43 |
| 10 | 46 | 42 | 43 | 39 | 57 | 50 | 52 | 46 | 63 | 57 | 70 | 60 |
| 16 | 61 | 56 | 57 | 52 | 76 | 68 | 69 | 62 | 85 | 76 | 94 | 80 |
| 25 | 80 | 73 | 75 | 68 | 101 | 89 | 90 | 80 | 112 | 96 | 119 | 101 |
| 35 | 99 | 89 | 92 | 83 | 125 | 110 | 111 | 99 | 138 | 119 | 148 | 126 |

Bemessungswerte $I_r$ für die Verlegearten F und G siehe DIN VDE 0298-4 oder Tabellenbuch Elektrotechnik

**Tabelle 2: Zuordnung von Leitungsschutzsicherungen gG und LS-Schaltern Typ B und C mit einem Abschaltstrom $I_a \leq 1{,}45 \cdot I_N$, zu den Nennquerschnitten isolierter Leitungen bei Dauerbetrieb (umgerechnet auf eine Umgebungstemperatur von 25 °C)** (nach DIN VDE 0298-4)

| Verlegeart | A1 | | A2 | | B1 | | B2 | | C | | E | |
|---|---|---|---|---|---|---|---|---|---|---|---|---|
| belastete Adern | 2 | 3 | 2 | 3 | 2 | 3 | 2 | 3 | 2 | 3 | 2 | 3 |
| Nennquerschnitt in mm² Cu | Bemessungsstrom $I_N$ der Überstrom-Schutzeinrichtung in A für PVC-isolierte Kabel und Leitungen* mit einer Betriebstemperatur am Leiter bis 70 °C | | | | | | | | | | | |
| 1,5 | 16 | 10 (13) | 16 | 13 | 16 | 16 | 16 | 16 | 20 | 16 | 20 | 16 |
| 2,5 | 20 | 16 | 16 | 16 | 25 | 20 | 20 | 20 | 25 | 25 | 32 | 25 |
| 4 | 25 | 25 | 25 | 20 | 25 (32) | 25 | 25 | 25 | 35 (32) | 25 (32) | 40 | 35 |
| 6 | 35 (32) | 25 (32) | 25 (32) | 25 | 35 (40) | 35 (32) | 35 (40) | 35 (32) | 35 (40) | 35 (40) | 50 | 40 |
| 10 | 35 (40) | 35 (40) | 35 (40) | 35 (40) | 50 | 50 | 50 | 35 (40) | 63 | 50 | 63 | 63 |
| 16 | 63 | 50 | 50 | 50 | 80 | 63 | 63 | 63 | 80 | 80 | 100 | 80 |
| 25 | 80 | 63 | 63 | 63 | 100 | 80 | 80 | 80 | 100 | 100 | 125 | 100 |
| 35 | 100 | 80 | 80 | 80 | 125 | 100 | 100 | 100 | 125 | 125 | 125 | 125 |

* Häufung von Leitungen nicht berücksichtigt; in Klammern: abweichende Bemessungsströme für LS-Schalter.

## 5.5.2 Zuordnung von Überstrom-Schutzeinrichtungen

Bei der Zuordnung von Überstrom-Schutzeinrichtungen zum Überlastschutz von fest verlegten Leitungen müssen zwei Bedingungen erfüllt sein:

- Um ein Auslösen der Überstrom-Schutzeinrichtung bei fehlerfreier Anlage zu vermeiden, muss der Bemessungsstrom $I_N$ der Schutzeinrichtung mindestens gleich groß sein wie der Betriebsstrom $I_b$ bei ungestörtem Betrieb der Anlage. Der Bemessungsstrom $I_N$ der Überstrom-Schutzeinrichtung darf jedoch nicht größer sein als die Strombelastbarkeit $I_Z$ der Leitung.
- Eine Überlastung der Leitung wird verhindert, wenn der Abschaltstrom $I_a$ der Schutzeinrichtung kleiner oder gleich groß ist wie der Grenzwert der Strombelastbarkeit der Leitung $I_{Z\,max} = 1{,}45 \cdot I_Z$.

**Zuordnung von Überstrom-Schutzeinrichtungen**

$$I_b \leq I_N \leq I_Z$$

$$I_a \leq 1{,}45 \cdot I_Z$$

$I_b$ Betriebsstrom
$I_N$ Bemessungsstrom der Überstrom-Schutzeinrichtung
$I_Z$ Strombelastbarkeit der Leitung bei abweichenden Betriebsbedingungen
$I_a$ Abschaltstrom der Überstrom-Schutzeinrichtung

**Beispiel:**

Eine Mantelleitung NYM-J 3 × 1,5 mit 2 belasteten Adern hat bei Verlegeart B2 **(Bild)** und der Umgebungstemperatur 30 °C eine Strombelastbarkeit $I_r = 16{,}5$ A **(Tabelle 1, Seite 72)**. Welcher Bemessungsstrom $I_N$ der Überstrom-Schutzeinrichtung ist zulässig?

**Lösung:**

Aus **Tabelle 2, Seite 72**: Ein LS-Schalter z. B. Typ B, $\boldsymbol{I_N}$ **= 16 A** oder eine Schmelzsicherung gG mit $\boldsymbol{I_N}$ **= 16 A**.

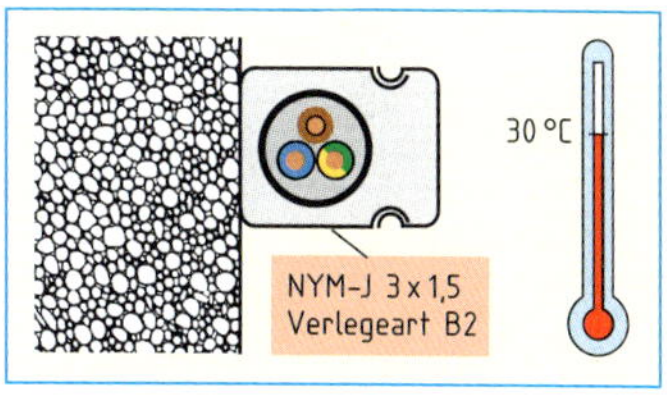

**Bild: Verlegebedingungen**

Bei Abweichungen von der festgelegten Umgebungstemperatur 30 °C, bei Häufung von Leitungen oder bei Überstrom-Schutzeinrichtungen mit einem Abschaltstrom $I_a > 1{,}45 \cdot I_N$ ist der Bemessungsstrom der Schutzeinrichtung bzw. der Querschnitt der Leitung zu berechnen.

Die Umrechnungsfaktoren $f_1$ bei abweichenden Umgebungstemperaturen sind in der **Tabelle 1** angegeben, die Umrechnungsfaktoren $f_2$ bei Häufung von Leitungen in **Tabelle 2.** Zum Bestimmen des Bemessungsstromes der Schutzeinrichtung oder des Leiterquerschnittes ist grundsätzlich vom Bemessungswert $I_r$ der Strombelastbarkeit der Leitung **(Tabelle 1, Seite 72)** auszugehen.

**Tabelle 1: Umrechnungsfaktoren $f_1$ für abweichende Umgebungstemperaturen** (nach DIN VDE 0298-4)

| Umgebungstemperatur in °C | 10 | 15 | 20 | 25 | 30 | 35 | 40 | 45 | 50 | 55 | 60 | 65 | 70 |
|---|---|---|---|---|---|---|---|---|---|---|---|---|---|
| Gummi-Isolation* | 1,29 | 1,22 | 1,15 | 1,08 | 1,0 | 0,91 | 0,82 | 0,71 | 0,58 | 0,41 | – | – | – |
| PVC-Isolation | 1,22 | 1,17 | 1,12 | 1,06 | 1,0 | 0,94 | 0,87 | 0,79 | 0,71 | 0,61 | 0,50 | – | – |
| EPR-Isolation** | 1,18 | 1,14 | 1,10 | 1,05 | 1,0 | 0,95 | 0,89 | 0,84 | 0,77 | 0,71 | 0,63 | 0,55 | 0,45 |

* Natur-Kautschuk (NR) oder synthetischer Kautschuk (SR); ** Ethylen-Propylen-Kautschuk

**Tabelle 2: Umrechnungsfaktoren $f_2$ bei Häufung von Kabeln oder Leitungen auf der Wand, im Rohr oder Kanal oder auf dem Fußboden** (nach DIN VDE 0298-4; Auszug)

| Anordnung der Leitungen | | Anzahl der mehradrigen Leitungen oder Anzahl der Wechsel- oder Drehstromkreise aus einadrigen Leitungen | | | | | | | |
|---|---|---|---|---|---|---|---|---|---|
| | | 1 | 2 | 3 | 4 | 5 | 6 | 7 | 8 |
| Gebündelt direkt auf der Wand oder auf dem Fußboden, im Elektroinstallationsrohr oder -kanal, auf oder in der Wand |  | 1,0 | 0,8 | 0,7 | 0,65 | 0,6 | 0,57 | 0,54 | 0,52 |
| Einlagig auf der Wand oder auf dem Fußboden mit Berührung |  | 1,0 | 0,85 | 0,79 | 0,75 | 0,73 | 0,72 | 0,72 | 0,71 |
| Einlagig unter der Decke mit Berührung |  | 0,95 | 0,81 | 0,72 | 0,68 | 0,66 | 0,64 | 0,63 | 0,62 |

## Situationsbeschreibung:

Nach dem Umbau einer Maschinenhalle wird die angeschlossene Fräsmaschine durch eine Drehmaschine (Leistungsschild **Bild 1**) ersetzt.

Die Zuleitung der Fräsmaschine, eine Mantelleitung NYM-J 5 × 2,5 mm², wurde beim Umbau der Maschinenhalle gemeinsam mit einer weiteren Mantelleitung in einem Kabelkanal verlegt. Die Umgebungstemperatur in der Maschinenhalle beträgt $\vartheta_U$ = 25 °C.

Kann die neue Drehmaschine an der bestehenden Leitung betrieben werden?

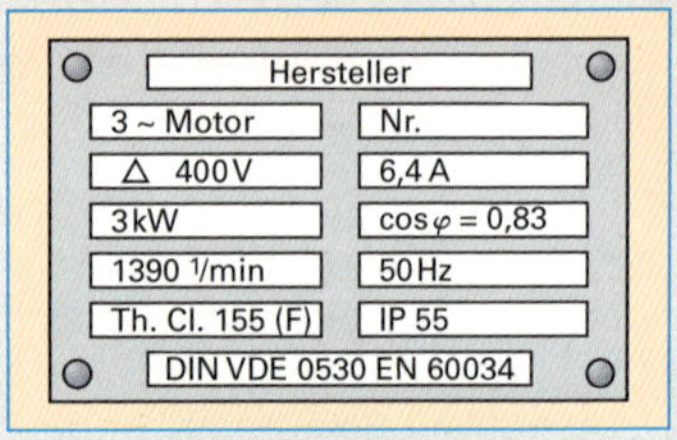


**Bild 1: Leistungsschild der Drehmaschine**

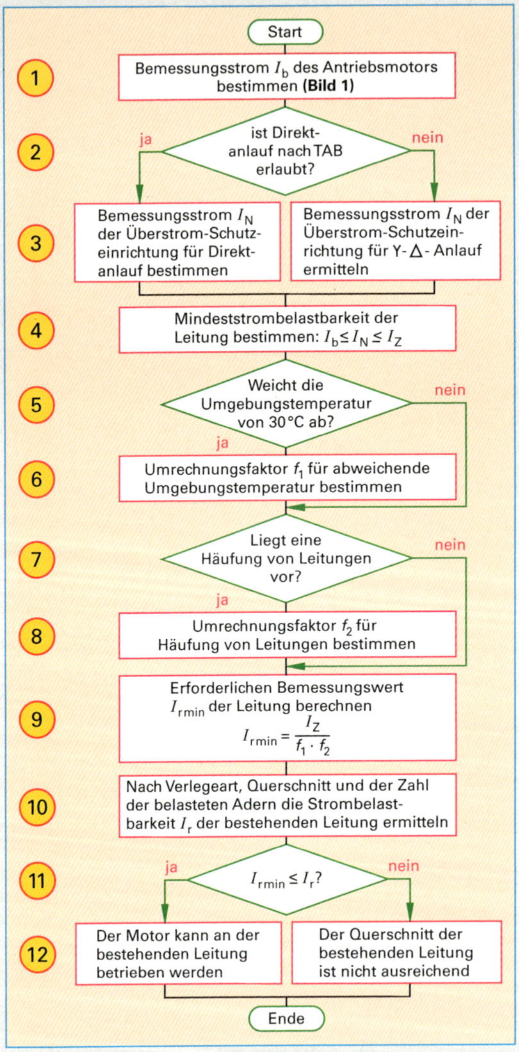


**Bild 2: Ablaufplan der Leitungsberechnung**

## Lösung:

① Bemessungsstrom $I_b$ des Antriebsmotors der Drehmaschine **(Bild 1)**: $\boldsymbol{I_b}$ **= 6,4 A.**

② Direktanlauf ist nach TAB 2007 bei Motoren mit $S \le$ 5,2 kVA und einem Anzugsstrom $I_{an} \le$ 60 A erlaubt.

$\boldsymbol{S} = \sqrt{3} \cdot U \cdot I = \sqrt{3} \cdot 400\,\text{V} \cdot 6{,}4\,\text{A} = \mathbf{4435\,VA}.$

Aus **Tabelle, Seite 309:** $\frac{I_{an}}{I_b} = 6{,}2$;

$\rightarrow \boldsymbol{I_{an}} = I_b \cdot 6{,}2 = 6{,}4\,\text{A} \cdot 6{,}2 = \mathbf{39{,}7\,A}.$

③ Bemessungsstrom der Überstrom-Schutzeinrichtung aus **Tabelle, Seite 309:** $\boldsymbol{I_N}$ **= 16 A.**

④ $I_b \le I_N \le I_Z \rightarrow \boldsymbol{I_Z} \ge$ **16 A.**

⑤ Umgebungstemperatur: $\vartheta_U$ **= 25 °C.**

⑥ Aus **Tabelle 1, Seite 73:** $\boldsymbol{f_1}$ **= 1,06.**

⑦ Häufung von Leitungen: 2 belastete Leitungen im Kabelkanal verlegt.

⑧ Aus **Tabelle 2, Seite 73:** $\boldsymbol{f_2}$ **= 0,8.**

⑨ Erforderlicher Mindestwert der Strombelastbarkeit $I_{r\,min}$ der Leitung:

$$I_{r\,min} = \frac{I_Z}{f_1 \cdot f_2} = \frac{16\,\text{A}}{1{,}06 \cdot 0{,}8} = \mathbf{18{,}86\,A}.$$

⑩ Aus **Tabelle, Seite 71: Verlegeart B2;**

Aus **Tabelle 1, Seite 72:** Bei Verlegeart B2 und Querschnitt $A$ = 2,5 mm² bei 3 belasteten Adern: $\boldsymbol{I_r}$ **= 20 A.**

⑪ Die Strombelastbarkeit der bestehenden Leitung $I_r$ = 20 A ist größer als der berechnete Mindestwert der Strombelastbarkeit $I_{r\,min}$ = 18,86 A.

⑫ Die neue Drehmaschine kann an der bestehenden Leitung der abmontierten Fräsmaschine betrieben werden.

$I_b$ Bemessungsstrom des Drehmaschinenmotors
$I_{an}$ Anzugsstrom des Drehmaschinenmotors
$I_N$ Bemessungsstrom der Überstrom-Schutzeinrichtung
$f_1$ Umrechnungsfaktor bei abweichender Temperatur
$f_2$ Umrechnungsfaktor bei Häufung von Leitungen
$I_Z$ Strombelastbarkeit der Leitung unter abweichenden Betriebsbedingungen
$I_{r\,min}$ Berechneter Mindestwert der Strombelastbarkeit der Leitung
$I_r$ Bemessungswert der Strombelastbarkeit der Leitung (nach DIN VDE 0298-4).

## Beispiele zur Leitungsberechnung

### a) Nennquerschnitt einer Motorzuleitung bestimmen

**Beispiel 1:** Ein Drehstrommotor mit den Daten 400/230 V, $P = 4$ kW ist nach den Herstellerangaben **(Tabelle, Seite 309)** abgesichert. Ermitteln Sie den zu verlegenden Nennquerschnitt der Mantelleitung NYM-J **(Bild 1)**.

**Lösung:** Aus der **Tabelle, Seite 71,** wird für eine auf der Wand verlegte Mantelleitung die Verlegeart C entnommen.

Da keine Häufung vorliegt und die Umgebungstemperatur von 25 °C nicht überschritten wird, kann der Nennquerschnitt der Mantelleitung direkt aus **Tabelle 2, Seite 72,** abgelesen werden.

Für eine Drehstromleitung mit drei belasteten Adern kann bei Verlegeart C und einem Bemessungsstrom der Überstrom-Schutzeinrichtung mit $I_N = 20$ A ein Nennquerschnitt von 2,5 mm² Kupfer verlegt werden.

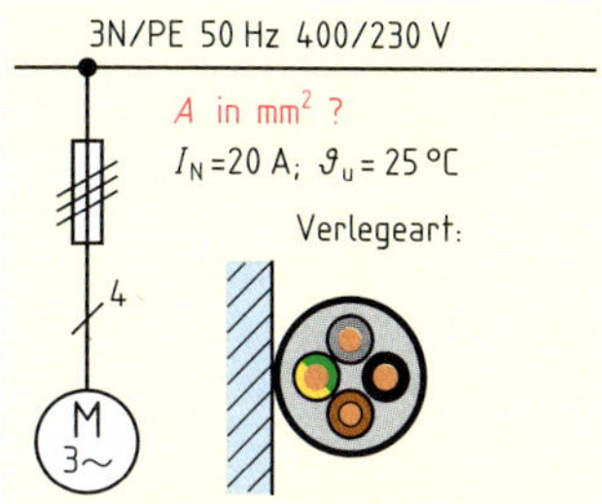


**Bild 1: Motorzuleitung**

### b) Überstrom-Schutzeinrichtung einer Steckdosenleitung auswählen

**Beispiel 2:** Die Zuleitung einer Schutzkontakt-Steckdose in einem Heizraum ist nach den Bedingungen in **Bild 2** verlegt. Welchen Bemessungsstrom darf die Überstrom-Schutzeinrichtung für die Steckdosenzuleitung haben?

**Lösung:** Aus der **Tabelle, Seite 71,** entnimmt man für die in einer wärmegedämmten Wand verlegte Mantelleitung die Verlegeart A2.

Der Bemessungswert der Strombelastbarkeit $I_r$ beträgt nach **Tabelle 1, Seite 72,** bei Verlegeart A 2 und zwei belasteten Adern $I_r = 15{,}5$ A.

Der Umrechnungsfaktor $f_1$ bei abweichender Umgebungstemperatur von 35 °C beträgt bei PVC-isolierten Leitungen $f_1 = 0{,}94$ **(Tabelle 1, Seite 73).**

Da keine Häufung von Leitungen vorliegt, berechnet man die Strombelastbarkeit der Leitung: $I_Z = I_r \cdot f_1 = 15{,}5\text{ A} \cdot 0{,}94 = 14{,}57$ A.

Die Leitung kann mit einem LS-Schalter Typ B, $I_N = 13$ A oder mit einer Leitungsschutzsicherung gG, $I_N = 13$ A abgesichert werden.

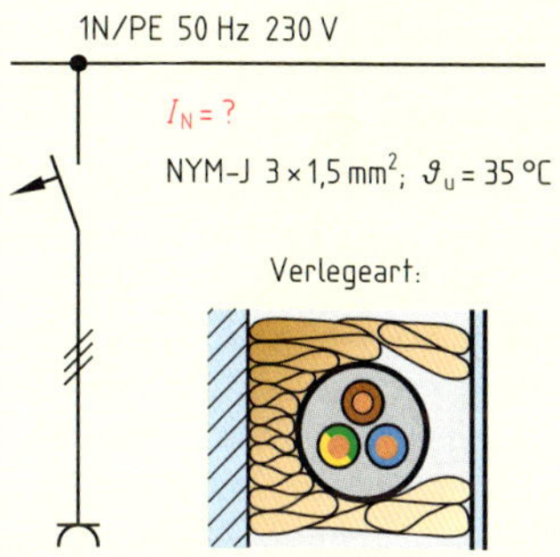


**Bild 2: Steckdosenzuleitung**

### c) Überstrom-Schutzeinrichtung für einen Elektrowärmespeicher festlegen

**Beispiel 3:** Die Zuleitung eines Elektrowärmespeichers ist in PVC-isolierter Mantelleitung ausgeführt **(Bild 3)**. Gesucht ist die Strombelastbarkeit $I_Z$ der Leitung und der Bemessungsstrom $I_N$ der Überstrom-Schutzeinrichtung.

**Lösung:** Die Verlegeart B2 entnimmt man der **Tabelle, Seite 71.**

Für die Verlegeart B2 ist bei drei belasteten Adern und einem Querschnitt von 2,5 mm² Kupfer ein Bemessungswert der Strombelastbarkeit $I_r = 20$ A angegeben **(Tabelle 1, Seite 72).**

Der Umrechnungsfaktor $f_1$ bei einer Umgebungstemperatur von 25 °C beträgt $f_1 = 1{,}06$ **(Tabelle 1, Seite 73),** der Umrechnungsfaktor $f_2$ bei Häufung beträgt bei zwei Leitungen $f_2 = 0{,}8$ **(Tabelle 2, Seite 73).**

Die Strombelastbarkeit der Leitung wird berechnet:
$I_Z = I_r \cdot f_1 \cdot f_2 = 20\text{ A} \cdot 1{,}06 \cdot 0{,}8 = 17$ A.

Die Zuleitung kann mit einem LS-Schalter Typ B, $I_N = 16$ A oder mit einer Leitungsschutzsicherung gG, $I_N = 16$ A abgesichert werden.

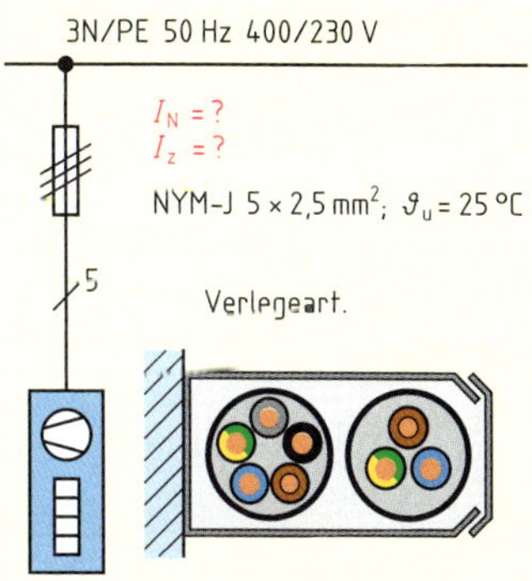


**Bild 3: Elektrowärmespeicher**

### Bemessungsstrom von Überstrom-Schutzeinrichtungen mit einem Abschaltstrom $I_a > 1{,}45 \cdot I_N$.

Sind in Anlagen Überstrom-Schutzeinrichtungen mit einem Abschaltstrom $I_a > 1{,}45 \cdot I_N$ eingebaut, z. B. LS-Schalter Typ L in Altanlagen, so muss der Bemessungsstrom $I_N$ der Schutzeinrichtung nach den rechts angegebenen Formeln berechnet werden. Bei Leistungsschaltern tritt anstelle des Abschaltstromes der Einstellstrom des Überstromauslösers.

📖 $\chi$-Faktoren: **Hintere Umschlaginnenseite**

**Bemessungsstrom $I_N$**

$$I_a = \chi \cdot I_N; \quad I_N \leq \frac{1{,}45}{\chi} \cdot I_Z$$

- $I_a$ Abschaltstrom der Überstrom-Schutzeinrichtung
- $I_N$ Bemessungsstrom der Überstrom-Schutzeinrichtung
- $\chi$[1] Faktor zur Berechnung des Abschaltstromes Ia
- $I_N$ Strombelastbarkeit der Leitung

[1] $\chi$ griech. Kleinbuchstabe Chi

## 5.5.3 Überlastschutz von Kabeln und isolierten Leitungen

**Überstrom-Schutzeinrichtungen zum Schutz gegen Überlastung müssen am Anfang des Stromkreises angeordnet sein.**

Sie sind zusätzlich auch an allen Stellen im Stromkreis erforderlich, an denen sich die Strombelastbarkeit der Leitung ändert. Ursachen dafür können eine Verringerung des Leiterquerschnitts, eine Änderung der Verlegeart, z. B. von Verlegeart C nach Verlegeart A2, oder ein geänderter Leitungsaufbau, z.B. ein anderer Isolierwerkstoff, sein **(Bild 1)**.

**Überstrom-Schutzeinrichtungen sind zusätzlich an allen Stellen erforderlich, an denen sich die Strombelastbarkeit einer Leitung verringert.**

Bei getrennten Schutzeinrichtungen zum Schutz vor Überlastung und zum Schutz bei Kurzschluss darf die Überlast-Schutzeinrichtung im Leitungsverlauf beliebig versetzt sein, wenn in der zu schützenden Leitung keine Abzweigungen und keine Steckvorrichtungen enthalten sind. Die Schutzeinrichtung darf auch bis zu 3 m versetzt werden, wenn die Leitung nicht in der Nähe von brennbaren Stoffen, z. B. Heu, Stroh oder Holz, verlegt ist und die Kurzschlussgefahr auf ein Minimum begrenzt wird, z. B. durch Verlegung von Aderleitungen in Leitungskanälen mit getrennten Zügen.

Auf den Überlastschutz verzichtet man in Stromkreisen, in denen mit einer Überlastung nicht zu rechnen ist, z. B. in Steuerstromkreisen, oder wenn durch das Auslösen der Schutzeinrichtung gefährliche Zustände entstehen können, z. B. in Stromkreisen für Hubmagnete **(Übersicht)**.

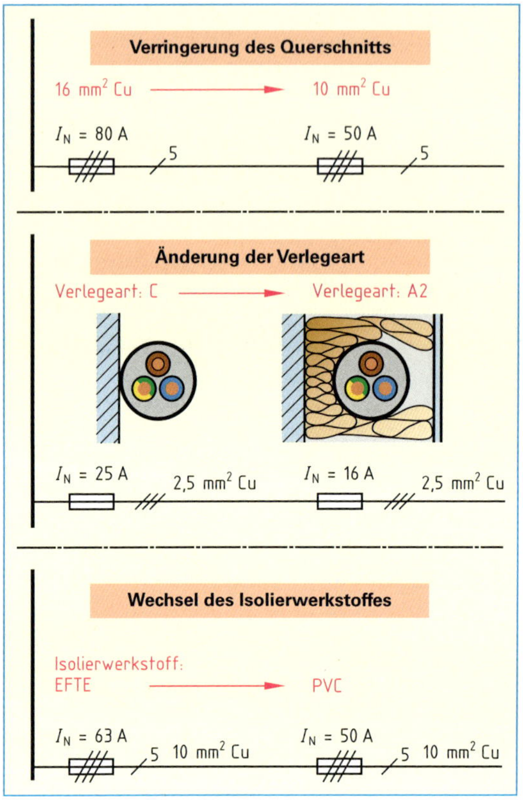


**Bild 1: Verringerung der Strombelastbarkeit**

**Übersicht: Kein Überlastschutz erforderlich in:**

- Steuerstromkreisen,
- Erregerstromkreisen umlaufender Maschinen,
- Stromkreisen für Hubmagnete,
- Sekundärstromkreisen von Stromwandlern,
- Sicherheitsstromkreisen,
- Gefahrenmeldeanlagen und
- öffentlichen Verteilungsnetzen.

## 5.5.4 Kurzschlussschutz von Kabeln und isolierten Leitungen

Ein Kurzschluss kann einen Strom verursachen, der die Dauerstrombelastbarkeit einer Leitung um ein Vielfaches überschreitet. Die Wärme im Leiter entsteht bei Kurzschluss so schnell, dass eine Wärmeabfuhr nach außen nahezu unmöglich ist. Bereits eine kurzfristige Überschreitung der Grenztemperatur einer Leitung kann die Leiterisolation schädigen. Die am Leiter anliegende Isolation verliert dann ihre mechanische Festigkeit, sie wird elastisch, in Extremfällen sogar zähflüssig. Eine gleichzeitige mechanische Beanspruchung, z.B. durch Zug- und Druckkräfte im Bogenbereich von Leitungen, führt dann zu einer Verlagerung der Leiter und damit zu einer Schwächung der Leiterisolation **(Bild 2)**.

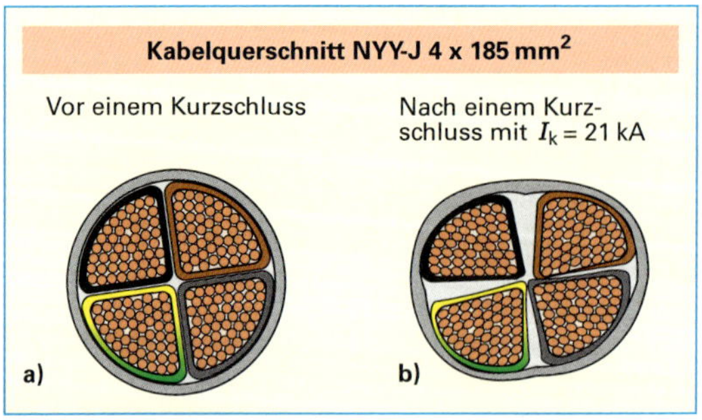


**Bild 2: Kurzschlussauswirkung auf ein Kabel NYY-J**

Schutzeinrichtungen zum Schutz bei Kurzschluss, z. B. Teilbereichssicherungen für den Schaltgeräteschutz aM **(Seite 64)**, müssen den Stromkreis unterbrechen, ehe für die Leiterisolation, für Anschluss- oder Verbindungsstellen oder in deren Umgebung eine schädliche Temperatur auftritt.

**Kurzschluss-Schutzeinrichtungen müssen den Stromkreis selbsttätig unterbrechen, bevor die Grenztemperatur der Leiterisolation erreicht ist.**

Die bei vollkommenem Kurzschluss auftretende Stromstärke kann durch Messung, durch Berechnung oder durch Nachbildung des Verteilungsnetzes bestimmt werden.

Bestimmen des Kurzschlussstromes: **Seite 225**

Das Schaltvermögen von Kurzschluss-Schutzeinrichtungen muss mindestens gleich groß oder größer sein als der an der Kurzschlussstelle auftretende Kurzschlussstrom. Aus der **Auslösekennlinie** der Kurzschluss-Schutzeinrichtung **(Bild)** kann dann die Abschaltzeit der Schutzeinrichtung ermittelt werden. Die Abschaltzeit $t_w$ im Kurzschlussfall muss geringer sein als die in DIN VDE 0100-410 festgelegten Grenzwerte.

Abschaltzeiten: – im TN-System: **Seite 216**,
– im TT-System: **Seite 217**.

Die Abschaltzeit darf aber auch die Zeitspanne nicht überschreiten, in der die Leitung durch den Kurzschlussstrom auf die Grenztemperatur der Leiterisolation erwärmt wird. Die höchstzulässige Abschaltzeit $t_w$ kann man unter Verwendung der in der **Tabelle** angegebenen Materialbeiwerte berechnen. Schutzeinrichtungen für den Schutz bei Kurzschluss dürfen im Verlauf der Leitung um höchstens 3 m versetzt werden, wenn die Gefahr eines Kurzschlusses und die Gefahr von Feuer- oder Personenschäden auf ein Mindestmaß beschränkt wird, z. B. durch eine erdschlusssichere Leitungsverlegung in mehrzügigen Kabelkanälen oder durch eine Verlegung auf feuersicherer Unterlage.

## Wiederholungsfragen

1 **Erklären Sie die sechs Verlegearten A1, A2, B1, B2, C und E nach DIN VDE 0298-4.**
2 **Wie ändert sich die Strombelastbarkeit einer Leitung a) bei steigender und b) bei sinkender Umgebungstemperatur?**
3 **Unter welchen Bedingungen verzichtet man auf den Überlastschutz in Stromkreisen?**
4 **Erklären Sie die Betriebsklassen a) gG und b) aM.**
5 **Welche Vorteile hat bei Schraubsicherungssystemen das D0-System gegenüber dem D-System?**

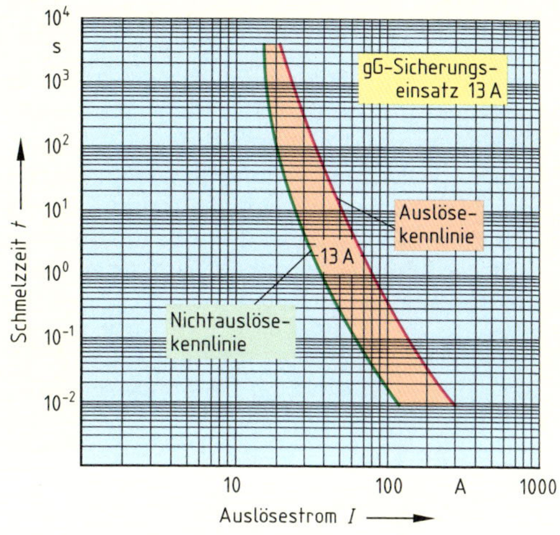


**Bild: Auslösekennlinie einer Leitungsschutzsicherung gG 13 A**

**Tabelle: Materialbeiwerte *k* zur Berechnung der zulässigen Abschaltzeit bei Kurzschluss**

| Leiterwerkstoff | Werkstoff der Leiterisolierung | | | |
|---|---|---|---|---|
| | PVC | Gummi | PE-X* | IIK** |
| Kupfer | 115 | 141 | 143 | 134 |
| Aluminium | 76 | 87 | 94 | 89 |

* PE-X Isolierung aus vernetztem Polyethylen
** IIK Isolierung aus Butyl-Kautschuk

**Berechnung der zulässigen Abschaltzeit $t_w$ bei Kurzschluss** (nach DIN VDE 0100-540)

$$t_w = \left(k \cdot \frac{A}{I_k}\right)^2 \qquad [t_w] = \left(\frac{\sqrt{s} \cdot A}{mm^2} \cdot \frac{mm^2}{A}\right)^2 = s$$

$t_w$ höchstzulässige Abschaltzeit bei Kurzschluss
$k$ Materialbeiwert, z. B. bei PVC-isolierten Leitern $k = 115$
$A$ Leiterquerschnitt
$I_k$ Kurzschlussstrom bei vollkommenem Kurzschluss

**Beispiel:**

Die Zuleitung einer Unterverteilung NYM 5 × 6 mm² Cu ist mit $I_N = 35$ A abgesichert. An den Sammelschienen der Verteilung wird aus der gemessenen Schleifenimpedanz und der Netznennspannung ein Kurzschlussstrom $I_k = 450$ A ermittelt.

Wird die Leitung bei Kurzschluss vor Erreichen der Grenztemperatur abgeschaltet?

**Lösung:**

Materialbeiwert für PVC-isolierte Kupferleiter aus **Tabelle:** $k = 115$

$$t_w = \left(k \cdot \frac{A}{I_k}\right)^2 = \left(115 \frac{\sqrt{s} \cdot A}{mm^2} \cdot \frac{6\ mm^2}{450\ A}\right)^2 = \mathbf{2{,}35\ s}$$

Aus der Auslösekennlinie der Überstrom-Schutzeinrichtung gG 35 A **(hintere Umschlaginnenseite)**: Bei $I_k = 450$ A löst die Sicherung nach etwa 100 ms aus.

Die Leitung wird vor dem Erreichen der zulässigen Grenztemperatur abgeschaltet.

## 5.6 Oberschwingungen

In unseren Stromversorgungsnetzen werden immer häufiger Bauelemente mit nichtlinearen Kennlinien eingesetzt. Dazu gehören z. B. Dioden, Triacs, die in Energiesparlampen oder Netzteilen für Fernsehgeräte und Computer eingebaut sind. Fließt ein sinusförmiger Strom durch diese Bauelemente, so wird dieser Strom verzerrt. Man sagt, es entstehen Oberschwingungen im Netz.

> Oberschwingungen sind Ströme, deren Frequenzen ein Vielfaches der Grundfrequenz von 50 Hz sind **(Bild 1)**.

Die Grundschwingung, auch 1. Harmonische genannt, hat die Grundfrequenz 50 Hz, die 1. Oberschwingung (2. Harmonische) hat die zweifache Grundfrequenz, also 100 Hz, die 2. Oberschwingung (3. Harmonische) hat die dreifache Grundfrequenz, also 150 Hz, usw.

In Stromversorgungsnetzen ist die 2. Oberschwingung besonders gefährlich. Sind in jedem Außenleiter nichtlineare Bauelemente vorhanden, so haben die 2. Oberschwingungen jeweils gleiche Phasenlage zueinander und addieren sich so zu einem unerwünschten Gesamtstrom im N-Leiter **(Bild 1)**. Dadurch kann der Neutralleiter überlastet werden und sich unzulässig erwärmen. Außerdem fließt im TN-C-Netz ein Teil des Neutralleiterstromes auch über den Schutzleiter und somit auch über mögliche angeschlossene Abschirmungen von Datenleitungen. Dadurch kann die Datenübertragung gestört werden **(Bild 2)**.

Nach DIN VDE 0100-520 müssen die Strombelastbarkeitswerte der Leitungen und Kabel bei Auftreten von Oberschwingungen verringert werden. Dies wird durch den Umrechnungsfaktor $f_4$ **(Tabelle)** berücksichtigt.

> Mit zunehmendem Anteil der Oberschwingungsströme verringert sich die zulässige Strombelastbarkeit von Leitungen und Kabeln.

### Beispiel:

In einem Büroraum beträgt der Betriebsstrom $I_b$ aller Wechselstromgeräte 19,5 A. Welcher Leiterquerschnitt A (Verlegeart B2) ist zu verlegen, wenn 58 % der Wirkleistung von Geräten mit Oberschwingungen benötigt werden?

### Lösung:

Nach **Tabelle:** Umrechnungsfaktor $f_4 = 0,75$

$$I_r = \frac{I_z}{f_4} = \frac{20\ A}{0,75} = 26,7\ A \rightarrow$$

geforderter Leiterquerschnitt nach **Tabelle 1, Seite 72:** $\boldsymbol{A = 4\ mm^2}$.

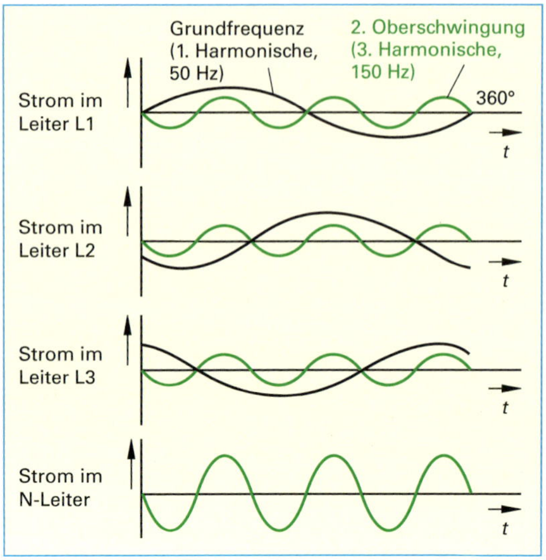


**Bild 1: Erhöhter Strom im N-Leiter durch 150-Hz-Oberschwingung (3. Harmonische)**

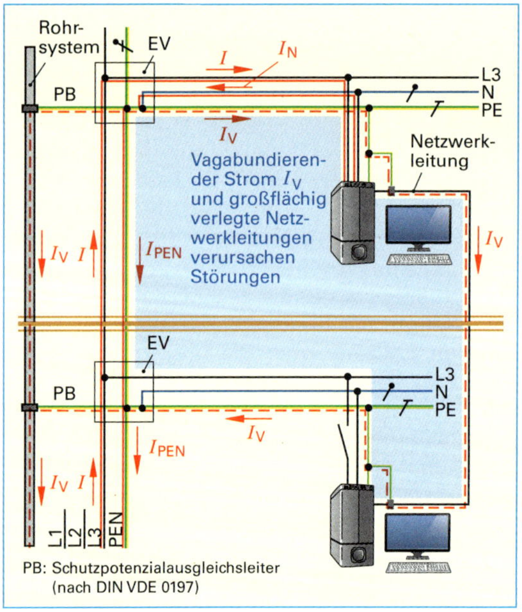


**Bild 2: Störung von Netzwerkleitungen**

**Tabelle: Auswirkungen von Oberschwingungen (Umrechnungsfaktor $f_4$)**

| Wirkleistungsanteil der Geräte mit Oberschwingungen zur Gesamtwirkleistung in Prozent | 0 bis 15 | über 16 bis 25 | über 25 bis 35 | über 35 bis 45 | über 45 bis 55 | über 55 bis 65 | über 65 bis 75 | über 75 |
|---|---|---|---|---|---|---|---|---|
| Umrechnungsfaktor $f_4$ | 1,00 | 0,95 | 0,90 | 0,85 | 0,80 | 0,75 | 0,70 | 0,65 |

# 6 Bauteile und Schaltungen der Energietechnik

## 6.1 Technische Unterlagen

Die Verteilung und Nutzung elektrischer Energie erfordert eine sinnvolle Planung und eine ausführliche Dokumentation in Form von Schaltungsunterlagen.

### 6.1.1 Betriebsmittelkennzeichnung

Betriebsmittel, z. B. Schütze oder Motoren, müssen am Betriebsmittel selbst und in den Schaltungsunterlagen gekennzeichnet sein. Die Kennzeichnung ist eine Hilfe beim Aufbau umfangreicher Schaltungen und bei der Fehlersuche.

Die Art eines Betriebsmittels wird durch Kennbuchstaben angegeben. Die Kennbuchstaben für Betriebsmittel sind in DIN EN 81346-2 durch die Aufgabe festgelegt, die das entsprechende Betriebsmittel erfüllt. Ein Betriebsmittel mit der Aufgabe Wärmeenergie oder Strahlung bereitzustellen, wird z. B. mit dem Kennbuchstaben E bezeichnet. Relais bezeichnet man mit dem Kennbuchstaben K, Leistungsschütze mit Q und Motoren mit dem Kennbuchstaben M **(Tabelle)**.

Dem Kennbuchstaben folgt eine ein- bis dreistellige Zählnummer für eine laufende Nummerierung der Betriebsmittel. In einer Schaltung ist z. B. Q4 das vierte Leistungsschütz in der selben Schaltung.

Die Kennbuchstaben I und O sind wegen Verwechslungsgefahr mit 1 und 0 nicht anwendbar.

**Tabelle: Kennbuchstaben von Betriebsmitteln in Schaltplänen** (nach DIN EN 81346-2; Auszug)

| Kennbuchstabe | Zweck des Betriebsmittels (Objekts) | Beispiele |
|---|---|---|
| **A** | Zwei oder mehr Zwecke, jedoch kein Hauptzweck erkennbar | Sensorbildschirm, Touch-Screen |
| **B** | Umwandlung einer Eingangsvariablen in ein zur Weiterverarbeitung bestimmtes Signal | Messwandler, Sensor, Thermistor-Schutzeinrichtung |
| **C** | Speichern von Energie, Information oder Material | Kondensator, Festplatte, RAM, ROM |
| **E** | Bereitstellen von Strahlung oder Wärmeenergie | Leuchte, Heizung, Laser, Glühlampe |
| **F** | Direkter Schutz eines Energie- oder Signalflusses vor gefährlichen Zuständen, einschließlich Systeme für Schutzzwecke | Sicherung, LS-Schalter, thermisches Überlastrelais |
| **G** | Erzeugen eines Energie-, Material- oder Signalflusses zur Verwendung als Informationsträger | Signalgenerator, Generator, Solarzelle, Batterie |
| **K** | Verarbeitung, Empfang und Bereitstellung von Signalen, jedoch nicht für Schutzzwecke | Relais, Hilfsschütz, Zeitrelais, Binärelement, Transistor |
| **M** | Bereitstellen von mechanischer Energie für Antriebszwecke | Betätigungsspule, Elektromotor |
| **P** | Darstellung von Information | Meldeleuchte, Messgerät, LED, Lautsprecher |
| **Q** | Kontrolliertes Schalten eines Energie-, Signal- oder Materialflusses | Leistungsschalter, Lastschütz, Triac, Thyristor, IGBT, Leistungstransistor |
| **R** | Begrenzung oder Stabilisierung von Energie-, Informations- oder Materialfluss | Diode, Widerstand, Drosselspule, Begrenzer, Diac |
| **S** | Umwandeln einer manuellen Betätigung in ein Signal | Steuerschalter, Wahlschalter |
| **T** | Umwandlung von Energie oder Information unter Beibehaltung der Energieart oder des Informationsgehalts | Verstärker, Messumformer, Gleichrichter, AC-DC Umsetzer, Transformator |
| **U** | Halten von Objekten in definierter Lage | Isolator, Kabeltragvorrichtung |
| **V** | Verarbeitung von Materialien | Rauchgasfilter |
| **W** | Leiten oder Führen von Energie, Materialien oder Signalen | Sammelschiene, Informationsbus |
| **X** | Verbinden von Objekten | Klemme, Steckdose |

Die Kennbuchstaben D, J, L, N, Y und Z sind für spätere Normung reserviert.

### 6.1.2 Schaltungsunterlagen

Den Aufbau und die Funktion elektrischer Anlagen oder Betriebsmittel stellt man durch verschiedene **Schaltpläne** dar. Man unterscheidet einpolige und allpolige Darstellungen.

In **einpoligen Darstellungen,** z. B. in Installationsschaltplänen oder Übersichtsschaltplänen, wird jede Leitung, unabhängig von ihrer Aderzahl, durch eine Volllinie dargestellt. Die Aderzahl der Leitung wird durch Querstriche im Leitungsverlauf angegeben. In **allpoligen Darstellungen,** z. B. in Stromlaufplänen, wird jede Ader einer Leitung durch eine Volllinie dargestellt.

Der **Installationsschaltplan** ist eine einpolige Darstellung der elektrischen Anlage **(Bild)**. Er wird maßstabsgetreu und lagerichtig in den Grundrissplan eingetragen und enthält alle Betriebsmittel und Leitungen. Der Installationsschaltplan dient als Arbeitsunterlage beim Erstellen der Elektroinstallation. Aus ihm kann man z. B. das verwendete Leitungsmaterial, die Aderzahl, den Leiterquerschnitt, die Verlegeart und die Schaltungsart entnehmen.

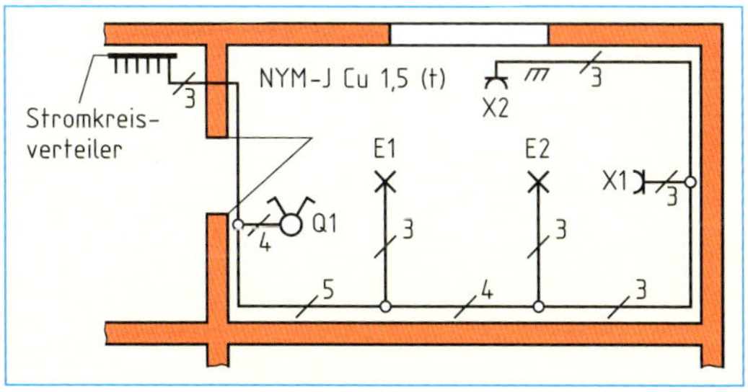

**Bild: Installationsschaltplan**

**Übersichtsschaltpläne** sind eine vereinfachte, einpolige Darstellung einer Schaltung durch Schaltzeichen. Sie zeigen die wesentlichen Teile einer elektrischen Einrichtung. Bei Übersichtsschaltplänen für Installationsschaltungen **(Bild 1a)** wählt man die Anordnung der Betriebsmittel und Leitungen meist so, dass sie der tatsächlich installierten Anlage entsprechen. Bei der Darstellung umfangreicher Stromkreisverteiler **(Seiten 124 und 172)** bleibt die räumliche Lage der Betriebsmittel meist unberücksichtigt.

Einpolige Darstellungen geben keinen Aufschluss über die Funktion einer Schaltung. Sie sind eine Hilfe bei der Auswahl der Betriebsmittel.

**Stromlaufpläne in aufgelöster Darstellung** stellen die Funktion einer elektrischen Einrichtung oder einer Schaltung dar **(Bild 1b)**. Die räumliche Lage der Betriebsmittel bleibt dabei unberücksichtigt. Die Stromwege werden allpolig dargestellt und sollen in den Schaltungen, z.B. in Schützsteuerungen, möglichst senkrecht oder waagerecht und nach Möglichkeit kreuzungsfrei gezeichnet werden.

**Stromlaufpläne in zusammenhängender Darstellung** geben Teile einer Schaltung räumlich zusammenhängend wieder. Die Betriebsmittel sind ausführlich dargestellt, damit ihre Funktion erkennbar ist. Stromlaufpläne in zusammenhängender Darstellung werden meist bei Installationsschaltungen **(Bild 1c)** und für Innenschaltungen von Betriebsmitteln angewandt. Die Leitungsdarstellung ist allpolig.

Stromlaufpläne zeigen die Funktion von elektrischen Betriebsmitteln oder von Schaltungen.

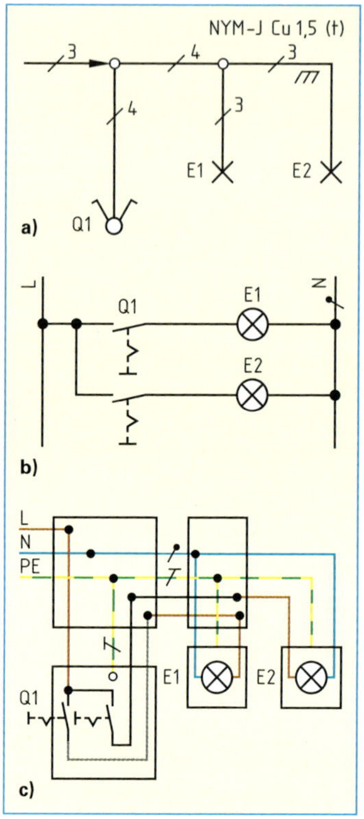


**Bild 1: a) Übersichtsschaltplan,**
**b) Stromlaufplan in aufgelöster Darstellung und**
**c) Stromlaufplan in zusammenhängender Darstellung**

**Verdrahtungspläne** geben die leitenden Verbindungen zwischen elektrischen Betriebsmitteln an. Die Leitungen sind lagerichtig dargestellt **(Bild 2)**.

**Geräteverdrahtungspläne** zeigen die elektrische Schaltung innerhalb eines Gerätes mit allen erforderlichen Verbindungen, z.B. an den Klemmleisten.

**Verbindungspläne** (Klemmenpläne, **Seite 108**) stellen die elektrischen Verbindungen zwischen Betriebsmitteln oder Geräten einer Anlage dar, z.B. die elektrischen Verbindungen zwischen Steuerpult, Schaltschrank und den Antriebsmotoren einer Krananlage.

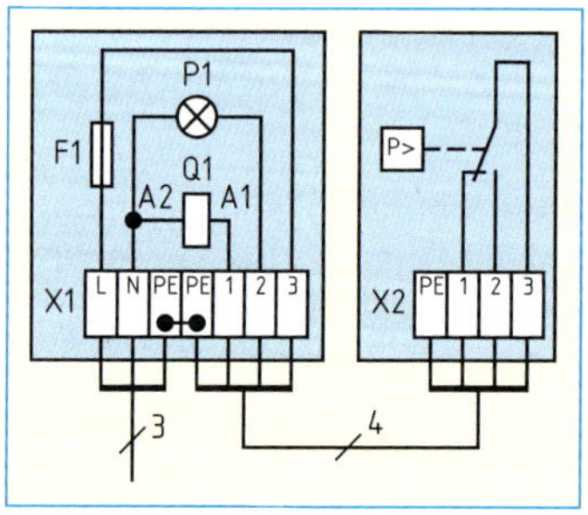


**Bild 2: Verdrahtungsplan**

**Zeitablaufdiagramme** stellen den Funktionsablauf abhängig von der Zeit dar, z.B. bei Funktionsbeschreibungen von ansprech- oder rückfallverzögerten Zeitrelais **(Seite 93)**.

**Funktionsschaltpläne** (Funktionspläne) verwendet man zur Darstellung digitaler Steuerungen **(Bild 3)** und zur Programmdarstellung bei speicherprogrammierbaren Steuerungen.

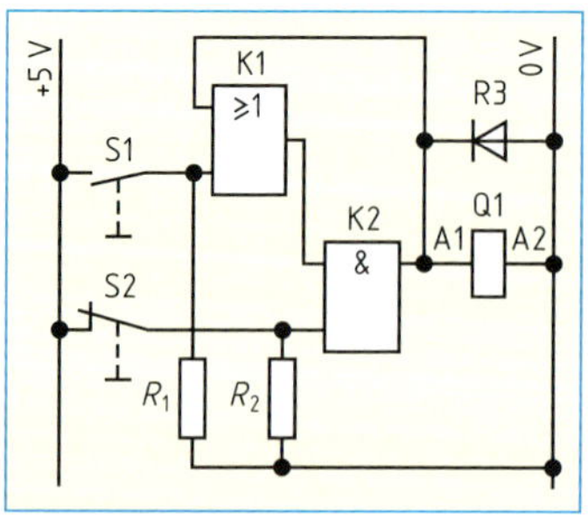


**Bild 3: Funktionsschaltplan**

**Bei der Planung und der Ausführung technischer Dokumentationen ist zu beachten:**

- Schaltungen werden im stromlosen, unbetätigten Zustand dargestellt. Einen Schließer stellt man immer mit geöffneten Kontakten dar. Betätigte Kontakte sind durch einen Doppelpfeil gekennzeichnet **(Tabelle 2, Seite 86)**.
- Die verschiedenen Schaltpläne müssen miteinander kombinierbar sein. Die Betriebsmittel sind deshalb in allen Plänen gleichlautend zu bezeichnen.
- Anschlussklemmen müssen eingetragen und eindeutig bezeichnet sein, damit man den Verlauf von Leitungen verfolgen kann.

## 6.2 Stecksysteme

Zum Anschluss ortsveränderlicher elektrischer Betriebsmittel, z.B. Handbohrmaschinen, setzt man Steckvorrichtungen ein. Sie werden in der Steuerungstechnik auch für den Anschluss austauschbarer Betriebsmittel verwendet. An den Verbindungsstellen der Steckvorrichtungen findet immer ein Übergang von Steckbuchsen auf Steckerstifte statt, z.B. von der Steckdose zum Stecker oder von der Gerätesteckdose zum Gerätestecker **(Bild)**. Die Buchsen der Steckdosen sind durch isolierende Abdeckungen gegen unbeabsichtigtes Berühren geschützt. Die Aussparungen in der Abdeckung lassen deshalb nur das Einführen der Steckerstifte oder eines Werkzeuges für Messzwecke, z.B. einer Prüfspitze, zu.

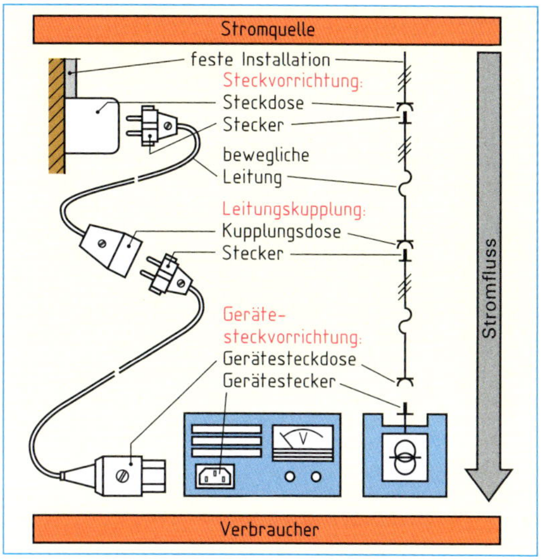


**Bild: Anordnung von Steckvorrichtungen (links Darstellung, rechts Schaltzeichen)**

> Steckvorrichtungen sind im Leitungsverlauf so anzuordnen, dass die Netzspannung immer an den Buchsen anliegt. Die Betriebsmittel werden über die Steckerstifte mit dem Netz verbunden.

**Steckvorrichtungen** sind als Wand-, Geräte- oder als Kragensteckvorrichtungen ausgeführt (DIN 49400). Die Anschlussklemmen der Steckvorrichtungen bezeichnet man als Pole. Eine fünfpolige Steckvorrichtung für Drehstrom hat z.B. Steckbuchsen für die drei Außenleiter L1, L2 und L3 und jeweils eine Steckbuchse für den Neutralleiter (N) und den Schutzleiter (PE).

Stecksysteme ohne Schutzleiter setzt man z.B. zum Anschluss von Geräten mit doppelter oder verstärkter Isolierung ein, oder für Geräte, die mit Kleinspannung (SELV) betrieben werden.

Die wichtigsten Kriterien, z.B. Polzahl oder Stromart, zur richtigen Auswahl geeigneter Steckvorrichtungen enthält die **Übersicht**.

**Übersicht: Auswahlkriterien für Steckvorrichtungen**

- Polzahl einschließlich Schutzkontakt und falls erforderlich Steuerkontakt.
- Stromart, z.B. Gleichstrom, Wechselstrom oder Drehstrom.
- Bemessungsspannung am Steckerstift oder an der Steckdosenbuchse.
- Bauformen, z.B. auf Putz oder unter Putz.
- Die erforderliche Schutzart, z.B. spritzwassergeschützt (IP 54).
- Äußere Einflüsse, z.B. Umgebungstemperatur der Steckverbindung.
- Forderungen der Vorschriften für den Einsatzbereich, z.B. DIN VDE 0100-704 bei der Verwendung auf Baustellen.

### 6.2.1 Zweipolige Steckvorrichtungen mit und ohne Schutzkontakt

**Schutzkontaktsteckdosen** sind die meistverwendeten zweipoligen Steckvorrichtungen mit Schutzkontakt. Bei ihnen erfolgt die Kontaktierung des Schutzleiters durch einen bügelförmigen Schleifkontakt an der Steckdose. Beim Einstecken des Steckers wird dieser dann voreilend, d.h. vor den beiden stromführenden Buchsen des Außenleiters und des Neutralleiters, verbunden.

Schutzkontaktsteckdosen sind für 250 V Gleich- oder Wechselspannung ausgelegt. Der Bemessungsstrom beträgt 10 A bei Gleichstrom und 16 A bei Wechselstrom. Je nach Montageort, z.B. in trockenen oder feuchten Räumen, werden verschiedene Bauformen benötigt **(Tabelle)**.

**Tabelle: Bauformen von Schutzkontaktsteckdosen**

| | |
|---|---|
| Unterputz  | • Für trockene Räume,<br>• mit anderen Steckdosen oder Schaltern unter gemeinsamer Abdeckung kombinierbar. |
| Aufputz  | • Für trockene Räume,<br>• Montage auf leicht entzündlichem Untergrund, z.B. auf Holz, nur mit Bodenplatte zulässig. |
| Feuchtraum 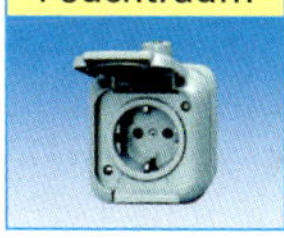 | • Für feuchte Räume,<br>• Schutz gegen Eindringen von Wasser durch Dichtungen zwischen Ober- und Unterteil und an den Leitungseinführungen. |

**Steckdosenanschluss.** Zum Anschluss von Schutzkontaktsteckdosen verwendet man dreiadrige Leitungen mit Schutzleiter, z.B. NYM-J 3 x 1,5 mm². Der grüngelbe Schutzleiter (PE) der Zuleitung wird an den mittleren Anschluss des Schutzkontaktes, Außenleiter (L) und Neutralleiter (N) an den äußeren Buchsenanschlüssen der Steckdose angeschlossen **(Bild 1)**. Die Adern dürfen die Federwirkung des Schutzkontaktes nicht behindern.

Innerhalb einer Anlage soll der Anschluss der Steckdosen einheitlich sein, z.B. der Außenleiter immer an der linken Buchse bei waagerechter oder an der oberen Buchse bei senkrechter Kontaktanordnung.

Die einzelnen Adern sind im Anschlussraum mit einer geringen Leitungsreserve auszustatten und so zu verlegen, dass die Adern nicht eingequetscht werden und nicht in den Bereich von leitfähigen Teilen kommen.

Steckvorrichtungen ohne Schutzkontakt dürfen nicht gleichzeitig mit Schutzkontakt-Steckvorrichtungen verwendet werden, weil dabei der Schutzleiter unterbrochen wird.

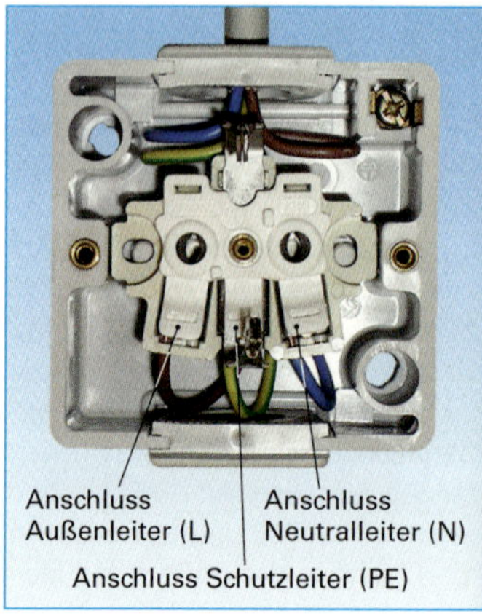


**Bild 1: Anschluss einer Schutzkontaktsteckdose**

**Schutzkontaktstecker (Tabelle 1)** werden zum Anschluss eines Gerätes an eine Schutzkontaktsteckdose benötigt. Die Bemessungswerte, z.B. Spannung und Strom, entsprechen denen der Steckdose.

**Tabelle 1: Bauformen von Schutzkontaktsteckern**

| Schukostecker mit Zentraleinführung | Schuko-Winkelstecker | Gummigekapselter Schukostecker |
|---|---|---|
| 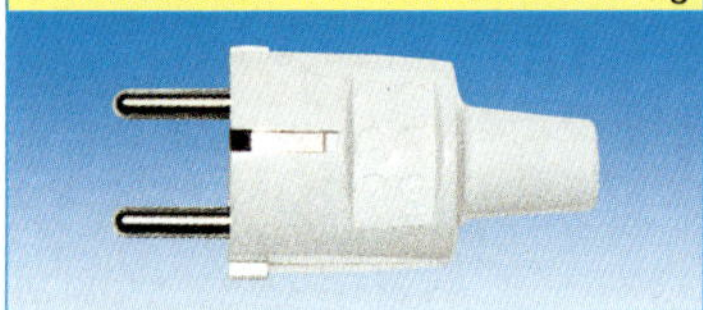 | 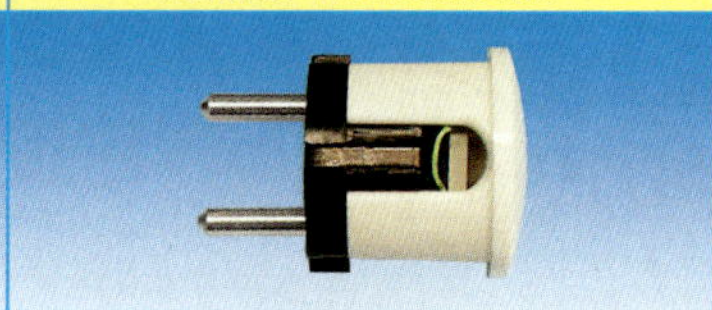 |  |
| • Für trockene Räume,<br>• z.B. für ortsveränderliche Betriebsmittel im Haushalt oder in der Industrie. | • Für trockene Räume,<br>• für platzsparende Steckanschlüsse, z.B. hinter Möbeln. | • Für feuchte Räume,<br>• Einsatz bei erhöhter mechanischer Beanspruchung, z.B. auf Baustellen oder in Werkstätten. |

Als Anschlussleitung für ortsveränderliche Verbraucher verwendet man Gummi- oder Kunststoffschlauchleitungen. Der Leiterquerschnitt muss für die Stromaufnahme der angeschlossenen Verbraucher bemessen sein. Es darf die höchstzulässige Strombelastbarkeit der verwendeten flexiblen Leitung nicht überschritten werden **(Tabelle 2)**.

Schutzkontaktstecker sind für den Anschluss von flexiblen Leitungen vorgesehen, sie dürfen nur eine flexible Leitung aufnehmen. Die Schutzleiterader muss gegenüber den an den Steckerstiften angeschlossenen Adern mit einer Reservelänge versehen sein. Beim Versagen der Zugentlastung wird dann die PE-Ader als letzter Anschluss unterbrochen. Das Aufspleißen der feindrähtigen Anschlussleitung muss durch Anbringen von z.B. Aderendhülsen oder Leitungsösen verhindert werden **(Seite 53)**.

**Tabelle 2: Strombelastbarkeit flexibler Leitungen** (nach DIN VDE 0298-300)

| Querschnitt in mm² | Leitungstyp, z.B. H03VH-F H05RR-F, H05RT-H H03VV-F, H05VV-F |
|---|---|
| 0,5 | 3 A |
| 0,75 | 6 A |
| 1 | 10 A |
| 1,5 | 16 A |

Feindrähtige Leiter zum Anschluss an Steckvorrichtungen mit Schraubklemmen dürfen nicht verzinnt werden.

**Stecker für den Anschluss von Geräten mit doppelter oder verstärkter Isolierung** (Schutzklasse II) haben denselben Stiftdurchmesser und Stiftabstand wie Schutzkontaktstecker. Sie sind zweipolig, besitzen jedoch keinen Schutzkontakt. Bei einem Bemessungsstrom bis 2,5 A sind die Stecker meist als Flachstecker ausgeführt **(Bild 2a)**, bei Bemessungsströmen von 10 A oder 16 A als Rund- oder Konturenstecker **(Bild 2b)**. Der Stecker bildet mit der Anschlussleitung meist eine Einheit und muss bei einem Defekt mit der Leitung ersetzt werden.

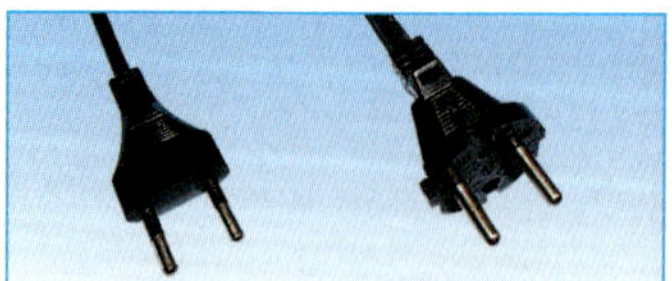

**a)** Flachstecker **b)** Konturenstecker

**Bild 2: Stecker für den Anschluss von Geräten der Schutzklasse II**

**Zweipolige Gerätesteckvorrichtungen** werden mit und ohne Schutzkontakt hergestellt **(Tabelle)**. Der Gerätestecker ist im anzuschließenden Gerät eingebaut. Die Verbindung mit dem Netz erfolgt durch die an der Anschlussleitung angebrachte Gerätesteckdose. Gerätesteckvorrichtungen werden für verschiedene Bemessungsströme und für unterschiedliche zulässige Temperaturen an den Steckerstiften hergestellt. Sie sind durch Führungsnasen, durch Stellung und Abstand der Stifte oder der Buchsen zueinander unverwechselbar.

**Tabelle: Gerätesteckvorrichtungen** (nach DIN EN 60320-1 (VDE 0625-1))

| Form | 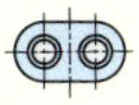 | 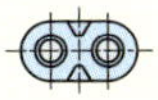 | 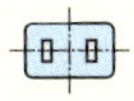 | 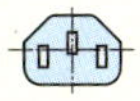 | 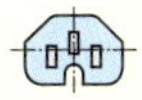 | 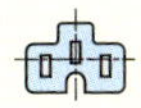 | 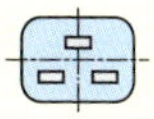 |  |
|---|---|---|---|---|---|---|---|---|
| Bemessungsstrom $I_N$ in A | 0,2 A | 2,5 A | 6 A | 10 A | 10 A | 10 A | 16 A | 16 A |
| max. Stifttemperatur | 70 °C | 70 °C | 70 °C | 70 °C | 120 °C | 155 °C | 70 °C | 155 °C |
| verwendbar für | Geräte der Schutzklasse II mit einer Bemessungsspannung bis 250 V, z.B. Rasierapparat, Rundfunkgerät, DVD-Player. | | | Geräte der Schutzklasse I mit einer Bemessungsspannung bis 250 V, z.B. Oszilloskop, Netzgerät, Computer, Warmhalteplatte, Grilleinrichtung, Heizkörper. | | | | |

## 6.2.2 Herstellen einer Schutzkontakt-Verlängerungsleitung

**Arbeitsabläufe bei der Herstellung:**

- Steckvorrichtung und Leitung nach Bedarf auswählen, z.B. nach mechanischer und thermischer Beanspruchung.
- Leitung auf erforderliche Länge absetzen. Für die Leitungsführung im Stecker und in der Kupplung etwa 20 mm Länge zugeben. Die Aderisolation hierbei nicht beschädigen.
- Leitungsverlauf im Anschlussraum der Steckvorrichtung bestimmen. Beim Versagen der Zugentlastung muss gewährleistet sein, dass der Schutzleiter als letzte Ader unterbrochen wird, z.B. durch eine größere Länge der grüngelben Ader.
- Adern vorsichtig auf Klemmenlänge abisolieren. Den feindrähtigen Leiter nicht beschädigen, um den Querschnitt nicht zu verringern.
- Abisolierte Aderenden verdrillen und Aderendhülsen aufpressen.
- Adern anklemmen und dabei auf festen Sitz der Anschlussschrauben achten.
- Zugentlastungsschelle aufsetzen und festschrauben. Der Leitungsmantel soll etwa 1 bis 2 mm nach innen über die Zugentlastungsschelle überstehen **(Bild)**.
- Adern in das Gehäuse einlegen und Stecker und Kupplung schließen.

> Leitung auf polrichtigen Anschluss, Durchgangswiderstand des Schutzleiters und Isolationswiderstand zwischen den Adern prüfen: **Seite 300**.

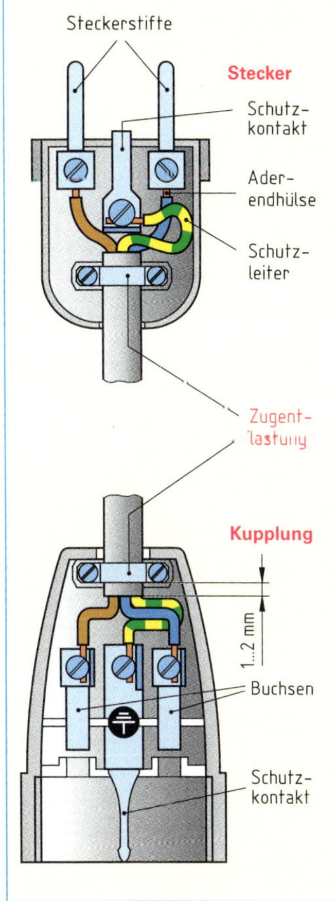


**Bild: Schutzkontakt-Verlängerungsleitung**

## 6.2.3 Perilex-Steckvorrichtungen

**Perilex-Steckvorrichtungen**[1] dienen zum Anschluss von Drehstromverbrauchern mit Bemessungsspannungen bis 400 V. Sie werden hauptsächlich in Hotels, Nähsälen, Laboratorien und Großküchen, z.B. zum Anschluss von Elektrowärmegeräten, eingesetzt. Sie sind fünfpolig (L1, L2, L3 + N + PE).

Durch eine Nut am Steckdosengehäuse und durch eine Führungsnase am Steckergehäuse wird die Unverwechselbarkeit der Pole der Steckvorrichtung sichergestellt **(Bild 1, Seite 84)**.

[1] Perilex = Warenzeichen für Drehstrom-Steckvorrichtung

Der Schutzkontakt hat bei Perilex-Steckvorrichtungen eine rechteckige Form.

Liegen Steckerstift bzw. die Buchse für den PE-Anschluss waagerecht zur Führungsnut, so ist die Steckvorrichtung für einen Bemessungsstrom $I_N = 16$ A geeignet **(Bild 1)**. Bei senkrechter Lage von Schutzkontaktstift oder Buchse hat die Steckvorrichtung einen Bemessungsstrom $I_N = 25$ A.

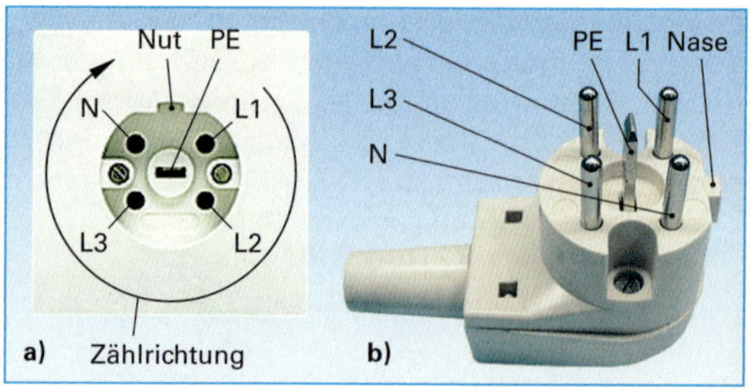


**Bild 1: Anschlussfolge bei Perilex-Steckdose und Perilexstecker**

## 6.2.4 Kragensteckvorrichtungen

Kragensteckvorrichtungen werden für Bemessungsspannungen von 20 V bis 750 V und Bemessungsströme von 16 A, 32 A, 63 A und 125 A hergestellt. Sie werden meist als **CEE[1]-Steckvorrichtungen** bezeichnet. In einem runden Gehäuse sind die runden Steckerstifte bzw. Buchsen kreisförmig angeordnet **(Bild 2)**.

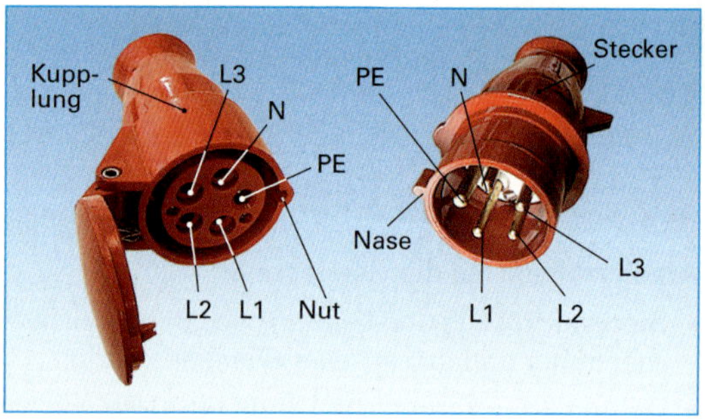


**Bild 2: CEE-Steckvorrichtung**

Um Verwechslungen der Steckvorrichtungen zu vermeiden, werden diese mit unterschiedlichen Merkmalen ausgeführt **(Übersicht)**.

> Steckvorrichtungen mit einer Bemessungsspannung über 50 V müssen mit einem Schutzkontakt ausgerüstet sein.

**Pilotkontakt.** Eine zusätzliche Steckverbindung, die beim Stecken nacheilend schließt und beim Abziehen voreilend öffnet. Der Pilotkontakt ist als elektrische Verriegelung bei Steckvorrichtungen mit Bemessungsströmen von 63 A und 125 A vorgeschrieben. Er ist in der Mitte der Steckvorrichtung angeordnet und hat die Aufgabe, beim Trennen der Steckverbindung die Versorgungsspannung über ein Schaltglied, z. B. ein Schütz, vorzeitig abzuschalten.

> Die Lage des Schutzkontaktes sowie die Position von Nut oder Nase werden nach dem Zifferblatt der Uhr festgelegt.

### Übersicht: Unterscheidungsmerkmale von CEE-Steckvorrichtungen

- Steckvorrichtungen für Spannungen über 50 V haben am Stecker eine Nase und an der Kupplung eine Nut **(Bild 2)**.
- Steckvorrichtungen für Spannungen über 25 V bis 50 V haben zusätzlich eine Hilfsnase.
- Lage des Schutzkontaktstiftes bzw. der Buchse.
- Schutzkontaktstift bzw. Buchse haben einen größeren Durchmesser als alle anderen Stifte bzw. Buchsen.
- Unterschiedliche Farbgebung der Gehäuse.
- Unterschiedliche Gehäusegrößen für unterschiedliche Spannungen und Ströme.

Nut und Nase der Steckvorrichtung liegen unverändert fest. Sie zeigen immer nach unten, also in Stellung 6 h (6 Uhr).

Je nach Bemessungswert von Spannung und Frequenz ändert sich die Lage des Schutzkontaktstiftes bzw. der Schutzkontaktbuchse. Die Stellungen für die Position des Schutzkontaktes sind um je 30° versetzt angeordnet.

Die Schutzkontaktbuchsen bei CEE-Steckdosen oder in CEE-Kupplungen sind in Einsteckrichtung räumlich vor den Buchsen für die Außenleiter und des Neutralleiters angeordnet. Eine Verbindung des Schutzkontaktes von Steckdose und Stecker wird deshalb immer vor der Verbindung der Außenleiter und des Neutralleiters hergestellt (voreilend). Beim Ziehen des Steckers wird der Schutzkontakt entsprechend als letzte Verbindung unterbrochen (nacheilend).

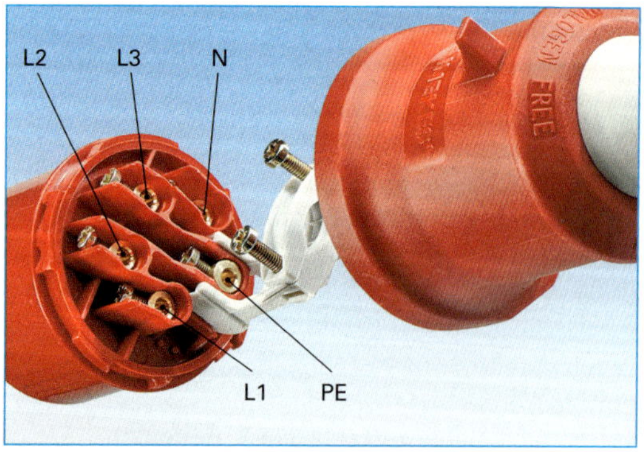


**Bild 3: Anschlussfolge bei einem CEE-Stecker**

[1] **CEE** = Internationale **C**ommission für Regeln zur Begutachtung **E**lektrotechnischer **E**rzeugnisse

Kragensteckvorrichtungen werden so hergestellt, dass eine Verpolung beim Stecken nicht möglich ist. Beim Anschließen einer Steckvorrichtung ist daher auf den richtigen Anschluss zu achten **(Bild 3, Seite 84)**. Es muss sich bei polrichtigem Anschluss immer ein Rechtsdrehfeld, d.h. Drehung des Drehfeldes im Uhrzeigersinn, ergeben.

Die Zuordnung der Spannungs- und Frequenzbereiche zu den Kennfarben für CEE-Steckvorrichtungen zeigt **Tabelle 1.**

Die Lage der Schutzkontaktbuchse ist abhängig von der Bemessungsspannung, der Frequenz und der Polzahl **(Tabelle 2).**

Bei einer vierpoligen Steckvorrichtung, z.B. mit einer Bemessungsspannung 400 V, befindet sich der Schutzkontakt in Stellung 6 h. Der Durchmesser der Steckvorrichtungen ist von ihrem Bemessungsstrom abhängig.

Als Drehstrom-Steckvorrichtungen dürfen nach VDE-AR-E-2100-550 nur Kragensteckvorrichtungen verwendet werden. Ausnahmen gelten bei Hausinstallationen, in Geschäftshäusern, in Hotels, Küchen, Schneidereien oder Laboratorien. Hier sind auch Perilex-Steckvorrichtungen zulässig.

Auf Baustellen, in landwirtschaftlichen und gartenbaulichen Betriebsstätten, bei der festen Installation auf Campingplätzen und als Anschlussstecker für Wohnwagen sind ausschließlich Kragensteckvorrichtungen einzusetzen.

**Kragensteckvorrichtungen für Kleinspannung** haben an der Steckdose eine Nut und am Stecker eine Nase. Eine zusätzliche Hilfsnase an der Steckdose und eine entsprechende Hilfsnut am Stecker dienen der Unterscheidung bei ungleicher Bemessungsspannung und Frequenz **(Bild).**

Bei Steckvorrichtungen mit einer Bemessungsspannung von 20 V bis 25 V fehlt die Hilfsnut bzw. Hilfsnase. Damit ist ein versehentliches Einstecken in Steckdosen mit höherer Betriebsspannung, z.B. von 40 V bis 50 V, ausgeschlossen.

Die Anordnung der Hilfsnase zur Nase (6 h) bei Kleinspannungs-Steckvorrichtungen ist in **Tabelle 3** angegeben.

## Wiederholungsfragen

1. **Erklären Sie die Bedeutung der Betriebsmittelkennzeichnung Q1 und Q2.**
2. **Beschreiben Sie die richtige Anschlussfolge einer Drehstrom-Steckvorrichtung.**
3. **Wie ist bei einem Perilex-Stecker für 16 A der PE-Stift zur Nase angeordnet?**
4. **Welche Kennfarbe hat eine CEE-Steckvorrichtung für a) 200 V bis 250 V, 50 Hz, b) 20 bis 25 V, 200 Hz?**
5. **Nennen Sie zwei Beispiele für den Einsatz von CEE-Steckvorrichtungen.**

**Tabelle 1: Kennfarben von CEE-Steckvorrichtungen**

| Spannung | Frequenz | Kennfarbe |
|---|---|---|
| 20 ... 25 V | 50/60 Hz | violett |
| 40 ... 50 V | | weiß |
| 100 ... 130 V | | gelb |
| 200 ... 250 V | | blau |
| 380 ... 480 V | | rot |
| 500 ... 690 V | | schwarz |
| 20 ... 500 V | >60 ... 500 Hz | grün |

**Tabelle 2: Lage der Schutzkontaktbuchsen bei CEE-Steckdosen** (nach DIN EN 60309)

| Polzahl | | Anordnung des Schutzkontaktes zur Lage der Unverwechselbarkeitsnut | | |
|---|---|---|---|---|
| | Spannung / Frequenz | 110 bis 130 V 50 und 60 Hz | 200 bis 250 V 50 und 60 Hz | 380 bis 415 V 50 und 60 Hz |
| 3 | Lage der Schutzkontaktbuchse |  4 h |  6 h | 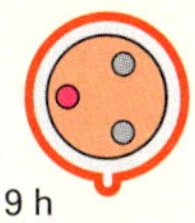 9 h |
| 4 | Lage der Schutzkontaktbuchse | 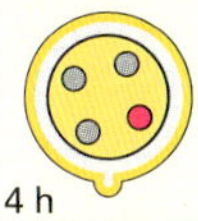 4 h |  9 h |  6 h |
| 5 | Lage der Schutzkontaktbuchse |  4 h |  9 h |  6 h |

CEE-Steckvorrichtung 40 bis 50 V; 50 und 60 Hz für PELV-Stromkreise

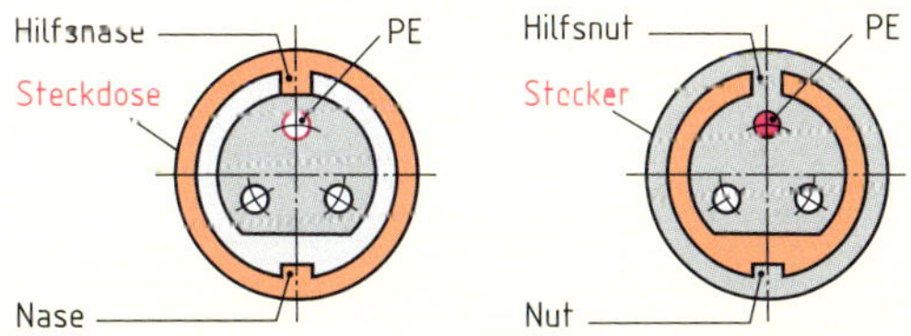


**Bild: Anordnung der Hilfsnase bei CEE-Kleinspannungs-Steckvorrichtungen**

**Tabelle 3: Anordnung der Hilfsnase zur Nase (6 h) bei CEE-Steckdosen für Kleinspannung**

| Bemessungsspannung in V | Frequenz in Hz | Stellung der Hilfsnase 2-polig | Stellung der Hilfsnase 3-polig |
|---|---|---|---|
| 20 bis 25 V | 50 und 60 Hz | keine | keine |
| 40 bis 50 V | 50 und 60 Hz | 12 h | 12 h |
| bis 50 V | 100 und 200 Hz | 4 h | 4 h |
| | 300 Hz | 2 h | 2 h |
| | 400 Hz | 3 h | 3 h |
| | über 400 Hz bis 500 Hz | 11 h | 11 h |
| | Gleichstrom | 10 h | – |

## 6.3 Befehls- und Meldegeräte

Zum Schalten von Verbrauchern, z. B. Motoren oder Leuchten, oder für Steuerungsaufgaben werden in der Elektrotechnik unterschiedliche Befehlsgeber verwendet.

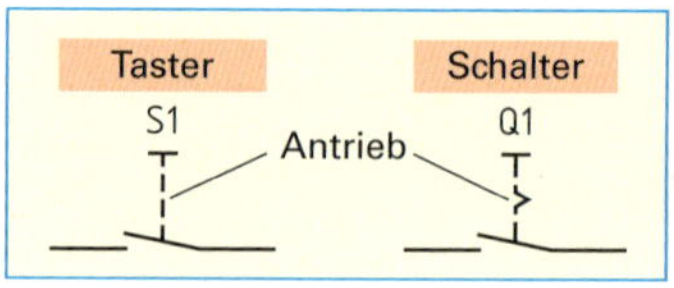


**Bild: Schaltzeichen**

### 6.3.1 Schalter und Taster

Um Betriebsmittel, z. B. Leuchten, wahlweise ein- oder auszuschalten, verwendet man Schalter oder Taster **(Bild)**.

**Schalter** rasten mechanisch in der Schaltstellung ein, z. B. ein Ausschalter. Die Beleuchtung wird eingeschaltet und bleibt so lange in Betrieb, bis sie wieder ausgeschaltet wird.

**Taster** kehren nach der Betätigung in ihre Ausgangsstellung zurück. Eine Klingel läutet nur so lange der Taster betätigt ist.

Zur richtigen Auswahl von geeigneten Schaltern und Tastern sind folgende Unterscheidungsmerkmale zu beachten:

- Die Antriebsart bei Betätigung **(Tabelle 1)**,
- das Schaltverhalten der Kontakte **(Tabelle 2)**,
- die Ausführungsarten der Kontakte **(Tabelle 3)**.

**Tabelle 1: Antriebsarten für Schalter und Taster** (Beispiele)

| Antrieb durch: | Symbol |
|---|---|
| Handantrieb; allgemein | 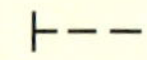 |
| Drücken | 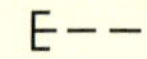 |
| Ziehen | 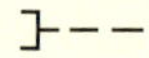 |
| Drehen | 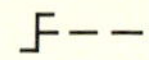 |
| Kippen | 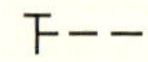 |
| Schlüsselschalter | 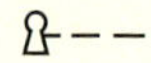 |

**Tabelle 2: Schaltverhalten von Kontakten bei Schaltern und Tastern**

| Kontaktart | Funktion | Schaltkontakt nicht betätigt | Schaltkontakt betätigt | Anwendung |
|---|---|---|---|---|
| Schließer | Der Kontakt schließt bei Betätigung. | 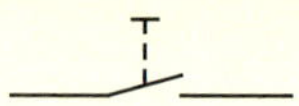 | 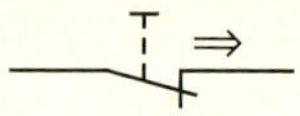 | Einschalten von Verbrauchern, z.B. Leuchten oder Motoren. |
| Öffner | Der Kontakt öffnet bei Betätigung. | 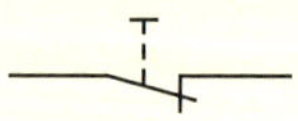 | 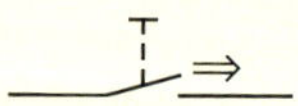 | Stromkreise unterbrechen, z.B. bei einer Alarmanlage. |
| Wechsler | Der Kontakt wechselt bei Betätigung. | 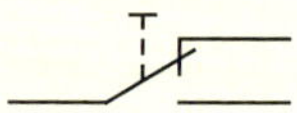 | 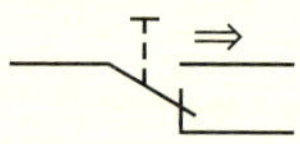 | Wechselschaltung, z.B. Umschalten beim Wechselschalter. |

**Tabelle 3: Ausführungen von Kontakten nach Schaltaufgaben (Beispiele)**

| Kontaktart | Wirkungsweise | Bild | Verwendung |
|---|---|---|---|
| Sprungkontakt | Über eine vorgespannte Feder wird der Kontakt schnell betätigt. | 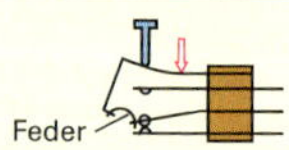  | Für schnelle Schaltzeiten, z.B. im Mikroschalter oder Endschalter. |
| Kontakt mit Kontaktbrücke | Eine mechanisch betätigte Kontaktbrücke schließt die Verbindung zwischen zwei Anschlüssen. | 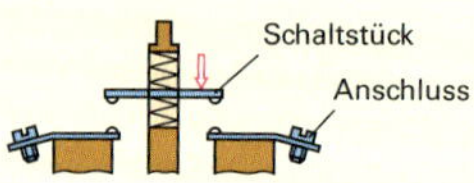  | Wegen des hohen Kontaktdruckes für große Leistungen, z.B. im Schütz, eingesetzt. |
| Schleifkontakt | Ein Kontaktmaterial schleift auf einem sich bewegenden Teil. |   | Zur Energieübertragung auf bewegliche Kontakte, z.B. Stromschiene oder Kollektor. |
| Quecksilberkontakt | Flüssiges Quecksilber überbrückt durch Bewegung der Schaltröhre zwei Anschlüsse. | 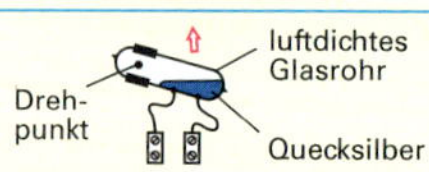  | Zur Meldung einer Bewegung, z.B. Lageschalter in einer Alarmanlage. |
| Reedkontakt | Der Kontakt wird durch ein magnetisches Feld betätigt. |   | Im Schalter oder Relais mit magnetischer Betätigung, z.B. im Reedrelais. |

**Kontaktwerkstoffe.** Kontakte werden z.B. durch Lichtbogenbildung, Abbrand, Materialwanderung oder durch chemische Einflüsse beansprucht. Deshalb müssen die verwendeten Kontaktwerkstoffe möglichst verschleißfrei sein und einen geringen spezifischen Widerstand haben. Als Kontaktmaterial werden meist Edelmetalle und deren Legierungen verwendet **(Tabelle)**.

Ein besonderes Kontaktmaterial ist Quecksilber. Es ist bereits bei Raumtemperatur flüssig und hat einen geringen spezifischen Widerstand. Bei Schaltgeräten mit Quecksilberschaltröhren muss man jedoch die vorgeschriebene Einbaulage einhalten. Beim Zerstören der Quecksilberschaltröhre werden giftige Dämpfe frei.

Für Schalter und Taster gibt der Hersteller den Bemessungsstrom an. Es sagt aus, welche Stromstärke, z.B. AC 10 A, bzw. welche angeschlossene Leistung, z.B. 2 kW, der Kontakt maximal schalten kann.

Bei Gleichspannung muss der Spannungswert immer in voller Höhe geschaltet werden, während bei Wechselspannung im Nulldurchgang der Spannung eine automatische Funkenlöschung am Kontaktübergang erfolgt.

Schaltkontakte können bei Wechselstrom einen höheren Bemessungsstrom haben als bei Gleichstrom.

**Schalten von Induktivitäten.** Beim Abschalten von Induktivitäten, z.B. von Spulen, entsteht eine hohe Induktionsspannung, die zur Lichtbogenbildung und zum Abbrand der Schaltkontakte führen kann. In Gleichstromkreisen verhindert man das Auftreten der Induktionsspannung z.B. durch die Parallelschaltung einer **Freilaufdiode (Bild 1)** oder eines **Varistors (Bild 1)**. In Wechselstromkreisen legt man einen Varistor oder eine **RC-Reihenschaltung** parallel zur Induktivität **(Bild 1)**.

Freilaufdioden liegen parallel zur Induktivität. Sie sind in Sperrrichtung zur Betriebsgleichspannung geschaltet.

## 6.3.2 Installationsschalter

Die in der Gebäude- und Hausinstallation verwendeten Schalter und Taster müssen je nach Einbauort gegen äußere Witterungseinflüsse geschützt sein. Man unterscheidet z.B. Ausführungen für trockene oder feuchte Räume, sowie für Aufputz- und Unterputzmontage **(Bild 2)**. Sie müssen für den Bemessungsstrom der vorgeschalteten Überstrom-Schutzeinrichtung ausgelegt sein.

Anwendungsgebiet und Schaltungsart bestimmen bei Installationsschaltern die Kontaktart **(Seite 96)** und die Schutzart **(Seite 211)**.

Ein Serienschalter besteht z.B. aus zwei voneinander unabhängigen Schließern, von denen jeder durch eine eigene Schaltwippe betätigt werden kann **(Bild 2)**.

Beim Schalten von z.B. Glühlampengruppen, Motoren oder Transformatoren entstehen hohe Einschaltströme. Bei der Auswahl der Schaltgeräte muss daher der Bemessungsstrom der Kontakte beachtet werden.

**Tabelle: Kontaktwerkstoffe** (Beispiele)

| Werkstoff | Eigenschaften, Anwendung |
|---|---|
| Feinsilber | Bildet leitende Oxidschicht, weich, für kleine Spannungen und Ströme |
| Feingold | Chemisch beständig, geringe Übergangswiderstände, für sehr kleine Spannungen und Ströme |
| Kupfer | Lichtbogen verursacht schlecht leitende Oxidschicht |
| Cadmium | Cadmium hat eine hohe Abbrandfestigkeit, für große Schaltleistungen |
| Wolfram | Hoher Schmelzpunkt, sehr gute Abbrandfestigkeit, verschleißfest, hart, für hohe Spannungen und Ströme |

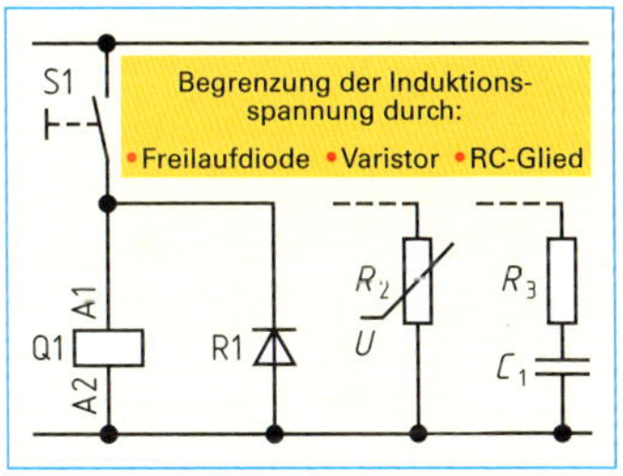


**Bild 1: Begrenzung der Induktionsspannung**

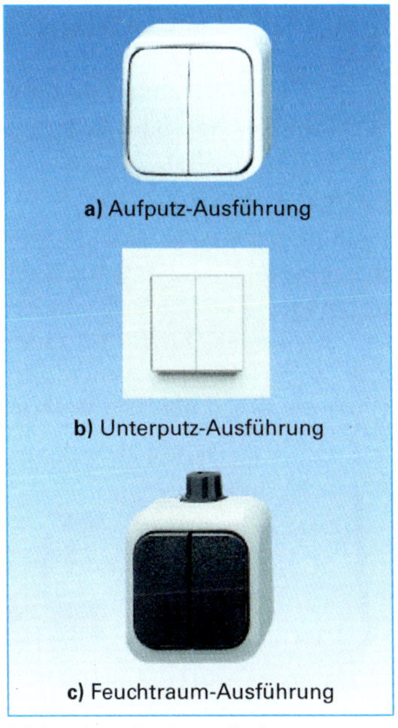

a) Aufputz-Ausführung

b) Unterputz-Ausführung

c) Feuchtraum-Ausführung

**Bild 2: Installationsschalter**

## 6.3.3 Drucktaster und Leuchtmelder

In Schütz- und Relaissteuerungen werden **Drucktaster** zum Ein- und Ausschalten eingesetzt, **Leuchtmelder** verwendet man zur Anzeige von Betriebszuständen **(Bild 1).** Leuchtdrucktaster sind eine Kombination aus beiden Betriebsmitteln.

In der Steuerungstechnik werden in Steuerstromkreisen Taster oder **Steuerschalter** verwendet.

Steuertaster mit einem Kontaktpaar, z. B. mit einem Öffner und einem Schließer, lassen sich universell einsetzen.

Steuertaster sind meist modular aufgebaut, d.h. einzelne Schaltelemente, z. B. Schließer oder Öffner, werden auf einem gemeinsamen Halter angebracht.

Aus Sicherheitsgründen ist die Farbkennzeichnung von Befehls- und Meldegeräten festgelegt DIN EN 60204-1 (VDE 0113-1).

Die Farben für Drucktaster signalisieren, bei welchem Zustand oder Forderung eine Betätigung erforderlich ist **(Tabelle 1).** Zusätzlich zur farblichen Unterscheidung werden Drucktaster auch mit Symbolen bedruckt, welche die Bedeutung des Tasters noch hervorheben **(Tabelle 2).** Bei Leuchtmeldern signalisiert die Kennfarbe eine erforderliche Handlung des Bedieners **(Tabelle 3).**

Zur besseren Unterscheidung oder als Zusatzinformation dürfen die Anzeigeelemente auch blinken.

## 6.3.4 Positionsschalter

Positionsschalter **(Bild 2)** werden auch als **Grenztaster** bezeichnet. Sie werden mechanisch betätigt, z. B. wenn in einer Maschinensteuerung eine bestimmte Position, z. B. eine Endstellung, erreicht ist.

Positionsschalter setzen mechanische Steuerbefehle in elektrische Signale um. Es wird z. B. ein Öffner geöffnet, wenn eine Betätigung des Positionsschalters stattfindet. Durch den geöffneten Kontakt wird z. B. der Stromfluss zu einem Schaltschütz unterbrochen und damit die Anlage abgeschaltet.

**Bild 1: Steuerschalter, Drucktaster und Leuchtmelder**

**Tabelle 1: Farbkennzeichnung für Drucktaster**

| Kennfarbe | Betätigung bei: | Beispiele |
|---|---|---|
| rot | gefahrbringendem Zustand | Not-Aus-Einrichtung |
| gelb | anormalem Zustand | Neustart eines unterbrochenen Ablaufes |
| grün | Einleitung üblicher Zustände | Anlauf einer Maschine, Einschalten eines Gerätes |
| blau | Forderung einer Handlung | Rückstellfunktion |
| weiß | allgemeiner Einleitung von Funktionen im Normalbetrieb | START/EIN (vorzugsweise) STOPP/AUS |
| grau | | START/EIN STOPP/AUS |
| schwarz | | START/EIN STOPP/AUS (vorzugsweise) |

**Tabelle 2: Zusätzliche Symbole von Drucktastern**

| Symbol | Bedeutung |
|---|---|
| \| | START oder EIN |
| ○ | STOPP oder AUS |
| ⊖ | Tippbetrieb: Betätigung als START oder EIN, nach dem Loslassen STOPP oder AUS |

**Tabelle 3: Farbkennzeichnung für Leuchtmelder**

| Kennfarbe | Erklärung | Erforderliche Handlung |
|---|---|---|
| rot | Gefahrbringender Zustand | Sofortige Handlung, z.B. Stillsetzen |
| gelb | Anormaler Zustand | Überwachen oder Eingreifen, z.B. Neustart |
| grün | Normaler Zustand | Keine Handlungen notwendig |
| blau | Handlung erforderlich | z.B. Rückstellen durch Bediener |
| weiß | Andere mögliche Zustände | Überwachen des Zustandes |

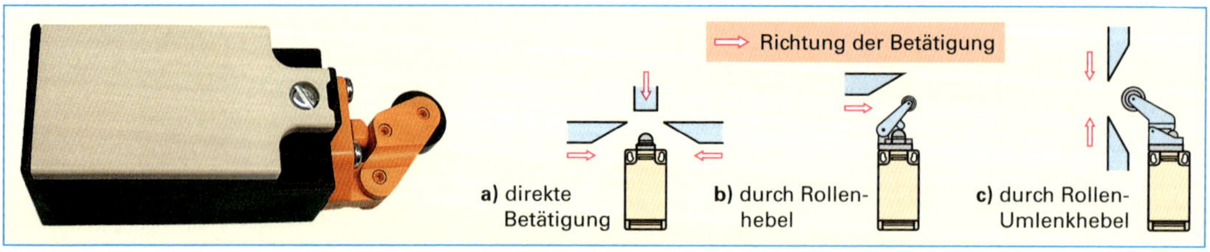


**Bild 2: Positionsschalter mit unterschiedlichen Betätigungsarten**

## 6.3.5 Näherungsschalter

Bewegungen von Maschinenteilen oder Produktionsgütern kann man mit mechanischen Positionsschaltern erfassen. Ein mechanischer Schalter schaltet aber nur bei direkter Berührung. Dies führt zu Kontaktprellen und zu einem Kontaktverschleiß. Elektronische **Näherungsschalter (Bild 1)** oder **Sensoren** arbeiten berührungslos. Sie enthalten meist Leistungsstufen und können angeschlossene Meldeleuchten, Schütze oder Ventile direkt ansteuern.

Die Ausgänge der Näherungsschalter sind bei Gleichspannung mit NPN- oder PNP-Transistoren beschaltet, bei Wechselspannung verwendet man meist Triacs. Näherungsschalter benötigen Betriebsspannungen von DC 6 V ... 30 V oder AC 230 V. Sie lassen sich deshalb einfach in vorhandene Steuerungen einfügen.

Man unterscheidet induktive, kapazitive und optische Näherungsschalter.

**Induktive Näherungsschalter** erfassen die Annäherung eines metallischen Gegenstandes an die aktive Fläche. Sie erkennen die Änderung des Schwingverhaltens eines eingebauten LC-Oszillators.

**Kapazitive Näherungsschalter** reagieren auf die Annäherung eines metallischen oder nichtmetallischen Gegenstandes an die aktive Fläche. Kapazitive Sensoren erfassen neben Metallen auch Nichtmetalle, z. B. Glas, Kunststoff oder Holz. Sie erkennen eine Änderung des Schwingverhaltens eines RC-Schwingkreises.

**Optische Näherungsschalter** senden und empfangen einen modulierten Lichtstrahl mit einer Wellenlänge im Infrarotbereich.

Bei **Reflexlichtschranken** wird das Licht durch einen Spiegel reflektiert und dem Empfänger wieder zugeführt. Unterbricht ein Objekt den Lichtstrahl, so wird ein Schaltvorgang ausgelöst.

Bei **Reflexlichttastern** wird das vom Sender abgegebene modulierte IR-Licht direkt durch das herangeführte Objekt reflektiert und dadurch ein Schaltvorgang erzeugt.

Näherungsschalter werden in Zweidrahttechnik oder in Dreidrahttechnik hergestellt.

**Zweidrahttechnik.** Der Näherungsschalter wird direkt in den zu steuernden Stromkreis geschaltet **(Bild 2a)**. Der Sensor erhält seine Energieversorgung über das zu steuernde Gerät, z. B. ein Schütz. Die Zweidrahttechnik wendet man häufig für den Anschluss an Wechselspannung an. Der Ausgang wird bei Wechselspannung meist durch einen Triac beschaltet.

**Dreidrahttechnik.** Zwei Anschlüsse werden zur direkten Verbindung mit der Versorgungsspannung verwendet. Am dritten Anschluss wird das zu steuernde Gerät angeschlossen **(Bild 2b)**. Sensoren in Dreidrahttechnik werden meist für Gleichspannung hergestellt. Sie sind in PNP- oder NPN-Ausführung erhältlich **(Bild 3)**.

Näherungsschalter können parallel oder in Reihe geschaltet werden. Bei der Parallelschaltung **(Bild 4)** sind nicht sichere Ausgänge (ohne Open-Collector-Schaltung) mit Dioden zu entkoppeln, um eine gegenseitige Rückwirkung der Näherungsschalter untereinander zu verhindern. Sind Näherungsschalter in Reihe geschaltet **(Bild 5)**, so ist bei durchgeschalteten Ausgängen an jedem Näherungsschalter ein Spannungsfall vorhanden. Bei Gleichspannung beträgt der Spannungsfall etwa 1 V, bei Wechselspannung bis zu 8 V.

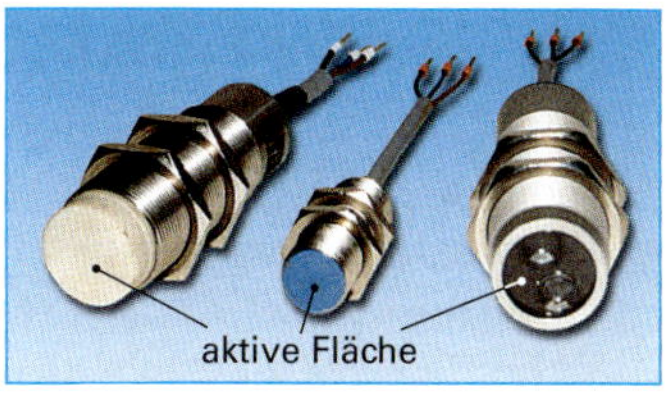


**Bild 1: Kapazitiver, induktiver und optischer Näherungsschalter**

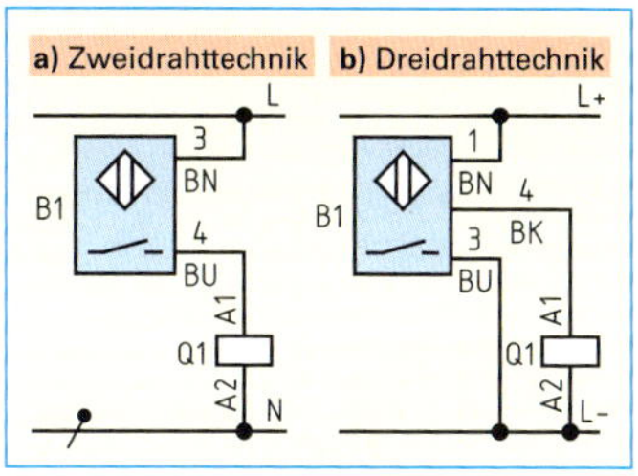


**Bild 2: Anschlussarten**

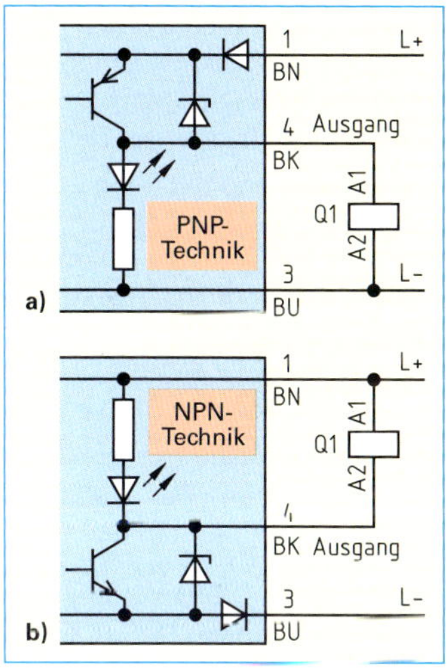


**Bild 3: PNP- und NPN-Ausführung**

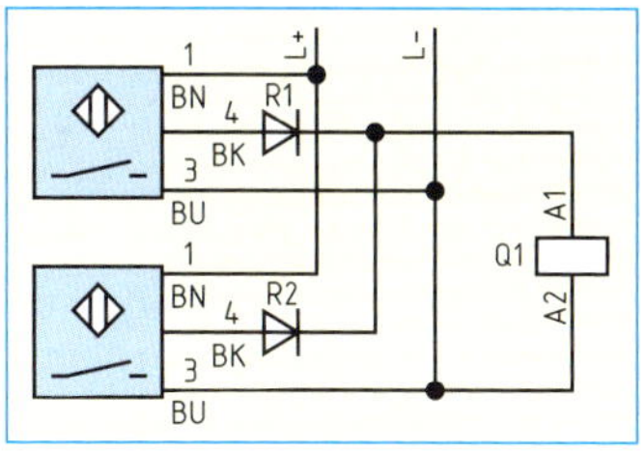


**Bild 4: Parallelschaltung**

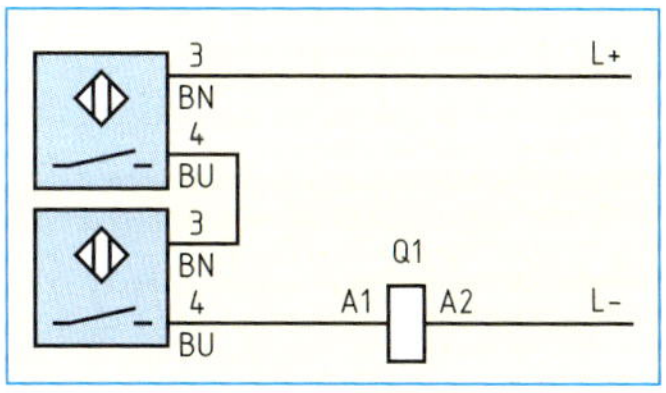


**Bild 5: Reihenschaltung**

## 6.3.6 Schalter für Maschinen und Anlagen

In elektrischen Anlagen von Industriemaschinen, z. B. Werkzeugmaschinen, verwendet man Schalter um die Maschine, z. B. bei Wartungs- oder Reinigungsarbeiten, vollständig vom Netz zu trennen.

**Hauptschalter** werden an einer zentralen Stelle der Anlage eingebaut, z. B. im Schaltschrank. Sie haben eine EIN-Stellung (I) und eine AUS-Stellung (0) mit festen Anschlägen. Hauptschalter müssen von außen betätigt werden können, d.h. ohne den Schaltschrank zu öffnen.

Hauptschalter werden meist ohne Last geschaltet. Der Schalter muss jedoch den Bemessungsstrom der Anlage schalten können. Spannungsführende Teile eines Schalters, z. B. netzseitige Anschlussklemmen, müssen durch eine Klemmenabdeckung mit dem Warnzeichen „Warnung vor gefährlicher elektrischer Spannung" gegen zufälliges Berühren geschützt sein. Der Betätigungsknebel des Hauptschalters ist schwarz oder grau.

> Hauptschalter sind handbetätigte Nockenschalter mit einer verschließbaren AUS-Stellung.

**Hauptschalter mit NOT-AUS-Funktion** dienen dem sofortigen Stillsetzen der Maschine oder der Anlage im Gefahrenfall durch Unterbrechen der Spannungsversorgung. Sie unterscheiden sich äußerlich von Hauptschaltern durch eine rote Handhabe mit gelber Unterlage **(Bild 1).**

Als Haupt- und NOT-AUS-Schalter werden z. B. Lasttrennschalter, Leistungsschalter, aber auch Trennschalter mit vorauseilendem Hilfskontakt verwendet. Der Hilfskontakt trennt die Steuerstromkreise der Lastschütze vom Netz, bevor die Hauptkontakte des nun stromlosen Trennschalters öffnen.

**NOT-HALT-Einrichtung.** Um Gefahren für Menschen und Maschinen zu vermeiden, muss jede Maschine im Gefahrenfall durch eine NOT-HALT-Einrichtung, von jedem Bedienungsplatz aus, stillgelegt werden können. Der Betätigungsgriff einer NOT-HALT-Einrichtung muss rot, die darunterliegende Fläche gelb gekennzeichnet sein.

> Verbraucher, deren Ausfall eine Gefährdung für Personen oder Einrichtungen darstellen, dürfen durch eine NOT-HALT-Einrichtung nicht abgeschaltet werden.

**Bild 1: NOT-AUS-Hauptschalter**

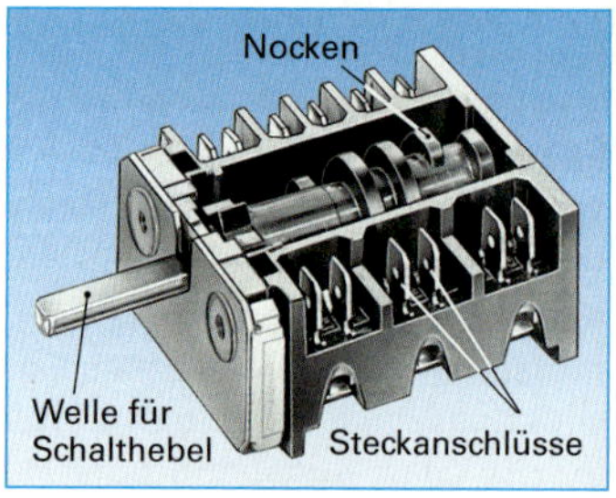


**Bild 2: Nockenschalter**

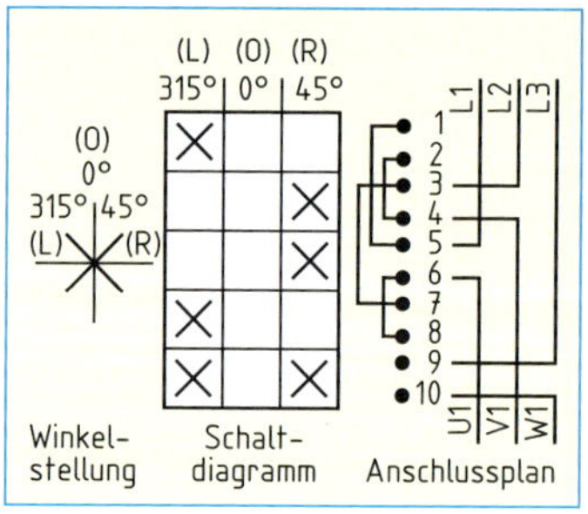


**Bild 3: Schaltdiagramm eines Wendeschalters**

**Geräteschalter** (Nockenschalter, **Bild 2**) verwendet man zum betriebsmäßigen Schalten von Verbrauchern, z. B. zum Schalten einer Kochplatte in sechs Leistungsstufen **(Seite 295)** oder zur Drehrichtungsumkehr bei Motoren. Für den dazu notwendigen Außenleitertausch wird ein Wendeschalter eingesetzt **(Bild 3).**

Bei einem Nockenschalter werden die Schaltkontakte von Nocken betätigt, die auf einer drehbaren Welle angebracht sind. Die Welle lässt sich durch den Betätigungsgriff in bestimmte Winkelstellungen schalten. Winkelstellung, Schaltdiagramm und Anschlussplan geben Aufschluss über die Verwendungsmöglichkeit und die Funktion des Schalters **(Bild 3).**

Die Kontaktbetätigung des Wendeschalters **(Bild 3)** erfolgt in den Winkelstellungen 315° (360°–45° Linkslauf L) und 45° (Rechtslauf R). Aus dem Schaltdiagramm ist ersichtlich, dass bei 45° (R) die Anschlüsse 3 und 4 (L2 nach V1), 5 und 6 (L1 nach U1) und 9 und 10 (L3 nach W1) durch Kontakte überbrückt werden und der Motor in Rechtslauf betrieben wird. Die Kontaktüberbrückungen sind im Schaltdiagramm durch ein Kreuz (x) gekennzeichnet.

### Wiederholungsfragen

1 **Geben Sie den Unterschied zwischen Schalter und Taster an.**
2 **Woran erkennt man in Schaltplänen betätigte Schaltkontakte?**
3 **Für welche Arbeiten sind Industriemaschinen vom elektrischen Versorgungsnetz zu trennen?**
4 **Welcher Näherungsschalter wird zur Überwachung von a) Metallteilen und b) Kunststoffteilen eingesetzt?**

# 6.4 Elektromagnetische Schalter

Relais und Schütze bestehen meist aus einer Spule und angebauten Schaltkontakten **(Tabelle).** Sie werden daher auch als elektromagnetische Schalter bezeichnet. In der **Übersicht** sind die wichtigsten Begriffe und Auswahlkriterien bei Schützen und Relais enthalten.

Relais und Schütze arbeiten nach demselben Funktionsprinzip. Die angebauten Schaltkontakte werden über eine Mechanik betätigt, wenn die Spule an ihre Spulenspannung gelegt wird.

> Bei einem Relais oder einem Schütz sind die Kontakte und die Spule galvanisch voneinander getrennt.

Durch die Trennung zwischen Spule und Schaltkontakten ist es möglich, mit einem kleinen Steuerstrom einen größeren Laststrom zu schalten. Man unterscheidet daher zwischen einem Steuerstromkreis und einem Haupt- oder Arbeitsstromkreis.

Relais setzt man hauptsächlich zum Schalten kleinerer Leistungen ein. Sie haben einfach unterbrechende Schaltkontakte **(Bild a)** und sind daher meist für kleine Schaltspannungen gebaut.

Schaltschütze verwendet man zum Schalten von mittleren und hohen Schaltleistungen. Sie haben doppelt unterbrechende Schaltkontakte **(Bild b)**.

> Relais haben einfach unterbrechende Schaltkontakte, Schützkontakte unterbrechen zweifach.

## 6.4.1 Relais

Den Aufbau eines Relais zeigt **Bild 1, Seite 92**. Wird Spannung an die Spulenanschlüsse gelegt, entsteht durch den Stromfluss ein Magnetfeld. Dadurch wird der Weicheisenanker angezogen und die beweglichen Kontaktstücke betätigt. Der Ruhekontakt öffnet und der Arbeitskontakt schließt. Die Feder bewirkt, dass der Anker mit dem beweglichen Kontaktstück in die Ausgangsstellung zurückgezogen wird, wenn an der Spule keine Spannung mehr anliegt.

Durch unterschiedliche Kontaktarten werden, wie bei Schaltern und Tastern, Einschalt-, Ausschalt- oder Umschaltfunktionen durchgeführt **(Tabelle)**.

Für umfangreichere oder schwierigere Schaltaufgaben setzt man miteinander verbundene Federsätze (Verbundfedersätze) ein. Sie sind aus Grundkontakten zusammengesetzt, z. B. besteht ein Folgewechsler **(Tabelle)** aus einem Öffner und einem Schließer. Beim Anziehen des Ankers wird der Schließer betätigt, bevor der Öffnerkontakt geöffnet wird.

**Tabelle: Kontaktarten von Relais**

| Kontaktart | Kontaktbild | |
|---|---|---|
| | Relais nicht betätigt | Relais betätigt |
| Schließer (Arbeitskontakt) |  | 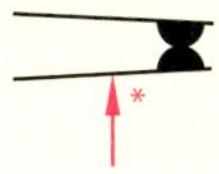 |
| Öffner (Ruhekontakt) |  | 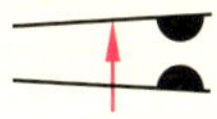 |
| Wechsler (Umschaltkontakt) | 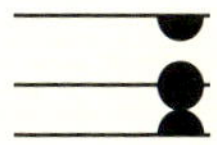 | 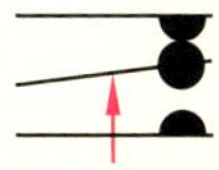 |
| Folgewechsler (unterbrechungsfrei) |  | 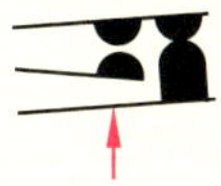 |

* ↑ Bewegungsrichtung (Kraftwirkung) bei Betätigung

**Übersicht: Auswahlkriterien von Relais und Schütz**

- **Schaltleistung:** Leistung, für die elektromagnetisch betätigte Kontakte bemessen sind. Sie ist abhängig vom Kontaktwerkstoff und von der Art der Belastung.
- **Spulenspannung:** Bemessungswert der Betätigungsspannung der Spule.
- **Stromart:** Wechselstrom (AC) oder Gleichstrom (DC). Abhängig von der Betätigungs-Stromart ergeben sich dadurch bestimmte Funktionen, z.B. gepolte Relais bei DC.
- **Kontaktdauerstrom:** Strom, der unter normalen Betriebsbedingungen ohne Unterbrechung durch Schalten über die Kontakte fließen darf (thermischer Dauerstrom).
- **Schaltspannung:** Höchste zulässige Spannung am geöffneten Kontakt.
- **Ansprechspannung:** Spannung, bei der elektromagnetische Schalter gerade noch arbeiten.
- **Haltespannung:** Bei Unterschreitung der Haltespannung fallen elektromagnetische Schalter ab.

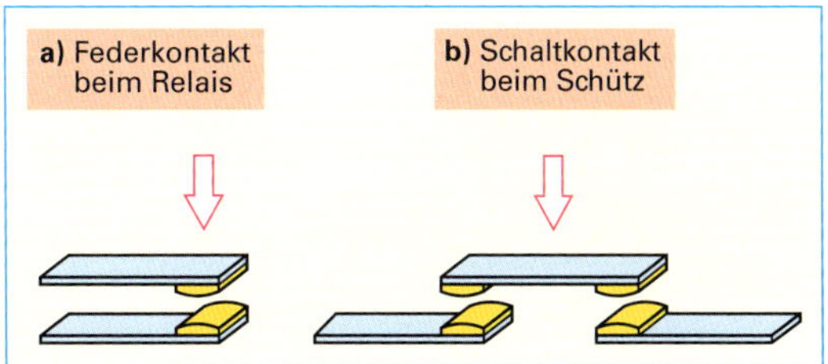


**Bild: Schaltkontakte bei Relais und Schütz**

Relais haben gegenüber Schützen meist eine geringe Schaltleistung und werden daher häufig zur galvanischen Trennung (Potenzialtrennung) zwischen elektronischen Steuerungen und dem Leistungsteil eingesetzt, z.B. Kleinsteuerungen **(Bild 1, Seite 109)**.

**Bistabile Relais** bleiben nach dem Abschalten der Spulenspannung in der zuletzt erreichten Schaltstellung.

- **Gepolte, bistabile Relais** ändern ihren Schaltzustand mit der Stromrichtung durch die Spule.
- **Remanenzrelais** nehmen bei einem kurzzeitigen Stromfluss durch die Spule eine bestimmte Schaltstellung ein und werden durch den Restmagnetismus (Remanenz) im ferromagnetischen Kern in dieser Stellung gehalten. Durch einen Spulenstrom in entgegengesetzter Richtung ändern die Kontakte ihre Schaltstellung erneut.

Bistabile Relais benötigen eine Gleichspannung als Spulenspannung.

Die Bauart von Relais bestimmt deren Verwendung. Man unterscheidet z.B. Relais für höhere Schaltleistungen **(Bild 1)**, Kammrelais für die Leiterplattenmontage **(Bild 2)** oder Reedrelais **(Bild 3)**.

**Reedrelais**[1] bestehen aus einer Spule und federnden Kontaktzungen, die zum Schutz gegen Verunreinigung und Korrosion in einem mit Schutzgas gefüllten Glasrohr eingeschmolzen sind. Diese Kontakte bezeichnet man auch als **Reedkontakte.** Sie werden als Schließer- oder Wechslerkontakt hergestellt. Bei einem Reedrelais wird der Reedkontakt durch das Magnetfeld der stromdurchflossenen Spule betätigt. In Gefahrenmeldeanlagen werden Reedkontakte meist durch einen Permanentmagneten betätigt.

**Bimetallrelais** sind elektrothermische Relais. Bei ihnen wird ein Bimetall durch eine isolierte Heizwicklung erwärmt und schließt oder öffnet beim Durchbiegen die mechanisch verbundenen Kontakte. Solche Relais haben lange Ansprech- und Rückfallzeiten (1 bis 40 Sekunden) und werden z.B. in einfachen Verzögerungsschaltungen eingesetzt.

Relais für den Betrieb an Gleich- oder Wechselspannung **(Bild 4)** haben einen Brückengleichrichter im Eingangskreis. Bei Ansteuerung mit Wechselspannung formt der Gleichrichter den Wechselstrom in einen Gleichstrom um. Bei Ansteuerung mit Gleichspannung wirkt der Gleichrichter als Verpolungsschutz. Als Betriebsanzeige ist meist eine Leuchtdiode mit Vorwiderstand parallel zur Relaisspule geschaltet. Ein Varistor an den Eingangsklemmen schützt den Brückengleichrichter und die Leuchtdiode vor Überspannungen.

Gleichstromrelais oder Gleichstromschütze mit angebautem Gleichrichter haben im Betrieb keine Brummgeräusche. Sie setzt man z.B. in Aufladesteuerungen von Elektro-Wärmespeichern ein.

**Halbleiterrelais** werden auch als Solid-State[2]-Relais bezeichnet. Sie besitzen keine mechanischen Komponenten, sondern bestehen aus elektronischen Bauelementen. Halbleiterrelais arbeiten daher verschleißfrei und lautlos. An Stelle der Kontakte treten Leistungshalbleiter, z.B. Leistungstransistor, Thyristor oder Triac **(Seite 252)**. Eine galvanische Trennung zwischen Steuer- und Lastkreis erreicht man durch die Verwendung von Optokopplern.

[1] reed (engl.) = Federzunge
[2] solid (engl.) = fest; state (engl.) = Zustand; Bedeutung etwa: fester Zustand, nicht beweglich

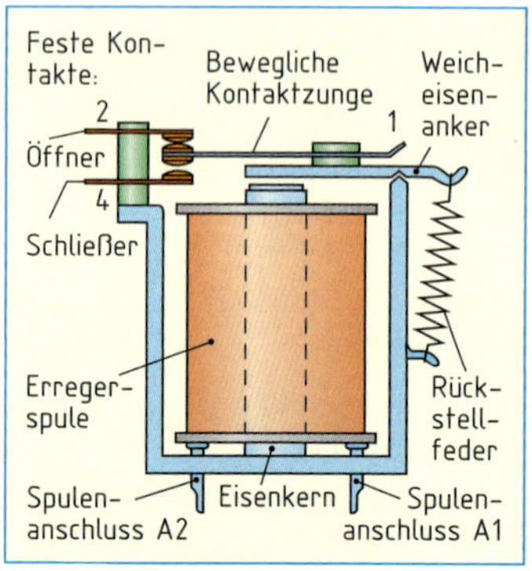


**Bild 1: Aufbau eines Relais**

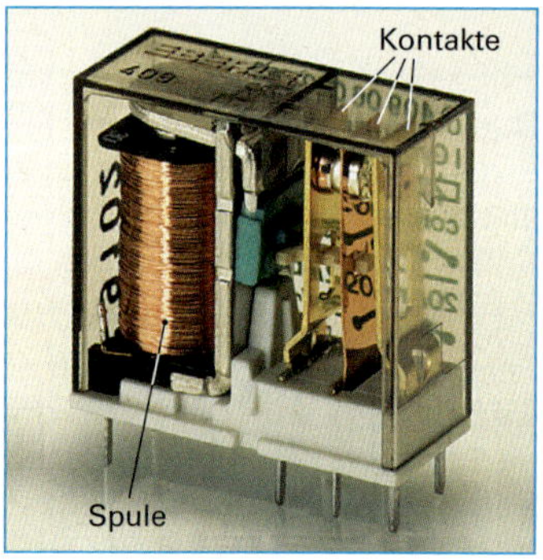


**Bild 2: Kammrelais**

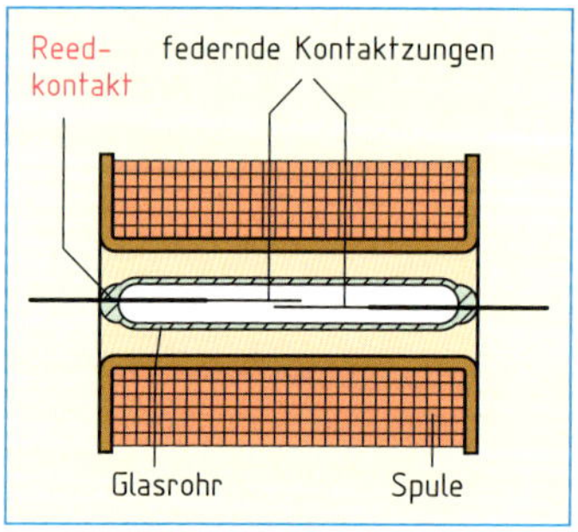


**Bild 3: Aufbau eines Reedrelais (Prinzip)**

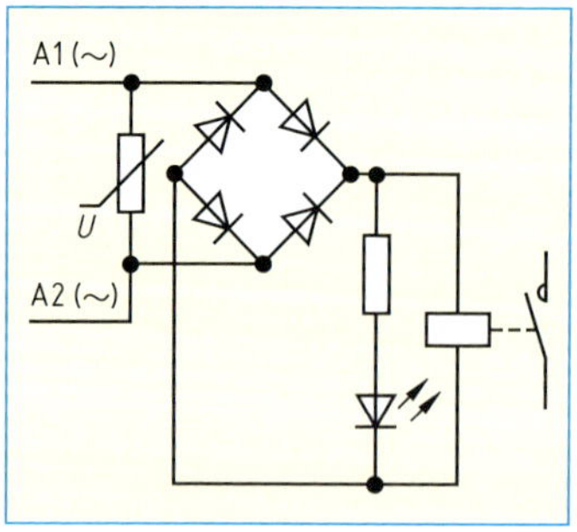


**Bild 4: Relais für Gleich- und Wechselstrom**

## 6.4.2 Zeitrelais

Zeitabhängige elektromagnetische Schalter bezeichnet man in der Steuerungstechnik auch als Zeitrelais. Sie besitzen einen Anschluss für die Versorgungsspannung und einen potenzialfreien Kontakt der meist als Wechsler ausgeführt ist. An einem Einsteller wird die Verzögerungszeit eingestellt **(Bild 1)**.

Man benötigt Zeitrelais z. B. um in Steuerungen Schaltvorgänge zeitlich verzögert auszulösen.

Zeitrelais werden meist mit elektronischen Schaltkreisen ausgeführt. Sie erreichen dadurch eine hohe Laufgenauigkeit, eine kurze Rückfallzeit und eine gleichbleibende Wiederholgenauigkeit. Elektronische Zeitrelais ermöglichen darüber hinaus auch den Anschluss an unterschiedliche Versorgungsspannungen, z. B. DC 24 V ... 230 V oder AC 24 V ... 230 V.

Je nach Verwendungszweck benötigt man unterschiedliche Ausführungsarten von Zeitrelais **(Übersicht)**. Viele Hersteller bieten außerdem sogenannte **Multifunktionsrelais** an. Sie vereinen mehrere der Grundfunktionen in einem Gehäuse. Die gewünschte Funktion kann durch einen Wahlschalter eingestellt werden.

Multifunktionsrelais können verschiedene zeitabhängige Steuerungsaufgaben erfüllen.

**Übersicht: Ausführungsarten von Zeitrelais (Auswahl)**

- Ansprechverzögert,
- rückfallverzögert,
- blinkend,
- einschaltwischend,
- ausschaltwischend.

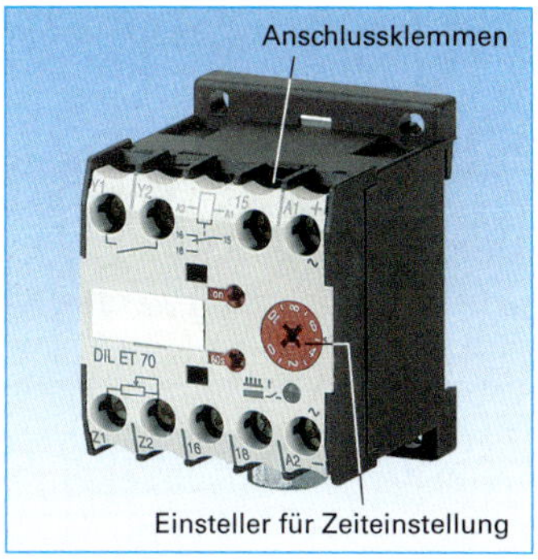


**Bild 1: Zeitrelais**

Die Wirkungsweise von zeitabhängigen elektromagnetischen Schaltern wird in einem Zeitablaufdiagramm dargestellt. Es zeigt die Verhältnisse im Zeitrelais in Abhängigkeit von Steuersignalen und Zeit **(Bild 2)**.

Bei **ansprechverzögerten Zeitrelais (Bild 2a)** wird nach dem Anlegen der Versorgungsspannung die am Relais eingestellte Zeit gestartet. Nach deren Ablauf wird der Schaltkontakt betätigt. Er ändert seine Schaltstellung erst wieder nach dem Abschalten der Versorgungsspannung. Der Steuerstromkreis von ansprechverzögerten Zeitrelais soll nach erfolgter Umschaltung spannungslos geschaltet werden.

**Rückfallverzögerte Zeitrelais** besitzen meist einen Netzanschluss und einen Steueranschluss. Ein kurzzeitiger Impuls am Steueranschluss startet die Verzögerungszeit. Über den Netzanschluss erfolgt die weitere Energieversorgung, damit nach dem Rückfall des Steueranschlusses die Verzögerungszeit noch ablaufen kann. Bei einem rückfallverzögerten Zeitrelais wird der Schaltkontakt unmittelbar nach dem Anschalten des Relais betätigt und erst wieder rückgesetzt, wenn die Steuerspannung abgetrennt und die eingestellte Zeit abgelaufen ist **(Bild 2b)**.

**Wischende Funktionen** benötigt man, wenn das einschaltende oder ausschaltende Signal nur kurzzeitig benötigt wird, z. B. zum Weiterschalten eines Impulszählers.

**Einschaltwischende Zeitrelais** liefern einen Impuls mit einstellbarer Dauer am Ausgang, sobald am Eingang eine Spannung vorhanden ist.

**Ausschaltwischende Zeitrelais** liefern einen Impuls mit einstellbarer Dauer am Ausgang, sobald die Steuerspannung am Eingang abgeschaltet ist.

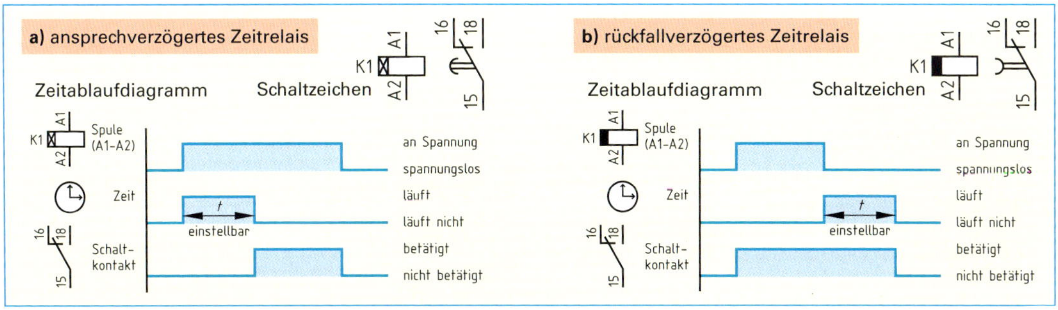


**Bild 2: Ansprechverzögertes und rückfallverzögertes Zeitrelais**

## 6.4.3 Schütze

Schütze verwendet man in Steuerschaltungen, z. B. als Steuerschütz (Hilfsschütz) für mittlere Leistungen. Betriebsmittel mit großen Leistungen, z. B. Motoren, werden mit Leistungsschützen geschaltet. Schütz und Relais sind in Aufbau, Wirkungsweise und in ihren Kenndaten ähnlich. Legt man Spannung an die Anschlussklemmen der Spule, so entsteht ein Magnetfeld. Der Anker mit den beweglichen Schaltstücken wird angezogen **(Bild)**. Die beweglichen Schaltstücke verbinden die festen Kontaktstücke (Schließer) oder unterbrechen bestehende Verbindungen (Öffner).

Bei Schützen sind die Hauptstromkontakte (Leistungskontakte) Schließer. Die Hilfskontakte (Steuerkontakte) sind Schließer oder Öffner. Steuerkontakte dürfen nicht als Hauptstromkontakte verwendet werden, da sie keine Lichtbogen-Löscheinrichtung besitzen.

Durch Auswechseln einzelner Teile, z. B. der Kontaktsätze oder der Spule, lässt sich ein Schütz bei Bedarf meist auf eine andere Spulenspannung oder eine andere Kontaktbestückung umrüsten.

Die **Gebrauchskategorie** gibt die Stromart und geeignete Anwendungsbereiche an. Sie ist nach DIN EN 60947-1 (VDE 0660-100) genormt **(Tabelle)**. Die Gebrauchskategorie muss auf dem Schütz angegeben sein, z. B. AC-4.

Man unterteilt die Gebrauchskategorien nach der Verwendung der Schütze als Leistungs- oder Hilfsschütz sowie nach der Stromart Wechselstrom (AC) oder Gleichstrom (DC). Die Auswahl geeigneter Schütze wird dadurch erleichtert.

Schütze sind nahezu wartungsfrei. Bei einer Schaltzahl von z. B. 500 Schaltungen pro Stunde und einer Betriebsdauer von 8 Stunden je Tag ist eine Kontrolle der Schaltstücke nach etwa einem Jahr zu empfehlen. Die Wartungszeiträume werden nach der jeweiligen Beanspruchung und nach den Lebensdauerangaben des Herstellers festgelegt.

### Wiederholungsfragen

1 **Welcher Unterschied besteht bei den Kontakten von Relais und Schütz?**
2 **Was versteht man unter der Spulenspannung bei einem Relais?**
3 **Beschreiben Sie die Funktion a) eines monostabilen und b) eines bistabilen Relais.**
4 **Wie wird der Kontakt eines Reedrelais betätigt?**
5 **Wie erreicht man eine galvanische Trennung bei einem Halbleiterrelais?**
6 **Was bedeutet die Angabe AC-1 auf dem Typenschild eines Schützes?**

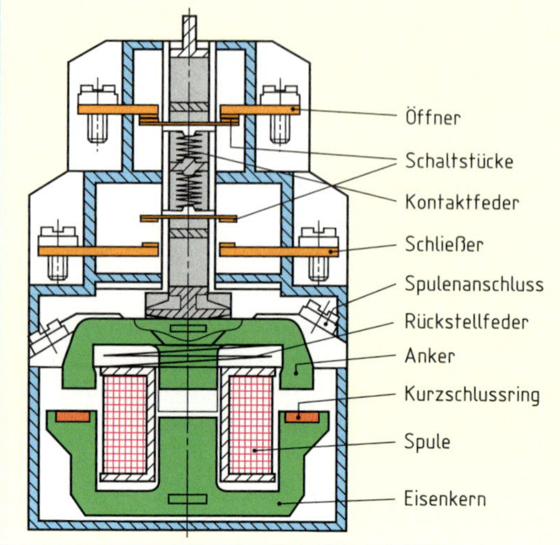


**Bild: Aufbau eines Steuerschützes**

**Tabelle: Gebrauchskategorien von Schützen** (Auszug)

| | |
|---|---|
| **Bei Wechselstrom-Leistungsschützen** | |
| AC-1 | Für nicht induktive oder schwach induktive Belastung, z. B. Widerstandsöfen |
| AC-2 | Für Schleifringläufermotoren: Anlassen, Ausschalten |
| AC-3 | Für Käfigläufermotoren: Anlassen, Ausschalten |
| AC-4 | Für Käfigläufermotoren: Anlassen, Gegenstrombremsen, Reversieren (Umkehren der Drehrichtung), Tippen |
| AC-5a | Zum Schalten von Gasentladungslampen |
| AC-5b | Zum Schalten von Glühlampen |
| AC-6a | Zum Schalten von Transformatoren |
| AC-6b | Zum Schalten von Kondensatorbatterien |
| AC-7a | Für schwach induktive Last in Haushaltsgeräten und ähnlichen Anwendungen |
| AC-7b | Für Motorlast in Haushaltsgeräten |
| **Bei Gleichstrom-Leistungsschützen** | |
| DC-1 | Für nicht induktive oder schwach induktive Belastung, z. B. Widerstandsöfen |
| DC-3 | Für Nebenschlussmotoren: Anlassen, Gegenstrombremsen, Reversieren, Tippen |
| DC-5 | Für Reihenschlussmotoren: Anlassen, Gegenstrombremsen, Reversieren, Tippen |
| DC-6 | Schalten von Glühlampen |
| **Bei Wechselstrom-Hilfsschützen** | |
| AC-12 | Zum Steuern von ohmscher Last und Halbleiterlast in Eingangskreisen von Optokopplern |
| AC-13 | Zum Steuern von Halbleiterlast mit Transformatortrennung |
| AC-14 | Zum Steuern kleiner elektromagnetischer Last ($\leq$ 72 VA) |
| AC-15 | Zum Steuern elektromagnetischer Last (> 72 VA) |
| **Bei Gleichstrom-Hilfsschützen** | |
| DC-12 | Zum Steuern von ohmscher Last und Halbleiterlast in Eingangskreisen von Optokopplern |
| DC-13 | Zum Steuern von elektromagnetischen Lasten |
| DC-14 | Zum Steuern von elektromagnetischen Lasten mit Sparwiderständen im Stromkreis |

## Kontakt- und Anschlussbezeichnungen von Schützen

Die Anschlussbezeichnungen von Schützen sind nach DIN VDE 0660-100 genormt. Die **Spulenanschlüsse** sind zur Unterscheidung von den Kontaktanschlüssen alphanumerisch bezeichnet **(Bild 1)**. Eine Schützspule hat die Anschlussbezeichnungen A1 und A2. Der Anschluss mit der niedrigeren, ungeraden Zahl, z. B. A1, liegt an der Ansteuerleitung, z. B. vom Steuertaster S2 in **Bild 2, Seite 104**. Der Anschluss mit der höheren geraden Zahl, z. B. A2, wird direkt mit der Stromversorgung, z. B. mit dem Neutralleiter oder Rückleiter, verbunden.

Bei einer Spule mit zwei Wicklungen sind die Anschlüsse der ersten Wicklung mit A1, A2, die der zweiten Wicklung mit B1 und B2 bezeichnet.

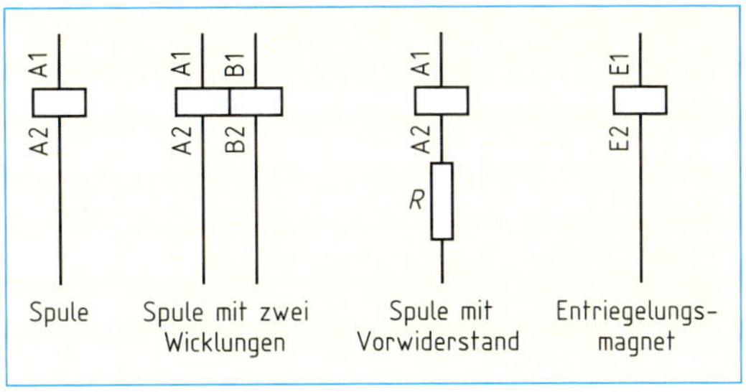


**Bild 1: Anschlussbezeichnungen bei Schützspulen**

### Übersicht: Kennzahlen für Steuerkontakte

- 01 kein Schließer, ein Öffner
- 10 ein Schließer, kein Öffner
- 22 zwei Schließer, 2 Öffner
- 31 drei Schließer, ein Öffner

**Hauptstromkontakte.** Die Bezeichnung erfolgt mit einstelligen Zahlen und einem alphanumerischen System **(Bild 2)**. Die Klemmen mit ungeraden Zahlen, also 1, 3 und 5, führen an die Stromversorgung, an die Klemmen mit den geraden Zahlen 2, 4 und 6 sind die Verbrauchsmittel, z. B. ein Motor, anzuschließen. Zusätzlich können diese Klemmen mit L1, L2, L3 sowie T1, T2, T3 bezeichnet werden **(Bild 2)**.

**Steuerkontakte** haben zweistellige Kontaktbezeichnungen, die sich aus einer Ordnungsziffer und einer Funktionsziffer zusammensetzen **(Bild 2)**.

Die **Ordnungsziffer** steht an der ersten Stelle der Anschlussbezeichnung, z. B. die Ziffer 1 beim Schließerkontakt 13-14. Ein zweiter Kontakt erhält zur Unterscheidung die Ordnungsziffer 2, z. B. der Öffnerkontakt 21-22. Als Zählrichtung ist dabei die Richtung von links nach rechts bei Draufsicht auf das Schütz festgelegt. Bei Schützen mit mehretagiger Kontaktanordnung beginnt die Festlegung der Ordnungsziffer in der Etage, die der Befestigungsebene des Schützes am nächsten liegt.

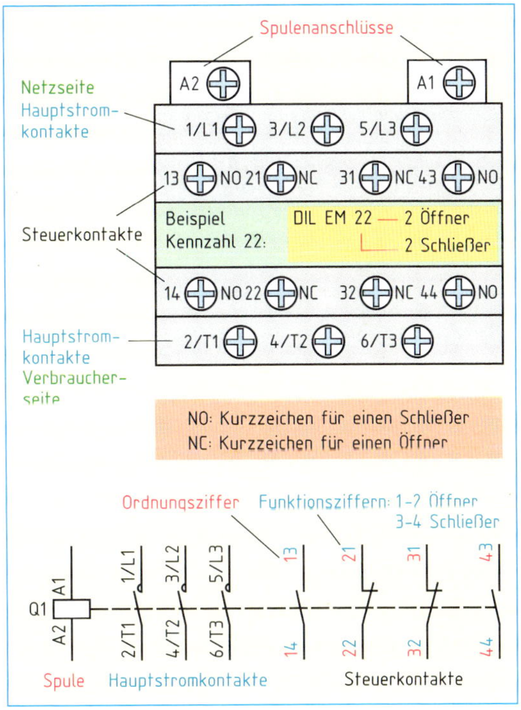


**Bild 2: Schützanschlüsse**

Die **Funktionsziffern** stehen an zweiter Stelle der Anschlussbezeichnung **(Bild 2)**. Beim Schließerkontakt 13-14 sind es die Ziffern 3 und 4. Öffner werden mit den Funktionsziffern 1 und 2, Wechslerkontakte mit 1, 2 und 4 bezeichnet. Für Hilfskontakte mit Sonderfunktion, z. B. mit zeitverzögerter Betätigung, stehen die Funktionsziffern 5 und 6 für eine Öffnerfunktion und die Ziffern 7 und 8 für eine Schließerfunktion zur Verfügung. Wird für eine Sonderfunktion ein Wechsler benötigt, müssen die Ziffern 5, 6 und 8 verwendet werden, z. B. bei einem Zeitrelais wie in **Bild 2, Seite 93**.

Die Anschlüsse mit ungeraden Funktionsziffern, z. B. 1 oder 3, sind in der Ansteuerleitung nach Möglichkeit näher an die geschaltete Zuleitung, z. B. an L1, anzuschließen.

**Kennzahlen** geben die jeweilige Art und Anzahl von Steuerkontakten bei Schaltgeräten, z. B. bei Schützen, an. Die Kennzahl ist zweiziffrig **(Bild 2 und Übersicht)**. Die erste Ziffer gibt die Anzahl der Schließer, die zweite Ziffer die Anzahl der Öffner an. Ein Schütz mit der Kennzahl 53 hat z. B. 5 Schließer und 3 Öffner. Ein Schütz mit der Kennzahl 44 hat 4 Schließer und 4 Öffner.

# 6.5 Installationsschaltungen

## 6.5.1 Installationsschaltungen mit Schaltern

Die wichtigsten Installationsschaltungen mit Installationsschaltern zeigt die **Tabelle**.

**Tabelle: Installationsschaltungen**

**Installationsschaltungen mit einer Schaltstelle**

**Ausschaltung**

| Übersichtsschaltplan | Stromlaufplan in aufgelöster Darstellung |
|---|---|
| 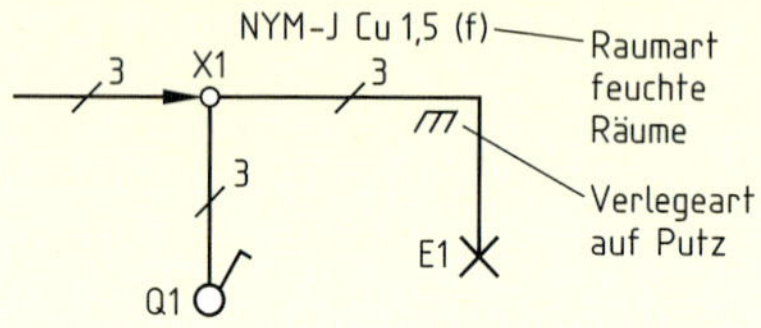  | 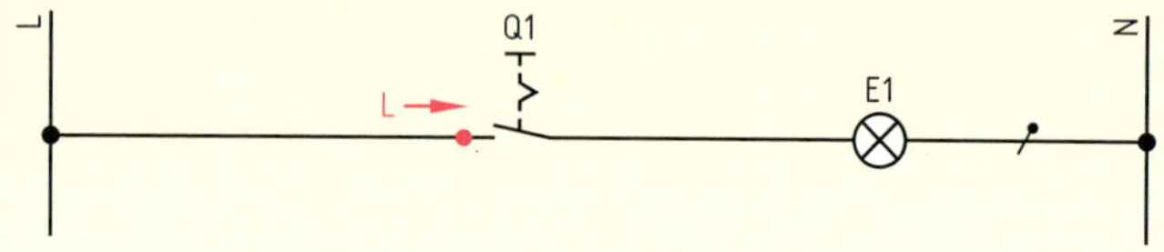 <br>L, → oder ●: Kennzeichnung der Eingangsklemme |
| **Anwendung und Funktionsbeschreibung** | **Stromlaufplan in zusammenhängender Darstellung** |
| Ein- oder Ausschalten von Leuchten oder Betriebsmitteln. Der Außenleiter L wird über den Schalter Q1 zur Leuchte geschaltet. Der Ausschalter hat eine Schaltwippe und zwei Anschlussklemmen. Häufig wird als Ausschalter ein Wechselschalter verwendet. Der Außenleiter L wird dann z. B. an dem mit einem L, Pfeil oder rot gekennzeichneten Anschluss, der Lampendraht am mit einem Pfeil oder schwarz gekennzeichneten Anschluss angeschlossen. Ein Anschluss des Wechselschalters bleibt dabei frei. | 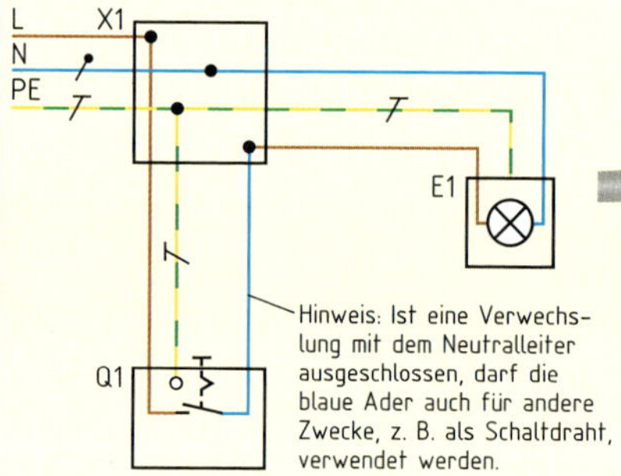 <br>Abzweigdose X1 der Ausschaltung<br> |

**Serienschaltung**

| Übersichtsschaltplan | Stromlaufplan in aufgelöster Darstellung |
|---|---|
| 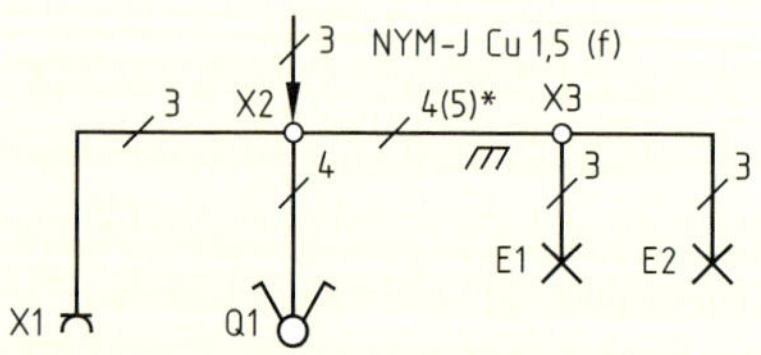 <br>*Hinweis: Ist keine 4-adrige Leitung mit der Aderfarbe blau für den N-Leiter vorhanden, kann auch eine 5-adrige Leitung verlegt werden. | 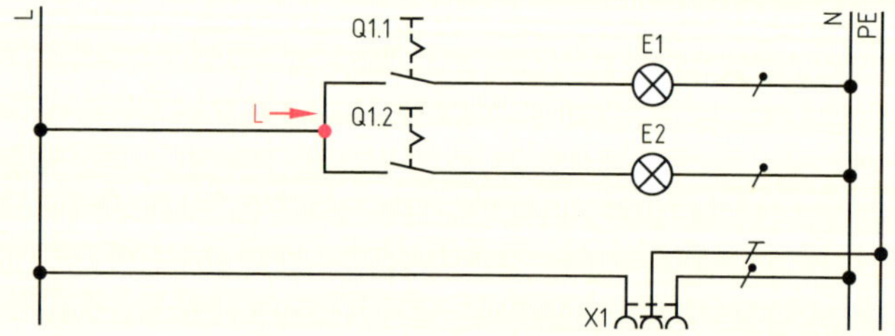  |
| **Anwendung und Funktionsbeschreibung** | **Stromlaufplan in zusammenhängender Darstellung** |
| Unabhängiges Schalten z.B. von zwei Leuchten oder Leuchtengruppen. Der Außenleiter L wird über den Schalter Q1.1 zur Leuchte E1, über den Schalter Q1.2 zur Leuchte E2 geschaltet. Der Serienschalter hat zwei Schaltwippen und drei Anschlussklemmen. Der Außenleiter L liegt an der z.˘B. mit einem Pfeil oder rotem Anschluss gekennzeichneten Eingangsklemme. Die beiden Lampendrähte werden an den Ausgangsklemmen angeschlossen. | 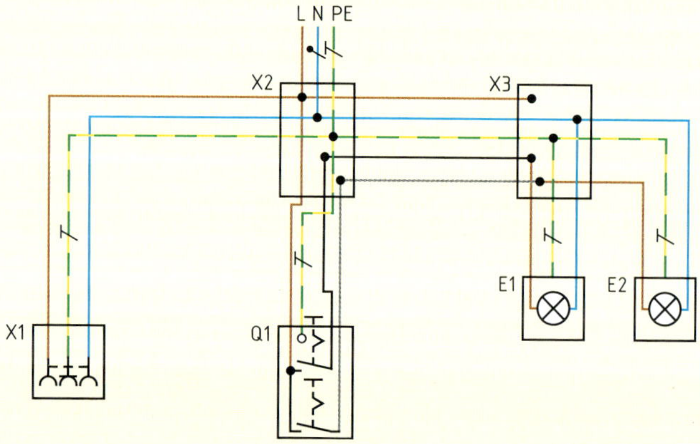  |

## Tabelle: Installationsschaltungen

### Zwangsfolgeschaltung mit Serienschalter

**Übersichtsschaltplan**

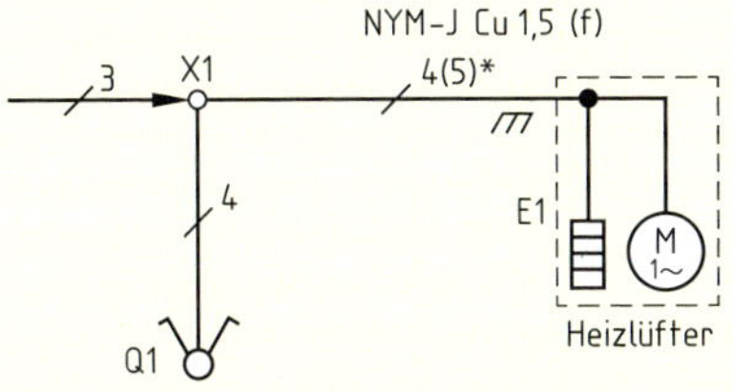


*Hinweis: Ist keine 4-adrige Leitung mit der Aderfarbe blau für den N-Leiter vorhanden, kann auch eine 5-adrige Leitung verlegt werden.

**Stromlaufplan in aufgelöster Darstellung**

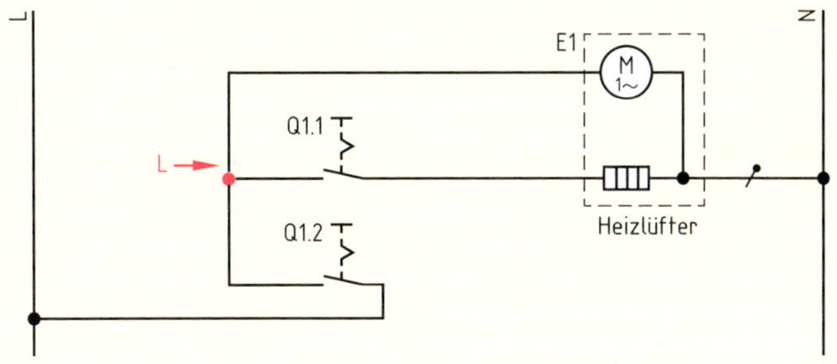


**Anwendung und Funktionsbeschreibung**

Schalten von zwei Verbrauchern in Folgeschaltung. Z. B. darf bei einem Heizlüfter die Heizung nur einschaltbar sein, wenn der Lüftermotor bereits in Betrieb ist. Der Lüftermotor wird mit dem Schalter Q1.2 eingeschaltet. Erst jetzt kann die Heizung mit Schalter Q1.1 zugeschaltet werden.

**Stromlaufplan in zusammenhängender Darstellung**

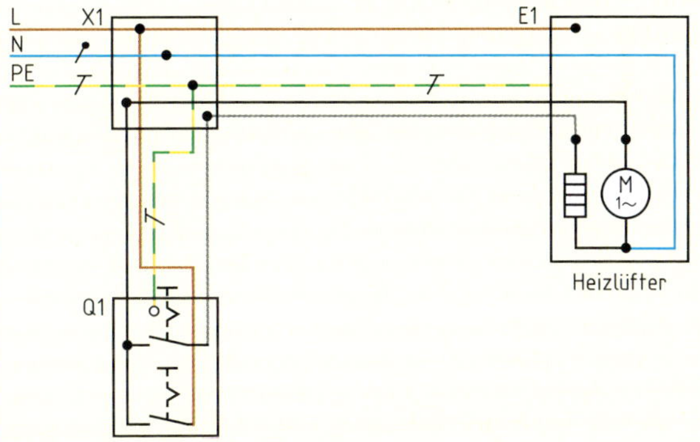


### Installationsschaltungen mit zwei Schaltstellen

### Wechselschaltung

**Übersichtsschaltplan**

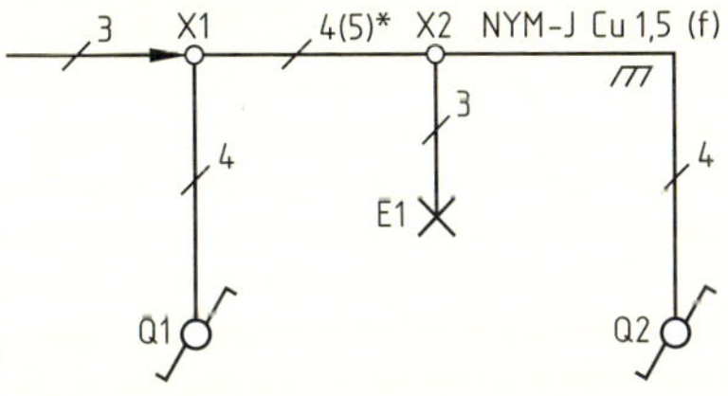


*Hinweis: Ist keine 4-adrige Leitung mit der Aderfarbe blau für den N-Leiter vorhanden, kann auch eine 5-adrige Leitung verlegt werden.

**Stromlaufplan in aufgelöster Darstellung**

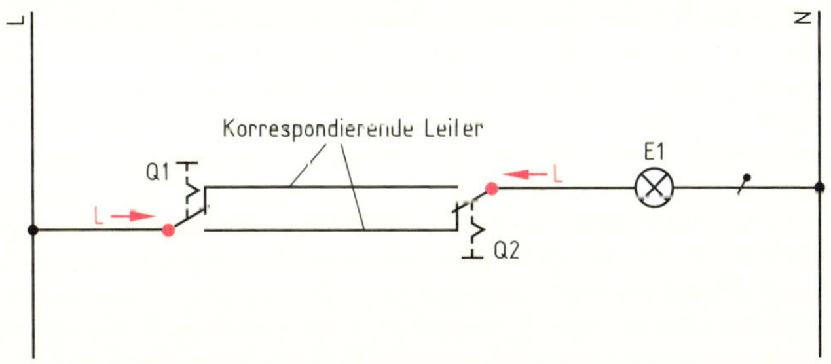


**Anwendung und Funktionsbeschreibung**

Schalten von Leuchten oder Betriebsmitteln von zwei Schaltstellen aus, z.B. im Flur. Der Außenleiter L wird über Q1, über die korrespondierenden Leiter und Q2 zur Leuchte E1 geschaltet. Ändert man die Schaltstellung von Q1 oder Q2, ändert sich auch der Betriebszustand der Leuchte E1. Der Wechselschalter hat eine Schaltwippe und drei Anschlussklemmen. Der Außenleiter L wird an die gekennzeichnete Eingangsklemme **(Bild, Seite 99)** von Q1, der Lampendraht an die Eingangsklemme von Q2 angeschlossen. Die korrespondierenden Leiter verbinden die noch freien Klemmen beider Wechselschalter.

**Stromlaufplan in zusammenhängender Darstellung**

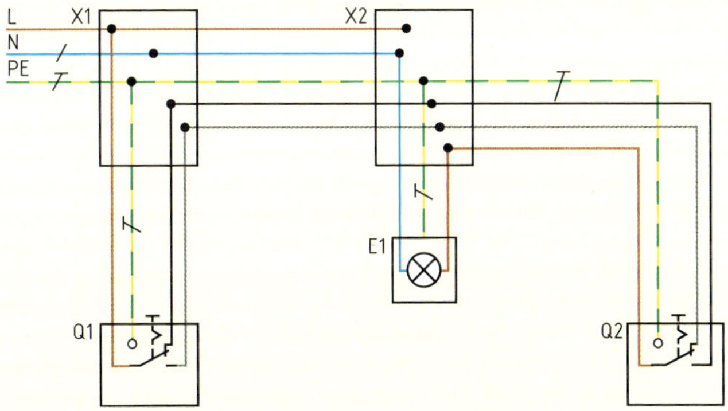

| Tabelle: Installationsschaltungen | |
|---|---|
| Installationsschaltungen mit zwei Schaltstellen | |
| Sparwechselschaltung | |
| Übersichtsschaltplan | Stromlaufplan in aufgelöster Darstellung (ohne Steckdosen) |
| 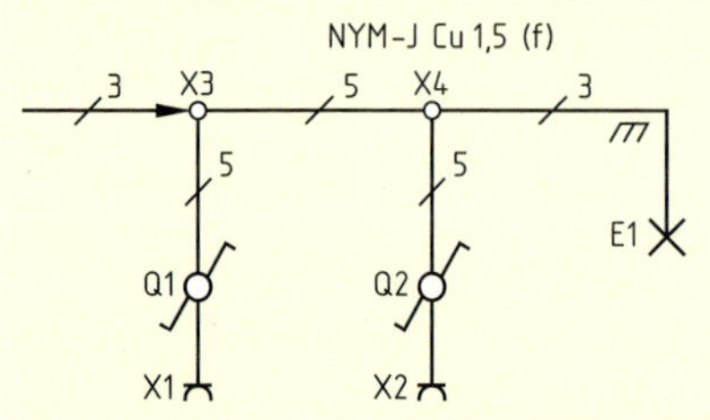 | 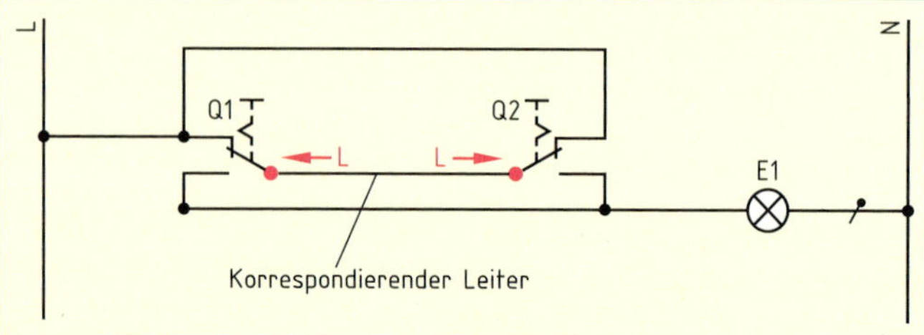 |
| Anwendung und Funktionsbeschreibung | Stromlaufplan in zusammenhängender Darstellung |
| Die Sparwechselschaltung ist eine Wechselschaltung mit Erweiterungsmöglichkeit für Steckdosen. An jedem Schalter liegt der Außenleiter L dauernd an. Bei der Sparwechselschaltung spart man deshalb gegenüber der üblichen Wechselschaltung mit Steckdosen eine Ader. Der Außenleiter L und der Lampendraht sind an beiden Schaltern Q1 und Q2 angeschlossen. Der korrespondierende Leiter wird an die gekennzeichneten Eingangsklemmen von Q1 und Q2 angeschlossen. Der Außenleiter L wird an einen, der Lampendraht an den zweiten Ausgangsanschluss beider Wechselschalter angeschlossen. Die Sparwechselschaltung lässt sich nicht zur Kreuzschaltung erweitern. | 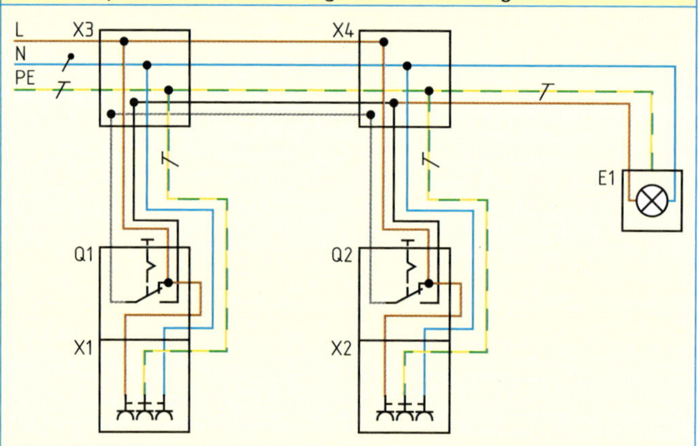 |
| Installationsschaltungen mit mehreren Schaltstellen | |
| Kreuzschaltung | |
| Übersichtsschaltplan | Stromlaufplan in aufgelöster Darstellung |
| 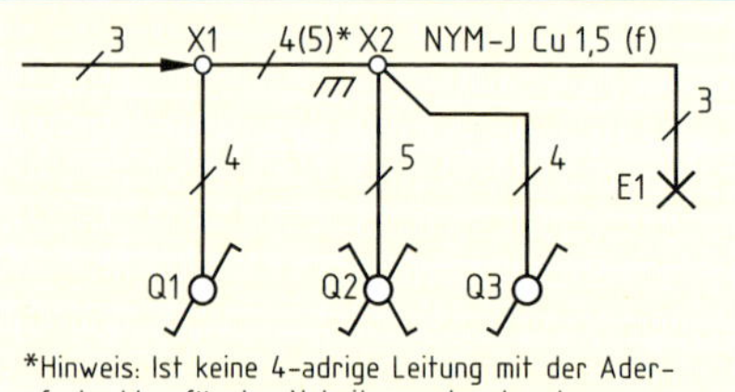<br>*Hinweis: Ist keine 4-adrige Leitung mit der Aderfarbe blau für den N-Leiter vorhanden, kann auch eine 5-adrige Leitung verlegt werden. | 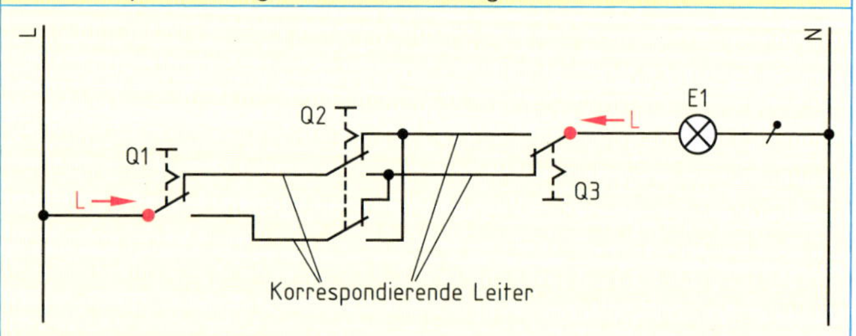 |
| Anwendung und Funktionsbeschreibung | Stromlaufplan in zusammenhängender Darstellung |
| Schalten einer Leuchte oder Leuchtengruppe von drei oder mehr Schaltstellen aus. Die Kreuzschaltung besteht aus zwei Wechselschaltern und einer beliebigen Anzahl von Kreuzschaltern. Der Kreuzschalter Q2 vertauscht mit jedem Schalten die korrespondierenden Leiter zwischen Q1 und Q3. Er hat eine Schaltwippe und vier Anschlussklemmen. Die korrespondierenden Leiter von Wechselschalter Q1 werden an die Ein-, die Korrespondierenden von Q3 an die Ausgangsklemmen des Kreuzschalters Q2 angeschlossen. In Neuanlagen ersetzt man die Kreuzschaltung meist durch eine Stromstoßschaltung **(Seite 100)**. | 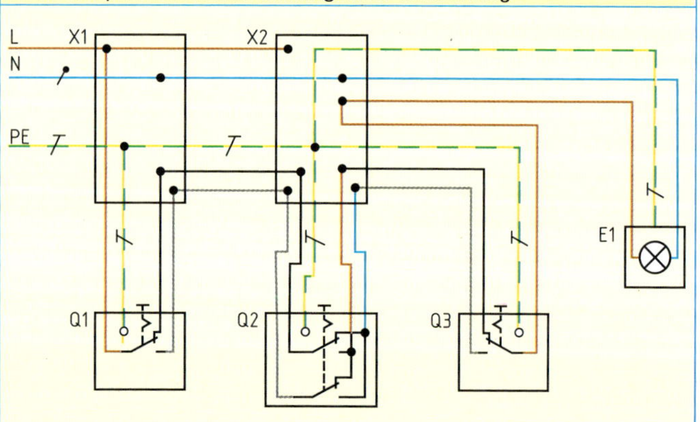 |

**Übersicht: Anschluss eines Wechselschalters (Bild)**

- Leitung, z. B. Mantelleitung NYM ca. 14 cm, abisolieren,
- Leitung einführen, der Mantel der Leitung soll innen an der Dichtung ca. 2 mm Überstand haben,
- Adern wegen Reserve auf dem längsten Weg mit einem Bogen auf den jeweiligen Anschluss führen,
- Mindestbiegeradius, 6 · d, der Adern beachten,
- Aderisolation, ca. 11 mm, mit Abisolierzange entfernen,
- Kupfer der Ader darf wegen Berührungssicherheit nicht aus der Anschlussklemme herausragen,
- Adern anschließen und Anschluss, z. B. durch Zugprobe, auf Festigkeit überprüfen,
- PE-Ader an PE-Klemme anschließen. Ist keine Klemme für den PE vorhanden, Aderende, z. B. mit einer Dosenklemme, verschließen.

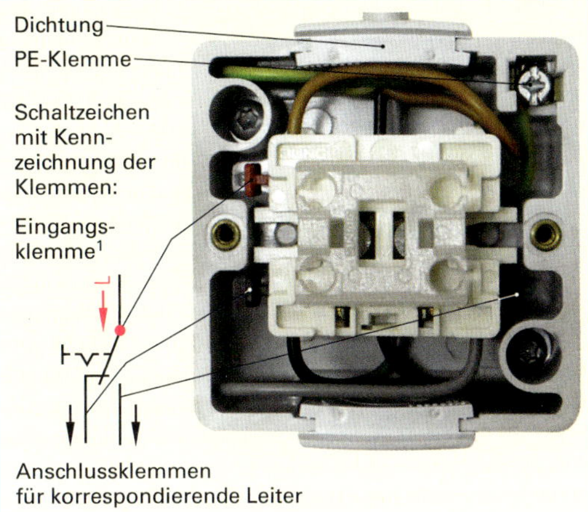


**Bild: Anschluss eines Wechselschalters**

## 6.5.2 Beleuchtung und Betriebszustandsanzeige bei Installationsschaltern

Die Beleuchtung von Installationsschaltern durch Glimmlampen wird so geschaltet, dass die Glimmlampe bei geöffnetem Schaltkontakt mit der zu schaltenden Raumbeleuchtung in Reihe geschaltet ist **(Tabelle 1).**

In der Arbeitsstättenverordnung wird aus Sicherheitsgründen gefordert, dass Lichtschalter in Arbeits-, Pausen-, Bereitschafts-, Liege- und Sanitärräumen leicht zugänglich und selbstleuchtend sein müssen.

**Tabelle 1: Beleuchtung von Installationsschaltern**

| | | | | | |
|---|---|---|---|---|---|
| Ausschaltung | 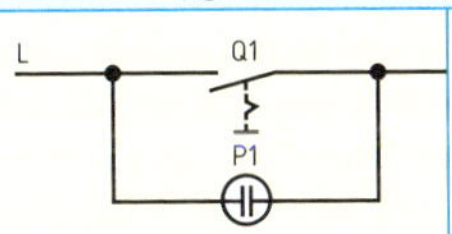 | Wechselschaltung | 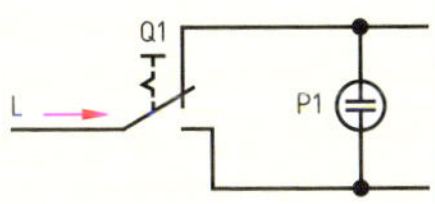 | Kreuzschaltung | 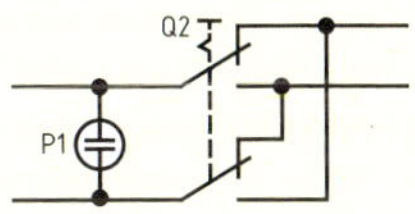 |
| Serienschaltung | 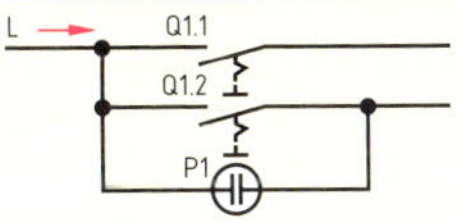 | Sparwechselschaltung | 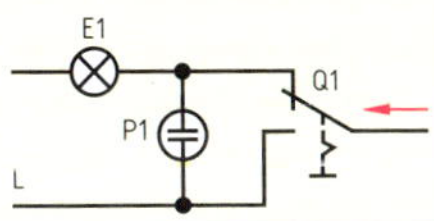 | Gruppenschaltung | 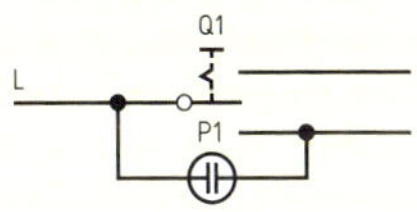 |

Die Anzeige des Betriebszustandes, z. B. einer Beleuchtung, ist durch entsprechende Schaltung der Glimmlampenanschlüsse ebenfalls möglich **(Tabelle 2).** Für den Anschluss der Betriebszustandsanzeige muss der Neutralleiter bei der Neuinstallation oder nachträglich zu den Schaltern verlegt werden.

**Tabelle 2: Betriebszustandsanzeige von geschalteten Betriebsmitteln an Schaltern**

| | | | |
|---|---|---|---|
| Ausschaltung | 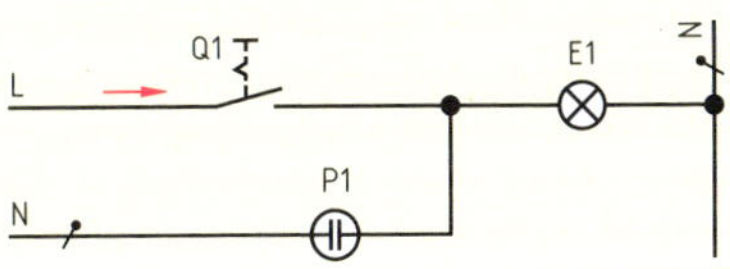 | Wechselschaltung | 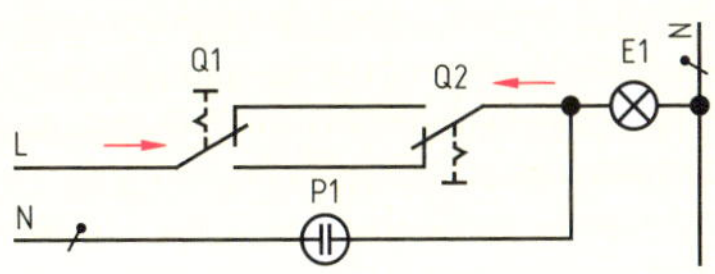 |
| Serienschaltung | 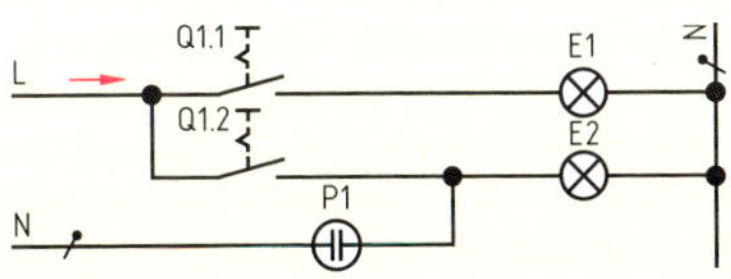 | Sparwechselschaltung | 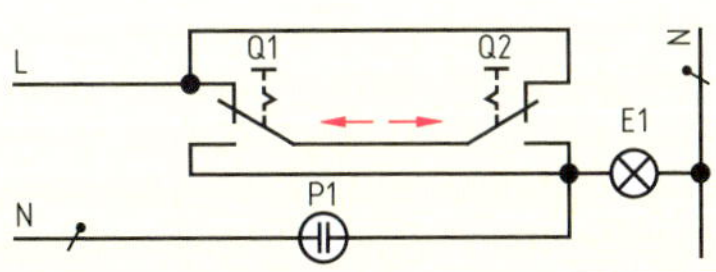 |

**Wiederholungsfragen**

1. Wie werden die Verbindungsleitungen zwischen den beiden Wechselschaltern bezeichnet?
2. Wodurch unterscheidet sich die Sparwechselschaltung von der Wechselschaltung?
3. Wie ist die Betriebszustandsanzeige bei einer Wechselschaltung zu schalten?

[1] Die Eingangsklemme ist bei Installationsschaltern gekennzeichnet, z. B. durch einen Pfeil (→) oder durch einen farbigen Steckanschluss.

## 6.5.3 Installationsschaltungen mit elektromagnetischen Schaltern

Schaltungen mit elektromagnetischen Schaltern bestehen aus dem Steuerstromkreis und dem Arbeitsstromkreis (Hauptstromkreis).

**Stromstoßschaltung.** Stromstoßschalter ändern den Schaltzustand des Schaltkontaktes (EIN oder AUS) durch eine Umschaltmechanik mit jedem Steuerimpuls. Zum Schalten lassen sich beliebig viele Steuertaster parallel betreiben **(Bild 1).** Der Steuerstromkreis ist vom Hauptstromkreis elektrisch getrennt. Die Stromkreise können mit unterschiedlichen Spannungen betrieben werden, der Hauptstromkreis z. B. mit AC 230 V, der Steuerstromkreis mit AC 8 V **(Bild 2).** Die Leuchte E1 wird mit jedem Steuerimpuls auf die Spule von Q1, über den Kontakt 3-4, ein- oder ausgeschaltet.

In Stromstoßschaltungen mit beleuchteten Tastern muss die Anzahl der Taster begrenzt werden, weil sich mit jeder Glimmlampe der Strom durch die Spule des Stromstoßschalters um etwa 1,5 mA erhöht.

**Elektronische Stromstoßschalter** haben neben dem Impulseingang zusätzliche Steuereingänge, wie „Zentral-EIN" oder „Zentral-AUS". Dies hat den Vorteil, dass z. B. in Verwaltungsgebäuden oder in Schulen, alle Leuchten gemeinsam von einer zentralen Stelle ein- oder ausgeschaltet werden können.

**Treppenhausschaltung.** Treppenhaus-Zeitschalter sind rückfallverzögerte Zeitrelais mit einstellbarer Schaltzeit. Sie werden wie die Stromstoßschaltung über Taster gesteuert. Der Hauptstromkontakt schließt nach der Betätigung des Steuertasters den Beleuchtungsstromkreis. Nach Ablauf der eingestellten Schaltzeit unterbricht der Hauptstromkontakt den Beleuchtungsstromkreis selbsttätig.

Nach der Funktion unterscheidet man die **4-Leiterschaltung (Bild 3)** und die **3-Leiterschaltung (Bild 4).** Bei der 4-Leiterschaltung wird der Treppenhaus-Zeitschalter mit jeder Betätigung des Steuertasters angesteuert. Die eingestellte Zeit läuft dann neu ab. Bei der 3-Leiterschaltung kann der Treppenhaus-Zeitschalter erst nach Ablauf der eingestellten Zeit erneut angesteuert werden.

Das Schalten des Neutralleiters, im Steuerstromkreis der 3-Leiterschaltung, ist nur noch in Altanlagen (Bestandschutz) erlaubt.

Die eingebauten Schalter Q2 in **Bild 3** und **Bild 4** überbrücken in der Betriebsart Dauerbetrieb den Hauptstromkontakt des Treppenhaus-Zeitschalters. Elektronische Treppenlichtschalter besitzen eine Ausschaltvorwarnung. Die Beleuchtung flackert z. B. 30 Sekunden vor Zeitablauf beginnend 3-mal in kürzer werdenden Zeitabständen.

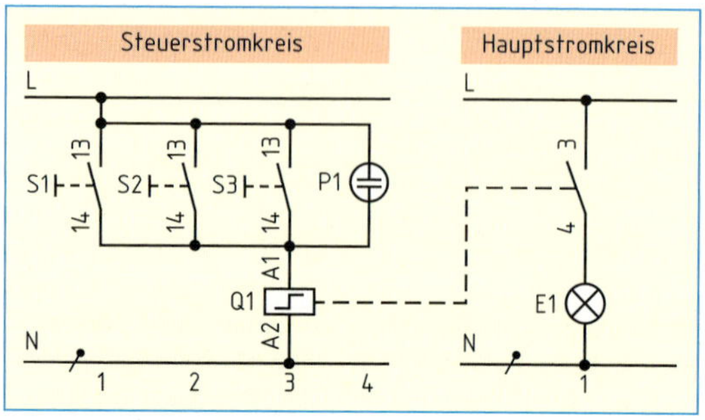


**Bild 1: Stromstoßschaltung**

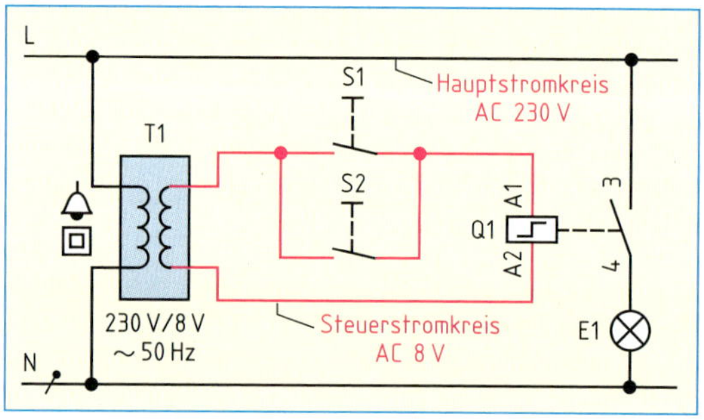


**Bild 2: Stromstoßschaltung mit Kleinspannungssteuerung**

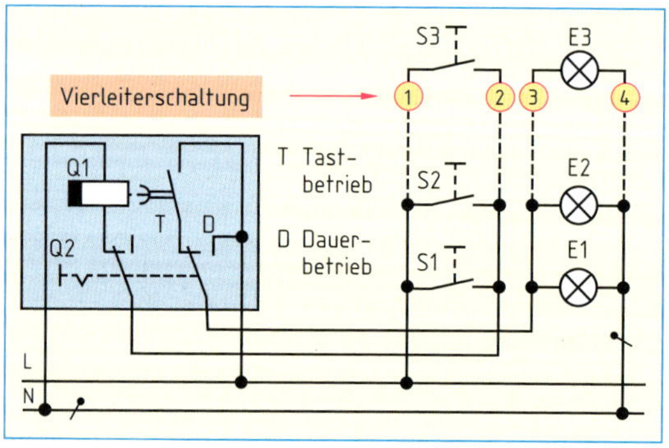


**Bild 3: Treppenhausschaltung in 4-Leiterschaltung**

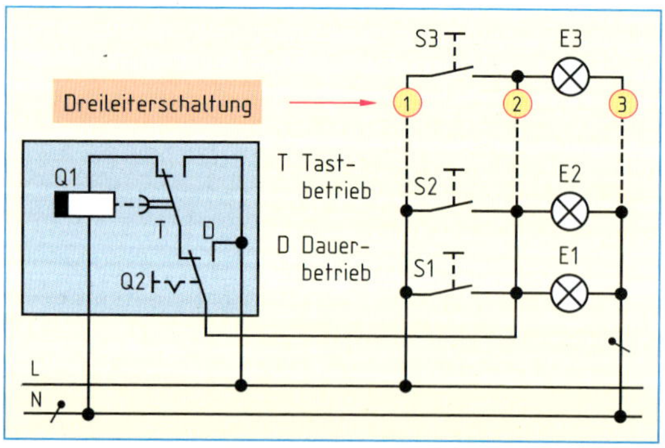


**Bild 4: Treppenhausschaltung in 3-Leiterschaltung**

## 6.5.4 Bewegungsmelder

Bewegungsmelder dienen zum automatischen Einschalten von Verbrauchern, z.B. Leuchten, wenn eine Person den Erfassungsbereich des Melders betritt **(Bild 1).**

Bewegungsmelder arbeiten meist nach der Passiv-Infrarot-Technologie (PIR). Der Passiv-Infrarot-Sensor registriert die von einem Körper, z.B. vom Menschen, ausgehende Wärmestrahlung. Diese Wärmestrahlung liegt im Infrarotbereich und ist für das menschliche Auge nicht sichtbar. Ändert sich die Wärmestrahlung durch eine Bewegung, so erfasst dies der Sensor und schaltet z.B. eine angeschlossene Leuchte ein.

Man unterscheidet Bewegungsmelder **(Bild 2)** und Präsenzmelder.

- **Bewegungsmelder** besitzen meist eine einfache Lichtmessung, die nach dem Einschalten des Verbrauchers deaktiviert wird. Solange der Sensor eine Bewegung erfasst, bleibt der Ausgang eingeschaltet.
- **Präsenzmelder** haben eine aufwendigere Lichtmessung. Sie sind meist in der Lage zwischen Kunstlicht und Tageslicht zu unterscheiden. Ihre Lichtmessung bleibt auch nach dem Einschalten aktiv.

Der Anschluss von Bewegungs- bzw. Präsenzmeldern erfolgt meist direkt an der Netzspannung. Dabei wird der Verbraucher, z.B. die Leuchte, direkt an den Melder angeschlossen.

Die Grundschaltung eines Melders mit angeschlossenem Verbraucher und einem Öffnerkontakt in der Zuleitung zeigt **Bild 3.** Durch den Öffner S1 kann die Stromversorgung des Melders kurzzeitig unterbrochen werden, nach dem Loslassen des Tasters wird die Leuchte eingeschaltet. Damit kann die Leuchte auch manuell von einer Stelle aus eingeschaltet werden, die nicht im Erfassungsbereich des Melders liegt.

Bewegungs- oder Präsenzmelder besitzen meist einen eingebauten und in der Empfindlichkeit einstellbaren Dämmerungsschalter. Er verhindert das Einschalten des angeschlossenen Verbrauchers bei ausreichender Umgebungshelligkeit. Bei den meisten Meldern kann man die Einschaltdauer über ein Potenziometer verändern.

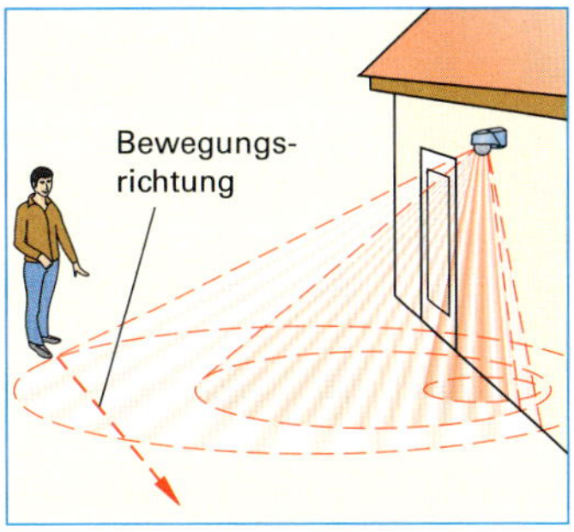


**Bild 1: Erfassungsbereich eines Bewegungsmelders**

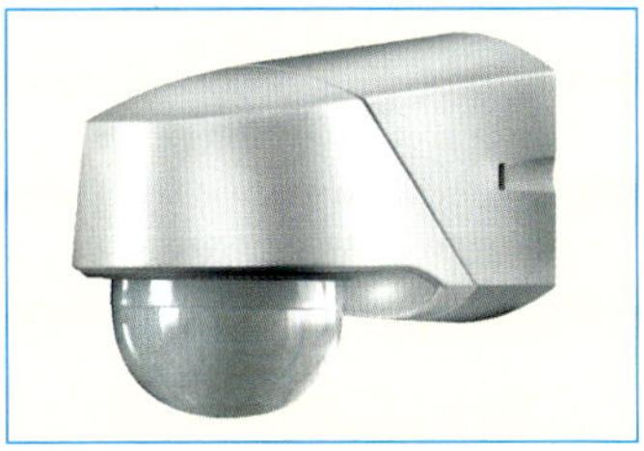

**Bild 2: Bewegungsmelder**

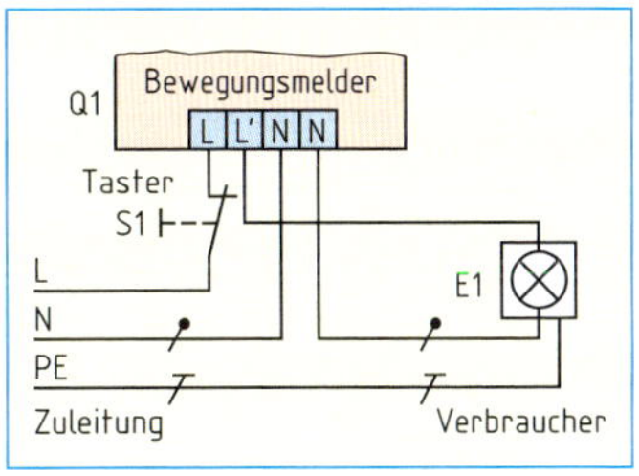


**Bild 3: Grundschaltung eines Bewegungsmelders mit angeschlossener Leuchte**

## 6.5.5 Netzfreischalter

Netzfreischalter **(Bild 4)** haben die Aufgabe, Wechselstromkreise auf eingeschaltete Verbraucher zu überwachen.

Ist kein Verbraucher eingeschaltet, trennt der Netzfreischalter den Stromkreis vom Netz. Dadurch wird das Entstehen elektromagnetischer Wechselfelder, z.B. im Schlafzimmer, verhindert.

An den abgetrennten Stromkreis legt der Netzfreischalter zur Überwachung eine Gleichspannung. Wird nun ein Verbraucher eingeschaltet, wird dies erkannt und die Netzspannung wieder zugeschaltet.

Netzfreischalter werden meist in der Verteilung eingebaut und dort an den betreffenden Stromkreis angeschlossen **(Bild 5).** Sie besitzen meist einen eingebauten Schalter für Handbetrieb, um den Stromkreis dauerhaft einzuschalten. Bei manchen Netzfreischaltern kann zudem die Wiedereinschaltschwelle, z.B. 2 ... 15 VA, verändert werden.

An Stromkreise, die über einen Netzfreischalter betrieben werden, dürfen keine Betriebsmittel angeschlossen sein, die nicht vollständig vom Netz getrennt werden dürfen, z.B. Radiowecker.

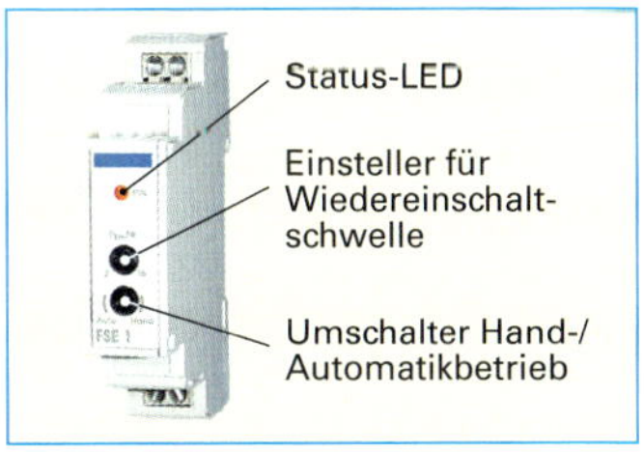


**Bild 4: Netzfreischalter für Hutschienenmontage**

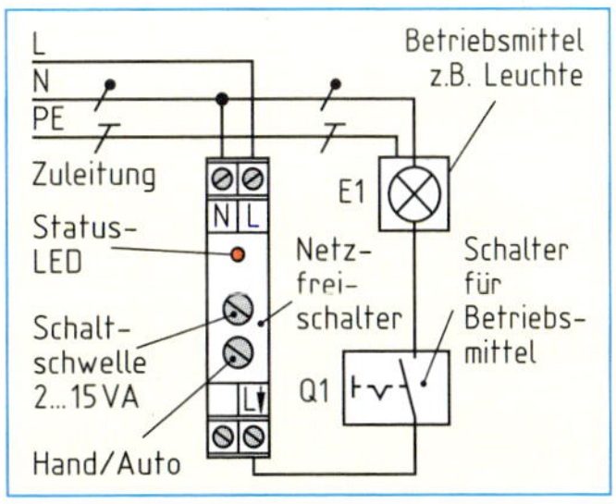


**Bild 5: Grundschaltung eines Stromkreises mit Netzfreischalter**

# 6.6 Steuer- und Meldestromkreise mit Relais oder Schütz

In Steuer- und Meldestromkreisen für Maschinen oder Anlagen werden Relais oder Schütze eingesetzt, die z. B. durch Taster gesteuert werden. Die Anforderungen an die elektrische Ausrüstung von Maschinen sind in DIN EN 60204-1 (VDE 0113-1) festgelegt.

## 6.6.1 Betriebsbedingungen und Ausführung von Steuer- und Meldestromkreisen

Der Steuerstromkreis soll mit einem **Hauptschalter** an der Maschine ausgeschaltet werden können. Dies gilt auch für das Netzteil von elektronischen Steuerausrüstungen, z. B. einer SPS. Ist jedoch für deren Programmspeicher ständig elektrische Energie erforderlich, darf man die Stromversorgung auch vor dem Hauptschalter abgreifen.

**Steuerstromkreise von Be- und Verarbeitungsmaschinen** sind grundsätzlich an **Steuertransformatoren** mit getrennten Wicklungen zu betreiben, damit die Einwirkungen der Hauptstromkreise auf Betriebsmittel des Steuerstromkreises möglichst gering gehalten werden.

Die sekundäre Bemessungsspannung von Steuertransformatoren **(Bild 2)** darf bei 50 Hz 230 V und bei 60 Hz 277 V nicht überschreiten.

Als Steuertransformatoren verwendet man Trenntransformatoren mit kleiner Kurzschlussspannung, d. h. spannungssteife Transformatoren. Bei zunehmender Belastung, z. B. durch Zuschalten von Schützen, ändert sich ihre Ausgangsspannung nur geringfügig.

Auf den Einsatz von Steuertransformatoren darf nach DIN EN 60204-1 nur bei Maschinen mit einem einzigen Motoranlasser und höchstens zwei Steuergeräten, z. B. Druck- oder Grenztaster, verzichtet werden.

Schaltkontakte von Relais oder Schaltschützen arbeiten nur sicher, wenn an der Spule die 0,85-fache bis 1,1-fache Spulenspannung anliegt. Wird für ein Schütz mit konstanter Halteleistung eine geringere Steuerspannung gewählt, so steigt der Spulenstrom. Bei höherer Stromaufnahme steigt aber mit dem Strom auch der Spannungsfall an der Steuerleitung, d. h. die zulässige Leitungslänge wird geringer.

Der Spannungsfall an Steuerleitungen darf 5 % der Nennspannung nicht überschreiten.

Steuerstromkreise, die unmittelbar am Netz angeschlossen sind, dürfen einpolig geschaltet werden, wenn zur Stromversorgung aus dem Netz ein Außenleiter und der geerdete Neutralleiter verwendet wird **(Bild 1a)**. Betreibt man den Steuerstromkreis an zwei Außenleitern, oder an einem Außenleiter und einem nicht geerdeten Neutralleiter, muss der Steuerstromkreis zweipolig geschaltet werden **(Bild 1b)**.

Treten in einem nicht geerdeten Steuerstromkreis zwei räumlich getrennte Erdschlüsse auf, kann z. B. ein Schütz unbeabsichtigt einschalten **(Bild 2)**.

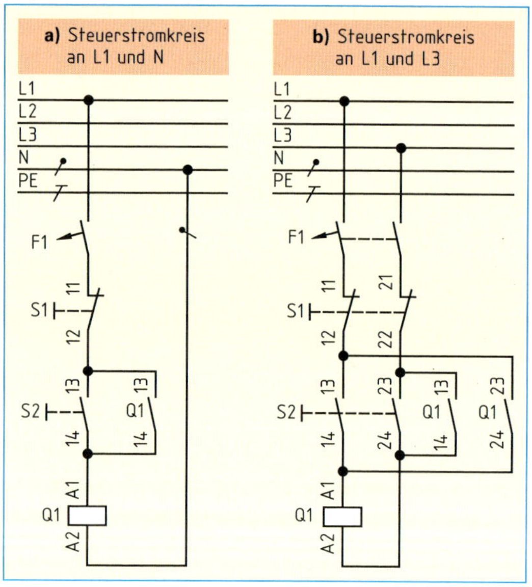


**Bild 1: Steuerstromkreis direkt am Netz**

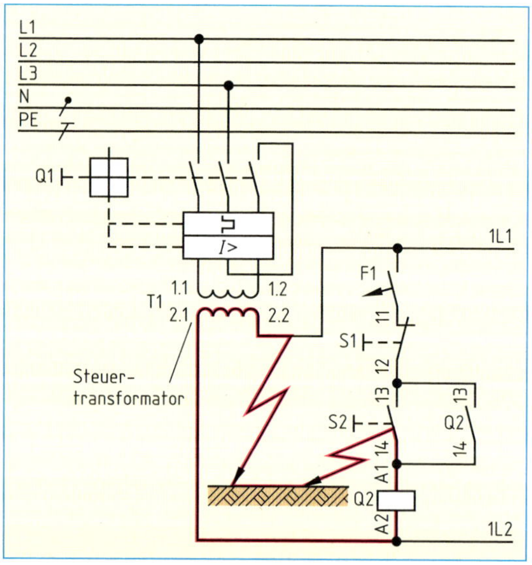


**Bild 2: Fehlfunktion durch Erdschlüsse im nicht geerdeten Steuerstromkreis**

Dieses unbeabsichtigte Einschalten ist aus Sicherheitsgründen verboten, und muss durch **einseitige Erdung des Steuerstromkreises** oder durch **Isolationsüberwachung** verhindert werden.

Durch einseitiges Erden des Steuerstromkreises wirkt ein Erdschluss wie ein Kurzschluss **(Bild 1)** und löst die vorgeschaltete Überstrom-Schutzeinrichtung aus. In Steuerstromkreisen mit Isolationsüberwachung erfolgt mit dem Auftreten des ersten Erdschlusses eine Meldung, beim Auftreten eines zweiten Isolationsfehlers die Abschaltung.

In einseitig geerdeten Steuerstromkreisen muss der Spulenanschluss A2 der elektromagnetischen Schaltgeräte direkt mit dem geerdeten Transformatoranschluss verbunden sein. Schaltelemente, die Spannung, z. B. an Spulen oder Steuertaster anlegen, sind mit dem nicht geerdeten Anschluss des Steuertransformators verbunden.

Bei der Verdrahtung von Steuerungen muss der mechanische Schutz der Leitungen durch die Verlegeart sichergestellt werden. Man verwendet dazu meist PVC-Verdrahtungskanäle, die man mit PVC-Spreiznieten auf der Montageplatte befestigt. Durch die geschlitzten Kanalseitenwände **(Bild 2)** lassen sich flexible Aderleitungen, z. B. H07V-K, schnell und sicher in die Kanäle einlegen.

Eine Beschädigung der Aderleitungen durch scharfe Kanten oder durch Druck auf die isolierten Leitungen, z.B. durch Verkleidungen oder Trageschienen, muss verhindert werden.

Leitungen, die nicht in Leitungskanälen verlegt sind, müssen ausreichend befestigt werden, z. B. durch Zusammenfassen mehrerer Aderleitungen zu einem Rundbund.

Leiter unterschiedlicher Stromkreise dürfen nebeneinander verlegt werden, z. B. im selben PVC-Verdrahtungskanal, wenn die einwandfreie Betriebsweise der entsprechenden Stromkreise gewährleistet ist. Werden diese Stromkreise mit unterschiedlichen Spannungen betrieben, müssen die Leiter z. B. durch geeignete Abdeckungen voneinander getrennt sein oder die Isolierung der verwendeten Leitungen muss mindestens der höchsten vorkommenden Spannung entsprechen.

Zur Farbkennzeichnung unterschiedlicher Stromkreise sind in DIN EN 60204-1 die in der Tabelle angegebenen Aderfarben vorgesehen. Ausnahmen zu den in der **Tabelle** genannten Aderfarben sind nur zulässig, wenn die angegebenen Aderfarben nicht zur Verfügung stehen, z. B. in Mehraderleitungen, jedoch nicht für den Schutzleiter PE.

Die Farbkombination grüngelb darf ausschließlich nur als Schutzleiter verwendet werden.

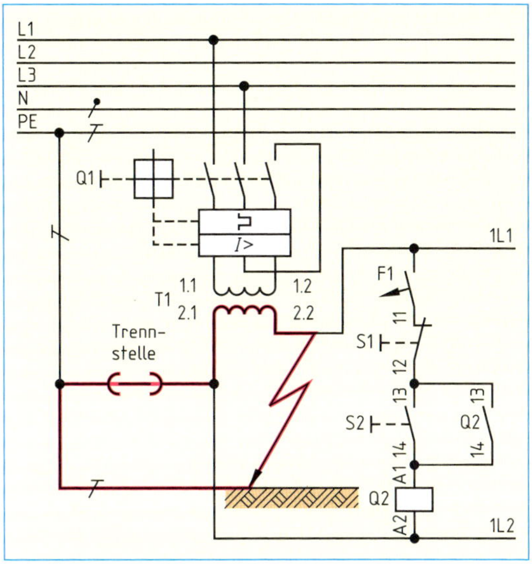


**Bild 1: Stromversorgung eines einseitig geerdeten Steuerstromkreises**

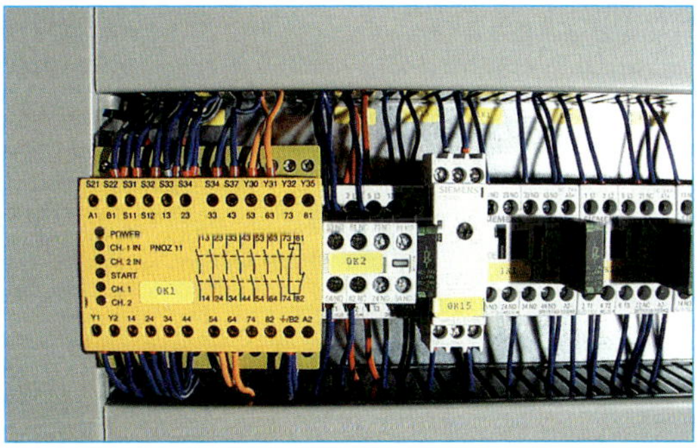

**Bild 2: Leitungsverlegung im Verdrahtungskanal**

**Tabelle: Farbkennzeichnung für Leiter** (nach DIN EN 60204-1)

| Farbe | Verwendung für: |
|---|---|
| schwarz | Hauptstromkreise für Wechsel- und Gleichstrom |
| rot | Steuerstromkreise für Wechselstrom |
| blau | Steuerstromkreise für Gleichstrom |
| orange | Verriegelungsstromkreise, die von einer externen Energieversorgung gespeist werden |
| hellblau | Kennzeichnung des Neutralleiters |
| grüngelb | Der Schutzleiter muss in seinem gesamten Verlauf grüngelb gekennzeichnet werden. |

## 6.6.2 Grundschaltungen mit Schützen

Bei der Erstellung einer Steuerung verbindet man z. B. Taster, Leuchtmelder und Schütze zu einer Schaltung. Man verwendet dazu Grundschaltungen, z. B. die Selbsthalte-, Folge- oder Verriegelungsschaltung, die entsprechend ergänzt oder erweitert werden.

**Zusätzliche Schaltstellen** erfordern den Einsatz weiterer Taster.

**AUS-Taster** werden durch eine Reihenschaltung von Öffnerkontakten erweitert, z. B. S1 und S2 in **Bild 1a.**

**EIN-Taster** erweitert man durch eine Parallelschaltung der Schließerkontakte, z. B. S3 und S4 in **Bild 1a.**

> AUS-Taster werden in Reihe geschaltet.
> EIN-Taster schaltet man parallel.

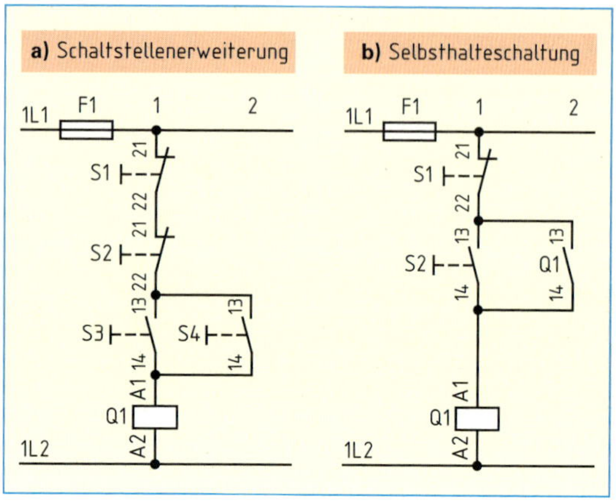


**Bild 1: Grundschaltungen mit Tastern und Schützen**

Bei der **Selbsthalteschaltung (Bild 1b)** wird eine Schützspule durch kurzzeitiges Betätigen des EIN-Tasters S2 an Spannung gelegt. Durch das aufgebaute Magnetfeld wird der Anker angezogen und betätigt die Hauptstrom- und Steuerkontakte. Dadurch wird der Schließerkontakt 13-14 von Q1 im Strompfad 2 **(Bild 1b)** geschlossen und überbrückt damit den EIN-Taster S2. Kehrt der EIN-Taster S2 nach der Betätigung wieder in seine Ruhelage zurück, hält sich das Schütz über den Schließerkontakt 13-14 (Selbsthaltekontakt) an Spannung. Zum Ausschalten des Schützes muss der AUS-Taster S1 kurzzeitig betätigt werden.

> Selbsthaltekontakte sind Schließer eines Schützes und werden parallel zu den EIN-Tastern geschaltet.

Bei Ausfall der Versorgungsspannung fällt das Schütz ab. Es kann danach nur durch eine erneute Betätigung des EIN-Tasters wieder eingeschaltet werden.

> Motoren an Maschinen dürfen nach DIN EN 60204-1 z.B. nach einem Netzausfall nicht selbsttätig wieder anlaufen.

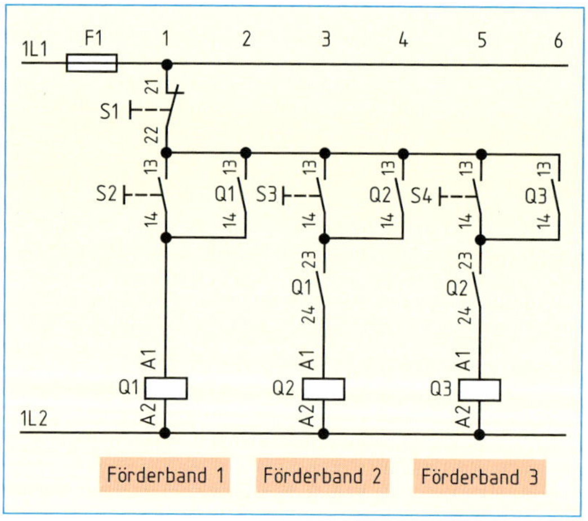


**Bild 2: Steuerstromkreis einer Folgeschaltung**

## 6.6.3 Folge- und Verriegelungsschaltung

**Folgeschaltung.** In dieser Schaltung sind Schaltvorgänge nur in einer festgelegten Reihenfolge möglich. In der Schaltung **Bild 2** kann Schütz Q2 nur einschalten, wenn der Schließerkontakt 23-24 von Schütz Q1 in Strompfad 3 geschlossen ist. In einer Steuerung für drei Förderbänder **(Bild 2)** wird das Förderband 1 (Q1) direkt eingeschaltet. Band 2 lässt sich erst dann einschalten, wenn Band 1 bereits in Betrieb ist. Das Förderband 3 kann nur eingeschaltet werden, wenn die Förderbänder 1 und 2 eingeschaltet sind.

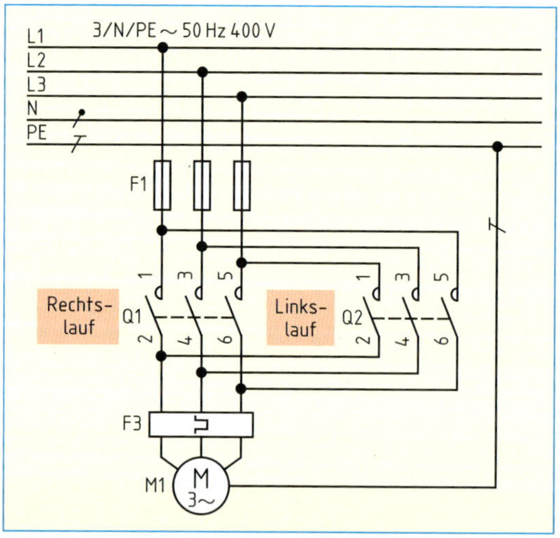


**Bild 3: Wendeschaltung (Hauptstromkreis)**

**Verriegelungsschaltungen** verhindern den gleichzeitigen Ablauf von zwei Schaltvorgängen. In einer Wendeschaltung **(Bild 1)** dürfen z.B. die Schütze Q1 (Rechtslauf) und Q2 (Linkslauf) nicht gleichzeitig einschalten, weil die Hauptstromkontakte durch den Tausch der Außenleiter L1 und L3 einen Kurzschluss verursachen würden **(Bild 3, Seite 104).** Ist Schütz Q1 in **Bild 1** eingeschaltet, so verhindert sein Verriegelungskontakt in Strompfad 4 (Öffner 21-22) das Anziehen von Schütz Q2.

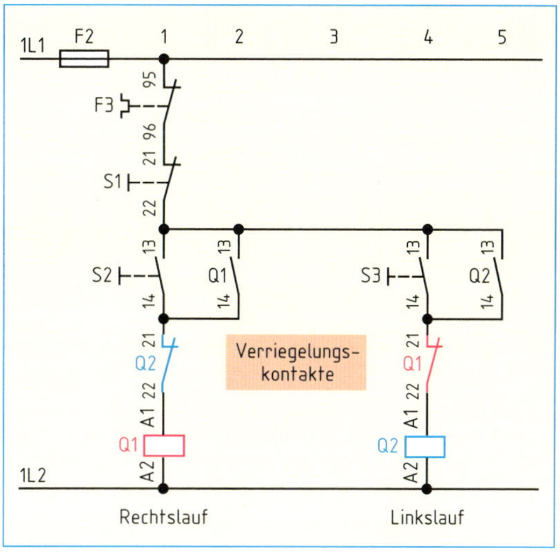


**Bild 1: Wendeschaltung mit Verriegelungskontakten**

## 6.6.4 Stern-Dreieck-Schaltung

Beim Einschalten von Drehstrommotoren wird der Bemessungsstrom eines Motors um ein Vielfaches überschritten. Die Verteilungsnetzbetreiber schreiben deshalb bei Drehstrommotoren mit einer Scheinleistung über 5,2 kVA oder bei Anlaufströmen über 60 A geeignete Anlassverfahren zur Verminderung des Anzugsstromes vor, z.B. Stern-Dreieck-Anlauf **(Bild 2).**

Anlassverfahren von Motoren: **Seite 308**

Ein Stern-Dreieck-Anlauf kann durch handbetätigte Schalter, z.B. Nockenschalter, oder durch eine Schützschaltung erreicht werden.

Thermische Überlastrelais, die in der Y-Δ-Schaltung vor die Motoranschlüsse geschaltet sind **(Bild 2),** werden auf den 0,58-fachen Wert des Motor-Bemessungsstromes eingestellt.

**Automatische Stern-Dreieck-Schützschaltung (Bild 2).** Durch Betätigung des Tasters S2 zieht das Schütz Q2 im Strompfad 5 an, gleichzeitig wird das Zeitrelais K1 im Strompfad 6 an Spannung gelegt. Die Hauptstromkontakte von Q2 (1-2, 3-4 und 5-6) schalten den Motor in Stern **(Bild 2).** Der Schließerkontakt 13-14 von Q2 im Strompfad 7 legt das Schütz Q1 im Strompfad 7 an Spannung. Die Selbsthaltung der Schütze Q1 und Q2 erfolgt im Strompfad 8 über den Schließerkontakt 13-14 von Q1. Durch die geschlossenen Hauptstromkontakte der Schütze Q1 und Q2 im Hauptstromkreis läuft der Motor in Stern-Schaltung an.

Nach Ablauf der eingestellten Verzögerungszeit von wenigen Sekunden zieht das Zeitrelais K1 an und unterbricht durch seinen Öffnerkontakt 15-16 im Strompfad 5 den Stromkreis von Q2. Durch den dadurch schließenden Kontakt 21-22 von Q2 im Strompfad 8 kann das Dreieckschütz Q3 anziehen. Der Motor läuft im Dreieck-Betrieb. Löst das thermische Überlastrelais F2 aus, fallen alle Schütze ab und der Leuchtmelder P1 leuchtet.

Eine Verriegelung muss sicherstellen, dass die Schütze für Stern- und Dreieck-Betrieb nicht gleichzeitig einschalten können.

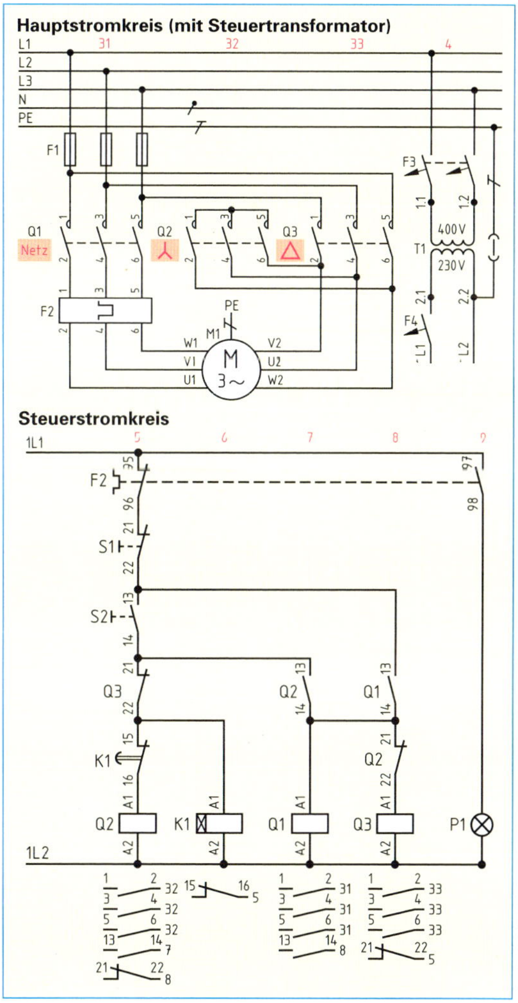


**Bild 2: Automatische Stern-Dreieck-Schützschaltung**

## Situationsbeschreibung:

Eine Schützsteuerung enthält einen Fehler. Es wurde festgestellt, dass die Meldeleuchte P2 nicht leuchtet. Mithilfe eines mehrseitigen Stromlaufplanes **(Bild)** ist zu klären, wie die Leuchte P2 angesteuert wird. Welche Mittel stehen zur Verfügung, um sich in den Schaltplänen zurechtzufinden? Die Seiten der Schaltpläne werden in nummerierte Schaltplanabschnitte, in sogenannte Strompfade unterteilt. Querverweise an den Kontaktbezeichnungen **(Bild)** benennen die Seite des Schaltplanes und den Strompfad, unter dem die zugeordnete Schützspule zu finden ist. Unter der Schützspule abgebildete Kontaktspiegel oder Kontakttabellen **(Bild)** zeigen die Kontaktbestückung der Schaltschütze und geben Hinweise auf die Strompfade, in denen die Schaltkontakte dargestellt sind.

- **Strompfade** kennzeichnen den direkten Stromweg zu einem Verbraucher. Um Verwechslungen auszuschließen, soll in jedem Strompfad möglichst nur ein Verbraucher, z. B. eine Schützspule, dargestellt werden.
- **Kontaktspiegel,** unter der Schützspule dargestellt, zeigen die Art und die Anzahl der Schützkontakte. An der Bezifferung ist zu erkennen an welcher Stelle der Kontakt im Schaltplan gezeichnet ist. Nicht bezeichnete Kontakte sind vorhanden, aber noch unbenutzt und können z. B. bei Änderungen oder Erweiterungen verwendet werden.
- **Kontakttabellen** zeigen, an welcher Stelle sich Hauptstrom- (H), Schließer- (S) und Öffner-Kontakte (Ö) des Schützes befinden. Die Kontaktbezeichnungen, z. B. 13-14, können jedoch nicht abgelesen werden.

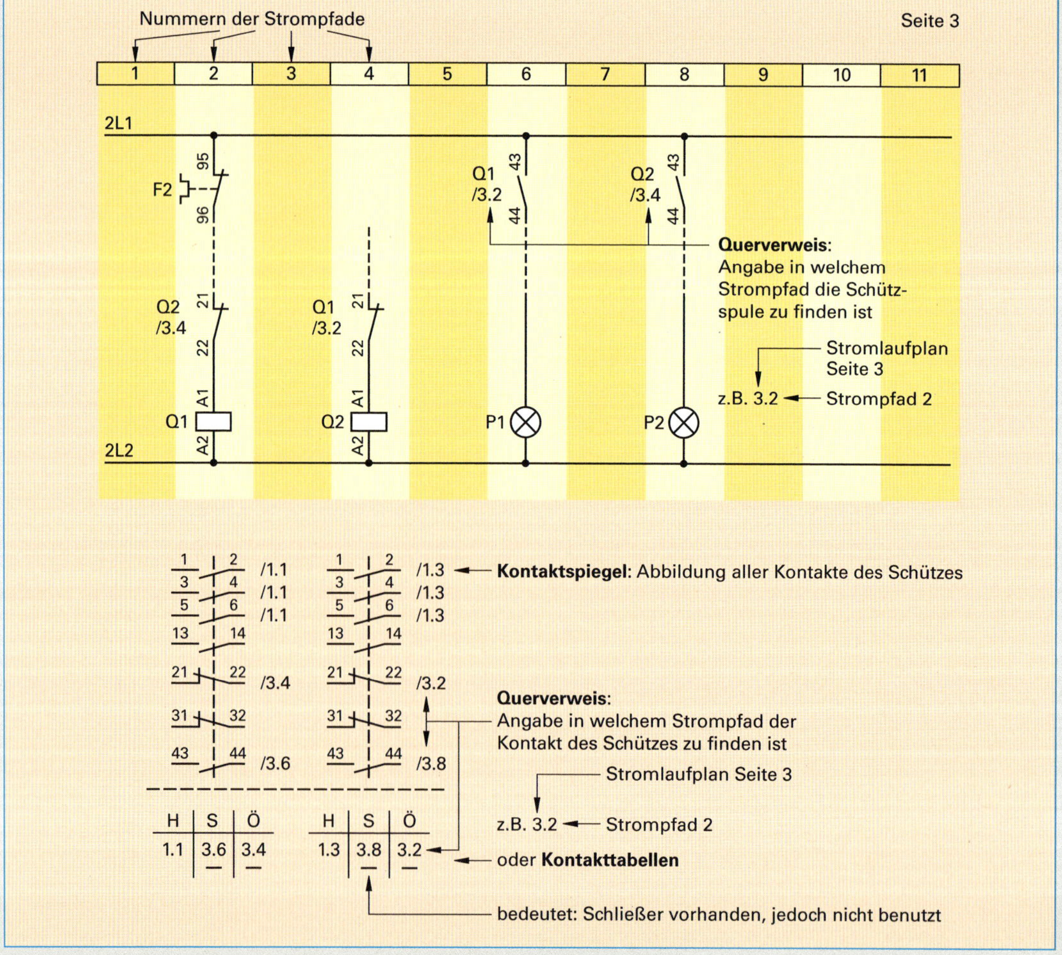


**Bild: Ausschnitt eines Stromlaufplanes mit Strompfaden und Querverweisen**

## 6.6.5 Dahlanderschaltung

Bei Drehstrommotoren mit zwei Drehzahlen im Verhältnis 1 : 2, z. B. 1440/2880 min$^{-1}$, wird die Ständerwicklung des Motors in Dahlanderschaltung ausgeführt. Für die niedere Drehzahl wird die Ständerwicklung in Dreieckschaltung, für die hohe Drehzahl in Doppelsternschaltung betrieben.

Dahlandermotoren: **Seite 311**

**Dahlanderschaltung mit Schützen.** Durch Betätigung des Tasters S2 **(Bild 2)** zieht das Schütz Q3 an und hält sich über den Kontakt 13-14 im Strompfad 1 selbst. Die Hauptstromkontakte Q3 **(Bild 1)** legen Spannung an die Klemmen 1U, 1V und 1W des Motors. Dadurch wird der Motor mit der niederen Drehzahl betrieben.

Das Einschalten der hohen Drehzahl erfolgt über den Taster S3. Dadurch zieht das Schütz Q2 (Doppelsternschütz) und über den Kontakt 13-14 von Q2 das Schütz Q1 (Netzschütz hohe Drehzahl) an. Die Selbsthaltung der Schütze Q1 und Q2 geschieht über den Kontakt 13-14 von Q1 im Strompfad 4. Um einen Kurzschluss im Hauptstromkreis zu verhindern, ist eine Verriegelung der Schütze Q2 (Doppelsternschütz) und Q3 (Netzschütz niedere Drehzahl) notwendig. Q2 verbindet die Motoranschlussklemmen 1U, 1V und 1W zum Sternpunkt. Die Klemmen 2U, 2V und 2W des Motors werden über die Hauptstromkontakte von Schütz Q1 an Spannung gelegt. Der Motor wird mit der hohen Drehzahl betrieben.

Bezeichnung der Motoranschlussklemmen:
- Niedere Drehzahl 1U, 1V, 1W.
- Hohe Drehzahl 2U, 2V, 2W.

Eine direkte Umschaltung von der niederen in die hohe Drehzahl ist nicht möglich, da der Selbsthaltekontakt 13-14 von Q3 auch den Öffnerkontakt 21-22 von S3 überbrückt. Eine Umschaltung der Drehzahlen kann nur nach Betätigung des AUS-Tasters S1 erfolgen.

Bei direkter Umschaltung der Drehzahlen sind die Selbsthaltekontakte 13-14 von Q3 bzw. 13-14 von Q1 so zu schalten, dass sie nur die Schließer der Steuertaster S2 bzw. S3 überbrücken.

Bei der Dahlanderschaltung ändert sich die Stromaufnahme des Motors mit der Drehzahl. Deshalb ist für jede Drehzahl ein eigenes Thermisches Überlastrelais erforderlich **(Bild 1)**.

### Wiederholungsfragen

1 **Welche Aufgaben haben Verriegelungskontakte in einer Schützschaltung?**

2 **In welchem Verhältnis stehen die beiden Drehzahlen bei der Dahlanderschaltung?**

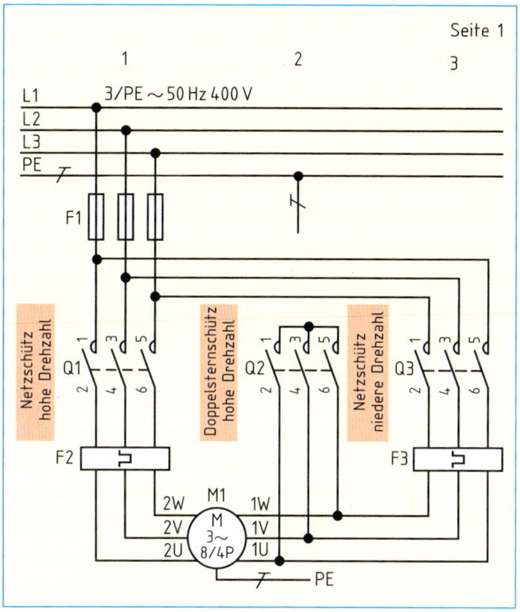


**Bild 1: Dahlanderschaltung (Hauptstromkreis)**

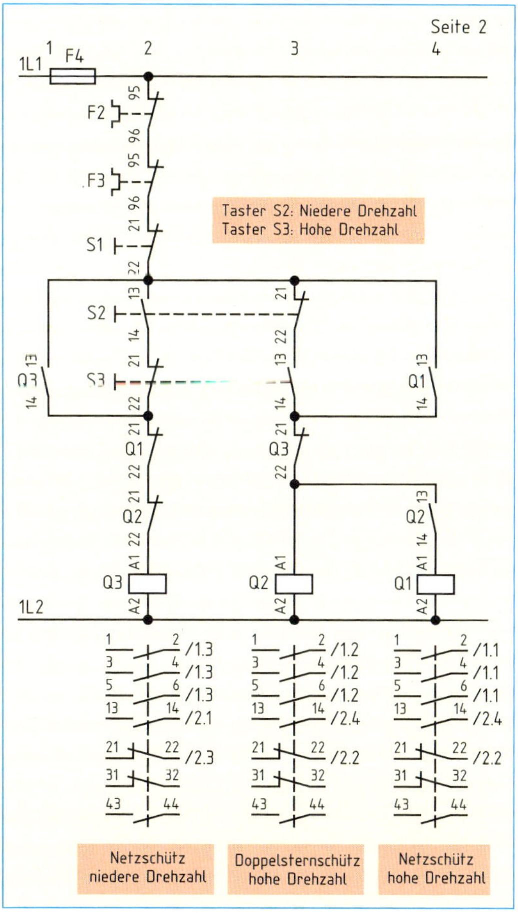


**Bild 2: Dahlanderschaltung (Steuerstromkreis)**

## 6.6.6 Klemmenplan

In elektrischen Steuerungen gehören zu den technischen Unterlagen auch Klemmenpläne **(Bild 3)**. Sie zeigen den Aufbau einer Klemmleiste und geben z. B. Auskunft über:

- die Nummerierung der Klemmen,
- eventuell vorhandene Brücken,
- die Anschlussklemmen der Betriebsmittel.

Ferner kann ein Klemmenplan Informationen über Leiterquerschnitt, Klemmentyp oder Planabschnitt des zugehörigen Stromlaufplans enthalten.

> Klemmenpläne sind bei der Montage der Steuerung und auch bei der Störungssuche eine wertvolle Hilfe.

Bei der Erstellung eines Klemmenplanes sind Kenntnisse über die Funktion und den Aufbau der Steuerung erforderlich. Anhand des Beispiels einer Ventilatorsteuerung mit zwei Bedienstellen für EIN und AUS und einer Störungsanzeige **(Bild 1)** wird der Aufbau eines Klemmenplanes erklärt.

Die Steuerung soll in einem Schaltschrank montiert werden **(Bild 2)**. Die Bedientaster (S1/S3 und S2/S4) sind in zweiteiligen Tastergehäusen eingebaut, die außerhalb des Schaltschrankes installiert sind. Der Leuchtmelder für die Störungsanzeige (P1) ist ebenfalls außerhalb des Schaltschrankes montiert. Der Ventilator (M1) ist in der Außenwand des Gebäudes eingebaut.

Beim Erstellen des Klemmenplanes ist die Klemmleiste so aufzubauen, dass alle externen Betriebsmittel (rot gekennzeichnet) sowie die internen Betriebsmittel im Schaltschrank über eine Klemme verbunden werden.

> Reihenklemmen sollten an jeder Klemmstelle mit nur einem Leiter belegt werden.

Als Klemmen werden meist Reihenklemmen verwendet, die auf einer Profilschiene eingerastet werden.

Alle Schaltungsunterlagen müssen aufeinander abgestimmt sein, z.B. muss die Verbindung von F2 Klemme 96 sowohl im Stromlaufplan als auch im Klemmenplan auf die Klemme 11 der Klemmleiste X1 geführt werden.

Durch die Zielangabe an den Anschlüssen der Klemmen, z.B. intern Q1:A1 und extern S3:14 an Klemme 17 (Klemme X1:17, **Bild 3**) wird z.B. die Fehlersuche erleichtert oder eine spätere Erweiterung der Steuerung vereinfacht.

Durch den Einsatz von Klemmleisten kann die Steuerung in der Werkstatt vorgefertigt werden. Der Anschluss der externen Betriebsmittel erfolgt dann auf der Baustelle vor Ort.

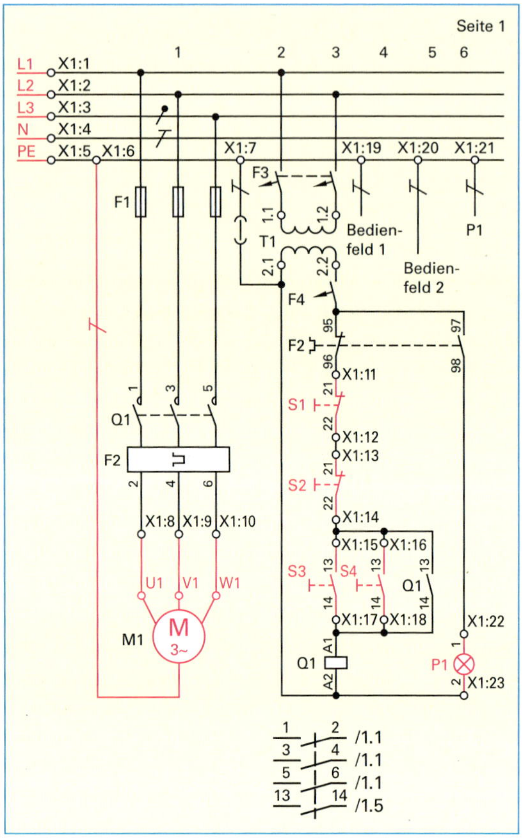


**Bild 1: Schaltung einer Ventilatorsteuerung**

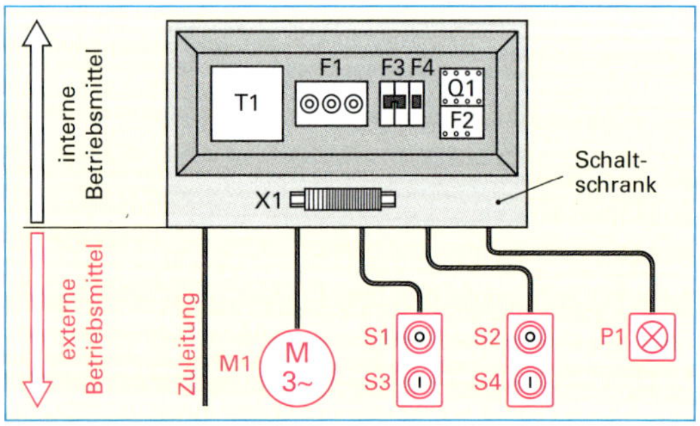


**Bild 2: Aufbau der Ventilatorsteuerung**

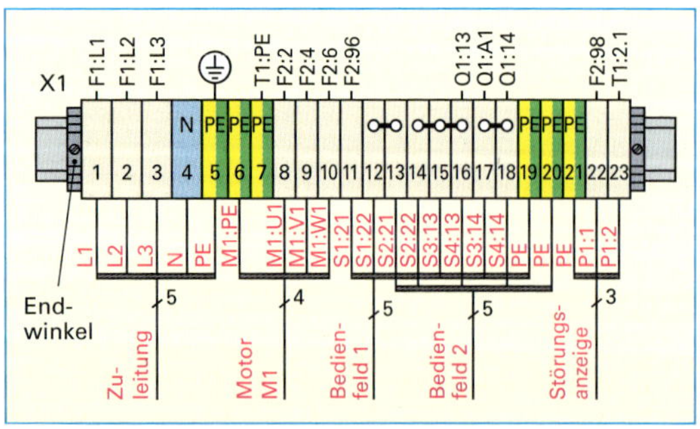


**Bild 3: Klemmenplan der Ventilatorsteuerung**

# 6.7 Kleinsteuerungen

Für kleine und einfache Steuerungsaufgaben in der Haus- und Installationstechnik, aber auch im Maschinen- und Apparatebau setzt man vielfach sogenannte Kleinsteuerungen ein **(Bild 1)**. Sie werden von den Herstellern auch als Steuerrelais, Logikmodul oder Kleinsteuergerät bezeichnet und finden dort Verwendung, wo der Einsatz einer speicherprogrammierbaren Steuerung nicht wirtschaftlich ist. Man setzt sie z. B. für Beleuchtungsanlagen, Torantriebe oder auch in Industriemaschinen ein.

Bei einer verdrahteten Steuerung muss jede Funktion durch einzelne Geräte verwirklicht werden, z. B. durch ein Zeitrelais für eine Verzögerungszeit.

Kleinsteuerungen können durch Programmierung eine Vielzahl von Funktionen übernehmen, z.B. die eines Zeitrelais **(Übersicht)**.

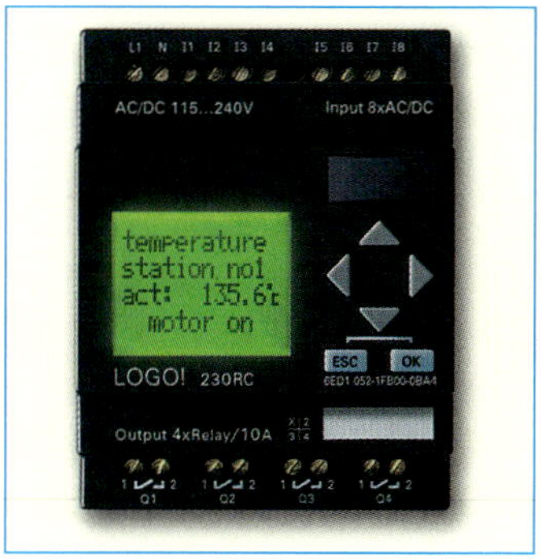


**Bild 1: Kleinsteuerung**

**Übersicht: Funktionen einer Kleinsteuerung (Auswahl)**

- Unterschiedliche Schaltuhren,
- mehrere Zeitrelais mit unterschiedlichen Funktionen,
- Hilfsschütze,
- Stromstoßschalter,
- Taktgeber,
- Zähler.

## 6.7.1 Aufbau, Einbau und Anschluss

Kleinsteuergeräte besitzen, ähnlich wie speicherprogrammierbare Steuerungen, einen Mikroprozessor, der die Abläufe im Inneren steuert. Er verwendet das Betriebssystem um die integrierten Funktionen zu erzeugen und arbeitet das im Programmspeicher befindliche Steuerungsprogramm ab.

Kleinsteuerungen sind zum Einbau in Verteilungen entworfen. Sie lassen sich auf einer handelsüblichen Hutschiene montieren. Der Platzbedarf entspricht etwa dem einer 4-poligen Fehlerstrom-Schutzeinrichtung (RCD). Kleinsteuerungen werden in verschiedenen Ausführungen für unterschiedliche Betriebsspannungen hergestellt, z. B. für Gleichspannung 24 V oder Wechselspannung 230 V.

Die für die Steuerungsaufgabe benötigten Befehlsgeräte (Sensoren) sowie die Ausgabegeräte (Aktoren) werden über Schraubklemmen an die Steuerung angeschlossen.

Die Betriebsspannung der Kleinsteuerung dient meist gleichzeitig der Spannungsversorgung der Sensoren **(Bild 2)**.

Die Befehlsgeräte, z.B. Taster oder Schalter, schalten logische Signalzustände, 0 oder 1, an die Eingangsklemmen.

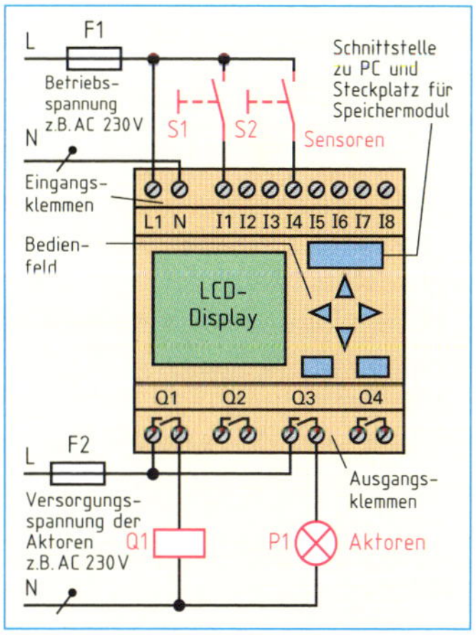


**Bild 2: Anschluss einer Kleinsteuerung**

Ein logischer Zustand „1" entsteht, wenn am entsprechenden Eingang Betriebsspannung angelegt wird. Liegt an einem Eingang keine Spannung an, bedeutet dies logischer Zustand „0".

Die Ausgänge von Kleinsteuerungen sind meist als Relaiskontakte ausgeführt, die von der Betriebsspannung und den Eingängen potenzialgetrennt sind. Dadurch ist ein direktes Schalten von Verbrauchern bzw. die Ansteuerung von Schaltschützen möglich. Für schnelle Schaltvorgänge sind auch Geräte mit Transistorausgängen lieferbar.

Zur Programmierung und zur Überwachung der Signalzustände an den Eingängen und Ausgängen besitzen Kleinsteuerungen meist ein **Bedienfeld** mit mehreren Tasten und ein **LCD-Display (Bild 2)**.

Geräte ohne Display und Bedienfeld verwendet man in Steuerungen bei denen während des Betriebs keine Programmänderung oder Änderung der eingestellten Werte (z. B. Zeit- oder Zählwerte) erfolgt. Der Betriebszustand wird durch eine eingebaute LED angezeigt.

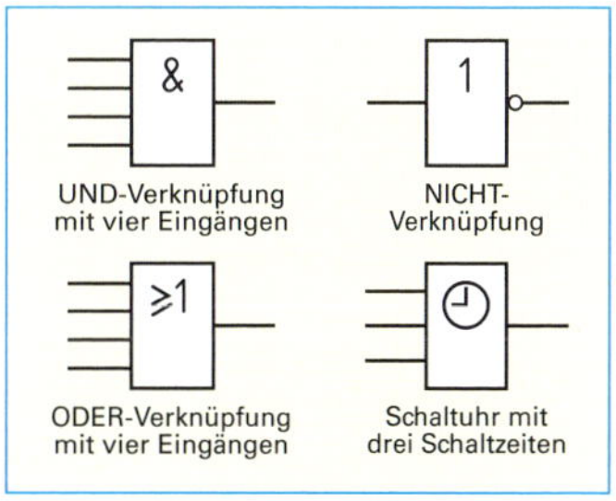


**Bild 3: Beispiele für Symbole von Verknüpfungen und Funktionen**

## 6.7.2 Programmierung

Die Programmierung einer Kleinsteuerung erfolgt meist mithilfe von Symbolen aus der Digitaltechnik, z.B. ODER, UND oder NICHT. Für Sonderfunktionen, z.B. Schaltuhren oder Zeitrelais, stehen eigene Symbole zur Verfügung **(Bild 3, Seite 109).**

> Ein Steuerungsprogramm entsteht durch die Kombination logischer binärer Verknüpfungen oder Sonderfunktionen der Kleinsteuerung.

Die Auswahl des jeweils benötigten Elementes geschieht direkt mittels Bedienfeld oder mithilfe eines angeschlossenen PC und der zugehörigen Programmiersoftware.

**Veränderliche Parameter,** z.B. die Verzögerungszeit eines Zeitrelais oder Schaltzeiten für Schaltuhren, werden ebenfalls durch eine Programmierung bestimmt.

**Anwendungsbeispiel:** In der Treppenhausschaltung eines Wohnhauses **(Bild 1)** ist der Treppenhaus-Zeitschalter Q1 defekt. Der Hauseigentümer möchte bei der Instandsetzung eine Ergänzung der Steuerung vornehmen lassen.

**Aufgabe:** Es soll erreicht werden, dass eine Umschaltung von zeitgesteuerter Beleuchtung auf Dauerlicht in jeder Etage durch die Betätigung des Lichttasters ermöglicht wird. Ein kurzzeitiges Betätigen eines Lichttasters bewirkt zeitgesteuerte Beleuchtung, eine Betätigung über mindestens zwei Sekunden bewirkt eine Umschaltung auf Dauerlicht. Eine erneute Betätigung über mindestens zwei Sekunden schaltet von Dauerlicht wieder auf zeitgesteuerte Beleuchtung zurück.

**Lösung:** Zur Erfüllung dieser Forderung ist bei konventioneller Verdrahtung zusätzlich zum bestehenden Treppenhaus-Zeitschalter mindestens ein ansprechverzögertes Zeitrelais (K1) und ein Stromstoßschalter (Q2) notwendig **(Bild 2).**

Verwendet man für die Steuerungsaufgabe eine Kleinsteuerung, können alle Funktionen durch eine Programmierung realisiert werden. Bei Verwendung eines PC mit entsprechender Software kann das Steuerungsprogramm mithilfe von Symbolen direkt am Bildschirm erstellt werden **(Bild 3).**

Der Anschluss der Kleinsteuerung ist ebenfalls leicht durchzuführen, da an der Installation im Treppenhaus keine Änderung vorgenommen werden muss. Lediglich bei der Verdrahtung innerhalb der Verteilung sind geringe Änderungen notwendig **(Bild 4).**

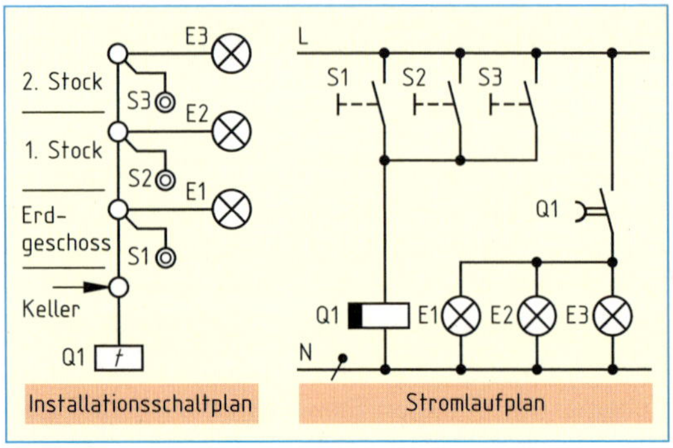


**Bild 1: Treppenhausschaltung eines Wohnhauses**

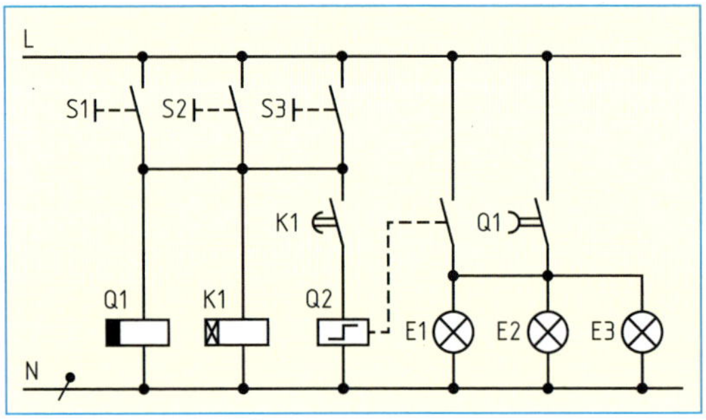


**Bild 2: Erforderliche Änderung für neue Funktion**

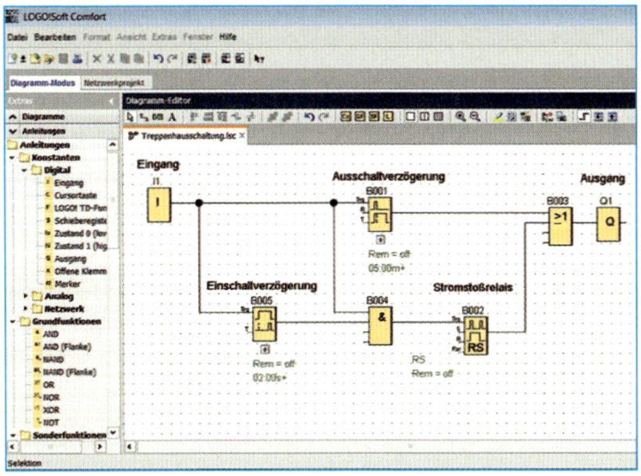


**Bild 3: Programmiersoftware für Kleinsteuerung mit Steuerungsprogramm für Treppenhausschaltung**

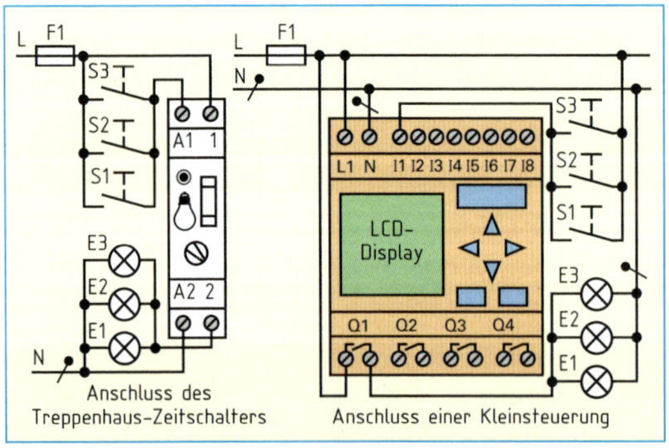


**Bild 4: Änderung im Anschluss der Steuergeräte**

# 6.8 Speicherprogrammierbare Steuerungen (SPS)

Die Funktion verdrahteter Steuerungen kann man nur durch eine Änderung in der Verdrahtung beeinflussen. Solche Steuerungen bezeichnet man auch als verbindungsprogrammierte Steuerungen (VPS).

Speicherprogrammierbare Steuerungen (SPS) sind frei programmierbar. Eine Funktionsänderung wird durch eine Änderung des Programms erreicht.

## 6.8.1 Aufbau einer SPS

**Bild 1** zeigt den prinzipiellen Aufbau einer SPS. Ein Mikroprozessor steuert die Abläufe innerhalb der SPS. Der Mikroprozessor ist mit den Ein- und Ausgabebaugruppen, den Merkern, den Zeitgebern, den Zählern und dem Programmspeicher über Busleitungen verbunden. Mithilfe eines Programmiergeräts wird das Steuerungsprogramm in den Programmspeicher **(Bild 1)** eingegeben.

Das Programm der Steuerungsaufgabe wird im Programmspeicher der SPS abgelegt.

**Merker** sind interne Speicher, die zur Ablage von Verknüpfungs- oder Zwischenergebnissen dienen.

**Zähler** und **Zeitgeber** werden von der Zentraleinheit gesteuert und können bei Bedarf im Steuerungsprogramm verwendet werden.

Die von den Sensoren, z. B. Taster, gelieferten Signalzustände liegen an der Eingabebaugruppe an. Die Aktoren, z. B. Schütze oder Leuchtmelder, werden von der Ausgabebaugruppe angesteuert.

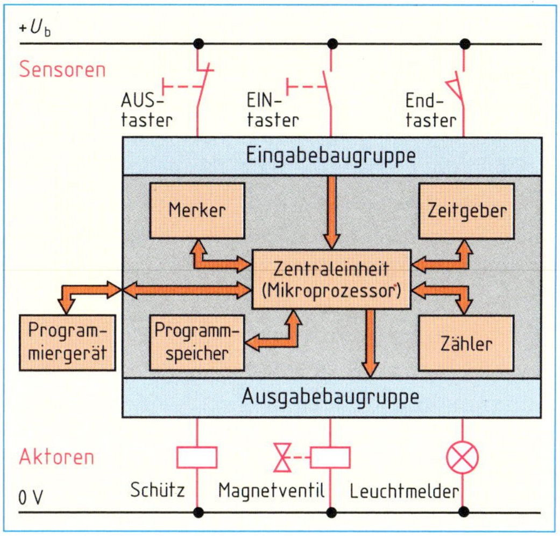


**Bild 1: Aufbau einer SPS**

## 6.8.2 Anschluss einer SPS

Die Spannungsversorgung der SPS erfolgt durch ein Netzteil, das an die Netzspannung angeschlossen ist **(Bild 2)**. Die Ausgangsspannung des Netzteils (DC 24 V) kann zusätzlich an den vorhandenen Anschlussklemmen entnommen werden, z. B. zur Spannungsversorgung der Sensoren und Aktoren.

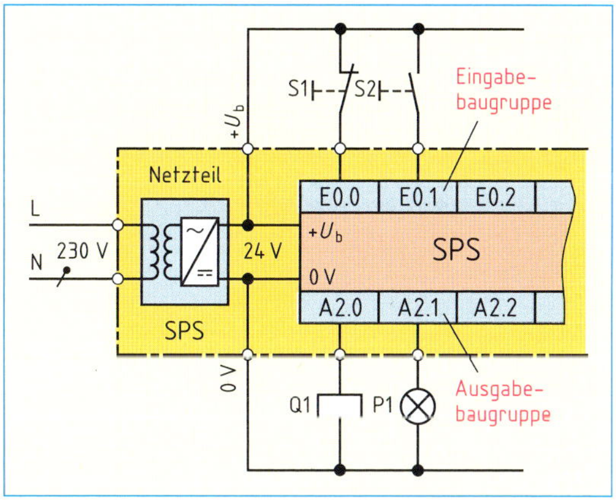


**Bild 2: Anschluss und Beschaltung einer SPS**

Jeder Signalgeber (Sensor) wird einzeln an einen Eingang der SPS angeschlossen und mit der Steuerspannung verbunden.

Die von den Sensoren gelieferten Signalzustände an den Eingängen werden durch Optokoppler zur Verarbeitung übertragen **(Bild 3)**.

SPS-Hersteller bieten wahlweise eine Beschaltung der Ausgänge mit Halbleitern (z. B. Transistoren) oder Relais an **(Bild 3)**. Bei Relaisausgängen sind die Schaltkontakte direkt und damit spannungsunabhängig (potenzialfrei) nach außen geführt **(Bild 3)**.

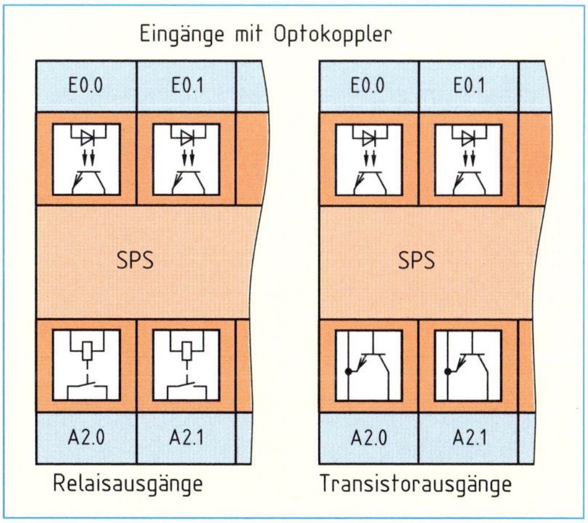


**Bild 3: Eingabe- und Ausgabegruppen einer SPS**

## 6.8.3 Arbeitsweise einer speicherprogrammierbaren Steuerung

Das Flussdiagramm in **Bild 1** verdeutlicht die zyklische Bearbeitung eines Steuerungsprogrammes.

- Nach dem Programmstart werden nacheinander die Signalzustände aller Eingänge gelesen und im Speicher der Steuerung als Prozessabbild der Eingangssignale (PAE) abgelegt.
- Anschließend werden die logischen Verknüpfungen des im Programmspeicher befindlichen Programmes schrittweise abgearbeitet (serielle Programmbearbeitung).
- Während der Bearbeitung werden die Verknüpfungsergebnisse (VKE) im Speicher als Prozessabbild der Ausgangssignale (PAA) hinterlegt.
- Beim Erreichen des Programmendes wird die Bearbeitung des Programms beendet und die im PAA gespeicherten Ausgangssignale werden an die Ausgabebaugruppe übertragen.
- Danach beginnt ein neuer Bearbeitungszyklus mit dem Einlesen und Speichern der Eingangssignale.

Bei der Ausführung einer Steuerungsaufgabe wird das Programm durch den Mikroprozessor der Zentraleinheit regelmäßig wiederkehrend (zyklisch) abgearbeitet.

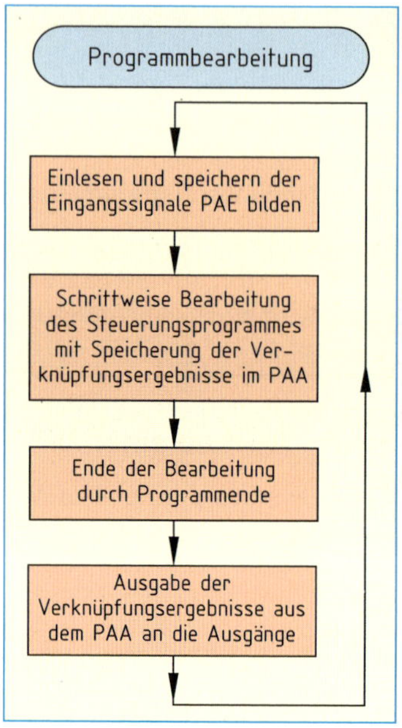


**Bild 1: Arbeitsweise einer SPS**

## 6.8.4 Programmierung einer speicherprogrammierbaren Steuerung

Im Gegensatz zur verbindungsprogrammierten Steuerung (VPS) sind bei der SPS weder die Sensoren (Signalgeber) noch die Aktoren (z. B. Schütze) untereinander direkt verbunden.

Die SPS ermittelt aus den Signalzuständen an den Eingängen und den logischen Verknüpfungen des Steuerungsprogrammes die Signalzustände der Ausgänge.

Bei einer SPS wird das Zusammenwirken der Sensoren und Aktoren nur durch das Steuerungsprogramm bestimmt.

Eine Programmierung kann in verschiedenen Programmiersprachen erfolgen, z. B. textförmig als Anweisungsliste (AWL) oder Strukturierter Text (ST) sowie grafisch als Kontaktplan (KOP), Funktionsplan (FUP) oder Ablaufsprache (AS) **(Bild 2)**.

Zur Programmierung einer SPS verwendet man ein Handprogrammiergerät oder einen Personalcomputer (PC) mit zugehöriger Programmier-Software, z. B. STEP 7.

**Funktionsplan (FUP).** Der Funktionsplan stellt die Steuerungsaufgabe mithilfe von grafischen Symbolen dar. Hierzu werden die Symbole der Digitaltechnik verwendet **(Bild 3)**.

Die Eingangssignale und die Signalzustände z. B. von Merkern, Zeitgebern oder Ausgängen beeinflussen die Steuerungsaufgabe entsprechend der verwendeten digitalen Verknüpfungen.

In der Funktionsplan-Darstellung ist eine Programmierung komplexer Funktionen übersichtlich und leicht nachvollziehbar.

Für die grafische Programmierung in der FUP-Darstellung ist der Einsatz eines Personalcomputer (PC) erforderlich.

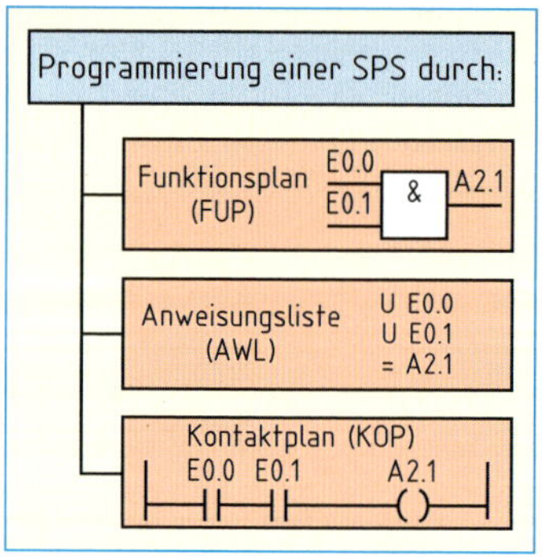


**Bild 2: Programmiersprachen einer SPS (Auszug)**

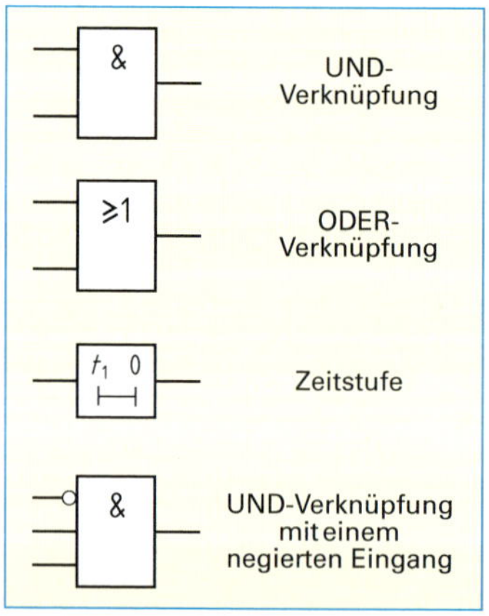


**Bild 3: Symbole eines Funktionsplans (Beispiele)**

**Anweisungsliste (AWL).** Bei der Anweisungsliste wird nicht mit grafischen Symbolen gearbeitet, sondern mit Steuerungsanweisungen. Sie bestehen aus Kurzzeichen für die Operationen und den Operanden **(Tabelle 1).** Die vollständige Bezeichnung eines Operanden besteht aus einem Operanden-Kennzeichen und einer Ordnungsziffer, z.B. E0.1.

Eine Operation bestimmt, was zu tun ist. Der Operand gibt an, mit wem die Operation durchzuführen ist.

Eine Programmierung in AWL erfordert nicht zwingend einen PC, ein Handprogrammiergerät ist ausreichend, jedoch bei umfangreichen Programmierungen wegen fehlender Übersichtlichkeit nicht zu empfehlen.

**Kontaktplan (KOP).** Der Kontaktplan wurde zur grafischen Darstellung einer Automatisierungsaufgabe entwickelt. Er verwendet Symbole zur Abfrage des Signalzustandes der Eingänge, Merker, Zeitgeber und Zähler sowie für die Zuweisung eines Verknüpfungsergebnisses (VKE) **(Tabelle 2).**

Der Kontaktplan sieht dem Stromlaufplan einer VPS sehr ähnlich. Die Strompfade werden im KOP waagerecht dargestellt.

**Tabelle 1: Beispiele für Kurzzeichen einer AWL**

| | |
|---|---|
| **Operationen** | |
| U | UND-Verknüpfung |
| O | ODER-Verknüpfung |
| UN | negierter Eingang einer UND-Verknüpfung |
| = | Zuweisung eines VKE zu einem Operanden |
| S | Setzen eines Operanden |
| R | Rücksetzen eines Operanden |
| **Operanden-Kennzeichen** | |
| E | Eingang |
| A | Ausgang |
| M | Merker |
| T | Zeitstufe |
| Z | Zähler |

**Tabelle 2: Beispiele von Symbolen eines KOP**

| | |
|---|---|
| —\| \|— | Abfrage des Signalzustandes |
| —\|/\|— | Negierte Abfrage des Signalzustandes |
| —( )— | Zuweisung eines Verknüpfungsergebnisses (VKE) |

## 6.8.5 Sicherheitstechnische Anforderungen an speicherprogrammierbare Steuerungen (DIN EN 60204-1/VDE 0113-1)

Die im Eingangssignalspeicher hinterlegten Signalzustände können bei jeder SPS direkt oder negiert abgefragt werden. Eine Negation bewirkt eine Umkehr des Signalzustandes, d.h. aus einem 1-Signal an der Eingangsebene wird ein 0-Signal bei der Programmbearbeitung und umgekehrt.

Um eine **betriebssichere Programmierung** der Signalgeber sicherzustellen, gelten die nachfolgenden Festlegungen.

Einschaltbefehle sind durch Anlegen eines 1-Signales an die SPS zu verwirklichen. Die Signalgabe erfolgt durch Betätigung eines Schließers am Eingang der SPS (Arbeitsstromprinzip).

Die Einschaltbefehle der Anlage in **Bild 1** werden über die Taster S1 und S2 an die Eingänge der SPS geführt.

Tritt z.B. zwischen Taster S2 und SPS ein Drahtbruch auf, ist ein erneutes Einschalten der Anlage nicht mehr möglich. Das Ausschalten wird dabei nicht verhindert.

Ausschaltbefehle sind durch Anlegen eines 0-Signales an die SPS zu verwirklichen. Die Signalgabe erfolgt durch Betätigung eines Öffners am Eingang der SPS (Ruhestromprinzip).

Ein Ausschalten der Anlage in **Bild 2** erfolgt entweder durch den Taster S3 oder durch den Taster S4.

Beim Auftreten eines Drahtbruches, z.B. vor dem Eingang E0.3, steht dadurch das gleiche Signal wie bei einer Betätigung des AUS-Tasters S4 zur Verfügung. Die Steuerung arbeitet **drahtbruchsicher.**

Da beim Auftreten eines Fehlers das Ausschalten nicht verhindert werden darf, sind Ausschaltbefehle vorrangig vor Einschaltbefehlen zu behandeln.

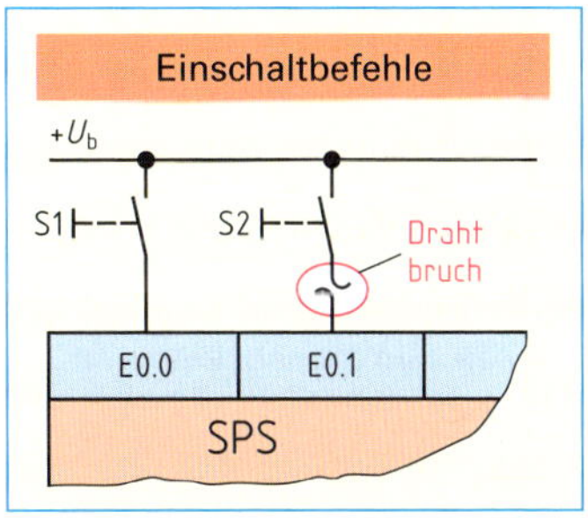


**Bild 1: Anschluss von EIN-Befehlsgeräten**

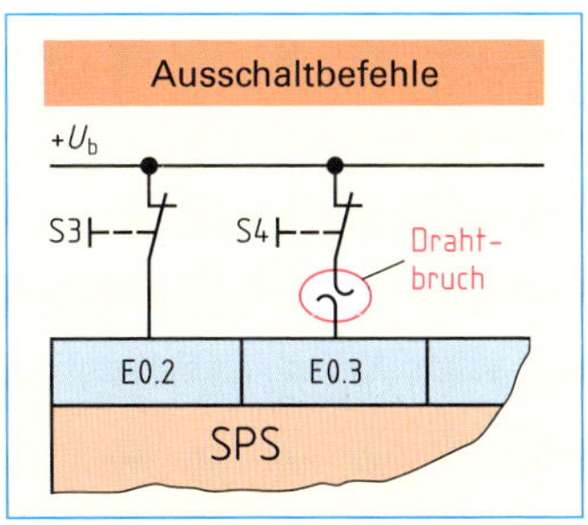


**Bild 2: Anschluss von AUS-Befehlsgeräten**

**Verriegelungskontakte.** In Steuerschaltungen, die eine Verriegelung von Funktionen verlangen, z. B. in Wendeschaltungen, muss auch eine Verriegelung der Ausgangssignale im Programm durchgeführt werden. Da ein Steuerungsprogramm nur auf die interne Verriegelung reagieren kann, werden mechanische Fehler, wie z. B. verschweißte Kontakte (Kleben eines Schützes), nicht erkannt. Aus diesem Grund ist eine zusätzliche Verriegelung durch Öffnerkontakte zwischen den Ausgängen der SPS und den anzusteuernden Relais oder Schützen erforderlich (Schützverriegelung **Bild 1**).

**Folgekontakte.** In Steuerungsaufgaben, die vom Schaltzustand eines Relais oder Schützes abhängen, z. B. bei Folgeschaltungen **(Seite 104)**, müssen die Schaltzustände der Relais oder Schütze durch Steuerkontakte an die Eingänge der SPS geführt werden. Folgekontakte, die nur intern programmiert sind, schalten während des Programmablaufs weiter, sie registrieren aber nicht, ob die angeschlossenen Betriebsmittel ihre geforderte Funktion erfüllen.

**NOT-AUS-Einrichtungen.** Fehler in einer Steuerung dürfen weder Menschen, noch die Anlage oder Produktionsgüter gefährden oder beschädigen (DIN EN 60204-1). Deshalb müssen NOT-AUS-Einrichtungen alle Ausgänge der SPS gemeinsam, oder mithilfe von Hilfsschützen gruppenweise, spannungsfrei schalten. Dies wird z. B. durch Unterbrechen der Ausgangsspannung erreicht **(Bild 2)**. Eine alleinige Abschaltung durch das Steuerungsprogramm der SPS ist nach DIN EN 60204-1 nicht zulässig.

NOT-AUS-Einrichtungen müssen die Spannungsversorgung von gefahrbringenden Anlagenteilen unverzögert abschalten.

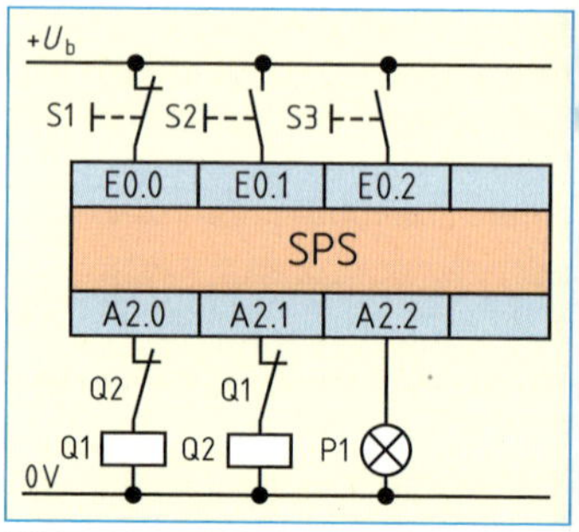


**Bild 1: Verriegelungskontakte an den Ausgängen einer SPS**

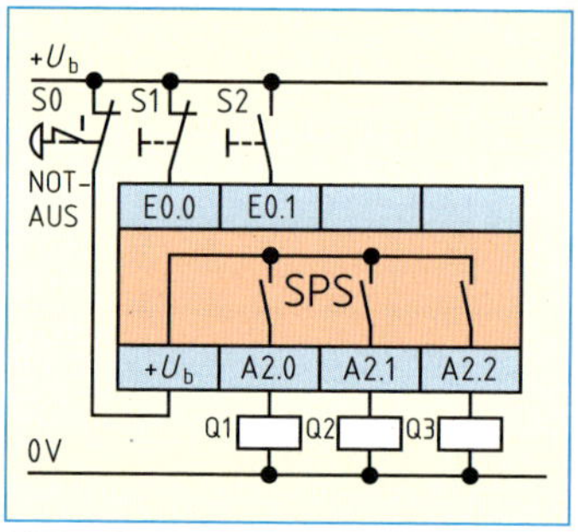


**Bild 2: NOT-AUS-Abschaltung der Ausgangsspannung**

## 6.8.6 Strukturierte Programmierung

Umfangreiche Steuerungen können übersichtlich dargestellt werden, wenn man das Programm in einzelne Bausteine aufteilt, z. B. Organisationsbaustein, Funktionen oder Funktionsbausteine **(Übersicht)**. **Organisationsbausteine** (OB) übernehmen die Organisation in der Programmbearbeitung. Der Baustein OB1 wird z. B. vom Betriebssystem des Automatisierungssystems automatisch zyklisch aufgerufen. Im Organisationsbaustein können Unterprogramme, die in Funktionen oder in Funktionsbausteinen stehen, mit dem Befehl CALL (Aufruf) aufgerufen werden, z. B. CALL FC1 **(Bild 3)**. Organisationsbausteine dienen auch der Alarm- bzw. der Fehlermeldung. Organisationsbausteine haben unterschiedliche Prioritätsklassen[1]. Der Organisationsbaustein 1 hat die niedrigste Prioritätsklasse 1 und kann von jedem OB mit höherer Prioritätsklasse, z. B. von einem Alarm-OB, unterbrochen werden.

Um innerhalb von Bausteinen die Übersicht zu erhöhen, werden Programmabschnitte in Netzwerke unterteilt **(Seite 116, Bild 2)**.

**Funktionen** (FC) beinhalten das eigentliche Steuerungsprogramm der SPS, z. B. in der Darstellung Anweisungsliste (AWL) oder Funktionsplan (FUP). Funktionen werden von anderen Bausteinen, z. B. vom Organisationsbaustein OB1, mit den Befehlen CALL (Aufruf), UC (unbedingter Aufruf) aufgerufen. Mit der Funktion CC kann z. B. eine Funktion bedingt, d. h. abhängig von einem definierten Verknüpfungsergebnis, aufgerufen werden **(Bild 4)**.

[1] Priorität (lat.) = Vorrang, Vorzug

**Übersicht: Wichtige Bausteine zur strukturierten Programmierung**

- OB: Organisationsbausteine
- FC: Funktionen
- FB: Funktionsbausteine
- DB: Datenbausteine
- SDB: Systemdatenbausteine

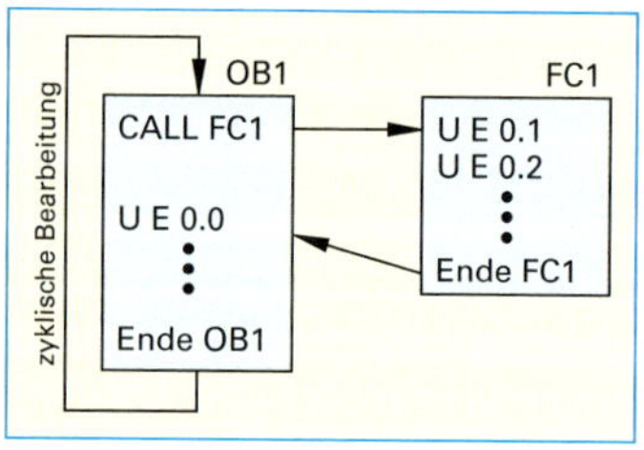


**Bild 3: Aufruf einer Funktion mit dem Befehl CALL**

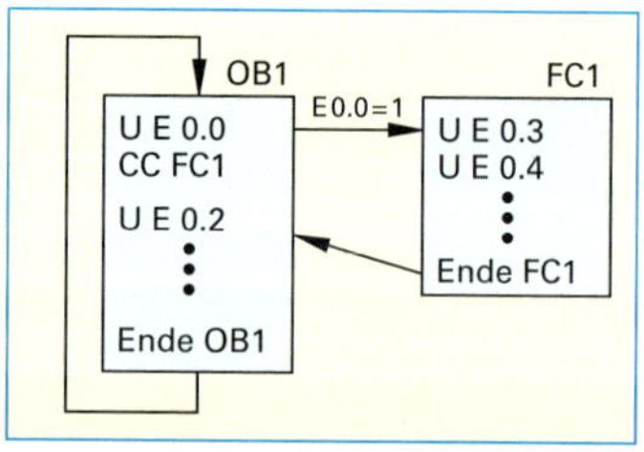


**Bild 4: Bedingter Aufruf einer Funktion mit dem Befehl CC**

**Funktionsbausteine** (FB) können ebenfalls Teile des Steuerungsprogramms enthalten. Dabei können Teilergebnisse des Programms oder Daten, z. B. der Füllstand eines Behälters, zwischengespeichert und bei einem späteren Aufruf des Funktionsbausteins wieder verarbeitet werden.

Zum speichern der Daten von Funktionsbausteinen sind **Datenbausteine** (DB) erforderlich, die dem jeweiligen Funktionsbaustein zugeordnet werden. Datenbausteine dienen ausschließlich der Speicherung von Daten. In ihnen dürfen sich keine Programmbefehle, z. B. U E0.1, befinden. Die dem Funktionsbaustein zugeordneten Datenbausteine bezeichnet man als **Instanzdatenbausteine.**

**Systemdatenbausteine** (SDB) werden vom Anwender nicht selbst geschrieben, sie sind im Betriebssystem der CPU enthalten und werden bei der Hardwarekonfiguration mit den Konfigurationsdaten der verwendeten Baugruppen, z. B. Stromversorgungsbaugruppe, CPU, Eingabebaugruppen oder Ausgabebaugruppen editiert **(Bild 1).**

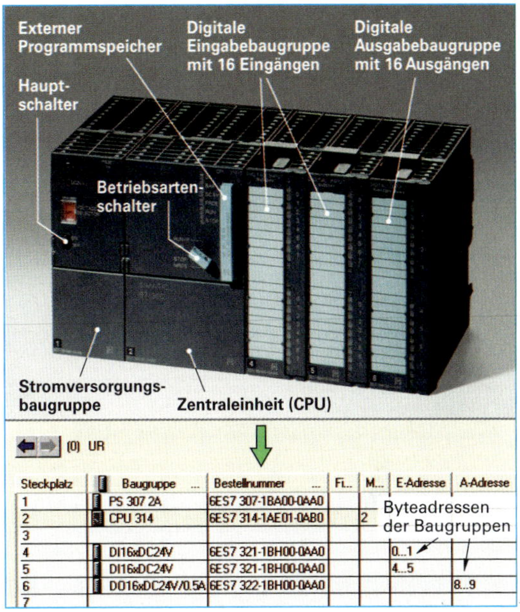


| Steckplatz | Baugruppe ... | Bestellnummer ... | Fi... | M... | E-Adresse | A-Adresse |
|---|---|---|---|---|---|---|
| 1 | PS 307 2A | 6ES7 307-1BA00-0AA0 | | | | |
| 2 | CPU 314 | 6ES7 314-1AE01-0AB0 | | 2 | | |
| 3 | | | | | | |
| 4 | DI16xDC24V | 6ES7 321-1BH00-0AA0 | | | 0...1 | |
| 5 | DI16xDC24V | 6ES7 321-1BH00-0AA0 | | | 4...5 | |
| 6 | DO16xDC24V/0.5A | 6ES7 322-1BH00-0AA0 | | | | 8...9 |
| 7 | | | | | | |

**Bild 1: Hardwarekonfiguration einer SPS (Beispiel)**

## 6.8.7 Anwendungsbeispiel

Zum Erstellen eines SPS-Programms ist eine vollständige und eindeutige Aufgabenstellung erforderlich. Außerdem sind für Wartungs- oder Instandhaltungsarbeiten die Schaltungsunterlagen der speicherprogrammierbaren Steuerung und eine Beschreibung der Anlage unerlässlich.

**Aufgabe:**

Die verdrahtete (verbindungsprogrammierte) Steuerung eines Motors in Dahlanderschaltung **(Bild 2)** ist durch eine speicherprogrammierbare Steuerung zu ersetzen.

Der Stromlaufplan der bestehenden Dahlanderschaltung ist vorgegeben **(Bild 3).**

**Lösung:**

Zunächst werden anhand der vorgegebenen Schaltungsaufgabe die benötigten Betriebsmittel und deren Anschluss an die Ein- und Ausgabebaugruppen der SPS festgelegt. Zur besseren Übersicht erstellt man eine Zuordnungsliste **(Bild 1, Seite 116).** Sie kann zusätzlich mit den Symbolen der gewählten Betriebsmittel und mit erläuternden Kommentaren ergänzt werden.

Verwendet man zur Programmerstellung einen PC, kann das Steuerungsprogramm, abhängig von der verwendeten Software, in den Darstellungen AWL, KOP oder FUP erstellt werden **(Bild 2, Seite 116).** Bei späteren Programmbearbeitungen mit einem PC lässt sich dann das Steuerungsprogramm in jede beliebige Darstellung umwandeln, z. B. AWL in FUP.

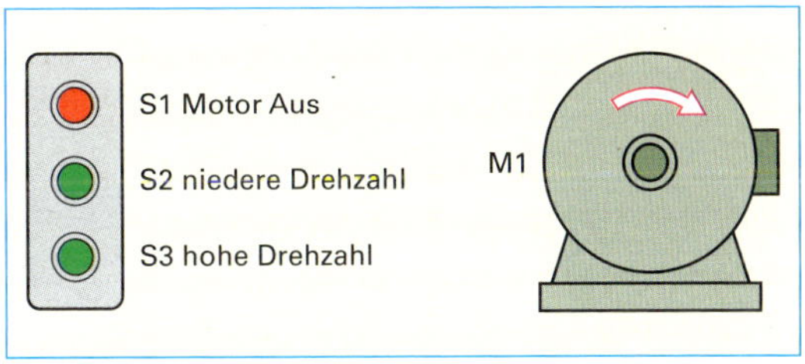


**Bild 2: Technologieschema der Motorsteuerung mit Dahlanderschaltung**

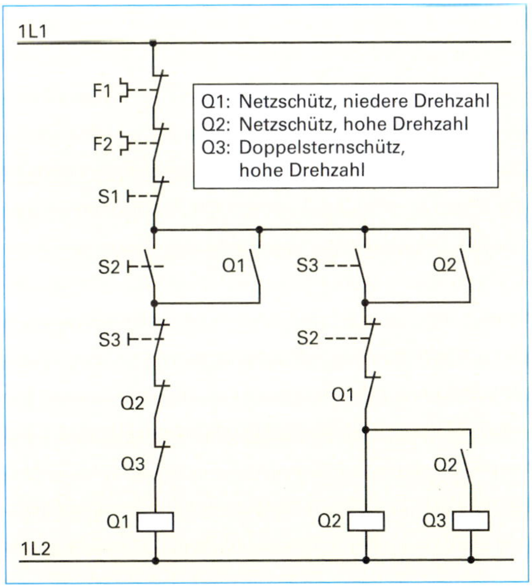


**Bild 3: Stromlaufplan Steuerstromkreis der Dahlanderschaltung**

a)

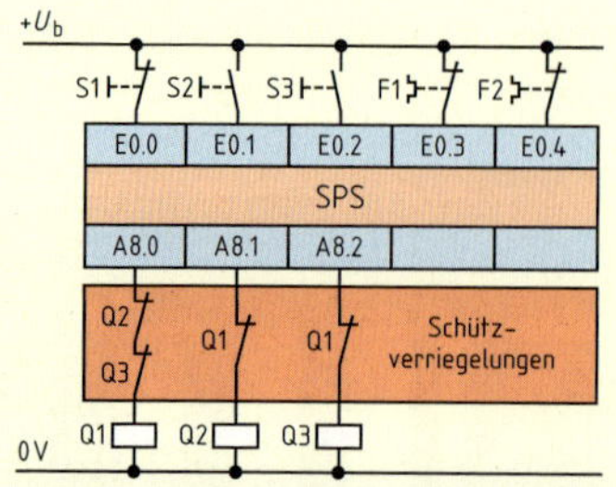


b)

| Symbol | Adresse | Datentyp | Kommentar |
|---|---|---|---|
| S1 | E0.0 | Bool | Motor AUS |
| S2 | E0.1 | Bool | Rechtslauf, niedere Drehzahl |
| S3 | E0.2 | Bool | Rechtslauf, hohe Drehzahl |
| F1 | E0.3 | Bool | Überlastrelais, niedere Drehzahl |
| F2 | E0.4 | Bool | Überlastrelais, hohe Drehzahl |
| Q1 | A8.0 | Bool | Netzschütz, niedere Drehzahl |
| Q2 | A8.1 | Bool | Netzschütz, hohe Drehzahl |
| Q3 | A8.2 | Bool | Doppelsternschütz, hohe Drehzahl |
| M EIN | M20.0 | Bool | Einschaltmerker |

**Bild 1: a) Anschluss der Ein- und Ausgänge und b) Symboltabelle der Motorsteuerung (Dahlanderschaltung)**

## Anweisungsliste (AWL)

```
Baustein: OB1    "Main Program Sweep (Cycle)"

Netzwerk: 1 Aufruf Funktion FC1

      CALL  FC     1
      NOP   0

Baustein: FC1    Dahlanderschaltung

Netzwerk: 1 Einschaltmerker

      U     E      0.0
      U     E      0.3
      U     E      0.4
      =     M     20.0
```

```
Netzwerk: 2 Netzschütz Q1, niedere Drehzahl

      U     E      0.1
      S     A      8.0
      U(
      ON    M     20.0
      O     E      0.2
      O     A      8.1
      O     A      8.2
      )
      R     A      8.0
      NOP   0

Netzwerk: 3 Netzschütz Q2 und YY-Schütz Q3, hohe Drehzahl

      U     E      0.2
      S     A      8.1
      U(
      ON    M     20.0
      O     E      0.1
      O     A      8.0
      )
      R     A      8.1
      U     A      8.1
      =     A      8.2
```

## Funktionsplan (FUP)

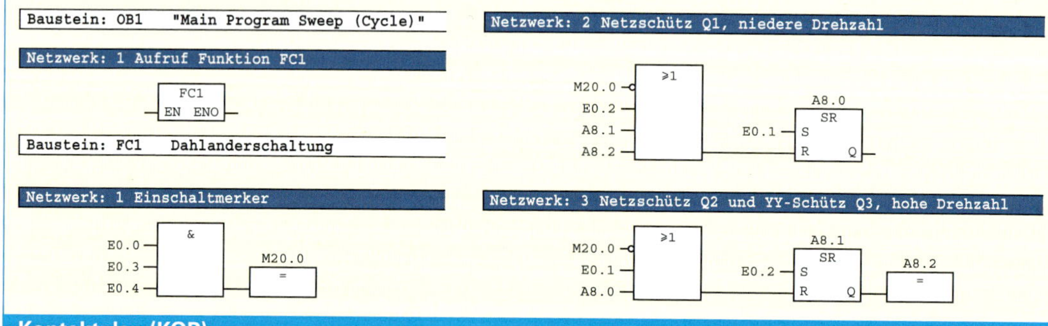


## Kontaktplan (KOP)

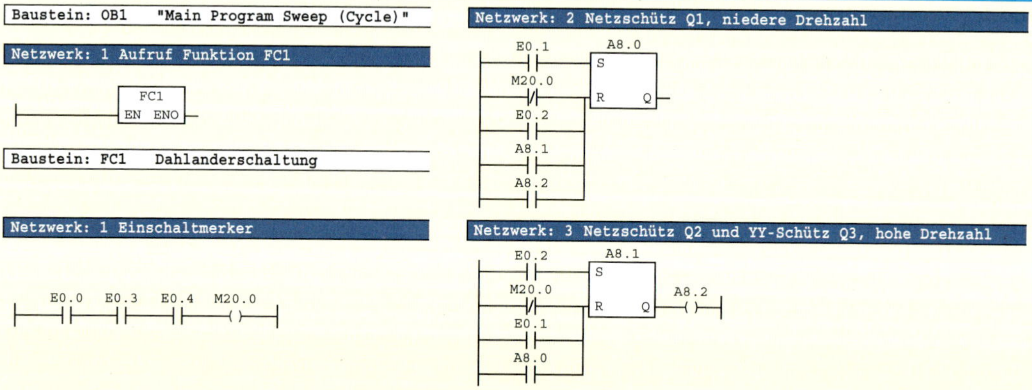


**Bild 2: Steuerungsprogramm der Dahlanderschaltung in AWL, FUP und KOP**

## 6.8.8 Bibliotheksfähige Bausteine

Um aufwendige Automatisierungsaufgaben, z.B. mit mehreren Bausteinen, lösen zu können, erstellen Hersteller von Maschinen und Anlagen Bibliotheken von Teilprogrammen in Form von bibliotheksfähigen Bausteinen. Bibliotheksfähige Bausteine sind geschlossene Programme. Sie können in einem Programm mehrfach aufgerufen werden und mit jeweils neuen globalen Variablen wie Eingänge, Ausgänge, Merker, Timer oder Zähler beschaltet werden.

Bibliotheksfähige Bausteine sind mehrfach verwendbare Programmbausteine.

Zum Programmieren bibliotheksfähiger Bausteine sind Formalparameter **(lokale Variablen[1], Bild)** nötig. Diese werden in der Variablendeklaration des jeweiligen Bausteins, z.B. FB1, deklariert (festgelegt) und sind nur für diesen Baustein gültig. In der Variablendeklaration werden der Variablentyp **(Tabelle 1)**, der Datentyp **(Tabelle 2)**, bei Bedarf ein Anfangswert sowie ein Kommentar festgelegt. Wird ein bibliotheksfähiger Baustein, z.B. im OB1, aufgerufen, werden den Formalparametern (lokale Variablen) Aktualparameter **(globale Variablen[2], Bild)** wie Eingänge oder Ausgänge zugewiesen. Diese können auch symbolisch, also z.B. "S1" adressiert werden **(Bild)**.

Formalparameter werden im Programm mit dem Vorzeichen #, z.B. #Ein, Symbole mit Anführungszeichen "", z.B. "S1" programmiert.

**Aufgabe:**

Es soll ein bibliotheksfähiger Funktionsbaustein FB1 für eine automatische Stern-Dreieck-Schützschaltung **(Seite 105, Bild 2)** mit einer SPS **(Seite 115, Bild 1)** programmiert werden.

**Programmierschritte:**

- Anschluss der Ein- und Ausgabebaugruppen festlegen **(Seite 118, Bild 1a)**. Dabei sind die DIN EN 60204-1 **(Seite 113)** und Verriegelungen **(Seite 114)** zu beachten.
- Symboltabelle erstellen **(Seite 118, Bild 1b)**.
- Im FB1 Variablendeklaration erstellen **(Seite 118, Bild 1c)**.
- FB1 programmieren **(Seite 118, Bild 2)**.
- FB1 im OB1 aufrufen und Instanzdatenbaustein DB1 generieren **(Seite 118, Bild 2)**.
- FB1 mit Aktualparameter beschreiben **(Bild)**.
- OB1, FB1 und DB1 in das Automatisierungsgerät übertragen und testen.

[1] lokale Variable = Variable, die nur in dem Baustein bekannt ist in dem sie programmiert wurde
[2] globale Variable = Variable, die in allen Bausteinen innerhalb der SPS bekannt ist, z.B. Eingänge, Ausgänge oder Merker

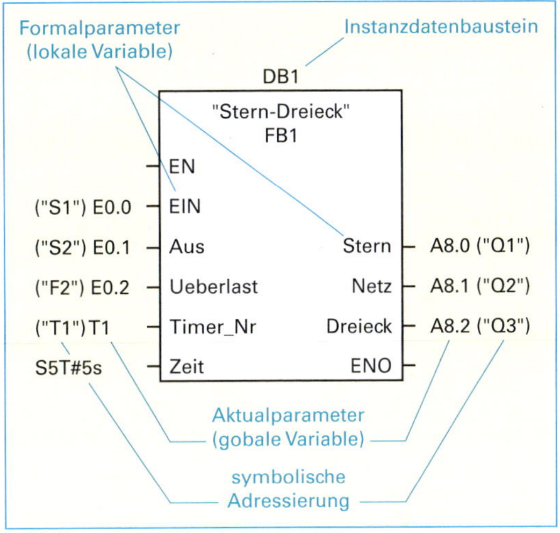


**Bild: Bibliotheksfähiger Funktionsbaustein FB1**

**Tabelle 1: Variablentypen**

| Typ | Art | Funktion | Beispiel |
|---|---|---|---|
| IN | Eingangsparameter | Daten werden zur Verarbeitung an Baustein übergeben. | Eingänge, Merker, Timer |
| OUT | Ausgangsparameter | Ergebnisse werden vom Baustein verändert und an den aufrufenden Baustein übergeben. | Ausgänge, Merker |
| IN_OUT | Durchgangsparameter | Daten werden an Baustein übergeben, verändert und wieder in der gleichen Variablen abgelegt. | Ausgänge, Merker |
| STAT | Statische Daten | Nur in FBs. Lokale Daten eines FBs, die im Instanzdatenbaustein DB zwischengespeichert werden. | Interne Daten (z.B. Speicher) |
| TEMP | Temporäre Daten | Lokale Daten eines Bausteins, die nur während der Bearbeitung des Bausteins gültig sind. | Interne Daten (z.B. Speicher) |

**Tabelle 2: Datentypen (Auszug)**

| Datentyp | Größe | Syntax | Wertebereich |
|---|---|---|---|
| BOOL (Bitvariable) | 1 Bit | – | 0, 1 |
| WORD (Wort) | 16 Bit | 16# | 0000 – FFFF |
| INT (Ganzzahl) | 16 Bit | – | –32768 bis +32767 |
| Timer | – | – | z.B. T1 bis T255 |
| S5Time | 16 Bit | S5T# | 0 bis 9990 s |

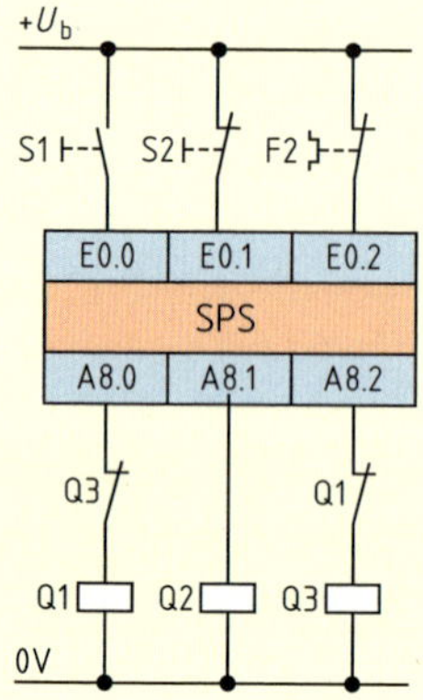


a)

| Symbol | Adresse | Datentyp | Kommentar |
|---|---|---|---|
| Stern-Dreieck | FB1 | FB1 | Funktionsbaustein für Stern-Dreieck-Anlauf |
| S1 | E0.0 | Bool | Ein-Taster |
| S2 | E0.1 | Bool | Aus-Taster |
| F2 | E0.2 | Bool | Thermisches Überlastrelais |
| Q1 | A8.0 | Bool | Sternschütz |
| Q2 | A8.1 | Bool | Netzschütz |
| Q3 | A8.2 | Bool | Dreieckschütz |
| T1 | T1 | TIMER | Timer für Umschaltzeit |

b)

| Symbol | Datentyp | Kommentar |
|---|---|---|
| **IN** | | |
| Ein | Bool | Ein-Taster |
| Aus | Bool | Aus-Taster |
| Ueberlast | Bool | Thermisches Überlastrelais |
| Timer_Nr | Timer | Timernummer |
| Zeit | S5Time | Umschaltzeit Stern / Dreieck |
| **OUT** | | |
| Stern | Bool | Sternschütz |
| Netz | Bool | Netzschütz |
| Dreieck | Bool | Dreieckschütz |
| **STAT** | | |
| M_Aus | Bool | Hilfsvariable Ausschalten |

c)

**Bild 1: a) Anschluss der Ein- und Ausgänge, b) Symboltabelle und c) Variablendeklaration der Stern-Dreieck-Schaltung**

## Funktionsplan (FUP) der Stern-Dreieck-Schaltung

FB1 : Funktionsbaustein für Stern-Dreieck-Anlauf

Kommentar:

Netzwerk 1 : Hilfsvariable ausschalten

Die Hilfsvariable #M_Aus wird zugewiesen wenn der Aus-Taster betätigt wird oder das thermische Überlastrelais auslöst.

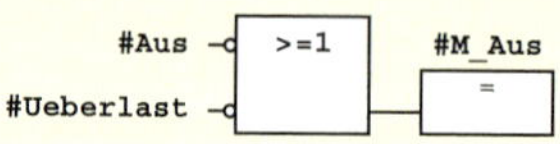


Netzwerk 2 : Netzschütz

Das Netzschütz wird bei hBetätigung durch den Ein-Taster gesetzt bzw. durch die Hilfsvariable #M_Aus rückgesetzt

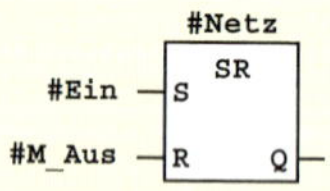


Netzwerk 3 : Sternschütz

Der Sternschütz wird bei Betätigung durch den Ein-Taster gesetzt bzw. durch die Hilfsvariable #M_Aus oder der Einschaltverzögerung (#Timer_Nr) oder das Dreieckschütz rückgesetzt

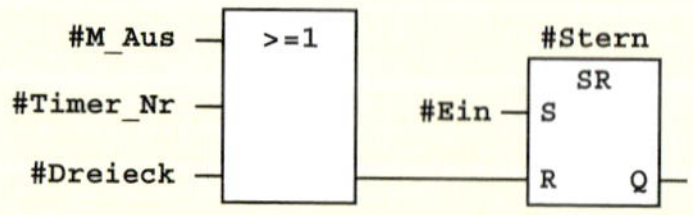


Netzwerk 4 : Timer für Umschaltung Stern - - > Dreieck

Die Einschaltverzögerung wird mit dem Netzschütz gestartet. Die Umschaltzeit ist an der Variablen #Zeit programmierbar.

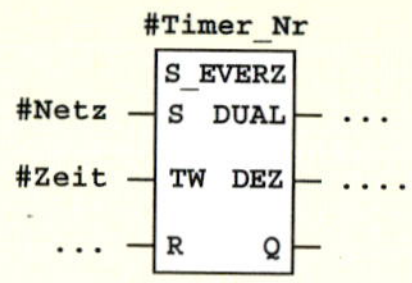


Netzwerk 5 : Dreieckschütz

Das Dreieckschütz wird durch die Einschaltverzögerung gesetzt bzw. durch die Hilfsvariable #M_Aus oder dem Sternschütz rückgesetzt

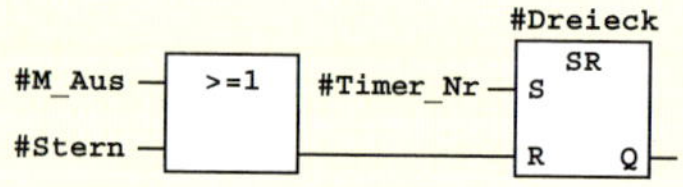


OB1 : "Mein Programm Sweep (Cycle)"

Kommentar:

Netzwerk 1 : Aufruf Funktionsbaustein Stern-Dreieck-Anlauf

Aufruf des FB1 (Stern-Dreieck-Anlauf). Beschalten der Ein- und Ausgangsvariablen mit Aktualparameter

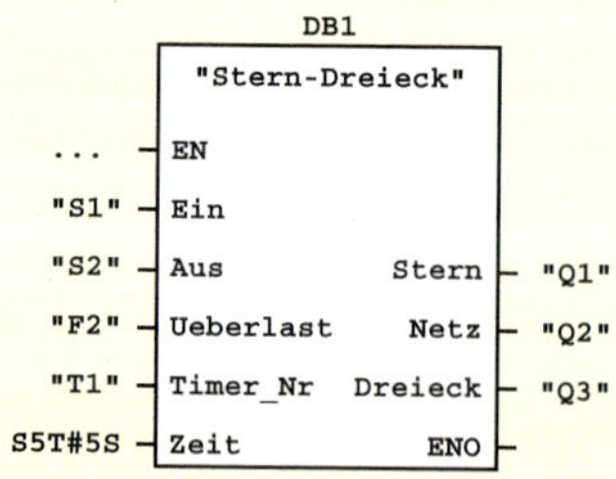


**Bild 2: Steuerungsprogramm der Stern-Dreieck-Schaltung**

# 7 Elektrische Anlagen in Wohngebäuden

## 7.1 Hausanschluss

Der Hausanschluss stellt die Verbindung zwischen dem Energienetz des Netzbetreibers (NB) und der elektrischen Anlage des Anschlussnehmers her. Er beginnt an der Abzweigstelle des Niederspannungsnetzes und endet am Hausanschlusskasten **(Bild 2)**, in dem die Hausanschlusssicherungen untergebracht sind. Damit keine elektrische Energie ungemessen entnommen werden kann, wird der Hausanschlusskasten vom NB verplombt.

Der Hausanschluss kann als Kabelanschluss oder als Freileitungsanschluss ausgeführt werden.

Freileitungen: **Seite 48**

**Hausanschlusskästen dürfen nicht montiert werden in:**

- Feuchten oder nassen Räumen,
- feuergefährdeten Betriebsstätten,
- explosionsgefährdeten Bereichen,
- Räumen mit erhöhten Temperaturen.

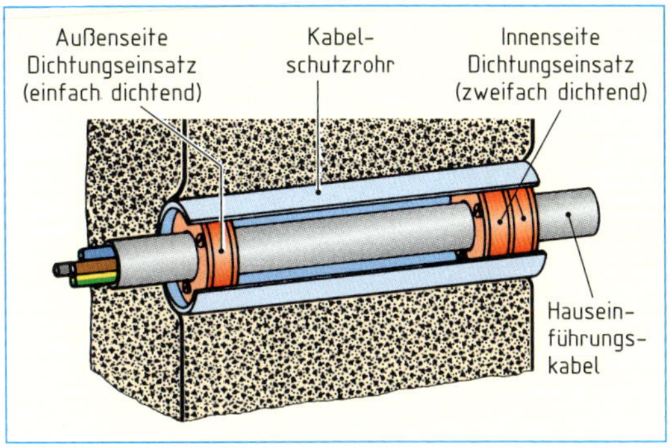


**Bild 1: Beispiel einer Hauseinführung mit druckwasserdichtem Abschluss**

### 7.1.1 Kabelanschluss

Bei einem Kabelanschluss endet das Hausanschlusskabel im Hausanschlussraum **(Bild 2)**, an der Hausanschlusswand oder in einer Hausanschlussnische **(Bild 1, Seite 120)**.

Hausanschlusskabel sollen in einer Tiefe von 0,6 m bis 0,8 m verlegt werden **(Tabelle, Seite 120)**.

Zum Abdichten der Einführungsstelle wird in die Außenmauer ein Kabelschutzrohr **(Bild 1)** eingebaut. Rohrgröße und Rohrart sind mit dem NB abzustimmen.

### 7.1.2 Hausanschlussraum

In Wohngebäuden mit mehr als fünf Wohneinheiten muss das Hausanschlusskabel in einem **Hausanschlussraum** nach DIN 18012 enden. Er muss bei einseitiger Wandbelegung die Mindestabmessungen 2,0 m × 1,5 m haben, bei beidseitiger Wandbelegung **(Bild 2)** 2,0 m × 1,8 m. Der Hausanschlussraum muss an die Außenwand des Gebäudes angrenzen.

**Anforderungen an Hausanschlussräume:**

- Elektrische Einrichtungen, z. B. Zählerschränke, sollen nicht gemeinsam mit den Versorgungsleitungen für Gas, Wasser oder Fernwärme an der gleichen Wand montiert werden.
- Hausanschlussräume dürfen nicht als Durchgang zu weiteren Räumen dienen und müssen jederzeit begehbar sein.
- Der Hausanschlussraum darf nicht für andere Zwecke, z. B. als Lagerraum, genutzt werden.
- Der Zugang muss mit einem Schild „Hausanschlussraum" gekennzeichnet sein.

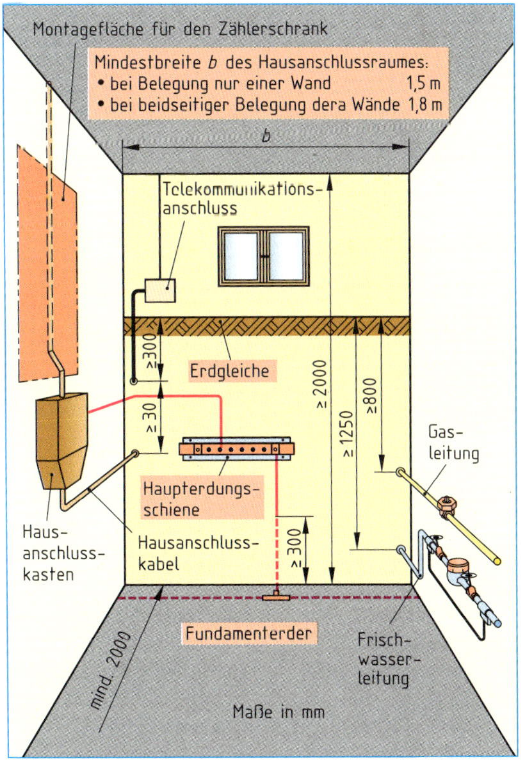


**Bild 2: Hausanschlussraum**

### 7.1.3 Hausanschlusswand

Für Ein- und Zweifamilienhäuser ist nach DIN 18015 kein eigener Hausanschlussraum vorgeschrieben. Die Betriebseinrichtungen, z. B. für Gas, Wasser, Telekommunikation oder Fernwärme, können dann an einer **Hausanschlusswand** untergebracht werden. Der Raum mit der Hausanschlusswand muss über allgemein zugängliche Räume, z. B. Treppenhaus, Kellergang oder direkt von außen, begehbar sein. Bei der Anordnung der Betriebseinrichtungen, z. B. Zähler oder Absperrventile, sind aber die Anforderungen an Hausanschlussräume **(Seite 119)** zu berücksichtigen. Beim Einbau der Schutzrohre für die in Hausanschlussräume oder Hausanschlusswände einzuführenden Versorgungsleitungen sind die in DIN 18012 festgelegten Mindesttiefen zu beachten **(Tabelle)**.

**Tabelle: Richtmaße für die Einführung von Versorgungsleitungen** (nach DIN 18012)

| Leitungsart | Einführungstiefe unter der Geländeoberfläche |
|---|---|
| Wasser | 1,2 m bis 1,5 m |
| Strom | 0,6 m bis 0,8 m |
| Telekommunikation | 0,35 m bis 0,6 m |
| Gas | 0,5 m bis 1 m |
| Fernwärme | 0,6 m bis 1 m |

### 7.1.4 Hausanschlussnische

Eine **Hausanschlussnische (Bild 1)** ist eine platzsparende Möglichkeit für den Hausanschluss. Sie wird meist bei nicht unterkellerten Wohngebäuden angewendet. In einer abschließbaren Nische in Türgröße lassen sich die Betriebseinrichtungen z. B. für Strom, Gas, Wasser oder Telekommunikation unterbringen. Die Größe der Hausanschlussnische wird durch das Richtmaß einer gängigen Wohnungstür mit einer Breite von 875 mm und einer Höhe von 2000 mm bestimmt. Die Einbautiefe beträgt mindestens 250 mm.

Hausanschlussnischen müssen be- und entlüftbar sein.

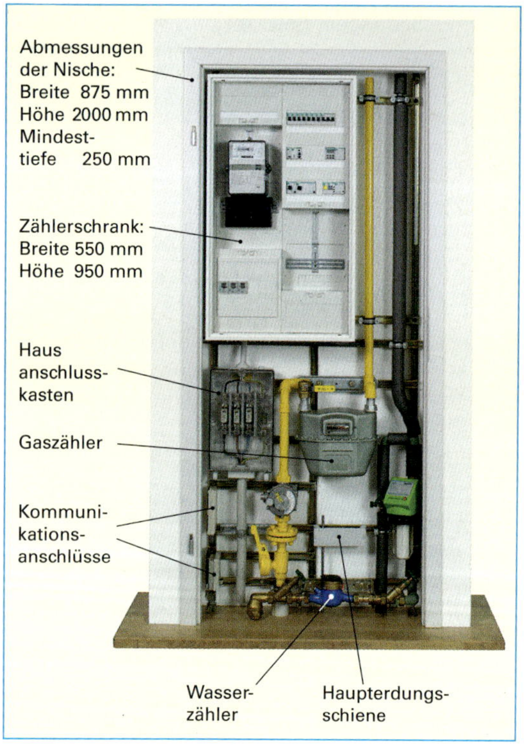


Bild 1: Hausanschlussnische

## 7.2 Schutzpotenzialausgleich in Wohngebäuden

Der Schutzpotenzialausgleich über die Haupterdungsschiene[1] verhindert Potenzialunterschiede (Spannungen) zwischen leitfähigen Rohrsystemen, z. B. Wasser- und Heizungsleitungen, sowie zwischen leitfähigen Rohrsystemen und dem Schutzleiter.

Die leitfähigen Rohrsysteme werden durch **Schutzpotenzialausgleichsleiter** (PB[2]) miteinander verbunden und geerdet. Die Hausanschlussleitung der Wasserverbrauchsanlage darf nicht als Erder herangezogen werden (DIN VDE 0100-540). Um die Wirksamkeit des Schutzpotenzialausgleichs sicherzustellen, muss im Außenfundament eines Gebäudes ein **Fundamenterder** eingebaut werden **(Bild 2)**.

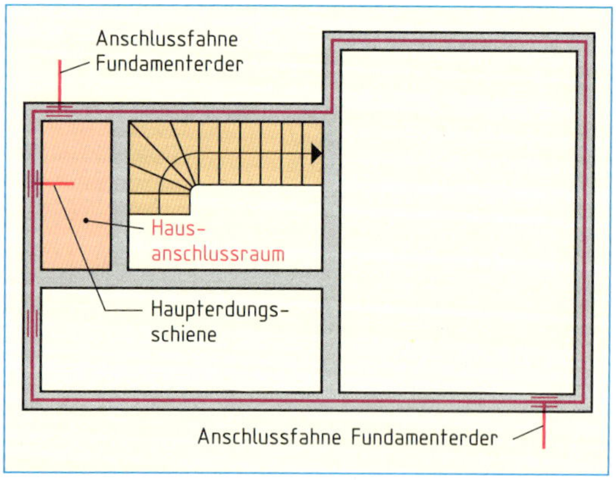


**Bild 2: Fundamenterder im Außenfundament eines Gebäudes**

[1] Früher: Hauptpotenzialausgleichschiene
[2] engl.: potential bonding

## 7.2.1 Fundamenterder

Fundamenterder dienen als Anlagenerder, Blitzschutzerder und Antennenerder. Sie werden als geschlossener Ring in das Außenfundament des Gebäudes eingelegt.

Als Werkstoff für Fundamenterder verwendet man meist verzinkten Bandstahl, nur in seltenen Fällen Kupfer **(Übersicht)**.

Den verzinkten Bandstahl verlegt man hochkant in **Abstandhaltern**, damit er in den Ecken des Fundamentes leicht gebogen werden kann. Als Schutz vor Korrosion wird der Erder in eine etwa 10 cm hohe Betonschicht eingebettet, die gleichzeitig als Sohle für das Fundament dient. Die Anschlussfahne des Fundamenterders wird im **Hausanschlussraum** etwa 300 mm über dem Fußboden aus der Außenmauer herausgeführt **(Bild 1)**. Ihre Länge ist so zu bemessen, dass ein direkter Anschluss an der **Haupterdungsschiene** möglich ist.

Verbindungen oder Abzweige stellt man bei Erdern aus verzinkten Bandstahl durch Keilverbinder, Federverbinder oder durch Schraubverbindungen her.

In Gebäuden mit einer Blitzschutzanlage kann der Fundamenterder auch als Blitzschutzerder benutzt werden (DIN VDE 0185-305-3). Für die Blitzschutzanlage sind dann Anschlussfahnen an der Außenseite des Gebäudes vorzusehen **(Bild 2, Seite 120)**.

**Übersicht: Querschnitte und Werkstoffe für Fundamenterder**

- **Verzinkter Bandstahl:**
  Querschnitt: A ≥ 90 mm², Mindestdicke 3 mm
- **Kupfer:**
  Querschnitt: A ≥ 50 mm², Mindestdicke 2 mm

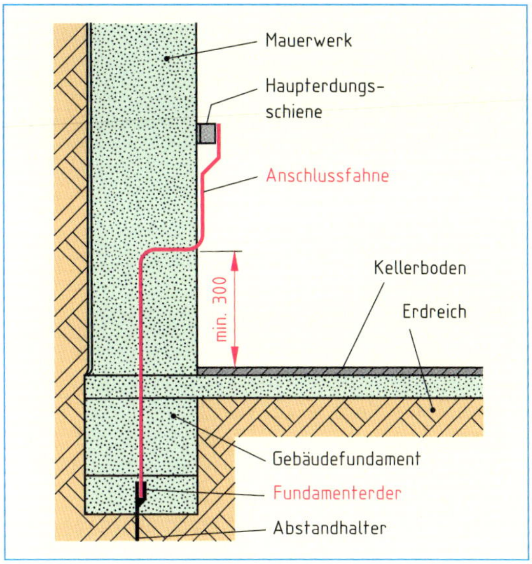


**Bild 1: Fundamenterder mit Anschlussfahne**

## 7.2.2 Ausführung des Schutzpotenzialausgleichs

Im Hausanschlussraum wird über der Ausführungsstelle des Fundamenterders die Haupterdungsschiene montiert **(Bild 2)**.

**In den Schutzpotenzialausgleich über die Haupterdungsschiene werden einbezogen:**

- Fundamenterder,
- Frischwasser- und Abwasserleitungen,
- Vorlauf und Rücklauf der Heizungsanlage,
- Gasinnenleitung,
- Telekommunikationsanlage,
- Antennenanlage,
- PEN- bzw. PE-Leiter in TN-Systemen **(Bild 2)**,
- leitfähige Gebäudeteile, z.B. Stahlträger.

Den Anschluss der Schutzpotenzialausgleichsleiter (PB) an den metallenen Rohrsystemen nimmt man an Hauseinführungsleitungen nach der Trennstelle, z.B. nach dem Wasserzähler, bei Gasleitungen nach dem Isolierzwischenstück, vor. Dabei können mehrere Leitungen untereinander und dann über eine gemeinsame Leitung mit der Haupterdungsschiene verbunden werden.

Im TN-System muss eine leitende Verbindung zwischen der Haupterdungsschiene und dem PEN- bzw. PE-Leiter hergestellt werden.

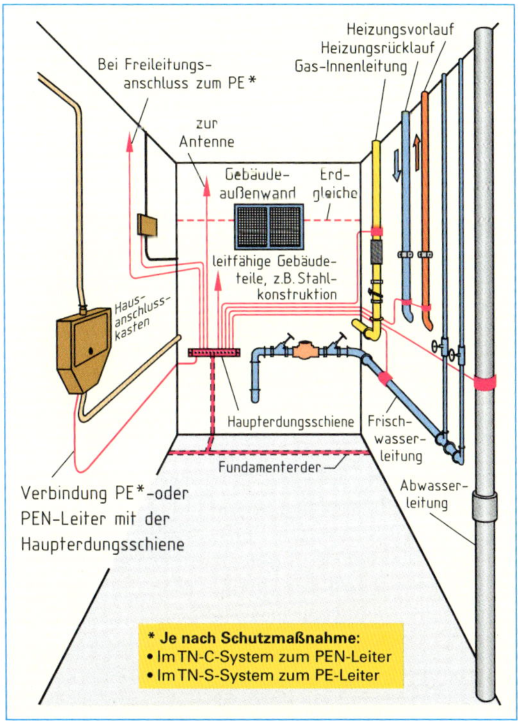


**Bild 2: Ausführung des Schutzpotenzialausgleichs (nach DIN VDE 0100-540)**

Die Verbindung der Haupterdungsschiene mit dem PEN-Leiter wird bei Kabeleinführungen an der Hausanschlusssicherung, bei Freileitungsanschlüssen an der Hauptleitungsklemme der untersten Messeinrichtung (Zählerplatz) oder am untersten Hauptleitungsabzweigkasten hergestellt.

Der Mindestquerschnitt der Schutzpotenzialausgleichsleiter für die Verbindung mit der Haupterdungsschiene beträgt nach DIN VDE 0100-540:
- 6 mm² Kupfer,
- 16 mm² Aluminium oder
- 50 mm² Stahl.

**Hauptschutzleiter** ist der vom Hausanschlusskasten bzw. vom Hauptverteiler, bei Anlagen mit Ersatzstromversorgung der von der Stromquelle, z. B. vom Generator, abgehende Schutzleiter. Sein Mindestquerschnitt wird durch den Außenleiterquerschnitt der Hauptleitung bestimmt **(Tabelle).**

**Prüfen des Schutzpotenzialausgleichs über die Haupterdungsschiene.** Vor der Inbetriebnahme der elektrischen Anlage ist die Wirksamkeit des Schutzpotenzialausgleichs durch **Besichtigen** und durch **Messen** nachzuweisen. Durch Besichtigen prüft man die einwandfreie Beschaffenheit der Verbindungsstellen und den Leiterquerschnitt. Durch Messen ermittelt man den Widerstand zwischen der Haupterdungsschiene und dem Ende der in den Schutzpotenzialausgleich einbezogenen Rohrleitungen oder Anlagenteile **(Bild 1).**

Die Wirksamkeit des Schutzpotenzialausgleichs ist nachgewiesen, wenn Widerstandswerte unter 1 Ω ermittelt werden.

**Tabelle: Leiterquerschnitte für Hauptschutzleiter und Schutzpotenzialausgleichsleiter für die Verbindung mit der Haupterdungsschiene** (nach DIN VDE 0100-540)

| Außenleiter | Leiterquerschnitt in mm² Cu | | | | | | |
|---|---|---|---|---|---|---|---|
| | 10 | 16 | 25 | 35 | 50 | 70 | 95 |
| Hauptschutzleiter | 10 | 16 | 16 | 16 | 25 | 35 | 50 |
| Schutzpotenzial-ausgleichsleiter | Mindestquerschnitt 6 mm² Kupfer | | | | | | |

In TT-Systemen kann der Querschnitt des Schutzleiters auf 25 mm² Cu begrenzt werden.

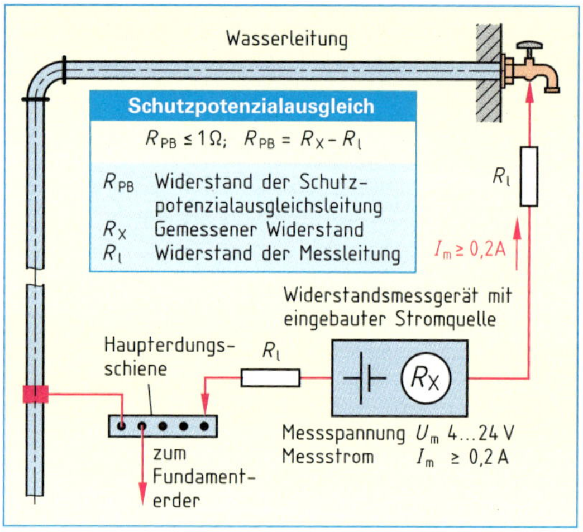


**Bild 1: Prüfen des Schutzpotenzialausgleichs**

## 7.3 Hauptstromversorgungssysteme

Hauptstromversorgungssysteme übertragen nicht gemessene elektrische Energie von der Übergabestelle (Hausanschluss) des NB zur Zähleranlage.

### 7.3.1 Hauptleitungen

Hauptleitungen, z. B. zwischen Hausanschlusskasten und Zähler, sind in leicht zugänglichen Räumen, z. B. in Kellerfluren oder im Treppenhaus, zu verlegen. Die Mindeststrombelastbarkeit von Hauptleitungen ist in **Bild 2** angegeben. Man unterscheidet dabei Wohnungen mit elektrischer Warmwasserbereitung zu Bade- oder Duschzwecken und Wohnungen mit zentraler Warmwasserversorgung.

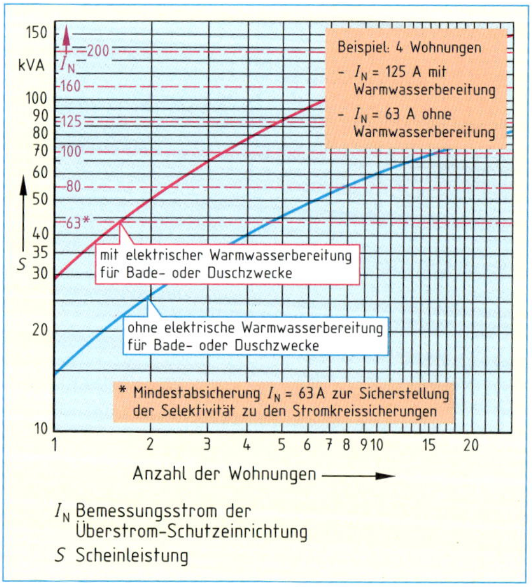


**Bild 2: Mindeststrombelastbarkeit von Hauptleitungen**

Hauptleitungen sind als Drehstromleitungen mit einer Mindeststrombelastbarkeit von 63 A auszuführen. Der Mindestquerschnitt von Hauptleitungen beträgt 10 mm² Kupfer (DIN 18015-1).

**Spannungsfall an Hauptleitungen.** Bei der Ermittlung des Leiterquerschnitts von Hauptleitungen zwischen der Übergabestelle (Hausanschluss) des Netzbetreibers (NB) und der Messeinrichtung (Zähler) ist neben der Strombelastbarkeit der Leitung auch der zulässige Spannungsfall $\Delta u$ zu berücksichtigen **(Tabelle).**

Zur Berechnung des zulässigen Spannungsfalls ist nach DIN 18015-1 der Bemessungsstrom der vorgeschalteten Überstrom-Schutzeinrichtung einzusetzen.

**Tabelle: Zulässiger Spannungsfall $\Delta u$ an Hauptleitungen** (TAB 2012 des BDEW*)

| Leistungsbedarf | zulässiger Spannungsfall | Beispiele |
|---|---|---|
| bis 100 kVA | 0,5% | Wohngebäude |
| 100 kVA bis 250 kVA | 1% | Hochhaus, Krankenhaus, Industrie |
| 250 kVA bis 400 kVA | 1,25% | |
| über 400 kVA | 1,5% | |

* **BDEW**, Abk. für: **B**undesverband **d**er **E**nergie- und **W**asserwirtschaft

## 7.3.2 Zählerplätze

Zählerplätze sind Einrichtungen zur Aufnahme der Mess- und Steuereinrichtungen **(Bild).**

**Zähler dürfen nicht montiert werden in:**

- Küchen, Toiletten
- Räumen mit Badewanne oder Dusche
- Waschküchen, feuchten oder nassen Räumen
- Räumen mit erhöhter Temperatur, z.B. über 30 °C
- feuergefährdeten Betriebsstätten oder
- explosionsgefährdeten Bereichen

Zähler und Tarifsteuergeräte sind in Zählerschränke einzubauen **(Bild).** Die vom NB beauftragten Personen müssen die Zähler gefahrlos ablesen können. Eine Montage z.B. über Treppen ist deshalb nicht erlaubt.

Der Abstand vom Fußboden bis zur Mitte der Messeinrichtung darf nach DIN 18013 (Nischen für Zählerplätze) nicht weniger als 0,8 m und nicht mehr als 1,8 m betragen. Vor dem Zählerschrank muss ein Arbeitsbereich mit einer Tiefe von mindestens 1,2 m freigehalten werden.

**Bild: Zählerschrank mit Stromkreisverteiler und Multimediafeld**

**Zählerplatzflächen** haben eine Breite von 250 mm je Zählerfeld **(Bild)**. Der untere plombierbare Anschlussraum hat eine Höhe von 300 mm. Im unteren Anschlussraum des Zählerschrankes wird der dreipolige selektive **Hauptleitungsschutzschalter (Bild)** montiert. Er dient als zentrale, plombierbare Trennvorrichtung für die elektrische Anlage des Anschlussnehmers, als Freischalteinrichtung für die Mess- und Steuereinrichtungen und übernimmt den Überlastschutz der Zuleitung zum Stromkreisverteiler.

Das **Zählerfeld** hat eine Höhe von 450 mm. Es enthält zwei integrierte **Befestigungs- und Kontaktiereinrichtungen** (BKE) zur Aufnahme des elektronischen Haushaltszählers (eHZ). Bei Ein- und Zweikundenanlagen ist auf jedem Zählerfeld immer nur ein eHZ zulässig. In Ausnahmefällen kann die zweite BKE bei Sondermessungen für kleine Anlagen mit einer Leistung bis 4,6 kVA, z.B. als Einspeisezähler für Fotovoltaikanlagen, verwendet werden. Für weitere eHZ-Anwendungen, z.B. das Freigaberelais der Aufladesteuerung für Elektro-Wärmespeicher, das Tarifschaltmodul oder zum Datenaustausch mit der optischen Datenschnittstelle des eHZ, steht eine zusätzliche Einbaureihe zur Verfügung **(Bild).**

Der obere Anschlussraum hat eine Höhe von 150 mm oder 300 mm. Eine Höhe von 300 mm bietet Vorteile beim Einführen und beim Anschluss der abgehenden Leitungen. Im oberen Anschlussraum kann eine Vorsicherung, ein dreipoliger Schalter oder eine selektive Fehlerstrom-Schutzeinrichtung zum Freischalten des Stromkreisverteilers eingebaut werden. Er darf jedoch nur Leitungsschutzschalter für Nebenräume, z.B. Kellerräume, den Klingeltransformator oder das Netzgerät der Haussprechanlage sowie Steuergeräte, z.B. für Elektro-Wärmespeicher oder Wärmepumpen, enthalten.

Der obere Anschlussraum des Zählerfeldes darf nicht als Stromkreisverteiler genutzt werden.

Zählerschränke können zusätzlich mit einem getrennten Feld für die Multimedia-Anwendungen ausgestattet werden **(Bild, Seite 123)**. Auf einer Rasterplatte können die Komponenten z. B. der Breitbandkommunikationsanlage, der Satelliten-Empfangsanlage, der Netzabschluss (NTBA) der Telekommunikationsanlage sowie Switch oder DSL-Router befestigt werden. Ein eigenes Feld für die Multimedia-Anwendungen ermöglicht den Ausbau und die Anpassung an künftige Kommunikationssysteme.

In Mehrfamilienhäusern fasst man die Messeinrichtungen in einer zentralen Zähleranlage zusammen. Dort ist dann in Absprache mit dem Netzbetreiber ein Feld für die Tarifsteuerung, z. B. Funksteuergerät, erforderlich.

In Gebäuden mit mehr als einer Wohnung soll nach DIN 18015, Teil 1 der Stromverbrauch von Gemeinschaftsanlagen, z. B. für Treppenhaus- oder Außenbeleuchtung, getrennt erfasst werden.

## 7.3.3 Steuerleitungen

**Mehrtarifzähler,** z. B. für Hoch- und Niedertarif, sowie Steuerrelais für Elektro-Wärmespeicher werden mithilfe von Tarifschaltgeräten geschaltet. Deshalb soll vom Tarifschaltgerät eine 7-adrige Steuerleitung, z. B. NYM-0 7 × 1,5 mm² zum Stromkreisverteiler verlegt werden. Die Steuerleitung soll auch dann verlegt werden, wenn in der Anlage noch keine Sondermessung, z. B. für Elektro-Wärmespeicher, vorgesehen ist.

## 7.3.4 Stromkreisverteiler

Stromkreisverteiler **(Bild 1)** enthalten die Überstrom-Schutzeinrichtungen und die erforderlichen Fehlerstrom-Schutzeinrichtungen (RCDs).

**Nach DIN VDE 0100-410 sind in Wohnungsinstallationen RCDs mit $I_{\Delta N} \leq 30$ mA vorgeschrieben in:**

- Räumen mit Badewanne oder Dusche **(Seite 132)**,
- Stromkreisen mit Steckdosen bis $I_N = 20$ A zur Benutzung durch Laien,
- Steckdosenstromkreisen für tragbare elektrische Betriebsmittel im Freien bis $I_N = 32$ A.

Stromkreisverteiler sind in Mehrraumwohnungen mindestens zweireihig auszuführen. Sie werden im Belastungsschwerpunkt der Wohnung montiert, z. B. im Bereich der Küche.

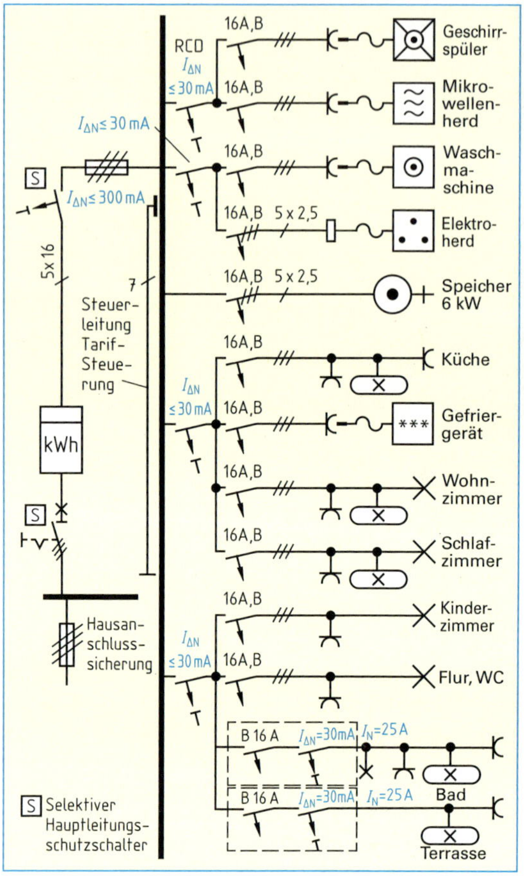


**Bild 1: Übersichtsschaltplan eines Stromkreisverteilers**

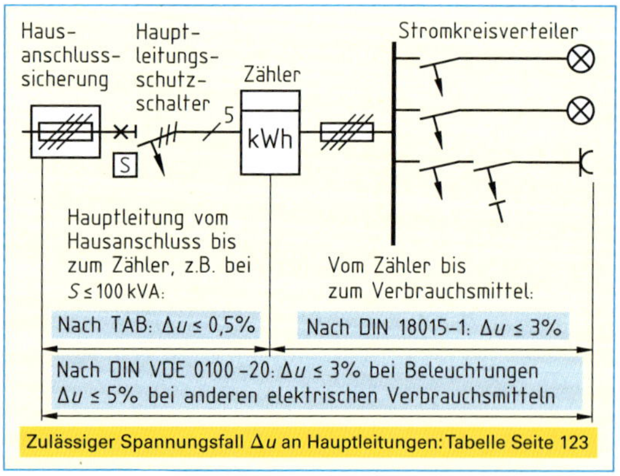


**Bild 2: Zulässiger Spannungsfall in Wohngebäuden**

Der Spannungsfall an Stromkreisleitungen zwischen der Messeinrichtung und den Verbrauchern darf 3 % der Netznennspannung nicht überschreiten. Der gesamte Spannungsfall vom Hausanschluss bis zu den Verbrauchern darf jedoch nicht größer sein als 5 % der Netznennspannung **(Bild 2)**.

Die Leitung vom Zählerplatz zum Stromkreisverteiler ist als Drehstromleitung für eine Belastung von mindestens 63 A auszulegen. Die Absicherung der Zuleitung zum Stromkreisverteiler soll so erfolgen, dass Selektivität **(Seite 66)** zu vor- und zu nachgeschalteten Überstrom-Schutzeinrichtungen besteht.

## Situationsbeschreibung:

Für ein Einfamilienhaus ist der Zählerschrank zu planen. Dabei sollen mögliche Montageorte des Zählerschrankes, die Bestückung des Zählerschrankes **(Tabelle)**, die Abmessungen der Zählerplatznische und die Ausführung festgelegt werden. Für die Wohnung EG ist ein Zähler für die allgemeine Stromversorgung sowie ein Doppeltarifzähler für Elektrowärme vorzusehen. Für Multimedia-Anwendungen ist ein zusätzliches Feld zu planen. Die Stromkreisverteiler werden in den Zählerplatz integriert **(Bild)**.

**Zählerschränke dürfen nicht angebracht werden:**
- in Räumen, deren Temperatur dauernd über 30 °C ansteigt, z. B. in Heizungsräumen,
- in Wohnräumen, z. B. Küchen, Toiletten, Bade- oder Duschräumen sowie in Wohnfluren,
- in feuergefährdeten Räumen oder in explosionsgefährdeten Bereichen,
- über Treppenstufen.

## Montageplätze für Zählerschränke

- Hausanschlussraum,
- Hausanschlusswand,
- Hausanschlussnische,
- leicht zugängliche Räume, z. B. Kellerflur, oder
- ebene Bereiche im Treppenhaus.

**Anordnung von Zählerschränken**

Der Abstand vom Fußboden bis zur Mitte der Messeinrichtung darf nicht weniger als 0,8 m und nicht mehr als 1,8 m betragen. Vor dem Zählerschrank muss ein Arbeitsbereich mit einer Tiefe von mindestens 1,2 m freigehalten werden.

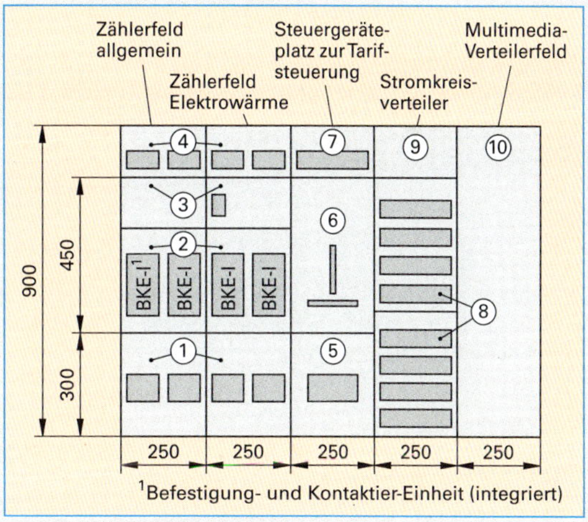


**Bild: Bestückung des Zählerschrankes**

**Tabelle: Bestückung des Zählerschrankes (Bild)**

| Nr. | Zählerfeld | Nr. | Stromkreisverteiler |
|---|---|---|---|
| ① | **Unterer Anschlussraum**<br>• 5-poliges Sammelschienensystem<br>• selektiver Hauptleitungsschutzschalter | ⑧ | **Stromkreisverteiler mit Trennsteg und getrennten Abdeckungen für allgemeine Stromversorgung und Elektrowärme**<br>• Leitungsschutzschalter<br>• Fehlerstrom-Schutzeinrichtungen (RCDs)<br>• Leistungsschütze, z. B. für Elektrowärmegeräte<br>• Klingeltransformator oder Netzgerät der Haussprechanlage<br>• Stromstoßschalter, Treppenhaus-Zeitschalter<br>• Komponenten der Gebäudesystemtechnik, z. B. Schaltaktoren oder Programmierschnittstelle |
| ② | **Zählertragplatte**<br>• Integrierte Befestigungs- und Kontaktier-Einheiten (BKE-I) für eHZ-Zähler | | |
| ③ | **Raum für eHZ-Anwendungen**<br>• Tarifschaltmodul<br>• Geräte zur Datenverarbeitung, z. B. MUC-Controller | | |
| ④ | **Oberer Anschlussraum**<br>• Hauptleitungsabzweigklemmen<br>• Freischalteinrichtung für den Stromkreisverteiler | ⑨ | • Reihenklemmleiste, z. B. für Stromkreisleitungen oder Elektrowärmegeräte |
| | **Steuergeräteplatz zur Tarifsteuerung** | | **Multimedia-Verteilerfeld** |
| ⑤ | **Unterer Anschlussraum**<br>• Steuersicherung für Tarifsteuergerät (plombierbar) | ⑩ | • Komponenten für Telekommunikation, z. B.<br>– NTBA<br>– DSL-Splitter, DSL-Router<br>• BK-Hausanschlussverstärker, Antennenverteiler<br>• Netzwerkverteiler mit Switch und Patchfeld, Netzwerkserver<br>• Schutzkontaktsteckdosen, z. B. für BK-Hausanschlussverstärker |
| ⑥ | **Tragplatte für Tarifsteuergerät[1]**<br>• Dreipunktbefestigung für Funkrundsteuergerät | | |
| ⑦ | **Oberer Anschlussraum**<br>• Freigaberelais, z. B. für Warmwasserbereiter | | |

[1] Die Auswahl und Ausführung des Steuergeräteplatzes zur Tarifsteuerung, z. B. für Funkrundsteuergerät, Tarifschaltuhr oder eHZ mit integriertem Funkrundsteuergerät, ist mit dem zuständigen Netzbetreiber (NB) abzustimmen.

Praxistipp: Planen eines Zählerschrankes
(Nächster Praxistipp: Seite 134)

(Nächster Praxistipp: Seite 134)

## Zählerschranknischen

Die Nischenmaße für Zählerschränke sind in DIN 18013 festgelegt **(Tabelle).**

Die Zählerschrankhöhe beträgt bei Einkundenanlagen 900 mm **(Bild, Seite 125),** bei Mehrkundenanlagen mindestens 1050 mm.

> ℹ Die Ausführung und Anordnung des Zählerschrankes muss in enger Absprache mit dem zuständigen Netzbetreiber erfolgen.

**Tabelle: Nischenmaße für Zählerschränke**

| Anzahl der Felder | Abmessungen der Zählerschranknische in mm | | | |
|---|---|---|---|---|
| | Breite | Tiefe vollversenkt | Tiefe teilversenkt | Höhe[1] |
| 1 | 325 | 225 | 140 | 975, |
| 2 | 575 | 225 | 140 | 1125 |
| 3 | 825 | 225 | 140 | oder |
| 4 | 1075 | 225 | 140 | 1425 |
| 5 | 1325 | 225 | 140 | |

[1] Abhängig von der Bestückung des Zählerschrankes

## Tarifsteuerung mit eHZ-Doppeltarifzähler

Zur Tarifsteuerung des eHZ-Doppeltarifzählers (Hochtarif T1 und Niedertarif T2) stehen nach Rücksprache mit dem zuständigen Netzbetreiber zur Verfügung:

- eHZ-Doppeltarifzähler mit integriertem Funkrundsteuergerät,
- eHZ-Doppeltarifzähler für externe Tarifsteuerung (Steuerung z. B. durch Funkrundsteuergerät).

> Bei externer Tarifsteuerung des eHZ-Doppeltarifzählers **(Bild 1 und 2)** ist ein Steuergeräteplatz für die Tarifsteuerung **(Bild und Tabelle, Seite 125)** nach Vorgabe des Netzbetreibers erforderlich.

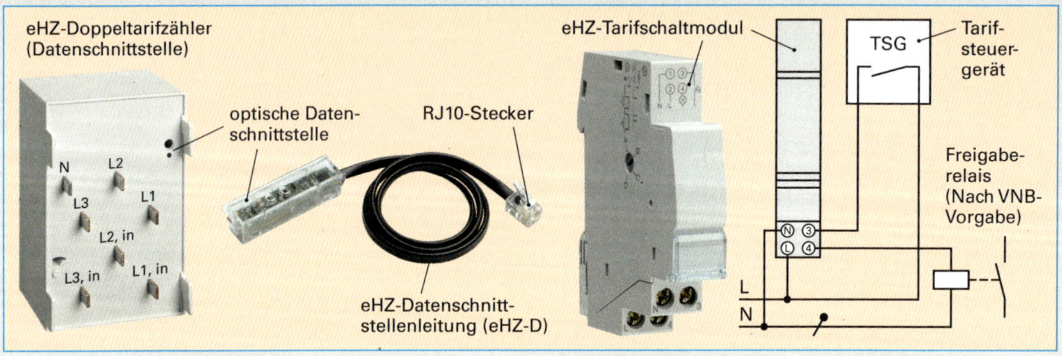


**Bild 1: Komponenten zur Tarifsteuerung des eHZ-Doppeltarifzählers (Beispiel)**

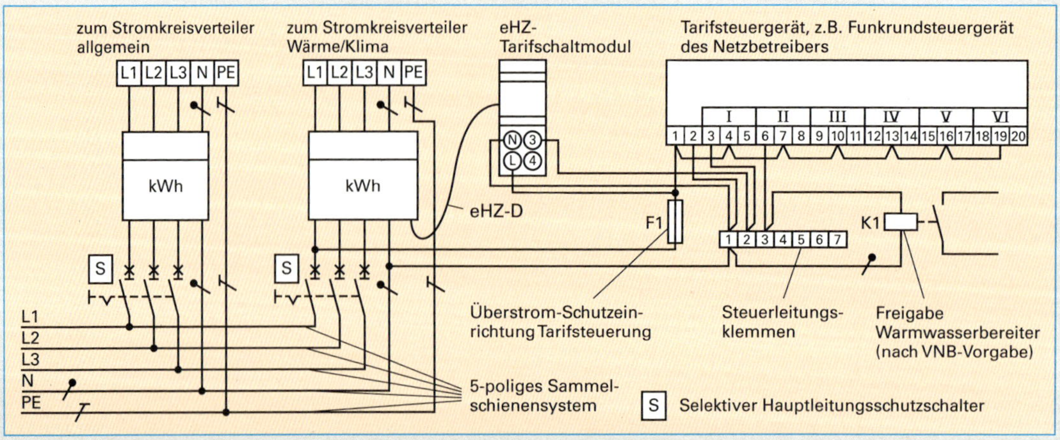


**Bild 2: Schaltung zur Tarifsteuerung des eHZ-Doppeltarifzählers (Beispiel)**

# 7.4 Wohnungsinstallation

## 7.4.1 Elektroinstallation im Wohnbereich

Verdeckt verlegte Leitungen können bei der Montage von z. B. Bildern, Spiegeln oder Hängeschränken beschädigt werden. Deshalb muss man den Leitungsverlauf verfolgen können. Den Leitungsverlauf kann man nachträglich aber nur bestimmen, wenn die in DIN 18015-3 festgelegten Installationszonen eingehalten werden **(Übersicht** und **Bild)**.

Im Wohnbereich verlegt man waagerecht geführte Leitungen vorzugsweise 30 cm unter der Decke bzw. 30 cm über dem Fertigfußboden.

Senkrechte Leitungen führt man vorzugsweise im Abstand von 15 cm zu Rohbaukanten oder Raumecken.

### Übersicht: Installationszonen im Wohnbereich

**Waagerechte Installationszonen**

- 15 cm bis 45 cm unter der Decke
- 15 cm bis 45 cm über dem Fußboden
- **Vorzugsmaße:**
  - 30 cm unter der Decke oder
  - 30 cm über dem Fußboden

**Senkrechte Installationszonen**

- 10 cm bis 30 cm von Rohbaukanten
- 10 cm bis 30 cm von Raumecken
- **Vorzugsmaße:**
  - 15 cm bis zu den Rohbaukanten
  - 15 cm bis zu den Raumecken

Die senkrechten, 20 cm breiten Installationszonen reichen von der Fußbodenoberkante bis zur Decke. An Fenstern und an zweiflügeligen Türen ordnet man die Installationszonen beidseitig, an einflügeligen Türen an der Schlossseite an **(Bild)**. Bei Wandflächen, die nicht senkrecht verlaufen, z. B. bei schrägen Wänden in Dachgeschosswohnungen, sind die Installationszonen vom Fußboden aus zunächst senkrecht und dann parallel zu den schrägen Wandflächen angeordnet. Leitungen, zu Auslässen außerhalb der Installationszonen, z. B. zu Wandleuchten oder zu einem Raumthermostat, sind von der Anschlussstelle aus senkrecht zur nächsten waagerechten Installationszone zu führen.

Bei der Leitungsführung auf der Rohdecke (Rohfußboden) oder unter der Decke verlaufen die Installationszonen im Abstand von 20 cm zu den Wänden mit einer Breite von 30 cm (DIN 18015-3).

**Schalter** werden immer an der Schlossseite der Türen angeordnet. In Räumen mit mehreren Eingängen ist an jeder Tür eine Schaltstelle für die Raumbeleuchtung vorzusehen. In Schlafräumen ist neben jedem Bett eine zusätzliche Schaltstelle erforderlich.

Schalter montiert man meist in einer Höhe von 105 cm, Steckdosen 30 cm über dem Fertigfußboden **(Bild)**.

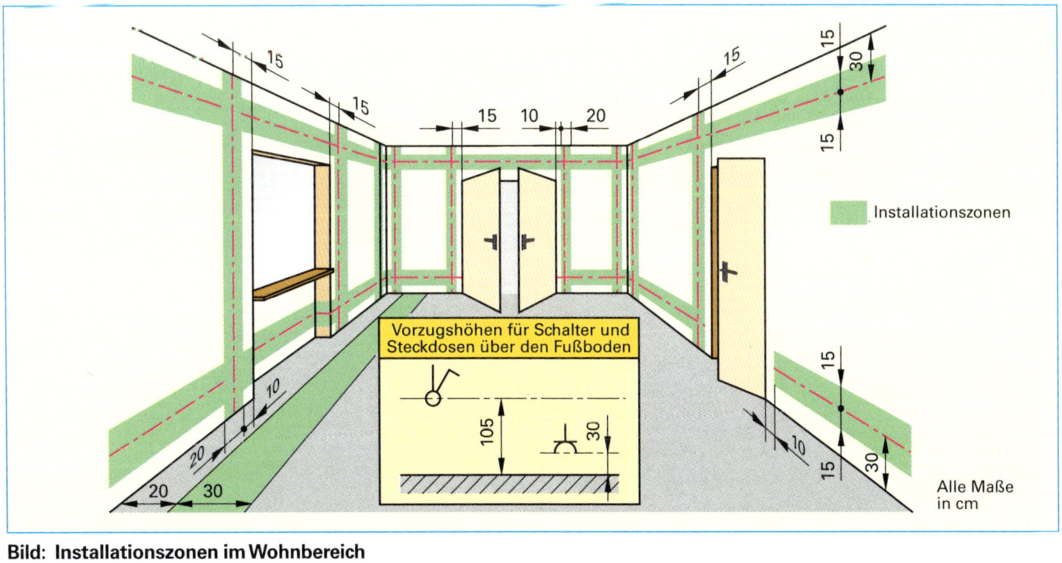


**Bild: Installationszonen im Wohnbereich**

## 7.4.2 Elektroinstallation in Decken und Fußböden

**Verlegung in Installationszonen:** Die Verlegung von Kabeln und Leitungen in Wohngebäuden kann auch in Decken und Fußböden erfolgen. Es muss aber darauf geachtet werden, dass die unsichtbar angeordneten Kabel und Leitungen in festgelegten Installationszonen verlegt werden **(Bild)**. Dadurch sind sie bei der Planung anderer Installationen, z.B. Wasserversorgung, Heizung oder nachträglichen Arbeiten an der Decke oder dem Fußboden, berechenbar.

Die Installationszonen in Decken und Fußböden werden in der DIN 18015-3 festgelegt.

Die Anordnung der zu verlegenden Leitungen erfolgt parallel zu den Wänden **(Bild)**. Die Breite der Installationszonen beträgt 30 cm, zu den Wänden sind mindestens 20 cm Abstand erforderlich. Unabhängig von anderen Gewerken sind elektrische Leitungen in separaten Installationszonen mit einem Mindestabstand von 20 cm zu führen. Werden Leitungen unter Decken installiert, ist ein Abstand von mindestens 20 cm zu den Wänden einzuhalten. In der DIN 18015-3 ist die Möglichkeit einer Installationszone mit Wanddurchbruch festgelegt **(Bild)**. Die maximale Breite der Installationszone beträgt 30 cm, der Abstand zur parallelen Wand 20 cm. Ein Wanddurchbruch muss mit der Baustatik vereinbar sein. Vor der Ausführung sollte der Architekt hinzugezogen werden. Um nicht mit der DIN VDE 0100-520 (Kabel und Leitungen dürfen in der Decke oder dem Boden dem kürzesten Weg folgen) in Konflikt zu geraten, müssen die am Bau beteiligten Unternehmen vor der Ausführung hinzugezogen werden. Vorrangig ist die Ausführung nach DIN 18015-3 zu befolgen. Werden mehrere Installationszonen benötigt, ist zwischen den Installationszonen ein Mindestabstand von 20 cm einzuhalten, auch wenn unterschiedliche Gewerke nebeneinander erforderlich sind **(Bild)**.

In der DIN 18015-3 wird auch der untere Gebäudeabschluss (Fundament, Bodenplatte) als Decke bezeichnet.

**Leitungsverlegung in/unter der Decke.** Als Leitungsverlegung in der Decke wird die Installation von Leitungen direkt oder innerhalb von Leerrohren in der Rohdecke bezeichnet. Es sind für die Anordnung der Leitungen keine Installationszonen festgelegt. Werden Leitungen unter Decken, in Hohlräumen, in abgehängten Decken, im Putz und unter Putz installiert, muss ein Mindestabstand von 20 cm parallel zu den Raumwänden eingehalten werden.

**Leitungsverlegung außerhalb von Installationszonen:** Unter Berücksichtigung der baulichen Gegebenheiten ist eine Leitungsverlegung außerhalb von Installationszonen unter besonderen Bedingungen erlaubt. Leitungen dürfen in Leichtbauwänden und Fertigteilen verlegt werden, wenn sie mindestens 6 cm überdeckt sind. In unverhüllten Hohlräumen müssen sie so verlegt sein, dass sie einem eindringendem Körper ausweichen können.

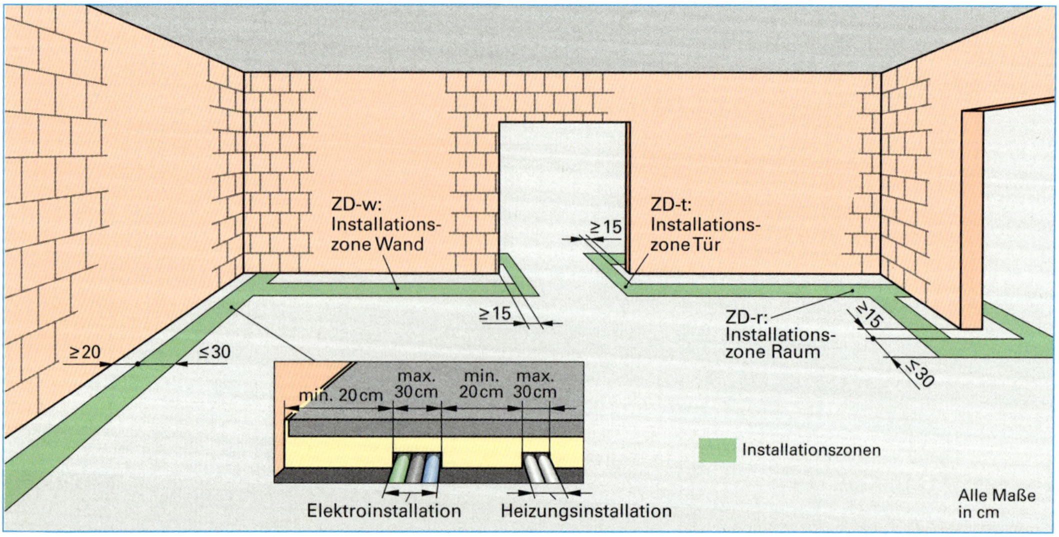


**Bild: Installationszonen in Decken**

## 7.4.3 Leitungsführung in Wänden außerhalb von Gebäuden

Werden Leitungen an der Außenseite von Außenwänden, z. B. in betonierten, in gemauerten oder sonstigen Massivwänden, in Leichtbau- oder Holzrahmenbauweise, innerhalb von vorgehängten Fassaden, von Wärme-Dämm-Verbund-Systemen oder sonstiger äußerer Wärmedämmung angeordnet, sind die in der DIN 18015-3 festgelegten Installationszonen zu beachten **(Bild)**. Bei der Planung und Ausführung der äußeren Installationszonen ist eine Absprache mit allen anderen betroffenen Gewerken erforderlich. Hierzu gehören z. B. die Dachentwässerung, der Fassadenbau, der Fenster- und Türeinbau sowie der Rollladenbau. Um unerwünschte Kältebrücken zu vermeiden muss darauf geachtet werden, dass durch eine Leitungsinstallation auf der Außenseite des Gebäudes die Wärmedämmung nicht unterbrochen oder eingeschränkt wird.

Bei geplanten Blitzschutzsystemen ist die Einhaltung der Trennungsabstände **(Seite 171)** nach VDE 0185-305-3 (DIN EN 62305-3) erforderlich.

**Äußere waagerechte Installationszonen (AZW):** Die äußeren waagerechten Installationszonen haben eine Breite von 20 cm. Sie orientieren sich an den Decken- und Fußbodenhöhen im Gebäudeinneren.

- AZW-o: Obere waagerechte Installationszone: von 20 cm bis 40 cm unter der Deckenbekleidung der Innendecke
- AZW-u: Untere waagerechte Installationszone: von 20 cm bis 40 cm über dem Fußboden

**Äußere senkrechte Installationszone (AZS):** Die äußeren senkrechten Installationszonen haben eine Breite von 20 cm. Sie reichen jeweils von der Unterkante der oberen Decke bis zur Oberkante der unteren Decke. Für Fenster, zweiflügelige Türen und Wandkanten werden die senkrechten Installationszonen beidseitig, für einflügelige Türen an der Schlossseite festgelegt.

- AZS-f: Senkrechte Installationszone an Fenstern: von 10 cm bis 30 cm neben den Rohbaukanten
- AZS-t: Senkrechte Installationszone an Türen: von 10 cm bis 30 cm neben den Rohbaukanten
- AZS-w: Senkrechte Installationszone an Wandkanten: von 50 bis 70 cm neben den Rohbaukanten

**Bild: Installationszonen an Außenwänden (alle Maße in cm)**

## 7.4.4 Elektroinstallation in der Küche

Für die Planung der Elektroinstallation im Küchenbereich ist ein fertig ausgearbeiteter Einrichtungsplan der Küche erforderlich **(Bild)**. Damit die elektrischen Anschlüsse lagerichtig und in der richtigen Höhe installiert werden können, muss bereits bei der Installation die Fertigfußbodenhöhe bekannt sein.

**Küchenbeleuchtung.** Für die Allgemeinbeleuchtung ist, je nach Größe der Küche, mindestens ein Deckenauslass erforderlich. Eine schattenfreie Beleuchtung des Arbeitsplatzes erreicht man durch zwei weitere, unabhängig voneinander schaltbare Arbeitsplatzleuchten für den Herd- und den Spülenbereich. Sie werden meist als Lichtleisten ausgeführt und an der Unterseite der Hängeschränke montiert **(Bild)**.

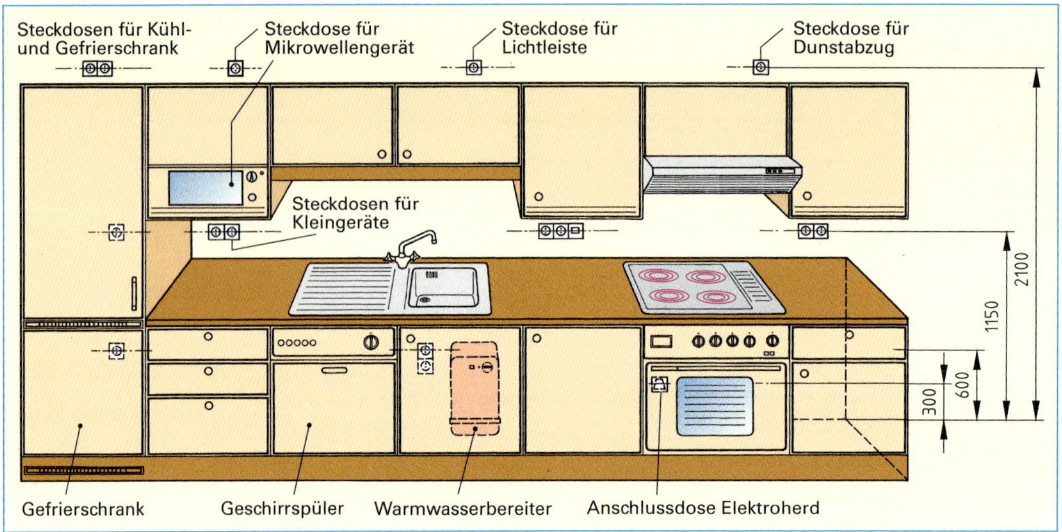


**Bild: Einrichtungsplan und Maße für die Installationshöhen im Küchenbereich**

**Anschluss der Kleingeräte.** Toaster, Küchenmaschine, Eierkocher oder Kaffeeautomat werden über Steckdosen, die im Arbeitsbereich (Bereich der Arbeitsplatte) angeordnet sind, angeschlossen. Die Anzahl der erforderlichen Steckdosen **(Tabelle 2, Seite 134)** richtet sich nach der Länge der Arbeitsfläche.

**Steckdosen für Einbaugeräte,** z.B. Dunstabzug, Kühl- oder Gefrierschrank, können im Einbaubereich der Geräte, oder direkt über den Hoch- oder Hängeschränken, montiert werden. Eine Anordnung der Steckdosen über den Schränken hat den Vorteil, dass man die Geräte im eingebauten Zustand, z.B. zur Reinigung, Instandsetzung oder Stilllegung, vom Netz trennen kann.

**Großgeräte** mit Anschlussleistungen über 2 kW, z.B. Warmwasserbereiter, Geschirrspüler oder Elektroherd, müssen über eigene Stromkreise versorgt werden.

Leitungen für Elektroherde sind nach DIN 18015-1 als Drehstromleitungen mit einer Mindeststrombelastbarkeit von 20 A auszuführen.

Die Zuleitung zum Elektroherd und gegebenenfalls die zum getrennt angeordneten Backofen endet jeweils in einer Anschlussdose. An der Anschlussdose wird der Elektroherd oder der Backofen über eine Gummi- oder Kunststoffschlauchleitung, z.B. H05RR-F oder H05VV-F, angeschlossen. Damit die Geräte zur Instandsetzung aus den Einbauschränken gezogen werden können, sollen die Anschlussleitungen eine Reservelänge von etwa 1 m haben.

### Wiederholungsfragen

1 **Erklären Sie die drei Ausführungsarten für Hausanschlüsse mit Erdkabel.**
2 **Nennen Sie die vorgeschriebenen Werkstoffe und Mindestabmessungen für Fundamenterder.**
3 **Welche Aufgabe haben Schutzpotenzialausgleichsleitungen?**
4 **Welche Anlagenteile sind durch die Schutzpotenzialausgleichsleitungen mit der Haupterdungsschiene zu verbinden?**
5 **Bestimmen Sie den Mindestquerschnitt einer Schutzpotenzialausgleichsleitung bei einem Außenleiterquerschnitt der Hauptleitung von 16 mm².**
6 **Beschreiben Sie den Verlauf der a) waagerechten und b) senkrechten Installationszonen im Wohnbereich.**
7 **In welcher Höhe über dem Fertigfußboden montiert man a) Schalter und b) Steckdosen?**

## 7.4.5 Installationsformen

**Installation mit Verbindungsdosen.** Bei der Elektroinstallation mit Verbindungsdosen führt man die Leitungen meist in der oberen waagerechten Installationszone **(Bild 1).** An allen Abzweigungen in senkrechter Richtung werden Verbindungsdosen in einem Abstand von etwa 30 cm unter der Decke angebracht. Die Leitungsverbindungen stellt man in den Verbindungsdosen mithilfe von Dosenklemmen, meist schraubenlose Steckklemmen **(Seite 55),** her. Diese Art der Elektroinstallation ist weit verbreitet und wird deshalb als klassische Installation bezeichnet. Nachteilig ist, dass Wandverkleidungen, z. B. Tapeten, beim Öffnen der Verbindungsdosen zur Fehlersuche, bei Änderungen oder zur Prüfung der elektrischen Anlage, beschädigt werden.

**Installation mit Geräteverbindungsdosen.** Bei dieser Installation **(Bild 2)** stellt man die Verbindungen der Adern in Schalterdosen mit größerer Einbautiefe her. Die Verbindungsklemmen sind meist am Dosenboden befestigt und dadurch nach dem Ausbau der Betriebsmittel, z. B. Schalter oder Steckdosen, frei zugänglich. Diese Installationsform wird meist bei der **Imbetoninstallation (Seite 39)** und bei der **Hohlwandinstallation (Seite 40)** eingesetzt.

**Installation mit zentralem Klemmenkasten.** Bei der Elektroinstallation mit zentral angeordnetem Klemmenkasten **(Bild 3)** ist jedes Betriebsmittel und jeder Leuchtenauslass durch eine eigene Leitung mit dem Klemmenkasten verbunden. Den Klemmenkasten ordnet man meist an einer zentralen Stelle an, z. B. im Flur. Die Leitungsverbindungen werden durch Reihenklemmen hergestellt. Bei Änderungen an der Raumaufteilung, z. B. durch Einsetzen oder Entfernen von Trennwänden, lässt sich die bestehende Installation den neuen Anforderungen leicht anpassen. Bei dieser Installationsform lassen sich Änderungen an der Anlage sowie Prüfungen und Wartungsarbeiten vornehmen, ohne den Betrieb zu stören.

Die Installation mit zentralem Klemmenkasten wird vor allem in Büro- und Verwaltungsgebäuden, in Krankenhäusern und bei der Installation in medizinisch genutzten Bereichen **(Seite 175)** angewendet.

Klemmenkästen und Verbindungsdosen, die lösbare Verbindungsstellen enthalten, z. B. Dosenklemmen oder Reihenklemmen, müssen immer frei zugänglich bleiben. Sie dürfen auch nach Fertigstellung der Elektroinstallation nicht durch feste Einbauten überdeckt werden.

**Übersicht: Installationsformen**

- Installation mit Verbindungsdosen
- Installation mit Geräteverbindungsdosen
- Installation mit zentralem Klemmenkasten

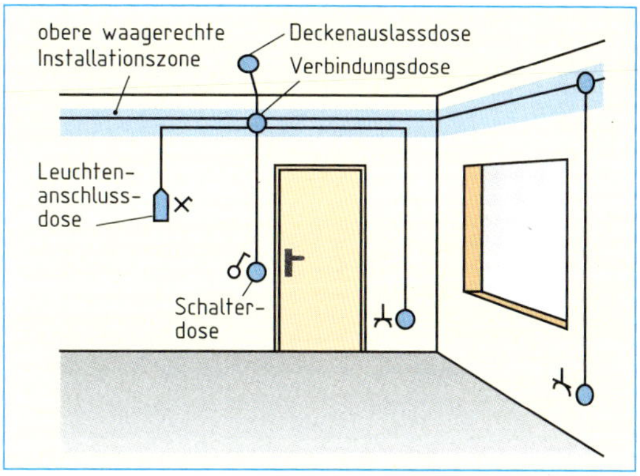


**Bild 1: Installation mit Verbindungsdosen**

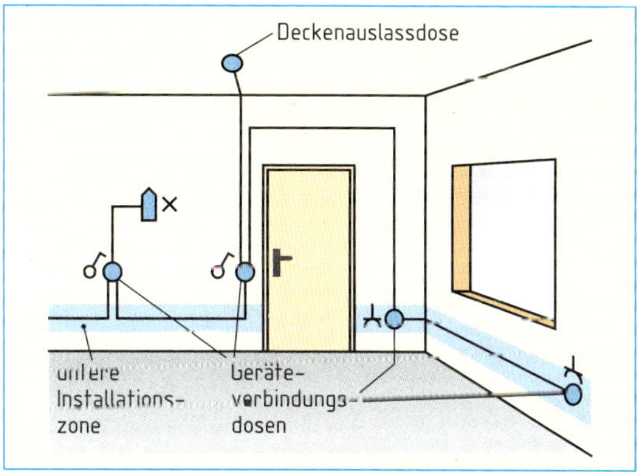


**Bild 2: Installation mit Geräteverbindungsdosen**

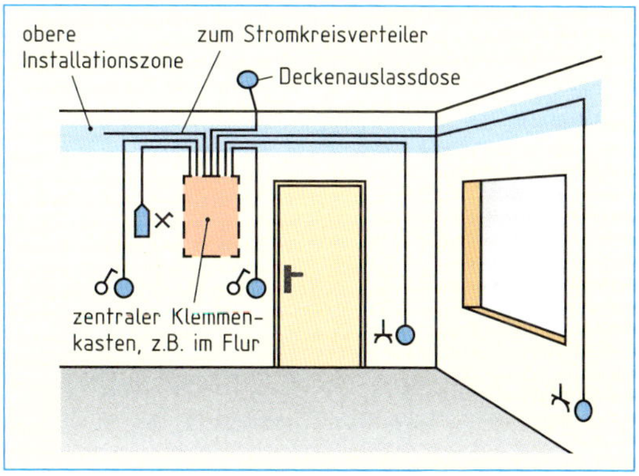


**Bild 3: Installation mit zentralem Klemmenkasten**

## 7.4.6 Elektroinstallation in Räumen mit Badewanne oder Dusche

In Wohngebäuden gehören Räume mit Badewanne oder Dusche zu den trockenen Räumen, weil dort Feuchtigkeit nur zeitweise auftritt. In diesen Räumen besteht jedoch eine besondere Gefährdung, da ein durch Feuchtigkeit verringerter Körperwiderstand in Verbindung mit Erdpotenzial bereits bei kleiner Berührungsspannung einen gefährlichen Körperstrom hervorrufen kann.

Die Elektroinstallation in Räumen mit Badewanne oder Dusche ist deshalb so auszuführen, dass Personen keinem gefährlichen Körperstrom ausgesetzt werden.

Bei der Installation von Räumen mit Badewanne oder Dusche unterscheidet man nach DIN VDE 0100-701 die Bereiche 0, 1 und 2.

### Bereiche in Räumen mit Badewanne oder Dusche

- **Bereich 0** umfasst das Innere der Bade- oder Duschwanne.
- **Bereich 1** ist durch die senkrechten Flächen um die Bade- oder Duscheinrichtung begrenzt **(Bild 1 und 2).** Zum Bereich 1 gehört auch der Raum unter Bade- oder Duschwannen **(Bild 1).**
- **Bereich 2** schließt seitlich an den Bereich 1 mit einer Breite von 0,6 m an **(Bild 1 und 2).**
- Die Höhe der Bereiche 1 und 2 werden begrenzt:
  - 2,25 m über dem Fertigfußboden oder
  - durch den höchsten fest angebrachten Brausekopf oder die höchste fest angebrachte Wasserauslassstelle, je nachdem was höher ist.
- Bei Duschen ohne Duschwannen **(Bild 3)** begrenzt die senkrechte Mantelfläche mit einem Radius $R = 1{,}2$ m um die Wasseraustrittstelle (Brausekopf) den Bereich 1. Feste Raum- oder Trennwände begrenzen ebenso den Bereich 1.
- Bei Duschen ohne Duschwanne entfallen die Bereiche 0 und 2 **(Bild 3).**

Die Grenzen der Bereiche 2 bei Duschen mit fester Trennwand **(Bild 2),** bzw. des Bereiches 1 bei Duschen ohne Duschwanne **(Bild 3),** lassen sich mit einem Fadenmaß, z. B. einer Schnur der Länge 0,6 m bzw. 1,2 m, festlegen. Das Fadenmaß bildet den Bereich nach, den ein Mensch aus dem Bereich 1 um- oder übergreifen kann **(Bild 2 und Bild Seite 133).**

Bei Duschen oder Badewannen mit fester Trennwand setzt man das Fadenmaß an der inneren Trennwandecke an **(Bild 2).** Deshalb verringert sich der Radius und damit der Verlauf des Bereiches 2 um die Wandstärke der Trennwand. Bei Duschen ohne Duschwanne setzt man das Fadenmaß an der Wasserauslassstelle, z. B. am Brausekopf, an **(Bild 3).**

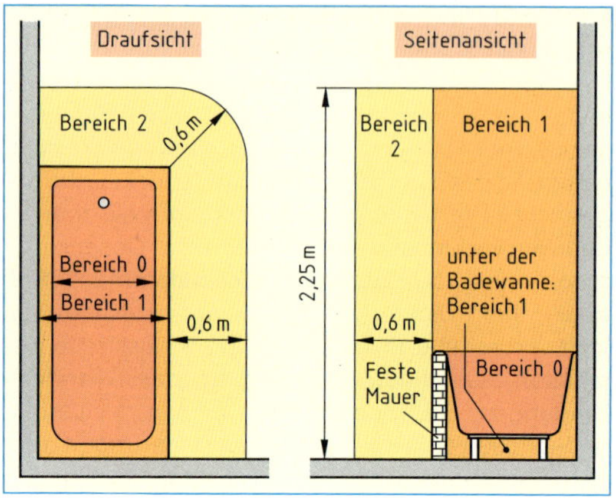


**Bild 1: Bereichseinteilung in Räumen mit Badewanne oder Dusche**

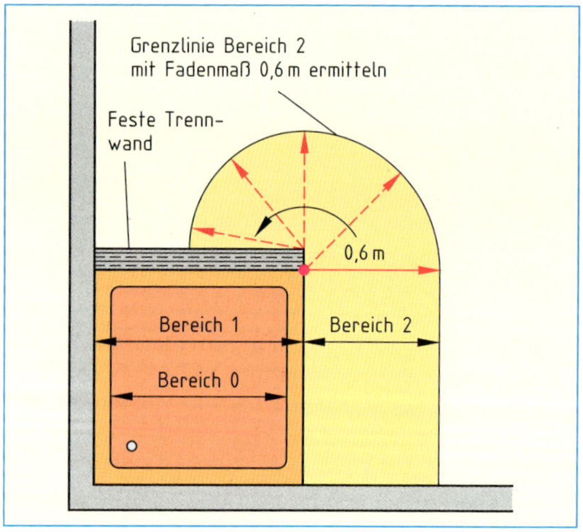


**Bild 2: Bereichseinteilung bei Bade- oder Duschwannen mit fester Trennwand**

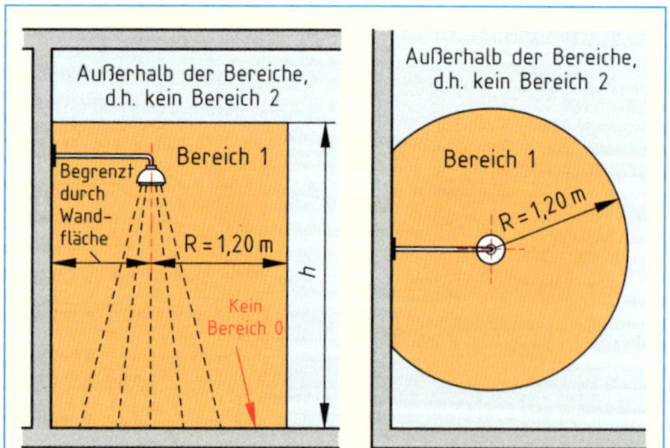


**Die Höhe *h* des Bereichs 1 wird begrenzt auf:**

- 2,25 m über dem Fertigfußboden oder
- durch höher fest angebrachte Wasserauslassstellen

**Bild 3: Grenze des Bereiches 1 bei Duschen ohne Duschwanne (Beispiel)**

**Betriebs- und Verbrauchsmittel.** In den Bereichen 0, 1 und 2 sind die in der **Übersicht** genannten Betriebs- und Verbrauchsmittel mit der angegebenen Schutzklasse zugelassen.

**Schutz gegen elektrischen Schlag.** Stromkreise für Räume mit Badewanne oder Dusche müssen durch Fehlerstrom-Schutzeinrichtungen mit einem Bemessungs-Differenzstrom $I_{\Delta N} \leq 30$ mA geschützt werden. Ausgenommen sind Stromkreise zu fest montierten und fest angeschlossenen Warmwasserbereitern sowie Kleinspannungsstromkreise SELV oder PELV und Stromkreise mit Schutztrennung.

**Leitungen und Kabel**

In Räumen mit Badewanne oder Dusche müssen Leitungen und Kabel immer einen Schutzleiter enthalten, der mit dem Schutzleiter der Anlage leitend verbunden ist.

Ausgenommen hiervon sind Leitungen für SELV- und PELV-Stromkreise und Leitungen für Stromkreise mit der Schutzmaßnahme Schutztrennung.

Leitungen oder Kabel zur Versorgung von Verbrauchsmitteln im Bereich 1 sind senkrecht, oder waagerecht von hinten durch die angrenzende Wand, zum Anschlussraum der Geräte, z. B. Warmwasserbereiter, zu führen.

Leitungen, Kabel und Zubehörteile, die außerhalb der Bereiche 0 und 1 angeordnet sind oder nicht zur Versorgung von Bade- oder Duschräumen beitragen, müssen mit einer Mindesttiefe von 6 cm, gemessen von der Wandoberfläche, eingebettet sein. Ist diese Forderung nicht zu erfüllen, z. B. wegen zu geringer Wandstärke, ist für solche Stromkreise Schutz durch Kleinspannung SELV oder PELV, Schutztrennung oder Schutz durch RCDs mit $I_{\Delta N} \leq 30$ mA oder die Verlegung in metallenen geerdeten Installationsrohren oder Kanalsystemen anzuwenden.

Stegleitungen dürfen in Räumen mit Badewanne oder Dusche nur verlegt werden, wenn sie mindestens 6 cm tief in der Wand eingebettet sind **(Seite 35)**.

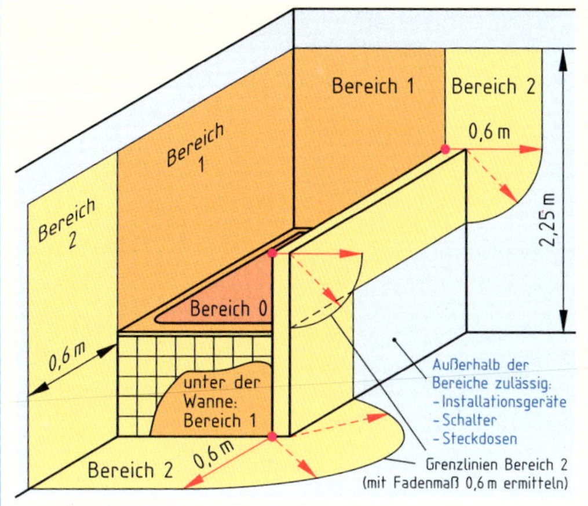


**Bild: Bereichsgrenzen bei Trennwänden mit einer Höhe unter 2,25 m (Beispiel)**

### Übersicht: Schutzarten und zulässige Betriebs- und Verbrauchsmittel in den Bereichen 0, 1 und 2

- **Bereich 0: Mindestens Schutzart IPX7**
  - Ortsfest angebrachte, fest angeschlossene elektrische Verbrauchsmittel, die mit Kleinspannung SELV* bis AC 12 V oder DC 30 V betrieben werden und nach Herstellerangaben für die Montage und Verwendung im Bereich 0 geeignet sind.
- **Bereich 1: Mindestens Schutzart IPX4**
  - Ortsfest angebrachte, fest angeschlossene elektrische Verbrauchsmittel, die vom Hersteller für den Bereich 1 zugelassen sind, z. B. Whirlpooleinrichtungen, Duschpumpen, Wassererwärmer oder Lüfter.
  - Installationsgeräte und Verbrauchsmittel von Stromkreisen, die mit Kleinspannung SELV oder PELV* bis AC 25 V oder DC 60 V betrieben werden.
  - Nur Abzweig- und Anschlussdosen für Verbrauchsmittel, die in den Bereichen 0 und 1 zugelassen sind.
- **Bereich 2: Mindestens Schutzart IPX4****
  - Installationsgeräte, ausgenommen Steckdosen Rasiersteckdoseneinheiten mit Schutztrennung
  - Installationsgeräte einschließlich Steckdosen, sowie Betriebsmittel der Signal- und Kommunikationstechnik mit Kleinspannung SELV oder PELV* bis AC 50 V oder DC 120 V.

* Die Stromquelle muss außerhalb der Bereiche 0 und 1 angeordnet sein.
** IPX4 gilt nicht für Rasiersteckdosen mit Schutztrennung

**Zusätzlicher Schutzpotenzialausgleich.** Ein zusätzlicher Schutzpotenzialausgleich ist nur in Gebäuden vorgeschrieben, in denen ein Schutzpotenzialausgleich über die Haupterdungsschiene noch nicht durchgeführt wurde, z. B. in Altbauten. Lässt sich der Schutzpotenzialausgleich über die Haupterdungsschiene nicht nachrüsten, ist in Räumen mit Badewanne oder Dusche ein zusätzlicher Schutzpotenzialausgleich auszuführen. Dabei sind metallene Gas-, Heizungs-, Frisch- und Abwasserleitungen sowie fremde leitfähige Anlagenteile durch den Schutzpotenzialausgleichsleiter miteinander zu verbinden. Metallene Dusch- oder Badewannen müssen nach DIN VDE 0100-701, nicht in den Schutzpotenzialausgleich einbezogen werden.

Der Mindestquerschnitt für den zusätzlichen Schutzpotenzialausgleichsleiter beträgt bei geschützter Verlegung 2,5 mm², bei ungeschützter Verlegung 4 mm² Kupfer. Der Schutzpotenzialausgleichsleiter muss mit dem Schutzleiter im Stromkreisverteiler oder mit der Haupterdungsschiene verbunden sein.

 (Nächster Praxistipp: Seite 152)

## Situationsbeschreibung:

Die elektrische Anlage in einem Wohngebäude soll geplant werden. Welche Mindestausstattung an Anschlüssen, Steckdosen, Auslässen für Beleuchtung und Anschlüsse für Radio, TV und Daten sind nach DIN 18015-2 erforderlich?

Die Elektroinstallation in Wohngebäuden soll so ausgeführt werden, dass Änderungen oder Erweiterungen ohne teure Nachinstallation möglich sind.

**Stromkreise.** Die erforderliche Anzahl der Stromkreise für Steckdosen und Beleuchtung ist in der **Tabelle 1** angegeben.

Für den Anschluss besonderer Verbrauchsmittel **(Tabelle 2)** sind auch dann eigene Stromkreise zu planen, wenn die Verbrauchsmittel über Steckdosen angeschlossen werden.

**Tabelle 1: Mindestanzahl der Stromkreise im Wohnbereich** (nach DIN 18015-2)

| Wohnfläche in m² | Mindestanzahl der Stromkreise für Beleuchtung und Steckdosen |
|---|---|
| bis 50 | 3 |
| über 50 bis 75 | 4 |
| über 55 bis 100 | 5 |
| über 100 bis 125 | 6 |
| über 125 | 7 |

Verbrauchsmittel mit Anschlusswerten über 2 kW und Nebenräume, z.B. Kellerräume, Bodenräume oder Garagen, erfordern eigene Stromkreise.

**Tabelle 2: Anzahl der Steckdosen und Anschlüsse in Wohngebäuden** (nach DIN 18015-2 Auszug)

<table>
<tr><th>Betriebsmittel, Anschlüsse und Verbrauchsmittel</th><th>Küche</th><th>Bad</th><th>Toilette</th><th>Wohnzimmer bis 20 m²</th><th>Wohnzimmer über 20 m²</th><th>Esszimmer</th><th>Schlaf-, Kinder-, Gäste-, Arbeitszimmer</th><th>Flur bis 3 m Länge</th><th>Flur über 3 m Länge</th><th>Hausarbeitsraum</th><th>Keller-, Bodenraum, Garage</th><th>Keller- oder Bodengang je 6 m Länge</th><th>Hobbyraum</th><th>Abstellraum</th><th>Terrasse</th></tr>
<tr><td colspan="16">Anzahl der Steckdosen, Beleuchtungs- und Kommunikationsanschlüsse</td></tr>
<tr><td>Steckdosen</td><td>5</td><td>2</td><td>1</td><td>4</td><td>5</td><td>3</td><td>4</td><td>1</td><td>1</td><td>3</td><td>1</td><td>1</td><td>3</td><td>1</td><td>1</td></tr>
<tr><td>Beleuchtungsanschlüsse</td><td>2</td><td>2</td><td>1</td><td>2</td><td>3</td><td>1</td><td>1</td><td>1</td><td>2</td><td>1</td><td>1</td><td>1</td><td>1</td><td>1</td><td>1</td></tr>
<tr><td>Telefon- oder Datenanschluss (IuK)[1]</td><td></td><td></td><td></td><td colspan="2">1</td><td>1</td><td>1</td><td colspan="2">1</td><td></td><td></td><td></td><td></td><td></td><td></td></tr>
<tr><td>Steckdosen für Radio, TV, Daten</td><td></td><td></td><td></td><td colspan="2">1</td><td>1</td><td>1</td><td colspan="2">1</td><td></td><td></td><td></td><td></td><td></td><td></td></tr>
<tr><td>Radio-, TV- oder Datenanschluss (RuK)[2]</td><td>1</td><td></td><td></td><td colspan="2">2</td><td>1</td><td>1</td><td></td><td></td><td></td><td></td><td></td><td></td><td></td><td></td></tr>
<tr><td>Steckdosen für Radio, TV oder Daten</td><td>3</td><td></td><td></td><td colspan="2">6</td><td>3</td><td>3</td><td></td><td></td><td></td><td></td><td></td><td></td><td></td><td></td></tr>
<tr><td>Kühl- oder Gefriergerät</td><td>2</td><td></td><td></td><td></td><td></td><td></td><td></td><td></td><td></td><td></td><td></td><td></td><td></td><td></td><td></td></tr>
<tr><td>Dunstabzug</td><td>1</td><td></td><td></td><td></td><td></td><td></td><td></td><td></td><td></td><td></td><td></td><td></td><td></td><td></td><td></td></tr>
<tr><td>Lüfteranschluss</td><td></td><td>1</td><td>1</td><td></td><td></td><td></td><td></td><td></td><td></td><td></td><td></td><td></td><td></td><td></td><td></td></tr>
<tr><td colspan="16">Anschlüsse für besondere Verbrauchsmittel mit eigenem Stromkreis</td></tr>
<tr><td>Elektroherd</td><td>1</td><td></td><td></td><td></td><td></td><td></td><td></td><td></td><td></td><td></td><td></td><td></td><td></td><td></td><td></td></tr>
<tr><td>Geschirrspülmaschine</td><td>1</td><td></td><td></td><td></td><td></td><td></td><td></td><td></td><td></td><td></td><td></td><td></td><td></td><td></td><td></td></tr>
<tr><td>Mikrowellengerät</td><td>1</td><td></td><td></td><td></td><td></td><td></td><td></td><td></td><td></td><td></td><td></td><td></td><td></td><td></td><td></td></tr>
<tr><td>Waschmaschine[3]</td><td>1</td><td>1</td><td></td><td></td><td></td><td></td><td></td><td></td><td></td><td>1</td><td>1</td><td></td><td></td><td></td><td></td></tr>
<tr><td>Wäschetrockner[3]</td><td>1</td><td>1</td><td></td><td></td><td></td><td></td><td></td><td></td><td></td><td>1</td><td>1</td><td></td><td></td><td></td><td></td></tr>
<tr><td>Bügelstation</td><td></td><td></td><td></td><td></td><td></td><td></td><td></td><td></td><td></td><td>1</td><td></td><td></td><td></td><td></td><td></td></tr>
<tr><td>Warmwasserbereiter[4]</td><td>1</td><td>1</td><td>1</td><td></td><td></td><td></td><td></td><td></td><td></td><td></td><td></td><td></td><td></td><td></td><td></td></tr>
<tr><td>Heizgerät[4]</td><td></td><td>1</td><td></td><td></td><td></td><td></td><td></td><td></td><td></td><td></td><td></td><td></td><td></td><td></td><td></td></tr>
</table>

[1] **IuK**, Abk. für: **I**nformations- **u**nd **K**ommunikationstechnik, [2] **RuK**, Abk. für: **R**undfunk- **u**nd **K**ommunikationstechnik,
[3] In der Wohnung nur einmal erforderlich, [4] In Wohngebäuden mit dezentraler Warmwasserbereitung und Heizung

**Stromkreise mit Steckdosen** sind durch Fehlerstrom-Schutzeinrichtungen zu schützen **(Übersicht)**. Die Zuordnung der Fehlerstrom-Schutzeinrichtungen muss so erfolgen, dass das Abschalten einer Fehlerstrom-Schutzeinrichtung nicht zum Ausfall aller Stromkreise führt. Ausgenommen sind lediglich selektive RCDs die nachfolgenden Fehlerstrom-Schutzeinrichtungen vorgeschaltet sind **(Bild 1)**.

Zum Schutz besonderer Stromkreise, z. B. für Räume mit Badewanne oder Dusche, eignen sich Kombinationen aus RCD und LS-Schalter (RCBO[1], **Bild 2**).

**Steckdosen und Anschlüsse für Beleuchtung.** Steckdosen, Anschlüsse für Beleuchtung und Schaltstellen sind nutzungsgerecht zu verteilen. Steckdosen an Bettplätzen, an Arbeitsflächen in Küchen und im Hausarbeitsraum sind mindestens als Zweifachsteckdosen auszuführen. Sie zählen jedoch nur als eine Steckdose.

**Steckdosen im Freien,** z. B. auf der Terrasse, sollen gegen unbefugte Nutzung gesichert sein, z. B. durch eine Schaltstelle in der Wohnung **(Bild 3)**.

**Schaltstellen** für Leuchten sind an den Eingangstüren anzuordnen. In Räumen mit mehr als einer Eingangstür muss mindestens eine Leuchte von jeder Tür aus schaltbar sein. Jeder Bettplatz muss auch eine Schaltstelle für eine Leuchte erhalten. In Fluren mit einer Länge über 3 m muss mindestens eine Leuchte von zwei Stellen aus schaltbar sein.

**Anschlusseinrichtungen für Rundfunk, TV und Kommunikation.** In jeder Wohneinheit ist ein Wohnungsübergabepunkt (WÜP) erforderlich. Die erste TAE-Dose **(Seite 140)** ist in unmittelbarer Nähe zum WÜP anzuordnen. Die Mindestanzahl der Anschlusseinrichtungen für Rundfunk, TV und Kommunikation (RuK) sind in der **Tabelle, Seite 134** angegeben.

Leitungen für Rundfunk, TV und Kommunikation (RuK) sind auswechselbar in Rohrsystemen zu verlegen. Für eine zukunftssichere Nutzung wird in DIN 18015, Teil 1 ein sternförmiges Rohrsystem gefordert.

Jeder Anschlusseinrichtung (RuK) sind mindestens drei Schutzkontakt-Steckdosen zuzuordnen **(Tabelle, Seite 134)**.

**Überspannungsschutz.** Zum Schutz empfindlicher elektronischer Geräte, z. B. Personal-Computer, wird in DIN VDE 0100-443 der Einbau von Überspannungs-Schutzgeräten empfohlen. Überspannungs-Schutzgeräte Typ 2 ordnet man zweckmäßig im Stromkreisverteiler an, solche vom Typ 3 direkt in der Anschlusseinrichtung **(Bild, Seite 171)**.

[1] **RCBO**, Abk. für: **R**esidual **C**urrent operated Circuit **B**reakers with integrated **O**vercurrent Protection (engl.) = Fehlerstrom-Schutzschalter mit Überstrom-Schutzeinrichtung

### Übersicht: Fehlerstrom-Schutzeinrichtungen (RCDs) in Stromkreisen mit Steckdosen

DIN VDE 0100-410 schreibt RCDs mit einem Bemessungs-Differenzstrom $I_{\Delta N} \leq 30$ mA vor:

- In Stromkreisen mit Steckdosen bis $I_N = 20$ A die zur Benutzung durch Laien bestimmt sind,
- in Endstromkreisen für im Außenbereich verwendete tragbare Betriebsmittel mit einem Bemessungsstrom bis 32 A.

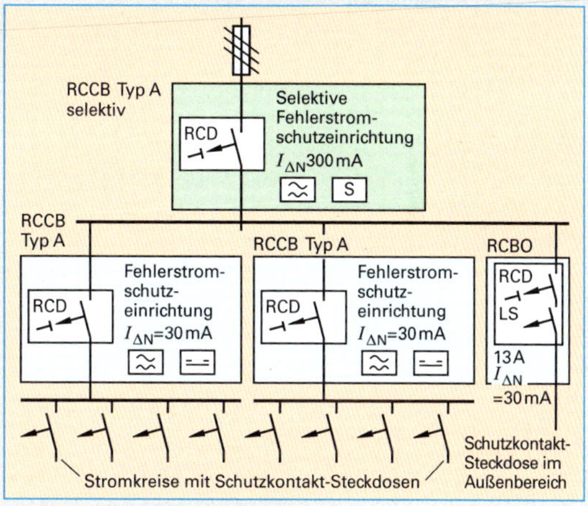


**Bild 1: Anordnung von RCDs**

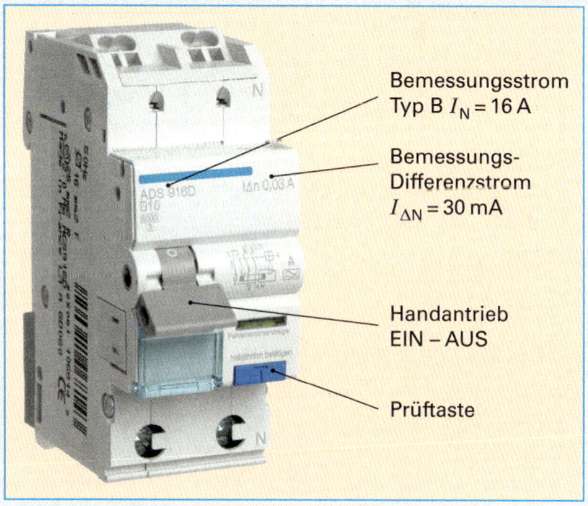


**Bild 2: 2-polige RCBO (FI/LS-Kombination)**

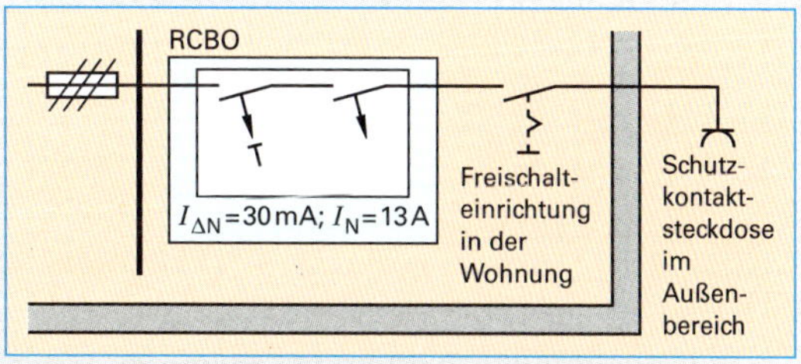


**Bild 3: Schutz von Steckdosen im Außenbereich**

# 7.5 Telekommunikationsanlagen

## 7.5.1 Hausrufanlagen

Hausrufanlagen **(Bild 1)** werden mit Kleinspannung betrieben. Zur Stromversorgung setzt man meist schutzisolierte Klingeltransformatoren ein.

**Anforderungen an Klingeltransformatoren**

- Kurzschlussfest,
- Bemessungs-Ausgangsspannnung $U_2 \leq 24\,V\sim$,
- Leerlaufausgangsspannung $U_{20} \leq 33\,V\sim$,
- Bemessungs-Eingangsspannung $U_1 \leq 250\,V\sim$,
- Bemessungsleistung maximal 100 VA.

Als akustische Melder in Hausrufanlagen verwendet man Wecker oder Summer. In Anlagen mit Türöffner oder mit Zweiklang-Gong sind Klingeltransformatoren mit einer Bemessungsleistung von 100 VA vorteilhaft. Da Hausrufanlagen mit Kleinspannung SELV **(Seite 220)** betrieben werden, sind keine weiteren Schutzmaßnahmen notwendig. Als Installationsleitung für Hausrufanlagen verwendet man z. B. Klingelmantelleitung (YR) oder Klingelstegleitung (J-FY). Zur Verbindung der Adern setzt man in Haussprechanlagen Klemmen ein, die für den geringen Querschnitt der Adern geeignet sind. Sichere Verbindungen können aber auch durch Löten hergestellt werden.

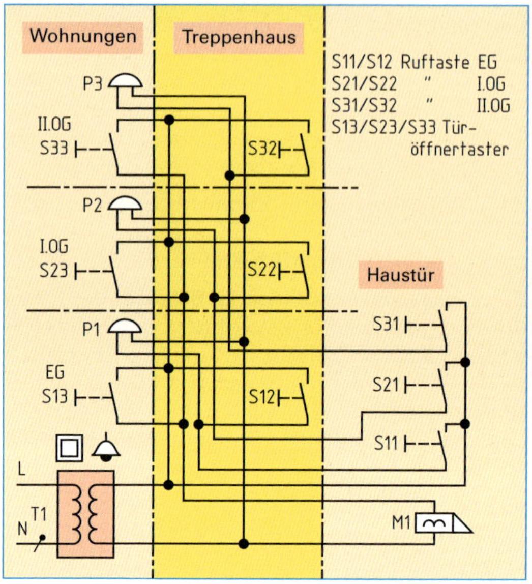


**Bild 1: Hausrufanlage mit Türöffner für drei Wohneinheiten**

## 7.5.2 Haussprechanlagen

Haussprechanlagen sind Sprechverbindungen, z. B. zwischen der Wohnung und der Haustür.

Mit Haussprechanlagen dürfen auch Sprechverbindungen zwischen zwei Gebäuden hergestellt werden, die auf demselben Grundstück stehen. Überschreitet das Leitungsnetz der Haussprechanlage die Grundstücksgrenze, ist eine Genehmigung notwendig.

Stattet man die Türsprechstelle mit einem Videokameramodul und die Haussprechstellen mit Monitoren aus **(Bild 2),** ist auch eine Bildübertragung von der Türsprechstelle zu den Haussprechstellen möglich. Zur Übertragung der Videosignale verwendet man ein verdrilltes, geschirmtes Adernpaar (Twistet Pair[1]) oder nach Herstellervorgabe eine Koaxialleitung.

Haussprechanlagen haben zwei Sprechkreise (Gegensprechanlagen **Bild 3**), die unabhängig voneinander betrieben werden.

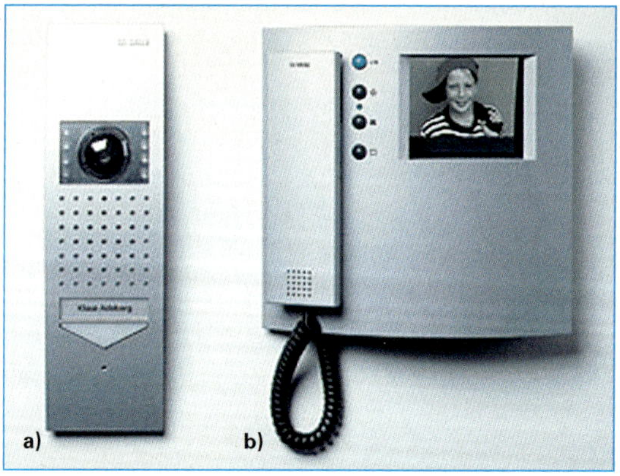


**Bild 2: Haussprechanlage mit a) Videokamera an der Türsprechstelle b) Monitor in der Haussprechstelle**

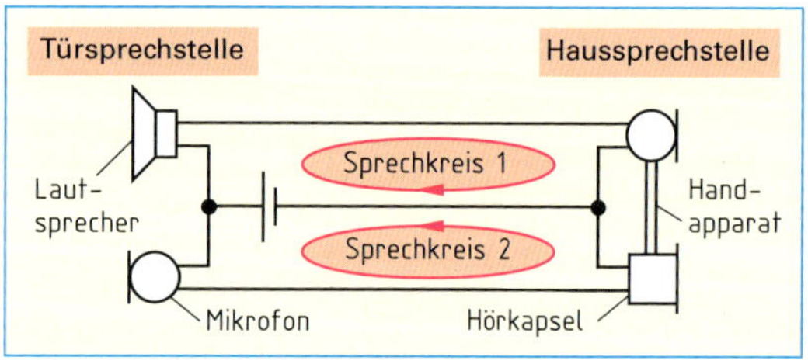


**Bild 3: Sprechkreise der Gegensprechanlage**

Die Sprechkreise der Haussprechanlage bestehen aus einer Reihenschaltung von Gleichstromquelle, Mikrofon und Lautsprecher **(Bild 3).**

Jede **Sprechstelle** enthält ein Mikrofon und eine Hörkapsel bzw. einen Lautsprecher **(Bild 3).** Treffen beim Sprechen Schallwellen auf die Membran des Mikrofons, so ändert sich dadurch sein Widerstand.

[1] Twisted Pair (engl.) = verdrilltes Adernpaar

Der im Sprechkreis fließende Gleichstrom wird in einen Sprechwechselstrom umgeformt und verstärkt. Er erzeugt in der Hörkapsel bzw. im Lautsprecher Schallschwingungen.

Sind in einer Anlage mehrere Sprechstellen erforderlich, schaltet man alle Haussprechstellen parallel. Der Zwillingsschließer des **Gabelumschalters** (**GU** in **Bild 1**) trennt dann im aufgelegten Zustand des Hörers (Handapparat) die Sprechkreise auf (Ruhestellung). Damit werden nicht benutzte Haussprechstellen abgeschaltet.

Nimmt man jedoch innerhalb einer Haussprechanlage gleichzeitig mehrere Handapparate ab, lässt sich z. B. ein zwischen der Türsprechstelle und der Haussprechstelle im 1. OG geführtes Gespräch auch im Erdgeschoss mithören.

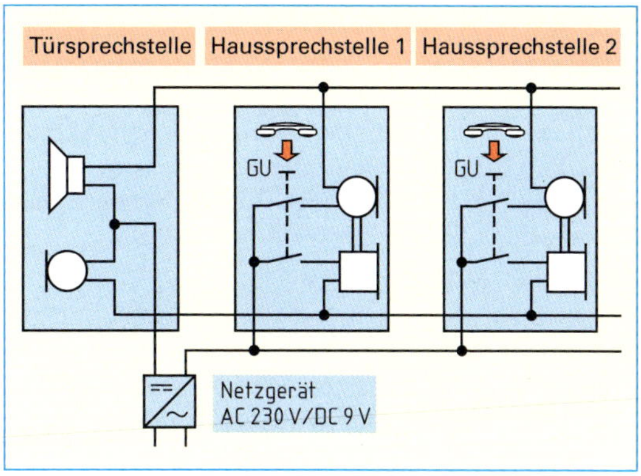


**Bild 1: Gegensprechanlage mit zwei parallel geschalteten Haussprechstellen**

Um dies zu verhindern setzt man in **mithörgesperrten Anlagen Diodenmodule** ein. Diese Module können auch nachträglich eingebaut werden.

**Türsprechstellen** in Modulbauweise enthalten immer ein Modul mit Lautsprecher und Mikrofon und ein Tastermodul mit den Ruftasten. Sie lassen sich zusätzlich erweitern, z. B. mit einem Kameramodul zur Videoüberwachung **(Bild 2, Seite 136)** oder mit einem Bewegungsmelder zum Steuern der Außenbeleuchtung. Eine Leuchtdiode **(Sprechleuchte)** im Sprechkreis **(Bild 2)** zeigt dem Besucher an, dass der Gesprächsteilnehmer an der Haussprechstelle den Hörer abgenommen hat und sprechbereit ist.

**Haussprechstellen** haben meist einen abnehmbaren Hörer mit eingebautem Mikrofon und Hörkapsel. Die in den Haussprechstellen fest eingebauten Taster zum Betätigen des Türöffners und ggf. zum Steuern der Außenbeleuchtung sind wie die Ruftaste in der Türsprechstelle mit den Tastern für den Etagenruf parallel geschaltet **(Bild 2)**.

Haussprechanlagen werden durch ein Netzgerät mit elektrischer Energie versorgt. Die Sprechkreise betreibt man mit Gleichspannung DC 9 V. Läutwerke, Türöffner und die Beleuchtung der Klingeltaster haben eine Wechselstromversorgung AC 15 V **(Bild 2)**. Als Montageort für das Netzgerät wählt man meist den oberen Anschlussraum des Zählerfeldes **(Seite 125)**. Für Haussprechanlagen ist nach DIN 18015 ein eigener Stromkreis vorzusehen.

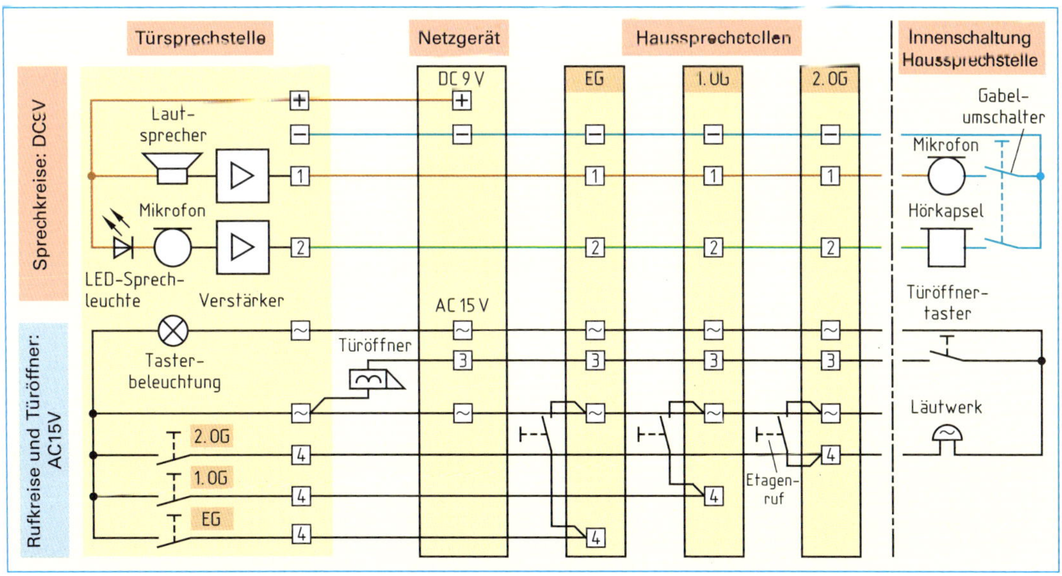


**Bild 2: Gegensprechanlage mit drei Haussprechstellen (Stromlaufplan in aufgelöster Darstellung)**

### Haussprechanlagen in Bus-Technik

Haussprechanlagen können auch in 2-Draht-Bus-Technik ausgeführt sein. Sie bestehen dann aus dem Türsprechmodul mit den erforderlichen Ruftastern, dem Bus-Controller oder Bus-Steuergerät und den Haussprechstellen. Diese Geräte sind durch den 2-Draht-Bus miteinander verbunden **(Bild)**.

Zusätzlich ist ein Netzgerät AC 230 V/DC 24 V als Stromversorgung für den Bus-Controller und für den Sprechkreis erforderlich. Der Türöffner und die Beleuchtung der Ruftasten wird durch einen Klingeltransformator mit einer Ausgangsspannung von z. B. AC 12 V versorgt **(Bild)**.

> Über den 2-Draht-Bus werden die Funktionen Rufen, Sprechen und Türöffnen ausgeführt.

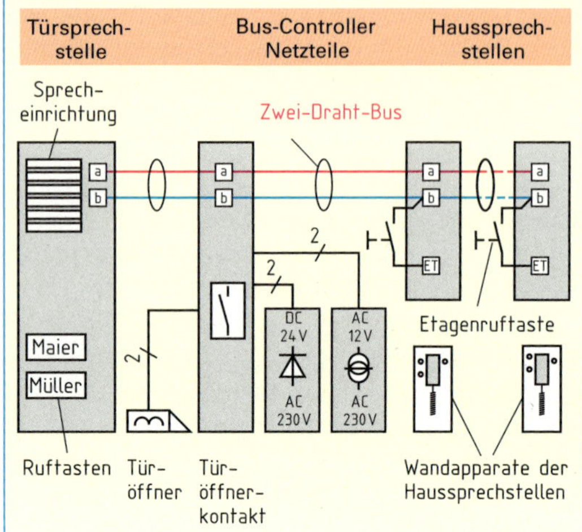


**Bild: Haussprechanlage in 2-Draht-Bus-Technik**

**Ausführung des 2-Draht-Bus-Systems:**

- Abgeschirmte, paarig verdrillte Telekommunikationsleitung J-Y(St)Y 2 × 2 × 0,6 mm oder Telekommunikationskabel A2Y(St)2Y 2 × 2 × 0,8 mm.
- Als Busleitung verwendet man ein verdrilltes Aderpaar, das zweite Aderpaar ist Reserve.
- Ein 2-Draht-Bus-System ist meist für maximal 31 Teilnehmer je Strang ausgelegt.
- Sind mehr als 31 Teilnehmer vorhanden, kann die Anlage auf max. 15 Stränge mit je 31 Teilnehmern erweitert werden.
- Zulässige Leitungslänge zwischen Bus-Controller und Busteilnehmer: maximal 300 m.

Stellt man Altanlagen auf 2-Draht-Bus-Technik um, können meist auch die vorhandenen Klingelmantelleitungen (YR) verwendet werden. Als Bus-Leitungen nimmt man dann zwei nebeneinander liegende Adern.

**Übersicht: Programmieren der Haussprechanlage in 2-Draht-Bus-Technik (Beispiel)**

- Zu programmierende Haussprechstelle öffnen.
- Programmierschlüssel einstecken.
- Durch Betätigen des Türöffnertasters Türsprechstelle in den Programmiermodus bringen. Der Programmiermodus wird durch einen Quittierton an der Türsprechstelle angezeigt.
- Zugehörige Ruftaste an der Türsprechstelle betätigen.
- Die Zuordnung zwischen Ruftaste und Haussprechstelle wird durch die Programmierleuchtdiode der Haussprechstelle angezeigt.
- Programmierschlüssel an der Haussprechstelle abziehen und Gehäuse schließen.
- Die Zuordnung der Sprechverbindung ist damit hergestellt und programmiert.

Die Programmierung kleiner Anlagen erfolgt ohne Programmiersoftware in nur wenigen Bedienschritten **(Übersicht)**. Dabei wird durch den Bus-Controller eine eindeutige, mithörgesperrte Zuordnung zwischen dem Ruftaster in der Türsprechstelle und der Haussprechstelle hergestellt.

Türsprechstellen können zusätzlich mit einem Video-Kameramodul ausgestattet sein und übertragen dann die Bildsignale über einen Video-Controller an die Monitore der Haussprechstellen. Als Leitungsnetz für Videoanlagen sind aber bei Übertragungsstrecken über 100 m meist Koaxialkabel erforderlich.

In Bürogebäuden ist ein Verbinden der Haussprechanlage mit vorhandenen Telefonanlagen, z. B. an ISDN-Anlagen **(Seite 143)**, über eine Anpassschaltung möglich. Damit lassen sich Gespräche von der Türsprechstelle an Telefonnebenstellen weiterleiten. Ebenso sind dann von den Telefonnebenstellen aus z. B. der Türöffner oder die Außenbeleuchtung zu steuern.

### Wiederholungsfragen

1. **Welche Bemessungs-Ausgangsspannung dürfen Klingeltransformatoren höchstens haben?**
2. **Aus welchen Teilen besteht der Sprechkreis einer Gegensprechanlage?**
3. **Beschreiben Sie die Aufgabe des Gabelumschalters (GU) in Gegensprechanlagen.**
4. **Warum kann man bei Haussprechanlagen auf Schutzmaßnahmen gegen elektrischen Schlag verzichten?**
5. **Mit welcher Stromart betreibt man in Haussprechanlagen a) Sprechkreise und b) Türöffnerstromkreise?**

## 7.5.3 Errichten von Telekommunikationsanlagen

Telekommunikationsanlagen müssen in das Telekommunikationsnetz eingebunden werden. Das dazu notwendige Telekommunikations-Außenkabel endet im Hausanschlussraum in einem Anschlusskasten **(Bild 1)** der als APL (Abschlusspunkt Linientechnik) bezeichnet wird. Vom APL aus wird eine Leitung zur 1. TAE[1]-Dose geführt. Die 1. TAE-Dose ist bei einem analogen Anschluss der Netzabschluss NTA[2] des Telekommunikationsnetzes. Am Netzabschluss können die Endgeräte, z. B. ein Telefon, angeschlossen werden.

**Der Abstand zwischen der Einführungsstelle des Telekommunikations-Außenkabels zu anderen Versorgungsleitungen, z.B. Gas-, Wasser- oder elektrischen Leitungen, muss mindestens 500 mm betragen.**

Die Installation der Telekommunikationssysteme soll nach DIN 18015 grundsätzlich auswechselbar, z. B. in Rohren, ausgeführt werden. In DIN 18015 ist die Mindestgröße der Rohrdurchmesser festgelegt. So muss z. B. in einem Mehrfamilienwohnhaus die vom Anschlusskasten abgehende Leitung in einem Steigrohr mit einem Innendurchmesser von mindestens 32 mm, z. B. Größe M40, geführt werden **(Bild 1)**.

In den Leitungsverlauf des Steigrohres wird in jedem Stockwerk ein Abzweigkasten eingebaut. Von diesem Abzweigkasten führt ein Installationsrohr mit einem Innendurchmesser von mindestens 25 mm, z. B. Größe M32, in jede Wohnung zu einer 60 mm tiefen Anschlussdose für die Telekommunikationseinrichtung. Die Steigleitung soll in allgemein zugänglichen Räumen, z.B. im Treppenhaus, verlegt werden.

Zum Anschluss der Endeinrichtungen werden z. B. Installationskabel J-Y(St)Y **(Seite 26)** verwendet. Man unterscheidet je nach Aufbau bündelverseilte (Bd) und lagenverseilte (Lg) Installationskabel. Bei bündelverseilten Kabeln werden die vier miteinander verseilten Adern als Stern-Vierer bezeichnet. Jeweils zwei gegenüberliegende Adern bilden dabei einen Leitungskreis oder Stamm **(Bild 2)**.

Bei lagenverseilten Kabeln sind die verseilten Doppeladern in einzelnen Schichten (Lagen) angeordnet. Die einzelnen Adern werden durch unterschiedliche Farben gekennzeichnet **(Bild 3)**. Bei einem Kabel mit mehr als 5 Doppeladern in einer Lage wiederholt sich die Farbenfolge der Doppeladern 1 bis 5 je nach Anzahl der Doppeladern oft mehrfach. Damit die erste Doppelader in der Lage erkannt wird, hat diese die Farben Rot und Blau anstatt Weiß und Blau. Bei einem 2-paarigen Kabel ist die erste b-Ader nicht blau, sondern schwarz **(Bild 3)**.

[1] **TAE**, Abk. für: **T**elekommunikations-**A**nschluss-**E**inheit
[2] **NTA**, Abk. für: **N**etwork **T**ermination **A**nalog (engl.) = Netzabschluss analog

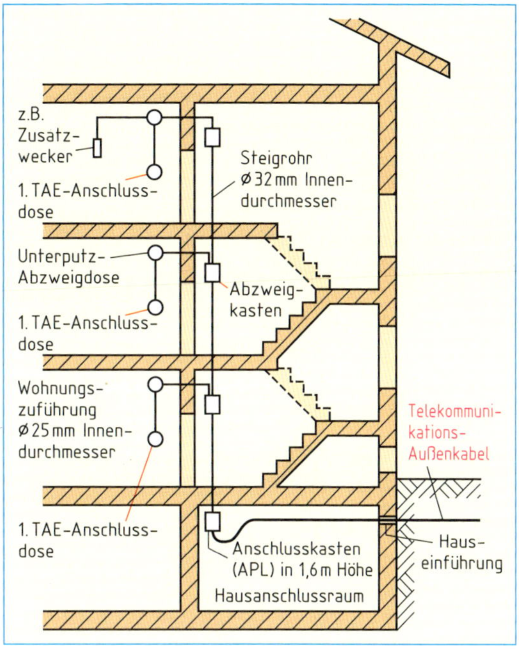


**Bild 1: Leerrohrsystem einer Telekommunikationsanlage**

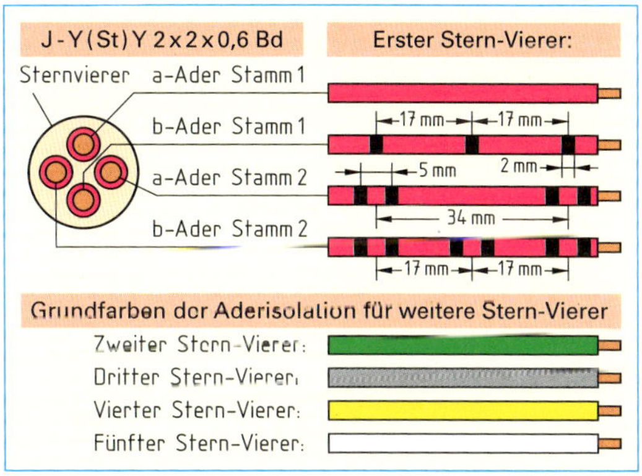


**Bild 2: Farbringkennzeichnung und Grundfarben bündelverseilter (Bd) Installationskabel**

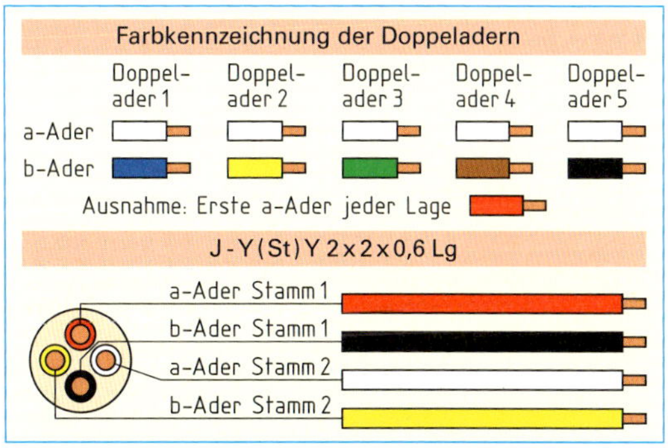


**Bild 3: Farbkennzeichnung lagenverseilter (Lg) Installationskabel**

## 7.5.4 Analog-Anschluss

Analoge Telekommunikationsanschlüsse **(Bild 1)** werden z.B. für Haus- und Aufzugs-Notrufsysteme benötigt sowie für Anwender, die nur den Sprachdienst nutzen. An der 1. TAE, auch analoger Netzabschluss genannt, wird neben dem Analogsignal eine Speisespannung von ca. 60 V **(Bild 2)** zur Verfügung gestellt, damit ein einfaches Analogtelefon in Notfällen auch ohne eigene Stromversorgung betrieben werden kann. Telefonnetzbetreiber, z.B. die Deutsche Telekom, verwenden dazu in den Zugangsknoten der Digitalen Vermittlungsstellen des Ortsnetzes **(Bild 1)** eine spezielle Schnittstelle (POTS-Karte), um ein Analogsignal bereitzustellen. Die Übertragung des Analogsignals zum Teilnehmer erfolgt über eine zweiadrige Kupferleitung.

> Die beiden Adern zum Anschluss der analogen Endgeräte bezeichnet man als a-Ader und b-Ader, oder auch La und Lb **(Bild 2)**.

Für den Anschluss unterschiedlicher Endgeräte stehen TAE-Steckverbindungen mit zwei verschiedenen Kodierungen zur Verfügung. Sie unterscheiden sich durch eine abweichende Position von Nut und Nase an Dose und Stecker **(Tabelle)**.

> Steckvorrichtungen mit F-Kodierung werden für Fernsprecheinrichtungen verwendet.
>
> Die N-Kodierung dient zum Anschluss aller anderen Geräte, z.B. einem Anrufbeantworter.

TAE-Steckverbindungen haben sechs Anschlussklemmen, sie werden mit den Ziffern 1 ... 6 bezeichnet. Die Anschlussbelegung der Klemmen und deren Bedeutung sind in **Bild 2** ersichtlich.

Die vom Anschlusskasten kommenden Adern La und Lb werden an die Klemmen 1 und 2 der TAE-Anschlussdose aufgelegt. Im Inneren der Anschlussdose sind diese Klemmen, bei nicht eingeführtem Stecker, mit den Klemmen 6 und 5 verbunden. Dadurch wird die Leitung zu den dahinter geschalteten TAE-Anschlussdosen weitergeführt.

Werden an eine Amtsleitung zwei Geräte mit unterschiedlichen Aufgaben angeschlossen, z.B. Anrufbeantworter und Telefon, so sind dafür zwei TAE-Anschlüsse zu errichten **(Bild 2)**. Befinden sich beide Geräte in unmittelbarer Nähe zueinander, montiert man meist eine kombinierte TAE-NFN-Dose. Bei dieser Dose sind zwei N-Anschlüsse und ein F-Anschluss in einem Gehäuse bereits intern verbunden.

Bei Anschlüssen der Deutschen Telekom ist in der 1. TAE meist ein Passiver Prüfabschluss **(Bild 3)** eingebaut. Dieser wird nicht für den Betrieb, sondern nur zur Fern-Überprüfung der Leitung vom Netzbetreiber benötigt.

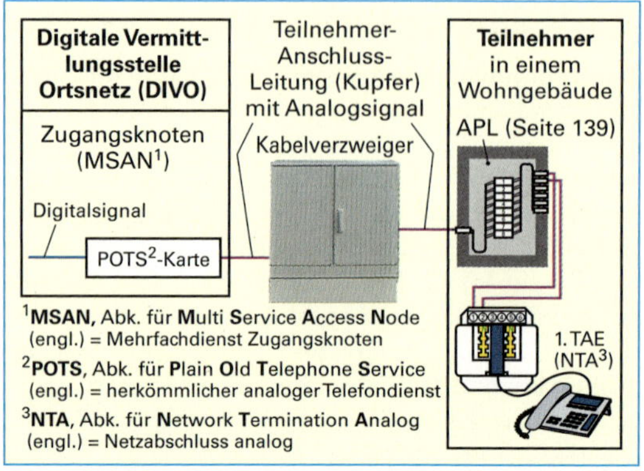


**Bild 1: Analoger Telekommunikationsanschluss**

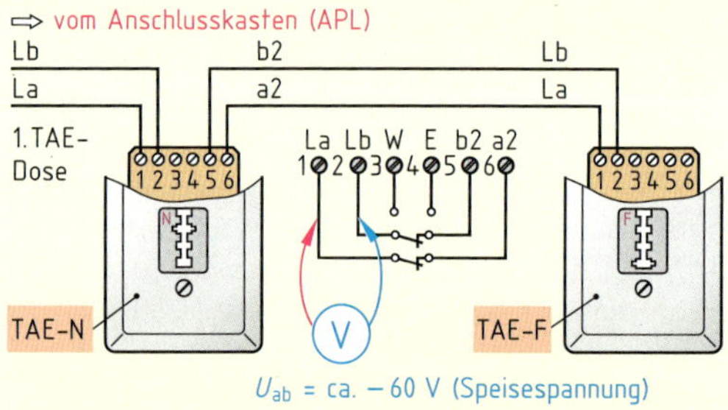


| Klemme | Kurzzeichen | Bedeutung |
|---|---|---|
| 1 | La | ankommende a-Ader |
| 2 | Lb | ankommende b-Ader |
| 3 | W | zusätzlicher Wecker |
| 4 | E | Erdtaste |
| 5 | b2 | abgehende b-Ader |
| 6 | a2 | abgehende a-Ader |

**Bild 2: Anschluss und Innenbeschaltung einer TAE-Dose**

**Tabelle: Kodierung von TAE-Steckverbindungen**

| F-Kodierung (Fernsprecheinrichtung) | | |
|---|---|---|
| Dose | Stecker | Beispiel |
| 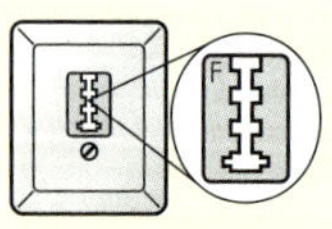 | 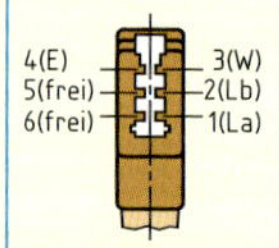  | Verwendung z.B. für Telefone |
| **N-Kodierung (Nicht-Fernsprecheinrichtung)** | | |
| Dose | Stecker | Beispiel |
| 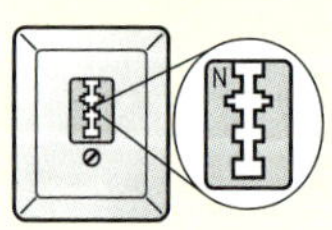 | 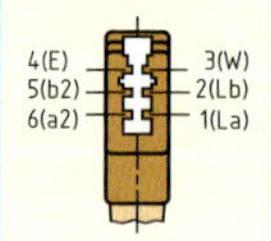  | Verwendung z.B. für Anrufbeantworter, Fax-Geräte, Modems |

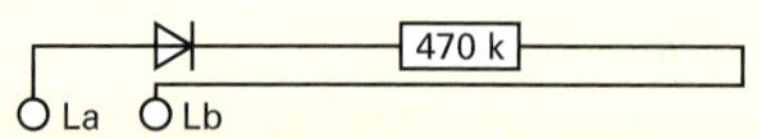


**Bild 3:** Passiver Prüfabschluss (PPA) für die 1. TAE

## 7.5.5 DSL-Anschluss

Die DSL[1]-Technologie ermöglicht eine höhere Datenübertragungsrate über Zweidraht-Kupferleitungen, z.B. vom Zugangsknoten der Digitalen Vermittlungsstelle des Ortsnetzes **(Bild 1)** zum Teilnehmer.

> DSL ist eine Technologie zur Steigerung der Datenübertragungsrate bei Kupferleitungen.

Die maximale Datenübertragungsrate (Bandbreite) auf der Kupferleitung zum Teilnehmer wird durch den verwendeten DSL-Standard **(Übersicht)** bestimmt. Die zur Verfügung stehende Bandbreite wird zur Übertragung von Internetprotokoll-Daten, kurz IP-Daten, verwendet. Der IP-Datenstrom wird unterschieden in Upstream zum Versenden und Downstream zum Empfangen von Daten.

DSL-Standards mit hoher Datenübertragungsrate, z. B. VDSL2, ermöglichen nur sehr kurze Reichweiten **(Übersicht)**. Darum versuchen die Netzbetreiber die Entfernung zum Teilnehmer zu verringern und verlagern zunehmend die Zugangsknoten der Ortsvermittlungsstellen in die Kabelverzweiger. Diese sind oft am Straßenrand, meist in Form von grauen Kästen **(Bild 1)**, in der Nähe der Teilnehmer zu erkennen. Die umgebauten Kabelverzweiger werden als Outdoor-MSAN bezeichnet und über Glasfaserleitungen mit der Digitalen Vermittlungsstelle verbunden. Diese Technik nennt man **FTTC** (Fibre To The Curb = Glasfaser bis zur Bordsteinkante, **Seite 142**). Das DSL-Signal wird im Zugangsknoten der Ortsvermittlungsstelle erzeugt **(Bild 1)** und enthält die zu übertragenden IP-Daten. Die Rückwandlung der IP-Daten aus dem DSL-Signal erfolgt mit dem DSL-Modem, das an der 1. TAE angeschlossen wird und den Netzabschluss der DSL-Übertragungstrecke bildet. Die IP-Daten werden zur Anbindung an das Lokale Netzwerk über einen WLAN-Router geführt. Oft sind WLAN-Router und DSL-Modem in einem WLAN-DSL-Router zusammengeführt **(Bild 2, Seite 142)**.

Bei einigen Teilnehmern werden noch kombinierte Analog/DSL- oder ISDN/DSL-Anschlüsse **(Bild 2a)** verwendet. Bei diesen Anschlüssen werden die Zweidraht-Kupferleitungen von der Ortsvermittlungsstelle für den herkömmlichen Analog- oder ISDN-Anschluss (POTS[2]) genutzt und zusätzlich ein Frequenzbereich für den DSL-Anschluss verwendet. Zur Trennung der Frequenzbereiche von Analog/ISDN und DSL wird beim Teilnehmer ein Splitter (Frequenzweiche) benötigt. Diese Art von Anschlüssen werden zunehmend durch All-IP-Anschlüsse **(Bild 2b und Seite 142)**, die keinen Splitter benötigen, ersetzt.

[1] **DSL**, Abk. für: **D**igital **S**ubscriber **L**ine (engl.) = Digitaler Teilnehmeranschluss

[2] **POTS**, Abk. für: **P**lain **O**ld **T**elephone **S**ervice (engl.) = gewöhnlicher alter Telefondienst

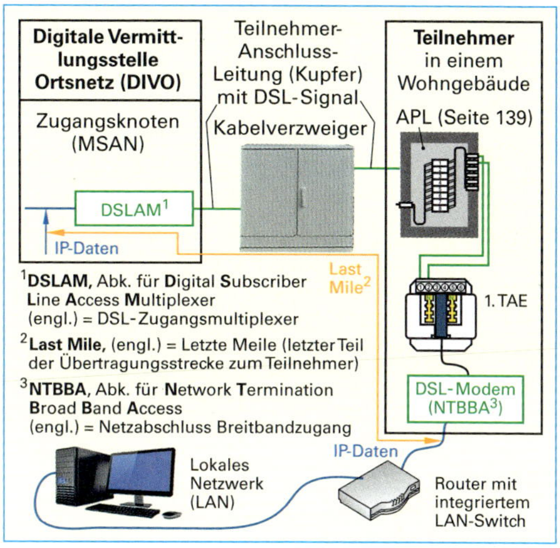


**Bild 1: DSL-Signalweg (Beispiel All-IP-Anschluss)**

### Übersicht: DSL-Standards (Auswahl)

- ADSL2+ Annex-J, Downstream bis 25 Mbit/s, Upstream bis 3,5 Mbit/s, Reichweite ca. 1,5 km
- VDSL2, Downstream bis 50 Mbits/s, Upstream bis 10 Mbit/s, Reichweite ca. 1,2 km
- VDSL2 Vectoring, Downstream bis 100 Mbit/s, Upstream bis 40 Mbit/s, Reichweite ca. 850 m

### Hinweise für die Errichtung eines DSL-Anschluss:

- Der benötigte DSL-Router muss den vorhandenen DSL-Standard **(Übersicht)** unterstützen.
- Der Router muss zur Verbindung mit dem öffentlichen Netz mit den Zugangsdaten für den entsprechenden Zugangsprovider, z. B. Deutsche Telekom, konfiguriert werden.
- Die gesamte Leitungslänge zwischen 1. TAE und dem DSL-Modem soll 20 m nicht überschreiten.

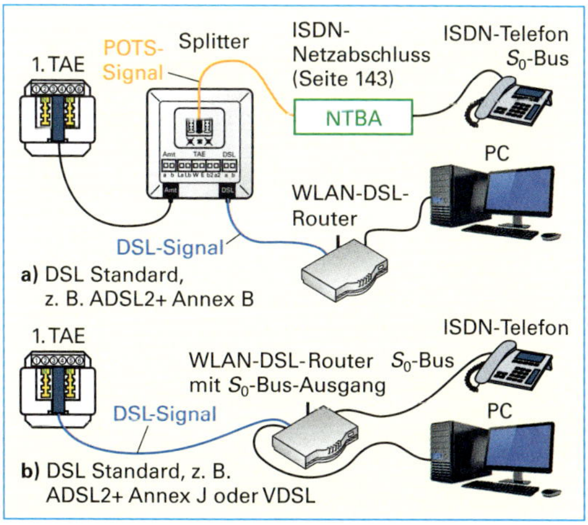


**Bild 2: DSL-Anschluss a) mit Splitter und b) ohne Splitter (All-IP-Anschluss)**

## 7.5.6 All-IP-Anschluss

Der All-IP-Anschluss ermöglicht die Übertragung von Daten, Audio- und Video-Informationen **(Bild 1)** über das Internet mithilfe des Internetprotokolls (IP). Diese Möglichkeit wird z. B. von folgenden Kommunikations-Diensten genutzt:

- WWW (World Wide Web, Internet-Webseiten)
- IP-TV (Internet-Fernsehen)
- VoIP (Internet-Telefonie)

> All-IP ist die Bezeichnung für die Datenübertragung aller Kommunikationsdienste, z.B. WWW, Fernsehen und Telefonie, über das Internet-Protokoll (IP).

Durch die einheitliche Nutzung des Internet-Protokolls (IP) wird bei der Übertragung eine höhere Bandbreite ermöglicht und die Technik in den Übertragungsnetzen der Provider, z. B. der Telekom, vereinfacht.

Der All-IP-Anschluss kann unterschiedlich bereitgestellt werden **(Bild 2)**.

- **DSL-Anschluss (Seite 141)**, z. B. mit VDSL2-Vectoring
- **Glasfaseranschluss,** z. B. mit **FTTH** (**F**ibre **T**o **T**he **H**ome (engl.) Glasfaser bis zur Wohnung)

Der Router **(Bild 2)** nach dem All-IP-Anschluss stellt die Verbindung zwischen dem öffentlichen Netz (Internet) und dem hauseigenen Netzwerk her. Im hauseigenen Netzwerk können alle internetfähigen Geräte mit einer Netzwerkschnittstelle eine Verbindung über den Router zum Internet herstellen.

Für Geräte, die keine IP-Verbindung herstellen können, wird ein Gateway benötigt. Zum Beispiel kann ein Analog- oder ISDN-Telefon über ein VoIP-Gateway an einem All-IP-Anschluss genutzt werden. Für den privaten Bereich, bei dem nur wenige Telefonanschlüsse benötigt werden, gibt es DSL-Router **(Bild 2)** die das VoIP-Gateway bereits integriert haben.

### Übersicht: Wichtige Begriffe

- **VoIP** (Voice over IP) ist die Telekommunikation, z. B. Telefonie oder Fax-Übertragung, über das Internet.
- **IP-TV** ist Fernsehen über das Internet.
- **Video-on-Demand** ist die Möglichkeit Videos auf Anforderung herunterzuladen oder per Video-Streaming gleich anzusehen.
- **Triple Play** bezeichnet das gleichzeitige Anbieten der drei wichtigsten Dienste, IP-TV, VoIP und Web-Dienste (Internet).
- **QoS** (Quality of Service) wird in Komponenten, z. B. Router oder Switche, zur Weiterleitung der Datenpakete benötigt. Damit erhalten zeitkritische Dienste, z. B. VoIP oder IP-TV, den Vorzug, damit keine Verzögerungen und dadurch Bild- oder Tonstörungen entstehen.

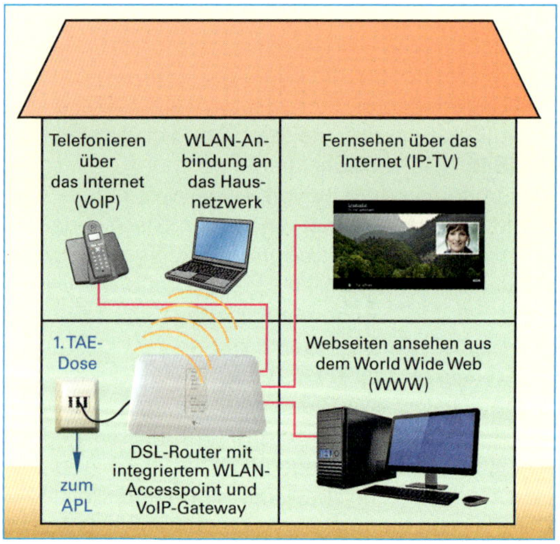


**Bild 1: All-IP-Anschluss mit Endgeräten (Beispiele)**

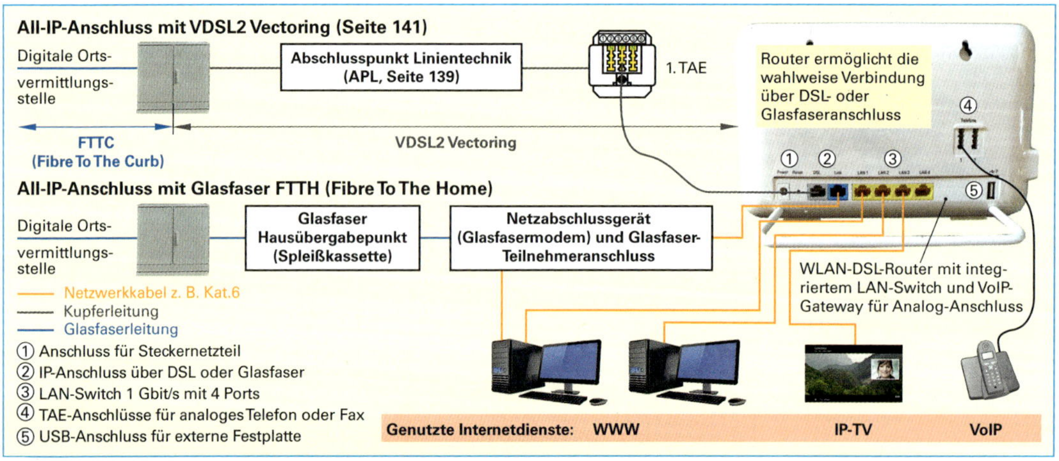


**Bild 2: All-IP-Anschluss- und Anwendungsmöglichkeiten (Beispiele)**

## 7.5.7 ISDN am All-IP-Anschluss

Der Übergabepunkt des ISDN[1]-Netzbetreibers wird als NTBA (Network Termination Basic Access) bezeichnet **(Bild 2a, Seite 141)**. Der NTBA wandelt die Signale vom ISDN-Netzbetreiber in Signale für den $S_0$-Bus um. Daran werden die Endgeräte, z.B. ISDN-Telefone, betrieben.

Wenn ISDN-Anschlüsse spätestens bis etwa 2022 abgeschaltet und durch All-IP-Anschlüsse **(Seite 142)** ersetzt worden sind, können ISDN-Telefonanlagen und ISDN-Endgeräte trotzdem weiter betrieben werden. Der $S_0$-Bus wird dann z.B. von einem DSL-WLAN-Router **(Bild 1)** mit internem ISDN-Gateway am All-IP-Anschluss bereitgestellt und der NTBA entfällt.

Der $S_0$-Bus wird in Vierdrahttechnik mit einer Fernsprechleitung, z.B. J-Y(St)Y 2 × 2 × 0,6 **(Seiten 26 und 139)**, umgesetzt. Der Anschluss des $S_0$-Bussystems erfolgt über Steckverbinder, sogenannte RJ45-Stecker **(Bild 2)**. Diese Stecker haben acht Kontakte. Für die ISDN-Verdrahtung verwendet man jedoch nur die mittleren vier Kontakte (3, 4, 5 und 6). Bei der Installation einer ISDN-Anlage dürfen an einem $S_0$-Bus **(Bild 1)** maximal 12 ISDN-Anschluss-Einheiten (IAE, **Bild 3)** angebracht werden. Die Anzahl der gleichzeitig angeschlossenen Endgeräte ist dabei auf acht begrenzt. Die Gesamtlänge der Verdrahtung hängt vom verwendeten Installationskabel ab. Sie beträgt bei J-Y(St)Y 2 × 2 × 0,6 bis zu 120 m.

Der $S_0$-Bus muss an der letzten Anschlussdose mit zwei Abschlusswiderständen von je 100 Ohm abgeschlossen werden **(Bild 1)**.

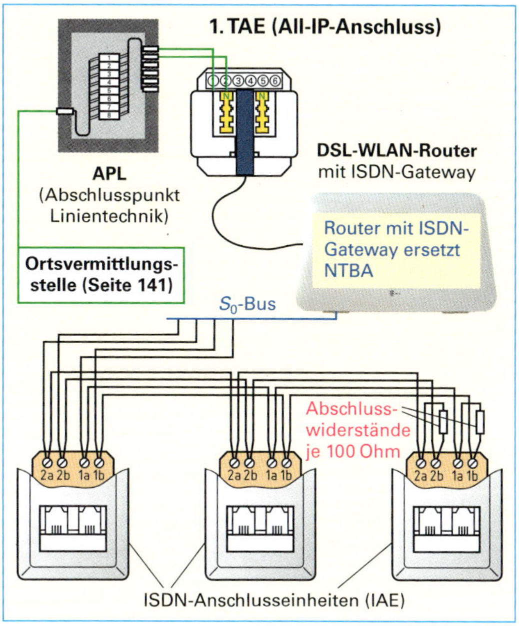


**Bild 1: ISDN-Endgeräte-Anschlüsse an einem All-IP-Anschluss**

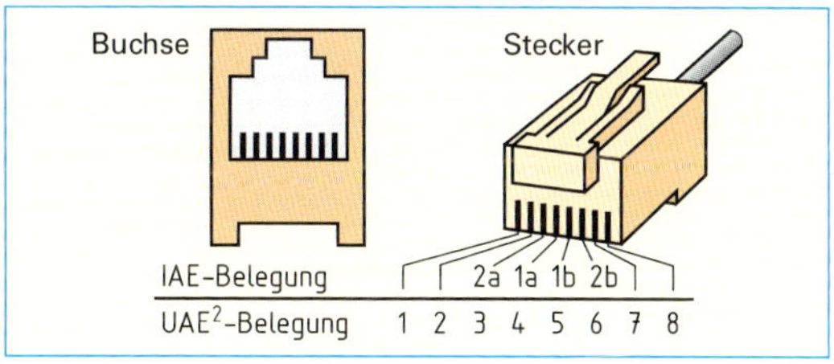


**Bild 2: RJ45-Steckverbindung/**

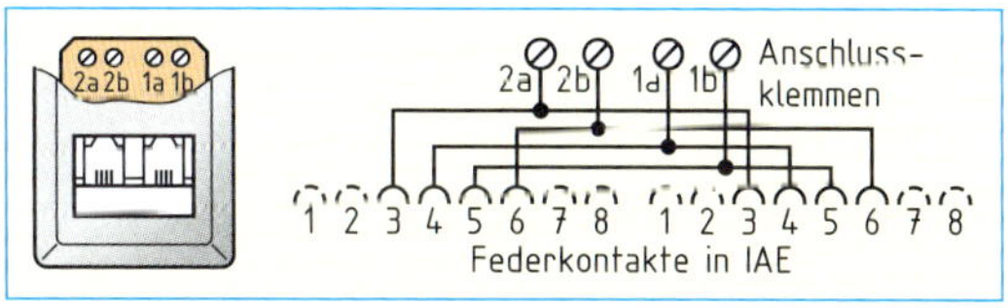


**Bild 3: IAE-Anschlussdose**

## 7.5.8 VoIP am All-IP-Anschluss

VoIP **(Seite 142)** ermöglicht das Telefonieren über IP-Datennetze, z.B. dem Internet oder einem lokalen Netzwerk (LAN). Der Anschluss von VoIP-Endgeräten erfolgt über Netzwerk-Anschlussdosen, z.B. Kat. 6 **(Seite 265)**, die über einen LAN-Switch **(Bild 4)** mit dem DSL-Router verbunden sind. An den Netzwerk-Anschlussdosen können wahlweise VoIP-Endgeräte, z.B. ein IP-Telefon, oder IT-Endgeräte, z.B. PC oder Netzwerkdrucker, angeschlossen werden. Auch eine VoIP-Telefonanlage kann man damit anbinden. Diese konfiguriert man am PC mithilfe eines Web-Browsers, z.B. Firefox. Eine VoIP-Telefonanlage kann auch ein Analog- und ISDN-Gateway enthalten. Dadurch können auch herkömmliche Analog- und ISDN-Endgeräte mit der Telefonanlage verbunden werden. Auch einen PC oder ein Smartphone kann man mithilfe einer VoIP-Software bzw. VoIP-App zur IP-Telefonie (VoIP) nutzen.

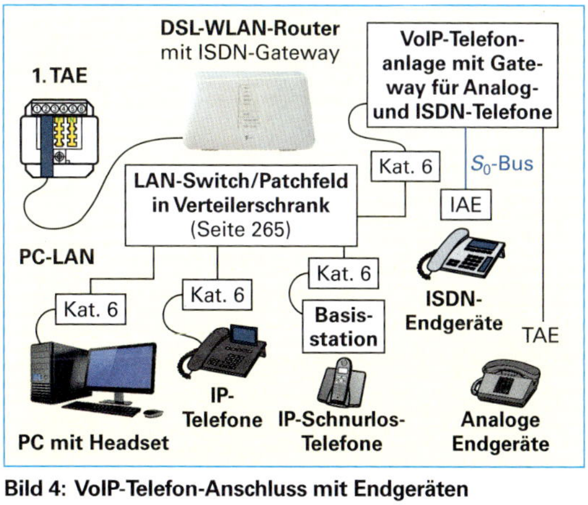


**Bild 4: VoIP-Telefon-Anschluss mit Endgeräten**

[1] **ISDN**, Abk. für: **I**ntegrated **S**ervices **D**igital **N**etwork (engl.) = Dienste-integrierendes digitales Telekommunikationsnetz

[2] **UAE**, Abk. für: **U**niversale **A**nschuss-**E**inheit

## 7.5.9 Smart Home

Unter Smart Home (Intelligentes Wohnhaus, **Bild 1**) versteht man den Einsatz von automatischen technischen Systemen in einem Wohngebäude.

### Übersicht: Möglichkeiten eines Smart Home (Beispiele)

**Verbesserung der Wohn- und Lebensqualität**

- Heizungssteuerung und Regelung für jeden Raum.
- Lichtsteuerung und Regelung für jeden Raum, z. B. Lichtszenen zum Entspannen, Lesen oder Fernsehen.
- Jalousiesteuerung in Abhängigkeit von Zeit, Sonneneinstrahlung und Windstärke.
- Weckfunktion, z. B. mit Musik und Simulation eines Sonnenaufgangs mit gedimmtem LED-Licht.
- Steuern von Radio, TV oder Video on Demand[1].
- Visualisierung und Steuerung, z. B. per Tablet-PC oder Sprach-Eingabe, z. B. mit „Amazon Echo".
- Türöffnungssysteme, z. B. Haustür öffnen.
- Außenwetter feststellen, z. B. Regen, Windstärke.

**Erhöhung der Sicherheit**

- Simulation von Anwesenheit, z. B. Licht automatisch ein- und ausschalten, um Einbrecher abzuschrecken.
- Überwachung und Meldung, z. B. Einbruch, Feuchtigkeit, Feuer, Warnmeldungen, z. B. an das Smartphone.
- Video- und Audio-Überwachung von Räumen- und Außenbereich, z. B. mithilfe von WLAN-Kameras.

**Einsparung von Energie und Kosten**

- Automatisches Aus-/Einschalten von Licht und Heizung in Abhängigkeit von Uhrzeit und Anwesenheit im Raum.
- Steuerung der Einschaltzeit von Haushaltsgeräten zur Nutzung günstiger Stromtarife.
- Verbrauchswerte, z. B. Stromverbrauch, messen sowie visualisieren und auswerten **(Smart-Metering)**.

Die **technische Umsetzung eines Smart Home** erfordert die Anbindung sämtlicher Sensoren und Aktoren an die Smart Home-Zentrale **(Bild 2)** über ein Netzwerk. Die Verbindung kann drahtlos, z.B. über WLAN, mit Kupferleitungen, z. B. über Ethernet-LAN, oder ein Gebäudebussystem, z. B. KNX, erfolgen.

Die Steuerung, Visualisierung und Einstellung der Smart-Home-Funktionen erfolgen mithilfe spezieller Apps vom Hersteller des Smart-Home-Systems. Funktionen, z. B. das Auslösen eines Alarms, können in Abhängigkeit von Sensormeldungen, z. B. eines Bewegungsmelders, beliebig eingestellt werden. Die Apps können z. B. von einem Tablet oder Smartphone ausgeführt werden.

Die **Sicherheit von Smart Home** ist ein wichtiges Kriterium. Ohne Sicherheitsmaßnahmen könnten z. B. die Steuerung des Hauses oder die Überwachungskameras von anderen Personen für Sabotage oder Spionage genutzt werden. Möglichkeiten zur Abwehr sind z. B. Zugang nur mit Passwort, verschlüsselte Übertragung, möglichst kein WLAN, Internetanbindung nur wenn notwendig.

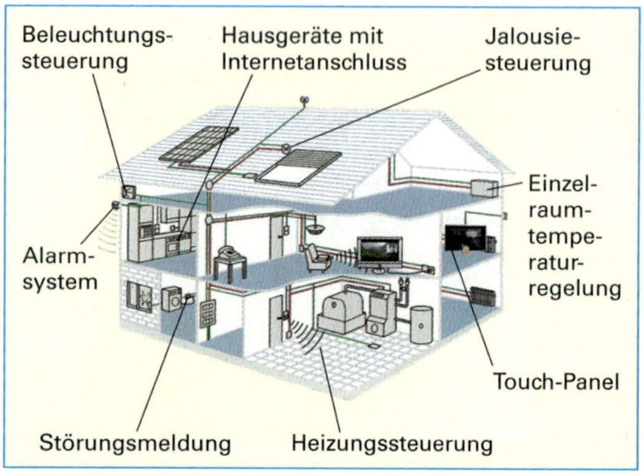


**Bild 1: Smart Home**

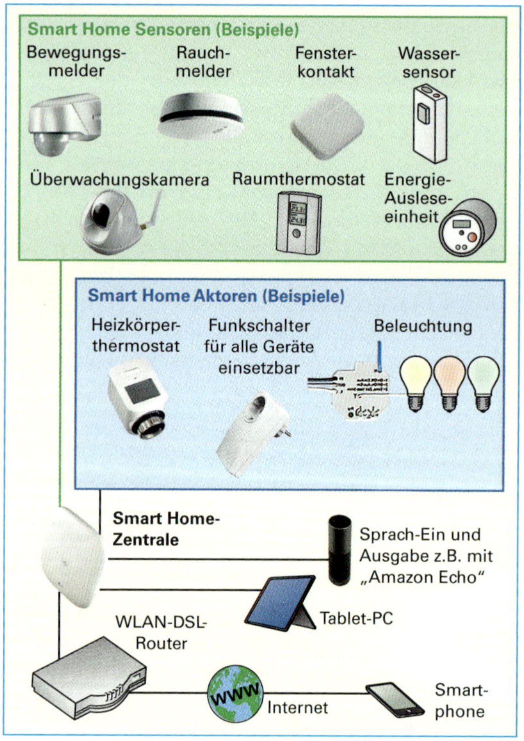


**Bild 2: Smart Home-Komponenten**

### Information: Smart Home-Komponenten

Bei Komponenten eines Smart Home von verschiedenen Herstellern, muss man sicherstellen, dass die Anbindung an die Smart Home-Zentrale funktioniert. Einen herstellerübergreifenden Standard bietet z.B. die Smart Home-Plattform Qivicon. Sensoren, Aktoren und Smart Home-Zentralen von Herstellern, die diesen Standard verwenden, können miteinander verbunden werden.

**http://www.innogy.com**
**https://www.homeandsmart.de**
**https://www.qivicon.com/de**

[1] Video on Demand (engl.) = Video auf Anforderung, z. B. bei einem Online-Dienst

# 7.6 Antennen-Empfangsanlagen

Zum Empfang von Fernseh- und Tonrundfunksignalen benötigt man Empfangsanlagen.

Man unterscheidet vor allem:
- Terrestrische Empfangsanlagen,
- Satelliten-Empfangsanlagen (**Seite 148**) und
- Breitband-Kommunikationsanlagen (**Seite 151**).

## 7.6.1 Antennenanlagen für terrestrischen Empfang

Bei terrestrischen Antennenanlagen befinden sich Sender und Empfänger auf der Erde.

Es gibt Empfangsantennen **(Bild)** für den **Tonrundfunk** (LW, MW, KW, UKW) und für den **Fernsehempfang** (VHF, UHF, SHF). Abhängig von der Frequenz **(Tabelle)** verwendet man verschiedene Antennenarten.

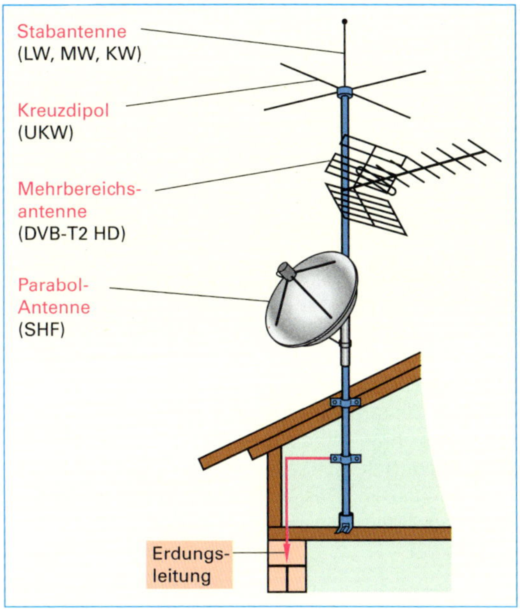


**Bild: Empfangs-Antennenarten**

**Kreuzdipolantennen** empfangen Sender aus allen Richtungen, der Empfang ist jedoch schwächer als bei Richtantennen.

**Richtantennen,** z. B. Parabol-Antennen, werden auf den Sender ausgerichtet. Sie erreichen eine hohe Antennenspannung und sind unempfindlicher gegen Reflektionen. Fernsehantennen, z. B. für den DVB-T2 HD-Empfang, sind immer Richtantennen und werden abhängig von der örtlichen Empfangslage und den gewünschten Empfangskanälen ausgewählt.

**Kanalantennen** sind nur für einen Kanal geeignet, gewährleisten aber eine hohe Antennenspannung.

**Kanalgruppenantennen** eignen sich zum Empfang mehrerer Kanäle, z. B. Kanal 5 bis 8.

**Mehrbereichsantennen** sind Breitbandantennen z. B. für die Kanäle 21 bis 69.

Antennen werden auch nach ihren Empfangsbereichen benannt, z. B. FM-, Band III-, UHF- und DVB-T2 HD-Antennen.

**Tabelle: Frequenzen* der Rundfunk- und Fernsehbereiche**

| Bereiche | I | II | Untere Sonderkanäle | III | Obere Sonderkanäle | Erweiterte Sonderkanäle | IV | V | Sat |
|---|---|---|---|---|---|---|---|---|---|
| Kurzzeichen | VHF | UKW | USB | VHF | OSB | ESB | UHF | UHF | SHF |
| Kanäle | 2 … 4 | 2 … 70 | S2 … S10 | 5 … 12 | S11 … S20 | S21 … S38 | 21 … 37 | 38 … 69 | 1 … 120 |
| Frequenz | 47 … 68 MHz | 87,5 … 108 MHz | 109 … 174 MHz | 174 … 230 MHz | 230 … 300 MHz | 302 … 446 MHz | 470 … 606 MHz | 606 … 862 MHz | 10,7 … 12,75 GHz |

* Die Frequenzbereiche werden durch die Bundesnetzagentur verwaltet und in einem Frequenzplan festgelegt. In der Praxis verwendet man weiterhin die Kurzzeichen der Bereiche, z. B. UKW. Die Frequenzbereiche Lang-, Kurz- und Mittelwelle werden in Deutschland für den Rundfunk nicht mehr verwendet.

**Der Standort einer Antenne wird bestimmt durch:**

- Größtmögliche Antennenempfangsspannung (Nutzfeldstärke),
- geringste Störeinflüsse und große Abstände zu Störquellen,
- vorgeschriebene Sicherheitsabstände **(Bild 1, Seite 146)** zu Freileitungen,
- sichere Montage- und Zugangsmöglichkeiten und
- Möglichkeit zur Erdung der Antennenanlage.

Einen geeigneten Antennenstandort kann man durch Messen der Antennenspannung mithilfe eines Messempfängers und einer transportablen Antenne bestimmen. Der Standort der Antenne darf die Arbeit des Schornsteinfegers nicht behindern.

[1] **ITU**, Abk. für: **I**nternational **T**elecommunication **U**nion (engl.) = Internationale Fernmeldeunion

Bei der Wahl des Antennenstandortes ist zu beachten:

- Der Abstand zu bestehenden Antennenanlagen soll mindestens 5 m betragen.
- Der Mindestabstand zwischen Antennen und Niederspannungsfreileitungen beträgt 1 m. Dabei dürfen auch abknickende Antennenteile die Freileitung nicht berühren **(Bild 1)**.
- Der Abstand zwischen Antennen am selben Antennenmast soll 0,8 m bis 1 m betragen.

Antennen dürfen nur auf hart bedeckten Dächern montiert werden. Auf Reet-, Schilf- oder Strohdächern sind Antennen nicht zugelassen.

**Mechanische Festigkeit von Antennenstandrohren.** Im Einspannbereich muss die Wanddicke des Antennenstandrohres mindestens 2 mm betragen. Wasserrohre dürfen nicht als Antennenstandrohre verwendet werden. Das Antennenstandrohr wird an tragenden Bauteilen mit zwei Mastschellen befestigt **(Bild 2)**.

Antennenstandrohre müssen gegen Korrosion geschützt sein, z. B. durch Verzinken.

Die Einspannlänge $l_E$ zwischen den Befestigungspunkten des Standrohres muss mindestens $^1/_6$ der gesamten Standrohrlänge betragen.

Jede am Antennenstandrohr befestigte Antenne setzt dem Wind einen Widerstand, die Windlast $F_W$, entgegen. Das Biegemoment $M$ der Antenne ist das Produkt aus Windlast $F_W$ und Montagehöhe $l$ über der oberen Einspannstelle des Standrohres **(Bild 2)**. Die Windlastwerte der Antenne und das zulässige Biegemoment $M_R$ des Standrohres sind den Herstellerunterlagen zu entnehmen. Die Festigkeit des Antennenstandrohres ist vom Ersteller der Antennenanlage durch eine Windlastberechnung **(Bild 2)** nachzuweisen.

Das zulässige Biegemoment $M_{R\,max}$ des Standrohres muss größer sein als das Gesamtbiegemoment $M_G$ der am Standrohr befestigten Antennen.

Für Antennenstandrohre mit einer freien Länge über 6 m oder mit einem größeren Gesamtbiegemoment an der oberen Einspannstelle als 1650 Nm, muss die Festigkeit der zur Montage genutzten Gebäudeteile durch einen Statiker nachgewiesen werden.

Bei der Windlastberechnung von Antennenanlagen mit einer Montagehöhe von mehr als 20 m über Grund, z. B. auf Hochhäusern, sind die vom Hersteller angegebenen Windlastwerte um den Faktor 1,37 zu erhöhen DIN EN 60728-11 (VDE 0855).

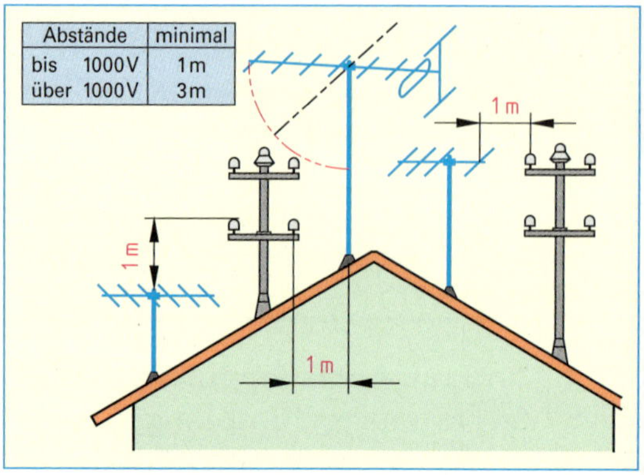


**Bild 1: Sicherheitsabstände zwischen Antennen und Freileitungen**

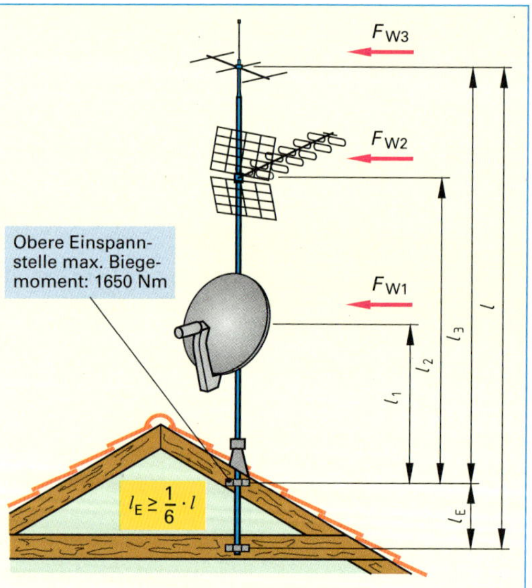


**Windlastberechnung**

$M_1 = F_{W1} \cdot l_1$; $M_G = M_R + M_1 + M_2 + M_3 ... + M_n$

$M_{Rmax} \geq M_G$ $[M] = N \cdot m = Nm$

| | |
|---|---|
| $F_{W1}$, $F_{W2}$ | Windlast der Antennen |
| $l_1$, $l_2$ | Antennenabstand zur oberen Einspannstelle |
| $l_E$ | Einspannlänge |
| $M_1$, $M_2$ | Biegemomente der Antennen |
| $M_R$ | Eigenbiegemoment des Antennenstandrohres |
| $M_G$ | Gesamtbiegemoment |
| $M_{Rmax}$ | Zulässiges Biegemoment des Standrohres |

**Bild 2: Windlastberechnung zur Antennenmontage**

**Übersicht: Mindestquerschnitte von Erdungsleitungen für Antennenanlagen**

Einzelmassivdrähte:

- Kupfer, blank oder isoliert: 16 mm²
- Aluminium, isoliert: 25 mm²
- Stahldraht, verzinkt: 50 mm²
- Bandstahl, verzinkt: 20 mm × 2,5 mm
- Schutzpotenzialausgleichsleitung: 4 mm² Kupfer

**Erdung von Antennenanlagen.** Alle Antennen auf dem Dach müssen geerdet werden. Über eine Erdungsleitung **(Bild 1)** wird der Antennenmast mit der Haupterdungsschiene verbunden. Der Mindestquerschnitt der Erdungsleitung ist in der **Übersicht, Seite 146,** angegeben.

Hat das Gebäude ein Blitzschutzsystem, so sollte die Antennenanlage durch eine elektrisch getrennte Fangstange **(Seite 167, Bild 2)** geschützt werden.

Die **Abschirmungen (Außenleiter)** der Antennenableitungen und der Stammleitungen sind durch einen Schutzpotenzialausgleich (PB) miteinander zu verbinden und zu erden **(Bild 1).** Der Schutzpotenzialausgleich darf bei einem Ausbau des Antennenverstärkers, z.B. bei Instandsetzungsarbeiten, nicht unterbrochen werden. Deshalb werden vor und nach dem Verstärker Erdungsschienen montiert, an welche die Abschirmungen der abgesetzten Antennenleitungen anzuschließen sind **(Bild 1).**

**Leitungsnetz.** Als Antennenleitungen verwendet man Koaxialkabel mit einem Wellenwiderstand von 75 Ω. In Einzelantennenanlagen genügen einfach geschirmte Koaxialkabel **(Bild 2a),** für Satelliten-Empfangsanlagen **(Seite 148)** und für Breitband-Kommunikationsanlagen **(Seite 151)** sind doppelt geschirmte Koaxialkabel erforderlich **(Bild 2b).**

In **Einzelantennenanlagen** werden die **Abgangsleitungen** der Antennen evtl. über einen bereichsselektiven Verstärker oder an eine Antennenweiche angeschlossen. Der Ausgang der Weiche ist über ein Koaxialkabel mit der Antennensteckdose verbunden.

**Gemeinschaftsantennenanlagen (Bild 3)** haben einen Antennenverstärker und versorgen mehrere Wohnungen. Die Koaxialkabel vom Verstärker oder vom Verteiler zu den in Reihe liegenden Antennensteckdosen nennt man **Stammleitungen (Bild 3).**

> Das Ende einer Stammleitung muss mit einem Abschlusswiderstand von $R = 75\ \Omega$ abgeschlossen werden.

Fehlt dieser Abschlusswiderstand, entstehen Empfangsstörungen durch stehende Wellen.

**Stammleitungen** sind vor dem Anschluss am Antennenverstärker zu prüfen. Dabei muss der Widerstand zwischen Leiter und Abschirmung den Wert 75 Ω haben. Kleinere Widerstandswerte deuten auf einen Kurzschluss hin, wesentlich größere Widerstandswerte ($R \approx \infty\ \Omega$) können durch Aderbruch, durch fehlende Anschlussdosen in der Stammleitung oder durch den fehlenden Abschlusswiderstand in der Enddose verursacht werden. Die fertiggestellte Anlage ist vom Errichter zu prüfen. Dabei wird der Empfangspegel an der ersten und an der letzten Anschlussdose jeder Stammleitung gemessen. Der **Tabelle** können die Mindest- und Maximalpegel entnommen werden.

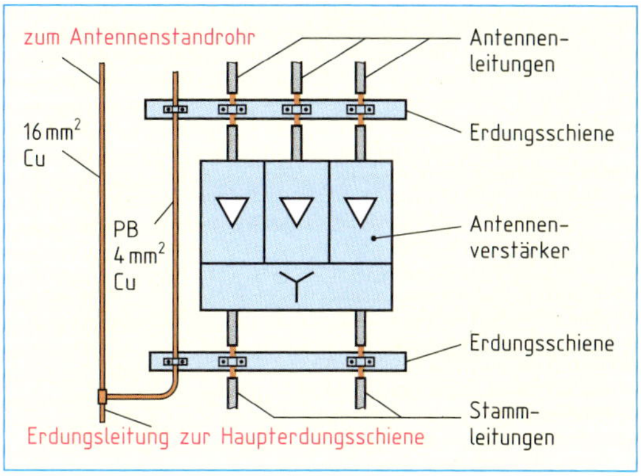


**Bild 1: Schutzpotenzialausgleich in Antennenanlagen**

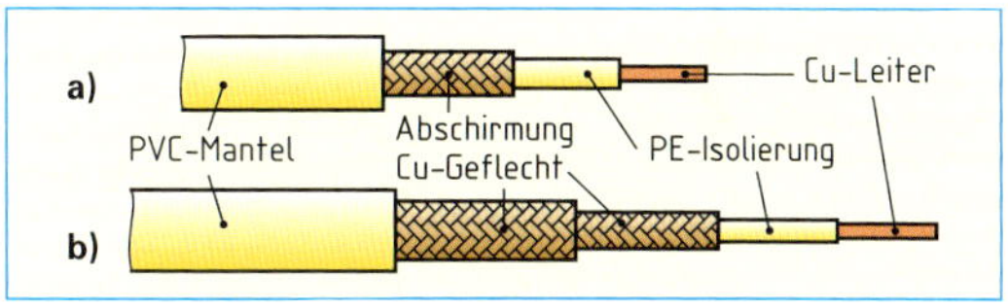


**Bild 2: Koaxialkabel a) einfach geschirmt b) doppelt geschirmt**

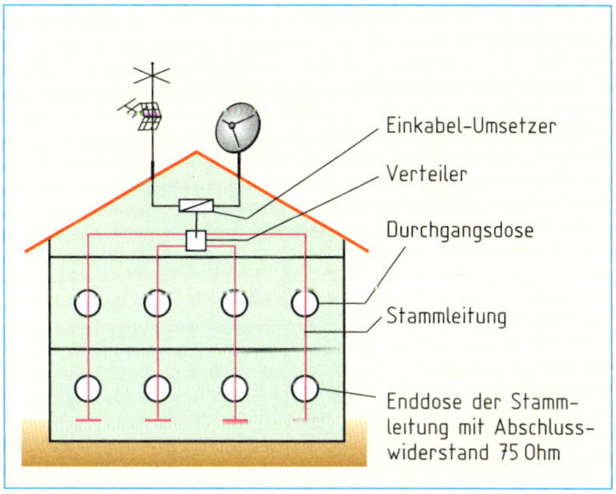


**Bild 3: Gemeinschaftsantennenanlage (Einkabelsystem)**

**Tabelle: Mindest- und Höchstpegel in dBµV an Antennensteckdosen (Auswahl)**

| Bereich, System | Frequenzbereich | Mindestpegel $L_{min}$ | Höchstpegel $L_{max}$ |
|---|---|---|---|
| UKW (Stereo) | 87,5…108 MHz | 50 dBµV | 70 dBµV |
| FI, FIII, FIV/V | 47…862 MHz | 60 dBµV | 80* dBµV |
| DVB-S2, SAT-ZF | 950…2150 MHz | 47 dBµV | 77 dBµV |
| DVB-C | 47…862 MHz | 47** dBµV | 74** dBµV |
| DVB-T | 174…230 MHz<br>470…862 MHz | 36** dBµV | 74 dBµV |
| DVB-T2 | 470…690 MHz | 35** dBµV | 74 dBµV |

* 77 dBµV bei mehr als 20 Kanälen
** Je nach Modulation und/oder Code-Rate evtl. andere Werte

## 7.6.2 Satelliten-Empfangsanlagen

Satelliten bewegen sich in einer Höhe von etwa 36000 km synchron mit der Erdumdrehung und empfangen hochfrequente Signale von der Erde. Diese Signale senden sie mit anderen Frequenzen als Rundfunk- und Fernsehprogramme wieder auf die Erde zurück.

Der zu empfangende Frequenzbereich von Fernseh- und Rundfunksendungen liegt beim Satellitenempfang zwischen 10,7 GHz und 12,75 GHz.

Dabei werden die von Satelliten abgestrahlten Programme in unterschiedlichen Polarisationsrichtungen oder -ebenen (horizontal und vertikal) übertragen. Dadurch können benachbarte Kanäle enger aneinander gerückt werden. Der verfügbare Frequenzbereich wird damit doppelt genutzt.

### Aufbau einer Satelliten-Empfangsanlage

Satelliten-Empfangsanlagen bestehen aus einer Außeneinheit und einer Inneneinheit.

**Außeneinheit.** Die Außeneinheit setzt sich aus der Parabol-Antenne **(Bild 1)** mit dem Speisesystem (LNB[1]) und der äußeren Verkabelung zusammen. Parabol-Antennen müssen mit dem Elevationswinkel[2] und dem Azimutwinkel[3] auf den entsprechenden Satelliten, z.B. ASTRA, ausgerichtet werden **(Bild 2 und Tabelle).** Außer Parabol-Antennen werden z.B. noch Flach-Antennen verwendet.

Der **Elevationswinkel (Bild 2)** gibt die Erhebung des Satelliten über dem Horizont in Grad an. Der **Azimutwinkel (Bild 3, Seite 149)** ist der Richtungswinkel aus dem das Satellitensignal empfangen wird.

Der Durchmesser der Parabol-Antenne, z.B. 90 cm, wird durch die Leistungsflussdichte am Empfangsort bestimmt. Die Leistungsflussdichte wird in dBW/m² angegeben. In der Praxis sind Werte von etwa –100 dBW/m² bis –125 dBW/m² vorhanden. Genaue Werte der Leistungsflussdichte können messtechnisch ermittelt oder aus Diagrammen, sogenannten Footprints[4], entnommen werden.

Bei den LNB-Typen unterscheidet man vor allem

- Single-LNB, für den Einzelempfang **(Bild 3),**
- Twin-LNB, für den Anschluss von zwei unabhängigen Receivern und
- Quattro-LNB[5], mit 4 Ausgängen, z.B. für Mehrteilnehmeranlagen.

[1] **LNB**, Abk. für: **L**ow **n**oise **b**lock converter (engl.) = Konverter mit niedrigem Rauschen
[2] Elevation (lat.) = Erhebung
[3] Azimut (arab.) = Winkelgröße
[4] Footprint (engl.) = Grundfläche
[5] Je nach Hersteller auch Schreibweise: Quattro

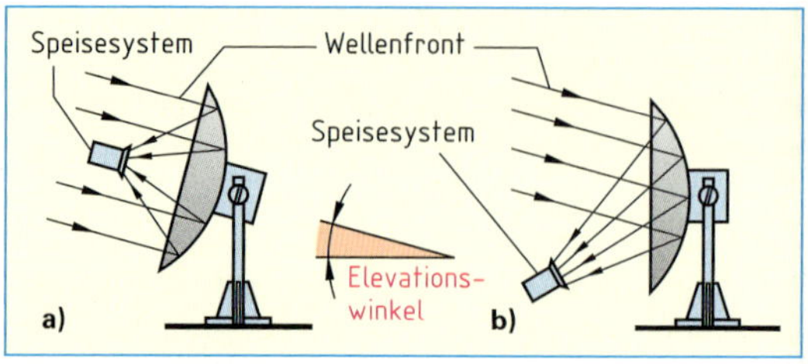


**Bild 1: Parabol-Antennen**
**a) zentral gespeist, b) offset gespeist**

**Tabelle: Azimut- und Elevationswinkel für den Satelliten Astra 1A bis 1H (Auswahl)**

| Ort | Azimutwinkel | Elevationswinkel |
|---|---|---|
| Berlin | 172,7° | 29,9° |
| Frankfurt/Main | 166,4° | 31,7° |
| Hamburg | 168,6° | 28,2° |
| München | 169,8° | 34,2° |

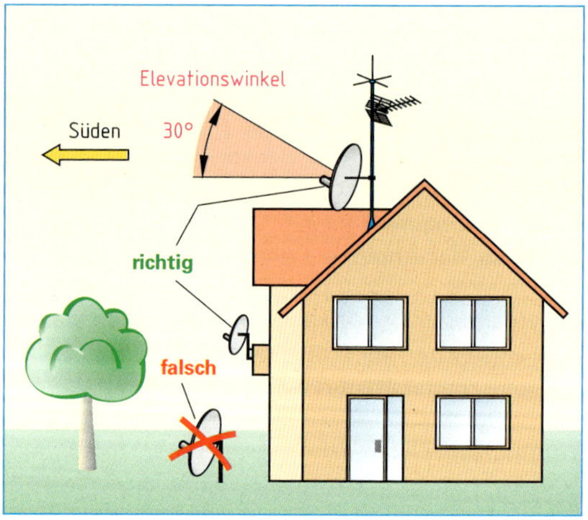


**Bild 2: Ausrichtung der Parabol-Antenne**

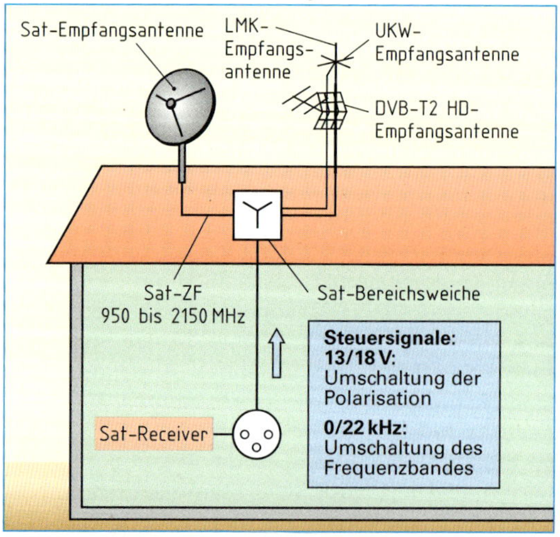


**Bild 3: Satelliten-Einzelempfangsanlage**

**Inneneinheit.** Die Aufgabe der Inneneinheit ist vor allem das Verteilen und die Signalaufbereitung der Rundfunk- und Fernsehprogramme. Die Signalaufbereitung geschieht durch den Sat-Receiver (Empfänger) der meist im Fernsehgerät eingebaut ist. Er wandelt das Empfangssignal in Bild- und Tonsignale für das Fernsehgerät oder ein Aufzeichnungsgerät um. Der Sat-Receiver muss auch Steuersignale **(Bild 3, Seite 148)** an das Speisesystem (LNB) liefern.

Beim Aufbau von Satelliten-Empfangsanlagen unterscheidet man Anlagen zum Einzelempfang **(Bild 3, Seite 148** und für mehrere Teilnehmer **(Bild 1).**

**Mehrteilnehmeranlagen** benötigen einen Multischalter (Umschaltmatrix), welcher die Teilnehmer sternförmig versorgt. Multischalter ermöglichen den Anschluss von 5 bis 20 Antennensteckdosen. Bei allen Verfahren werden die Signale beider Polarisationsebenen, sowie die Umschaltung zwischen dem oberen und unteren Frequenzband, vom Sat-Receiver in das Koaxialkabel eingespeist.

Zum Anschluss von LNB und Sat-Receiver an das Koaxialkabel werden F-Stecker benötigt **(Bild 2).**

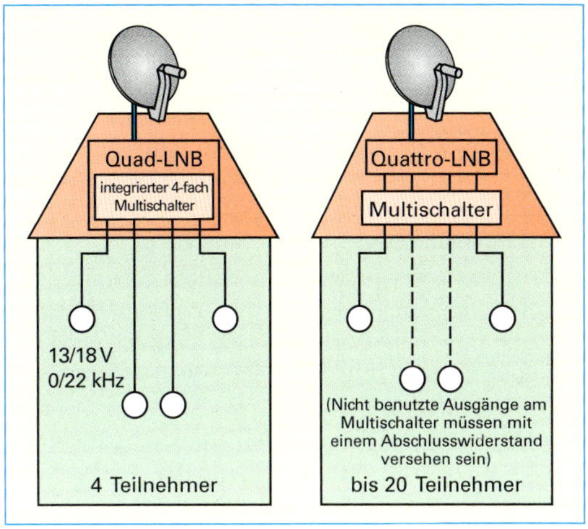


**Bild 1: Mehrteilnehmeranlage**

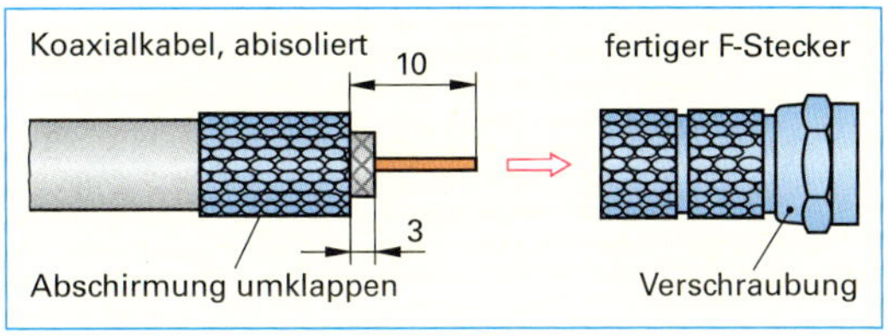


**Bild 2: F-Stecker-Montage**

## Planung und Installation einer Satelliten-Empfangsanlage

Die Empfangsverhältnisse am Ort sind für die Planung und Installation der Satelliten-Empfangsanlage maßgeblich. Die Qualität des zu empfangenden Programmes hängt vor allem vom Signalpegel und dem Signal-Rausch-Abstand, der Differenz zwischen Nutzsignalpegel und Rauschpegel, ab.

> Der Signalpegel am Eingang der Sat-Receiver muss zwischen 47 dBµV und 77 dBµV betragen.

Deshalb ist am LNB-Ausgang ein Signalpegel von 70 dBµV bis 80 dBµV notwendig, um die Dämpfung durch das Verteilnetz auszugleichen. Damit ein genügend großer Signal-Rauschabstand gewährleistet ist, darf ein Mindestpegel nicht unterschritten werden. Beträgt der Signal-Rauschabstand z. B. ≥ 46 dB, so ist die Bildqualität eines Fernsehgerätes sehr gut. Unter 26 dB ist die Bildqualität unbrauchbar. Je größer der Durchmesser der Parabol-Antenne, je kleiner der Rauschpegel der Empfängereinheit und je besser die Ausrichtung ist, umso größer ist der Signal-Rauschabstand.

**Regeln zur Montage der Parabol-Antenne.**

- Die Parabol-Antenne muss auf den zu empfangenden Satelliten ausgerichtet werden.
- Es ist zu beachten, dass der Empfang nicht durch Hindernisse, z. B. Häuser oder Bäume, gemindert wird.
- Eine Montage der Parabol-Antenne unter Dach ist wegen zu hoher Signaldämpfung nicht möglich.

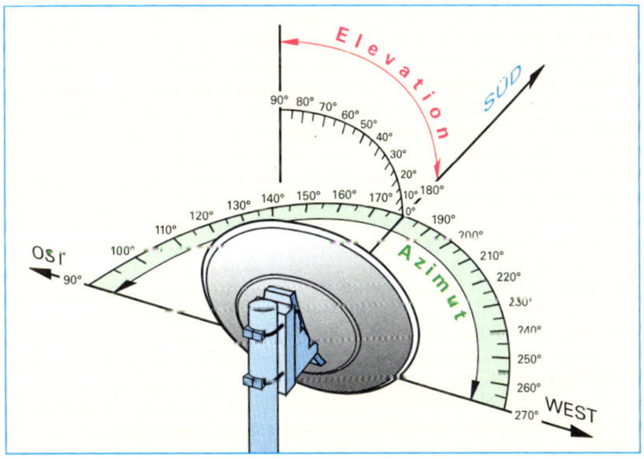


**Bild 3: Einstellung von Azimut- und Elevationswinkel**

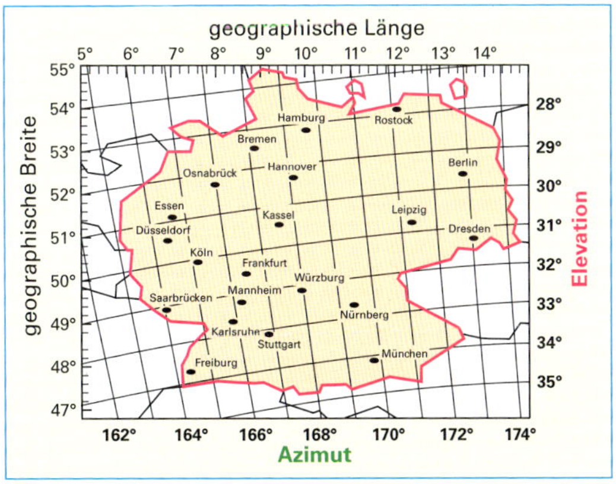


**Bild 4: Azimut-Elevations-Diagramm**

- Bauteile für die Signalübertragung im Leitungsnetz von Satelliten-Empfangsanlagen müssen für die auftretenden hohen Frequenzen bis 2150 MHz geeignet sein.
- Werden terrestrische Gemeinschafts-Antennenanlagen um den Satellitenempfang erweitert, so sind z.B. nicht geeignete Abzweiger, Verteiler und Antennensteckdosen auszutauschen.
- Wird die Parabol-Antenne an einem vorhandenen Antennenmast angebracht, so soll die Montage knapp über dem Dach erfolgen. Dadurch wird das Biegemoment (maximal 1650 Nm) infolge von Windlast gering gehalten.
- Damit der Satellitenstandort mit der Verstelleinrichtung zur Winkeleinstellung der Parabol-Antenne übereinstimmt, muss der Antennenmast genau senkrecht stehen.
- Die Ausrichtung der Antenne nach Azimut- und Elevationswinkel muss in Abhängigkeit der Satellitenposition und des Standortes erfolgen.
- Azimut- und Elevationswinkel **(Bild 3, Seite 149)** können aus Tabellen oder Diagrammen **(Tabelle, Seite 148, und Bild 4, Seite 149)** entnommen werden. Den Azimutwinkel stellt man mithilfe eines Kompasses ein, der Elevationswinkel wird über eine Markierung an der Antennenhalterung eingestellt.
- Nach Einstellung der Parabolantenne auf maximalen Empfangspegel mithilfe eines Messempfängers **(Bild 1)** werden sämtliche Schrauben der Parabol-Antenne fest angezogen.

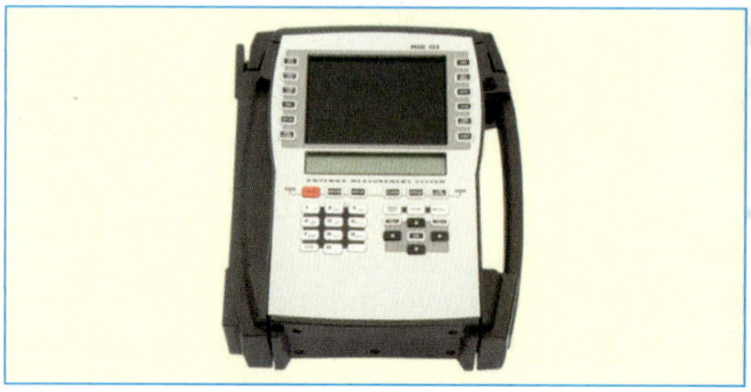

**Bild 1: Messempfänger**

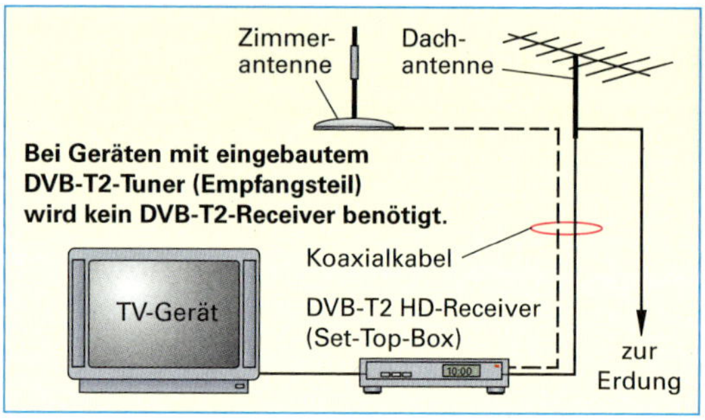


**Bild 2: DVB-T2-Grundausrüstung**

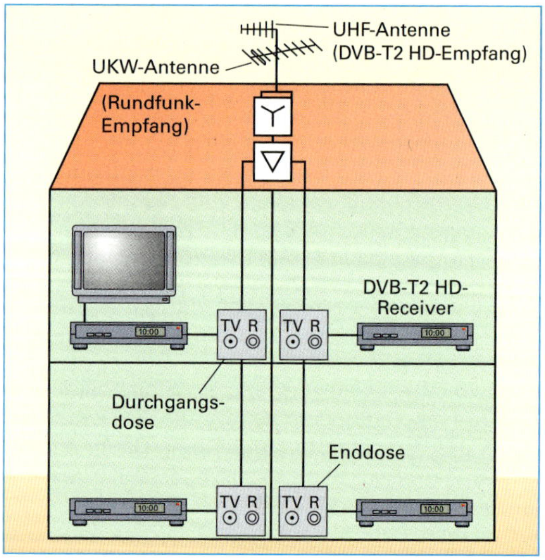


**Bild 3: DVB-T2-Anlage in Baumstruktur mit UKW-Empfang**

## 7.6.3 Digitale terrestrische Empfangsanlagen

Das digitale terrestrische Fernsehen (DVB-T2 HD) ermöglicht den Empfang verschiedener Fernsehprogramme innerhalb und außerhalb von Gebäuden ohne Kabelanschluss oder Parabol-Antenne.

Seit dem 31.5.2016 wird DVB-T schrittweise auf DVB-T2 HD umgestellt. DVB-T2 HD ist der Nachfolgestandard von DVB-T. Durch DVB-T2 HD wird hochauflösender TV-Empfang (HD) mit 1080 Bildpunkten und 50 Vollbilder/Sekunde möglich.

Beim digitalen terrestrischen Fernsehen werden die analogen Bild- und Toninformationen vor der Übertragung digitalisiert.

Eine Dachantenne **(Bild 2)** oder je nach Empfangsfeldstärke auch eine Zimmerantenne empfängt die digitalen TV- und Radiosignale und leitet diese zum DVB-T2 HD-Receiver weiter. Der DVB-T2 HD-Receiver wandelt die digitalen Signale in analoge Signale für das TV-Gerät um. Übliche DVB-T2 HD-Receiver haben Eingänge für die UHF-Kanäle 21 bis 48. Pro Kanal können bei DVB-T2 HD bis zu 8 Programme übertragen werden.

Da man DVB-T2 HD auch mit mobilen Geräten, z.B. Laptop mit entsprechender Empfangsausrüstung, bei Sendernähe, z.B. über eine Stabantenne, empfangen kann, nennt man das DVB-T2 HD auch das Überall-Fernsehen.

Im Prinzip sind alle Komponenten, die für den Empfang analoger terrestrischer TV-Programme verwendet wurden, auch für DVB-T2 HD-Empfang geeignet. Dazu zählen: Antennen, Weichen, Verstärker, Koaxialkabel, Abzweiger, Verteiler und Antennen-Steckdosen. Somit kann eine vorhandene terrestrische Empfangsanlage einfach auf den DVB-T2 HD-Empfang umgestellt werden **(Bild 3)**. Bei Neubauten sollte die Sternverteilung angewendet werden.

## 7.6.4 Breitband-Kommunikationsanlagen (BK-Anlagen)

Breitband-Kommunikationsanlagen sind Verteilanlagen vor allem zur Übertragung von Hörfunk- und Fernsehsignalen, aber auch von Telefon- und Internetdiensten, über Breitband-Kabelnetze.

**Hörfunk und Fernsehen:** Die Übertragung der Signale erfolgt bis zum Übergabepunkt **(Bild 1)** durch den Kabelnetzbetreiber. Ab dem Übergabepunkt ist für das Errichten der Hausverteilanlage der Antragsteller bzw. eine Elektrofachkraft zuständig. Beim Anschluss der Hausverteilanlage ist die DIN EN 60728-11 (VDE 0855-1) zu beachten.

Die Übertragung der Rundfunk- und Fernsehprogramme erfolgt im Frequenzbereich von 47 MHz bis 862 MHz. Zu den Bereichen III und IV/V wurden Sonderkanal-Bereiche geschaffen. Man unterscheidet den unteren Sonderkanal-Bereich (USB), den oberen Sonderkanal-Bereich (OSB) und den erweiterten Sonderkanal-Bereich (ESB, **Tabelle, Seite 145**).

Die Installation innerhalb des Hauses kann durch verschiedene Netzstrukturen erfolgen. Man unterscheidet Baumnetze **(Bild 1a)**, Sternnetze **(Bild 1b)** und Stichleitungsnetze.

Im **Baumnetz** werden über Stammleitungen mehrere Teilnehmer, im **Sternnetz** wird jeder Teilnehmer direkt von einem zentralen Punkt, dem Verteiler, versorgt. Beim **Stichleitungsnetz** wird immer nur ein Teilnehmer am Ausgang des Abzweigers angeschlossen. Für Neuanlagen installiert man vor allem Sternnetze, da Teilnehmer einfacher abgetrennt und angeschlossen werden können.

Am Übergabepunkt liefert der Netzbetreiber Signale mit einem Pegel von minimal 66 dBμV. Nach dem Übergabepunkt wird meist ein BK-Hausanschlussverstärker **(Bild 1)** mit einer Verstärkung von 10 dB bis 40 dB nachgeschaltet. Bedingt durch Dämpfungen des Verteilnetzes ist ein BK-Hausanschlussverstärker notwendig, da der Nutzpegel an der Antennensteckdose für analoge Fernseh-Signale mindestens 60 dBμV betragen muss **(Tabelle, Seite 147)**.

**Multimedia:** Um z. B. Internet, TV und Telekommunikation parallel zu verwenden, ist ein Multimediaanschluss **(Bild 2)** notwendig. Für höherwertige Übertragungen verwendet man strukturierte Verkabelungen **(Bild 3)**. Dazu werden Netzwerk- und Koaxialkabel sternförmig zu den Teilnehmern verlegt.

Nach DIN 18015 sind Multimediaverkabelungen auswechselbar, z. B. in Rohren oder Kanälen, zu führen. Für eine zukunftssichere Nutzung der Multimediaanwendungen wird ein sternförmiges Rohrsystem gefordert. Die Mindestanzahl der Anschlusseinrichtungen ist nach **Tabelle 2, Seite 134** zu wählen.

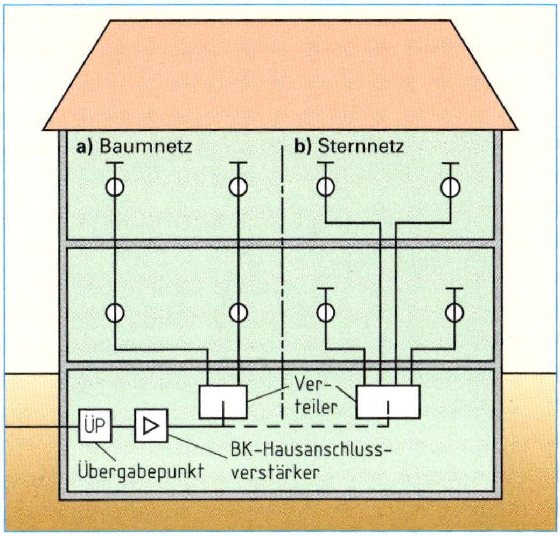


**Bild 1: BK-Anlage mit a) Baumnetz und b) Sternnetz**

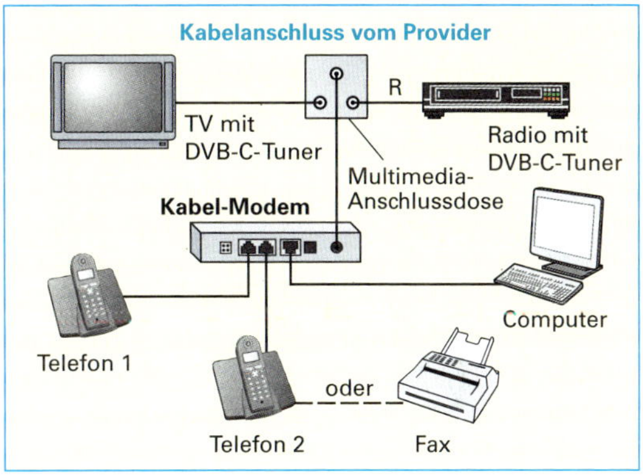


**Bild 2: Multimediaanschluss**

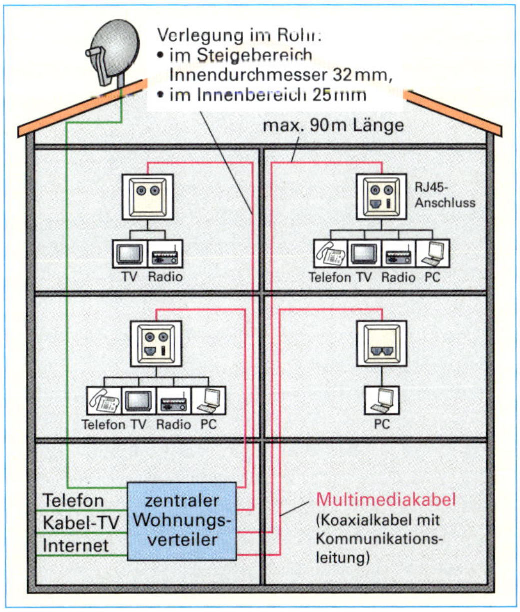


**Bild 3: Strukturierte Verkabelung (Multimediaverkabelung)**

**Praxistipp: Baugruppen und Anforderungen zum digitalen Sat-Empfang** (Nächster Praxistipp: Seite 161)

**Situationsbeschreibung:**

Beim Kauf eines Altbaus stellte der Hausbesitzer fest, dass noch eine analoge Sat-Empfangsanlage vorhanden ist. Wie rüste ich eine analoge Sat-Empfangsanlage um? Auf welche Bauteile ist bei der Umstellung auf Digital-Sat-Empfang besonders zu achten?

Die Analogabschaltung der öffentlich-rechtlichen und privaten Sender erfolgte zum 30. April 2012. Ab diesem Zeitpunkt erhalten analoge Sat-TV-Empfangsanlagen kein analoges Satellitensignal mehr.

## Umstellung auf Digital-Sat-Empfang

1. **Parabolantenne**
   Die bereits vorhandene installierte Parabol-Antenne **(Bild 1)** ist für den Empfang digitaler TV- und Radioprogramme weiterhin geeignet. Der Durchmesser der Parabol-Antenne sollte aber mindestens 60 cm betragen. Parabolantennen aus Aluminium sind gegenüber Stahl, wegen Rostgefahr, vorzuziehen.

2. **Ausrichtung der Parabol-Antenne**
   Die Parabol-Antenne muss nach dem LNB-Austausch auf maximale Empfangsfeldstärke eingestellt werden. Die Programme werden weiterhin z. B. über ASTRA 19,2 Grad Ost empfangen.

3. **Auswahl des Speisesystems (LNB)**
   Es muss überprüft werden, ob der LNB **(Bild 2)** digitaltauglich ist, um das komplette Frequenzspektrum der digitalen Kanäle von 11,70 GHz bis 12,75 GHz empfangen zu können. Der LNB setzt die hohen Empfangsfrequenzen in eine niedrige Sat-Zwischenfrequenz von 950 MHz bis 2150 MHz um. Für den Empfang analoger Programme musste der LNB lediglich den Frequenzbereich von 10,70 GHz bis 11,75 GHz übertragen.

4. **Anforderungen an den Multischalter**
   Wird ein Multischalter benötigt, muss auch dieser für digitale Signale von 950 MHz bis 2150 MHz ausgelegt sein.
   Zu beachten ist, ob im neuen digitaltauglichen LNB bereits ein integrierter Multischalter vorhanden ist.

5. **Anforderungen an das Koaxialkabel**
   In den meisten Fällen ist ein Auswechseln nicht notwendig. Nur wenn das Koaxialkabel **(Bild 3)** ein geringes Schirmungsmaß besitzt, ist ein Tausch empfehlenswert. Häufig sind dies Koaxialkabel, die älter als 20 Jahre sind. Koaxialkabel in digitalen Sat-Empfangsanlagen sollten immer ein maximales Schirmungsmaß, z. B. 75 dB oder größer, aufweisen, um das Eindringen von Störsignalen, aber auch ein Abstrahlen störender Signale, zu verhindern.

6. **Anforderungen an Antennensteckdosen**
   Die Antennensteckdosen **(Bild 4)** müssen für die jeweils zu übertragenden digitalen Frequenzbänder geeignet sein. Sie übertragen für den Sat-ZF-Bereich die Frequenzen von 950 MHz bis 2150 MHz.

7. **Auswahl eines Receivers**
   Benötigt wird ein Digital-Sat-Receiver (DVB[1]-S-Receiver) für jedes Fernsehgerät, falls nicht im Fernsehgerät eingebaut. Digital-Sat-Receiver gibt es in unterschiedlichen Ausführungen, z. B. für den Empfang von HDTV[2]-Programmen. Für den Empfang von HDTV-Programmen muss der Digital-Sat-Receiver auch den DVB-S2[3]-Übertragungsstandard empfangen können. Sind Programme aufzuzeichnen, wird ein Gerät mit integriertem Festplattenrekorder benötigt oder ein Gerät, das den Anschluss eines DVD-Rekorders ermöglicht.

[1] **DVB**, Abk. für: **D**igital **V**ideo **B**roadcasting (engl.) = Digitales Fernsehen
[2] **HDTV**, Abk. für: **H**igh **D**efinition **T**ele**v**ision (engl.) = hochauflösendes Fernsehen
[3] S2, Abk. für: Satellit, zweite Generation zum Empfang von HDTV-Programmen

**Bild 1: Parabol-Antenne mit LNB**

**Bild 2: Speisesystem (LNB)**

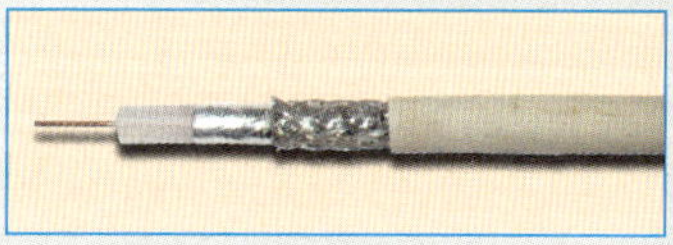

**Bild 3: Koaxialkabel**

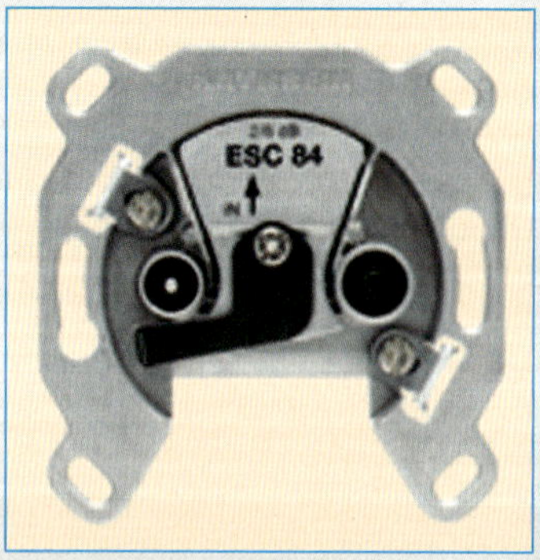


**Bild 4: Antennensteckdose**

# 7.7 Gefahrenmeldeanlagen

## 7.7.1 Allgemeine Festlegungen

Gefahrenmeldeanlagen (GMA) melden Gefahren für Personen, Sachen oder die Umwelt. Sie sind nach DIN VDE 0833 in **Brand-, Einbruch-** und **Überfallmeldeanlagen** eingeteilt.

Das **Planen, Errichten, Erweitern und Ändern von GMA** darf nur durch **Elektrofachkräfte GMA** erfolgen. Dabei sind neben aktuellen DIN VDE-Normen und Vorschriften auch die Richtlinien der VdS[1] Schadenverhütung GmbH zu beachten **(Übersicht)**. Errichter von Gefahrenmeldeanlagen nach VdS müssen VdS-zertifiziert sein. Bei GMA sind zwingend zu beachten: Die **Energieversorgung** einer GMA erfolgt grundsätzlich über zwei voneinander unabhängige Energiequellen. Dabei muss eine Energiequelle aus dem öffentlichen oder gleichwertigen Versorgungsnetz und die andere Energiequelle ein Energiespeicher, z.B. ein Akkumulator oder eine Lithium-Batterie, sein. Die Energiespeicher sind entsprechend der Mindestbetriebsdauer, z.B. 30 oder 60 Std., zu bemessen **(Seiten 155 und 157)**. Diese ist von der Art des Energiespeichers, z.B. Akku oder Lithiumbatterie, und der Art der Anlage, z.B. Brandmelde- oder Einbruchmeldeanlage, abhängig. Der Ausfall einer Energiequelle muss gemeldet werden.

**Meldungen und Störungen** sind an einer Stelle, z.B. einem Kontrollraum oder einem Pförtnerhaus, mit der Angabe ihrer Herkunft und Gefahrenart, z.B. Brandmeldergruppe/Meldernummer, anzuzeigen. Wichtige **Übertragungswege und Leitungen** einer GMA sind auf Störungen zu überwachen. Diese Leitungen werden auch als **Primärleitungen** bezeichnet. Leitungen und Verteiler müssen so installiert werden, dass ein unbefugtes oder unbeabsichtigtes Außerbetriebsetzen erschwert wird. Bei gemeinsamer Leitungsführung mit anderen Leitungen sind Leitungen einer GMA, z.B. mit einem roten Außenmantel, zu kennzeichnen **(Bild, Seiten 27 und 154)**.

**GMA-Inbetriebnahme.** Vor der Inbetriebnahme einer GMA ist durch eine Elektrofachkraft GMA **(siehe Information)** eine **Abnahmeprüfung** durchzuführen:

- Sicht- und Funktionsprüfung,
- Prüfung der vollständigen Dokumentation und
- Abnahmeprotokoll mit Unterschrift.

Für den **Betrieb einer GMA** muss eine eingewiesene Person beauftragt werden. Weiterhin sind in festgelegten Intervallen **Begehungen, Inspektionen und Wartungen (Tabelle 2, Seite 160)** erforderlich. Alle Arbeiten sind in einem **Betriebsbuch** zu protokollieren. Anlagefehler sind sofort zu beseitigen und wenn möglich, Verbesserungen durchzuführen.

**Übersicht: Normen, Vorschriften und Richtlinien für Gefahrenmeldeanlagen (Auswahl)**

- **Allgemeine Festlegungen**
  DIN VDE 0833-1 Allgemeine Festlegungen
  DIN VDE 0100-200 Elektrische Anlagen von Gebäuden
  DIN VDE 0800 (alle Teile) Fernmeldetechnik
  VdS 2135 Grafische Symbole für Gefahrenmeldeanlagen **(Tabelle)**
- **Brandmeldeanlagen (Seite 154–156)**
- **Einbruch- und Überfallmeldeanlagen (Seite 157–160)**

**Information: Wichtige beteiligte Personen bei einer GMA nach DIN VDE 0833-1**

- **Betreiber**
  Der Betreiber ist für den Betrieb der GMA verantwortlich. Er muss mindestens eine eingewiesene Person benennen und dafür sorgen, dass deren Ausbildung auf dem aktuellen Stand ist.
- **Elektrofachkraft GMA**
  Die Elektrofachkraft GMA ist eine Elektrofachkraft mit einschlägigen Erfahrungen mit der betreffenden GMA und den zugehörigen Normen und Richtlinien sowie mit Kenntnissen im baulichen, organisatorischen und anlagentechnischen Brandschutz.
- **Sachkundige Person GMA**
  Ist eine durch eine Elektrofachkraft GMA unterrichtete Person, die über Kenntnisse zur Beurteilung der Einhaltung der Schutzziele, bezogen auf die Funktion der GMA, verfügen muss. Sie muss in der Lage sein, Einflüsse der Raumnutzung auf die GMA sowie der Einhaltung der bauordnungsrechtlichen Anforderungen beurteilen zu können.
- **Eingewiesene Person GMA**
  Die eingewiesene Person GMA ist durch eine Elektrofachkraft GMA zur selbstständigen Bedienung der GMA eingewiesen worden.

**Tabelle: Symbole für Gefahrenmeldeanlagen aus VdS 2135 (Auswahl)**

| Symbol | Bezeichnung | Symbol | Bezeichnung |
|---|---|---|---|
| ■ | M (Magnetkontakt) | V | V (Verteiler) |
|  | GMp (Glasbruchmelder, passiv) |  | RMO (Rauchmelder, optisch) |
|  | SA85 (Signalgeber, akustisch, Mindestlautstärke 85 $dB_{(A)}$) |  | SO (Signalgeber, optisch, Rundumkennleuchte, Signalleuchte) |
|  | UM (Ultraschall-Bewegungsmelder) | 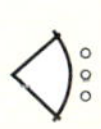 | IM (Infrarot-Bewegungsmelder) |
| 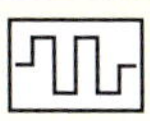 | ADG (Alarmdrahtglas) |  | SE (Schalteinrichtung) |

[1] **VdS**, Abk. für: Vertrauen durch Sicherheit

## 7.7.2 Brandmeldeanlagen

Brandmeldeanlagen (BMA) werden für gewerblich genutzte Betriebs- und Wohngebäude benötigt.

Brandmeldeanlagen alarmieren bereits beim Entstehen eines Brandes. Sie schützen Menschen, Gebäude und Sachwerte vor Brand- und Rauchschäden.

Die Pflicht zur Installation einer Brandmeldeanlage, z. B. bei öffentlichen Gebäuden wie einem Krankenhaus, bestimmt die zuständige Stelle der Baugenehmigungsbehörde aufgrund bestehender Normen und Bestimmungen. Weiterhin der Sachversicherer auf Grundlage der Richtlinien der VdS Schadenverhütung GmbH.

Die Planung und der Betrieb von Brandmeldeanlagen sind in verschiedenen Normen, Vorschriften und Richtlinien **(Übersicht)** festgelegt. Brandmeldeanlagen **(Bild)** bestehen aus:

**Übersicht: Normen, Vorschriften und Richtlinien für Brandmeldeanlagen (Auswahl)**

- **Allgemeine Festlegungen (Seite 153)**
- **Brandmeldeanlagen**
  - DIN VDE 0833-2 Festlegungen für Brandmeldeanlagen
  - DIN VDE 0833-4 Festlegungen für Anlagen zur Sprachalarmierung im Brandfall
  - DIN 14675 Brandmeldeanlagen – Aufbau und Betrieb
  - DIN EN 54 Brandmeldeanlagen
  - DIN VDE 0605-1 Elektroinstallationsrohrsysteme für elektrische Installationen – Allg. Anforderungen
  - DIN VDE 0100-718 Anforderungen für Betriebsstätten, Räume und Anlagen besonderer Art
  - DIN VDE 0185 (Teile 1, 3 und 4) Blitzschutz
  - DIN VDE 0815 Installationskabel und -leitungen für Fernmelde- und Informationsverarbeitungsanlagen
  - DIN VDE 0845 Schutz von Fernmeldeanlagen gegen Blitzeinwirkung, statische Aufladungen und Überspannungen aus Starkstromanlagen

- Brandmelder, max. 10 nichtautomatische Brandmelder (Handfeuermelder) und max. 32 automatische Brandmelder pro Meldergruppe
- Brandmelderzentrale (BMZ),
- Energieversorgung für BMZ (min. zwei erforderlich),
- Alarmierungseinrichtungen für Intern- und Externalarm, z.B. mit Signalleuchte und Alarmton, sowie Fernalarm an eine ständig besetzte Stelle, z.B. die Einsatzzentrale der Feuerwehr,
- Schnittstellen zur Ansteuerung von Brandschutzeinrichtungen, z.B. Rauchklappen, Löschanlage, Klimaanlage oder Brandschutztüren,
- Feuerwehrbedienfeld und Feuerwehranzeigetableau zur Kontrolle der Melder,
- Feuerwehrschlüsseldepot in dem die Schlüssel für den Zugang zum Gebäude verwahrt sind,
- Freischaltelement zur manuellen Auslösung eines Alarms.

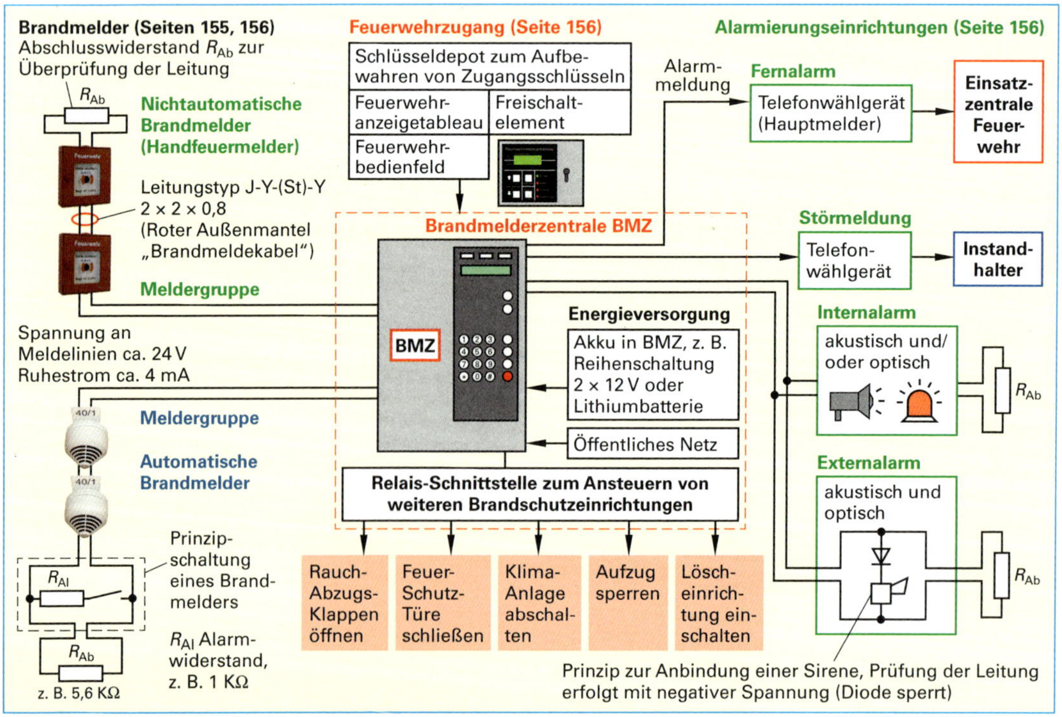


**Bild: Blockschaltbild einer Brandmeldeanlage (Beispiel)**

Die **Brandmelderzentrale (Bild 1 und Seite 154)** nimmt die Meldungen der Brandmelder auf und löst im Alarmfall voreinstellbare Aktionen aus **(siehe Information)**. Je nach Größe und Anforderungen an die Brandmeldeanlage werden BMZ hinsichtlich ihrer Merkmale **(Bild 1)** unterschieden.

Die **Energieversorgung** der BMZ erfolgt mindestens aus zwei voneinander unabhängigen Energiequellen **(Bild, Seite 154)**. Für die Energiezuführung muss ein eigener Stromkreis mit einem speziell gekennzeichneten Leitungsschutzschalter, z. B. rote Farbe, vorgesehen werden. Die Mindestbetriebsdauer für die netzunabhängige Energiequelle ist nach DIN EN 54-4 wie folgt festgelegt:

- 4 h, wenn eine Netzersatzanlage zur Verfügung steht, Ersatzteile vorhanden sind, die Störung durch eine ständig besetzte Stelle erkannt wird und der Instandhalter ständig verfügbar ist.
- 30 h, wenn die Störung durch eine ständig besetzte Stelle erkannt wird und der Instandhalter innerhalb von 24 h verfügbar ist.
- 72 h, bei Nichterfüllung der ersten beiden Fälle.

### Meldebereiche und Meldelinien

Den **Überwachungsbereich** einer BMA teilt man in Meldebereiche **(Übersicht)** ein.

**Meldebereiche.** Ein Meldebereich darf sich nur über eine Etage erstrecken. Ausgenommen sind z.B. Treppenräume oder Aufzugsschächte, die zu eigenen Meldebereichen zusammengefasst werden. Brandmelder innerhalb eines Meldebereiches werden in Meldergruppen zusammengefasst.

**Meldergruppen.** Eine Meldergruppe enthält mehrere Melder, die über eine gemeinsame Meldelinie (Primärleitung, **Seite 153**) mit der BMZ verbunden sind. Die **Melderbezeichnung** muss die Angabe der Meldergruppe/Meldernummer enthalten, z. B. 40/1. Die Beschriftung hat gut leserlich und ausreichend groß nach DIN 1450 zu erfolgen, z. B. eine Schriftgröße von 12,5 mm bis 4 m Entfernung mit z. B. schwarzer Schrift auf weißem Hintergrund **(Bild 1, Seite 156)**.

### Melderanbindung an BMZ

Melder können in Linien- und Ringbustechnik **(Bild 2)** an die BMZ angebunden werden. Bei der **Linientechnik**, auch Grenzwerttechnik genannt, werden die einzelnen Meldergruppen mit Stichleitungen an die BMZ angeschlossen. Jede Stichleitung muss mit einem Abschlusswiderstand zur Leitungsprüfung abgeschlossen werden.

Bei der **Ringbustechnik** erfolgt die Kommunikation wie in einem Computer-Netzwerk über ein Datenprotokoll. Jeder Melder hat eine Netzwerk-Adresse. Auch bei Ausfall eines Melders oder Unterbrechung des Ringes bleibt die Meldefunktion der Brandmelder an die BMZ erhalten.

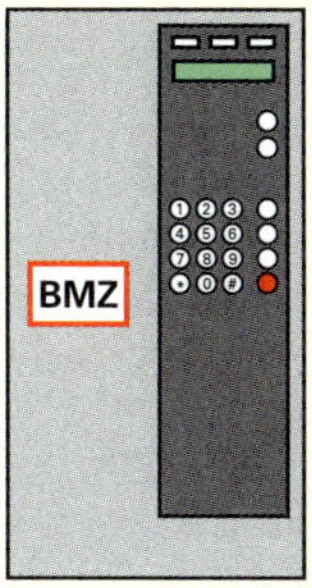


**Merkmale von BMZ (Auswahl)**
- Max. Anzahl der Meldergruppen
- Art der Meldergruppen, neben Gruppen für Brandmelder z.B. auch Technikgruppe für Feuchtigkeitsmelder
- Anschlussmöglichkeiten, z.B. Feuerwehrbedienfeld, Drucker, PC
- Frei programmierbare Steuerausgänge, z.B. für Rauchabzugsklappen
- Telefonwählgerät (TWG) eingebaut oder Steueranschlüsse für TWG

**Bild 1: Brandmelderzentrale (BMZ)**

**Information: Aktionen der Brandmelderzentrale im Brandfall (Beispiel)**

- Auslösen eines optischen und akustischen Internalarms
- Alarmierung Hilfe leistender Stellen, z. B. Feuerwehr
- Auslösen von ggf. vorhandenen Löschanlagen
- Ausgabe einer vorprogrammierten Durchsage
- Anzeige des Alarm auslösenden Brandmelders
- Einschalten der Fluchtwegebeleuchtung
- Abschalten oder Sperren von Einrichtungen, z. B. Klimaanlagen oder Aufzüge
- Schließen der Brandschutztüren
- Öffnen von Rauchabzugsklappen
- Dokumentieren der Alarmauslösung

**Übersicht: Meldebereiche in Brandmeldeanlagen**

- Maximal 1600 m² innerhalb eines Brandabschnittes
- Maximal fünf benachbarte Räume mit einer Gesamtfläche bis 400 m²
- Benachbarte Räume mit einer Gesamtfläche bis 1000 m² mit gut überschaubaren Zugängen und gut erkennbarer optischer Alarmanzeige
- Benachbarte Räume mit einer Gesamtfläche bis 1000 m², wenn der Alarmzustand der einzelnen Melder in der BMZ angezeigt wird

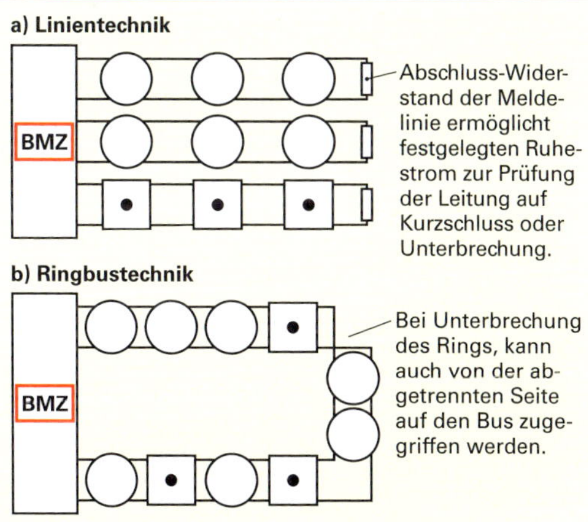


**Bild 2: Anbindung der Melder an die BMZ**

### Melder und Alarmierungseinrichtungen

> Melder werden unterschieden in nichtautomatische Brandmelder (Handfeuermelder) und automatische Brandmelder.

**Handfeuermelder (Bild 1)** sind Druckknopfmelder. Sie werden in einer Höhe von 1,40 m +/– 20 cm über dem Fertigfußboden montiert. Zur Alarmierung muss eine Sicherheitsscheibe eingeschlagen und anschließend der Druckknopf tief gedrückt werden.

**Automatische Brandmelder** reagieren selbstständig z. B. auf den UV-Anteil von Flammen, auf Rauch oder die Temperaturanstiegsgeschwindigkeit und senden im Brandfall ein Signal an die BMZ.

**Flammenmelder** erfassen UV-Anteile der Flammenstrahlung. Eine Beleuchtung z. B. durch Lampen oder Sonneneinstrahlung löst keine Meldung aus.

**Wärmedifferentialmelder** reagieren auf den Temperaturanstieg innerhalb einer bestimmten Zeitspanne. Sie werden auf eine für den Brandfall typische Temperaturanstiegsgeschwindigkeit (°C/min) eingestellt. Langsame Temperaturanstiege, z. B. durch Heizen oder Sonneneinstrahlung, lösen keine Meldung aus.

**Optische Rauchmelder (Bild 1)** arbeiten z. B. nach dem Streulicht- oder Durchsichtprinzip. Bei einem optischen Rauchmelder nach dem Streulichtprinzip sind eine Infrarot (IR)-Sende- und IR-Empfangsdiode **(Bild 2)** in einer Messkammer so angeordnet, dass der vom Sender ausgehende Lichtstrahl den Empfänger nur dann trifft, wenn Rauch in die Messkammer eindringt. Durch Reflektion gelangt ein Teil des abgestrahlten Lichtes auf den Empfänger und löst damit Alarm aus.

**Wärmemaximalmelder** ermöglichen die Festlegung einer Temperatur, ab der eine Meldung erfolgt.

**Mehrfachsensormelder** werten eine Kombination aus verschiedenen Brandkenngrößen, z. B. Rauch, Wärme und Kohlenmonoxid, aus. Durch die gleichzeitige Berücksichtigung mehrerer Kenngrößen, wird die Gefahr eines Täuschungsalarms erheblich reduziert.

**Alarmierungseinrichtungen (Bild 3)** entsprechen den Normen, z. B. DIN EN 54-3 (akustische Signalgeber) und DIN EN 54-23 (optische Signalgeber).

### Feuerwehrzugang

Der Feuerwehrzugang enthält ein Feuerwehrbedienfeld (FBF) zur einheitlichen Bedienung. Das Freischaltelement **(Bild, Seite 154)** ermöglicht die manuelle Auslösung eines Alarms. Weiterhin können ein Feuerwehranzeigetableau sowie ein Schlüsseldepot enthalten sein. Der Feuerwehrzugang ist nach DIN 14661 und in den **T**echnischen **A**nschluss**b**edingungen für BMA **(TAB)** festgelegt. Die TAB wird in den einzelnen Landkreisen mithilfe der örtlichen Feuerwehr festgelegt und veröffentlicht.

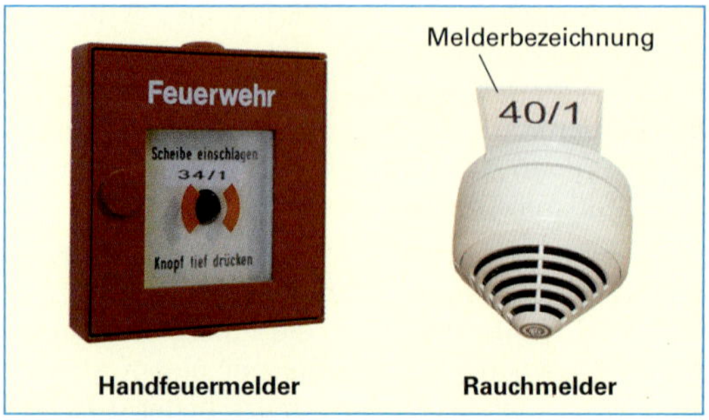


**Bild 1: Handfeuermelder und Rauchmelder**

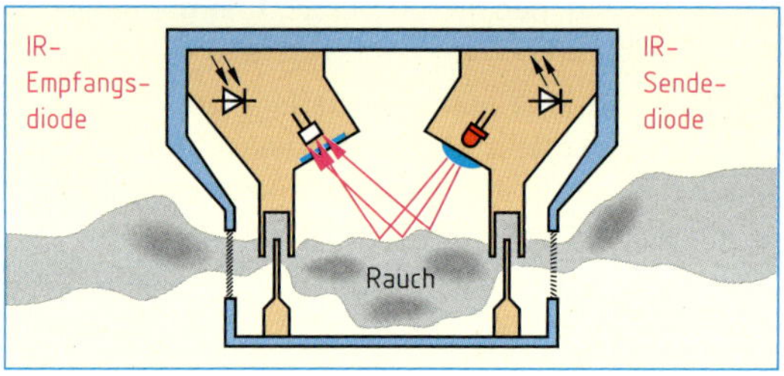


**Bild 2: Optischer Rauchmelder (Streulichtprinzip)**

**Übersicht: Anforderungen an das Leitungsnetz einer BMA**

- Eigenes Leitungsnetz notwendig.
- Schutz gegen mechanische Beschädigung, z. B. durch Verlegung unter Putz oder im Schutzrohr.
- Funktionserhalt im Brandfall nach MLAR[1] für mindestens 30 min. gemäß DIN 4102.
- Es sind Leitungen mit rotem Mantel und dem Aufdruck Brandmeldekabel **(Seite 27)** zu verwenden.
- Aderdurchmesser muss mindestens 0,6 mm betragen, empfohlen werden 0,8 mm, z. B. der Leitungstyp J-Y-(St)-Y 2 × 2 × 0,8.
- Verbindungsstellen in Verteilern, die auch von anderen Anlagen genutzt werden, müssen rot gekennzeichnet werden.
- Abzweigdosen und Verteiler für Brandmeldeleitungen sind z. B. durch rote Abdeckungen oder Aufkleber mit dem Buchstaben F zu kennzeichnen.

**Merkmale von Signalgebern (Auswahl)**

- **Blitzleuchte**
  Nennspannung 24 V Gleichspannung
  Stromaufnahme typ. 180 mA
  Blitzenergie 5 Joule/Ws,
  Blitzfrequenz 1 Hz
  Lebensdauer der Blitzröhre ca. $7 \times 10^7$ Blitze Schutzart IP 54

- **Sirene**
  Nennspannung 24 V Gleichspannung
  Stromaufnahme 0,2 A
  Schalldruck/1 m 110 dB(A)
  Temperaturbereich – 40 °C bis + 85 °C

**Bild 3: Merkmale optischer und akustischer Signalgeber**

[1] **MLAR**, Abk. für: **M**uster-**L**eitungs**a**nlagen-**R**ichtlinie

## 7.7.3 Einbruchmeldeanlagen

Einbruchmeldeanlagen (EMA) sollen bereits bei unbefugter Annäherung, beim gewaltsamen Eindringen und spätestens beim Aufenthalt in einem geschützten Bereich Alarm auslösen.

Eine EMA **(Bild 2)** besteht aus mehreren Baugruppen:
- Einbruchmelderzentrale (EMZ),
- Energieversorgung aus zwei unabhängigen Quellen,
- Alarmierungseinrichtungen Extern- und Fernalarm,
- Scharfschalteinrichtung zum Aktivieren der EMA,
- Melder zur Vorfeld-, Außenhaut- und Raumüberwachung **(Seite 159)**.

Die Einbruchmelderzentrale (EMZ) einer EMA ist innerhalb des Sicherungsbereiches in einem allgemein nicht zugänglichen Bereich anzuordnen.

Die **Energieversorgung** erfolgt durch zwei voneinander unabhängige Energiequellen **(Bild 2 und Seite 153)**. Die minimale Überbrückungszeit mit dem Akku ist abhängig vom EMA-Grad **(Tabelle, Seite 158)** bzw. der VdS-Klasse **(Übersicht, Seite 158)** der EMA:
- EMA-Grade 1, 2 und VdS-Klasse A: 12 h
- EMA-Grade 3, 4 und VdS-Klassen B, C: 60 h

Die Verbindung der Baugruppen erfolgt durch
- Gleichstromtechnik **(Bild 1)** oder
- Bustechnik, z. B. KNX (nach VdS nur Ansteuerung von Signalgebern und nicht für Melder erlaubt) oder
- Funktechnik, z. B. nach VdS im Bereich 433/868 MHz.

**Übersicht: Einbruch- und Überfallmeldeanlagen (Auswahl)**
- **Allgemeine Festlegungen (Seite 153)**
- **Normen**
  - DIN VDE 0833-3 Festlegungen für Einbruch- und Überfallmeldeanlagen
  - EN 50131 Alarmanlagen, Einbruch- und Überfallmeldeanlagen
  - EN 50136 Alarmanlagen, Alarmübertragungsanlagen und -einrichtungen
  - VdS 2311 Einbruchmeldeanlagen, Planung und Einbau
  - VdS 3172 Merkblatt

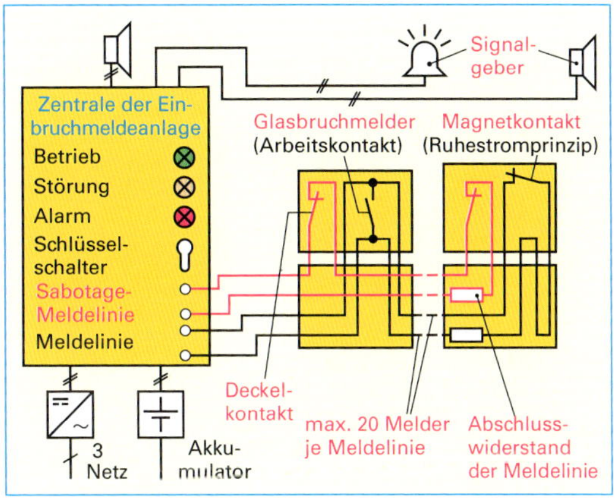


**Bild 1: Einfache Einbruchmeldeanlage in Gleichstromtechnik**

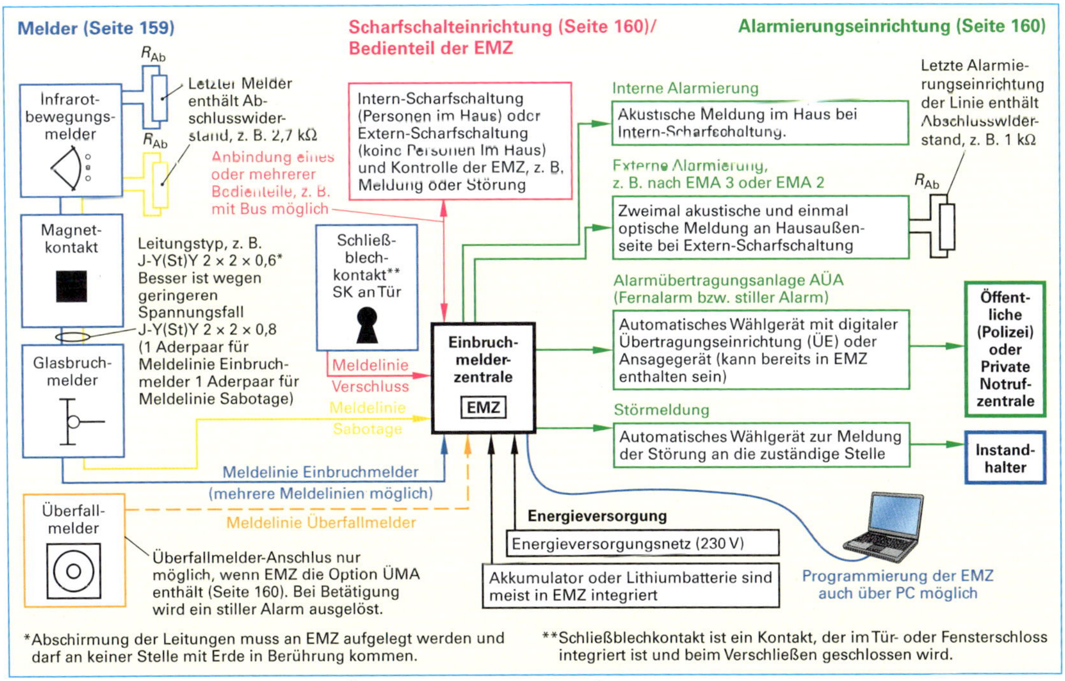


*Abschirmung der Leitungen muss an EMZ aufgelegt werden und darf an keiner Stelle mit Erde in Berührung kommen.

**Schließblechkontakt ist ein Kontakt, der im Tür- oder Fensterschloss integriert ist und beim Verschließen geschlossen wird.

**Bild 2: Blockschaltbild einer Einbruch-/Überfallmeldeanlage (EMA/ÜMA)**

Bei der **Planung einer EMA** ist zunächst eine Gefährdungsanalyse durchzuführen, z. B. in Verbindung mit einer Polizeilichen Beratungsstelle und/oder in Absprache mit dem Sachversicherer. Mit dem ermittelten Risiko kann der EMA-Grad nach DIN VDE 0833-3 **(Tabelle)** oder die VdS-Klasse nach VdS 2311 bestimmt werden **(Übersicht)**. Damit können folgende Anlagenteile und Maßnahmen bestimmt werden:

- Art und Ort der Melder **(Seite 156)**,
- Einbruchmelderzentrale **(Seite 157)**,
- Art der Alarmierung **(Seite 160)**,
- Variante der Scharfschalteinrichtung **(Seite 160)**,
- Inspektion und Wartung **(Tabelle 2, Seite 160)**.

Es muss auch berücksichtigt werden, dass die elektrischen Überwachungsmaßnahmen erst im Zusammenwirken mit den baulichen Sicherungsmaßnahmen, z. B. Wanddicke, Dicke eines Türrahmens, Schließbleche an den Türen, wirksam werden. Dadurch wird die Widerstandszeit **(DIN EN 1627)**, die Zeit die der Eindringling bei Überwindung benötigt, größer und damit auch die Wahrscheinlichkeit, dass die Sicherheitskräfte noch rechtzeitig eintreffen. Auch organisatorische Planungen, z. B. die Meldung eines Alarms an eine besetzte Stelle, sind wichtig.

Zur Bestimmung der Anlagenteile, z. B. Art und Ort der Melder, die Energieversorgung oder die Art der Alarmierung, werden die notwendigen Maßnahmen aus den Tabellen der DIN VDE 0833-3 **(Tabelle)** in Abhängigkeit vom EMA-Grad 1 bis 4 entnommen. Je höher der EMA-Grad, desto mehr Maßnahmen müssen ergriffen werden. Man unterscheidet dabei zwischen erforderlich und empfohlen. Bei manchen Maßnahmen, z. B. bei der Scharfschaltung, kann man verschiedene Varianten wählen **(Seite 160)**.

WWW http://www.vds-industriat.de/service/vds-richtlinien/gesamtverzeichnis/

## Übersicht: Einteilung des Gefährdungsrisikos für Einbruch- und Überfallmeldeanlagen durch EMA-Grade und VdS-Klassen

Die EMA-Grade nach DIN VDE 0833-3 und die VdS-Klassen der Sachversicherer dienen zur Klassifizierung der zu ergreifenden Maßnahmen für ein zu schützendes Gebäude in Abhängigkeit vom Gefährdungsrisiko.

- **EMA-Grade und VdS-Richtlinien**
  Sachversicherer von Gebäuden beziehen sich auf die VdS-Richtlinien. Die VdS-Richtlinien orientieren sich an den EMA-Graden der VDE 0833, haben aber zusätzliche Anforderungen, z.B. Art der Alarmierung.
- **VdS-Klassen nach VdS-Richtlinie 2311**
  Nach VdS 2311 erfolgt eine Einteilung in die Klassen A, B, C und Sicherungsklassen. Die Sicherungsklassen SH1–SH3 (Privat) und SG1–SG6 (Gewerbe) werden nach der Höhe des Versicherungswertes und in Abhängigkeit von der Art des Betriebes (VdS 2559), z.B. Bäckerei, Supermarkt oder Juwelier, festgelegt.
  - **Private Risiken:**
    **VdS-Klasse A:** Orientierung an EMA-Grad 2 bei Haushalten mit geringem Wertsachenanteil mit den Sicherungsklassen SH1, z.B. bewohnte Wohnungen in Mehrfamilienhäusern, SH2, z.B. ständig bewohnte Einfamilienhäuser, und SH3, z.B. nicht ständig bewohnte Wohnungen.
    **VdS-Klasse B:** Orientierung am EMA-Grad 3 mit den Sicherungsklassen SH1, SH2, und SH3 wie bei VdS-Klasse A jedoch mit erhöhten Wertsachenanteil.
  - **Gewerbliche Risiken:**
    **VdS-Klasse B:** Orientierung am EMA-Grad 3 bei gewerblichen Objekten mit den Sicherungsklassen SG1 und SG2 für Objekte mit einfacher und erhöhter Gefährdung, z.B. Bäckerei (SG1) oder Schule (SG2).
    **VdS-Klasse C:** Orientierung an EMA-Grad 4 mit den Sicherungsklassen SG3 bis SG6 für gewerbliche Objekte mit hoher Gefährdung, z.B. Juwelier (SG6).

**Tabelle: Risikograde von Einbruchmeldeanlagen (EMA) nach DIN VDE 0833 (angepasst an EN 50131)**

| EMA-Grad | Klasse (VdS[1], KPK[2]) | Risiko | Beispiel | Überwachungsumfang | | |
|---|---|---|---|---|---|---|
| | | | | Türen | Fenster | Räume |
| 1 | ohne | gering | einzelne Räume bzw. Gegenstände | auf Öffnen | ohne Schutz | ohne Schutz |
| 2 | A | gering bis mittelmäßig | einfaches Eigenheim | auf Öffnen und Verschluss | ohne Schutz | Bewegungsmelder fallenmäßig |
| 3 | B | mittelmäßig bis hoch | gehobenes Eigenheim, Kleingewerbebetrieb | auf Öffnen und Verschluss | auf Öffnen, Verschluss und Durchstieg | Bewegungsmelder fallenmäßig und schwerpunktmäßig |
| 4 | C | hoch | Gewerbe- und Industriebetrieb | auf Öffnen und Verschluss | auf Öffnen, Verschluss, Durchstieg und Durchgriff | Bewegungsmelder fallenmäßig und schwerpunktmäßig |

[1] **VdS**, Abk. für: **V**ertrauen **d**urch **S**icherheit; [2] **KPK**; Abk. für: **K**ommission **P**olizeiliche **K**riminalprävention

**Melder** dienen zur Überwachung von festgelegten Bereichen. Man unterscheidet die Vorfeld-, Außenhaut- und Raum-Überwachung **(Übersicht)**.

In Abhängigkeit vom EMA-Grad **(Tabelle, Seite 158)** muss festgelegt werden, welche Überwachungsart, z. B. auf Verschluss oder Durchstieg **(Information)**, verwendet werden soll und ob eine fallenmäßige oder schwerpunktmäßige Überwachung stattfindet.

**Vorfeldüberwachungen** alarmieren, wenn ein Unbefugter das gesicherte Grundstück betritt.

**Außenhautüberwachungen (Bild 2)** melden z. B. geöffnete Fenster und Türen oder den gewaltsamen Durchstieg einer Person.

**Raumüberwachungen (Bild 2)** lösen z. B. durch IR-Bewegungsmelder **(Bild 1)** Alarm aus, wenn sich innerhalb des überwachten Bereiches Personen bewegen. Bei der fallenartigen Raumüberwachung wird hauptsächlich der Eingangsbereich überwacht, z. B. Bereiche an Türen und im Flur.

Die schwerpunktmäßige Raumüberwachung ist eine zusätzliche Maßnahme für besonders zu schützende Räume, z. B. Lagerräume für Wertgegenstände.

### Übersicht: Melder in verschiedenen Überwachungsbereichen einer EMA (Beispiele)

- **Vorfeldüberwachung**
  Infrarotlichtschranken, Infrarot-Bewegungsmelder, Mikrowellen-Richtstrecken, Infrarot-Kameras
- **Außenhautüberwachung**
  Glasbruchmelder, Magnetkontakte, Infrarotlichtschranken, Infrarot-Bewegungsmelder
- **Raumüberwachung**
  Infrarot-Bewegungsmelder, Mikrowellen-Richtstrecken, Infrarot-Kameras

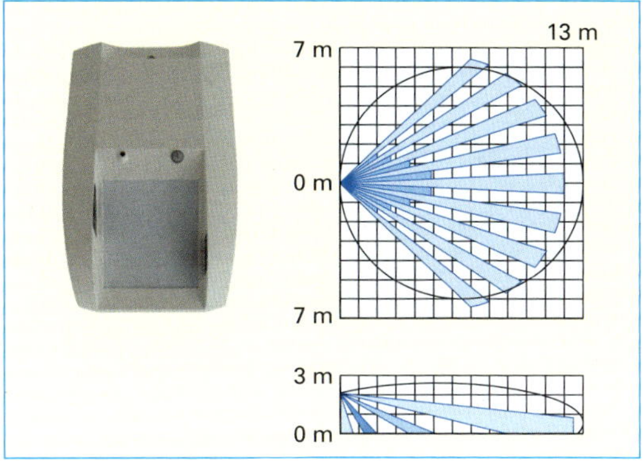


**Bild 1: Infrarot(IR)-Bewegungsmelder**

### Information: Überwachungsarten bei einer EMA

- **Verschlussüberwachung** prüft, ob eine Tür oder ein Fenster geschlossen ist, z. B. mit einem Schließblechkontakt.
- **Öffnungsüberwachung** prüft, ob eine Tür oder ein Fenster geöffnet ist, z. B. mit einem Magnetkontakt.
- **Durchstiegsüberwachung** prüft auf Durchstieg einer Person, z. B. mit Alarmdrahtglas oder Glasbruchmelder.
- **Durchgriffüberwachung** prüft auf Durchgriff einer Person, z. B. mit Alarmdrahtglas oder Glasbruchmelder.
- **Fallenmäßige Raumüberwachung** dient der Überwachung von Sicherungsbereichen, die der Eindringling mit hoher Wahrscheinlichkeit betreten wird.
- **Schwerpunktmäßige Raumüberwachung** dient der Überwachung eines Sicherungsbereichs, der die gefährdeten Gegenstände, z. B. einen Tresor, enthält.

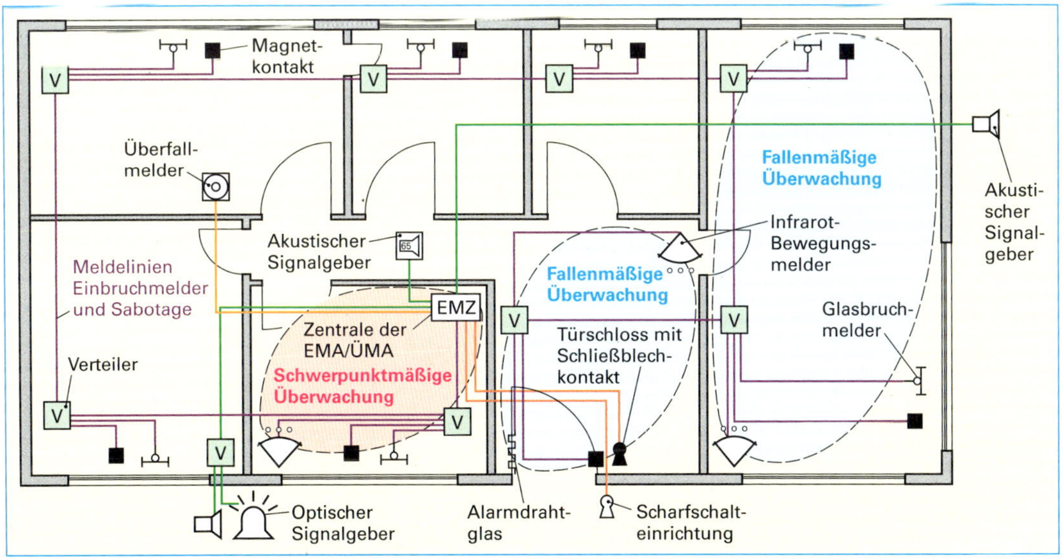


**Bild 2: Einbruch- und Überfallmeldeanlage (EMA/ÜMA) mit Außenhaut- und Raumüberwachung**

**Alarmierungseinrichtungen** sind akustische und optische Signalgeber, z. B. eine Signalgeberkombination **(Bild 1)** sowie Alarmübertragungsanlagen (AÜA). In Abhängigkeit vom EMA-Grad wird die Ausführungsart der AÜA und die Art der Signalgeber bestimmt **(Tabelle 1)**, z. B. bei EMA-Grad 3 die Ausführungsart AÜA 4 und akustischer Externalarm.

**Scharfschalteinrichtungen** dürfen eine Scharfschaltung nur ermöglichen, wenn alle vorhandenen Türen und Fenster nicht geöffnet und verschlossen sind. Diese Abhängigkeit wird als Zwangsläufigkeit bezeichnet und mindert Fehlalarme. Der Verschluss wird z. B. von einem Schließblechkontakt im Türschloss gemeldet. Die Berechtigung zur Freischaltung kann z. B.

- durch ein biologisches Identifikationsmerkmal, z. B. durch Abtasten eines Fingerabdrucks,
- durch ein geistiges Identifikationsmerkmal, z. B. durch die Eingabe einer Codenummer,
- durch ein materielles Identifikationsmerkmal, z. B. die Verwendung eines Schlüssels, erfolgen.

Einbruchmeldeanlagen dürfen sich nur scharf schalten lassen, wenn alle Türen und Fenster nicht geöffnet und verschlossen sind.

Bei der **Installation der EMA** ist zu beachten, dass sich die einzelnen Komponenten, z. B. interne Signalgeber und Leitungen, innerhalb des Sicherungsbereichs befinden. Leitungen außerhalb des Sicherungsbereichs sind nicht sichtbar oder mechanisch ausreichend geschützt zu verlegen. Für das Leitungsnetz sind geschirmte Leitungen mit mindestens 0,6 mm Ader-Durchmesser, z. B. J-Y(St) Y 2 x 2 x 0,6, zu verwenden. Nach dem Errichten der Anlage durch eine zertifizierte Firma muss die EMA einer **Abnahmeprüfung** unterzogen werden. Dabei sind auch die in VDE 0833-1 angegebenen allgemeinen Festlegungen für den Betrieb einer GMA **(Seite 153)** zu erfüllen. Das Abnahmeprotokoll ist dem Betreiber auszuhändigen. Für den **Betrieb der EMA** ist regelmäßig eine Begehung, Inspektion und Wartung erforderlich **(Tabelle 2)**.

## 7.7.4 Überfallmeldeanlagen

Überfallmeldeanlagen (ÜMA) dienen zur Auslösung eines Überfallalarms, z. B. in einem Wohnhaus, während oder nach einem Überfall.

Eine ÜMA ist notwendig, wenn Personenschutz gefordert ist oder bei den VdS-Sicherungsklassen SG5, z. B. bei einer Bank, und SG6, z. B. bei einem Juwelier. Die Funktion ÜMA wird von vielen Einbruchmelderzentralen als Option unterstützt, sodass beide Anlagen kombiniert werden können (EMA/ÜMA **Bild 2, Seite 157)**. Die Überfallmelder, z. B. Handauslöser und Tretleisten **(Bild 2)**, haben eine eigene Melderlinie.

**Merkmale (Auswahl)**

- **Sirene**
  Nennspannung 12 V (10,5 ... 14 V)
  Stromaufnahme ca. 350 mA
  Schalldruck > 102 dB (A)
  VdS-Nr. G 184004
- **Blitzleuchte**
  Nennspannung 12 V (10,5 ... 14 V)
  Stromaufnahme ca. 230 mA
  Blitzfrequenz 1 ... 2 Hz
  VdS-Nr. G 184005

**Bild 1: Signalgeberkombination (akustisch, optisch)**

**Tabelle 1: Alarmierung in Einbruchmeldeanlagen** (Auswahl nach DIN VDE 0833-3)

| EMA | Art der Alarmierung (Beispiele) |
|---|---|
| Grad 1 | Fernalarm mit AÜA[1] nach AÜA 1 (bedarfsgesteuerte Verbindung mit Funktionsüberwachung im Intervall von 25 h und Sprachansage) und Externalarm mit akustischen Signalgebern innerhalb des Sicherungsbereichs. Zusätzliche optische Signalgeber möglich. |
| Grad 2 und 3 | Fernalarm mit AÜA nach AÜA 4 (bedarfsgesteuerte Verbindung mit Funktionsüberwachung im Intervall von 5 h und digitale Übertragung) und Externalarm mit akustischen Signalgebern[2] innerhalb oder außerhalb des Sicherungsbereichs. Zusätzliche optische Signalgeber möglich. |
| Grad 4 | Fernalarm mit AÜA nach AÜA 5 (stehende Verbindung mit Funktionsüberwachung im Intervall von 3 min und digitaler Übertragung) und Externalarm mit akustischen Signalgebern[2] innerhalb des Sicherungsbereichs. Zusätzliche optische Signalgeber möglich. |

[1] **AÜA**, Abk. für **A**larm**ü**bertragungs**a**nlage, AÜA gibt es in Abhängigkeit der Verbindungsart in den Ausführungsarten AÜA 1 bis AÜA 6
[2] Ein akustischer Signalgeber mit eigener Energieversorgung oder zwei akustische Signalgeber mit Fremdspeisung.

**Tabelle 2: Überprüfungszeiträume von EMA** (nach DIN VDE 0833-3)

| Grad | Inspektionen pro Jahr | Wartungen pro Jahr | Spätester Instandsetzungsbeginn nach einer Störmeldung |
|---|---|---|---|
| 1 | 1 x | 1 x | keine Anforderung |
| 2 | 1 x | 1 x | innerhalb 48 h |
| 3 | 2 x | 1 x | innerhalb 24 h |
| 4 | 4 x | 1 x | innerhalb 12 h |

**Bild 2: Überfallmelder (Beispiele)**

**Information: Überfallmelder**

Überfallmelder müssen grundsätzlich ständig, also auch bei nicht scharf geschalteter EMA, überwacht werden.

## Situationsbeschreibung:

Eine Wohnung soll mit Rauchwarnmeldern ausgestattet werden. Zur Planung der Montage der Rauchwarnmelder benötigt man grundlegende Informationen über deren Eigenschaften sowie Anforderungen an den Montageort und die benötigte Anzahl. Rauchwarnmelder bestehen aus einem Rauchsensor und einer Warnmeldeeinrichtung, die bei Gefahr z.B. ein akustisches Warnsignal erzeugt. Sie werden vom Stromnetz und einer eingebauten Batterie oder nur durch eine Batterie gespeist und funktionieren eigenständig. Rauchwarnmelder müssen mindestens den Anforderungen der Produktnorm DIN EN 14604 entsprechen. Ist eine höhere Qualität als in der Produktnorm gefordert, wird das Q-Siegel z.B. für folgende Leistungsmerkmale vergeben:

- Reduktion von Fehlalarmen,
- hohe mechanische Stabilität,
- Batterien mit mindestens 10 Jahren Lebensdauer.

### Bauarten von Rauchwarnmeldern

Unvernetzte Rauchwarnmelder melden Rauch nur in dem Raum, in dem sie montiert sind. Vernetzte Rauchwarnmelder geben Meldungen über Funk- und/oder Drahtverbindungen an Rauchwarnmelder in anderen Räumen weiter. Rauchwarnmelder unterscheidet man auch bezüglich der Art des verwendeten Melders, z.B. akustische, optische oder Vibrations-Melder.

### Montage und Anzahl von Rauchwarnmeldern

Rauchwarnmelder müssen mindestens in Schlafräumen, Kinderzimmern, Gästezimmern und Fluren, die als Rettungsweg genutzt werden, vorhanden sein.

Die Montage eines Rauchwarnmelders **(Bild 2)** soll

- an der Zimmerdecke,
- mindestens 50 cm von der Wand oder Hindernissen, z.B. einem Schrank oder Leuchten
- und möglichst in der Mitte des Raumes **(Bild 2a)**, erfolgen. Es muss immer gewährleistet sein, dass bei Rauchentwicklung der Rauch den Rauchwarnmelder erreicht und nicht z.B. durch Hindernisse, Luftströmungen oder Luftpolster **(Bild 2b)** daran gehindert wird.

Mehrere Rauchwarnmelder sind in einem Raum notwendig, wenn

- die zu überwachende Fläche > 60 $m^2$ ist,
- die Rauchausbreitung zum Rauchmelder, z.B. durch Trennwände oder Möbel behindert wird,
- die Raumdecke durch Unterzüge, z.B. Holzbalken, unterteilt ist und die einzelnen Deckenbereiche > 36 $m^2$ sind.

### Wartung von Rauchwarnmeldern

- Sichtprüfung auf äußere Beschädigung,
- Reinigung von Öffnungen, z.B. Entfernung von Staub und Flusen,
- rechtzeitige Erneuerung von Batterien (verbrauchte Batterien werden durch ein Warnsignal gemeldet),
- Funktionsprüfung mindestens einmal pro Jahr, z.B. durch Drücken einer Prüftaste **(Bild 1)**,
- Erneuerung des Rauchwarnmelders nach einer Betriebszeit von mehr als 10 Jahren.

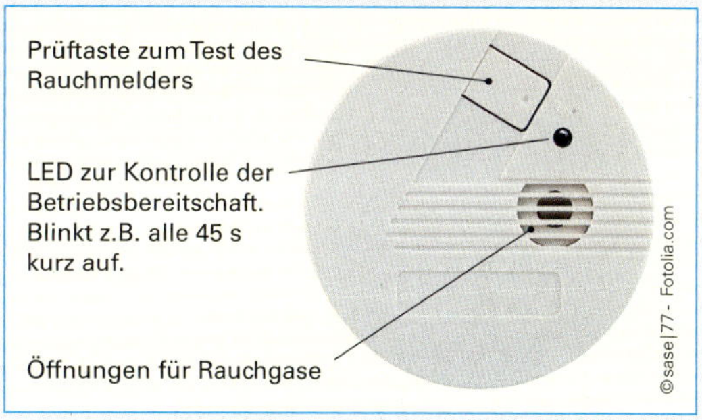


**Bild 1: Rauchwarnmelder**

**Übersicht: Wichtige Normen**

- DIN EN 14604 – Rauchwarnmelder
- DIN 14676 – Rauchwarnmelder für Wohnhäuser, Wohnungen und Räume mit wohnungsähnlicher Nutzung – Einbau, Betrieb und Instandhaltung.

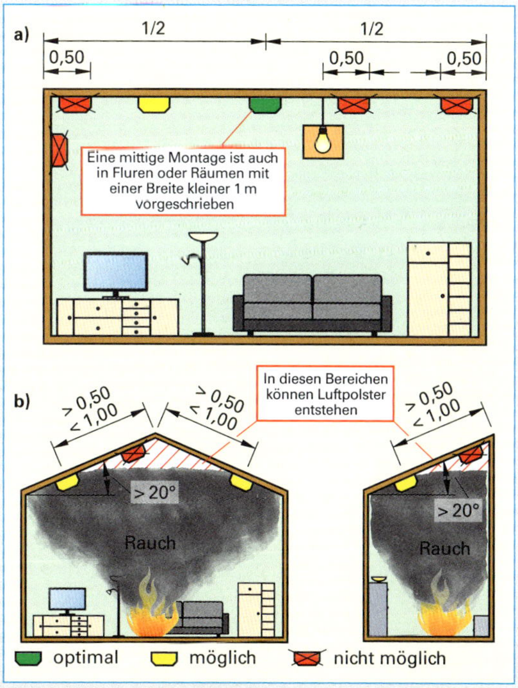


**Bild 2: Montage von Rauchwarnmeldern (Beispiele)**

http://www.rauchmelderpflicht.eu

Praxistipp: Auswahl, Montage und Wartung von Rauchwarnmeldern

(Nächster Praxistipp: Seite 190)

# 7.8 Gebäudesystemtechnik

Der Wunsch nach höherem Leistungsstandard und einer besseren Gebäudenutzung führte zur Einführung der Gebäudesystemtechnik. Die Gebäudesystemtechnik ermöglicht über ein Bussystem eine intelligente Gebäudeinstallation zum Messen, Regeln, Steuern, Melden und Überwachen, z.B. der Klimaanlage eines Bürogebäudes. Man unterscheidet vor allem:

- Das KNX[1]-System und das
- Powernet oder Powerline KNX-System **(Seite 165)**.

## 7.8.1 KNX-System

Zur Vereinheitlichung des europäischen Marktes haben führende Elektrogerätehersteller das KNX-System geschaffen. Dadurch lassen sich Geräte und Systeme unterschiedlicher Hersteller am KNX-Bus betreiben. Der KNX-Bus benötigt zwei Adern der Busleitung, z.B. YCYM 2 × 2 × 0,8. Die Busleitung **(Bild 3, Seite 163)**, dient zur Informationsübertragung und wird zusätzlich zum Leitungsnetz verlegt **(Bild 1)**. An diese schließt man die busfähigen Installationsgeräte, z.B. Taster, an. Das KNX-System wird mit Kleinspannung (DC 24 V) aus einer kurzschlussfesten Spannungsquelle versorgt. Teilnehmer im KNX-System, z.B. Schalter, Sensoren, Aktoren, Steuereinrichtungen und Anzeigen, können über die Busleitung Informationen in digitaler Form austauschen. Damit sinkt der Installationsaufwand, da außer der Busleitung keine zusätzlichen Steuerleitungen notwendig sind.

> Installationsgeräte im KNX-System teilt man in Sensoren, Aktoren und Systemkomponenten ein.

**Sensoren,** z.B. Taster oder Temperaturfühler, erfassen physikalische Größen, erzeugen daraus ein Datentelegramm und senden es über den Bus.

**Aktoren,** z.B. Dimmer oder Schaltausgänge, empfangen diese Datentelegramme und setzen diese in Schalt- oder Dimmsignale um.

**Systemkomponenten** übernehmen anwendungsunabhängige Funktionen, z.B. die Spannungsversorgung oder die Schnittstelle zum PC.

Eine KNX-Anlage besteht mindestens aus einem Aktor, einem Sensor und aus Systemkomponenten. Jedes KNX-Gerät bzw. jeder Teilnehmer wird über einen Busankoppler an den Installationsbus angeschlossen und enthält einen eigenen Mikrocontroller **(Bild 2)**. Dadurch können Informationen zwischen den Teilnehmern ohne ein übergeordnetes Gerät, z.B. eine Zentrale oder einen PC, ausgetauscht werden. Über den Installationsbus wird auch die Energie für die Steuerelektronik der Busteilnehmer übertragen.

[1] **KNX**, Abk. für: **Ko**n**n**ex Association, (frühere Bezeichnung: KNX/EIB; **EIB**, Abk. für: **E**uropäischer **I**nstallations **B**us)

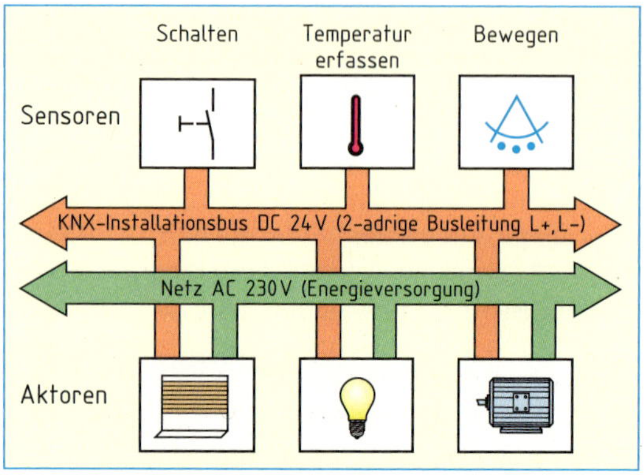


**Bild 1: Prinzip der Gebäudesystemtechnik mit KNX-Installationsbus**

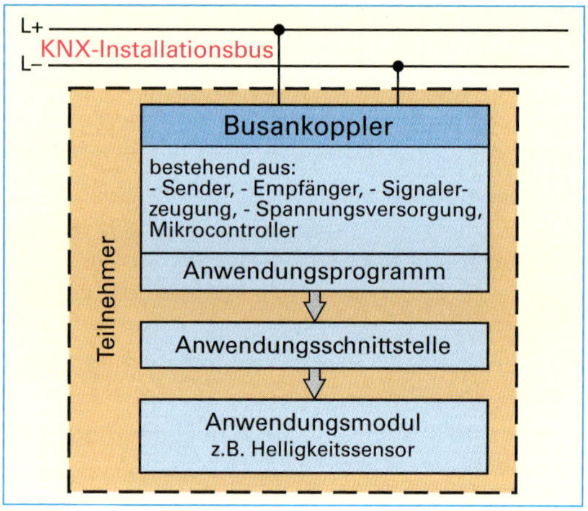


**Bild 2: Aufbau eines Teilnehmers**

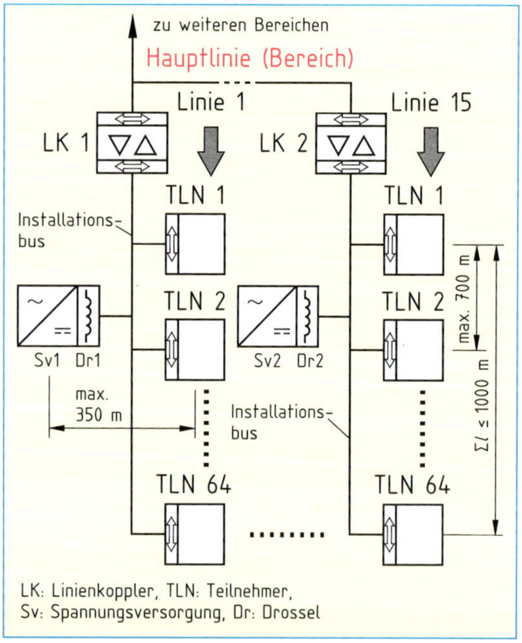


**Bild 3: Übersicht KNX-Installationsbus**

Die zu verarbeitende Information gelangt beim Senden vom Busankoppler an den Installationsbus. Der Busankoppler sendet und empfängt Daten, speichert die physikalische Adresse **(Bild 2a)** und stellt die Spannungsversorgung für die Elektronik sicher. Wird z.B. ein Sensor betätigt, sendet er ein Datentelegramm mit einer bestimmten Adresse über die Busleitung. Alle Aktoren empfangen das Telegramm, wobei aber nur der Aktor auf das Telegramm reagiert, der in der Datentelegramm-Adresse genannt ist.

Das Datentelegramm **(Bild 1)** besteht aus einer Folge von binären Signalen. Das Adressfeld beinhaltet Quell- und Zieladresse. Nutzdaten, z.B. Messwerte, werden durch das Datenfeld übertragen. Jeder Teilnehmer hat eine physikalische Adresse **(Bild 2a)**, über die er einzeln angesprochen und identifiziert werden kann. Neben der physikalischen Adresse unterscheidet man noch die Gruppenadresse **(Bild 2b)**. Sie ermöglicht das gleichzeitige Ansprechen mehrerer Teilnehmer über das gleiche Datentelegramm.

Gruppenadressen können zweiteilig, z.B. 1/1, oder dreiteilig, z.B. 1/1/1, sein.

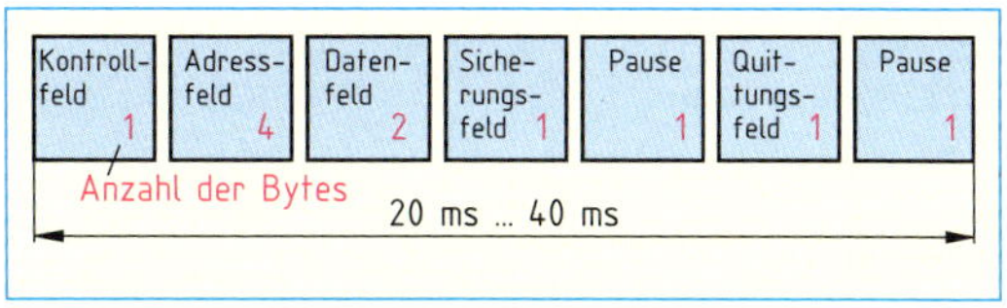


**Bild 1: Aufbau Datentelegramm**

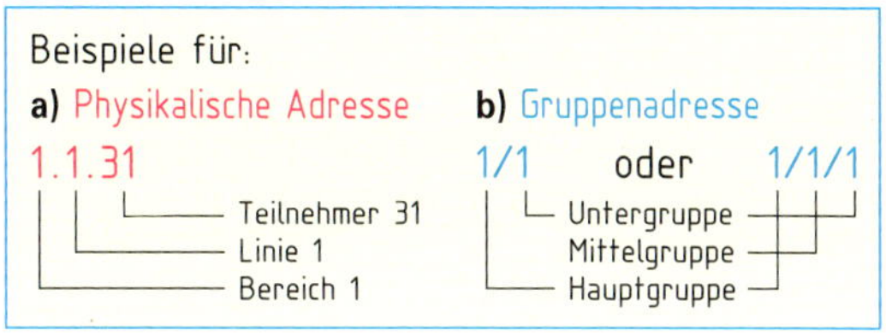


**Bild 2: Adressenaufbau**

**Tabelle: Zulässige Busleitungen (Beispiele)**

| Typ | Aufbau und Verlegung | |
|---|---|---|
| YCYM<br>2 x 2 x 0,8 | Adern: | rot/schwarz für Bus<br>gelb/weiß Reserve |
| J-Y(St)Y<br>2 x 2 x 0,8 | Biegeradius: | > 30 mm bei fester Verlegung; > 7 mm bei Doseneingängen |

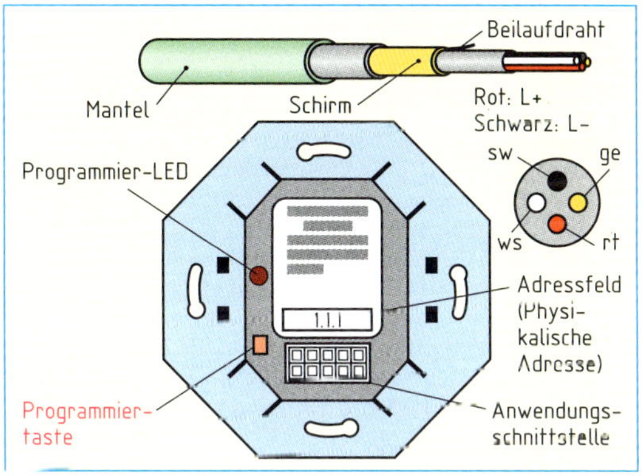


**Bild 3: Beispiele zur Kennzeichnung**

**Bei der Installation ist zu beachten:**

- Die Teilnehmerzahl am Bussystem ist begrenzt.
- An einer Linie können bis zu 64 Teilnehmer (Aktoren und Sensoren) angeschlossen werden **(Bild 3, Seite 162)**, mit Linienverstärker bis zu 255 Teilnehmer.
- Jede Linie benötigt ihre eigene Stromversorgung.
- Es gibt Spannungsversorgungen von 160 mA bis 1280 mA. Übliche Spannungsversorgungen haben einen Ausgangsstrom von 640 mA. Daran können etwa 64 Teilnehmer angeschlossen werden. Die Spannungsversorgungen sind kurzschlussfest.
- 15 Linien können über Linienkoppler durch die Hauptlinie zu einem Bereich erfasst werden.
- In der größten Ausbaustufe lassen sich durch Bereichskoppler 15 Bereiche zusammenfassen.
- Busleitungen **(Tabelle)** der Gebäudesystemtechnik können als Linien-, Stern- oder Baumnetz ausgeführt werden. Auch Kombinationen dieser Netze sind möglich.
- Ringleitungen sind bei der Installation nicht erlaubt.
- Leitungen der Energietechnik, z.B. Mantelleitungen, dürfen nicht als Busleitung verwendet werden.
- Mantelleitungen und die Busleitung dürfen ohne Abstand zueinander verlegt werden.
- Die maximale Leitungslänge **(Bild 3, Seite 162)** zwischen den Teilnehmern beträgt 700 m und zwischen dem ersten und letzten Teilnehmer 1000 m.
- Wird die maximale Leitungslänge von 700 m bzw. 1000 m überschritten, so sind Linienverstärker einzusetzen.
- Bei der Busleitung dürfen weder die Schirmfolie noch der blanke Beilaufdraht an Erdpotenzial geschaltet werden. Zur Vermeidung von Kurzschlüssen sind freie Busadern mit einer Busklemme zu versehen.
- Ein Abschlusswiderstand ist nicht erforderlich.
- Haben Buskomponenten, z.B. ein Tastsensor und eine 230-V-Steckdose eine gemeinsame Abdeckung, so muss zwischen beiden Komponenten eine sichere elektrische Trennung, z.B. durch einen Trennsteg, vorhanden sein.
- Busfähige Geräte können, z.B. in Verteilern, als Reiheneinbaugeräte (REG), als Unter- bzw. Aufputzgeräte montiert werden oder sie sind bereits in Endgeräten, z.B. in Leuchten, eingebaut.

**Nach der Installation ist zu beachten:**

- Die Busleitungen sind auf Durchgang und Polarität zu prüfen.
- Die Messergebnisse sind zu protokollieren.
- Leitungen und Geräte sind dauerhaft zu kennzeichnen. Leitungen können z. B. den Aufdruck KNX haben.
- Am Busleitungsende muss die Busspannung noch mindestens 21 V betragen.
- Der Isolationswiderstand der Busleitung (Leiter gegen PE) muss mindestens 250 kΩ betragen.
- In Elektroinstallationsplänen und Installationsschaltplänen sind Leitungsverlauf, Adressen und Busteilnehmer anzugeben.

Nach der Installation einer KNX-Anlage ist diese noch nicht betriebsbereit, da Sensoren und Aktoren mithilfe der EIB-Tool-Software (ETS) programmiert werden müssen.

## Grundsätze und Reihenfolge beim Programmieren mit der KNX-Tool-Software ETS3

**Beispiel:**

Es soll eine Ausschaltung **(Bild 1)** programmiert werden.

**Lösung:**

1. **Programmstart.** Starten der Software und Vergabe eines Projektnamens, z. B. Kunde Maier, unter „Datei", „Neues Projekt" und „Neues Projekt erzeugen".
2. **Gebäudestruktur erstellen.** Zur besseren Übersicht wird die Gebäudestruktur, z. B. eines Einfamilienhauses, mit zugehörenden Gebäudebereichen, z. B. Erdgeschoss und Räumen, z. B. Diele, erstellt **(Bild 2).**
3. **Produkttypen (Betriebsmittel) festlegen.** Über „Bearbeiten", „Geräte hinzufügen" sind die benötigten Produkttypen, z. B. Tastsensor und Schaltaktor **(Bild 1 und 2),** auszuwählen. Eine Geräteauswahl kann nur vorgenommen werden, wenn eine Datenbank eines Produktherstellers über die Menüpunkte „Datei" und „Importieren" geladen wurde. Über „Einfügen" wird das ausgewählte Produkt, z. B. Tastsensor 1-fach, mit der entsprechenden Anwendung eingefügt. Als Anwendung kann z. B. Schalten oder Dimmen festgelegt werden.
4. **Vergabe von physikalischen Adressen (Bild 2).** Die Adressen werden durch die Software automatisch fortlaufend an die einzelnen Geräte vergeben. Sie können aber über „Bearbeiten", „Eigenschaften" geändert werden.

   Zu beachten ist:

   - Jede physikalische Adresse darf in einem Projekt nur einmal vorkommen.
   - Systemkomponenten, z. B. Spannungsversorgung oder Datenschnittstelle, haben keine Adresse.
5. **Zuweisen von Gruppenadressen (Bild 1, Seite 165).** Die Gruppenadresse legt fest, welcher Sensor, z. B. Tastsensor, einen oder mehrere Aktoren, z. B. Schaltaktoren oder Dimmer, anspricht.
6. **Projekt speichern und Inbetriebnahme.** Über die serielle Schnittstelle, z. B. eines PCs, wird eine Busverbindung hergestellt und das Projekt übertragen. Die physikalische Adresse des Busteilnehmers und das entsprechende Anwendungsprogramm wird durch die Betätigung der Programmiertaste **(Bild 3, Seite 163)** am betreffenden Gerät übernommen. Während dieses Vorganges leuchtet die Programmier-LED. Ein Nichtleuchten der LED kann auf Verpolung der Busanschlüsse, Aderbruch oder Fehler der Spannungsversorgung hinweisen.

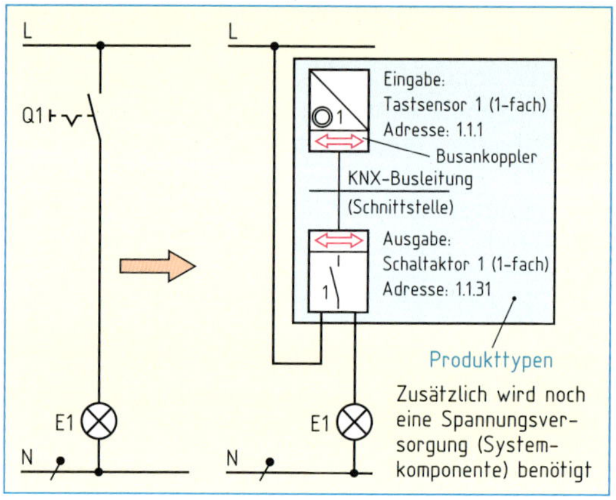


**Bild 1: KNX-Darstellung einer Ausschaltung**

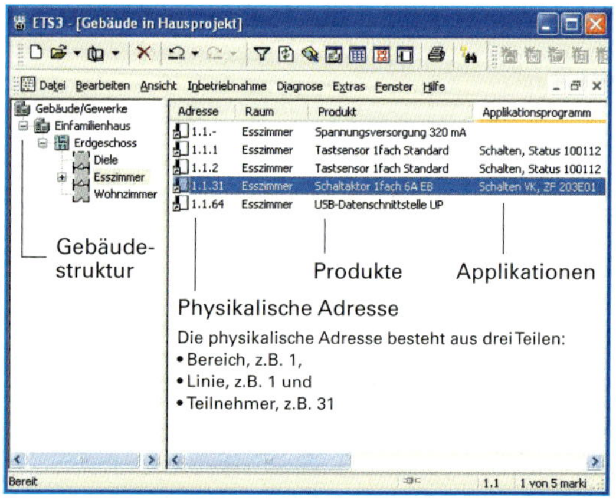


**Bild 2: Gebäudestruktur mit Produkttypen und physikalischen Adressen**

**Funktion des Beispiels:**

- Bei Betätigung des Tastsensors 1.1.1, der als Schalter wirkt, wird ein Telegramm mit der Gruppenadresse 1/1 und dem Wert „1" über den Bus gesendet.
- Alle angeschlossenen Aktoren und Sensoren empfangen das Telegramm und werten es aus.
- Nur die Geräte mit gleicher Gruppenadresse 1/1 senden ein Quittierungstelegramm.
- Der Schaltaktor mit der Adresse 1.1.31 schaltet über ein internes Relais die Leuchte ein.

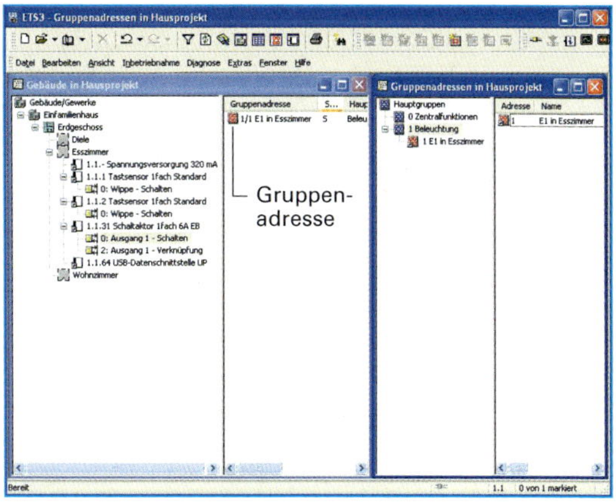


Bild 1: Zuweisen einer Gruppenadresse

## 7.8.2 KNX-Powernet

Das KNX-Powernet-System ermöglicht eine Datenübertragung über das bereits vorhandene 230/400-V-Energienetz, z. B. für Schalt-, Mess- und Dimmzwecke. Dadurch wird das herkömmliche Installationsnetz gleichzeitig zur Energieversorgung und zu Steuerzwecken verwendet **(Bild 2)**.

> Das KNX-Powernet-System verwendet das 230/400 V-Energie-Netz zur Datenübertragung.

**Übersicht: KNX-Powernet**

- Powernet (engl.) = Energienetz
- Daten werden durch ein Telegramm über die Energieleitung übertragen

**Übertragungsdaten:**

- Länge eines Sendevorgangs: 130 ms
- Übertragungsrate: 1200 bit/s
- Sendepegel: 116 dBμV
- Sendefrequenzbereiche: 105,6 kHz bis 134,4 kHz

**Übertragungstechnik.** Zur Übertragung der Daten **(Übersicht)** verwendet man das SFSK[1]-Verfahren. Dabei werden die Signale in Form eines Telegramms durch zwei getrennte Frequenzen übertragen. Damit erreicht man eine hohe Störsicherheit. Fehlerhaft übertragene Telegramme werden automatisch korrigiert. Erst wenn das Telegramm fehlerfrei empfangen wird, erfolgt eine Quittierung durch ein Bestätigungstelegramm vom Empfänger zum Sender. Erhält der Sender keine Quittierung oder ist das Telegramm fehlerhaft, so wird die Telegrammübertragung wiederholt. Pro Sekunde können etwa sechs Telegramme gesendet werden.

Möchte ein Teilnehmer ein Telegramm senden, also einen Befehl, z. B. Leuchte vor dem Haus einschalten, so kontrolliert er den Telegrammverkehr. Erst wenn kein Telegramm übertragen wird, kann er mit dem Senden des eigenen Telegramms beginnen.

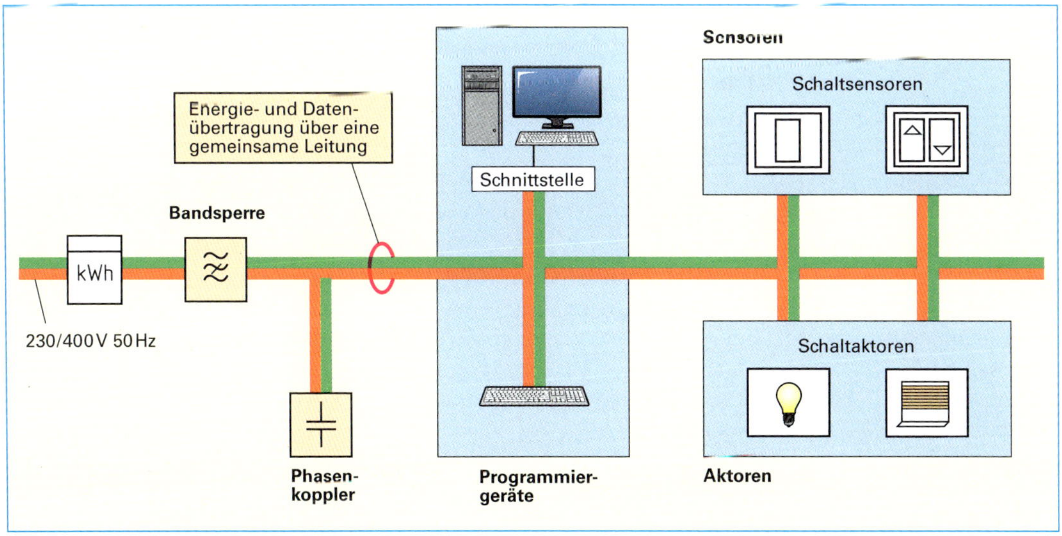


Bild 2: Powernet-KNX-Netz (Übersicht)

[1] **SFSK**, Abk. für: **S**pread **F**requency **S**hift **K**eying, engl. = Frequenzumtastung im Bandspreizverfahren

Bei KNX-Powernet-Geräten unterscheidet man zusätzlich die Systemkomponenten Phasenkoppler und Bandsperren. Aktoren und Sensoren **(Seite 162)** haben die gleichen Funktionen wie beim üblichen KNX-System mit zwei zusätzlichen Steuerleitungen.

**Phasenkoppler (Bild)** stellen eine Kopplung zwischen den drei Außenleitern für Sende- und Empfangssignale her.

**Bandsperren (Bild)** sorgen dafür, dass keine Signale von außen nach innen, z.B. von Nachbaranlagen, bzw. von innen nach außen, in benachbarte Powernet-Anlagen, übertragen werden.

**Aufbau.** Powernet-Anlagen können in beliebiger Netzform, z.B. als Baum-, Ring- oder Sternnetz, aufgebaut sein. Zur logischen Strukturierung kann eine Aufteilung in physikalische Linien und Bereiche **(Bild 3, Seite 162)** erfolgen. Linienkoppler wie bei der KNX-Anlage sind in Powernet-KNX-Anlagen jedoch nicht notwendig.

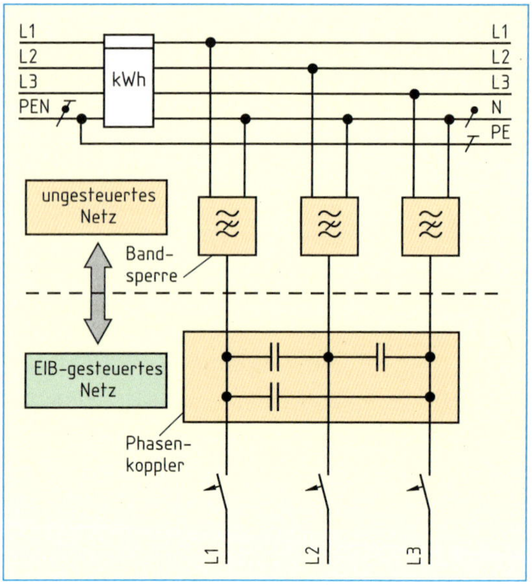

**Bild: Netzaufbereitung**

**Installation.** Bei der Powernet-EIB-Installation werden herkömmliche Betriebsmittel, z.B. Schalter, durch Sensoren ersetzt. Aktoren können meist in Abzweigdosen untergebracht werden. Aktoren und Sensoren sind auch als Einbau-, Reiheneinbau- und als Aufputz-Geräte lieferbar.

**Programmierung.** Powernet-KNX-Anlagen können mit der üblichen EIB-Tool-Software oder mit einer speziellen Firmensoftware programmiert werden. Nach der Programmierung werden die Daten über eine serielle Schnittstelle in die Anlage übertragen.

## Bei der Installation ist zu beachten:

- Powernet-KNX eignet sich nur für einen abgeschlossenen Installationsbereich, z.B. Einfamilienhäuser, Industrie- oder Verwaltungsgebäude.
- Alle Powernet-Geräte müssen am Außen- und am Neutralleiter angeschlossen sein.
- Betriebsmittel, die Netzstörungen erzeugen können, z.B. Dimmer oder Waschmaschinen, müssen ausreichend entstört sein.
- Hinter dem Elektrizitätszähler sind in alle drei Außenleiter Bandsperren **(Bild)** einzubauen. Dadurch werden Überreichweiten und Störungen zu und aus benachbarten Powernet-KNX-Netzen verhindert.
- Pro Anlage ist ein Phasenkoppler **(Bild)** einzubauen.
- Die maximale Leitungslänge zwischen den Geräten ist ohne Repeater (Verstärker) auf etwa 1000 m begrenzt.
- Bei großen Entfernungen, ab etwa 1000 m, ist ein Repeater notwendig. Da der Repeater auch als Phasenkoppler wirkt, darf in einer Anlage entweder nur ein Phasenkoppler oder nur ein Repeater eingesetzt werden.
- Leiterquerschnitte über 25 $mm^2$ sowie abgeschirmte Leitungen sind zur Datenübertragung nicht zugelassen.
- Zur Installation der Powernet-KNX-Komponenten können handelsübliche Verteiler und Installationsdosen eingesetzt werden. Dadurch lassen sich herkömmliche Schalter durch die Powernet-EIB-Bedienelemente bzw. -Baugruppen austauschen.
- Ein ordnungsgemäßer Betrieb ist nur im 400 V/230 V-50 Hz-Netz möglich. Andere Netze, z.B. 110 V, 60 Hz, sind für den Betrieb nicht geeignet.

### Wiederholungsfragen

1 **Erklären Sie den Aufbau der KNX-Installationsbus-Leitung.**
2 **Mit welcher Spannungshöhe wird der KNX-Installationsbus betrieben?**
3 **Warum benötigen KNX-Anlagen eine zusätzliche Stromversorgung?**
4 **Wie unterscheiden sich KNX- und Powernet-KNX-System?**

# 8 Blitzschutz

**Blitzschutzsysteme** (LPS[1]) sollen bauliche Anlagen vor den Folgen von Blitzeinschlägen schützen.

Blitzschutzsysteme bestehen aus dem äußeren und dem inneren Blitzschutz (Übersicht).

Der **äußere Blitzschutz (Bild 1)** soll bei direkten Blitzeinschlägen in bauliche Anlagen den Blitzstrom vom Blitz-Einschlagpunkt zur Erde ableiten. Dabei sollen keine Schäden, z. B. durch Brand oder mechanische Zerstörung, entstehen.

Der **innere Blitzschutz (Seite 169)** soll die elektrischen und elektromagnetischen Auswirkungen des Blitzstromes innerhalb der geschützten baulichen Anlage auf ungefährliche Werte begrenzen.

### Planen von Blitzschutzsystemen

Die Ausführung des Blitzschutzsystems legt eine **Blitzschutz-Fachkraft** in einem Risikomanagement durch Bewerten und Berechnen der auftretenden Risiken fest. Dabei werden meist mithilfe einer Planungssoftware Parameter, z. B. die zu erwartende Anzahl der Blitzeinschläge, die Geometrie und Eigenschaft der baulichen Anlage und die Art der in das Gebäude eingeführten Versorgungsleitungen, einbezogen. Das Ergebnis der Bewertung und Berechnung führt zur Einstufung des Blitzschutzsystems in die **Schutzklassen** I bis IV **(Tabelle)**.

Durch die gewählte Schutzklasse des Blitzschutzsystems werden z. B. der Schutzwinkel $\alpha$ unter Fangeinrichtungen **(Bild 2)**, der Blitzkugelradius oder die zulässige Maschenweite **(Tabelle, Seite 168)** festgelegt.

Blitzschutzsysteme der Schutzklasse I bieten den höchsten Schutzgrad. Die Schutzklasse IV hat den geringsten Schutzgrad.

## 8.1 Äußerer Blitzschutz

Der äußere Blitzschutz **(Bild 1)** umfasst alle Einrichtungen zum Auffangen und Ableiten des Blitzstromes in die Erdungsanlage.

### Planung von Fangeinrichtungen

Für die Planung von Fangeinrichtungen, d.h. für die Auswahl und Anordnung im Blitzschutzsystem, eignen sich das:

- Schutzwinkelverfahren **(Seite 168)**,
- Blitzkugelverfahren **(Seite 168)** oder
- Maschenverfahren **(Seite 168)**.

[1] **LPS**, Abk. für: **L**ightning **P**rotection **S**ystem (engl.). = Blitzschutzsystem

**Übersicht: Einteilung bei Blitzschutzanlagen**

- **Äußerer Blitzschutz**
  - Fangeinrichtungen
  - Ableitungen
  - Erdungsanlagen
- **Innerer Blitzschutz**
  - Blitzschutz-Potenzialausgleich
  - Überspannungs-Schutzgeräte
  - Einhalten der Trennungsabstände

**Tabelle: Schutzklassen für Blitzschutzsysteme nach DIN EN 62305-3 (VDE 0185-305-3)**

| Schutzklasse | Anwendungen (Beispiele) |
|---|---|
| I | Explosivstoffgefährdete Bereiche |
| II | Krankenhäuser, Schulen, Kindergärten |
| III | Wohngebiete, Bürogebäude |
| IV | Lagerstätten, z. B. für Baustoffe |

**Planungshilfen zum Bestimmen der Schutzklasse des Blitzschutzsystems:**

- nach DIN EN 63305-2 (VDE 0185-305-2)
- www.vde.com/topics-de

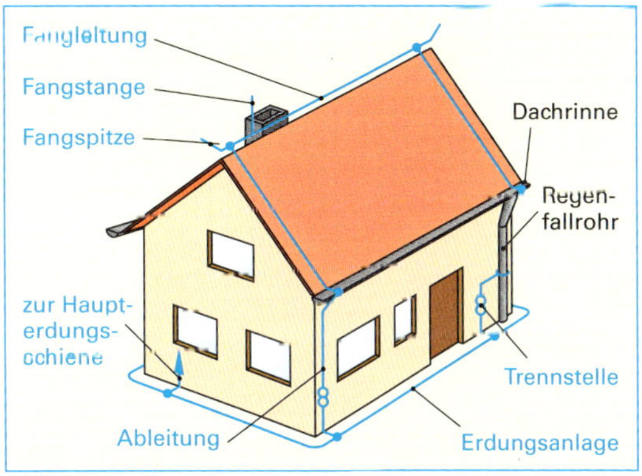


**Bild 1: Blitzschutzanlage (äußerer Blitzschutz)**

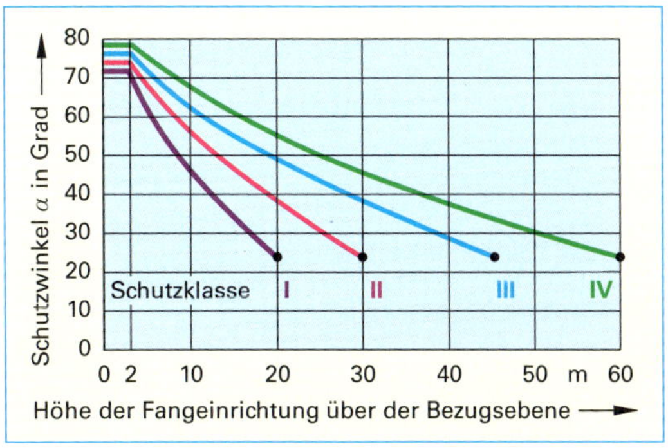


**Bild 2: Schutzwinkel und Fangeinrichtungshöhe**

**Schutzwinkelverfahren.** Das Schutzwinkelverfahren wendet man an für einfache bauliche Anlagen oder zum Schutz von Einrichtungen, die aus der Dachfläche herausragen, z.B. Schornsteine **(Bild 1)** oder Antennen. Die Fangleitungen oder Fangstangen müssen so angeordnet und bemessen sein, dass sich alle Teile der zu schützenden baulichen Anlage im Schutzbereich der Fangeinrichtung befinden **(Bild 1 und 2)**.

Der Schutzwinkel $\alpha$ **(Bild 2, Seite 167)** wird durch die Schutzklasse des Blitzschutzsystems und durch die Höhe der Fangeinrichtung über der Bezugsebene bestimmt.

**Blitzkugelverfahren.** Das Blitzkugelverfahren eignet sich besonders zum Bestimmen der zu schützenden Bereiche an Gebäuden mit komplexer Form oder an hohen Gebäuden, z.B. bei Kirchen.

Der Radius der Blitzkugel wird von der geforderten Schutzklasse des Blitzschutzsystems bestimmt **(Tabelle)**.

Bei der Anwendung des Blitzkugelverfahrens wird das Modell einer Blitzkugel in allen Richtungen, z.B. an einem maßstabsgetreuen Modell, um und über die bauliche Anlage gerollt. Der geschützte Bereich **(Bild 3)** ergibt sich zwischen den Berührungsstellen der Blitzkugel und der Bezugsebene. Bereiche in denen beim Abrollen der Blitzkugel eine Gebäudeberührung stattfindet sind mögliche Einschlagstellen für Blitze. Sie sind durch Fangeinrichtungen, z.B. durch maschenförmig angeordnete Fangleitungen, zu schützen.

**Maschenverfahren.** Das Maschenverfahren setzt man häufig zum Ermitteln der zu schützenden Bereiche an baulichen Anlagen mit ebenen Flächen, z.B. Flachdächer oder Fassaden, ein. Alle Bereiche über den Berührungsstellen der Blitzkugel sind mögliche Einschlagstellen für Blitze und müssen z.B. durch maschenförmig angeordnete Fangleitungen geschützt werden. Die höchstzulässige Maschenweite wird durch die Schutzklasse des Blitzschutzsystems bestimmt **(Tabelle)**.

**Errichten von Blitzschutzsystemen.** Fangeinrichtungen an baulichen Anlagen sollen an Kanten und Ecken der baulichen Anlage angeordnet werden.

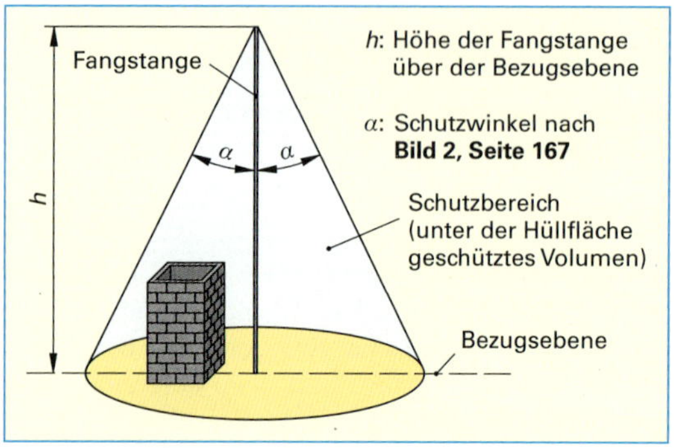


**Bild 1: Schutzbereich unter Fangstangen**

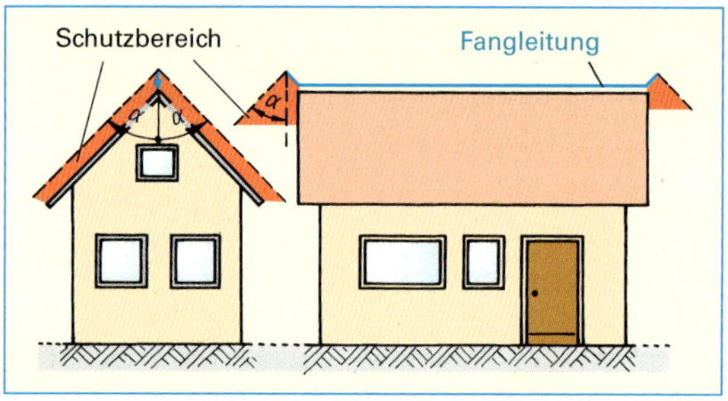


**Bild 2: Schutzbereich unter Fangleitungen**

**Tabelle: Blitzkugelradius und höchstzulässige Maschenweite** (nach DIN EN 62305-3)

| Schutzklasse | Blitzkugelradius $r$ | Maschenweite |
|---|---|---|
| I | 20 m | 5 m × 5 m |
| II | 30 m | 10 m × 10 m |
| III | 45 m | 15 m × 15 m |
| IV | 60 m | 20 m × 20 m |

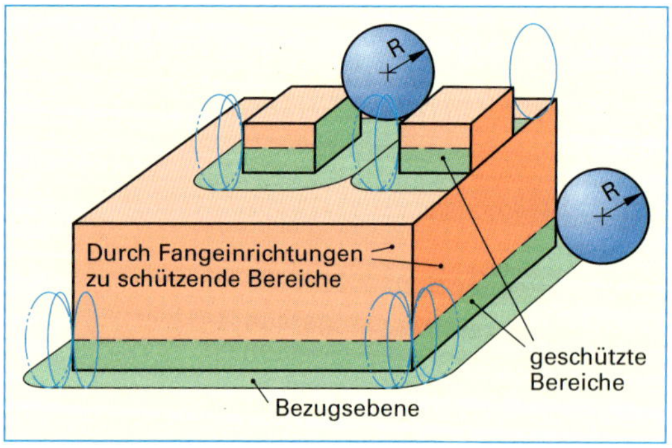


**Bild 3: Blitzkugelverfahren**

Fangeinrichtungen werden am First und möglichst entlang bestehender Kanten der baulichen Anlage geführt.

Metallteile, z.B. Regenrinnen oder Abdeckungen an Brüstungen, können als natürliche Fangeinrichtungen verwendet werden. Voraussetzung ist, dass der elektrische Durchgang zwischen den Teilen, z.B. durch Falzen, Schrauben oder Nieten, gewährleistet ist und die Materialstärke von Kupfer-, Titan- oder verzinktem Stahlblech mindestens 0,5 mm beträgt.

Auf Dächern mit nicht entflammbarer Eindeckung, z. B. aus Tonziegeln, können die Fang- und Ableitungen mit geringem Abstand zur Dachfläche verlegt werden. Bei Dächern mit weicher, entflammbarer Dacheindeckung, z. B. bei Reet-Dächern, sind die Fangleitungen und Ableitungen auf isolierenden Stützen zu verlegen. Der Mindestabstand zum Dachfirst muss mindestens 0,6 m, zur Dachfläche mindestens 0,4 m betragen.

**Ableitungen.** In Blitzschutzsystemen **(Bild 1, Seite 167)** stellen Ableitungen die elektrische Verbindung zwischen den Fangeinrichtungen und der Erdungsanlage, z.B. dem Fundamenterder, her.

> Blitzschutzsysteme für bauliche Anlagen müssen mindestens zwei Ableitungen haben.

Die Anzahl *n* der erforderlichen Ableitungen wird durch die Schutzklasse des Blitzschutzsystems, den typischen Ableitungsabstand *a* **(Tabelle)** und durch den Umfang *U* der Dachaußenkanten bestimmt **(Bild 1)**.

> Ableitungen sollen auf dem kürzesten Weg senkrecht zur Erdungsanlage geführt werden.

**Erdungsanlage.** Die Erdungsanlage soll den Blitzstrom in der Erde gleichmäßig verteilen. Man unterscheidet bei Erdungsanlagen Typ A und Typ B.

**Erdungsanlagen Typ A** haben mindestens zwei Strahlen- oder Staberder, die jedoch untereinander verbunden sein müssen.

**Erdungsanlagen Typ B** sind Ringerder, z.B. Fundamenterder.

An allen Übergängen zwischen den Ableitungen und den Anschlussfahnen der Erdungsanlage werden Trennstellen eingebaut. Sie ermöglichen das Messen des Erdungswiderstandes und die Durchgangsprüfung zwischen den Ableitungen und den Fangeinrichtungen.

> Der Erdungswiderstand einer Erdungsanlage für Blitzschutzsysteme soll 10 Ω nicht überschreiten.

Messen des Erdungswiderstandes: **Seite 225**

## 8.2 Innerer Blitzschutz

Der innere Blitzschutz soll elektrische Anlagen, leitfähige Installationen und Anlagenteile, z. B. Wasser-, Gas-, Heizungs- oder Klimaanlagen, vor den elektrischen und elektromagnetischen Auswirkungen des Blitzstromes schützen.

**Tabelle: Typische Abstände zwischen Ableitungen** (nach DIN EN 62305-3)

| Schutzklasse | Typischer Ableitungsabstand *a* |
|---|---|
| I | 10 m |
| II | 10 m |
| III | 15 m |
| IV | 20 m |

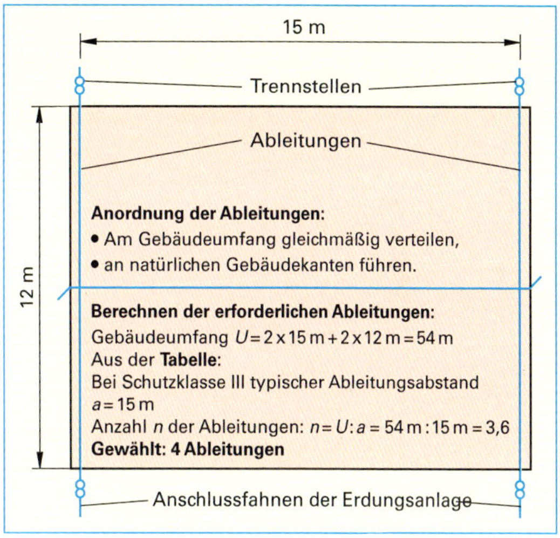


**Bild 1: Berechnen der erforderlichen Ableitungen (Beispiel Schutzklasse III)**

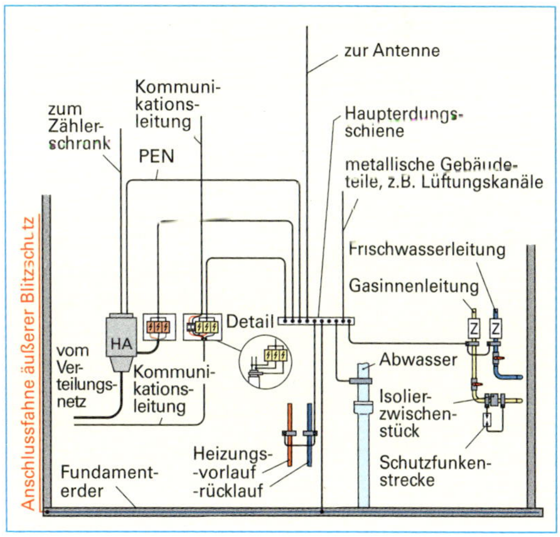


**Bild 2: Blitzschutz-Potenzialausgleich**

**Der innere Blitzschutz erfordert:**

- Ausführung des Blitzschutz-Potenzialausgleichs **(Bild 2)**,
- Einbau von Überspannungs-Schutzgeräten,
- Einhalten von Trennungsabständen zu Teilen des äußeren Blitzschutzes, z. B. zu Ableitungen.

**Blitzschutz-Potenzialausgleich.** Der Blitzschutz-Potenzialausgleich **(Bild 2, Seite 169)** erweitert den Schutzpotenzialausgleich **(Seite 120)**. Alle in die bauliche Anlage eingeführten leitfähigen Teile, z. B. die Gas- oder Wasserrohre und zusätzlich alle elektrischen Energie- und Datenleitungen werden durch Schutzpotenzialausgleichsleitungen mit der Haupterdungsschiene verbunden.

Elektrische Energie- und Datenleitungen werden indirekt, d. h. über Überspannungs-Schutzgeräte (SPD) mit der Haupterdungsschiene verbunden **(Bild 2, Seite 169)**.

## Blitzschutzzonen

Bauliche Anlagen mit aufwendiger elektrischer und elektronischer Ausstattung, z. B. Krankenhäuser, Computerzentren oder auch Gebäude mit KNX-Installation **(Seite 162)**, unterteilt man in Blitzschutzzonen **(Bild)**.

Der Bereich außerhalb der geschützten Anlage wird den Blitzschutzzonen $0_A$ und $0_B$ zugeordnet **(Bild)**.

Die Blitzschutzzone $0_A$ ist bei einem Blitzeinschlag in die bauliche Anlage durch den vollen Blitzstrom gefährdet. Auf die Zonen $0_A$ und $0_B$ wirkt bei Blitzeinschlag das volle elektromagnetische Feld des Blitzstromes.

Den Blitzschutzzonen $0_A$ und $0_B$ folgen innerhalb der baulichen Anlage Zonen mit abnehmender Gefährdung. Bewehrungsstähle in den Außenwänden können den Schirmkäfig für die Blitzschutzzone 1 (LPZ 1) bilden, Raumschirmungen in den Gebäuden **(Bild)** den Schirmkäfig der LPZ 2.

Alle energie- und datentechnischen Leitungen erhalten an den Übergängen der Blitzschutzzonen, z. B. von Zone $0_B$ nach LPZ 1, Überspannungs-Schutzgeräte (SPD, **Bild 1, Seite 171**). Nach der Einführungsstelle in das Gebäude, also dem Übergang von LPZ $0_B$ nach LPZ 1, setzt man blitzstromtragfähige **Blitzstromableiter** (SPD Typ 1) ein. Sie können hohe Blitzströme ableiten, haben aber nur eine geringe Schutzwirkung gegen Überspannungen **(Bild 1, Seite 171)**. An weiteren Schnittstellen, z. B. von LPZ 1 nach LPZ 2 oder im Stromkreisverteiler von Wohngebäuden **(Bild)**, folgen **Überspannungsableiter** (SPD Typ 2). Sie können nur geringere Ströme führen, bieten aber einen höheren Schutz gegen Überspannungen als SPDs Typ 1. Den Schutz elektrischer oder elektronischer Geräte übernehmen SPDs Typ 3. Sie werden meist direkt an Steckvorrichtungen eingebaut **(Bild 1, Seite 171)**.

**Blitzschutzzonen** (LPZ*)
**Äußere Zonen**

**LPZ $0_A$** Gefährdung durch direkte Blitzeinschläge, durch vollen Blitzstrom und das volle elektromagnetische Feld des Blitzes.

**LPZ $0_B$** Geschützt gegen Blitzschlag. Gefährdung durch anteiligen Blitzstrom und durch das volle elektromagnetische Feld des Blitzes.

**LPZ 1** **Innere Zonen** (Geschützt gegen Blitzeinschläge) Blitzströme begrenzt durch Stromaufteilung und durch Überspannungs-Schutzgeräte (SPD**) an den Zonengrenzen **(Bild)**. Das Feld des Blitzes kann durch räumliche Schirmung gedämpft sein.

**LPZ 2** Blitzströme sind weiter begrenzt durch Stromaufteilung und SPDs an den Zonengrenzen. Das Feld des Blitzes ist meist durch räumliche Schirmung, z. B. in medizinisch genutzten Räumen der Gruppe 2, weiter bedämpft.

* **LPZ**, Abk. für: **L**ightning **p**rotection **z**one (engl.) = Blitzschutzzone
** **SPD**, Abk. für: **S**urge **p**rotective **d**evice (engl.) = Überspannungs-Schutzgerät

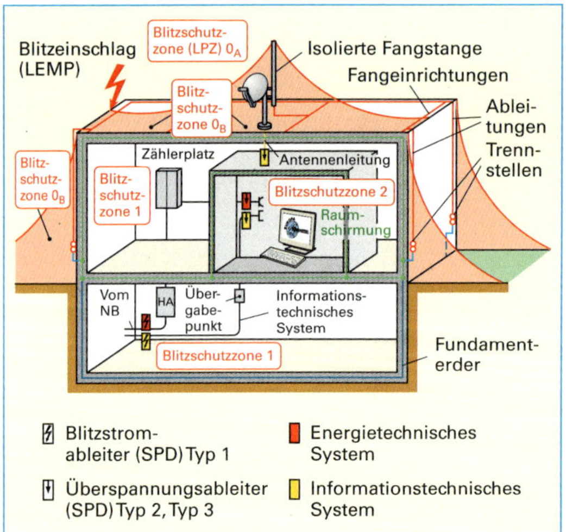

**Bild: Blitzschutzzonen**

In TN-C-Systemen sind Überspannungs-Schutzgeräte in den Außenleitern L1, L2 und L3 erforderlich. In TN-S-Systemen sind SPDs in den Außenleitern und zusätzlich im Neutralleiter N notwendig **(Bild 1, Seite 171)**.

Um Fehlauslösungen von Fehlerstrom-Schutzeinrichtungen (RCDs) durch Überspannungen zu vermeiden, sollen die Überspannungs-Schutzgeräte immer vor der Fehlerstrom-Schutzeinrichtung angeordnet sein.

Beim Ansprechen der Überspannungs-Schutzgeräte, z. B. nach einem Blitzeinschlag oder infolge von Überspannungen durch Abschalten von Induktivitäten, fließt ein Strom vom Außenleiter über die Überspannungs-Schutzgeräte zur Haupterdungsschiene. Eine Fehlerstrom-Schutzeinrichtung (RCD) in diesem Stromkreis würde auslösen.

## 8.3 Trennungsabstand

Bei Blitzeinschlägen in Blitzschutzsysteme der geschützten Anlage muss das Auftreten von Funkenbildung im Inneren der Anlage verhindert werden.

Funkenbildung kann zwischen Teilen des äußeren Blitzschutzes und metallischen oder elektrischen Einrichtungen im Inneren der geschützten Anlage auftreten.

Elektrische Leitungen und leitfähige Anlagenteile im Inneren von baulichen Anlagen sollen so angeordnet werden, dass der erforderliche Trennungsabstand *s* zu Teilen des äußeren Blitzschutzes eingehalten wird **(Tabelle).**

Leitfähige Anlagenteile, z. B. Parabolantennen **(Bild 2),** die den Schutzbereich des Blitzschutzsystems überragen, sind zusätzlich zu schützen. Um eine Einleitung von Blitzteilströmen in das Gebäude zu verhindern, dürfen solche Anlagenteile nicht direkt mit dem Blitzschutzsystem verbunden werden. Ein zusätzlicher Schutz kann z. B. durch isoliert angeordnete Fangeinrichtungen **(Bild 2)** erreicht werden. Dabei ist der notwendige Trennungsabstand *s* einzuhalten **(Beispiel).**

**Beispiel:**

Die Länge $l$ der Ableitung **(Bild 2)** bis zum Erder beträgt 12 m. Berechnen Sie den Trennungsabstand *s* für ein Blitzschutzsystem der Schutzklasse III mit vier Ableitungen bei $k_c = 0{,}7$.

**Lösung:**

Aus der **Tabelle:** $k_i = 0{,}04$; $k_m$ für Luft = 1

$$s = k_i \cdot \frac{k_c}{k_m} \cdot l = 0{,}04 \cdot \frac{0{,}7}{1} \cdot 12\ \text{m} = \mathbf{0{,}34\ m}$$

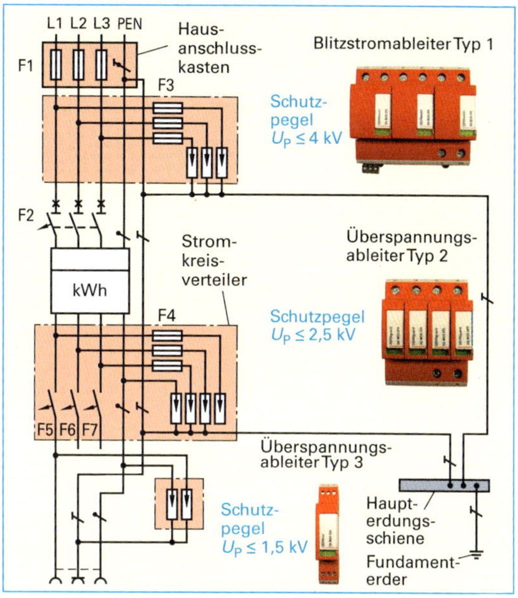


**Bild 1: Abgestufte Anordnung von Überspannungsschutzgeräten im TN-S-System**

**Tabelle: Trennungsabstand, Formel, Koeffizienten** (nach DIN EN 62305-3; Auszug)

| Schutzklasse | $k_i$ |
|---|---|
| I | 0,08 |
| II | 0,06 |
| III und IV | 0,04 |
| **Anzahl der Ableitungen *n*** | $k_c$ |
| 1 | 1 |
| 2 und 3 | 1 ... 0,5 |
| ≥ 4 | 1 ... 1/n |
| **Isoliermaterial** | $k_m$ |
| Luft, Beton, | 1 |
| Ziegel, festes Material | 0,5 |

$$s = k_i \cdot \frac{k_c}{k_m} \cdot l$$

$s$ Trennungsabstand in m
$k_i$ Koeffizient der Schutzklasse
$k_c$ Koeffizient für Anordnung und Anzahl der Ableitungen
$k_m$ Koeffizient für die Isolierung des äußeren Blitzschutzes
$l$ Länge der Ableitung in m*

* Entlang der Fangeinrichtung vom Punkt an dem der Trennungsabstand ermittelt werden soll bis zum Erder.

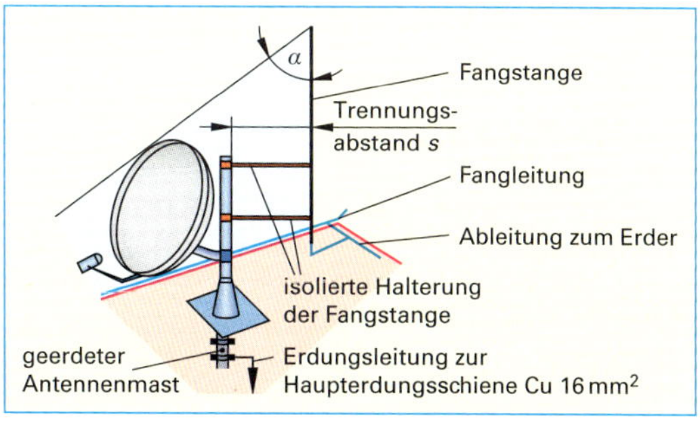


**Bild 2: Schutz einer Parabolantenne durch eine isoliert angeordnete Fangstange**

## 8.4 Prüfen der Blitzschutzsysteme

Blitzschutzsysteme sind durch eine Blitzschutz-Fachkraft in regelmäßigen Abständen zu prüfen. Dies erfolgt durch die Sichtprüfung oder durch eine umfassende Prüfung (DIN VDE 0185).

Bei der **Sichtprüfung** wird festgestellt, ob das Blitzschutzsystem den gültigen Normen entspricht oder ob Änderungen oder Anbauten an der zu schützenden Anlage Erweiterungen des Blitzschutzsystems erfordern. Gleichzeitig wird der Zustand von Fangeinrichtungen, Verbindungen und Überspannungs-Schutzgeräten untersucht.

Bei der **umfassenden Prüfung** wird zusätzlich nach dem Öffnen der Trennstellen in den Ableitungen die durchgehende Verbindung aller Fang- und Ableitungen geprüft. Der gemessene Erdungswiderstand soll 10 Ω nicht überschreiten.

# 9 Sonderinstallationen

## 9.1 Elektroinstallation in landwirtschaftlichen und gartenbaulichen Betriebsstätten

In Wirtschaftsgebäuden von **landwirtschaftlichen** und **gartenbaulichen Betriebsstätten (Übersicht 1)** bestehen für Menschen und Nutztiere erhöhte Gefahren durch den elektrischen Strom, weil Feuchtigkeit, Staub, chemische Dämpfe, Säuren und Salze schädlich auf die elektrischen Betriebsmittel einwirken können. Durch leicht entzündliche Stoffe, z.B. Heu oder Stroh, besteht zusätzlich eine erhöhte Brandgefahr.

In landwirtschaftlichen und gartenbaulichen Betriebsstätten ist die Elektroinstallation als TN-, TT- oder als IT-System auszuführen **(Übersicht 2)**.

Für die Elektroinstallation von Wohngebäuden in landwirtschaftlichen und gartenbaulichen Betriebsstätten gelten die allgemeinen Bestimmungen für die Hausinstallation nach DIN VDE 0100.

In **gartenbaulichen Betriebsstätten,** z.B. in Gewächshäusern, muss vorwiegend mit erhöhten Temperaturen und mit hoher Luftfeuchtigkeit gerechnet werden. Deshalb ist dort neben dem mechanischen Schutz der elektrischen Betriebsmittel der Wasserschutz besonders wichtig.

In Räumen mit Brandgefahr, z.B. in Scheunen, ist die elektrische Anlage bei Anwendung des TN-Systems als TN-S-System auszuführen.

**Stromversorgung.** Die elektrische Anlage in landwirtschaftlichen und gartenbaulichen Betriebsstätten muss durch einen gekennzeichneten Hauptschalter abschaltbar sein **(Bild).** Stromkreise, die nur gelegentlich, z.B. in der Erntezeit, verwendet werden, müssen eine Trenneinrichtung für alle aktiven Leiter haben.

Ist in Betrieben mit Intensiv-Tierhaltung nach einem Stromausfall die ausreichende Versorgung der Tiere mit Luft, Wasser und Futter nicht sichergestellt, ist eine Sicherheitsstromversorgung erforderlich. Beleuchtungs- und Lüftungsanlagen müssen dann eigene Stromkreise erhalten.

**Leitungsverlegung.** Für die feste Installation in Wirtschaftsgebäuden sind Leitungen und Kabel vorgeschrieben, die keinen Brand übertragen, z.B. Mantelleitungen NYM oder Kabel NYY. Auf Putz verlegte Leitungen müssen an besonders gefährdeten Stellen, z.B. in Toreinfahrten, einen mechanischen Schutz erhalten, z.B. durch Verlegung in Kunststoffpanzerrohren. Die Leitungen sind so zu verlegen, dass sie von Nutztieren nicht erreicht und nicht beschädigt werden können.

**Übersicht 1: Landwirtschaftliche und gartenbauliche Betriebsstätten**
(nach DIN VDE 0100-705; Beispiele)

- **Landwirtschaftliche Betriebsstätten**
  - Wirtschaftsgebäude,
  - Ställe zur Nutztierhaltung oder Tieraufzucht,
  - Lagerräume, z.B. für Futtermittel oder Düngemittel.
- **Gartenbauliche Betriebsstätten**
  - Gewächshäuser,
  - Räume zur Weiterverarbeitung der erzeugten Produkte.

**Übersicht 2: Schutzmaßnahmen in landwirtschaftlichen und gartenbaulichen Betriebsstätten**

- Feste Installation als TN-, TT- oder IT-System.
- Fehlerstrom-Schutzeinrichtung (RCD)
  - in Endstromkreisen mit Steckdosen $I_{\Delta N} \leq 30$ mA,
  - in allen anderen Stromkreisen, ausgenommen Verteilungsstromkreise $I_{\Delta N} \leq 300$ mA.
- Kleinspannung SELV oder PELV.
- Zusätzlicher Schutzpotenzialausgleich.
- Potenzialsteuerung im Standbereich der Nutztiere.

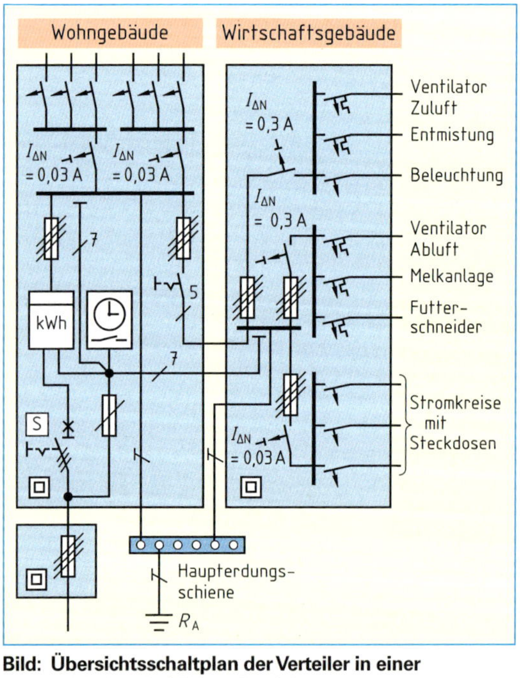


**Bild: Übersichtsschaltplan der Verteiler in einer landwirtschaftlichen Betriebsstätte**

Leitungen im befahrbaren Bereich von landwirtschaftlichen Betriebsstätten, z.B. Zuleitungen zu Ställen, verlegt man möglichst im Erdreich in einer Mindesttiefe von 0,6 m. Freileitungen müssen isoliert, z.B. als selbsttragende Mantelleitung NYMT, und in einer Mindesthöhe von 6 m verlegt sein. Leitungen und Kabel, die feuergefährdete Räume versorgen oder durchqueren, müssen gegen Überlastung geschützt sein.

**Leitungen oder Kabel, die durch feuergefährdete Räume geführt werden und nicht zu deren Stromversorgung beitragen, dürfen in diesen Räumen weder Klemmen noch Verbindungsstellen haben.**

**Auswahl und Errichten elektrischer Betriebsmittel.** Die Betriebsmittel müssen für die jeweiligen Räume und Bereiche geeignet sein und eine ausreichende Schutzart für den Staub- und/oder Wasserschutz haben **(Übersicht 1).**

- Leuchten erfordern Schutzart IP 54 und das Kennzeichen ▽F für begrenzte Oberflächentemperatur, bei Staubablagerung das Kennzeichen ▽D. Sie sind gegen mechanische Beschädigung zu schützen.
- Schaltgeräte für NOT-AUS oder NOT-HALT dürfen nicht in der Reichweite von Tieren oder an einem Ort angebracht sein, an dem der Zugang zu den Schaltgeräten durch die Tiere behindert wird.
- Elektromotoren, die automatisch oder durch Fernbedienung geschaltet oder nicht dauernd überwacht werden, sind gegen Überlastung zu schützen, z.B. durch von Hand rückstellbare Motorschutzschalter.
- Wärmestrahler zur Tieraufzucht müssen sicher befestigt sein und zu Tieren oder zu brennbaren Stoffen einen Mindestabstand von 0,5 m haben **(Bild).**

**Zusätzlicher Schutzpotenzialausgleich.** Im Standbereich der Nutztiere sind durch Tiere berührbare, leitfähige Teile, z.B. Futter- und Melkanlagen oder Anbindevorrichtungen, durch eine **Schutzpotenzialausgleichsleitung** miteinander zu verbinden. Der Schutzpotenzialausgleich **(Übersicht 2)** kann durch den Anschluss aller leitfähigen Teile an die Haupterdungsschiene **(Bild)** oder durch direktes Verbinden der leitfähigen Teile untereinander erfolgen.

**Potenzialsteuerung.** Die im Betonboden des Stallgebäudes eingelegten Baustahlmatten werden miteinander verschweißt und in den Schutzpotenzialausgleich einbezogen **(Bild).** Bei Erdschlüssen entsteht dann für die Tiere nur eine kleine **Schrittspannung**.

**Übersicht 1: Schutzarten für Betriebsmittel in landwirtschaftlichen und gartenbaulichen Betriebsstätten**

| | |
|---|---|
| Betriebsmittel: | |
| • für Kleinspannung SELV oder PELV | IP 2X |
| – an Orten mit Brandrisiko | IPXXD oder IP 4X |
| Betriebsmittel für normalen Gebrauch: | |
| • Schalter oder Steckdosen | IP 44 |
| – bei Auftreten von Staub | IP 54 |
| • Leuchten | IP 54 |
| • Verteiler, Steuergeräte | IP 4X |
| – bei Staubanfall | IP 5X |
| • Elektromotoren | IP 4X |

**Übersicht 2: Mindestquerschnitte für den zusätzlichen Schutzpotenzialausgleichsleiter**

- Feuerverzinkter Bandstahl 30 × 3 mm
- Feuerverzinkter Rundstahl Ø 8 mm
- Kupfer 4 mm²

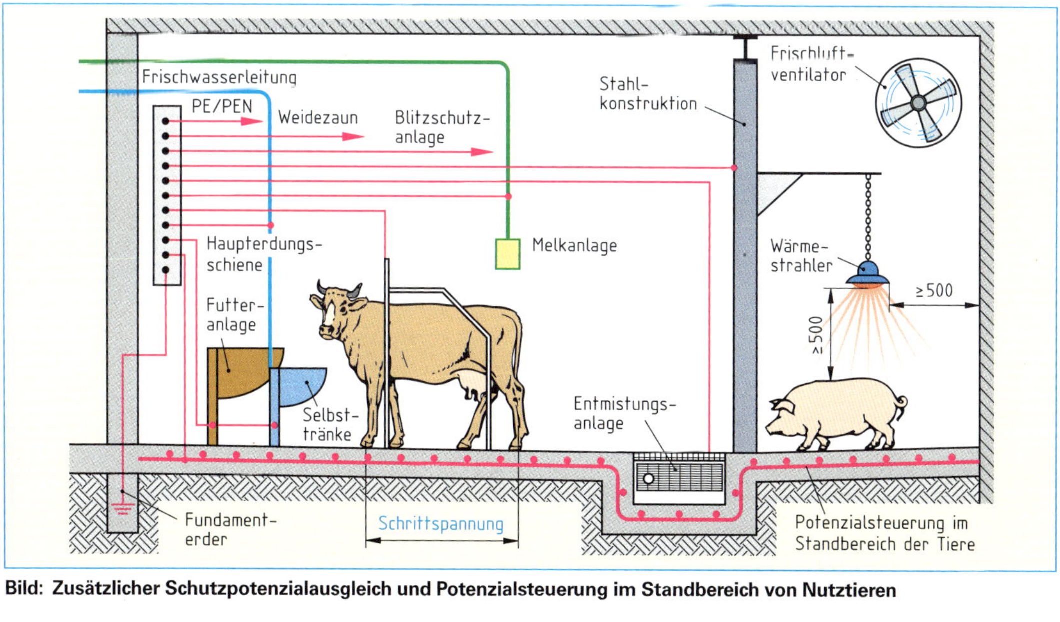


**Bild: Zusätzlicher Schutzpotenzialausgleich und Potenzialsteuerung im Standbereich von Nutztieren**

# 9.2 Elektroinstallation in feuergefährdeten Betriebsstätten

**Feuergefährdete Betriebsstätten** sind Räume oder Orte im Freien, an denen sich leicht entzündliche Stoffe den elektrischen Betriebsmitteln so nähern können, dass durch Lichtbögen oder durch hohe Temperaturen an den Betriebsmitteln eine Brandgefahr entstehen kann. Zu diesen Betriebsstätten gehören z. B. Papier-, Textil- oder Holzbearbeitungsbetriebe oder Lagerräume für Heu und Stroh.

**Netzsysteme.** In feuergefährdeten Betriebsstätten sind die Netzsysteme TN-S-, TT- und IT-System zulässig **(Übersicht).**

Im **TN-S-System und TT-System** sind als Brandschutzmaßnahme bei Isolationsfehlern RCDs mit einem Bemessungs-Differenzstrom $I_{\Delta N} \leq 300$ mA vorgeschrieben. In Stromkreisen, in denen widerstandsbehaftete Isolationsfehler einen Brand auslösen können, z. B. bei Deckenheizungen, sowie in Stromkreisen mit Steckdosen, sind RCDs mit $I_{\Delta N} \leq 30$ mA einzusetzen. Kabel oder Leitungen müssen deshalb einen Schutzleiter ü, als sogenannter Überwachungsleiter, enthalten **(Bild 1).**

> Der Bemessungs-Differenzstrom $I_{\Delta N}$ der RCD darf in feuergefährdeten Betriebsstätten höchstens 300 mA betragen.

Neutralleiter und Schutzleiter sind in feuergefährdeten Betriebsstätten grundsätzlich getrennt zu führen. Der Isolationswiderstand des Neutralleiters muss ohne vorheriges Abklemmen messbar sein, z. B. durch den Einbau von Neutralleiter-Trennklemmen **(Bild 2).** Von dieser Regelung sind nur Leitungen oder Kabel mit einem Querschnitt $A \geq 10$ mm² Kupfer ausgenommen, die nur durch feuergefährdete Betriebsstätten hindurch geführt werden, aber nicht zu deren Stromversorgung beitragen **(Bild 3).** Die Überstrom-Schutzeinrichtungen sind immer vor diesen Betriebsstätten anzuordnen.

> Leitungen und Kabel, die feuergefährdete Betriebsstätten versorgen oder durchqueren, müssen gegen Überlast und Kurzschluss geschützt sein.

Im **IT-System** ist eine Isolationsüberwachungseinrichtung mit akustischer und optischer Meldung vorgeschrieben.

Isolationsüberwachung: **Seite 218**

Beim Auftreten des ersten Isolationsfehlers erfolgt eine Warnung, beim Auftreten des zweiten Fehlers muss die Anlage innerhalb von 5 s abschalten.

**Übersicht: Netzsysteme in feuergefährdeten Betriebsstätten** (nach DIN VDE 0100-520)

- TN-S-System mit RCD (Bemessungs-Differenzstrom $I_{\Delta N} \leq 300$ mA)
- TT-System mit RCD $I_{\Delta N} \leq 300$ mA
- IT-System mit Isolationsüberwachung (Abschaltung bei Auftreten des zweiten Fehlers innerhalb von 5 s)

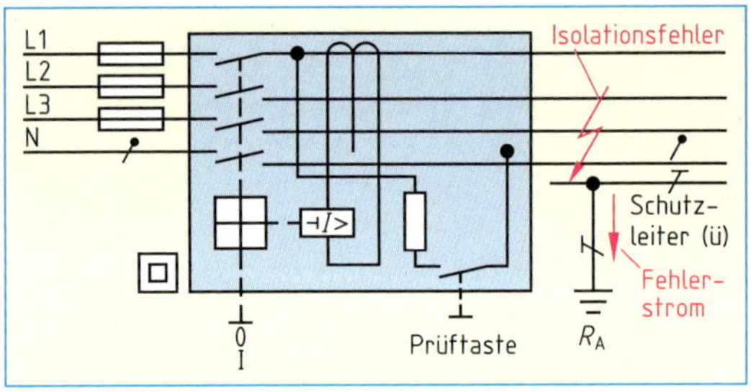


**Bild 1: Isolationsüberwachung durch RCD und Schutzleiter**

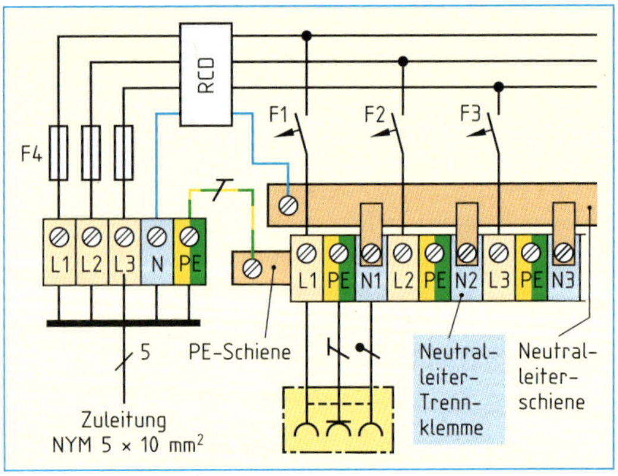


**Bild 2: Prinzip einer Klemmenanordnung in Verteilungen für feuergefährdete Betriebsstätten**

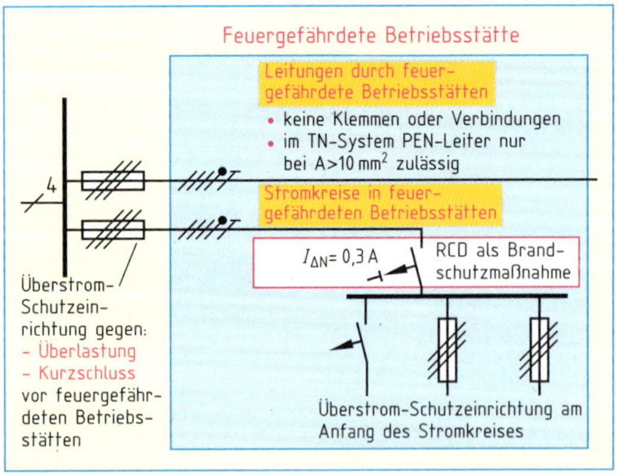


**Bild 3: Anordnung von Überstrom-Schutzeinrichtungen in feuergefährdeten Betriebsstätten**

**Betriebsmittel** müssen für den Einsatz in feuergefährdeten Betriebsstätten geeignet sein **(Übersicht 1)**. Die Temperatur an Leuchten mit begrenzter Oberflächentemperatur (Kennzeichen **Tabelle 3, Seite 183**) darf im normalen Betrieb höchstens 90 °C, im Fehlerfall höchstens 115 °C erreichen. Motoren, die automatisch betrieben werden, sind gegen Überlast zu schützen, z. B. durch Überlastrelais.

**Übersicht 1: IP-Schutzarten von Betriebsmitteln für feuergefährdete Betriebsstätten**

| | |
|---|---|
| • Schaltgeräte, Steckvorrichtungen, Verteiler | IP 5X |
| • Käfigläufermotoren | IP 4X |
| – zugehöriger Klemmenkasten | IP 5X |
| • Leuchten | IP 5X |

## 9.3 Elektroinstallation in medizinisch genutzten Bereichen

Medizinisch genutzte Bereiche sind Räume in Krankenhäusern und Praxisräume der Human- oder Zahnmedizin außerhalb von Krankenhäusern, in denen Menschen untersucht oder behandelt werden.

Bei der Installation solcher Räume werden besonders hohe Anforderungen an die elektrische Sicherheit gestellt. Das Leben von Menschen kann bereits gefährdet sein, wenn Ströme von weniger als 10 µA durch den Körper des Patienten fließen oder wenn lebenserhaltende Geräte, z. B. Beatmungs- oder Dialysegeräte, ausfallen.

**Einteilung medizinisch genutzter Bereiche in Gruppen.** Medizinisch genutzte Bereiche teilt man nach DIN VDE 0100-710 und nach dem erforderlichen Schutzgrad gegen Gefahren im Fehlerfall, z. B. Isolationsfehler, in die Gruppen 0, 1 und 2 ein **(Übersicht 2)**.

**Gruppe 0**: Bereiche in denen entweder keine netzabhängigen elektromedizinischen Geräte angewendet werden, oder nur solche Geräte, mit denen der Patient nicht in Berührung kommt. Die Untersuchung oder Behandlung von Patienten kann deshalb ohne Gesundheitsgefährdung für den Patienten unterbrochen oder wiederholt werden.

**Gruppe 1**: Bereiche in denen der Patient mit netzabhängigen elektromedizinischen Geräten in Berührung kommt. Es werden aber nur solche Untersuchungen oder Behandlungen durchgeführt, die man ohne Gefahr für die Gesundheit des Patienten abbrechen und wiederholen kann. Deshalb kann man in Räumen der Gruppe 1 die Abschaltung von Geräten beim Auftreten des ersten Isolationsfehlers oder den Ausfall der Stromversorgung hinnehmen.

**Gruppe 2**: Bereiche in denen elektromedizinische Geräte bei operativen Eingriffen oder zur Erhaltung lebenswichtiger Funktionen eingesetzt werden. Diese Geräte muss man auch nach dem Auftreten des ersten Isolationsfehlers weiter betreiben können, weil der Ausfall eine Gefahr für die Gesundheit des Patienten darstellt.

**Übersicht 2: Anwendungen und Schutzmaßnahmen in medizinisch genutzten Bereichen**

**Gruppe 0**

- Doppelte oder verstärkte Isolierung
- Kleinspannung SELV oder PELV
- Schutztrennung
- TN-S- und IT-System
- RCD mit $I_{\Delta N} \leq 30$ mA

**Beispiel:**
– Massageräume

**Gruppe 1**

- Doppelte oder verstärkte Isolierung
- Kleinspannung SELV oder PELV mit Spannungen bis AC 25 V und DC 60 V
- Schutztrennung mit nur einem Verbraucher
- TN-S- und IT-System mit $U_L \leq 25$ V
  in Endstromkreisen RCD mit $I_{\Delta N} \leq 30$ mA
- Zusätzlicher Schutzpotenzialausgleich

**Beispiele:**
– Bettenräume
– Untersuchungs- und Behandlungsräume
– Physiotherapieräume

**Gruppe 2**

- Doppelte oder verstärkte Isolierung
- Kleinspannung SELV oder PELV mit Spannungen bis AC 25 V und DC 60 V
- Schutztrennung mit nur einem Verbraucher
- TN-S- und IT-System mit $U_L \leq 25$ V
  – in Endstromkreisen RCD mit $I_{\Delta N} \leq 30$ mA
- IT-System für Steckdosenstromkreise und Stromkreise für medizinische Geräte mit $U_b$ über AC 25 V oder DC 60 V
- Zusätzlicher Schutzpotenzialausgleich

**Beispiele:**
– Operations-Gipsräume
– Operations-Aufwachräume
– Operationsräume
– Anästhesieräume
– Intensivpflegeräume

**Stromversorgung.** Die Stromversorgung medizinisch genutzter Bereiche wird durch eine **allgemeine Stromversorgung** (bevorzugte Einspeisung aus dem Netz) und zusätzlich durch eine **Sicherheitsstromversorgung,** z. B. durch ein Notstromaggregat, sichergestellt (zweite Leitung, **Bild**). Die **Hauptverteiler** für die allgemeine Stromversorgung und für die Sicherheitsstromversorgung sind in abgeschlossenen elektrischen Betriebsstätten untergebracht.

> Die elektrische Anlage ist, vom Hauptverteiler ausgehend, als TN-S-System auszuführen.

Räume der Gruppe 0 sind an der **allgemeinen Stromversorgung** angeschlossen. In den Bereichen der Gruppen 1, 2 und entlang von Rettungswegen sind die Leuchten auf zwei Stromkreise zu verteilen, wobei in jedem Bereich ein Stromkreis nach Netzausfall auf die **Sicherheitsstromversorgung** geschaltet wird. Ebenso werden Betriebsmittel und Teile der haustechnischen Anlagen, z.B. Alarm- und Personenrufanlagen, Aufzüge oder medizinisch technische Geräte **(Tabelle),** innerhalb festgelegter Zeiten auf die Sicherheitsstromversorgung geschaltet.

**Operationsleuchten** und Geräte zur Erhaltung lebenswichtiger Funktionen, z. B. Beatmungs- und Überwachungsgeräte, müssen bei Netzausfall innerhalb einer Zeit von 0,5 s auf die Sicherheitsstromversorgung umschalten. Diese kurze Umschaltzeit wird meist durch eine **zusätzliche Sicherheitsstromversorgung (Bild)** erreicht. Sie enthält einen Wechselrichter und wird aus der Sicherheitsstromversorgung und zusätzlich aus einer Zentralbatterie gespeist.

> Die Sicherheitsstromversorgung übernimmt die Stromversorgung selbsttätig bei Netzausfall oder wenn die Spannung am Hauptverteiler um mehr als 10 % absinkt. Sie ist für eine Mindestbetriebsdauer von 3 Stunden auszulegen.

**Verteiler** für Räume der Gruppe 2, z. B. Operationsräume, sind über zwei Zuleitungen zu versorgen. Die bevorzugte Einspeisung zweigt von der Sammelschiene des Hauptverteilers ab, die zweite Zuleitung wird z. B. aus der zusätzlichen Sicherheitsstromversorgung gespeist **(Bild).**

Um eine Abschaltung beim Auftreten des ersten Isolationsfehlers in Bereichen der Gruppen 1 und 2 zu vermeiden, versorgt man die Stromkreise elektromedizinischer Geräte für operative Eingriffe über ein IT-System mit Isolationsüberwachung **(Seite 218).**

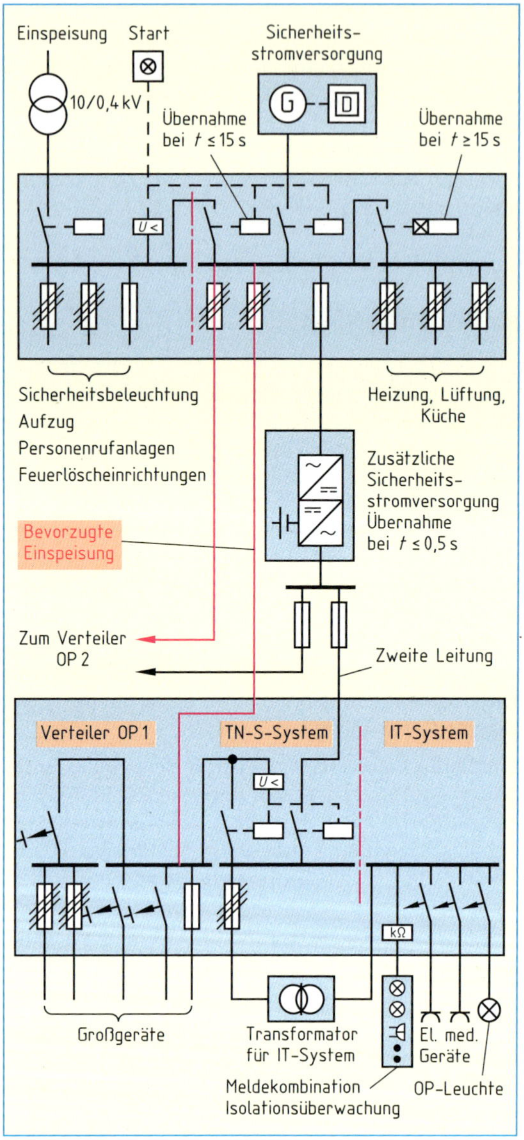


**Bild: Beispiel einer Stromversorgung für OP-Verteiler mit Sicherheitsstromversorgung**

**Tabelle: Zulässige Umschaltzeiten auf die Sicherheitsstromversorgung nach Netzausfall**

| Betriebsmittel (Beispiele) | Umschaltzeit |
|---|---|
| OP-Leuchten, Beatmungs- und Überwachungsgeräte | ≤ 0,5 s |
| Raumbeleuchtung der Gruppen 1 und 2, Bettenaufzüge, Narkosegasabsaugung, Gas- und Druckluftversorgung, Personenrufanlagen | ≤ 15 s |
| Haustechnik, z.B. Heizung, Lüftung, Kühl- und Kocheinrichtungen | > 15 s |

Für den Transformator des IT-Systems wird die Schutzmaßnahme Schutz durch doppelte oder verstärkte Isolierung (Schutzklasse II) empfohlen. Die Bemessungsleistung des Transformators muss mindestens 3,15 kVA betragen und darf nicht größer als 8 kVA sein. Der Transformator für das IT-System muss außerhalb der medizinisch genutzten Bereiche aufgestellt sein.

Stromkreise, die beim Auftreten des ersten Isolationsfehlers nicht abschalten dürfen, müssen über ein IT-System mit Isolationsüberwachung gespeist werden. Die Bemessungsspannung der Transformatoren auf der Ausgangsseite darf 250 V nicht überschreiten.

Der **Isolationswiderstand** im IT-System wird durch eine **Isolationsüberwachung** kontrolliert **(Bild).** Dabei zeigt eine grüne Meldeleuchte den störungsfreien Betrieb an. Sinkt der Isolationswiderstand unter den Mindestwert von 50 kΩ, wird dies durch eine gelbe Meldeleuchte und durch ein akustisches Signal angezeigt. Beim Auftreten eines zweiten Isolationsfehlers wird die Anlage sofort abgeschaltet. Zur Prüfung des Isolationswiderstandes sind im Verteiler **Trennklemmen** einzubauen.

**Zusätzlicher Schutzpotenzialausgleich in Bereichen der Gruppen 1 und 2.** Zum Ausgleich von Potenzialunterschieden zwischen den Körpern elektrischer Betriebsmittel und fest montierten leitfähigen Teilen, z.B. metallenen Rohrsystemen, ist ein zusätzlicher Schutzpotenzialausgleich durchzuführen **(Übersicht).** Der Mindestquerschnitt der Schutzpotenzialausgleichsleitungen (PB) ist nach DIN VDE 0100-540 auszuwählen **(Tabelle).**

Die elektrische Anlage in medizinisch genutzten Bereichen ist durch eine Elektrofachkraft oder durch eine elektrotechnisch unterwiesene Person zu überwachen. Halbjährlich ist die Funktion der RCDs (Fehlerstrom-Schutzeinrichtungen), der Umschalteinrichtungen auf die Sicherheitsstromversorgung und der Isolationswiderstand zu prüfen. Die Sicherheitsstromversorgung muss monatlich eine Stunde mit mindestens 50 % ihrer Bemessungsleistung betrieben werden. Das Ergebnis der Prüfungen ist in einem Prüfbuch festzuhalten.

**Übersicht: Zusätzlicher Schutzpotenzialausgleich in Bereichen der Gruppen 1 und 2**

In den zusätzlichen Schutzpotenzialausgleich sind einzubeziehen:

- Schutzleiter
- fremde leitfähige Anlagenteile
- Abschirmung gegen elektrische Störfelder in Decken und Wänden
- Abschirmfolien oder -netze ableitfähiger Fußböden
- Metallschirm des Transformators für das IT-System
- ortsfeste elektrisch betriebene Operationstische, die nicht mit dem Schutzleiter verbunden sind

**Tabelle: Mindestquerschnitte für den zusätzlichen Schutzpotenzialausgleich**

| | |
|---|---|
| Zwischen Körpern elektrischer Betriebsmittel | Querschnitt des kleineren Schutzleiters* |
| Zwischen dem Körper und einem fremden leitfähigen Teil | 0,5-facher Schutzleiterquerschnitt |
| Zwischen einem fremden leitfähigen Teil und der Potenzialausgleichsschiene | 4 mm² Kupfer |

* Der Mindestquerschnitt beträgt:
– bei ungeschützter Verlegung 4 mm² Cu und
– bei geschützter Verlegung 2,5 mm² Cu.

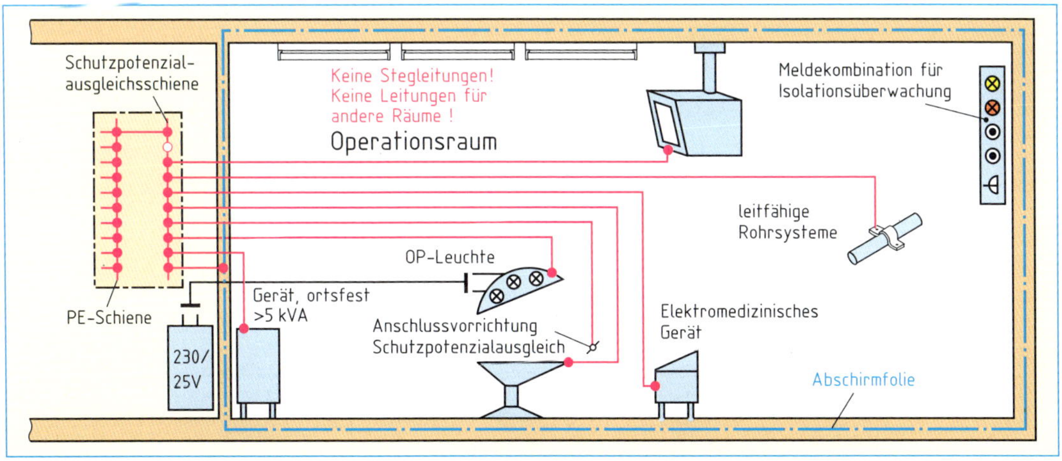


**Bild: Schutzpotenzialausgleich in medizinisch genutzten Bereichen der Gruppen 1 und 2 (Beispiel)**

# 9.4 Elektroinstallation in explosionsgefährdeten Bereichen

Bei der Herstellung, Verarbeitung und Lagerung von brennbaren Stoffen, z. B. Benzin, Lack oder Aceton, entstehen Gase, Dämpfe oder Nebel, die in Verbindung mit dem Sauerstoff der Luft ein explosionsfähiges Gemisch bilden **(Bild 1 und Tabelle 1).** Wird dieses Gemisch ungewollt, z. B. durch Schaltfunken gezündet, kann eine Explosion auftreten.

In Betrieben mit starkem Staubanfall, z. B. in Kunststoffmahlanlagen, kann es z. B. durch Schaltfunken zu Staubexplosionen kommen, wenn der Staub in einer bestimmten Konzentration in der Luft verteilt ist.

Explosionsfähige Atmosphäre entsteht durch ein Gemisch aus dem Sauerstoff der Luft und brennbaren
- Gasen, Dämpfen, Nebeln oder
- Stäuben.

**Einteilung der explosionsgefährdeten Bereiche.**

Explosionsgefährdete Bereiche unterteilt man nach der Wahrscheinlichkeit des Auftretens explosionsfähiger Atmosphäre in **Zonen.** Bereiche mit explosionsfähiger Atmosphäre durch Gase, Dämpfe oder Nebel teilt man in die Zonen 0, 1 und 2 **(Tabelle 3)** ein, bei Gefährdung durch brennbare Stäube in die Zonen 20, 21 und 22.

Die Zoneneinteilung **(Beispiel Bild 2)** nehmen Sachverständige, z. B. des Gewerbeaufsichtsamtes oder der Berufsgenossenschaft, vor.

**Einteilung explosionsgeschützter Betriebsmittel.**

Betriebsmittel teilt man nach Gruppen, Explosionsgruppen **(Tabelle 2),** Temperaturklassen und nach der Zündschutzart der Betriebsmittel ein.

**Gruppen.** Die Einteilung der Betriebsmittel erfolgt in die Gruppe Schlagwetterschutz für den Bergbau und in die Gruppe Explosionsschutz für brennbare Gase, Dämpfe, Nebel oder Stäube.

Kennzeichen der Gruppen:
- Gruppe I Schlagwetterschutz: EEx … I
- Gruppe II Explosionsschutz: EEx … II

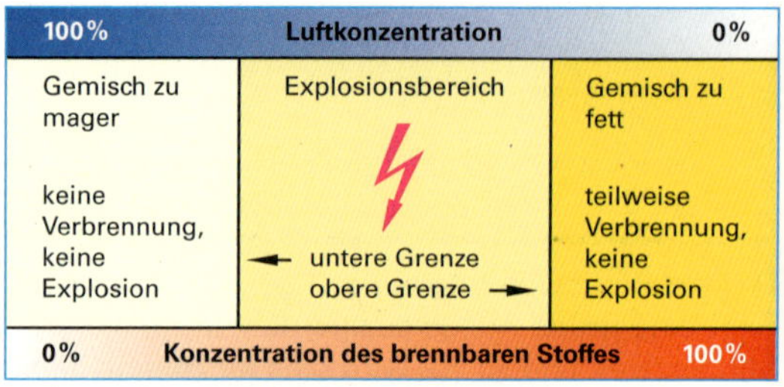


**Bild 1: Grenzen des Explosionsbereiches**

**Tabelle 1: Untere und obere Grenze des Explosionsbereiches** (Beispiele)

| Stoffbezeichnung | Untere Grenze in Volumen-% | Obere Grenze in Volumen-% |
|---|---|---|
| Benzin | ~ 0,6 | ~ 8 |
| Methan | 4,4 | 16,5 |
| Stadtgas | 4 … 6 | 30 … 40 |
| Wasserstoff | 4 | 77 |

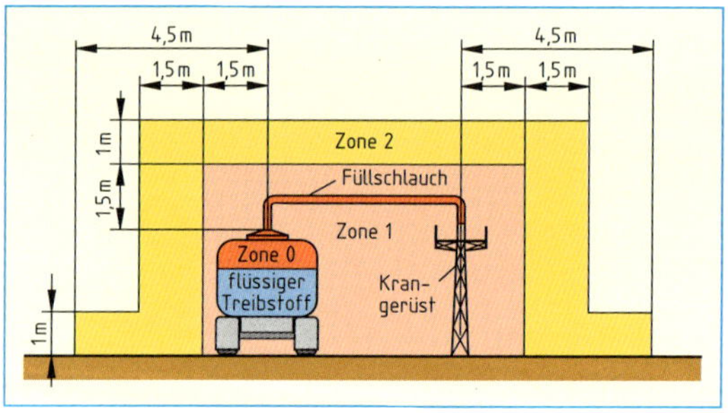


**Bild 2: Zoneneinteilung an einer Tankwagen-Füllanlage für Benzin (Beispiel)**

**Tabelle 2: Explosionsgruppen und Spaltweite**

| Explosionsgruppe | Spaltweite* |
|---|---|
| IIA | > 0,9 mm |
| IIB | ≥ 0,5 mm bis 0,9 mm |
| IIC | < 0,5 mm |

* Spaltweite zwischen zwei 25 mm langen parallelen Flanschflächen einer genormten Explosionskammer

**Tabelle 3: Zoneneinteilung explosionsgefährdeter Bereiche**

| Explosionsgefährdung durch: | Brennbare Gase, Dämpfe oder Nebel (nach DIN VDE 0165-101) | | | Brennbare Stäube (nach DIN VDE 0165-102) | | |
|---|---|---|---|---|---|---|
| Zoneneinteilung | 0 | 1 | 2 | 20 | 21 | 22 |
| Vorhandensein explosionsfähiger Atmosphäre | ständig oder langzeitig | gelegentlich im Normalbetrieb | selten und kurzzeitig | ständig oder langzeitig | gelegentlich im Normalbetrieb | selten und kurzzeitig |
| Beispiele | Inneres von Benzinbehältern, Tauchbehälter für Anstrichstoffe | Abfüllanlagen in Brennereien und für Kraftstoffe, Spritzkabinen für Lacke | Montagegruben in Kfz-Werkstätten, Räume für Gummiklebearbeiten | Inneres von Staubbehältern oder Rohrleitungen zur Staubförderung | Bereiche in unmittelbarer Umgebung von Staubabfüllstationen | Bereiche in der Umgebung von Staub enthaltenden Geräten, Mühlenräume |

**Explosionsgruppen.** Brennbare Gase oder Dämpfe teilt man nach ihrer Zünddurchschlagfähigkeit durch Spalte mit festgelegter Spaltweite und Spaltlänge in Explosionsgruppen ein **(Tabelle 1).** Zur Bestimmung der Explosionsgruppe wird in einer druckfesten Explosionskammer ein Gas gezündet. Außerhalb der Explosionskammer befindet sich ein Gas gleicher Art. Die Explosionsgruppe ist bestimmt, wenn sich eine Zündung im Inneren der Explosionskammer durch den Spalt mit der festgelegter Spaltbreite nach außen gerade nicht mehr fortsetzt.

Die Gefährlichkeit der Gase nimmt von Explosionsgruppe II A nach II C zu. Betriebsmittel der Explosionsgruppe II C, dürfen deshalb auch für die Explosionsgruppen II A und II B eingesetzt werden.

**Temperaturklassen.** Die **Zündtemperatur** brennbarer Gase oder Stoffe ist die niedrigste Temperatur einer erhitzten Oberfläche, an der sich die explosionsfähigen Gase oder Stoffe entzünden können. Brennbare Gase oder Stoffe teilt man nach ihrer Entzündbarkeit in die Temperaturklassen T1 bis T6 ein **(Tabelle 2).**

Die höchste Oberflächentemperatur eines Betriebsmittels muss immer kleiner sein als die Zündtemperatur der umgebenden Atmosphäre.

**Zündschutzarten.** Ist in explosionsgefährdeten Bereichen mit dem Auftreten einer gefährlichen Atmosphäre zu rechnen, dürfen bei der Installation elektrischer Anlagen nur explosionsgeschützte Betriebsmittel verwendet werden **(Tabelle 3).**

**Anforderungen an die Elektroinstallation in explosionsgefährdeten Bereichen**

In explosionsgefährdeten Bereichen sollen elektrische Betriebsmittel nur dann angebracht werden, wenn sie für den Betrieb an dieser Stelle unbedingt nötig sind. Sie müssen nach der Explosionsgruppe und der Temperaturklasse der brennbaren Gase oder Stoffe ausgewählt sein und der für die Zone des explosionsgefährdeten Bereiches vorgeschriebenen Zündschutzart entsprechen.

Die elektrische Anlage in explosionsgefährdeten Bereichen muss durch einen außerhalb des explosionsgefährdeten Bereiches angeordneten Notschalter abschaltbar sein (DIN VDE 0165).

**Tabelle 1: Zündtemperaturen, Temperaturklassen und Explosionsgruppen brennbarer Gase und Stoffe** (Auswahl)

| Gas, Stoff | Zündtemperatur in °C | Temperaturklasse | Explosionsgruppe |
|---|---|---|---|
| Benzin | 220 bis 300 | T3 | II A |
| Ethylen | 425 | T2 | II B |
| Acetylen | 305 | T2 | II C |
| Stadtgas | 560 | T1 | II B |

**Tabelle 2: Temperaturklassen, Oberflächentemperaturen von Betriebsmitteln und Zündtemperaturen brennbarer Stoffe**

| Temperaturklasse | Höchste Oberflächentemperatur | Zündtemperatur brennbarer Stoffe |
|---|---|---|
| T1 | 450 °C | > 450 °C |
| T2 | 300 °C | > 300 °C |
| T3 | 200 °C | > 200 °C |
| T4 | 135 °C | > 135 °C |
| T5 | 100 °C | > 100 °C |
| T6 | 85 °C | > 85 °C |

**Tabelle 3: Zündschutzarten explosionsgeschützter Betriebsmittel** (nach DIN EN 60079, alt: DIN VDE 0170)

| Zündschutzart | Kurzzeichen | Anwendungsbeispiele |
|---|---|---|
| Druckfeste Kapselung | **d** | Verteilungen, Leuchten, Motoren, Transformatoren |
| Überdruckkapselung | **p** | Schalt- und Steuergeräte, Motoren |
| Sandkapselung | **q** | Kondensatoren, Heizbänder |
| Ölkapselung | **o** | Schütze, Transformatoren |
| Erhöhte Sicherheit | **e** | Klemmenkästen, Motoren, Schaltgeräte |
| Eigensicherheit | **ia/ib** | Geräte der Mess- und Regeltechnik, Sensoren |
| Vergusskapselung | **m** | Befehlsgeräte, Sensoren |
| **Zündschutzmethode n:** Kombination verschiedener Zündschutzarten. Nur zulässig in Zone 2. | | |

**Übersicht: Schutzmaßnahmen in explosionsgefährdeten Bereichen**

- TN-S-System
- TT-System mit Fehlerstrom-Schutzeinrichtung (RCD)
- IT-System mit Isolationsüberwachung
- Kleinspannung SELV und PELV

**Anlagen mit TN-System** sind ab der letzten Verteilung vor explosionsgefährdeten Bereichen als TN-S-System auszuführen. An allen Übergangsstellen vom TN-C-System zum TN-S-System muss der Schutzleiter (PE) mit dem Schutzpotenzialausgleichssystem verbunden werden.

**Schutzpotenzialausgleich.** Innerhalb explosionsgefährdeter Bereiche sind alle Körper elektrischer Betriebsmittel und fremde leitfähige Teile, z. B. Rohrleitungen oder Stahlträger, in einen Schutzpotenzialausgleich einzubeziehen. Mindestquerschnitte für Schutzpotenzialausgleichsleiter: **Tabelle Seite 121.**

**Schutz- und Überwachungseinrichtungen.** Schutzeinrichtungen, z. B. Überlastauslöser oder Druckschalter, müssen alle Außenleiter des Anlagenteiles abschalten und dürfen nicht selbsttätig wieder einschalten.

**Kabel und Leitungen.**

- Kabel und Leitungen müssen den zu erwartenden mechanischen, chemischen und thermischen Anforderungen standhalten.
- Für feste Verlegung sind Kabel oder Leitungen mit Umhüllungen aus flammwidrigen Stoffen, z. B. PVC oder PE-X, mineralisolierte Leitungen oder Kabel mit Metallmantel zulässig.
- Leitungen und Kabel sollen in explosionsgefährdeten Bereichen möglichst keine Verbindungsstellen haben. Sind Verbindungen unerlässlich, sollen z. B. nur gesicherte Schraubverbindungen oder Pressverbindungen hergestellt werden.
- Für ortsveränderliche Betriebsmittel sind schwere Gummischlauchleitungen, z. B. H07RN-F, mit einem Mindestquerschnitt von 1,0 mm² Kupfer zu verwenden.
- Bei Leiterquerschnitten bis 16 mm² ist als Leitermaterial nur Kupfer zulässig.
- An Stellen mit besonderer mechanischer, chemischer oder thermischer Gefährdung ist ein zusätzlicher Schutz, z. B. durch **nicht geschlossene** Schutzrohre, notwendig. An den Einführungsstellen für Kabel oder Leitungen in explosionsgeschützte Betriebsmittel sind für diese Zone geprüfte Kabelverschraubungen **(Bild 1)** zu verwenden.

**Bild 1: Kabelverschraubungen für explosionsgefährdete Zonen**

**Tabelle: Schutz von Betriebsmitteln in staubexplosionsgefährdeten Bereichen**

| Zone | Schutzart | Kennzeichen |
|---|---|---|
| Zone 20 | IP 6X | II 1D |
| Zone 21 und 22* | IP 6X | II 2D |
| Zone 22 | IP 5X | II 3D |

* bei Auftreten von leitfähigem Staub

**Auswahl der Betriebsmittel.** Brennbare Stäube können durch Lichtbögen oder durch unzulässig hohe Oberflächentemperaturen an elektrischen Betriebsmitteln gezündet werden. Bei **Staubablagerungen** mit einer Schichtdicke bis 5 mm darf die zulässige Oberflächentemperatur der Betriebsmittel keinen Wert übersteigen, der 75 K (Kelvin) unter der Glimmtemperatur des betreffenden Staubes liegt. Bei vorhandenen **Staubwolken** darf die Temperatur an der Oberfläche der Betriebsmittel nur 2/3 der Zündtemperatur des betreffenden Staub-Luft-Gemisches betragen. Ein Eindringen von Staub in die Betriebsmittel wird durch die Wahl der Schutzart für die betreffende Zone verhindert **(Tabelle)**.

**Errichten der Betriebsmittel.** Elektrische Betriebsmittel müssen gegen die zu erwartenden mechanischen, chemischen oder thermischen Beanspruchungen ausreichend geschützt sein.

Stromkreise in staubexplosionsgefährdeten Bereichen müssen mit einer eindeutig bezeichneten Einrichtung zur vollständigen Trennung aller Außenleiter und des Neutralleiters versehen sein.

**Bild 2: Steckvorrichtung für staubexplosionsgefährdete Bereiche 21 und 22**

Leitungen und Kabel die nicht zur Versorgung staubexplosionsgefährdeter Bereiche beitragen, sollen nicht durch diese Räume geführt werden. Lagert sich Staub auf Leitungen ab, muss mit einer verminderten Strombelastbarkeit gerechnet werden. Leuchten oder Motoren müssen möglichst außerhalb der Zone 20 angebracht werden. In der Zone 20 sind Steckvorrichtungen nicht zulässig. In den Zonen 21 und 22 dürfen sie nicht unter Spannung stehend getrennt oder verbunden werden. Dies erreicht man z. B. durch Steckdosen mit eingebautem Verriegelungsschalter **(Bild 2)**.

**Instandhaltung.** Elektrische Betriebsmittel in staubexplosionsgefährdeten Bereichen sind regelmäßig von Staubablagerungen zu reinigen, zu prüfen und zu warten. Die Wartungsintervalle hängen von den Umgebungseinflüssen, der Gebrauchsdauer und von den Empfehlungen des Herstellers ab. Beim Zerlegen oder Zusammenbau der Betriebsmittel dürfen z. B. Dichtungen oder Flanschflächen nicht beschädigt werden.

## Wiederholungsfragen

1. **Welche Aufgabe hat die Potenzialsteuerung im Tierbereich landwirtschaftlicher Betriebsstätten?**
2. **Welche Netzsysteme sind zur Versorgung feuergefährdeter Betriebsstätten zugelassen?**
3. **Nennen Sie Beispiele für Räume der Gruppen 0, 1 und 2 in medizinisch genutzten Bereichen.**
4. **Welches Netzsystem wählt man in medizinisch genutzten Bereichen für Stromkreise, die nach dem ersten Isolationsfehler nicht abgeschaltet werden dürfen?**
5. **In welche Zonen teilt man explosionsgefährdete Bereiche ein?**

# 9.5 Elektrische Anlagen auf Baustellen

Anlagen auf Baustellen sind alle elektrischen Einrichtungen für die Durchführung von Arbeiten, z.B. auf Hoch- und Tiefbaustellen. Zu Baustellen gehören auch Bauwerke, die umgebaut, renoviert oder abgerissen werden. Baustellen dürfen aus einer oder aus mehreren Einspeisungen versorgt werden. Als Speisepunkte zur Versorgung elektrischer Betriebsmittel auf Baustellen setzt man meist Baustellenverteiler ein **(Bild)**.

> Steckvorrichtungen in Hausinstallationen dürfen nicht als Speisepunkt für Baustellen benutzt werden.

Baustellenverteiler enthalten die Messeinrichtung des NB, die Schutzeinrichtungen und die erforderlichen Steckvorrichtungen **(Übersicht 1)**. Sie müssen DIN VDE 0660-501 und den TAB des NB entsprechen. Baustellenverteiler können in Kunststoff- oder in Metallbauweise hergestellt sein und müssen mindestens der Schutzart IP 44 genügen.

Baustellenverteiler müssen durch einen abschließbaren Hauptschalter, größere Anlagen abschnittsweise, abschaltbar sein. Der Hauptschalter muss jederzeit zugänglich und die Schaltstellung, z.B. AUS, eindeutig erkennbar sein.

Als Zuleitung zu Baustellenverteilern wird meist Gummischlauchleitung H07RN-F mit einem Mindestquerschnitt von 10 mm² Kupfer verwendet.

> Die Leitung vor der Messeinrichtung darf
> - eine Länge von 30 m nicht überschreiten,
> - keine lösbaren Verbindungen enthalten.

Ist im Verlauf der Leitungen mit einer mechanischen Beanspruchung zu rechnen, sind die Leitungen zu schützen, z.B. durch Verlegen in druckfesten Rohren oder durch Hochlegen der Leitung.

**Schutzmaßnahmen nach Baustellenverteilern (Übersicht 2)**

Stromkreise mit Steckdosen bis $I_N = 32$ A, sowie Stromkreise für in der Hand gehaltene Betriebsmittel mit einem Bemessungsstrom bis $I_N = 32$ A müssen durch eine der folgenden Maßnahmen geschützt sein:

- Fehlerstrom-Schutzeinrichtungen (RCDs) mit einem Bemessungs-Differenzstrom $I_{\Delta N} \leq 30$ mA,
- Schutztrennung mit nur einem Verbraucher,
- Kleinspannung SELV oder PELV.

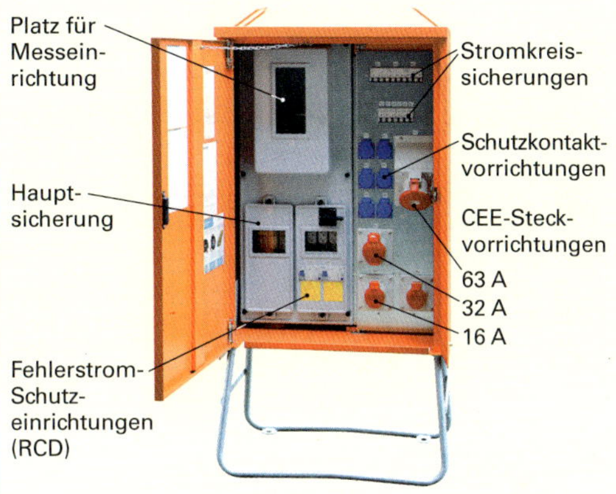


**Bild: Baustellenverteiler mit getrenntem Feld für die Messeinrichtung, RCDs, LS und Steckvorrichtungen**

**Übersicht 1: Hauptteile von Baustellenverteilern**

- Hauptschalter zum Trennen der Einspeisung (in der Stellung „AUS" abschließbar)
- Überstrom-Schutzeinrichtungen
- Fehlerstrom-Schutzeinrichtungen (RCDs)
- Steckdosen
- Messeinrichtung des Netzbetreibers (NB)

**Übersicht 2: Stromversorgung auf Baustellen**

**Mögliche Netzsysteme auf Baustellen:**

- TN-S-System
- TT-System
- IT-System

**Schutzmaßnahmen nach Baustellenverteilern:**

- Schutz durch automatische Abschaltung der Stromversorgung
- Kleinspannung SELV oder PELV
- Schutztrennung mit nur einem Verbrauchsmittel
- Schutz durch verstärkte oder doppelte Isolierung (Betriebsmittel der Schutzklasse II)

**Übersicht 3: Schutzarten von Betriebsmitteln**

| | |
|---|---|
| • Handleuchten, Schutzklasse II | IP 55 |
| • Leuchten | IP 23 |
| • Elektrische Handwerkzeuge | IP 2X |
| • Schaltgeräte, Steckvorrichtungen | IP X4 |
| • Steckvorrichtungen 2-polig in Ausführung für erschwerte Bedingungen | IP X4 |

Stromkreise mit Steckdosen und Bemessungsströmen über 32 A sind durch RCDs mit $I_{\Delta N} \leq 500$ mA zu schützen. Bei Einsatz von frequenzgesteuerten Verbrauchsmitteln sind allstromsensitive RCDs (Typ B) einzusetzen. Für Elektrowerkzeuge, z.B. Handbohrmaschinen, wird die Schutzmaßnahme Schutz durch doppelte oder verstärkte Isolierung empfohlen. Für Betonrüttler eignet sich z.B. die Schutzmaßnahme Schutztrennung, für Handleuchten Kleinspannung SELV oder PELV. Drehstromverbraucher, z.B. Motoren, sind über 5-polige CEE-Steckvorrichtungen mit dem Versorgungsnetz zu verbinden. Die Schutzarten von Betriebsmitteln auf Baustellen sind in der **Übersicht 3** angegeben.

## 9.6 Leuchtmittel für Innenräume

Zur Beleuchtung von Innenräumen werden vor allem Halogenlampen, Energiesparlampen (ESL), Leuchtstofflampen, Kompaktleuchtstofflampen und LED-Lampen eingesetzt. Es gibt unterschiedliche Bauformen und Fassungen für Lampen **(Tabelle)**.

Standard-Glühlampen sind aufgrund der EU-Verordnung Nr. 244/2009 und der geringen Energieausbeutung stufenweise vom Markt genommen worden. Hochvolthalogenlampen (230 V) dürfen seit dem 1. September 2018 nicht mehr verkauft werden.

**Lampenarten.** Halogenlampen sind wie Standard-GlühlampenTemperaturstrahler. Sie werden für den Betrieb an Kleinspannung oder Netzspannung hergestellt. Standard-Glühlampen lassen sich am einfachsten durch Halogenlampen, insbesondere bei dimmbaren Leuchten, ersetzen. In Halogenlampen wird dem Füllgas geringe Mengen eines Halogens (z. B. Brom oder Jod) beigemischt. LED-Lampen und Kompaktleuchtstofflampen (Energiesparlampen ESL) benötigen für den Betrieb eine elektronische Spannungsversorgung, z. B. 12 Volt. Die elektronische Spannungsversorgung ist in Leuchten für Netzspannung fest eingebaut. Leuchtstofflampen benötigen ein Vorschaltgerät **(Bild 1, Seite 184)**. Die Dimmbarkeit der Lampen ist von der in den Lampen eingebauten Elektronik abhängig. Die Lebensdauer der Lampen ist von der Häufigkeit der Ein- und Aus-Schaltvorgänge abhängig. Je öfter eine Lampe ein- bzw. ausgeschaltet wird, umso kürzer ist die Lebensdauer der Lampe.

Die Bezeichnung der Lampensockel richtet sich nach den Maßen der Anschlusskontakte. Die Ausführung der Lampensockel, z. B. GU 4 hat zwischen den Anschlusskontakten einen Abstand von 4 mm, der Lampensockel G 23 hat einen Abstand der Anschlusskontakte von 23 mm.

**Tabelle: Bauformen und Fassungen von Lampen (Auswahl)**

| Lampenart | Lampensockel | Leistung in Watt (W) | Spannung in Volt (V) | Größe in Millimeter (mm) | Lebensdauer in Stunden (h) | Lichtausbeute Lumen/Watt (lm/W) |
|---|---|---|---|---|---|---|
|  Niedervolt-Halogenstrahler |  GU 4 | 10 bis 100 | 24<br>12 | Ø 35<br>Länge 35 | 5 000 bis ca. 7 000 | 500 bis 2 850/ ca. 24 |
|  Hochvolt-LED-Strahler |  GU 10 | 2 bis 15 | 230<br>24<br>12 | Ø 50<br>Länge 56 | 20 000 bis ca. 25 000 | 210 bis 800/ bis 100 |
|  Leuchtstofflampe |  T 8 | 10 bis 70 | 230 | Ø 26<br>Länge 484 bis 1 778, leistungsabhängig | 10 000 bis ca. 12 000 | 650 bis 6 200/ ca. 100 |
|  Kompaktleuchtstofflampe | 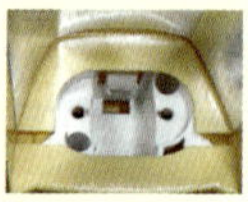 G 23 | 5 bis 11 | 230 | Breite 28<br>Höhe 13<br>Länge 105 bis 235, leistungsabhängig | 6 000 bis ca. 8 000 | 260 bis 5 200/ ca. 50 |
| 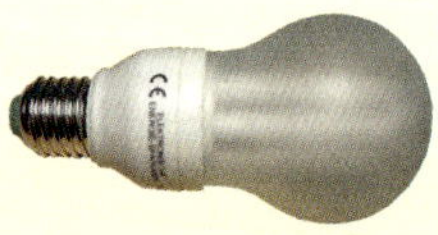 Energiesparlampe |  E 27 | 3 bis 23 | 230 | Ø 60<br>Länge 100 bis 130, leistungsabhängig | 8 000 bis ca. 10 000 | 150 bis 1 400/ ca. 80 |

**Kompakt-Leuchtstofflampen, (Energiesparlampen)**

können häufig Glühlampen ersetzen. Sie haben gegenüber Glühlampen eine etwa 8-fache Lebensdauer und bei gleichem Lichtstrom eine wesentlich geringere Leistungsaufnahme **(Tabelle 1)**. Das zum Betrieb erforderliche Vorschaltgerät kann extern, also getrennt von der Lampe angeordnet, oder im Sockel der Lampe untergebracht sein. Kompakt-Leuchtstofflampen eignen sich besonders für Beleuchtungen mit längerer Einschaltdauer. Sie gibt es z.B. in den Formen Röhre, Globe[1], Kerze und Strahler. Sie können unterschiedliche Sockel besitzen **(Tabelle, Seite 182)**.

Bei der Errichtung und dem Betrieb von Beleuchtungsanlagen müssen weitere Kenngrößen, wie die Farbtemperatur $T$ und der Farbwiedergabeindex $R_a$ **(Tabelle 3)** des Leuchtmittels, beachtet werden.

**Lichtfarben.** Beleuchtungsanlagen erfüllen auch ästhetische Ansprüche und Aufgaben der Werbung. Die richtige Wahl der Lichtfarbe **(Tabelle 2)** und Farbwiedergabe entscheidet z.B. ob Fleisch- oder Backwaren appetitlich frisch aussehen, oder ob sie den Eindruck erwecken, verdorben zu sein.

**Farbtemperatur *T*.** Die Lichtfarbe einer Lichtquelle ist die Farbtemperatur. Die Einheit der Farbtemperatur ist Kelvin. Eine Unterteilung der Farbtemperatur in Lichtfarben erfolgt durch die Begriffe warmweiß (ww), neutralweiß (nw) und tageslichtweiß (tw) **(Tabelle 2)**. Farbtemperaturen erreichen Werte von 2500 Kelvin (ww) bis 10000 Kelvin (tw).

**Farbwiedergabeindex $R_a$.** Der Farbwiedergabeindex $R_a$ bezieht sich auf die Zusammensetzung der Farben der Lichtquelle **(Tabelle 3)**. Das Sonnenlicht hat den Wert 100 und lässt die beleuchteten Gegenstände natürlich aussehen. Je höher der Wert des Farbwiedergabeindexes ist, umso natürlicher ist das abgegebene Licht der Lampe. Ein niedriger Wert bedeutet eine schlechtere Farbwiedergabe **(Tabelle 3)**.

**Beleuchtungsstärke *E*.** Die Beleuchtungsstärke $E$ wird in Lux (lx) angegeben und ist das Maß für das auftreffende Licht auf einer Fläche. Sie nimmt mit der Entfernung von der Lichtquelle ab. Je besser ein Raum beleuchtet werden soll, umso höher muss die Beleuchtungsstärke sein. Die Richtwerte für die Beleuchtungsstärke sind in der DIN EN 12464 (alt: DIN 5053) aufgeführt.

**Brandschutz.** Leuchten müssen hohe Anforderungen an den Brandschutz erfüllen. VDE-geprüfte Leuchten tragen das Gerätesicherheitszeichen GS und sind durch genormte Symbole **(Tabelle 4)** entsprechend ihrer Eignung, z.B. für die Montage in feuergefährlichen Betriebsstätten oder für den Einbau in Möbeln, gekennzeichnet.

[1] Globe (engl.) = Kugel

**Tabelle 1: Lichtstrom und Leistungsaufnahme von Kompaktleuchtstofflampen**

| Lampe | Leistung in W | Lichtstrom in lm | Vergleichbare Glühlampe |
|---|---|---|---|
| 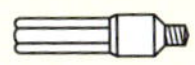 | 7<br>11<br>15 | 400<br>600<br>900 | 40 W<br>60 W<br>75 W |
| 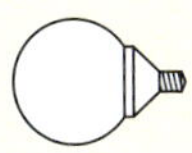 | 11<br>15<br>20 | 450<br>700<br>1000 | 60 W<br>75 W<br>100 W |

**Tabelle 2: Anwendungsbeispiele von Lichtfarben**

| Lichtfarbe | Anwendungsbeispiele |
|---|---|
| Tageslicht weiß (tw) | Werkstätten, Lagerräume, Verkaufsräume, Waren- und Fachprüfräume |
| Neutralweiß (nw) | Büros, Zeichenräume, Fleischereien |
| Warmweiß (ww) | Wohnräume, Schulräume, Turnhallen, Konferenzräume, Verkaufsräume |

**Tabelle 3: Farbwiedergabeindex $R_a$**

| Lichtquelle | $R_a$ |
|---|---|
| Sonnenlicht, Glühlampe | 100 |
| Leuchtstofflampen, Standardlampen | 60–75 |
| Kompaktleuchtstofflampen, Energiesparlampen | 80–89 |
| LED-Lampen | 80–95 |
| Halogen-Metalldampflampen | 65–96 |

**Tabelle 4: Kennzeichen für Leuchten (Auswahl)**

| Symbol | Anwendung |
|---|---|
|  | Leuchten mit begrenzter Oberflächentemperatur |
|  | Leuchten mit begrenzter Oberflächentemperatur, bei Anfall von Staub oder Fasern |
| 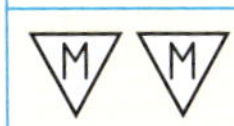 | Leuchten mit begrenzter Oberflächentemperatur zur Installation in oder an Möbeln |
|  | Schutz gegen Spritzwasser |
|  | Leuchte für den Einsatz in explosionsgefährdeten Bereichen |
|  | Anbauleuchte, nicht geeignet zur direkten Montage auf normal entflammbaren Baustoffen |
| 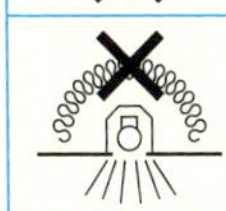 | Einbauleuchte, geeignet zur direkten Montage auf entflammbaren Baustoffen, Leuchte darf nicht mit wärmedämmenden Stoffen bedeckt werden. |

## 9.6.1 Schaltungen von Leuchtstofflampen

Zum Betrieb von Leuchtstofflampen benötigt man induktive Vorschaltgeräte (VVG) **(Bild 1)** oder elektronische Vorschaltgeräte (EVG) **(Bild 3)**. Elektronische Vorschaltgeräte haben gegenüber induktiven Vorschaltgeräten, geringere Verluste und eignen sich zur Helligkeitssteuerung (Dimmen) von Leuchtstofflampen. Zu den Aufgaben der Vorschaltgeräte gehören das Erzeugen der erforderlichen Zündspannung der Leuchtstofflampe und das Begrenzen des Lampenstroms nach der Zündung. Die Verlustleistung $P_V$ beträgt bei verlustarmen Vorschaltgeräten (VVG) etwa 8 W und bei elektronischen Vorschaltgeräten (EVG) etwa 4 W.

**Induktive Vorschaltgeräte (VVG).** Leuchtstofflampen mit induktivem Vorschaltgerät benötigen beim Einschalten einen Starter **(Bild 1)**. Durch die beim Einschalten im Starter erzeugte Glimmentladung wird ein starkes Magnetfeld erzeugt, welches in der Drossel die erforderliche Zündspannung von ca. 1000 Volt induziert.

**Stroboskopischer Effekt.** Mit Wechselstrom betriebene Leuchtstofflampen flimmern im Rhythmus der Netzfrequenz. Dadurch kann der sogenannte stroboskopische Effekt auftreten, der schnell laufende Maschinen stillstehend, langsam oder sogar rückwärts laufend erscheinen lässt. Insbesondere in Maschinenhallen kann das zu einer hohen Unfallgefahr führen.

Der stroboskopische Effekt wird aufgehoben, wenn man die Leuchtstofflampen eines Lichtbandes abwechselnd auf die drei Außenleiter des Drehstromnetzes verteilt oder die Duoschaltung anwendet.

**Duoschaltung.** Durch eine künstlich hergestellte Phasenverschiebung lässt sich der stroboskopische Effekt ebenfalls vermeiden. Dazu wird eine der beiden Leuchtstofflampen mit einem induktiven Vorschaltgerät betrieben, zur zweiten Lampe schaltet man einen Kondensator in Reihe **(Bild 2)**. Bei richtiger Wahl des Kompensationskondensators erreicht man in der Gesamtschaltung einen Wirkfaktor von $\cos\varphi \approx 1$.

> Bei der Duoschaltung wird der Wirkfaktor $\cos\varphi$ auf nahezu 1 kompensiert.

**Elektronische Vorschaltgeräte (EVG).** Die Netzwechselspannung wird im EVG zunächst gleichgerichtet und anschließend durch einen HF-Wechselrichter **(Bild 3)** in eine Rechtsteckspannung mit einer Frequenz von 30 bis 45 kHz umgeformt. Ein im EVG eingebauter Kaltleiter steuert die Elektrodenheizung der Leuchtstofflampe, eine elektronische Strombegrenzung **(Bild 3)** stellt den Lampenstrom nach dem Zünden auf seinen Bemessungswert ein. Ein Entstörglied verhindert das Übertragen von Funkstörungen in das Netz.

**Vorteile beim Betrieb mit EVG:**

- Kein stroboskopischer Effekt,
- flackerfreier Sofortstart der Leuchtstofflampe,
- kein Starter erforderlich **(Bild 3)**,
- kein Elektrodenflimmern,
- automatische Abschaltung bei defekter Lampe,
- Helligkeitssteuerung (Dimmen) möglich,
- Geringere Verluste als beim Betrieb mit VVG,
- Wirkfaktor $\cos\varphi \approx 1$, daher kein Kompensationskondensator erforderlich.

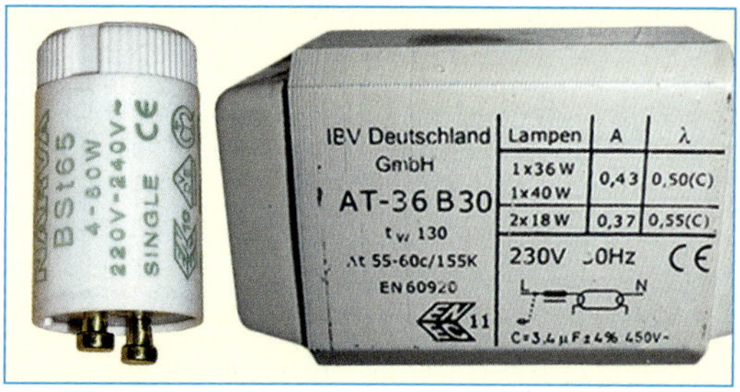


**Bild 1: Starter und verlustarmes, induktives Vorschaltgerät**

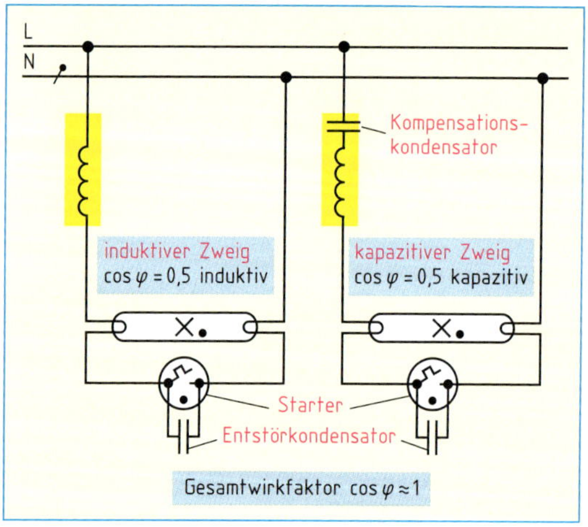


**Bild 2: Leuchtstofflampe in Duoschaltung**

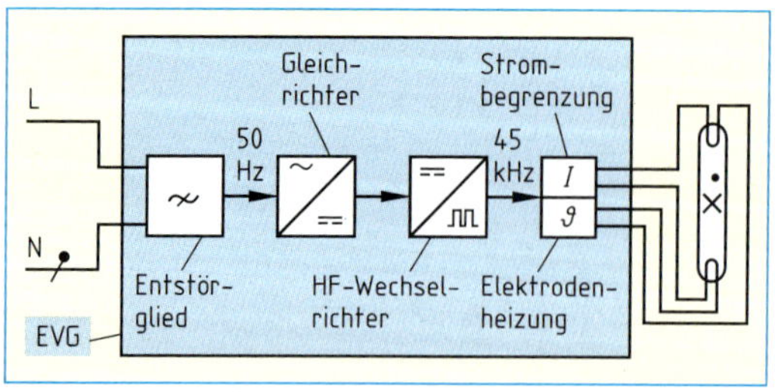


**Bild 3: Leuchtstofflampe mit elektronischem Vorschaltgerät**

## 9.6.2 Niedervolt-Halogentechnik

Installationen mit Niedervolt-Halogenlampen bezeichnet man auch als ELV[1]-Beleuchtungsanlagen. Die **Übersicht** zeigt Vorteile einer Niedervolt-Beleuchtungsanlage.

**Leuchtmittel für ELV-Beleuchtungsanlagen** werden mit oder ohne angebautem Reflektor hergestellt **(Bild 1)**. Sie bestehen aus einem Glaskolben, in dem sich eine Glühwendel aus Wolfram befindet. Der Glaskolben enthält eine Füllung aus einem Edelgas, z. B. Krypton, mit einer geringen Menge eines Halogens, z. B. Brom oder Jod. Der Glaskolben einer Halogenlampe wird während des Betriebs sehr heiß (250 °C bis 450 °C). Man verwendet aus diesem Grund ein sogenanntes Quarz- oder Hartglas.

> Um die Lebensdauer von Halogenlampen durch verdampfendes Hautfett nicht zu verkleinern, darf der Glaskolben bei der Montage nicht mit der blanken Haut berührt werden.

**Reflektor-Halogenlampen** haben einen Metallreflektor oder einen beschichteten Glasreflektor. Damit die innerhalb des Glaskolbens entstehende ultraviolette Strahlung nicht abgegeben wird, werden bei Reflektorlampen meist zusätzliche Schutzscheiben angebracht **(Bild 2)**. Sie filtern die schädlichen UV-Strahlen heraus. Leuchten, die Leuchtmittel ohne Reflektor benötigen, haben meist an der Leuchte selbst eine entsprechende Scheibe, z. B. aus bruchsicherem Fensterglas.

Der elektrische Anschluss von Niedervolt-Halogenlampen erfolgt meist mittels Stecksockel. Die Lampen besitzen hierfür entsprechende Kontaktstifte. Die Bauformen der Steckanschlüsse sind genormt, sie werden mit einer Kombination aus Buchstaben und Ziffern bezeichnet, z. B. GU 5,3 **(Bild 2)**.

Die Bauform des Reflektors beeinflusst den Abstrahlwinkel des Lichtes **(Bild 3)**. Man verwendet je nach Beleuchtungsaufgabe unterschiedliche Abstrahlwinkel, z. B. für eine punktförmige Beleuchtung ein Leuchtmittel mit kleinem Abstrahlwinkel.

Zur **Erzeugung der Versorgungsspannung** einer ELV-Beleuchtungsanlage verwendet man Sicherheitstransformatoren oder Konverter **(Bild 4)**.

**Konverter** werden auch als „elektronische Transformatoren" oder „Schaltnetzteile" bezeichnet. Konverter bestehen im Prinzip aus einem Frequenzumrichter und einem nachgeschalteten Hochfrequenz-Transformator. Der Frequenzumrichter erhöht die Frequenz der Primärspannung des Transformators auf ca. 20 bis 40 kHz. Man erreicht dadurch geringere Verluste und eine kleinere Transformatorbaugröße.

**Sicherheitstransformatoren** werden in konventioneller Bauart ausgeführt. Sie arbeiten mit Netzfrequenz.

Transformatoren und Konverter für ELV-Beleuchtungsanlagen müssen den Anforderungen für Kleinspannung (SELV) genügen.

Die Ausgangsspannung von Transformatoren oder Konvertern liegt bei Bemessungsbelastung geringfügig unter der Bemessungsspannung der Leuchtmittel, weil durch Teilbelastung, z. B. beim Ausfall von einzelnen Leuchtmitteln, die Gefahr einer größeren Ausgangsspannung besteht und dadurch die Lebensdauer der Halogenlampen verringert wird.

> Eine Überspannung von 5 % kann die mittlere Lebensdauer von Halogenlampen bereits um 50 % reduzieren.

Zur Installation einer Niedervolt-Beleuchtungsanlage müssen geeignete Betriebsmittel verwendet werden **(Tabelle 1, Seite 186)**.

[1] **ELV** = Abk. für **E**xtra **L**ow **V**oltage (engl.), Kleinspannung

### Übersicht: Vorteile einer ELV-Beleuchtungsanlage

- Kleine handliche Bauform (z. B. Ø 30 mm oder 50 mm),
- geringes Gewicht,
- unterschiedliche Abstrahlungswinkel von 6° bis 60°,
- gute Farbwiedergabe,
- niedrige Bemessungsspannung (meist 12 V).

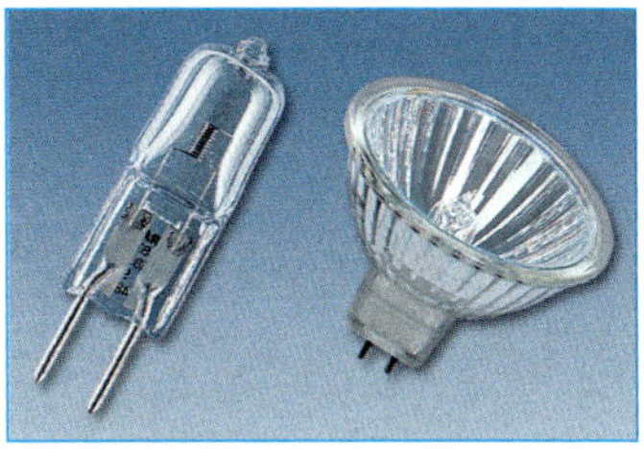

Bild 1: Niedervolt-Halogenlampen ohne und mit Reflektor

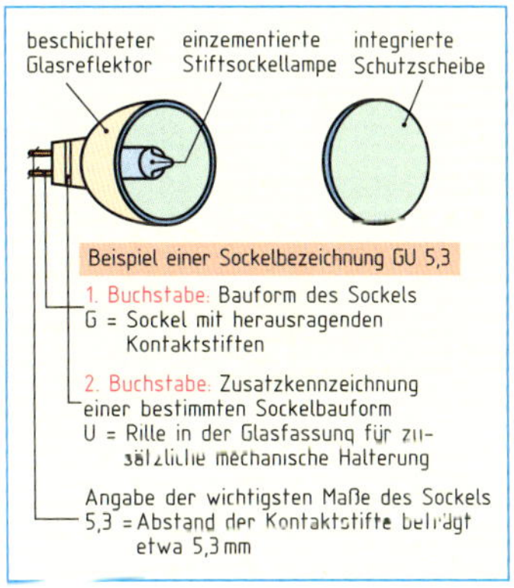


Bild 2: Reflektor-Halogenlampe mit Schutzscheibe

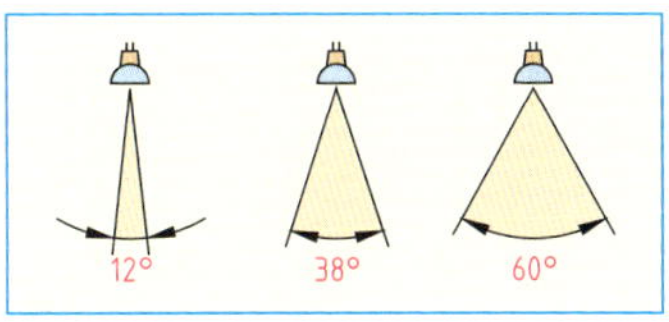


Bild 3: Unterschiedliche Lichtabstrahlwinkel

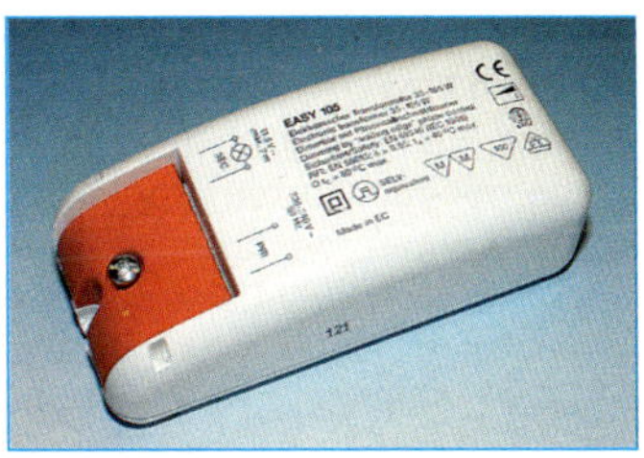

Bild 4: Konverter

Für das Errichten von Kleinspannungs-Beleuchtungsanlagen gilt DIN VDE 0100-715.

Zur Bestimmung der zulässigen Leitungslänge in einer ELV-Beleuchtungsanlage sind die Strombelastbarkeit sowie der Spannungsfall entscheidend. Durch eine sternförmige Leitungsführung mit mehreren Abgängen vom Transformator **(Bild 1)** erreicht man einen geringeren Spannungsfall und damit eine gleichmäßige Helligkeit der Lampen. Der Spannungsfall beeinflusst die Größe des Lichtstromes.

Für Leiter in Kleinspannungs-Beleuchtungsanlagen gelten nach DIN VDE 0100-715, folgende **Mindestquerschnitte:**

- 1,5 mm² Cu bei Kabel- und Leitungsanlagen,
- 4 mm² Cu aus Gründen der mechanischen Festigkeit für flexible oder isolierte freihängende Leiter,
- 4 mm² Cu bei Leitungen mit einem Außengeflecht aus Cu und einem inneren Kern aus einem Werkstoff mit hoher Zugbelastbarkeit.

**Tabelle 2** zeigt die zulässige Leitungslänge bei einer Verlegeart B2 und der Verwendung konventioneller Trafos, mit einer Lichtstromminderung von höchstens 10 % und verschiedenen Leiterquerschnitten. Eine zehnprozentige Lichtstromminderung wird bei 12-V-Halogenlampen bereits bei einem Spannungsfall von etwa 0,4 V erreicht.

Der Spannungsfall zwischen Transformator und der entferntesten Leuchte soll 5 % der Nennspannung der Anlage nicht überschreiten.

Elektronische Trafos (Konverter) haben eine Ausgangsspannung mit einer Frequenz von ca. 20 bis 40 kHz. Bei diesen Frequenzen wirkt sich die Stromverdrängung im Leiter (Skineffekt) nachteilig aus. Es ergibt sich daraus ein höherer Spannungsfall als bei der Verwendung konventioneller Transformatoren und einer Frequenz von 50 Hz.

Die **Lichtstromsteuerung** (Dimmung) von ELV-Beleuchtungsanlagen erfolgt meist auf der Primärseite des Transformators oder Konverters. Dimmer für Glühlampen sind nicht geeignet für den Anschluss von Trafos oder Konvertern.

Dimmer für Transformatoren **(Bild 2a)** müssen eine besonders genaue und symmetrische Ansteuerung beider Halbwellen aufweisen. Dimmer für Konverter **(Bild 2b)** werden nach dem Phasenabschnitt-Prinzip betrieben, d. h. die Amplitude der Netzspannung wird ab einem bestimmten Phasenwinkel bis zum nächsten Nulldurchgang abgeschaltet.

Symbole und Kurzzeichen für Dimmer: **Seite 254.**

**Tabelle 1: Auswahl von Bildzeichen auf Geräten einer ELV-Beleuchtungsanlage**

| | |
|---|---|
| **Leuchtmittel/Leuchte** | |
|  | Leuchtmittel für den Betrieb in offenen oder geschlossenen Leuchten. |
|  | Leuchtmittel ausschließlich für den Betrieb in geschlossenen Leuchten. Die Leuchten müssen eine Schutzscheibe aufweisen. |
| 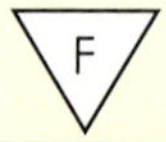 F | Die Leuchte ist geeignet zur direkten Montage auf normal entflammbaren Oberflächen. |
| **Transformator/Konverter** | |
|  | Kurzschlussfester Sicherheitstransformator – bedingt oder unbedingt, (Nach DIN VDE 0570). |
|  | Konverter, der nicht in Leuchten oder anderen Gehäusen montiert werden muss. (Nach DIN VDE 0712-24). |
|  110 | Konverter mit einer Temperaturbegrenzung auf 110 °C |

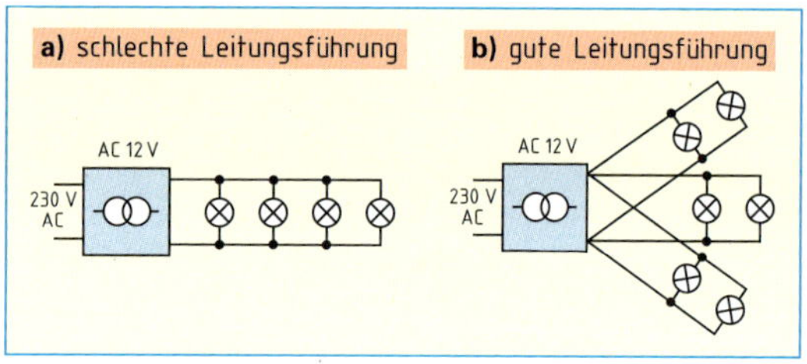


**Bild 1: Leitungsführungen bei Niedervolt-Beleuchtungsanlagen**

**Tabelle 2: Zulässige Leitungslängen in ELV-Beleuchtungsanlagen***

| Bemessungsleistung der ELV-Anlage | Zulässige Leitungslänge in m bei Leiterquerschnitt $A$ in mm² | | | | |
|---|---|---|---|---|---|
| | 1,5 | 2,5 | 4 | 6 | 10 |
| 20 W | 10,8 | 18,0 | 28,7 | 43,0 | 71,8 |
| 35 W | 6,2 | 10,3 | 16,4 | 24,6 | 41,0 |
| 50 W | 4,3 | 7,2 | 11,5 | 17,2 | 28,7 |
| 75 W | 2,9 | 4,8 | 7,7 | 11,5 | 19,1 |
| 100 W | 2,2 | 3,6 | 5,7 | 8,6 | 14,4 |
| 150 W | 1,4 | 2,4 | 3,8 | 5,7 | 9,6 |
| 250 W | – | 1,4 | 2,3 | 3,4 | 5,7 |
| 300 W | – | – | 1,9 | 2,9 | 4,8 |

* Verlegeart B2; Lichtstromminderung max. 10%

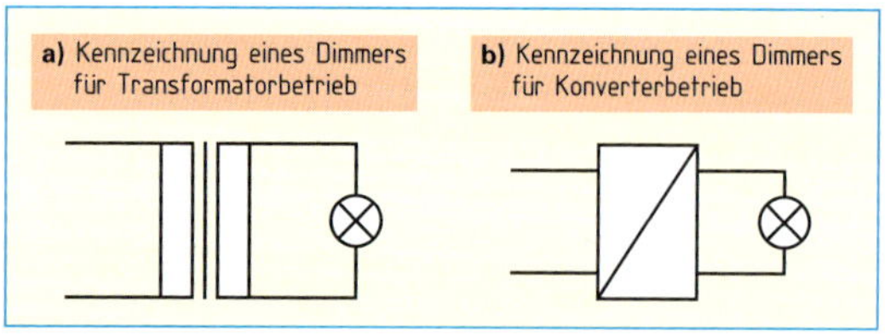


**Bild 2: Kennzeichnung von Dimmern für ELV-Beleuchtungsanlagen**

## 9.6.3 LED-Beleuchtung

Zur Reduzierung des Energieverbrauchs werden neben den Kompaktleuchtstofflampen zunehmend LED[1]-Lampen eingesetzt. Sie sind für die handelsüblichen Lampensockel **(Seite 182, Tabelle)** in unterschiedlichen Bauformen und nahezu allen Lichtfarben erhältlich. Die Leuchtmittel mit LED-Technik gibt es z.B. in den Ausführungen mit vielen kleinen LEDs, als Lichtband und als Leistungs-LEDs **(Bild 1).** Einzelne LEDs können nicht direkt an 230-Volt-Wechselspannungsversorgung betrieben werden.

Für das Betreiben von LED-Leuchtmitteln an Wechselspannung 230 V ist entweder ein in das Leuchtmittel integriertes Netzteil **(Bild 2)** oder ein externes Netzteil erforderlich.

**Die Vorteile einer LED-Lampe sind:**

- Volle Lichtleistung sofort nach dem Einschalten,
- hohe Schaltfestigkeit, die Lampe kann häufig und in kurzen Abständen, bis zu 1.000.000-mal, geschaltet werden,
- hohe Lebensdauer, die Angaben der Hersteller beziehen sich allerdings auf die reine LED und nicht auf die in der Lampe befindliche Elektronik,
- Temperaturbereich von –20 °C bis ca. 50 °C,
- sendet keine UV-Strahlung aus und
- die Entsorgung ist unproblematisch, da kein Quecksilber wie in der ESL enthalten ist.

**Die Nachteile einer LED-Lampe sind:**

- Eingeschränkter Leistungsbereich und
- relativ hohe Kosten im Vergleich zu Kompaktleuchtstofflampen (ESL).
- Verwendung bei vorhandenen Dimmern muss geprüft werden, um mögliches Flackern zu vermeiden.

LED-Lichtbänder eignen sich z.B. für die Beleuchtung von Treppenstufen, Möbeln und Küchenelementen. Die Spannungsversorgung erfolgt entsprechend den Herstellerangaben, z.B. über ein externes Gleichspannungsnetzteil. Die zum Einsatz kommenden Netzteile sollten über eine gute Glättung verfügen. Ohne ein entsprechendes Netzteil kann es zum störenden Flackern der LED-Beleuchtung kommen.

Für die Vergleichbarkeit von LED-Lampen, Halogenlampen und Energiesparlampen sollten der Lichtstrom $\Phi_V$, Einheit Lumen (lm) und die Lichtausbeute $\eta$, Einheit Lumen/Watt (lm/W), berücksichtigt werden. Der Lichtstrom ist die nach allen Seiten von der Lampe abgegebene Lichtleistung. Die Lichtausbeute gibt den erzeugten Lichtstrom im Verhältnis zur verwendeten elektrischen Leistung an **(Seite 182, Tabelle).** Eine weitere wichtige Angabe bei LED-Lampen ist der Abstrahlwinkel, z.B. 24°–60° bei LED-Spots **(Bild 3).** Bei der Wahl des Leuchtmittels ist der Abstrahlwinkel zu beachten. Je größer der Abstrahlwinkel einer LED-Lampe ist, desto größer ist die von der Lampe beleuchtete Fläche.

1 **LED**, Abk. für: **L**ight **E**mitting **D**iode (engl.) = Licht emittierende Diode; emittieren (lat.) = aussenden

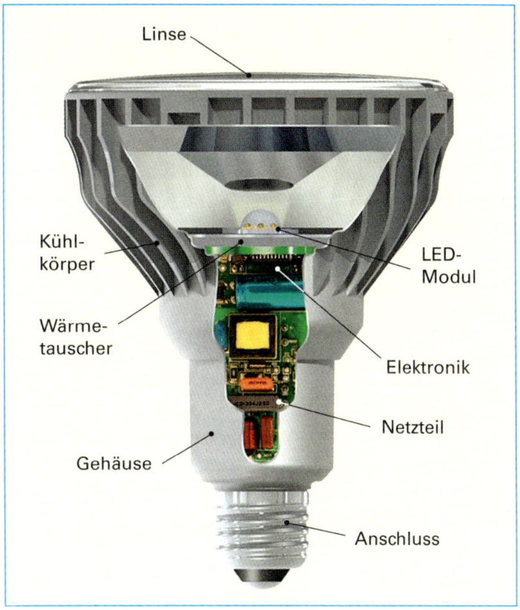


**Bild 1: Aufbau einer Leistungs-LED-Lampe CR30**

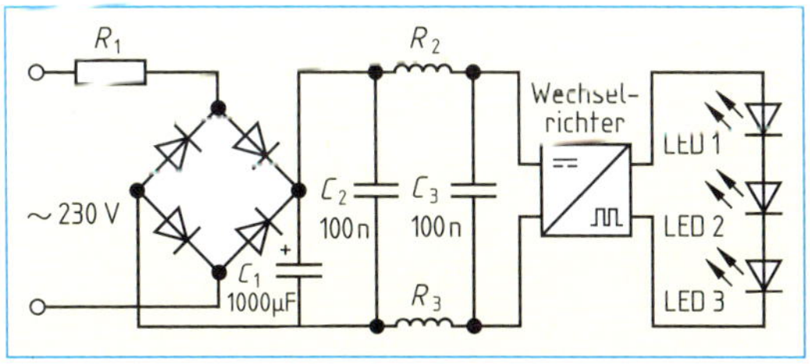


**Bild 2: Prinzipschaltung integriertes Netzteil von Leistungs-LEDs**

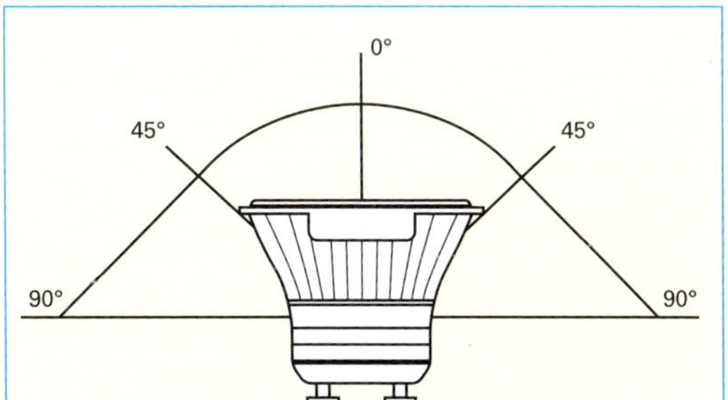


**Bild 3: Abstrahlwinkel LED-Spot**

# 9.7 Fotovoltaikanlagen

## Aufbau einer Fotovoltaikanlage

Solarmodule wandeln Sonnenenergie in elektrische Energie um. Sie werden an geeigneten Stellen mit Tragekonstruktionen, z. B. auf Dächern oder an Fassaden, montiert.

**Fotovoltaikgeneratoren** bestehen aus einzelnen Solarmodulen **(Bild)**.

> Bei Reihenschaltung der Solarmodule zu einem Strang addieren sich die Spannungen, durch Parallelschaltung der Solarmodule oder Stränge **(Bild)** addieren sich die Ströme.

Abgeschattete Solarzellen im Solarmodul wirken wie Widerstände. Sie sind deshalb durch parallel geschaltete Bypass-Dioden gegen thermische Überlastung geschützt. Abgeschattete Stränge schützt man durch Strangdioden **(Bild)**.

Im **Generator-Anschlusskasten** fasst man die einzelnen Strangleitungen der Solarmodule zusammen.

> Die Gleichstromhauptleitung führt die elektrische Energie der Solaranlage zum Wechselrichter **(Bild)**.

Der **Wechselrichter** wandelt den in der Fotovoltaikanlage erzeugten Gleichstrom in Wechselstrom um.

**Selbstgeführte Wechselrichter** setzt man bei Inselbetrieb, d. h. in Anlagen ohne Verteilungsnetz-Einspeisung, ein.

**Netzgeführte Wechselrichter** sind bei Einspeisung in ein öffentliches Verteilungsnetz erforderlich. Sie passen Ausgangsspannung, Frequenz und Phasenlage an das Verteilungsnetz an und müssen die Einspeisung in das Verteilungsnetz bei Absinken der Netzspannung unter 80 % der Netznennspannung innerhalb von 0,2 s beenden.

> Am Wechselrichter sind Trenneinrichtungen auf der Gleich- und Wechselspannungsseite vorzusehen (DIN VDE 0100-712).

**Freischalteinrichtungen** befinden sich in unmittelbarer Nähe des Wechselrichters und trennen bei Bedarf den Fotovoltaikgenerator vom Wechselrichter, z. B. bei Wartungsarbeiten an der Fotovoltaikanlage.

> Bei Anwendung der Schutzmaßnahme Kleinspannung SELV oder PELV darf die Leerlaufspannung des Fotovoltaikgenerators $U_{0C\,STC}$[1] = 120 V nicht übersteigen.

Die aus dem öffentlichen Netz bezogene bzw. in das Netz eingespeiste Energie wird zur Verrechnung durch getrennte Zähler gemessen **(Bild)**.

[1] $U_{0C\,STC}$ = Leerlaufspannung unter Standard-Prüfbedingungen

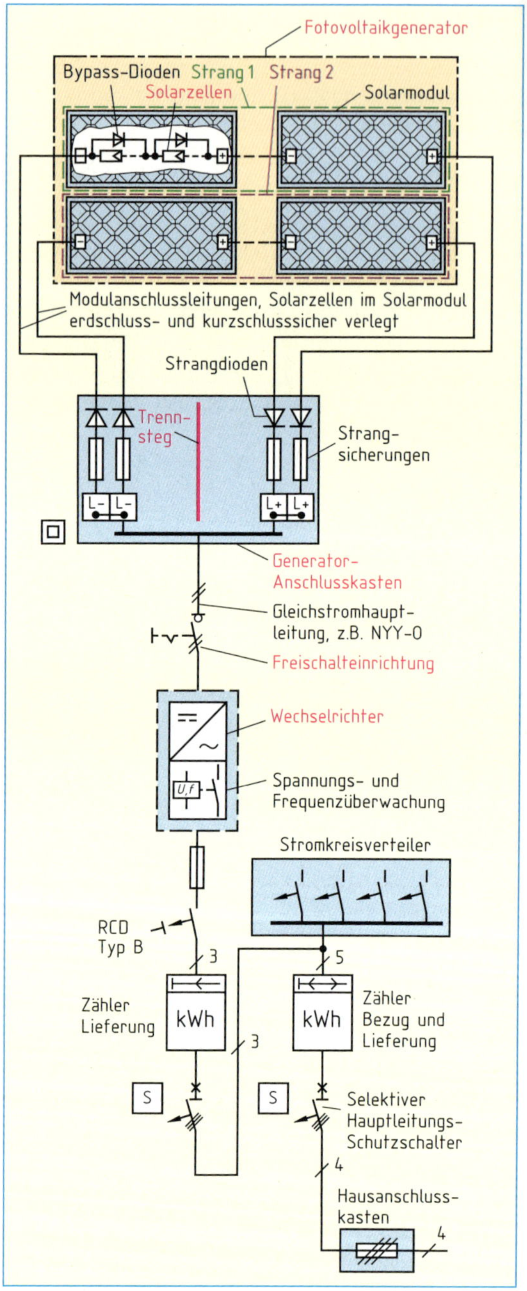


**Bild: Fotovoltaikanlage für Selbstverbrauch mit Überschusseinspeisung**

### Übersicht: Einspeisearten

- **Volleinspeisung**
  Erzeugte Energie wird vollständig in das öffentliche Netz eingespeist.
- **Selbstverbrauch mit Überschusseinspeisung**
  Erzeugte Energie wird soweit möglich selbst verbraucht. Nur überschüssige Energie wird in das öffentliche Netz eingespeist.

**Schutzmaßnahmen im Gleichstromkreis.** Als Basis- bzw. Fehlerschutz eignen sich die Schutzmaßnahmen Kleinspannung SELV oder PELV und Schutz durch doppelte oder verstärkte Isolierung. Solarmodule der Schutzklasse II haben keinen Metallrahmen und müssen das Symbol der Schutzklasse II tragen ⧈.

> Bei Anwendung der Schutzmaßnahme Kleinspannung ist ein Wechselrichter mit sicherer Trennung zwischen Eingang und Ausgang des Wechselrichters erforderlich.

In Anlagen mit Wechselrichtern ohne einfache Trennung zwischen der Gleich- und der Wechselstromseite, ist auf der Wechselstromseite eine Fehlerstrom-Schutzeinrichtung (RCD) Typ B erforderlich **(Bild, Seite 188)**.

**Montage und Anschluss der Fotovoltaikanlage.** Die Tragekonstruktion für den Fotovoltaikgenerator wird möglichst nach Süden ausgerichtet. Der Neigungswinkel gegen die Sonne soll bei mittlerem Sonnenstand etwa 30° betragen.

Durch Oberflächentemperaturen bis 80 °C auf dem Dach sind **Modulanschlussleitungen** mit erhöhter Wärmebeständigkeit erforderlich **(Tabelle)**.

**Tabelle: Leitungen für Fotovoltaikanlagen**

| | |
|---|---|
| Modulanschlussleitung | Solaranschlussleitungen* z. B. Solarflex |
| Gleichstromhauptleitung | – Mantelleitung NYM-O<br>– Kabel NYY-O |

* Solaranschlussleitungen sind noch nicht genormt

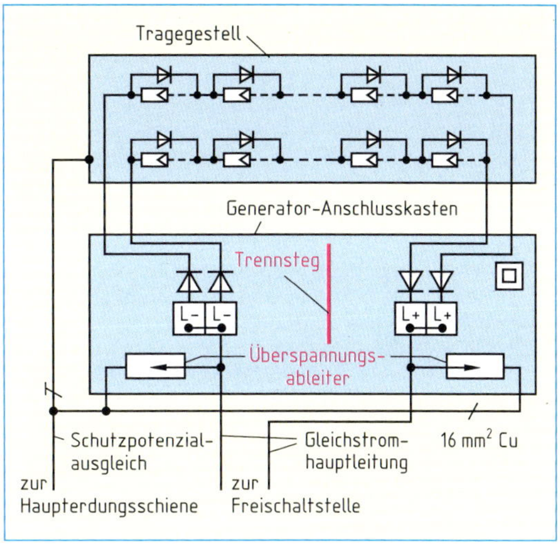


**Bild: Blitzschutz einer Fotovoltaikanlage**

Der Kurzschlussstrom $I_K$ des Fotovoltaikgenerators ist nur geringfügig größer als sein Bemessungsstrom. Der Leitungsschutz für die Modulanschlussleitungen, Strangleitungen und die DC-Hauptleitung kann entfallen, wenn die Dauerbelastbarkeit der Leitungen für den 1,25-fachen Wert des Kurzschlussstromes ausgelegt ist. Übersteigt der 1,25-fache Kurzschlussstrom die Strombelastbarkeit der Modulanschlussleitungen, sind Strangsicherungen, z. B. LS-Schalter, notwendig **(Bild, Seite 188)**. Der Mindestquerschnitt der Modulanschlussleitungen wird meist vom Hersteller vorgegeben. Modulanschlussleitungen müssen erdschluss- und kurzschlusssicher verlegt sein und den zu erwartenden mechanischen Beanspruchungen, z. B. durch Druck, Zug oder Scherung, genügen. Sie müssen bei ungeschützter Verlegung im Freien UV- und witterungsbeständig sein.

> Der Spannungsfall an der Gleichstromhauptleitung soll 1 % der Bemessungsspannung des Fotovoltaikgenerators nicht übersteigen.

**Blitzschutz und Überspannungsschutz.** Die Montage einer Fotovoltaikanlage erfordert nicht zwingend die Installation einer vollständigen Gebäudeblitzschutzanlage. Der durch einen Blitzschlag zu erwartende Schaden rechtfertigt jedoch eine Mindestausstattung für den Blitz- und den Überspannungsschutz. Ziel ist dabei die Begrenzung von Folgeschäden bei direktem Einschlag in den Fotovoltaikgenerator und die Begrenzung von Überspannungen im Gleichstromkreis. In die Gleichstromhauptleitung sollen deshalb Überspannungsableiter **(Bild)** eingebaut werden.

Blitzschutzanlage: **Seite 167**

Leitende Anlagenteile, die in den Schutzpotenzialausgleich über die Haupterdungsschiene einbezogen sind, z. B. die Tragekonstruktion für die Solarmodule, dürfen nicht direkt mit der Blitzschutzanlage verbunden werden. Sie sind ggf. durch isolierte Fangeinrichtungen unter Einhaltung des Trennungsabstandes *s* **(Seite 171)** zu schützen.

## Wiederholungsfragen

1. **Aus welchen Hauptteilen besteht eine Fotovoltaikanlage?**
2. **Welche Schutzmaßnahmen wendet man bei Fotovoltaikanlagen auf der Gleichspannungsseite an?**
3. **Unter welcher Bedingung darf man auf den Überstromschutz in Modulanschlussleitungen verzichten?**
4. **Welcher Spannungsfall in Prozent soll an der Gleichstromhauptleitung nicht überschritten werden?**

## Situationsbeschreibung:

Auf dem Dach eines Einfamilienhauses ist eine Fotovoltaikanlage zu planen. Das Dach ist auf Eignung zu prüfen, Solarmodule und Wechselrichter sind auszuwählen.

### Wirtschaftlichkeit der Fotovoltaikanlage prüfen

- **Ausrichtung und Neigung des Daches prüfen:**
  Optimale Voraussetzungen sind gegeben, wenn das Dach nach Süden ausgerichtet ist und die Dachneigung bei ca. 35° liegt. Bei nicht optimaler Ausrichtung, z. B. Dachneigung 30° und Dachausrichtung nach 45° Südwest, ist noch mit 95 % der optimalen Einstrahlung zu rechnen **(Bsp. 1, Bild 1)**. Sind Ausrichtung und Neigung, z. B. bei Gauben oder Anbauten, unterschiedlich, müssen die Solarmodule auf einzelne Stränge oder auf separate Wechselrichter aufgeteilt werden.
- **Prüfen auf Verschattung der Solarmodule:**
  Schattenwürfe von umstehenden Gebäuden, Bäumen oder Strommasten, aber auch Gauben, Kamine oder eine Parabolantenne reduzieren den Energieertrag, da einzelne Solarzellen eine geringere Spannung erzeugen. Die abgeschattete Solarzelle wirkt wie ein Widerstand in der Reihenschaltung der Solarzellen. Bei der Anordnung der Solarmodule ist darauf zu achten, dass keine Verschattung auftritt **(Bild 2)**.
- **Zu bebauende Dachfläche:**
  Die Besichtigung der Dachfläche ergibt, dass 20 Module mit einer Fläche von je 1,65 m² verschattungsfrei auf dem Dach montiert werden können. Das Dach ist optimal 10° nach Südwest ausgerichtet und der Neigungswinkel liegt gleichmäßig bei ca. 40° ⇒ jährliche Einstrahlung = 100 % **(Bsp. 2, Bild 1)**.
- **Berechnen des Ertrages:**
  Leistung der Fotovoltaikanlage =
  Anzahl der Module · Modulleistung in $W_p$.
  Jahresleistung = Leistung · durchschnittliche Sonneneinstrahlung in h/Jahr bei optimaler Dachausrichtung.
  Jahresertrag in € = Jahresleistung · Einspeisevergütung (0,1147 €/kWh; 20 Jahre fest, Stand 01.2019, EEG). Die Vergütung ist vom Datum der Erstinbetriebnahme abhängig und kann aufgrund der Degression (momentan 0 %) monatlich weniger werden.

**Bsp.:** Anlage mit 20 Modulen Typ P 230 FA **(Tabelle 2)**.
Nennleistung = 20 · 230 $W_p$ = 4,6 $kW_p$
Jahresleistung = 4,6 $kW_p$ · 1000 h[1] = 4600 kWh
**Ertrag** = 4600 kWh · 0,1147 €/kWh = **528 €**

Die Erträge können aufgrund von Witterungseinflüssen, Verschmutzung und Alterung stark schwanken. Ertragseinbußen von bis zu 20 % sind möglich.

### Auswahl des Solarmoduls nach dem Solarzellentyp

Man unterscheidet Solarmodule aus monokristallinen, polykristallinen und amorphen Silizium-Solarzellen. Bei kleinen Installationsflächen mit guter Ausrichtung sind Module aus polykristallinen Solarzellen zu empfehlen. Sie haben ein gutes Preis-Leistungsverhältnis und einen guten Wirkungsgrad.

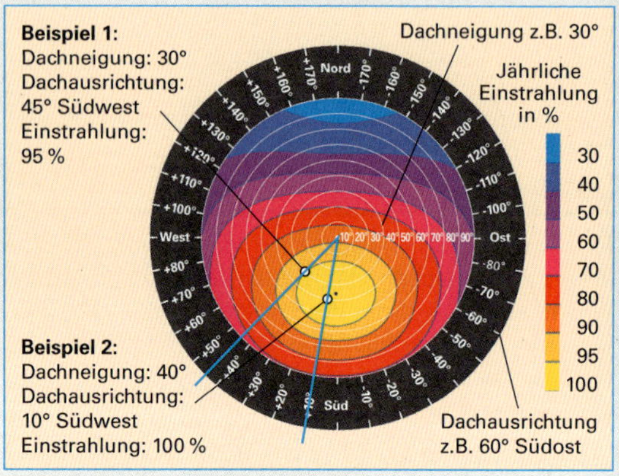


**Bild 1: Einfluss von Ausrichtung und Neigung des Daches auf die eingestrahlte Energie**

**Bild 2: Berücksichtigung der Verschattung auf das Solarmodul**

**Tabelle 1: Arten von Solarzellen**

| Material | Wirkungsgrad | Eigenschaften |
|---|---|---|
| Silizium, polykristallin | 10–15 % | Günstige Herstellung, guter Wirkungsgrad und gutes Preis-Leistungs-Verhältnis |
| Silizium, monokristallin | 15–20 % | Teure Herstellung, höherer Preis, Anwendung hauptsächlich im großtechnischen Einsatz. |

**Tabelle 2: Technische Daten von Solarmodulen**

| Leistungsdaten bei STC[2], Typ P: | 230 FA | 235 FA | 240 FA |
|---|---|---|---|
| Nennleistung $P_{MPP}$ in $W_p$ | 230 | 235 | 240 |
| Spannung $U_{MPP}$ in V | 30 | 30,1 | 30,2 |
| Leerlaufspannung $U_0$ in V | 36,8 | 36,8 | 37 |
| Strom im MPP $I_{MPP}$ in A | 7,67 | 7,81 | 7,95 |
| Kurzschlussstrom $I_K$ in A | 8,34 | 8,44 | 8,54 |
| Modulwirkungsgrad $\eta$ in % | 13,9 | 14,2 | 14,5 |
| Temperaturkoeffizient $\alpha_u$ in mV/K | –117,8 | –117,8 | –118,4 |

[1] Im Mittel erzeugt eine Fotovoltaikanlage mit optimaler Dachausrichtung in Deutschland jährlich etwa 1000 kWh Solarstrom pro $kW_p$ Leistung.

[2] **STC**, Abk. für: **S**tandard **T**est **C**ondition (engl.) = Standard-Testbedingung (bei $E$ = 1000 W/m² und $\vartheta$ = 25 °C).

**Module anhand der Technischen Daten auswählen**

Um Solarmodule vergleichen zu können, wurden Standard-Test-Bedingungen (STC) festgelegt:

| | |
|---|---|
| Einstrahlung | $E = 1000\,\text{W/m}^2$ |
| Zelltemperatur | $\vartheta = 25°\,\text{C} \hat{=} T = 298{,}15\,\text{K}$ |
| Lichtspektrum | AM (Air Mass) = 1,5 |

Wegen des günstigen Preis-Leistungsverhältnisses fällt die Wahl auf das 230-W-Modul P230 FA **(Tabelle 2, Seite 190)**. 20 Module sollen installiert werden. Es ist ein geeigneter Wechselrichter auszuwählen.

**Auswahl des Wechselrichters**

Leistung der Anlage berechnen:

$\boldsymbol{P_{ges}} = n \cdot P_{MPP} = 20 \cdot 230\,\text{W}_p = \mathbf{4600\,W_p = 4{,}6\,kW_p}$

Berechnung der minimalen MMP[1]-Spannung $U_{MPPmin}$ bei maximaler Zellentemperatur (70 °C $\hat{=}$ 343,15 K):

$\Delta T = T_1 - T_2 = 343{,}15\,\text{K} - 298{,}15\,\text{K} = 45\,\text{K}$

$$U_{MPPT} = U_{MPP} + \alpha_U \cdot \Delta T = 30\,\text{V} + \left(-117{,}8\,\frac{\text{mV}}{\text{K}} \cdot 45\,\text{K}\right) = 24{,}7\,\text{V}$$

$\boldsymbol{U_{MPPmin}} = U_{MPPT} \cdot n = 24{,}7\,\text{V} \cdot 20 = \mathbf{494\,V}$

Berechnung der maximalen MMP-Spannung $U_{MPPmax}$ bei minimaler Zellentemperatur (–10 °C $\hat{=}$ 263,15 K):

$\Delta T = T_1 - T_2 = 263{,}15\,\text{K} - 298{,}15\,\text{K} = -35\,\text{K}$

$$U_{MPPT} = U_{MPP} + \alpha_U \cdot \Delta T = 30\,\text{V} + \left(-117{,}8\,\frac{\text{mV}}{\text{K}} \cdot -35\,\text{K}\right) = 34{,}12\,\text{V}$$

$\boldsymbol{U_{MPPmax}} = U_{MPPT} \cdot n = 34{,}12\,\text{V} \cdot 20 = \mathbf{682{,}4\,V}$

Berechnung der maximalen Leerlaufspannung $U_{0max}$ bei minimaler Zellentemperatur (–10 °C $\hat{=}$ 263,15 K):

$\Delta T = T_1 - T_2 = 263{,}15\,\text{K} - 298{,}15\,\text{K} = -35\,\text{K}$

$$U_{0T} = U_0 + \alpha_U \cdot \Delta T = 36{,}8\,\text{V} + \left(-117{,}8\,\frac{\text{mV}}{\text{K}} \cdot -35\,\text{K}\right) = 40{,}92\,\text{V}$$

$\boldsymbol{U_{0max}} = U_{0T} \cdot n = 40{,}92\,\text{V} \cdot 20 = \mathbf{818{,}4\,V}$

Die Berechnungen zeigen, dass die Werte $U_{MPPmin}$, $U_{MPPmax}$ und $U_{0max}$ zu hoch sind. Beide Wechselrichter in der **Tabelle** haben einen kleineren MPP-Spannungsbereich sowie eine zu geringe max. Eingangsspannung.

**Lösung:** Der Wechselrichter Sunny Boy 4000TL besitzt zwei unabhängige Eingänge, Strang A und B.

Die Module werden deshalb aufgeteilt:

**Strang A:** 12 Module

$\boldsymbol{U_{MPPmin}} = U_{MPPT\,(70°)} \cdot n = 24{,}7\,\text{V} \cdot 12 = \mathbf{296{,}4\,V}$

$\boldsymbol{U_{MPPmax}} = U_{MPPT\,(-10°)} \cdot n = 34{,}12\,\text{V} \cdot 12 = \mathbf{409{,}44\,V}$

$\boldsymbol{U_{0max}} = U_{0T} \cdot n = 40{,}92\,\text{V} \cdot 12 = \mathbf{491{,}04\,V}$

Technische Daten des Wechselrichters eingehalten.

**Strang B:** 8 Module

$\boldsymbol{U_{MPPmin}} = U_{MPPT\,(70°)} \cdot n = 24{,}7\,\text{V} \cdot 8 = \mathbf{197{,}6\,V}$

$\boldsymbol{U_{MPPmax}} = U_{MPPT\,(-10°)} \cdot n = 34{,}12\,\text{V} \cdot 8 = \mathbf{272{,}96\,V}$

$\boldsymbol{U_{0max}} = U_{0T} \cdot n = 40{,}92\,\text{V} \cdot 8 = \mathbf{327{,}36\,V}$

Technische Daten des Wechselrichters eingehalten.

Strom im MPP $I_{MPP} = 7{,}67\,\text{A}$ **(Tabelle 2, Seite 190)**.

[1] **MPP**, Abk. für **M**aximal **P**ower **P**oint (engl.) = Punkt größter Leistungsabgabe

Wichtige Kriterien zur Bestimmung des Wechselrichters:

- $U_{MPPmin}$ der Fotovoltaikanlage bei maximaler Zellentemperatur (70 °C) muss im MPP[1]-Spannungsbereich des Wechselrichters liegen.
- $U_{MPPmax}$ der Fotovoltaikanlage bei minimaler Zellentemperatur (–10 °C) muss im MPP-Spannungsbereich des Wechselrichters liegen.
- $U_{0max}$ der Fotovoltaikanlage bei minimaler Zellentemperatur (–10 °C) darf nicht größer sein als die max. Eingangsspannung des Wechselrichters.
- $I_{MPP}$ der Fotovoltaikanlage darf nicht größer sein als der max. Eingangsstrom des Wechselrichters.
- $P_{ges}$ der Fotovoltaikanlage darf 10% über der max. DC-Leistung des Wechselrichters liegen, da die Leistung der Fotovoltaikanlage nur unter STC-Bedingungen, jedoch nicht in der Praxis, erreicht wird.
- Besitzt ein Wechselrichter zwei unabhängige MPP-Eingänge sollte die Modulzahl pro Strang so hoch wie möglich gewählt werden, um einen optimalen Wirkungsgrad des Wechselrichters zu erreichen.

**Tabelle: Technische Daten Wechselrichter**

| Typ Sunny Boy | 3000TL | 4000TL |
|---|---|---|
| Max. DC-Leistung | 3200 W | 4200 W |
| Max. Eingangsspannung | 550 V | 550 V |
| MPP-Spannungsbereich | 188 – 440 V | 170 – 440 V |
| Min. Eingangsspannung | 125 V | 125 V |
| Max. Eingangsstrom pro String (Eingang A/B) | 17 A/– | 15 A/15 A |
| Anzahl der MPP-Eingänge | 1 | 2 |
| Stränge pro MPP-Eingang | 2 | A: 2 B: 2 |
| Bemessungsleistung AC | 3000 W | 4000 W |
| Bemessungsspannung AC | 180 – 280 V | 180 – 280 V |
| Max. Wirkungsgrad | 97 % | 97 % |

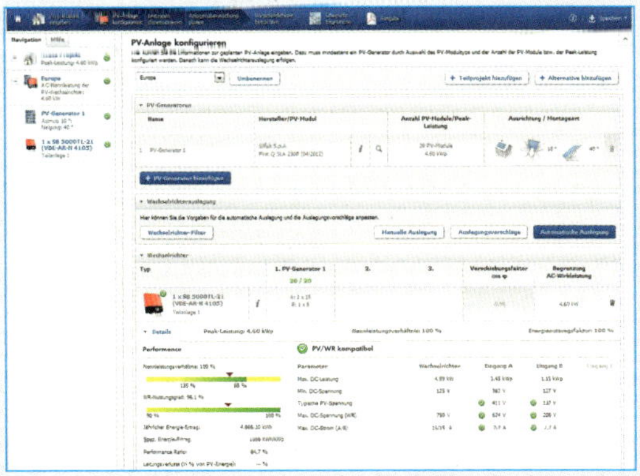


**Bild: Planung der Anlage mit Sunny Design**

Zur Planung einer Fotovoltaikanlage kann eine Planungssoftware, z. B. Sunny Design Web, der Firma SMA Solar Technology AG verwendet werden. http://www.sunnydesignweb.com/sdweb/#/Home

**Praxistipp: Komponenten einer Fotovoltaikanlage auswählen** (Nächster Praxistipp: Seite 206)

# 10 Messen in elektrischen Anlagen und Betriebsmitteln

Der fachgerechte Umgang mit Mess- und Prüfgeräten ist Voraussetzung für das Errichten elektrischer Anlagen und Betriebsmittel sowie deren Wartung und Instandsetzung.

**Übersicht: Messen und Prüfen**

- **Messen:** Bestimmen des Zahlenwertes einer Messgröße. Beispiel: Spannung $U = 230\,V$
- **Prüfen:** Feststellen, ob eine vorgegebene Bedingung erfüllt wird. Beispiel: Spannung $U$ vorhanden

## 10.1 Messen und Prüfen

**Messen.** Durch Messen **(Übersicht)** bestimmt man den Wert einer physikalischen Größe (Messgröße) als Vielfaches einer Maßeinheit.

Bei einer Spannungsmessung ist die Spannung $U$ die physikalische Größe. Der angezeigte Messwert, z. B. 230 V, ist das Produkt aus dem Zahlenwert 230 mal der Maßeinheit Volt. Weitere physikalische Größen sind z. B. Stromstärke $I$, Widerstand $R$, Zeit $t$, Leistung $P$ oder Arbeit $W$.

> Messen heißt, den Wert einer gesuchten Größe mit einer gesetzlich festgelegten Maßeinheit vergleichen.

Schalttafelmessgeräte oder Vielfach-Messinstrumente **(Seite 201)** zeigen den jeweils gegebenen Messwert an, schreibende Messgeräte registrieren den Messwert und seine Änderungen z. B. über einen längeren Zeitraum. Ein Oszilloskop **(Seite 207)** kann veränderliche Messwerte bildhaft darstellen.

**Prüfen.** Mit einem Spannungsprüfer wird festgestellt, ob z. B. an einer Steckdose Spannung anliegt. Der genaue Wert der Spannung wird nicht ermittelt.

> Durch Prüfen stellt man fest, ob eine Größe, z. B. eine Spannung, vorhanden ist oder nicht.

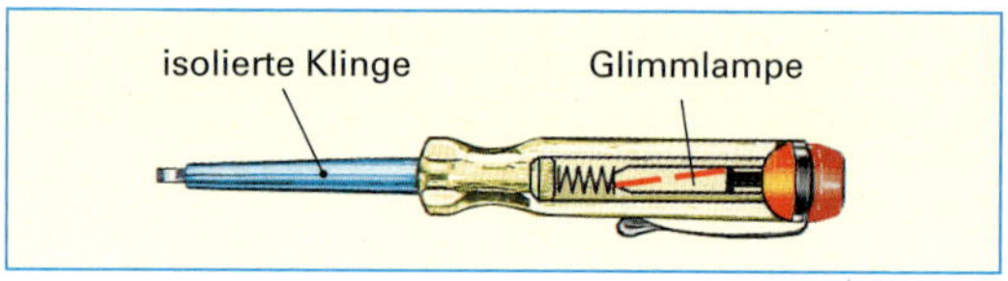

**Bild 1: Einpoliger Spannungsprüfer (Polsucher)**

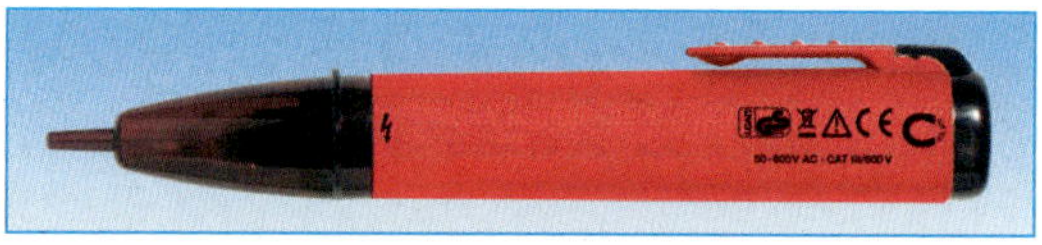
**Bild 2: Berührungsloser Spannungsprüfer**

**Bild 3: Zweipoliger Spannungs- und Durchgangsprüfer**

**Einpolige Spannungsprüfer (Bild 1)** nach DIN VDE 0680-6 sind nur für Gleich- und Wechselspannungen bis 250 V gegen Erde zugelassen. Beim Prüfen schließt sich der Stromkreis über den menschlichen Körper. Daher ist zur Strombegrenzung der Glimmlampe ein Schutzwiderstand $R$ von etwa 500 kΩ vorhanden.

Spannungsprüfer mit Schraubendreherklinge dürfen nur zum Prüfen, aber nicht für andere Arbeiten unter Spannung verwendet werden. Die Anzeige einpoliger Spannungsprüfer kann trotz vorhandener Spannung ausbleiben, z. B. bei gut isolierenden Standorten wie Holzleitern oder in betriebsmäßig nicht geerdeten Netzen.

**Berührungslose Spannungsprüfer (Bild 2)** zeigen Wechselspannungen durch ein optisches und akustisches Signal an. Der Leiter muss dabei nicht berührt werden. Leitungsunterbrechungen, z. B. in offen verlegten Leitungen oder Kabeltrommeln können damit leicht gefunden werden.

**Zweipolige Spannungsprüfer (Bild 3)** nach DIN VDE 0682-401 haben eine größere Prüfsicherheit und ermöglichen ein gefahrloses Arbeiten. Sie sind für Gleich- und Wechselspannungen geeignet und zeigen bei Gleichspannung auch die Polarität an. Zweipolige Spannungsprüfer haben meist eine LED-Anzeige[1]. Durch die Leuchtdioden wird der vorhandene Spannungsbereich, z. B. 12 V, 50 V oder 500 V angezeigt. Sie sind auch als **Durchgangsprüfer** erhältlich. Durchgang wird durch eine Leuchtdiode und ein akustisches Signal angezeigt.

> In einer elektrischen Anlage darf das Feststellen der Spannungsfreiheit nur mit Messgeräten oder zweipoligen Spannungsprüfern (Bild 3) durchgeführt werden. Der Spannungsprüfer muss vor jeder Benutzung auf einwandfreie Funktion geprüft werden, z. B. an einer unter Spannung stehenden Steckdose.

[1] **LED**, Abk. für: **L**ight **E**mitting **D**iode (engl.) = Licht emittierende Diode; emitieren (lat.) = aussenden

## 10.2 Begriffe der Messtechnik

**Tabelle: Wichtige Begriffe der Messtechnik**

| Begriffe | Erklärung | Beispiele |
|---|---|---|
| Messgröße | Physikalische Größe, die gemessen wird. | Spannung, Stromstärke, Zeit. |
| Messwert | Der aus der Anzeige des Messgerätes ermittelte Wert. Er wird mit der Einheit der Messgröße multipliziert. Messwert = Zahlenwert mal Einheit der Messgröße. | $U = 230 \cdot 1\,V = 230\,V$<br>$I = 10 \cdot 1\,\mu A = 10\,\mu A$ |
| Messergebnis | Messwert aus einer oder aus mehreren Messungen. Messergebnisse können auch indirekt aus Messwerten errechnet werden. | $U = 230\,V$; $I = 2{,}5\,A$;<br>$\Rightarrow P = U \cdot I = 230\,V \cdot 2{,}5\,A = 575\,W$ |
| Messwerk | Skala und Bauteile, die das Drehmoment und die Bewegung des Zeigers erzeugen. | Drehspulmesswerk, Dreheisenmesswerk, elektrodynamisches Messwerk. |
| Messinstrument | Messwerk mit Gehäuse und eingebauten Bauelementen, z. B. Vor- und Nebenwiderständen für die Messbereichswahl. | Vielfach-Messinstrument. |
| Messgerät | Messinstrument mit allem Zubehör, auch solchen Teilen, die vom Messinstrument zu trennen sind, z. B. Messleitungen, Tastköpfe und Wandler. Messgerät ist das komplette Gerät. | Messinstrument mit getrenntem Vorwiderstand, Stromwandler, Spannungswandler oder Temperaturfühler. |
| Messmethode | Regel für die Durchführung der Messung. | Direkte oder indirekte Messung, Stromfehlerschaltung, Spannungsfehlerschaltung, Brückenschaltung. |
| Direkte Messung | Die gesuchte Größe wird durch Messung (direkt) bestimmt. | Strommessung, Spannungsmessung. |
| Indirekte Messung | Die gesuchte Größe wird aus mehreren, direkt bestimmten Größen ermittelt. | Widerstandsbestimmung (Berechnung) aus den Werten einer Strom- und einer Spannungsmessung; Bestimmung (Berechnung) der Leistung aus Spannung und Stromstärke. |

## 10.3 Analoge und digitale Anzeige

**Analoge Messgeräte** sind alle Zeigermessgeräte **(Bild 1)**. Der Zeiger wird durch mechanische Messwerke bewegt **(Tabelle, Seite 194)**.

> Eine analoge Anzeige[1] stellt das Messergebnis als Strecke, z. B. beim Thermometer, oder als Winkel dar, z. B. mit Zeiger und Skala.

**Digitale Messgeräte** haben anstelle eines Messwerks einen Analog-Digital-Umsetzer (AD-Umsetzer). Der Messwert wird als Zahlenwert angezeigt, z. B. durch 7-Segmentanzeigen **(Bild 2)**. Eine vollständige Anzeigeeinheit kann alle Ziffern von 0 bis 9 darstellen. Kann die erste Stelle der Anzeige z. B. nur die Ziffern 0 oder 1 darstellen, so ist sie $^1/_2$-stellig, kann sie die Ziffern 0 bis 3 darstellen, so ist sie $^3/_4$-stellig. Die Anzeige in **Bild 2** (1. Stelle 0 oder 1) ist daher $3^1/_2$-stellig.

> Der Messwert wird bei digitaler Anzeige[2] als Ziffernfolge angegeben.

Digitalmessgeräte ermöglichen durch die Anzeige des Ziffernwertes mit Kommastellen ein Ablesen ohne Ablesefehler. Sie haben oft zusätzlich zur Digitalanzeige eine Analoganzeige, z. B. in Balkenform **(Bild 3)**. Dadurch können Messwertänderungen besser beobachtet werden, z. B. beim Abgleich von Schaltungen.

[1] analog (griech.) = entsprechend
[2] digital (lat.) = ziffernmäßig

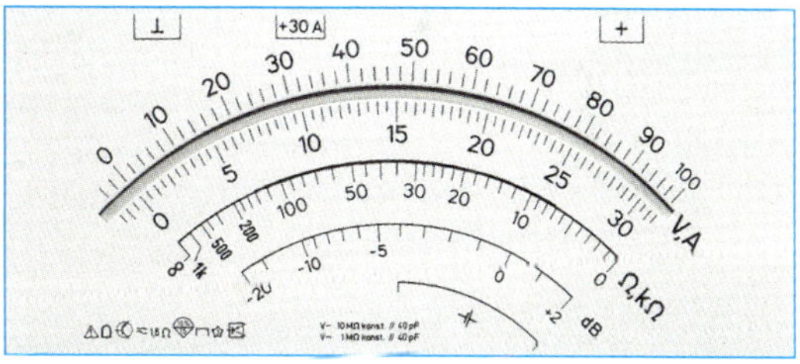

Bild 1: Skala eines analogen Vielfach Messinstrumentes

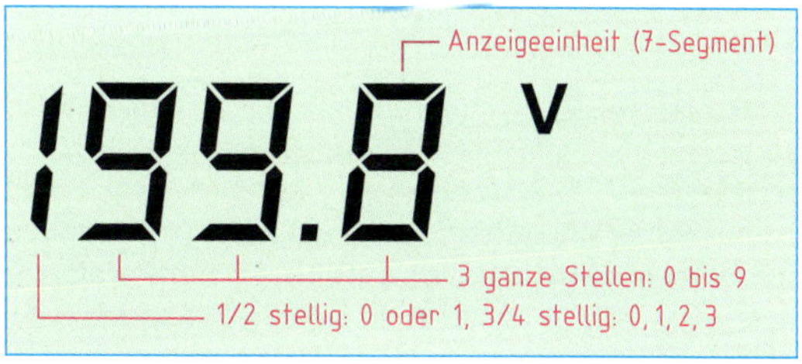

Bild 2: Segmentanzeige

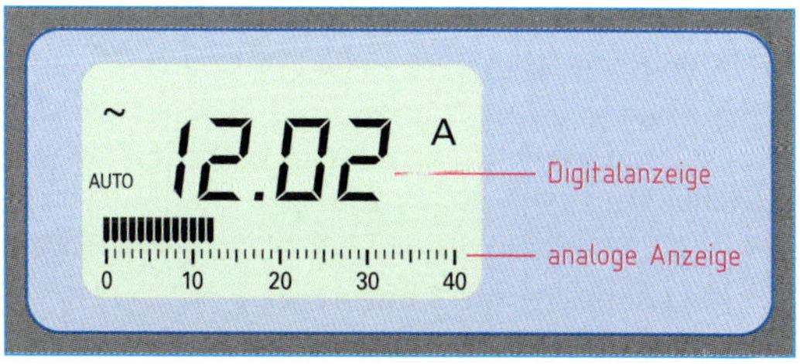

Bild 3: Digitalanzeige eines Vielfachmessgerätes

# 10.4 Messwerke

**Analoge Messgeräte** arbeiten nach unterschiedlichen Messprinzipien. Die **Tabelle** zeigt die wichtigsten Messwerke und ihre Verwendung.

**Tabelle: Messwerke (Auswahl)**

| Messwerk | Sinnbild | Messprinzip | Eigenschaften | Eigenverbrauch | Verwendung |
|---|---|---|---|---|---|
| Drehspulmesswerk 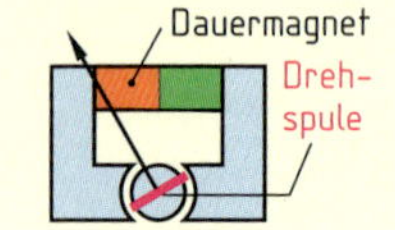 |  | Kraftwirkung auf stromdurchflossene Leiter (hier Drehspule) im Feld eines Dauermagneten. | Hohe Empfindlichkeit, hohe Genauigkeit. Nur für Gleichstrom, bei Mischströmen Anzeige des arithmetischen Mittelwertes. Lineare Skala. | gering (< 3 mW) | Für Strom- und Spannungsmessung von Gleichstrom und Wechselstrom (mit Messgleichrichter) und zum Messen von nichtelektrischen Größen, z. B. Beleuchtungsstärke oder Temperatur. |
| Dreheisenmesswerk 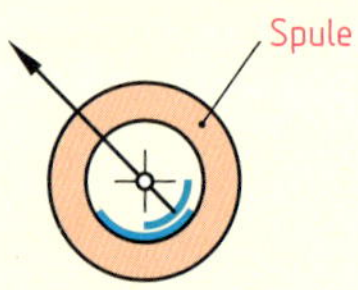 |  | Kraftwirkung zwischen Eisenteilen im Magnetfeld einer stromdurchflossenen Spule. | Geringe Empfindlichkeit (ab etwa 20 mA), für Gleich- und Wechselstrom. Zeigt bei Wechselstrom unabhängig von der Kurvenform den Effektivwert an. Skala ist nicht linear (ungleichmäßig) geteilt. | hoch (etwa 0,5 bis 1 W) | Für Strom- und Spannungsmessung bei Gleich- und Wechselstrom, vorwiegend als Schalttafelinstrument. |
| Elektrodynamisches Messwerk 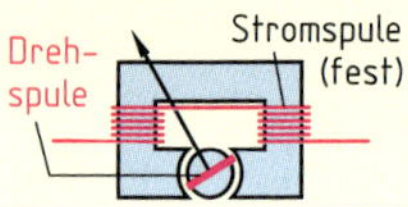 |  | Kraftwirkung auf stromdurchflossene Leiter im Feld eines Elektromagneten. | Mit Abschirmung aus Eisen unempfindlich gegen magnetische Fremdfelder. | hoch (etwa 3 W) | Als Leistungsmesser für Gleichstrom und Wechselstrom. Als Blindleistungsmesser, Leistungsfaktormesser und als Frequenzmesser. |

**Digitale Vielfach-Messinstrumente** haben keine beweglichen, mechanischen Teile. Sie setzen im Analog-Digital-Umsetzer elektronisch die analoge Messgröße in digitale Werte um und haben meist einen Messverstärker. Da der AD-Umsetzer nur Gleichspannung verarbeitet, werden Wechselströme und Wechselspannungen gleichgerichtet. Dadurch kann die Messgenauigkeit bei Wechselstrommessungen geringer als bei Gleichstrommessungen sein.

# 10.5 Messfehler

Keine Messung kann völlig fehlerfrei durchgeführt werden **(Übersicht)**.

> Als Messfehler bezeichnet man die Abweichung eines Messergebnisses vom tatsächlichen Wert der Messgröße.

**Übersicht: Messfehler**

- Ablesefehler
- Handhabungsfehler
- Schaltungsfehler
- Gerätefehler

**Ablesefehler** entstehen, wenn ein Zeigermessgerät z. B. aus seitlichem Blickwinkel abgelesen wird **(Bild)**. Dieser **Parallaxenfehler** kann durch eine spiegelunterlegte Skala vermieden werden. Auch eine ungenaue Justierung führt zu falschen Messergebnissen. **Justieren** heißt, ein Messgerät so einzustellen (abzugleichen), dass es den richtigen Wert möglichst genau anzeigt. Vor jeder Messung sollte die Nullpunkteinstellung des Zeigers geprüft werden.

**Handhabungsfehler** ergeben sich z. B. durch eine Messung im ungünstigen Messbereich oder bei falsch eingestellter Stromart. Ein weiterer Handhabungsfehler ist eine falsche Gebrauchslage des Messgerätes. Die Gebrauchslage wird auf der Skala angegeben **(Bild 1, Seite 195)**.

Schalttafelmessgeräte haben meist eine senkrechte Gebrauchslage (Zeichen: ⊥), Vielfachmessgeräte eine waagerechte Gebrauchslage (Zeichen: ⊓).

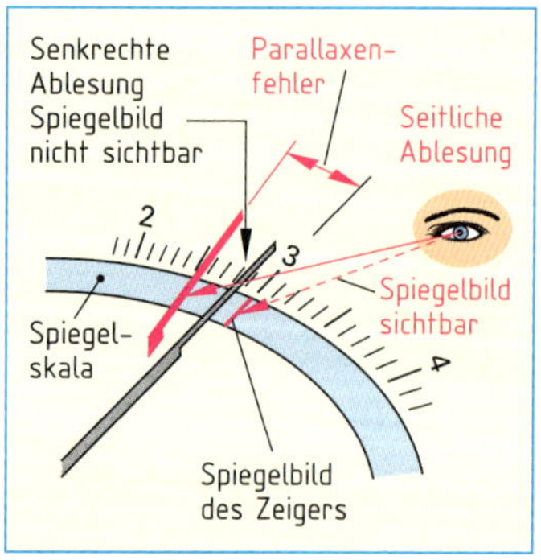


**Bild: Parallaxenfehler**

**Schaltungsfehler** entstehen durch falsche Schaltung des Messgerätes, z. B. wenn ein Spannungsmesser als Strommesser in Reihe mit dem Verbraucher geschaltet wird oder durch ein falsches Messverfahren, z. B. Anwendung der Stromfehlerschaltung anstatt der Spannungsfehlerschaltung **(Seite 200).**

Schaltungsfehler verursachen Messfehler und können zur Beschädigung des Messgerätes führen.

**Gerätefehler** sind fertigungsbedingt, z. B. durch die Art der Messwerklagerung und die dadurch auftretende Lagerreibung. Der gerätebedingte Anzeigefehler wird bei Zeigermessgeräten in Prozent vom Messbereich auf der Anzeigeskala angegeben. Nach diesem absolut zulässigen Messfehler werden die Messgeräte in Genauigkeitsklassen (Güteklassen) eingeteilt **(Tabelle).**

Die Genauigkeitsklasse eines Zeigermessgerätes gibt den zulässigen absoluten Fehler in Prozent vom Messbereich an.

Bei z. B. einem Spannungsmesser mit dem Messbereich 300 V und der Genauigkeitsklasse 1 **(Bild 1)** beträgt der absolute Fehler ± 1 % des Messbereiches, das sind ± 3 V. Da auch kleinere Anzeigewerte mit diesem Fehler von ± 3 V behaftet sind, beträgt der relative Fehler bei einer Anzeige von z. B. 100 V bereits 3 %, bei der Anzeige von 30 V jedoch 10 %.

Durch die Genauigkeitsklasse bedingte Messfehler (relative Fehler) werden durch Messungen im oberen Skalendrittel gering gehalten.

**Digitalmessgeräte** haben einen Anzeigefehler, der sich aus der Eigenabweichung und dem Quantisierungsfehler zusammensetzt.

Die **Eigenabweichung** (Genauigkeit) ist auf den angezeigten Messwert bezogen und liegt zwischen ± 0,1 % und ± 1,5 %.

Der **Quantisierungsfehler** (Anzeigeunsicherheit der letzten Stelle) ergibt sich aus der Auflösung des AD-Umsetzers und wird in Digit (Anzeigeschritten) angegeben. Er beträgt mindestens ± 1 Digit.

Der Anzeigefehler eines Digitalmessgerätes ergibt sich aus der Eigenabweichung plus dem Quantisierungsfehler **(Bild 2).**

Als Digit wird die kleinste anzeigbare Differenz des digitalen Messwertes bezeichnet. Bei einem Multimeter mit einer Auflösung von 3000 Digits und einer Anzeige mit $3^2/_3$-Stellen nach **Bild 2** und dem Messbereich 300 V (maximale Anzeige 299,9 V) entspricht ein Digit der Spannungsänderung ± 0,1 V.

Mit Ausnahme kleiner Messwerte (**Bild 2,** Messwert 30 V) ändert sich bei Digitalmultimetern der relative Fehler nur unwesentlich.

**Tabelle: Genauigkeitsklassen von Messgeräten**

| Feinmessgeräte | | | |
|---|---|---|---|
| Klasse<br>Anzeigefehler in % | 0,1<br>± 0,1 | 0,2<br>± 0,2 | 0,5<br>± 0,5 |

| Betriebsmessgeräte | | | | |
|---|---|---|---|---|
| Klasse<br>Anzeigefehler in % | 1<br>± 1 | 1,5<br>± 1,5 | 2,5<br>± 2,5 | 5<br>± 5 |

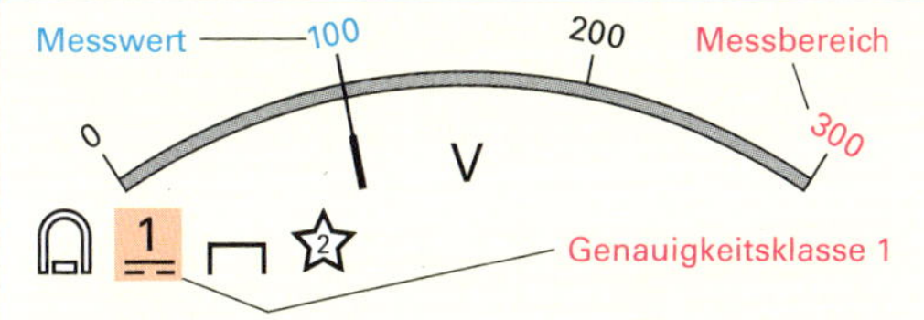


$$\textbf{Absoluter Fehler} = \frac{\text{Messbereich} \cdot \text{Genauigkeitsklasse}}{100\%}$$

$$= \frac{300\,\text{V} \cdot 1\%}{100\%} = \mathbf{\pm 3\,V}$$

$$\textbf{Relativer Fehler} = \frac{\text{Absoluter Fehler} \cdot 100\%}{\text{Messwert}}$$

$$= \frac{\pm 3\,\text{V} \cdot 100\%}{100\,\text{V}} = \mathbf{\pm 3\%}$$

| Messwert | Absoluter Fehler | Relativer Fehler |
|---|---|---|
| 300 V | ± 3 V | ± 1% |
| 100 V | ± 3 V | ± 3% |
| 30 V | ± 3 V | ± 10% |

**Bild 1: Fehlerbestimmung bei Zeigermessgeräten**

**Messbereich:** 300 V (Maximale Anzeige 299,9 V)

**Fehlergrenzen:** ± 0,4% ± 1 Digit

**Bei den gegebenen Fehlergrenzen ± 0,4% ± 1 Digit:**

Eigenabweichung = ± 0,004 · Messwert

Quantisierungsfehler: ± 1 Digit = ± 0,1 V

Absoluter Fehler = Eigenabweichung + Quantisierungsfehler

$$\text{Relativer Fehler} = \frac{\text{Absoluter Fehler} \cdot 100\%}{\text{Messwert}}$$

| Messwert | Eigenabweichung | Absoluter Fehler | Relativer Fehler |
|---|---|---|---|
| 299,9 V | ± 1,2 V | ± 1,3 V | ± 0,43 % |
| 100 V | ± 0,4 V | ± 0,5 V | ± 0,50 % |
| 30 V | ± 0,12 V | ± 0,22 V | ± 0,73 % |

**Bild 2: Fehlerbestimmung bei Digitalmessgeräten**

## 10.6 Messen von Stromstärke, Spannung und Widerstand

### Messen von Strömen

Zur Strommessung wird der Leiter, dessen Strom gemessen werden soll, aufgetrennt und der Strommesser in die Leitung geschaltet **(Bild 1).** Da der in den Stromkreis fließende Strom gleich dem zurückfließenden Strom ist, kann man Strommesser in die Hinleitung zum Verbraucher oder in die Rückleitung schalten.

Die Handhabung von Messgeräten und Zubehör muss so erfolgen, dass keine Gefahren für die messende Fachkraft, für andere Personen oder für das Messgerät auftreten.

Strommesser werden in Reihe zum Verbraucher geschaltet.

Vor einer Strommessung ist sicherzustellen, ob ein in Betrieb befindlicher Stromkreis gefahrlos unterbrochen werden kann. Als Folge der Stromunterbrechung können z. B. Motoren und ganze Anlagen abgeschaltet werden.

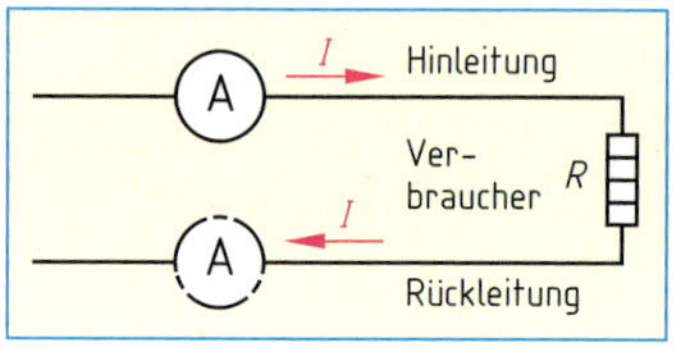


**Bild 1: Direkte Strommessung, Messung in Hinleitung oder Rückleitung**

**Durchführung einer Strommessung:**

- Geeignetes Messgerät auswählen.
- Richtige Stromart (AC oder DC) einstellen.
- Spannungsversorgung am zu messenden Betriebsmittel abschalten. Größten Strommessbereich am Messgerät einschalten.
- Messstromkreis auftrennen.
- Messgerät in den aufgetrennten Messkreis schalten. Bei Gleichstrom auf richtige Polung achten.
- Spannungsversorgung der Messschaltung einschalten. Bei Zeigerausschlag in der falschen Richtung (Drehspulinstrumente) Messgerät umpolen.
- Anzeige beobachten und Messwert ablesen. Bei Analogmessinstrumenten nach Möglichkeit im oberen Skalendrittel messen.

**Nach Abschluss der Messung:**

- Spannungsversorgung abschalten und Stromkreis schließen.
- Messgerät in den Ausgangszustand zurückstellen.

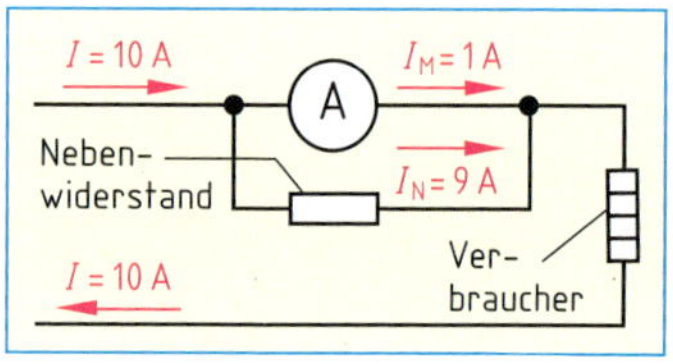


**Bild 2: Messbereichserweiterung bei einem Strommesser**

**Messbereichserweiterung.** Jedes Messwerk darf nur mit einer maximalen Stromstärke belastet werden. Sind größere Ströme zu messen, so werden parallel zum Messwerk Nebenwiderstände geschaltet, die den Strom am Messwerk vorbei leiten. Ein Messwerk für einen Strom von $I_M = 1$ A (Messbereich 1 A), mit dem ein Strom von $I = 10$ A gemessen werden soll, muss daher einen Nebenwiderstand (Parallelwiderstand) haben, durch den ein Strom von $I_N = 9$ A fließt **(Bild 2).**

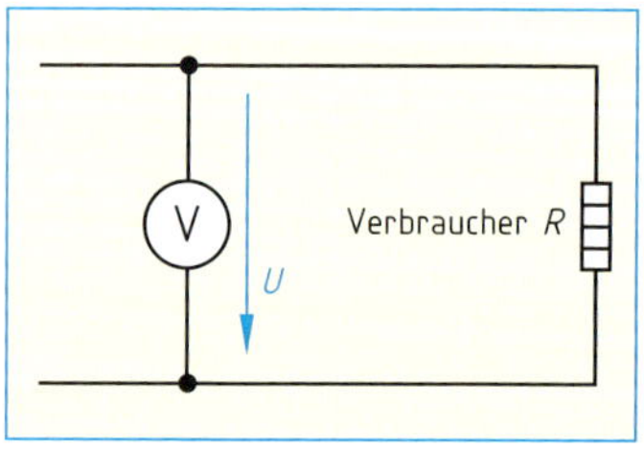


**Bild 3: Messen der Verbraucherspannung**

**Messfehler bei der Strommessung.** Wird zur Strommessung irrtümlich ein Spannungsmesser angeschlossen oder wird versehentlich der Spannungsmessbereich eines Vielfach-Messinstrumentes eingeschaltet, so wird durch den hohen Innenwiderstand des Spannungsmessers der Strom begrenzt, es entsteht kein Kurzschluss. Das Messgerät zeigt den hohen Spannungsfall an seinem großen Innenwiderstand an. Der in Reihe geschaltete Verbraucher ist nicht funktionsfähig.

### Messen von Spannungen

Spannungen werden mit Vielfach-Messinstrumenten oder mit Schalttafelinstrumenten gemessen.

Der Spannungsmesser wird parallel zur Messstelle, z. B. dem Verbraucher, geschaltet **(Bild 3).**

Kann zum Anschließen des Messgerätes an die Messstelle die Spannung nicht abgeschaltet werden und besteht dadurch Berührungsgefahr (Schutz gegen elektrischen Schlag, **Seite 212**), dann sollte bei der Messung eine zweite Person anwesend sein.

**Durchführung einer Spannungsmessung:**

- Geeignetes Messgerät auswählen.
- Richtige Stromart (AC oder DC) und höchsten Messbereich einstellen.
- Messleitungen zuerst am Spannungsmesser anschließen.
- Spannungsversorgung am Betriebsmittel abschalten.
- Messleitungen an die Messpunkte anschließen (parallel zum Verbraucher bzw. zur Stromquelle).
- Spannungsversorgung einschalten.
- Anzeige beobachten und Messwert ablesen. Bei Analogmessinstrumenten möglichst im oberen Skalendrittel messen.

**Nach Abschluss der Messung:**

- Spannungsversorgung abschalten und Messleitungen von den Messpunkten abklemmen.
- Messgerät in den Ausgangszustand zurückstellen.

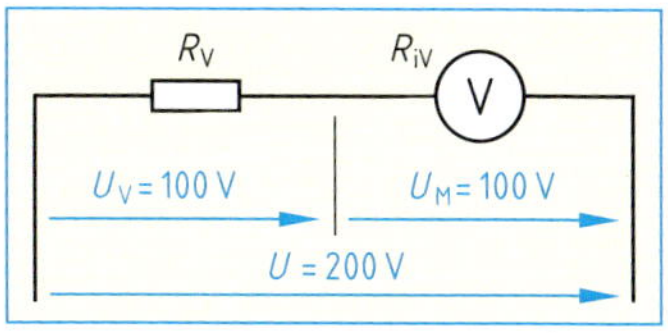


**Bild 1: Messbereichserweiterung bei einem Spannungsmesser**

**Übersicht: Messwandler**

- Stromwandler
- Spannungswandler

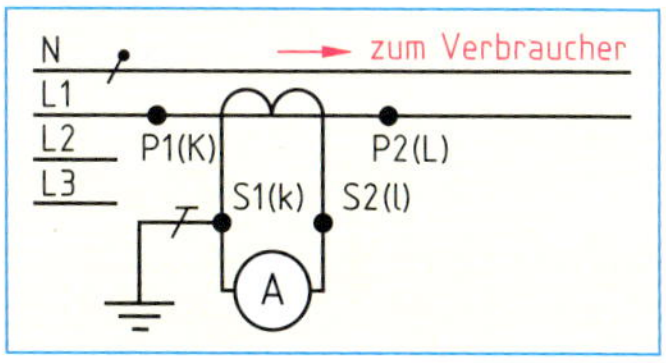


**Bild 2: Anschluss eines Stromwandlers**

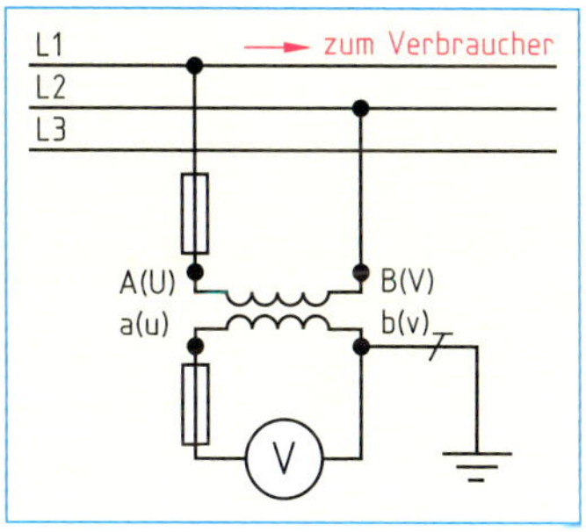


**Bild 3: Anschluss eines Spannungswandlers**

**Messbereichserweiterung.** Wird der Messbereich eines Spannungsmessers erweitert **(Bild 1)**, so schaltet man in Reihe zum Messwerk einen Vorwiderstand, an dem die den Messbereich übersteigende Spannung abfallen muss. Der benötigte Vorwiderstand $R_V$ wird aus der Angabe des Messgeräteinnenwiderstandes $R_{iV}$ oder seiner Kenngröße $r_k$ in kΩ/V ermittelt. Soll z. B. bei einem Spannungsmesser mit der Kenngröße $r_k = 20$ kΩ/V der Messbereich um 100 V erweitert werden, so ist ein Vorwiderstand $R_V = 100\text{ V} \cdot 20\text{ k}\Omega/\text{V} = 2\text{ M}\Omega$ erforderlich.

**Messfehler bei der Spannungsmessung.** Wird anstelle eines Spannungsmessers irrtümlich ein Strommesser oder ein Vielfachinstrument im Strommessbereich benutzt, so entsteht ein Kurzschluss, weil Strommesser nur einen sehr geringen Innenwiderstand haben. Das Messgerät kann dabei zerstört werden. Ferner muss z. B. bei Vielfach-Messinstrumenten die richtige Stromart (AC oder DC) eingestellt sein.

Wird ein Messinstrument für Wechselstrom an Gleichstrom angeschlossen, so ist der angezeigte Wert um den Spannungsfall am Messgleichrichter geringer als der tatsächliche Wert. Wird ein Spannungsmesser für Gleichspannung an Wechselspannung angeschlossen, so ist die Anzeige null Volt. Erklärung: Die Anzeige null Volt entspricht dem arithmetischen Mittelwert der anliegenden Wechselspannung.

## Messen von Spannung und Stromstärke mit Messwandlern

**Messwandler (Übersicht)** sind Transformatoren zum Anschluss von Messeinrichtungen. Stromwandler ermöglichen die Messung großer Wechselströme, Spannungswandler werden bei hohen Wechselspannungen verwendet, sie trennen gleichzeitig das Hochspannungsnetz von der Messeinrichtung.

Das **Übersetzungsverhältnis** des Wandlers ist das Verhältnis von Eingangsbemessungswert zu Ausgangsbemessungswert. Fließt durch einen Stromwandler mit dem Übersetzungsverhältnis $ü_A = 100\text{ A} / 5\text{ A}$ netzseitig der Strom 100 A, so fließt durch den Strommesser am Ausgang des Wandlers der Strom 5 A. Einem Eingangsstrom von z. B. 50 A entspricht dann ein Ausgangsstrom von 2,5 A.

Spannungswandler haben z. B. das Übersetzungsverhältnis $ü_V = 10\,000\text{ V}/100\text{ V}$ oder $20\,000\text{ V}/100\text{ V}$.

**Stromwandler.** Die Eingangswicklung hat die Anschlussklemmen P1 (K) und P2 (L) **(Bild 2)** und wird vom Messstrom durchflossen. An die Klemmen S1 (k) und S2 (*l*) der Ausgangswicklung wird der Strommesser angeschlossen.

In Niederspannungsnetzen muss die Ausgangsklemme S1 (k) geerdet werden, damit bei Wicklungsschluss die Überstrom-Schutzeinrichtung des Netzes anspricht.

**Schienenstromwandler** nutzen z. B. eine Sammelschiene als Eingangswicklung, auf diese wird die Wandlerspule der Ausgangswicklung aufgeschoben. Bei **Durchsteckstromwandlern** wird der den Messstrom führende Leiter (Eingangswicklung) durch die Wandlerspule (Ausgangswicklung) durchgesteckt. Ein z. B. zweifaches Durchstecken halbiert das Übersetzungsverhältnis.

**Fehler beim Arbeiten mit Stromwandlern.** Leerlaufbetrieb kann den Wandler zerstören. In der großen Windungszahl der Ausgangswicklung würde eine hohe Spannung induziert. Daher müssen z. B. vor dem Tausch des angeschlossenen Strommessers die Ausgangsklemmen S1 (k) und S2 (*l*) kurzgeschlossen werden.

Stromwandler dürfen nicht im Leerlauf, sondern nur mit Last (Bürde) betrieben werden.

Der Einbau von Sicherungen in den Ausgangsstromkreis von Stromwandlern ist verboten. Beim Auslösen der Sicherung würde der Wandler im unzulässigen Leerlauf betrieben.

**Stromzangen (Zangenstromwandler)** ermöglichen eine indirekte Strommessung. Die Zange wird hierbei um den stromführenden Leiter gelegt, ohne den Stromkreis aufzutrennen **(Bild 1).**

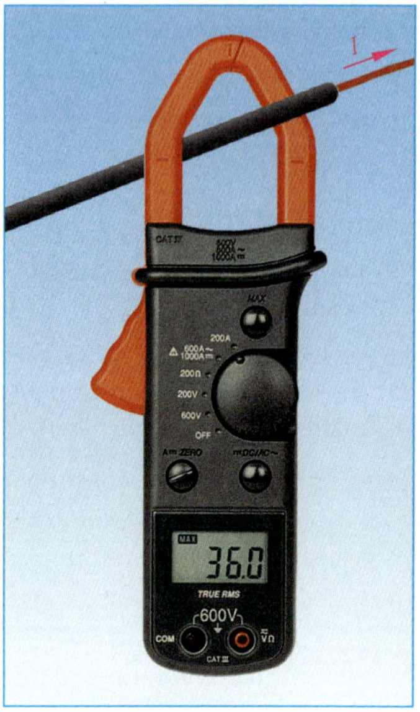

**Bild 1: Stromzange**

**Stromzangen nach dem Transformatorprinzip** messen nur Wechselströme. Sie transformieren z. B. einen eingangsseitigen Leiterstrom von 100 A auf einen Ausgangsstrom von 100 mA.

**Halleffekt-Stromzangen** nutzen zur Strommessung das Magnetfeld um den stromdurchflossenen Leiter. Die von einem Hallgenerator abgegebene Spannung ist dabei proportional zur Stärke des Magnetfeldes und zum Leiterstrom. Stromzangen mit Hallgenerator sind daher zur Messung von Gleich-, Wechsel- und Mischströmen geeignet.

**Übersicht: Widerstandsbestimmung**

- **Direkt** durch
  - Widerstandsmessgeräte
  - Messbrücken
- **Indirekt** durch
  - Strom- und Spannungsmessung sowie Rechnung: $R = \frac{U}{I}$

**Spannungswandler.** Die Eingangswicklung wird mit den Klemmen A (U) und B (V) an die Leiter z. B. eines Hochspannungsnetzes 10 kV angeschlossen. An den Klemmen a (u) und b (v) befindet sich z. B. ein Spannungsmesser **(Bild 3, Seite 197)** mit dem Messbereich 100 V. Der nicht abgesicherte Wandlerausgang, Klemme b (v), und das Wandlergehäuse müssen geerdet werden.

Spannungswandler sind nur für kleine Leistungen gebaut. Überlastung und Kurzschluss zerstören den Wandler.

Spannungswandler dürfen nur mit zulässiger Messlast (meist Messgeräte) oder im Leerlauf betrieben werden.

## Messen von Widerständen

Widerstände misst man direkt oder indirekt **(Übersicht).**

## Direkte Widerstandsmessung

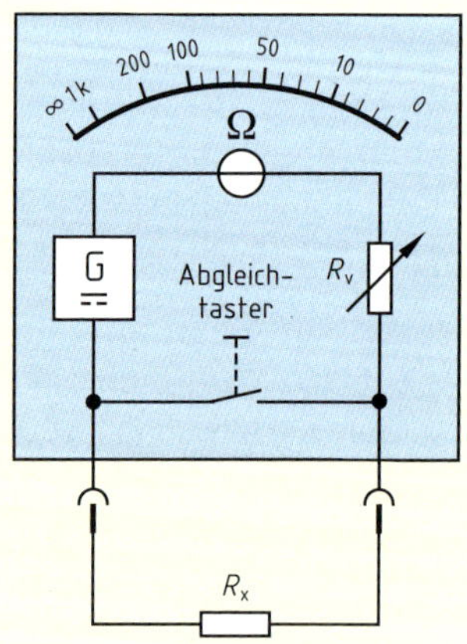

**Bild 2: Widerstands-Messgerät (Prinzip)**

Widerstands-Messgeräte zur direkten Messung eines Widerstandes bestehen aus Stromquelle, Strommesser und Abgleichwiderstand **(Bild 2).** Als Stromquelle dienen meist galvanische Elemente. Die Skala des Strommessers ist zur direkten Ablesung in Ohm geeicht. Da der gemessene Strom umso größer wird, je kleiner der angeschlossene Widerstand ist, verläuft die Skaleneinteilung eines Widerstandsmessers gegenläufig zu der eines Strommessers. Vor der Messung erfolgt ein Nullpunktabgleich. Hierzu wird der Abgleichwiderstand $R_v$ so eingestellt, dass der Zeiger den Wert null Ohm anzeigt.

Der zu messende Widerstand darf nicht unter Spannung stehen und er darf keine Verbindung zu anderen Widerständen haben, z. B. durch Parallelschaltung.

**Isolations-Messgeräte (Bild 1)** zum Messen des Isolationswiderstandes in elektrischen Anlagen **(Seite 226)** haben meist Messbereiche von 300 kΩ bis 300 MΩ. Zum Messen niederohmiger Widerstände, z. B. für Durchgangsmessungen, ist oft zusätzlich ein Messbereich von 0 … 30 Ω vorhanden.

**Isolationsmessung.** Messen des Isolationswiderstandes zwischen den aktiven Leitern (L1-L2-L3-N) und dem Schutzleiter (PE) in Anlagen, Geräten und elektrischen Maschinen **(Seite 226).**

Die Messspannung zur Isolationsmessung beträgt in SELV- und PELV-Stromkreisen DC 250 V, in Stromkreisen mit z. B. 230/400 V Nennspannung DC 500 V **(Tabelle, Seite 226)**. Sie wird mit einem elektronischen Spannungswandler **(Bild 2)** erzeugt. Der Messstrom muss mindestens 1 mA betragen. Der Kurzschlussstrom darf nicht größer als 12 mA sein.

**Brückenschaltung.** Zur genauen Widerstandsmessung (Fehler unter 1 %) werden Brückenschaltungen verwendet. Die Prinzipschaltung der **Wheatstone-Messbrücke** zeigt **Bild 3.** $R_x$ ist der zu messende Widerstand, $R_2$ und $R_4$ sind bekannte Widerstände, $R_3$ ist ein einstellbarer Widerstand. Wird $R_3$ so eingestellt, dass die Spannung und damit der Strom in der Brückendiagonale Null ist, so ist das Verhältnis der Spannungen gleich dem Verhältnis der Widerstände. Die Brücke ist abgeglichen.

$$\frac{U_x}{U_2} = \frac{U_3}{U_4} \Rightarrow \frac{R_x}{R_2} = \frac{R_3}{R_4}$$

Wheatstone-Messbrücken **(Bild 4)** haben zum Abgleich ein Galvanometer mit mittigem Nullpunkt, eine Prüftaste zur Prüfung der Batteriespannung und einen Messbereichschalter.

**Bedienung der Messbrücke**

- Den zu messenden Widerstand „$R_x$" an die Messbuchsen anschließen.
- Ist der ungefähre Wert des zu messenden Widerstandes bekannt, den Messbereichschalter auf den entsprechenden Bereich schalten. Bei unbekanntem Widerstand mittleren Messbereich wählen.
- Messtaste drücken.
- Skalenscheibe gegen den Zeigerausschlag drehen, bis der Zeiger des Galvanometers auf Null zurückgeht (Nullabgleich).
- Widerstandswert auf der Skala ablesen.

Vor jeder Messung ist die Nullpunkteinstellung zu prüfen (Zeiger in Skalenmitte).

**Vielfach-Messinstrumente** bieten ebenfalls die Möglichkeit, Widerstände direkt zu messen. Durch die gegebenen Messbereiche, z. B. 1 … 200 Ω, ist die Messgenauigkeit bei kleinen Widerstandswerten allerdings gering.

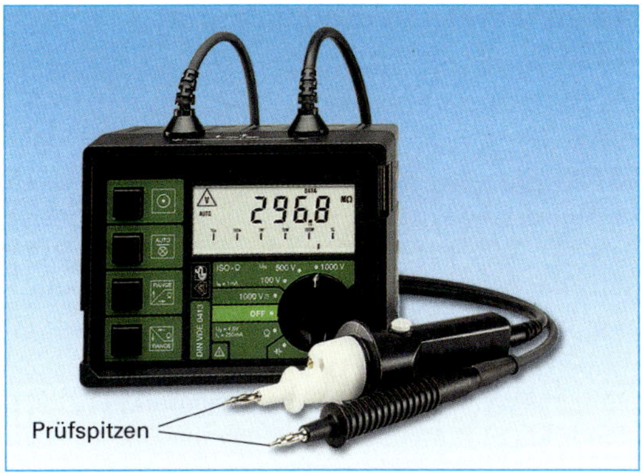


**Bild 1: Isolations-Messgerät**

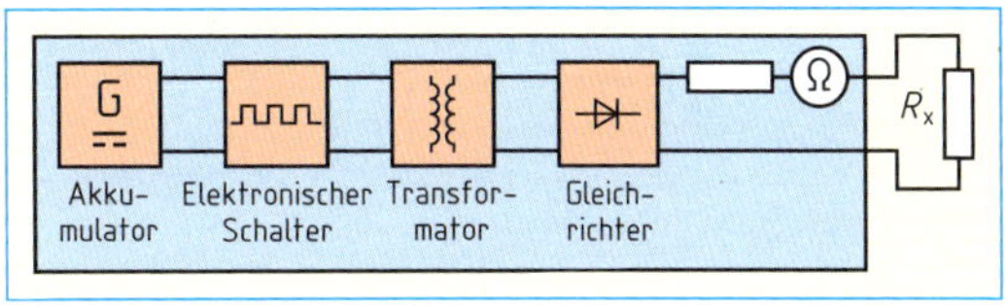


**Bild 2: Elektronischer Spannungswandler (Prinzip)**

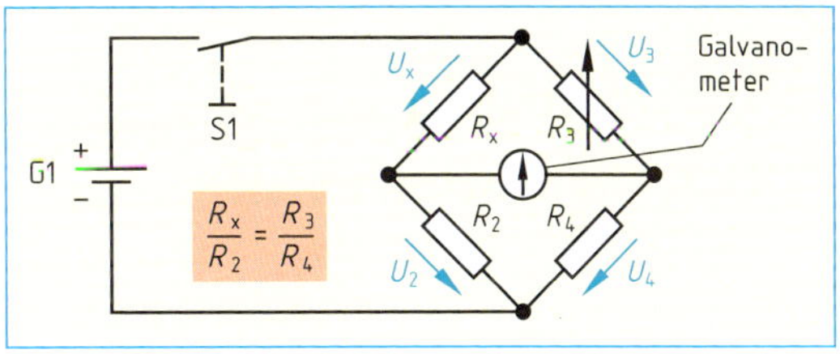


**Bild 3: Prinzipschaltung der Wheatstone-Messbrücke**

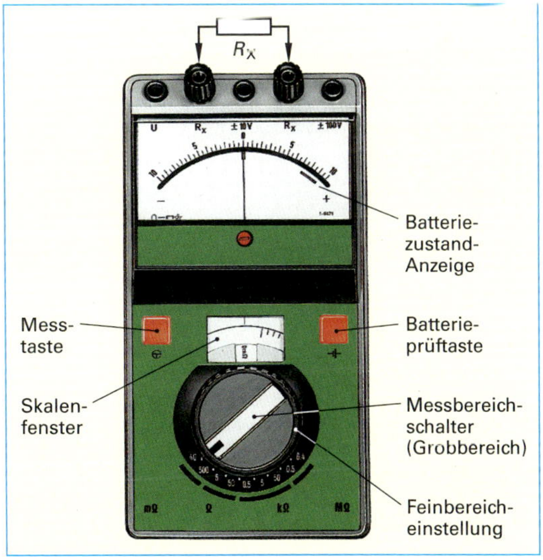


**Bild 4: Widerstands-Messbrücke (Wheatstone-Messbrücke)**

## Indirekte Widerstandsbestimmung

Der Widerstandswert wird aus den gleichzeitig gemessenen Werten von Spannung und Strom nach dem ohmschen Gesetz berechnet. Abhängig von der Schaltung von Strommesser und Spannungsmesser entstehen Messfehler, die den errechneten Widerstandswert verfälschen.

Der schaltungsbedingte Messfehler ist klein, wenn bei großen Widerstandswerten die Spannungsfehlerschaltung verwendet wird und bei kleinen Widerstandswerten die Stromfehlerschaltung. Auf die Wahl der richtigen Messschaltung ist besonders bei der Aufnahme von Kennlinien, z. B. bei nichtlinearen Widerständen oder bei Halbleiterbauelementen, zu achten.

**Spannungsfehlerschaltung.** Der Strom $I_x$, der durch den Widerstand $R_x$ fließt, wird bei dieser Schaltung richtig gemessen **(Bild 1)**. Man nennt diese Schaltung daher auch „stromrichtige Schaltung". Der Spannungsmesser zeigt jedoch eine Spannung an, die um den Betrag des Spannungsfalls $U_{iA}$ am Innenwiderstand des Strommessers zu hoch ist. Der aus den Messwerten ermittelte Widerstand ist daher um den Innenwiderstand $R_{iA}$ zu groß.

Da Strommesser einen kleinen Innenwiderstand haben, können große (hochohmige) Widerstände meist ohne Korrektur ermittelt werden.

**Beispiel:**

Bei der Spannungsfehlerschaltung **(Bild 1)** wird $U = 24\,V$ und $I_x = 25\,mA$ gemessen. Der Innenwiderstand des Strommessers beträgt $R_{iA} = 2\,\Omega$.
Wie groß ist der Wert des Widerstandes $R_x$
**a)** nicht korrigiert und
**b)** korrigiert?

**Lösung:**

**a)** $\boldsymbol{R_x} = \frac{U}{I_x} = \frac{24\,V}{0{,}025\,A} = \mathbf{960\,\Omega}$

**b)** $U_x = U - R_{iA} \cdot I_x = 24\,V - 2\,\Omega \cdot 0{,}025\,A = 23{,}95\,V$

**c)** $\boldsymbol{R_x} = \frac{U_x}{I_x} = \frac{23{,}95\,V}{0{,}025\,A} = \mathbf{958\,\Omega};\ \boldsymbol{\Delta R = 2\,\Omega \approx 0{,}2\,\%}$

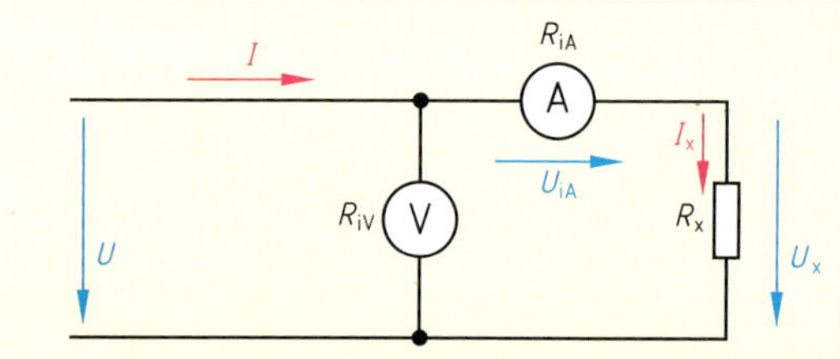


**Es werden gemessen: $U$ und $I_x$**

Der Spannungsmesser zeigt den Betrag des Spannungsfalls $U_{iA}$ am Strommesser zuviel an.

$$U = U_{iA} + U_x \Rightarrow U_x = U - R_{iA} \cdot I_x$$
$$R_x = \frac{U_x}{I_x}$$

**Anwendung: Bei großen Widerstandswerten**

**Bild 1: Spannungsfehlerschaltung**

**Stromfehlerschaltung.** Die Spannung $U_x$, die am Widerstand $R_x$ anliegt, wird bei der Stromfehlerschaltung richtig gemessen **(Bild 2)**. Man bezeichnet sie daher auch als „spannungsrichtige Schaltung". Der gemessene Strom $I$ ist jedoch um den Strom $I_V$ durch den Spannungsmesser zu hoch. Bei der Widerstandsberechnung erhält man einen zu kleinen Widerstandswert.

Spannungsmesser haben große Innenwiderstände, bei der Messung kleiner (niederohmiger) Widerstände kann der Stromfehler vernachlässigt werden.

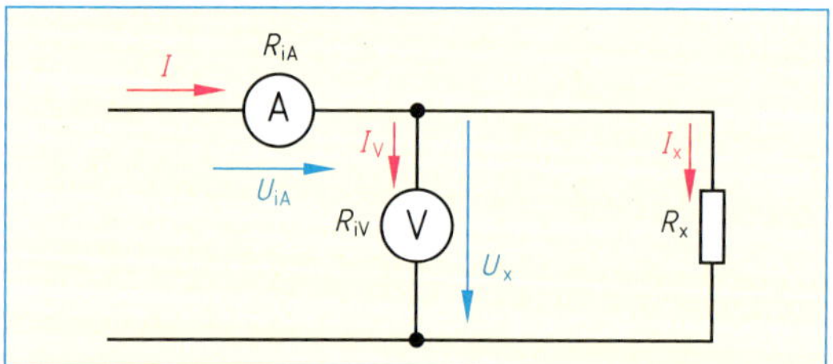


**Es werden gemessen: $U_x$ und $I$**

Der Strommesser zeigt den Betrag des Stromes $I_V$ (Strom durch den Spannungsmesser) zuviel an.

$$I = I_V + I_x \Rightarrow I_x = I - \frac{U_x}{R_{iV}}$$
$$R_x = \frac{U_x}{I_x}$$

**Anwendung: Bei kleinen Widerstandswerten**

**Bild 2: Stromfehlerschaltung**

**Wiederholungsfragen**

1 **Wodurch unterscheidet sich eine analoge von einer digitalen Anzeige?**
2 **In welchem Bereich der Skala hat ein Zeigermessgerät seine größte Genauigkeit?**
3 **Wodurch können Messfehler entstehen?**
4 **Welche Folge hat es, wenn a) zur Strommessung irrtümlich ein Spannungsmesser angeschlossen wird oder b) beim Vielfachinstrument anstelle des Strommessbereichs der Spannungsbereich eingestellt wird?**
5 **Warum darf ein Stromwandler nicht offen, d.h. ohne Belastung, betrieben werden?**
6 **Welche Messschaltung ist zum indirekten Bestimmen von hochohmigen Widerständen geeignet?**

# 10.7 Messen mit Vielfach-Messinstrumenten

Mit Vielfach-Messinstrumenten (Multimetern) kann man mehrere elektrische Größen bestimmen **(Übersicht),** z. B. Gleich- und Wechselspannungen von etwa 100 mV bis 1000 V, Stromstärken von z. B. 10 µA bis 10 A oder Widerstände von z. B. 1 Ω bis 10 MΩ.

Der Schutz gegen Überlastung erfolgt meist durch eine Geräteschutzsicherung oder einen elektronischen Schutzschalter.

**Analoge Vielfach-Messinstrumente (Bild 1)** haben ein Drehspulmesswerk, dem zum Messen von Wechselstromgrößen ein Gleichrichter vorgeschaltet wird. Die Erweiterung der Messbereiche erfolgt durch eingebaute Vor- bzw. Nebenwiderstände. Der Messbereichschalter ermöglicht die Einstellung des erforderlichen Messbereichs, z. B. 500 V~. Zur Widerstandsmessung und zur Stromversorgung des meist vorhandenen elektronischen Messverstärkers ist als Stromquelle z. B. eine Blockbatterie 9 V eingebaut.

**Übersicht: Anwendungen von Vielfach-Messinstrumenten**

- Spannungsmessung
- Strommessung
- Widerstandsmessung
- Frequenzmessung
- Kapazitätsmessung
- Durchgangsprüfung

**Digitale Vielfach-Messinstrumente (Multimeter)** haben anstelle eines Messwerkes einen Analog-Digital-Umsetzer. Der Messwert wird durch Ziffern komma- und vorzeichenrichtig angezeigt **(Bild 2).** Moderne Multimeter weisen einen hohen Bedienungskomfort auf. Eine automatische Bereichswahl wählt z. B. entsprechend der anliegenden Messgröße den Messbereich mit der besten Auflösung. Messwertspeicher ermöglichen ein Ablesen des Messwertes auch nach der Messung. Durch eine zusätzliche Analoganzeige können Messwertänderungen besser beobachtet werden, z. B. bei der Aufnahme von Kennlinien.

Die meistens verwendete LCD-Anzeige (Flüssigkristallanzeige) hat einen geringen Stromverbrauch, ist aber empfindlich gegen Kälte. Daher sind Messungen bei Temperaturen unter 0° C zu vermeiden.

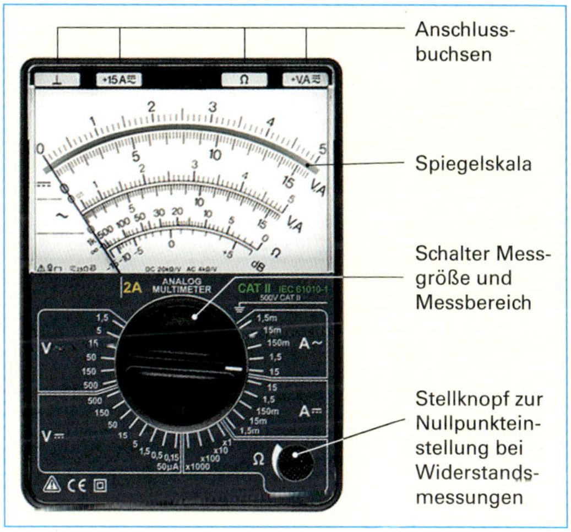


**Bild 1: Analoges Vielfach-Messinstrument**

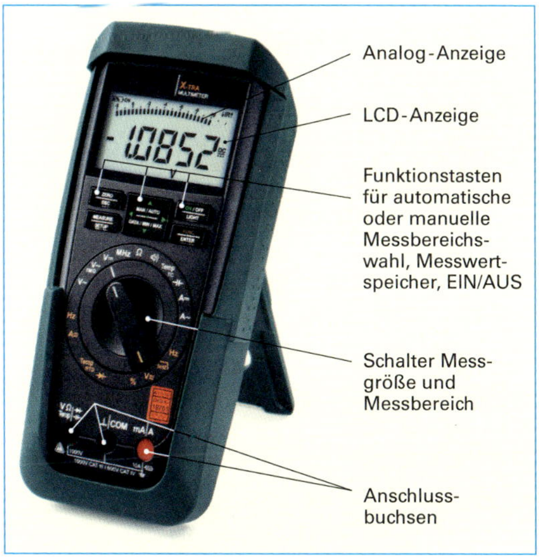


**Bild 2: Digitales Vielfach-Messinstrument**

**Messen mit Vielfach-Messinstrumenten:**

- Stromart und Messgröße einstellen. Bei Zeigerinstrumenten immer den höchsten Messbereich wählen.
- Messleitungen zuerst am Messgerät und danach an der Messstelle anschließen. Bei Strom- und Widerstandsmessungen zuvor die Stromversorgung abschalten.
- Stromversorgung zur Strommessung wieder einschalten. Widerstandsmessungen im stromlosen Zustand des Prüflings durchführen.
- Messung durchführen und Messwert ablesen. Bei Analog-Vielfach-Messinstrumenten den Messbereich so wählen, dass der Messwert möglichst im oberen Skalendrittel angezeigt wird.

**Nach abgeschlossener Messung:**

- Stromversorgung abschalten und Messschaltung abtrennen. Bei Analog-Vielfach-Messinstrumenten Messbereichschalter wieder auf den höchsten Spannungswert stellen.

**Ablesen des Messwertes.** Digitale Messgeräte zeigen den Messwert als Zahlenwert an. Bei Vielfach-Messinstrumenten mit Analog-Anzeige **(Bild 1)** wird das Messergebnis in Skalenteilen abgelesen. Den Messwert erhält man durch Multiplikation des angezeigten Skalenwertes mit der Skalenkonstanten, die sich aus Messbereich und Skalenendwert ergibt **(Bild 1)**.

**Die Prüfung von Dioden (Seite 245) und Transistoren (Seite 250)** kann im Widerstands-Messbereich oder bei Digital-Messinstrumenten mit dem Diodentest erfolgen. Man prüft, ob eine Diode oder die PN-Übergänge eines Transistors durchlegiert sind oder ob eine Unterbrechung vorliegt. Auch die Polung der Bauteile kann ermittelt werden.

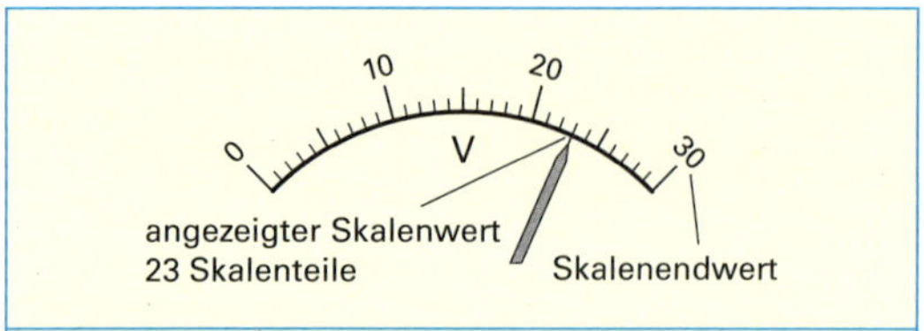


**Skalenkonstante:** Beispiel Messbereich = 300 V

$$\textbf{Skalenkonstante} = \frac{\text{Messbereich}}{\text{Skalenendwert}} = \frac{300\ \text{V}}{30\ \text{Skalenteile}} = \mathbf{10\ \frac{V}{Skt}}$$

$$\textbf{Gemessene Spannung: } \boldsymbol{U} = 10\ \frac{\text{V}}{\text{Skt}} \cdot 23\ \text{Skt} = \mathbf{230\ V}$$

**Bild 1: Analog-Anzeige**

**Widerstandsmessungen** dürfen nur an Widerständen vorgenommen werden, die spannungsfrei sind. Beim Messen eines einzelnen Widerstandes z.B. in einer Baugruppe muss dieser Widerstand von der Schaltung getrennt werden, da in Reihe oder parallel geschaltete Bauteile das Messergebnis verfälschen.

**Wartung und Pflege.** Vielfach-Messinstrumente benötigen keine besondere Wartung. Es wird jedoch empfohlen, die Batterie vor jeder Messreihe auf ihren Ladungszustand zu prüfen. Digitale Messinstrumente besitzen meist eine Batteriezustandsanzeige, analoge Messinstrumente einen Batterietest. Vor allem darf keine entladene oder sich zersetzende Batterie im Batteriefach bleiben. Die vom Hersteller vorgeschriebenen Geräteschutzsicherungen und Batterien dürfen nicht durch solche mit anderen Bemessungsdaten ersetzt werden.

## 10.8 Messkategorien, Messen nichtsinusförmiger Wechselgrößen

Messgeräte, z.B. Multimeter, Stromzangen und Prüfgeräte müssen für die jeweilige Messaufgabe geeignet sein und dürfen den Anwender auch bei Fehlbedienung nicht gefährden. Je näher eine Messung an der Quelle der Niederspannungsinstallation, z.B. dem Versorgungsnetz, erfolgt, desto mehr ist die messende Person beim Auftreten energiereicher Störungen (Transienten) gefährdet, z.B. durch Überspannungen als Folge von Blitzeinschlag.

**Messkategorien** bestimmen die Einsatzbereiche von Messgeräten in Stromversorgungssystemen **(Bild 2 und Tabelle)**. Um ein gefahrloses Messen sicherzustellen, müssen Messgeräte mindestens der Kategorie des Anwendungsbereiches entsprechen. Ein Messgerät z.B. CAT III 600 V entspricht dem Anwendungsbereich CAT III und der Überspannungskategorie 600 V gegen Erde. In Reparaturwerkstätten für Haushaltsgeräte sind Messgeräte mindestens der Kategorie CAT II erforderlich. Elektroniker für Energie- und Gebäudetechnik benötigen mindestens Messgeräte der Kategorie CAT III.

**Bild 2: Messkategorien**

**Tabelle: Messkategorien (nach EN 61010-1)**

| CAT I | CAT II |
|---|---|
| **Messungen an Stromkreisen, die nicht direkt mit dem Netz verbunden sind,** z.B. geschützte Elektronikbaugruppen und Kfz-Elektroanlagen. | **Messungen an Stromkreisen, die elektrisch direkt mit dem Niederspannungsnetz verbunden sind,** z.B. Geräte mit Steckverbindung in Büro und Haushalt. |
| **CAT III** | **CAT IV** |
| **Messungen in der Gebäudeinstallation,** z.B. Geräte der Festinstallation und Verteileranschlüsse. | **Messungen an der Quelle der Niederspannungsinstallation,** z.B. Hausanschluss und Zähler. |

### Messen von nichtsinusförmigen Wechselgrößen

Messgeräte mit Drehspulmesswerk und Gleichrichter sowie einfache Digitalmessgeräte zeigen nur den Effektivwert von rein sinusförmigen Wechselspannungen und -strömen richtig an (RMS[1]-Messmethode). Werden mit diesen Messgeräten nichtsinusförmige Wechselgrößen gemessen, können die Anzeigewerte weit unter dem echten Effektivwert sein.

**Digitalmessgeräte mit Echt-Effektivwertmessung (True RMS[2]-Messgeräte)** zeigen den echten Effektivwert auch bei nicht sinusförmigen Wechselgrößen an, wenn ihr **Crestfaktor[3]** $F_c$ **(Tabelle)** größer ist als das Verhältnis vom Scheitelwert zum Effektivwert der Messgröße.

**Beispiel:**

Am Wechselstromnetz 230 V (Scheitelwert $\hat{u}$ = 325 V) soll mittels Phasenanschnittsteuerung ein Verbraucher mit der Spannung $U$ = 100 V (Effektivwert) versorgt werden. Welchen Crestfaktor benötigt ein Messgerät mindestens, um den echten Effektivwert anzuzeigen?

**Lösung:**

$$F_c = \frac{\hat{u}}{U} = \frac{325\,\text{V}}{100\,\text{V}} = \mathbf{3{,}25} \Rightarrow$$ **Erforderlicher Crestfaktor: 4**

True RMS-Messgeräte sind erforderlich bei Messungen in Stromkreisen mit elektronischen Bauteilen, z.B. Frequenzumrichtern, Phasenanschnittsteuerungen und in industriellen Anlagen.

**Tabelle: Crestfaktor***

| | | |
|---|---|---|
| $F_c = \frac{\hat{u}}{U}$ | | $F_c$ Crestfaktor<br>$\hat{u}$ Scheitelwert<br>$U$ Effektivwert |
| Kurvenformen (periodischer Verlauf) | | |
| Sinus | 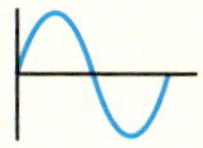 | $F_c = \sqrt{2}$ |
| Rechteck | 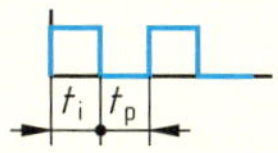 | $t_i = t_p$<br>$F_c = \sqrt{2}$ |
| Phasenanschnitt | 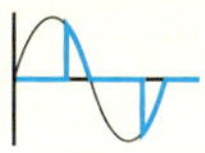 | $F_c > \sqrt{2}$ |

* Crestfaktor: Verhältnis des Spitzenwertes zum Effektivwert eines Signals, z.B. einer Spannung.

**Übersicht: Leistungsmessung**

- **Direkt** mit Leistungsmesser
- **Indirekt** mit Elektrizitätszähler
- **Indirekt** durch Spannungs- und Strommessung $P = U \cdot I$ (ohmsche Last)

## 10.9 Messen der elektrischen Leistung

Die elektrische Leistung kann mit einem Leistungsmesser **(Bild)** direkt gemessen werden **(Übersicht)** oder bei ohmschen Verbrauchern indirekt aus dem Produkt der Messwerte von Spannung und Stromstärke ermittelt werden ($P = U \cdot I$).

Leistungsmesser haben meist ein eisengeschlossenes elektrodynamisches Messwerk **(Seite 194)** mit einer Stromspule und einer Spannungsspule. Um den Strompfad und den Spannungspfad nicht zu überlasten, ist darauf zu achten, dass bei der Messung die mit dem Spannungsbereichschalter und dem Strombereichschalter eingestellten Nennwerte um nicht mehr als das 1,2-Fache (je nach Hersteller), überschritten werden **(Beispiel Seite 204)**.

Elektrodynamische Messwerke **(Seite 194)** sind für Gleichstrom und Wechselstrom geeignet. Sie messen die Wirkleistung (bei AC: $P = U \cdot I \cdot \cos\varphi$).

**Leistungsmessung mit einem Vielfach-Leistungsmesser:**

- Leistungsmesser bei abgeschalteter Anlage anschließen **(Bild)**. Hierbei ist besonders auf gute Kontaktgabe im Strompfad zu achten.
- Mit Strombereichschalter und Spannungsbereichschalter die erforderlichen Messbereiche einstellen.
- Messartschalter auf richtige Stromart stellen (AC oder DC).
- Anlage einschalten und Messung durchführen.
- Nach erfolgter Messung Anlage abschalten, Messgerät abklemmen und abschalten (Messartschalter zur Batterieschonung in Stellung 0).

a) Strombereichschalter
b) Spannungsbereichschalter
c) Messartschalter

**Bild: Vielfach-Leistungsmesser**

[1] **RMS**, Abk. für: **R**oot **M**ean **S**quare (engl.) = quadratischer Wurzelmittelwert (Effektivwert)
[2] **True RMS**, Abk. für: **True R**oot **M**ean **S**quare (engl.) = echter quadratischer Wurzelmittelwert (echter Effektivwert)
[3] crest (engl.) = Gipfel

**Elektrodynamische Leistungsmesser messen die Wirkleistung.**

Um den Spannungsbereichschalter und den Strombereichschalter auf die erforderlichen Werte einstellen zu können, müssen vor der Messung Spannung und Stromstärke bekannt sein. Wenn erforderlich, sind Kontrollmessungen durchzuführen. Da der Zeigerausschlag dem Produkt aus Spannung und Strom entspricht, lässt er keinen Rückschluss auf die Belastung von Spannungs- und Strompfad zu.

**Beispiel:**

**Messgeräteeinstellung:** Strombereichschalter 1 A, Spannungsbereichschalter 100 V, Messbereich 100 W

Am Messgerät anliegend: $I = 2\,A$; $U = 40\,V$

**Anzeige:** $P = U \cdot I = 2\,A \cdot 40\,V =$ **80 W**

**Der Strompfad ist um 100 % überlastet, obwohl die Anzeige kleiner als der Skalenendwert des Messbereichs ist.**

**Strompfad und Spannungspfad eines Leistungsmessers dürfen nicht über die zulässigen Grenzwerte belastet werden.**

Zur Messung an Wechselstrom oder an Gleichstrom wird der stromführende Leiter (L oder L+) unterbrochen und an die Buchsen 1 und 3 gelegt **(Bild 1)**. Der Spannungspfad (Anschlussbuchsen 2 und 5) wird an L und N beziehungsweise L+ und L– angeschlossen.

Soll Wirkleistung am Drehstromnetz bei symmetrischer Last gemessen werden, so wird ein Außenleiter aufgetrennt und an die Buchsen 1 und 3 geführt **(Bild 2)**. Die Leiter L1, L2 und L3 werden an die Buchsen 2, 5 und 8 gelegt. Bei ungleichmäßig belasteten Anlagen, d. h. wenn nicht alle drei Außenleiter den gleichen Strom führen, z. B. bei einem Elektroherd (Schieflast), kann die Leistung durch drei einzelne Leistungsmessungen in den Außenleitern bestimmt werden. Die drei Einzelleistungen werden zusammengezählt. Man nennt diese Methode Dreiwattmeter-Methode. Leistungsmesser können auch über Wandler, z. B. über Stromwandler, betrieben werden **(Bild 3)**.

**Leistungsmessung in Netzen über 650 V darf nur über Stromwandler und Spannungswandler erfolgen.**

Der **Eigenverbrauch** von Vielfach-Leistungsmessern ist bei Messungen an Verbrauchern mit einer Leistung über 100 W vernachlässigbar. Bei Leistungen unter 100 W ist entscheidend, ob der Leistungsmesser nach der Stromfehlerschaltung oder der Spannungsfehlerschaltung **(Seite 200)** geschaltet wurde.

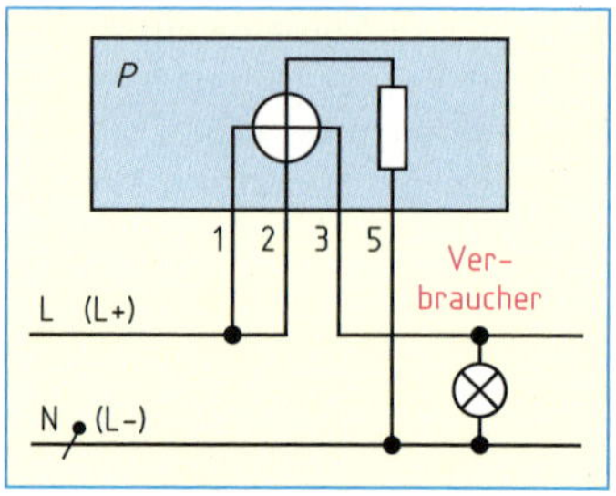


**Bild 1: Anschluss des Leistungsmessers am Wechsel- oder Gleichstromnetz**

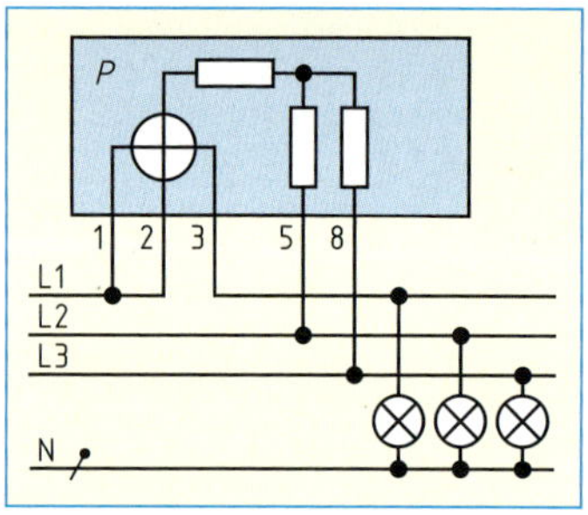


**Bild 2: Wirkleistungsmessung am symmetrischen Drehstromnetz**

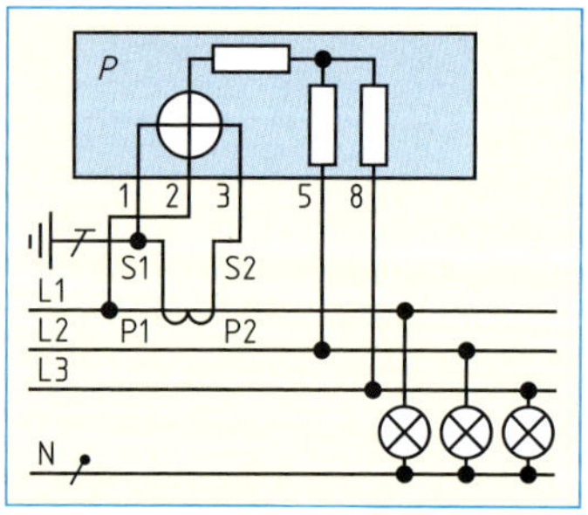


**Bild 3: Wirkleistungsmessung am symmetrischen Drehstromnetz mit Stromwandler**

**Elektrische Arbeit**

1 kWh = 1000 Wh = 3 600 000 Ws

# 10.10 Messen der elektrischen Arbeit

Die elektrische Arbeit kann man direkt oder indirekt messen. Bei der indirekten Messung bestimmt man z. B. mit einem Leistungsmesser die vom Verbraucher aufgenommene Leistung. Dann ermittelt man mit einer Stoppuhr die Einschaltzeit des Verbrauchers. Das Produkt aus Leistung mal Zeit ist die benötigte elektrische Arbeit in kWh oder in Ws ($W = P \cdot t$).

Zur direkten Messung der elektrischen Arbeit nimmt man **Elektrizitätszähler.** Meist werden **Induktionszähler (Bild Seite 205)** verwendet. Die Zahl der Umdrehungen der Zählerscheibe ist ein Maß für die verbrauchte elektrische Arbeit. Die Spulen des Zählers sind ähnlich wie die Spulen im Leistungsmesser geschaltet (Zählerschaltungen siehe Tabellenbuch Elektrotechnik).

Das **Leistungsschild des Zählers (Bild 1)** enthält alle wichtigen Angaben des Zählers, auch die **Zählerkonstante.** Mit ihr kann man die Leistung angeschlossener Verbraucher berechnen. Man misst dazu die Zeit, in der die Zählerscheibe bei eingeschalteter Last eine bestimmte Zahl von Umdrehungen gemacht hat **(Beispiel).**

Die Zählerkonstante $C_z$ gibt die Umdrehungsanzahl der Zählerscheibe je kWh an.

**Doppeltarifzähler** (Mehrtarifzähler) zeigen den Verbrauch während verschiedener Tarifzeiten auf getrennten Zählwerken an. Doppeltarifzähler haben ein Zählwerk für die Hochtarifzeit (HT) und ein Zählwerk für die Niedertarifzeit (NT). Die Umschaltung des Zählerantriebs auf das jeweilige Zählwerk erfolgt über Tarifschaltgeräte, z. B. über Funk- oder Rundsteuerempfänger.

**Zähler mit Leistungsmessung** messen die höchste bezogene elektrische Leistung in einem bestimmten Zeitraum, z. B. in 96 Stunden. Die Leistungsmessung wird in der Regel bei einem Jahresstromverbrauch über 10.000 kWh/Jahr eingesetzt.

**Elektronische Haushaltszähler (eHZ, Bild 2a).** Seit Januar 2010 sind laut Energiewirtschaftsgesetz (EnWG) in neuen Zähleranlagen und bei größeren Renovierungen der Stromversorgungsanlage intelligente Stromzähler vorgeschrieben. Der Kunde soll damit lastvariable oder tageszeitabhängige Tarife nutzen können. Elektronische Zähler haben keine beweglichen Teile. Ihre Genauigkeit ist größer als die von Induktionszählern.

Eigenschaften Elektronischer Zähler (Auswahl):

- Doppeltarifzählung, z. B. Hoch- und Niedertarif,
- Maximum-Leistungsmessung,
- Zweirichtungszählung, z. B. bei Energieeinspeisung mit einer Fotovoltaikanlage,
- Erfassen und Speichern von Lastprofilen,
- Messwertfernübertragung der Verbraucherdaten über die rückseitige optische Datenschnittstelle **(BKE[1]-Datenschnittstelle, Bild 2c)** an z. B. den MUC-Controller[2] **(Bild 2b).**
- Messwertübertragung über eine frontseitige optische Datenschnittstelle zum Computer oder zu einem Display.

**Prüfen.** Tarifzähler müssen durch amtliche Zählerprüfstellen in größeren Zeitabständen geprüft und neu justiert werden, Induktionszähler im Zeitraum von 16 Jahren, eHZ nach 8 Jahren.

Plomben an Zählern dürfen nur von Beauftragten des Verteilungsnetzbetreibers entfernt werden.

[1] **BKE**, Abk. für: **B**efestigung und **K**ontaktier-**E**inrichtung
[2] **MUC**, Abk. für: **M**ulti **U**tillity **C**ommunication-Controller (engl.) = Mehrfach verwendbarer Kommunikationscontroller

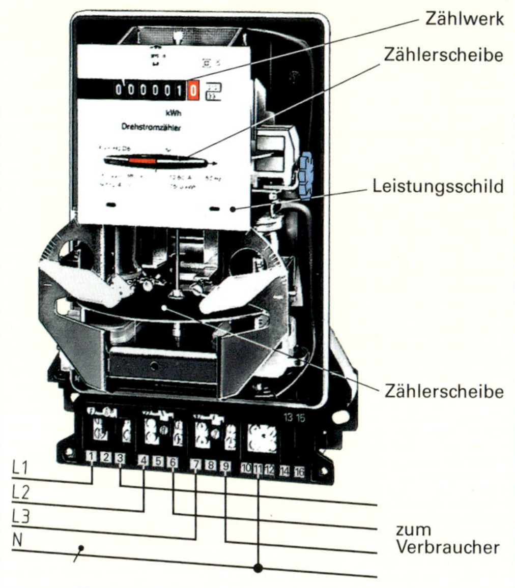


**Bild 1: Drehstrom-Vierleiterzähler (Ferraris-Zähler)**

$$P = \frac{n}{C_z} \qquad [P] = \frac{1/\text{h}}{1/\text{kWh}} = \text{kW}$$

$P$ Leistung in kW
$n$ Umdrehungen der Zählerscheibe je Stunde
$C_z$ Zählerkonstante in Umdrehungen je kWh

**Beispiel:**

Bei einem Zähler mit der Zählerkonstanten $C_z$ = 600 1/kWh macht die Zählerscheibe in 1 Minute 35 Umdrehungen. Bestimmen Sie die Leistung.

**Lösung:**

Umdrehungen je Stunde:
$n$ = 35 1/min · 60 min/h = 2100 1/h

$$P = \frac{n}{C_z} = \frac{2100\ 1/\text{h}}{600\ 1/\text{kWh}} = \mathbf{3{,}5\ kW}$$

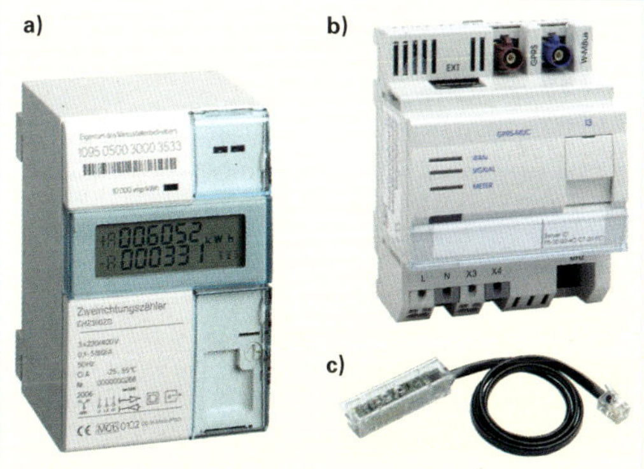


**Bild 2: a) Elektronischer Haushaltszähler (eHZ) b) MUC-Controller c) BKE-Datenschnittstelle**

# Praxistipp: Messen von Strom und Spannung

(Nächster Praxistipp: Seite 230)

## Situationsbeschreibung:

Eine Glühlampe 12 V/0,1 A wird über einen Vorwiderstand an eine Gleichspannung DC 24 V angeschlossen. Die Schaltung wird durch eine Kontrollmessung **(Bild 4)** überprüft. Dazu soll der Strom mit einem analogen Vielfach-Messinstrument und die Spannung mit einem digitalen Vielfach-Messinstrument gemessen werden.

### Allgemeine Grundsätze zum Messen mit Vielfach-Messinstrumenten:

- Messgerät auswählen: z. B. Analog- oder Digital-Messgerät mit geeigneten Messbereichen.
- Messgröße, z. B. Strom oder Spannung, vorwählen.
- Richtige Stromart wählen (AC oder DC).
- Messleitungen zuerst am Messgerät anschließen.
- Nur Sicherheitsmessleitungen verwenden.
- Auf richtige Polung der Messleitungen achten:
- rote Leitung → Pluspol (+), schwarze oder blaue Leitung → Minuspol/Masse (⊥).
- Zunächst den größten Messbereich einstellen.
- Richtige Schaltungsart beachten:
- Strommessung: → Reihenschaltung.
- Spannungsmessung: → Parallelschaltung.
- Messgerät in den spannungslosen Stromkreis schalten.

### Strommessung mit dem analogen Vielfach-Messinstrument

- Gebrauchslage beachten (z. B. waagerecht).
- Messleitungen anschließen, auf Polung achten.
- Sicherungsschalter **(Bild 1)** einschalten.
- Batterietest durchführen.
- Nullpunktabgleich durchführen, ggf. nachjustieren.
- Stromart am Stromartenschalter wählen.
- Messgröße mit Messbereichsschalter auf größten Strommessbereich schalten.
- Messgerät in den spannungslosen Stromkreis schalten **(Bild 3 und 4)**.
- Spannungsquelle zuschalten.
- Anzeige beobachten. Durch Verkleinerung des Messbereichs den Zeigerausschlag möglichst in das letzte Skalendrittel bringen (kleiner relativer Fehler).
- Messwert senkrecht ablesen (Parallaxenfehler vermeiden).

### Spannungsmessung mit dem digitalen Vielfach-Messinstrument

- Messleitungen anschließen, auf Polung achten.
- Messgerät mit ON/OFF-Taste einschalten und Anzeigen beachten. Ist z. B. die Batterie entladen, wird dies im Display angezeigt.
- Stromart und Messgröße mit dem Messbereichschalter einstellen (z. B. V =).
- Messgerät an das spannungsfreie Messobjekt schalten **(Bild 4)**.
- Spannungsquelle zuschalten.
- Digitalmessgeräte wählen im Gegensatz zu Analogmessgeräten den Messbereich meist selbstständig.
- Bei vielen Digitalmessgeräten kann der Messbereich aber auch manuell eingestellt werden.
- Messwert an der LCD-Anzeige ablesen.

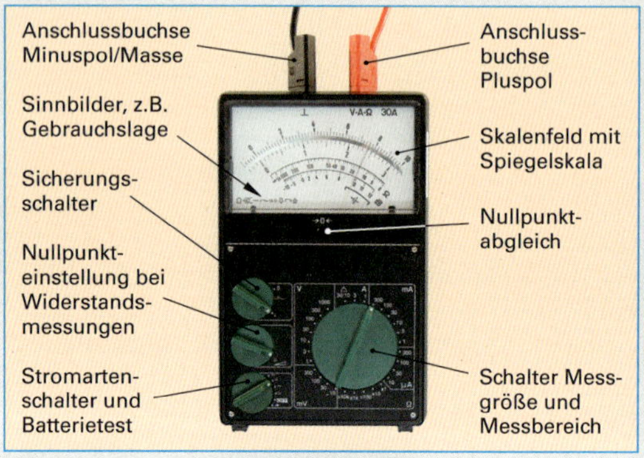


**Bild 1: Analoges Vielfach-Messinstrument**

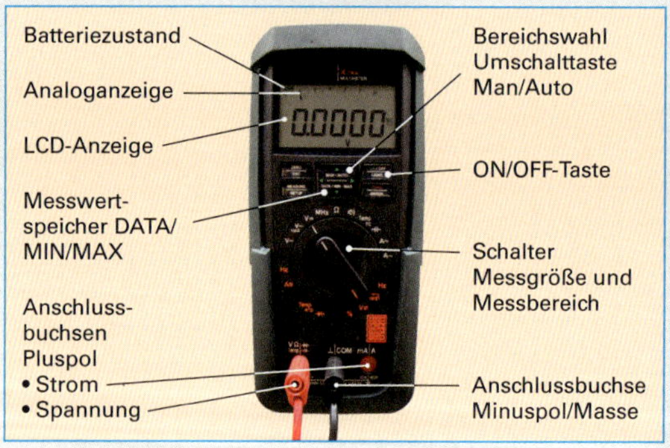


**Bild 2: Digitales Vielfach-Messinstrument**

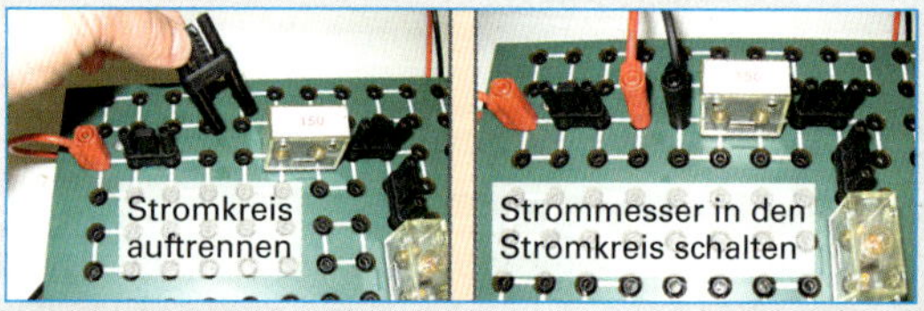


**Bild 3: Strommesser einbauen**

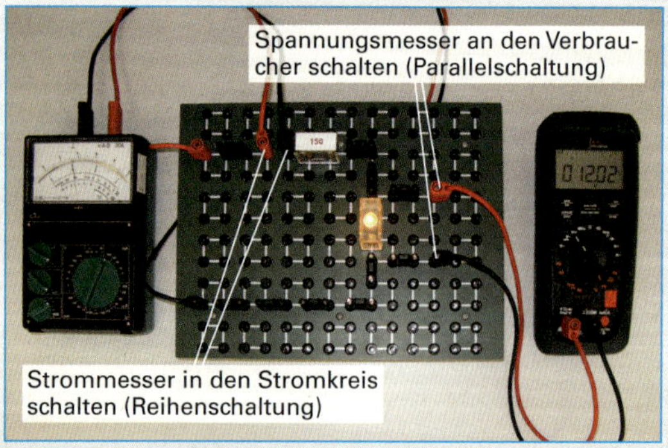


**Bild 4: Kontrollmessung**

# 10.11 Messen mit dem Oszilloskop

**Das Oszilloskop dient zum Messen und Darstellen elektrischer Größen (Übersicht).**

**Übersicht:**
**Mit dem Oszilloskop kann man Messen, Darstellen bzw. Ermitteln:**

- Spannungen
- Ströme
- Frequenzen
- Phasenverschiebungen
- Kennlinien

Frequenzen, Ströme oder Kennlinien, z. B. von Dioden **(Seite 210)**, lassen sich mit dem Oszilloskop nur indirekt messen. Dies erfordert einen höheren Aufwand bei der Messschaltung.

Man unterscheidet analoge und digitale Ozilloskope. Analoge Ozilloskope werden zunehmend durch digitale Oszilloskope ersetzt, da diese einfacher im Aufbau sind und mehr messtechnische Möglichkeiten als analoge Oszilloskope besitzen. Digitale Ozilloskope **(Bild)** können Signale, z. B. Wechselspannungen, aufzeichnen, abspeichern und analysieren. Zum Beispiel kann man Oberwellenanteile mithilfe der Spektrumanalyse (Taste FFT, **Bild**) ermitteln. Messergebnisse, z. B. die Spitze-Tal-Wert-Spannung $\underset{\smile}{\hat{u}}$ und die Frequenz $f$ **(Bild)**, werden direkt angezeigt und können über den USB-Anschluss auf externe Datenträger gespeichert werden. Als Bildschirm, man spricht von Display, verwendet man die LCD-Technologie[1]. Es gibt unterschiedliche Displaygrößen, z. B. 5,7 Zoll oder 8 Zoll (1 Zoll = 25,4 mm). Das Display ist meist in 10 Skalenteile horizontal und 8 Skalenteile vertikal unterteilt. Die Signale können auch in unterschiedlichen Farben dargestellt werden.

Oszilloskope haben einen hohen Eingangswiderstand von meist 1 MΩ. Dadurch werden die zu messenden Signale durch den Eingangswiderstand des Oszilloskops wenig belastet. Verwendet man Tastteiler **(Seite 208)**, so wird bei einem Tastteiler 10:1 der Eingangswiderstand um das 10-fache erhöht.

## 10.11.1 Inbetriebnahme eines digitalen Oszilloskops

Der Netzanschluss des Oszilloskops wird über eine dreiadrige Netzanschlussleitung hergestellt. Sind Messungen an Netzspannung durchzuführen, z. B. an einer Phasenanschnittsteuerung, muss zur Unfallverhütung ein Trenntransformator **(Seite 219)** vor das zu untersuchende Gerät geschaltet werden, da der Masseanschluss mit dem Schutzleiter PE verbunden ist. Zum Durchführen einfacher Messungen, z. B. einer Spannungsmessung, ist

- das Oszilloskop durch die Ein-/Aus-Taste einzuschalten,
- das Signal, z. B. eine Wechselspannung, am Kanal I (CH I) anzulegen und
- die Taste „AutoSet" zu betätigen.

Autoset bedeutet, dass das Oszilloskop automatisch so eingestellt wird, dass eine verwertbare Anzeige der Messgröße am Display erfolgt. Eine Optimierung der Anzeige kann mithilfe der Steller Amplitude und Zeit erreicht werden. Vor der Messwertanzeige erfolgt ein Selbsttest des Oszilloskops. Komplexe Signalformen, z. B. Messen an einem Datenbus, erfordern manuelle Einstellungen.

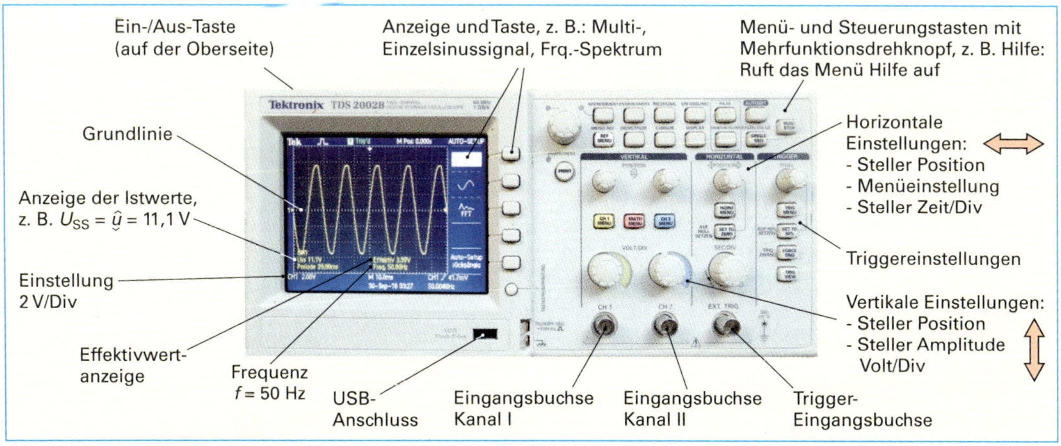


**Bild: Digitales Zweikanal-Oszilloskop**

[1] **LCD**, Abk. für: **L**iquid **C**rystal **D**isplay (engl.) = Flüssigkristallanzeige

## 10.11.2 Spannungsmessungen

**Beim Messen von Spannungen dürfen herstellerabhängige maximale Eingangsspannungen, z. B. 300 V, nicht überschritten werden.**

Beim Messen von Spannungen unterscheidet man vor allem:

- Gleichspannungsmessungen,
- Wechselspannungsmessungen,
- Mischspannungsmessungen und
- Spannungsmessung mit einem Tastteiler.

Außer einer automatischen Messwerterfassung mit einem digitalen Oszilloskop ist es auch notwendig Messwerte manuell auszuwerten.

**Gleichspannung.** Der Eingangswahlschalter ist auf DC[1] (Gleichspannung) einzustellen. Den Steller „Vertikalamplitude", auch Abschwächer genannt, stellt man auf einen hohen Bereich, z. B. 20 V/div[2] bzw. 20 V/cm. Abhängig von der Polarität wird das Signal nach oben oder nach unten ausgelenkt **(Bild 1)**. Ist die Auslenkung der Signallinie zu gering, so wird die Einstellung des Stellers Amplitude auf einen kleineren Wert, z. B. 2 V/div, verringert.

Die Größe der gemessenen Spannung wird aus dem Produkt Auslenkung (in div) mal Einstellung Amplitude (in V/div) berechnet.

**Wechselspannung.** Die Signallinie befindet sich in Grundstellung immer in der Mitte des Bildschirmes **(Bild 2)**. Beim Eingangswahlmenue wird auf AC[3] (Wechselspannung) eingestellt. Eine direkte Ablesung des Scheitelwertes $\hat{u}$ oder der Spitze-Tal-Spannung $\hat{\underset{\vee}{u}}$ ist möglich **(Bild 2)**. Den Effektivwert $U$ kann man berechnen, wird aber auch im Display angezeigt.

**Beispiel:**

Der Scheitelwert einer Wechselspannung beträgt $\hat{u} = 34\,\text{V}$. Berechnen Sie den Effektivwert $U$.

**Lösung:**

$$U = \frac{\hat{u}}{\sqrt{2}} = 0{,}707 \cdot \hat{u} = 0{,}707 \cdot 34\,\text{V} = \mathbf{24\,V}$$

**Mischspannungsmessung (Gleichspannung mit überlagerter Wechselspannung).** Diese Spannungsmessung ist meist bei Gleichrichtergeräten notwendigund und besteht aus zwei Komponenten: der Gleichspannung $U_d$ und der Brummspannung $u_p$ **(Bild 3)**. Die elektrische Trennung der beiden Spannungen wird mithilfe der Taste AC durchgeführt. Dadurch sperrt ein im Eingang des Oszilloskops vorhandener Kondensator den Gleichspannungsanteil ab.

Einstellung DC: Messen der Mischspannung

Einstellung AC: Messen der überlagerten Wechselspannung

Um die überlagerte Wechselspannung gut messen zu können, soll der Steller Amplitude auf kleine Werte, z. B. 0,1 V/div, eingestellt werden.

**Spannungsmessung mit dem Tastteiler.** Ist am Oszilloskop mit dem Steller Amplitude die größte Einstellung, meist 20 V/div, eingestellt, so kann man bei einer Bildschirmhöhe von 8 cm eine Spannung von maximal 8 div · 20 V/div = 160 V messen. Bei höheren Spannungen als 160 V ist es notwendig, einen Tastteiler (Tastkopf) an das Oszilloskop anzuschließen. Der Tastteiler **(Bild 4)** ist ein Spannungsteiler im Verhältnis z. B. 10 : 1. Man misst dann maximal 10 · 160 V = 1600 V, ohne die vom Hersteller des Oszilloskops angegebenen Grenzwerte zu überschreiten. Durch die Verwendung eines Tastteilers wird auch der Eingangswiderstand des Oszilloskops erhöht, z. B. beim Teiler 10 : 1 auf das 10-fache. Tastteiler sind nach Herstellerangaben abzugleichen.

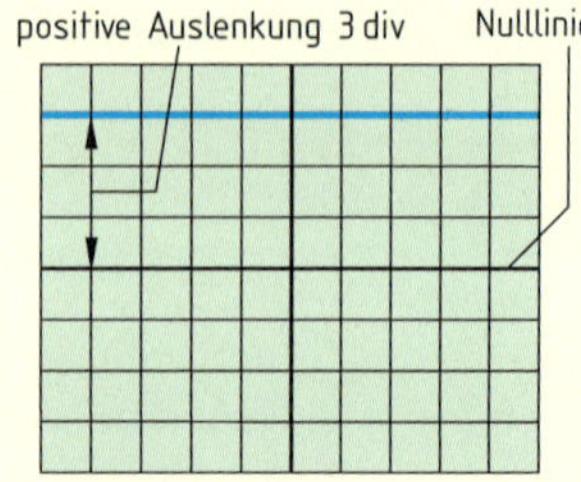


1 Kästchen ≙ 1 div
Einstellung: DC 2 V/div
Ergebnis: + 3 div · 2 V/div = +6 V

**Bild 1: Gleichspannungsmessung**

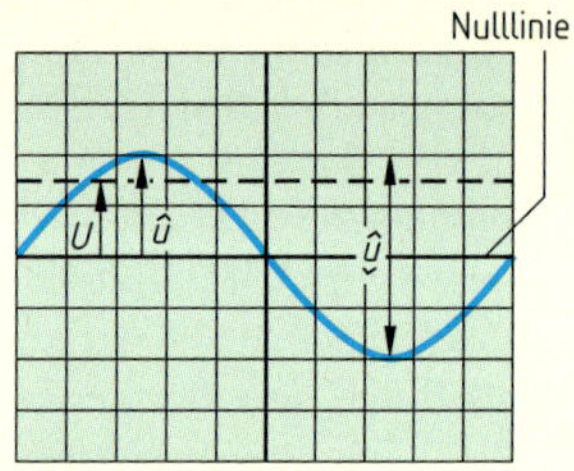


Einstellung: AC 5 V/div
Ergebnis:
$\hat{\underset{\vee}{u}}$ = 4 div · 5 V/div = 20 V
$\hat{u}$ = 2 div · 5 V/div = 10 V
$U$ = 0,707 · $\hat{u}$ = 0,707 · 10 V = 7,07 V

**Bild 2: Wechselspannungsmessung**

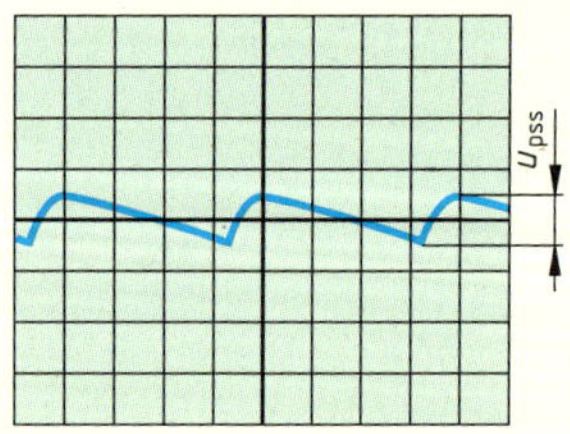


Einstellung: AC 10 mV/div
Ergebnis:
$u_{pss}$ = 1 div · 10 mV/div = 10 mV

**Bild 3: Mischspannungsmessung**

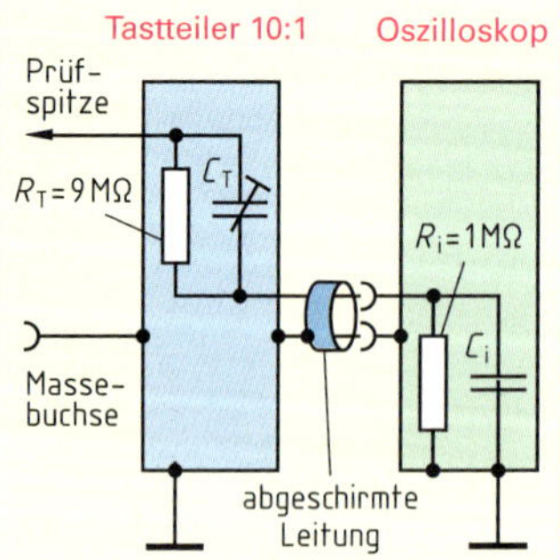


**Bild 4: Anschluss des Tastteilers an das Oszilloskop**

[1] **DC**, Abk. für: **D**irect **C**urrent (engl.) = Gleichstrom [2] **div**, Abk. für: **div**ision (engl.) = Teilung [3] **AC**, Abk. für: **A**lternating **C**urrent (engl.) = Wechselstrom

## 10.11.3 Messen der Frequenz und der Zeit

Digitale Oszilloskope können den Frequenzwert, z.B. 50 Hz einer Wechselspannung, direkt anzeigen. Bei anlogen Oszilloskopen muss die Frequenz indirekt über eine Zeitmessung der Periodendauer $T$ **(Bild 1)** und dann mithilfe der Formel $f = 1/T$ berechnet werden. Bei hohen Frequenzen, z.B. im kHz-Bereich, muss eine abgeschirmte, koaxiale Messleitung verwendet werden. Eine Koaxialleitung besitzt einen Innenleiter und einen Außenleiter. Der Außenleiter, ein Metallgeflecht, schirmt den Innenleiter vor Störstrahlungen ab. Dadurch werden Messfehler klein gehalten. Zur Frequenzmessung kann auch ein Tastteiler **(Seite 208)** verwendet werden.

**Zeitmessung bei Impulsen.** Zeitmessungen werden meist bei rechteckförmigen Impulsen, wie sie z.B. in der Digitaltechnik oder bei der Pulsweitenmodulation **(Seite 315)** auftreten, durchgeführt. Man misst u.a. die Impulsdauer $t_i$, die Pausendauer $t_p$ **(Bild 2),** sowie die Anstieg- und die Abfallzeit.

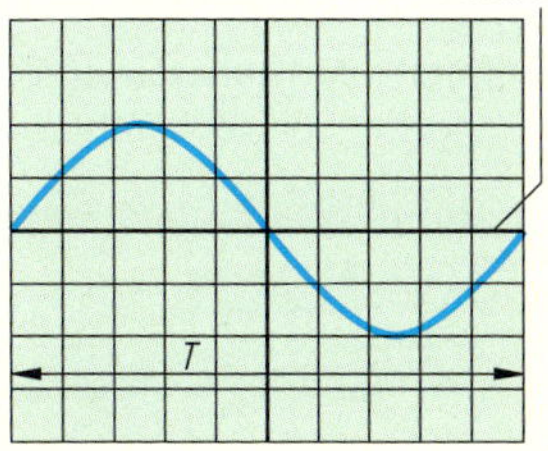


Einstellung: 2 ms/div
Ergebnis:
$T = 10\,\text{div} \cdot 2\,\text{ms/div} = 20\,\text{ms}$
$f = 1 : T = 1 : 20\,\text{ms} = 50\,\text{Hz}$

**Bild 1: Frequenzmessung**

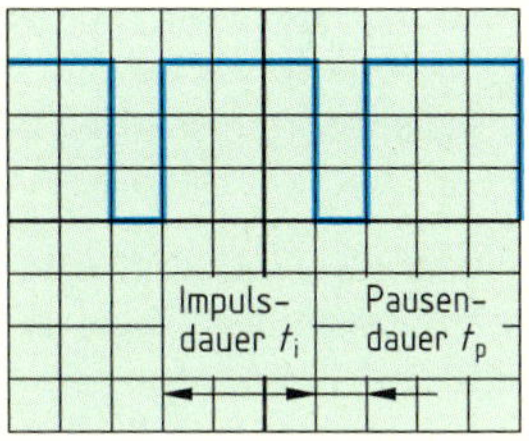


Einstellung: 0,1 ms/div
Ergebnis:
Impulsdauer =
3 div · 0,1 ms/div = 0,3 ms
Pausendauer =
1 div · 0,1 ms/div = 0,1 ms

**Bild 2: Impulsmessung**

## 10.11.4 Messen von Strömen

Mit dem Oszilloskop kann man Ströme nur indirekt messen. Man misst die Spannung an einem bekannten niederohmigen Widerstand im Messkreis, z.B. 1 Ω **(Bild 3)** und berechnet aus der Spannung $U$ und dem Widerstandswert $R$ den Strom $I$. Der Kurvenverlauf der Spannung ist somit ein Abbild des Stromes **(Bild 4).** Die Höhe des Stromes ermittelt man mithilfe des ohmschen Gesetzes $I = U/R$. Es ist zu beachten, dass bei Wechselstrom der Effektivwert der Spannung einzusetzen ist.

**Beispiel:**

Die Amplitudeneinstellung **(Bild 4)** beträgt 0,2 V/div. Der im Messkreis eingeschaltete Widerstand ist 1 Ω. Berechnen Sie den Strom.

**Lösung:**

$\hat{u} = 2\,\text{div} \cdot 0{,}2\,\text{V/div} = 0{,}4\,\text{V}$; $U = 0{,}707 \cdot \hat{u} = 0{,}707 \cdot 0{,}4\,\text{V} = 0{,}28\,\text{V}$.

Somit ist der Strom: $I = \frac{U}{R} = \frac{0{,}28\,\text{V}}{1\,\Omega} = \mathbf{0{,}28\,A}$

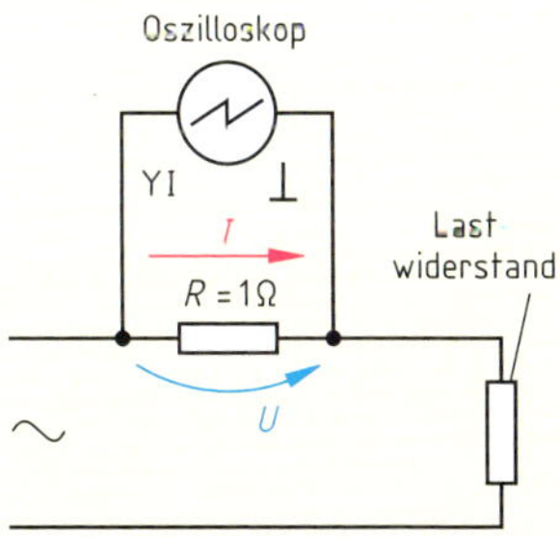


**Bild 3: Indirekte Strommessung**

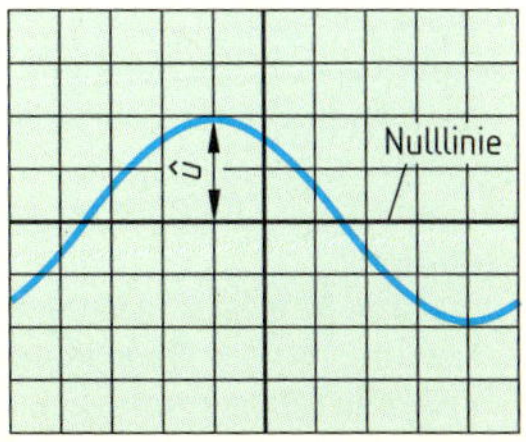


**Bild 4: Ermitteln des Stromes nach Bild 3**

## 10.11.5 Messen der Phasenverschiebung

Zum Messen der Phasenverschiebung zwischen Eingangsspannung und Ausgangsspannung eines NF-Verstärkers oder zwischen Strom und Spannung eines induktiven Verbrauchers, verwendet man ein Zweikanaloszilloskop.

Die Messgröße $U_1$ führt man dem Kanal I, die Messgröße $U_2$ dem Kanal II zu. Die Einstellung für Kanal I und Kanal II erfolgt über die Tasten AC. Durch Betätigen der Tasten „Autoset", „CH1" und „CH2" werden beide Kanäle dargestellt.

**Beispiel:**

Messung der Phasenverschiebung an einem RC-Glied **(Bild 1, Seite 210).** Der Elektronenstrahl beider Kanäle befindet sich, ohne Messsignal, in der Mitte des Bildschirmes. Sind beide Messsignale vorhanden, so werden mit den Stellern „Zeiteinsteller" und „Vertikalamplitude I" bzw. „Vertikalamplitude II" die Kurven nach **Bild 2, Seite 210** eingestellt. An der X-Achse (Zeit-Achse) kann die Phasenverschiebung als Abstand beider Messgrößen abgelesen werden. Hierbei entspricht ein Kästchen einem Zentimeter.

**Lösung:**

Nach **Bild 2, Seite 210** gilt:
10 cm ≙ 360 Grad ⇒ 1 cm ≙ 360 Grad : 10 = 36 Grad
$\varphi$ ≙ 1 cm ⇒ $\boldsymbol{\varphi}$ **= 36 Grad**

## 10.11.6 Kennlinienaufnahme

Kennlinien von Bauelementen, z. B. von Widerständen, Dioden oder Transistoren, können mithilfe

- der Strom-Spannungs-Messmethode,
- einem X-Y-Schreiber
- oder mit einem Oszilloskop **(Bild 3)** aufgenommen werden.

Da eine Kennlinie meist die gegenseitige Abhängigkeit von zwei Größen, z. B. Strom und Spannung darstellt, werden beide zu messenden Größen dem X- und Y-Eingang des Oszilloskops zugeführt. Bei einem Zweikanal-Oszilloskop ist meist die Eingangsbuchse Kanal I der Y-Eingang und die Eingangsbuchse Kanal II der X-Eingang. Beim Oszilloskop muss der Masseanschluss so gewählt werden, dass er für beide Messgrößen gemeinsam gilt **(Bild 3)**. Die dadurch entstehende Phasenverschiebung von 180° wird durch Betätigen der Taste „Invertierung" (Invertieren) durch Phasenumkehr von Kanal I ausgeglichen. Mit dem Oszilloskop misst man den Spannungsfall am Widerstand $R_1$ und die Spannung am Bauelement, z. B. an einer Diode.

Zur Kennlinienaufnahme ist beim Oszilloskop die Horizontalablenkung auszuschalten (Taste „Format XY" betätigen). Die Eingangstaster sind auf GD (Ground) zu stellen und mithilfe der Steller für die Vertikalrichtung I und II ist der Nullpunkt einzustellen. Wird z. B. der Nullpunkt der Kennlinie in die linke untere Ecke des Bildschirmes eingestellt, so wird in der Einstellung DC die Durchlasskennlinie einer Diode aufgezeichnet **(Bild 4)**.

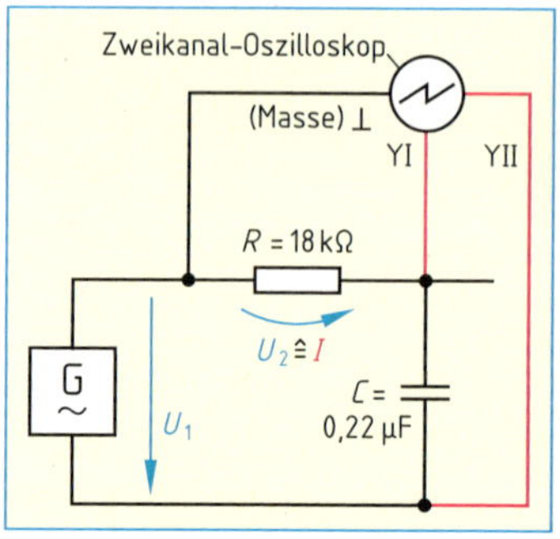


**Bild 1: Schaltung zur Phasenmessung zwischen *U* und *I* an einem RC-Glied**

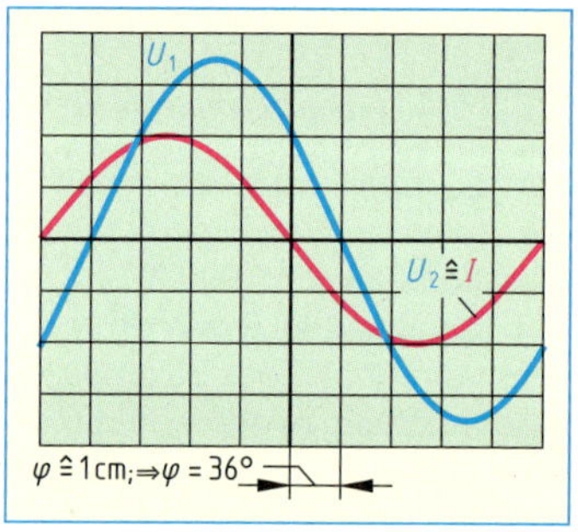


**Bild 2: Phasenverschiebung nach Bild 1**

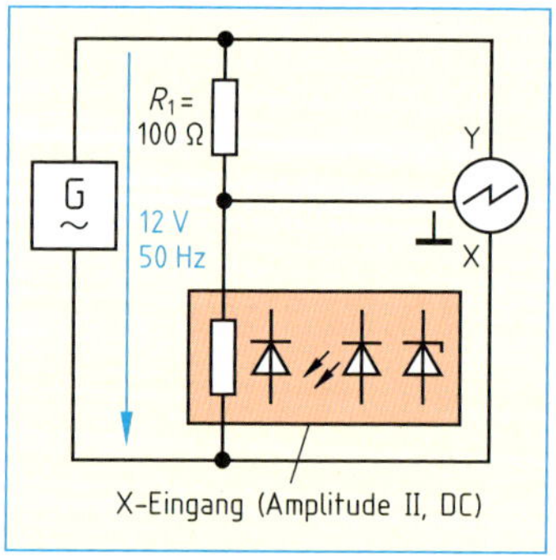


**Bild 3: Kennlinienaufnahme mit dem Oszilloskop**

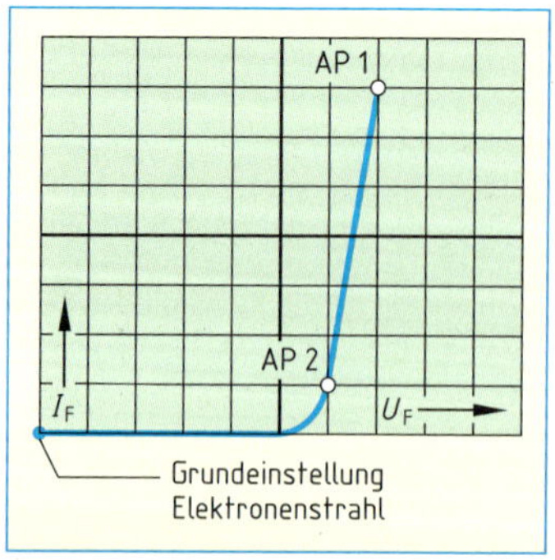


**Bild 4: Diodendurchlasskennlinie**

### Beispiel:

Mit der Messschaltung nach **Bild 3** wird die Kennlinie einer Diode **(Bild 4)** aufgenommen. Der Steller Vertikalrichtung I, zur Messung des Stromes $I_F$, ist auf 2 V/div eingestellt. Zur Spannungsmessung $U_F$ ist der Steller Vertikalrichtung II auf 0,1 V/div eingestellt. Es sind die Diodenkennwerte $U_F$ und $I_F$ im Arbeitspunkt 1 und 2 zu bestimmen.

### Lösung:

Zuerst ist der Strommaßstab für $I_F$ zu berechnen:

$$I_F = \frac{\text{Ablenkfaktor YI}}{R_1} = \frac{2\,\text{V/div}}{100\,\Omega} = 20\,\text{mA/div}$$

Arbeitspunkt 1 (AP 1): $\boldsymbol{I_F}$ = 7 div · 20 mA/div = **140 mA;** $\boldsymbol{U_F} \mathrel{\hat=}$ 7 div $\mathrel{\hat=}$ **0,7 V**

Arbeitspunkt 2 (AP 2): $\boldsymbol{I_F}$ = 1 div · 20 mA/div = **20 mA;** $\boldsymbol{U_F} \mathrel{\hat=}$ 6 div $\mathrel{\hat=}$ **0,6 V**

### Wiederholungsfragen

1 **Welche elektrische Größe kann man mit dem Oszilloskop direkt messen?**
2 **Welchen Vorteil hat die Taste „Auto-Setup" bei einer Spannungsmessung?**
3 **Mit welchen Stellern wird die Signallinie in die Mitte des Bildschirmes eingestellt?**
4 **Wie wird der Effektivwert einer Wechselspannung mit dem Oszilloskop bestimmt?**
5 **In welcher Einstellung wird bei der Mischspannungsmessung die Wechselspannung von der Gleichspannung getrennt?**
6 **Für welche Messungen verwendet man Tastteiler?**
7 **Warum muss zur Strommessung mit dem Oszilloskop ein Messwiderstand in die Messschaltung eingebaut werden?**
8 **Wie misst man mit dem Oszilloskop Phasenverschiebungen?**

# 11 Schutzmaßnahmen

Für das Errichten und für den Betrieb elektrischer Anlagen und Betriebsmittel sind Schutzmaßnahmen vorgeschrieben mit dem Ziel, Unfälle sowie Sachschäden durch den elektrischen Strom zu vermeiden.

## 11.1 Auswahl der Betriebsmittel

Die **Schutzarten** von Betriebsmitteln sind durch die Buchstaben IP[1], zwei Ziffern und durch Zusatzbuchstaben gekennzeichnet.

- Die erste Ziffer nennt den Schutz gegen Eindringen von Fremdkörpern und gegen Berühren,
- die zweite Ziffer gibt den Schutz gegen Eindringen von Wasser an **(Tabelle)**.

**Tabelle: Schutzarten elektrischer Betriebsmittel** (nach DIN VDE 0470-1)

| 1. Ziffer: Berührungs- und Fremdkörperschutz | | | | 2. Ziffer: Wasserschutz | | | |
|---|---|---|---|---|---|---|---|
| Schutzgrad[2] | Bildzeichen | Schutz gegen: | Anwendungsbeispiel | Schutzgrad[2] | Bildzeichen | Schutz gegen: | Anwendungsbeispiel |
| IP 0X  | ohne | Kein besonderer Schutz | Geschlossene staubfreie Räume ohne Personenverkehr, z.B. Transformatorenstationen | IP X0  | ohne | Kein besonderer Schutz | Trockene Räume in denen sich kein Kondenswasser bildet |
| IP 1X 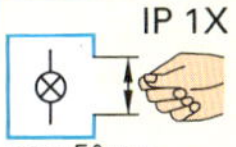 max. 50 mm | ohne | Große Fremdkörper Ø ≥ 50 mm | Staubfreie Innenräume, in denen Elektrofachkräfte arbeiten, z.B. Schalträume | IP X1 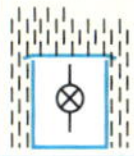 | | Senkrecht fallendes Tropfwasser | In Räumen mit nur senkrecht fallendem Tropfwasser |
| IP 2X 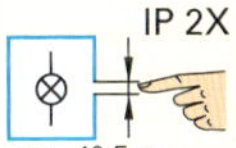 max. 12,5 mm | ohne | Mittelgroße Fremdkörper Ø ≥ 12,5 mm | Staubfreie Räume mit nur groben Fremdkörpern, z.B. für eingebaute, abgedeckte Motoren | IP X2 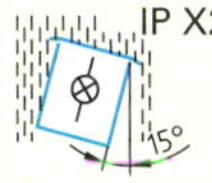  | | Tropfwasser auf Betriebsmittel mit Neigung bis 15° | Räume in denen Betriebsmittel keinem vom Boden aufspritzenden Wasser ausgesetzt sind |
| IP 3X 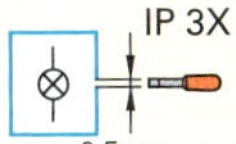 max. 2,5 mm | ohne | Kleine Fremdkörper Ø ≥ 2,5 mm | Staubfreie Außen- und Innenräume mit nur kleinen Fremdkörpern | IP X3 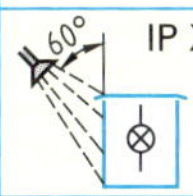  | | Sprühwasser | Geschützte Aufstellung im Freien ohne direkte Witterungseinflüsse |
| IP 4X 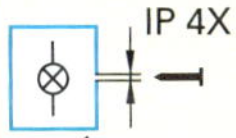 max. 1 mm | ohne | Kornförmige Fremdkörper Ø ≥ 1 mm | Außen- und Innenräume ohne Feinstaub, z.B. mechanische Werkstätten, in der Landwirtschaft | IP X4 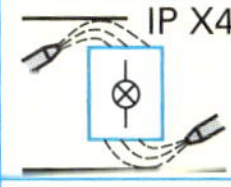 | | Spritzwasser | Aufstellung im Freien bei geringen Witterungseinflüssen oder dauernd feuchter Umgebung |
| IP 5X 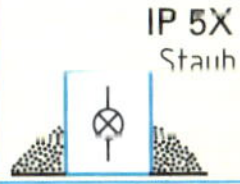  | | Staubablagerung | Für Klemmenkästen bei Staubanfall, z.B. bei Maschinen in landwirtschaftlichen Anwesen | IP X5 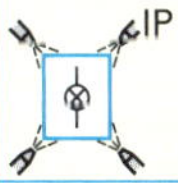 | | Strahlwasser | Ungeschützte Aufstellung im Freien oder Klima mit dauernd 80% relativer Luftfeuchtigkeit |
| IP 6X 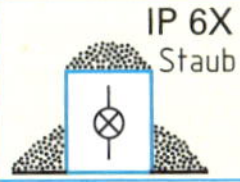  | | Eindringen von Staub | Völlig staubdichte Betriebsmittel, z.B. in Räumen mit brennbarem Staub | IP X6 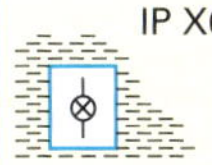 | | Starkes Strahlwasser | Betriebsmittel, die kurzzeitig starkem Strahlwasser aus allen Richtungen ausgesetzt sind |
| **IP-Kennzeichnung durch nachgestellte Zusatzbuchstaben:** | | | | IP X7 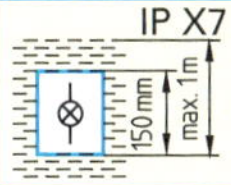  | | Zeitweiliges Untertauchen | Transportable Pumpen für kurzzeitigen Tauchbetrieb |
| **1. Buchstabe**<br>**A** Schutz gegen Zugang mit dem Handrücken<br>**B** Schutz gegen Zugang mit dem Finger<br>**C** Geschützt gegen Zugang mit Werkzeugen<br>**D** Geschützt gegen Zugang mit Draht | | | | IP X8 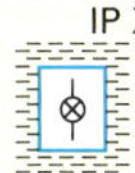 | ...bar | Dauerndes Untertauchen | Pumpen für dauernden Tauchbetrieb, auch unter Druck |
| **2. Buchstabe**<br>**H** Betriebsmittel für Hochspannung<br>**M** Geprüft auf Wassereintritt bei laufender Maschine<br>**S** Geprüft auf Wassereintritt bei stehender Maschine<br>**W** Geeignet bei festgelegten Witterungsbedingungen | | | | IP X9 | ohne | Hochdruck und hohe Strahlwassertemperatur | Reinigung mit Hochdruckreinigungsgerät |

**Beispiel IP 23 CS:** Geschützt gegen Eindringen fester Körper Ø ≥ 12,5 mm, Sprühwasserschutz, geschützt gegen Zugang mit Werkzeugen bis 80 mm Länge und Ø ≥ 2,5 mm, Schutz gegen Wassereintritt bei stehender Maschine.

[1] **IP**, Abk. für: **I**nternational **P**rotection (engl.) = Internationaler Schutz

[2] Ist nur eine Ziffer für den Fremdkörper- und Berührungsschutz oder für den Wasserschutz angegeben, so steht anstelle der fehlenden Kennziffer der Buchstabe X, z.B. IP X5 oder IP 2X

# 11.2 Schutz gegen elektrischen Schlag

Durch Fehler in elektrischen Anlagen oder Geräten, z.B. Isolationsfehler, kann an leitfähigen Körpern eine Spannung anliegen, die bei Berührung durch Menschen oder Tiere zu einer lebensgefährlichen elektrischen Durchströmung des Körpers führen kann. Schutzmaßnahmen **(Übersicht)** sollen gefährliche Berührungsspannungen vermeiden oder die Anlage im Fehlerfall abschalten, um eine Gefährdung von Menschen oder Tieren durch den elektrischen Strom sowie Sachschäden zu verhindern.

Nach DIN VDE 0100-410 bestehen Schutzmaßnahmen gegen elektrischen Schlag immer aus:

- Einer Kombination von zwei unabhängigen Schutzvorkehrungen, dem **Basisschutz** (früher: Schutz gegen direktes Berühren) und dem **Fehlerschutz** (früher: Schutz bei indirektem Berühren) oder
- einer **verstärkten Schutzvorkehrung** die den Basisschutz und den Fehlerschutz sicherstellt.

### Übersicht: Schutzmaßnahmen nach DIN VDE 0100-410

**Automatische Abschaltung der Stromversorgung** Seite 216

**Anforderung an den Basisschutz** Seite 214

**Anforderungen an den Fehlerschutz** Seite 215
- Schutzerdung und Schutzpotenzialausgleich
- Automatische Abschaltung im Fehlerfall
- Zusätzlicher Schutz für Endstromkreise für den Außenbereich und für Steckdosen

**Anforderungen:**
- im TN-System Seite 213, 216
- im TT-System Seite 213, 217
- im IT-System Seite 213, 217

**Doppelte oder verstärkte Isolierung** Seite 219

**Schutztrennung mit nur einem Verbraucher** Seite 219

**Schutz durch Kleinspannung SELV oder PELV** Seite 220

**Zusätzlicher Schutz durch:**
- Fehlerstrom-Schutzeinrichtung (RCD) Seite 220
- Zusätzlicher Potenzialausgleich Seite 223

**Anhänge**

**A Vorkehrungen für den Basisschutz unter normalen Bedingungen** Seite 214
- Basisisolierung aktiver Teile
- Abdeckungen und Umhüllungen

**B Vorkehrungen für den Basisschutz unter besonderen Bedingungen** Seite 214
- Hindernisse
- Anordnung außerhalb des Handbereichs

**C Vorkehrungen zur ausschließlichen Anwendung in Anlagen, die nur durch Elektrofachkräfte oder elektrotechnisch unterwiesene Personen betrieben und überwacht werden** Seite 223
- Nichtleitende Umgebung
- Schutztrennung mit mehr als einem Verbraucher
- Schutz durch erdfreien örtliche Schutzpotenzialausgleich

### Stromwirkungen auf Menschen und Tiere

Berühren Menschen oder Tiere unter Spannung stehende Anlagenteile, fließt durch ihren Körper ein elektrischer Strom. Die Stromstärke $I_B$ hängt von der **Berührungsspannung** $U_B$ und vom Widerstand im Fehlerstromkreis ab. Stromstärke und Einwirkdauer des Stromes bestimmen die Körperreaktionen **(Bild)**.

**Beispiel:**

Der Körper eines Menschen wird bei der Berührung eines aktiven Leiters 500 ms von einem Strom $I_B$ = 150 mA durchflossen. Welche Körperreaktion kann auftreten?

**Lösung:**

Im Bereich AC-4.1 **(Bild)** ist die Loslassschwelle überschritten. Es besteht die Gefahr des Herzkammerflimmerns.

Die Grenze der dauernd zulässigen Berührungsspannung $U_L$ ist international vereinbart: Wechselstrom AC 50 V und Gleichstrom DC 120 V.

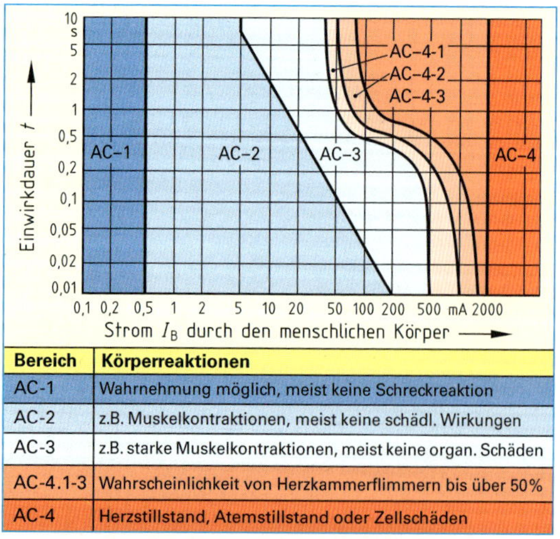


| Bereich | Körperreaktionen |
|---|---|
| AC-1 | Wahrnehmung möglich, meist keine Schreckreaktion |
| AC-2 | z.B. Muskelkontraktionen, meist keine schädl. Wirkungen |
| AC-3 | z.B. starke Muskelkontraktionen, meist keine organ. Schäden |
| AC-4.1-3 | Wahrscheinlichkeit von Herzkammerflimmern bis über 50% |
| AC-4 | Herzstillstand, Atemstillstand oder Zellschäden |

**Bild: Zeit-Strombereiche bei Wechselstrom 50 Hz DIN IEC ITS 60479-1 (VDE V 0140-479-1)**

# 11.3 Drehstromsysteme

Der Aufbau von Drehstromsystemen ist genormt und wird durch Buchstaben gekennzeichnet.

- Der erste Buchstabe, T oder I **(Tabelle 1),** gibt die Erdungsverhältnisse der Stromquelle an.
- Der zweite Buchstabe kennzeichnet die Erdungsverhältnisse der angeschlossenen Betriebsmittel.

Im TN-System gibt ein dritter Buchstabe an, ob der Schutzleiter PE und der Neutralleiter N getrennt verlegt sind oder als Kombination der beiden Leiter zum PEN-Leiter zusammengefasst sind **(Tabelle 1 und 2).**

**Tabelle 1: Kennzeichnung von Drehstromsystemen** (nach DIN VDE 0100-100)

| **1. Buchstabe:** Erdungsverhältnisse der Stromquelle | **2. Buchstabe:** Erdungsverhältnisse der Körper (Betriebsmittel) | **3. Buchstabe:** Anordnung von Neutral- und Schutzleiter im TN-System |
|---|---|---|
| **T:** Direkte Erdung eines Punktes der Stromquelle<br>**I:** Isolierung aktiver Teile von Erde oder Verbindung eines Punktes mit Erde über eine hochohmige Impedanz | **T:** Direkte Erdung der Körper von Betriebsmitteln<br>**N:** Direkte Verbindung der Körper von Betriebsmitteln mit dem geerdeten Punkt des Systems | **C:** Neutralleiter und Schutzleiter in einem Leiter kombiniert (PEN)<br>**S:** Neutralleiter und Schutzleiter getrennt verlegt |
| **T** von terre (franz.) = Erde<br>**C** von combiné (franz.) = kombiniert | **I** von isolé (franz). = isoliert<br>**S** von separé (franz.) = getrennt | **N** von neutre (franz.) = neutral |

**Tabelle 2: Drehstromsysteme, Anwendung und zulässige Schutzeinrichtungen**

| Drehstromsystem | Anwendungsbeispiele | Schutzeinrichtungen |
|---|---|---|
| TN-C-System 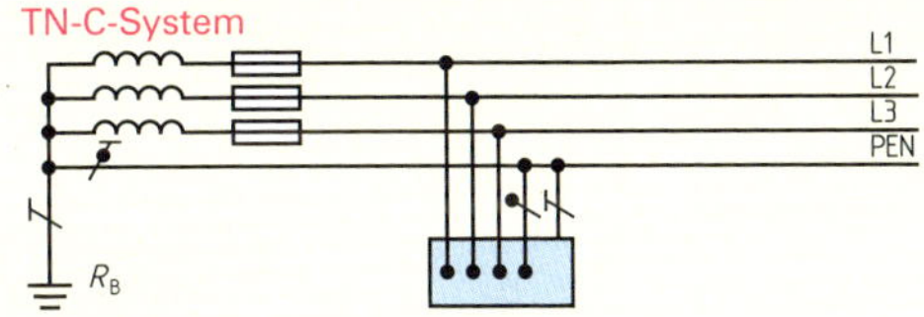  | Öffentliche Verteilungsnetze, Verbraucheranlagen mit fester Leitungsverlegung und Leiterquerschnitten ab 10 mm² Kupfer. | Überstrom-Schutzeinrichtungen:<br>– Schmelzsicherungen,<br>– Leitungsschutzschalter,<br>– Leistungsschalter. |
| TN-S-System 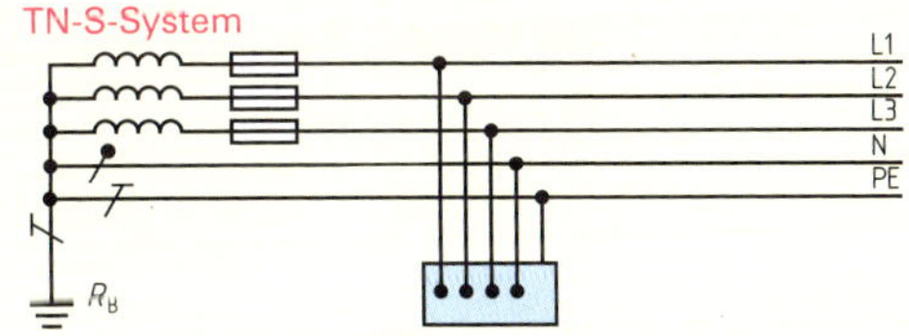  | Installationen in Wohnungen, Büros oder Werkstätten. Vorgeschrieben für Stromkreise mit Leiterquerschnitten bis einschließlich 6 mm² Kupfer. | Überstrom-Schutzeinrichtungen, Fehlerstrom-Schutzeinrichtungen (RCDs). |
| TN-C-S-System 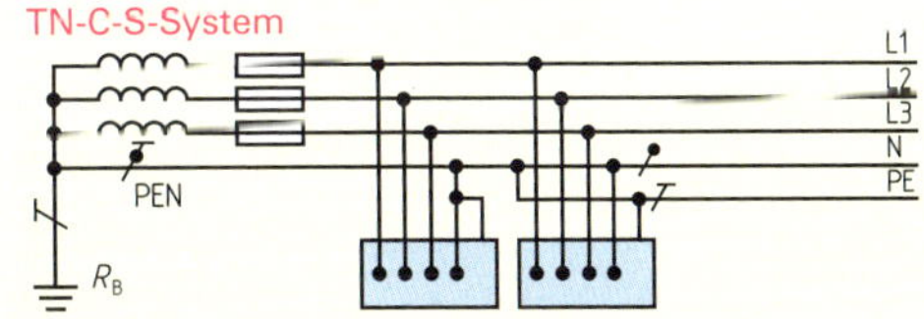  | PE- und N-Leiter sind in Teilen der Anlage getrennt. Nach dem Trennen des PEN-Leiters in PE und N dürfen diese Leiter nicht wieder verbunden werden. | Überstrom-Schutzeinrichtungen, Fehlerstrom-Schutzeinrichtungen (RCDs) nur in Anlagenteilen mit getrenntem PE- und N-Leiter. |
| TT-System 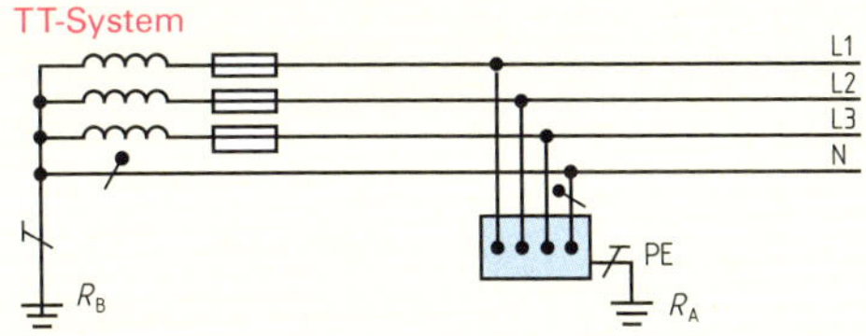  | In landwirtschaftlichen und gartenbaulichen Betriebsstätten, auf Baustellen. | Überstrom-Schutzeinrichtungen sind meist nur in Stromkreisen mit Sicherungen und einem Bemessungsstrom bis 6 A anwendbar, RCDs, Fehlerspannungs-Schutzschalter im Sonderfall. |
| IT-System 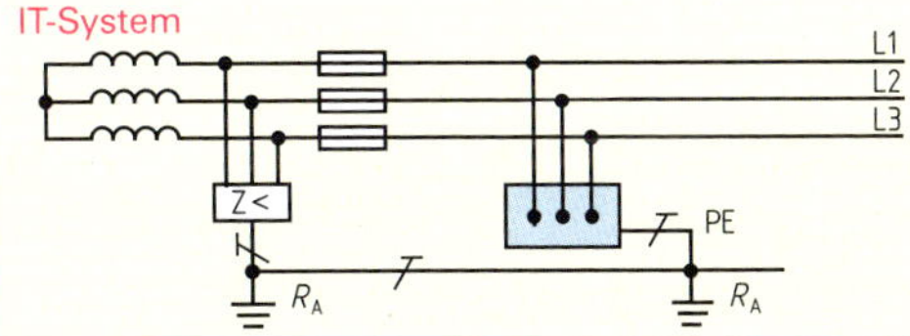  | Ersatzstromversorgungen, in Krankenhäusern, in der chemischen Industrie, bei Glasöfen, bei Hochöfen für die Stahlerzeugung. | Überstrom-Schutzeinrichtungen, Fehlerstrom-Schutzeinrichtungen (RCDs), Differenzstrom-Überwachungsgeräte (RCM), Isolationsüberwachungsgeräte. |

# 11.4 Anforderungen an den Basisschutz

## 11.4.1 Basisschutz unter normalen Bedingungen (Anhang A, DIN VDE 0100-410)

Der Basisschutz unter normalen Bedingungen (früher: Schutz gegen direktes Berühren) soll in fehlerfreien Anlagen ein direktes Berühren unter Spannung stehender Anlagenteile verhindern. Gefährliche aktive Teile dürfen nicht berührbar sein. Ebenso dürfen berührbare leitfähige Teile weder unter Normalbedingungen noch unter Fehlerbedingungen zu gefährlichen aktiven Teilen werden.

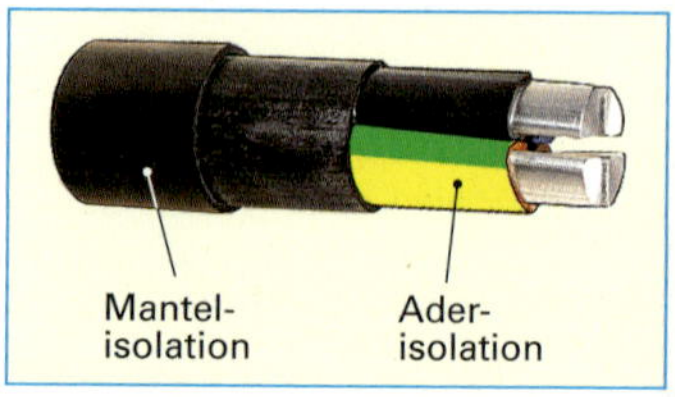

**Bild 1: Schutz durch Isolierung**

Basisschutz ist erforderlich, wenn die Bemessungsspannung AC 25 V oder DC 60 V überschreitet.

**Basisisolierung aktiver Teile.** Aktive Teile eines Stromkreises, z. B. Leiter **(Bild 1)**, müssen vollständig mit einer Isolierung umhüllt sein. Die Isolierung muss den elektrischen, chemischen, mechanischen und thermischen Beanspruchungen standhalten und darf nur durch Zerstören entfernbar sein.

**Abdeckungen und Umhüllungen.** Abdeckungen und Umhüllungen an elektrischen Betriebsmitteln, z. B. Gehäuse **(Bild 2)**, schützen Menschen und Tiere vor unbeabsichtigtem direktem Berühren aktiver Teile.

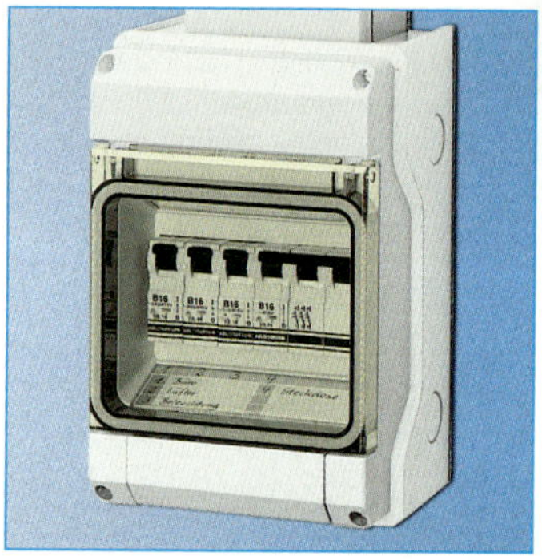
**Bild 2: Schutz durch Umhüllung**

Abdeckungen oder Umhüllungen müssen mindestens der Schutzart IP 2X oder IP XXB entsprechen. Horizontale, leicht zugängliche Oberflächen müssen mindestens der Schutzart IP 4X oder IP XXD entsprechen.

IP-Schutzarten: **Seite 211**

Abdeckungen und Umhüllungen müssen sicher befestigt sein und eine ausreichende mechanische Festigkeit haben. Sie dürfen nur mit Werkzeugen oder mithilfe eines Schlüssels entfernt werden.

## 11.4.2 Basisschutz unter besonderen Bedingungen (Anhang B, DIN VDE 0100-410)

**Bild 3: Schutz durch Hindernisse**

Vorkehrungen für den Basisschutz unter besonderen Bedingungen sind ausschließlich für Anlagen oder Räume vorgesehen, die nur von Elektrofachkräften oder elektrotechnisch unterwiesenen Personen betrieben oder überwacht werden, z. B. abgeschlossene elektrische Betriebsstätten.

**Hindernisse.** Hindernisse, z. B. Schutzleisten oder Abschrankungen **(Bild 3)**, sollen vor unbeabsichtigtem Berühren aktiver Teile schützen. Sie können aber ein absichtliches Berühren durch bewusstes Umgehen der Hindernisse nicht verhindern. Hindernisse dürfen ohne Werkzeuge entfernbar sein. Sie müssen aber so angebracht sein, dass ein unbeabsichtigtes Entfernen unmöglich ist.

**Anordnung außerhalb des Handbereiches.** Schutz durch Anordnung außerhalb des Handbereiches soll ein unbeabsichtigtes Berühren aktiver Teile verhindern. Gleichzeitig berührbare Teile mit unterschiedlichem Potenzial, z. B. Motoren oder Sammelschienen in abgeschlossenen elektrischen Betriebsstätten, dürfen innerhalb des Handbereiches **(Bild 4)** nicht angeordnet sein. Als gleichzeitig berührbar gelten Teile mit einem gegenseitigen Abstand bis 2,5 m.

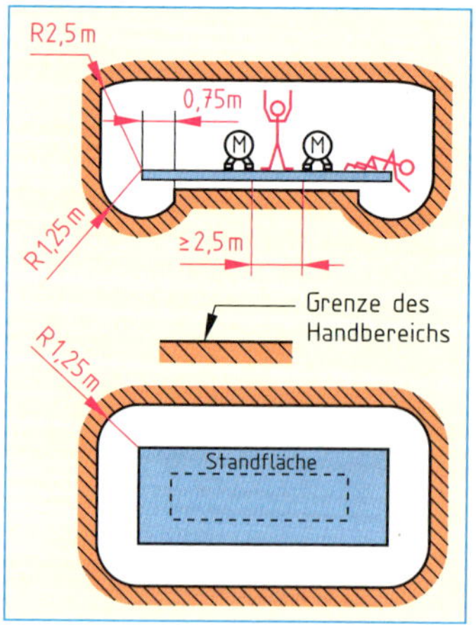

**Bild 4: Abmessungen des Handbereiches**

# 11.5 Anforderungen an den Fehlerschutz (nach DIN VDE 0100-410)

Der Fehlerschutz (früher: Schutz bei indirektem Berühren) umfasst Maßnahmen zum Schutz gegen elektrischen Schlag unter Fehlerbedingungen. Der Fehlerschutz soll bei Versagen des Basisschutzes eine für Menschen und Tiere gefährliche elektrische Körperdurchströmung verhindern. Tritt z. B. an einem Betriebsmittel infolge eines Isolationsfehlers ein Körperschluss auf **(Bild 1)**, kann der Körper des Betriebsmittels eine für Menschen und Tiere gefährliche Berührungsspannung annehmen. Die fehlerhafte Anlage muss dann automatisch abgeschaltet werden, im TN-System **(Bild 1)** z. B. bei AC 230 V innerhalb von 0,4 s.

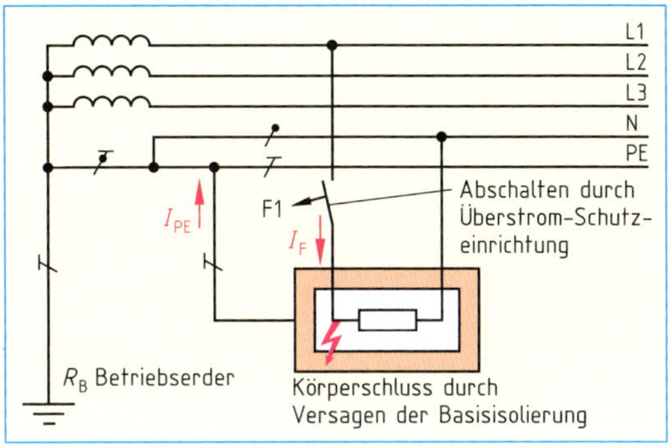


**Bild 1: Beispiel eines Fehlerstromkreises** (Prinzip)

Automatische Abschaltung im Fehlerfall erfordert:

- Schutzerdung und
- Schutzpotenzialausgleich über die Haupterdungsschiene.

**Übersicht: Schutzpotenzialausgleich über die Haupterdungsschiene** (Anschlussbeispiele)

- Antennenanlage
- Blitzschutzanlage
- metallene Frischwasser- und Abwasserleitungen
- Gasinnenleitung
- Vor- und Rücklauf der Heizungsanlage
- metallene Klimaschächte
- metallene Gebäudekonstruktionen
- Schirmung der Telekommunikationsleitung
- PE- oder PEN-Leiter des TN-Systems
- Fundamenterder

**Schutzerdung (Erdung über den Schutzleiter).** Die Sicherheit in elektrischen Anlagen erfordert, dass in Drehstromsystemen leitfähige Körper von Betriebsmitteln (Betriebsmittel der Schutzklasse I) und ggf. ein Punkt oder mehrere Punkte des Versorgungssystems geerdet werden **(Bild 1)**.

Gleichzeitig berührbare Körper müssen mit dem Erdungssystem einzeln, gruppenweise oder gemeinsam verbunden werden.

Für jeden Stromkreis muss ein Schutzleiter vorhanden sein, der über die dem Stromkreis zugeordnete Erdungsklemme geerdet ist.

**Schutzpotenzialausgleich über die Haupterdungsschiene.** In jedem Gebäude müssen der Erdungsleiter und alle leitfähigen Teile, z. B. metallene Wasser-, Gas- und Heizungsrohre **(Übersicht)**, über die Haupterdungsschiene **(Bild 2)** zum Schutzpotenzialausgleich verbunden werden.

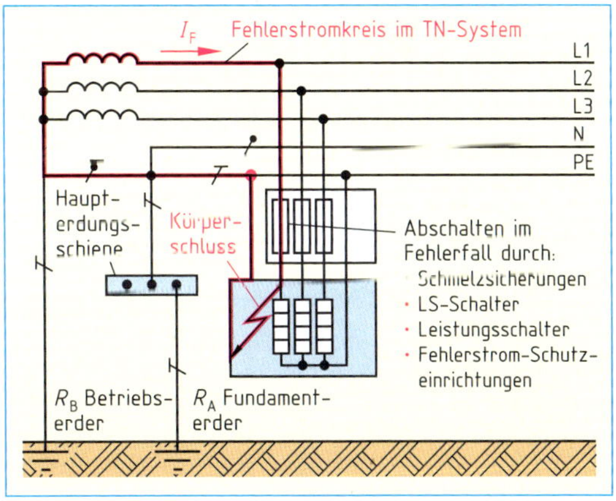


**Bild 2: Fehlerstromkreis im TN-System**

Schutzpotenzialausgleich: **Seite 120**

Die Leiter für den Schutzpotenzialausgleich über die Haupterdungsschiene müssen einen Mindestquerschnitt von 6 mm² Kupfer, 16 mm² Aluminium oder 50 mm² Stahl haben (DIN VDE 0100-540).

**Automatische Abschaltung im Fehlerfall.** Fehlerhafte Anlagen oder Betriebsmittel, z. B. ein Elektrogerät mit Körperschluss im TN-System **(Bild 2)**, müssen durch Schutzeinrichtungen innerhalb der zulässigen Abschaltzeit vom Netz getrennt werden. Schutzeinrichtungen zum Abschalten fehlerhafter Stromkreise können z. B. Schmelzsicherungen, Leitungsschutzschalter, Leistungsschalter mit einstellbarem Überlast- und Kurzschlussstromauslöser oder Fehlerstrom-Schutzeinrichtungen (RCDs) sein.

Zulässige Abschaltzeiten im TN-System: **Seite 216**

# 11.6 Schutz durch automatische Abschaltung im TN-, TT- und IT-System

## 11.6.1 TN-System

Im TN-System sind alle Körper einer Anlage mit dem geerdeten Punkt des speisenden Netzes, meist mit dem geerdeten Sternpunkt des Transformators, über den Schutzleiter PE oder den PEN-Leiter verbunden **(Tabelle 2, Seite 213)**. Im Fehlerfall, z. B. bei Körperschluss in einem Verbrauchsmittel, wird der Fehlerstromkreis im TN-C-System über den PEN-Leiter, im TN-S-System über den Schutzleiter PE geschlossen **(Bild 1)**. Die vorgeschaltete Überstrom-Schutzeinrichtung muss dann auslösen.

Im TN-System wirkt ein vollkommener Körperschluss wie ein Kurzschluss.

**Abschaltbedingungen im TN-System.** Schutzeinrichtungen und Leiterquerschnitt sind so zu bemessen, dass im Fehlerfall, z. B. bei Körperschluss **(Bild 1)**, eine Abschaltung innerhalb der zulässigen Abschaltzeiten erfolgt **(Tabelle)**. Die Bedingung wird erreicht, wenn die Impedanz der Fehlerschleife $Z_S$ keinen größeren Wert annimmt als $Z_S \leq U_0/I_a$. Der im Fehlerfall fließende Kurzschlussstrom $I_K$ muss größer sein als der Abschaltstrom $I_a$ der Schutzeinrichtung ($I_K > I_a$).

**Impedanz der Fehlerschleife.** Sie setzt sich zusammen aus der Impedanz (Scheinwiderstand) der Stromquelle, den Widerständen des Außenleiters bis zum Fehlerort und des Schutzleiters vom Fehlerort zurück zur Stromquelle. Die Schleifenimpedanz kann gemessen oder berechnet werden.

Messen der Schleifenimpedanz: **Seite 225**

**Verlegebedingungen.** Durch eine Unterbrechung des PEN-Leiters und bei nicht angeschlossenem Schutzpotenzialausgleichsleiter **(Bild 2)** kann im TN-System auch an fehlerfreien Betriebsmitteln Spannung am leitfähigen Körper anliegen.

PEN-Leiter dürfen keine Überstrom-Schutzeinrichtungen enthalten und dürfen nicht schaltbar sein.

Um einem Leiterbruch vorzubeugen sind für den PEN-Leiter Mindestquerschnitte vorgeschrieben:

- $A \geq 10\ mm^2$ Kupfer oder $A \geq 16\ mm^2$ Aluminium bei fest verlegten Leitungen.
- Bei Querschnitten, z. B. unter $10\ mm^2$ Kupfer, sind PE- und N-Leiter getrennt zu verlegen.

Der Schutzleiter PE oder der PEN-Leiter soll an möglichst vielen Stellen mit Erdpotenzial verbunden werden, z. B. mit dem Fundamenterder **(Bild 1)**. Bei einem PEN-Leiterbruch weicht dann das Potenzial des Schutzleiters nur wenig vom Erdpotenzial ab.

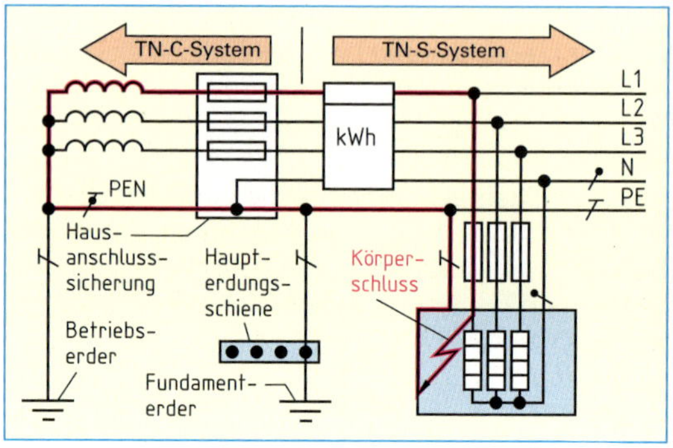


**Bild 1: Fehlerstromkreis im TN-C-S-System**

Zulässige Schutzeinrichtungen im TN-System: **Tabelle 2, Seite 213**

**Tabelle: Maximale Abschaltzeiten im TN-System** (nach DIN VDE 0100-410)

| Stromkreisart | Nennwechselspannung $U_0$ | Abschaltzeit* $t_a$ |
|---|---|---|
| Endstromkreise mit Bemessungsströmen $I_N \leq 32$ A | über 50 V bis 120 V<br>über 120 V bis 230 V<br>über 230 V bis 400 V<br>über 400 V | 0,8 s<br>0,4 s<br>0,2 s<br>0,1 s |
| Verteilungsstromkreise und Endstromkreise mit $I_N > 32$ A | | 5 s |

* Maximale Abschaltzeiten für Gleichstromsysteme siehe DIN VDE 0100-410

**Abschaltbedingungen im TN-System**

$$Z_S \leq \frac{U_0}{I_a} \qquad I_K > I_a$$

$Z_S$ Impedanz der Fehlerschleife (Schleifenwiderstand)
$U_0$ Nennspannung Außenleiter gegen Erde
$I_a$ Abschaltstrom der Schutzeinrichtung
$I_K$ Kurzschlussstrom

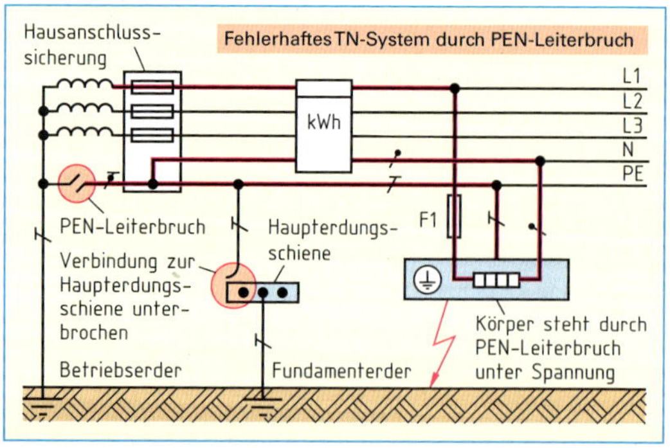


**Bild 2: PEN-Leiterbruch im TN-System**

## 11.6.2 TT-System

Im TT-System sind die leitfähigen Körper der Betriebsmittel durch Schutzleiter mit einem gemeinsamen Erder $R_A$ verbunden. Der Sternpunkt des Netztransformators ist getrennt geerdet **(Bild)**. Ist der Stern- oder Mittelpunkt des Netztransformators nicht verfügbar oder nicht zugänglich, ist ein Außenleiter zu erden.

Im TT-System wirkt ein Körperschluss wie ein Erdschluss. Die vorgeschaltete Schutzeinrichtung muss dann den fehlerhaften Stromkreis vom Netz trennen.

**Fehlerstrom-Schutzeinrichtungen (RCDs) im TT-System.** Übernehmen Fehlerstrom-Schutzeinrichtungen den Fehlerschutz im TT-System, dürfen die in **Tabelle 1** angegebenen Widerstandswerte des Anlagenerders $R_A$ **(Tabelle 1)**, die Abschaltbedingung und die zulässigen Abschaltzeiten **(Tabelle 2)** nicht überschritten werden.

Im TT-System sollen für den Fehlerschutz vorzugsweise Fehlerstrom-Schutzeinrichtungen eingesetzt werden.

**Überstrom-Schutzeinrichtungen im TT-System.** Sind im TT-System Überstrom-Schutzeinrichtungen für den Fehlerschutz eingesetzt, ist wie im TN-System die Schleifenimpedanz zu ermitteln. Die Impedanz der Fehlerschleife besteht dann aus den Widerständen von Stromquelle, Außenleiter bis zur Fehlerstelle, Erdungsleiter, Anlagenerder $R_A$ und dem Betriebserder $R_B$.

Messen der Schleifenimpedanz: **Seite 225**

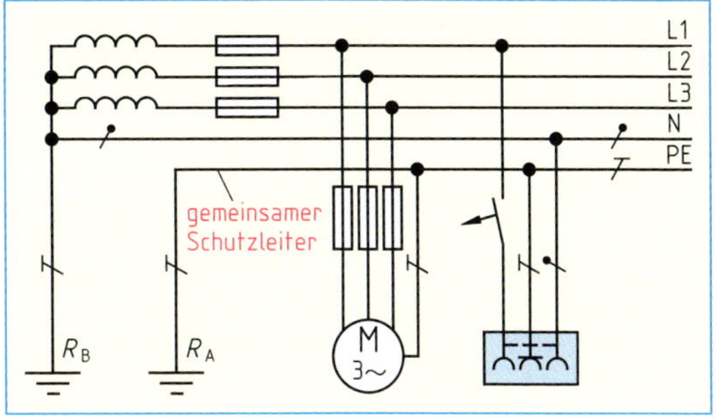


**Bild: Erdungsverhältnisse im TT-System**

**Schutzeinrichtungen im TT-System**
- Fehlerstrom-Schutzeinrichtungen (RCDs)
- Überstrom-Schutzeinrichtungen

**Tabelle 1: Zulässige Erdungswiderstände $R_A$ für RCDs**

| Bemessungs-Differenzstrom $I_{\Delta N}$ | Erdungswiderstand $R_A$ bei: $U_L = 50\,V$ | $U_L = 25\,V$ |
|---|---|---|
| 0,03 A | 1667 Ω | 833 Ω |
| 0,3 A | 167 Ω | 83 Ω |
| 0,5 A | 100 Ω | 50 Ω |

**Abschaltbedingungen im TT-System**

$$R_A \leq \frac{U_L}{I_{\Delta N}}$$

$R_A$ Erdungswiderstand des Anlagenerders
$U_L$ Vereinbarte Grenze der dauernd zulässigen Berührungsspannung
$I_{\Delta N}$ Bemessungs-Differenzstrom der RCD

$$Z_S \leq \frac{U_0}{I_a}$$

$Z_S$ Schleifenimpedanz
$U_0$ Nennspannung Außenleiter gegen Erde
$I_a$ Abschaltstrom der Schutzeinrichtung

**Tabelle 2: Abschaltzeiten im TT-System** (nach DIN VDE 0100-410)

| Stromkreisart | Nennwechselspannung $U_0$ | Abschaltzeit* $t_a$ |
|---|---|---|
| Endstromkreise mit Bemessungsströmen $I_N \leq 32\,A$ | über 50 V bis 120 V | 0,3 s |
| | über 120 V bis 230 V | 0,2 s |
| | über 230 V bis 400 V | 0,07 s |
| | über 400 V | 0,04 s |
| Verteilungsstromkreise und Endstromkreise mit $I_N > 32\,A$ | | 1 s |

* Sind im TT-System mit Abschaltung durch Überstrom-Schutzeinrichtung alle fremden leitfähigen Teile an den Schutzpotenzialausgleich über die Haupterdungsschiene angeschlossen, dürfen für TT-Systeme die Abschaltzeiten des TN-Systems **(Tabelle, Seite 218)** angewendet werden.

## 11.6.3 IT-System

In IT-Systemen sind alle aktiven Teile gegen Erde isoliert oder über eine ausreichend hohe Impedanz mit Erde verbunden **(Bild 2, Seite 218)**. Die Impedanz darf zwischen dem Sternpunkt des Systems und Erde liegen, in Systemen ohne Sternpunkt zwischen einem Außenleiter und Erde.

In IT-Systemen erfolgt nach Auftreten eines ersten Fehlers keine Abschaltung.

Die Körper der Betriebsmittel sind einzeln, gruppenweise oder gemeinsam geerdet. Für den zulässigen Erdungswiderstand des Anlagenerders $R_A$ gilt:

- Bei Wechselstrom: $R_A \cdot I_d \leq 50\,V$,
- bei Gleichstrom: $R_A \cdot I_d \leq 120\,V$.

**Erdungsbedingungen im IT-System**

$$R_A \leq \frac{U_L}{I_d}$$

$R_A$ Erdungswiderstand des Anlagenerders
$I_d$ Fehlerstrom nach dem Auftreten des ersten Fehlers zwischen Außenleiter und Körper
$U_L$ vereinbarte Grenze der dauernd zulässigen Berührungsspannung (AC = 50 V; DC = 120 V)

**Isolationsüberwachung.** Der Isolationswiderstand der Verbraucheranlage wird durch eine **Isolationsüberwachungseinrichtung (Bild 1)** fortlaufend kontrolliert.

Der erste auftretende Fehler (Erdschluss oder Körperschluss) wird von der Isolationsüberwachungseinrichtung durch ein akustisches und/oder optisches Signal angezeigt **(Bild, Seite 176).** Im IT-System **(Bild 2)** fließt dann nur ein geringer Fehlerstrom, sodass ein Abschalten der gestörten Anlage nicht erforderlich ist.

IT-Systeme sind nur in begrenzten Anlagen mit eigenem Transformator oder Generator zulässig.

Angezeigte Fehler sind so schnell wie möglich zu beseitigen, weil ein zweiter Isolationsfehler eine unzulässig hohe Berührungsspannung zwischen verschiedenen Betriebsmitteln bewirkt. Bei zwei gleichzeitig auftretenden Fehlern **(Bild 3)** ist die Anlage nicht mehr erdpotenzialfrei. Die Überstrom-Schutzeinrichtung, der Fehlerstrom-Schutzschalter oder die Isolationsüberwachung schalten die Anlage ab.

Die zulässige Schleifenimpedanz $Z_S$ der Fehlerschleife **(Bild 3)** und die maximal zulässige Abschaltzeit **(Tabelle)** hängen von der Ausführung des IT-Systems, als Dreileitersystem ohne Neutralleiter oder als Vierleitersystem mit Neutralleiter, ab.

Zur Berechnung der Schleifenimpedanz $Z_S$ **(Tabelle)** setzt man den Abschaltstrom $I_a$ der Überstrom-Schutzeinrichtung ein, bei Fehlerstrom-Schutzeinrichtungen den Bemessungs-Differenzstrom $I_{\Delta N}$.

IT-Systeme sind für die Versorgung von Intensivüberwachungsräumen und Operationsräumen in medizinisch genutzten Bereichen **(Seite 175)** vorgeschrieben. Sie werden auch in Bereichen eingesetzt, in denen durch Abschalten nach dem ersten Fehler ein hoher wirtschaftlicher Schaden entstehen kann, z. B. in der Stahlindustrie, in Glashütten oder im Bergbau.

**Tabelle: Abschaltzeiten und Abschaltbedingungen im IT-System** (nach DIN VDE 0100-410)

| Nennwechselspannung $U_0$ | Abschaltzeiten im IT-System | |
|---|---|---|
| über 50 V bis 120 V | 0,8 s | |
| über 120 V bis 230 V | 0,4 s | |
| über 230 V bis 400 V | 0,2 s | |
| über 400 V | 0,1 s | |
| Abschaltbedingung | IT-System | |
| | o. Neutralleiter | m. Neutralleiter |
| | $Z_S \leq \frac{U}{2 \cdot I_a}$ | $Z_S \leq \frac{U_0}{2 \cdot I_a}$ |

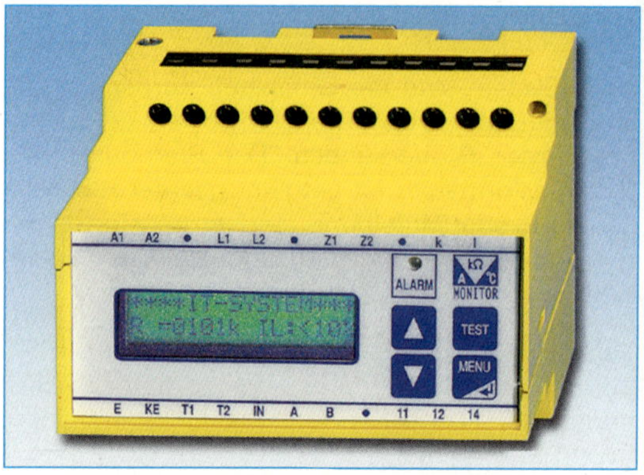

Bild 1: Isolationsüberwachungseinrichtung

**Zulässige Überwachungs- und Schutzeinrichtungen im IT-System**
- Isolationsüberwachungseinrichtung (IMD), **Bild 1**
- Differenzstrom-Überwachungseinrichtung (RCM), **Seite 222**
- Fehlerstrom-Schutzeinrichtungen (RCDs), **Seite 221**
- Überstrom-Schutzeinrichtungen, **Seite 61**

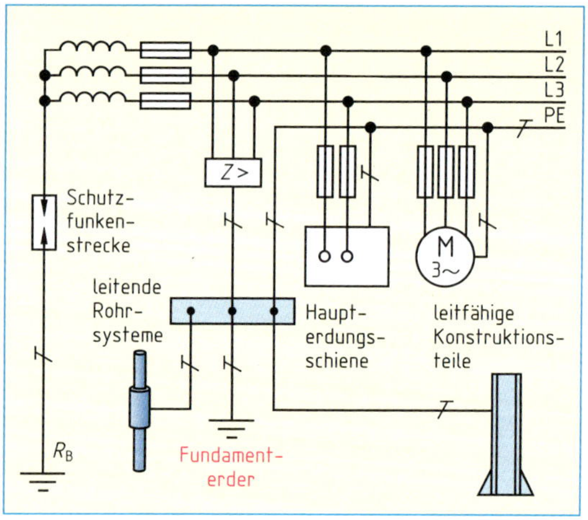

Bild 2: Schutzmaßnahme im IT-System

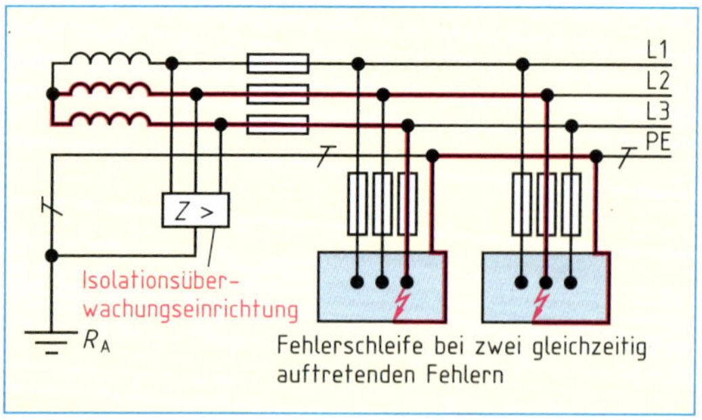

Bild 3: IT-System mit zwei räumlich getrennten Fehlern

# 11.7 Doppelte oder verstärkte Isolierung

Die Schutzmaßnahme doppelte oder verstärkte Isolierung soll das Auftreten einer gefährlichen Berührungsspannung an berührbaren Teilen elektrischer Betriebsmittel nach einem Fehler in der Basisisolierung verhindern.

Schutz durch doppelte oder verstärkte Isolierung wird erreicht durch:
- Eine Basisisolierung (Basisschutz) und eine zusätzliche Isolierung (Fehlerschutz, **Bild 1a**),
- eine verstärkte Isolierung, die den Basis- und den Fehlerschutz übernimmt **(Bild 1b).**

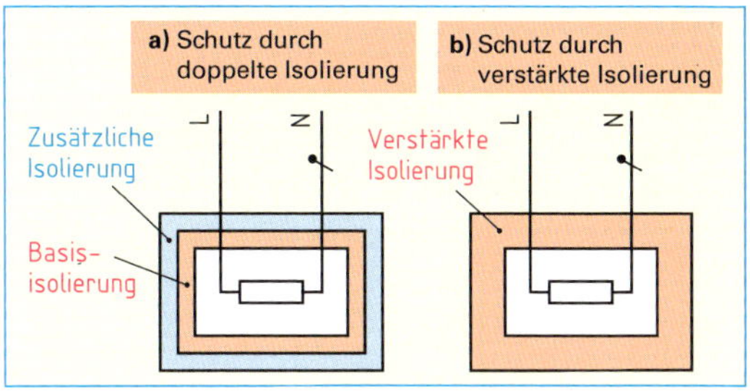

**Bild 1: Doppelte und verstärkte Isolierung**

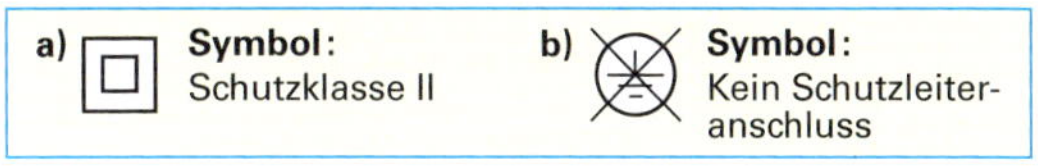

**Bild 2: a) Symbol der Schutzklasse II, b) Symbol „Kein Schutzleiteranschluss"**

Doppelte oder verstärkte Isolierung haben z.B. Elektrowerkzeuge oder Zählerschränke.

Die äußere Umhüllung von Betriebsmitteln mit doppelter oder verstärkter Isolierung muss mindestens der Schutzart IP2X oder IPXXB entsprechen. Betriebsmittel mit doppelter oder verstärkter Isolierung tragen das Symbol der **„Schutzklasse II" (Bild 2a),** solche mit leitfähigen Gehäuseteilen, kennzeichnet zusätzlich das Symbol **„Kein Schutzleiteranschluss" (Bild 2b).** Bei Geräten mit elektromotorischem Antrieb kann doppelte oder verstärkte Isolierung auch isolierende Zwischenstücke, z.B. eine isolierte Motorwelle, erfordern **(Bild 3).**

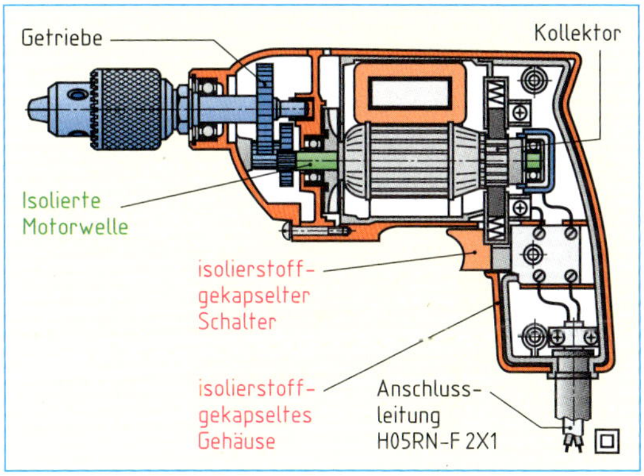

**Bild 3: Handbohrmaschine mit doppelter Isolierung**

Anschlussleitungen von Geräten der Schutzklasse II haben keinen Schutzleiter und bilden mit dem Stecker ohne Schutzkontakt eine Einheit. Wird bei einer Instandsetzung die Anschlussleitung mit dem Stecker ausgetauscht, darf die Anschlussleitung einen Schutzleiter haben. Der Schutzleiter wird dann nur am Schutzkontaktstecker angeschlossen und auf der Geräteseite kurz abgeschnitten.

Betriebsmittel mit doppelter oder verstärkter Isolierung haben keinen Schutzleiteranschluss.

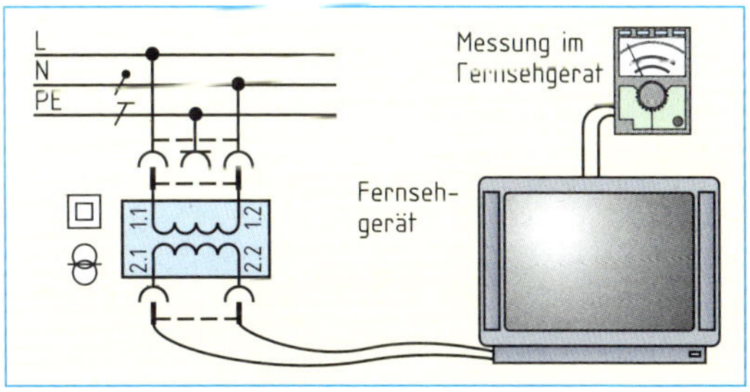

**Bild 4: Schutztrennung**

# 11.8 Schutztrennung

Bei Schutz durch Schutztrennung ist der Verbraucherstromkreis durch einen Trenntransformator oder durch einen Motorgenerator mit getrennten Wicklungen vom speisenden Netz getrennt. Dadurch wird das Auftreten einer Berührungsspannung zwischen dem Körper des Betriebsmittels und Erdpotenzial verhindert. An jeder Stromquelle, z.B. Trenntransformator, darf nur ein Verbrauchsmittel angeschlossen werden.

Die Körper von Stromkreisen mit Schutztrennung dürfen keine Verbindung mit dem Schutzleiter, mit den Körpern anderer Stromkreise oder mit Erde haben.

Schutztrennung wendet man z.B. für Messplätze zur Geräteinstandsetzung **(Bild 4)** oder bei Arbeitsstätten mit besonderer Gefährdung an, z.B. im Kesselbau.

Stromkreise mit Schutztrennung müssen von Trenntransformatoren oder Motorgeneratoren mit mindestens einfacher Trennung versorgt werden. Die Ausgangsspannung darf nicht höher sein als 500 V.

# 11.9 Schutz durch Kleinspannung

Stromkreise mit Schutz durch Kleinspannung SELV[1] und PELV[2] erfüllen den Basisschutz und den Fehlerschutz. Kleinspannung wird aus Stromquellen mit sicherer Trennung zum speisenden Netz erzeugt **(Übersicht).**

Die Nennspannung darf bei Kleinspannungsstromkreisen SELV und PELV die folgenden Werte nicht übersteigen:

- Kleinspannungsstromkreise allgemein: AC 50 V bzw. DC 120 V,
- für medizinische Geräte, Fassleuchten oder elektrisch betriebenes Spielzeug: AC 25 V bzw. DC 60 V.

Kleinspannung darf nicht durch Spannungsteiler, Vorwiderstände oder Spartransformatoren erzeugt werden.

**SELV-Stromkreise** dürfen keine Verbindung mit dem Schutzleiter oder zu Stromkreisen mit höherer Spannung haben **(Bild 1).** Die Körper der Betriebsmittel dürfen nicht geerdet sein.

**PELV-Stromkreise** liegen vor, wenn ein Punkt des Kleinspannungsstromkreises oder der Körper des Betriebsmittels geerdet ist **(Bild 2).**

**Anforderungen an SELV- und PELV-Stromkreise.** Übersteigt die Nennspannung die Werte AC 25 V und DC 60 V nicht, ist für SELV-Stromkreise kein Basisschutz erforderlich. In PELV-Stromkreisen darf man auf den Basisschutz nur verzichten, wenn der Körper des Betriebsmittels durch den Schutzleiter mit der Haupterdungsschiene verbunden ist.

**Kabel und Leitungen** von SELV- und PELV-Stromkreisen müssen zu aktiven Teilen anderer Stromkreise sicher getrennt sein. Dies kann z. B. durch räumlich getrennte Verlegung zu Leitungen für Stromkreise mit höherer Spannung oder durch eine zusätzliche isolierende Umhüllung der Kleinspannungsleitungen erreicht werden.

**Stecker für Kleinspannungssysteme** SELV und PELV dürfen sich nicht in Steckdosen mit höherer Spannung einführen lassen.

Stecker und Steckdosen für SELV-Systeme dürfen keinen Schutzkontakt haben **(Bild 3).**

**FELV-Stromkreise** enthalten Betriebsmittel, z. B. Halbleiterbauelemente, oder Spannungsquellen, die der sicheren Trennung zu Stromkreisen mit höherer Spannung nicht genügen. Deshalb stellen FELV-Stromkreise auch keine Schutzmaßnahme dar.

# 11.10 Zusätzlicher Schutz durch Fehlerstrom-Schutzeinrichtungen (RCDs)

Fehlerstrom-Schutzeinrichtungen (RCDs[3]) unterstützen die angewendete Schutzmaßnahme, z. B. im TN- oder TT-System, beim Versagen des Basis- oder Fehlerschutzes.

Fehlerstrom-Schutzeinrichtungen trennen Betriebsmittel allpolig vom Netz, wenn durch Isolationsfehler bedingt eine gefährliche Berührungsspannung am Körper des Betriebsmittels auftritt.

Fehlerstrom-Schutzeinrichtungen mit einem Bemessungs-Differenzstrom $I_{\Delta N} \leq 30$ mA sind nach DIN VDE 0100-410 vorgeschrieben:

- In Endstromkreisen mit Steckdosen mit einem Bemessungsstrom bis 20 A für die Benutzung durch Laien,
- in Endstromkreisen für im Außenbereich verwendete, tragbare Betriebsmittel mit einem Bemessungsstrom bis 32 A.

**Übersicht: Stromquellen für Kleinspannung**

- Sicherheitstransformatoren
- Motorgeneratoren mit getrennten Wicklungen
- Akkumulatoren und Batterien

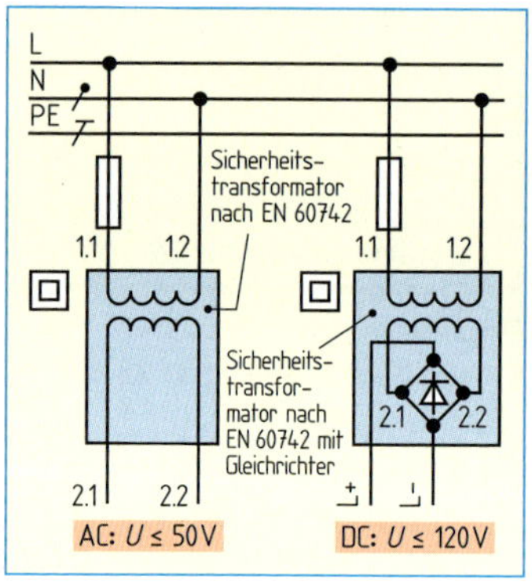


**Bild 1: Stromquellen für SELV-Stromkreise**

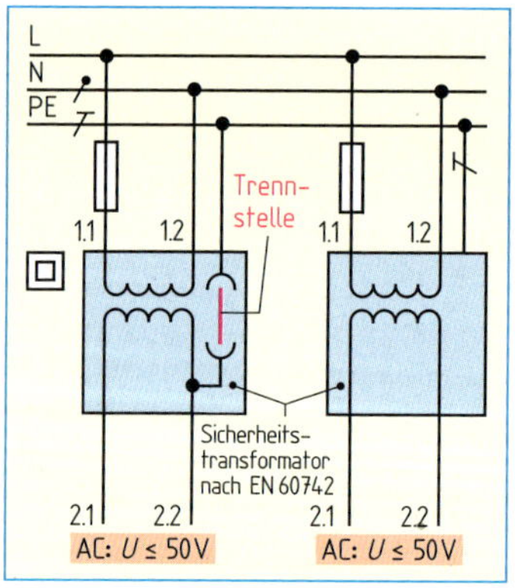


**Bild 2: Stromquellen für PELV-Stromkreise**

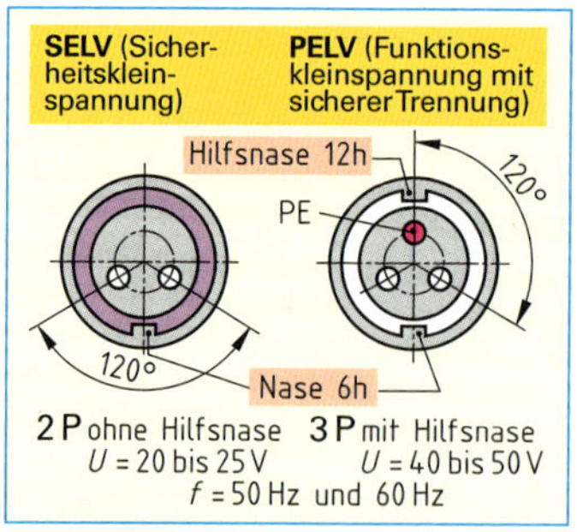


**Bild 3: Steckvorrichtungen für Kleinspannung**

[1] **SELV**, Abk. für: **S**afety **E**xtra **L**ow **V**oltage (engl.) = Kleinspannung SELV

[2] **PELV**, Abk. für: **P**rotective **E**xtra **L**ow **V**oltage (engl.) = Kleinspannung PELV

[3] **RCD**, Abk. für: **R**esidual **C**urrent Protective **D**evice (engl.) = Fehlerstrom-Schutzeinrichtung

## 11.10.1 Funktion von Fehlerstrom-Schutzeinrichtungen (RCDs)

RCDs **(Bild 1)** trennen Betriebsmittel allpolig vom Netz, wenn infolge eines Isolationsfehlers eine gefährliche Berührungsspannung am Gehäuse des Betriebsmittels auftritt.

**Funktion eines RCD.** Alle aktiven Leiter (L1, L2, L3 und N) werden durch den **Summenstromwandler** des RCD geführt und bilden die Eingangswicklung des Wandlers **(Bild 1 und 2).** Bei fehlerfreiem Betrieb ist die Summe der zufließenden Ströme gleich der Summe der abfließenden Ströme. Ihre magnetischen Wechselfelder heben sich auf. In der Ausgangswicklung des Summenstromwandlers wird keine Spannung induziert.

Bei Auftreten eines Fehlers, z. B. Körper- oder Erdschluss, wird dieses Gleichgewicht gestört, da ein Teil des Stromes über den Schutzleiter PE oder über die Erde abfließt. In der Ausgangswicklung des Wandlers wird eine Spannung induziert, die den elektromagnetischen Auslöser betätigt und den RCD allpolig auslöst.

Mit der Prüftaste des RCD lässt sich nur die mechanische Funktion, aber nicht die Wirksamkeit der Schutzeinrichtung prüfen.

Die mechanische Funktion von RCDs ist nach DGUV-Vorschrift 3 in regelmäßigen Abständen durch Betätigen der Prüftaste zu überprüfen:

- Bei stationären Anlagen mindestens alle 6 Monate,
- bei nicht stationären Anlagen, z. B auf Baustellen, arbeitstäglich.

Für die Auslösung der Fehlerstrom-Schutzeinrichtung ist nur der **Bemessungs-Differenzstrom** $I_{\Delta N}$ (Nennfehlerstrom) maßgebend. RCDs werden für Bemessungsströme von 16 A bis 125 A gebaut. Übliche Bemessungs-Differenzströme sind 0,03 A, 0,3 A und 0,5 A.

Fehlerstrom-Schutzeinrichtungen mit Bemessungs-Differenzströmen $I_{\Delta N} \leq 30$ mA bieten zusätzlichen Fehlerschutz.

**Verwendung von RCDs im TN-System (Bild 3).**

Im TN-C-System ist der Körper des zu schützenden Betriebsmittels mit dem PEN-Leiter der Netzseite direkt zu verbinden. Dadurch entsteht jedoch nach der Trennstelle ein TN-S-System **(Bild 3a).** Im TN-S-System wird der Körper des zu schützenden Betriebsmittels mit dem Schutzleiter PE verbunden **(Bild 3b).** Wird in einem TN-C-S-System eine Fehlerstrom-Schutzeinrichtung (RCD) verwendet, darf auf der Lastseite des RCD kein PEN-Leiter vorhanden sein.

Die besonderen Eigenschaften der RCDs werden duch Sinnbilder **(Bild 4)** gekennzeichnet.

Prüfen von RCDs: **Seite 227**

Fehlerstrom-Schutzeinrichtungen müssen auch dann auslösen, wenn ein oder mehrere aktive Leiter ausgefallen sind.

**Auslösezeiten und Auslöseströme von RCDs Typ A und B:**

- Auslösung innerhalb von 0,3 s bei:
  - Wechselstrom mit Bemessungs-Differenzstrom $I_{\Delta N}$,
  - pulsierenden Gleichfehlerströmen mit 1,4-fachem $I_{\Delta N}$.
- Auslösung innerhalb von 0,04 s bei:
  - Wechselstrom mit 5-fachem Bemessungs-Differenzstrom $I_{\Delta N}$,
  - pulsierenden Gleichfehlerströmen, die den 5 mal 1,4-fachen (= 7-fachen) Bemessungs-Differenzstrom überschreiten.

**Bild 1: Fehlerstrom-Schutzeinrichtung (RCD)**

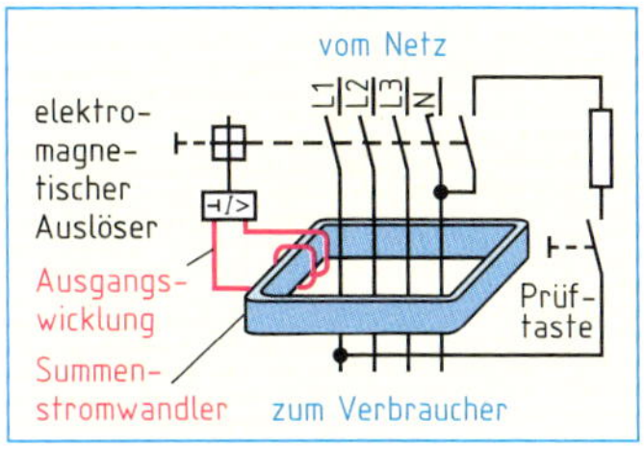


**Bild 2: Prinzip einer RCD**

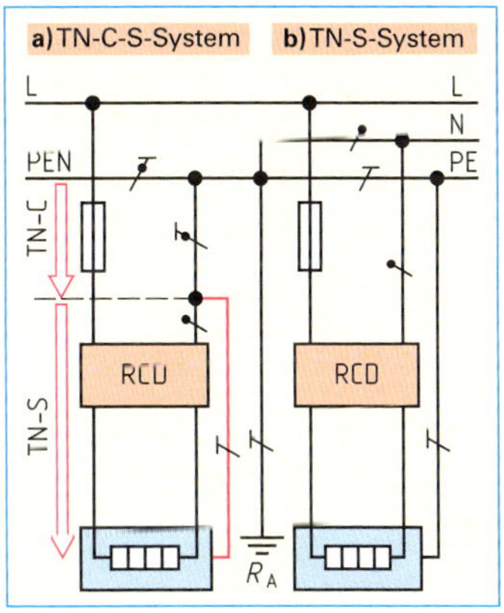


**Bild 3: RCDs im TN-System**

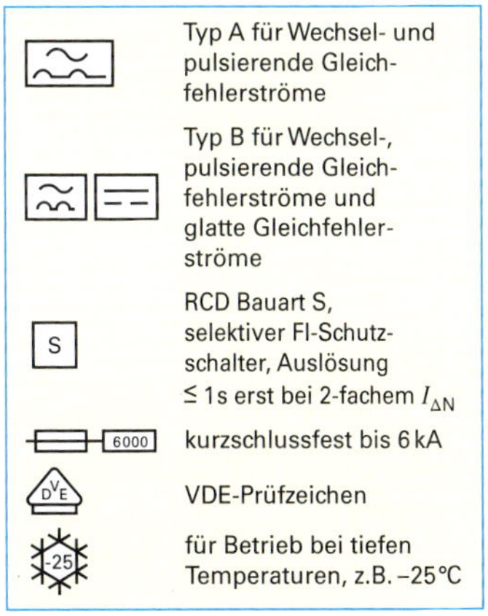


**Bild 4: Kennzeichnungen von RCDs**

**Bauarten von RCDs**

**Wechsel- und pulsstromsensitive Fehlerstrom-Schutzeinrichtungen (RCCBs), Typ A (Bild 4, Seite 221)** erfassen Wechsel- und pulsierende Gleichfehlerströme.

**Allstromsensitive Fehlerstrom-Schutzeinrichtungen (RCCBs), Typ B** erfassen neben Wechselfehlerströmen und pulsierenden Gleichfehlerströmen zusätzlich auch glatte Gleichfehlerströme. Zum Abschalten glatter Gleichfehlerströme wird jedoch Hilfsenergie benötigt.

**Selektive Fehlerstrom-Schutzeinrichtungen, Typ S** mit $I_{\Delta N} = 300$ mA übernehmen in Installationen den Brandschutz. Zum Personenschutz, z. B. in Steckdosenstromkreisen, werden RCDs mit $I_{\Delta N} = 30$ mA zusätzlich nachgeschaltet **(Bild 1)**. Tritt im Steckdosenstromkreis ein Fehlerstrom über 30 mA auf, lösen möglicherweise beide RCDs aus, die gesamte Anlage oder zumindest große Teile davon werden spannungslos.

Selektive RCDs vermeiden eine gleichzeitige Auslösung. Sie sind nur für Bemessungs-Differenzströme von $I_{\Delta N} = 300$ mA genormt. Es ist sinnvoll für RCDs mit $I_{\Delta N} = 300$ mA grundsätzlich Geräte des Typs S zu wählen. Bei späteren Erweiterungen der Anlage oder einem nachträglichen Einbau von RCDs entstehen dann keine Selektivitätsprobleme.

**Fehlerstrom-Schutzeinrichtung mit LS-Schalter (RCBO).** In Einphasenstromkreisen wird häufig eine zweipolige Kombination von LS-Schalter und RCD verwendet **(Bild 2a)**. Hierbei entfällt der Verdrahtungsaufwand zwischen LS-Schalter und RCD.

## 11.10.2 Differenzstrom-Schutzeinrichtungen

**Ortsveränderliche Differenzstrom-Schutzeinrichtungen (PRCDs, Bild 2b)** mit einem Auslösestrom $I_{\Delta N} \leq 10$ mA erhöhen den Schutzpegel dort, wo keine RCDs gefordert sind.

> Differenzstrom-Schutzeinrichtungen benötigen zur Auslösung meist Hilfsenergie. Sie erfüllen damit die Anforderungen des VDE an eine Fehlerstrom-Schutzeinrichtung nicht und bieten nur zusätzlichen Schutz in Verbindung mit der angewendeten Schutzmaßnahme.

**Differenzstrom-Überwachungsgeräte (RCM, Bild 3),** überwachen elektrische Installationen auf das Auftreten eines Differenzstromes. Sie zeigen den aktuellen Differenzstrom an und alarmieren beim Überschreiten von einstellbaren Ansprechwerten. Sie werden z. B. in Anlagen eingesetzt, bei denen im Fehlerfall keine Abschaltung durch auftretende Fehlerströme erfolgen soll.

Frühzeitig erkannte Fehlerströme können so noch behoben werden, bevor es zu kostspieligen Produktionsausfällen durch einen Anlagenstillstand kommt.

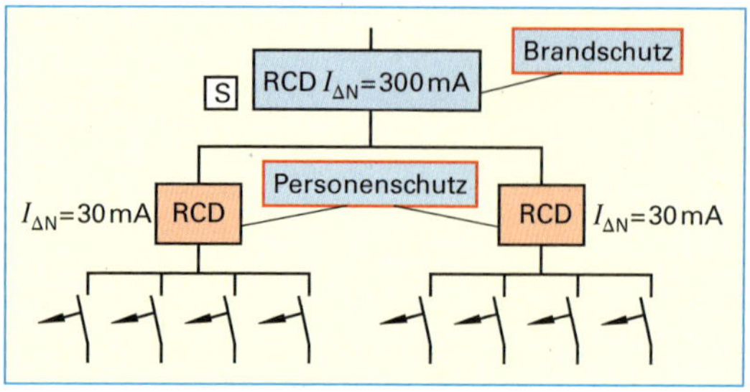


**Bild 1: Selektive Anordnung von RCDs**

**Tabelle: Fachbegriffe zu Fehlerstrom- und Differenzstrom-Schutzeinrichtungen**

| Abk. | Bedeutung |
|---|---|
| **RCD** | **R**esidual **C**urrent Protective **D**evice = Oberbegriff für Fehlerstrom-Schutzeinrichtung |
| **RCCB** | **R**esidual **C**urrent Operated **C**ircuit **B**reaker = Fehlerstrom-Schutzschalter |
| **RCBO** | **R**esidual **C**urrent Operated Circuit **B**reaker with **O**vercurrent Protection = Fehlerstrom-Schutzschalter mit LS-Schalter |
| **PRCD** | **P**ortable **R**esidual **C**urrent Operated **D**evice = Ortsveränderliche Differenzstrom-Schutzeinrichtung |
| **RCM** | **R**esidual **C**urrent **M**onitor = Differenzstrom-Überwachungsgerät |

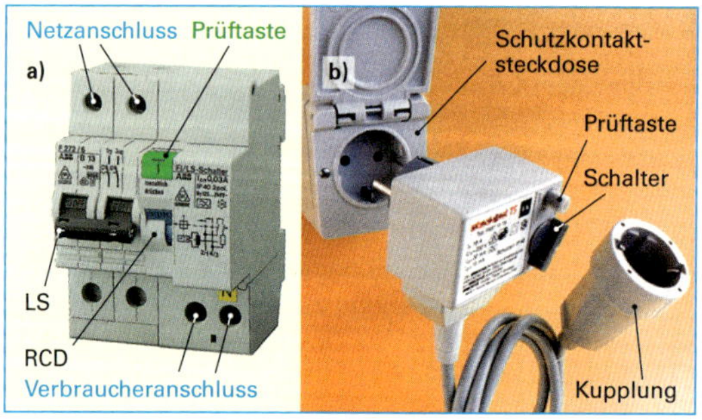


**Bild 2: RCD-Bauarten a) RCBO, b) PRCD**

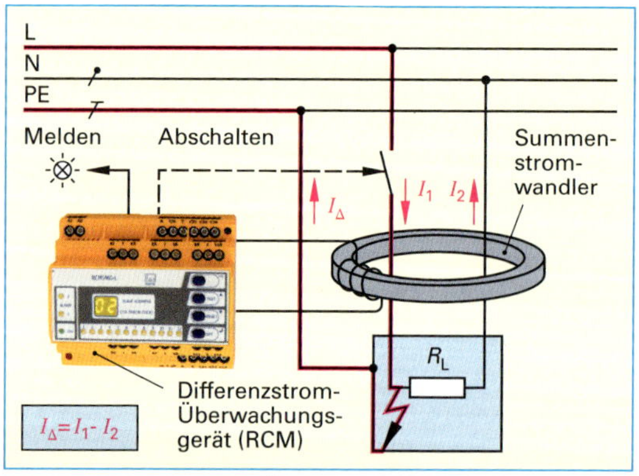


**Bild 3: Anlagenüberwachung mit RCM**

# 11.11 Besondere Schutzvorkehrungen für Anlagen, die nur durch Elektrofachkräfte betrieben und überwacht werden

In Anlagen, die ausschließlich durch Elektrofachkräfte oder elektrotechnisch unterwiesene Personen betrieben und überwacht werden, z. B. abgeschlossene elektrische Betriebsstätten, dürfen drei besondere Schutzvorkehrungen angewendet werden (DIN VDE 0100-410, Anhang C):

- Schutz durch nicht leitende Umgebung,
- Schutz durch erdfreien, örtlichen Schutzpotenzialausgleich,
- Schutz durch Schutztrennung zur Versorgung von mehr als einem Verbrauchsmittel.

Bei Anwendung der Schutzvorkehrungen muss der Basisschutz der Betriebsmittel sichergestellt sein.

**Schutz durch nicht leitende Umgebung** besteht, wenn z. B. durch isolierende Fußboden- oder Wandbeläge oder durch isolierte Anordnung fremder leitfähiger Teile eine Verbindung mit Erdpotenzial verhindert wird.

Der Widerstand isolierender Fußböden oder Wände muss bei Nennspannungen bis 500 V mindestens 50 kΩ, bei höheren Spannungen mindestens 100 kΩ betragen.

In einer nicht leitenden Umgebung darf kein Schutzleiter vorhanden sein. Die Körper von Betriebsmitteln, z. B. von Elektromotoren **(Bild 1)**, sind so anzuordnen, dass Personen unter normalen Bedingungen das gleichzeitige Berühren zweier Körper, oder das Berühren eines Körpers und eines leitfähigen fremden Teiles, unmöglich ist. Als ausreichender Abstand gilt im Handbereich 2,5 m **(Bild 4, Seite 214)**, außerhalb des Handbereiches 1,25 m.

**Schutz durch erdfreien, örtlichen Schutzpotenzialausgleich** soll das Auftreten einer gefährlichen Berührungsspannung zwischen zwei Körpern, z. B. bei Versagen des Basisschutzes, verhindern. Er erfordert die Verbindung aller Körper im Handbereich durch einen erdfreien Schutzpotenzialausgleich **(Bild 2)**.

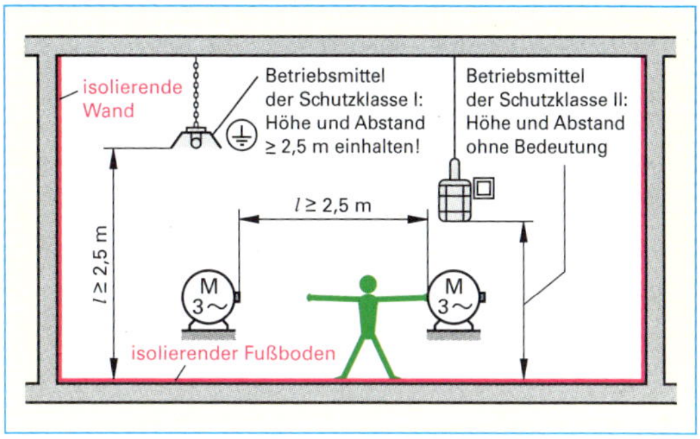


Bild 1: **Schutz durch nicht leitende Umgebung**

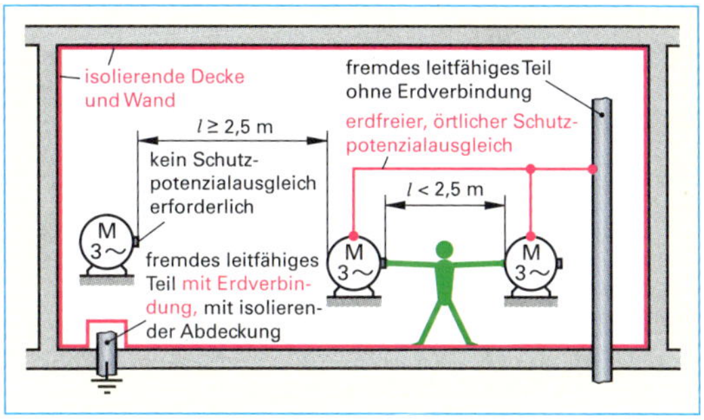


Bild 2: **Schutz durch erdfreien, örtlichen Schutzpotenzialausgleich**

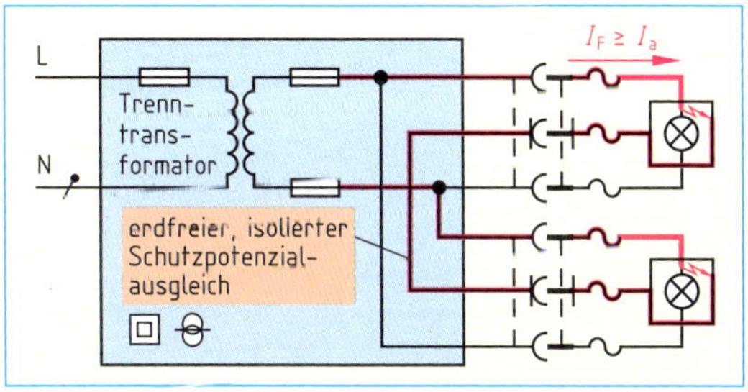


Bild 3: **Schutztrennung mit mehreren Betriebsmitteln**

Der erdfreie, örtliche Schutzpotenzialausgleich darf keine Verbindung zu Erdpotenzial haben.

**Schutztrennung mit mehr als einem Verbrauchsmittel.** Speist ein Trenntransformator mehrere Verbrauchsmittel **(Bild 3)**, so müssen alle Steckvorrichtungen Schutzkontakte haben, die durch einen erdfreien, isolierten Schutzpotenzialausgleichsleiter verbunden sind. Die Anschlussleitungen der Verbrauchsmittel, ausgenommen solche der Schutzklasse II, müssen einen Schutzleiter haben. Bei Auftreten von zwei Isolationsfehlern in getrennten Betriebsmitteln und in Leitern mit unterschiedlichem Potenzial **(Bild 3)** muss über die Schutzpotenzialausgleichsleitung der Abschaltstrom $I_a$ der Überstrom-Schutzeinrichtung fließen.

## Wiederholungsfragen

1. **Aus welchen beiden Teilen setzen sich Schutzmaßnahmen gegen elektrischen Schlag zusammen?**
2. **Erklären Sie die Erdungsbedingungen des TN-Systems.**
3. **Warum ist im IT-System ein Abschalten nach dem Auftreten des ersten Fehlers nicht notwendig?**
4. **Worin unterscheiden sich Kleinspannung SELV und Kleinspannung PELV?**
5. **Beschreiben Sie die mögliche Ausführung der Isolierung eines Gerätes der Schutzklasse II.**

# 11.12 Prüfen der Schutzmaßnahmen

Die Schutzmaßnahmen elektrischer Anlagen sind vor der ersten Inbetriebnahme, nach einer Erweiterung, Änderung oder Instandsetzung vom Errichter durch Besichtigen, Erproben und Messen zu prüfen **(Übersicht)**.

**Übersicht: Prüfen der Schutzmaßnahmen**

- Prüfen durch Besichtigen
- Prüfen durch Erproben und Messen

## 11.12.1 Prüfen durch Besichtigen

Bereits beim Errichten einer Anlage kann man durch Besichtigen prüfen, z. B. ob die verlegten Leitungen oder Kabel richtig ausgewählt und die Leiterquerschnitte für die zugeordneten Überstrom-Schutzeinrichtungen ausreichend bemessen sind.

Durch Besichtigen kontrolliert man auch, z. B. ob Neutralleiter, Schutzleiter und PEN-Leiter nicht abgesichert oder geschaltet sind und ob die vorgeschriebene farbliche Kennzeichnung eingehalten wurde. Die fachgerechte Ausführung aller Verbindungen und die Feststellung, dass die Betriebsmittel nicht beschädigt sind, gehört ebenso zum Prüfen durch Besichtigen **(Tabelle 1)**.

Prüfen durch Besichtigen führt man vor dem Prüfen durch Erproben und Messen bei abgeschalteter Anlage durch.

**Tabelle 1: Prüfen durch Besichtigen** (Auszug) (nach DIN VDE 0100-600)

- Vorhandensein von Abdeckungen, Umhüllungen
- Auswahl der Leitungen oder Kabel
  - nach der Verlegeart
  - nach der Strombelastbarkeit
  - nach dem zulässigen Spannungsfall
- Auswahl der Schutz- und Überwachungseinrichtungen und Einstellung des Auslösestromes
- Durchgehende farbliche Kennzeichnung und Anschluss von Neutralleiter und Schutzleiter
- Bezeichnung der Stromkreise und Betriebsmittel in der Anlage und in den Schaltungsunterlagen
- Vorhandensein von Schaltungsunterlagen, z.B. von Übersichts- und Stromlaufplänen

## 11.12.2 Prüfen durch Erproben und Messen

Zur Durchgangsprüfung von Schutzleiter, Schutzpotenzialausgleich und zusätzlichem örtlichen Schutzpotenzialausgleich ist eine Stromquelle mit einer Leerlaufspannung von 4 V bis 24 V und einem Prüfstrom von mindestens 0,2 A zu benützen.

Isolationswiderstand: **Seite 226**
Schleifenimpedanz: **Seite 225**

In Verbraucheranlagen des TN- oder TT-Systems ist die **Schleifenimpedanz** und der **Isolationswiderstand** aller aktiven Leiter, d.h. Außenleiter und Neutralleiter, gegen Erde zu messen.

**Einpolige Schalteinrichtungen,** z.B. Schalter in Lichtstromkreisen, dürfen bei Betätigen nur den Außenleiter, nicht aber den Neutralleiter, schalten.

**Tabelle 2: Prüfen durch Erproben und Messen** (nach DIN VDE 0100-600)

- Prüfen auf durchgehende Verbindung von:
  - Schutzleiter
  - Schutzpotenzialausgleich und
  - zusätzlichem örtlichen Schutzpotenzialausgleich
- Prüfen der sicheren Trennung bei:
  - Schutztrennung und in
  - Kleinspannungsstromkreisen SELV und PELV
- Prüfen der Spannungspolarität. Einpolige Schalter dürfen nur im Außenleiter eingebaut sein
- Messen des Isolationswiderstandes zwischen den aktiven Leitern L1, L2, L3 und N und dem Schutzleiter
- Bestimmen des Auslösestromes der Schutzeinrichtungen in Stromkreisen mit Schutz durch automatische Abschaltung der Stromversorgung
- Messen der Schleifenimpedanz
- Messen des zulässigen Spannungsfalls
- Messen des Erdungswiderstandes
- Messen des Widerstandes isolierender Fußböden oder Wände in nichtleitenden Räumen
- Feststellen des Rechtsdrehfeldes bei Drehstromsteckvorrichtungen in der Verbraucheranlage
- Funktionsprüfung, z.B. Verriegelungen bei Antrieben oder fehlerfreies Arbeiten von Steuerungen

**Spannungsfall.** In Anlagen mit Einrichtungen, die nur einen geringen Spannungsfall zulassen, z. B. Röntgen- oder Datenverarbeitungsanlagen, ist es besonders wichtig zu prüfen, ob der Spannungsfall an der Leitung den erlaubten Grenzwert von 3% der Netznennspannung überschreitet **(Seite 124)**.

**Drehstromsteckdosen** sind so anzuschließen, dass sich für Drehstrommotoren **Rechtsdrehfeld** ergibt. Es wird erreicht, wenn die Außenleiter L1, L2 und L3 bei Blickrichtung auf die Steckbuchsen im Uhrzeigersinn angeschlossen sind **(Seite 84)**. Zur Prüfung des Drehfeldes verwendet man Drehfeldrichtungsanzeiger. Weitere Prüfungen durch Erproben und Messen sind in **Tabelle 2** angegeben.

Durch Erproben stellt man fest, ob Schutzeinrichtungen ihre Funktion erfüllen, z. B. durch Betätigen der Prüftaste. Durch Messen überprüft man die Wirksamkeit der Schutzmaßnahmen.

## 11.12.3 Prüfen durch Messen an Drehstromsystemen

**TN-System.** Im TN-System muss im Fehlerfall mindestens der Abschaltstrom $I_a$ der Schutzeinrichtung fließen und diese innerhalb der vorgegebenen Abschaltzeit **(Tabelle)** auslösen.

Abschaltströme von Überstrom-Schutzeinrichtungen: **Hintere Umschlaginnenseite**

**Tabelle: Maximale Abschaltzeiten im TN-System**

| Stromkreisart | Nennwechselspannung $U_0$ | Abschaltzeit $t_a$ |
|---|---|---|
| Endstromkreise mit einem Bemessungsstrom $I_N \le 32$ A | über 50 V bis 120 V<br>über 120 V bis 230 V<br>über 230 V bis 400 V<br>über 400 V | 0,8 s<br>0,4 s<br>0,2 s<br>0,1 s |
| Verteilungsstromkreise und Endstromkreise mit $I_N > 32$ A | | 5 s |

**Messen der Schleifenimpedanz.** Die Schleifenimpedanz wird in jedem Stromkreis, z. B. an der Steckdose mit der größten Entfernung zum Speisepunkt, gemessen. Die Messung der Schleifenimpedanz kann nach der Schaltung **(Bild 1)** oder mit einem Universalprüfgerät **(Bild 1, Seite 227)** vorgenommen werden.

**Messprinzip.** Bei geöffnetem Schalter Q1 **(Bild 1)** bestimmt man zunächst die Spannung $U_0$ zwischen Außenleiter und PE im unbelasteten Zustand. Danach wird der Schalter Q1 geschlossen und Spannung $U$ und Stromstärke $I$ bestimmt. Die Schleifenimpedanz $Z_s$ errechnet sich nach der Formel in **Bild 1.**

Den **Kurzschlussstrom** $I_K$ in der Fehlerschleife kann man mit Universalprüfgeräten **(Bild 2, Seite 226)** bestimmen oder aus den Werten der Nennwechselspannung $U_0$ und der Schleifenimpedanz $Z_S$ berechnen ($I_k = \frac{U_0}{Z_S}$).

Bei Messverfahren nach **Bild 1** ist der Belastungsstrom $I$ viel kleiner als der im Fehlerfall auftretende Kurzschlussstrom $I_k$. Durch den hohen Kurzschlussstrom kann die Leitertemperatur und damit die Schleifenimpedanz $Z_S$ ansteigen. Nach DIN VDE 0100-600, Anhang soll deshalb die z. B. durch Messung nach **Bild 1** ermittelte Schleifenimpedanz $Z_S$ nicht größer als $^2/_3$ des aus der Abschaltbedingung $Z_S \le \frac{U_0}{I_a}$ ermittelten Wertes sein **(Formel)**.

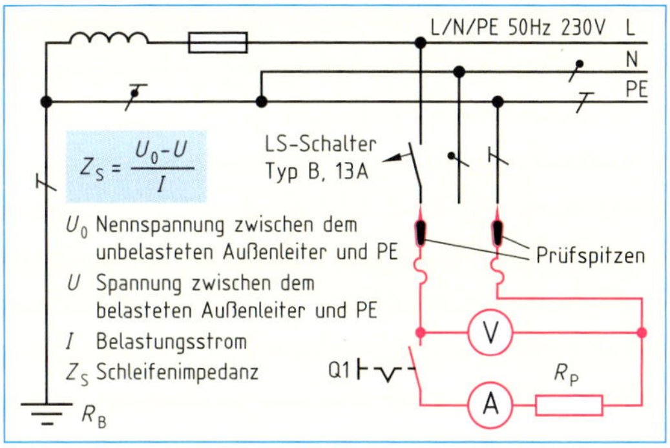


**Bild 1: Messen der Schleifenimpedanz (Beispiel)**

**Zulässige Schleifenimpendanz bei Messung mit Universalprüfgeräten** (nach DIN VDE 0100-600, Anhang)

$$Z_S \le \frac{2}{3} \cdot \frac{U_0}{I_a} \qquad I_k = \frac{U_0}{Z_S} \qquad I_k > I_a$$

$Z_S$ Schleifenimpedanz
$U_0$ Nennspannung Außenleiter gegen Schutzleiter PE
$I_a$ Abschaltstrom der Überstrom-Schutzeinrichtung oder RCD
$I_k$ Kurzschlussstrom

**Beispiel:**

An einem Stromkreis **(Bild 1)** wird unbelastet $U_0 = 230$ V und belastet $U = 228$ V bei $I = 5$ A gemessen. Überprüfen Sie, ob die Bedingung aus DIN VDE 0100-600 (Anhang) eingehalten wird.

**Lösung:**

$$Z_S = \frac{U_0 - U}{I} = \frac{230\text{ V} - 228\text{ V}}{5\text{ A}} = \mathbf{0{,}4\ \Omega}$$

$I_a$ des LS-Schalters Typ B (hintere Umschlaginnenseite):
$I_a = 5 \cdot I_N = 5 \cdot 13\text{ A} = 65$ A.
Grenzwert für $Z_S$ nach DIN VDE 0100-600 (Anhang):

$$Z_S \le \frac{2}{3} \cdot \frac{U_0}{I_a} = \frac{2}{3} \cdot \frac{230\text{ V}}{65\text{ A}} = 2{,}36\ \Omega$$

**$Z_S$ gemessen 0,4 Ω < $Z_S$ zulässig 2,36 Ω;**
**Bedingung ist erfüllt.**

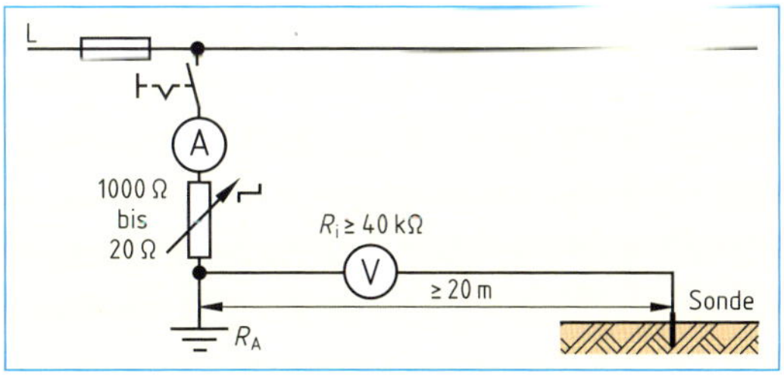


**Bild 2: Messen des Erdungswiderstandes**

**Erdungswiderstand**

$$R_A = \frac{U_E}{I_S}; \qquad R_A \le \frac{U_L}{I_a}; \qquad R_A \le \frac{U_L}{I_{\Delta N}}$$

$R_A$ Erdungswiderstand
$U_E$ Erderspannung bei der Prüfung
$I_E$ Erderstrom bei der Prüfung
$I_a$, $I_{\Delta N}$ Abschaltstrom der Schutzeinrichtung
$U_L$ Grenzwert der zulässigen Berührungsspannung

**Messen des Erdungswiderstandes.** Die Messung des Erdungswiderstandes **(Bild 2)** kann indirekt durch eine Strom-Spannungsmessung oder mit Universalprüfgeräten **(Bild 1, Seite 227)** durchgeführt werden. Übersteigt die Spannung $U_E$ den Wert $U_L = 50$ V muss der Messvorgang sofort abgebrochen werden.

**Messen des Isolationswiderstandes.** Der Isolationswiderstand wird im spannungslosen Zustand der elektrischen Anlage zwischen den aktiven Leitern und zwischen jedem aktiven Leiter und Erde gemessen **(Bild 1)**. Er darf die in der **Tabelle** angegebenen Mindestwerte nicht unterschreiten. Als Erde verwendet man den geerdeten Schutzleiter PE oder den PEN-Leiter. Zur Messung sind alle Schalter des zu prüfenden Stromkreises zu schließen, damit auch Schalterleitungen bei der Messung erfasst werden.

Befindet sich im Stromkreis ein Betriebsmittel, welches das Messergebnis beeinflusst oder beschädigt werden kann, dürfen die aktiven Leiter miteinander verbunden und der Isolationswiderstand gemeinsam gegen den PE gemessen werden.

In Stromkreisen mit elektronischen Betriebsmitteln, z. B. Dimmer, ist vor der Messung der Außenleiter mit dem Neutralleiter zu verbinden **(Bild 1)**.

Zur Messung des Isolationswiderstandes verwendet man Messgeräte mit eigener Spannungsversorgung **(Bild 2)**. Diese Messgeräte eignen sich zum Prüfen des Isolationswiderstandes in Kleinspannungsstromkreisen, in Stromkreisen mit Schutztrennung oder zum Messen in TN-, TT- und IT-Systemen.

Die Höhe der Messspannung hängt von der Nennspannung des zu prüfenden Stromkreises ab **(Tabelle)**. Das Prüfgerät zum Messen des Isolationswiderstandes muss einen Messstrom von mindestens 1 mA haben.

**TT-System.** Im TT-System ist zu prüfen, ob gleichzeitig berührbare Körper, oder Körper, die an einer gemeinsamen Schutzeinrichtung angeschlossen sind, auch einen gemeinsamen Erder haben. Im Fehlerfall müssen Schutzeinrichtungen innerhalb der zulässigen Abschaltzeiten **(Tabelle 2, Seite 217)** auslösen. Sind im TT-System mit Abschaltung durch Überstrom-Schutzeinrichtungen alle fremden leitfähigen Teile über den Schutzpotenzialausgleich mit der Haupterdungsschiene verbunden, dürfen die zulässigen Abschaltzeiten des TN-Systems angewendet werden.

Abschaltzeiten im TT-System: **Seite 217**
Abschaltzeiten im TN-System: **Seite 216**

Sind im TT-System für den Fehlerschutz Überstrom-Schutzeinrichtungen eingesetzt, ist für diese Stromkreise neben der Messung des Erdungswiderstandes **(Seite 225)** zusätzlich die Schleifenimpedanz $Z_S$ zu prüfen **(Seite 225)**.

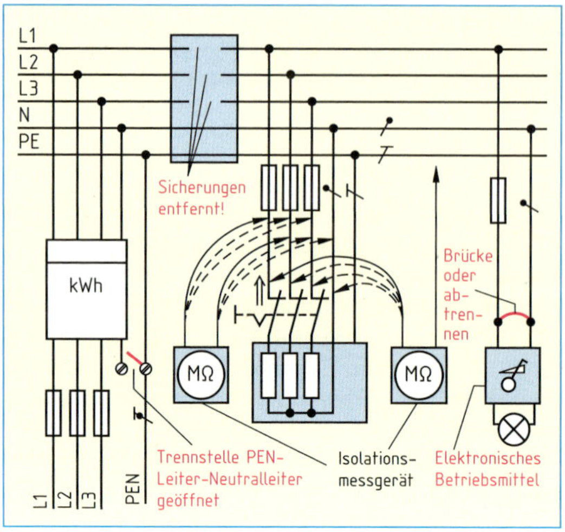


Bild 1: Messen des Isolationswiderstandes

**Tabelle: Mindest-Isolationswiderstände und Messspannungen** (nach DIN VDE 0100-600)

| Stromkreisart und Nennspannung | Isolationswiderstand | Messspannung |
|---|---|---|
| **SELV und PELV:**<br>AC 50 V bzw. DC 120 V<br>AC 25 V bzw. DC 60 V | ≥ 0,5 MΩ | DC 250 V |
| **Stromkreise allgemein:**<br>AC, DC bis 500 V, sowie FELV<br>AC, DC über 500 V bis 1000 V | ≥ 1,0 MΩ<br>≥ 1,0 MΩ | DC 500 V<br>DC 1000 V |

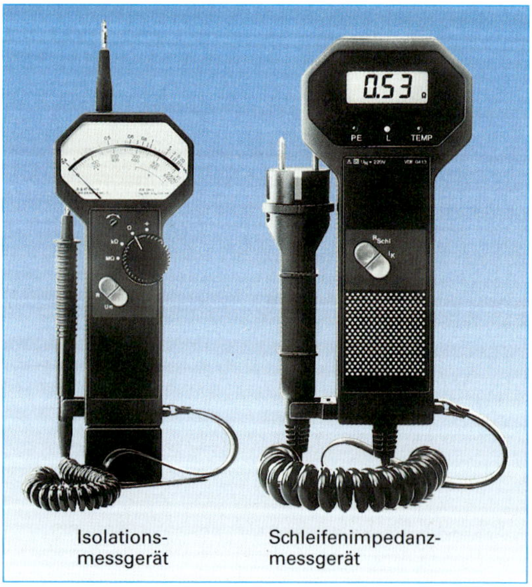


Bild 2: Messgeräte zum Prüfen der Schutzmaßnahmen in elektrischen Anlagen

Das Produkt aus Erdungswiderstand $R_A$ und Abschaltstrom $I_a$ bzw. $I_{\Delta N}$ der Schutzeinrichtung darf den Wert $U_L$ = AC 50 V nicht überschreiten ($U_L \geq R_A \cdot I_a$).

**IT-System.** Im IT-System darf kein aktiver Leiter geerdet sein. Eine Erdung der Stromquelle, z. B. der Sternpunkt, ist über eine hochohmige Impedanz zulässig. Alle Körper der Betriebsmittel müssen einzeln, gruppenweise oder in ihrer Gesamtheit mit dem geerdeten Schutzleiter verbunden sein.

Unterschreitet der Isolationswiderstand im IT-System den Wert von 50 kΩ, muss eine optische und/oder akustische Meldung erfolgen. Die Isolationsüberwachungseinrichtung kann man durch den Einbau eines künstlichen Fehlers, z. B. Körper- oder Erdschluss, prüfen. Bei Auftreten eines zweiten Fehlers muss die Anlage innerhalb der geforderten Abschaltzeiten vom Netz getrennt werden. Die Anforderungen und Prüfmethoden sind in der **Tabelle** angegeben.

Das Produkt aus Erdungswiderstand $R_A$ und Fehlerstrom $I_d$ darf den Wert $U_L$ = AC 50 V nicht überschreiten.

**Tabelle: Prüfungen im TN-, TT- und IT-System**

| System | Prüfungen und Anforderungen |
|---|---|
| TN | • Messen der Schleifenimpedanz, **Seite 225**<br>• Messen des Isolationswiderstandes, **Seite 226**<br>• Messen des Erdungswiderstandes, **Seite 225** |
| TT | • Messen des Erdungswiderstandes, **Seite 225**<br>– bei Auslösen der Schutzeinrichtung muss $U_B \leq U_L$ = 50 V bzw. 25 V sein<br>• Messen der Schleifenimpedanz, **Seite 225** |
| IT | • Messen des Erdungswiderstandes, **Seite 225**<br>• Prüfen der Isolationsüberwachungseinrichtung, **Seite 177**<br>– künstlichen Fehler (Erdschluss) herstellen<br>• Auslösen der Schutzeinrichtung bei zweitem Körper- oder Erdschluss |

Abschaltzeiten im IT-System: **Seite 218**

## 11.12.4 Prüfen von RCDs

Fehlerstrom-Schutzeinrichtungen prüft man mit Universalprüfgeräten **(Bild 1)** oder durch Erzeugen eines Fehlerstromes, z. B. durch Nachbilden eines Körperschlusses **(Bild 2)**. Dabei werden der Fehlerstrom $I_F$ und die auftretende Berührungsspannung $U_B$ gemessen. Die Schutzeinrichtung muss auslösen, ehe der Bemessungs-Differenzstrom $I_{\Delta N}$ oder die zulässige Berührungsspannung $U_L$ erreicht wird.

Bei Schutzmaßnahmen mit Fehlerstrom-Schutzeinrichtungen (RCD) darf der Neutralleiter nach der Schutzeinrichtung keine Verbindung mit dem Schutzleiter PE oder mit dem PEN-Leiter haben.

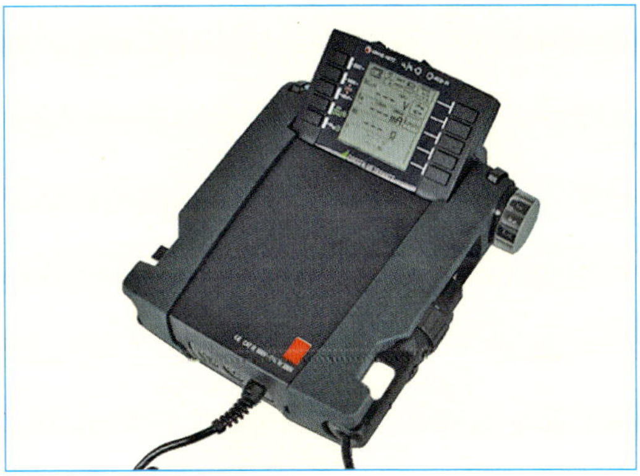

**Bild 1: Universalprüfgerät für RCDs, Schleifenimpedanz und Erdungsmessung**

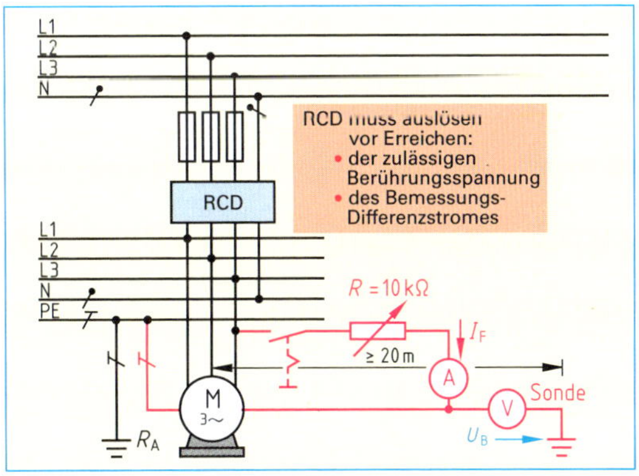


**Bild 2: Prüfen von Fehlerstrom-Schutzeinrichtungen**

## 11.12.5 Prüfen bei Kleinspannung und Schutztrennung

**Kleinspannung.** Bei Kleinspannungsstromkreisen SELV und PELV muss die sichere Trennung zu Stromkreisen mit höherer Spannung geprüft werden. In SELV-Stromkreisen darf keine Verbindung zu geerdeten Teilen oder zum Schutzleiter PE bestehen. Die sichere Trennung ist durch Messung des Isolationswiderstandes nachzuweisen.

Der Isolationswiderstand darf in SELV- und PELV-Stromkreisen 0,5 MΩ nicht unterschreiten. Die Messung wird mit 250 V Gleichspannung ausgeführt.

**Steckvorrichtungen für Kleinspannung (Bild 3, Seite 220)** dürfen nicht in Steckvorrichtungen mit höherer Nennspannung passen. Steckvorrichtungen in SELV-Stromkreisen haben keinen Schutzkontakt.

**Prüfungen bei Kleinspannung SELV und PELV**

- SELV und PELV: Messen der Bemessungsspannung AC: $U_N \leq 50$ V; DC: $U_N \leq 120$ V
- SELV- und PELV-Stromkreise: Messen des Isolationswiderstandes aktiver Teile gegen Stromkreise mit höherer Spannung und gegen Erde.
- In PELV-Stromkreisen ist zur Messung des Isolationswiderstandes die Erdung des Stromkreises zu trennen.

**Schutztrennung.** Schutz durch Schutztrennung ist begrenzt auf die Versorgung eines Verbrauchsmittels an einer ungeerdeten Stromquelle mit mindestens einfacher Trennung **(Bild 4, Seite 219).** Durch Messen des Isolationswiderstandes ist die Trennung aktiver Teile gegen andere Stromkreise und gegen Erde zu prüfen.

**Spannungsgrenzwerte bei Schutztrennung:**
- Eingangsspannung höchstens 1000 V,
- Ausgangsspannung höchstens 500 V.

**Schutztrennung mit mehr als einem Verbrauchsmittel.** Diese Schutzmaßnahme ist nur in Anlagen zulässig, die ausschließlich von Elektrofachkräften oder elektrotechnisch unterwiesenen Personen betrieben und überwacht werden.

Stromquellen für Schutztrennung dürfen auf der Ausgangsseite nur einen Stromkreis haben.

Sind an einem Trenntransformator mehrere Verbrauchsmittel angeschlossen **(Bild 1),** müssen die Ausgangssteckdosen Schutzkontakte haben, die durch einen erdfreien, isolierten Schutzpotenzialausgleichsleiter verbunden sind. Bei gleichzeitigem Auftreten von zwei Isolationsfehlern in Leitern mit unterschiedlichem Potenzial muss die Überstrom-Schutzeinrichtung abschalten.

## 11.12.6 Isolationswiderstand in nicht leitender Umgebung

Die Messung des Isolationswiderstandes $Z_X$ (Isolationsimpedanz) isolierender Fußböden oder Wände soll mit der im Betrieb vorkommenden Stromart und Spannungshöhe bestimmt werden. Die Messung ist dabei an jedem Messort an mindestens drei Stellen durchzuführen. Eine der drei Messungen muss im Abstand von ungefähr 1 m zu berührbaren fremden leitfähigen Teilen, z. B. zu einem Heizkörper, erfolgen.

Der Isolationswiderstand in Räumen mit nicht leitender Umgebung gilt als ausreichend, wenn an keiner Messstelle ein Isolationswiderstand von 50 kΩ unterschritten wird. Dieser Wert gilt für Anlagen mit einer Nennspannung bis AC 500 V. Bei Nennspannungen größer AC 500 V bis AC 1000 V muss der Isolationswiderstand mindestens 100 kΩ betragen.

**Anforderungen an Schutztrennung**
- Messen des Isolationswiderstandes aktiver Teile gegen andere Stromkreise und gegen Erde
- Messen der Ausgangsspannung
- Ausgangssteckdosen dürfen keinen Schutzleiteranschluss haben
- Messen der Ausgangsspannung

**Schutztrennung mit mehr als einem Verbrauchsmittel:**
- Durchgängige Verbindung des erdfreien isolierten Schutzpotenzialausgleichsleiters prüfen
- Abschalten bei Doppelfehler **(Bild 1):** Fehlerstrom $I_F \geq$ Abschaltstrom $I_a$

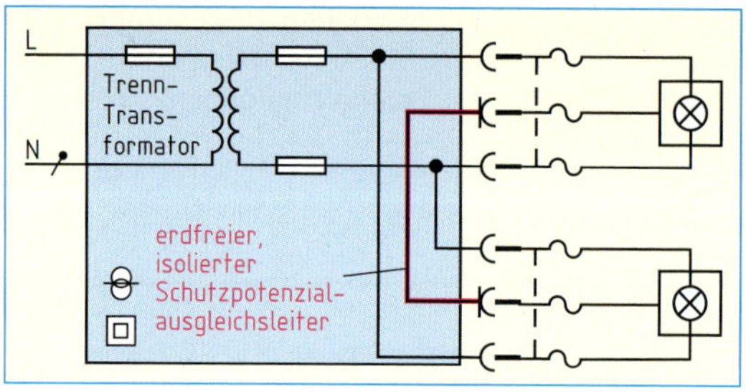


**Bild 1: Schutztrennung mit mehr als einem Verbrauchsmittel**

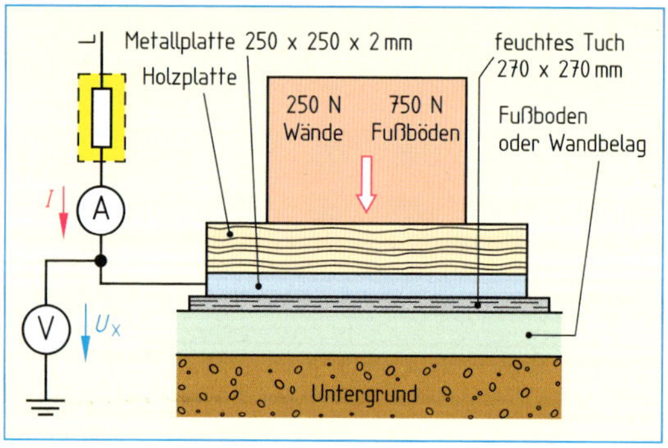


**Bild 2: Messen des Isolationswiderstandes bei isolierenden Fußböden oder Wänden**

**Isolationswiderstand (Isolationsimpedanz)**

$$Z_X = \frac{U_X}{I}$$

$Z_X$ Isolationswiderstand (Isolationsimpedanz) des Fußbodens oder der Wand
$U_X$ gemessene Spannung gegen den Schutzleiter
$I$ gemessener Strom über die Prüfelektrode

**Messungen für Wechselstromsysteme.** Die Messung des Isolationswiderstandes $Z_X$ (Isolationsimpedanz) kann mit Nennspannung des Versorgungsnetzes **(Bild 2)** oder mit einem Isolationsmessgerät mit einer Messwechselspannung von mindestens 25 V und zusätzlicher Isolationsprüfung gemessen werden. Vor der Messung ist die zu prüfende Fläche anzufeuchten oder mit einem feuchten Tuch zu bedecken. Als Prüfelektrode dient eine Metallplatte, die bei Fußböden mit 750 N, bei Wänden mit 250 N angedrückt wird **(Bild 2).** Die Isolationsimpedanz $Z_X$ wird aus den Messwerten der Strom-Spannungsmessung berechnet **(Formel).**

**Messungen für Gleichstromsysteme.** Die Messung wird mit einem Isolationsmessgerät durchgeführt. Die Messspannung beträgt mindestens DC 500 V bei Netzen mit Nennspannungen kleiner/gleich 500 V und mindestens DC 1000 V bei Nennspannungen größer 500 V.

## 11.12.7 Wiederkehrende Prüfungen

**Wiederkehrende Prüfungen.** Elektrische Anlagen unterliegen einer Alterung und betriebsbedingtem Verschleiß. Um die Sicherheit elektrischer Anlagen und Betriebsmittel zu gewährleisten, sind in DIN VDE 0105-100 und in den **Technischen Regeln für Betriebssicherheit** (TRBS) Prüfungen festgelegt. Richtwerte für die Prüffristen können durch eine Gefährdungsbeurteilung festgelegt oder aus den **Berufsgenossenschaftlichen Vorschriften** DGUV-Vorschrift 3 entnommen werden **(Tabelle).**

**Übergabebericht und Prüfprotokoll.** Das Ergebnis der Prüfung durch Besichtigen und die durch Messung bestimmten Werte, z.B. Erdungswiderstand $R_A$, Schleifenimpedanz $Z_S$ oder Isolationswiderstand $R_{iso}$, sind in einem Übergabebericht und Prüfprotokoll **(Bild 1)** festzuhalten. Das Original des Protokolls erhält der Auftraggeber, eine Durchschrift verbleibt bei dem mit der Prüfung beauftragten Elektrofachbetrieb und dient, z.B. bei Schadensfällen, als Nachweis für den korrekten Zustand der elektrischen Anlage zum Zeitpunkt der Prüfung.

**E-Check für Elektroanlagen.** In DIN VDE 0105-100 wird gefordert, dass auch elektrische Anlagen in Wohngebäuden in regelmäßigen Zeitabständen geprüft werden sollen. Diese Prüfung (E-Check) stellt für private Anlagen jedoch noch keine Rechtspflicht dar. Der E-Check für Anlagen und Geräte ist eine wirksame Sicherheitsvorkehrung und bestätigt dem Eigentümer den korrekten und sicheren Zustand der Anlage. Als Sicherheitsnachweis erhalten die durch einen **Innungsfachbetrieb** geprüften Anlagen und Geräte die **Prüfplakette E-CHECK (Bild 2).**

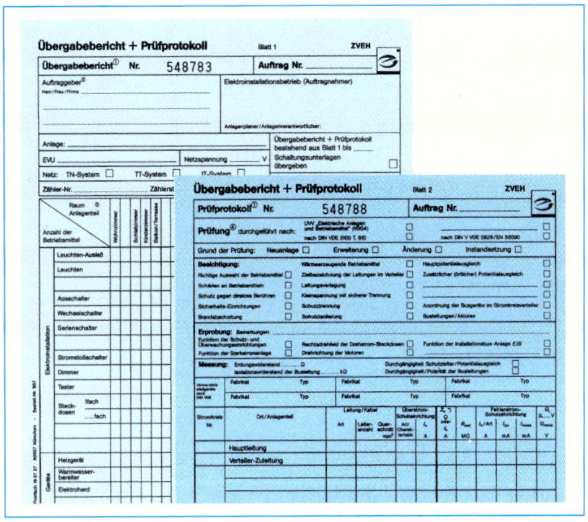


**Bild 1: Übergabebericht und Prüfprotokoll für elektrische Anlagen**

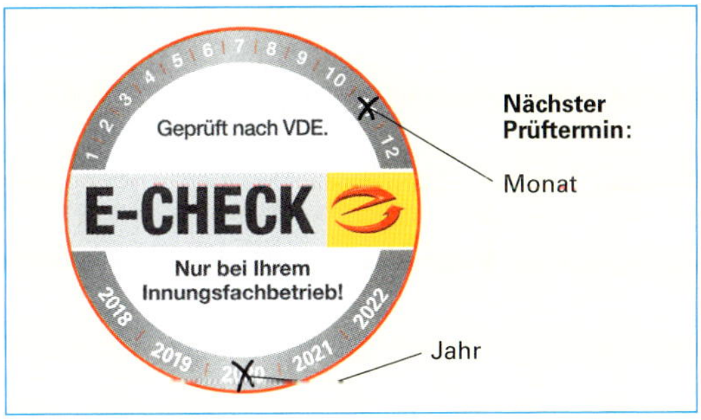


**Bild 2: Prüfplakette E-CHECK**

| **Tabelle: Prüfungen und Prüffristen für elektrische Anlagen und Betriebsmittel** (Auszug) (nach DGUV 3) | | |
|---|---|---|
| Anlagen/Betriebsmittel | Prüffrist | Art der Prüfung |
| Elektrische Anlagen und Betriebsmittel allgemein | Vor der Erstinbetriebnahme, nach Änderungen oder Instandsetzung | Auf ordnungsgemäßen Zustand prüfen |
| Anlagen und ortsfeste Betriebsmittel | Mindestens alle 4 Jahre | Neuanlagen sind nur zu prüfen, wenn vom Errichter der Anlage noch keine Bescheinigung (Übergabebericht und Prüfprotokoll) vorliegt |
| Ortsveränderliche Betriebsmittel | Mindestens alle 6 Monate | |
| Schutzmaßnahmen mit RCDs<br>• in stationären Anlagen<br>• in nicht stationären Anlagen<br>• in nicht stationären Anlagen | • Mindestens alle 6 Monate<br>• Mindestens einmal im Monat<br>• An jedem Arbeitstag | Betätigen der Prüfeinrichtung<br>Auf Wirksamkeit prüfen<br>Funktion der RCD prüfen |
| Spannungsprüfer, isolierte Werkzeuge und Schutzeinrichtungen | Vor jeder Benutzung | Auf einwandfreie Funktion und augenfällige Mängel prüfen |

### Wiederholungsfragen

1 **Nennen Sie Beispiele für das Prüfen durch Besichtigen.**
2 **Welche Mindestisolationswiderstände sind vorgeschrieben in a) Stromkreisen mit Kleinspannung und b) Stromkreisen mit einer Nennspannung bis 500 V?**
3 **Erklären Sie a) die Funktionsprüfung der RCD und b) die Prüfung einer Schutzmaßnahme mit RCD.**
4 **Beschreiben Sie den Ablauf einer Isolationswiderstandsmessung.**
5 **Welche Prüffrist gilt für RCDs in a) stationären Anlagen und b) in nicht stationären Anlagen?**

## Situationsbeschreibung:

In einem Wohngebäude soll die elektrische Anlage durch eine wiederkehrende Prüfung nach DIN VDE 0105-100 auf fehlerfreien, ordnungsgemäßen Zustand überprüft werden. Für die wiederkehrende Prüfung in Wohngebäuden wird nach DIN VDE 0105-100 eine Prüfung im Abstand von 4 bis 5 Jahren empfohlen.

Welche Prüfungen sind in welcher Reihenfolge durchzuführen?

**Übersicht: Wiederkehrende Prüfung elektrischer Anlagen nach DIN VDE 0105-100 umfasst:**

- Prüfen durch Besichtigen
- Prüfen durch Erproben und Messen
- Erstellen des Prüfberichtes

Wiederkehrende Prüfungen sollen Mängel in elektrischen Anlagen aufdecken, die nach der Inbetriebnahme aufgetreten sind, den Betrieb behindern oder eine Gefährdung hervorrufen können. Sie sind von einer, in Prüfungen erfahrenen, Elektrofachkraft durchzuführen.

### Wiederkehrende Prüfung durch Besichtigen (Beispiele)

- Feststellen, ob Anlagen oder Betriebsmittel äußerliche erkennbare Mängel aufweisen **(Bild 1)**, den äußeren Einflüssen am Verwendungsort, z. B. durch auftretende Feuchtigkeit, standhalten und ein Schutz gegen direktes Berühren **(Seite 214)** vorhanden ist.
- Feststellen, ob Schutz-, Erdungs- und Potenzialausgleichsleiter mindestens den geforderten Querschnitt haben **(Seite 215)**, richtig verlegt, zuverlässig angeschlossen und richtig gekennzeichnet sind **(Bild 2)**.
- Prüfen, ob zur Sicherstellung des Schutzpotenzialausgleichs über die Haupterdungsschiene der Erder, z. B. der Fundamenterder, metallene Rohrsysteme wie Gasinnenleitung, Wasserleitung, Rohre von Heizungs- oder Klimaanlagen oder Metallteile der Gebäudekonstruktion mit der Haupterdungsschiene zuverlässig verbunden sind.
- Prüfen, ob in Schutz- oder PEN-Leitern keine Überstrom-Schutzeinrichtungen vorhanden sind und dass Schutz- oder PEN-Leiter nicht allein schaltbar sind.
- Prüfen, dass Schutzleiter und Neutralleiter nicht verwechselt sind.
- Prüfen, ob die Schutzkontakte der Steckvorrichtungen wirksam sein können.
- Feststellen, ob in den Stromkreisen die Leiterquerschnitte nach der Strombelastbarkeit und nach dem zulässigen Spannungsfall ausgewählt sind und die richtige Zuordnung der Überstrom-Schutzeinrichtungen zu den verlegten Leiterquerschnitten eingehalten wurde.
- Feststellen, ob z. B. Fehlerstrom-Schutzeinrichtungen (RCDs), nach Errichtungsnormen, noch vorhanden sind.
- Feststellen, ob Beschriftungen und Kennzeichnungen der Stromkreise vorhanden und auch gültig sind.
- Feststellen, ob wärmeerzeugende Betriebsmittel, z. B. Leuchten, genügend Abstand zur brennbaren Umgebung, z. B. Holzmöbel, haben **(Seite 183)**.

### Wiederkehrende Prüfung durch Erproben und Messen (Beispiele)

- Durch Betätigen der Prüftaste **(Bild 3)** erproben, dass Schutzeinrichtungen, z. B. Fehlerstrom-Schutzeinrichtungen (RCD), Isolationsüberwachungsgeräte (IMD) oder Fehlerspannungs-Schutzeinrichtungen (FU), auslösen.
- Erproben der Wirksamkeit von Stromkreisen und Betriebsmitteln, die der Sicherheit dienen, z. B. NOT-AUS-Taster, Schutzrelais oder Verriegelungen.
- Erproben des Rechtsdrehfeldes bei Drehstrom-Steckdosen. Die Steckbuchsen werden dabei von vorn im Uhrzeigersinn betrachtet **(Bild 2, Seite 84)**.
- Erproben der Funktion von Melde- und Anzeigeeinrichtungen, z. B. bei Isolationsüberwachungseinrichtungen.

**Bild 1: Defektes Betriebsmittel**

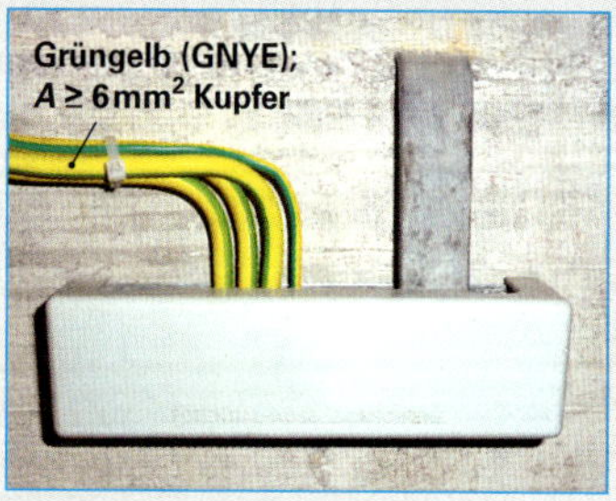


**Bild 2: Kennzeichnung des Schutzpotenzialausgleichsleiters**

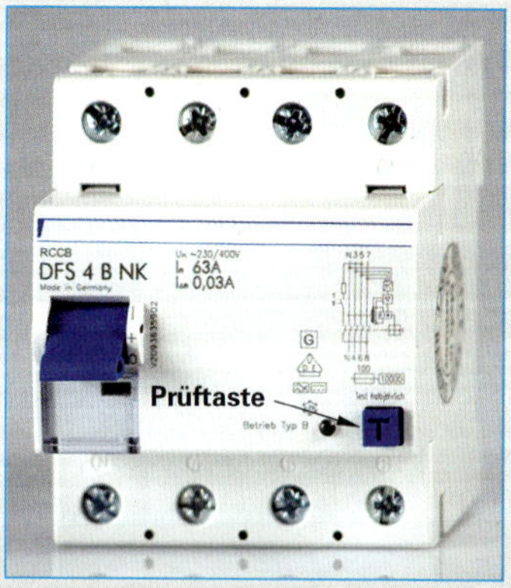


**Bild 3: Fehlerstrom-Schutzeinrichtung (RCD)**

In Anlagen mit Nennspannungen bis AC 1000 V und DC 1500 V sind Werte durch Messen zu ermitteln, die eine Beurteilung des Schutzes unter Fehlerbedingungen ermöglichen.

Zu diesen Messungen gehören:

Messen des Schutzleiterwiderstandes $R_{PE}$, der Schleifenimpedanz $Z_S$, des Isolationswiderstandes $R_{iso}$, des Auslösestromes und der Abschaltzeit von Fehlerstrom-Schutzeinrichtungen (RCD).

- **Messen des Schutzleiterwiderstandes $R_{PE}$.**
  Dabei wird die durchgängige, niederohmige Verbindung der Schutzleiter PE mit der Haupterdungsschiene überprüft **(Bild 1)**.
- Messen der Schleifenimpedanz $Z_S$.
  Die Schleifenimpedanz **(Seite 225)** wird in jedem Stromkreis an der Steckdose mit der größten Entfernung zum Stromkreisverteiler gemessen. Bei direkter Messung der Schleifenimpedanz darf der durch Messung ermittelte Wert $Z_S$ gemessen **(Bild 2)** nicht überschritten werden.
- **Messen des Isolationswiderstandes $R_{iso}$.**
  In Anlagen mit Nennspannungen bis AC 1000 V und DC 1500 V wird nach DIN VDE 0105-100 der Isolationswiderstand Riso, im spannungslosen Zustand zwischen den aktiven Leitern (L1, L2, L3 und N) gegen den Schutzleiter PE oder Erde gemessen.

  Im Gegensatz zu den Messungen vor der ersten Inbetriebnahme nach DIN VDE 0100-600, wird jedoch in wiederkehrenden Prüfungen der Isolationswiderstand bei angeschlossenen und eingeschalteten Verbrauchsmitteln gemessen **(Bild 3)**.

  Um den Messaufwand zu reduzieren und um die Zerstörung elektronischer Baugruppen, z. B. Komponenten der Gebäudesystemtechnik KNX, durch die Prüfspannung zu vermeiden, dürfen die aktiven Leiter vor der Messung miteinander verbunden werden **(Bild 3)**. Diese gemeinsame Isolationsmessung der aktiven Leiter ist in feuergefährdeten Betriebsstätten und in explosionsgefährdeten Bereichen nicht zulässig.
- **Mindestwerte für den Isolationswiderstand:**
  - Bei angeschlossenen und eingeschalteten Verbrauchsmitteln **(Bild 3)**:
    Mindestwert für $R_{iso} \geq 300\ \Omega$ je Volt der Nennspannung $U_0$, z. B. bei $U_0 = 230\ V$ mindestens $R_{iso} \geq 69\ k\Omega$.

  Wird der vorgeschriebene Mindestwert nicht erreicht, ist die Messung ohne angeschlossene Verbrauchsmittel, aber bei eingeschalteten Schaltern, zu wiederholen.

  Bei eingeschalteter Anlage ohne Verbrauchsmittel:
  Mindestwert für $R_{iso} \geq 1000\ \Omega$ je Volt der Nennspannung $U_0$.
  - Bei Anlagen im Freien
    - mit angeschlossenen Verbrauchsmitteln:
      $R_{iso} \geq 150\ \Omega$ je Volt der Nennspannung $U_0$,
    - ohne angeschlossene Verbrauchsmittel:
      $R_{iso} \geq 500\ \Omega$ je Volt der Nennspannung $U_0$.
  - In IT-Systemen: $R_{iso} \geq 50\ \Omega$ je Volt der Nennspannung $U_0$.
- **Messen des Auslösestroms von Fehlerstrom-Schutzeinrichtungen (RCD).**
  Nach dem Herstellen eines künstlichen Fehlers **(Bild 2, Seite 227)** wird der Auslösestrom $I_\Delta$ und die Abschaltzeit ta gemessen. Der Auslösestrom $I_\Delta$ liegt in der Regel bei 50 % bis 80 % des Bemessungs-Differenzstromes $I_{\Delta N}$ der RCD.

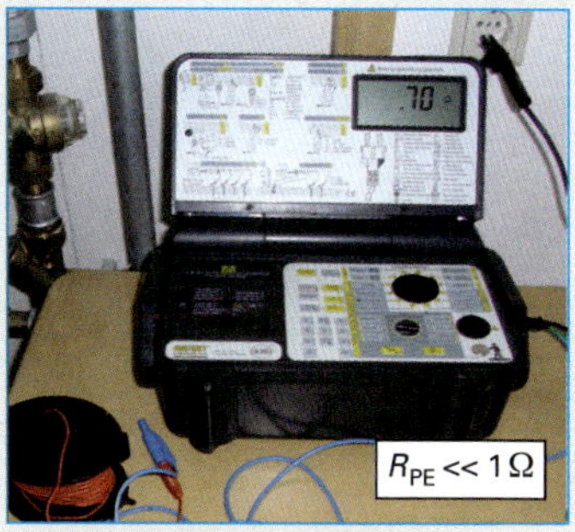


**Bild 1: Prüfen der durchgängigen Verbindung der Schutzleiter**

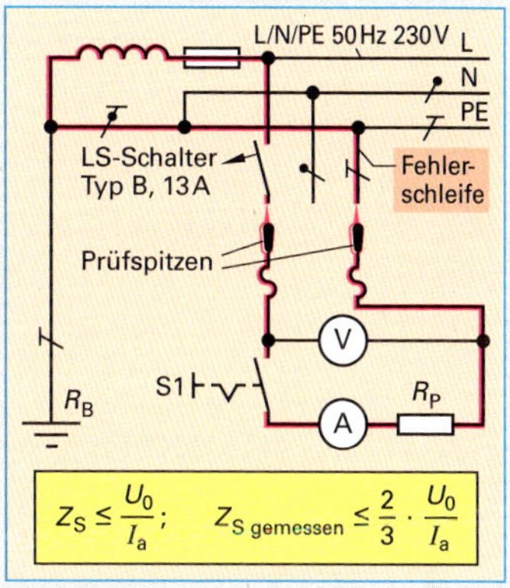


**Bild 2: Messen der Schleifenimpedanz**

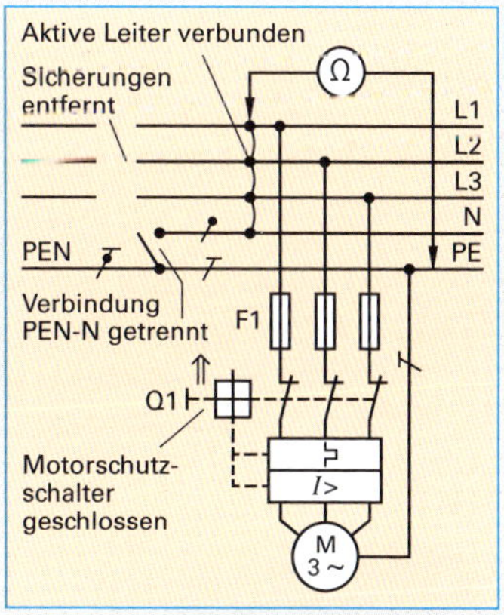


**Bild 3: Messen des Isolationswiderstandes**

### Prüfbericht für die wiederkehrende Prüfung

Nach Abschluss der wiederkehrenden Prüfung ist von der für die Durchführung der Prüfung verantwortlichen Person ein Prüfbericht zu erstellen. Der Prüfbericht muss die Messwerte enthalten und Hinweise über die Art der durchgeführten Messung geben. Er darf auch Empfehlungen für Instandsetzung oder Verbesserungen, z. B. für das Anpassen der Anlage an den aktuellen Stand der Technik, enthalten.

Praxistipp: Wiederkehrende Prüfung elektrischer Anlagen in Wohngebäuden (Nächster Praxistipp: Seite 269)

## 11.12.8 Prüfen der elektrischen Ausrüstung von Maschinen

Elektrische Ausrüstungen von Maschinen **(Übersicht 1)** müssen nach DIN EN 60204-1 geprüft werden. Dies ist Bestandteil der DGUV-Vorschrift 3. Dadurch können Unfälle verhindert und Ausfall- oder Stillstandzeiten vermieden werden.

Vor der Erstinbetriebnahme einer Maschine muss eine Prüfung nach DIN EN 60204-1 (VDE 0113-1) erfolgen. Für die Wiederholungsprüfung nach VDE 0105-100 wird die neu zu erstellende Gefährdungsbeurteilung herangezogen. In dieser Gefährdungsbeurteilung werden alle Schutzmaßnahmen berücksichtigt und die nötigen Prüfungen festgelegt.

Die Ausrüstung von Maschinen beginnt an der Netzanschlussstelle. Die Erstprüfung gilt für Maschinen bis 1000 V Wechsel- oder 1500 V Gleichspannung und einer Frequenz von maximal 200 Hz, sowie für den eventuell vorhandenen Schaltschrank zur Steuerung der Maschine. Der Umfang der Prüfungen für eine bestimmte Maschine, z. B. einer Fräsmaschine, wird in den zugeordneten Informationen der DGUV, z. B. DGUV 209-066, angegeben. Ist vom Hersteller keine zugeordnete Information vorhanden, **müssen** die Prüfungen immer folgende Punkte beinhalten **(Übersicht 2)**:

**Prüfen der Dokumentation**: Überprüfen, dass die elektrische Ausrüstung mit der technischen Dokumentation, z. B. Schaltplan, Betriebshandbuch, Stückliste, Handbuch für die Instandsetzung, übereinstimmt.

**Sichtprüfung**: ist der wichtigste Teil der Maschinenprüfung

- Auf äußere Schäden der Maschine und insbesondere der Sicherheitseinrichtungen achten.
- Warnhinweise, z. B. erhöhte Oberflächentemperatur, vorhanden?
- Beschriftungen am Netzanschluss lesbar?
- Schutzarten, z. B. von Motoren und Schaltergehäusen, eingehalten?
- Leitungen knickfrei und ohne Scheuerstellen verlegt?
- Überstromschutzorgane, z. B. Bemessungsdifferenzströme, richtig ausgewählt?
- Stichpunktartige Zugprobe an Klemmstellen
- Anschlüsse und PE-Klemmen aller Schutzleiter vorschriftsmäßig und fest?

**Durchgängigkeit des Schutzleitersystems $R_{PE}$ (Bild)**: Alle leitfähigen Körper der elektrischen Ausrüstung müssen mit dem Schutzleitersystem verbunden sein. Ausnahme: kleine Teile wie z. B. Schrauben, Nieten, Typenschilder und Teile innerhalb von Gehäusen, z. B. Relais. Der Messwert muss in dem Bereich liegen, der aufgrund von Länge, Querschnitt und Leitermaterial zu erwarten ist.

**Funktionsprüfungen (Übersicht 3)**: erfolgen nachdem alle notwendigen Messungen mit positivem Ergebnis durchgeführt wurden. Die Funktionen der elektrischen Ausrüstung sowie der Stromkreise für die elektrische Sicherheit müssen geprüft werden.

**Übersicht 1: Maschinen, die nach DIN EN 60204-1 geprüft werden müssen** (Beispiele).

- Verarbeitungsmaschinen für Metall, Kunststoff, Holz, Textil, Lederwaren, Lebensmittel und Verpackungen,
- Baumaschinen, Hebebühnen, Gabelstapler, Druckmaschinen, Pumpen, Kompressoren, Hebezeuge, Fördertechnik, Fahrtreppen, Kältemaschinen,
- Motorisch angetriebene Tore, Jahrmarkts-Fahrgeschäfte.

**Übersicht 2: Notwendige Prüfungen**

- Übereinstimmung der technischen Ausrüstung mit der Dokumentation
- Sichtprüfung
- Durchgängigkeit des PE
- Funktionsprüfungen

**Übersicht 3: Funktionsprüfungen** (Beispiele)

- Start der Fräsmaschine
- Steuerfunktion, z.B. Vorschub
- Netztrenneinrichtung an der äußeren Bedienvorrichtung
- NOT-AUS bzw. NOT-HALT
- Akustische und optische Warnmeldungen

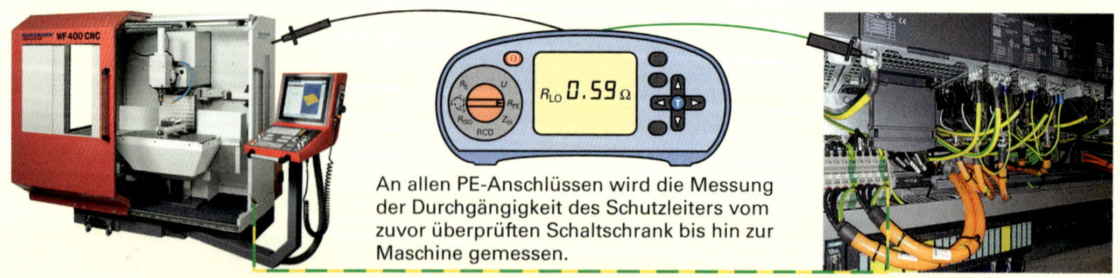


**Bild: Messung der Durchgängigkeit des Schutzleiters ($R_{PE}$) am Beispiel einer Fräsmaschine**

Wird zum Schutz bei indirektem Berühren der Schutz durch automatische Abschaltung angewendet, müssen die Bedingungen überprüft werden **(Seite 216)**.

Folgende Prüfungen können notwendig und sinnvoll sein **(Übersicht)**. Entscheidend für die folgenden Messungen ist die Gefährdungsbeurteilung!

**Schleifenimpedanz $Z_S$ (Bild 1):** Lässt sich die Gesamtschleifenimpedanz z.B. wegen Frequenzumrichter nicht direkt ermitteln, so ist diese abschnittsweise durch Einzelmessungen der Schleifenimpedanz und des Schutzleiterwiderstands zu ermitteln.

**Isolationswiderstandsmessung $R_{ISO}$ (Bild 2):** Der Isolationswiderstand ist zwischen allen aktiven Leitern L1, L2, L3, N und dem Schutzleiter PE zu messen. Folgende Werte müssen eingehalten werden: Messung mit Messspannung: 500 V DC, Messstrom: 1 mA, Grenzwert > 1 MΩ; Sammelschienen > 50 kΩ. In Industrienetzen > 500 V muss die Messspannung 1000 V betragen.

Erreicht die Messspannung nicht alle Anlagen- und Maschinenteile, sind mehrere Messungen notwendig. Bei Frequenzumrichtern werden die Leitungen Netz- und Motorseitig getrennt um eine aussagekräftige Isolationswiderstandsmessung durchführen zu können.

**Hochspannungsprüfung:** Die Prüfung ist zwischen allen spannungsführenden Teilen und Erde (PE) mit einer Mindestprüfzeit von 1 s durchzuführen. Die Prüfspannung muss das 2-fache der Bemessungsspannung, mindestens jedoch 1000 V (AC, 50 Hz) betragen. Es darf kein Spannungsüberschlag bzw. Spannungsdurchschlag stattfinden.

Bei der Hochspannungsprüfung muss ein Prüfplatz nach EN 50191 aufgebaut werden, um eine Gefährdung des Prüfers zu verhindern.

**Schutz gegen Restspannung (Bild 3):** Die Restspannung wird bei fest angeschlossenen Maschinen 5 Sekunden und bei Maschinen mit Steckvorrichtung 1 Sekunde nach dem Abschalten der Maschine gemessen. Die Messung kann z.B. mit einer Stoppuhr und einem Anlagentester am Kondensator des Motors bzw. an den Stiften der Steckvorrichtung durchgeführt werden.

Die Restspannung an berührbaren aktiven Teilen muss < 60 V sein.

**Nachprüfungen:** Wenn ein Teil der Maschine ausgewechselt oder geändert wird, muss dieser Teil nachgeprüft werden.

**Dokumentation der Prüfergebnisse:** Alle Bewertungen und Ergebnisse werden in einem Prüfprotokoll dokumentiert.

**Übersicht: Prüfungen, die abhängig von der Gefährdungsbeurteilung notwendig sein können** (Beispiele):

- Schleifenimpedanzmessung
- Isolationswiderstandsmessung
- Hochspannungsprüfung
- Schutz gegen Restspannung
- Nachprüfungen

**Die Abschaltbedingung unter Berücksichtigung der Temperaturänderung bei einem Kurzschluss des möglichen Messfehlers von ±30 % lautet:**

$$Z_S \leq \frac{2}{3} \cdot \frac{U_0}{I_a}$$

Für einen Leitungsschutzschalter B 16 A gilt:

$I_a = 5 \cdot I_N = 5 \cdot 16\,A = 80\,A \quad Z_S \leq \frac{2}{3} \cdot \frac{230\,V}{80\,A} \quad Z_S \leq 1{,}92\,\Omega$

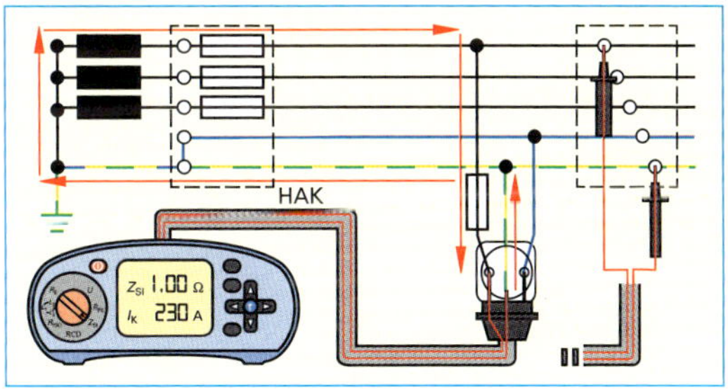


**Bild 1: Messung der Schleifenimpedanz $Z_{SL}$**

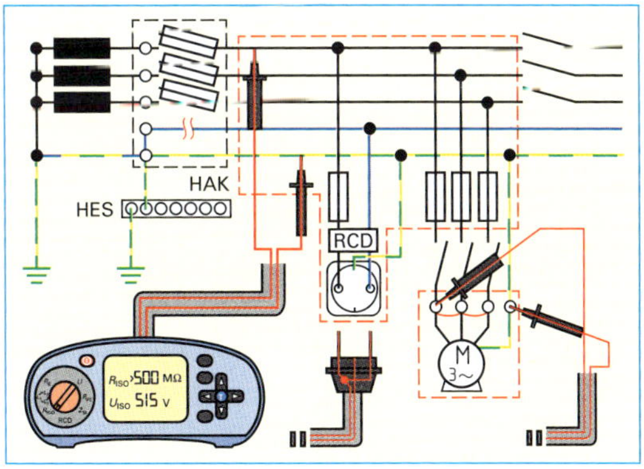


**Bild 2: Messung des Isolationswiderstandes $R_{ISO}$**

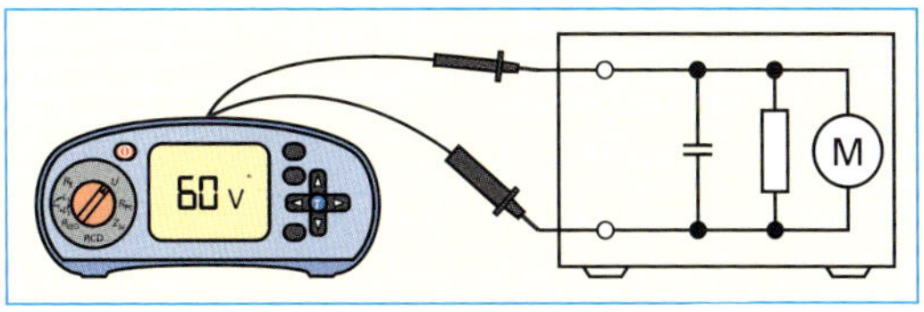


**Bild 3: Messung der Restspannung**

# 12 Schaltungen und Bauteile der Elektronik

## 12.1 Gedruckte Schaltungen

Gedruckte Schaltungen **(Bild 1)**, auch Leiterplatten genannt, übernehmen zuverlässig die Funktionen der Verdrahtung sowie die mechanische Befestigung der Bauelemente. Gedruckte Schaltungen sind übersichtlich, servicefreundlich und können rationell gefertigt sowie maschinell bestückt werden.

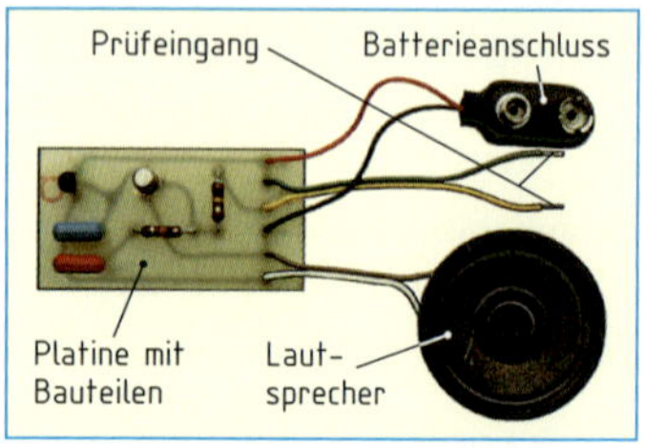


**Bild 1: Gedruckte Schaltung eines Durchgangsprüfers (Seite 235)**

### 12.1.1 Aufbau der Leiterplatte

Die Leiterplatte **(Bild 2)** besteht aus dem **Basismaterial** (Bestückungsseite) mit einer Kupferauflage (Lötseite). Als Basismaterial benützt man verschiedene Isoliermaterialien **(Übersicht)**.

Phenolharz- und Epoxidharz-Hartpapier werden z. B. in der Rundfunk- und Fernsehtechnik (Consumer-Electronic) sowie im Messgerätebau eingesetzt. Epoxidharz-Glashartgewebe findet für hochwertige Leiterplatten, z. B. für Computerplatinen, Verwendung. Für biegsame (flexible) Leiterplatten, z. B. steckbare Leitungsverbindungen, wird als Basismaterial Polyesterfolie verwendet.

**Übersicht: Basismaterialien**

- Phenolharz-Hartpapier
- Epoxidharz-Hartpapier
- Epoxidharz-Glashartgewebe
- Polyesterfolie
- Keramik

Das Basismaterial ist ein- oder beidseitig mit einer Kupferfolie überzogen (kaschiert) **(Bild 2)**. Die Dicke der Kupferfolie beträgt meist 35 µm oder 70 µm. Die Dicke des Basismaterials kann 0,5 mm bis 3,2 mm betragen. Standardmaße sind 1,0 mm, 1,5 mm, 1,6 mm und 2 mm. Die Größe der Leiterplatten richtet sich nach den Anwendungen. Häufig verwendet man das sogenannte Europaformat (100 mm × 160 mm).

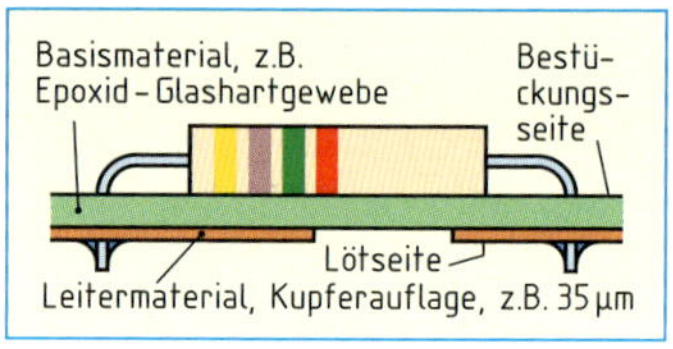


**Bild 2: Schnitt durch eine bestückte Leiterplatte**

### 12.1.2 Herstellen gedruckter Schaltungen

Bei der Herstellung von Leiterplatten unterscheidet man die Subtraktiv- und die Additivtechnik.

**Subtraktivtechnik.** Bei der Subtraktivtechnik wird das Leiterbild auf die Platine ätzfest übertragen. In einem Ätzverfahren werden überschüssige Kupferteile der Kupferbeschichtung entfernt. Zum Ätzen der Leiterplatten werden z. B. Lösungen aus Eisen-III-Chlorid oder Ammoniumpersulfat verwendet.

Das Leiterbild kann gezeichnet, geklebt, gedruckt oder mithilfe eines Plotters und eines Leiterplatten-Layout-Programms erstellt werden.

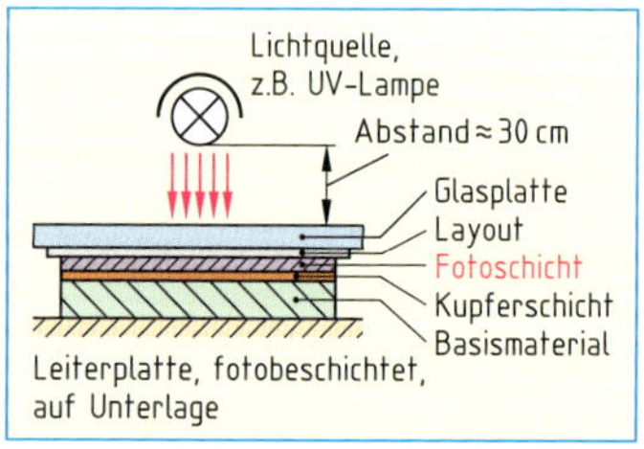


**Bild 3: Belichten von fotobeschichteten Leiterplatten**

Verbrauchte Ätzmaterialien sind nach den gesetzlichen örtlichen Bestimmungen zu entsorgen.

Das **Fotoverfahren (Bild 3)** ist zur Herstellung einzelner Platinen hoher Genauigkeit geeignet. Dazu wird das Leiterbild auf Transparentpapier oder Folie gezeichnet, geklebt oder durch Anreibesymbole erstellt. Man spricht in diesem Fall von einem **Layout**. Das Leiterbild wird dann durch die transparente Vorlage mithilfe einer UV-Lampe, z. B. mit einer Fotoleuchte, durch Belichten auf die fotopositiv beschichtete Platine übertragen. Nach dem Belichten wird die Platine entwickelt, fixiert und geätzt. Teile, die nicht belichtet wurden, sind vor dem Wegätzen durch die noch vorhandene Fotoschicht geschützt.

Das **Siebdruckverfahren** wird im industriellen Bereich angewandt. Damit werden Leiterplatten mit hohen Stückzahlen gefertigt.

**Additivtechnik.** Hier trägt man durch Metallabscheidung die Kupferbahnen auf. Als Ausgangsmaterial wird unkaschiertes Basismaterial verwendet. Ein Vorteil der Additivtechnik besteht darin, dass sich auch bei hohen Stückzahlen feinste Leiterbahnzüge, z. B. 0,1 mm, mit engsten Leiterbahnabständen herstellen lassen.

## 12.1.3 Erstellen einer Leiterplatte am Beispiel eines Durchgangsprüfers

**Verwendung.** Mit einem Durchgangsprüfer oder Prüfsummer kann man z.B. Leitungsadern oder Glühlampen auf Durchgang oder Unterbrechung prüfen. Bei Durchgang ertönt ein Prüfton. Durchgangsprüfer können elektromechanisch oder elektronisch aufgebaut sein.

**Elektronische Durchgangsprüfer (Bild 1)** haben einen niedrigen Prüfstrom. Mit ihm lassen sich auch empfindliche Bauteile, z.B. Dioden oder Transistoren, auf Durchgang und Polarität prüfen. Die Tonhöhe ändert sich mit dem zu überprüfenden Widerstandswert. Je größer der Widerstand, desto tiefer ist der Prüfton.

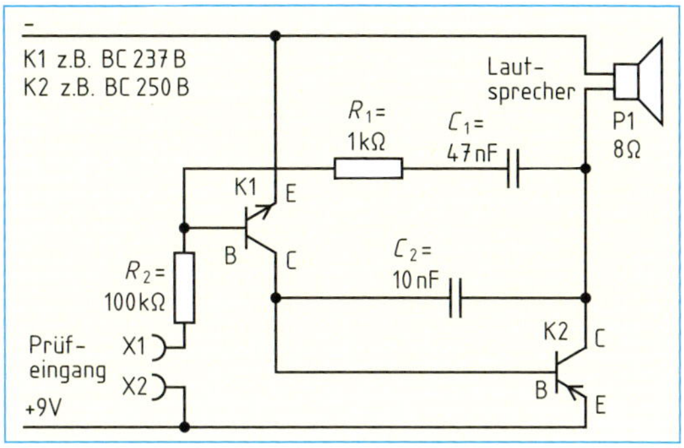


**Bild 1: Stromlaufplan eines Durchgangsprüfers**

### Leiterplatte eines elektronischen Durchgangsprüfers

**Herstellung.** Die Schaltung des elektronischen Durchgangsprüfers (Prüfsummers) wird mithilfe einer gedruckten Schaltung **(Bild 2)** oder mit einer Streifenrasterplatine **(Bild 3)** erstellt. Die aufwendigste Arbeit bei der Herstellung der Leiterplatte besteht darin, den Stromlaufplan der elektronischen Schaltung in eine optimale Leiterbahnführung auf der Leiterplatte umzusetzen. Bauelemente, z.B. Widerstände, Kondensatoren und Dioden, werden auf der Platine flach liegend vorgesehen. Bei Platzmangel, z.B. bei sehr kleinen Platinen, können Widerstände und Kondensatoren auch stehend angeordnet werden.

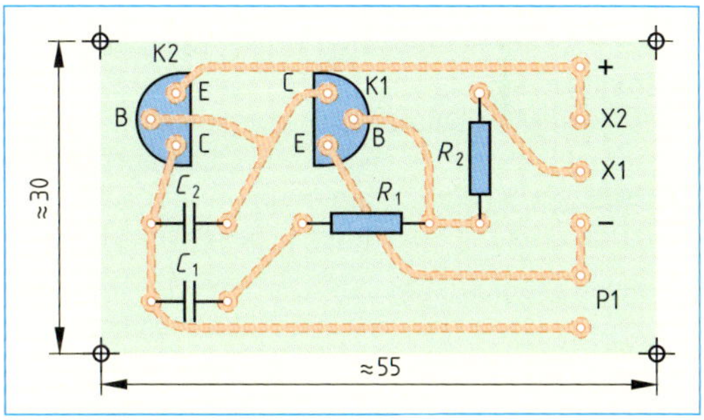


**Bild 2: Bestückungsplan und Layout für den Durchgangsprüfer (Bestückungsplan spiegelverkehrt zum Layout)**

Bei der Herstellung einer gedruckten Schaltung sollte die Subtraktivtechnik mit dem Fotoverfahren **(Bild 3, Seite 234)** verwendet werden. Der Ätzvorgang ist nach Angaben des Ätzmittelherstellers durchzuführen.

**Bild 3: Aufbau des Durchgangsprüfers auf einer Streifenrasterplatine**

**Bestücken der Leiterplatte.** Nach dem Ätzvorgang müssen die Bohrungen für die Bauteilanschlüsse hergestellt werden. Dies geschieht von der Leiterbahnseite aus. Dadurch entsteht auf der Leiterbahnseite kein Bohrgrat. Die Durchmesser der Bohrungen richten sich nach den Bauteilanschlüssen. Übliche Durchmesser bei Transistoren sind 0,8 mm, bei Widerständen und Kondensatoren 1 mm und bei Potenziometern 1,3 mm. Als Bohrer verwendet man Hartmetallbohrer (Drehzahl mindestens 3600 1/min). Nach dem Bohren wird die Platine gereinigt und mit Lötlack eingesprüht. Beim Bestücken beginnt man mit den kleinsten Bauelementen, z.B. den Widerständen. Die Bauteilanschlüsse werden dazu mit einer Zange oder einer Biegevorrichtung auf das Rastermaß gebogen. Anschließend werden die Bauteile nach dem Bestückungsplan eingelötet **(Bild 2)**. Zum Einbau der Platine empfiehlt sich ein Kunststoffgehäuse. Für den Lautsprecher müssen Schallöffnungen vorgesehen werden **(Bild 4)**. Für den Anschluss der beiden Prüfleitungen kann man Buchsen einbauen. Eine Stromentnahme aus der Batterie erfolgt nur beim Prüfen. Deshalb ist kein Ausschalter notwendig.

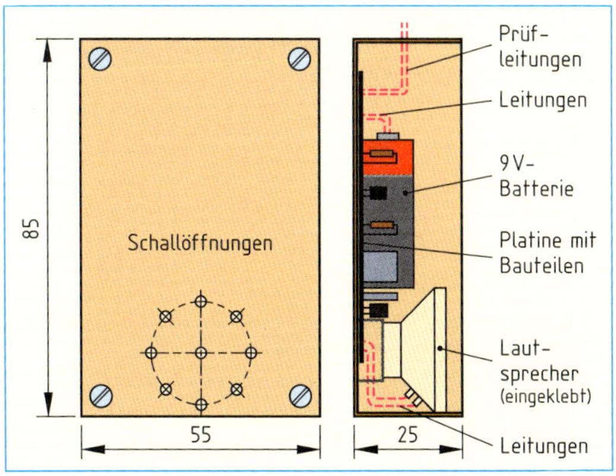


**Bild 4: Einbau des Durchgangsprüfers in ein Gehäuse**

## 12.1.4 Zurichten elektronischer Bauelemente

Widerstände und Kondensatoren werden in der Elektronik meist eingelötet, z.B. in gedruckten Schaltungen.

Bei thermisch belasteten Widerständen ist auf ausreichende Wärmeabfuhr zu achten. Dies kann durch einen genügend großen Abstand zur Leiterplatte oder zu anderen Bauelementen erreicht werden. Als Hilfe kann man bei thermisch belasteten Widerständen mit großen Abmessungen Abstandhülsen verwenden **(Bild 1a)**. Beim Abbiegen des Anschlussdrahtes von Bauelementen ist ein Mindestabstand zum Bauteilgehäuse von etwa 1,5 mm einzuhalten. Die Biegung darf dabei nicht scharfkantig sein, sondern muss als Radius ausgeführt werden **(Bild 1)**. Das Abbiegen des Anschlussdrahtes kann mit einer Spitzzange **(Bild 2)** oder mit Biegeschablonen ausgeführt werden. Der Anschlussdraht darf beim Abbiegen wegen eines eventuellen Abreißens nicht auf Zug am Bauteilgehäuse beansprucht werden. Bei Bauelementen mit radialen Anschlüssen, z.B. Folien-Kondensatoren, ist ein Biegen der Anschlüsse nicht zulässig. Kondensatoren dürfen dabei direkt, z.B. auf der Leiterplatte, aufliegen. Um die Bauteile beim Einlöten nicht zu beschädigen, ist die Lötkolbentemperatur auf 280 °C zu begrenzen und die Lötdauer auf 4 Sekunden zu beschränken.

Halbleiterbauelemente, z.B. Dioden oder Transistoren, werden meist eingelötet. Dazu müssen die Anschlussdrähte zugerichtet werden. Ein Biegen der Anschlussdrähte direkt am Gehäuse ist unzulässig. Es muss ein Mindestabstand von 1,5 mm eingehalten werden, da Materialspannungen zu Rissen im Gehäuse führen können. Das Abbiegen geschieht z.B. mit einer Spitzzange **(Bild 2)**. Bei Anschlussdrähten mit einem Durchmesser über 0,5 mm ist ein Abwinkeln nicht zulässig. Die Anschlüsse müssen dann eventuell durch Leitungen verlängert werden.

Gehäuseformen von Transistoren: **Seite 247**

Die Montage von Halbleiterbauelementen muss sorgfältig ausgeführt werden. Dabei ist auf isolierenden Aufbau zu achten. Ein isolierender Aufbau ist notwendig, wenn das Gehäuse des Bauelementes, z.B. der Kollektor eines Leistungstransistors, mit der Betriebsspannung verbunden ist. Wird ein Kühlkörper verwendet, so muss zur galvanischen Trennung meist ein Glimmerplättchen zwischen Bauelement und Kühlkörper eingefügt werden **(Bild 3a)**. Das elektrisch isolierende Glimmerplättchen sorgt für die notwendige Wärmeübertragung. Bei Kleinsignaltransistoren, z.B. mit dem Gehäuse TO-18, darf die Anschlusslänge 2,5 mm nicht unterschreiten. Um den Abstand einzuhalten, kann man den Transistor auf einen Kunststoffsockel setzen **(Bild 3b)**. Damit elektronische Bauelemente nicht durch zu hohe Löttemperaturen beschädigt werden, ist eine Lötkolbentemperatur von maximal 245 °C einzuhalten. Die höchstzulässige Lötdauer darf 3 Sekunden bei einem Abstand von 5 mm oder 5 Sekunden bei einem Abstand von mehr als 5 mm nicht überschreiten.

### Wiederholungsfragen

1 **Welche Aufgaben haben gedruckte Schaltungen?**
2 **Beschreiben Sie den Aufbau einer Leiterplatte.**
3 **Welche Werkstoffe werden als Basismaterialien verwendet?**
4 **Nennen Sie zwei Herstellungsverfahren von gedruckten Schaltungen.**
5 **Welchen Vorteil hat das Siebdruckverfahren gegenüber dem Fotoverfahren?**

**Maximale Löttemperaturen**

- Widerstände, Kondensatoren 280 °C für max. 4 Sekunden
- Elektronische Bauelemente 245 °C für max. 5 Sekunden

Zusätzlich Herstellerangaben beachten!

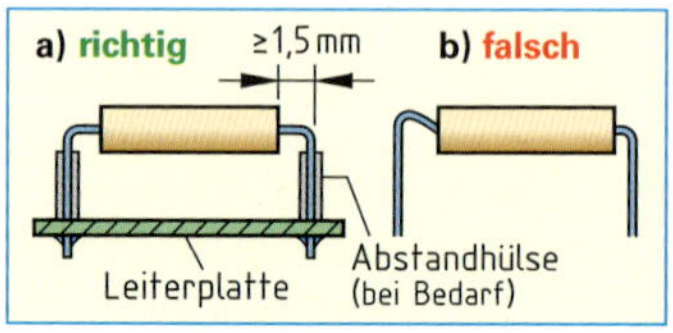


**Bild 1: Abbiegen der Anschlussdrähte von Bauelementen**

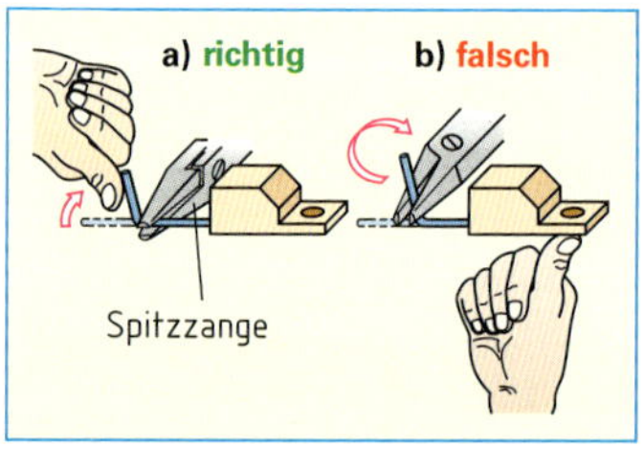


**Bild 2: Abbiegen der Anschlüsse von Halbleiterbauelementen**

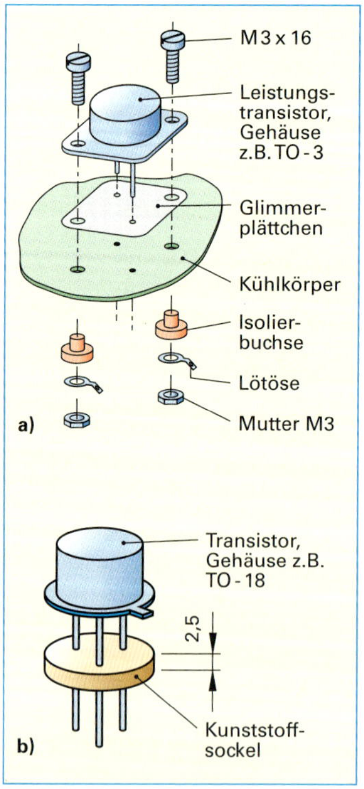


**Bild 3: Montage von Halbleiterbauelementen**

## 12.1.5 SMD-Technik

Zur Herstellung gedruckter Schaltungen **(Seite 234)** werden Bauelemente mit Anschlussdrähten in Bohrungen der Leiterplatte gesteckt und durch Löten mit der Leiterbahn verbunden. Um eine weitere Miniaturisierung und Qualitätsverbesserung bei gleichzeitiger Kostenreduzierung zu erreichen, hat sich aus der herkömmlichen Platinenbestückung die sogenannte **SMD-Technik** entwickelt. Unter SMD-Technik versteht man die Montage von Bauelementen, z. B. Widerstände, Kondensatoren und Transistoren, direkt auf der Oberfläche der Leiterbahnseite von gedruckten Schaltungen **(Bild 1)**.

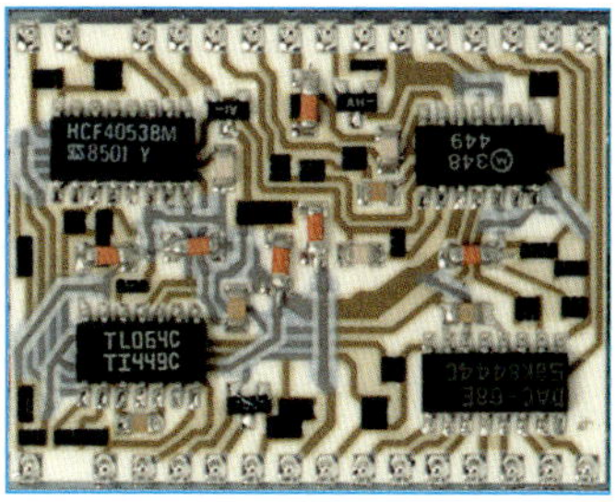

**Bild 1: SMD-Platine (bestückt)**

**SMD**

Abk. für Surface Mounted Devices (engl.) = oberflächenmontierte Bauelemente

Die SMD-Technik ermöglicht geringere Leiterplattenabmessungen durch kleinere Bauelemente und eine wirtschaftlichere Herstellung.

Die zur Herstellung notwendige Automatisierung wird durch die Handhabung und Befestigung der Bauteile auf der Leiterplatte mithilfe von Klebern und durch entsprechende Lötverfahren, z. B. Schwalllöten oder Reflowlöten, erreicht. Beim Reflowlöten werden die bestückten Baugruppen durch Heißluft oder Infrarot-Strahlung erwärmt, bis das als Paste aufgebrachte Lot schmilzt. Automatische Bestückungsmaschinen ermöglichen bei der SMD-Technik hohe Stückzahlen. Eine Handbestückung mit SMD-Bauteilen ist aber nur bei kleinen Stückzahlen sinnvoll.

**Montage von SMDs.** Für die Oberflächenmontage gibt es aktive und passive Bauelemente. Sie haben keine Anschlussdrähte **(Bild 2)** im herkömmlichen Sinn, sondern Anschlussflächen für eine elektrische und mechanische Verbindung mit der Leiterbahn. In Einzelfällen, z. B. bei Bauelementen mit hohen Leistungen, werden auch Bauelemente mit Anschlussdrähten verwendet. Man spricht dann von einer gemischten Bestückung. Damit sich die Bauelemente beim Löten nicht lösen, z. B. wenn die Leiterplatte beim Lötvorgang gewendet werden muss, werden diese auf der Leiterplatte durch Kleben fixiert. Der Kleber kann dabei auf das Bauelement oder auf die Leiterplatte aufgebracht werden.

**Widerstände** für die Oberflächenmontage **(Bild 2a)** gibt es in unterschiedlichen Bauformen. Der Widerstandsbereich umfasst Werte von 1 Ω bis 10 MΩ (Normreihe E 24), bei einer zulässigen Belastung von 0,25 W.

**Kondensatoren** für SMD gibt es von 0,47 pF bis 1000 µF, bei unterschiedlichen Bemessungsspannungen, Bauformen und Abmessungen **(Bild 2b)**.

**Dioden** in SMD-Ausführung **(Bild 2c),** z. B. Schaltdioden, werden bis zu einem Durchlassstrom von 1 A und einer Sperrspannung von 400 V hergestellt.

**Transistoren** für SMD, z. B. Schalttransistoren, HF- und NF-Transistoren, haben besondere Gehäuseformen **(Bild 2d).** Als Grenzwerte sind z. B. ein Kollektorstrom von 1A und eine Verlustleistung von 1 W möglich.

**Integrierte Schaltungen (Seite 257)** in Miniaturgehäusen, z. B. Operationsverstärker **(Bild 2e)** und NF-Verstärker werden ebenfalls in geeigneten Gehäusen zur Oberflächenmontage hergestellt. Auch Bauelemente, z. B. Trimmpotenziometer, Induktivitäten, Filter, Heiß- und Kaltleiter, werden in der SMD-Technik verwendet.

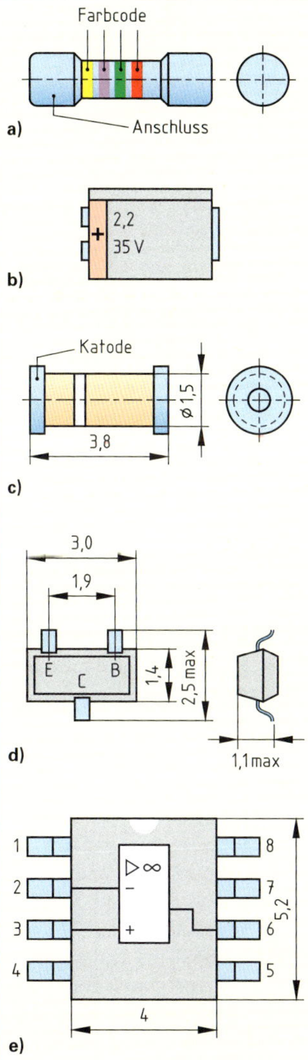


**Bild 2: SMD-Bauelemente**

**SMD-Leiterplatten-Entwurf.** Die Verwendung von SMD-Bauelementen erfordert Löt- oder Anschlussflächen, die den Bauelementen angepasst sind **(Bild 1).** Die Anschlussfläche wird durch eine Abdeckung aus Lötstopplack begrenzt. Für eine gute Lötverbindung zwischen Leiterplatte und Bauelement sind Anschlussflächen notwendig, die etwas größer sein müssen, als die Anschlüsse der Bauelemente **(Bild 2).** Transistoranschlussflächen sind von der Gehäuseform abhängig.

Die Bauelemente werden durch Leiterbahnen verbunden. Übliche Leiterbahnbreiten sind 0,2 mm bis 0,5 mm. Die Leiterbahnführung muss so ausgelegt werden, dass eine Brücken- und/oder Lötschattenbildung vermieden wird. Damit werden unerwünschte Verbindungen zwischen den Leiterbahnen verhindert.

**Verarbeiten von SMD-Bauelementen.** In der Praxis ist es erforderlich, SMD-Bauelemente z. B. bei der Entwicklung oder bei Reparaturen von Hand ein- oder auszulöten.

Beim Einlöten von SMD-Bauelementen ist zu beachten:

- Kleine Lötkolbenspitze verwenden, etwa in der Größe des SMD-Anschlusses.
- Temperaturgrenzwerte nach Herstellerangaben einhalten.
- Maximale Löttemperatur, z. B. 260 °C bei einer Lötzeit < 3 s beachten.
- Lötkolbenspitze nicht auf den SMD-Bauelementkörper pressen **(Bild 3),** sondern Bauelement mit einem Werkzeug, z.B. Pinzette, festhalten.
- Bauelemente nicht mit den Fingern berühren, da Verunreinigungen zu „kalten Lötstellen“ **(Seite 58)** führen können.

Weichlöten: **Seite 57**

Die Form der Lötstelle hat Einfluss auf die mechanische Festigkeit und die elektrische Funktion der Schaltung **(Bild 4).** Da die Bauelemente und ihre Anschlussflächen bei der SMD-Technik klein sind, ist sorgfältiges Arbeiten notwendig. Müssen integrierte Schaltungen ausgelötet werden, so werden die Anschlüsse, z. B. mit einem Seitenschneider, durchtrennt und anschließend ausgelötet. Das Lot wird mithilfe eines Lötzinnabsaugers oder mit einer Entlötlitze entfernt **(Seite 60).**

## Schutz elektrostatisch gefährdeter Bauelemente

Durch elektrostatische Aufladungen, z.B. beim Gehen über einen Teppichboden, können Spannungen bis zu mehreren tausend Volt auftreten.

Sind z. B. integrierte Schaltungen **(Seite 257)** und Transistoren in MOS[1]-Technik einzulöten, so sind auch Schutzmaßnahmen gegen Zerstörung durch **elektrostatische Entladungen (ESD)**[2] vorzunehmen. Reparatur oder Wartung **(Bild 5)** dürfen nur an sogenannten ESD-sicheren Arbeitsplätzen **(Bild 6)** ausgeführt werden. Durch Verwendung leitfähiger Tischmatten, die an eine Erdung angeschlossen sind, können elektrostatische Aufladungen vermieden werden. Um elektrostatisch empfindliche Bauelemente beim Berühren nicht zu gefährden, sollte man sich durch Berühren von geerdeten Teilen entladen. Bei einem ESD-sicheren Arbeitsplatz erfolgt eine Entladung über das Armband **(Bild 6).**

[1] **MOS**, Abk. für: **M**etal-**O**xide-**S**emiconductor (engl.) = Metall-Oxid-Halbleiter
[2] **ESD**, Abk. für: **E**lektro**st**atic **D**ischarge (engl.) = Elektrostatische-Entladung

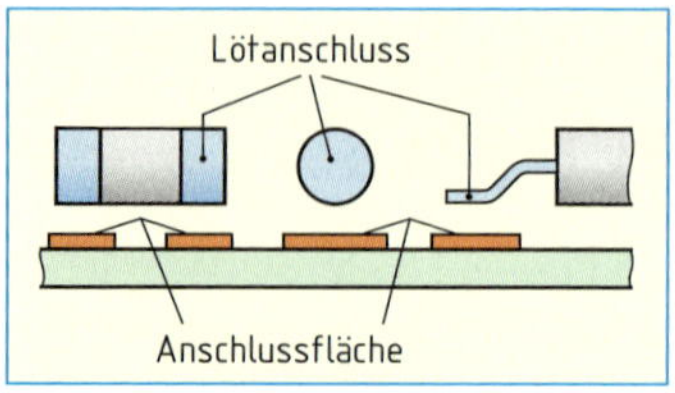


**Bild 1: SMD-Anschlüsse**

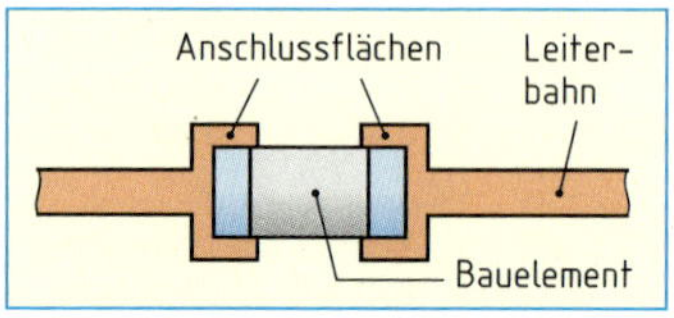


**Bild 2: SMD-Anschlussflächen**

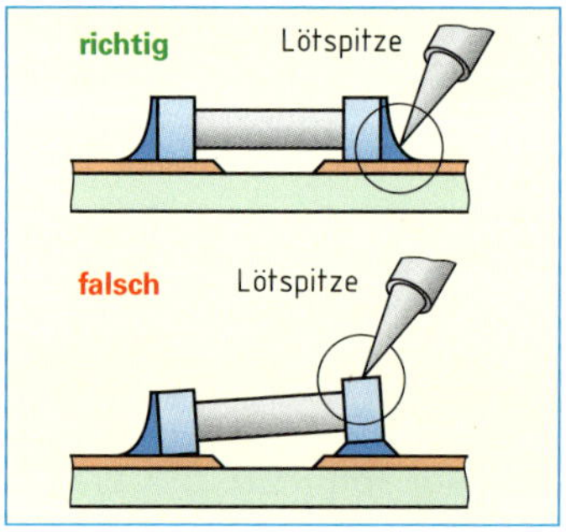


**Bild 3: Lötspitzenführung bei SMD**

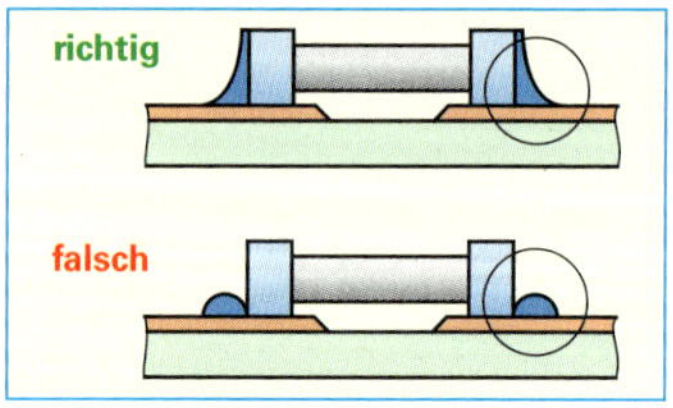


**Bild 4: Lötstellen bei SMD**

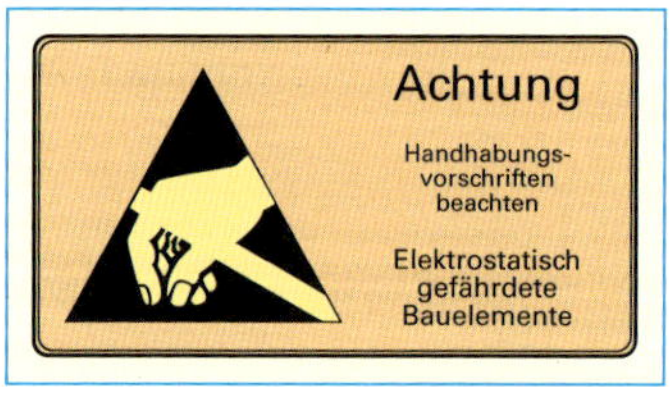


**Bild 5: Kennzeichnung elektrostatisch gefährdeter Bauelemente**

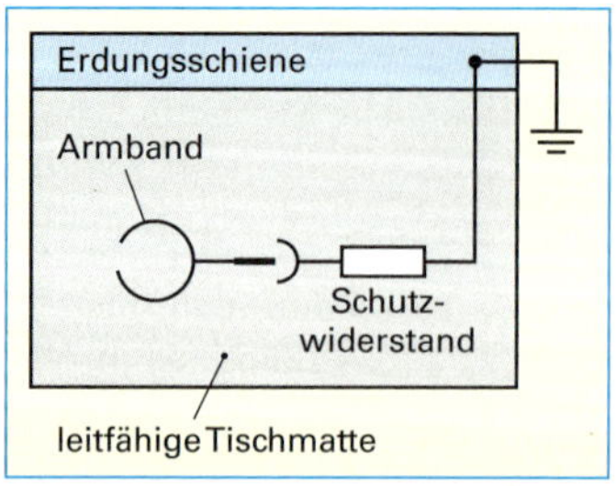


**Bild 6: ESD-sicherer Arbeitsplatz**

# 12.2 Widerstände

Man unterscheidet Festwiderstände, einstellbare Widerstände und nichtlineare Widerstände.

## 12.2.1 Festwiderstände

Ohmsche Festwiderstände finden in der Elektrotechnik ein breites Anwendungsgebiet **(Tabelle 1)**.

**Tabelle 1: Bauarten von Festwiderständen**

| Widerstand | Widerstandswerkstoff | Aufbau, Herstellung | Eigenschaften und Verwendung |
|---|---|---|---|
| Drahtwiderstand    | Metalllegierung, z. B. Konstantan, Manganin, Chromnickel | Keramikrohr mit Drahtwicklung. | Für sehr niedrige Widerstandswerte, z.B. als Messwiderstände. Nachteil: Induktivität, die durch die Drahtwicklung entsteht. |
| | | Drahtwicklung ist einzementiert. | Für große Verlustleistungen, z.B. als Vorwiderstände in Fernsehgeräten. Drahtwiderstände können zusätzlich eine Lötsicherung haben, die den Stromkreis bei unzulässiger Erwärmung unterbricht. |
| | | Drahtwicklung ist durch eine Glasur geschützt. | Widerstand kann sich bis etwa 350 °C erwärmen. Einsatz als Lastwiderstand. |
| Kohleschicht-widerstand  | Kohle | Keramikkörper mit Kohleschicht und Lackumhüllung. | Häufige Verwendung in der Elektrotechnik, z.B. als Vorwiderstand bis zu einer Verlustleistung von 2 W. |
| Metallschicht- oder Metallfilmwiderstand  | Metalllegierungen z.B. Chromnickel | Metallschicht wird auf einen Keramikkörper aufgedampft und durch Lack vor Umwelteinflüssen geschützt. | Als Messwiderstände bis zu einer Toleranz von ± 0,01% bei hoher Temperaturstabilität. |
| Metalloxidwiderstand | Metalloxid, z.B. Zinn-Oxid | Metalloxid wird auf einen Keramikkörper aufgebracht. | Zum Beispiel als Lastwiderstand, wenn hohe Oberflächentemperaturen (bis etwa 250 °C) auftreten können. |

### Kennzeichnung von Festwiderständen

Der Widerstandswert mit der zulässigen Abweichung (Toleranz) kann

- als Zahlenaufdruck, z. B. 100 Ω ± 1 %,
- als Farbkennzeichnung oder
- als Zahlencode, z. B. 100 R ± 10 %

angegeben werden.

Den **Zahlencode (Tabelle 2)** wendet man häufig bei großen Baugrößen und immer bei hochbelastbaren Widerständen und Sonderbauformen an.

Die **Farbkennzeichnung** durch Farbringe ist nach DIN EN 60062 festgelegt. Man unterscheidet einen 4-Ring-Farbcode und einen 5-Ring-Farbcode. Ist ein 6. Farbring vorhanden, so wird damit der Temperaturkoeffizient des Widerstandes angegeben.

Farbcode von Widerständen: **vordere Innenumschlagseite** und **Seite 240**

**Tabelle 2: Beispiele zum Zahlencode von Festwiderständen** (nach DIN 40825)

| Aufdruck | Wert | Aufdruck | Wert |
|---|---|---|---|
| R 10 | 0,10 Ω | 100 R | 100 Ω |
| 1 R 0 | 1,0 Ω | 10 K | 10 kΩ |
| 1 R 33 | 1,33 Ω | 1 M | 1 MΩ |

Beispiel:

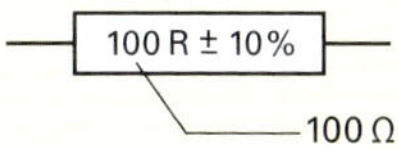


**Tabelle 3: Belastbarkeit und Abmessungen von Kohleschichtwiderständen**

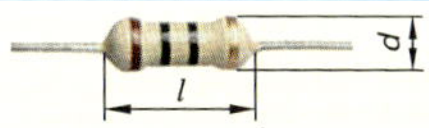


| Belastbarkeit in W bei 70 °C | Durchmesser $d$ in mm | Länge $l$ in mm |
|---|---|---|
| 0,25 | 2,5 | 7 |
| 0,33 | 3 | 8 |
| 0,5 | 5 | 13 |
| 1 | 8 | 20 |
| 2 | 9 | 32 |

### Zählrichtung bei Widerstandsfarbcodes

Um den Widerstandswert zu ermitteln, muss die Zählrichtung bekannt sein. Es gilt:

- Der erste Farbring ist näher am Anschlussdraht
- oder der letzte Farbring ist breiter.

**Belastbarkeit und Abmessungen von Festwiderständen.** Widerstände setzen elektrische Leistung in Wärme um. Die Belastbarkeit eines Widerstandes hängt von seiner Baugröße und von seiner Umgebungstemperatur ab. Die ungefähren Abmessungen von Kohleschichtwiderständen zeigt **Tabelle 3, Seite 239.** Je größer die Oberfläche des Widerstandes, desto größer kann die Belastung sein. Je höher die Umgebungstemperatur, desto kleiner ist die Belastbarkeit **(Bild 1).** Die Belastbarkeit hängt auch vom verwendeten Werkstoff ab.

**Beispiel:** Ein Metalloxidwiderstand kann bei einer Umgebungstemperatur von 100 °C nur zu 70% belastet werden **(Bild 1).**

## 12.2.2 Einstellbare Widerstände

Mit einstellbaren Widerständen **(Bild 2)** lässt sich der Widerstandswert stetig (stufenlos) verändern. Einstellbare Widerstände besitzen drei Anschlüsse. Beim **Drehpotenziometer** und beim **Trimmpotenziometer** bewegt sich ein Schleifkontakt kreisförmig, beim Schiebepotenziometer geradlinig auf einer Kohleschicht oder einer leitenden Kunststoffbahn. Für hohe Belastungen werden Drehpotenziometer auch als Drahtwiderstände ausgeführt. Kleine Drehpotenziometer (Trimmpotenziometer) werden mit dem Schraubendreher eingestellt. Sie werden z. B. zum Einstellen von Arbeitspunkten bei Transistoren verwendet. Einstellbare Widerstände gibt es von 0,2 W bis 500 W Belastbarkeit.

## 12.2.3 Nichtlineare Widerstände

Der Widerstandswert von nichtlinearen Widerständen hängt von einer physikalischen Größe, z. B. Temperatur, Licht oder Druck ab. Nichtlineare Widerstände sind z. B. Heißleiter, Kaltleiter oder Varistoren. Sie werden für Mess-, Steuer- und Regelzwecke verwendet.

### Heißleiter (NTC[1]-Widerstand)

Der Widerstand des Heißleiters sinkt mit steigender Temperatur.

Der Temperatureinsatzbereich von Heißleitern beträgt etwa –50 °C bis +300 °C, ihre Belastbarkeit etwa 0,2 W bis 5 W. Der Heißleiter kann scheibenförmig sein **(Bild 3a).** Zur Kennzeichnung benützt man z. B. Farbringe **(Beispiel Bild 4).** Die Farbkennzeichnung hat dieselbe Bedeutung wie bei Festwiderständen **(Tabelle).** Bei Heißleitern zum Einschrauben ist der Widerstandswert meist aufgedruckt **(Bild 3b).** Die Widerstandswerte der Heißleiter werden für die Bezugstemperatur 25 °C angegeben. Heißleiter werden z. B. als Temperatursensor in Waschmaschinen verwendet.

**Tabelle: Farbcode von Widerständen**

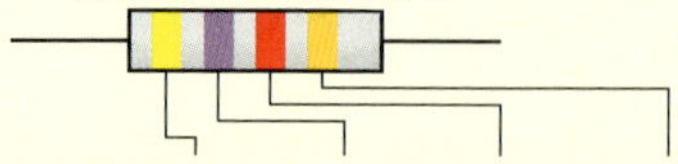


| Kennfarbe | Kennfarbe nach DIN EN 60062 | 1. Ziffer | 2. Ziffer | Multiplikator | Toleranz |
|---|---|---|---|---|---|
| keine | | – | – | – | ± 20% |
| silber | SR | – | – | $10^{-2}$ | ± 10% |
| gold | GD | – | – | $10^{-1}$ | ± 5% |
| schwarz | BK | – | 0 | $10^{0}$ | – |
| braun | BN | 1 | 1 | $10^{1}$ | ± 1% |
| rot | RD | 2 | 2 | $10^{2}$ | ± 2% |
| orange | OG | 3 | 3 | $10^{3}$ | – |
| gelb | YE | 4 | 4 | $10^{4}$ | – |
| grün | GN | 5 | 5 | $10^{5}$ | ± 0,5% |
| blau | BU | 6 | 6 | $10^{6}$ | ± 0,25% |
| violett | VT | 7 | 7 | $10^{7}$ | ± 0,1% |
| grau | GY | 8 | 8 | $10^{8}$ | – |
| weiß | WH | 9 | 9 | $10^{9}$ | – |

Beispiel

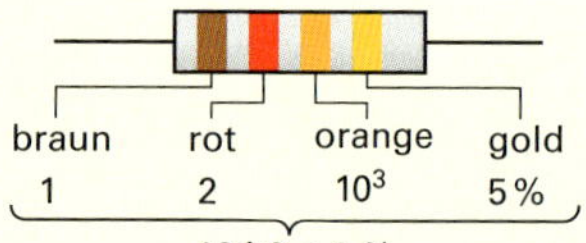


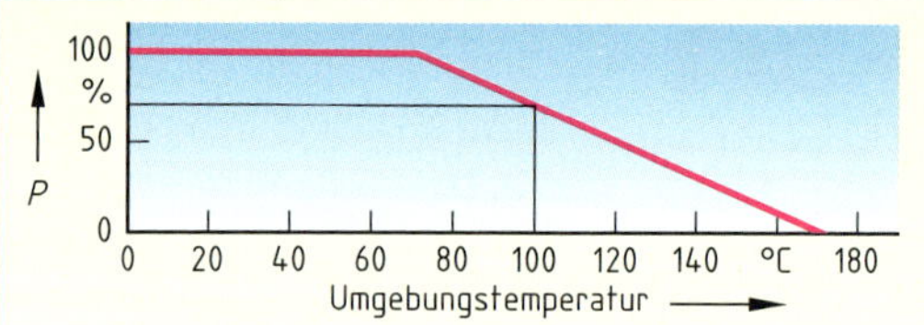


**Bild 1: Lastminderungskurve**

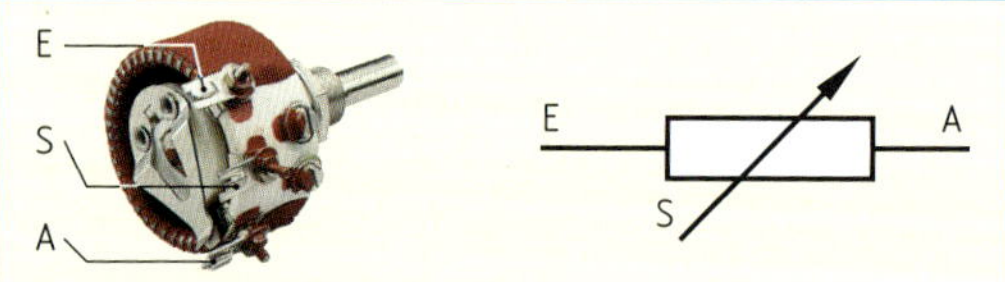


**Bild 2: Einstellbare Widerstände**

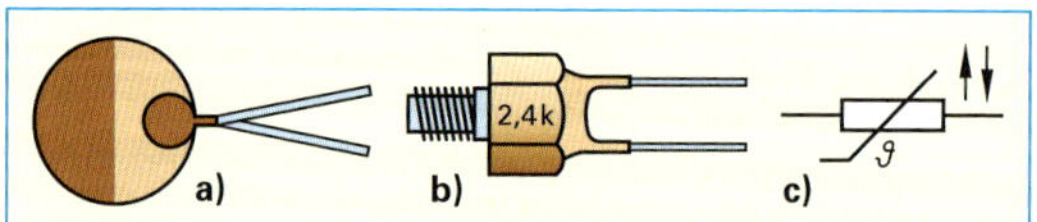


**Bild 3: Bauformen und Schaltzeichen von Heißleitern**

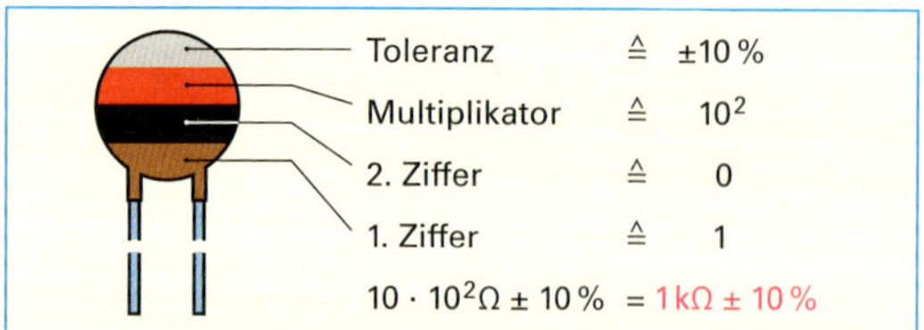


**Bild 4: Kennzeichnung von Heißleitern**

[1] **NTC**, Abk. für: **N**egative **T**emperature **C**oefficient (engl.) = negativer Temperatur-Koeffizient

## Kaltleiter (PTC[1]-Widerstand)

**Der Widerstand des Kaltleiters steigt mit der Temperatur.**

Die Betriebstemperatur für Kaltleiter kann zwischen 30 °C und + 220 °C betragen. Der Bemessungswiderstand (Nennwiderstand) des Kaltleiters wird bei 25 °C angegeben. Kaltleiter **(Bild 1)** besitzen meist Anschlüsse zum Einlöten. Sie können zur Strombegrenzung verwendet werden **(Bild 2)**. Steigt der Strom $I_L$ über einen Grenzwert an, so wird der Kaltleiter stark erwärmt. Er wird hochohmig und begrenzt den Strom. Der Verbraucher $R_1$ wird dadurch vor Überlastung geschützt.

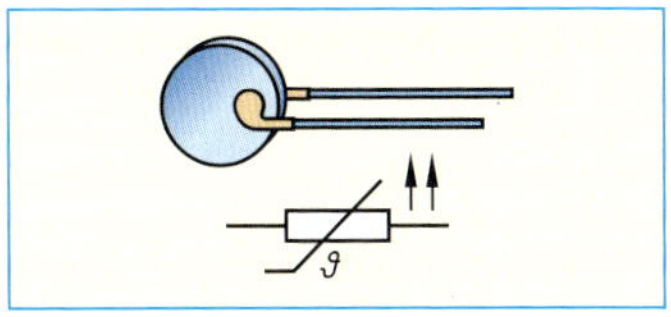


**Bild 1: Bauform und Schaltzeichen eines Kaltleiters**

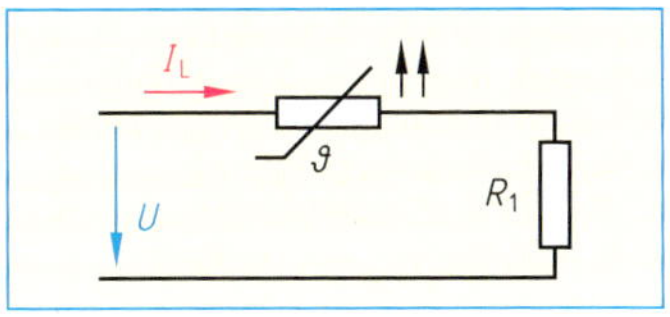


**Bild 2: Kaltleiter zur Strombegrenzung**

## Varistoren (VDR[2]-Widerstand)

**Der Widerstand von Varistoren nimmt mit steigender Spannung ab.**

VDR-Widerstände **(Bild 3)** werden z. B. in elektronischen Schaltungen, in Motor- oder in Relaisschaltungen zur Stabilisierung oder zum Begrenzen von Spannungen, z. B. Induktionsspannungen, eingesetzt **(Bild 4)**.

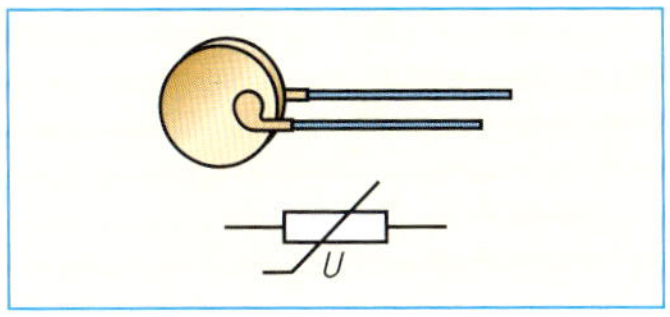


**Bild 3: Bauform und Schaltzeichen eines VDR-Widerstandes**

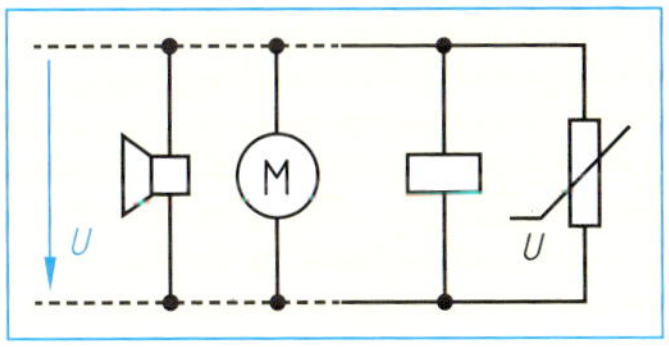


**Bild 4: VDR-Widerstand zur Spannungsbegrenzung**

### 12.2.4 Prüfen von Widerständen

Die Prüfung von Widerständen erfolgt mit dem Widerstandsmesser oder mit der Messbrücke. Sie müssen im stromlosen Zustand geprüft werden.

Messen von Widerständen: **Seite 198**

Bei der Prüfung von Heiß- und Kaltleitern muss sich der Widerstandswert mit der Temperatur ändern. Eine Temperaturänderung kann z. B. durch Handwärme erreicht werden. VDR-Widerstände werden durch eine Strom- und Spannungsmessung überprüft.

## 12.3 Kondensatoren

Kondensatoren werden vor allem nach Bauart, Kapazität, Verlustfaktor, Dielektrikum und Bemessungsspannung (Nennspannung) unterschieden **(Tabelle)**.

**Tabelle: Kondensatoren**

| Bauart | Dielektrikum mit Abkürzung | Eigenschaften und Verwendung |
|---|---|---|
| Folienkondensator   | Polykarbonat (MKC, FKC, KC), Polypropylen (FKP, MKP, KP), Polyester (MKT), Polystyrol (KS) | Folienkondensatoren haben kleine Abmessungen bei einem weiten Kapazitätsbereich. Man unterscheidet nichtmetallisierte und metallisierte Folienkondensatoren. Metallisierte Folienkondensatoren (Kennbuchstabe M, z.B. bei MKC) heilen bei einem Spannungsdurchschlag aus. Folienkondensatoren sind universell einsetzbar, z.B. in gedruckten Schaltungen. |
| Keramikkondensator  | Keramik | Keramikkondensatoren haben einen kleinen Verlustfaktor tan $\delta$. Daher werden sie bevorzugt in der Nachrichtentechnik eingesetzt. Keramische Leistungskondensatoren werden bei hohen Spannungen, z.B. 2 kV, verwendet. |
| Elektrolytkondensator  | Aluminium-Oxid, Tantalpentoxid, (Tantal-Elektrolytkondensator) | Gepolte Elektrolytkondensatoren (Elkos) sind nur für Gleichspannung geeignet. Bei Falschpolung können sie durch innere Gasbildung zerstört werden. Elkos werden z.B. zur Glättung und Siebung von Gleichspannungen verwendet. Tantalelektrolytkondensatoren haben besonders kleine Abmessungen. |

[1] **PTC**, Abk. für: **P**ositive **T**emperature **C**oefficient (engl.) = positiver Temperatur-Koeffizient
[2] **VDR**, Abk. für: **V**oltage **D**ependent **R**esistor (engl.) = spannungsabhängiger Widerstand

## 12.3.1 Kennzeichnung und Abmessungen von Kondensatoren

**Kennzeichnung.** Die Kennzeichnung von Kondensatoren erfolgt bei Folien- und Elektrolytkondensatoren meist durch einen Zahlenaufdruck **(Tabelle).** Die erste Zahl ist die Kapazität $C$ in µF, die zweite Zahl meist die Bemessungsgleichspannung $U_N$ in Volt.

Bei Keramikkondensatoren wird zur Kennzeichnung ein Zahlenaufdruck in pF oder mit dem Zusatz „n", z. B. 10 n, in nF angegeben. Auch wird eine Farbkennzeichnung wie bei Widerständen nach **Tabelle, Seite 240** benützt.

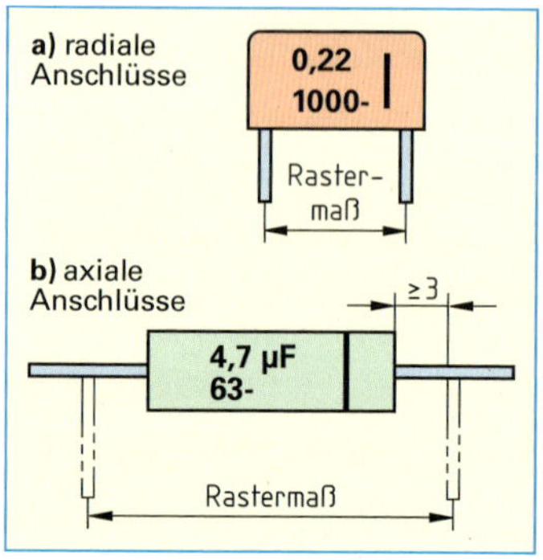


**Bild 1: Kondensator-Anschlüsse**

**Tabelle: Beispiele zur Kennzeichnung von Kondensatoren**

| | |
|---|---|
|   | Folienkondensator mit der Kapazität $C = 0{,}22$ µF für eine Bemessungsgleichspannung von $U_N = 1000$ V. |
| 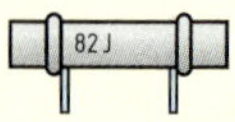  | Keramikkondensator mit der Kapazität $C = 82$ pF ± 5% Kennbuchstaben für die Toleranz: J ≙ ± 5%, K ≙ ± 10%, M ≙ ± 20% |
| 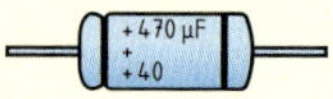  | Elektrolytkondensator mit einer Kapazität $C = 470$ µF und einer Bemessungsgleichspannung von $U_N = 40$ V. |

**Abmessung.** Die Abmessungen von Kondensatoren sind vor allem von der Höhe der Bemessungsspannung und vom Dielektrikum abhängig. Metallisierte Kondensatoren haben kleinere Abmessungen. Die Anschlüsse von Kondensatoren können radial **(Bild 1a)** oder axial **(Bild 1b)** angebracht sein. Kondensatoren für gedruckte Schaltungen werden mit Rastermaßen von z. B. 5 mm, 7,5 mm, 10 mm, 15 mm, 22,5 mm und 27,5 mm gefertigt.

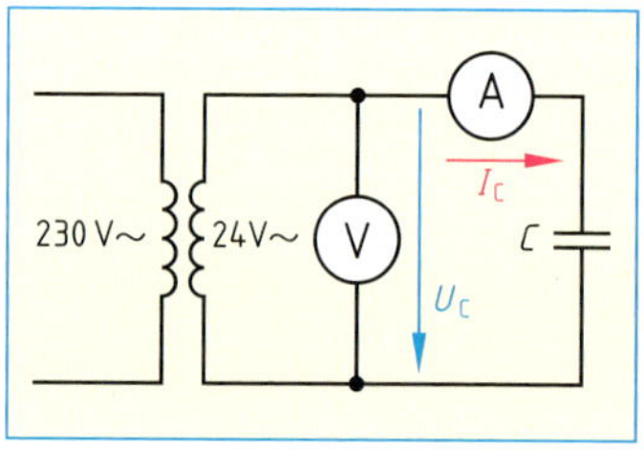


**Bild 2: Kapazitätsbestimmung**

## 12.3.2 Prüfen von Kondensatoren

Kondensatoren werden auf Durchgang und auf ihre Kapazität geprüft. Die Durchgangsprüfung erfolgt mit einem Widerstandsmesser oder Durchgangsprüfer. Da Kondensatoren Gleichstrom sperren, muss der gemessene Widerstand bei einem intakten ungepolten Kondensator unendlich groß sein. Bei Kondensatoren mit Kapazitäten im µF-Bereich erfolgt nach Anschluss des Widerstandsmessers ein kurzzeitiger Zeigerausschlag. Der Kondensator erhält durch die eingebaute Gleichspannungsquelle des Widerstandsmessers einen Ladestromstoß. Ist der Kondensator in Ordnung, so wird nach vollständiger Kondensatoraufladung die Anzeige des Widerstandsmessers gegen unendlich erfolgen.

**Beispiel:**

Bei einem Kondensator wurde nach **Bild 2** bei $f = 50$ Hz ein Strom von $I_C = 8$ mA und eine Spannung von 24 V gemessen. Berechnen Sie die Kapazität des Kondensators?

**Lösung:**

$$X_C = \frac{U_C}{I_C} = \frac{24\,\text{V}}{8\,\text{mA}} = \mathbf{3\,k\Omega}$$

$$C = \frac{1}{2\pi \cdot f \cdot X_C} = \frac{1}{2\pi \cdot 50\,\text{Hz} \cdot 3\,\text{k}\Omega} = \mathbf{1\,\mu F}$$

Die Kapazität von Kondensatoren wird meist mit einer Kapazitätsmessbrücke (RLC-Messbrücke) gemessen. Bei dieser Messung kann die Kapazität direkt abgelesen werden. Bei größeren Kapazitäten, z. B. ab 10 nF, kann man die Kapazität ungepolter Kondensatoren mithilfe einer Strom-Spannungs-Messung bestimmen **(Bild 2).** Dazu wird eine Wechselspannung bekannter Frequenz, z. B. 50 Hz, benötigt. Die Kapazität wird über den Widerstand $X_C$ aus den Spannungs- und Stromwerten sowie aus der Frequenz errechnet **(Beispiel).**

**Wiederholungsfragen**

1. **Ein Widerstand hat die Farbringe gelb, violett, orange, silber. Geben Sie den Widerstandswert und die Toleranz an.**
2. **Zählen Sie Bauarten von Kondensatoren auf.**
3. **Welchen Vorteil haben metallisierte Folienkondensatoren?**
4. **An welche Spannungsart müssen gepolte Elektrolytkondensatoren angeschlossen werden?**
5. **Erklären Sie die elektrischen Werte eines Folienkondensators mit dem Aufdruck 0,033/63–.**

# 12.4 Halbleiterbauelemente

Zu den Halbleiterbauelementen gehören z.B. Dioden, Transistoren, Thyristoren, Diac und Triac.

**Übersicht: Diodenarten (Auswahl)**

- Kleinsignaldioden
- Leistungsdioden
- Z-Dioden
- Fotodioden
- Leuchtdioden

## 12.4.1 Dioden

Die Diode ist ein zweipoliges Bauelement mit Ventilwirkung. Dioden leiten deshalb den Strom nur in einer Richtung. Ihre Anschlüsse werden mit Anode und Katode bezeichnet. Zur Herstellung von Dioden verwendet man die Halbleitermaterialien Germanium und Silicium. Man unterscheidet je nach Anwendung verschiedene Diodenarten **(Übersicht)**.

**Kleinsignaldioden** sind für kleine Ströme geeignet. Sie werden z.B. für Schaltzwecke und als Gleichrichter im HF-Bereich verwendet. Das Herstellungsmaterial ist Germanium oder Silicium.

**Gleichrichterdioden** werden meist zum Gleichrichten höherer Ströme, etwa im Amperebereich, eingesetzt. Man spricht deshalb von Leistungsdioden. Das Herstellungsmaterial ist Silicium.

**Kennzeichnung von Dioden.** In Stromlaufplänen werden Dioden mit einem Symbol in Keilform gekennzeichnet **(Bild a)**. Das Dreieck zeigt in Richtung des Durchlassstromes $I_F$, der nur dann fließen kann, wenn die Anode gegenüber der Katode positiv gepolt ist.

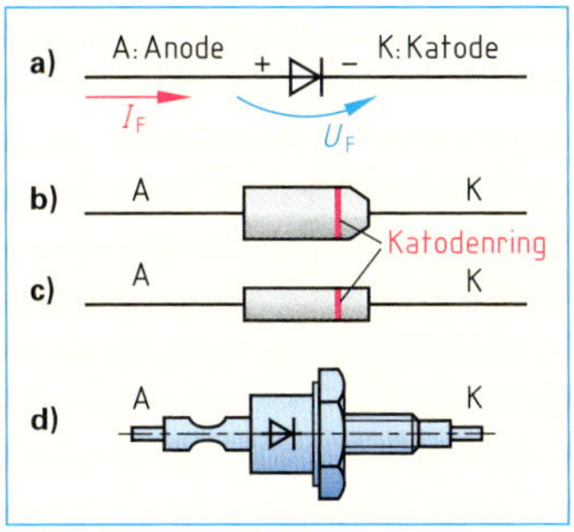


**Bild: Schaltzeichen, Anschlüsse und Bauformen von Dioden**

Durch Dioden kann nur dann ein Durchlassstrom IF fließen, wenn die Diode in Durchlassrichtung geschaltet ist und die Schwellspannung US überschritten wird.

Die Schwellspannung $U_S$ hängt vom Halbleitermaterial ab. Für Germaniumdioden ist $U_S \approx 0{,}2$ V und für Siliciumdioden $U_S \approx 0{,}6$ V **(Bild, Seite 244)**. Dioden haben unterschiedliche Bauformen **(Bild)**. Ihr Gehäuse kann z.B. aus Kunststoff oder Metall bestehen. Dioden mit Schraubbefestigung **(Bild 1d)** sind Leistungsdioden und können deshalb mit einem Kühlblech oder Kühlkörper verschraubt werden.

Das Gehäuse der Leistungsdiode kann sowohl den Katodenanschluss als auch den Anodenanschluss darstellen. Deshalb drucken manche Hersteller die Diodensymbole auf das Gehäuse auf **(Bild d)**. Dioden ohne aufgedruckte Schaltzeichen haben einen farbigen Katodenring **(Bild b und c)**. Auf allen Dioden ist die Typenbezeichnung aufgedruckt. Sie kann im Klartext oder durch Farbringe angegeben sein **(Tabelle)**. Mit 1 N... werden Dioden nach JEDEC (Amerikanische Norm) bezeichnet. Die Kennzeichnung nach Pro-Electron (Europäische Norm) beginnt z.B. mit den Buchstaben A... für Germaniumbauelemente oder B... für Siliciumbauelemente.

**Tabelle: Kennzeichnung von Dioden**

| Beispiele | Kennzeichnung |
|---|---|
| 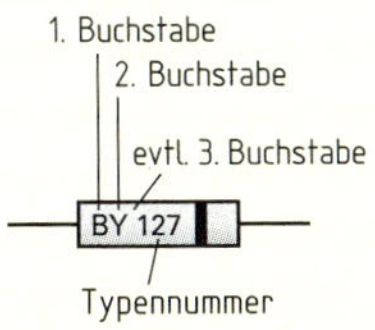 | **Kennzeichnung nach Pro-Electron:** Die Kennzeichnung erfolgt durch zwei oder drei Buchstaben und einer anschließenden Zahl.<br>1. Buchstabe: Halbleitermaterial, z.B. A für Germanium, B für Silicium und C für Gallium-Arsenid.<br>2. Buchstabe: Funktion, z.B. A für Diode, Y für Leistungsdiode und Q für Leuchtdiode.<br>3. Buchstabe: Industrietype (kommerzieller Typ, z.B. X, Y, Z, wie bei BAY 89.<br>**Zahl:** (Typennummer) |
| 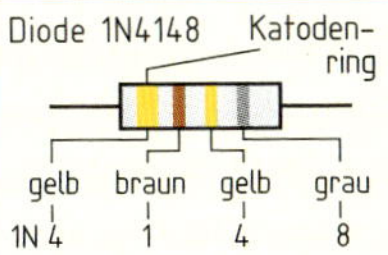 | **Kennzeichnung nach JEDEC:** Die Typenbezeichnung besteht aus der Kombination von „1N" und einer vierstelligen Zahl, die auch mithilfe von Farbringen angegeben wird.<br>Es bedeutet die Farbe:<br>schwarz: 0; braun: 1; rot: 2; orange: 3; gelb: 4; grün: 5; blau: 6; violett: 7; grau: 8; weiß: 9. |

## Kenn- und Grenzwerte von Dioden

**Kennwerte,** z. B. $U_F$ und $I_F$, sind die Werte der Diode, die im normalen Betrieb, also in Durchlassrichtung, auftreten.

**Grenzwerte** sind z. B. $U_{Rmax}$ und $I_{Fmax}$. Werden die Grenzwerte überschritten, wird die Diode zerstört **(Übersicht).**

Aus der Kennlinie **(Bild)** kann man die wichtigsten Kenn- und Grenzwerte entnehmen. Nach Erreichen der Schwellspannung $U_S$ steigt der Strom $I_F$ stark an. Die Diode ist leitend. An der Diode fällt jetzt eine Durchlassspannung $U_F$ ab, die größer ist als die Schwellspannung $U_S$.

Der Strom $I_R$ ist bei Silicium-Dioden bis zur Spannung $U_{Rmax}$ vernachlässigbar klein. Die Diode ist gesperrt. Wird die Sperrspannung über den Wert $U_{Rmax}$ erhöht, so steigt der Sperrstrom $I_R$ steil an und die Diode wird zerstört.

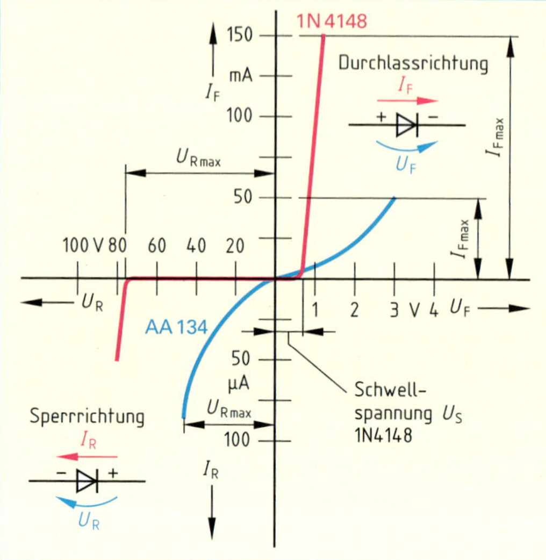


**Bild: Kennlinien der Germaniumdiode AA134 und der Silicium-Diode 1N4148**

### Übersicht: Daten der Silicium-Diode 1N4148

- Durchlassstrom: $I_{Fmax}$ = 150 mA
- Sperrspannung: $U_{Rmax}$ = 75 V
- Verlustleistung $P_{tot}$ = 500 mW
- Im Wechselstromkreis muss die Spannung $U_{Rmax}$ größer sein als der Scheitelwert $\hat{u}$ der Wechselspannung.

## 12.4.2 Gleichrichterschaltungen

Zum Betreiben zahlreicher Betriebsmittel wird Gleichspannung benötigt. Dazu eignen sich Netzgeräte, die Wechselspannung mithilfe von Gleichrichtern in eine Gleichspannung umformen. Jedes Netzgerät enthält einen Transformator und einen Gleichrichter. Die Schaltung des Gleichrichters, die Ausgangsspannung und die Scheinleistung des Transformators sind vom Laststrom abhängig **(Tabelle).**

**Tabelle: Wichtige Gleichrichterschaltungen**

| Schaltung | Stromfluss bei positiver Halbwelle | Stromfluss bei negativer Halbwelle | Ausgangsspannung | Anwendung |
|---|---|---|---|---|
| Einpuls-Einweg-schaltung E1 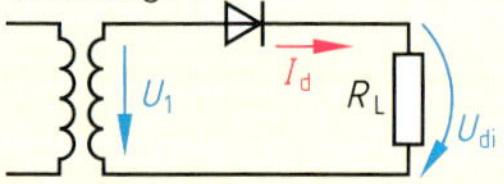  $U_{di} = 0{,}45 \cdot U_1$; $I_d = I_Z$ $P_T = 3{,}1 \cdot P_d$ | 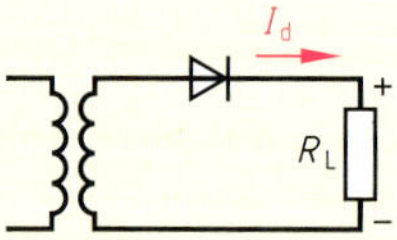  | 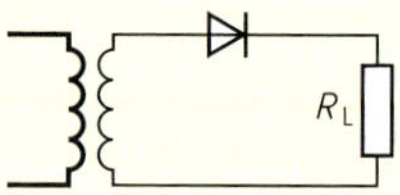  | 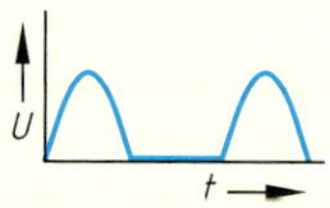  | einfache Ladegeräte, Spielzeug |
| Zweipuls-Brücken-schaltung B2 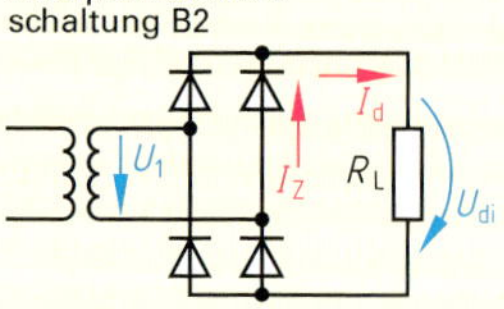  $U_{di} = 0{,}9 \cdot U_1$; $I_d = 2 \cdot I_Z$ $P_T = 1{,}23 \cdot P_d$ | 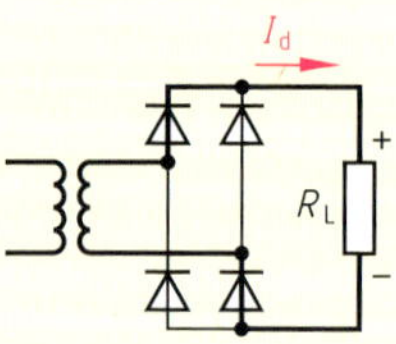  | 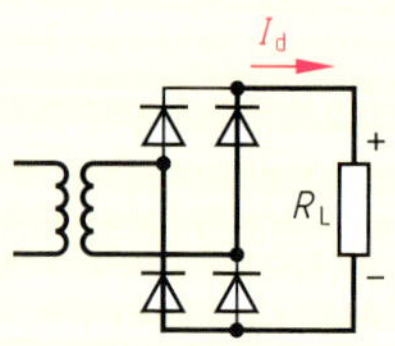  | 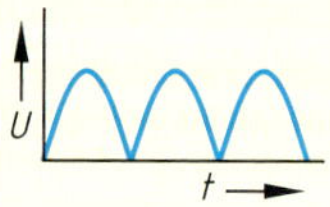  | Ladegeräte, Messgeräte, Relais-schaltungen, Türsprech-anlagen, Fernmelde-anlagen |
| Zweipuls-Mittelpunkt-schaltung M2 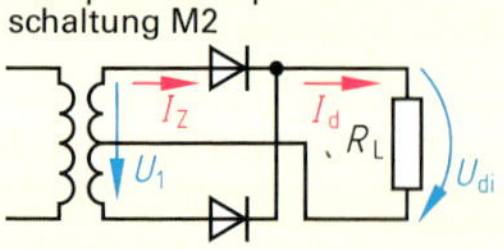  $U_{di} = 0{,}45 \cdot U_1$; $I_d = 2 \cdot I_Z$ $P_T = 1{,}5 \cdot P_d$ | 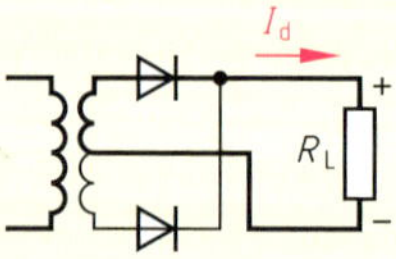  | 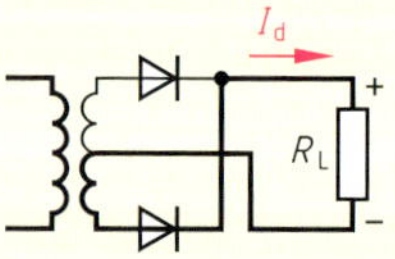  | 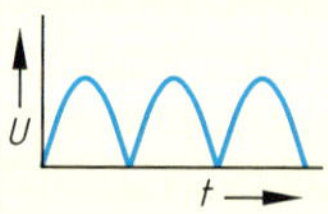  | |

$U_1$ Anschlussspannung (Effektivwert); $U_{di}$ Leerlaufgleichspannung (arithmetischer Mittelwert); $I_d$ Gleichstrom; $I_Z$ Strom im Gleichrichterzweig; $P_T$ Transformatorbauleistung; $P_d$ Gleichstromleistung

Mit den Schaltungen nach **Tabelle, Seite 244,** liegt der Lastwiderstand $R_L$ an einer Gleichspannung, die aus positiven Halbwellen besteht. Der arithmetische Mittelwert der pulsierenden Gleichspannung $U_{di}$ kann mit den Formeln der **Tabelle, Seite 244,** berechnet werden.

Bei pulsierenden Gleichspannungen sind Brummspannungen vorhanden, die sich z. B. bei Türsprechanlagen nachteilig als Brummen im Hörer bzw. Lautsprecher auswirken. Deshalb schaltet man parallel zum Lastwiderstand $R_L$ einen Glättungskondensator $C_G$, der die Brummspannung verkleinert **(Bild 1).** Der Glättungskondensator lädt sich dabei auf den Scheitelwert der Wechselspannung $U_1$ auf. In den Impulspausen gibt der geladene Kondensator seine gespeicherte Energie an den Lastwiderstand ab.

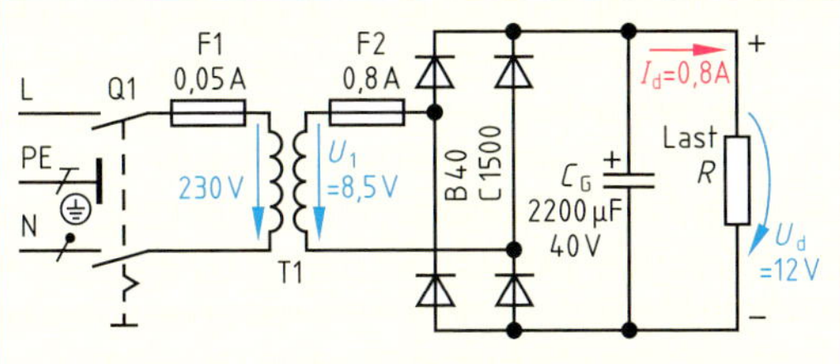


$U_d \approx \sqrt{2} \cdot U_1$

$C_G = \dfrac{0{,}75 \cdot I_d}{f_p \cdot \hat{u}_p}$

$I_Z = 0{,}5 \cdot I_d$

$S_2 \approx S_1$

$U_d$ Lastspannung
$U_1$ Anschlussspannung
$C_G$ Glättungskondensator
$I_d$ Laststrom
$f_p$ Brummfrequenz
$\hat{u}_p$ Brummspannung
$I_Z$ Zweigstrom
$S$ Scheinleistung

**Bild 1: Netzgerät mit Brückengleichrichter und Ladekondensator**

> Je größer die Kapazität des Glättungskondensators und je kleiner der Laststrom, umso geringer ist die Brummspannung.

**Berechnung eines Netzgerätes.** Es soll ein Netzgerät mit Brückengleichrichter und Glättungskondensator aufgebaut werden **(Bild 1 und Bild 2).** Die benötigte Gleichspannung $U_d$ beträgt 12 V bei einem Laststrom $I_d$ von 0,8 A. Die Brummspannung darf $\hat{u}_p = 2{,}73\ V$ nicht überschreiten.

**Auswahl des Transformators.** Die Lastspannung $U_d$ und der Glättungskondensator $C_G$ bestimmen vor allem die erforderliche Anschlussspannung $U_1$ der Gleichrichterschaltung. Der Glättungskondensator wird etwa auf den Scheitelwert der Wechselspannung $U_1$ aufgeladen. Die Spannung $U_1$ wird zu

$\boldsymbol{U_1} \approx \dfrac{U_d}{\sqrt{2}} = \dfrac{12\ V}{\sqrt{2}} = \mathbf{8{,}5\ V}$ bestimmt.

Die benötigte Bauleistung $P_T$ des Transformators berechnet man:

$\boldsymbol{P_T} = 1{,}23 \cdot P_d = 1{,}23 \cdot U_d \cdot I_d = 1{,}23 \cdot 12\ V \cdot 0{,}8\ A = \mathbf{12\ W}$

**Auswahl des Gleichrichters.** Beim Brückengleichrichter werden die einzelnen Dioden bei ohmscher Last mit der Hälfte des Laststromes $I_d$ belastet.

$\boldsymbol{I_Z} = 0{,}5 \cdot I_d = 0{,}5 \cdot 0{,}8\ A = \mathbf{0{,}4\ A}$

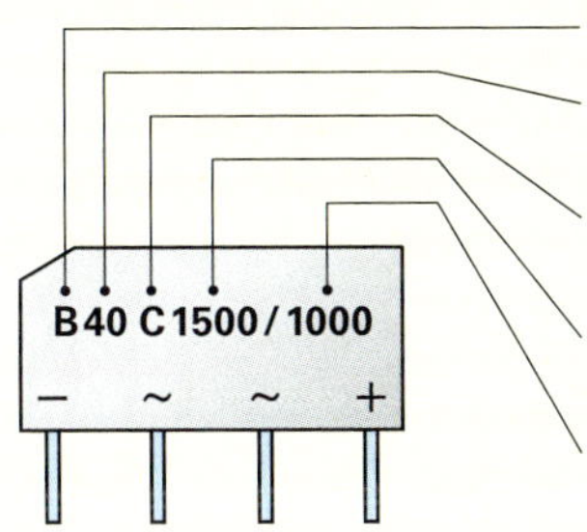


**Bild 2: Brückengleichrichter**

**Tabelle: Prüfen von Halbleiterdioden**

| Prüfen in | Durchlassrichtung | Sperrrichtung |
|---|---|---|
| Messmittel | | |
| Digitales Vielfach-Mess-instrument | 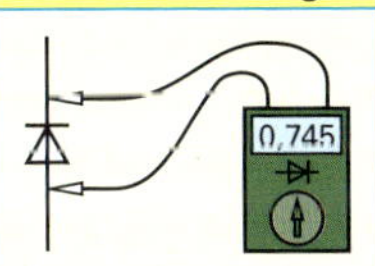 | 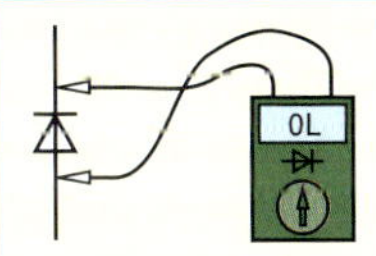 |
| Strom- und Spannungsmesser | 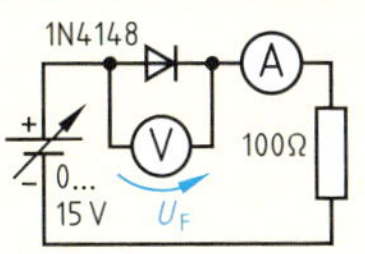 | 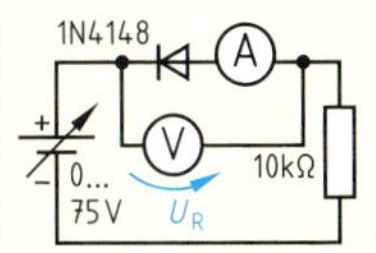 |

Bezogen auf die Spannung wird man in der Praxis einen Gleichrichter von 40 V oder höher in der Schaltung einsetzen. Zum Beispiel kann man den Gleichrichter B40 C 1500/1000 verwenden **(Bild 2).**

**Auswahl des Ladekondensators.** Die Kapazität des Ladekondensators wird durch den Laststrom $I_d = 0{,}8\ A$, die Höhe der Brummspannung $\hat{u}_p = 2{,}73\ V$ und durch die Brummfrequenz $f_P = 100\ Hz$ bestimmt.

$\boldsymbol{C_G} = \dfrac{0{,}75 \cdot I_d}{f_P \cdot \hat{u}_p} = \dfrac{0{,}75 \cdot 0{,}8\ A}{100\ Hz \cdot 2{,}73\ V} = \mathbf{2200\ \mu F}$

**Prüfen von Dioden.** Dioden können z. B. mit einem Widerstandsmesser, einem Durchgangsprüfer oder einem digitalen Vielfach-Messinstrument **(Tabelle)** geprüft werden. Die Kennwerte der Diode ermittelt man durch Strom- und Spannungsmessung. Damit kein Grenzwert überschritten wird, ist ein Widerstand zur Strombegrenzung erforderlich. Soll die Kennlinie der Diode aufgenommen werden, so kann man z. B. einen X-Y-Schreiber oder ein Oszilloskop verwenden.

## 12.4.3 Z-Dioden (Begrenzerdioden)

Z-Dioden sind Siliciumdioden. Sie werden immer in Sperrrichtung mit einem Vorwiderstand betrieben.

Sie werden meist zum Stabilisieren von Gleichspannungen verwendet. In Sperrrichtung fließt ein großer Strom durch die Z-Diode, wenn die Durchbruchspannung $U_Z$ erreicht wird. Z-Dioden werden mit Durchbruchspannungen zwischen 1 V und 200 V hergestellt. Bis zum Erreichen der Durchbruchspannung $U_Z$ ist die Diode hochohmig und damit gesperrt.

**Kennzeichnung, Kennwerte und Grenzwerte.** Die Kennzeichnung am Bauelement erfolgt durch einen Aufdruck **(Bild 1).** Sie kann mit dem Buchstaben Z, BZ oder 1N beginnen. Der Buchstabe B steht für Silicium, Z für Z-Diode. Die Zahl am Ende der Typenbezeichnung steht für die Durchbruchspannung $U_Z$.

**Beispiel:**

Welche Durchbruchspannung haben die Z-Dioden **a)** ZX24 und **b)** BZX55-3V3?

**Lösung:**

**a)** $U_Z$ = 24 V; **b)** $U_Z$ = 3,3 V (Das V entspricht dabei einem Komma).

Z-Dioden haben verschiedene Bauformen **(Bild 1).** Leistungs-Z-Dioden haben ein Gewinde **(Bild 1c)** zum Einschrauben in einen Kühlkörper.

Die Grenzwerte für die Verlustleistung $P_{tot}$ und für den Strom $I_{Zmax}$ dürfen nicht überschritten werden, da sonst die Z-Diode zerstört wird.

**Beispiel:**

Die ZPD12 hat eine Leistung von $P_{tot}$ = 0,5 W. Wie groß ist der Strom $I_{Zmax}$?

**Lösung:**

$\boldsymbol{I_{Zmax}} = P_{tot} : U_Z$ = 0,5 W : 12 V = **42 mA**.

**Kennlinie.** Z-Dioden haben unterschiedliche Kennlinien. In Sperrrichtung fließt zunächst ein kleiner Sperrstrom (einige µA). Ab der Durchbruchspannung $U_Z$ steigt der Strom $I_Z$ stark an **(Bild 2).** Die Spannung an der Z-Diode bleibt nahezu konstant. Sie beträgt z. B. 12 V und kann sich nur im kleinen Spannungsbereich $\Delta U_Z$ ändern. Der Stabilisierungsbereich $\Delta I_Z$ **(Bild 2)** liegt zwischen den Punkten A ($I_{Zmin}$) und B ($I_{Zmax}$). Der Strom $I_{Zmin}$ ist notwendig, damit an der Z-Diode die Durchbruchspannung $U_Z$ abfällt. Die Verlustleistung $P_{tot}$ von 0,5 W ist als Verlustleistungshyperbel **(Bild 2)** eingezeichnet. Sie ist eine Grenzlinie für Strom- und Spannungswerte, die als Produkt 0,5 W ergeben.

**Spannungsstabilisierungen mit Z-Dioden** haben die Aufgabe, die Ausgangsspannung $U_2$ selbstständig auszugleichen. Der Verbraucher erhält eine annähernd konstante Ausgangsspannung $U_Z = U_2$.

Einfache Stabilisierungsschaltungen werden mit Z-Dioden ausgeführt **(Bild 3).** Dabei sollte die Eingangsspannung $U_1$ etwa doppelt so groß wie die Ausgangsspannung $U_2$ sein. Verwendung findet diese Schaltung z. B. bei der Spannungsversorgung einer Türsprechanlage.

**Wiederholungsfragen**

1. **Wie werden die Anschlüsse von Dioden bezeichnet?**
2. **Wie kann die Katode einer Diode gekennzeichnet sein?**
3. **Erklären Sie die Bezeichnung BY127.**
4. **Zählen Sie drei Gleichrichterschaltungen auf.**
5. **Wie werden Dioden überprüft?**
6. **Für welche Aufgabe werden Z-Dioden benötigt?**

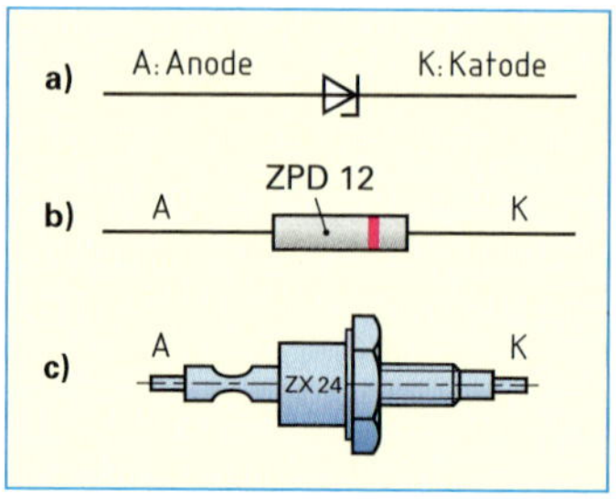


**Bild 1: Schaltzeichen und Bauformen von Z-Dioden**

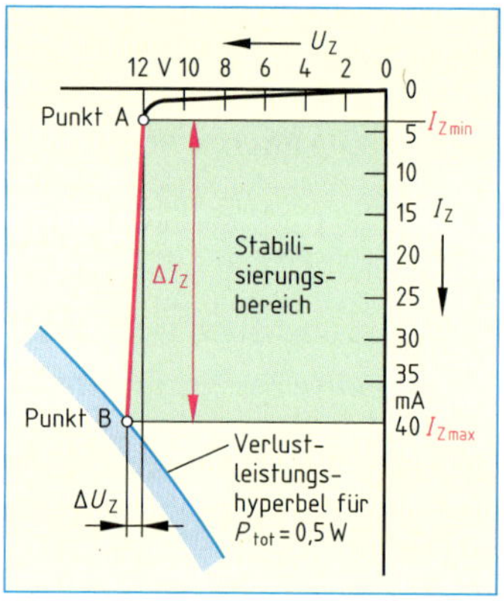


**Bild 2: Kennlinie der Z-Diode ZPD12**

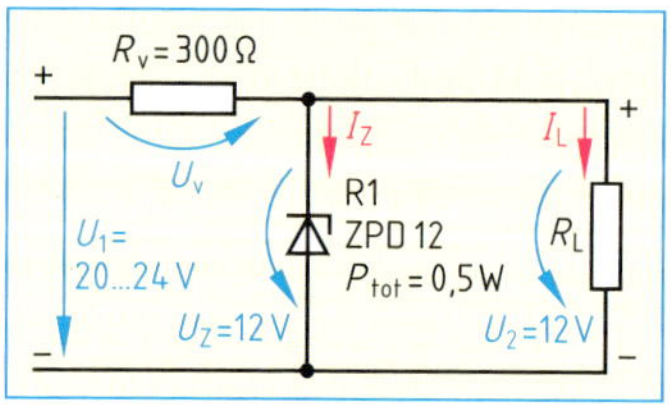


**Bild 3: Spannungsstabilisierung mit Z-Diode (Beispiel)**

$$I_{Zmax} = \frac{P_{tot}}{U_Z}$$

$$I_{Zmin} \approx 0{,}1 \cdot I_{Zmax}$$

$$I_{Lmax} = I_{Zmax} - I_{Zmin}$$

$$R_{vmax} = \frac{U_{1min} - U_Z}{I_{Zmin} + I_{Lmax}}$$

$$R_{vmin} = \frac{U_{1max} - U_Z}{I_{Zmax} + I_{Lmin}}$$

| | |
|---|---|
| $P_{tot}$ | maximale Verlustleistung der Z-Diode |
| $U_Z$ | Z-Spannung |
| $R_{vmin}$ | minimaler Vorwiderstand |
| $R_{vmax}$ | maximaler Vorwiderstand |
| $U_{1max}$ | max. Eingangsspannung |
| $U_{1min}$ | min. Eingangsspannung |
| $I_{Zmax}$ | maximaler Strom $I_Z$ |
| $I_{Zmin}$ | minimaler Strom $I_Z$ |
| $I_{Lmax}$ | maximaler Laststrom |
| $I_{Lmin}$ | minimaler Laststrom |

## 12.4.4 Transistoren

**Transistoren sind aktive Bauelemente. Sie können Spannungen, Ströme und Leistungen verstärken.**

Transistoren werden aus Germanium oder Silicium hergestellt. Man unterscheidet bipolare und unipolare Transistoren. Meist werden in der Elektrotechnik bipolare Transistoren verwendet **(Bild a)**. Sie werden z. B. als elektronischer Schalter oder als Verstärker in der Mess- und Regeltechnik eingesetzt.

**Bezeichnung und Kennzeichnung von bipolaren Transistoren.** Bei den bipolaren Transistoren unterscheidet man NPN- und PNP-Transistoren. Dies entspricht den drei unterschiedlich dotierten Halbleiterschichten. Jede Halbleiterschicht erhält einen Anschluss **(Bild b)**. Die Transistoranschlüsse werden mit Basis (B), Emitter (E) und Kollektor (C) bezeichnet. Die drei Halbleiterschichten können im **Ersatzschaltbild** des Transistors als zwei gegeneinander geschaltete Dioden dargestellt werden **(Bild c)**.

**Typenbezeichnung von Transistoren.** Diese setzt sich aus zwei oder drei Großbuchstaben mit einer anschließenden Zahl zusammen **(Tabelle 1)**. Manche Hersteller geben ihre Transistorbezeichnung mit 2N... (nach JEDEC, amerikanische Norm) an. Bei dieser Angabe muss man das Halbleitermaterial und das Anwendungsgebiet den Herstellerunterlagen entnehmen.

**Transistor-Bauformen.** Transistoren haben genormte Gehäuseformen, Gehäuseabmessungen, Gehäusebezeichnungen und unterschiedliche Anschlussbelegungen **(Tabelle 2)**. Das Transistorgehäuse kann aus Kunststoff oder Metall sein. Transistoren mit Kunststoffgehäusen, z. B. TO-92, bezeichnet man als Kleinsignaltransistoren. Kleinsignaltransistoren werden für Ströme im mA-Bereich verwendet. Leistungstransistoren für Ströme im Ampere-Bereich haben meist ein Metallgehäuse. Metallgehäuse leiten die im Halbleiterkristall entstehende Wärme besser ab.

**Transistor-Kenn- und Grenzwerte.** Kennwerte stellen die Eigenschaften der Transistoren dar. Wichtige Kenn- und Grenzwerte sind:

- Gleichstromverhältnis $B$,
- Basis-Emitter-Spannung $U_{BE}$,
- Kollektorstrom $I_C$,
- Basisstrom $I_B$,
- Verlustleistung $P_{tot}$.

Der wichtigste Kennwert ist das **Gleichstromverhältnis** (Gleichstromverstärkungsfaktor) $B$. Darunter versteht man das Verhältnis von Kollektorstrom $I_C$ zu Basisstrom $I_B$ ($B = I_C : I_B$). Ein kleiner Basisstrom, der z. B. in einen NPN-Transistor hineinfließt, wird mit dem Faktor $B$, z. B. 80, verstärkt.

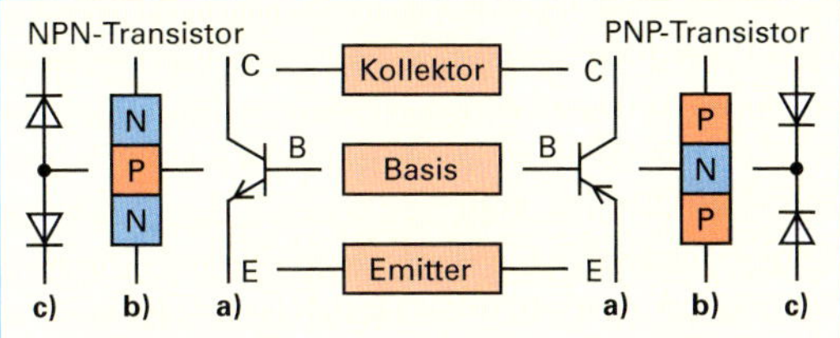


**Bild: Bipolare Transistortypen: a) Schaltzeichen, b) Schichtenfolge, c) Diodenersatzschaltbild**

**Tabelle 1: Typenbezeichnung von Transistoren**

| |
|---|
| Beispiel: **BCY 58** — 1. Buchstabe: Halbleitermaterial; 2. Buchstabe: Funktion; 3. Buchstabe: Industrietyp |
| **1. Buchstabe: Halbleitermaterial**<br>**A**: Germanium, **B**: Silicium,<br>**C**: III-V-Werkstoff, z.B. Gallium-Arsenid |
| **2. Buchstabe: Funktion, Art des Bauelementes**<br>**C**: NF-Transistor, **D**: NF-Leistungstransistor,<br>**F**: HF-Transistor, **S**: Schalttransistor,<br>**U**: Schaltleistungstransistor |
| **3. Buchstabe,** z.B. X, Y oder Z, kennzeichnet Industrietypen (kommerzielle Typen) |
| **Beispiele:**<br>BC 107: Silicium-NF-Transistor<br>ASY 27: Germanium-Schalttransistor (Industrietyp) |

**Tabelle 2: Gehäuseformen von Transistoren mit Anschlussfolge und Normbezeichnungen**

| Gehäuse mit Anschlussfolge | Normbez. / Beispiele | Gehäuse mit Anschlussfolge | Normbez. / Beispiele |
|---|---|---|---|
| 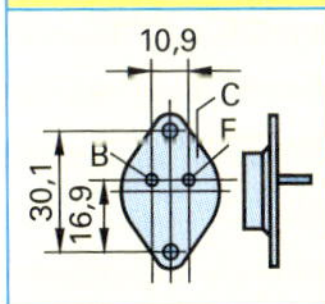 | TO-3<br>2N3055<br>AD 130 | 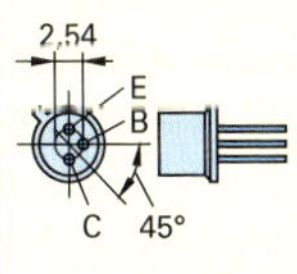 | TO-18<br>BC 107 |
| 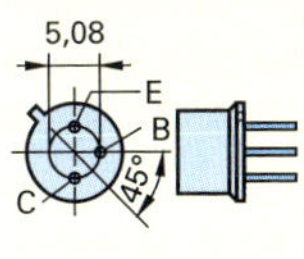 | TO-39<br>BC 141<br>BC 345 | 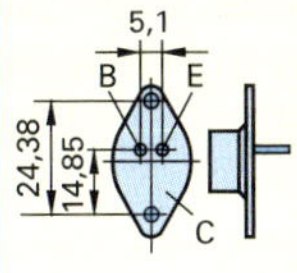 | TO-66<br>AD 164<br>BD 215 |
| 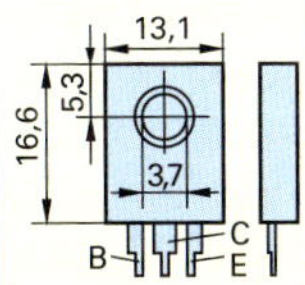 | TOP-66<br>BD 695<br>BD 696 | 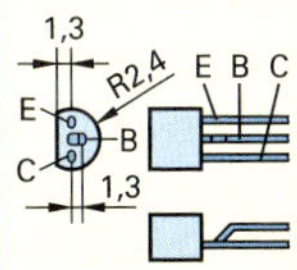 | TO-92<br>BC 250<br>BC 546<br>BC 237 |
| 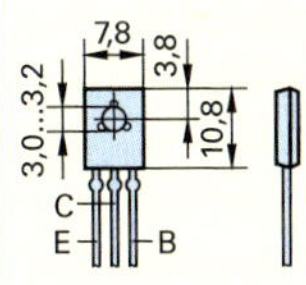 | TO-126<br>BD 233<br>BD 226 | 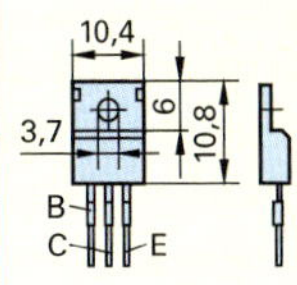 | TO-220<br>BD 643<br>BD 644 |

Am Kollektor C ist der mit dem Faktor $B$ verstärkte Strom $I_C$ wirksam **(Bild 1a)**. Das Gleichstromverhältnis $B$ wird vom Transistorhersteller angegeben. Er kann aber auch aus der Stromsteuerkennlinie **(Bild 2)** abgelesen werden.

**Beispiel:**

Ein Transistor hat ein Gleichstromverhältnis $B = 80$. Der Basisstrom beträgt $I_B = 1$ mA. Berechnen Sie den Kollektorstrom $I_C$.

**Lösung:**

$B = I_C : I_B \Rightarrow \boldsymbol{I_C} = B \cdot I_B = 80 \cdot 1\text{ mA} = \mathbf{80\ mA}$

Fließen Ströme in den Transistor, so ergibt die Summe der Ströme $I_B$ und $I_C$ den Emitterstrom $I_E$ ($I_E = I_B + I_C$; **Bild 1b**).

Ein weiterer Kennwert ist die **Basis-Emitter-Spannung $U_{BE}$ (Bild 1a)**. Sie wird auch als Ansteuerspannung bezeichnet. Diese Spannung $U_{BE}$ muss größer sein als die Schwellspannung des entsprechenden Halbleitermaterials und kann, z. B. bei Silicium, bis etwa 1,5 V ansteigen. Die Spannung $U_{BE}$ kann der Eingangskennlinie **(Bild 2)** entnommen werden. Beim Fehlen der Spannung $U_{BE}$ ist der Transistor gesperrt.

**Grenzwerte von Transistoren** müssen eingehalten werden **(Tabelle)**. Bei Überschreitung der maximalen **Verlustleistung** wird der Transistor zerstört. Die maximalen Verlustleistungen beziehen sich beim Kleinsignaltransistor auf die Umgebungstemperatur und beim Leistungstransistor auf die Gehäusetemperatur. Dies erfordert bei Leistungstransistoren einen Kühlkörper. Die Verlustleistung $P_{tot}$ des Transistors sinkt mit steigender Umgebungstemperatur.

Kühlung von Halbleiterbauelementen: **Seite 255.**

**Kennlinien von Transistoren** geben Aufschluss über das Betriebsverhalten des Transistors **(Bild 2)**.

**I. Quadrant: Ausgangskennlinien** $I_C = f\,(U_{CE})$. Hier wird die Abhängigkeit des Kollektorstromes $I_C$ von der Kollektor-Emitter-Spannung $U_{CE}$ bei verschiedenen Basisströmen dargestellt.

**Beispiel:**

Bei $U_{CE} = 8$ V und $I_B = 150$ µA (siehe ① in **Bild 2**) fließt im Transistor der Strom $I_C = 35$ mA.

Zusätzlich ist im Ausgangskennlinienfeld die Verlustleistungshyperbel für $P_{tot} = 0{,}3$ W angegeben.

Damit die maximale Verlustleistung $P_{tot}$ nicht überschritten wird, darf der eingestellte Arbeitspunkt nicht über der Verlustleistungshyperbel liegen **(Bild 2)**.

**II. Quadrant: Stromsteuerkennlinie** $I_C = f\,(I_B)$. Sie zeigt die Abhängigkeit des Kollektorstromes $I_C$ vom Basisstrom $I_B$ für eine konstante Kollektor-Emitter-Spannung $U_{CE} = 5$ V. Man ermittelt aus dieser Kennlinie das Gleichstromverhältnis $B$ des Transistors.

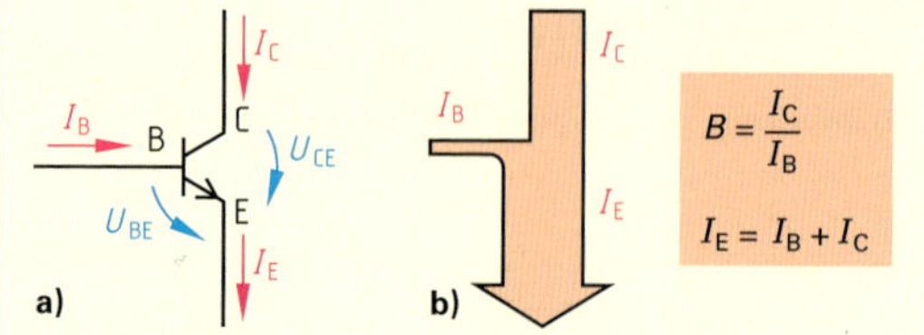


$B$ Gleichstromverhältnis (Gleichstromverstärkungsfaktor)
$I_C$ Kollektorstrom
$I_B$ Basisstrom
$I_E$ Emitterstrom

**Bild 1: Ströme, Spannungen und Stromverstärkung am NPN-Transistor**

**Tabelle: Grenzwerte von Transistoren (Beispiele)**

| Grenzwert | Bedeutung | BC107 | 2N3055 |
|---|---|---|---|
| $P_{tot}$ | Verlustleistung bei 25 °C $P_v \approx U_{CE} \cdot I_C < P_{tot}$ | 300 mW | 115 W |
| $I_C$ | Kollektorstrom | 100 mA | 15 A |
| $I_B$ | Basisstrom | 50 mA | 7 A |
| $U_{CE0}$ | Kollektor-Emitter-Sperrspannung | 45 V | 60 V |

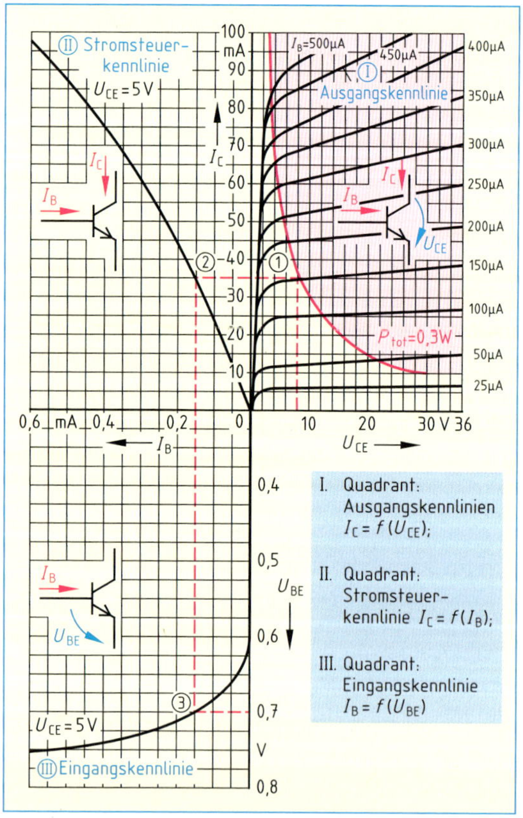


**Bild 2: Kennlinien des Transistors BC107**

**Beispiel:**

Bei einem Basisstrom $I_B = 0{,}15$ mA fließt ein Kollektorstrom $I_C$ von 35 mA (siehe ② in **Bild 2, Seite 248**). Berechnen Sie das Gleichstromverhältnis $B$.

**Lösung:**

$B = I_C : I_B = 35\ \text{mA} : 0{,}15\ \text{mA} = \mathbf{233}$.

**III. Quadrant: Eingangskennlinie** $I_B = f(U_{BE})$. Die Kennlinie zeigt die Abhängigkeit des Basisstromes $I_B$ von der Basis-Emitter-Spannung $U_{BE}$ bei einer konstanten Spannung $U_{CE}$ von 5 V.

**Beispiel:**

Wie groß ist der Strom $I_B$ bei der Spannung $U_{BE} = 0{,}7$ V?

**Lösung:**

$\mathbf{I_B = 0{,}15\ mA}$ (siehe ③ in **Bild 2, Seite 248**).

Da der Kollektorstrom $I_C$ bei einem bestimmten Basisstrom $I_B$ weitgehend von der Kollektor-Emitter-Spannung $U_{CE}$ unabhängig ist, wird in den Quadranten II und III nur eine Kennlinie dargestellt.

**Anschluss von Transistoren.** Transistoren können in drei unterschiedlichen Grundschaltungen betrieben werden. Man unterscheidet die **Basisschaltung, Emitterschaltung** und **Kollektorschaltung.** Die Emitterschaltung wird am häufigsten verwendet. Zum Anschließen von Transistoren müssen Grundregeln beachtet werden **(Übersicht).**

**Arbeitspunkteinstellung.** Grundsätzlich kann man den Arbeitspunkt durch einen Basisvorwiderstand **(Bild 2)** oder durch einen Basisspannungsteiler **(Bild 3)** einstellen. Zur Bestimmung der Vorwiderstände sind die Werte $U_{BE}$ und $I_B$ notwendig.

**Beispiel:**

Bei der Schaltung nach **Bild 2** fließt bei einer Spannung $U_{BE} = 0{,}63$ V ein Basisstrom von $I_B = 25$ µA. Überprüfen Sie durch Berechnung den Widerstand $R_1$.

**Lösung:**

$$R_1 = \frac{U_{R1}}{I_B} = \frac{U_b - U_{BE}}{I_B} = \frac{9\ \text{V} - 0{,}63\ \text{V}}{25\ \mu\text{A}} = \mathbf{330\ k\Omega}$$

**Arbeitspunktstabilisierung von Transistoren.** Bei Transistoren sind Exemplarstreuungen, z. B. $B = 80 \ldots 125$, bei gleichen Transistorbezeichnungen, möglich. Die Umgebungstemperatur wirkt sich ebenfalls auf die Transistorkennwerte aus. Der Kollektorstrom $I_C$ kann bei zunehmender Temperatur so weit ansteigen, dass sich die Verstärkung unzulässig ändert. Dadurch können Verzerrungen auftreten oder der Transistor wird thermisch überlastet. Deshalb muss der Arbeitspunkt in elektronischen Schaltungen, z. B. in NF-Verstärkern, stabilisiert werden. Man unterscheidet zwischen Schaltungen ohne Gegenkopplung und Schaltungen mit Gegenkopplung. Schaltungen ohne Gegenkopplung sind einfacher im Aufbau, aber instabiler.

**Übersicht: Regeln zum Anschließen von Transistoren**

- Transistoren sind grundsätzlich an Gleichspannung anzuschließen.
- Bei der Emitterschaltung wird der Lastwiderstand, z.B. eine Leuchte oder ein Widerstand, zwischen Kollektor und Spannungsquelle $U_b$ **(Bild 1)** geschaltet.
- Die Basis-Emitter-Strecke wird in Durchlassrichtung, die Basis-Kollektor-Strecke in Sperrrichtung betrieben.
- Die Ströme $I_B$ und $I_C$ müssen begrenzt werden.
- Die Arbeitspunkteinstellung (Festlegung von $I_B$ und $U_{BE}$) kann durch unterschiedliche Schaltungsmaßnahmen erfolgen **(Bild 1).**

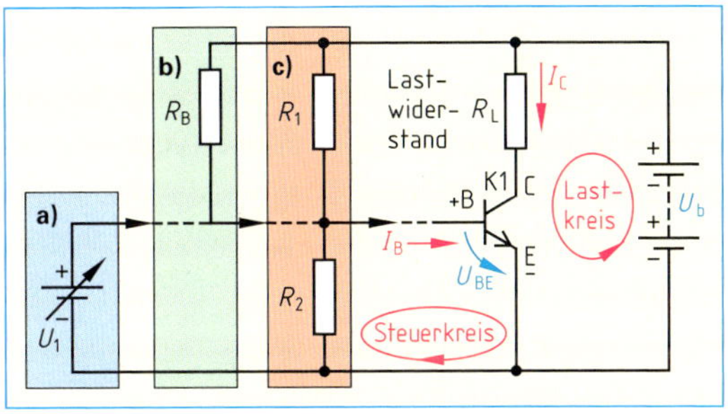


**Bild 1: Arbeitspunkteinstellung eines NPN-Transistors durch a) einstellbare Spannungsquelle, b) Basisvorwiderstand, c) Spannungsteiler**

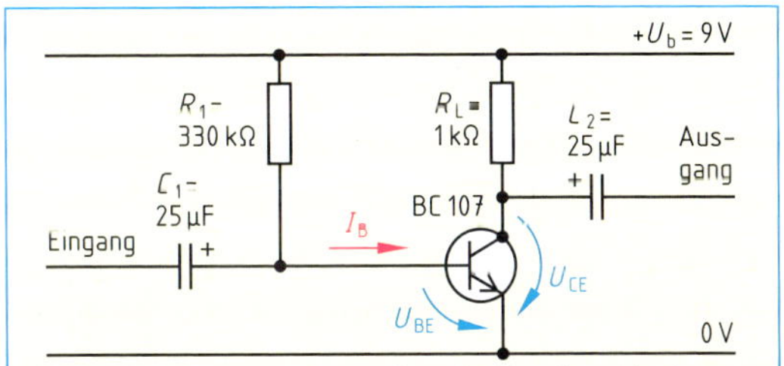


Der zusätzliche Punkt am Kollektor des Transistors bedeutet, dass der Kollektor mit dem Transistorgehäuse verbunden ist.

**Bild 2: Arbeitspunkteinstellung durch Basisvorwiderstand $R_1$**

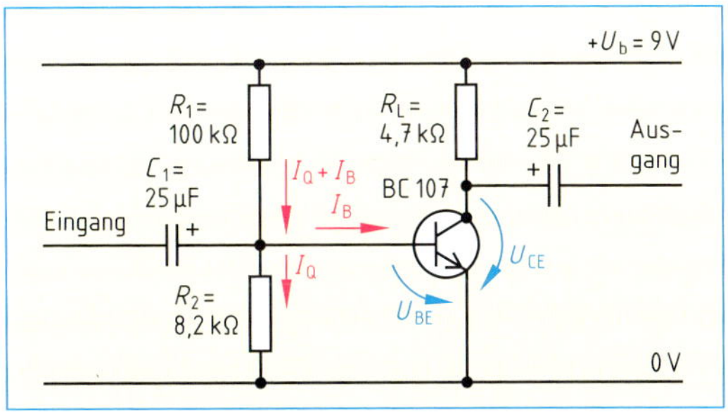


**Bild 3: Arbeitspunkteinstellung durch Basisspannungsteiler $R_1$ und $R_2$**

## Anwendungen von Transistoren

Anwendungsbeispiele sind:

- Transistor als elektronischer Schalter,
- Niederfrequenzverstärker,
- Pegelumsetzer und
- Spannungsstabilisierung.

### Transistor als elektronischer Schalter

Ein Transistor als Schalter **(Bild 1)** hat zwei Betriebszustände: leitend oder gesperrt. Ist der Transistor leitend, so ist die Kollektor-Emitter-Strecke niederohmig, bei gesperrtem Transistor hochohmig. Dadurch wird die Last ein- oder ausgeschaltet. Legt man an die Schaltung die Eingangsspannung $U_1$, so fließt ein Basisstrom $I_B$. Der Basisstrom $I_B$ steuert im Transistor den Kollektorstrom $I_C$, der durch den Lastwiderstand fließt. Da der Basisstrom $I_B$ durch den Transistor verstärkt wird, spricht man von einem Schaltverstärker.

### Bestimmung des Basisvorwiderstandes $R_v$

Den zum Schalten erforderlichen minimalen Basisstrom $I_{Bmin}$ kann man der Ausgangskennlinie **(Bild 2)** entnehmen. In dieser Kennlinie wird die Last- oder Widerstandsgerade mit den Arbeitspunkten A1 (Transistor leitend) und A2 (Transistor gesperrt) eingezeichnet. Der Arbeitspunkt A1 entspricht dem Laststrom 50 mA und der Arbeitspunkt A2 dem Wert $U_b = U_{CE} = 12\,V$. Die Verbindung von A1 nach A2 nennt man **Lastgerade.** Der Schnittpunkt B ergibt den erforderlichen Mindestbasisstrom $I_{Bmin} = 250\,\mu A$ und den tatsächlich fließenden Kollektorstrom $I_C$. Um den Transistor sicher leitend zu steuern, wählt man einen Übersteuerungsfaktor, z.B. $ü = 3$. Da der Transistor keinen idealen Schalter darstellt, verbleibt zwischen Emitter und Kollektor eine Restspannung $U_{CEsat}$ von etwa 0,2 V **(Bild 2).** Die im Transistor auftretende Verlustleistung beträgt dann $\boldsymbol{P_v} = U_{CEsat} \cdot I_C = 0{,}2\,V \cdot 50\,mA$ = **10 mW.** Der Transistor ist dabei nicht überlastet.

## Prüfen von Transistoren

> Transistoren kann man innerhalb oder außerhalb einer Schaltung prüfen.

**Prüfen außerhalb einer Schaltung.** Mit einem Widerstandsmesser, einem elektronischen Durchgangsprüfer oder einem digitalen Vielfach-Messinstrument werden die PN-Übergänge B-C und B-E des ausgelöteten Transistors überprüft. Man prüft immer von der Basis zum Kollektor und von der Basis zum Emitter **(Bild 3)** und umgekehrt.

**Prüfen innerhalb einer Schaltung.** Beim Prüfen des Transistors in der Schaltung wird die Spannung $U_{BE}$ gemessen. Ist die Basis-Emitter-Spannung größer als 1,5 V, so ist der Transistor meist defekt. Bei allen Messungen muss der Transistortyp (NPN oder PNP) beachtet werden.

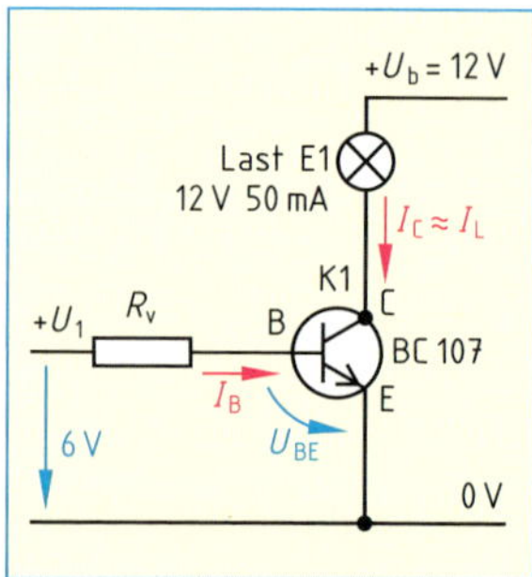


$$I_C = \frac{U_b - U_{CEsat}}{R_L}$$

$$I_B = \frac{ü \cdot I_C}{B_{min}}$$

$$R_v = \frac{(U_1 - U_{BEsat}) \cdot B_{min}}{ü \cdot I_C}$$

| | | | |
|---|---|---|---|
| $U_b$ | Betriebsspannung | $I_C$ | Kollektorstrom |
| $U_1$ | Eingangsspannung | $R_v$ | Basisvorwiderstand |
| $U_{CEsat}$ | Kollektor-Emitter-Sättigungsspannung | $R_L$ | Lastwiderstand |
| $U_{BEsat}$ | Basis-Emitter-Sättigungsspannung | $ü$ | Übersteuerungsfaktor (2 ... 5) |
| $I_B$ | Basisstrom | $B_{min}$ | min. Gleichstromverhältnis (Stromverstärkung) |

**Bild 1: Transistor als elektronischer Schalter**

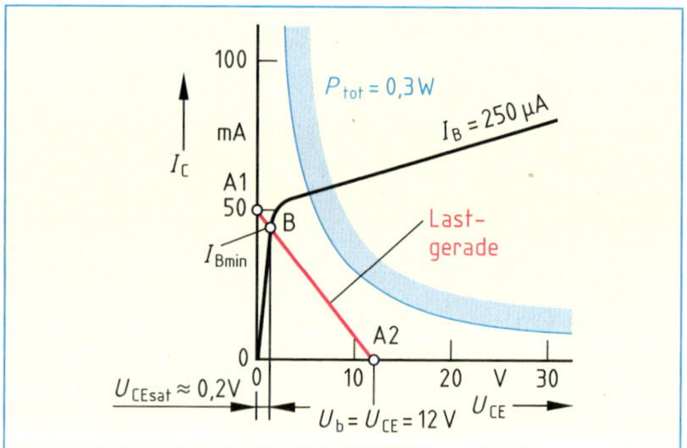


**Bild 2: Ausgangskennlinie mit Lastgerade**

**Beispiel:**

Der Transistor BC107 soll als Schalter mit einem Übersteuerungsfaktor $ü = 3$ und einer Spannung $U_{BEsat}$ = 0,87 V eingesetzt werden. Bestimmen Sie mithilfe der **Bilder 1 und 2** den Basisvorwiderstand $R_v$ bei $I_C = 50\,mA$.

**Lösung:**

**Aus Bild 2:** $B_{min} = I_C : I_B = 50\,mA : 250\,\mu A = 200$

$$\boldsymbol{R_v} = \frac{(U_1 - U_{BEsat}) \cdot B_{min}}{ü \cdot I_C} = \frac{(6\,V - 0{,}87\,V) \cdot 200}{3 \cdot 50\,mA} = \mathbf{6{,}8\,k\Omega}$$

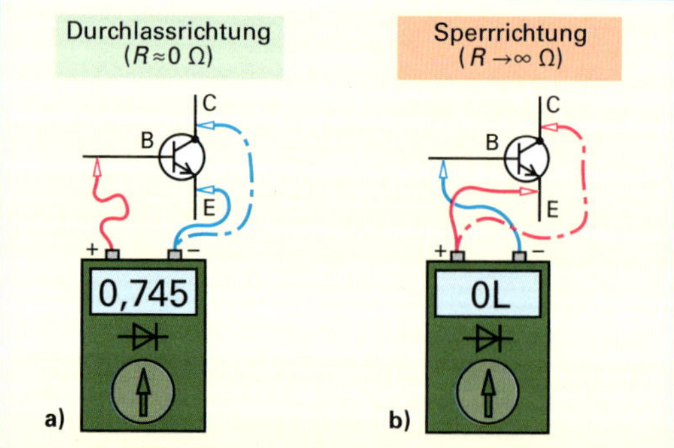


**Bild 3: NPN-Transistorprüfung mit einem digitalen Vielfach-Messinstrument**

## 12.4.5 Spannungsstabilisierungen

Spannungstabilisierungen versorgen z.B. elekronische Geräte mit konstanter (gleichbleibender) Spannung. Dabei unterscheidet man verschiedene Prinzipien und Schaltungen.

Wichtige Schaltungsarten sind:

- Spannungsstabilisierung mit Z-Diode **(Seite 246).**
- Elektronische Schaltungen mit stetigen Reglern, z.B. mit Serienreglern **(Bild 1)** oder mit Parallelreglern.
- Stabilisierungsschaltungen mit Festspannungsreglern (integrierte Schaltungen) mit fester Ausgangsspannung **(Bild 2)** und einstellbarer Ausgangsspannung **(Bild 3).**
- Elektronische Schaltnetzteile.

**Spannungsstabilisierung mit Z-Diode.** In der Schaltung **Bild 1** versorgt die Z-Diode bei sich ändernder Eingangsspannung $U_1$, z.B. bei Netzspannungsschwankungen, die Basis des Transistors mit einer stabilen Spannung.

Die Ausgangsspannung $U_2$ ist um den Betrag der Spannung $U_{BE}$ kleiner als die Spannung $U_Z$ der gewählten Z-Diode ($U_2 = U_Z - U_{BE}$).

Wird die Spannung $U_Z$ geändert, z.B. durch Austauschen der Z-Diode, so ändert sich auch die Ausgangsspannung $U_2$ (siehe Tabelle in **Bild 1**). Bei Austausch der Z-Diode muss beachtet werden, dass der Strom $I_{Zmax}$ der Z-Diode nicht überschritten wird. Der Strom durch die Z-Diode wird deshalb durch den Widerstand $R_1$ begrenzt **(Bild 1).**

**Integrierte Spannungsregler** mit konstanter Ausgangsspannung gibt es mit verschiedenen Spannungswerten, z.B. 5 V, 9 V, 12 V und 24 V. Die Höhe der Ausgangsspannung entnimmt man der Bezeichnung z.B. 7805 oder 7912. Dabei geben die letzten beiden Ziffern die Höhe der Ausgangsspannung an.

Bei Spannungsreglern mit einstellbarer Ausgangsspannung **(Bild 3)** kann durch das Verhältnis der Widerstände $R_1$ und $R_2$ die Höhe der Ausgangsspannung bestimmt werden.

Das IC LM 317 enthält den vollständigen Regler, die Referenzspannungsquelle, das Stellglied und den Überlastungsschutz.

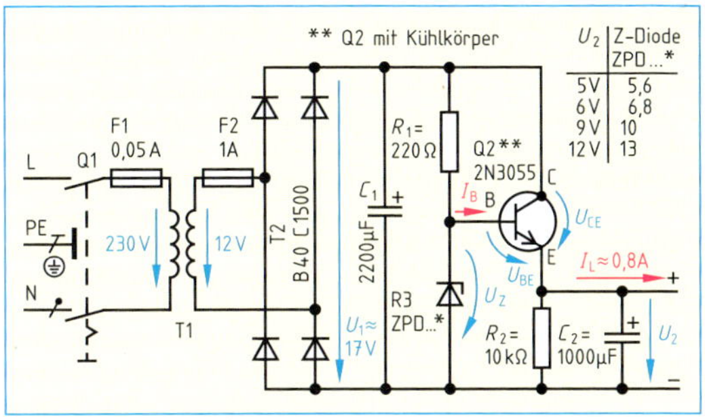


**Bild 1: Stabilisiertes Netzgerät mit Transistor und Z-Diode (Serienregler)**

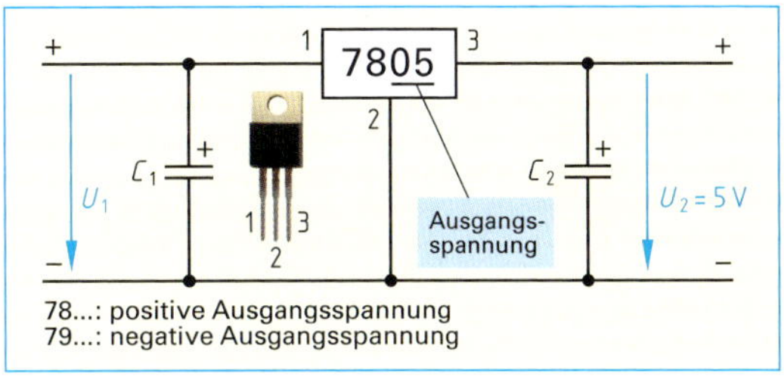


**Bild 2: Spannungsregler mit konstanter Ausgangsspannung**

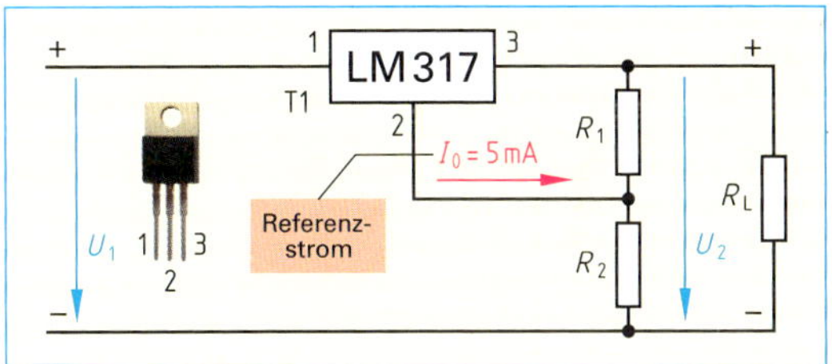


$$U_2 = 1{,}25\,\text{V} \cdot \left(1 + \frac{R_2}{R_1}\right) + I_0 \cdot R_2$$

**Bild 3: Spannungsregler mit einstellbarer Ausgangsspannung**

**Beispiel:**

Ein Spannungsregler LM 317 ist mit $R_1 = 220\ \Omega$ und $R_2 = 750\ \Omega$ beschaltet. Berechnen Sie die Höhe der Ausgangsspannung $U_2$ mithilfe von **Bild 3.**

**Lösung:**

$$\boldsymbol{U_2} = 1{,}25\,\text{V} \cdot \left(1 + \frac{R_2}{R_1}\right) + I_0 \cdot R_2 =$$

$$1{,}25\,\text{V} \cdot \left(1 + \frac{750\ \Omega}{220\ \Omega}\right) + 5\ \text{mA} \cdot 750\ \Omega = \mathbf{9{,}26\,V}$$

**Wiederholungsfragen**

1. **Nennen Sie Halbleitermaterialien von Transistoren.**
2. **Wie werden die Anschlüsse von Transistoren bezeichnet?**
3. **Welche Bedeutung hat die Transistor-Bezeichnung BD 612?**
4. **Welche Grenzwerte dürfen bei Transistoren nicht überschritten werden?**
5. **Warum ist ein Transistor kein idealer Schalter?**
6. **Beschreiben Sie die Prüfung von Transistoren a) innerhalb und b) außerhalb der Schaltung.**
7. **Nennen Sie Schaltungen zur Spannungsstabilisierung.**

## 12.4.6 Thyristoren

**Der Thyristor ist eine steuerbare Silicium-Gleichrichterdiode.**

Thyristoren werden an Gleich- oder Wechselspannungen, z. B. zum Schalten von Verbrauchern, zur Leistungssteuerung (Dimmer) oder zur Drehzahlsteuerung von Motoren verwendet.

Thyristoren haben drei Anschlüsse:
G (Gate = Steueranschluss), A (Anode) und K (Katode, **Bild 1 und Tabelle**).

**Kennwerte und Grenzwerte des Thyristors.**

**Kennwerte.** Der Steuerstrom $I_G$ und die Steuerspannung $U_{GK}$ schalten den Thyristor leitend. Man spricht auch vom Zünden des Thyristors. Zum Zünden genügt auch ein positiver Impuls. Dadurch wird der Verbraucher eingeschaltet. Der Thyristor bleibt leitend.

**Grenzwerte.** $I_{Fmax}$ ist der Effektivwert des höchsten, dauernd zulässigen Durchlassstromes. Dieser Strom darf über den Thyristor fließen.

$U_{Rmax}$ ist der höchste zulässige Spannungswert an der A-K-Strecke bei gesperrtem Thyristor. Dies gilt für positive und negative Spannungen einschließlich aller Spannungsspitzen.

Werden $I_{Fmax}$ oder $U_{Rmax}$ (Beispiele **Tabelle**) überschritten, so wird der Thyristor zerstört.

**Haltestrom.** Wird der Haltestrom $I_H$ unterschritten, so sperrt der Thyristor. Der Widerstand zwischen Anode und Katode wird hochohmig.

**Nullkippspannung.** Wird die Nullkippspannung $U_{AKO}$ erreicht, so zündet der Thyristor auch ohne Steuerstrom. Dies ist unerwünscht. Deshalb schaltet man ein RC-Glied zur Dämpfung von Spannungsspitzen parallel zum Thyristor an den Anschluss A und K. Die Größe der Nullkippspannung und die Werte des RC-Gliedes werden vom Hersteller angegeben.

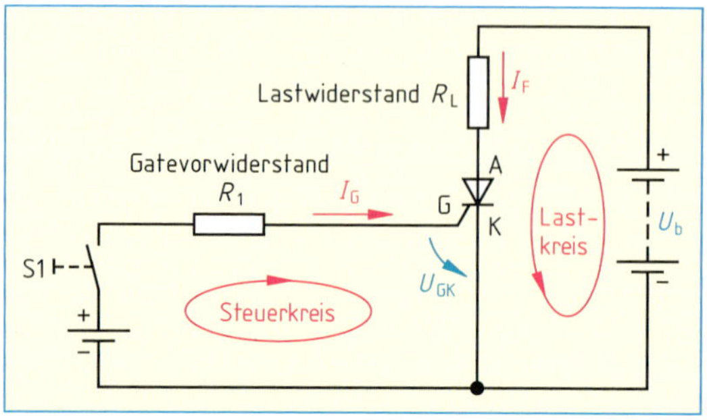


**Bild 1: Thyristor an Gleichspannung**

**Tabelle: Gehäuse, Anschlussfolge, Kenn- und Grenzwerte von Thyristoren** (Beispiele)

| Typ | Gehäuse, Anschlussfolge | Kennwerte $I_G$, $U_{GK}$ | Grenzwerte $I_{Fmax}$, $U_{Rmax}$ |
|---|---|---|---|
| BRY 55/100 | G, A, K | 0,2 mA<br>0,8 V | 0,8 A<br>100 V |
| BT 151/500R | G, A, K | 15 mA<br>1,5 V | 12 A<br>500 V |
| T12 N900 | M6, A, K, G | 50 mA<br>1,2 V | 30 A<br>900 V |

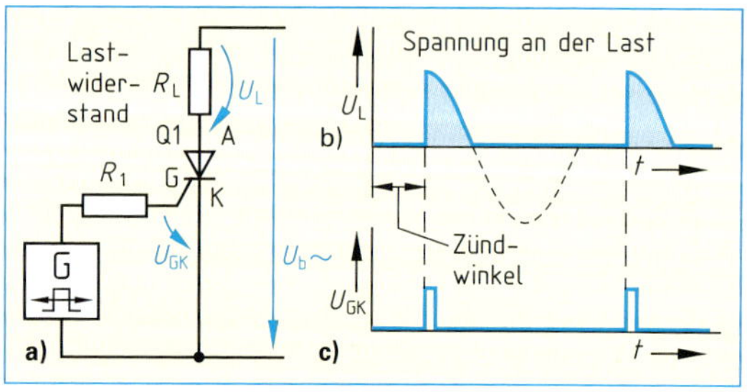


**Bild 2: Thyristor an Wechselspannung**

## Anwendung von Thyristoren

**Thyristor an Gleichspannung.** Der Lastwiderstand $R_L$ wird beim Thyristor an der Anode angeschlossen **(Bild 1)**. Dadurch hat der Lastwiderstand keinen Einfluss auf die Steuerspannung. Beim Betätigen des Tasters S1 fließt im Steuerkreis der Strom $I_G$, der durch den Vorwiderstand $R_1$ begrenzt wird. Der Strom $I_G$ zündet den Thyristor. Der Thyristor wird leitend. Durch den Lastwiderstand fließt der Strom $I_F$. Beim Öffnen des Tasters S1 bleibt der Thyristor weiterhin leitend. Es genügt deshalb zum Zünden des Thyristors ein positiver Spannungs- bzw. Stromimpuls. Soll der Verbraucher ausgeschaltet werden, so muss der Haltestrom $I_H$ unterschritten werden.

**Thyristor an Wechselspannung.** Wird als Betriebsspannung $U_b$ eine Wechselspannung angeschlossen **(Bild 2a)**, so verhält sich der Thyristor wie ein Gleichrichter. Der Lastwiderstand erhält nach Zündung des Thyristors nur positive Halbwellen **(Bild 2b)**. Die negativen Halbwellen werden durch den Thyristor gesperrt. Die Zündung erfolgt wie bei Gleichspannung, mit einem positiven Impuls am Gate. Wird der Zündimpuls innerhalb einer positiven Halbwelle zeitlich verschoben **(Bild 2c)**, so kann eine Leistungssteuerung des Verbrauchers erfolgen. Dies wird z. B. bei Stromrichterschaltungen angewendet.

**Bei jedem Nulldurchgang wird der Thyristor gesperrt. Er muss deshalb in jeder positiven Halbwelle erneut gezündet werden.**

## 12.4.7 Triacs

**Ein Triac ist ein Wechselstromsteller.**

Er dient z. B. zum Schalten von Glühlampen oder zur Drehzahlsteuerung von Motoren. Die Anschlüsse des Triacs **(Bild 1)** sind: G (Gate = Steueranschluss), A1 (Anode 1) und A2 (Anode 2). Triac und Thyristor haben ähnliche elektrische Kenn- und Grenzwerte. Grenzwerte sind z. B. der Strom $I_{Fmax}$ und die Spannung $U_{Rmax}$ **(Tabelle 1)**.

$I_G$ und $U_{GA1}$ werden zum Zünden des Triacs benötigt **(Beispiele Tabelle 1)**. Der Triac kann unabhängig davon, ob A1 gegenüber A2 positiv oder negativ ist, wahlweise mit Gleichspannung, Wechselspannung oder impulsförmiger Spannung zwischen der Steuerelektrode G und der Anode 1 gezündet werden. Dabei kann G gegenüber A1 sowohl positiv als auch negativ sein. Man unterscheidet die vier Möglichkeiten einer Triaczündung **(Tabelle 2)**, den sogenannten Vierquadrantenbetrieb. Der leitende Triac schaltet die Last ein. Sie erhält positive und negative Halbwellen des anliegenden Wechselstromes.

**Bei jedem Nulldurchgang wird der Triac gelöscht. Er muss deshalb in jeder Halbwelle erneut gezündet werden.**

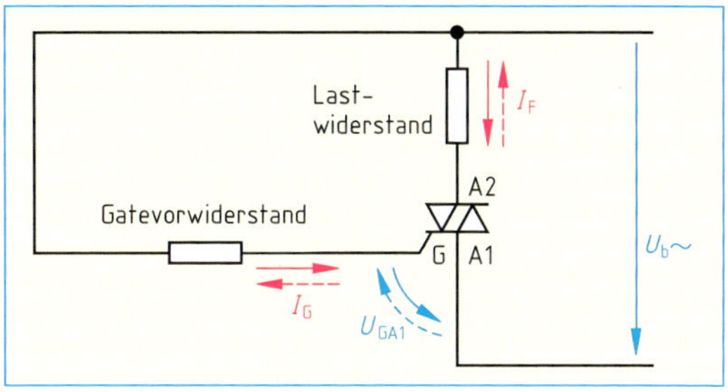


**Bild 1: Grundschaltung Triac**

**Tabelle 1: Gehäuse, Anschlussfolge, Kenn- und Grenzwerte von Triacs** (Beispiele)

| Typ | Gehäuse, Anschlussfolge | Kennwerte $I_G$, $U_{GA1}$ | Grenzwerte $I_{Fmax}$, $U_{Rmax}$ |
|---|---|---|---|
| 2N5756 | 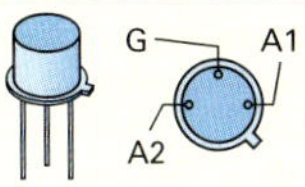  | 40 mA<br>2,2 V | 2,5 A<br>400 V |
| BT 137/500 | 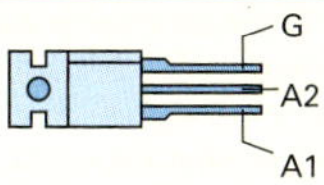  | 35 mA<br>1,5 V | 8 A<br>500 V |
| BTW43/ 600G | 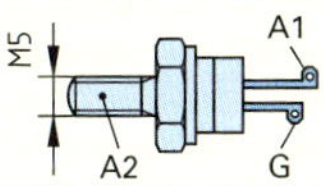  | 100 mA<br>2,5 V | 15 A<br>600 V |

**Tabelle 2: Zündverhalten eines Triacs im Vierquadrantenbetrieb**

| Quadrant | Anschluss | | |
|---|---|---|---|
| | A2 | A1 | G* |
| I | + | − | + |
| II | + | − | − |
| III | − | + | − |
| IV | − | + | + |

* +: Spannung von G nach A1 ist positiv,
 −: Spannung von G nach A1 ist negativ.

**Anwendung von Triacs.** Triacs als kontaktlose Schalter können Wechselstrom- oder Drehstromverbraucher, z. B. Heizwiderstände, kontaktlos schalten **(Bild 2)**. Die Ansteuerung der Triacs Q1 bis Q3 erfolgt mit Kleinspannung. Wird der Schalter S1 geschlossen, so kann ein Steuerstrom fließen. Dadurch werden die Triacs gezündet. Die Widerstände $R_1$ bis $R_3$ begrenzen die Steuerströme auf etwa 80 mA. Dieser Strom ist zum sicheren Zünden der Triacs notwendig. Die Widerstände $R_4$ bis $R_6$ verhindern eine unerwünschte Zündung der Triacs, da bei geöffnetem Schalter S1 die Anschlüsse G und A1 überbrückt werden. Eine zeitliche Verschiebung der Zündimpulse während der positiven und negativen Halbwelle verändert die Leistungsaufnahme des angeschlossenen Verbrauchers, z. B. Heizwiderstände **(Bild 2)** oder Glühlampen **(Seite 254)**.

### Prüfen von Thyristoren und Triacs

Eine einfache grundsätzliche Prüfung kann mit einem Widerstandsmesser erfolgen. Dabei prüft man das Widerstandsverhalten zwischen den Anschlüssen, z. B. zwischen A1 und A2. Niederohmige Durchgänge in beiden Richtungen weisen auf ein defektes Bauteil hin.

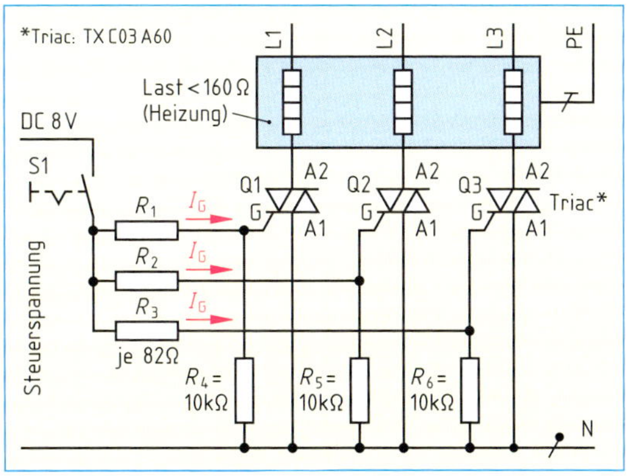


**Bild 2: Triac als kontaktloser Schalter**

## 12.4.8 Diac

**Der Diac ist ein Wechselstromschalter.**

Der Diac dient zum Ansteuern von Thyristoren oder Triacs, z. B. bei der Leistungssteuerung **(Bild 1).** Wird die Spannung zwischen den beiden Anschlüssen des Diacs erhöht, so wird er nach Erreichen seiner Durchbruch- oder Kippspannung (≈ 30 V) leitend.

### Leistungssteuerung

Zur Leistungssteuerung von Glühlampen, Halogenlampen oder Leuchtstofflampen verwendet man Anschnittsteuerungen **(Übersicht).** Allgemein spricht man von einem Dimmer **(Bild 1).** Dabei wirkt der Diac in Verbindung mit dem Triac als Wechselstromsteller.

**Phasenanschnittsteuerung.** Mit jedem Beginn der Halbwelle wird der Kondensator $C_1$ über den Widerstand $R_1$ aufgeladen. Erreicht die Kondensatorspannung die Kippspannung des Diacs, wird der Diac leitend. Der aufgeladene Kondensator entlädt sich über die Steuerstrecke des Triacs, der gezündet wird und die Last über den Triac einschaltet. Wird $R_1$ z. B. vergrößert, so wird sich mit Beginn der Halbwelle der Kondensator $C_1$ langsamer bis zur Kippspannung des Diac aufladen. Der Triac zündet zeitlich später und die Last erhält nur einen geringeren Teil der Halbwelle **(Bild 2a),** wodurch z. B. bei einer Leuchte die Helligkeit sinkt. Im Nulldurchgang der Wechselspannung wird der Triac gelöscht. Mit Beginn der nächsten Halbwelle wiederholt sich der Vorgang.

Im Gegensatz zur **Phasenanschnittsteuerung (Bild 2a)** wird bei der **Phasenabschnittsteuerung** beim Nulldurchgang der Netzwechselstrom eingeschaltet **(Bild 2b)** und der Stromfluss bei einem bestimmten Phasenwinkel unterbrochen. Die Phasenabschnittsteuerung eignet sich besonders für elektronische Transformatoren (Konverter). Für die Leistungssteuerung von Halogenlampen, Glühlampen oder Motoren müssen geeignete Dimmer **(Bild 3 und Tabelle)** ausgewählt werden. Sollen Leuchtstofflampen in der Helligkeit gesteuert werden, so verwendet man dimmbare elektronische Vorschaltgeräte (EVG) mit einer Steuerspannung von 0 V bis 10 V.

**Übersicht: Anschnittsteuerungen**

**Phasenanschnittsteuerungen** verwendet man vor allem zur Steuerung von:
- Glühlampen und
- 230-V-Halogenlampen.
- Niedervolt-Halogenlampen mit Transformator.

**Phasenabschnittsteuerungen** verwendet man vor allem zur Steuerung von
- Glühlampen,
- 230-V-Halogenlampen und
- Niedervolt-Halogenlampen mit elektronischem Transformator **(Bild 3).**

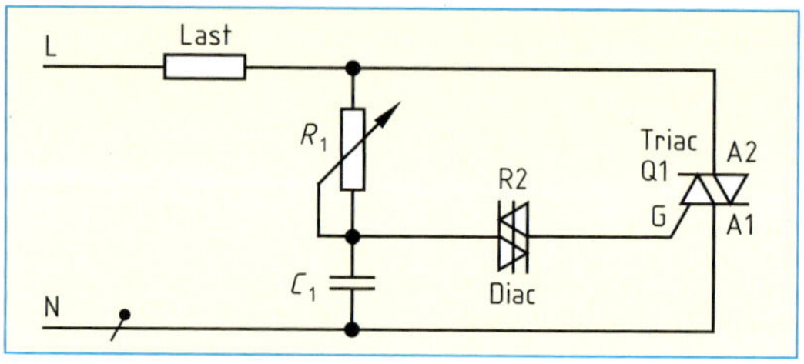


**Bild 1: Grundschaltung eines Dimmers zur Leistungssteuerung**

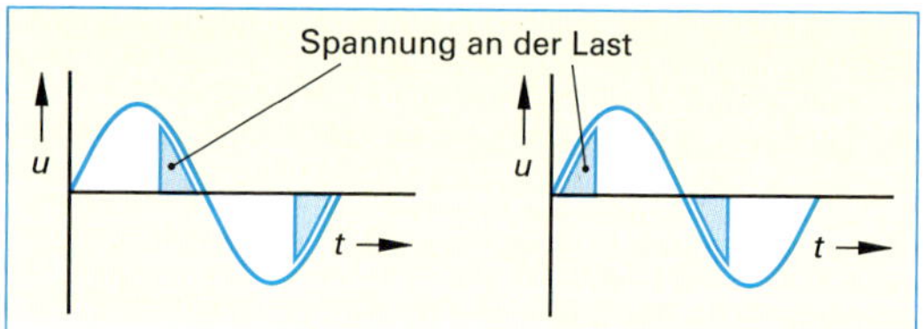


**a)** Phasenanschnittsteuerung **b)** Phasenabschnittsteuerung

**Bild 2: Spannung an der Last**

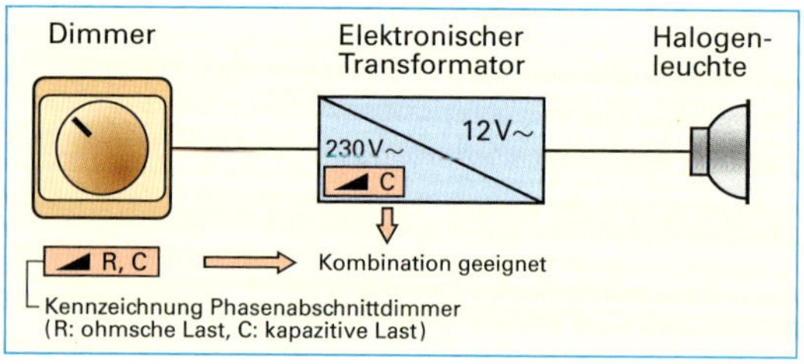


**Bild 3: Steuerung von Niedervolt-Halogenlampen**

**Tabelle: Auswahl eines Dimmers**

| Lasttyp | Kennzeichnung auf dem Dimmer (Dimmertyp) | | | | |
|---|---|---|---|---|---|
| | R | R,L | R,C | R,L,C | M |
| R | erlaubt | erlaubt | erlaubt | erlaubt | nicht zulässig |
| L | nicht zulässig | erlaubt | nicht zulässig | erlaubt | nicht zulässig |
| C | nicht zulässig | nicht zulässig | erlaubt | erlaubt | nicht zulässig |
| L, C | nicht zulässig | erlaubt | erlaubt | erlaubt | nicht zulässig |
| Motor | nicht zulässig | nicht zulässig | nicht zulässig | nicht zulässig | erlaubt |

R: ohmsche Last, z.B. Allgebrauchsglühlampen; L: induktive Last, z.B. konventionelle Transformatoren für Halogenlampen;
C: kapazitive Last, z.B. elektronische Transformatoren für Halogenlampen

## 12.4.9 Kühlung von Halbleiterbauelementen

Um die in Halbleiterbauelementen, z. B. Transistoren oder Thyristoren, entstehende Wärme abzuführen, setzt man bei Leistungen ab einigen Watt Kühlkörper ein. Kühlkörper sollen die Wärme vom Gehäuse des Halbleiterbauelementes möglichst gut an die Umgebung ableiten, damit die maximale Sperrschichttemperatur des Halbleitermaterials nicht überschritten wird. Jeder Kühlkörper hat einen thermischen Widerstand $R_{thK}$ der vom Hersteller angegeben wird **(Beispiele Tabelle)**. $R_{thK}$ ist der thermische Widerstand zwischen Kühlkörper und Kühlmittel (meist Umgebungsluft). Der thermische Widerstand, z. B. $R_{thK} = 6$ K/W, bedeutet, dass ein Temperaturunterschied von 6 K vorhanden sein muss, um vom Bauelement an die Umgebung eine Leistung von 1 W abzuführen. Der Wärmewiderstand des Kühlkörpers ist abhängig von Form, Größe, Material und Oberflächenbeschaffenheit. Zum Beispiel geben schwarz lackierte Kühlkörper die Wärme besser an die Umgebung ab als helle Kühlkörper. Zusätzlich kann zwischen Halbleiterbauelement und Kühlkörper z. B. eine elektrisch nicht leitende Wärmeleitpaste verwendet werden. Sie gleicht die Oberflächenrauheit zwischen Bauelement und Kühlkörper aus. Der Wärmeübergang wird dadurch verbessert. Den notwendigen thermischen Widerstand eines Kühlkörpers muss man berechnen **(Tabelle)**.

Die zulässige Sperrschichttemperatur beträgt bei Silicium etwa 150 °C und bei Germanium etwa 100 °C.

**Tabelle: Kühlkörper mit Angabe und Berechnung des Wärmewiderstandes** (Beispiele)

| Kühlkörper | therm. Widerstand $R_{thK}$ | Kühlkörper | therm. Widerstand $R_{thK}$ | Kühlkörper | therm. Widerstand $R_{thK}$ |
|---|---|---|---|---|---|
| 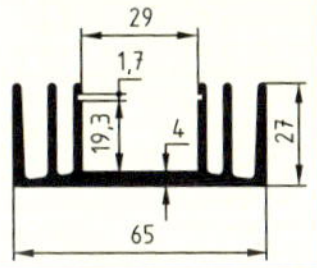 | 3,2 K/W bei 50 mm Länge, 2,3 K/W bei 100 mm Länge | 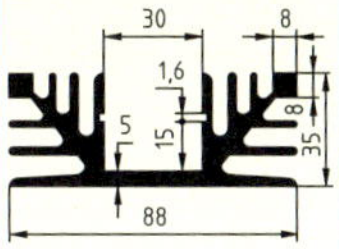 | 2,5 K/W bei 50 mm Länge, 1,5 K/W bei 100 mm Länge | 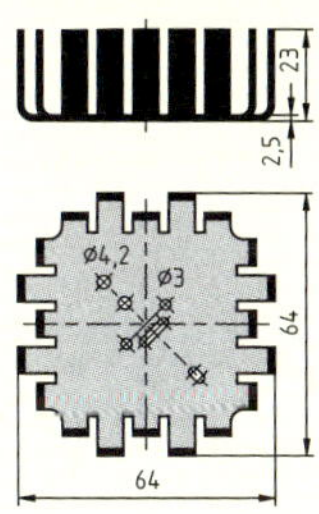 | 4,3 K/W für TO-3 Gehäuse, z.B. für AD 130, BU 108, BDY 12, 2N3055 |
| 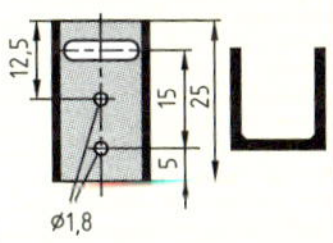 | 11 K/W für TO-220 Gehäuse, z.B. für BD 201, BD 643, BD 644 | 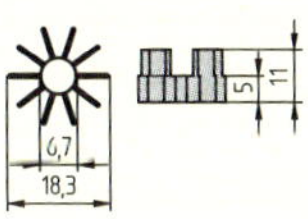 | 45 K/W für TO-39 Gehäuse, z.B. für BC 140, BC 141, BC 345, 2N4406 | | |

Für die Berechnung des thermischen Widerstandes gilt:

$$R_{thK} \leq \frac{\vartheta_j - \vartheta_U}{P_v} - R_{thG} - R_{thÜ}$$

$\vartheta_j$ Maximale Sperrschichttemperatur des Halbleiters
$\vartheta_U$ Maximal auftretende Umgebungstemperatur
$P_v$ Verlustleistung des Halbleiterbauelementes
$R_{thG}$ innerer thermischer Widerstand des Halbleiterbauelementes
$R_{thÜ}$ thermischer Widerstand zwischen Gehäuse und Kühlkörper
$R_{thK}$ thermischer Widerstand des Kühlkörpers
($\vartheta_j$ und $R_{thG}$ werden vom Hersteller des Bauelementes angegeben)

**Beispiel:**

Bei einem Leistungstransistor BD 135 tritt eine Verlustleistung $P_v = 4$ W bei einer Umgebungstemperatur $\vartheta_U =$ 45 °C auf.

Die maximale Sperrschichttemperatur beträgt $\vartheta_j = 150$ °C, der innere thermische Widerstand $R_{thG} = 10$ K/W und der thermische Widerstand zwischen Gehäuse und Kühlkörper $R_{thÜ} = 3{,}5$ K/W. Berechnen Sie den thermischen Widerstand des Kühlkörpers.

**Lösung:**

$$\mathbf{R_{thK}} \leq \frac{\vartheta_j - \vartheta_U}{P_v} - R_{thG} - R_{thÜ} = \frac{150\,°C - 45\,°C}{4\,W} - 10\,K/W - 3{,}5\,K/W = \mathbf{12{,}75\,K/W}$$

### Wiederholungsfragen

1 **Wie heißen die Anschlüsse a) eines Thyristors und b) eines Triacs?**
2 **Welche Grenzwerte dürfen beim Thyristor und Triac nicht überschritten werden?**
3 **An welchem Anschluss wird der Lastwiderstand a) beim Thyristor und b) beim Triac angeschlossen?**
4 **Nennen Sie Anwendungsbeispiele von Thyristoren und Triacs.**
5 **Was versteht man unter der Nullkippspannung?**
6 **Wozu verwendet man den Diac?**
7 **Zu welchem Zeitpunkt wird bei Wechselspannung der Triac grundsätzlich gelöscht?**
8 **Nach welchen Kriterien sind Dimmer auszuwählen?**
9 **Warum wird zwischen Kühlkörper und Bauelement z. B. Wärmeleitpaste verwendet?**

## 12.4.10 Optoelektronische Bauelemente

Optoelektronische Bauelemente **(Tabelle)** wandeln Lichtenergie in elektrische Energie oder elektrische Energie in Lichtenergie um.

**Tabelle: Optoelektronische Bauelemente**

| Bauelement, Kennzeichnung der Anschlüsse | Schaltzeichen oder Innenschaltung, Grundmaterial | Eigenschaften, elektrische Kennwerte | Anwendungsbeispiele |
|---|---|---|---|
| Fotowiderstand 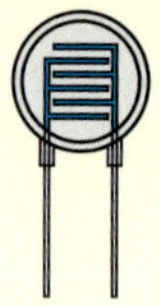 |  z.B. Cadmium-Sulfid | Der ohmsche Widerstand hängt von der Beleuchtungsstärke ab. **Beispiel:** Typ LDR 07 Dunkelwiderstand ≥ 10 MΩ Hellwiderstand etwa 100 Ω | Einfache Lichtschranke: Bei Beleuchtung sinkt der Widerstand des LDR. Dadurch wird der Transistor leitend und schaltet das Relais ein. 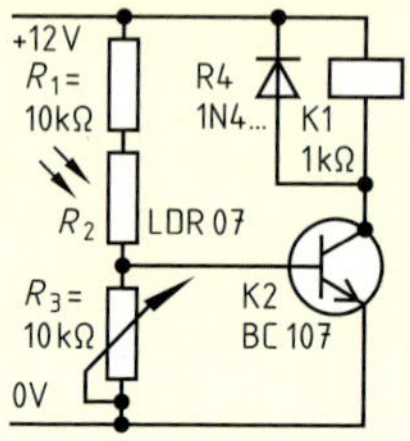  |
| Fotodiode 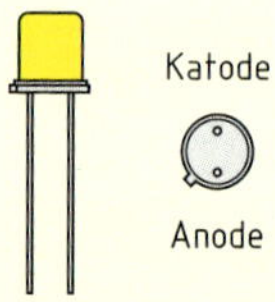  | 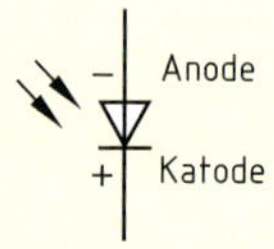  Germanium, Silicium | Fotodioden werden in Sperrrichtung betrieben. Der Sperrstrom steigt bei Bestrahlen mit Licht an. **Beispiel:** Typ BPX 65 Empfindlichkeit 4 nA/lx | Dämmerungsschalter: Wird die Fotodiode beleuchtet, so steigt ihr Sperrstrom an, wodurch der Transistor sperrt. Das Relais fällt ab. 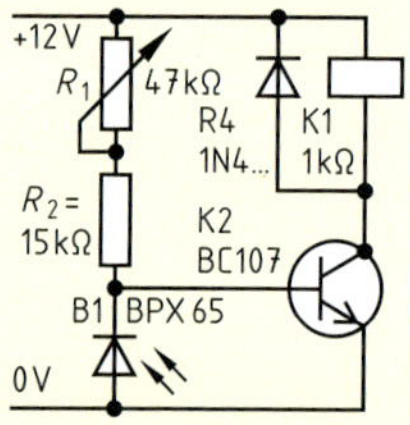  |
| Fototransistor 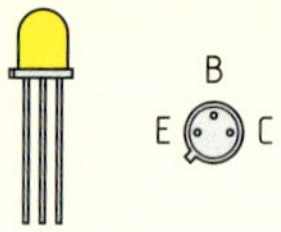  | 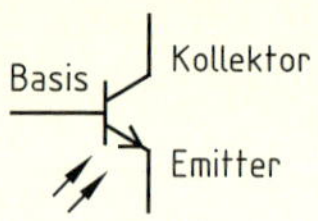  Silicium | Bei Beleuchtung fließt ein Strom vom Kollektor zum Emitter. Der Basisanschluss bleibt meist frei. | In der Datenverarbeitung, bei Fotoblitzgeräten: Bei Beleuchtung des Foto-Transistors entsteht ein Impuls, der in einem Verstärker, z.B. zur Stückzählung, verwendet werden kann. |
| Leuchtdiode (LED*) 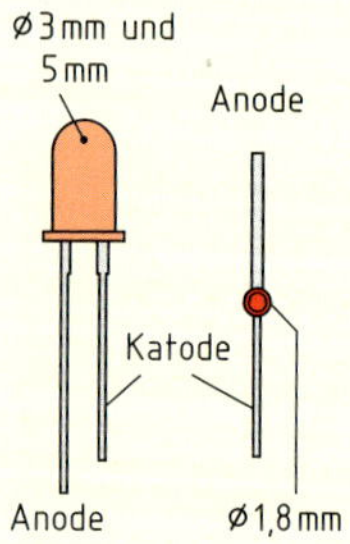  * Abk. für: Licht-emittierende Diode | 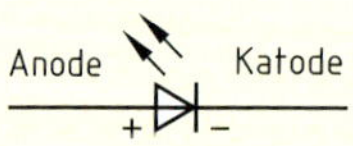  z.B. Galliumarsenid, Galliumphosphid | Fließt ein Strom $I_F$ in Durchlassrichtung, so wird Licht abgestrahlt. An der Leuchtdiode entsteht ein Spannungsabfall $U_F$, dessen Höhe von der Leuchtdiodenfarbe (Dotierung) abhängt. **Beispiele:** Rote Leuchtdiode $U_F \approx 1{,}6$ V; gelbe und grüne Leuchtdioden $U_F \approx 2$ V. Als Strom $I_F$ sind etwa 20 mA notwendig. $I_{Fmax}$ beträgt meist 50 mA. | Leuchtdiode an Gleichspannung 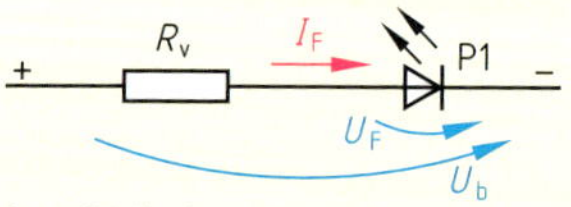  $R_v = \frac{U_b - U_F}{I_F}$ Leuchtdiode an Wechselspannung 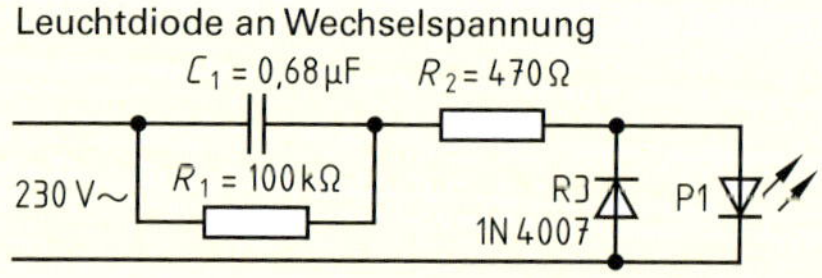  Der Kondensator wirkt als kapazitiver Vorwiderstand. Die Diode begrenzt die negative Halbwelle. R2 begrenzt den Einschaltstromstoß des Kondensators. R1 dient zum Entladen von C1. |
| LED-Kette 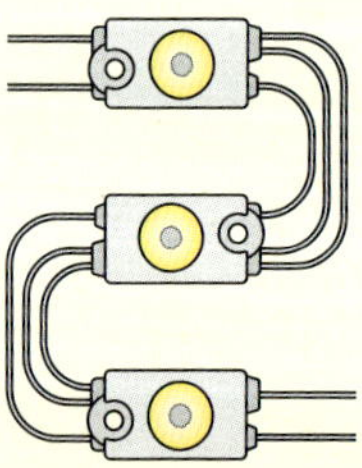 | Innenschaltung 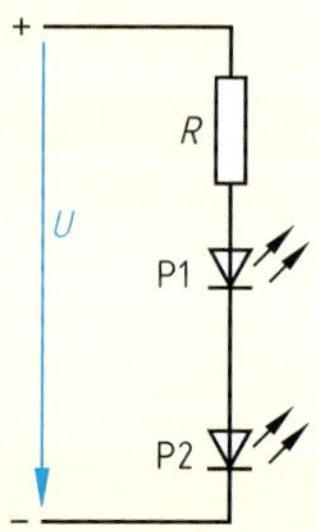  | Eine LED-Kette kann aus bis zu 90 Low-Power-LEDs bestehen. Die Montage der LEDs erfolgt auf Einzelplatinen. Bemessungsspannung: DC 12 V, Bemessungsleistung: max. 60 W, Schutzklasse: IP65, Farben: Weiß, rot, orange, gelb, grün, blau | Zur Verwendung in der Lichtwerbung um z.B. individuelle formbare Schriften zu erzeugen. Gesamtlänge der LED-Kette je nach Spreizung 240 mm bis 550 mm. 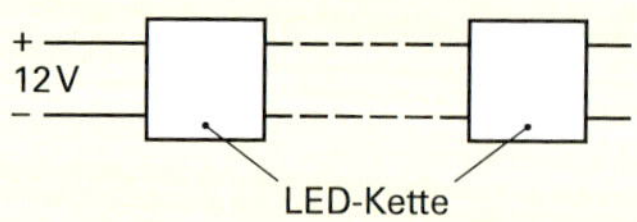  |

## 12.4.11 Integrierte Schaltungen (IC)

In einem IC[1] werden alle Bauelemente einer Schaltung, z. B. Widerstände, Dioden, Transistoren und deren Verbindungen, auf einem Silicium-Halbleiterkristall erstellt und untrennbar miteinander verbunden. Den Halbleiterkristall mit der integrierten Schaltung nennt man **Chip.** Der Chip wird in ein Kunststoff- oder Keramik-Gehäuse eingebaut **(Bild 1).** Gebräuchlich sind sogenannte **Dual-In-Line[2]-Gehäuse** mit z. B. 8, 14, 16, 20, 24 und mehr Anschlüssen **(Bild 1a).** Runde Gehäuse aus Metall gibt es z. B. mit 8 oder 10 Anschlüssen **(Bild 1b).**

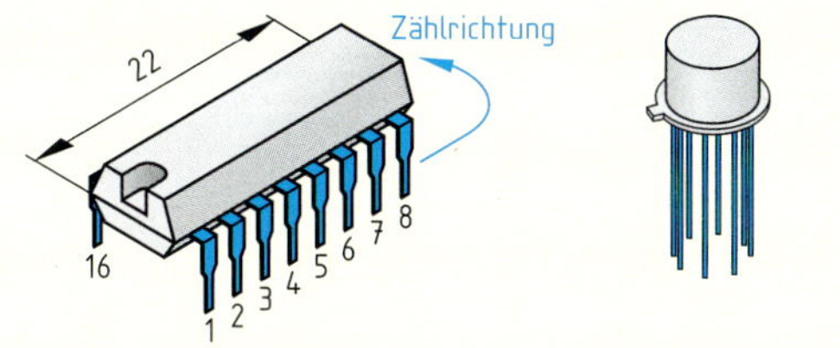


**a)** Dual-In-Line-Gehäuse **b)** TO-Gehäuse

**Bild 1: Bauarten von ICs**

> Nach der Schaltungstechnik unterscheidet man bei ICs analoge und digitale integrierte Schaltungen.

**Analoge integrierte Schaltungen** sind meist Verstärkerschaltungen. Eine kleine Eingangsgröße, z. B. eine Spannung, wird verstärkt und kann am Ausgang entnommen werden. Eingangs- und Ausgangsgröße haben meist gleiche Kurvenform. Beispiele für analoge integrierte Schaltungen sind NF-Verstärker **(Bild 2)** und Operationsverstärker.

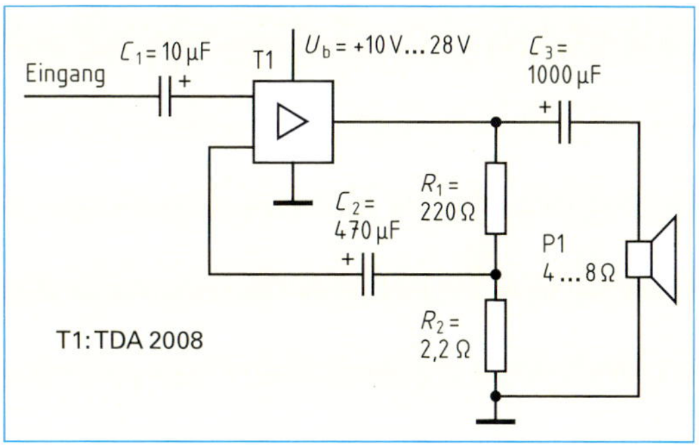


**Bild 2: Schaltung eines NF-Verstärkers**

**Digitale integrierte Schaltungen** haben Schalterfunktion. Eine Eingangs- und Ausgangsgröße kann nur zwei Schaltzustände, die zwei Spannungswerten entsprechen, annehmen. Der niedrige Spannungswert entspricht etwa 0 V, der hohe Spannungswert etwa der Höhe der Betriebsspannung. Den beiden Spannungswerten ordnet man logische Zustände zu, bei der positiven Logik dem niedrigen Spannungswert 0 oder L (Low), dem hohen Spannungswert 1 oder H (High). Man spricht von einem **binären[3] System.** Wichtige digitale Grundschaltungen sind die ODER-, UND- und NICHT-Verknüpfung sowie deren Kombinationen. Je nach Anwendung werden diese Grundschaltungen in Schaltkreis- oder Logikfamilien, z. B. TTL (**T**ransistor-**T**ransistor-**L**ogik), unterteilt und in Speicherschaltungen, Impulszählern, Zeitstufen und Mikroprozessoren eingesetzt.

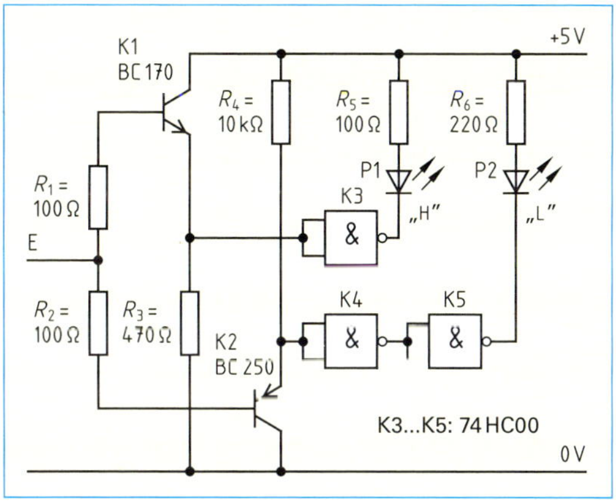


**Bild 3: Schaltung eines TTL-Testers**

Schaltungen in TTL-Logik benötigen als Betriebsspannung 5 V. Der Spannungspegel 0 V bis 0,8 V entspricht dabei einer logischen 0, der Spannungspegel von + 2 V bis + 5 V einer logischen 1. Die Höhe der Spannungspegel lässt sich mit einem Spannungsmesser oder mit einem TTL-Tester (Schaltung **Bild 3**) überprüfen. Ist es notwendig, eingelötete integrierte Schaltungen auszutauschen, z. B. bei einem Ausfall eines Bauelementes, so kann dies durch besondere Auslöteinsätze oder mithilfe eines Lötzinnabsaugers **(Seite 60)** erfolgen. Besondere Vorsichtsmaßnahmen sind bei MOS[4]-Schaltungen notwendig, da eine statische Aufladung diese Bauelemente beschädigen oder zerstören kann.

### Wiederholungsfragen

1. **Mit welcher Stromart werden Leuchtdioden betrieben?**
2. **Nennen Sie Anwendungen von Fototransistoren.**
3. **Beschreiben Sie das Dual-In-Line Gehäuse.**
4. **Welche Betriebsspannung benötigt die TTL-Logik?**

[1] **IC**, Abk. für: **I**ntegrated **C**ircuit (engl.) = Integrierter Schaltkreis
[2] **DIL**, Abk. für: **D**ual-**I**n-**L**ine = zwei Anschlussreihen
[3] binär (lat.) = zwei (aus zwei Werten bestehend)
[4] **MOS**, Abk. für: **M**etal-**O**xide-**S**emiconductor (engl.) = Metall-Oxid-Halbleiter

# 13 Computertechnik

## 13.1 Bestandteile und Funktionsweise eines Computers

Computer verarbeiten Informationen. Die Informationsverarbeitung in einem Computer erfolgt ähnlich wie bei Menschen. Mit den Sinnen werden Informationen aufgenommen, mit dem Gehirn verarbeitet und Ergebnisse, z. B. mithilfe der Sprache, ausgegeben.

Der grundlegende Ablauf von der **E**ingabe über die **V**erarbeitung zur **A**usgabe wird als **EVA-Prinzip** bezeichnet.

Ein Computer benötigt Eingabegeräte für die Informationsaufnahme, z. B. eine Tastatur, und Ausgabegeräte für die Informationsausgabe, z. B. einen Monitor. Diese Bestandteile gehören zur Umgebung eines Computers und werden allgemein als **Peripherie**[1] bzw. als periphere Geräte bezeichnet. Die peripheren Geräte **(Bild)** werden über **Ein-/Ausgabeeinheiten (E/A)** an den Computer angepasst. Die Ein-/Ausgabeeinheit wird auch als **Schnittstelle** oder **Interface** bezeichnet.

**Hardware** ist die Bezeichnung für materielle Bestandteile der Computertechnik, z. B. für Computer oder periphere Geräte.

Die Verarbeitung der Daten im Computer erfolgt durch ein Programm. Es besteht aus einer Folge von Befehlen für den **Mikroprozessor (CPU)**[2].

**Software** ist die Bezeichnung für die Programme eines Computers.

Die CPU ist der zentrale Bestandteil des Computers **(Bild).** Sie holt Befehle z. B. aus dem **Arbeitsspeicher (RAM)**[3] und führt sie aus. Ein RAM dient auch zum Schreiben und Lesen von Daten. Bei jedem Computer muss nach dem Einschalten ein Programm für den Start zur Verfügung stehen. Es befindet sich in einem **Festwertspeicher (ROM)**[4]. Das Programm im ROM bleibt auch ohne Betriebsspannung, z. B. nach dem Ausschalten, erhalten.

**Firmware** ist die Bezeichnung für Programme in einem Festwertspeicher (ROM).

Für den Datenaustausch der CPU mit RAM, ROM und E/A-Einheit werden Verbindungen für Daten, Adressen und Steuersignale benötigt. Die Verbindungen bezeichnet man als Daten-, Adress- und Steuerbus oder zusammen als **Systembus**.

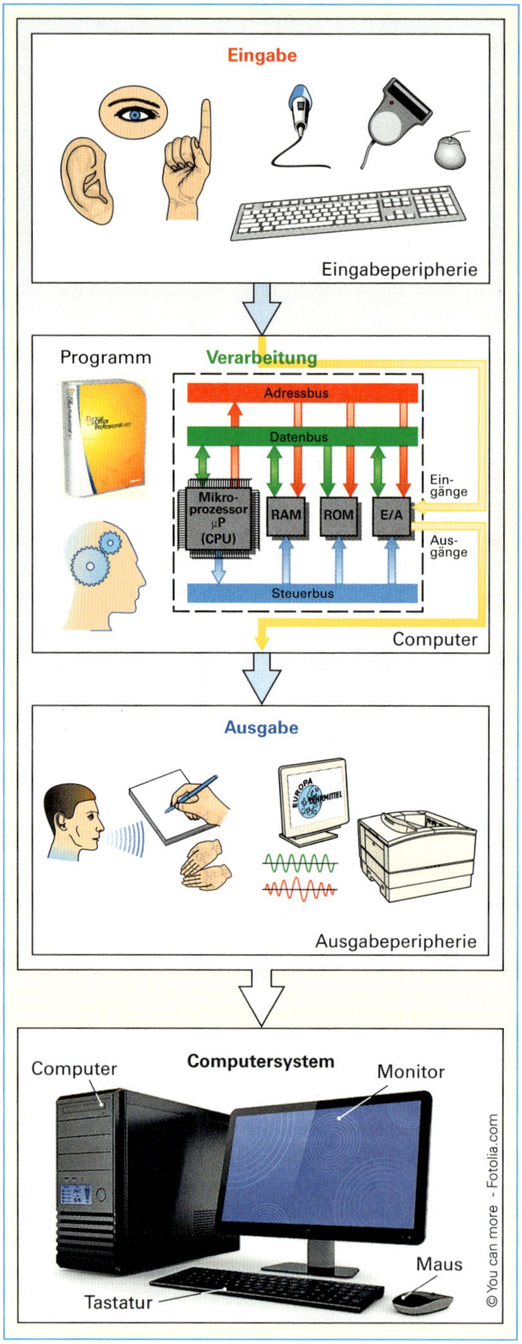


**Bild: EVA-Prinzip eines Computersystems**

[1] Peripherie (griech.) = am Rande befindlich
[2] **CPU**, Abk. für: **C**entral **P**rocessing **U**nit (engl.) = Zentrale Prozessoreinheit
[3] **RAM**, Abk. für: **R**andom **A**ccess **M**emory (engl.) = Speicher mit wahlfreiem Zugriff
[4] **ROM**, Abk. für: **R**ead **O**nly **M**emory (engl.) = Nur Lese-Speicher

# 13.2 Hardware für Personal-Computer (PC)

Ein Computersystem mit einem PC besteht aus mehreren Komponenten **(Bild 1).** Die umfangreichste Komponente ist das **Mainboard**[1] **(Bild, Seite 260).** Auf ihm befinden sich alle Bestandteile eines Computers.

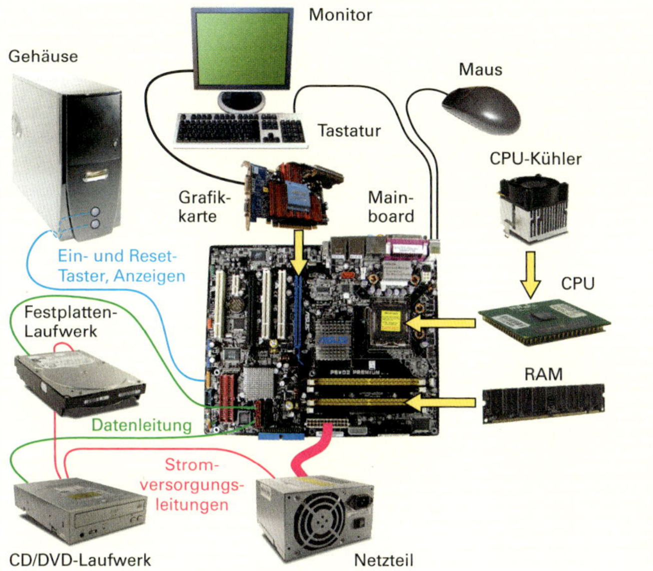


**Montageschritte beim PC-Selbstbau**

1. Blende für Mainboard-Buchsen (liegt Mainboard bei) an Gehäuse-Rückseite befestigen.
2. Gewindebuchsen für Mainboard-Befestigung in Gehäuse einschrauben.
3. Mainboard vorbereiten
   - CPU einsetzen (Lage beachten)
   - CPU-Kühler montieren (an Mainboard anstecken)
   - Arbeitsspeicher einstecken (dabei nicht verkanten)
4. Mainboard montieren. Auf richtige Lage der Buchsen (Rückseite) achten.
5. Verbindungen für Ein- und Reset-Taster sowie z.B. LED-Anzeigen des Gehäuses zum Mainboard herstellen.
6. Festplatten-, CD/DVD-Laufwerk montieren.
7. Datenleitungen anschließen.
8. Netzteil in Gehäuse montieren.
9. Stromversorgungsleitungen anschließen.
10. Steckkarten, z.B. Grafikkarte, einstecken.

**ESD[2]-Schutzmaßnahmen beachten! (Seite 238).**

**Bild 1: Komponenten eines PC mit interner und externer Peripherie**

Die Bestandteile um das Mainboard werden als **Peripherie** bezeichnet. Beim PC unterscheidet man zwischen Peripherie innerhalb des PC-Gehäuses (interne Peripherie), z.B. Festplatte, und Peripherie außerhalb des Gehäuses (externe Peripherie), z.B. externe USB[3]-Festplatte oder Drucker. Für die Stromversorgung des PC wird ein Netzteil mit ausreichender Leistung, z.B. 650 W, für alle verwendeten Komponenten benötigt.

**Übersicht: Fachbegriffe zum Chipsatz eines PC**

**FSB,** Abk. für: Front-Side-Bus (engl.)
= Bus, der die CPU mit der Northbridge verbindet.

**Northbridge** (engl.), Schaltkreis, der den Front-Side-Bus der CPU an z.B. Speicher, Systembus und Grafikkarte anpasst. Wird im Blockschaltbild für den Chipsatz **(Bild 2)** meist oben („im Norden") dargestellt.

**Southbridge** (engl.), Schaltkreis, der die Daten von der Northbridge übernimmt und verschiedene Schnittstellen, z.B. für Maus oder Festplatte, enthält.

## 13.2.1 Chipsatz eines PC

Seit der Einführung des PC sind bei der Herstellung viele kleine integrierte Schaltkreise (IC)[4] zu immer größeren IC zusammengefasst worden. Der Verbund dieser Schaltkreise wird als **Chipsatz (Bild 2)** bezeichnet. Der Chipsatz hat Einfluss auf die Leistungsfähigkeit und die Merkmale eines Mainboards **(Seite 260).** Chipsätze werden von verschiedenen Herstellern angeboten und sind auf bestimmte Mikroprozessoren abgestimmt. Zwei wichtige Schaltkreise aus dem Chipsatz für eine CPU von INTEL® sind die Northbridge und die Southbridge **(Übersicht).** Sie ermöglichen den Datenaustausch der CPU mit den anderen Komponenten des PC.

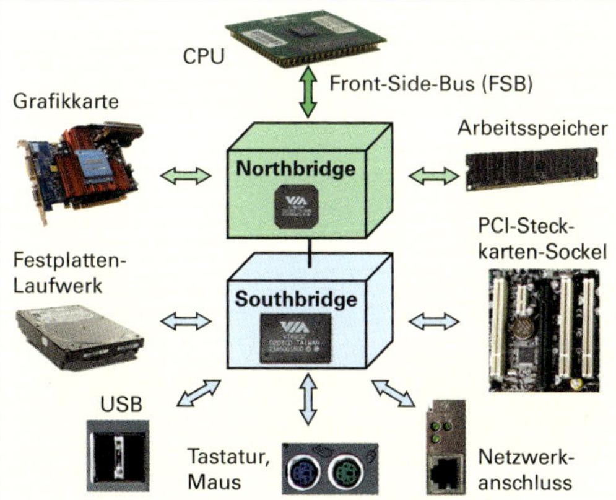


**Bild 2: Chipsatz eines PC (Beispiel)**

[1] Mainboard (engl.) = Hauptplatine
[2] **ESD**, Abk. für: **E**lectro**s**tatic **D**ischarge (engl.) = Elektrostatische Entladung
[3] **USB**, Abk. für: **U**niversal **S**erial **B**us (engl.) = Universeller Serieller Bus
[4] **IC**, Abk. für: **I**ntegrated **C**ircuit (engl.) = Integrierte Schaltung

## 13.2.2 Mainboard

**Das Mainboard hat Einfluss auf die Leistungsfähigkeit und die Erweiterungsmöglichkeiten eines PC.**

Wichtige Merkmale eines PC-Mainboards **(Bild)** sind:

- **Hersteller und Bezeichnung des Chipsatzes (engl. Chipset),** z. B. INTEL® 955.
- **Anzahl und Standard der Steckplätze für Schnittstellenkarten,** z. B. 3 x PCI, 1 x PCIe **(Seite 261).**
- **Bezeichnung des CPU-Sockels,** sie bestimmt die Art der CPU, die auf dem Mainboard verwendet werden kann, z. B. Sockel 775 bzw. LGA (Land Grid Array) 775 für eine INTEL® PIV 650 CPU.
- **RAM-Speicherkapazität und RAM-Sockel** bestimmen die Technologie der Arbeitsspeicher, die auf dem Mainboard verwendet werden können, z. B. DDR[1] 4, und die maximale RAM-Größe, z. B. 8 GB.
- **Vorhandene Schnittstellen auf dem Mainboard.** Dadurch werden Schnittstellenkarten eingespart, z. B. eine auf dem Mainboard vorhandene Grafik-, Sound- oder Netzwerk-Schnittstelle.

Die Leistungsfähigkeit eines Mainboards und anderer Komponenten kann mit einem Benchmark-Test bewertet werden. Der **Benchmark[2]-Test** startet ein Testprogramm auf dem zu prüfenden PC und misst die Zeit für den Testprogrammablauf. Das Ergebnis kann zum Vergleich mit anderen PCs herangezogen werden.

**Wichtige Mainboardbestandteile**

1. CPU-Stecksockel

**CPU darf nur mit Kühler betrieben werden.**

2. Arbeitsspeicher Stecksockel
3. PCIe-Stecksockel für Grafikkarte
4. PCI-Stecksockel
5. Northbridge mit Kühlkörper
6. Southbridge mit Kühlkörper
7. BIOS*-ROM mit Firmware **(Seite 258)** des Mainboards
8. PATA-Anschlüsse **(Seite 263)**
9. SATA-Anschlüsse **(Seite 263)**
10. Lithium-Batterie für CMOS**-RAM
11. Netzteil-Anschlüsse

* BIOS, Abk. für: Basic Input Output System (engl.) = Grundlegendes Ein-/Ausgabesystem

** CMOS, Abk. für: Complementary Metal Oxide Semiconductor = komplementärer Metall-Oxid-Halbleiter

**Bild: PC-Mainboard**

## 13.2.3 Mikroprozessor und Arbeitsspeicher

Die Geschwindigkeit der Befehlsbearbeitung wird vom **CPU-Takt** vorgegeben. Dieser kann nicht beliebig erhöht werden, weil sich die CPU mit zunehmender Taktfrequenz z. B. stärker erwärmt. Eine weitere Beeinträchtigung der Arbeitsgeschwindigkeit der CPU ist der Zugriff auf den langsamen Arbeitsspeicher (RAM). Darum besitzen PC-Mikroprozessoren einen internen schnellen Zwischenspeicher, den man auch als **Cache-Speicher** bezeichnet. Dieser speichert eine Kopie des zu bearbeitenden Speicherbereichs. Ein **Cache-Controller** muss die Daten zwischen RAM und Cache-Speicher abgleichen. Die Geschwindigkeit für die Übertragung der Daten zwischen RAM und dem Cache-Speicher der CPU wird durch die maximal mögliche Datenübertragungsrate (Bandbreite) des **Front-Side-Bus (FSB, Bild 2, Seite 259)** bestimmt.

**Wichtige Merkmale für Mikroprozessoren**

- **Architektur** beschreibt den Aufbau der CPU, z. B. zwei CPUs auf einem Chip (Dual Core).
- **CPU-Taktfrequenz,** z. B. 3,4 GHz.
- **FSB-Bandbreite,** z. B. 8,5 GB/s (Gigabyte pro Sekunde).
- **Cachespeichergröße,** z. B. 2 MB (Megabyte).
- **Sockelbezeichnung,** z. B. Sockel 775 bzw. LGA 775.

**Wichtige Merkmale für Arbeitsspeicher**

- **Maximale Datenübertragungsrate oder Bandbreite,** z. B. 2,1 GB/s.
- **Speicherkapazität** (Fassungsvermögen), z. B. 8 GB (Gigabyte).
- **Speichertechnologie** benennt die Technologie für den Zugriff auf den Speicher, z. B. DDR 4.

[1] **DDR,** Abk. für: **D**ouble **D**ata **R**ate (engl.) = Bei einem Taktzyklus werden zweimal Daten übertragen.

[2] Benchmark (engl.) = Bezugsgröße, Vergleichsgröße

## 13.2.4 Schnittstellen und Anschlüsse

Die **Ein-/Ausgabe (E/A)-Einheit** dient zur Anpassung von peripheren Geräten an den Computer. Sie wird auch als **Schnittstelle** oder **Interface** bezeichnet.

Ein PC enthält Schnittstellen auf dem Mainboard, z. B. eine USB-Schnittstelle. Weiterhin kann der PC durch Schnittstellenkarten, z. B. einer Grafikkarte **(Bild 1)**, mithilfe von Stecksockeln (Slots) auf dem Mainboard individuell bestückt werden. Bei der Auswahl einer Schnittstellenkarte muss man den Slot-Standard des PC und den Anschluss-Standard des Peripheriegerätes beachten **(Tabelle)**.

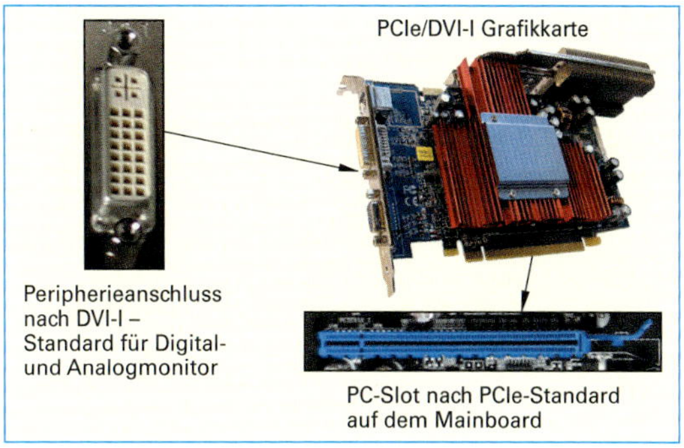


**Bild 1: Grafik-Schnittstelle zum Monitor**

**Tabelle: Standards für PC-Schnittstellen** (Beispiele)

| Peripherie | Slot-Standard des PC-Mainboards | Anschluss-Standard für Peripherie | Bezeichnung der Schnittstelle im PC |
|---|---|---|---|
| Ethernet[3]-Netzwerk | PCI[1]  | Ethernet[3]/ RJ45[4]  | PCI/Ethernet-Netzwerkkarte |
| Digital-/Analog-Monitor | PCIe[2]  | DVI-I[5]  | PCIe/DVI-I-Grafikkarte |

Beim Anschluss von Peripheriegeräten ist der jeweilige Anschluss-Standard **(Bild 2)** zu berücksichtigen. Die Anzahl und die Art der Anschlüsse sind vom PC-Hersteller abhängig.

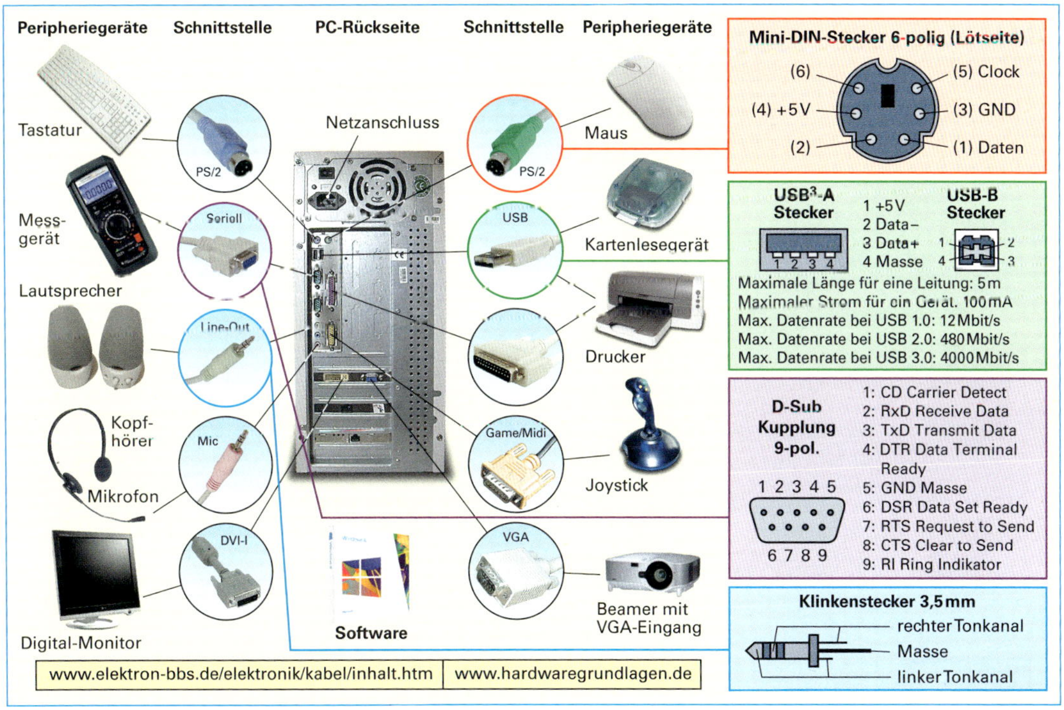


**Bild 2: PC-Anschlussmöglichkeiten**

[1] **PCI**, Abk. für: **P**eripheral **C**omponent **I**nterconnect (engl.) = Verbindung für Peripherie-Komponenten.
[2] **PCIe**, Abk. für: **P**eripheral **C**omponent **I**nterconnect **E**xpress (engl.) = Schnelle Verbindung (hohe Datenrate) für Peripherie-Komponenten.
[3] Ethernet = Standard für ein drahtgebundenes lokales Netzwerk.
[4] **RJ45**, Abk. für: **R**egistered **J**ack (engl.) = Patentierter Stecker Nr. **45**, wird für den Anschluss von flexiblen Datenleitungen verwendet.
[5] **DVI-I**, Abk. für: **D**igital **V**isual **I**nterface-**I**ntegrated (engl.) = Digitale Visuelle Schnittstelle für Digital- und Analog-Monitor.

## 13.2.5 Peripherie

Geräte zur Eingabe, Ausgabe und Geräte zur Speicherung großer Datenmengen gehören zur Umgebung (Peripherie) eines Computers. Für die Ansteuerung, z.B. eines Druckers **(Bild)**, aus einem Anwendungsprogramm, z.B. MS-Word, sind Treiberprogramme, z.B. ein Druckertreiber, notwendig. Fehlt ein Treiberprogramm im Betriebssystem, muss es installiert werden. Zusätzlich werden für den Anschluss der Peripherie an den PC Schnittstellen, z.B. USB, benötigt.

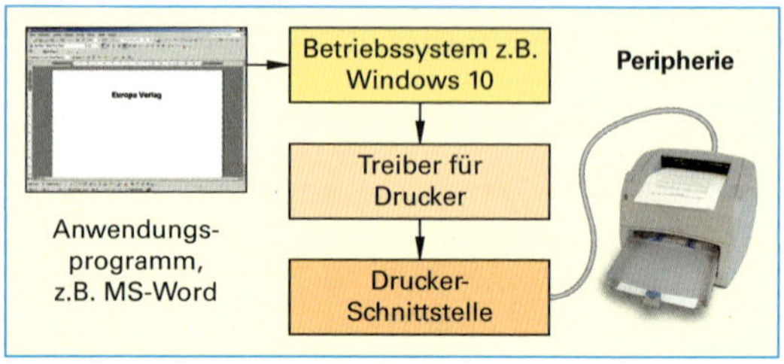


**Bild: Ansteuerung eines Druckers**

**Eingabegeräte**

Eingabegeräte **(Tabelle 1)** wandeln Eingabeinformationen so um, dass sie der Computer lesen kann.

**Tabelle 1: Eingabegeräte** (Beispiele)

| Eingabegerät | Wichtige Merkmale | Eingabegerät | Wichtige Merkmale |
|---|---|---|---|
| **Tastatur**  | Anschluss, z.B. PS/2[1] | **Flachbettscanner**  | Auflösung, z.B. 4800 dpi<br>Farbtiefe, z.B. 48 Bit<br>Anschluss, z.B. USB 2.0 |
| **Maus**  | Wandlerart, z.B optisch<br>Auflösung, z.B. 800 dpi[2]<br>Anschluss, z.B. USB | **Web-Cam**  | Auflösung, z.B. 640 x 480 Pixel[3]<br>Bildrate, z.B. 15 Bilder/Sek.<br>Anschluss, z.B. USB |

**Ausgabegeräte**

Ausgabegeräte **(Tabelle 2)** stellen dem Anwender die verarbeiteten Daten zur Verfügung.

Ein- oder Ausgabegeräte können unterschiedliche Technologien verwenden **(Tabelle 2).** Ein Drucker kann z.B. mit Tintenstrahl- oder Lasertechnologie arbeiten.

**Tabelle 2: Ausgabegeräte** (Beispiele)

| Ausgabegerät | Vorteile | Nachteile | Wichtige Merkmale |
|---|---|---|---|
| **Tintenstrahldrucker**  | Geringe Anschaffungskosten. | Bei hohen Auflösungen ist spezielles Papier notwendig. | **Drucktechnologie,** z.B. Laser, Tintenstrahl.<br>**Auflösung,** z.B. 600 dpi.<br>**Geschwindigkeit,** z.B. 28 Seiten/min.<br>**Kosten** pro gedruckter Seite.<br>**Schnittstellenanschluss,** z.B. USB, RJ45 Netzwerkanschluss (Ethernet-Standard). |
| **Laserdrucker**  | Hohe Druckgeschwindigkeit, geringe Druckkosten. | Höhere Anschaffungskosten, Feinstauberzeugung. | |
| **LCD[4]-Monitor**  | Flache Form, kein Bildflimmern, niedriger Energieverbrauch, geringe Strahlungserzeugung. | Kleines Kontrastverhältnis und eingeschränkter Betrachtungswinkel. | **Bildschirmtechnologie:** z.B. LED, LCD.<br>**Bildschirmgröße:** Diagonale des Bildschirms, z.B. 22 Zoll.<br>**Auflösung:** Anzahl der Pixel in horizontaler und vertikaler Richtung, z.B. 1900 × 1200.<br>**Leuchtstärke:** Bildhelligkeit (Lichtstärke pro Fläche) in Candela pro Quadratmeter (cd/m²), z.B. 300 cd/m².<br>**Reaktionszeit:** Zeit, die der Bildschirm benötigt, um auf Änderungen zu reagieren, z.B. 4 ms. Ein kleiner Wert ist bei schnellen Bewegungen auf dem Bildschirm wichtig.<br>**Kontrastverhältnis:** Verhältnis aus der größten zur kleinsten darstellbaren Bildhelligkeit, z.B. 2000 : 1.<br>Großes Kontrastverhältnis ist z.B. bei der Wiedergabe von Videofilmen wichtig. |
| **LED[5]-Monitor**  | LED-Monitore verwenden als Hintergrundbeleuchtung LEDs anstatt Kaltkathodenlampen, die bei LCD-Monitoren zum Einsatz kommen. Dadurch haben LED-Monitore gegenüber LCD-Monitoren eine flachere Bauform, geringeren Energiebedarf und ein größeres Kontrastverhältnis. | | |
| **PLASMA-Monitor**  | Flache Form, große Schirmflächen möglich, hohe Lichtstärke und gegenüber LCD ein dunkleres Schwarz. | Hoher Energiebedarf, Einbrenngefahr bei Standbildern und hoher Preis. | |

[1] PS/2 = Anschlussstandard für Maus und Tastatur-Schnittstelle
[2] **dpi**, Abk. für: **d**ot **p**er **i**nch (engl.) = Anzahl der Bildpunkte pro Zoll (1 Zoll = 25,4 mm)
[3] Pixel = Bildpunkt
[4] **LCD**, Abk. für: **L**iquid **C**rystal **D**isplay (engl.) = Flüssigkristallanzeige
[5] **LED**, Abk. für **L**ight **E**mitting **D**iode (engl.) = Lichtemittierende Diode

## Massenspeicher

> Massenspeicher für PC, z. B. Festplatten, sind periphere Geräte zur dauerhaften Speicherung großer Datenmengen.

**Festplatten** speichern Daten auf magnetischen Datenträgern.

### Übersicht: Vorbereiten und Einbau einer Festplatte

**Betriebsarteinstellung:** Master/Slave bei einer Festplatte mit PATA[1]-Anschluss über Jumper **(Bild 2a)**. Bei SATA[2] **(Bild 2b)** ist keine Jumper-Einstellung notwendig.

**Einbau:** Anschluss der Datenleitung und Stromversorgungsleitung.

**Partitionierung:** Einteilung der Festplatte in evtl. mehrere Teilbereiche. Ein Teilbereich wird als Partition oder auch als Volume bezeichnet.

**Formatierung:** Vorbereitung einer Partition für das Dateisystem, z.B. NTFS[3].

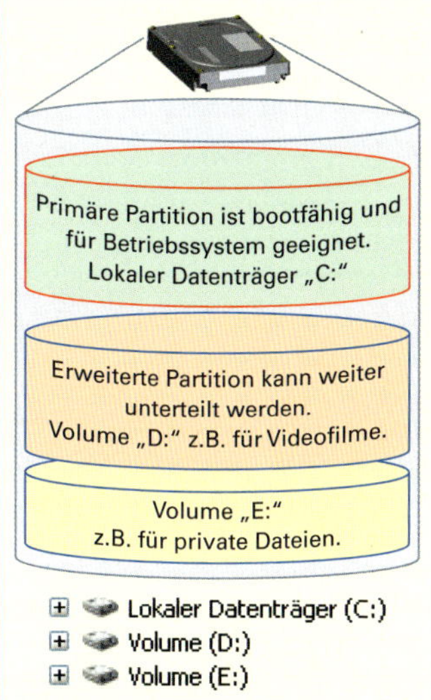


**Bild 1: Festplattenpartitionen**

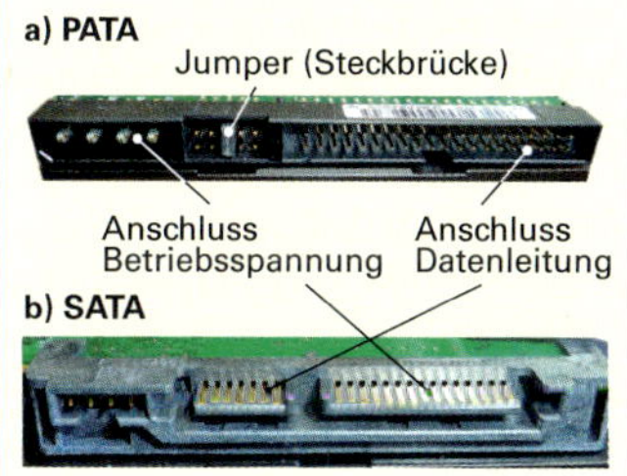


**Bild 2: PATA- und SATA-Anschluss**

Die **Betriebsarteneinstellung** ist nur bei PATA-Festplatten erforderlich. Dabei wird eine Festplatte als „Master" **(Bild 2a)** und die andere als „Slave" eingestellt. Bei nur einer Festplatte am Bus wird diese an das Ende der Leitung angeschlossen und als Master konfiguriert.

Die **Partitionierung** der Festplatte **(Bild 1)** hat den Vorteil, dass verschiedene Bereiche, z. B. Daten und Programme, getrennt gespeichert werden können. Dadurch wird z. B. die Datensicherung vereinfacht. Außerdem ist die Formatierung einzelner Partitionen, z. B. bei einem Festplattenfehler, möglich. Weiterhin können in den vorhandenen Partitionen unterschiedliche Betriebssysteme installiert werden.

### Übersicht: Festplattenpartition

Eine Festplatte kann in maximal vier primäre Partitionen[4] oder in drei primäre und eine erweiterte Partition unterteilt werden. Jeder Partition muss eine Laufwerksbezeichnung, z. B. der Buchstabe C, zugeordnet werden. Die erweiterte Partition ermöglicht die Unterteilung einer Partition in weitere Laufwerke.

Bei der **Formatierung** einer Festplatte wird in eine **Low-Level-** und **High-Level-Formatierung** unterschieden. Die Low-Level-Formatierung teilt die Festplatte in Sektoren und Spuren, und wird vom Hersteller vorgenommen. Die High-Level-Formatierung, oft einfach als Formatierung bezeichnet, wird vom Anwender durchgeführt. Hierbei werden auf der Festplatte Strukturen angelegt, die das Betriebssystem für die Verwaltung der Dateien auf der Festplatte benötigt. Das System aus Festplattenstruktur und Betriebssystemprogrammen für den Festplattenzugriff wird auch als Dateisystem (Filesystem) bezeichnet. Jedes Betriebssystem verwendet eigene Dateisysteme, z. B. Windows 10 das NTFS.

**CD- oder DVD[5]-Laufwerke** verwenden optische Datenträger mit unterschiedlichen Formaten **(Übersicht)**.

**Speicherkarten,** z. B. für Digitalkameras, speichern Daten auf einem Halbleiterchip **(Übersicht)**.

### Übersicht: Wichtige Merkmale bei Massenspeichern

| | |
|---|---|
| **Festplatte**  | • **Speicherkapazität** in Gigabyte (GB), z. B. 500 GB.<br>• **Mittlere Zugriffszeit** in Millisekunden (ms), z. B. 8 ms.<br>• **Schnittstelle** zum PC, z. B. PATA, SATA oder USB.<br>• **Zwischenspeicher (Cache) – Größe** in MB, z. B. 8 MB.<br>• **Drehzahl** in Umdrehungen pro Min., z. B. 7200 U/min. |
| **CD/DVD**  | • **Unterstützte Formate,** z. B. CD–/+R, DVD–/+R.<br>• **Geschwindigkeit,** z. B. 48x*/16x** bei einem DVD-Laufwerk.<br>* Bedeutet 48-mal schneller als ein CD-ROM-Player (ca. 150 kB/s) = ca. 7 MB/s<br>** Bedeutet 16-mal schneller als DVD-ROM-Player (ca. 1,4 MB/s) = ca. 22 MB/s |
| **Speicherkarte**  | • **Speicherkapazität** in GB<br>• **Stromaufnahme** in mA<br>• **Datentransferrate** in MB/s<br>• **Speicherkartentyp,** z. B. CompactFlash (CF) II |

**CD/DVD-Formate und Kapazitäten[6]**

| | |
|---|---|
| CD-ROM | ca. 650–900 MB |
| CD-R, CD-RW | ca. 650–900 MB |
| DVD-ROM | ca. 4,7 GB |
| DVD–/+*R | ca. 4,7 GB |
| DVD–/+*RW | ca. 4,7 GB |
| DVD–/+*RAM V2.0 | ca. 4,7 GB |
| DVD–/+*R DL | ca. 8,5 GB |

Wiederbeschreibbare CD/DVD können ca. 1000 mal, eine DVD-RAM sogar ca. 100000 mal neu beschrieben werden.

* Die Bezeichnungen – bzw. + resultieren aus unterschiedlichen Herstellerstandards.

[1] **PATA**, Abk. für: **P**arallel **A**dvanced **T**echnology **A**ttachment
[2] **SATA**, Abk. für: **S**erial **A**dvanced **T**echnology **A**ttachment
[3] **NTFS**, Abk. für: **N**ew **T**echnology **F**ile **S**ystem
[4] Primäre Partition: Partition, von der ein Betriebssystem gestartet (gebootet) werden kann
[5] **DVD**, Abk. für: **D**igital **V**ersatile **D**isc
[6] Kapazität = Fassungsvermögen

# 13.3 Software für Personal-Computer

Software teilt man **in System- und Anwendungsprogramme ein (Bild 1).**

**Systemprogramme** sind die Voraussetzung für die Funktion des Computersystems.

**Anwendungsprogramme** benötigt der Anwender des Computersystems für seine Arbeit, z. B. zum Erstellen einer Präsentation oder das Schreiben eines Briefes.

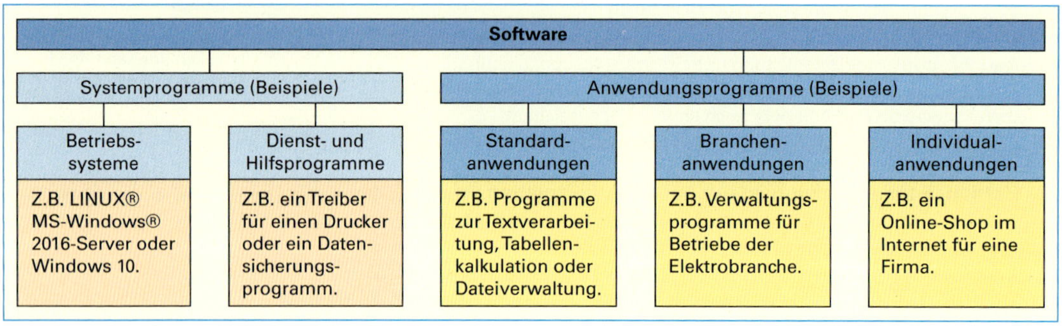


**Bild 1: Einteilung der Software**

Die Installation der PC-Software, z. B. von einem CD-Laufwerk, erfolgt in verschiedenen Schritten und muss in einer bestimmten Reihenfolge **(Bild 2)** durchgeführt werden.

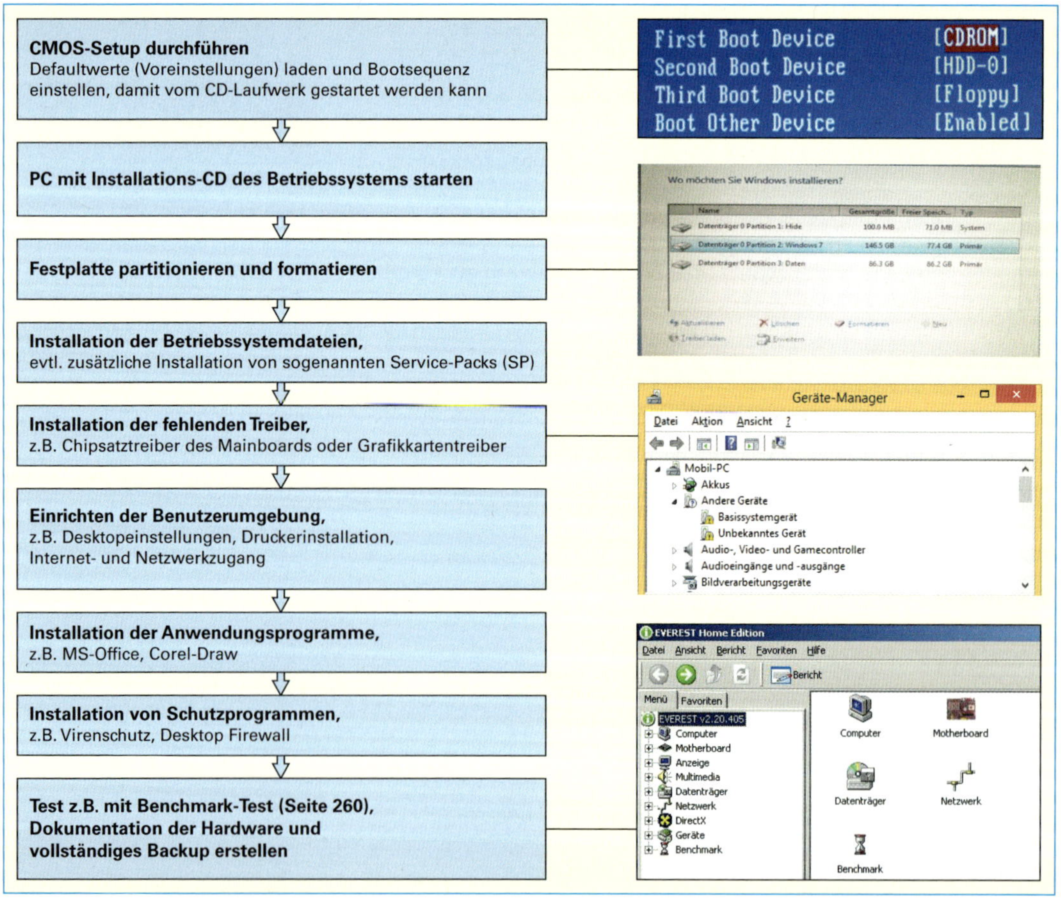


**Bild 2: Installation der PC-Software**

# 13.4 Computer-Netzwerke

Ein Computer-Netzwerk ist ein Verbund von mindestens zwei Computern.

Netzwerke haben eine unterschiedliche Ausbreitung. Ein **lokales Netzwerk (LAN)** erstreckt sich über die Größe eines Gebäudes oder eines Grundstückes, z.B. das Netzwerk auf dem Gelände einer Firma. Das Internet ist ein **globales Netzwerk (GAN)**. Es verbindet Computer weltweit.

## 13.4.1 Netzwerkverbindung

### Übersicht 1: Netzwerkverbindung herstellen

- Netzwerkkarte montieren
- Treiber für Netzwerkkarte installieren
- Leitungsverbindungen herstellen **(Bild 1)**
- Netzwerkeinstellungen durchführen **(Seite 266)**

Für den Anschluss eines PC an ein Netzwerk ist eine Netzwerkschnittstelle notwendig. Je nach verwendetem **Netzwerkstandard, z.B. Ethernet,** wird die passende Netzwerkschnittstelle, z.B. eine PCI/Ethernet-Schnittstellenkarte, benötigt. Als Netzwerkleitung zum Anschluss des Computers werden meist geschirmte verdrillte Kupferleitungen **(Bild 2 und Seite 26)** verwendet. Bei größeren Entfernungen, z.B. zwischen zwei Gebäuden, setzt man Lichtwellenleiter (LWL) ein. Die einfachste Methode, zwei Computer miteinander zu vernetzen, ist die Verbindung über eine **Crossover-Patchleitung (Bild 1a),** einer flexiblen Netzwerkleitung, bei der die Sende- und Empfangs-Adernpaare gekreuzt sind. In kleineren Büronetzwerken (SOHO, **S**mall **O**ffice **H**ome **O**ffice-Bereich) müssen evtl. mehrere PCs miteinander verbunden werden. Dazu verwendet man einen Sternverteiler, z.B. einen **Switch**[1] **(Bild 1b).** In einem kleinen Büro mit geringen Entfernungen zwischen Switch und PC wird die Verbindung mit dem PC meist nur über flexible Datenleitungen (Patchleitungen) hergestellt **(Bild 1).**

Bei größeren Netzwerken, z.B. in einem Betriebsgebäude, werden Datenleitungen verwendet **(Bild 1c und Seite 26).** Damit lassen sich, wegen der besseren Übertragungseigenschaften **(Übersicht 2),** größere Strecken überbrücken. Für den Übergang der Datenleitung auf die Patchleitung werden Anschlussdosen und **Patchfelder**[2] benötigt. Zum Auflegen der Datenleitungen, z.B. auf ein Patchfeld, wird ein spezielles Auflegewerkzeug für **LSA**[3]**-Verbindungen (Bild 2)** verwendet. Die Unterbringung der Verteilung erfolgt meist in Netzwerk-Verteilerschränken **(Bild 1c).**

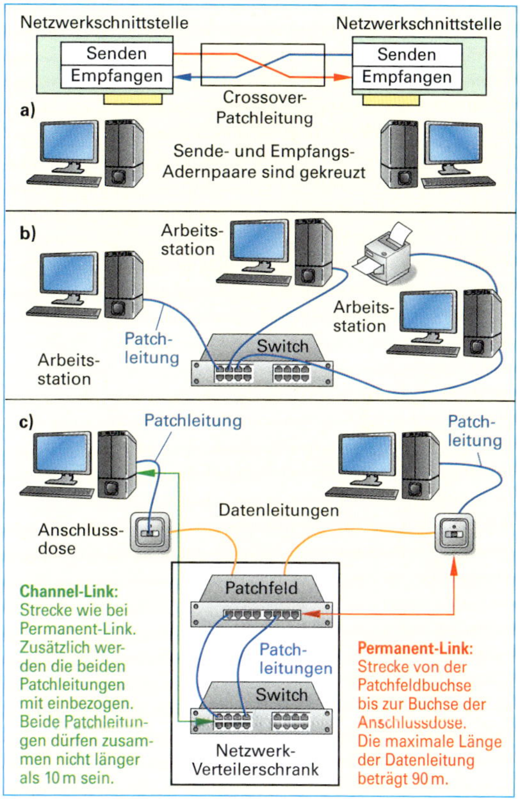


**Bild 1: Netzwerkverbindungen von PCs**

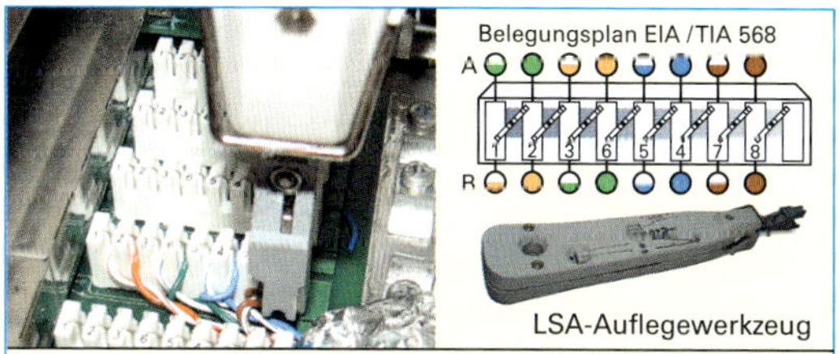


www.pc-adviser.de/netzwerkverkabelung.htm

**Bild 2: LSA-Verbindungen für Datenleitungen**

### Übersicht 2: Übertragungseigenschaften nach EN 50173-1 und ISO/IEC 11801

**Link-Klassen:** Eigenschaften von Übertragungsstrecken, z.B. „Permanent-Link" oder „Channel-Link" **(Bild 1c),** werden als Klassen angegeben. Eine Strecke der Klasse E ist z.B. geeignet für Frequenzen bis 250 MHz.

**Kategorien:** Eigenschaften einzelner Komponenten einer Übertragungsstrecke, z.B. Anschlussdosen oder Leitungen, werden als Kategorien angegeben. Eine Datenleitung der Kategorie 6 (Kat. 6) ist z.B. für Frequenzen bis 250 MHz geeignet.

**Beispiel:** Eine Verbindung aus Netzwerkleitung, Anschlussdose und Patchfeld, die jeweils der Kategorie 6 entsprechen, ermöglichen eine Übertragungsstrecke (Link) der Klasse E.

[1] Switch (engl.) = Schalter. In der Netzwerktechnik ein Sternverteiler, der Verbindungen zwischen jeweils zwei Netzwerk-Endgeräten schaltet.
[2] Patchfeld = Bezeichnung für Steckfeld bzw. Verbindungsfeld
[3] **LSA**, Abk. für: **l**öt-, **s**chraub- und **a**bisolierfrei

## 13.4.2 Netzwerkeinstellungen

Für die Datenübertragung in einem Netzwerk wird ein Protokoll benötigt. In lokalen Netzen wird meist das **TCP/IP[1]-Protokoll** verwendet. Bei diesem Protokoll benötigt jeder Teilnehmer eine **IP-Adresse.**

> Der Begriff Protokoll steht für ein festgelegtes Format zur Datenübertragung. Informationen können nur ausgetauscht werden, wenn Sender und Empfänger das gleiche Protokoll verwenden.

**Übersicht: Netzwerkeinstellungen durchführen**

- IP-Adresse und Subnetzmaske **(Bild 1)** eingeben.
- Ordner für Netzwerkzugriff freigeben **(Bild 2a/b).**
- Sicherheitseinstellung **(Bild 2c)** durchführen.
- Explorer → z. B. über Netzwerkumgebung mit Ordnerfreigabe verbinden.

Eine IP-Adresse hat die Größe von 32 Bit **(Bild 1a)** und wird vereinfacht durch 4 Dezimalzahlen dargestellt **(Bild 1b).** Jede IP-Adresse besteht aus einer Netzwerk- und einer Rechneradresse **(Bild 1b).** Für die Verbindung innerhalb des LAN müssen die beteiligten Computer die gleiche Netzwerkadresse, aber unterschiedliche Rechneradressen haben. Der IP-Adressbereich ist in Klassen **(Bild 1c)** unterteilt. IP-Adressen, z. B. der Klasse C, ermöglichen viele Netzwerke mit einer geringen Anzahl von Rechnern (maximal 254), während Adressen der Klasse A für Netzwerke mit sehr vielen Rechnern geeignet sind. Der Anteil der Netzwerkadresse wird durch die Subnetzmaske **(Bild 1a und b)** gekennzeichnet. Für die Verbindung von Rechnern mit IP-Adressen, die unterschiedliche Netzwerkadressen besitzen, wird ein Router benötigt.

In einem lokalen Netzwerk muss bei der Vergabe der IP-Adressen ein Konflikt mit den IP-Adressen im Internet verhindert werden. Darum hat man für die lokalen Netze einen privaten IP-Adressbereich **(Bild 1d)** festgelegt. Der private IP-Adressbereich kommt im Internet nicht vor und kann darum in jedem lokalen Netzwerk verwendet werden. Bei den IP-Adressbereichen muss man beachten, dass die Rechneradressen, die ausschließlich aus binären Nullen oder Einsen bestehen, für spezielle Adressierungen reserviert sind und darum nicht als IP-Adressen für Computer verwendet werden dürfen. Zum Beispiel können in einem privaten Klasse-C-Bereich mit der Netzwerkadresse 192.168.0 nur die IP-Adressen von 192.168.0.1 bis 192.168.0.254 vergeben werden.

www.edv-lehrgang.de/adressklassen-in-netzwerken

Für den Zugriff, z. B. auf einen Dateiordner eines PC, über das Netzwerk müssen der Dateiordner für das Netzwerk freigegeben und Sicherheitsrechte, z. B. zum Lesen und Schreiben, vergeben werden. Bei Windows 10 werden diese beiden Einstellungen über die Eigenschaft „Freigabe" und „Sicherheit" eines Ordners **(Bild 2a/b)** eingestellt.

[1] **TCP/IP**, Abk. für: **T**ransmission **C**ontrol **P**rotocol/**I**nternet **P**rotocol

a) **IP-Adresse in binärer Darstellung**

| | | | | |
|---|---|---|---|---|
| IP-Adresse | 11000000 | 10101000 | 00000000 | 00000010 |
| Subnetzmaske | 11111111 | 11111111 | 11111111 | 00000000 |

b) **IP-Adresse in dezimaler Darstellung**

| | | | | |
|---|---|---|---|---|
| IP-Adresse | 192 | 168 | 0 | 2 |
| | Netzwerkadresse | | | Rechneradresse |
| Subnetzmaske | 255 | 255 | 255 | 0 |

c) **Subnetzmaske (Subnetmask)**

| | | | | |
|---|---|---|---|---|
| Klasse A: | 255 | 0 | 0 | 0 |
| Klasse B: | 255 | 255 | 0 | 0 |
| Klasse C: | 255 | 255 | 255 | 0 |

Klasse A: IP-Adressenbereich 1.0.0.0 - 127.255.255.255
Klasse B: IP-Adressenbereich 128.0.0.0 - 191.255.255.255
Klasse C: IP-Adressenbereich 192.0.0.0 - 223.255.255.255

d) **Private IP-Adressbereiche für lokale Netze**

| | | | |
|---|---|---|---|
| Klasse A: | 10.0.0.0 | - | 10.255.255.255 |
| Klasse B: | 172.16.0.0 | - | 172.31.255.255 |
| Klasse C: | 192.168.0.0 | - | 192.168.255.255 |

e) **Eingabemaske für IP-Einstellung**

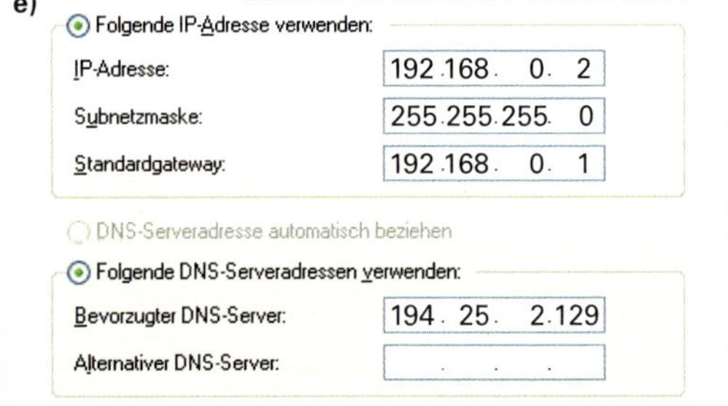


Bild 1: IP-Adressen

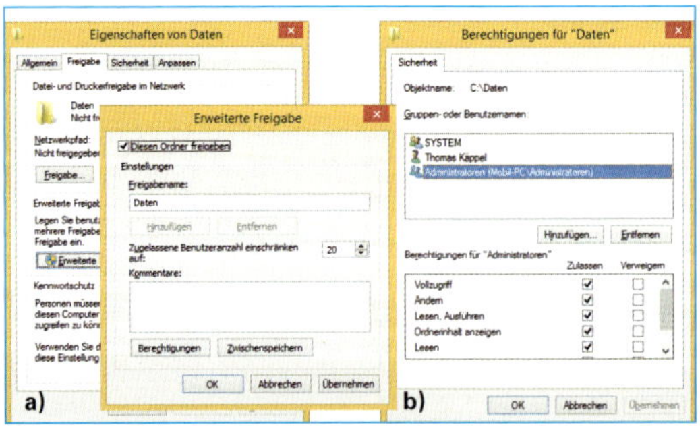


Bild 2: Freigabe und Sicherheitsrechte

## 13.4.3 Netzwerkdrucker einrichten

Bei der Installation eines lokalen Druckers **(Übersicht 1)** besteht die Möglichkeit, den Drucker, wie einen Dateiordner, für das Netzwerk freizugeben. Der PC wird dadurch zum Printserver **(Bild 1).** Ein **Server** ist z. B. ein Programm, das einen Dienst auf einem Computer bereitstellt, z. B. stellt ein Printserver seinen Druckdienst im Netzwerk zur Verfügung. Der Nutzer des Dienstes, z. B. ein Computer-Arbeitsplatz, wird als **Client** bezeichnet. Damit der Client den Druckdienst nutzen kann, muss man den Drucker des Printservers (= Netzwerkdrucker) beim Client installieren **(Bild 2).**

**Übersicht 1: Lokalen Drucker installieren**

**Hauptmenü → Drucker und Faxgeräte**

**Drucker hinzufügen** (Assistent führt):

Lokalen Drucker wählen → Anschluss z. B. LPT1[1] wählen → Es wird nach vorhandenen Druckern gesucht → Wenn kein Drucker vorhanden → Drucker aus Liste wählen → Drucker evtl. als Standarddrucker verwenden → Drucker für Netzwerk freigeben? → Wenn ja → Freigabenamen eingeben → Testseite drucken? → Wenn Testseite i. O. → Installation ist beendet

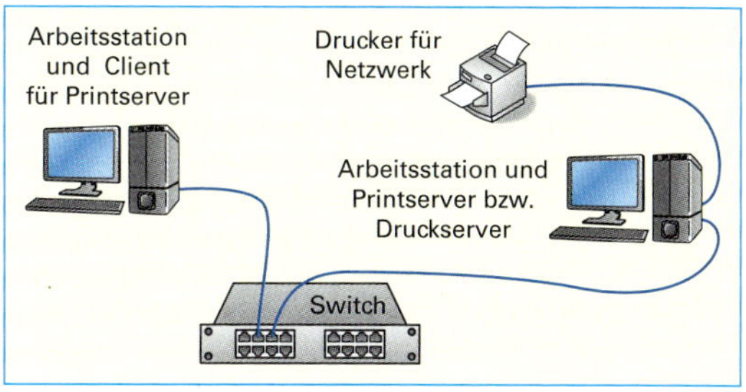


**Bild 1: Drucker im Netzwerk**

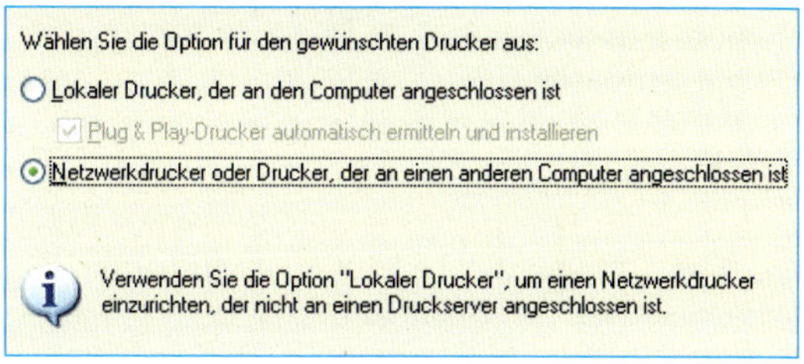


**Bild 2: Netzwerkdrucker installieren**

## 13.4.4 Internetzugang einrichten

Das **Internet** ist ein globales Netzwerk **(GAN).** Neben der Möglichkeit zur weltweiten Kommunikation stellt es verschiedene Dienste, z. B. WWW, E-Mail, FTP oder DNS **(Übersicht 2),** bereit. Für die Verbindung eines PC mit dem Internet wird ein Internet-Zugangsprovider, z. B. T-Online, benötigt. Über den Zugangsprovider kann z. B. mit DSL **(Seite 141)** eine Verbindung zum Internet hergestellt werden. Während bei einem einzelnen PC der Zugang über ein **Modem**[2], z. B. ein DSL-Modem, durchgeführt wird, verwendet man in Netzwerken meistens einen zentralen Zugang, z. B. über einen **DSL Router (Bild 3).** Der Router muss vor seiner Verwendung eingerichtet werden. Dazu benötigt man die Zugangsdaten zum Internet-Zugangsprovider, z. B. Benutzername und Passwort, sowie eine IP-Adresse aus dem Netzwerkbereich des eigenen LAN. Meist wird dazu die erste Adresse aus einem IP-Adressbereich verwendet, z. B. 192.168.0.1. Weiterhin können bei vielen Routern sogenannte Firewall-Einstellungen zum Schutz gegen unerlaubten Zugriff aus dem Internet durchgeführt werden. Bei der Verbindung zum Internet über einen Router müssen die IP-Einstellungen am PC **(Bild 1e, Seite 266)** erweitert werden. Die IP-Adresse des Routers wird als Gateway-Adresse, die IP-Adresse des DNS-Servers wird als DNS-Adresse eingetragen. Die DNS-Adresse kann beim Internet-Zugangsprovider oder per Internet-Recherche in Erfahrung gebracht werden.

**Übersicht 2: Wichtige Dienste im Internet**

| | |
|---|---|
| **WWW,** | Abk. für: **W**orld **W**ide **W**eb<br>Bereitstellen von Webseiten |
| **FTP,** | Abk. für: **F**ile **T**ransfer **P**rotocol<br>Upload und Download von Dateien |
| **DNS,** | Abk. für: **D**omain **N**ame **S**ystem<br>Umwandlung URL (Abk. für: Uniform Resource Locater, Adresse im Internet, z. B. www.europa-lehrmittel.de, in IP-Adresse) |

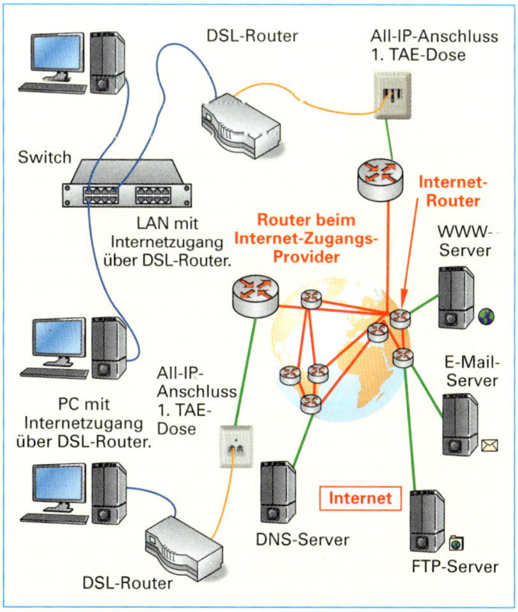


**Bild 3: Möglichkeiten für den Internetzugang**

[1] **LPT,** Abk. für: **L**ine **P**rinter **T**erminal, Anschluss für Drucker
[2] **Modem** = Einheit aus **Mo**dulator und **Dem**odulator zum Anschluss von digitalen Endgeräten an ein Übertragungsnetz, z. B. das Fernsprechnetz.

## 13.4.5 WLAN

**W**ireless **LAN** (WLAN[1]) ist ein weit verbreiteter Standard für drahtlose lokale Netzwerke.

**WLAN-Standards und Merkmale (Beispiele)**

**Frequenzbereich für Standard 802.11b, g:**
2,4 GHz – 2,4835 GHz aufgeteilt auf 13 Kanäle (Europa)

**Maximale Datenübertragungsrate:**
Standard 802.11b: 11 Mbit/s
Standard 802.11g: 54 Mbit/s
Standard 802.11n: 150 Mbit/s bis 600 Mbit/s

**Reichweite (wird durch die Umgebung, z.B. Hauswände, stark beeinflusst):**
Im freien Gelände ca. 20 m bis 100 m
In Gebäuden ca. 10 m bis 30 m

Für die Verbindung eines PC zu einem WLAN wird eine WLAN-Schnittstelle, z. B. ein USB-WLAN-Adapter **(Bild 1)**, benötigt. Es gibt mehrere Arten von WLAN-Netzwerken. Beim Ad-hoc-Netzwerk **(Bild 2a)** werden die Computer über WLAN-Schnittstellen direkt miteinander verbunden. Beim Infrastruktur-Netzwerk **(Bild 2b)** sind die Computer z. B. über einen gemeinsamen WLAN-Router vernetzt. Der WLAN-Router enthält einen Access-Point[2], einen Router, z. B. einen DSL-Router, und oft auch einen Switch für das LAN. Der Access-Point ermöglicht die WLAN-Verbindung. Der DSL-Router wird für die Verbindung mit dem Internet benötigt.

Die grundlegenden Einstellungen bei einem Access-Point sind der Verbindungsstandard **(Übersicht)**, der Name des Netzwerkes (SSID)[3] und die Verschlüsselung. Bei der Verschlüsselung werden die Verschlüsselungsart und ein Schlüssel festgelegt. Diese Einstellungen müssen bei allen Clients des Netzwerkes gleichermaßen durchgeführt werden. Ohne Verschlüsselung kann jeder Computer, der eine WLAN-Schnittstelle hat und sich im Sende-/Empfangsbereich des WLAN befindet, auf das Netzwerk zugreifen. Beim Access-Point muss evtl. auch der Kanal eingestellt werden um andere Access-Points im gleichen Sende-/Empfangsbereich nicht zu stören. Der Kanalabstand soll mindestens 5 Kanäle betragen, z. B. eine Belegung der Kanäle 1, 6 und 13. Die Netzwerk-Einstellungen am PC, z. B. die Protokolleinstellungen **(Seite 266)**, werden wie beim drahtgebundenen Netzwerk durchgeführt.

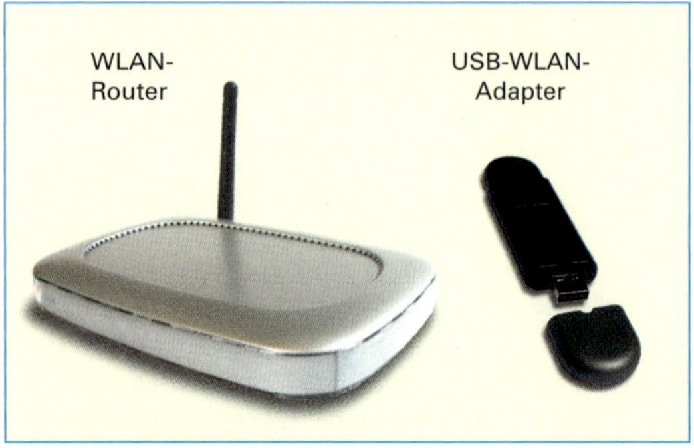


**Bild 1: WLAN-Hardware**

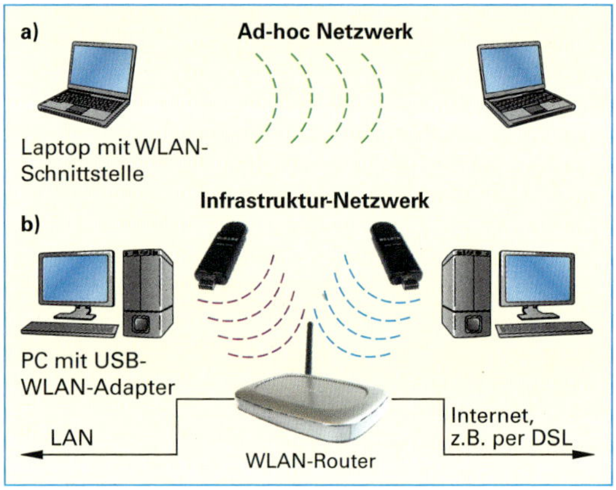


**Bild 2: WLAN-Netzwerkarten (Beispiele)**

**Übersicht: Einstellungen für ein WLAN-Infrastruktur-Netzwerk vornehmen**

- Verbindung zwischen PC und Access-Point herstellen.
- Einstellmenü für Accesspoint aufrufen.
- Access-Point-Einstellungen durchführen: Z. B. Standard, SSID, Verschlüsselungsart mit zugehörigem Schlüssel und evtl. Kanal. Einstellungen notieren.
- WLAN-Schnittstelle für PC einstellen: Die Art des Netzwerkes (Infrastruktur bzw. Access-Point), die notierten Einstellungen vom Access-Point eingeben, z. B. SSID und Verschlüsselung.

WWW http://de.wikipedia.org/wiki/WLAN

### Wiederholungsfragen

1 **Nennen Sie die grundlegenden Bestandteile eines Computers.**
2 **Erstellen Sie eine Materialliste der Komponenten, zur Montage eines PCs, für einen Büroarbeitsplatz.**
3 **Welche Merkmale eines Mainboards beeinflussen die Arbeitsgeschwindigkeit eines PCs?**
4 **Nennen Sie zwei verschiedene Gründe für die Notwendigkeit einer Festplattenpartitionierung.**
5 **Beschreiben Sie die Aufgabe eines Treiberprogramms für ein Peripheriegerät.**
6 **Erstellen Sie eine Materialliste für ein Netzwerk zur kostengünstigen Verbindung von drei PCs in einem Büro.**
7 **Nennen Sie fünf verschiedene Einstellungen für die Einrichtung eines WLAN-Access-Point.**
8 **Wodurch unterscheidet sich ein Access-Point von einem WLAN-Router?**

[1] **WLAN**, Abk. für: **W**ireless **L**okal **A**rea **N**etwork (engl.) = Drahtloses Lokales Netzwerk
[2] Access-Point (engl.) = Gemeinsamer Zugangspunkt für Computer mit WLAN-Schnittstelle
[3] **SSID**, Abk. für: **S**ervice **S**et **Id**entifier, Name des WLAN-Netzwerkes

# Praxistipp: Lokales Netzwerk (LAN) installieren

(Nächster Praxistipp: Seite 302)

## Situationsbeschreibung:

In einem Betriebsgebäude soll im Bereich einer Etage ein lokales Netzwerk (LAN) für 20 PCs installiert werden. Das Netzwerk soll dem Gigabit-Ethernet-Standard entsprechen, um eine Bandbreite von 1 Gbit/s zu erreichen. Als Übertragungsstandard für Cu-Verkabelung wurde 1000 Base-T gewählt.

**Übersichtsplan**

EV Etagenverteiler, TA Teilnehmeranschluss

## 1. Übertragungseigenschaften bestimmen

http://www.glasfaserinfo.de/normen.html

Übertragungseigenschaften einzelner Komponenten werden durch die **Kategorie (Kat.),** z. B. Kat. 5, angegeben. Für die Übertragungsstrecke gibt man dazu eine **Link-Klasse,** z. B. D, an **(Seite 265, Übersicht 2).** Eine wichtige Übertragungseigenschaft ist die **max. Frequenz**.

**Max. Frequenz für Link-Klassen und Kategorien:**
Link-Klasse D, Kategorie 5 ⇒ max. Frequenz 100 MHz
Link-Klasse E, Kategorie 6 ⇒ max. Frequenz 250 MHz
Link-Klasse F, Kategorie 7 ⇒ max. Frequenz 600 MHz

Bei einem **Übertragungsstandard,** z. B. 1000 Base-T, muss die Frequenz der Übertragungsstrecke einen festgelegten Mindestwert einhalten.

| Übertragungsstandard ⇒ | Frequenz ⇒ | Klasse ⇒ | Kat. |
|---|---|---|---|
| 100 Base-TX für 100 Mbit/s | ≥ 100 MHz | D, E, F | 5, 6, 7 |
| 1000 Base-T für 1 Gbit/s | ≥ 100 MHz | D, E, F | 5, 6, 7 |
| 10 GBase-T für 10 Gbit/s | ≥ 600 MHz | F | 7 |

## 2. Komponenten auswählen

http://www.lawerence.de/map/komponenten.php

| | Funktion | Merkmale (Beispiele) | |
|---|---|---|---|
| 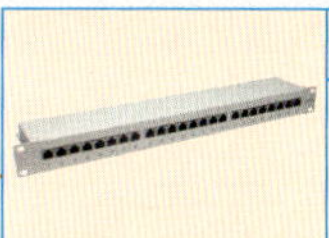 | **Patchfeld** wird benötigt für den Übergang von der Patchleitung auf die Datenleitung **(Seite 265).** | Kategorie, z. B. Kat. 5, 6 oder 7<br>Anzahl der Anschlüsse, z. B. 24,<br>Einbaumaße, z. B. 19 Zoll. |  |
|  | **Switch** dient zur sternförmigen Verteilung der Signale zu den Teilnehmeranschlüssen (TA). | Datenübertragungsgeschwindigkeit, gewählt 1 Gbit/s.<br>Anzahl der Anschlüsse (Ports), z. B. 24,<br>Übertragungsstandard, gewählt 1000 Base-T. | |
|  | **Datendose** wird benötigt für den Übergang von der Datenleitung auf eine Patchleitung | Kategorie, z. B. Kat. 5, 6 oder 7<br>Anzahl der Anschlüsse, z. B. 2-fach,<br>Montage, z. B. Aufputz oder Unterputz |  |
| 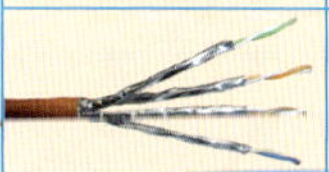 | **Datenleitung** zur festen Verlegung, z. B. in Leitungsführungs(LF)-Kanälen | Kategorie, z. B. Kat. 5. Besser ist es, eine Leitung mit einer höheren Kategorie, z. B. Kat. 7, zu verwenden, damit bei einer späteren Veränderung des Übertragungsstandards mit einer höheren Link-Klasse keine neuen Leitungen verlegt werden müssen. Die elektrischen Eigenschaften werden nur eingehalten, wenn die Biegeradien beachtet und die Leitung nicht gequetscht oder gedehnt wird. | |
|  | **Patchleitung** zur flexiblen Verlegung, z. B. zwischen Teilnehmeranschluss (TA) und PC. | | |

## 3. Anschlüsse herstellen

http://www.netzmafia.de/skripten/netze/twisted.html

Vor dem Herstellen der Leitungsverbindungen muss bestimmt werden, ob die einzelnen Leitungsadern nach der Spezifikation EIA/TIA 568 A oder B **(Seite 265, Bild 2)** an Anschlussdose und Patchfeld aufgelegt werden. Beim Anschließen der Adernpaare gilt es die Verdrillungen und Schirmungen der Adernpaare so gering wie möglich zu entfernen. Bei Nichtbeachtung werden bei der abschließenden Prüfung die geforderten elektrischen Eigenschaften der jeweiligen Link-Klasse, z. B. Klasse D, eventuell nicht erreicht.

Datenleitung auflegen, z. B. auf Patchfeld

**LSA-Auflegewerkzeug**

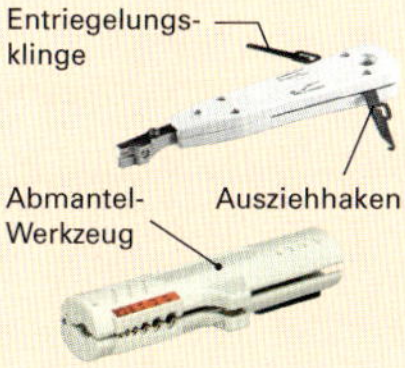


- Mantel entfernen
- Im Bereich der Anschlüsse die Paar-Schirmung entfernen
- Gesamtschirm zurückziehen

- Mit LSA-Werkzeug die Adern der Leitung in die Schneidklemmverbindung eindrücken (Aderfarben beachten)

- Schirmung (Geflecht und Beilaufdraht) mit Schelle anschließen

- Leitung mit Kabelbinder befestigen
- Leitung kennzeichnen
- Patchfeld RJ45-Buchse auf Front beschriften

# 14 Elektrogeräte

Inbetriebnahme, Wartung, Reparatur und Überprüfung von Elektrogeräten erfordern Kenntnisse über den Aufbau und die Funktion dieser Geräte sowie ihrer Schaltungen. Man unterscheidet bei Elektrogeräten Kleingeräte und Großgeräte **(Tabelle)**.

**Tabelle: Elektrogeräte** (Beispiele)

| Kleingeräte | Großgeräte |
|---|---|
| • Trockenbügeleisen | • Elektroherde |
| • Dampfbügeleisen | • Mikrowellenherde |
| • Haartrockner | • Waschmaschinen |
| • Handrührgeräte | • Wäschetrockner |
| • Bohrmaschinen | • Geschirrspüler |

**Inbetriebnahme von Elektrogeräten:**

- Bedienungsanleitung lesen und beachten,
- Übereinstimmung der Bemessungsspannung des Gerätes mit der Netzspannung überprüfen. Falls notwendig, Spannungswahlschalter umstellen,
- Transportsicherung, falls vorhanden, entfernen,
- Gerät nach Anleitung in Betrieb nehmen.

## 14.1 Kleingeräte

Elektrische Kleingeräte sind wartungsarm und meist nicht ortsfest. Sie benötigen keinen eigenen Stromkreis. Der Betrieb erfolgt meist an Wechselstromsteckdosen, z.B. Haartrockner, oder sie sind batteriebetrieben, z.B. Akkubohrmaschinen.

### 14.1.1 Trocken- und Dampfbügeleisen

**Trockenbügeleisen** schalten über einen Bimetallregler **(Bild 1)** einen in die Bügelsohle eingepressten oder aufgelöteten Rohrheizkörper E1 ein oder aus. Die Leistungsaufnahme beträgt etwa 1 kW bis 2 kW. Während der Aufheizung auf die eingestellte Temperatur leuchtet die Signallampe P1. Beim Öffnen des Reglerkontaktes entsteht ein Lichtbogen. Er erlischt bei Wechselstrom, wenn der Strom seine Richtung ändert.

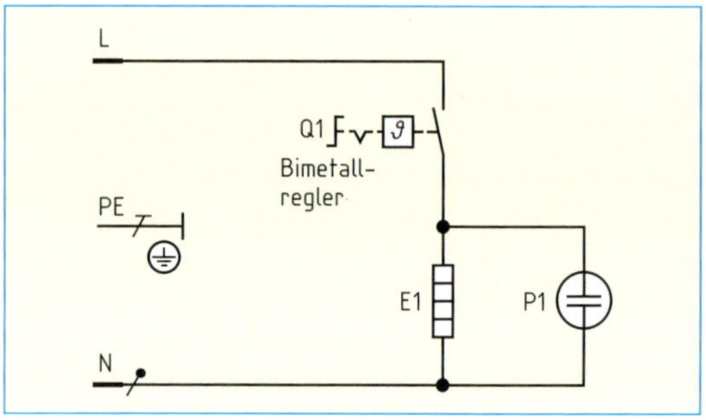


Bild 1: Stromlaufplan eines Bügeleisens

**Dampfbügeleisen** haben als Zusatzausrüstung einen Wassertank mit einem Inhalt von etwa 0,2 l sowie Dampfaustrittsöffnungen in der Bügelsohle. Man unterscheidet Dampfbügeleisen mit Tropfsystem und solche mit Boilersystem.

Beim **Tropfsystem (Bild 2)** tropft, solange das Bügeleisen waagerecht gehalten wird, Wasser aus dem Tank in eine von den Heizleitern erwärmte Kammer. Es bildet sich Wasserdampf, der wegen des Überdrucks aus den Dampfaustrittsöffnungen an der Bügelsohle austritt und das Bügelgut befeuchtet. Die Wasserzufuhr kann zum Trockenbügeln, z. B. durch ein Ventil, unterbrochen werden.

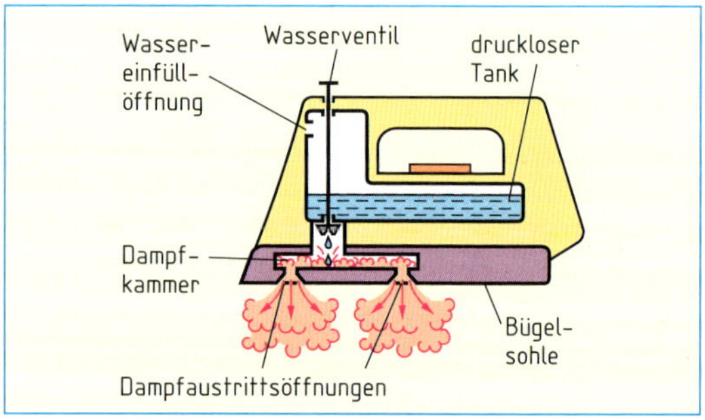


Bild 2: Dampfbügeleisen mit Tropfsystem

Beim **Boilersystem (Bild 3)** wird das Wasser in einem druckfesten Tank erwärmt. Der Dampf tritt durch ein Überlaufrohr aus den Dampfaustrittsöffnungen der Bügelsohle aus.

Um ein Verkalken der Dampfaustrittsöffnungen zu vermeiden, sollte nur Wasser mit geringem Härtegrad verwendet werden.

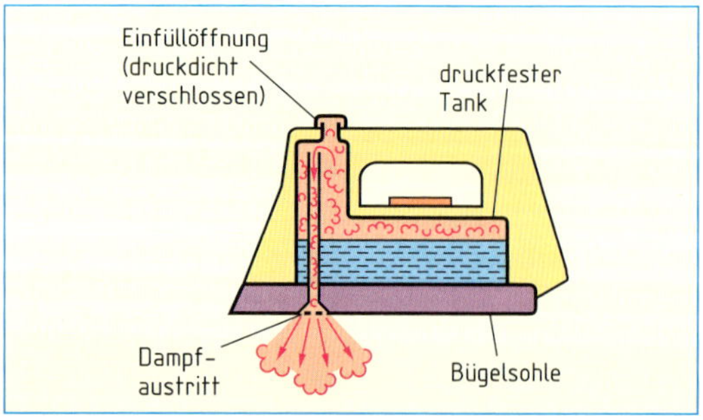


Bild 3: Dampfbügeleisen mit Boilersystem

**Anschluss:** Wärmebeständige Leitungen mit Flammschutz, z.B. H03RT-F (Gummiaderleitung mit Umhüllung aus Textilgeflecht).

**Wartung:**

- Bügelsohle sauberhalten.
- Beim Dampfbügeleisen: Nach dem Bügeln Tank vollständig entleeren.

## 14.1.2 Haartrockner und Handrührgeräte

### Haartrockner

Bei einem Haartrockner **(Bild 1)** wird durch ein rotierendes Lüfterrad Kaltluft angesaugt, in einer Heizwendel erhitzt und der entstehende Warmluftstrom über eine Düse ausgeblasen. Je nach Ausführung des Haartrockners kann die Leistung der Heizung und die Drehzahl des Lüftermotors eingestellt werden.

Der Lüfter wird meist durch einen Gleichstrommotor **(Seite 319)** mit Dauermagneterregung angetrieben **(Bild 1)**. Bei der Schaltung nach **Bild 2** wird in Stellung I des Wahlschalters Q1 durch die Diode R1 nur eine Halbwelle des Wechselstromes genutzt, die Lüfterdrehzahl und die Leistung der Heizwicklung E1 ist dadurch herabgesetzt. In Schalterstellung II steht die volle Lüfterdrehzahl und Heizleistung zur Verfügung.

Der Lüftermotor M1 erhält über die Dioden R2 und R3 Gleichspannung (Zweipuls-Mittelpunktschaltung M2). Über die Abgriffe am Heizwiderstand E1 wird er mit Kleinspannung versorgt. Der Bimetallschalter F1 schützt das Gerät vor Überhitzung, z.B. bei vermindertem Luftstrom. Die Kondensatoren $C_1$, $C_2$ und $C_3$ **(Bild 2)** dienen der Funkentstörung.

### Handrührgeräte

Der Antrieb erfolgt durch einen Universalmotor **(Seite 317)** mit unterteilten Wicklungen **(Bild 3)**. Je mehr Wicklungsteile zugeschaltet sind, desto größer ist der Widerstand. Dadurch werden Leistungsaufnahme und Drehzahl herabgesetzt. Ein Getriebe verringert die Motordrehzahl und erhöht das Drehmoment.

**Anschluss, Wartung und Fehlerbeseitigung:**

- H03VV-F (leichte PVC-Schlauchleitung) oder H03VVH2-F (flache PVC-Zwillingsleitung).
- Die Lüftungsöffnungen müssen stets offen sein.

Bei Kleingeräten ist zu prüfen, ob eine Reparatur wirtschaftlicher als eine Neuanschaffung ist. Steuerungen und z.B. Kleinmotoren sind oft nicht zur Reparatur geeignet und daher durch Original-Ersatzteile zu ersetzen. Nach einer Reparatur ist das Gerät nach DIN VDE 0701-0702 zu prüfen **(Seite 299)**.

**Kohlebürsten und Kollektor** bei Universal- oder Gleichstrommotoren unterliegen einem Verschleiß. Bürstenfeuer z.B. kann durch abgenutzte Kohlebürsten, durch eine verschmutzte Kollektoroberfläche oder durch eine überstehende Glimmerisolation entstehen **(Bild 4)**. Beim Tausch der Kohlen ist auf die richtige Härte zu achten (Original-Ersatzkohlen). Die Kohlen müssen ganzflächig auf der Kollektoroberfläche schleifen **(Bild 1, Seite 272)**. Bürstenfeuer kann auch durch einen Windungsschluss im Anker entstehen.

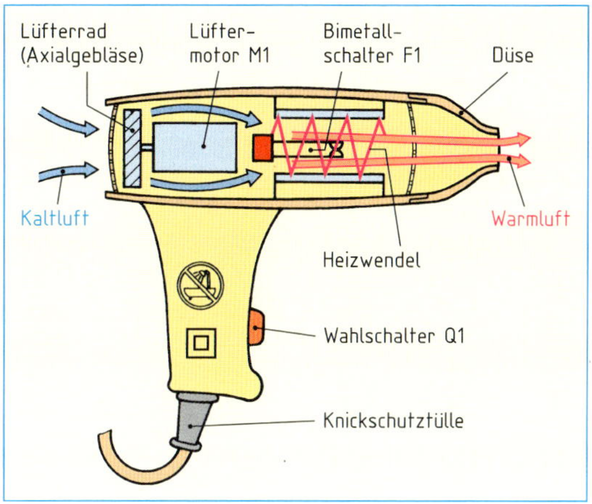


**Bild 1: Haartrockner mit Axialgebläse**

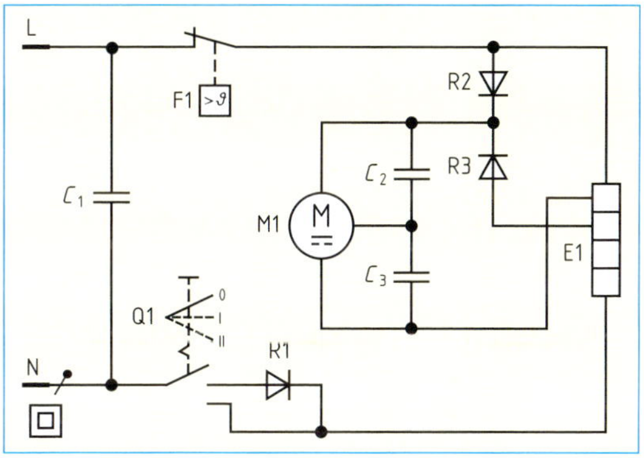


**Bild 2: Schaltung eines Haartrockners mit zwei Schaltstufen**

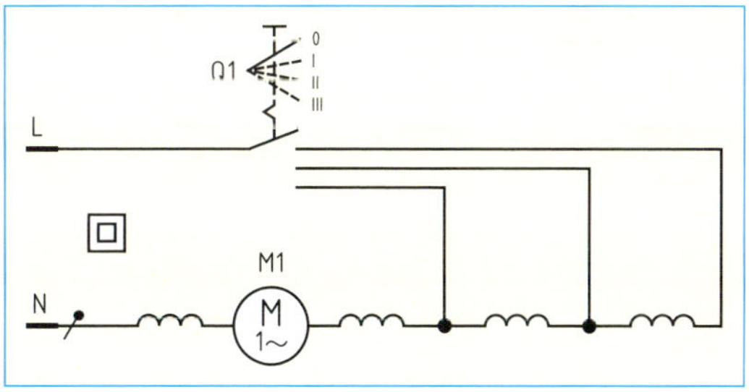


**Bild 3: Schaltung eines Handrührgerätes mit Universalmotor (Entstörung nicht gezeichnet)**

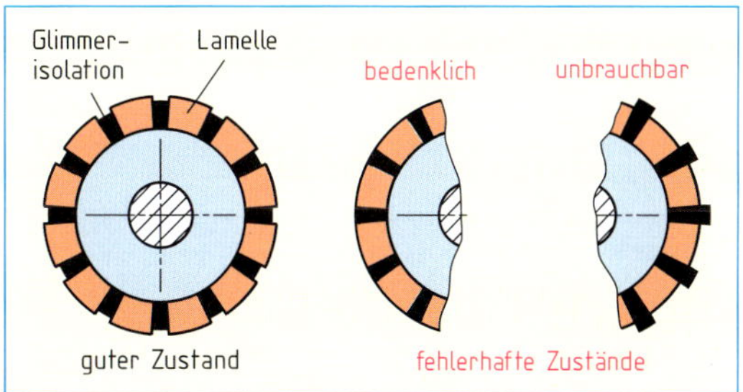


**Bild 4: Mögliche Zustände des Kollektors**

**Defekte Getriebe** unterbrechen die Kraftübertragung. Bei ausgebrochenen Zahnrädern erfolgt trotz laufendem Motor kein Antrieb.

**Lager** können ausgeschlagen sein oder festsitzen, z. B. durch eingedrungene Feuchtigkeit.

**Temperaturfühler** in der Motorwicklung oder im Gerät, z. B. Bimetallschalter beim Haartrockner, unterbrechen den Betrieb. Ursache sind Übertemperaturen als Folge unzulänglicher Kühlung oder Überlastung. Der Betrieb ist nach erfolgter Abkühlung wieder möglich.

**Geräte zur Stromversorgung oder Steuerung** können ebenfalls den Ausfall des Motors verursachen. Die Anschlussspannung an den Motorklemmen ist daher immer zu prüfen.

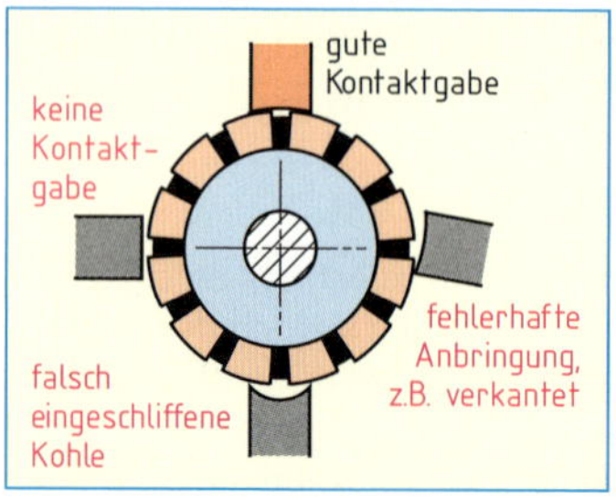


**Bild 1: Bürstenauflage am Kollektor**

## 14.1.3 Funkentstörung bei Kleingeräten

Kleingeräte können Funkstörungen verursachen, z. B. durch Antriebsmotoren mit Stromwendern.

Geräte, die Funkstörungen verursachen, müssen entstört werden (DIN VDE 0875).

Vom Hersteller entstörte Geräte tragen das **Funkschutzzeichen** nach DIN VDE 0024. Der Entstörgrad wird durch einen Kennbuchstaben im Funkschutzzeichen angegeben **(Bild 2a).** Es werden für Geräte und Anlagen die Funkstörgrade G und N, für besonders hohe Anforderungen der Funkstörgrad K, z. B. in Funkstudios, unterschieden **(Tabelle).**

Bei z. B. Hausgeräten, die den EU-Richtlinien entsprechen, wird das Funkschutzzeichen ohne Angabe des Störgrades N verwendet **(Bild 2b).** Geräte mit dem EMV-Funkschutzzeichen des VDE **(Bild 2c)** entsprechen den EMV-Richtlinien. Ihre Funktion wird durch gegenseitige und fremde elektromagnetische Einflüsse nicht gestört.

**Tabelle: Funkstörgrade**

| Kennbuchstabe | Anwendung |
|---|---|
| G (grob) | Industriebereich |
| N (normal) | Wohngebiete |
| K (klein) | bei sehr hohen Anforderungen |

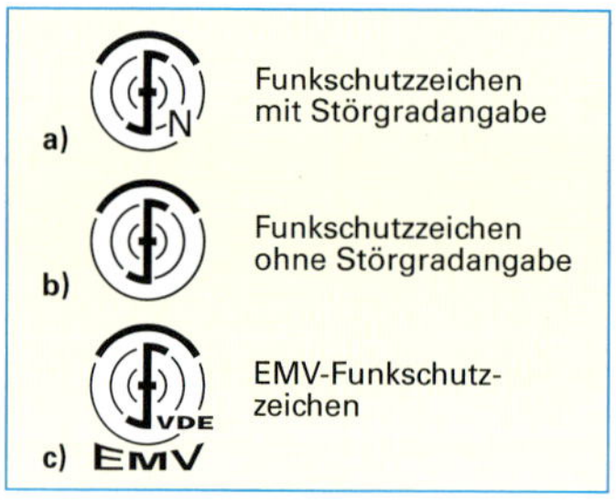


**Bild 2: Funkschutzzeichen**

**Entstörung.** Ortsveränderliche Verbraucher der Schutzklasse I (Geräte mit Schutzleiter) können z. B. nach **Bild 3** mit Einzelkondensatoren entstört werden. Der Schutzleiterstrom (Ableitstrom) darf aber nicht größer als 3,5 mA sein, bei Geräten mit eingeschalteten Heizelementen und einer Leistung über 3,5 kW maximal 1 mA je kW, jedoch höchstens 10 mA **(Tabelle, Seite 298).**

Verbraucher der Schutzklasse II werden z. B. nach **Bild 4** mit einem Entstörsatz entstört. Der Entstörsatz kann z. B. einen XY-Kondensator **(Bild 4)** in Vierpolausführung enthalten sowie auch zusätzliche Entstördrosseln.

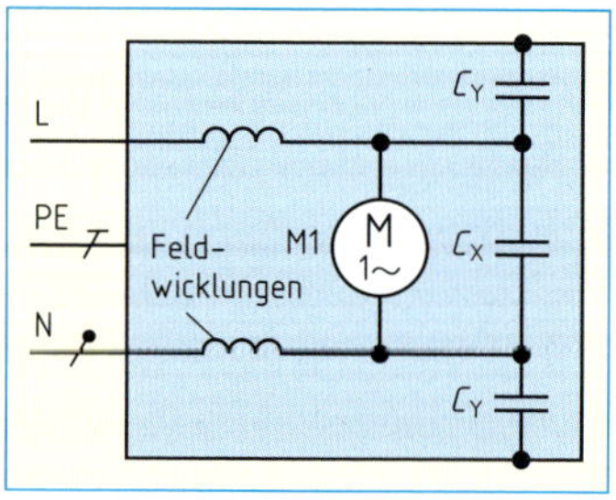


**Bild 3: Funkentstörung bei ortsveränderlichen Verbrauchern der Schutzklasse I (Beispiel)**

Entstörmittel sollen sich möglichst nahe an der Störquelle befinden, z. B. am Kollektor eines Universalmotors oder am Schaltkontakt.

**Reparatur von Geräten mit Funkentstörung.** Funkentstörmittel dürfen nicht entfernt oder an einer anderen Stelle als zuvor angebracht werden.

Beim Austausch von Funkentstörmitteln dürfen nur Original-Ersatzteile verwendet werden.

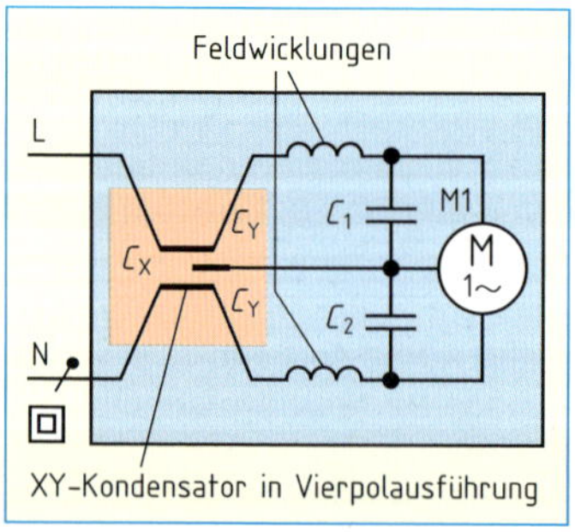


**Bild 4: Funkentstörung bei Verbrauchern der Schutzklasse II**

### Wiederholungsfragen

1. **Worauf ist bei der Inbetriebnahme von Elektrogeräten zu achten?**
2. **Warum dürfen Bügeleisen mit Bimetallreglern nur mit Wechselstrom betrieben werden?**
3. **Welche Leitungsart muss bei der Anschlussleitung für ein Bügeleisen verwendet werden?**
4. **Welche Leitungsart ist für den Anschluss von Handrührgeräten zu verwenden?**
5. **Worauf ist beim Austausch von Kohlebürsten zu achten?**
6. **Welcher Funkstörgrad ist für elektromotorisch angetriebene Haushaltsgeräte gefordert?**

# 14.2 Großgeräte

Großgeräte sind ortsfeste Geräte. Sie sind meist über einen eigenen Stromkreis angeschlossen. Großgeräte sind z. B. Elektroherde, Kühlgeräte, Waschmaschinen, Wäschetrockner und Geschirrspüler. In Großgeräten sind mehrere elektrische Betriebsmittel zusammengefasst. Ein Elektroherd z. B. hat meist mehrere Kochstellen, einen Backofen, eine Grilleinrichtung und die zugehörigen Schaltgeräte.

Großgeräte sind schwierig zu transportieren, daher muss die Wartung und Reparatur meist am Aufstellort durchgeführt werden. Hierzu sind transportable Mess- und Prüfeinrichtungen erforderlich.

**Anschluss und Inbetriebnahme von Großgeräten:**

- Anschlussanleitung und Bedienungsanleitung beachten.
- Der Anschluss, d. h. Leiterquerschnitt und Absicherung, muss entsprechend der Stromaufnahme des Gerätes ausreichend bemessen sein.
- Art des Anschlusses beachten (Steckdose oder Anschlussdose, beweglicher oder fester Anschluss).
- Transportsicherung entfernen.
- Sicheren und waagerechten Stand des Gerätes gewährleisten. Geräte die starke Vibrationen erzeugen können, z. B. Waschmaschinen, haben meist in der Höhe verstellbare Standfüße.
- Übereinstimmung der Betriebsspannung mit der Netzspannung überprüfen. Evtl. Betriebsspannung durch Umschalten einstellen.
- Stromkreise für Elektrowärmegeräte mit Bemessungsleistungen über 4,6 kW, z. B. Elektroherde oder Geräte zur Warmwasserbereitung, sind als Drehstromkreise auszuführen (TAB).
- Geforderte Schutzmaßnahme beim Anschluss beachten (DIN VDE 0100).

## 14.2.1 Elektroherd

Ein vollausgestatteter Elektroherd hat eine Kochmulde mit 2 bis 4 Kochstellen aus Grauguss oder ein Glaskeramik-Kochfeld, einen Backofen und einen Geschirrwagen. Als Einbaugeräte können Kochmulde bzw. Kochfeld und Backofen getrennt in die Kücheneinrichtung eingebaut werden. Das Einstellen der Heizleistung erfolgt durch Stufenschalter oder durch stufenlos arbeitende Thermoschalter. Zur Temperaturhaltung werden auch elektronische Regler, z. B. mit Vielperiodensteuerung (Schwingungspaketsteuerung), eingesetzt.

**Normalkochplatten** haben Bemessungsleistungen von 1000 W, 1500 W oder 2000 W. Sie werden über einen **Siebentakt-Schalter** gesteuert. Neben der AUS-Stufe sind 6 Leistungsstufen durch die unterschiedliche Schaltung von drei in der Kochplatte eingebauten Heizwiderständen möglich **(Bild, Seite 275)**.

**Blitzkochplatten** sind durch einen roten Punkt in der Plattenmitte gekennzeichnet. Sie haben bei gleichem Durchmesser eine um etwa 25 % höhere Leistung als Normalkochplatten. Zum Schutz vor Überhitzung befindet sich in der Plattenmitte ein Bimetallschalter (Protektor), der einen der drei Heizwiderstände bei einem Temperaturanstieg über etwa 400 °C abschaltet.

Kochplatte mit Siebentakt-Schalter: **Seite 295**

**Automatik-Kochplatten** haben etwa die gleiche Leistung wie Blitzkochplatten. Sie können jedoch auf eine vorgewählte Temperatur aufgeheizt und dann bei dieser Temperatur betrieben werden. Bei der Automatik-Kochplatte **(Bild)** befindet sich hierzu in der Plattenmitte ein Temperaturfühler, der über ein mit Flüssigkeit gefülltes Kapillarrohr[1] mit einer Ausdehnungsmembran im Temperaturregler verbunden ist. Bei Erwärmung dehnt sich die Flüssigkeit aus und betätigt durch die Membran über einen Schalthebel die Reglerkontakte. Bei Erreichen der eingestellten Temperatur wird die Heizleistung zunächst teilweise und bei weiterem Temperaturanstieg ganz abgeschaltet.

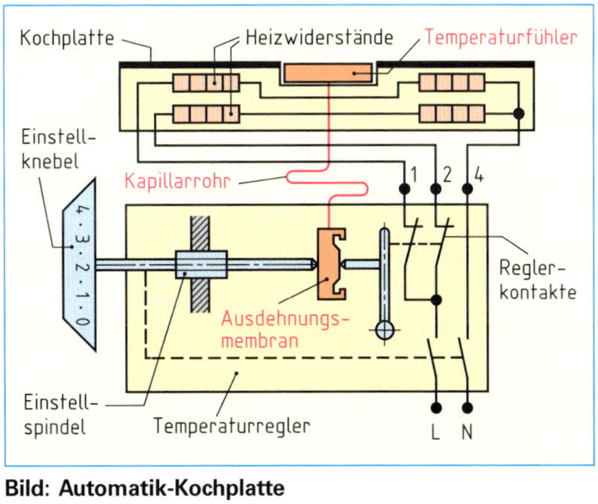


**Bild: Automatik-Kochplatte**

[1] Kapillarrohr = haardünnes Rohr, von capillus (lat.) = das Haar

**Kochfelder** bestehen aus einer lichtdurchlässigen Glaskeramikkochfläche mit Kochzonen.

**Das Kochgut wird erwärmt durch:**

- Wärmestrahlung mittels Heizkörpern mit freistrahlenden Heizwendeln oder Halogenstrahlern.
- Induktionserwärmung.

**Halogenstrahler** sind gasgefüllte Glaszylinder, in denen sich Wolframheizdrähte befinden, die mit Temperaturen über 2000 °C arbeiten und sehr kurze Ankochzeiten ermöglichen. Ihre Lebensdauer beträgt etwa 5000 Stunden.

**Kochfelder mit Duoheizung** haben Strahlungs- und Halogenheizkörper. Die Kochzonen werden leistungsgeregelt oder als Automatik-Kochzonen hergestellt.

Ein **Stabausdehnungsregler** zwischen Heizkörper und Keramikplatte verhindert eine Überhitzung der Kochzone **(Bild 1).**

**Energieregler** steuern die Heizleistung mit einem Schaltkontakt, den ein beheiztes Bimetall betätigt **(Bild 2).** Die Schalthäufigkeit des Bimetalls wird mit dem stufenlos einstellbaren Schaltknebel bestimmt. Mittlere Heizleistung und Kochtemperatur ergeben sich aus den Längen der Heizintervalle und der Pausen **(Bild 2).**

**Induktionskochstellen (Bild 3)** bestehen aus einer Induktionsspule, die über einen Umrichter mit Wechselstrom hoher Frequenz (etwa 25 kHz) versorgt wird. Die erzeugten magnetischen Wechselfelder durchdringen die Glaskeramikplatte der Kochstelle. Befindet sich auf der Kochstelle ein Kochgeschirr mit magnetisierbarem Boden, so werden in diesem Wirbelströme induziert, die den Topfboden und dadurch das Kochgut erwärmen. Die Kochstelle erwärmt sich nur durch die Wärme des Topfbodens (kalte Kochstelle). Beim Entfernen des Kochgeschirrs wird die Kochstelle abgeschaltet. Da die Spule und die Elektronik geringe Wärmeverluste haben, ist der Wirkungsgrad besonders beim Ankochen sehr hoch.

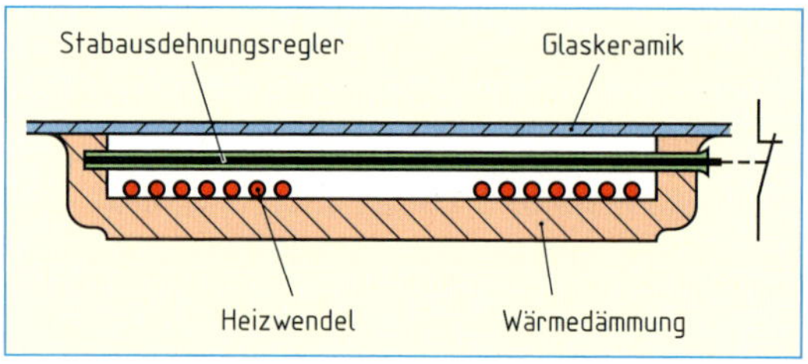


**Bild 1: Kochzone mit Stabausdehnungsregler**

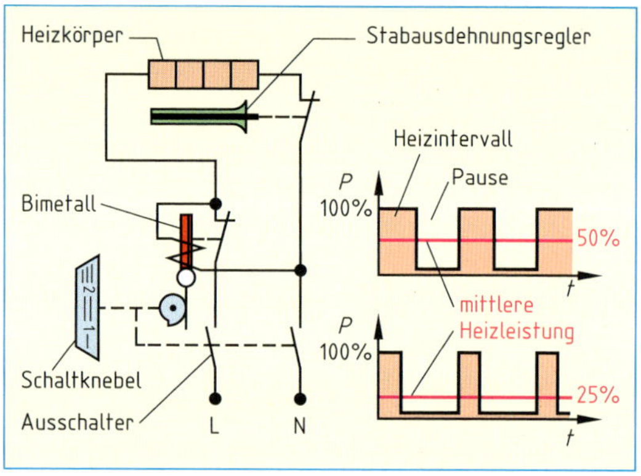


**Bild 2: Kochstelle mit stufenlos einstellbarem Energieregler**

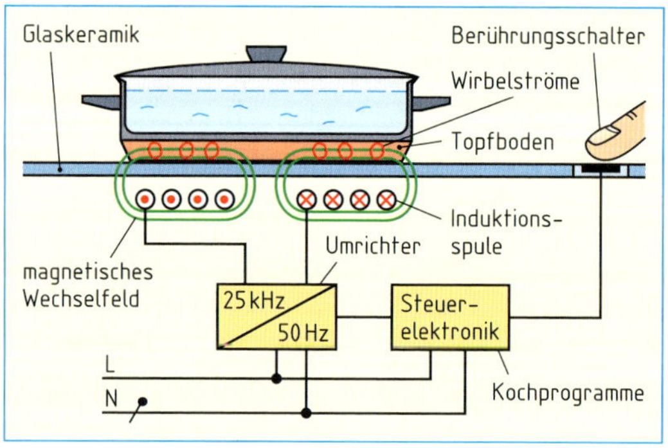


**Bild 3: Induktionskochstelle**

Induktionskochstellen erfordern Geschirr mit Böden aus magnetisierbaren Werkstoffen wie Stahl oder Grauguss. Ungeeignet sind nichtmagnetisierbare Edelstähle, Kupfer und z. B. Steingut.

Der **Backofen** hat eine Heizleistung von etwa 2 bis 3 kW, die in Oberhitze und Unterhitze aufgeteilt ist. Die stufenlos einstellbare Temperatur wird durch einen Thermostat im Bereich von etwa 50 °C bis 300 °C geregelt **(Bild, Seite 275).** Beim Backofen mit Umluft erfolgt die Wärmeübertragung durch erzwungene Konvektion[1] mittels eines an der Ofenrückwand angebrachten Ventilators. Der Backofen kann ferner eine Grilleinrichtung haben. Grillheizkörper haben eine Leistungsaufnahme zwischen 1 kW und 3 kW.

Die Reinigung des Backofens wird oft durch eine katalytische Reinigungshilfe erleichtert. Die Reinigung erfolgt hierbei durch einen chemischen Vorgang (Katalyse), der bei Temperaturen über 200 °C in Verbindung mit dem Luftsauerstoff Fettspritzer beseitigt. Der Backofen ist hierzu mit porös emaillierten Seitenblechen versehen, welche Katalysatoren zur Reinigungshilfe enthalten.

[1] Konvektion (lat.) = Luftbewegung

**Anschluss.** Elektroherde können einen Anschlusswert bis etwa 15 kW haben. Sie werden immer über Einzelstromkreise versorgt und über eine Anschlussdose mit Zugentlastung angeschlossen. Die Anschlussleitung, z. B. H05VV-F5G2,5 oder H05RR-F5G2,5, muss eine begrenzte Ortsverschiebung des Herdes, z. B. für Reparaturen, zulassen.

Bei Elektroherden mit Bemessungsleistungen über 4,6 kW ist die Anschlussleitung als Drehstromleitung auszulegen (TAB). Nach DIN 18015 muss die Strombelastbarkeit für eine Herd-Anschlussleitung mindestens 20 A betragen. Da die Heizkörper meist für die Spannung 230 V bemessen sind, können Elektroherde an Drehstrom 400 V oder auch an Wechselstrom 230 V betrieben werden **(Bild)**. Bei Anschluss an Wechselstrom ist die höhere Stromaufnahme **(Beispiel)** zu berücksichtigen. Schaltbild und Anschlussmöglichkeiten eines Elektroherdes zeigt das **Bild**.

**Beispiel:**

Welche Stromaufnahme hat ein Herd mit einem Anschlusswert von 6 kW a) am Drehstromnetz 400/230 V, b) am Wechselstromnetz 230 V?

**Lösung:**

a) $\boldsymbol{I} = \frac{P}{\sqrt{3} \cdot U \cdot \cos\varphi} = \frac{6000\,\text{W}}{\sqrt{3} \cdot 400\,\text{V} \cdot 1} = \mathbf{8{,}7\,A}$; b) $\boldsymbol{I} = \frac{P}{U \cdot \cos\varphi} = \frac{6000\,\text{W}}{230\,\text{V} \cdot 1} = \mathbf{26\,A}$

Der Anschluss eines Herdes darf nur durch eine vom örtlichen NB[1] zugelassene Elektrofachkraft erfolgen. Es sind die Vorschriften nach DIN VDE 0100 und DIN 18015-1 zu beachten **(Seite 130)**.

**Fehlerbeseitigung:** Die meisten Fehler lassen sich durch Spannungs-, Strom- oder Widerstandsmessung ermitteln:

- Keine Heizleistung ergibt sich bei defektem Heizkörper, bei nicht schließendem Thermostat oder bei Leiterunterbrechung, z. B. zwischen Heizkörper und Bedienfeld.
- Bei einer Siebentakt-Schaltung erfolgt die Funktionsprüfung in der niedrigsten Heizstufe. Bei Erwärmung sind die in Reihe geschalteten Heizwiderstände in Ordnung (z. B. Kochplatte E1, **Bild**).
- Fehlende Temperaturbegrenzung tritt bei nicht öffnendem Thermostat auf.

Nach der Instandsetzung sind die nach DIN VDE 0701-0702 vorgeschriebenen Prüfungen **(Seite 299)** durchzuführen.

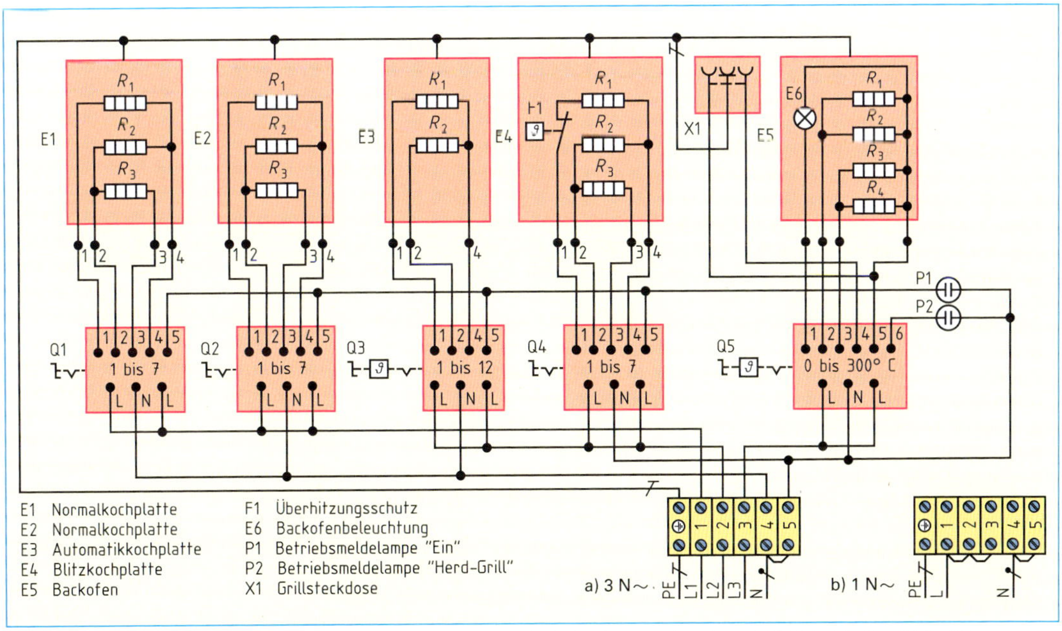


**Bild: Elektroherd mit Backrohr. Schaltbild und Anschlussmöglichkeiten an das Netz 3/N/PE ~ 50 Hz 400/230 V**

[1] **NB:** Netzbetreiber

## 14.2.2 Mikrowellengerät

Mikrowellengeräte werden zum Auftauen, Erwärmen und Garen von Lebensmitteln verwendet. Kombinationsgeräte ermöglichen auch eine Bräunung, z. B. in Verbindung mit einer Grilleinrichtung. Mikrowellengeräte nutzen die Energie elektromagnetischer Wellen mit einer Frequenz von 2450 MHz. Lebensmittel haben meist einen hohen Wasseranteil. Befinden sich Wassermoleküle in einem elektrischen Feld, so versuchen sie, ihre Lage diesem äußeren Feld anzupassen (Dipolverhalten).

Da das elektrische Feld im Mikrowellengerät seine Polarität 2,45 Milliarden Mal in der Sekunde wechselt, müssen die in den Lebensmitteln enthaltenen Wassermoleküle ebenso oft ihre Ausrichtung ändern. Die entstehende Reibungswärme erwärmt hierbei das Gargut zugleich im Außen- und im Innenbereich.

Die Mikrowellen werden im Magnetron erzeugt und über einen Hohlleiter zum Reflektorflügel geleitet, der sie im Garraum gleichmäßig verteilt **(Bild 1)**. Da Metalle die Mikrowellen reflektieren, wird durch die metallische Auskleidung des Garraumes und durch ein Lochblech im Sichtfenster ein Strahlungsaustritt aus dem Gerät verhindert. Metallgefäße verhindern ein Erwärmen des Gargutes, da sie die gesamte, in den Garraum abgegebene Energie aufnehmen und in Verlustwärme umwandeln.

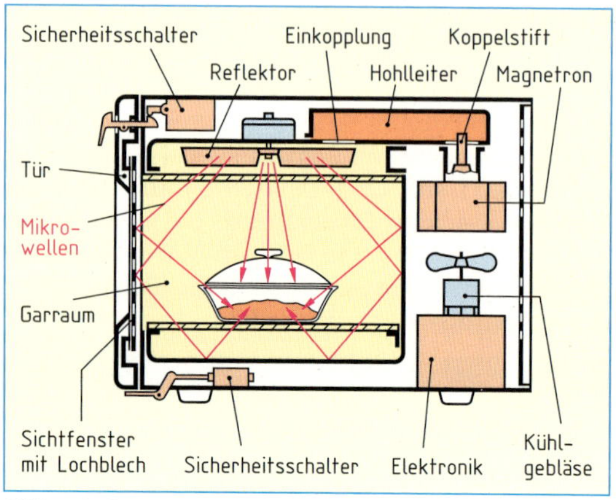


**Bild 1: Aufbau eines Mikrowellengerätes**

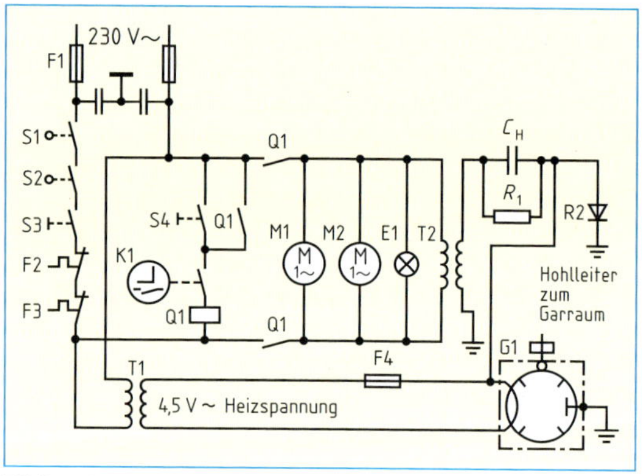


**Bild 2: Schaltung eines Mikrowellengerätes**

Metallgeschirr darf in Mikrowellengeräten nicht verwendet werden.

**Schaltung eines Mikrowellengerätes.** Das Magnetron G1 **(Bild 2)** benötigt zum Betrieb Hochspannung. Der hierzu notwendige Hochspannungstransformator T2 erzeugt mithilfe der nachgeschalteten Spannungsverdopplerschaltung mit $C_H$ und $R_2$ eine negative Hochspannung von etwa 5 bis 6 kV an der beheizten Kathode des Magnetrons G1. Ein Kühlgebläse (Motor M1) führt die Verlustwärme des Magnetrons G1, des Gleichrichters R2 und des Hochspannungstransformators T2 ab. Der Reflektor wird durch den Motor M2 angetrieben. Bei Übererwärmung im Bereich des Magnetrons oder des Elektronikteils schalten die Temperatur-Sicherheitsschalter F2 oder F3 das Gerät ab. Die Inbetriebnahme erfolgt durch den Starttaster S3. Die Betriebszeit wird mit der Zeitschaltuhr K1 eingestellt. Die Lampe E1 beleuchtet den Garraum. Um ein Austreten von Mikrowellen zu verhindern, muss die Tür dicht geschlossen sein. Sie ist daher durch die Sicherheitskontakte S1 und S2 elektrisch verriegelt.

Um das Austreten von Mikrowellenenergie zu verhindern und den Benutzer vor Mikrowellenstrahlen zu schützen, ist der Betrieb von Mikrowellengeräten nur bei dicht geschlossener Tür möglich.

**Anschluss:** Über Schutzkontaktsteckdose. Wegen des hohen Einschaltstromes ist eine Absicherung des Stromkreises z. B. mit einem LS-Schalter Typ C, 16 A empfehlenswert. Nach DIN 18015-2 ist ein eigener Stromkreis zu empfehlen.

**Wartung:** Um ein Austreten von Mikrowellenenergie durch Undichtigkeiten zu vermeiden, sind besonders der Türrand und die Türdichtung sauber zu halten.

**Fehlerbeseitigung:** Mikrowellengeräte dürfen nur nach den vom Hersteller herausgegebenen Anweisungen instand gesetzt werden. Das Prüfen von Kontakten und Bauteilen, z. B. des Gleichrichters, ermöglicht eine Widerstandsmessung im spannungslosen Zustand. Hochspannungskondensator $C_H$ **(Bild 2)** zuvor entladen. Die HF-Abschirmung des Gerätes darf nicht beschädigt werden. Beim Öffnen der Tür muss eine automatische Abschaltung erfolgen. Nach jeder Reparatur ist mittels Mikrowellen-Lecktester die Leckstrahlung nach Herstellerangabe zu prüfen. Bei ausgemusterten Geräten ist die Anschlussleitung abzuschneiden.

## 14.2.3 Waschmaschinen

**Arten von Waschmaschinen:**

- Waschvollautomaten waschen, spülen und schleudern nach einem gewählten Programm,
- Waschtrockner ermöglichen zusätzlich das Trocknen der Wäsche.

**Frontlader.** Die Einfüllöffnung für die Wäsche, das Bedientableau und die Waschmitteleinspülkammern befinden sich an der Frontseite der Maschine.

**Toplader** haben die Einfüllöffnung und die Waschmitteleinspülkammern oben. Sie haben bei gleichem Fassungsvermögen geringere Abmessungen als ein Frontlader.

**Waschprogramme** werden von einem elektromechanischen Programmschaltwerk oder einem elektronischen Programmschaltwerk mit integriertem Mikrocontroller gesteuert. Der Wasserzulauf zum Laugenbehälter **(Bild 1)** erfolgt über die Waschmitteleinspülkammern, in denen sich die Waschmittel, z. B. für die Vor- und Hauptwäsche, befinden. Die im Wasserzulauf befindlichen Magnetventile **(Bild 2)** öffnen elektromagnetisch und lassen das Wasser programmabhängig durch die einzelnen Einspülkammern fließen.

**Wasserstände** werden durch mehrere Druckwächter **(Bild 3)** erfasst. Diese mit einer Membran verschlossenen Druckdosen sind durch einen Schlauch mit dem Laugenbehalter verbunden. Der mit dem Wasserstand zunehmende Druck wölbt die Membran. Bei erreichtem Wasserstand werden die Schaltkontakte betätigt. Dadurch wird die Spule des Magnetventils abgeschaltet und der Wasserzulauf unterbrochen. Nur bei ausreichendem Wasserstand schaltet sich die Heizung ein (Trockengehschutz). Die Temperaturregelung erfolgt durch Bimetallregler oder NTC-Widerstände mit einer entsprechenden Steuerelektronik.

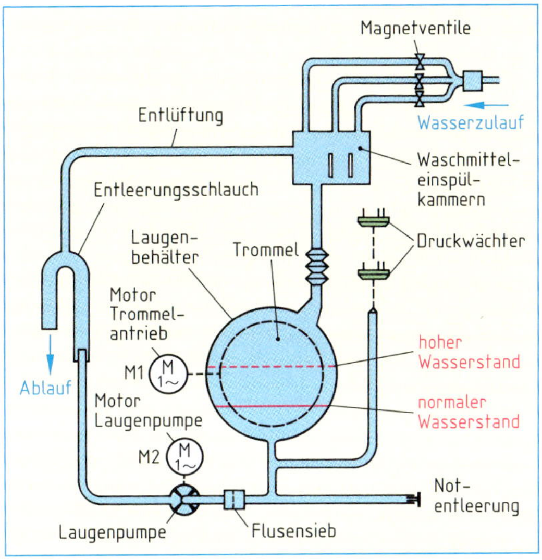


**Bild 1: Prinzipieller Aufbau eines Waschvollautomaten**

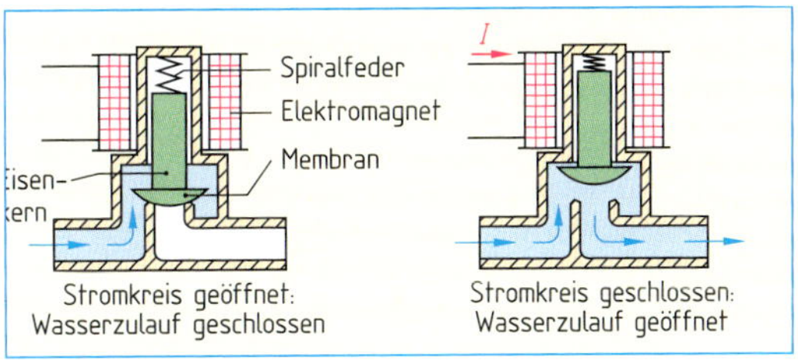


**Bild 2: Magnetventil**

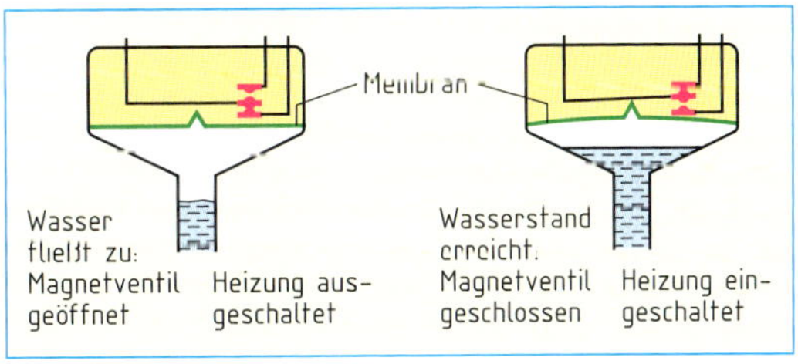


**Bild 3: Druckwächter**

**Abpumpen** des Wassers aus dem Laugenbehälter nach Wasch- und Spülvorgängen erfolgt durch die **Laugenpumpe (Bild 1),** die meist durch einen Spaltpolmotor **(Seite 317)** angetrieben wird. Durch ein Flusensieb wird das Verstopfen der Pumpe vermieden.

**Türschloss** mit elektromechanischer Verriegelung verhindert eine Wäscheentnahme während des Waschprogramms. Bei Waschmaschinen mit Schleudergang darf sich die Tür erst bei stillstehender Trommel öffnen lassen.

**Trommelantrieb.** Polumschaltbare Einphasen-Asynchronmotoren haben nur eine Wasch- und eine Schleuderdrehzahl. Reihenschlussmotoren mit Wechsel- oder Gleichstromspeisung ermöglichen in Verbindung mit einer Steuer-Elektronik mehrere Wasch- und Schleuderdrehzahlen.

**Anschluss:** Der Anschluss (Anschlusswert bis zu 3,3 kW) erfolgt über eine Schutzkontaktsteckdose mit eigenem Stromkreis, der z. B. mit einem LS-Schalter Typ B 16 A abgesichert ist.

**Wartung:** Flusensieb regelmäßig reinigen, bei Bedarf Siebe im Wasserzulauf ebenfalls reinigen.

## 14.2.4 Wäschetrockner

**Kondensationswäschetrockner (Bild 1)** leiten die feuchtwarme Abluft aus der Wäschetrommel durch einen Kondensator. Dem Kondensator wird durch einen zweiten Ventilator kalte Raumluft zugeführt, die durch Kühlkanäle geleitet wird. Über die Außenfläche der Kühlkanäle wird die warme, feuchte Abluft abgekühlt. Der Wasserdampf kondensiert und tropft in ein Kondensatauffanggefäß. Die trockene Luft wird wieder erwärmt und erneut der Wäschetrommel zugeführt.

**Abluftwäschetrockner** saugen mit einem Ventilator Raumluft an. Diese wird von der Heizung erwärmt und durch die Wäschetrommel geleitet. Die aus der Trommel austretende feuchte Luft wird über einen Luftfilter und einen Abluftschlauch (Durchmesser ca. 100 mm) direkt aus dem Gerät ins Freie abgeleitet.

**Wärmepumpenwäschetrockner** leiten die feuchtwarme Luft aus der Wäschetrommel durch einen Verdampfer. Darin verdunstet ein Kältemittel und entzieht der Trocknungsluft die Wärme. Das dadurch kondensierte Wasser wird wie bei einem Kondensationswäschetrockner gesammelt oder abgeleitet. Das verdunstete Kältemittel wird in einem Verdichter verflüssigt. Die dabei wieder freiwerdende Wärme wird zur Erwärmung der Trocknungsluft genutzt. Dadurch wird Energie gespart.

Wäschetrockner können über Zeitschalter oder abhängig von der Wäschefeuchte mit elektronischen Messeinrichtungen gesteuert werden.

**Steuerung.** Den Stromlaufplan eines einfachen Abluftwäschetrockners mit Zeitschalter zeigt **Bild 2.** Der Synchronmotor M1 treibt ein Programmschaltwerk mit 2 Nockenscheiben an. Scheibe 1 steuert die Mikroschalter S2.1 und S2.2, Scheibe 2 die Mikroschalter S3.1 und S3.2. Das Trocknungsprogramm wird durch den Schalter S2.1 gestartet, die Heizung durch den Schalter S2.2. Die Lufttemperatur regelt der Thermostat F1. Der Trommelantrieb erfolgt abwechselnd über die Schalter S3.1 und S3.2 im Reversierbetrieb[1]. Der Temperaturbegrenzer F2 dient als Überhitzungsschutz, F3 ist der Motorüberlastschutz. Das Gebläse wird vom Trommelmotor M2 mit angetrieben. Der Trocknungsvorgang endet nach der eingestellten Betriebszeit.

**Anschluss:** Wie bei Waschmaschinen. Bei Abluftwäschetrocknern muss die Länge und Führung des Abluftschlauches beachtet werden (Herstellerangaben).

**Wartung:** Luftfilter nach jedem Trockenvorgang reinigen, Kondensatauffanggefäß leeren.

[1] Reversierbetrieb: Betrieb mit wechselnder Richtung

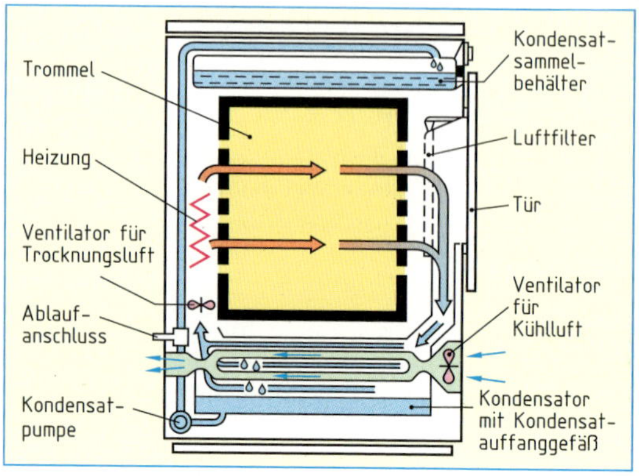


**Bild 1: Kondensationswäschetrockner**

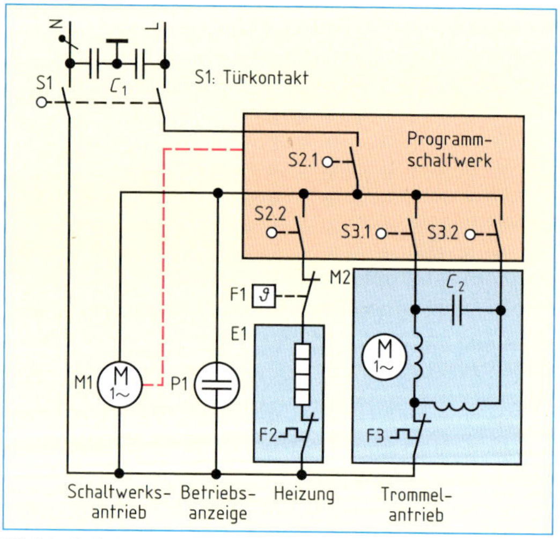


**Bild 2: Schaltung eines Abluftwäschetrockners mit Zeitschalter**

### Übersicht: Dauer des Trockenvorgangs

Die Dauer des Trockenvorgangs wird durch eine
- **Zeitsteuerung**
oder
- **Restfeuchtemessung** bestimmt.

**Möglichkeiten zur Restfeuchtemessung sind:**
- **Leitwertmessung.** Ein Kondensator wird abhängig vom Leitwert der Wäsche entladen. Je höher der Trockengrad, desto größer ist die Entladezeit.
- **Messung der elektrostatischen Aufladung.** Kunststoffbeläge in der Trommel laden die vorbeigleitende Wäsche statisch auf. Je höher der Trockengrad, desto größer ist die Aufladung.
- **Temperaturdifferenzmessung.** Die Temperaturdifferenz zwischen der Trommel zugeführter Warmluft und der abgekühlten Abluft wird gemessen. Je höher der Trockengrad, desto kleiner die Temperaturdifferenz.

WWW **http://service.hea.de/fachwissen/waeschetrockner/6-aufbau-des-waeschetrockners.php**

## 14.2.5 Geschirrspülmaschine

Zur Geschirrreinigung wird mithilfe eines Magnetventils eine festgelegte Wassermenge in den Innenraum des Geschirrspülers **(Bild 1)** eingelassen. Das zulaufende Wasser wird dabei über einen Enthärter geleitet, der dem Wasser Kalk entzieht, um Kalkablagerungen auf dem Geschirr und dem Innenraum zu verhindern. Anschließend wird das Wasser erwärmt und mit einer Umwälzpumpe zu den Sprüharmen befördert. Diese drehen sich durch den Rückstoß beim Wasseraustritt und besprühen das Geschirr mit erwärmtem Wasser unter Zugabe eines Reinigungsmittels. Den Ablauf des Reinigungsvorgangs bestimmt das gewählte Reinigungsprogramm einer Programmsteuerung **(Bild 2)**.

Reinigungsprogramme bestimmen die Spül- und Reinigungszeit, Dosierung von Spül- und Reinigungsmittel sowie Wassermenge und Wassertemperatur.

**Vorspülen:** Wasserzulauf über Magnetventil → Nach Erreichen eines festgelegten Wasserstandes (Niveauschalter) die Umwälzpumpe einschalten → Wasser wird zu den Sprüharmen befördert → Nach festgelegter Zeit die Umwälzpumpe ausschalten → Wasser mit Ablaufpumpe abpumpen.

**Reinigen:** Wasserzulauf über Magnetventil bis Niveau erreicht → Einschalten von Umwälzpumpe und Heizung → Besprühen des Geschirrs mit warmem Wasser → Zugabe des Reinigungsmittels → Wasser abpumpen → Erneuter Wasserzulauf zum Zwischenspülen mit kaltem Wasser → Wasser abpumpen.

**Klarspülen:** Wasserzulauf → Geschirr mit warmem Wasser unter Zugabe von Klarspülmittel besprühen → Wasser abpumpen.

**Trocknen:** Nutzung der Restwärme des Geschirrs oder zusätzliche Heizung mit Abfuhr oder Kondensation der feuchtwarmen Luft.

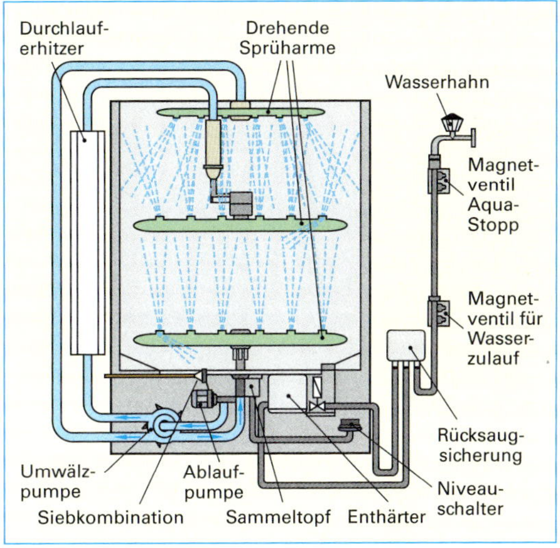


**Bild 1: Prinzipieller Aufbau einer Geschirrspülmaschine**

### Wichtige Merkmale eines Geschirrspülers (Auswahl)

- **Energieverbaruch (280 Spülgänge/Jahr),** z. B. 234 kWh
- **Wasserverbrauch (280 Spülgänge/Jahr),** z. B. 2716 l
- **Programmdauer (Standard-Spülgang),** z. B. 189 min
- **Luftschallemission,** z. B. 44 db(A[1])
- **Nennkapazität,** z. B. 13 Maßgedecke **(EN50242)**
- **Anzahl und Art der Spülprogramme (Bild 2),** z. B. Intensivprogramm 65 °C oder Kurzprogramm 55 °C
- **Geräteart,** z. B. freistehend oder Einbaugerät
- **Breite,** z. B. 60 cm
- **Innenraumausstattung,** z. B. höhenverstellbare Spülkörbe oder Besteckschublade anstatt Besteckkorb
- **Wassersicherheitssysteme,** z. B. Aqua-Stopp und Waterproof-System **(Bild 2)**

[1] A von A-Frequenzbewertungskurve zur Anpassung an das menschliche Gehör

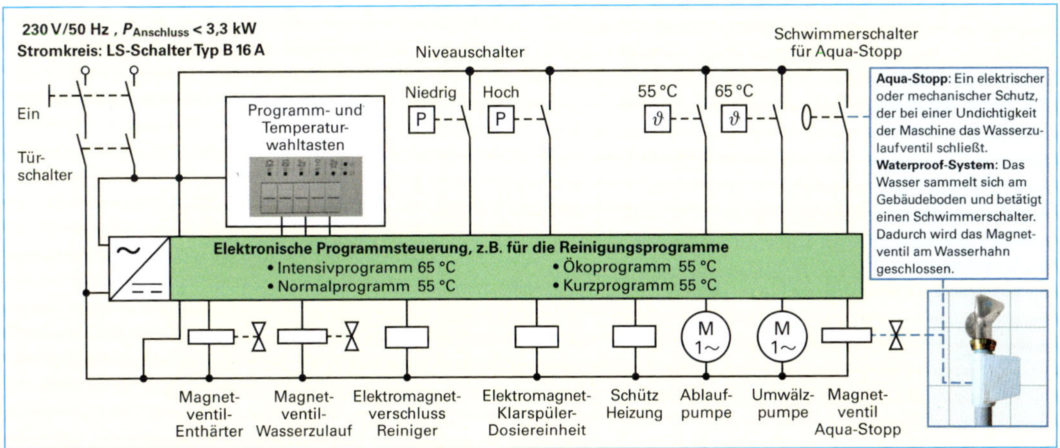


**Bild 2: Blockschaltbild Geschirrspüler**

## 14.2.6 Kühlgeräte

Kühlgeräte erzeugen die Kälte in einem Kältemittel-Kreislauf **(Bild 1)**. Ein flüssiges Kältemittel wird in den Verdampfer, der sich im Kühlraum des Gerätes befindet, geleitet. Beim Verdampfen des Kältemittels wird dem Kühlraum Wärme entzogen. Das verdampfte Kühlmittel wird in einen Verdichter (Kompressor) geleitet. Durch die Verdichtung steigt die Temperatur des Kältemittels über die Umgebungstemperatur. Dadurch kann es anschließend im Kondensator mit der umgebenden Raumluft abgekühlt werden, um das Kältemittel zu verflüssigen. Das verflüssigte und noch unter hohem Druck stehende Kältemittel gelangt über ein Kapillarrohr, das zur Reduzierung des Drucks dient, wieder in den Verdampfer und der Kreislauf beginnt erneut.

### Übersicht: Verfahren zur Kälteerzeugung

- **Verdichter (Kompressions)-Verfahren (Bild 1).** Der Druck im Kältemittel-Kreislauf wird mit einem Kolbenverdichter erzeugt. Dieser wird durch einen Elektromotor angetrieben. Mit dem Verdichter-Verfahren erreicht man einen guten Wirkungsgrad. Darum wird es für die Erzeugung großer Kühlleistungen verwendet.
- **Absorbtions-Verfahren.** Der Druck im Kältemittel-Kreislauf wird durch einen Kocher erzeugt. Dadurch entsteht bei diesem Verfahren kein Geräusch. Die Wärme für den Kocher wird mit einer Elektroheizung (AC 230 V oder DC 12 V) oder Gasheizung erzeugt. Mit dem Verfahren wird kein guter Wirkungsgrad erreicht. Es wird z. B. in Camping-Wohnwagen oder Hotelzimmern verwendet.

Kühlschränke sollen Lebensmittel nur kühlen, aber nicht gefrieren. Darum erzeugen sie Temperaturen oberhalb des Gefrierpunktes zwischen etwa 2 °C und 10 °C. Die Temperatur wird mit einem mechanischen Bimetall-Temperaturregler **(Bild 2)** oder einem elektronischen Temperaturregler konstant gehalten. Der Temperaturfühler befindet sich im Kühlraum direkt am Verdampfer. Beim Anlauf des Verdichter-Motors wird eine Hilfswicklung und der Kondensator C1 zugeschaltet. Nach kurzer Anlaufzeit schaltet das Anlaufrelais die Hilfswicklung ab und der Antrieb erfolgt dann nur noch über die Hauptwicklung. Ein Überlastschutz F1 schützt den Verdichter-Motor vor Überhitzung. Die Innenraumbeleuchtung E1 wird mit dem Türschalter Q1 nur bei offener Tür eingeschaltet, damit sich der Kühlraum nicht unnötig erwärmt. Kühlschränke mit Abtau-Automatik beheizen die Innenwand in der Nähe des Verdampfers nach dem Abschalten des Verdichters. Dadurch wird evtl. entstandenes Eis am Verdampfer abgetaut. Das Tauwasser wird in einer Rinne unter dem Verdampfer gesammelt und auf die Rückseite in einen Behälter in der Nähe des Kondensators geführt. Durch die Wärme des Kondensators verdunstet das Wasser.

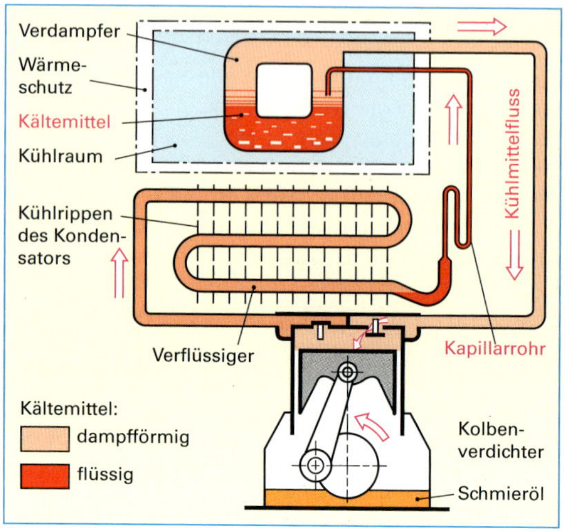


**Bild 1: Kältemittel-Kreislauf eines Verdichter-Kühlschrankes**

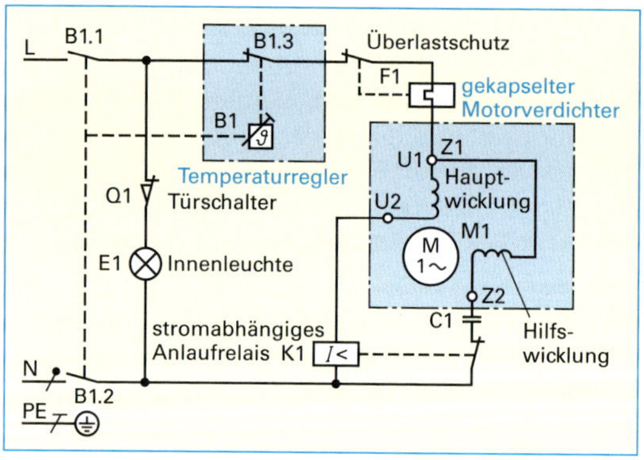


**Bild 2: Stromlaufplan Verdichter-Kühlschrank (Beispiel)**

### Übersicht: Merkmale Kühlschrank (Auswahl)

- **Energieeffizienzklasse,** z. B. A++ (Skala von A+++ bis D)
- **Energieverbrauch,** z. B. 92 kWh/Jahr
- **Nutzinhalt,** z. B. gesamt 137 l (Liter)
- **Geräuschwert,** z. B. 38 dB(A)
- **Klimaklasse,** z. B. SN (Außentemp. +10 °C bis +32 °C)
- **Anschlusswert,** z. B. 90 W
- **Zusatz-Ausstattung,** z. B. Gefrierfach, Abtau-Automatik

### Information: Kühlschrank mit Gefrierfach

Gefrorene Lebensmittel können länger aufbewahrt werden. Dazu sind Temperaturen unter 0 °C notwendig. Man unterscheidet mehrere Arten von Gefrierfächern, die mit 1 bis 4 Sternen gekennzeichnet sind.

| | |
|---|---|
| * | Temperatur kleiner –6 °C für kurzfristige Lagerung, z. B. eine Woche |
| ** | Temperatur kleiner –12 °C für mittelfristige Lagerung, z. B. zwei bis drei Wochen |
| *** | Temperatur kleiner –18 °C für langfristige Lagerung bereits gefrorener Waren, z. B. mehrere Monate |
| **** | Temperatur kleiner –18 °C **zum Einfrieren** und für langfristige Lagerung bereits gefrorener Waren, z. B. mehrere Monate |

## 14.2.7 Geräte zur Warmwasserversorgung

Elektrogeräte zur Warmwasserbereitung **(Tabelle, Seite 282)** erwärmen Wasser bei hohem Wirkungsgrad auf eine vorgegebene Temperatur. Die Warmwasserversorgung kann zentral oder dezentral erfolgen **(Übersicht).**

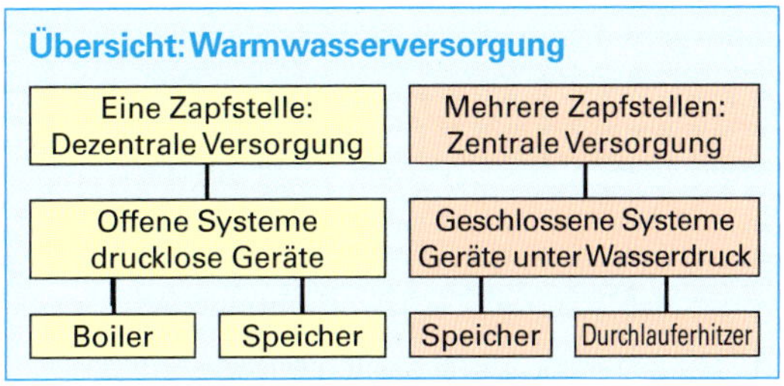


**Zentrale Warmwasserversorgung.** Ein Speicher oder ein Durchlauferhitzer versorgt mehrere Entnahmestellen. Die Entnahmestellen, z. B. einer Wohnung oder eines Gebäudes, werden zentral versorgt. Der Wasserbehälter des Gerätes steht ständig unter Druck. Man nennt sie daher geschlossene Geräte. Das Aufheizen des Wassers ist bei Speichern zum preisgünstigen Niedertarif möglich.

**Funktion des geschlossenen Gerätes (Bild 1).** Der Kaltwasserzulauf erfolgt über eine sogenannte **Sicherheitsgruppe** (Armaturenkombination). Sie besteht aus dem Absperrventil, dem Druckminderventil (bei einem Wasserdruck über 4,8 bar erforderlich), dem Rückschlagventil und dem Sicherheitsventil. Das Sicherheitsventil schützt das Gerät vor Überdruck. Zwischen Sicherheitsventil und Gerät dürfen keine Absperrventile, Verengungen oder Siebe montiert sein. Der Wasserbehälter ist druckfest ausgeführt.

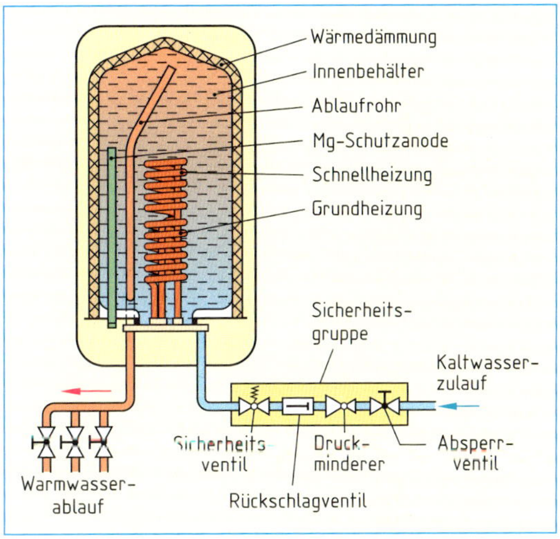


Bild 1: Geschlossener Zweikreis-Warmwasserspeicher

> Geschlossene Geräte stehen immer unter Wasserdruck. Sie können mehrere Entnahmestellen versorgen.

**Dezentrale Warmwasserversorgung.** Das Warmwassergerät versorgt nur eine Entnahmestelle. Verwendet werden meist offene Geräte, das sind Speicher, Boiler und Kochendwassergeräte, deren Behälter nicht unter Wasserdruck stehen. Sie werden zur Vermeidung von Wärmeverlusten in der Nähe der Entnahmestelle montiert.

**Funktion des offenen Gerätes (Bild 2).** Das Ventil zur Warmwasserentnahme liegt im Kaltwasserzulauf. Wird dieses Zulaufventil geöffnet, fließt durch den Druck des kalten Wassers erwärmtes Wasser aus dem Ablaufrohr. Offene Geräte arbeiten drucklos, daher muss das Ablaufrohr immer offen sein. Da sich das Wasser beim Erwärmen ausdehnt, können drucklose Geräte beim Aufheizen aus dem Warmwasserablauf tropfen.

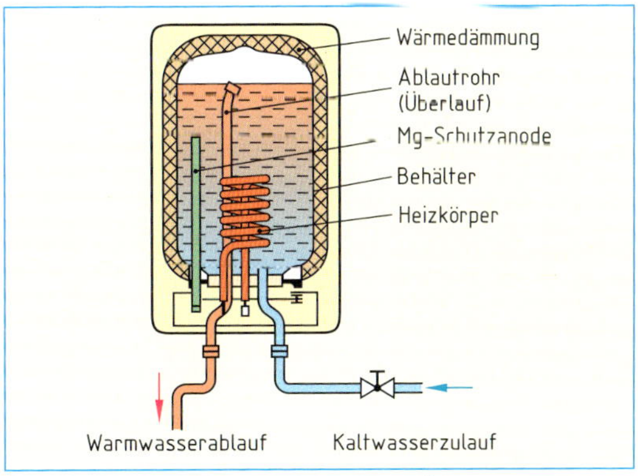


Bild 2: Offener Warmwasserspeicher (Überlaufgerät)

> Offene Geräte arbeiten drucklos. Da der Warmwasserablauf nicht geschlossen werden darf, versorgen sie nur eine Entnahmestelle.

**Speicher** haben um den Innenbehälter eine gute Wärmedämmung. Man kann mit ihnen das warme Wasser über längere Zeit bereithalten. Sie werden als offene oder als geschlossene Geräte gebaut.

**Boiler** erwärmen das Wasser zum sofortigen Verbrauch über eine Entnahmestelle. Boiler sind offene Geräte ohne oder mit geringer Wärmedämmung.

## Einkreis- und Zweikreisheizsysteme

Die Heizung von Speichern und Boilern **(Tabelle)** kann als Einkreis- oder Zweikreisheizsystem ausgeführt sein. Bei Innenbehältern aus Stahl werden Magnesium-Schutzanoden eingebaut, um den Stahlbehälter durch Schutzstrombildung vor Korrosion zu schützen.

**Einkreisgeräte** erwärmen das Wasser immer mit der vollen Heizleistung, z. B. mit 3, 4 oder 6 kW.

**Zweikreisgeräte (Bild)** arbeiten mit zwei Heizstufen, z. B. 1 kW oder 4 kW. Diese Geräte haben einen Inhalt von 30 bis 150 Liter und ermöglichen die Erwärmung des Wassers mit kleiner Heizleistung (Grundheizstufe) in der Niedertarifzeit. Die Aufheizung wird hierbei durch ein Tarifsteuergerät **(Seite 126)** des Netzbetreibers (NB) freigegeben. Abhängig von der Aufheizdauer kann die Grundheizleistung umgeschaltet werden, z. B. von 1 kW bei achtstündiger Aufheizdauer auf 2 kW bei vierstündiger Aufheizung. Bei zusätzlichem Warmwasserbedarf kann während der Normaltarifzeit die hohe Heizleistung (Schnellheizstufe) zum einmaligen Erwärmen auf eine gewünschte Temperatur, z. B. bis 85 °C, zugeschaltet werden.

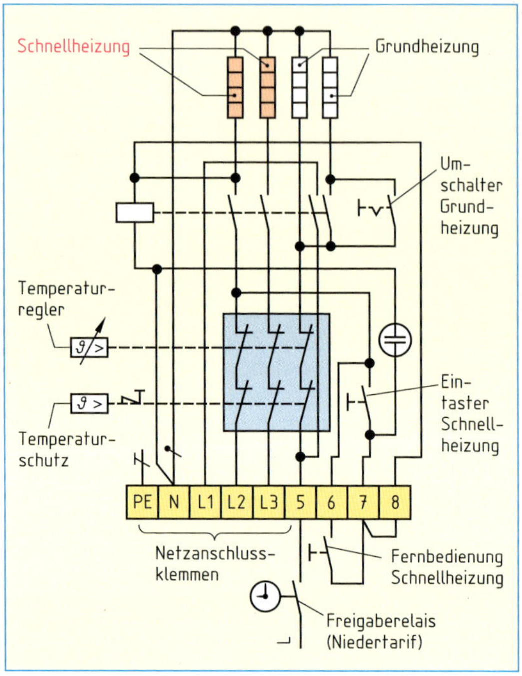


**Bild: Anschlussplan eines Zweikreisspeichers**

**Tabelle: Geräte zur Warmwasserbereitung** (Übersicht)

| Geräteart | Kochendwassergerät | Durchlauferhitzer | Speicher<br>Durchlaufspeicher | <br>offener Speicher | <br>geschlossener Speicher | Boiler |
|---|---|---|---|---|---|---|
| Prinzip | Eine abgemessene Wassermenge wird erwärmt | Erwärmung während des Durchlaufs | Erwärmtes Wasser steht ständig zur Verfügung | | | Gerät wird bei Bedarf aufgeheizt |
| | | | Speicher mit großer Heizleistung, Gerät steht unter Druck | Gerät steht nicht unter Druck | Gerät steht ständig unter Druck | drucklos |
| Behälterisolierung | nein | nein | ja | ja | ja | nein |
| Wasserbehälter außerhalb der Aufheizzeit | leer oder gefüllt | gefüllt | gefüllt | gefüllt | gefüllt | gefüllt |
| Inhalt (Wassermenge) etwa, in Liter | 5 | hydraulisch 0,2<br>thermisch 2,5 | 15 bis 80 | 5 bis 80 | 5 bis 120 und darüber | 15 bis 80 |
| Warmwassertemperatur in °C | bis 100 | max. 70 | max. 85 | 35 bis 80 | | bis 85 |
| Leistung in kW | 2 | 12 bis 27 | 12 bis 27 | 1 bis 6 | | 2 bis 6 |
| Elektrischer Anschluss | Schutzkontaktsteckdose | direkt | direkt | Schutzkontaktsteckdose bzw. Direktanschluss | | |
| Anzahl der Entnahmestellen | eine | mehrere | mehrere | eine | mehrere | eine |
| Anwendungsbeispiele | Zusatzgeräte für Küche, Spüle, Waschbecken | Dusche, Badewanne, Waschbecken | Dusche, Badewanne, Wohnung, Haus | Dusche, Badewanne, Spüle, Waschtisch | Dusche, Badewanne, Spüle, Waschtisch, Wohnung, Haus | Dusche, Badewanne |

**Kochendwassergeräte** werden vor dem Einschalten der Heizung mit der gewünschten Wassermenge gefüllt **(Bild 1)**. Sie haben einen temperaturbeständigen Behälter, z. B. aus Glas oder Kunststoff. Die geforderte Temperatur wird vorgewählt. Nach der Aufheizung schaltet der Thermostat das Gerät ab.

Kochendwassergeräte sind offene Geräte.

Das Gerät wird direkt an die Wasserleitung angeschlossen. Der Elektroanschluss erfolgt über eine Schutzkontaktsteckdose.

**Durchlauferhitzer** erwärmen das Wasser direkt während der Entnahme. Es treten dadurch keine Wärmeverluste auf. Geräte mit Drehstromanschluss haben Leistungen von etwa 12 kW bis 27 kW. Sie sind kompakt, erfordern wenig Platz und können mehrere Entnahmestellen versorgen.

Durchlauferhitzer sind geschlossene Geräte.

**Hydraulisch gesteuerte Durchlauferhitzer** arbeiten mit zwei, von der Wasserdurchflussmenge abhängigen Heizstufen. Ein Druckdifferenzschalter schaltet die Heizung erst ein, wenn Wasser entnommen wird, d. h. wenn zwischen Zulauf und Ablauf eine Druckdifferenz entsteht. Bei geringer Wasserentnahme arbeitet das Gerät mit halber Leistung, bei großer Entnahme, also bei großem Differenzdruck, wird die volle Heizleistung eingeschaltet. Bei Überhitzung, z. B. durch Verkalkung, wird das Gerät durch den Sicherheitstemperaturbegrenzer abgeschaltet. Der Wasserinhalt dieser Geräte beträgt etwa 0,2 Liter.

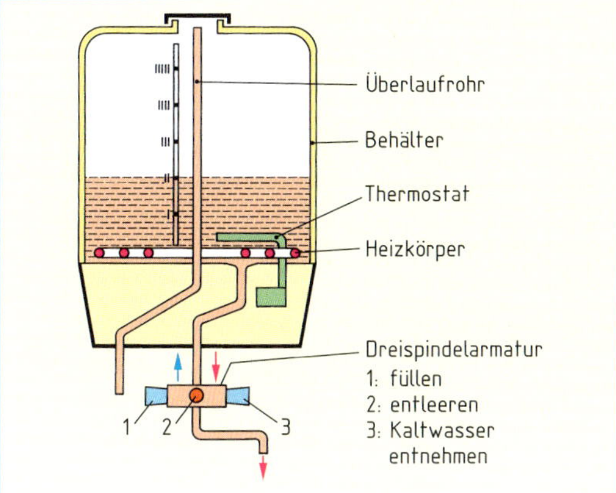


**Bild 1: Kochendwassergerät (Ablaufgerät)**

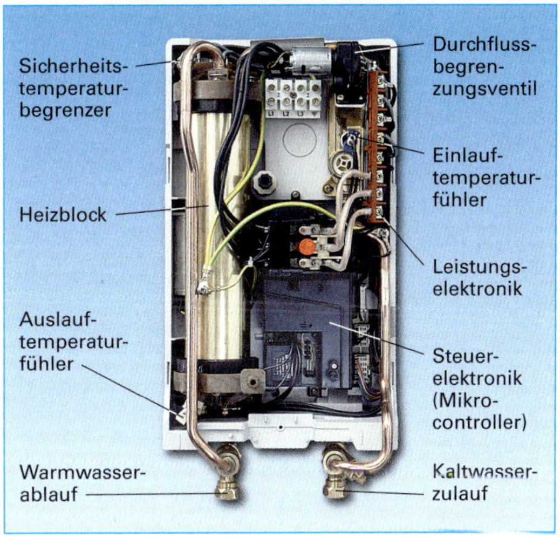


**Bild 2: Durchlauferhitzer mit elektronischer Regelung**

**Durchlauferhitzer mit elektronischer Regelung (Bild 2)** passen mithilfe eines Mikrocontrollers ihre Heizleistung fast stufenlos der entnommenen Wassermenge und der gewünschten Temperatur an. Aus den Augenblickswerten von Wasserdurchflussmenge, Kalt- und gewünschter Warmwassertemperatur errechnet der Mikrocontroller die erforderliche Heizleistung. Diese wird im Bereich von 4 kW bis zur Bemessungsleistung, z. B. 24 kW, über Thyristoren oder Triacs der Leistungselektronik stufenlos gesteuert. Ist die volle Heizleistung nicht ausreichend, verringert ein Durchflussbegrenzungsventil die Wasserdurchflussmenge. Dadurch liefern diese Geräte gleichbleibend die am Temperaturregler einstellbare Wassertemperatur zwischen etwa 30 °C und 55 °C.

**Blankdrahtheizsystem.** Bei Geräten mit Blankdrahtheizung befinden sich die Heizwendeln innerhalb eines Isolierblocks direkt im zu erwärmenden Wasser. Es entstehen hierbei praktisch keine Kalkablagerungen und nur eine geringe Kesselsteinbildung. Blankdrahtsysteme erfordern bauartabhängig einen Mindestwiderstand des Wassers von 900 Ω/cm bis 1100 Ω/cm. Auskunft erteilt das zuständige Wasserwerk.

Blankdrahtheizsysteme erfordern einen spezifischen Widerstand des Wassers von mindestens 900 Ω/cm.

**Thermische Durchlauferhitzer** haben einen Speicherinhalt von etwa 2,5 l, der durch einen Thermostat ständig auf einer Temperatur von ca. 60 °C gehalten wird. Er schaltet die Heizung ein, wenn die Temperatur sinkt, z. B. bei der Wasserentnahme oder durch Abkühlung. Der Wasserbehälter ist daher wärmeisoliert. Thermische Durchlauferhitzer benötigen keinen Mindestwasserdruck.

## Anschluss der Warmwasserbereiter

Warmwasserbereiter benötigen immer einen festen Wasseranschluss.

Durchlaufgeräte (Durchlauferhitzer und Durchlaufspeicher) erfordern wegen ihrer großen Anschlussleistung (bis 27 kW) die Genehmigung des zuständigen Netzbetreibers (NB), in manchen Fällen auch die des örtlichen Wasserversorgungsunternehmens.

**Wasserarmaturen für Warmwasserbereiter**

- Für offene Geräte dürfen nur drucklose Armaturen verwendet werden.
- Für geschlossene Geräte müssen Druckarmaturen eingesetzt werden.
- Die Angaben über den zulässigen Betriebsdruck der verwendeten Geräte müssen unbedingt eingehalten werden. Bei zu hohem Druck baut man Druckminderventile ein.
- Vor der Inbetriebnahme von Warmwasserbereitern muss geprüft werden, ob das Gerät Wasser enthält. Beim Öffnen des Warmwasserventils muss Wasser auslaufen.

Um Korrosion an Warmwasserbereitern und Rohrleitungen zu vermeiden, ist auf die richtige Auswahl des Rohr- und Gerätematerials zu achten **(Tabelle 1)**.

Man verwendet, in Fließrichtung des Wassers gesehen, Kupfer immer nach Stahl, nicht umgekehrt.

**Tabelle 1: Rohr- und Gerätematerial für Warmwasserbereiter**

| Kaltwasserleitung | Gerät (Innenbehälter) | Warmwasserleitung |
|---|---|---|
| feuerverzinkter Stahl | feuerverzinkter Stahl | feuerverzinkter Stahl |
| | feuerverzinkter Stahl | Kupfer |
| | emaillierter Stahl | Kupfer |
| | Kupfer | Kupfer |
| Kupfer | Kupfer | Kupfer |

**Tabelle 2: Fehlerbeseitigung bei Warmwasserbereitern**

| Fehlerauswirkung | Defektes Teil | Fehler | Abhilfe |
|---|---|---|---|
| Keine Heizleistung | Zuleitung | Unterbrechung | Überprüfen, ersetzen |
| | Thermoschalter, Thermostat, Heizkörper | | Austauschen (Original-Ersatzteile) |
| Überstrom-Schutzeinrichtung spricht an | Heizwicklung | Körperschluss | Austauschen |
| | Zuleitung | Überbrückung | Überprüfen, ersetzen |
| RCD löst aus | Leitung oder Betriebsmittel | Isolationsfehler | Austauschen |
| Wassertemperatur zu niedrig | Rohrheizkörper | Kalkablagerung | Entkalken |
| zu hoch | Thermostat | Thermostat verstellt oder defekt | Austauschen (Original-Ersatzteile) |

**Wartung von Warmwasserbereitern.** Rohrheizkörper können verkalken. Sie werden entkalkt oder ausgewechselt. Kalkablagerung kann durch Einstellen einer Wassertemperatur unter 60 °C verhindert werden. Dadurch verringert sich auch die Korrosion. Blankdrahtheizsysteme haben eine geringe Neigung zum Verkalken.

Kalkablagerungen erkennt man an der wesentlich längeren Aufheizzeit oder an der geringeren Durchflussmenge.

**Fehlerbeseitigung (Tabelle 2).** Vor Reparaturen oder Wartungsarbeiten, z. B. dem Auswechseln von Heizkörper oder Thermostat, ist das Gerät spannungsfrei zu schalten, die Wasserzufuhr zu unterbrechen und der Warmwasserspeicher zu entleeren. Nach einer Geräteentleerung müssen vor Wiederinbetriebnahme Gerät und Leitungen durch Öffnen des Warmwasserventils vollständig mit Wasser gefüllt sein.

### Wiederholungsfragen

1 **Worauf ist vor Anschluss und Inbetriebnahme von Großgeräten, z. B. Waschmaschinen, zu achten?**
2 **Beschreiben Sie die Funktion einer Automatik-Kochplatte und die einer Induktionskochstelle.**
3 **Warum darf bei Mikrowellengeräten kein Metallgeschirr verwendet werden?**
4 **Worauf ist beim Elektroanschluss einer Waschmaschine zu achten?**
5 **Warum werden Waschmaschinen auch mit Reihenschlussmotoren ausgestattet?**
6 **Beschreiben Sie die Funktion eines Kondensationswäschetrockners.**
7 **Welcher Unterschied besteht zwischen einer zentralen und einer dezentralen Warmwasserversorgung?**
8 **Beschreiben Sie die Funktion eines offenen Gerätes, z.B. eines Warmwasserspeichers.**
9 **Warum sind drucklose Geräte nur für eine Entnahmestelle geeignet?**
10 **Welche Aufgabe hat das Sicherheitsventil beim geschlossenen Warmwasserspeicher?**
11 **Beschreiben Sie die Wirkungsweise eines Durchlauferhitzers.**

# 14.3 Elektrische Raumheizung

Zur elektrischen Raumheizung verwendet man Direktheizgeräte und Elektro-Wärmespeicher **(Übersicht)**.

**Direktheizgeräte** haben Anschlussleistungen von 1 kW bis 2 kW und werden meist an einer Steckdose angeschlossen. Direktheizgeräte ohne Lüfter geben die Wärme durch natürliche Wärmeströmung oder durch Wärmestrahlung ab. Sie werden auch als **Konvektoren**[1] (statische Heizgeräte) bezeichnet und zur Grundheizung von Nebenräumen oder als Frostschutzgeräte verwendet. Zu den Direktheizgeräten gehören auch **Infrarotstrahler.**

**Direktheizgeräte mit Lüfter,** sogenannte Schnellheizgeräte, nennt man dynamische Heizgeräte. Sie werden zur Beheizung kleiner, nicht dauernd genutzter Räume, z. B. von Hobbyräumen, eingesetzt.

**Elektro-Wärmespeicher** als Einzelgeräte **(Bild 1)** setzt man zur Beheizung einzelner Räume, z. B. von Wohn- oder Büroräumen, ein. Zentralspeicher **(Bild 1, Seite 286)** eignen sich zum Beheizen von abgeschlossenen Wohneinheiten. Der Anschlusswert der Einzelgeräte wird durch eine Wärmebedarfsberechnung oder überschlägig nach dem Rauminhalt des zu beheizenden Raumes ermittelt **(Tabelle).** Einzelgeräte haben Anschlussleistungen von 3 kW bis 8 kW.

Elektro-Wärmespeicher haben einen Speicherkern aus geschichteten Magnesit-Steinen **(Bild 1).** Zwischen den Schichten des Speicherkerns sind die Heizkörper, meist Edelstahl-Rohrheizkörper, eingebettet. Der Speicherkern ist von einer mehrlagigen Wärmedämmung umgeben, die auch bei hoher Speicherkerntemperatur für eine geringe Oberflächentemperatur sorgt.

Elektro-Wärmespeicher ohne Lüfter (früher Bauart I) geben die gespeicherte Wärme nur durch natürliche Konvektion und durch Temperaturstrahlung ab. Man sagt deshalb, sie werden statisch entladen. Sie setzt man deshalb auch selten ein, z. B. als Grundheizung von kleinen Räumen.

**Bei Wärmespeichern mit statischer Entladung kann man die Wärmeabgabe nicht steuern.**

Wärmespeicher mit dynamischer Entladung (früher Bauart III) haben einen Lüfter. Die Kaltluft wird durch Öffnungen in der Geräterückwand angesaugt, durchströmt die Luftführungskanäle im Speicherkern und wird erwärmt. Eine Luftmischklappe mit Bimetallsteuerung **(Bild 1)** mischt Kaltluft zu, sodass die Übertemperatur der austretenden Warmluft 120 K nicht überschreitet.

**Bei dynamischen Wärmespeichern wird die Wärmeabgabe durch Lüfter gesteuert.**

**Übersicht: Elektrische Raumheizung**

- **Direktheizgeräte:**
  Betrieb bei Hochtarif, zur Beheizung von kleinen Nebenräumen
  – Konvektoren, Wärmeabgabe statisch
  – Schnellheizgeräte, Wärmeabgabe dynamisch
- **Elektro-Wärmespeicher:**
  Aufladung bei Niedertarif, Nachladung bei Hochtarif, zur Beheizung von abgeschlossenen Wohneinheiten und Büros
  – Elektro-Wärmespeicher
  – Warmwasser-Zentralspeicher
  – Feststoff-Zentralspeicher

**Tabelle: Überschlagswerte für Raumheizungen**

| Rauminhalt in m³ | Anschlusswert in W/m³ |
|---|---|
| 10 bis 50 | 80 |
| 51 bis 100 | 60 bis 80 |
| 101 bis 150 | 40 bis 60 |
| über 150 | 40 |

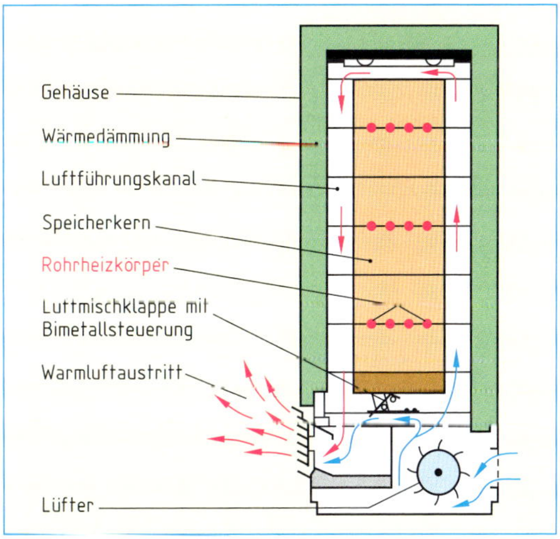


**Bild 1: Aufbau des Elektro-Wärmespeichers**

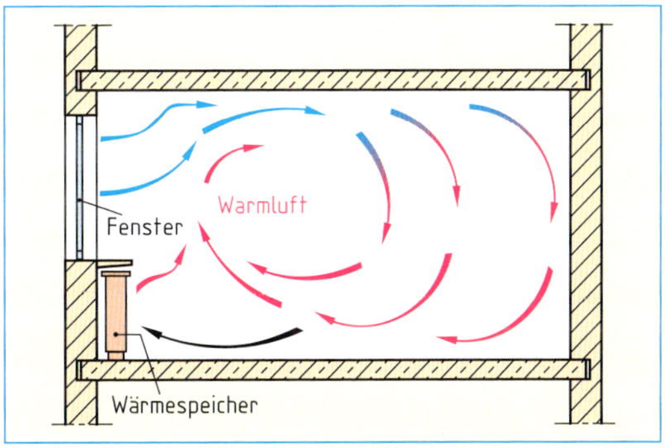


**Bild 2: Wärmeverteilung im Raum**

[1] Konvektion = Wärmetransport durch bewegte Luft

**Montage der Wärmespeicher.** Wärmespeicher ordnet man möglichst an den Stellen mit größtem Wärmeverlust an, z. B. unter dem Fenster **(Bild 2, Seite 285)**. Die abfallende kalte Luft wird vom Wärmespeicher erwärmt und weitergeleitet. Dadurch erreicht man im Raum eine gute Wärmeverteilung.

Bei der Montage der Wärmespeicher ist auf eine ausreichende Tragfähigkeit des Fußbodens, bei Wandmontage auf die Tragfähigkeit der Wand zu achten. Die Montagefläche muss eben sein, damit sich das Gehäuse beim Einsetzen der Speichersteine nicht verzieht.

Zwischen der Stellwand und der Rückwand des Wärmespeichers ist ein Mindestabstand von 30 mm, bei nicht feuerfestem Material, z. B. Holzvertäfelungen oder Vorhängen, ein Mindestabstand von 80 mm einzuhalten. Über Wärmespeichern ist ein Freiraum von mindestens 40 mm notwendig, damit die Warmluft ungehindert nach oben strömen kann.

In feuergefährdeten Betriebsstätten und in explosionsgefährdeten Bereichen dürfen keine Elektro-Wärmespeicher eingesetzt werden.

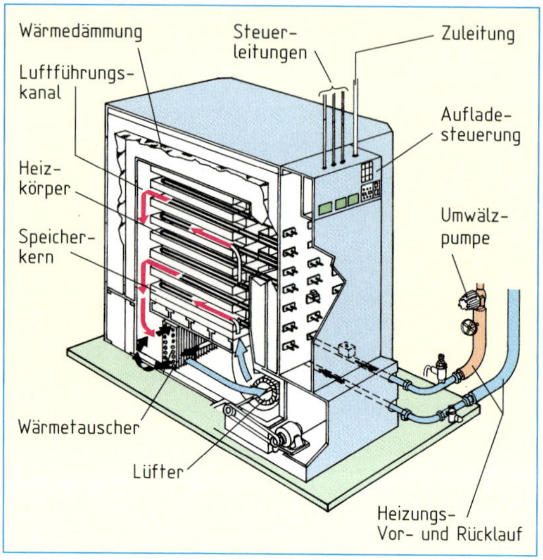


**Bild 1: Feststoff-Zentralspeicher**

**Zentralspeicher.** Elektro-Wärmespeicher für eine Wohneinheit können auch als Zentralspeicher ausgeführt sein. Nach dem Speichermedium unterscheidet man **Warmwasser-Zentralspeicher und Feststoff-Zentralspeicher (Bild 1).** Feststoff-Zentralspeicher haben wie Einzelspeicher einen Speicherkern aus Magnesit-Steinen. Die im Kern gespeicherte Wärme wird in einem inneren Luftkreislauf über den Wärmetauscher geführt und über eine Vor- und Rücklaufleitung an herkömmliche Warmwasserheizsysteme abgegeben **(Bild 1).**

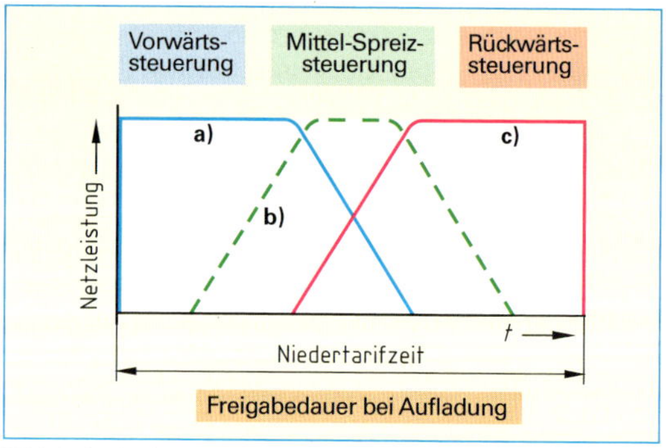


**Bild 2: Ladecharakteristiken von Aufladesteuerungen**

**Aufladesteuerung der Elektro-Wärmespeicher.** Der wirtschaftliche Betrieb von Elektro-Wärmespeicherheizungen ist nur in Verbindung mit einer Aufladesteuerung möglich. Dabei wird hauptsächlich das Niedertarifangebot der Netzbetreiber (NB) genutzt, die dadurch ihre unterschiedliche Netzbelastung bei Nacht und am Tag ausgleichen können. Ein Aufladen des Speichers bei Tag (Tagnachladung) erfolgt jedoch bei vielen NB nur zum Hochtarifpreis. Damit die Aufladesteuerung den Anforderungen des NB und denen des Benutzers angepasst werden kann, lassen sich moderne Ladesteuerungen in ihrer Charakteristik als Vorwärts-, Rückwärts- und als Mittel-Spreizsteuerung betreiben **(Bild 2).** Der witterungsabhängige Wärmebedarf wird bei der Aufladung mithilfe eines Außentemperaturfühlers ermittelt. Ein Temperaturfühler in der Isolierung des Speicherkerns erfasst den Restwärmeinhalt des Speichers und berücksichtigt ihn bei der Aufladung.

**Vorwärtssteuerung.** Der Einschaltzeitpunkt der Aufladung fällt mit dem Beginn der Freigabedauer (Niedertarifzeit) zusammen **(Bild 2a).** Der Ausschaltzeitpunkt hängt von der Witterung und vom Restwärmeinhalt des Wärmespeichers ab.

**Rückwärtssteuerung.** Hier wird der Einschaltzeitpunkt mithilfe eines Zeitgliedes in der Aufladesteuerung unter Berücksichtigung von Witterung und Restwärmeeinheit des Speichers so bestimmt, dass die erforderliche Aufladung mit dem Ende der Freigabedauer erreicht wird **(Bild 2c).**

**Mittel-Spreizsteuerung.** Sie hat einen gegenüber dem Beginn der Freigabedauer nach hinten verschobenen Einschaltzeitpunkt. Das Ende der Aufladung muss dabei vor dem Ende der Freigabedauer erreicht werden **(Bild 2b).**

Laderegler in Elektro-Wärmespeichern vergleichen den Soll-Ladewert mit dem Wärmeinhalt (Ist-Ladewert) des Wärmespeichers und bestimmen aus diesen beiden Werten die Dauer der Aufladung.

**Thermomechanische Laderegler** sind mit zwei Kapillarrohrfühlern ausgestattet **(Bild 1).** Der erste Fühler erfasst den Restwärmeinhalt des Speichers, der zweite Fühler, der sogenannte Steuerfühler, trägt einen Heizwiderstand, der durch das Steuersignal der Aufladesteuerung (Vielperiodensteuerung) beheizt wird. Bei hoher Außentemperatur ist die Impulsdauer der Vielperiodensteuerung groß. Der Steuerfühler wird erwärmt und beendet die Aufladung des Speichers vorzeitig. Bei geringer Außentemperatur wird die Impulszeit für die Beheizung des Steuerfühlers verringert. Der Restwärmefühler muss nun die Ladung des Speichers bei erreichter Solltemperatur beenden.

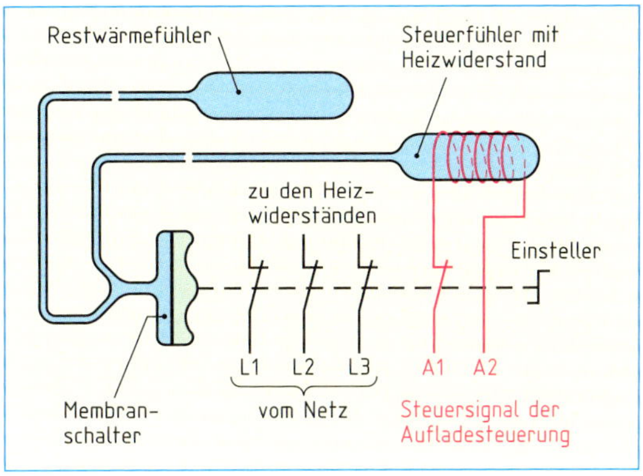


**Bild 1: Thermomechanischer Laderegler**

**Wärmespeicher mit Aufladesteuerung werden witterungs- und restwärmeabhängig geladen.**

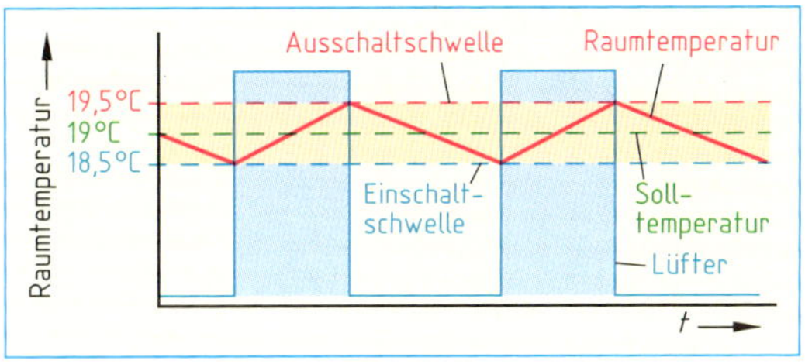


**Bild 2: Raumtemperaturregelung mit Zweipunktregler**

**Entladung der Elektro-Wärmespeicher.** Die Entladung der Wärmespeicher erfolgt dynamisch, d. h. durch einen im Wärmespeicher eingebauten Lüfter. Ein als Zweipunktregler oder als Proportionalregler ausgeführter **Raumthermostat** übernimmt die temperaturabhängige Steuerung des Lüfters.

**Zweipunktregler (Bild 2)** haben meist eine Schaltdifferenz von ± 0,5 °C. Sinkt die Raumtemperatur um 0,5 °C unter die eingestellte Temperatur (Sollwert), wird der Lüfter so lange eingeschaltet, bis die Raumtemperatur den eingestellten Wert um etwa 0,5 °C überschreitet.

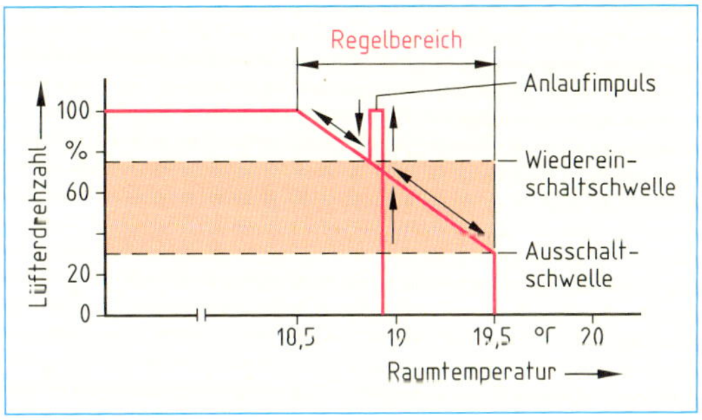


**Bild 3: Lüfterdrehzahl und Raumtemperatur beim Proportionalregler**

**Proportionalregler (Bild 3)** regeln die Lüfterdrehzahl temperaturabhängig. Beim Einschalten der Entladung wird ein kurzer Anlaufimpuls erzeugt, der den Anlauf des Lüfters sicherstellt. Nach dem Hochlaufen wird die Lüfterdrehzahl umgekehrt proportional zur Raumtemperatur geregelt, d. h. je mehr sich die Raumtemperatur der eingestellten Solltemperatur nähert, desto kleiner wird die Lüfterdrehzahl.

**Elektroinstallation von Wärmespeicher-Heizanlagen.** Die Aufladung der Elektro-Wärmespeicher wird durch Tarifsteuergeräte des Netzbetreibers (NB), z. B. Funksteuergeräte, freigegeben. Für mehrere Kundenanlagen innerhalb eines Wohngebäudes ist nur ein Steuergerät erforderlich. Man unterscheidet Anlagen mit Zweitarif-Messung und Anlagen mit getrennter Messung, d. h. Anlagen mit einem zweiten Zähler für die Wärmespeicher-Anlage **(Bild, Seite 288).**

In Anlagen mit getrennter Messung für die Heizanlage sind die Stromkreise für Heizung und Allgemeinanlage entweder in getrennten Verteilern zu installieren oder innerhalb eines Verteilers mindestens durch Stege voneinander zu trennen. Die beiden Anlageteile müssen zusätzlich getrennte Abdeckungen erhalten. Jedem Aufladestromkreis ist ein getrennter Entladestromkreis zuzuordnen.

Um Einschaltstromspitzen zu vermeiden, dürfen in Abstimmung mit dem NB innerhalb einer Kundenanlage meist nur Geräte oder Gerätegruppen mit einer Heizleistung bis 25 kW gleichzeitig einschalten. Bei höheren Anschlusswerten teilt man die Wärmespeicher in Gruppen ein und schaltet die Speichergruppen mit einer Verzögerung von etwa 10 s nacheinander an das Netz.

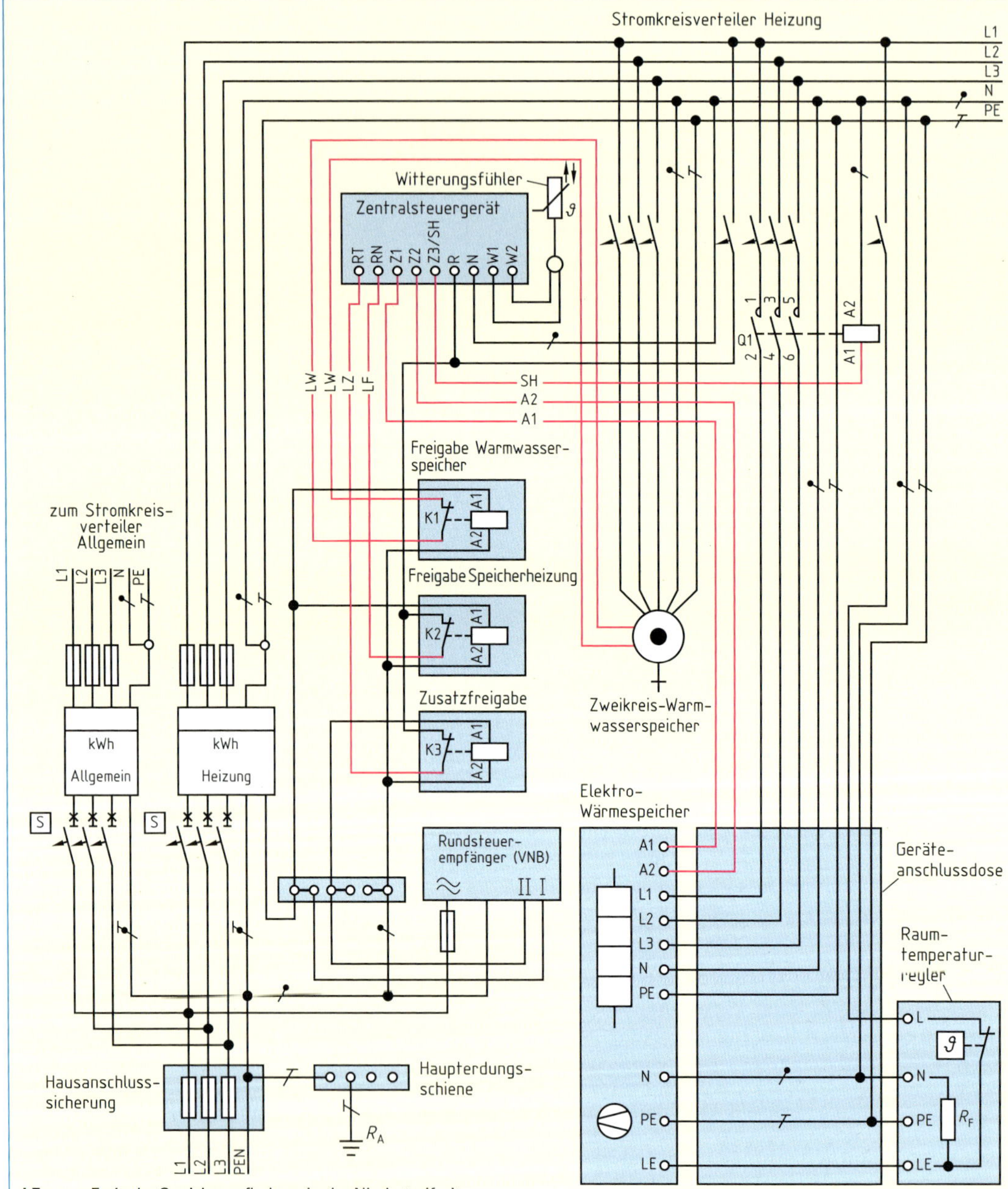


**LF** Freigabe Speicheraufladung in der Niedertarifzeit
**LW** Freigabe Warmwasserbereiter in der Niedertarifzeit
**A1; A2** Steuerfühler im Elektrowärmespeicher
**LE** Lüfter Entladung
**W1; W2** Außenfühler
**LZ** Freigabe Zusatzladung in der Hochtarifzeit (Tagnachladung)
**SH** Steuerleitung zum Ladeschütz Wärmespeicher
**Q1** Heizungsschütz Aufladung
**S** SH-Schalter (Selektiver Hauptleitungsschutzschalter)

**Bild: Übersichtsschaltplan einer Elektro-Wärmespeicheranlage mit getrennter Messung (Beispiel)**

## Wiederholungsfragen

1 **Worin unterscheiden sich die statische und die dynamische Entladung eines Wärmespeichers?**
2 **Welche Speichermedien verwendet man bei a) Einzelspeichern und b) Zentralspeichern?**
3 **Beschreiben Sie den Aufbau und die Funktion eines thermomechanischen Ladereglers.**
4 **Welche Charakteristiken unterscheidet man bei Aufladesteuerungen für Elektro-Wärmespeicher?**

# 15 Fehlersuche in elektrischen Anlagen und Geräten

## 15.1 Fehlerarten

Fehler in elektrischen Anlagen und Geräten **(Übersicht und Tabelle)** können den Benutzer gefährden. Die Funktion kann durch Fehler beeinträchtigt oder nicht mehr gegeben sein. Elektrische Fehler sind z. B. Kurzschluss oder Körperschluss (DIN VDE 0100-200).

**Übersicht: Fehlerarten**

- Elektrische Fehler, z.B. Kurzschluss.
- Mechanische Fehler, z.B. Federbruch.
- Thermische Fehler, z.B. unzureichende Kühlung.

**Tabelle: Elektrische Fehler**

| Fehlerart | Fehlerbeschreibung | Auswirkung des Fehlers | Beispiele |
|---|---|---|---|
| Leiterunterbrechung   | Sehr großer Widerstand im Stromkreis ($R \rightarrow \infty$). | Betriebsmittel erhalten keine Spannung. | Gelöste Klemmstellen, Leiterbruch, Überstrom-Schutzeinrichtung ausgelöst, Netzstörung. |
| | In Drehstromanlagen: Ausfall eines Außenleiters. | Betriebsmittel liegen nicht an der vollen Spannung oder nur zum Teil an Spannung. | |
| Zeitweilige Leiterunterbrechung | Zeitweilig hoher Widerstand im Stromkreis. | Betriebsmittel liegen zeitweilig nicht an Spannung oder nicht an der vollen Spannung. | Anschlussklemmen locker (Wackelkontakt). |
| Isolationsfehler | Fehlerhafter Zustand in der Isolierung führt zur Verringerung des Isolationswiderstandes, z. B. zwischen 2 Außenleitern. | Kurzschluss, Erdschluss, Körperschluss oder Leiterschluss. | Beschädigte Isolation eines Leiters, ungeeignete Leitung, Spannung für die verwendete Leitung zu hoch. |
| Kurzschluss 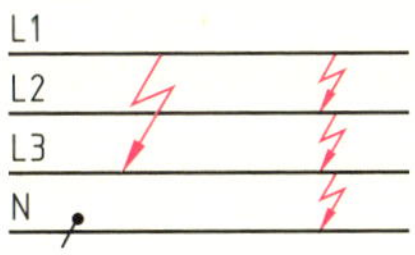  | Eine durch einen Fehler entstandene leitende Verbindung zwischen betriebsmäßig gegeneinander unter Spannung stehenden Leitern (aktiven Teilen), wenn im Fehlerstromkreis kein Nutzwiderstand liegt. | Stromstärke wird zu groß. Folge: Überstrom-Schutzeinrichtung löst aus. | Fehlerhafte Verbindung von aktiven Leitern untereinander oder eines aktiven Leiters und PEN, z. B. durch versehentliches Einschlagen eines Nagels in eine unter Putz liegende Mantelleitung. |
| Vollkommener Kurzschluss | Eine widerstandslose leitende Verbindung an der Fehlerstelle. | | Falsche Klemmverbindung, z. B. zwischen L1 und L2. |
| Körperschluss 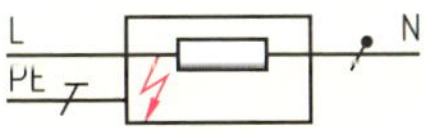  | Eine durch einen Fehler entstandene leitende Verbindung zwischen Körper und aktiven Teilen elektrischer Betriebsmittel. | Am Gehäuse liegt eine Fehlerspannung. | Heizwicklung einer Kochplatte hat mit dem Metallgehäuse (Körper) Verbindung. |
| Vollkommener Körperschluss | Die leitende Verbindung an der Fehlerstelle ist widerstandslos. | Am Gehäuse liegt eine Fehlerspannung, Schutzeinrichtung löst aus. | Die volle Netzspannung, z. B. 230 V, liegt am Metallgehäuse (Körper). |
| Erdschluss 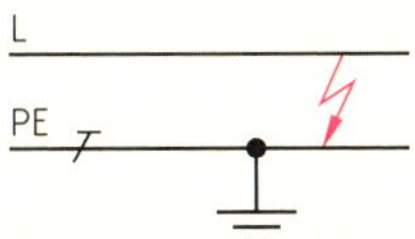  | Eine durch einen Fehler, auch durch einen Lichtbogen entstandene leitende Verbindung eines Außenleiters oder eines betriebsmäßig isolierten Neutralleiters mit Erde oder mit geerdeten Teilen. | Fehlerspannung liegt vor, Schutzeinrichtung löst je nach Schutzmaßnahme aus. | Erdkabel wird bei Grabarbeiten beschädigt und leitende Verbindung zwischen einem Außenleiter und dem Bleimantel hergestellt. |
| Vollkommener Erdschluss | Eine widerstandslose leitende Verbindung an der Fehlerstelle. | | Fehlerstelle des Kabels ohne Übergangswiderstand. |
| Leiterschluss 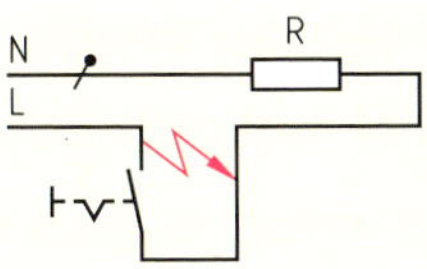  | Eine durch einen Fehler entstandene leitende Verbindung zwischen betriebsmäßig gegeneinander unter Spannung stehenden Leitern (aktiven Teilen), wenn im Fehlerstromkreis ein Nutzwiderstand oder ein Teil des Nutzwiderstandes liegt. | Betriebsmittel, z. B. Schalter, werden überbrückt, Verbraucher können nicht mehr ausgeschaltet werden. | Leiterschluss in der Zuleitung zum Schalter (Schalterleitung). |

## 15.2 Fehlersuche in elektrischen Anlagen

Voraussetzung für eine gezielte Fehlersuche ist die Kenntnis von Aufbau, Bedienung und Funktion der betreffenden Anlage. Diese kann durch Erfahrungen mit ähnlichen Anlagen oder aus Schaltungsunterlagen, z.B. dem Stromlaufplan, gewonnen werden. Als erster Prüfvorgang bei einem Störungsfall ist die Sichtprüfung durchzuführen. Dadurch können z.B. abgebrochene Bedienteile oder Schmorstellen festgestellt werden. Oft kann man Zeit sparen, wenn man die Anlagenbenutzer fragt, wie der Schaden entstanden ist, vor allem, wenn Bedienungsfehler die Ursache der Störung sind.

### 15.2.1 Mechanische Fehler

Mechanische Fehler in elektrischen Anlagen werden z. B. durch defekte Schalter oder Schütze verursacht. Trotz vorhandener Netzspannung sind nicht alle geforderten Funktionen gegeben. Die Fehlersuche erfolgt durch Kontrolle aller Funktionen unter Beachtung der Betriebsanleitung, z. B. bei einer motorgetriebenen Anlage mit zwei Drehzahlen und Drehrichtungsumkehr **(Übersicht)**.

Beim Überbrücken oder Unterbrechen von Grenzwertschaltern, z. B. Endschaltern, ist besondere Vorsicht geboten, da diese Schalter dann ihre Schutzfunktion nicht mehr ausüben können.

### 15.2.2 Leiterunterbrechungen

Bei einer Leiterunterbrechung liegt am Betriebsmittel keine Spannung. Eine Leiterunterbrechung **(Bild 1)** kann man mithilfe der sogenannten Spannungsverfolgung feststellen. Sie wird bei eingeschalteter Anlage unter Spannung durchgeführt. Als Prüfgerät eignet sich ein Spannungsmesser oder ein zweipoliger Spannungsprüfer. Bei Vielfach-Messgeräten sind die richtige Stromart und der geeignete Spannungsmessbereich einzustellen. Man prüft von der Stromquelle oder vom Ort des nicht funktionierenden Verbrauchers ausgehend an allen Klemmen, ob die Betriebsspannung, z. B. 230 V, vorhanden ist.

Bei der Spannungsverfolgung wird festgestellt, bis zu welchem Ort der Anlage Spannung vorhanden ist.

Die Spannungsmessung bei der Spannungsverfolgung erfolgt an allen zugänglichen Stellen, z. B. an den Klemmen in Abzweigdosen, Schaltern oder Leuchten **(Bild 1)**. Der Fehler liegt zwischen der Stelle, an der die Betriebsspannung zuletzt gemessen wurde und der nächstfolgenden Stelle dieses Leitungsstücks ohne Spannung.

Sind die Messstellen für eine Spannungsmessung zu weit entfernt, so kann man eine **Durchgangsprüfung** vornehmen. Sie ist auch dann anzuwenden, wenn die Anlage wegen eines Fehlers nicht eingeschaltet werden kann, z. B. wegen eines noch bestehenden Kurzschlusses oder eines Erdschlusses.

**Übersicht: Fehlersuche Motorantrieb**

Anlage im Ausgangszustand: Motor ausgeschaltet

Inbetriebnahme: Motor einschalten

Kontrolle der Funktionen:

| Funktion | Ja | Nein |
|---|---|---|
| Rechtslauf, Drehzahl *n* klein | × | |
| Rechtslauf, Drehzahl *n* groß | × | |
| Rechtslauf Aus | × | |
| Linkslauf, Drehzahl *n* klein | | × |
| Linkslauf, Drehzahl *n* groß | × | |
| Linkslauf Aus | × | |

Anlage spannungsfrei schalten: Motor ausgeschaltet

Fehlerbestimmung: Linkslauf, *n* klein nicht gegeben. Taster defekt? Schütz defekt?

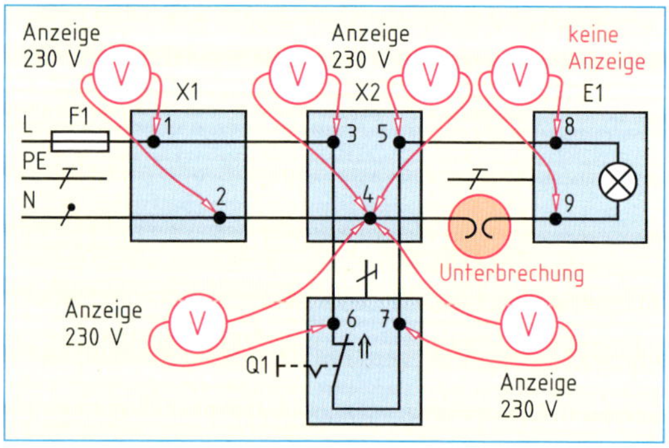


**Bild 1: Spannungsverfolgung bei einer Leiterunterbrechung (Prinzip-Darstellung)**

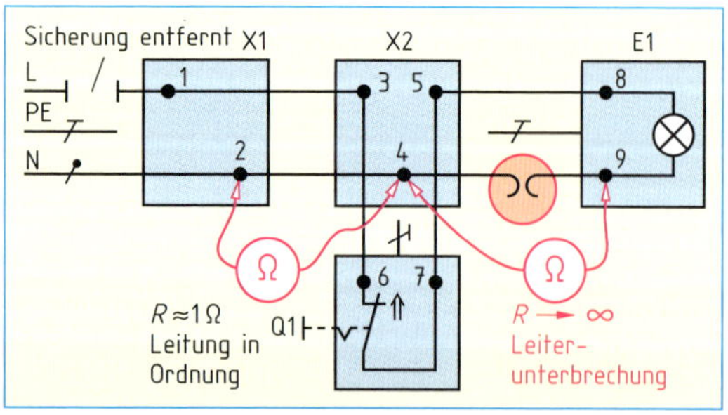


**Bild 2: Durchgangsprüfung mit Widerstandsmesser (Prinzip-Darstellung)**

**Zeitweilige Leiterunterbrechungen.** Fehlerursache ist oft eine nicht genügend angezogene Schraubverbindung oder eine gebrochene Ader. Zeitweilige Unterbrechungen treten häufig in Zuleitungen von ortsveränderlichen Betriebsmitteln auf. Zur Fehlerfindung versucht man die Unterbrechung durch Bewegung der Leitungen, besonders im Bereich von Anschlüssen und Einführungen, herbeizuführen.

Zur **Durchgangsprüfung** nimmt man z. B. einen niederohmigen Widerstandsmesser. Man misst den Widerstand des jeweiligen Leitungsabschnitts **(Bild 2, Seite 290)**. Ist der Widerstand $R \to \infty$, so liegt im betreffenden Abschnitt eine Unterbrechung vor. Ist der Widerstand sehr klein, z. B. 1 Ω, so ist dieser Leitungsabschnitt in Ordnung.

Sollen Hin- und Rückleitung zu einem Verbraucher gleichzeitig auf Durchgang geprüft werden, so schließt man nach Möglichkeit die beiden Enden der Leitung am Verbraucher mit einer Drahtbrücke kurz, sonst wird der Widerstand des Verbrauchers, z. B. einer Glühlampe, mit gemessen.

Die Durchgangsprüfung muss immer im spannungslosen Zustand vorgenommen werden.

**Durchgangsprüfer** haben eine eigene Stromquelle. Wird ein Durchgang akustisch angezeigt, spricht man von einem Summer. Elektronische Durchgangsprüfer **(Seite 235)** zeigen hochohmige und niederohmige Widerstände an, der Prüfton des Durchgangsprüfers hängt von der Höhe des Widerstandes ab. Durchgangsprüfer mit optischer Anzeige sind meist niederohmig, d. h. sie haben nur dann eine erkennbare Anzeige, wenn die zu prüfende Leitung einen geringen Widerstand hat.

Bei einer Durchgangsprüfung darf parallel zum geprüften Betriebsmittel, z. B. einer Leitung oder einem Schalter, kein Verbraucher liegen, da dieser einen Durchgang vortäuschen kann. Bei unübersichtlichem Leitungsverlauf ist der zu prüfende Leitungsabschnitt abzuklemmen.

**Multimeter** ermöglichen ebenfalls eine Durchgangsprüfung **(Bild 1)**. Bei der Funktion Durchgangsprüfung erfolgt die Durchgangsanzeige durch einen Prüfton, bei der Funktion Diodentest meist durch Anzeige des Spannungsfalls am geprüften PN-Übergang.

Multimeter: **Seite 201**
Durchgangsprüfer: **Seite 235**

## 15.2.3 Auffinden von Kurzschlüssen

Bei Kurzschluss kann die Fehlersuche nur im spannungslosen Zustand erfolgen.

Man trennt die Anlage durch Herausnehmen der Sicherungen vom Netz und schaltet alle Verbraucher ab, d. h. alle Schalter öffnen **(Bild 2)**. Alle an Steckdosen angeschlossene Verbraucher werden ebenfalls vom Netz getrennt, um die Fehlersuche auf die Verdrahtung der Anlage zu begrenzen. Zur Fehlersuche benutzt man einen Widerstandsmesser oder einen Durchgangsprüfer und prüft die Anlage abschnittsweise. Wie bei der Durchgangsprüfung misst man den Widerstand zwischen den einzelnen Leitungsabschnitten.

Zeigt der Widerstandsmesser zwischen zwei Anschlussstellen einen sehr geringen Wert, z. B. $R \approx 0\,\Omega$ zwischen den Klemmen 18 und 20 in **Bild 2,** so liegt der Kurzschluss zwischen diesen beiden Klemmen oder in der Leitung nach den Klemmen 18 und 20. Ist der Widerstand hoch, z. B. zwischen den Klemmen 6 und 8 oder zwischen 9 und 19, so ist in diesem Abschnitt kein Kurzschluss vorhanden.

Sind in einem Stromkreis mehrere Klemmstellen vorhanden **(Bild 2),** so schließt man den Widerstandsmesser zuerst am Eingang des Messkreises an und trennt dann nacheinander eine Klemmstelle nach der anderen auf.

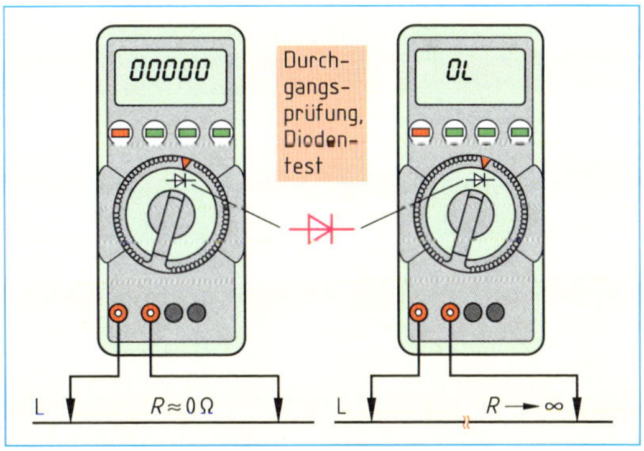


Bild 1: Durchgangsprüfung mit Multimeter

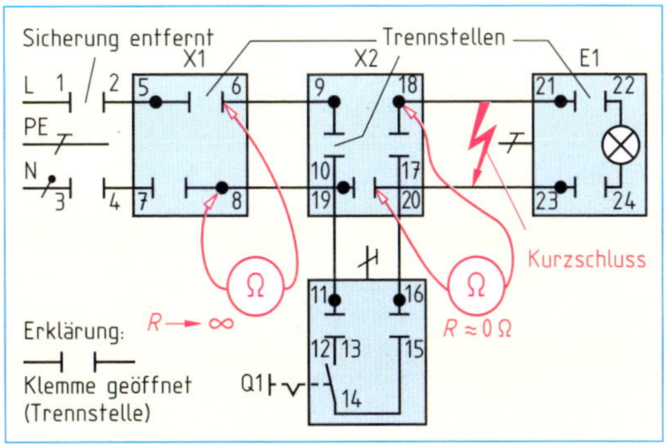


Bild 2: Fehlersuche bei einem Kurzschluss

Liegt der Kurzschluss im Bereich eines Betriebsmittels oder einer Anschlussdose, so muss die defekte Leitung in ihrem Verlauf zwischen den beiden Klemmen überprüft und notfalls ausgewechselt werden. Manchmal tritt ein Kurzschluss erst dann auf, wenn ein Verbraucher eingeschaltet wird. Daher hilft beim Suchen eines Kurzschlusses oft die Kenntnis, unter welchen Umständen der Fehler aufgetreten ist.

Kurzschlüsse werden auch durch Isolationsfehler verursacht. Isolationsfehler treten oft spannungsabhängig, z. B. nur unter Nennspannung, auf. Widerstandsmesser sind dann zur Fehlersuche ungeeignet. Man verwendet daher ein Isolations-Messgerät **(Seite 199)** mit einer Prüfspannung von mindestens 500 V.

## 15.2.4 Auffinden von Körperschlüssen, Erdschlüssen und Leiterschlüssen

Bei Körperschluss, Erdschluss oder Leiterschluss wird im spannungslosen Zustand geprüft.

**Körperschluss** liegt vor, wenn eine leitende Verbindung zwischen dem Körper des Betriebsmittels und aktiven Teilen des Gerätes, z. B. einer Wicklung, besteht.

Zur Fehlersuche wird die Anlage abgeschaltet und ein Widerstandsmesser zwischen Außenleiter und Körper angeschlossen **(Bild 1)**. Bei einem vollkommenen Körperschluss ist der Widerstand zwischen Außenleiter und Körper oder zwischen Neutralleiter und Körper sehr gering (praktisch = 0 Ω).

Zur Messung des Körperschlusses muss im TN-System der Schutzleiter (PE) abgeklemmt werden.

**Erdschluss** entsteht durch eine leitende Verbindung zwischen einem aktiven Leiter, d. h. einem Außenleiter oder dem betriebsmäßig isolierten N-Leiter mit Erde oder mit geerdeten Teilen, z. B. bei Beschädigung der Isolation einer Leitung. Die vorgeschaltete Schutzeinrichtung löst dabei nicht immer aus.

Zur Fehlersuche misst man den Widerstand der aktiven Leiter (L1, L2, L3, N) gegen Erde **(Bild 1)**. In Anlagen, die durch RCDs überwacht werden, erfolgt bei Erdschluss eine Auslösung, wenn eine leitende Verbindung zwischen Außenleiter oder Neutralleiter und Erde oder geerdeten Teilen, z. B. dem PE, auftritt. Man schaltet zur Fehlersuche die RCD ab und klemmt nacheinander die Neutralleiter der durch die RCD geschützten Stromkreise an der Neutralleiter-Schiene ab und misst dann den Widerstand zwischen der N-Schiene und PE. Zeigt der Widerstandsmesser nach dem Abklemmen eines N-Leiters den Wert $R \to \infty$ an, so liegt der Erdschluss im zuletzt abgeklemmten Stromkreis.

**Leiterschluss** liegt vor, wenn zwischen betriebsmäßig unter Spannung stehenden Leitern fehlerbedingt eine leitende Verbindung besteht und im Fehlerstromkreis ein Nutzwiderstand liegt. In **Bild 2** entsteht ein Leiterschluss durch die fehlerhafte Verbindung der Klemmen 1 und 3. Die Leuchte E1 kann nicht ausgeschaltet werden. Zur Fehlersuche misst man den Widerstand zwischen den Klemmen der betreffenden Leitung (wie beim Kurzschluss).

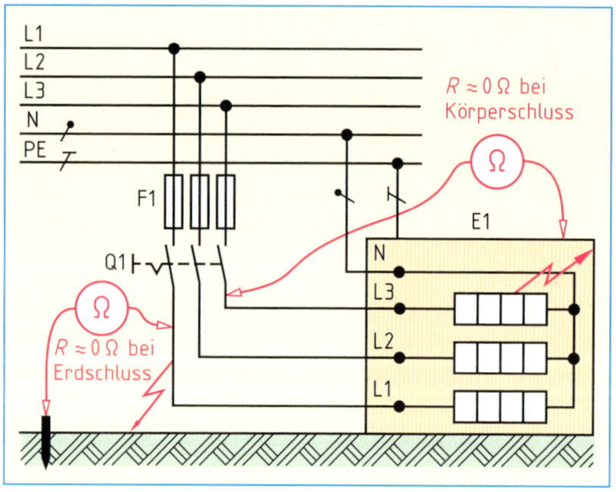


**Bild 1: Fehlersuche bei Körperschluss und Erdschluss**

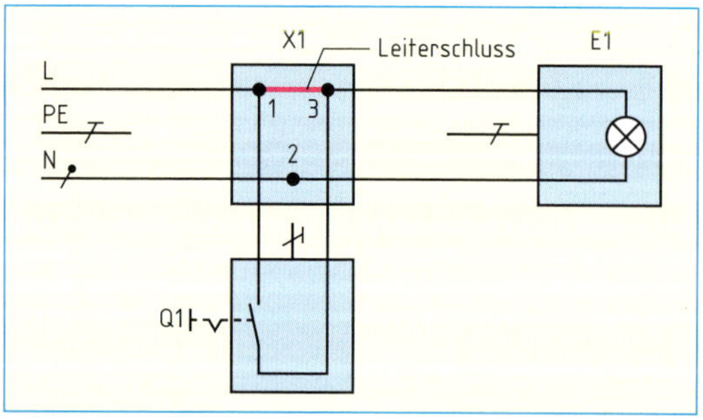


**Bild 2: Leiterschluss**

### Wiederholungsfragen

1 **Beschreiben Sie die Spannungsverfolgung in einer Anlage, in der eine Leiterunterbrechung vermutet wird.**
2 **Welche Messmethoden zum Auffinden eines Fehlers wendet man an, wenn eine Anlage wegen des Fehlers nicht eingeschaltet werden kann?**
3 **In welchem elektrischen Zustand der Anlage wird eine Durchgangsprüfung vorgenommen?**
4 **Wodurch kann man feststellen, dass an einem Gerät eine zeitweilige Leiterunterbrechung vorliegt?**
5 **Beschreiben Sie das Auffinden der Fehlerstelle bei einem Kurzschluss in einer elektrischen Anlage.**
6 **Wie geht man zum Feststellen eines Erdschlusses bei Anlagen vor, die durch RCDs geschützt sind?**

# 15.3 Fehlersuche in elektrischen Geräten

Eine Reparatur muss wirtschaftlich sein. Nach ihrer Durchführung muss die Sicherheit des Benutzers und die Funktion des Gerätes durch Prüfen gewährleistet werden.

Um Arbeitszeit zu sparen, muss die Fehlersuche so rationell wie möglich, d. h. mit möglichst geringem Zeitaufwand durchgeführt werden. Meist wird nur nach Fehlern gesucht, die eine Betriebsstörung verursacht haben. Ob bei der Reparatur darüber hinaus weitere störungsanfällige, defekte oder abgenutzte Teile repariert bzw. ersetzt werden, muss von Fall zu Fall entschieden werden **(Seite 296)**.

Ist bei der Fehlersuche zu erkennen, dass eine Reparatur nicht möglich oder nicht zweckmäßig ist, wie bei einer defekten Kochplatte, so wird keine über die Besichtigung hinausgehende Fehlersuche durchgeführt. Dies gilt auch, wenn eine Reparatur die Anschaffungskosten übersteigt, z. B. bei Schaltern.

Bei älteren Geräten lohnt sich die Fehlersuche oft nicht, weil für diese keine Ersatzteile mehr erhältlich sind oder die Geräte nicht mehr dem Stand der Technik entsprechen. Die Fehlersuche in elektrischen Geräten erfolgt ähnlich wie bei elektrischen Anlagen. Eine Befragung des Auftraggebers nach bekannten Mängeln und eine eingehende Besichtigung des Gerätes erleichtern meist das Auffinden des Fehlers.

Instandsetzungen oder Änderungen sowie die Prüfungen an elektrischen Geräten müssen durch eine befähigte Elektrofachkraft oder unter ihrer Verantwortung erfolgen.

## 15.3.1 Systematische Fehlersuche

Bei der Fehlersuche geht man möglichst systematisch vor. Durch eine sinnvolle Reihenfolge der Prüfschritte **(Übersicht)** wird der zur Fehlersuche erforderliche Zeitaufwand gering gehalten.

Liegt z. B. ein Fehler bei einer Tischleuchte **(Bild)** vor, wird man aus Erfahrung zuerst eine Sichtprüfung der Glühlampe durchführen (Wendel durchgebrannt?).

Ist die Glühlampe nicht defekt, ist es sinnvoll, zunächst die Spannung an der Steckdose zu messen, da z. B. die vorgeschaltete Überstrom-Schutzeinrichtung ausgelöst haben kann. Ist Spannung vorhanden, erfolgen weitere Spannungsmessungen vor und hinter dem Schalter, um damit die einwandfreie Beschaffenheit von Zuleitung und Schalter festzustellen. Die Anschlussleitung wird hierbei durch Besichtigung und Handprobe geprüft.

Durch das Bewegen der Leitung können Wackelkontakte und zeitweilig auftretende Leiterunterbrechungen, besonders am Gerätestecker und an der Leitungseinführung in das Gerät, festgestellt werden.

Nun wird die Spannung in der Lampenfassung gemessen. Ist Nennspannung vorhanden, liegt ein Kontaktfehler in der Lampenfassung vor.

Die einzelnen Schritte der Fehlersuche können auch in umgekehrter Reihenfolge erfolgen, also beim Beispiel der Tischlampe von der Lampenfassung ausgehend zur Steckdose.

Prüfen von instand gesetzten Elektrogeräten: **Seite 299**

**Übersicht: Systematische Fehlersuche**

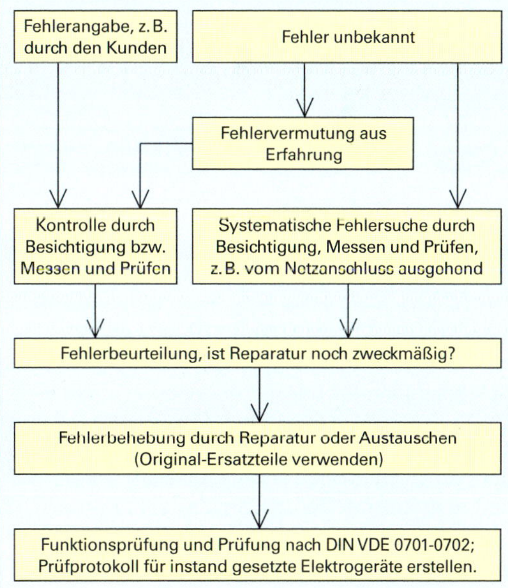


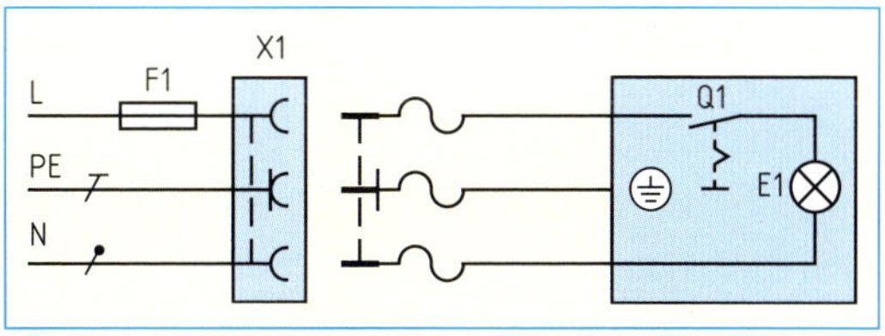


**Bild: Schaltplan einer Tischleuchte**

## 15.3.2 Fehlerarten und Fehlerursachen in elektrischen Geräten

Neben mechanischen Fehlern, z. B. defekte Hebel oder ausgebrochene Schaltwalzen, treten in elektrischen Geräten auch Fehler auf, die ihre Ursachen im Gerätestromkreis oder in der Stromversorgung haben **(Tabelle)**.

Ist der Widerstand im Stromkreis zu gering, so fließt ein Strom, der größer ist als der Bemessungsstrom, im Grenzfall bei $R = 0\ \Omega$ fließt der Kurzschlussstrom. Ein zu großer Strom wird hervorgerufen durch Nebenschlüsse oder Kurzschlüsse. Beim Nebenschluss werden Bauteile, z. B. Widerstände, überbrückt und so der Widerstand der Schaltung verkleinert. Kurzschlüsse werden häufig durch Isolationsfehler oder durch Körperschlüsse hervorgerufen. Ist der Widerstand im Stromkreis zu hoch, so fließt ein zu geringer Strom. Im Grenzfall bei $R \rightarrow \infty$ ist der Strom Null. Ursachen hierfür sind bleibende oder zeitweilige Unterbrechungen im Gerät, letztere vor allem im Bereich der Anschlüsse.

Stromquellen können z. B. wegen falscher Stromart oder Spannung oder wegen eines zu hohen Innenwiderstandes ungeeignet sein.

Berührungsspannung kann durch Schaltungsfehler, durch Isolationsfehler, defekte Entstörkondensatoren oder z. B. durch Eindringen von Feuchtigkeit in das Betriebsmittel verursacht werden.

## 15.3.3 Fehlersuche am Beispiel einer Kochplatte

Zu Beginn der Fehlersuche überprüft man den Netzanschluss. Mechanisch stark beanspruchte Stellen, z. B. Knickschutztüllen und Zugentlastungen, prüft man auf einwandfreie Beschaffenheit. Durch Sichtprüfung werden auch eventuelle mechanische Beschädigungen der Zuleitung festgestellt.

Fehlerhafte Zuleitungen von elektrischen Geräten sind unbedingt auszuwechseln.

Nach der Überprüfung des Netzanschlusses verfolgt man durch Messen die Spannung im Gerät so weit wie möglich, z. B. über Schalter und Regler bis zu den Anschlussklemmen des Betriebsmittels, z. B. der Kochplatte. Anliegende Spannung an einer kalten Kochplatte lässt auf eine defekte Heizspirale der Kochplatte schließen.

Zur Durchgangsprüfung trennt man das Gerät vom Netz.

### Durchgangsprüfung

Mithilfe der Durchgangsprüfung **(Seite 291)** kann man feststellen, ob im Gerät eine Unterbrechung, ein Kurzschluss oder ein Körperschluss vorliegt. Auch die Zuleitungen kann man auf Durchgang prüfen.

Man benützt zur Durchgangsprüfung z. B. einen Durchgangsprüfer oder einen Widerstandsmesser. Die Messung des Widerstandes hat den Vorteil, dass die gemessenen Widerstandswerte der zu prüfenden Teile mit den Sollwerten verglichen werden können, während der Durchgangsprüfer nur anzeigt, ob Durchgang vorhanden ist. Liegen über den Sollwerten des zu messenden ohmschen Widerstandes keine Angaben vor, so kann der Widerstand mithilfe des ohmschen Gesetzes aus Bemessungsspannung und Bemessungsstrom berechnet werden. Sind nur die Bemessungsspannung und die Leistung des Gerätes oder von Teilen des Gerätes bekannt, wie z. B. bei einer Kochplatte nach **Bild 1, Seite 295,** so kann man den Widerstand mit der Leistungsformel $P = \frac{U^2}{R}$ berechnen **(Beispiel)**. Die Kochplatte hat bei kleinster Stufe ($P$ = 150 W) in einwandfreiem Zustand einen Widerstand von etwa 350 Ω, bei der größten Stufe ($P$ = 1500 W) etwa den Wert $R$ = 35 Ω.

**Tabelle: Fehler bei Elektrogeräten**

| Fehlerart | Beispiele |
|---|---|
| Mechanische Fehler | Schaltgestänge gebrochen, Kontakte verschweißt, Zahnräder defekt. |
| Fehler im Gerätestromkreis | Kurzschluss, Unterbrechung, Isolationsfehler, Bauteile (z.B. Widerstände, Kondensatoren) defekt. |
| Fehler in der Stromversorgung | Falsche Stromart, Nennspannung nicht gegeben, falsche Frequenz. |

**Beispiel: Widerstandsberechnung aus der Wärmeleistung bei einer Kochplatte**

Kleinste Leistungsstufe: $P$ = 150 W

$$R = \frac{U^2}{P} = \frac{(230\ \text{V})^2}{150\ \text{W}} = \mathbf{353\ \Omega}$$

Größte Leistungsstufe: $P$ = 1500 W

$$R = \frac{U^2}{P} = \frac{(230\ \text{V})^2}{1500\ \text{W}} = \mathbf{35\ \Omega}$$

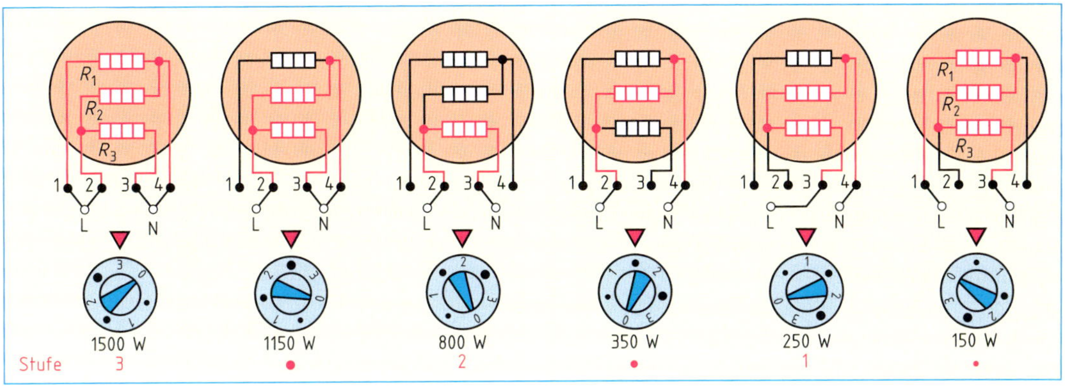


**Bild 1: Anschlüsse einer Kochplatte in Siebentakt-Schaltung**

Bei der Kochplatte **Bild 1** misst man den Widerstand der einzelnen Stufen am einfachsten am Schaltereingang (Anschluss L und N) oder an den Klemmen 1 bis 4 am Schalterausgang **(Bild 2).** Dabei ist zu beachten, dass die Enden der Widerstände $R_1$ und $R_2$, ebenso die Anfänge von $R_2$ und $R_3$ innerhalb der Platte miteinander verbunden sind. Wird bei der Kochplatte ein Widerstand von $R = 0\ \Omega$ gemessen, so liegt ein Kurzschluss vor. Ist der Widerstand $R \rightarrow \infty$, so ist eine Leitung oder eine Heizwicklung unterbrochen. Misst man einen Widerstandswert, der kleiner oder größer ist als $R = \frac{U^2}{P}$, so ist ein Teilwiderstand fehlerhaft. Durch Messungen in den anderen Schaltstufen oder in den Verbindungsleitungen vom Schalter zur Kochplatte lässt sich der Fehler noch genauer bestimmen.

Bei induktiven oder kapazitiven Verbrauchern kann der Widerstand nicht durch eine Strom-Spannungs-Messung ermittelt werden. In diesen Fällen muss man entweder auf Schaltungsunterlagen zurückgreifen oder eine Vergleichsmessung durchführen.

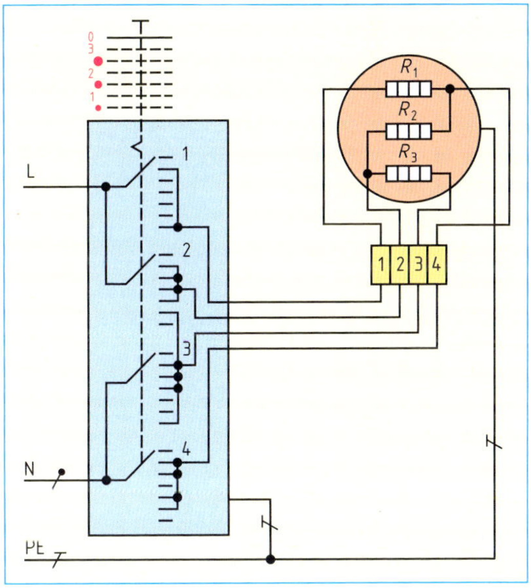


**Bild 2: Siebentakt-Schalter für eine Kochplatte**

## 15.4 Instand setzen von Elektrogeräten

Die fachgerechte Ausführung von Arbeiten in elektrischen Anlagen und an elektrischen Geräten erfordert eine Mindestausstattung an Werkzeugen, sowie von Mess- und Prüfgeräten **(Übersicht)**. Kombinations-Messgeräte nach DIN EN 61557-10 (VDE 0413-10) sind ebenfalls zulässig. Diese Grundausstattung einer Elektrowerkstatt wird von den Elektroinnungen, vom Zentralverband der Deutschen Elektrohandwerke (ZVEH) und bei eingetragenen Elektroinstallationsbetrieben von den Netzbetreibern vorgeschrieben. An Werkzeugen und Arbeitsgeräten sind z. B. Bohrmaschinen, Schraubendreher und Leitern erforderlich. Zusätzlich sollen ein Frequenzmesser, ein Beleuchtungsstärkemessgerät, ein Pegel-Messgerät für Antennenanlagen und ein Oszilloskop zur Verfügung stehen. Zum Prüfen elektrischer Betriebsmittel muss eine Werkstatt mit einem ortsfesten oder einem transportablen Prüfplatz nach DIN EN 50191 (VDE 0104) ausgestattet sein.

**Übersicht: Mess- und Prüfgeräte**

- Ein- und zweipolige Spannungsprüfer
- Spannungsmesser (Messbereich mindestens 600 V)
- Strommesser (Messbereich bis 15 A)
- Stromzange (Messbereich bis 200 A)
- Isolationsmessgerät
- Widerstandsmesser
- Messgerät zur Prüfung der Schutzmaßnahmen nach DIN VDE 0100-600
- Messgerät zur Prüfung elektrischer Geräte nach DIN VDE 0701-0702
- Messeinrichtungen zur Prüfung des Schutzpotenzialausgleichs
- Drehfeld-Drehrichtungsanzeiger

**Ortsfeste Prüftafeln (Bild)** müssen für alle anfallenden Mess- und Prüfaufgaben geeignet sein.

Prüftafeln ermöglichen:

- **Sicherheitsprüfungen.** Hierbei erfolgt die Prüfung des Isolationswiderstandes, des Schutzleiterwiderstandes, des Schutzleiterstromes und des Berührungsstromes nach DIN VDE 0701-0702.
- **Funktionsprüfungen** von Betriebsmitteln mit Bemessungsspannung (AC 230 V/400 V). Überprüfen der Bemessungsdaten.
- **Durchgangsprüfungen** mit Kleinspannung (DC ≤ 50 V).

Reparaturplätze müssen ferner eine Einrichtung zur Hochspannungsprüfung haben.

Die bei Prüfungen ermittelten Messwerte sind in einem Prüfprotokoll **(Seite 297)** festzuhalten.

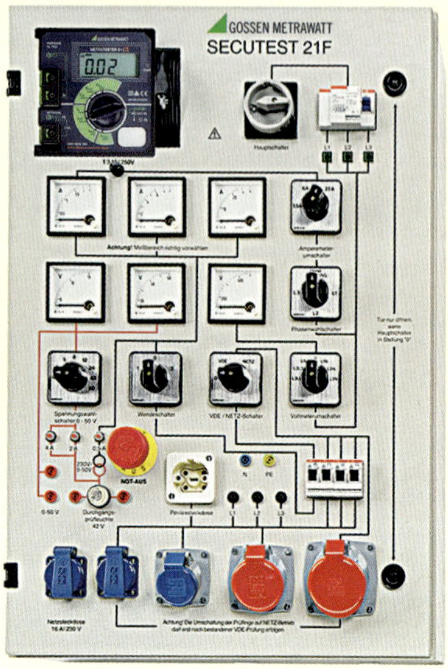

**Bild: Ortsfeste Prüftafel**

## Instand setzen und instand halten von elektrischen Geräten

Das Instandsetzen umfasst alle Maßnahmen zur Wiederherstellung des Sollzustandes.

Sollzustand eines Gerätes heißt, das Gerät arbeitet ordnungsgemäß nach den vom Hersteller festgelegten Bedingungen. Eine Waschmaschine z. B. ist in allen Programmen voll funktionsfähig, sie weist keine Sicherheitsmängel auf.

Das Instandhalten umfasst alle Maßnahmen zur Bewahrung und Wiederherstellung des Sollzustandes.

Zur Instandhaltung gehört auch das Feststellen und Beurteilen des Istzustandes eines Gerätes, d.h. die Prüfung des Geräts. Wird ein Gerätefehler festgestellt, ist eine Instandsetzung erforderlich.

Das Instandsetzen eines elektrischen Gerätes muss von einer befähigten Elektrofachkraft oder unter ihrer Verantwortung durchgeführt werden.

**Beim Instandsetzen von elektrischen Geräten ist zu beachten:**

- **Alle Arbeiten sind fachgerecht nach den gültigen Bestimmungen durchzuführen.**
  Erforderlich ist vor allem die genaue Beachtung der DIN-VDE-Bestimmungen, insbesondere der Schutzmaßnahmen, sowie die ausschließliche Verwendung von DIN-VDE-gerechtem Material. Für manche Geräte werden vom Hersteller Anweisungen für Instandsetzung bzw. Instandhaltung (Wartung) herausgegeben, z. B. für Mikrowellengeräte.
- **Von einem instand gesetzten Gerät darf keine Gefahr, z. B. für den Benutzer, ausgehen.**
  Es sind z. B. Klemmenabdeckungen wieder zu befestigen, insbesondere dürfen die Maßnahmen zum Schutz gegen direktes Berühren, der Schutz gegen Feuchtigkeit und Staub und der Schutz gegen mechanische oder sonstige Gefährdung, z. B. Abdeckungen, nicht so verändert werden, dass die Sicherheit gemindert ist.
- **Einzelteile, Bauelemente und Baugruppen müssen entsprechend ihrer Bemessungsdaten und Sicherheitsmerkmale für das Gerät geeignet sein.**
  Die Teile müssen z.B. die geforderte Schutzart haben und für die zulässige Betriebstemperatur des Gerätes geeignet sein. Die vom Hersteller vorgeschriebenen Ersatzteile sind zu verwenden. Ersatzteile sind z.B. Leitungen, Fassungen, Überstrom-Schutzeinrichtungen, Schalter oder Vorschaltgeräte.
- **Teile, die zur Sicherheit beitragen, dürfen nicht beschädigt sein.**
  Werden beschädigte Teile im Laufe der Reparatur ermittelt, oder stellt man fest, dass bei einer vorausgegangenen Reparatur ungeeignete Teile verwendet wurden, bzw. dass die Arbeiten nicht fachgerecht durchgeführt wurden, so muss die Sicherheit wiederhergestellt werden, auch wenn dies nicht zum ursprünglichen Reparaturauftrag gehört.

Zur Feststellung der Sicherheit eines Gerätes werden alle Prüfungen nach DIN VDE 0701–0702 **(Seite 299)** durchgeführt. Dies gilt auch für gebrauchte Geräte. Ist die Sicherheit festgestellt, so kann der Benutzer eine Bescheinigung mit dem Vermerk „Geprüft nach DIN VDE 0701-0702" erhalten.

Auf die Feststellung der Sicherheit ist besonderer Wert zu legen. Es ist möglich, dass ein Gerät die Sicherheitsprüfung nicht besteht, weil z. B. der erforderliche Isolationswiderstand nicht erreicht wurde.

Es kann auch vorkommen, dass eine Instandsetzung nicht möglich ist, z. B. weil keine Ersatzteile zu beschaffen sind oder weil der Benutzer die Instandsetzung nicht im notwendigen Umfang durchführen lassen will. In diesen Fällen muss dem Benutzer die vom Gerät ausgehende Gefahr schriftlich mitgeteilt werden. Nach der Instandsetzung wird ein **Prüfprotokoll (Bild)** erstellt. Eine Kopie verbleibt im Reparaturbetrieb.

Können bei der Reparatur die Anforderungen an die Sicherheit nicht erfüllt werden, so muss dies dem Benutzer des Gerätes schriftlich mitgeteilt werden.

**Prüfprotokoll für instand gesetzte elektrische Geräte**

Geräteart: *Bügeleisen*
Hersteller: *Volta*
Typ: *E 13*

Spannung: *230 V AC*
Leistung: *1200 W*
Baujahr: *2002*

Angeliefert am: *07.11.18*
Reparatur am: *10.11.18*
Ausgeliefert am: *14.11.18*

Auftraggeber: *Herr J. Maier*
Straße: *Austraße 121*
Ort: *77327 Adorf*

Auftragnehmer: *Elektro Huber*
Straße: *Hauptstraße 1*
Ort: *77327 Adorf*

Fehlerangabe des Kunden: *Bügeltemperatur zu hoch*

Fehlerursache, ausgeführte Instandsetzungsarbeiten: *Temperaturregler defekt, ausgewechselt*

Verwendete Ersatzteile: *Temperaturregler Volta Nr. 1318, Originalzustand nicht verändert*

Prüfung nach Instandsetzung nach DIN VDE 0701-0702
Besondere Bestimmungen nach Teil *–* Anhang *–*

Geräteschutzklasse: I [X] II [ ] III [ ]

Nach Sichtprüfung in Ordnung: Anschlussleitung [X] Schutzleiter [X] Gehäuse [X] sonstige Teile [X]

| Messungen nach der Reparatur | Messwerte | in Ordnung ja | in Ordnung nein | Bemerkungen |
|---|---|---|---|---|
| Schutzleiterwiderstand | *0,18* Ω | [X] | [ ] | – |
| Isolationswiderstand | *1,8* MΩ | [X] | [ ] | – |
| Schutzleiterstrom Messverfahren: *direkte Messung* | *0,13* mA | [X] | [ ] | – |
| Berührungsstrom Messverfahren: | mA | [ ] | [ ] | *Berührbare leitfähige Teile, die nicht mit dem Schutzleiter verbunden sind, sind nicht vorhanden.* |

Verwendete Prüfgeräte
Fabrikat: *Messgerätebau* Typ: *Gerätetester 0701-0702*
Fabrikat: Typ:

Funktionsprüfung:
Gerät in Ordnung: [X]
Aufschriften vorhanden: [X]

Die Sicherheit des Gerätes wurde nach DIN VDE 0701-0702 geprüft:
Das Gerät ist funktionsfähig und sicher [X]
Die Sicherheit nach DIN VDE 0701-0702 ist nicht gegeben [ ]
Das Gerät kann nicht instand gesetzt werden [ ]

Prüfer:
Ort: *Adorf* Datum: *10.11.18*
Unterschrift: *Huber*

Auftraggeber:
Das Prüfprotokoll habe ich erhalten.
Ort: *Adorf* Datum: 14.11.18
Unterschrift: *Maier*

**Bild: Muster eines Prüfprotokolls für instand gesetzte elektrische Geräte**

Ein instand gesetztes oder geändertes Gerät muss die mit einem Neugerät vergleichbare Sicherheit haben. Im Prüfprotokoll sind daher die Gerätedaten, die bei der Prüfung nach DIN VDE 0701-0702 ermittelten Messwerte und die Ergebnisse der Sichtprüfung sowie der Feststellung des bestimmungsgemäßen Gebrauchs durch die Funktionsprüfung eingetragen. Das Protokoll wird vom Prüfer unterschrieben.

Durch seine Unterschrift bestätigt der Prüfer, dass ein instand gesetztes Gerät die erforderliche Sicherheit hat.

Die Anforderungen für die elektrische Sicherheit nach Instandsetzung oder Änderung von Geräten sind in DIN VDE 0701-0702 festgelegt **(Tabelle).** Ergänzende Prüfbedingungen für besondere Gerätearten sind Anhängen zu DIN VDE 0701-0702 entnehmbar, z. B. Anhang E für Elektrowerkzeuge, Anhang F für Raumheizgeräte oder Anhang G für Mikrowellen-Kochgeräte. Die Prüfung erfolgt abhängig von der Schutzklasse des Gerätes. Bei der Sichtprüfung von Geräten der Schutzklasse I wird z. B. besonders auf die einwandfreie Beschaffenheit von Anschlussleitungen und Schutzleiter geachtet, bei Geräten der Schutzklasse II auf eine nicht beschädigte Gehäuseisolation.

**Tabelle: Prüfen von elektrischen Geräten durch Besichtigen und Messen** (nach DIN VDE 0701-0702)

| Geräteschutzklasse mit Kennzeichen | Schutzklasse I | Schutzklasse II | Schutzklasse III |
|---|---|---|---|
| Geräteschutz durch: | Schutzleiter | Doppelte oder verstärkte Isolierung | Kleinspannung SELV |
| Sichtprüfung (Beispiele) | Anschlussleitung, Schutzleiter | Gehäuse, Kühlöffnungen | Isolierteile, Gerätebeschriftung |
| Schutzleiterwiderstand, z. B. für Leitungen bis $I_N$ = 16 A<br>– bis 5 m Anschlusslänge<br>– je weitere 7,5 m Länge zuzüglich<br>– zulässiger Maximalwert | <br><br>0,3 Ω<br>+ 0,1 Ω<br>1,0 Ω | entfällt | entfällt |
| Isolationswiderstand allgemein<br>– bei nicht an den PE angeschlossenen berührbaren, leitfähigen Geräteteilen<br>– Geräte mit Heizelementen | ≥ 1 MΩ<br><br>≥ 2 MΩ<br>≥ 0,3 MΩ | ≥ 2 MΩ | ≥ 0,25 MΩ |
| Schutzleiterstrom allgemein<br>– Geräte mit eingeschalteten Heizelementen über 3,5 kW | ≤ 3,5 mA<br>≤ 1 mA/kW, max. 10 mA | entfällt | entfällt |
| Berührungsstrom an berührbaren, leitfähigen Teilen, die nicht mit dem Schutzleiter verbunden sind. | ≤ 0,5 mA (Messung nur wenn keine Schutzleiterverbindung) | ≤ 0,5 mA | entfällt |
| Spannungsfestigkeit bei Elektrowerkzeugen | AC 1000 V | AC 2500 V | AC 400 V |
| Ersatzableitstrom allgemein<br>– Geräte mit Heizelementen über 3,5 kW | ≤ 3,5 mA<br>≤ 1 mA/kW, max. 10 mA | ≤ 0,5 mA | entfällt |

**Wiederholungsprüfungen an elektrischen Geräten** sollen sicherstellen, dass bei bestimmungsgemäßer Nutzung der Geräte keine Gefahr für Benutzer und Geräteumgebung besteht. Nach den **Technischen Regeln für Betriebssicherheit** (TRBS) können die Prüffristen nach einer Gefährdungsbeurteilung durch eine vom Arbeitgeber beauftragte **befähigte Person,** z. B. eine Elektrofachkraft mit Erfahrung bei der Prüfung von Arbeitsmitteln, festgelegt werden. Richtwerte für Prüffristen sind auch der **Unfallverhütungsvorschrift DGUV-Vorschrift 3** der Berufsgenossenschaft **(Tabelle, Seite 229)** zu entnehmen. Prüfverfahren und zulässige Grenzwerte sind in DIN VDE 0701-0702 festgelegt.

## Wiederholungsfragen

1 **Welche Maßnahmen umfasst a) eine Instandsetzung und b) die Instandhaltung von elektrischen Geräten?**
2 **Welche Maßnahmen gehören zu einer fachgerechten Durchführung einer Arbeit an elektrischen Geräten?**
3 **Wie ist vorzugehen, wenn sich bei einem Reparaturauftrag herausstellt, dass bei einer vorausgegangenen Reparatur ungeeignete Teile verwendet wurden?**
4 **Was hat zu geschehen, wenn bei der Reparatur eines elektrischen Gerätes die Anforderungen an die Sicherheit nicht mehr erfüllt werden können?**
5 **Worauf wird bei der Sichtprüfung eines instand zu setzenden Gerätes geachtet?**
6 **Welche Isolationswiderstände müssen instand gesetzte Geräte mindestens haben?**

# 15.5 Prüfen von instand gesetzten Elektrogeräten

Elektrische Geräte müssen nach einer Instandsetzung einen Schutz gegen die Gefahren der Elektrizität bieten, der mit dem eines neuen Gerätes vergleichbar ist (DIN VDE 0701-0702).

**Prüfungen nach erfolgter Instandsetzung:**
- Sichtprüfung
- Schutzleiterprüfung (Widerstand)
- Messen des Isolationswiderstandes
- Messen des Schutzleiterstromes
- Messen des Berührungsstromes
- Messen des Ersatzableitstromes
- Funktionsprüfung
- Prüfen der Gerätebeschriftung

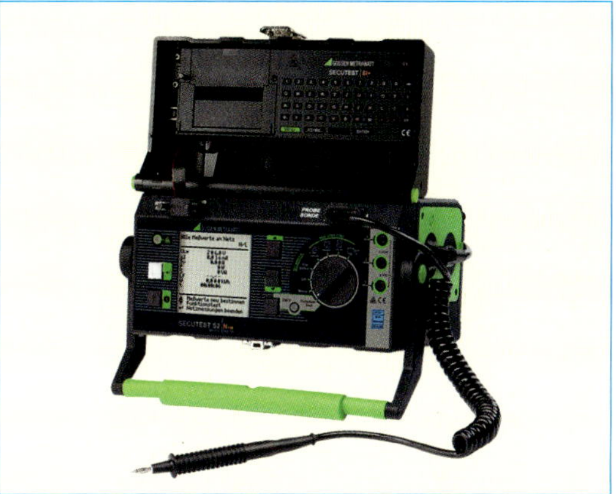

**Bild 1: Mess- und Prüfgerät zur Geräteprüfung nach DIN VDE 0701-0702**

**Netzanschlussprüfung.** Die in DIN VDE 0701-0702 vorgeschriebenen Prüfungen lassen sich nur dann ordnungsgemäß durchführen, wenn der Netzanschluss in Ordnung ist. Es gibt Prüfgeräte zur Geräteprüfung nach DIN VDE 0701-0702, mit denen vor der eigentlichen Messung zuerst der Netzanschluss geprüft und z. B. die Höhe der Netzspannung gemessen wird **(Bild 1)**.

**Messeinrichtungen**

Für Prüfungen nach DIN VDE 0701-0702 sind Messeinrichtungen nach DIN EN 61557-16 (VDE 0413-16) zu verwenden.

## 15.5.1 Sichtprüfung

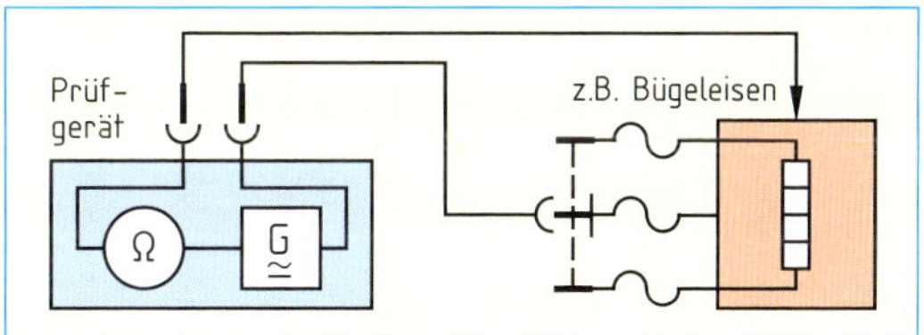


**Bild 2: Messen des Schutzleiterwiderstandes bei Geräten der Schutzklasse I**

Es ist darauf zu achten, dass die zur Sicherheit beitragenden wichtigen Teile des Gerätes weder sichtbar beschädigt noch offensichtlich für das Gerät ungeeignet sind. Solche Teile sind z. B. das Gehäuse mit Abdeckungen, Schutzgitter, Deckel und Anschlussstellen. Sicherungen, Lampen und sonstige Betriebsmittel, die zum Gerät gehören, müssen vorhanden sein. Flexible Anschlussleitungen, auch beigefügte Geräteanschlussleitungen, sind auf Beschädigungen des Leitungsmantels, der Stecker und Zugentlastungen sowie der Knickschutztüllen zu prüfen. Bei Geräten der Schutzklasse I ist der ordnungsgemäße Verlauf und Anschluss des Schutzleiters festzustellen. Bei Geräten der Schutzklasse II ist besonders auf eine nicht beschädigte Gehäuseisolation zu achten. Erforderliche Gerätebeschriftungen, z. B. das Leistungsschild, müssen lesbar angebracht sein.

## 15.5.2 Schutzleiterprüfung

Der Schutzleiter kann z. B. folgende Fehler aufweisen:
- Er kann unterbrochen sein,
- er kann eine gefährlich hohe Berührungsspannung führen, z. B. durch falschen Anschluss,
- er kann einen zu hohen Widerstand haben.

**Nach der Sichtprüfung erfolgt die Messung des Schutzleiterwiderstandes.** Hierzu werden Prüfgeräte nach DIN EN 61557-16 verwendet. Die Leerlaufspannung dieser Widerstandsmessgeräte darf nicht geringer als 4 V und nicht höher als 24 V AC oder DC sein, der Prüfstrom muss mindestens 0,2 A betragen.

**Geräte mit Anschlussleitung und Stecker** werden nach **Bild 2** geprüft. Hierbei wird der Schutzleiterwiderstand (Grenzwerte, **Tabelle, Seite 298**) zwischen dem Schutzkontakt des Steckers und allen berührbaren leitfähigen Geräteteilen gemessen. Beim Messen wird durch Bewegen der Leitung (Handprobe) festgestellt, ob z. B. eine zeitweise Schutzleiterunterbrechung oder eine lose Anschlussstelle vorliegt. Der zulässige Schutzleiterwiderstand ist vom Bemessungsstrom $I_N$ und von der Länge der Geräteanschlussleitung abhängig **(Tabelle, Seite 298)**.

Der Schutzleiterwiderstand $R_{PE}$ darf bei Elektrogeräten bis 5 m Anschlusslänge und bei $I_N \leq 16$ A nicht größer als 0,3 Ω sein.

Bei Anschlussleitungen von über 5 m Länge darf der Schutzleiterwiderstand für jeweils 7,5 m zusätzliche Länge um 0,1 Ω bis zum maximal zulässigen Wert von 1,0 Ω zunehmen **(Tabelle, Seite 298).**

**Beispiel: Anschlusslänge 10 m**

Lösung: $l = 5\text{ m} + 5\text{ m}$

$R_{PE} \leq 0{,}3\ \Omega + 0{,}1\ \Omega = \mathbf{0{,}4\ \Omega}$

Bei **fest angeschlossenen Geräten** der Schutzklasse I erfolgt die Messung des Schutzleiterwiderstandes nach **Bild 1.** Hierbei kann das Potenzial des Schutzleiters an der Netz-Anschlussklemme oder z. B. am Schutzkontakt einer Steckdose abgegriffen werden. Die Messung muss an allen berührbaren leitfähigen Teilen erfolgen.

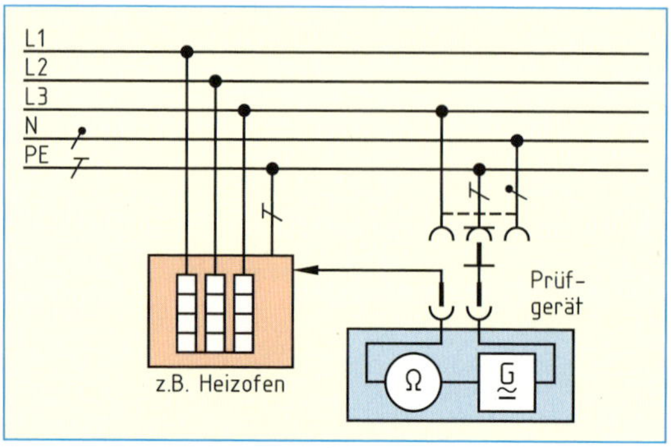


**Bild 1: Messen des Schutzleiterwiderstandes bei fest angeschlossenen Geräten der Schutzklasse I**

## 15.5.3 Messen des Isolationswiderstandes

Der Isolationswiderstand von Geräten wird mit einem Isolationsmessgerät bei einer Mess-Gleichspannung von mindestens 500 V gemessen. Hierbei wird der Widerstand zwischen betriebsmäßig unter Spannung stehenden Teilen und berührbaren leitfähigen Teilen bestimmt. Bei der Messung **(Bild 2 und 3)** muss das Gerät vom Netz getrennt sein.

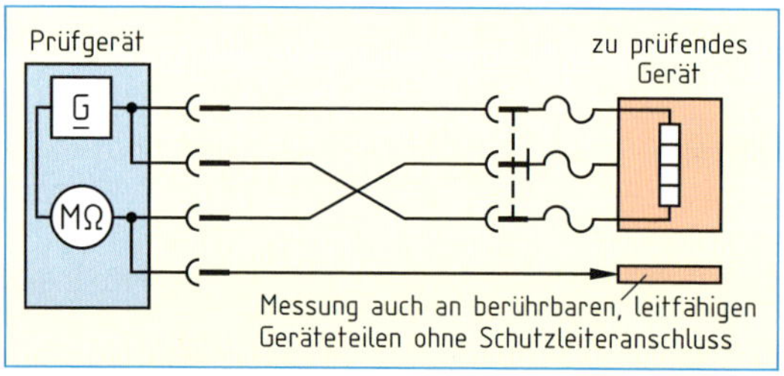


**Bild 2: Messen des Isolationswiderstandes bei Geräten der Schutzklasse I**

Beim Messen des Isolationswiderstandes müssen alle Schalter und z. B. Regler geschlossen sein.

Bei Geräten, die zum Schließen der Schaltkontakte Netzspannung benötigen, wird daher der Schutzleiterstrom bzw. der Berührungsstrom gemessen.

**Bild 3: Prüfen des Isolationswiderstandes bei Geräten der Schutzklasse II**

**Der Isolationswiderstand wird gemessen:**

- Bei Geräten der Schutzklasse I und deren Teile, die leitfähig und berührbar sind, aber nicht an den Schutzleiter angeschlossen sind.
- Bei Geräten der Schutzklassen II und III mit berührbaren leitfähigen Teilen.

Bei Geräten der Schutzklasse I ohne Heizelemente darf der Isolationswiderstand den Grenzwert von 1,0 MΩ nicht unterschreiten. Instand gesetzte Geräte mit Heizelementen, deren Isolationswiderstand kleiner als 0,3 MΩ ist, gelten auch als sicher, wenn die Grenzwerte des Schutzleiterstromes **(Tabelle, Seite 298)** eingehalten werden.

## 15.5.4 Messen des Schutzleiterstromes und des Berührungsstromes

Die Messung von Schutzleiterstrom oder Berührungsstrom (Grenzwerte, **Tabelle, Seite 298**) dient dem Nachweis, dass keine gefährlichen Ableitströme $I_A$ über die Geräteisolation auftreten. Sie wird mit dem **direkten Messverfahren** oder nach dem **Differenzstromverfahren** durchgeführt.

Die **Messung des Schutzleiterstromes** erfolgt bei Geräten der Schutzklasse I **(Bild 1 und 2, Seite 301).** Die Prüfung des Schutzleiters und des Isolationswiderstandes muss vorher bestanden sein.

Die **Messung des Berührungsstromes** erfolgt bei Geräten der Schutzklasse II **(Bild 3, Seite 301)** sowie an berührbaren, leitfähigen Teilen von Geräten der Schutzklasse I, die nicht an den Schutzleiter angeschlossen sind. Sie darf nur nach erfolgreicher Messung des Isolationswiderstandes erfolgen.

Bei der **Messung von Schutzleiterstrom** und **Berührungsstrom** ist zu beachten:

- Beim direkten Messverfahren **(Bild 1 und 3)** ist das zu prüfende Gerät gegen Erdpotenzial zu isolieren. Verbindungen zum Erdpotenzial, z. B. Wasseranschlüsse, sind aufzutrennen.
- Bei Geräten mit ungepolten Anschlusssteckern bzw. Anschlussleitungen ist in allen Anschlusspositionen und Schalterstellungen zu messen. Der größte Messwert ist zu werten.

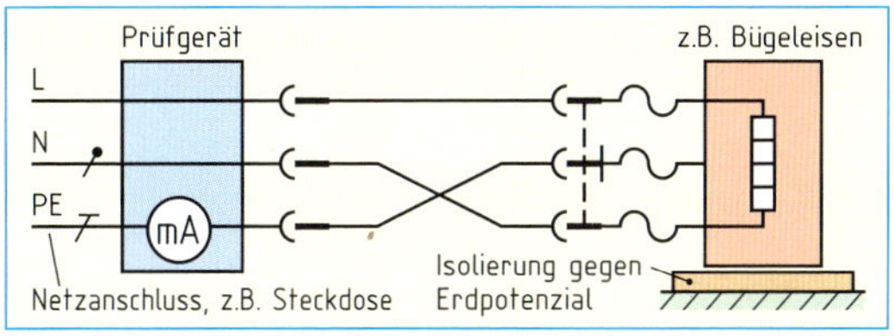


**Bild 1: Direkte Messung des Schutzleiterstromes bei Geräten der Schutzklasse I**

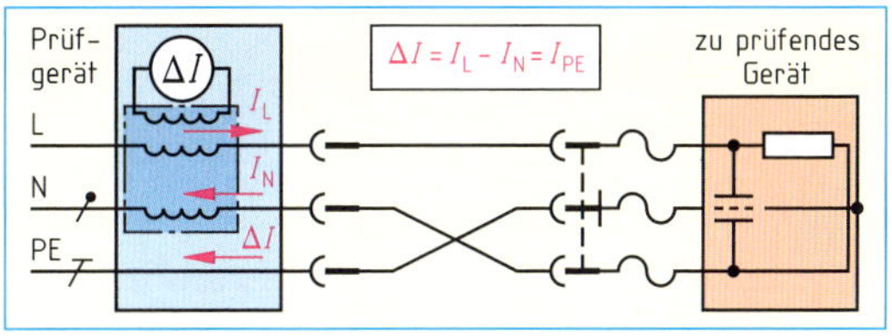


**Bild 2: Messen des Schutzleiterstromes nach dem Differenzstromverfahren bei Geräten der Schutzklasse I**

## 15.5.5 Ersatz-Ableitstrommessung

Das Messen des Ersatz-Ableitstromes ist eine alternative Möglichkeit zur Messung des Schutzleiterstromes bzw. des Berührungsstromes.

> Die Ersatz-Ableitstrommessung erfolgt nach bestandener Isolationswiderstandsmessung.

Die Messung erfolgt vom Netz getrennt **(Bild 4)** bei Netzfrequenz und einer Leerlaufspannung von 25 V bis maximal 250 V. Alle Schalt- und Reglerkontakte müssen geschlossen sein. Das Messergebnis muss auf den Wert einer Messung an Netzspannung korrigiert werden. Dies erfolgt bei Messgeräten nach DIN EN 61557-16 automatisch.

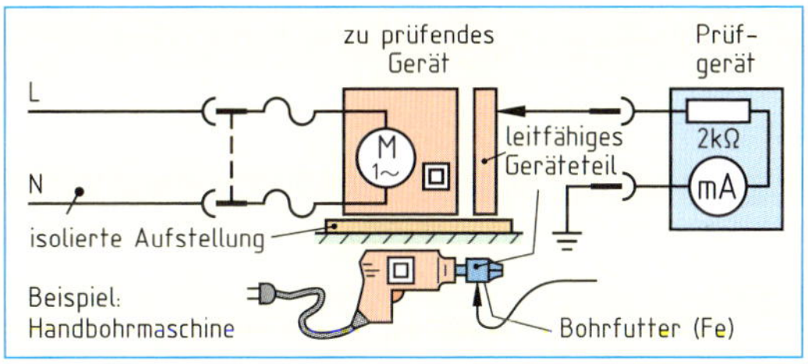


**Bild 3: Direkte Messung des Berührungsstromes an berührbaren, leitfähigen Teilen von Geräten der Schutzklasse II**

Bei der Messung müssen die gleichen Grenzwerte wie bei der Schutzleiter- bzw. Berührungsstrommessung erreicht werden **(Tabelle, Seite 298)**. Die Messwerte dürfen halbiert werden bei Geräten, die zweipolig abschaltbar sind und symmetrisch kapazitiv beschaltet sind.

> Können die geforderten Werte einer Messung, z. B. des Isolationswiderstandes, nicht erreicht werden, dürfen weitere Messungen nicht durchgeführt werden. Das Gerät ist als defekt zu kennzeichnen.

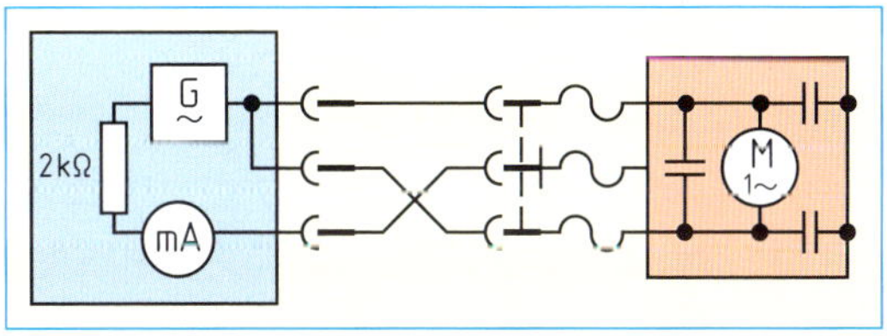


**Bild 4: Messen des Ersatz-Ableitstromes bei Geräten der Schutzklasse I**

## 15.5.6 Funktionsprüfung

Nach erfolgter Instandsetzung ist eine Funktionsprüfung durchzuführen. Hierbei ist das Gerät gemäß den Bestimmungen des Herstellers zu betreiben, um seine Gebrauchsfähigkeit festzustellen. Erkannte Sicherheitsmängel sind zu beseitigen. Nach der Instandsetzung müssen alle Aufschriften am Gerät vorhanden sein. Werden Geräteeigenschaften geändert, so muss das Leistungsschild berichtigt werden, z. B. nach dem Umwickeln eines Motors für eine andere Netzspannung.

> Zur Funktionsprüfung ist das Gerät mit Bemessungsspannung zu betreiben.

### Wiederholungsfragen

1 **Welche Prüfungen sind nach der Instandsetzung eines Gerätes der Schutzklasse I erforderlich?**
2 **Welche Fehler können bei der Schutzleiterprüfung ermittelt werden?**
3 **Wie groß darf der Schutzleiterwiderstand bei einer Geräteanschlussleitung von 7 m Länge sein?**
4 **Welche Prüfungen müssen vor der Messung des Schutzleiterstromes bestanden sein?**
5 **Warum muss während der Schutzleiterprüfung die Anschlussleitung bewegt werden?**

# Praxistipp: Prüfen netzbetriebener Elektrogeräte

(Nächster Praxistipp: Seite 313)

## Situationsbeschreibung:

In einem Baufachgeschäft werden die an Netzspannung 230 V betriebenen Elektrogeräte einer wiederkehrenden Prüfung nach DIN VDE 0701-0702 unterzogen. Welche Einzelprüfungen sind an den Geräten durchzuführen und welche Messwerte müssen dabei erreicht werden?

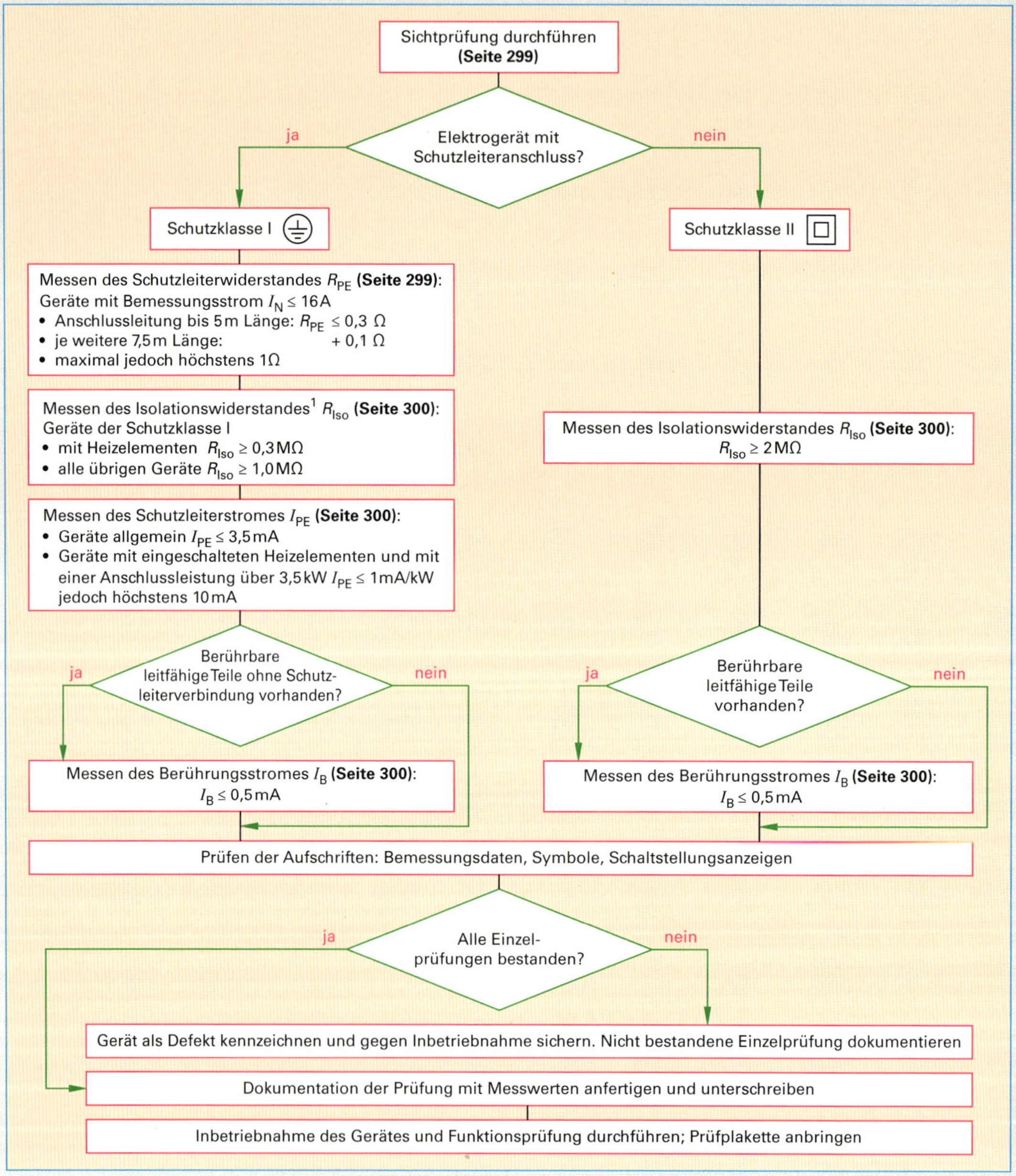


Können die in DIN VDE 0701-0702 geforderten Messwerte einer Einzelprüfung nicht erreicht werden, so ist die Prüfung sofort zu unterbrechen. Nach einer Instandsetzung ist für die nicht bestandenen Prüfabschnitte eine Wiederholungsprüfung durchzuführen.

[1] Die Messung des Isolationswiderstandes darf bei Geräten der Informationstechnik und bei Schaltungsteilen, die Kleinspannung SELV führen, entfallen um eine Beschädigung der Geräte zu vermeiden.

# 16 Elektrische Maschinen

Elektrische Maschinen **(Bild 1)** sind Generatoren, Motoren und Transformatoren. Generatoren wandeln mechanische Energie in elektrische Energie um. Motoren nehmen elektrische Energie auf und geben an ihrer Welle mechanische Energie z. B. zum Antrieb von Arbeitsmaschinen ab **(Bild 1).** Transformatoren formen elektrische Energie in eine solche mit gleicher Frequenz, aber meist anderer Spannung um.

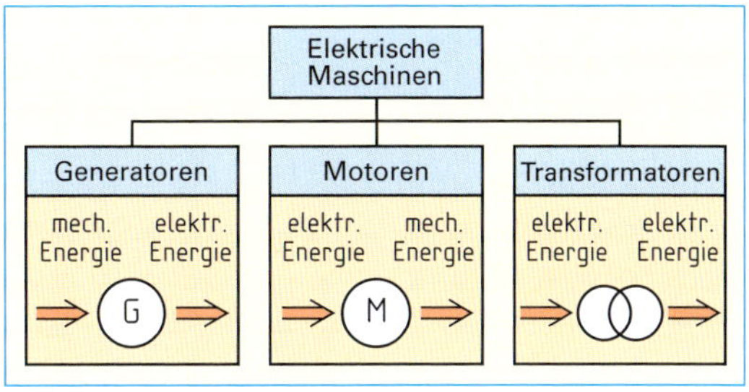


**Bild 1: Elektrische Maschinen**

## 16.1 Planung von Antrieben

### 16.1.1 Eigenschaften von Motoren

Elektromotoren sind genormt. Normmotoren haben den Vorteil, dass ihre Abmessungen bei gleicher Leistung und Bauart unabhängig vom Fabrikat einheitlich sind. Normmotoren verschiedener Fabrikate können daher, z. B. bei Reparaturen, ausgetauscht werden.

**Leistungsschild.** Jede elektrische Maschine muss ein Leistungsschild haben **(Bild 2).** Angegeben sind der Hersteller, die Typenbezeichnung, die Maschinenart und die Bemessungswerte von Spannung, Strom, Leistung und Drehzahl. Genannt werden auch Betriebsart, Thermische Klasse Th. Cl. und die Schutzart der Maschine.

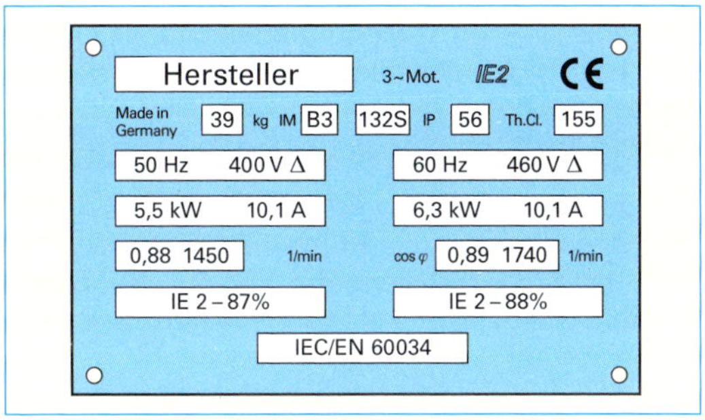


**Bild 2: Leistungsschild eines Drehstrommotors**

Die **Bemessungsleistung** eines Motors ist seine Leistungsabgabe an der Welle bei der angegebenen Betriebsart **(Seite 305).** Wird auf dem Leistungsschild keine Betriebsart angegeben, ist der Motor für Dauerbetrieb (Betriebsart S1) bemessen.

> Bei Bemessungsleistung hat der Motor seine Bemessungsdrehzahl.

**Verluste.** Das vom Motor bei Leerlauf erzeugte Drehmoment deckt z. B. die Reibungsverluste in den Lagern und die Lüfterverluste ab. Neben diesen mechanischen Verlusten treten noch Verluste im Eisenkern durch die Ummagnetisierung und durch Wirbelströme auf. Zusätzlich zu diesen Leerlaufverlusten entstehen auch Wicklungsverluste. Dies sind lastabhängige Stromwärmeverluste in den Wicklungen von Stator und Läufer.

Die abgegebene Leistung $P_2$ eines Motors ist um den Betrag der gesamten Verluste $P_v$ kleiner als die aus dem Netz aufgenommene Wirkleistung $P_1$ **(Bild 3).**

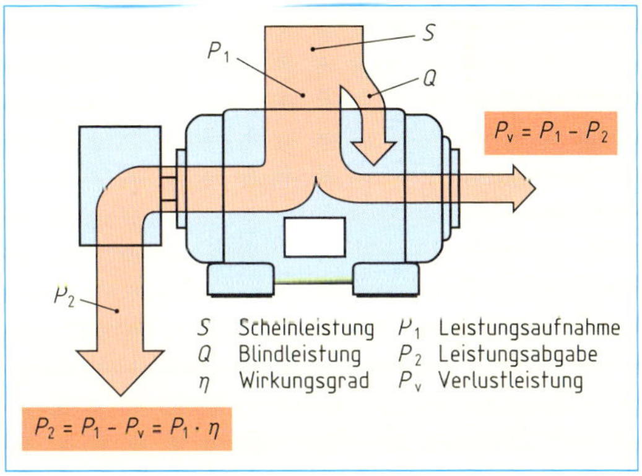


**Bild 3: Leistungsflussdiagramm bei einem Drehstrom-Asynchronmotor**

> Der Motorwirkungsgrad $\eta$ nennt das Verhältnis von abgegebener zu aufgenommener Leistung.

Drehstrom-Asynchronmotoren mit Bemessungsleistungen ab 2 kW haben einen Wirkungsgrad von etwa 80 %, bei Motorleistungen über 11 kW steigt er auf etwa 88 %.

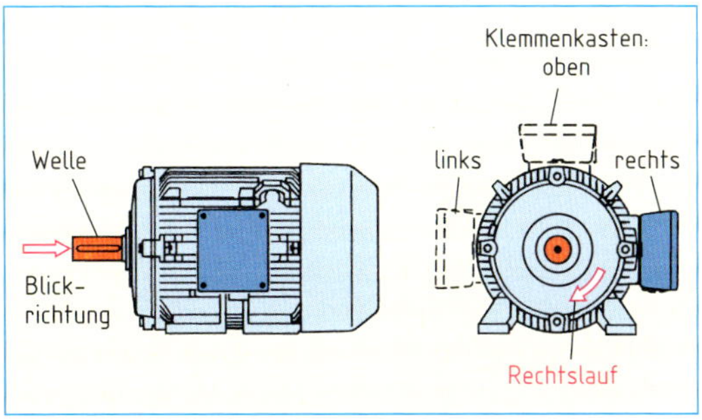


**Bild 4: Bestimmung des Drehsinns und der Lage des Klemmenkastens**

**Drehsinn** und Lage des Klemmenkastens werden immer mit Blickrichtung auf das Wellenende bestimmt **(Bild 4, Seite 303)**.

Bei zwei Wellenenden ergibt sich der Drehsinn (Drehrichtung) durch Betrachtung der Hauptwelle. Als Hauptwelle gilt das gegenüber Lüfter, Kollektor, Schleifringen oder Bremse liegende Wellenende.

Drehrichtung im Uhrzeigersinn ist Rechtslauf.

**Bauformen.** Elektromotoren werden für unterschiedliche Befestigung und mit verschiedenen Wellenausführungen hergestellt. Eine Auswahl gebräuchlicher Bauformen zeigt **Tabelle 1.** Außer den aufgeführten Bauformen gibt es verschiedene Sonderbauformen, z. B. Motoren mit nur einem Lagerschild für den direkten Anbau an ein Getriebe.

**Tabelle 1: Bauformen von Elektromotoren** (nach DIN EN 60034-7; Auszug)

| Bauform | Bezeichnung nach | | Bauform | Bezeichnung nach | |
|---|---|---|---|---|---|
| | Code I | Code II | | Code I | Code II |
|  | IM B3 | IM 1001 |  | IM B6 | IM 1051 |
|  | IM B8 | IM 1071 |  | IM B5 | IM 3001 |
|  | IM V1 | IM 3011 |  | IM V3 | IM 3031 |
|  | IM B14 | IM 3601 |  | IM V19 | IM 3631 |
|  | IM V18 | IM 3611 |  | IM V6 | IM 1031 |
|  | IM V5 | IM 1011 |  | IM B35 | IM 2001 |

Beim Austausch von Normmotoren ist auf gleiche Bauform und gleiche Baugröße zu achten.

Ein Motor der Bauform IM B3 **(Tabelle 1)** hat unabhängig vom Fabrikat zwei Schildlager und Füße zur stehenden Befestigung. Durch die **Baugröße** ist die Wellenhöhe in mm festgelegt, z. B. bei der Baugröße 100 L beträgt die Wellenhöhe 100 mm. Der Buchstabe L (large) bedeutet eine lange Form des Motors, M (middle) eine mittelkurze und S (short) eine kurze Form.

## 16.1.2 Schutzarten von Motoren

Die **Schutzart** einer elektrischen Maschine gibt den Schutzumfang gegen Berühren sowie gegen das Eindringen von Fremdkörpern und Wasser an. Die Kennzeichnung erfolgt durch die Buchstaben IP und eine nachfolgend zweistellige Zahl **(Tabelle 2)**. Die erste Ziffer benennt den Schutz gegen das Berühren unter Spannung stehender Motorteile, z. B. Klemmen, und den Schutz gegen Eindringen fester Fremdkörper. Die zweite Ziffer kennzeichnet den Schutz gegen das Eindringen von Wasser.

Oberflächengekühlte Normmotoren haben meist die Schutzart IP 54. Sie sind gegen Staubablagerungen (1. Kennziffer) und Spritzwasser (2. Kennziffer) geschützt. Die IP-Kennzeichnung kann durch nachgestellte Zusatzbuchstaben **(Tabelle, Seite 211)** ergänzt werden. Ein Motor z. B. mit der Kennzeichnung IP XX CM ist geschützt gegen den Zugang mit Werkzeugen (1. Buchstabe) und geprüft auf Wassereintritt bei laufender Maschine (2. Buchstabe).

Die Schutzart wird auch durch Bildzeichen angegeben, z. B. bei Installationsgeräten.

📖 Kennzeichnung der Schutzart durch Bildzeichen: **Tabelle, Seite 211**.

**Tabelle 2: IP-Schutzarten elektrischer Betriebsmittel** nach DIN EN 60529 (DIN VDE 0470-1)

| 1. Kennziffer | Berührungsschutz gegen: | Fremdkörperschutz gegen: | 2. Kennziffer | Wasserschutz gegen: |
|---|---|---|---|---|
| 0 | kein besonderer Schutz | kein besonderer Schutz | 0 | kein besonderer Schutz |
| 1 | Handrückenberührung | Fremdkörper ≥ Ø 50 mm | 1 | senkrecht fallendes Tropfwasser |
| 2 | Berühren mit dem Finger | Fremdkörper ≥ Ø 12,5 mm | 2 | schräg fallendes Tropfwasser (15° gegen die Senkrechte) |
| 3 | Berühren mit Werkzeug | Fremdkörper ≥ Ø 2,5 mm | 3 | Sprühwasser (bis 60° gegen die Senkrechte) |
| 4 | Berühren mit Drähten | Fremdkörper ≥ Ø 1 mm | 4 | Spritzwasser |
| 5 | Berühren mit Drähten | Staubablagerung | 5 | Strahlwasser |
| 6 | Berühren mit Drähten | Eindringen von Staub | 6 | starkes Strahlwasser |
| Bei Angabe nur einer Kennziffer wird die zweite Kennziffer durch ein X ersetzt. Beispiel: IP X4 | | | 7 | zeitweiliges Untertauchen |
| | | | 8 | dauerndes Untertauchen |
| | | | 9 | Hochdruck |

## 16.1.3 Betriebsarten

Beim Betrieb elektrischer Maschinen werden abhängig von Belastung und z.B. Betriebsdauer 10 Betriebsarten unterschieden **(Übersicht und Tabelle).** Die Angabe der Betriebsart, z.B. S2, erfolgt auf dem Leistungsschild. Sie kann bei Dauerbetrieb entfallen.

**Dauerbetrieb S1.** Zeitlich nicht begrenzter Betrieb mit konstanter Belastung. Die Maschine erreicht den thermischen Beharrungszustand.

**Kurzzeitbetrieb S2.** Die Betriebszeit ist kurz. Der thermische Beharrungszustand wird nicht erreicht. In den Pausen wird der Motor abgeschaltet und kühlt auf die Temperatur des Kühlmittels ab. Der Motor kann daher für eine höhere Belastung bemessen werden.

> Motoren für Kurzzeitbetrieb werden überlastet, wenn sie im Dauerbetrieb eingesetzt werden.

**Periodischer Aussetzbetrieb S3, S4, S5.** Betrieb aus gleichartigen Spielen, bestehend aus Betriebszeiten mit konstanter Last und kurzen Stillstandszeiten. Eine Abkühlung der Maschine auf Kühlmitteltemperatur erfolgt nicht.

**Betriebsart S3.** Die Motorwärmung wird durch den Anlaufstrom nur unwesentlich beeinflusst. Ein Spiel mit der Spieldauer $T_c$ besteht aus der Betriebszeit $\Delta t_p$ und der anschließenden Stillstandszeit. Die Spieldauer beträgt meist 10 Minuten. Die zulässige relative Einschaltdauer ist das Verhältnis von Betriebszeit zur Spieldauer. Sie wird in % angegeben, z. B. S3: 25 %.

**Betriebsart S4.** Durch eine merkliche Anlaufzeit wird der Motor auch durch den Anlaufstrom erwärmt.

**Betriebsart S5.** Die Motorerwärmung erfolgt durch Anlaufstrom und durch elektrische Bremsung.

**Ununterbrochener periodischer Betrieb S6, S7.** Betrieb aus einer Folge gleichartiger Spiele ohne Pausen mit stromloser Wicklung.

**Betriebsart S6.** Jedes Spiel besteht aus einer Betriebszeit mit konstanter Last und einer Leerlaufzeit.

**Betriebsart S7.** Spiele, bestehend aus Anlaufzeit, Betriebszeit und Bremszeit. Es erfolgt kein Leerlauf.

**Ununterbrochener periodischer Betrieb mit Last- und Drehzahländerungen S8.** Der Motor arbeitet im Dauerbetrieb bei periodisch wechselnden Drehzahlen und Leistungen, z. B. ein Motor mit Dahlanderschaltung.

**Betrieb mit nichtperiodischen Last- und Drehzahländerungen S9.** Belastung und Drehzahl ändern sich in unregelmäßigen Zeitabständen. Es können Belastungsspitzen auftreten, die über der Bemessungsleistung liegen.

**Betrieb mit einzelnen konstanten Belastungen S10.** Der Motor wird mit bis zu vier unterschiedlichen Belastungen betrieben, bei denen er jeweils den thermischen Beharrungszustand erreicht.

**Übersicht: Betriebsarten**

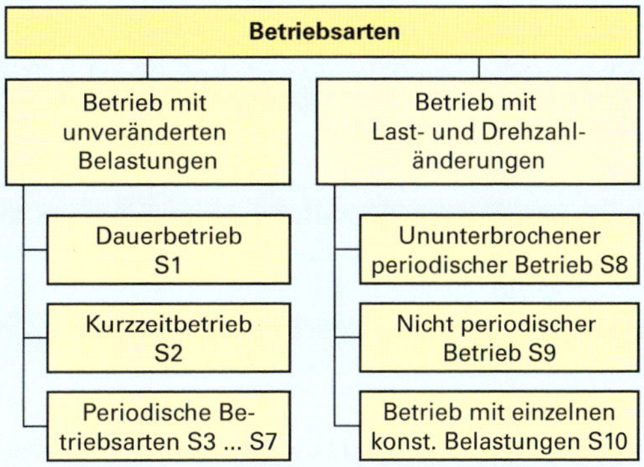


**Tabelle: Betriebsarten von Motoren** (Beispiele) (nach DIN EN 60034-1)

| Betriebsart | Anwendungen |
|---|---|
| Dauerbetrieb S1 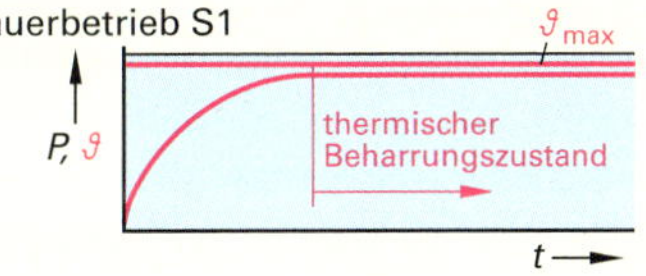  | Umwälzpumpen, Rolltreppenantriebe, Ventilatoren |
| Kurzzeitbetrieb S2 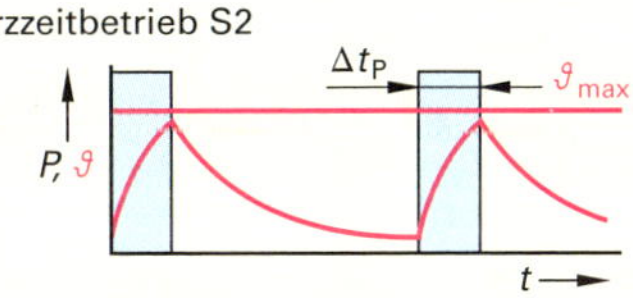  | Kühlschrankmotoren, Garagentorantriebe, Kaffeemühlen |
| Aussetzbetrieb S3 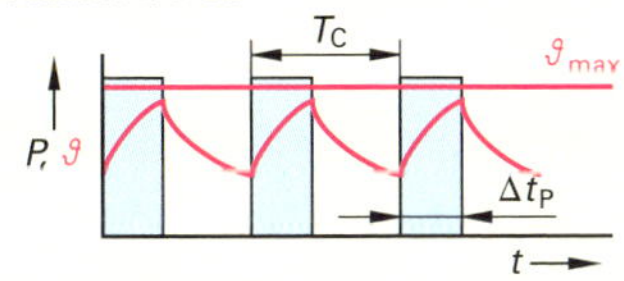  | Kompressorantriebe, Hebezeugmotoren, Werkzeugmaschinen |
| Ununterbrochener periodischer Betrieb S6 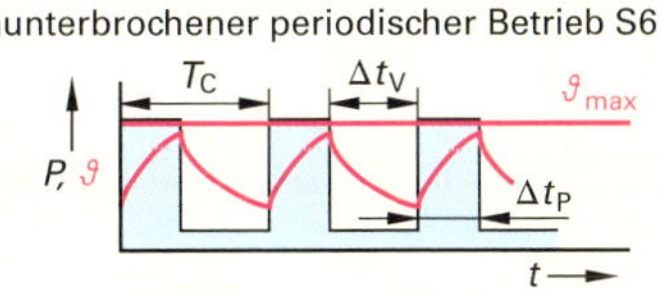  | Antrieb von Werkzeugmaschinen |
| Ununterbrochener periodischer Betrieb mit Last- und Drehzahländerungen S8 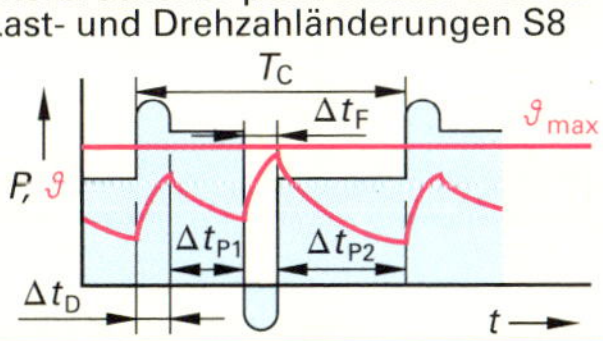  | Antrieb von Werkzeugmaschinen, Transporteinrichtungen |

$P$ Belastung
$\vartheta$ Betriebstemperatur
$\vartheta_{max}$ Beharrungstemperatur (Grenztemperatur)
$T_C$ Spieldauer
$\Delta t_P$ Betriebszeit mit konstanter Belastung
$\Delta t_V$ Leerlaufzeit
$\Delta t_D$ Anlaufzeit
$\Delta t_F$ Zeit mit elektrischer Bremsung

# 16.2 Drehstrom-Asynchronmotoren

Der Drehstrom-Asynchronmotor besteht aus einem feststehenden Teil, dem Ständer und einem umlaufenden Teil, dem Läufer **(Bild 1)**. Ständer und Läufer sind aus einseitig isolierten Elektroblechen, die zu Paketen geschichtet sind, aufgebaut. In den Nuten des Ständers ist die Ständerwicklung eingelegt, die Nuten am Umfang des Läufers nehmen die Läuferwicklung auf. Nach Art der Läuferwicklungen unterscheidet man Asynchronmotoren mit Käfigläufer (Kurzschlussläufer) und Schleifringläufermotoren **(Seite 310)**.

## 16.2.1 Kurzschlussläufer-Motoren

> Kurzschlussläufer-Motoren haben einen einfachen Aufbau. Sie sind wartungsarm, wirtschaftlich und sehr betriebssicher.

Die stabförmige **Läuferwicklung** des Kurzschlussläufermotors besteht aus einer Aluminiumlegierung, die im Druckgussverfahren hergestellt wird. Größe und Form der Läuferstäbe beeinflussen das Anlaufverhalten des Motors. Deshalb werden die Läuferkäfige mit verschiedenen Nutformen hergestellt **(Bild 2)**. Die Läuferstäbe sind an den Stirnseiten des Läuferblechpaketes durch Kurzschlussringe kurzgeschlossen. Ständer und Läufer haben keine elektrisch leitende Verbindung. Sie sind über das Ständerblechpaket und das Läuferblechpaket magnetisch gekoppelt.

Die **Ständerwicklung** kann aus einer zwei- oder mehrpoligen Wicklung bestehen. Die drei Stränge sind um 120° (elektrisch) gegeneinander versetzt im Ständerblechpaket eingelegt. Verbindet man die Enden der drei Wicklungsstränge miteinander, so entsteht die **Sternschaltung (Bild 3, links)**. Wird das Ende eines Stranges jeweils mit dem Anfang des nächsten Stranges verbunden, so entsteht die **Dreieckschaltung (Bild 3, rechts)**.

Schaltet man die Ständerwicklung an das Drehstromnetz, so entsteht ein Drehfeld. Seine Umlaufgeschwindigkeit hängt von der Netzfrequenz und der Polzahl der Wicklung ab **(Tabelle)**. Je höher die Netzfrequenz und je kleiner die Polzahl ist, umso größer wird die Drehzahl. Zur Erzeugung eines Drehmomentes muss das Drehfeld durch Induktion einen Läuferstrom hervorrufen. Die Drehzahl des Läufers muss daher immer geringer sein als die des synchron umlaufenden Drehfeldes. Die Drehzahldifferenz wird als **Schlupf** bezeichnet. Der Schlupf wird meist in Prozent, bezogen auf die Drehzahl des Drehfeldes angegeben. Er beträgt bei Motoren bis 5,5 kW etwa 3,5% bis 6%, bei Motoren größerer Leistung verringert er sich bis etwa 2,5 %.

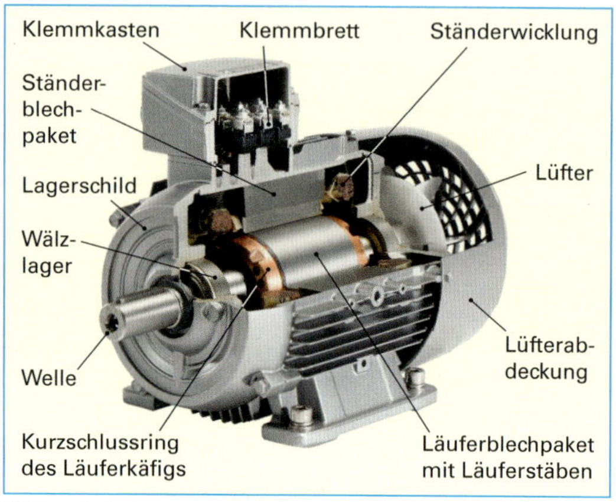


**Bild 1: Schnittbild eines Asynchronmotors mit Kurzschlussläufer**

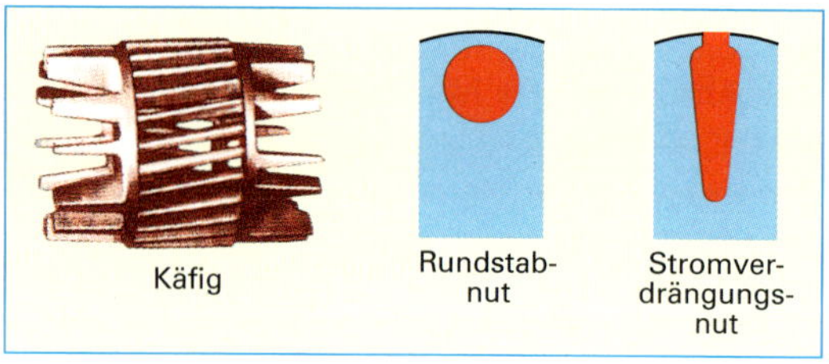


**Bild 2: Kurzschlusskäfig und Nutformen**

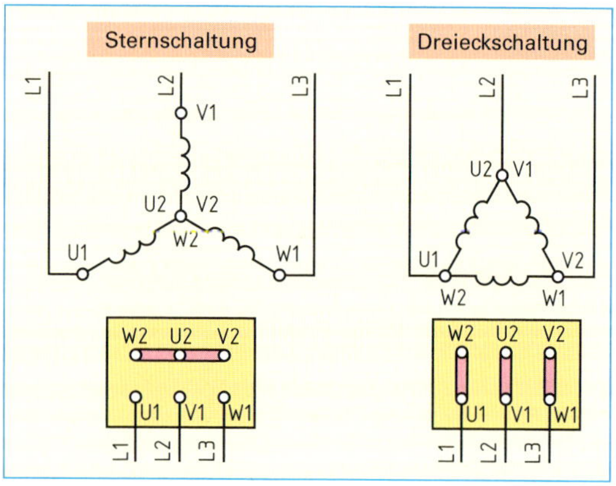


**Bild 3: Stern- und Dreieckschaltung von Wicklung und Klemmbrett**

**Tabelle: Drehfelddrehzahlen $n_s$ für übliche Polzahlen bei $f = 50$ Hz**

| Polzahl | 2 | 4 | 6 | 8 | 10 | 12 | 16 |
|---|---|---|---|---|---|---|---|
| Polpaarzahl | 1 | 2 | 3 | 4 | 5 | 6 | 8 |
| Drehzahl je min. | 3000 | 1500 | 1000 | 750 | 600 | 500 | 375 |

$$s = \frac{n_s - n}{n_s} \cdot 100\,\%$$

$s$ Schlupf in %
$n_s$ Drehfelddrehzahl
$n$ Läuferdrehzahl

Im Augenblick des Einschaltens verhält sich der Kurzschlussläufermotor wie ein Transformator mit kurzgeschlossener Ausgangswicklung. Die Stromaufnahme ist daher sehr hoch, besonders bei Rundstabläufern **(Bild 2, Seite 306)**. Der ohmsche Widerstand ist sehr klein, der Motor stellt eine Induktivität dar. Dies hat zur Folge, dass der Läuferstrom der Läuferspannung um fast 90° nacheilt. Dem Transformatorgesetz entsprechend bewirkt der große phasenverschobene Läuferstrom auch einen großen phasenverschobenen Ständerstrom. Der Wirkfaktor cos $\varphi$ ist daher im Anlauf sehr klein. Die aufgenommene Wirkleistung und das nutzbare Anzugsmoment sind trotz des hohen Ständerstromes klein. Diese Nachteile werden mit Stromverdrängungsläufern vermieden.

**Stromverdrängungsläufer (Bild 2, Seite 306)** entwickeln beim Hochlauf einen größeren Wirkwiderstand, wodurch die Stromaufnahme verringert und der Wirkfaktor verbessert wird.

> Motoren mit Stromverdrängungsläufer haben einen herabgesetzten Anzugsstrom bei gleichzeitig höherem Anzugsmoment.

**Drehmomentkennlinie (Bild 1)**. Das vom Motor entwickelte Drehmoment wird von den Betriebsbedingungen und der Ausführung des Läufers beeinflusst. Wichtige Punkte der Drehmomentkennlinie sind das Bemessungsmoment, das Anzugsmoment, das Sattelmoment und das Kippmoment. Das Drehmoment des Motors muss im ganzen Verlauf der Kennlinie größer sein als das jeweilige Lastmoment der angetriebenen Arbeitsmaschine. Dieser „Drehmomentüberschuss" ist in **Bild 1** rot unterlegt.

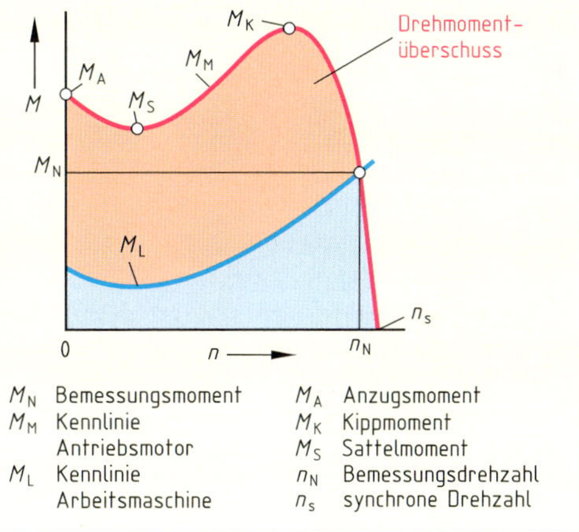


**Bild 1: Drehmomentkennlinie eines Kurzschlussläufermotors**

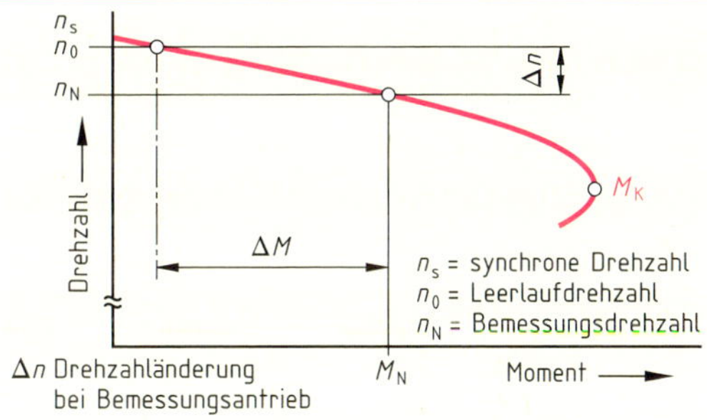


**Bild 2: Belastungskennlinie eines Kurzschlussläufermotors**

- **Anzugsmoment** $M_A$ ist das Drehmoment, das der Motor aus dem Stillstand beim Einschalten entwickelt. Bei Motoren mit Stromverdrängungsläufer beträgt es etwa das 2- bis 3-Fache des Bemessungsmoments.
- **Sattelmoment** $M_S$ ist das kleinste Moment, das der Motor nach dem Anlauf entwickelt. Durch konstruktive Maßnahmen, z.B. schräg angeordnete Läuferstäbe, wird ein ausgeprägtes Sattelmoment vermieden.
- **Kippmoment** $M_K$ heißt das größte Moment des Motors, es wird nach dem Durchlaufen des Sattelmoments erreicht. Bei Drehstrom-Normmotoren beträgt das Kippmoment etwa das 2,5- bis 3,5-Fache des Bemessungsmoments.
- **Bemessungsmoment** $M_N$ ist das Moment, welches an der Motorwelle bei Bemessungsleistung wirkt. Bei Belastung mit dem Bemessungsmoment hat der Motor Bemessungsdrehzahl.

Die Belastungskennlinie eines Asynchronmotors **(Bild 2)** zeigt, dass die Läuferdrehzahl mit zunehmender Last abnimmt.

> Der Schlupf von Asynchronmotoren nimmt mit der Belastung zu.

Der Schlupf ändert sich zwischen Leerlauf und Bemessungsmoment proportional mit dem Lastmoment. Im Leerlauf erreichen Asynchronmotoren fast die synchrone Drehzahl $n_s$ (Drehfelddrehzahl).

## Wiederholungsfragen

1 **Welche Vorteile haben Elektromotoren mit einer Bauform nach IEC?**
2 **Welche Betriebsart hat ein Motor, der dauernd mit Bemessungslast betrieben wird?**
3 **Beschreiben Sie den Schutzumfang der Schutzarten IP 23, IP 44 und IP 58.**
4 **Welche Schutzart benötigt ein Motor, auf den z.B. in einer Autowaschanlage Spritzwasser einwirkt?**
5 **Erklären Sie die Begriffe a) Bemessungsmoment, b) Anzugsmoment und c) Kippmoment.**

## 16.2.2 Eigenschaften von Asynchronmotoren

**Spannungsverhalten.** Im Niederspannungsnetz kann die Verbraucherspannung um +10 % bis –14 % von der Nennspannung abweichen. Die Verbraucherspannung im Drehstromnetz 400 V kann somit maximal 440 V und minimal 344 V betragen. Nach DIN EN 60034-1 (VDE 0530-1) beträgt bei Motoren die zulässige Spannungstoleranz jedoch nur ± 5 %. In diesem Bereich muss der Motor seine Bemessungsleistung abgeben können, wobei die zulässige Erwärmung den vorgeschriebenen Grenzwert um maximal 10 % überschreiten darf. Ist die Anschlussspannung über 10 % höher als die Bemessungsspannung, besteht die Gefahr der magnetischen Sättigung. Dies hat größere Verluste, höhere Erwärmung und einen schlechteren Wirkfaktor zur Folge. Sinkt bei unverändertem Drehmoment die Anschlussspannung um mehr als 10 % unter ihren Bemessungswert, so verursacht die überhöhte Stromaufnahme zunehmende Wicklungsverluste und unzulässig hohe Temperaturen. Werden Motoren für Spannungen bemessen, die dauernd über ± 5 % von der Bemessungsspannung abweichen, so ist ein erhöhter Aufwand an Kern- und Wicklungsmaterial erforderlich.

**Anlassverfahren.** Der Anzugsstrom von Drehstrommotoren mit Kurzschlussläufern beträgt das etwa 5- bis 8-Fache des Bemessungsstromes **(Tabelle, Seite 309)**. Zur Vermeidung hoher Einschaltströme schreiben die Netzbetreiber (NB) Anlassverfahren vor.

**Ständeranlassverfahren** verringern die Ständer-Anschlussspannung und dadurch den Anlaufstrom.

Anlassverfahren sind bei Drehstrommotoren mit Scheinleistungen über 5,2 kVA und Anzugsströmen über 60 A erforderlich (TAB).

**Stern-Dreieckanlauf.** Wird mit einem Geräteschalter **(Bild 1)** ein Motor mit der Strangspannung 400 V in Sternschaltung an das 400-V-Netz gelegt, so liegt an den Motorsträngen nur die um den Faktor $1/\sqrt{3}$ verringerte Spannung 230 V an. Anzugsstrom und Anzugsmoment verringern sich auf ein Drittel. Nach dem Anlauf wird auf Dreieckbetrieb umgeschaltet. Ständeranlassverfahren verringern das Anzugsmoment. Der Motorhochlauf ist daher nur im Leerlauf oder mit herabgesetzter Last möglich.

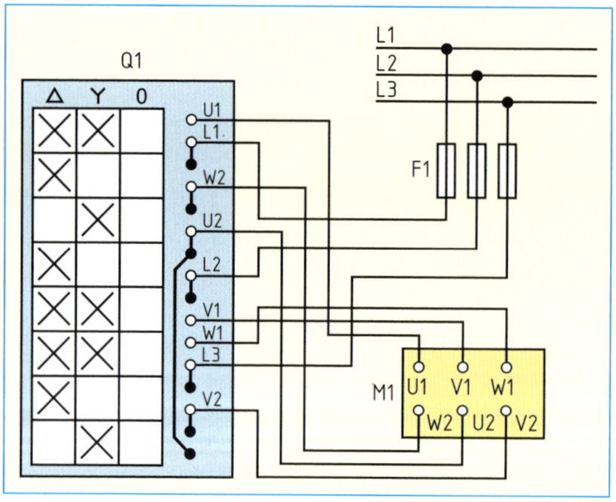


**Bild 1: Stern-Dreieck-Nockenschalter**

Y/Δ-Schützschaltung: **Seite 105**

Durch Spannungsherabsetzung verringern sich Anzugsstrom und Anzugsmoment im Quadrat zur Spannung. (z. B.: $\frac{1}{2}\cdot U \Rightarrow \frac{1}{4}\cdot I$)

**Sanftanlaufgeräte** (Softstarter) setzen die Motorspannung durch Phasenanschnittsteuerung herab. Hierzu werden z. B. antiparallel geschaltete Thyristoren in der Motorzuleitung **(Bild 2)** durch Zündimpulse angesteuert. Gegenüber dem Stern-Dreieckanlauf kann die Motorspannung und damit Strom und Drehmoment stufenlos verändert werden. Elektronische Anlaufgeräte ermöglichen eine Begrenzung des Anlaufstromes sowie Sanftanlauf (Softstarter).

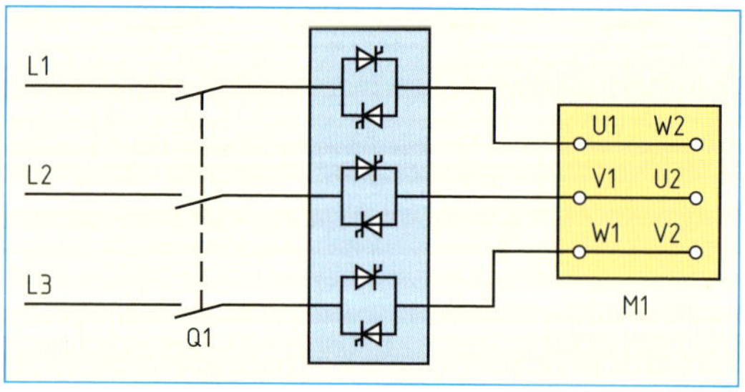


**Bild 2: Anschluss Sanftanlaufgerät und Motor**

**KUSA-Schaltung** (**Ku**rzschlussläufer-**S**anft-**A**nlaufschaltung). Die Spannung wird beim Anlauf nur durch einen Widerstand herabgesetzt **(Bild 3)**. Die Kusa-Schaltung wird bei Motoren bis etwa 1,5 kW zur Verringerung des Anzugsmoments verwendet.

**Transformatoren und Widerstände**. Anlasstransformatoren sind meist Spartransformatoren. Sie werden z. B. bei großen Motorleistungen und bei Hochspannungsmotoren eingesetzt. Nachteilig bei Anlasswiderständen sind ihre Wärmeverluste.

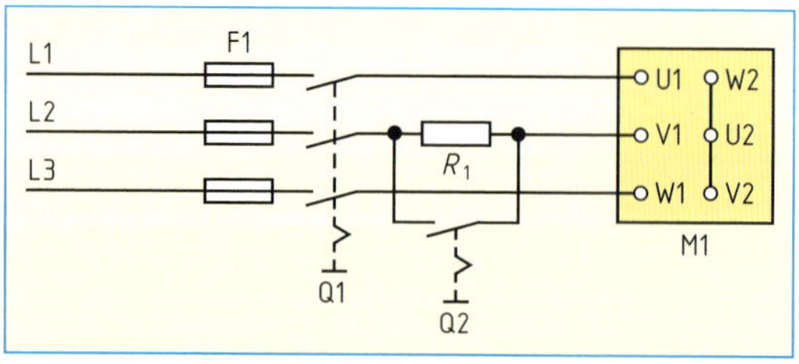


**Bild 3: KUSA-Schaltung**

Der **Wirkfaktor** cos $\varphi$ ist abhängig von der Belastung des Motors. Im Leerlauf erreicht er nur einen Wert von cos $\varphi$ = 0,1 bis 0,3. Der Motor wirkt als Induktivität. Mit zunehmender Belastung wird der cos $\varphi$ größer und erreicht bei Bemessungslast den auf dem Leistungsschild angegebenen Bemessungswert. Wird die Leistung eines Motors für einen Antrieb zu groß gewählt, sodass der Motor nur mit Teillast betrieben wird, verringert sich der Wirkfaktor. Der Motor entnimmt dem Netz zunehmend Blindleistung. Auch der Wirkungsgrad verringert sich.

Wird der Motor überlastet, so führt der Stromanstieg ebenfalls zu höheren Verlusten und zu einer unzulässigen Erwärmung der Wicklung.

Motoren haben bei Betrieb mit Bemessungsleistung den besten Wirkungsgrad.

**Kompensation.** Der anfallende Blindstrom belastet das Netz und erhöht den Spannungsfall. Deshalb fordern die Netzbetreiber die Kompensation des Wirkfaktors auf einen Wert von etwa 0,9. Bei einzelnen Motoren geschieht dies durch parallel geschaltete Kompensationskondensatoren **(Bild 1).** Der Aufstellungsort der Kompensationskondensatoren soll sich hierbei nahe am Motor befinden. Für größere Verbraucheranlagen werden Gruppen- oder Zentralkompensationsanlagen eingesetzt.

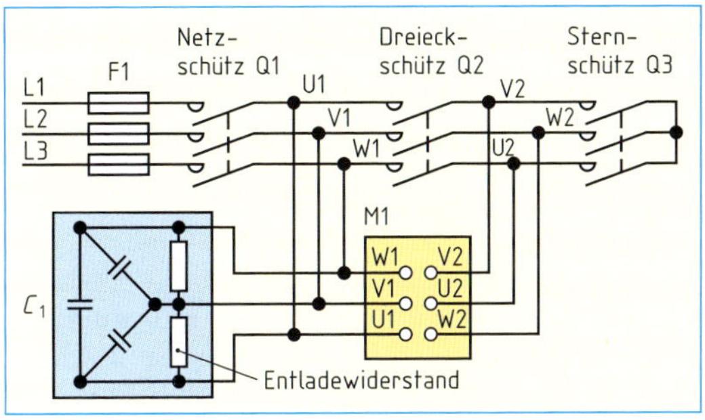


**Bild 1: Kompensation eines Drehstrommotors mit Y/Δ-Schützschaltung und Entladewiderständen**

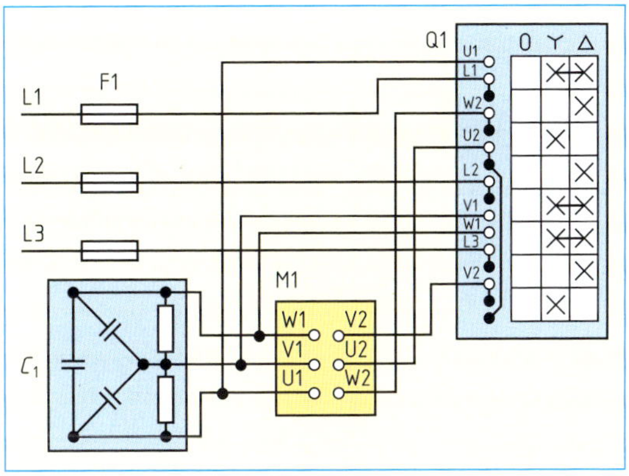


**Bild 2: Unterbrechungslose Motorkompensation mit Stern-Dreieck-Nockenschalter**

Kompensationskondensatoren müssen nach dem Abschalten innerhalb einer Minute auf eine Spannung von höchstens 50 V entladen werden.

Werden die Kondensatoren nach dem Abschalten des Motors nicht über die Wicklung entladen, z. B. bei geöffneten Schützkontakten, muss die Entladung über hochohmige Entladewiderstände erfolgen **(Bild 1).** Handbetätigte Stern-Dreieckschalter für kompensierte Motoren, z. B. Nockenschalter, müssen so gebaut sein, dass bei der Umschaltung von Stern auf Dreieck keine Netzunterbrechung erfolgt **(Bild 2).**

Die Blindleistung der Kompensationskondensatoren soll etwa 35 % der Motorleistung betragen, damit bei Teillast keine Überkompensation eintritt.

**Überstrom-Schutzeinrichtungen.** Der Überlastschutz von Drehstrommotoren erfolgt durch Motorschutzschalter oder durch in den Motorwicklungen eingebrachte Temperaturfühler **(Seite 70).** Kurzschlussschutz erfolgt durch Kurzschlussschutzsicherungen, wobei bei Stern-Dreieckanlauf der Bemessungsstrom der Sicherung kleiner gewählt wird **(Tabelle).**

**Tabelle: Betriebsdaten für oberflächengekühlte Drehstrommotoren 400 V, 50 Hz, $n_s$ = 1500 $^1$/min**

| Bemessungsleistung $P$ in kW | 0,75 | 1,1 | 1,5 | 2,2 | 3 | 4 | 5,5 | 7,5 | 11 | 15 | 18,5 | 22 |
|---|---|---|---|---|---|---|---|---|---|---|---|---|
| Wirkfaktor cos $\varphi$ | 0,8 | 0,81 | 0,82 | 0,83 | 0,83 | 0,83 | 0,85 | 0,85 | 0,85 | 0,85 | 0,86 | 0,86 |
| Wirkungsgrad $\eta$ in % | 74 | 75 | 75 | 81 | 81 | 83 | 84 | 86 | 89 | 89 | 89 | 90 |
| Motorbemessungsstrom $I_B$ in A | 1,8 | 2,6 | 3,5 | 4,7 | 6,4 | 8,4 | 11,1 | 14,8 | 21 | 28,7 | 34,9 | 41,1 |
| Verhältnis Anzugsstrom $I_{aN}$/Motorbemessungsstrom $I_B$ | 5,0 | 5,0 | 5,2 | 6,0 | 6,2 | 7 | 7 | 7,6 | 7,6 | 7,7 | 7,7 | 7,8 |
| Bemessungsstrom $I_N$ der Sicherung in A bei Direktanlauf | 6 | 6 | 6 | 10 | 16 | 20 | 25 | 35 | 35 | 50 | 63 | 80 |
| Bemessungsstrom $I_N$ der Sicherung in A bei Y/Δ-Anlauf | – | – | – | – | 10 | 10 | 16 | 16 | 25 | 35 | 50 | 50 |

## 16.2.3 Drehstrom-Asynchronmotor mit Schleifringläufer

Die Ständerwicklungen von Kurzschlussläufermotoren und Schleifringläufermotoren sind gleich. Die **Läuferwicklung** eines Schleifringläufermotors ist meist eine dreiphasige Wicklung, deren Enden in Stern geschaltet sind. Die Anfänge sind an drei Schleifringen angeschlossen und über Kohlebürsten mit einem dreiphasigen Anlasswiderstand $R_1$ verbunden **(Bild 1)**. Der Anlasswiderstand erhöht beim Anlauf den ohmschen Widerstand des Läuferkreises und damit den Wirkfaktor. Der Wirkleistungsanteil vergrößert sich. Der geringere Läuferstrom hat auch einen kleineren Ständerstrom zur Folge. Der Anzugsstrom von Schleifringläufermotoren beträgt etwa das 1,4- bis 1,5-fache des Bemessungsstromes.

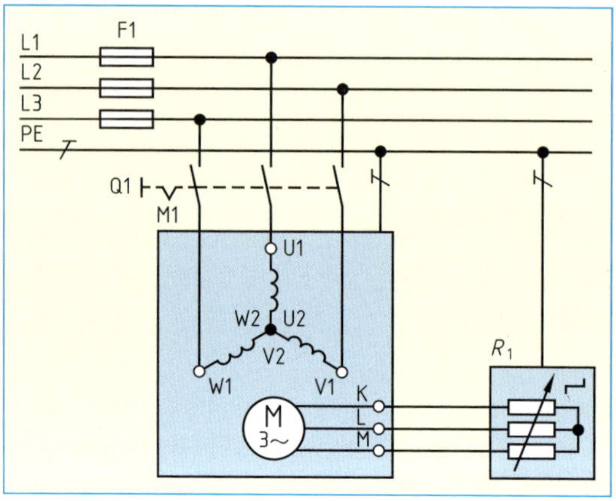


**Bild 1: Schleifringläufermotor mit handbetätigtem Anlasser**

> Schleifringläufermotoren sind für Schweranlauf geeignet.

Trotz Verringerung des Anzugsstromes wird das Anzugsmoment größer. Mit zunehmender Drehzahl wird der Anlasswiderstand stufig verkleinert und bei Erreichen der Bemessungsdrehzahl kurzgeschlossen. Der Läufer arbeitet dann wie der eines Kurzschlussläufermotors. Erhöht man während des Betriebes den Läuferwiderstand, so wird der Schlupf größer und die Drehzahl nimmt ab (Schlupfsteuerung). Anlasswiderstände, die für Dauerbetrieb ausgelegt sind, ermöglichen eine feinstufige Einstellung von Drehzahlen, die kleiner als die Bemessungsdrehzahl sind. Die Drehzahlsteuerung erfordert den Betrieb mit gleichbleibender Motorbelastung. Abnehmende Belastung z. B. führt zum Drehzahlanstieg. Schleifringläufermotoren eignen sich auch zur Fernsteuerung. Der Anlasswiderstand wird dabei stufig durch eine Schützsteuerung verkleinert **(Bild 2)**. Schleifringläufermotoren sind wesentlich teurer und haben im Betrieb einen ungünstigeren Wirkfaktor als Kurzschlussläufermotoren. Ihr Einsatz ist deshalb auf Anwendungsfälle beschränkt, bei denen z. B. das geforderte hohe Anzugsmoment durch Stern-Dreieckschaltung nicht erreicht werden kann.

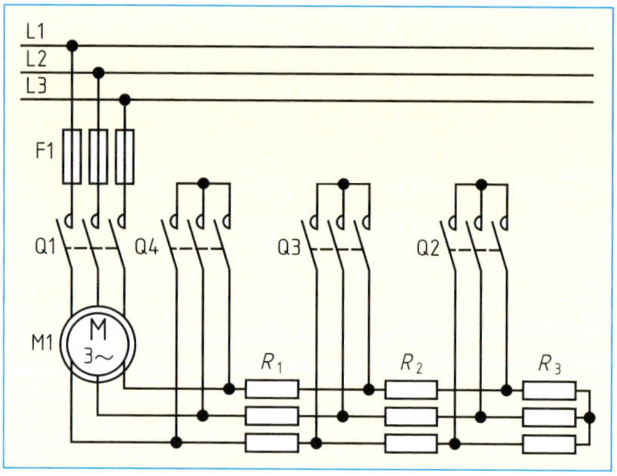


**Bild 2: Schleifringläufermotor mit schützbetätigtem Anlasser**

Schlupfsteuerung: **Seite 314**

> Schleifringläufermotoren dienen zum Antrieb von Arbeitsmaschinen, die unter Volllast anlaufen und dabei große Anzugsmomente benötigen, z. B. Kranmotoren oder Antriebsmotoren für Druckereipressen.

Sie dienen ferner für Antriebe, die eine Steuerung der Drehzahl von der Bemessungsdrehzahl abwärts erfordern, und für Antriebe, bei denen schwere Schwungmassen einen sanften Anlauf und ein hohes Anzugsmoment voraussetzen, z. B. bei Zentrifugen.

## 16.2.4 Polumschaltbare Asynchronmotoren

Viele Arbeitsmaschinen, z. B. Bohrmaschinen, haben eine stufig einstellbare Drehzahl. Mit polumschaltbaren Motoren lassen sich mehrere Drehzahlen erzielen.

Da die Frequenz in unseren Versorgungsnetzen mit 50 Hz festgelegt ist, kann die Drehzahl nur durch Änderung der Polpaarzahl beeinflusst werden.

**Motoren mit getrennten Ständerwicklungen** werden für Drehzahlen verwendet, die nicht im Verhältnis 1 : 2 zueinander stehen, z. B. ein 4/6-poliger Motor mit zwei Ständerwicklungen.

Ein solcher Motor hat dann z. B. 1440/960 Umdrehungen je Minute **(Bild 1)**. Motoren mit zwei Drehzahlen, die im Verhältnis 1 : 2 stehen, haben nur eine umschaltbare Ständerwicklung. Sie wird nach ihrem Erfinder **Dahlanderschaltung** genannt. Bei einer Dahlanderwicklung, z. B. 4/2-polig, besteht jeder Wickelstrang aus zwei Spulen **(Bild 2)**. Die Pole des Motors bilden sich zwischen Spulenseiten ungleicher Stromrichtung. Bei Sternschaltung entsteht nur die halbe Polzahl **(Bild 3)**.

- **Niedere Drehzahl:** Die Spulen sind in Reihe geschaltet (hohe Polzahl). Die Anfänge und Enden der Wicklungsstränge sind in Dreieck geschaltet.
- **Hohe Drehzahl:** Die Spulen sind parallel geschaltet (niedere Polzahl). Die parallel geschalteten Spulen werden in Sternschaltung betrieben.

**Ausführungen der Dahlanderschaltung:**

- **Dreieck-Doppelsternschaltung** (Δ/YY). Sie ist die gebräuchlichste Dahlanderschaltung und eignet sich für Antriebe mit konstantem Drehmoment z. B. für Werkzeugmaschinen. Die Leistungen $P_1 : P_2$ (niedere Drehzahl : hohe Drehzahl) verhalten sich dabei etwa 1 : 1,4.
- **Doppelstern-Dreieck-Schaltung** (YY/Δ). Die Schaltung wird für Antriebe mit konstanter Leistung verwendet. Die Leistungen $P_1 : P_2$ verhalten sich bei dieser Schaltung wie 1 : 1.
- **Stern-Doppelstern-Schaltung** (Y/YY). Sie wendet man für Antriebe mit quadratisch steigendem Drehmoment an, z. B. bei Lüfterantrieben. Die Leistungen $P_1 : P_2$ verhalten sich dabei 1 : 4.

Mit zwei getrennten Dahlanderwicklungen lassen sich vier Drehzahlen erreichen. Bei drei Drehzahlen sind zwei getrennte Wicklungen üblich, von denen eine als Dahlanderwicklung ausgeführt ist.

Polumschaltbare Motoren dienen zum Antrieb von Werkzeugmaschinen. Sie werden meist direkt eingeschaltet.

Bei Antrieben, die eine Herabsetzung des Anzugsstromes oder einen sanften Anlauf erfordern, werden die Motoren in der niederen Drehzahlstufe für Stern-Dreieck-Anlauf ausgeführt **(Bild 1, Seite 312)**.

Dazu sind am Klemmbrett neun Klemmen erforderlich. Nach dem Stern-Dreieck-Anlauf kann auf die hohe Drehzahlstufe umgeschaltet werden.

Bei Motoren mit Dahlanderschaltung würde die gleiche Phasenfolge für beide Polzahlen bei Drehzahländerung zu einer Drehrichtungsumkehr führen.

Drehzahlsteuerung: **Seite 314**

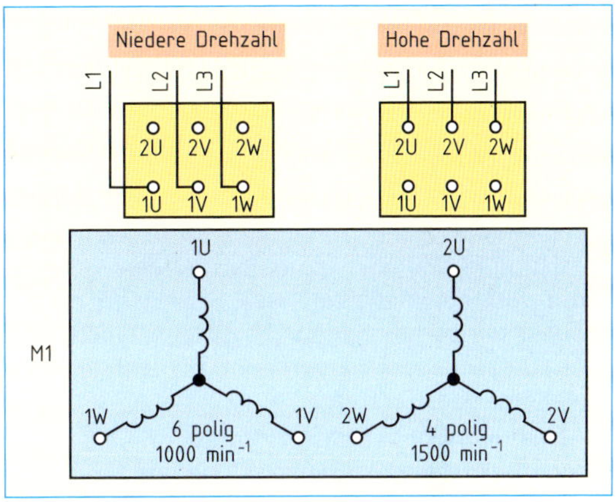


**Bild 1: Polumschaltbarer Motor mit zwei getrennten Wicklungen (4/6-polig)**

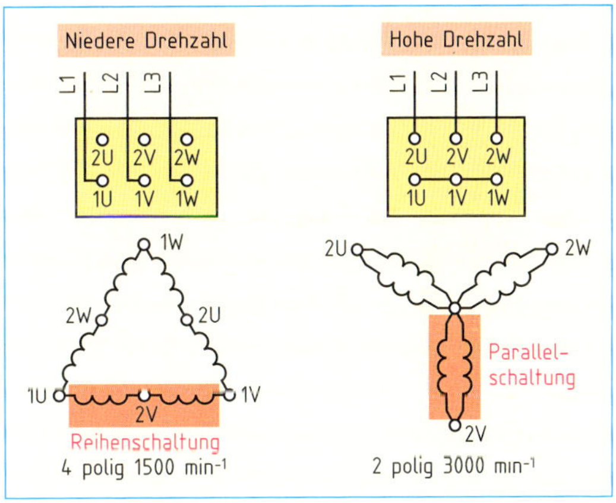


**Bild 2. Polumschaltbarer Motor mit Dahlanderwicklung (4/2-polig)**

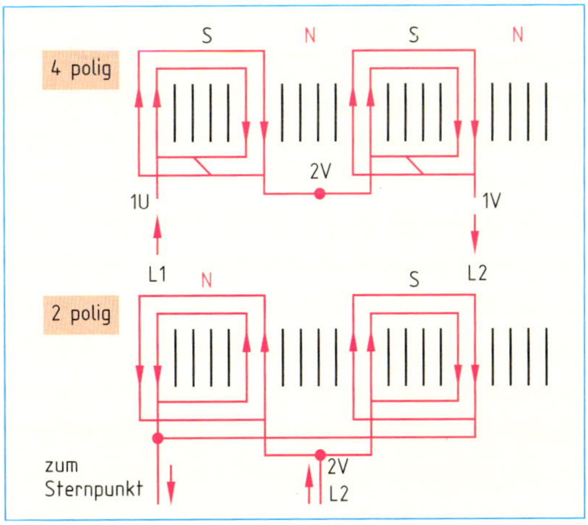


**Bild 3: Prinzip der Dahlanderschaltung (nur ein Strang eingezeichnet)**

Deshalb werden bei der Motorfertigung die Klemmen 1U und 1W der Wicklungsanschlüsse vertauscht. Die Klemmen für die niedere Drehzahl werden mit 1U, 1V und 1W, die für die hohe Drehzahl mit 2U, 2V und 2W bezeichnet. Um bei gleicher Klemmen- und Phasenfolge die gleiche Drehrichtung zu erhalten, werden die Wicklungen entsprechend **Bild 2, Seite 311,** geschaltet.

## 16.2.5 Drehstrommotoren an Wechselspannung

**Wirkungsweise.** Unterbricht man bei einem laufenden Drehstrommotor einen Außenleiter, so läuft der Motor weiter. Er nimmt bei gleicher Belastung jedoch über die verbleibenden Außenleiter einen höheren Strom auf, der die Wicklungen unzulässig erwärmt. Daher müssen Drehstrommotoren gegen die Folgen eines ungewollten Zweiphasenbetriebes geschützt werden, z. B. durch einen Motorschutzschalter **(Seite 68).**

Schaltet man einen Drehstrommotor im Stillstand nur an zwei Außenleiter oder an einen Außenleiter und den Neutralleiter, so läuft er nicht von selbst an, da in seinen Ständerwicklungen nur ein magnetisches Wechselfeld wirksam ist. Wirft man jedoch den Motor an, z. B. durch Zug am Antriebsriemen, so läuft er in der vorgegebenen Richtung weiter, ein Drehfeld in der Anwurfrichtung wird wirksam.

Wechselfelder erzeugen in den Motorwicklungen Drehfelder mit entgegengesetztem Drehsinn. Ihre Drehmomente heben sich bei Motorstillstand auf.

**Anwurfmotoren** nutzen die Drehfeldwirkung in der gewünschten Drehrichtung. Sie werden z. B. durch Drehen der Antriebsscheibe angeworfen. Sie haben als Wechselstrommotoren nur einen Wicklungsstrang, der in 2/3 der Nuten untergebracht ist. Ihr Wirkungsgrad ist gering.

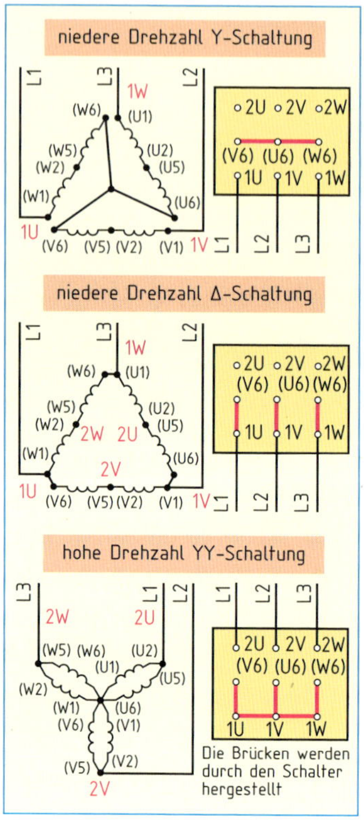


**Bild 1: Dahlanderwicklung für Stern-Dreieckanlauf (Y/Δ/YY)**

### Drehstrommotoren in Steinmetzschaltung

Die Steinmetzschaltung ermöglicht den Betrieb von Drehstrommotoren an Wechselspannung mit Selbstanlauf. Dazu wird ein Drehfeld benötigt. Bei Drehstrombetrieb wird das Ständerdrehfeld durch die drei um 120° verschobenen Außenleiterströme erzeugt. Wird bei Wechselspannungsbetrieb der fehlende Außenleiter durch die Stromzuführung über einen Kondensator ersetzt, entsteht ebenfalls ein Drehfeld. Drehstrommotoren in Steinmetzschaltung **(Bild 2)** haben Selbstanlauf. Ihr Drehsinn wird durch Vertauschen des Kondensatoranschlusses geändert.

**Kapazität und Motorleistung bei der Steinmetzschaltung:**

- Bei 230 V Netzspannung: 70 µF je kW Motorleistung
- Bei 400 V Netzspannung: 22 µF je kW Motorleistung

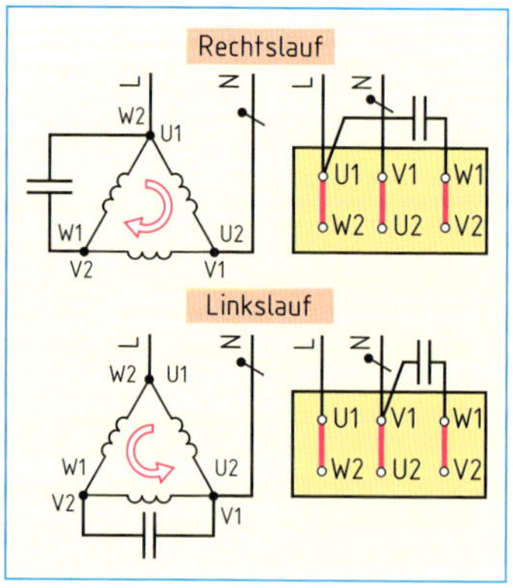


**Bild 2: Anschluss eines Drehstrommotors am Einphasennetz (Steinmetzschaltung)**

Beim Betrieb in Steinmetzschaltung muss die Strangspannung des Drehstrommotors gleich der Netzspannung sein. Ein Motor mit der Strangspannung 230 V (Leistungsschildangabe Δ 230 V oder 230/400 V) wird an Wechselspannung 230 V in Dreieckschaltung angeschlossen **(Bild 2),** bei Anschluss an 400 V wird er in Stern geschaltet. In Steinmetzschaltung werden Drehstrom-Kurzschlussläufermotoren mit Bemessungsleistungen bis etwa 2 kW betrieben. Sie sind mit etwa 70 % ihrer Bemessungsleistung belastbar, ihr Anzugsmoment verringert sich auf etwa 50 %.

**Wiederholungsfragen**

1 **Warum werden bei Kurzschlussläufermotoren Anlassverfahren verwendet?**
2 **Weshalb soll die Bemessungsleistung eines Motors nicht zu hoch gewählt werden?**
3 **Warum werden Drehstrommotoren kompensiert?**
4 **Wie erfolgt die Drehzahlsteuerung a) beim Schleifringläufermotor und b) bei einem Motor in Dahlanderschaltung?**

**Praxistipp: Anschließen eines Drehstrom-Asynchronmotors**

## Situationsbeschreibung:

Ein Drehstrom-Asynchronmotor soll den Antrieb eines Tellerschleifers **(Bild 1)** ersetzen. Wie erfolgt der Anschluss des Motors a) an das Drehstromnetz und b) an das Wechselstromnetz?

Technische Daten:
Wechselstrommotor
$U$ = 230 V/50 Hz
$P$ = 0,75 kW
$n$ = 1400 U/min

**Bild 1: Tellerschleifer**

### Bemessungsdaten des Motors feststellen

Zum Anschluss des Motors entnimmt man dem Leistungsschild **(Bild 2)** die Bemessungsdaten:

- Aus der Angabe 3 ~ und der Drehzahl 1440 1/min erkennt man, dass es sich um einen Drehstrom-Asynchronmotor handelt.
- Bemessungsspannung: 230/400 V.
- Bemessungsleistung: 0,75 kW.

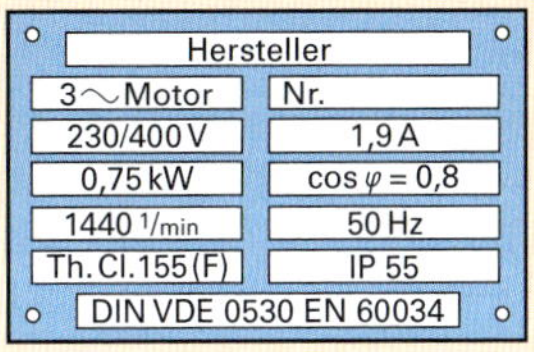


**Bild 2: Leistungsschild des Drehstrommotors**

### Schaltung der Statorwicklung

Drehstrommotoren können am Drehstromnetz in zwei Schaltungsarten betrieben werden:

- Sternschaltung **(Bild 3)**, Symbol: Y
- Dreieckschaltung **(Bild 4)**, Symbol: Δ

Die richtige Schaltungsart der Statorwicklung wird durch die Bemessungsspannung des Motors und durch die Netznennspannung bestimmt **(Tabelle)**. Die kleinere Spannungsangabe auf dem Leistungsschild des Motors ist die zulässige Strangspannung der Statorwicklung.

**Bemessungsspannung des D-Motors 230/400 V:**
⇒ Strangspannung der Statorwicklung: 230 V;
⇒ am Drehstromnetz 230/400 V: Sternschaltung Y.

**Tabelle: Bemessungsspannung und Wicklungsschaltung**

| Angabe auf dem Leistungschild | Zulässige Strangspannung | Schaltung am Drehstromnetz (Netznennspannung 400 V) |
|---|---|---|
| Y 400 V | 230 V | Y |
| 230/400 V | 230 V | Y |
| 400/690 V Δ/Y | 400 V | Δ |
| 230 V Δ/400 V Y | 230 V | Y |

### Anschluss an das Drehstromnetz

Die Strangwicklungen des Motors werden vom Hersteller an die Anschlussbolzen des Motorklemmbrettes geführt. Mit beiliegenden Brücken wird die Schaltung der Statorwicklung vorgenommen. Die Drehrichtung des Motors wird durch die Anschlussfolge der Außenleiter bestimmt.

- Rechtslauf → L1-U1; L2-V1; L3-W1.

Drehrichtungsänderung erreicht man durch den Tausch zweier Außenleiter, z. B. L1 auf W1 und L3 auf U1.

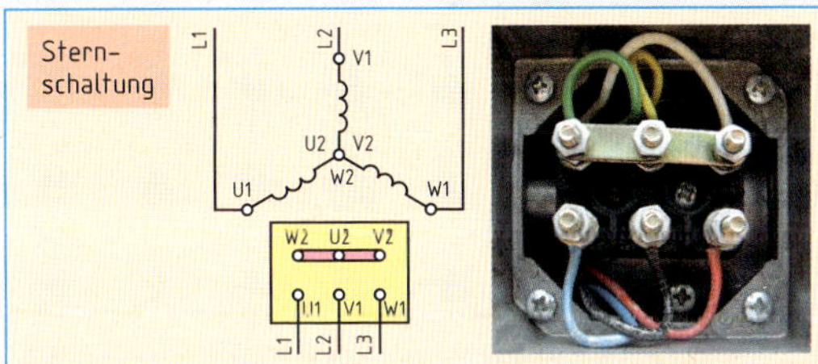


**Bild 3: Sternschaltung, Anschluss und Klemmbrett**

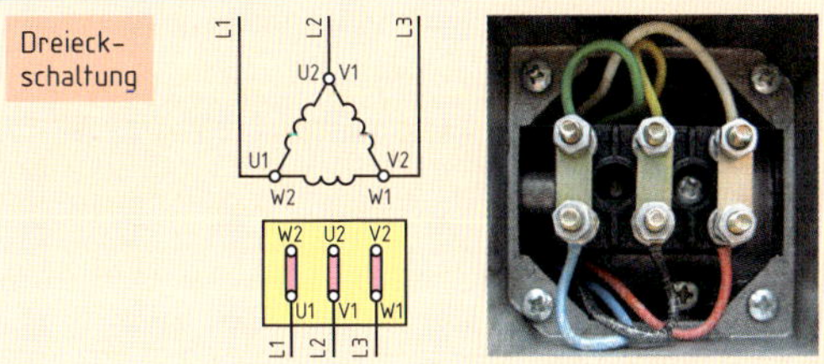


**Bild 4: Dreieckschaltung, Anschluss und Klemmbrett**

### Drehstrommotor am Wechselstromnetz in Steinmetzschaltung

Die Steinmetzschaltung ermöglicht den Betrieb von Drehstrommotoren mit Bemessungsleistungen bis etwa 2 kW am Wechselspannungsnetz. Ein Kondensator bildet dabei den fehlenden Außenleiter nach **(Bild 5)**. Bei Betrieb in Steinmetzschaltung muss die Strangspannung des Motors der Netznennspannung entsprechen.

**Bemessungsspannung des D-Motors: 230/400 V:**
⇒ Strangspannung 230 V → Dreieckschaltung **(Bild 5)**.
In Steinmetzschaltung sinkt die Bemessungsleistung um etwa 30 %, das Anzugsmoment auf etwa 50 %.

### Kapazität des Kondensators für Steinmetzschaltung

Am 230-V-Netz: 70 µF je kW Bemessungsleistung.
⇒ Am 230-V-Netz benötigt ein Motor mit einer Bemessungsleistung von 0,75 kW einen Kondensator mit der Kapazität $\boldsymbol{C}$ = 0,75 kW · 70 µF/kW = **52,5 µF**.
**Gewählt:** MKP-Kondensator 400 V/AC 50 µF.

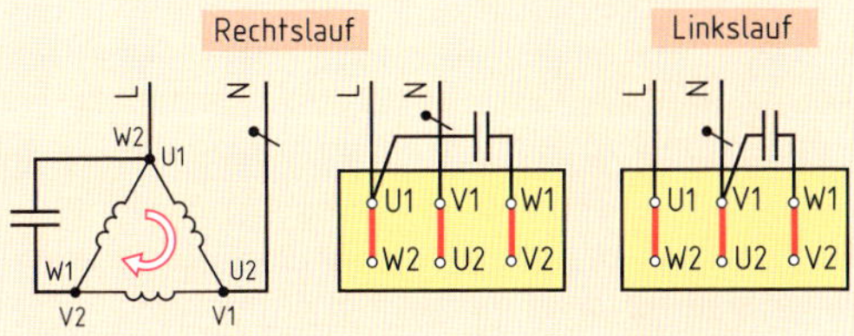


**Bild 5: Drehstrommotor in Steinmetzschaltung**

## 16.2.6 Drehzahlsteuerung bei Drehstrommotoren

Die Drehzahl $n$ von Drehstrommotoren ist von der Drehfelddrehzahl abhängig. Eine Drehzahländerung ist möglich durch Verändern der Polpaarzahl $p$ in der Ständerwicklung oder der Frequenz $f$. Bei Asynchronmotoren wird die Läuferdrehzahl zusätzlich durch den Schlupf beeinflusst **(Übersicht) (Seite 306)**.

**Übersicht: Drehzahländerung bei Drehfeldmotoren**

Läuferdrehzahl $n = \frac{f}{p} \cdot (1 - s)$; $[n] = \frac{1}{s}$

**Läuferdrehzahl $n$ änderbar durch:**

Schlupf $s$ | Polpaarzahl $p$ | Frequenz $f$

- **Änderung des Schlupfes (Schlupfsteuerung)**

  Bei Schleifringläufermotoren **(Seite 310)** wird die Drehzahl durch das Zuschalten von Widerständen in den Läuferkreis verändert. Der Leistungsbedarf der Läuferwiderstände erhöht den Schlupf, dadurch verringert sich die Läuferdrehzahl **(Bild 1)**. Die eingestellten Drehzahlen sind belastungsabhängig. Bei z. B. abnehmender Motorbelastung erhöht sich die Drehzahl.

  Durch die Läuferwiderstände entstehen hohe Stromwärmeverluste.

> Schlupfsteuerung ermöglicht nur Drehzahlen, die kleiner als die Drehfelddrehzahl sind.

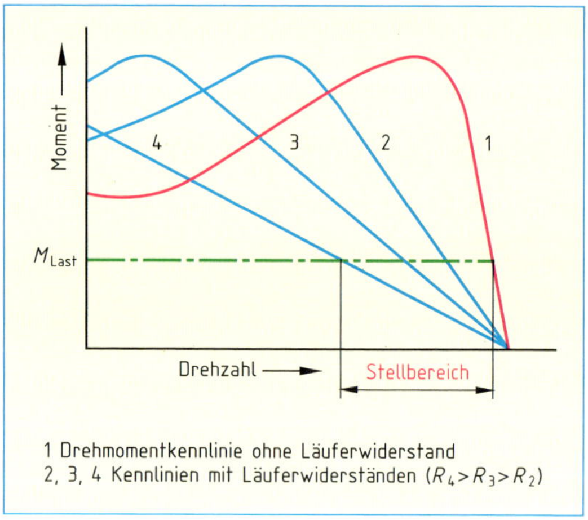


**Bild 1: Schlupfsteuerung beim Schleifringläufermotor**

- **Änderung der Polzahl (Polumschaltung)**

  Der Ständer des Motors kann mit zwei getrennten Wicklungen unterschiedlicher Polzahl hergestellt werden oder mit einer polumschaltbaren Wicklung wie die Dahlanderwicklung **(Seite 311)**.

> Polumschaltung ermöglicht keine stufenlose Drehzahländerung.

  Durch direktes Umschalten von z. B. der Polzahl 4 auf die Polzahl 8 wird die Drehzahl ruckartig halbiert (1500 1/min auf 750 1/min). Der Motor arbeitet kurzzeitig als Generator. Es treten hohe elektrische und mechanische Belastungen auf.

- **Änderung der Frequenz (Frequenzsteuerung)**

  Mit der Frequenz ändert sich die Drehfelddrehzahl.

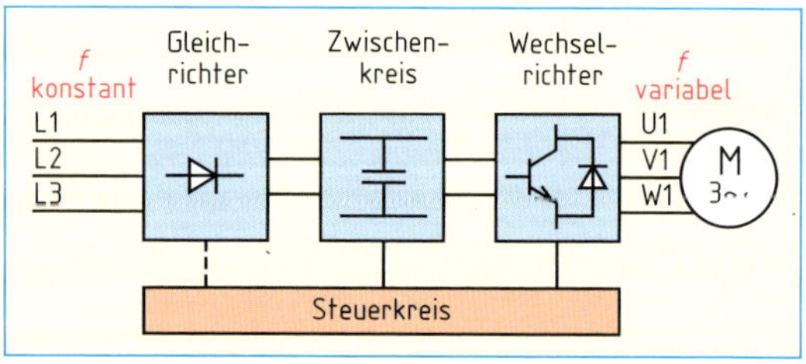


**Bild 2: Frequenzumrichter mit Zwischenkreis (U-Umrichter)**

**Frequenzumrichter** formen verlustarm mit elektronischen Bauelementen das speisende 50-Hz-Netz in ein Netz mit veränderbarer Frequenz und Spannung um. Überwiegend werden Zwischenkreisumrichter mit Spannungszwischenkreis (U-Umrichter) eingesetzt **(Bild 2)**. Sie bestehen aus Gleichrichter, Zwischenkreis und Wechselrichter.

> Frequenzumrichter ermöglichen Drehzahlen, die kleiner und größer sind als die Drehfelddrehzahl.

**Gleichrichter (Bild 2).** Er wird als ungesteuerte oder gesteuerte Brückenschaltung an das Wechsel- oder Drehstromnetz angeschlossen und erzeugt eine pulsierende Gleichspannung.

**Zwischenkreis (Bild 2).** Er entkoppelt das Versorgungsnetz vom Umrichter-Ausgangsnetz und dient als Energiespeicher. Der Zwischenkreiskondensator lädt sich durch netzseitige Energie auf, um die Zwischenkreisspannung auch bei kleinen Augenblickswerten der pulsierenden Gleichspannung konstant zu halten. Er liefert dem angeschlossenen Motor auch die erforderliche Blindenergie. Der Wirkfaktor $\cos \varphi$ im Versorgungsnetz ist daher nahezu 1.

**Wechselrichter (Bild 2, Seite 314)** wandeln die Gleichspannung aus dem Zwischenkreis, z. B. durch Pulsweitenmodulation (PWM, **Bild 1**), in Dreiphasenwechselspannung mit änderbarer Frequenz und Spannungshöhe um. Der Effektivwert der Motorspannung wird hierbei durch längeres oder kürzeres Einschalten der konstanten Zwischenkreisspannung (Pulsweiten) verändert. Hierzu werden Bipolar- und Unipolartransistoren oder für hohe Schaltfrequenzen IGBTs (Insulated Gate Bipolar Transistoren) eingesetzt.

**Steuerkreis.** Er besteht aus dem Steuerungs- und Regelungsteil sowie der Elektronik zur Ansteuerung der Ventile des Wechselrichters. Über die Steuerelektronik erfolgt auch die Funktionsüberwachung und Datenkommunikation.

**Betriebsverhalten.** Das Motordrehmoment ist vom magnetischen Fluss $\Phi$ und damit von der Stromaufnahme abhängig. Da der induktive Blindwiderstand der Statorwicklung bei kleinen Frequenzen gering ist, muss zur Strombegrenzung auch die Motorspannung gering sein.

Mit zunehmender Frequenz (und damit zunehmender Drehzahl) erhält der Motor eine höhere Spannung. Dadurch bleiben Stromaufnahme und Motordrehmoment konstant. Die Leistung steigt mit der Drehzahl an. Beim Motorhochlauf treten keine Anlaufstromspitzen auf.

Bei Bemessungsdrehzahl erhält der Motor seine Bemessungsspannung, eine weitere Spannungserhöhung ist nicht möglich, das Motormoment nimmt daher bei Drehzahlen über der Bemessungsdrehzahl ab **(Bild 2),** die Leistung bleibt dabei konstant (bis etwa zur 2-fachen Bemessungsdrehzahl).

Das Drehmoment ist bei Drehzahlen bis zur Bemessungsdrehzahl konstant, bei höheren Drehzahlen nimmt es ab.

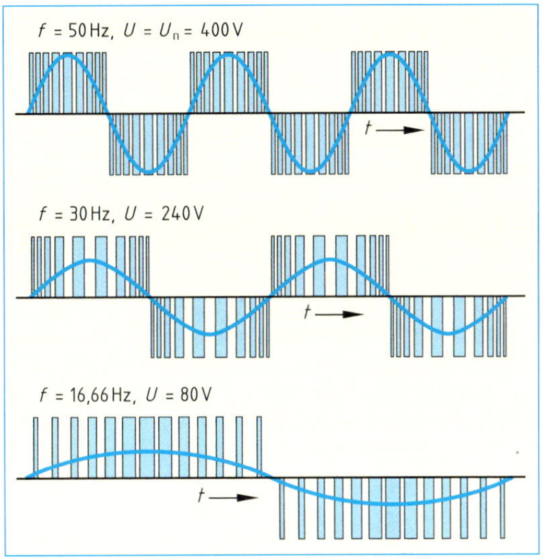


**Bild 1: Prinzip der Pulsweitenmodulation**

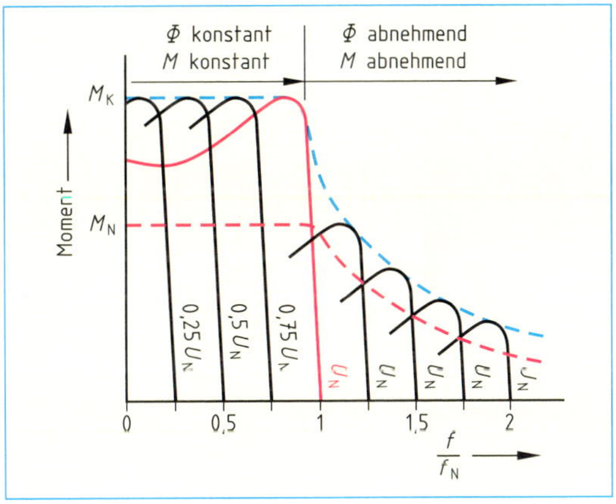


**Bild 2: Drehmoment beim frequenzgesteuerten Asynchronmotor**

Beim **Bremsen** wirkt der Motor als Generator. Bei Umrichtern mittlerer Leistung wird die hierdurch entstehende Energie im Zwischenkreis an einem Bremswiderstand in Verlustwärme umgesetzt. Bei Leistungen ab etwa 30 kW werden auch Umrichter mit Energierückspeisung in das Versorgungsnetz verwendet. Dies erfolgt durch eine zusätzliche gesteuerte Brücke im Gleichrichterteil.

Durch **Schlupfkompensation** lässt sich die vorgegebene Motordrehzahl konstant halten. Hierbei erhöht der Umrichter bei ansteigendem Moment zum Schlupfausgleich die Motorfrequenz.

**Drehrichtungsumkehr** erfordert keinen Tausch der Anschlussleitungen. Da die Drehfeldbildung elektronisch erfolgt, genügt ein Steuerbefehl, z. B. über eine speicherprogrammierbare Steuerung.

Motorbetrieb mit kleinen Drehzahlen erfordert ausreichende Kühlung, z. B. durch Fremdkühlung.

**Anschluss.** Funkstörungen werden vermieden durch Verwendung geschirmter und geerdeter Steuer- und Motoranschlussleitungen. Steuer- und Motoranschlussleitungen müssen getrennt von den Netzleitungen verlegt werden. Funkentstörfilter am Umrichtereingang (meist im Umrichter integriert) verhindern Störübertragungen über die Anschlussleitung.

Stern-Dreieckschalter dürfen nicht verwendet werden. Der Umrichter begrenzt den Anzugsstrom.

# 16.3 Einphasenwechselstrommotoren

Wechselstrommotoren werden z. B. für Antriebe von Haushaltsmaschinen und Elektrowerkzeugen verwendet. Sie haben Leistungen bis etwa 3 kW. Geräte mit diesen Motoren werden meist über Steckvorrichtungen an das Netz angeschlossen.

## 16.3.1 Wechselstrommotoren mit Kurzschlussläufer

Im Ständerblechpaket sind zwei Wicklungen untergebracht. Die Hauptwicklung U1–U2 ist in 2/3 der Nuten eingelegt, in den restlichen Nuten befindet sich um 90° räumlich versetzt die Hilfswicklung Z1–Z2. Zur Drehfeldbildung muss das Wechselfeld der Hilfswicklung auch zeitlich versetzt zum Wechselfeld der Hauptwicklung wirken. Dies wird durch Zuschalten eines ohmschen Widerstandes oder eines Kondensators in Reihe zur Hilfswicklung erreicht.

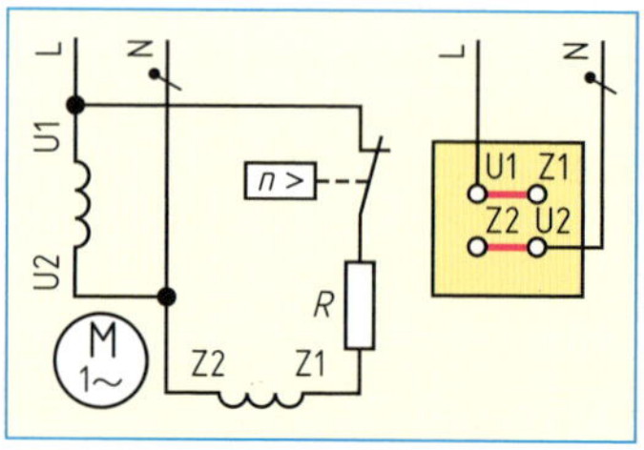


**Bild 1: Einphasenmotor mit Widerstandshilfsphase**

**Einphasenmotoren mit Widerstandshilfsphase** werden bis etwa 250 W Bemessungsleistung gebaut **(Bild 1).** Der hohe ohmsche Widerstand der Hilfswicklung wird dadurch erreicht, dass ein Drittel der Windungen gegenläufig (bifilar) gewickelt wird. Damit wird die induktive Wirkung für zwei Drittel der Wicklung aufgehoben. Dieser Teil der Wicklung wirkt als ohmscher Widerstand. Die thermische Belastung der Widerstandshilfswicklung ist groß. Diese Wicklung ist nicht für Dauerbetrieb ausgelegt und muss nach dem Hochlauf des Motors durch Hilfsphasen-Anlassschalter, durch Stromrelais oder durch Fliehkraftschalter **(Bild 1)** abgeschaltet werden.

Wegen des hohen Einschaltstroms und der hohen thermischen Belastung der Hilfswicklung dürfen Einphasenmotoren mit Widerstandshilfsphase nicht für Antriebe mit hoher Schalthäufigkeit eingesetzt werden, z. B. in Waschmaschinen mit Drehrichtungsumkehr.

**Kondensatormotoren** haben ebenfalls eine zweisträngige Wicklung. Beim **Einphasenmotor mit Betriebskondensator** bleibt jedoch die Hilfswicklung mit dem in Reihe geschalteten Betriebskondensator dauernd eingeschaltet **(Bild 2).**

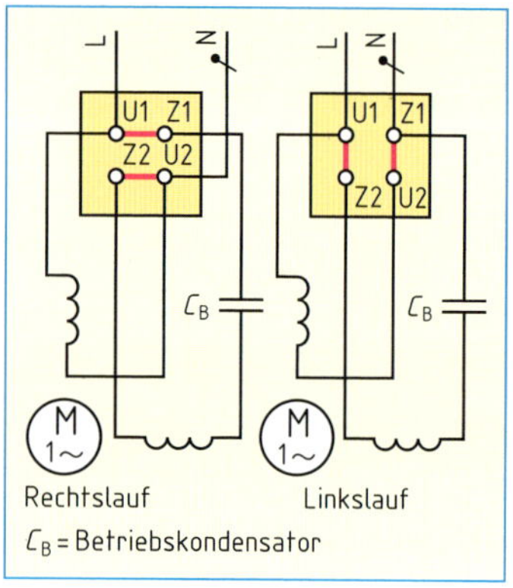


**Bild 2: Einphasenmotor mit Betriebskondensator**

> Einphasenmotoren mit Betriebskondensator sind für Antriebe mit Leicht- oder Leeranlauf geeignet, z. B. für Ölbrenner.

Beim **Einphasenmotor mit Anlaufkondensator** werden die Hilfswicklung und der Anlaufkondensator nach dem Anlauf abgeschaltet **(Bild 3).**

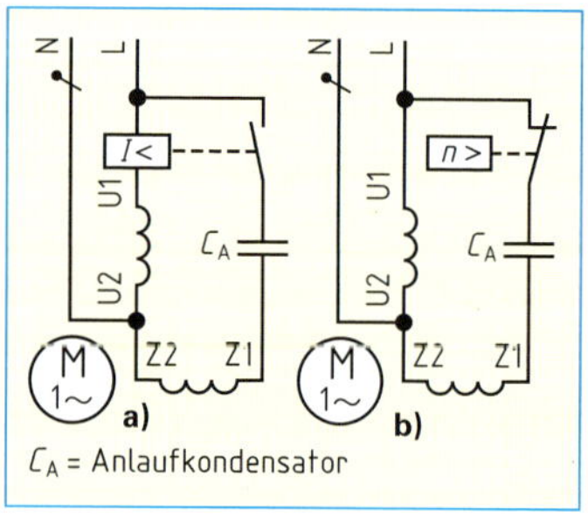


**Bild 3: Einphasenmotor mit Anlaufkondensator**
**a) mit Stromrelais,**
**b) mit Fliehkraftschalter**

> Einphasenmotoren mit Anlaufkondensator sind für Antriebe geeignet, die unter Belastung anlaufen, z.B. in Wäscheschleudern und Werkzeugmaschinen.

**Einphasenmotoren mit Betriebs- und Anlaufkondensator** dienen für Antriebe unter Schweranlaufbedingungen, z. B. bei Kompressoren. Während des Anlaufs sind beide Kondensatoren parallel geschaltet **(Bild 4).** Der Anlaufkondensator wird nach dem Anlauf abgeschaltet. Die Hilfswicklung mit dem in Reihe geschalteten Betriebskondensator ist im Betrieb immer an Spannung.

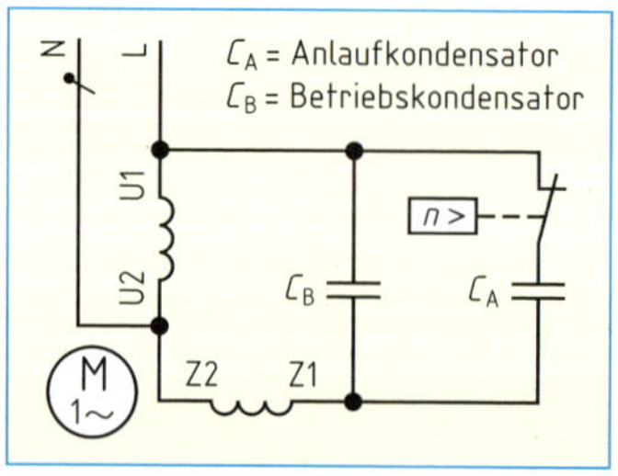


**Bild 4: Einphasenmotor mit Anlauf- und Betriebskondensator**

> **Kondensatorleistungen bei Kondensatormotoren:**
> - Betriebskondensator: Etwa 1,3 kvar je kW Motorleistung
> - Anlaufkondensator: Etwa 2 bis 3 kvar je kW Motorleistung (Etwa 2- bis 3-fache Kapazität des Betriebskondensators)

## 16.3.2 Spaltpolmotoren

**Spaltpolmotoren (Bild 1)** haben ein Ständerblechpaket mit ausgeprägten Polen, die auf einer Seite mit einer oder zwei Nuten versehen sind. In diese Nuten ist die Hilfswicklung eingelegt. Sie besteht meist aus kurzgeschlossenen Kupferwindungen. Die Kurzschlusswindungen, die den sogenannten „abgespaltenen Teil" des Poles umschließen, werden von einem Teil der Feldlinien der Ständerwicklung durchsetzt. Die induzierte Spannung ruft in den Kurzschlusswindungen einen Strom hervor, der dem Strom der Ständerwicklung nacheilt. Das entstehende Drehfeld verursacht ein schwaches Drehmoment. Durch die Verluste in der Kurzschlusswicklung erreichen Spaltmotoren nur Wirkungsgrade von etwa 30 %. Sie sind daher nur für kleine Leistungen, bis etwa 300 W, geeignet.

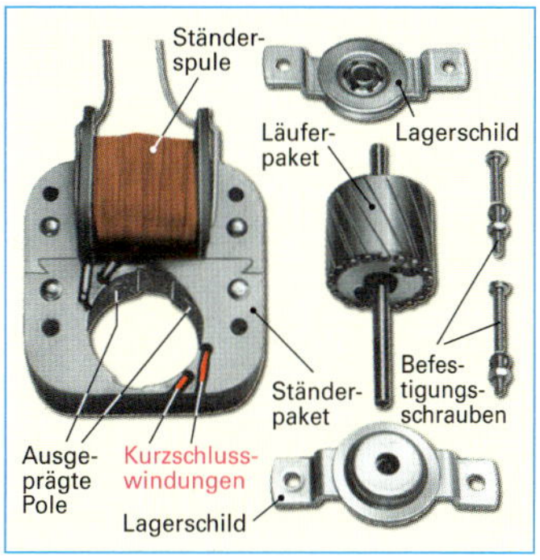


**Bild 1: Spaltpolmotor**

> Spaltpolmotoren dienen z. B. zum Antrieb von Heizlüftern, Programmschaltwerken, Laugenpumpen und Wäscheschleudern.

Spaltpolmotoren mit Kurzschlussläufer sind Asynchronmotoren, solche mit Permanentmagnetläufer arbeiten als Synchronmotoren.

## 16.3.3 Universalmotoren

**Universalmotoren (Bild 2)** sind für den Anschluss an Gleich- und Wechselspannung geeignet. Sie gleichen im Aufbau dem Gleichstrom-Reihenschlussmotor **(Seite 319)**. Erregerwicklung und Läuferwicklung sind in Reihe geschaltet. Ständer- und Läuferpaket sind aus lamellierten Blechen aufgebaut, damit die Wirbelstromverluste bei Wechselstrombetrieb klein gehalten werden. Die in den Läufernuten untergebrachte Ankerwicklung ist über einen Kommutator (Stromwender) und Kohlebürsten mit der Erregerwicklung in Reihe geschaltet. Das Ständerpaket hat zwei ausgeprägte Pole zur Aufnahme der Erregerwicklung.

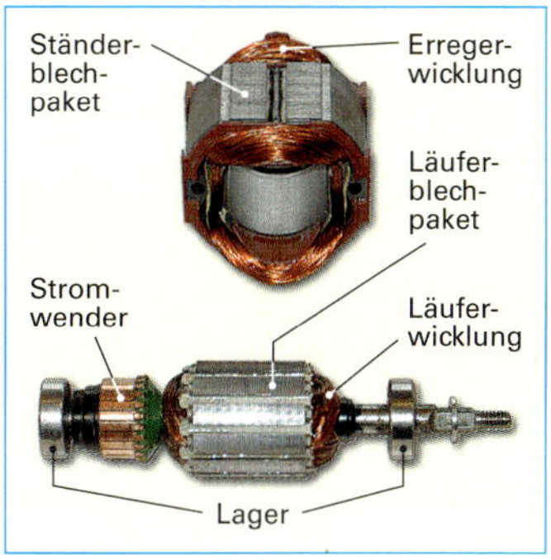


**Bild 2: Universalmotor**

> Universalmotoren haben ein großes Anzugsmoment. Ihre Drehzahl ist stark lastabhängig. Bei unbelastetem Betrieb neigen sie auf Grund ihres Reihenschlussverhaltens zum Durchgehen.

Bei Betrieb mit Wechselspannung verursacht nicht nur der ohmsche, sondern auch der induktive Blindwiderstand der Wicklung einen Spannungsfall. Dies hat eine Verminderung der Leistung um etwa 15 % zur Folge. Bei Drehzahlen bis zu 6000 $min^{-1}$ wird der Drehzahlunterschied für Gleichspannungsbetrieb durch eine zusätzliche Reihenschluss-Erregerwicklung ausgeglichen **(Bild 3)**. Die Drehrichtungsumkehr erfolgt durch Umpolen der Ankerwicklung **(Bild 4)**.

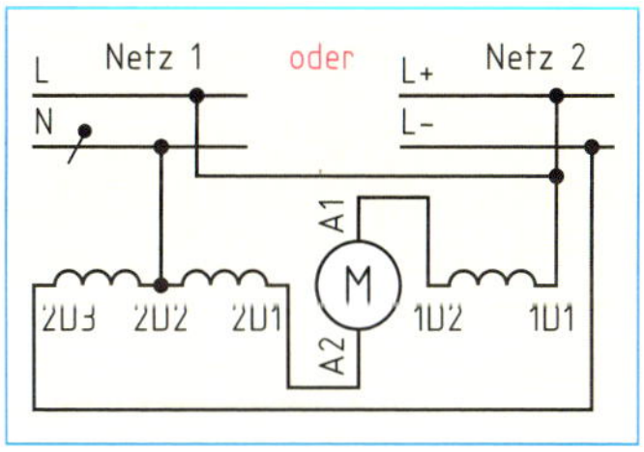


**Bild 3: Universalmotor mit Zusatzerregerwicklung für Gleichstrombetrieb**

Im Gegensatz zu Motoren mit Kurzschlussläufer entstehen bei Universalmotoren an den Kohlebürsten Funken, die zu Störungen bei Rundfunk- und Fernsehempfang führen. Sie werden durch den Einbau von Störschutzkondensatoren parallel zum Ankerstromkreis unterdrückt.

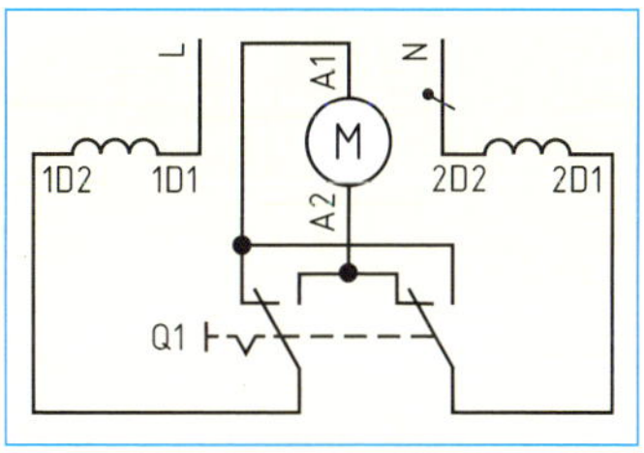


**Bild 4: Drehrichtungsumkehr, durch einen Schalter, beim Universalmotor**

> Universalmotoren dienen z. B. zum Antrieb von Elektrowerkzeugen, Haushaltsmaschinen und Büromaschinen.

### Wiederholungsfragen

1 **Wie erfolgt beim Schleifringläufermotor die Drehzahlsteuerung?**
2 **Wie sind Frequenzumrichter mit Zwischenkreis aufgebaut?**
3 **Welche Vorteile hat beim Motoranlauf die Verwendung eines Frequenzumrichters anstelle eines Stern-Dreieck-Schalters?**
4 **Wozu wird die Steinmetzschaltung verwendet?**
5 **Wozu verwendet man bei Kondensatormotoren Betriebskondensatoren und Anlaufkondensatoren?**
6 **Wie wird beim Universalmotor der Drehsinn geändert?**

## 16.4 Gleichstrommotoren

Jede Gleichstrommaschine kann als Generator oder als Motor **(Bild 1)** arbeiten. Durchfließt der Strom beim Motor die Wicklungen vom Wicklungsanfang (1, z. B. A1) zum Wicklungsende (2, z. B. A2), so ergibt sich Rechtslauf. Bei Generatorbetrieb wird die Stromrichtung in den Wicklungen beibehalten, wenn die Maschine mit Linkslauf angetrieben wird. Die Anschlussbezeichnungen für Gleichstrommaschinen sind für Motoren und Generatoren gleich **(Tabelle)**.

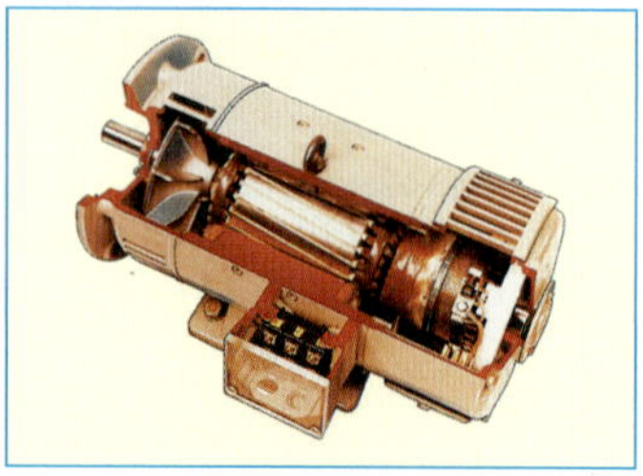

**Bild 1: Gleichstrommotor**

| **Tabelle: Gleichstrommaschinen Anschlussbezeichnungen** | |
|---|---|
| A | Ankerwicklung |
| B | Wendepolwicklung |
| C | Kompensationswicklung |
| D | Reihenschlusswicklung |
| E | Nebenschlusswicklung |
| F | Fremderregte Wicklung |

> Gleichstrommotoren ermöglichen eine lastunabhängige und stufenlose Drehzahlsteuerung in großen Drehzahlbereichen, z.B. bei Werkzeugmaschinen, Fördereinrichtungen und Fahrzeugen.

### 16.4.1 Aufbau und Wirkungsweise

Der **Stator** (Magnetgestell) besteht aus dem Jochring aus Stahl und den Hauptpolen aus Elektroblech, welche die Erregerwicklungen tragen **(Bild 2)**. Bei größeren Motorleistungen können zusätzlich Wendepole und Kompensationswicklungen erforderlich sein. Gleichstrommotoren für Stromrichterbetrieb haben Magnetgestelle aus Elektroblechen.

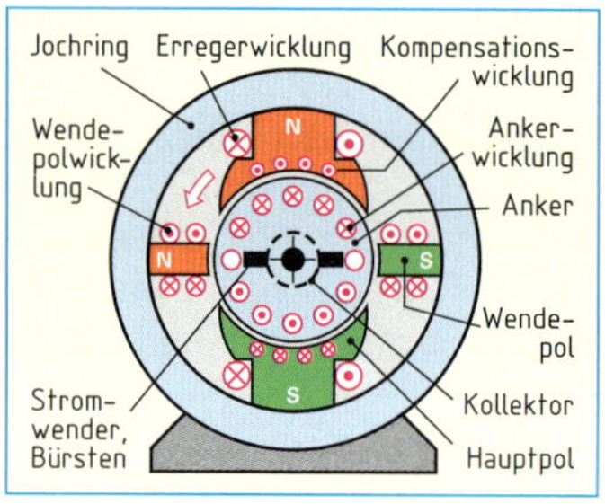


**Bild 2: Aufbau des Gleichstrommotors**

Der **Läufer** (Anker) besteht aus einem Blechpaket mit Nuten, in denen sich die Wicklung befindet. Die Anfänge und Enden der Wicklungsspulen sind in die Lamellen des **Kollektors** (Kommutator, Stromwender) eingelötet.

Das entstehende Drehmoment beruht auf der Kraftwirkung der stromdurchflossenen Leiter des Ankers im Magnetfeld der Hauptpole. Bei der Drehung des Ankers im Magnetfeld wird in den Ankerspulen eine Spannung induziert, die der angelegten Netzspannung entgegenwirkt und damit den Ankerstrom begrenzt. Bei Stillstand ist diese Ankergegenspannung $U_i$ Null. Da der Ankerwiderstand sehr klein ist, würde beim direkten Einschalten ein unzulässig hoher Strom fließen.

> Gleichstrommotoren benötigen Anlasswiderstände **(Bild 3)** zur Begrenzung des Anlaufstromes.

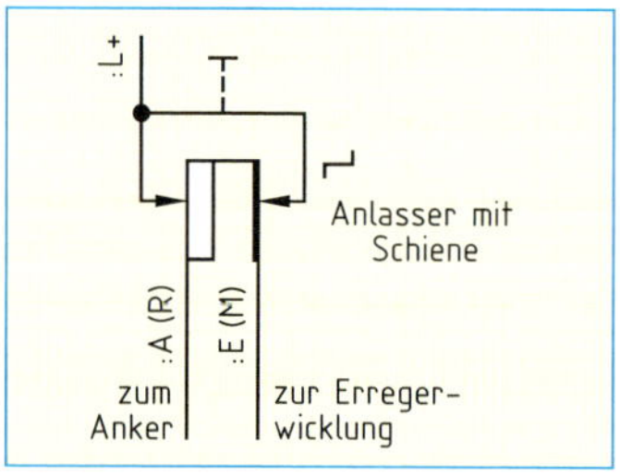


**Bild 3: Anlasser**

Im Betrieb sind Motordrehzahl und Ankergegenspannung von der jeweiligen Belastung abhängig. Eine zunehmende Belastung erfordert bei gleichbleibender Netzspannung eine höhere Stromaufnahme. Die Motordrehzahl muss also abnehmen, damit die Ankergegenspannung $U_i$ geringer wird.

In der **neutralen Zone** zwischen den Hauptpolen erfolgt die Stromzuführung zum Anker über Kohlebürsten und Stromwender. Der Strom in den Ankerwicklungen bewirkt ein Magnetfeld, das quer zum Hauptfeld liegt und als **Ankerquerfeld** bezeichnet wird. Dieses Ankerquerfeld beeinflusst das Hauptfeld. Die Lage der neutralen Zone wird dadurch belastungsabhängig verschoben. An den Bürsten entsteht Bürstenfeuer, das Stromwender und Bürsten beschädigt. Zur Vermeidung dieser Kommutierungsstörungen haben Motoren ab etwa 1 kW Wendepole **(Bild 2)**.

**Wendepole** sind zwischen den Hauptpolen angeordnet. Die Wendepolwicklung besteht aus wenigen Windungen dicken Drahtes und ist mit der Ankerwicklung in Reihe geschaltet. Sie hebt die Wirkung des Ankerquerfeldes auf das Erregerfeld, die sogenannte Ankerrückwirkung, auf und verhindert die Verschiebung der neutralen Zone.

**Kompensationswicklungen** können zusätzlich zu den Wendepolwicklungen erforderlich sein, wenn Gleichstrommotoren starken Lastschwankungen unterworfen sind und hohe Drehzahlen haben. Kompensationswicklungen werden in Längsnuten in den Polschuhen der Hauptpole **(Bild 2)** angeordnet. Sie sind mit den Wendepolwicklungen und der Ankerwicklung in Reihe geschaltet.

## 16.4.2 Fremderregter Motor

Beim fremderregten Gleichstrommotor wird die Erregerwicklung F1–F2 von einer eigenen Spannungsquelle versorgt **(Bild 1).** Der Strom in der Erregerwicklung ist also unabhängig vom Ankerstrom. Fremderregt sind auch Motoren mit Dauermagneterregung.

> Die Drehzahl fremderregter Motoren nimmt bei Belastung nur geringfügig ab.

Der Erregerstrom ist klein gegenüber dem Ankerstrom. Die Erregerwicklung hat einen kleinen Drahtquerschnitt und viele Windungen. Ist der Anlasswiderstand $R_1$ im Ankerkreis für Dauerbetrieb ausgelegt, lässt sich die Drehzahl bei Bemessungserregung von Null ($R_1$ ist maximal) bis zur Bemessungsdrehzahl ($R_1$ ist Null) steuern. Drehzahlen über der Bemessungsdrehzahl sind durch Schwächung des Erregerfeldes mit dem Feldsteller $R_2$ **(Bild 1)** bei Ankerbemessungsspannungen möglich.

> Die Drehzahl fremderregter Motoren lässt sich durch die Ankerspannung sowie durch den Erregerstrom steuern.

Da Widerstände bei der Drehzahlsteuerung Verluste verursachen, werden Ankerkreis und Erregung meist über steuerbare Gleichrichter aus dem Drehstromnetz versorgt. Fremderregte Motoren eignen sich z. B. zum Antrieb von Werkzeugmaschinen.

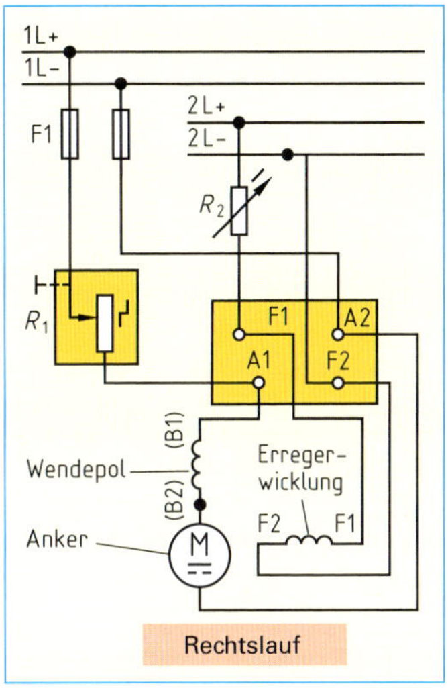


**Bild 1: Fremderregter Motor mit Wendepolen und Anlasser**

## 16.4.3 Nebenschlussmotor

Nebenschlussmotoren **(Bild 2)** gleichen im Aufbau den fremderregten Motoren, jedoch ist die Erregerwicklung E1–E2 parallel zum Ankerkreis an eine gemeinsame Spannungsquelle angeschlossen. Die Drehzahlsteuerung erfolgt wie bei fremderregten Motoren. Bei Belastung sinkt die Drehzahl nur geringfügig ab. Da sich bei Drehzahlsteuerung mit steuerbaren Gleichrichtern die Abhängigkeit der Erregung vom Ankerkreis ungünstig auswirkt, werden heute anstelle von Nebenschlussmotoren fremderregte Motoren bevorzugt.

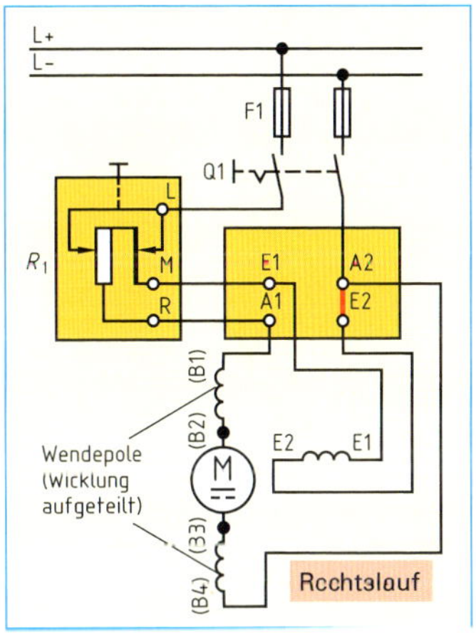


**Bild 2: Nebenschlussmotor**

## 16.4.4 Reihenschlussmotor

Beim Gleichstrom-Reihenschlussmotor (Hauptschlussmotor) ist die Erregerwicklung D1–D2 mit dem Anker in Reihe geschaltet **(Bild 3).** Die Stärke des Erregerfeldes wird vom Ankerstrom bestimmt. Bei Anlauf und Belastung bewirkt der große Strom ein starkes Ankerfeld und ein starkes Erregerfeld. Es entsteht ein hohes Drehmoment.

> Reihenschlussmotoren haben das größte Anzugsmoment aller Motoren.

Bei Belastungsänderungen ändert sich auch die Stärke des Erregerfeldes und damit die Drehzahl. Bei Leerlauf wird durch das schwache Erregerfeld die Motordrehzahl unzulässig hoch.

> Reihenschlussmotoren haben eine stark lastabhängige Drehzahl, sie gehen im Leerlauf durch.

Da Leerlaufbetrieb unzulässig ist, werden Reihenschlussmotoren z. B. über Getriebe mit der Arbeitsmaschine gekoppelt, Riementriebe sind verboten. Reihenschlussmotoren sind für Schweranlauf geeignet, z. B. bei Hebeeinrichtungen, Elektrofahrzeugen oder Kfz-Anlassern.

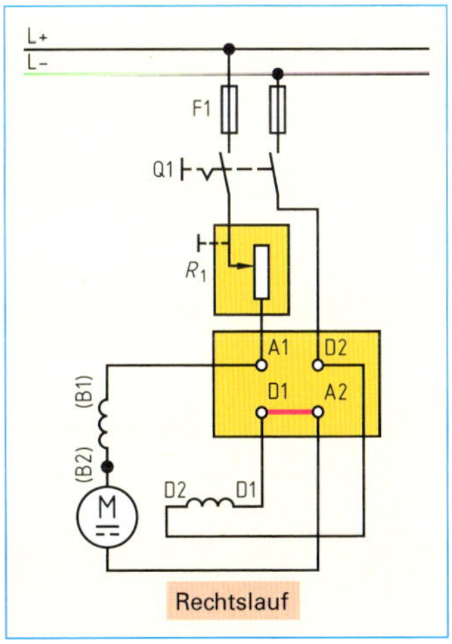


**Bild 3: Reihenschlussmotor**

## 16.4.5 Doppelschlussmotor

Doppelschlussmotoren haben zwei Erregerfelder, das Nebenschlussfeld E1–E2 und das Reihenschlussfeld D1–D2. Beide Felder sind meist so geschaltet, dass sie in der gleichen Richtung wirken **(Bild 1)**.

Der Doppelschlussmotor geht durch die Wirkung der Nebenschlusserregung im Leerlauf nicht durch. Seine Drehzahl fällt durch die Reihenschlusserregung stärker ab als bei Motoren mit Nebenschluss- beziehungsweise Fremderregung. Das Anzugsmoment ist jedoch höher **(Bild 2)**.

> Doppelschlussmotoren verbinden die Eigenschaften von Reihenschluss- und Nebenschlussmotoren.

Doppelschlussmotoren werden für Antriebe verwendet, bei denen das Anzugsmoment von Nebenschluss- oder fremderregten Motoren nicht ausreichen würde, z. B. für Hebeeinrichtungen, Pressen oder Walzen mit großen Schwungmassen.

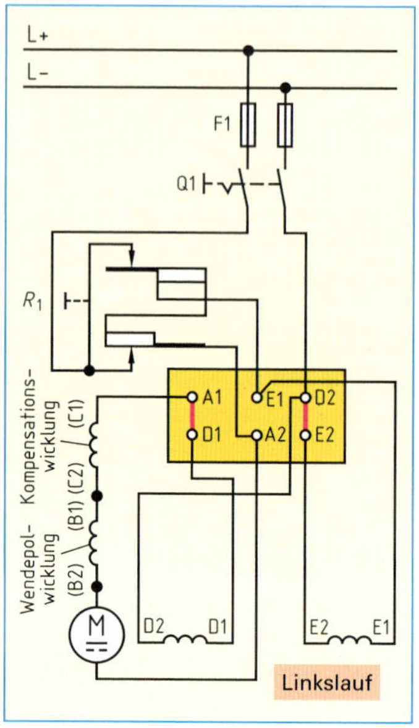


**Bild 1: Doppelschlussmotor**

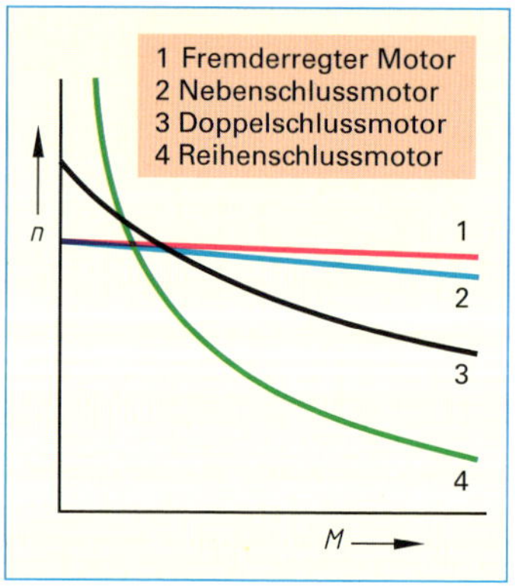


**Bild 2: Belastungskennlinien von Gleichstrommotoren**

## 16.4.6 Drehzahlsteuerung und Drehrichtungsumkehr bei Gleichstrommotoren

**Drehzahlsteuerung** erfolgt bei Gleichstrommotoren im Einstellbereich unterhalb der Bemessungsdrehzahl und im Einstellbereich über der Bemessungsdrehzahl. Hierbei darf die Bemessungsdrehzahl um maximal 10 % überschritten werden, wenn vom Motorenhersteller keine anderen Angaben gemacht werden.

Drehzahlen bis zur Bemessungsdrehzahl $n_N$ werden bei Bemessungserregung durch Ändern der Ankerspannung eingestellt **(Bild 3a)**. Dies kann erfolgen durch steuerbare Gleichrichter oder durch einen Anlasswiderstand $R_A$, der für Dauerbetrieb mit Bemessungslast geeignet ist.

> Die Drehzahl erhöht sich mit zunehmender Ankerspannung.

Die Drehzahlsteuerung oberhalb der Bemessungsdrehzahl $n_N$ erfolgt bei Ankerbemessungsspannung durch Verringern des Erregerstromes. Hierzu kann bei Nebenschluss- und fremderregten Motoren ein Widerstand, der **Feldsteller** $R_F$, in den Erregerkreis geschaltet werden **(Bild 3b)**. Es wird eine Feldschwächung erreicht.

> Die Drehzahl erhöht sich durch Verringern des Erregerstromes.

Im Leerlauf können fremderregte und Nebenschlussmotoren bei Feldunterbrechung durchgehen, z. B. durch Drahtbruch im Feldsteller. Um eine Feldunterbrechung zu vermeiden, darf der Erregerkreis eines fremderregten Gleichstrommotors nicht abgesichert werden.

**Drehrichtungsumkehr** kann durch Umpolen des Ankerfeldes oder des Erregerfeldes erfolgen. Damit die Erregerwicklung nicht durch Induktionsspannungen beim Umschalten beschädigt wird, erfolgt bei Gleichstrommotoren eine Umpolung des Ankerkreises.

> Drehrichtungsumkehr erfolgt durch Umpolen des Ankerstromes.

Rechtslauf ist gegeben, wenn der Strom im Anker und in der Erregerwicklung vom Wicklungsanfang (1) zum Wicklungsende (2) fließt. Ein fremderregter Motor hat somit Rechtslauf, wenn der Ankerstrom von A1 nach A2 und der Erregerstrom von F1 nach F2 fließt. Linkslauf erfolgt bei Stromfluss durch den Anker von A2 nach A1 und durch die Erregerwicklung unverändert von F1 nach F2.

> Bei Drehrichtungsänderung werden im Ankerkreis befindliche Wendepol- und Kompensationswicklungen mit dem Anker umgepolt.

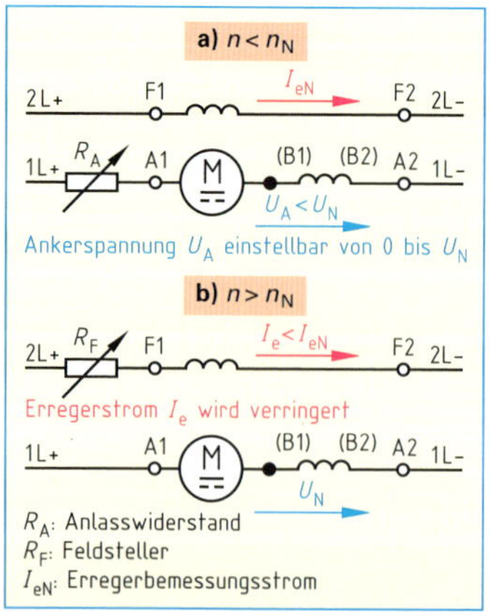


**Bild 3: Drehzahlsteuerung bei Fremderregung**

## 16.5 Servomotoren

Servomotoren **(Bild 1)** sind Motoren mit hoher Dynamik und hoher Positionierungsgenauigkeit. Bei Werkzeugmaschinen positionieren sie Werkstücke für Bearbeitungsvorgänge, z. B. bei der automatischen Fertigung von Motorgehäusen.

**Anforderungen an Servomotoren:**
- Hohe Positionierungsgenauigkeit,
- großer Drehzahlstellbereich (0,01 ... 10000 1/min),
- hohe Drehzahlgenauigkeit,
- guter Rundlauf auch bei kleinen Drehzahlen,
- hohes Drehmoment,
- hohe Dynamik z. B. hohe Beschleunigungsmomente.

Zur Bestimmung der Position (Lage), der benötigten Drehzahl und des erforderlichen Drehmoments sind elektronische Regelsysteme erforderlich.

Servomotoren benötigen eine spezielle Stromversorgung und elektronische Regelsysteme.

Servomotoren werden als Gleichstrom- oder Drehstrommotoren hergestellt. Wichtiger als die Motorleistung sind die zur Verfügung stehenden hohen Drehmomente, z. B. für schnelle Drehzahl- und Drehrichtungsänderungen.

### 16.5.1 Gleichstromservomotoren

DC-Servomotoren werden über Stromrichter betrieben. Die Erregung erfolgt durch im Stator untergebrachte Dauermagnete.

DC-Servomotoren sind fremderregte Gleichstrommotoren.

Das Drehmoment ist proportional zum Motorstrom, der über Kohlebürsten der Ankerwicklung zugeführt wird. Die Drehzahl wird mit der Ankerspannung erhöht. Das nutzbare Drehmoment ist von der Betriebsart und der Drehzahl abhängig. Bei z. B. Kurzzeitbetrieb und niedrigen Drehzahlen steht das bis zu 4-fache Bemessungsdrehmoment (Dauerbetrieb) zur Verfügung **(Bild 2)**.

Um eine gute Dynamik zu erreichen, wird das Trägheitsmoment oder die Masse des Ankers verringert. Ein kleines Trägheitsmoment haben Anker mit geringem Durchmesser. Zur Unterbringung der Wicklungen ist aber eine entsprechend größere Ankerlänge erforderlich (Schlankläufer). Eine geringe Masse haben Läufer ohne Eisenkern, z. B. beim Scheibenläufermotor.

Nachteilig bei DC-Servomotoren ist der Wartungsaufwand durch Bürstenverschleiß und die ungünstige Wärmeabfuhr der in den Ankerwicklungen entstehenden Verlustwärme. Sie werden daher meist nur für kleine Bemessungsmomente bis etwa 1 Nm eingesetzt.

**Scheibenläufermototen (Bild 3)** haben als Anker eine Läuferscheibe ohne Eisenkern. Durch die kleine Läufermasse können Scheibenläufermotoren innerhalb von Millisekunden die erforderliche Drehzahl erreichen, abgebremst oder in der Drehrichtung umgesteuert werden.

Scheibenläufermotoren sind sehr reaktionsschnell.

Die auf der Läuferscheibe offen aufgebrachten Leiterbahnen der Ankerwicklung ermöglichen eine gute Wärmeabfuhr und damit kurzzeitig hohe Überlastungen.

Scheibenläufermotoren haben Leistungen von etwa 20 W bis 10 kW.

Leistungsschildangaben (Beispiel)

| Firma | |
|---|---|
| 3~ Servomotor, Typ | No: |
| $M_0$ 6,0 Nm | $I_0$ 4,5 A |
| $M_N$ 3,7 Nm | $I_N$ 3,7 A |
| $n_N$ 6000 1/min | $n_{max}$ 6600 1/min |
| Th. Cl. 155 (F) | IP 65 |
| CE EN 60034 | |

$M_0$, $I_0$: Stillstandswerte

**Bild 1: Drehstromservomotoren, Leistungsschildangaben**

- Fremderregter Gleichstrommotor: **Seite 319**
- Betriebsarten: **Seite 305**

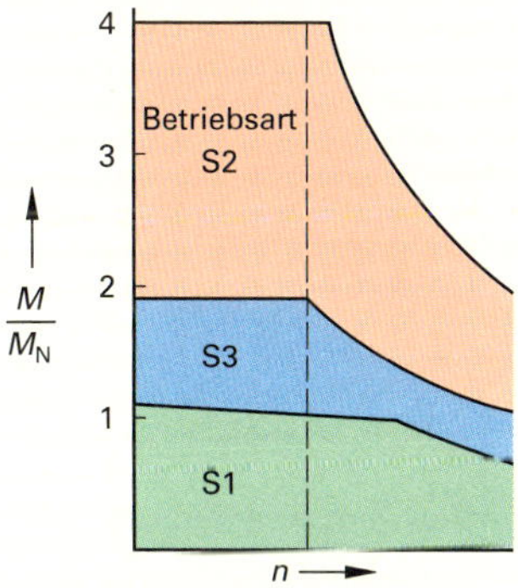


Bemessungswerte (Beispiele)
$P_N$ : 27 W ... 300 W
$M_N$: 0,08 Nm ... 1 Nm
$n_N$ : 5000 1/min ... 2000 1/min

**Bild 2: Gleichstromservomotor, Drehmomentkennlinie mit Arbeitsbereichen**

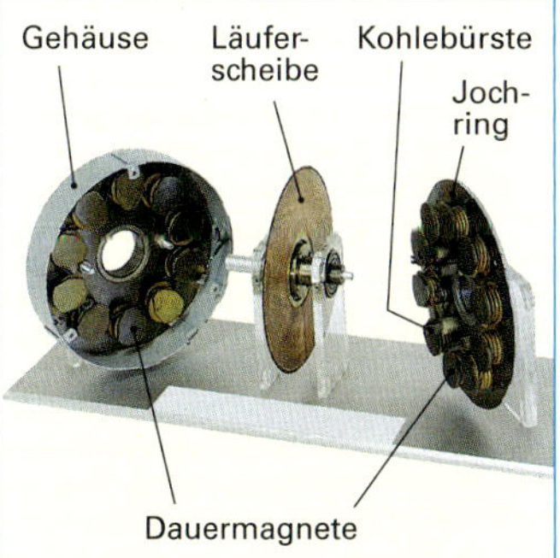


**Bild 3: Scheibenläufermotor, Einzelteile**

### 16.5.2 Drehstromservomotoren

AC-Servomotoren **(Bild 1, Seite 321)** sind meist permanenterregte Synchronmotoren. Im Statorblechpaket befindet sich die Drehstromwicklung, am Läuferumfang sind Permanentmagnete aufgebracht **(Bild 1).** Hierbei ermöglichen Selten-Erdmagnete durch ihre hohe Magnetkraft kleine Läuferabmessungen. Durch Aussparungen im Läuferblechpaket wird die Läufermasse verringert.

**Sinuskommutierte AC-Motoren** werden über Umrichter betrieben. Hierbei wird die Ständerwicklung durch getaktete Gleichspannungen versorgt. In den drei Phasen fließen sinusförmige Ströme, die ein Drehfeld erzeugen. Durch magnetische Kopplung entspricht die Läuferdrehzahl der Drehfelddrehzahl.

Bei AC-Servomotoren wird der Strom in den Statorwicklungen elektronisch kommutiert (gewendet).

**Vorteile von AC-Servomotoren:**

- Geringes Massenträgheitsmoment, da keine Läuferwicklung,
- keine Kohlebürsten, daher wartungsfrei,
- bessere Wärmeabfuhr, da Wicklungen außenliegend im Stator.

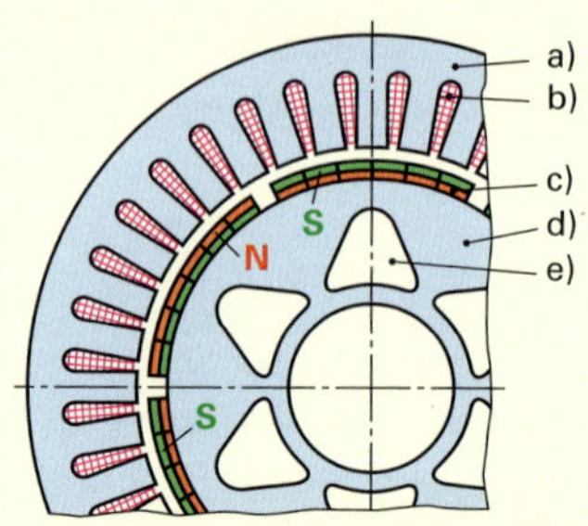


a) Ständerblech
b) Wicklung
c) Permanentmagnete
d) Läuferblech
e) Aussparung

**Bild 1: Drehstromservomotor, Stator und Läufer**

**Synchronmotor**
Motor, dessen Läufer lastunabhängig dieselbe Drehzahl wie das Drehfeld hat.

Die Drehmomentkennlinie **(Bild 2)** zeigt die Abhängigkeit der nutzbaren Drehmomente von der Betriebsart. Das maximale Drehmoment $M_{max}$ darf nicht überschritten werden, um eine unzulässig hohe Stromaufnahme und dadurch eine Entmagnetisierung der Läufermagnete zu vermeiden. Die Spannungsgrenzkurve kennzeichnet die Betriebsgrenze abhängig vom Motor und der Umrichterausgangsspannung.

Die Läuferposition wird durch ein Gebersystem auf der Läuferwelle erfasst. Aus den Gebersignalen erkennt der Servoregler Drehzahlistwert, Winkelposition und Drehsinn des Läufers. Drehgeber sind z. B. Resolver oder Inkrementalgeber.

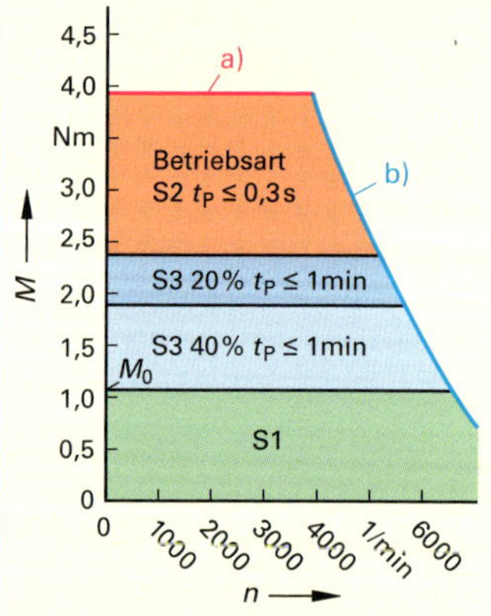


a) $M_{max}$, begrenzt durch $I_{max}$ des Umrichters
b) Spannungsgrenzkurve
$M_0$ Motorstillstandsmoment ($n$~0)

**Bild 2: Drehstromservomotor, Drehmomentkennlinie mit Arbeitsbereichen**

Ein AC-Servosystem besteht aus dem Motor mit Gebersystem und dem Servoumrichter. An den Umrichter ist die Steuerung zur Sollwertvorgabe angeschlossen.

**Positionierungsvorgang.** Im Umrichter befinden sich die Regelkreise von Lageregler, Drehzahlregler und Stromregler **(Bild 3).** Die Lageregelung vergleicht die vom Geber übertragene Position (Istwert) mit dem vom Anwenderprogramm der Steuerung vorgegebenen Sollwert. Um eine Abweichung auszugleichen, ist eine bestimmte Drehzahl erforderlich. Dies erfordert ein entsprechendes Drehmoment.

Der Positionierungsvorgang läuft in folgenden Schritten ab.

- Der Lageregler erkennt eine Positionierungsdifferenz.
- Der Drehzahlregler ermittelt die zum Ausgleich erforderliche Drehzahl.
- Der Stromregler bewirkt das erforderliche Drehmoment.

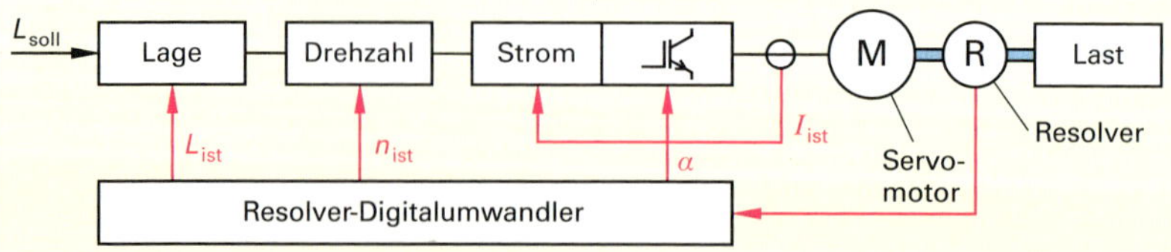


$L$ Maschinenposition (Rotorlage über mehrere Umdrehungen)
$n$ Drehzahl
$\alpha$ Rotorwinkel (Lage innerhalb einer Umdrehung)
$I$ Motorstrom

**Bild 3: Regelstruktur beim Drehstromservomotor**

# 16.6 Wartung und Pflege von Elektromotoren

Elektrische Maschinen unterliegen einer Abnutzung. Durch regelmäßige Wartung und Pflege wird der zuverlässige Betrieb z. B. von Motoren und angetriebenen Anlagen sichergestellt. Bei der Wartung von Elektromotoren **(Übersicht)** kann die Notwendigkeit von Instandsetzungen rechtzeitig erkannt werden.

**Übersicht: Wartung von Elektromotoren, Wartungsbereiche**

| Anschlüsse | Kraftübertragung | Wicklungen | Kühlung | Lager |
|---|---|---|---|---|
| • Klemmbrett,<br>• Schleifringe,<br>• Stromwender,<br>• Bürsten. | • Maschinenbefestigung,<br>• Kupplung (Ausrichtung),<br>• Riemenzustand,<br>• Riemenspannung. | • Isolationswiderstand. | • Kühlöffnungen,<br>• Sauberkeit der Maschinenoberfläche. | • Abnutzung,<br>• Läuferunwucht,<br>• Schmierung. |

**Anschlüsse** können sich lockern. Bei der Wartung sind daher alle Schrauben, z. B. am Klemmbrett, nachzuziehen. Bei rotierenden Kontakten, z. B. Bürsten und Stromwendern, ist der Abnutzungsgrad zu prüfen. Stromwender und Schleifringe sind von Öl-, Fett- und Staubrückständen zu reinigen.

**Tabelle: Wartungszeiträume**

| Zeitraum | Bereich |
|---|---|
| Mindestens jährlich, bei Bedarf früher | Anschlüsse, Kraftübertragung, Wicklungen, Kühlung. |
| Alle 1 bis 2 Jahre | Gleitlager. |
| Alle 2 bis 3 Jahre | Wälzlager. |

Eine einwandfreie **Kraftübertragung** bedingt einen festen Sitz der Maschine, die Kupplung zur Arbeitsmaschine darf nicht verkantet sein. Bei Riementrieben führt ein zu starker Riemenzug zu erhöhtem Lagerverschleiß.

Bei **Wicklungen** ist der Isolationswiderstand **(Seite 337)** zu messen. Er muss bei Motoren der Schutzklasse I mindestens 1 MΩ betragen.

Die **Kühlung** kann z. B. durch Ablagerung von Staub, Spänen und Fasern auf dem Gehäuse und in den Kühlöffnungen vermindert werden. Die erforderliche Kühlmitteltemperatur ist zu beachten.

Schadhafte **Lager** sind am verstärkten Laufgeräusch oder aufgrund erhöhter Lagertemperatur mithilfe einer Wärmebildkamera (Thermografie) erkennbar. Sie müssen durch neue Lager ersetzt werden. Das Abziehen erfolgt mit Abziehvorrichtungen, um eine Beschädigung von Welle und Lagersitz zu vermeiden. Neue Lager werden vor dem Aufziehen z. B. in einem Ölbad auf etwa 80 °C erwärmt. Dabei dehnen sich die Lagerinnenringe so weit, dass die Lager leicht auf die Welle aufgeschoben werden können. Kleinere Lager können kalt aufgezogen werden. Man benutzt dazu ein passendes Rohr, das nur den Innenring des Lagers erfasst und drückt damit das Lager mit einer Presse auf die Welle. Schläge und Druck auf den Außenring des Lagers sind beim Aufziehen zu vermeiden, weil dadurch Laufrillen und Kugeln beschädigt werden. Der Läufer darf keine Unwucht haben und kein Lagerspiel, da der Luftspalt zwischen Ständerblechpaket und Läuferoberfläche sehr gering ist.

> Ein nicht erkannter Lagerschaden kann zur Zerstörung des Motors führen, wenn z. B. der Läufer am Ständerblechpaket schleift.

**Gleitlager** werden bei Motoren großer Leistung verwendet, weil sich Kugeln und Zylinderrollen in die Laufrillen eindrücken können. Bei der Wartung muss etwa alle 5000 Betriebsstunden das Lageröl gewechselt werden, wobei gleichzeitig die Lagerkammern zu reinigen sind.

**Wälzlager** haben die meisten Elektromotoren. Wälzlager erreichen bei richtiger Wartung etwa eine Lebensdauer von 40 000 Betriebsstunden. Dies entspricht bei täglich achtstündigem Betrieb einer Betriebszeit von etwa 14 Jahren. Wälzlager ohne Nachschmiervorrichtung (Fettmengenregler) sind nach etwa 6000 Betriebsstunden zu reinigen und mit neuer Fettfüllung zu versehen. Die Lager sind hierbei nur bis zu zwei Drittel mit Fett zu füllen. Zu viel eingebrachtes Fett führt zu einer unzulässigen Lagererwärmung und dadurch zu vorzeitigem Verschleiß.

**Wartungsarbeiten** sind in regelmäßigen Zeitabständen durchzuführen **(Tabelle).** Betriebsstörungen sind umgehend zu beheben. Einen Überblick möglicher **Störungen** bei Asynchronmotoren gibt die **Tabelle, Seite 324,** bei Gleichstrommotoren die **Tabelle, Seite 325.**

**Tabelle: Ursache und Behebung von Betriebsstörungen an Asynchronmaschinen**

| Störung | Mögliche Ursache der Störung | Beseitigung der Störung |
|---|---|---|
| Zu hohe Lager-erwärmung | Antriebsriemen zu stark gespannt. | Riemenspannung verringern. |
| | Schadhafte Lager. | Lager erneuern. |
| | Zu wenig oder zu viel Fett in den Fettkammern. | Lager nachschmieren bzw. Fettfüllung verringern. |
| | Motor bei direkter Kupplung ungenau mit der Arbeitsmaschine zusammengebaut. | Motor und Arbeitsmaschine achsparallel ausrichten und befestigen. |
| | Motor auf der Unterlage verspannt. | Motor auf der Unterlage ausrichten. |
| Motor läuft nicht an | Unterbrechung in der Zuleitung. | Leitungsunterbrechung beseitigen. |
| | Schmelzsicherung unterbrochen. | Sicherungen überprüfen und erneuern. |
| | Motorschutzschalter hat ausgelöst. | Einstellung des Motorschutzschalters prüfen, Stromaufnahme des Motors messen. |
| | Unterbrechung in der Ständerwicklung. | Wicklungsstränge prüfen, Unterbrechung beheben, evtl. Wicklung erneuern. |
| | Bei Schleifringläufermotoren: Unterbrechung im Läufer oder Anlasser, Bürsten liegen nicht auf den Schleifringen. | Bürstenauflage, Anlasserleitung und Anlasser prüfen. Läuferwicklung auf Durchgang prüfen, Störung beseitigen, evtl. Läufer neu wickeln. |
| Motor läuft schwer an, Drehzahl fällt bei Belastung stark ab | Belastung zu groß. | Leistung messen, Last verringern oder Motor mit größerer Leistung einsetzen. |
| | Motor in Stern geschaltet, Ständerwicklung ist für Dreieckschaltung ausgelegt. | Schaltung des Motors prüfen und evtl. von Stern- in Dreieckschaltung umschalten. |
| | Spannung zu niedrig. | Eventuell Motor mit größerer Leistung einsetzen. |
| | Unterbrechung im Läufer oder im Kurzschlussring. | Unterbrechung beseitigen, Läufer ersetzen. |
| Motor läuft bei Y/Δ-Anlauf in Stufe Stern nicht an | Unterbrechung im Stern-/Dreieckschalter oder in der Schützsteuerung. | Schalter bzw. Steuerung überprüfen, Fehler beseitigen. |
| | Anlaufmoment in Sternschaltung reicht nicht aus. | Motor mit Sonderkäfigläufer einsetzen, Motor mit größerer Leistung einsetzen. |
| | Außenleiter und Neutralleiter vertauscht. | Spannungsmessung, Schaltung berichtigen. |
| Motor vibriert | Läufer, Riemenscheibe oder Kupplung hat Unwucht. | Läufer, Riemenscheibe oder Kupplung auswuchten. |
| Motor wird zu heiß | Motor überlastet. | Ursache der Überlastung beseitigen. |
| | Spannung zu niedrig oder zu hoch. | Verteilungsnetzbetreiber verständigen. |
| | Ständer in Dreieck statt in Stern geschaltet. | Ständerwicklung richtig schalten. |
| | Zweiphasenlauf durch Unterbrechung im Außenleiter. | Spannung messen, Unterbrechung beseitigen. |
| | Kühlung behindert. | Behinderung der Luftzufuhr beseitigen. |
| Beim Einschalten löst der Motorschutz oder die Überstrom-Schutzeinrichtung aus | Ständerwicklung hat Körper- oder Wicklungsschluss. | Isolationswiderstand messen, evtl. neu wickeln. |
| | Leiterschluss in den Leitungen zwischen Schalter und Motorklemmbrett. | Leitungen abklemmen, Isolationsfehler beseitigen bzw. Leitungen erneuern. |
| | Beim Schleifringläufermotor: Schluss in der Läuferwicklung oder zwischen den Schleifringen. | Bürsten abheben, Isolationswiderstand messen, evtl. Wicklung erneuern oder Schleifringe neu isolieren. |
| | Leiterschluss in der Anlasserleitung. | Anlasser abtrennen, Bürsten abheben, Leitungen prüfen, evtl. erneuern. |
| Motor hat erhöhte Stromaufnahme und Brummgeräusche | Schadhafte Gleit- oder Wälzlager. | Lager überprüfen und evtl. erneuern. |
| | Windungsschluss. | Wicklungen überprüfen, Ständerwicklung erneuern. |
| | Läufer streift am Blechpaket. | Luftspalt prüfen, evtl. Lager erneuern. |

# 16.7 Betriebsstörungen bei Gleichstrommotoren

Bei Gleichstrommotoren erfordern Stromwender und Kohlebürsten einen besonderen Wartungsaufwand. Der **Stromwender** (Kollektor) besteht aus Kupferlamellen, die durch Glimmer gegeneinander isoliert sind. Diese Glimmerisolation muss z. B. mit einem Sägeblatt passender Breite ausgesägt werden. Überstehender Glimmer oder abgenutzte Kohlen ergeben Bürstenfeuer. Bei Kleinmotoren wird durch Verwendung von Hartkohlen ein Überstehen des Glimmers verhindert.

**Übersicht: Einsatz der Kohlearten**

- **Harte Kohlen:** Bei Kleinmotoren.
- **Grafitkohle** (Weiche Kohlen): Bei großer Maschinenleistung.
- **Elektrografitierte Kohlen:** Bei hohen Umfangsgeschwindigkeiten und bei hoher Stromdichte, gebräuchlichste Kohle.
- **Metallhaltige Kohlen:** Bei besonders hohen Stromdichten, z.B. bei Niederspannungsmotoren.

**Erneuern von Kohlen.** Es ist zu beachten, dass gleichwertige Kohlen **(Übersicht),** möglichst solche gleichen Fabrikates, verwendet werden. Neue Kohlen werden eingeschliffen. Dazu wird feinkörniges Schleifleinen mit der Schleifseite nach außen zwischen Stromwender und die unter Druck aufliegenden Kohlen gelegt und so lange hin und her bewegt, bis die Kohlen die Rundung des Stromwenders haben.

**Richtwerte zur Fehlersuche an Wicklungen von Gleichstrommotoren:**

- Fremderregte Motoren und Nebenschlussmotoren haben Erregerwicklungen mit hohem Widerstand $R_E$. Er errechnet sich aus Erregerspannung und Erregerstrom: $R_E = \frac{U_E}{I_E}$. Ihr Erregerstrom beträgt bei Leistungen bis 10 kW etwa 3 bis 10 % vom Bemessungsstrom.
- Ankerwiderstände sind klein. Ihr Wert beträgt je nach Motorgröße nur einige Ohm.
- Reihenschluss-, Wendepol- sowie Kompensationswicklung haben kleinere Widerstände als der Anker.

**Tabelle: Ursachen und Behebung von Betriebsstörungen an Gleichstrommotoren**

| Art der Störung | Mögliche Ursache der Störung | Beseitigung der Störung |
|---|---|---|
| Motor läuft nicht an | Unterbrechung im Ankerstromkreis. | Unterbrechung beheben. |
| | Kohlebürsten liegen nicht auf. | Kohlebürsten im Halter gängig machen bzw. Kohlebürsten erneuern. |
| Motor läuft nicht oder nur mit geringem Drehmoment an | Windungsschluss oder Körperschluss in einer Wicklung. | Widerstandsmessung an den Wicklungen, Körperschluss beheben bzw. Wicklung erneuern. |
| | Unterbrechung im Nebenschlussfeld. | Spannungsmessung, Unterbrechung beheben bzw. Nebenschlusswicklung erneuern. |
| Starkes Bürstenfeuer, Überstrom-Schutzeinrichtungen sprechen an | Wicklungsanschlüsse der Ankerwicklung am Kollektor ausgelötet. | Widerstandsmessung, Kollektor nachlöten, Wicklung evtl. erneuern. |
| | Unterbrechung in Reihenschluss-, Wendepol- oder Kompensationswicklung. | Widerstandsmessung, Unterbrechung beheben, Wicklung evtl. erneuern. |
| Starkes Bürstenfeuer oder Ringfeuer | Glimmerisolation steht zwischen den Lamellen vor. | Glimmerisolation aussägen. |
| | Kollektor mit Kohlestaub oder Öl verschmiert. | Kollektor reinigen, Kohlestaub zwischen den Lamellen auskratzen. |
| | Kollektor riefig und unrund. | Motor demontieren, Kollektor überdrehen, Glimmerisolation aussägen. |
| | Ankerwicklung defekt. | Ankerwicklung erneuern. |
| | Bei verstellbarer Bürstenbrücke Kohlebürsten nicht in der neutralen Zone. | Bürstenstellung überprüfen und neu einstellen. |
| | Zu weiche oder zu harte Kohlebürsten. | Kohlen nach Herstellerangaben erneuern. |

## Wiederholungsfragen

1. **Welche Aufgabe haben Wendepole bei Gleichstrommotoren?**
2. **Welches Drehzahlverhalten haben fremderregte Gleichstrommotoren und Reihenschlussmotoren?**
3. **Nennen Sie Möglichkeiten zur Drehzahlsteuerung bei Gleichstrommotoren.**
4. **Wie wird bei Gleichstrommotoren die Drehrichtung geändert?**
5. **Nennen Sie wichtige Wartungsarbeiten bei Elektromotoren.**
6. **Nennen Sie mögliche Störungsursachen bei unzulässiger Motorerwärmung.**
7. **Welche besonderen Anforderungen werden an Servomotoren gestellt?**
8. **Warum sind bei Servoantrieben Drehgeber erforderlich?**

# 16.8 Transformatoren

Über große Entfernungen kann man elektrische Energie nur wirtschaftlich mit hohen Spannungen und niedrigen Strömen übertragen.

> Transformatoren können Wechselspannungen und Wechselströme in höhere oder niedrigere Spannungs- oder Stromwerte gleicher Frequenz umformen (transformieren).

Nach DIN VDE 0550 unterscheidet man:

- Kleintransformatoren (Leistungen bis 16 kVA) und
- Großtransformatoren (Leistungen über 16 kVA).

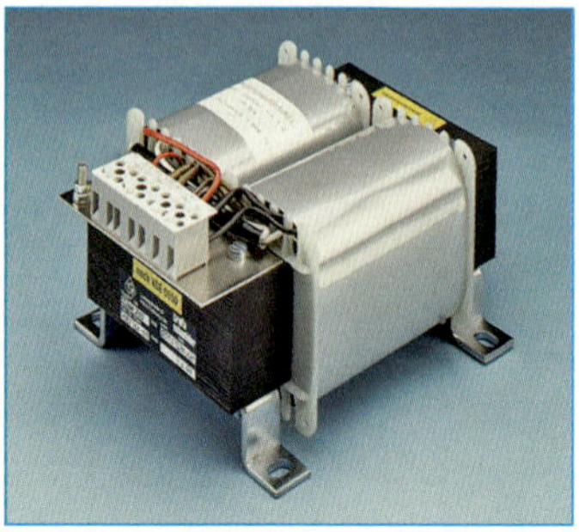

**Bild 1: Einphasen-Kerntransformator (UI-Schnitt)**

## 16.8.1 Aufbau und Wirkungsweise

Transformatoren können als Wechselstromtransformatoren (Einphasentransformatoren) oder als Drehstromtransformatoren gebaut sein. Sie bestehen aus mindestens zwei Spulen, die elektrisch voneinander getrennt sind. Eine Ausnahme ist der Spartransformator **(Seite 331)**. Über einen gemeinsamen Eisenkern sind die Spulen magnetisch miteinander gekoppelt. Legt man die Eingangsspule an eine Wechselspannung, so erzeugt der Spulenstrom im Eisenkern ein magnetisches Wechselfeld, das in den Windungen der Ausgangsspule wieder eine Spannung induziert. Die Frequenz der Ausgangsspannung ist gleich der Frequenz der Eingangsspannung. Das Verhältnis der Eingangsspannung $U_1$ zur Ausgangsspannung $U_2$ wird als Übersetzungsverhältnis $ü$ bezeichnet. Bei Vernachlässigung der Verluste (idealer Transformator) entspricht es dem Verhältnis der Windungszahlen.

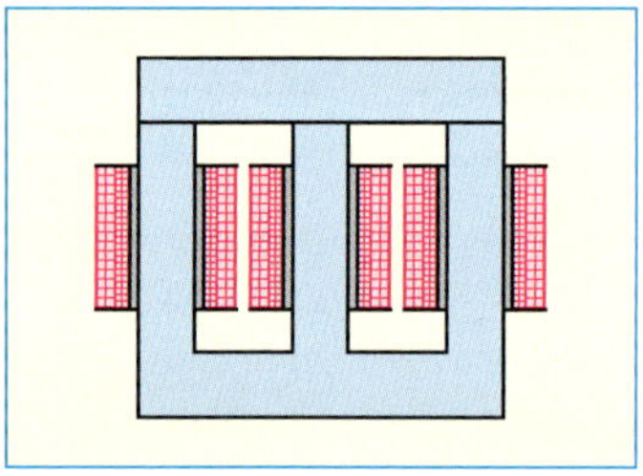

**Bild 2: Drehstrom-Kerntransformator (EI-Schnitt)**

**Übersetzungsverhältnis**

$$ü = \frac{U_1}{U_2}; \quad \frac{U_1}{U_2} = \frac{N_1}{N_2}; \quad \frac{U_1}{U_2} = \frac{I_1}{I_2}$$

| | | | |
|---|---|---|---|
| $ü$ | Übersetzungsverhältnis | $I_2$ | Ausgangsstrom |
| $U_1$ | Eingangsspannung | $N_1$ | Windungszahl der Eingangswicklung |
| $U_2$ | Ausgangsspannung | $N_2$ | Windungszahl der Ausgangswicklung |
| $I_1$ | Eingangsstrom | | |

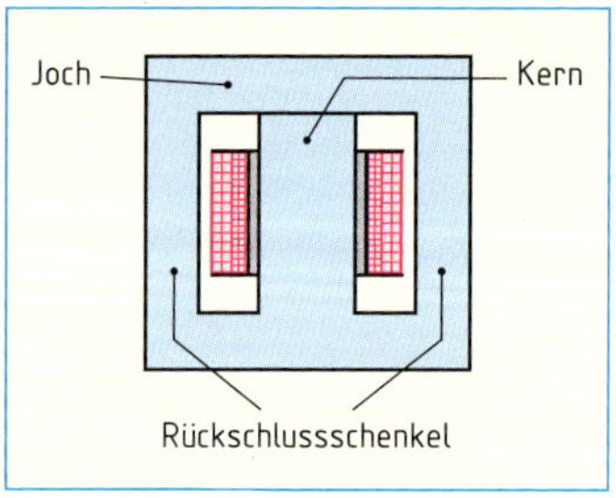


**Bild 3: Einphasen-Manteltransformator (M-Schnitt)**

## 16.8.2 Bauarten von Transformatoren

Man unterscheidet Kerntransformatoren **(Bild 1 und 2)** und Manteltransformatoren **(Bild 3)**. Manteltransformatoren haben einen Eisenkern, bei dem Joch- und Rückschlussschenkel die Wicklungen mantelartig umschließen, z. B. bei Blechschnitten in M- und EI-Form **(Bild 4)**.

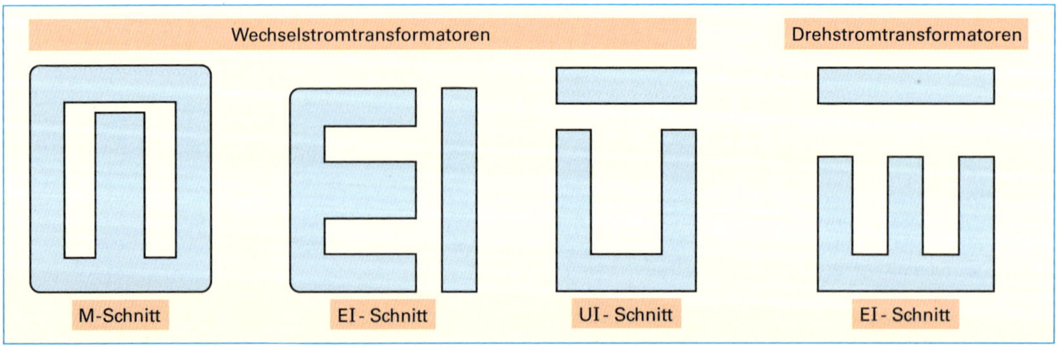


**Bild 4: Blechschnitte für Transformatoren**

Der Transformatorkern wird aus einzelnen, gegeneinander isolierten Blechen geschichtet, um die Wirbelstromverluste klein zu halten.

**Blechschnitte (Bild 4, Seite 326)** werden meist abhängig von der Transformatorleistung eingesetzt.

- M-Schnitt für Wechselstromtransformatoren bis etwa 200 VA,
- EI-Schnitte für Wechselstromtransformatoren bis etwa 1600 VA,
- UI-Schnitte für Wechselstromtransformatoren bis etwa 12 kVA,
- EI-Schnitte für Drehstromtransformatoren bis etwa 50 kVA.

Für größere Leistungen sind die Kernblechschnitte nicht genormt.

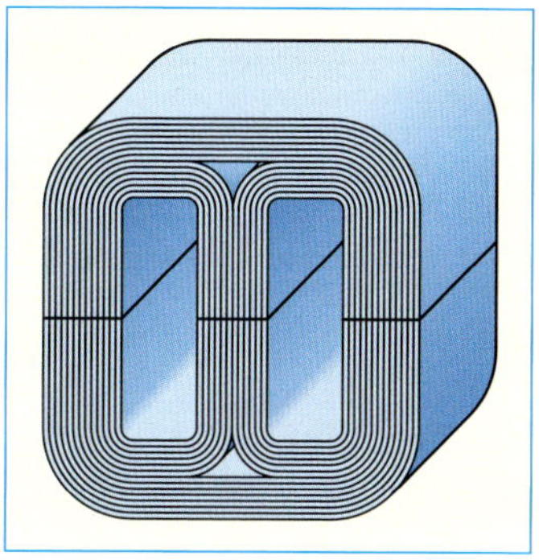

**Bild: Schnittbandkern für einen M-Schnitt**

**Schnittbandkerne (Bild)** haben eine sehr kleine Streuung und damit geringere Verluste als aus Einzelblechen geschichtete Eisenkerne. Sie werden aus kornorientierten Blechbändern, meist 0,1 mm dick, gewickelt und zu Paketen verklebt. Zum Einbringen der Spulen wird der Kern aufgeschnitten und danach z. B. mit Spannbändern verbunden. Um Luftspalte zu vermeiden, werden die Schnittstellen geschliffen.

Während Kernbleche aus Elektroblech mit einer magnetischen Flussdichte bis etwa 1,2 Tesla betrieben werden, ist bei Schnittbandkernen eine magnetische Flussdichte von 1,6 Tesla bis 1,85 Tesla möglich. Die höhere magnetische Ausnutzung führt zu einer Verringerung der Baugröße. Nachteilig ist der höhere Preis. Schnittbandkerne werden für Anwendungsgebiete eingesetzt, bei denen geringes Gewicht und kleine Baugrößen gefordert sind, z. B. in tragbaren Geräten.

**Übersicht: Transformatorverluste**

- Eisenverluste: Ummagnetisierungs- und Wirbelstromverluste. Sie sind lastunabhängig.
- Wicklungsverluste: Streuverluste und ohmsche Leitungsverluste. Sie nehmen quadratisch mit dem Strom zu.

Bei **Kleintransformatoren** ist die Ausgangsspannung $U_2$ die Spannung, die bei Bemessungslast und Bemessungsfrequenz von der Ausgangswicklung abgegeben wird. Hierbei wird ein Wirkfaktor $\cos \varphi = 1$ (Wirkleistung) zugrundegelegt.

Leerlaufspannung $U_{20}$ ist die Spannung, die bei unbelastetem Transformator an den Klemmen der Ausgangswicklung gemessen wird.

Transformatoren haben Verluste **(Übersicht)**. Sie setzen sich aus den lastunabhängigen Ummagnetisierungsverlusten und Wirbelstromverlusten sowie aus den lastabhängigen Wicklungsverlusten zusammen. Ein Teil der aufgenommenen Leistung setzt sich im ohmschen Widerstand der Wicklung in Wärme um, ein Teil wird zum Ummagnetisieren des Eisenkerns benötigt. Die Ausgangsspannung ist deshalb bei Belastung kleiner als im Leerlauf. Um diesen Spannungsfall auszugleichen, erhält die Ausgangswicklung entsprechend mehr Windungen. Dies bedeutet, dass die Ausgangsspannung $U_2$ nur bei Bemessungslast den Bemessungswert aufweist, bei Leerlauf aber einen höheren Wert, nämlich die Leerlaufspannung $U_{20}$ annimmt. Der Spannungsfall beträgt bei einem 5 VA-Trafo etwa 35 %, bei einem 50 kVA-Trafo etwa 1,5 %.

Die Ausgangsspannung eines Transformators ist belastungsabhängig.

## 16.8.3 Betriebsbedingungen von Transformatoren

Transformatoren mit geringem Spannungsfall werden als spannungssteif bezeichnet. Sie haben einen Kern ohne Luftspalt. Beide Wicklungen sind lagenweise übereinander gewickelt **(Bild a, Seite 328)**. Dadurch wird eine kleinere Kurzschlussspannung $U_k$ **(Seite 329)** erzielt. Anwendung finden solche Transformatoren als Sicherheits-, Steuer- und Netzanschlusstransformatoren.

Sind die Wicklungen der Oberspannungs- und der Unterspannungsseite getrennt angeordnet, z. B. auf verschiedenen Schenkeln oder auf unterteilten Spulenkörpern **(Bild b, Seite 328)**, so bilden sich Streufelder aus, die dem Transformator ein spannungsweiches Verhalten geben. Die Kurzschlussspannung $U_k$ ist dann größer. Diese Transformatoren werden z. B. als Spielzeug-, Klingel- und Zündtransformatoren eingesetzt.

Zum Schweißen und für Gasentladungslampen werden Streufeldtransformatoren mit einem Streujoch zwischen Eingangs- und Ausgangswicklung gebaut **(Bild c, Seite 328)**. Für einstellbare Spannungen verwendet man Ringkernstelltransformatoren. Sie sind meist einlagig bewickelt und mit einem Stromabnehmer aus Edelkohle ausgerüstet, der eine Ausgangsspannung von Null bis zur Höhe der Eingangsspannung und je nach Ausführung der Wicklung über den Wert der Eingangsspannung hinaus ermöglicht **(Bild d, Seite 328)**. Einlagig gewickelte Ringkernstelltransformatoren sind Spartransformatoren.

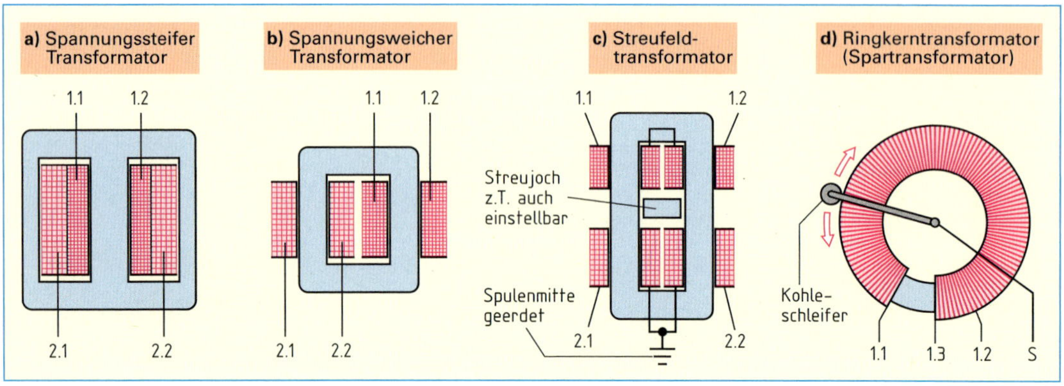


**Bild: Ausführungen von Transformatoren**

Die Bezeichnung der Wicklungen erfolgt numerisch. Bei der ersten Ziffer bedeutet 1 Eingangswicklung und 2 Ausgangswicklung. Bei der zweiten Ziffer bedeutet 1 Wicklungsanfang und 2 Wicklungsende. Entsprechend ihrem Verwendungszweck sind die Anforderungen an Transformatoren unterschiedlich. Die Kennzeichnung von Kleintransformatoren erfolgt durch Bildzeichen **(Tabelle)**.

**Tabelle: Bildzeichen für Kleintransformatoren** (nach DIN EN 61588; Auszug)

| Bildzeichen | Bedeutung | Merkmale |
|---|---|---|
| 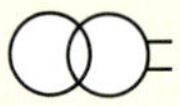 | nicht kurzschlussfest | Zusätzlicher Schutz gegen Kurzschluss erforderlich, z.B. Schmelzsicherung oder Schutzschalter mit thermischer und magnetischer Auslösung. |
| 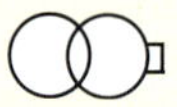 | unbedingt kurzschlussfest oder bedingt kurzschlussfest | Hohe Kurzschlussspannung. Bei einem Kurzschluss ist der Kurzschlussstrom so klein, dass der Transformator nicht gefährdet ist.<br><br>Die Wicklungen sind durch Schmelzsicherungen, Schutzschalter mit thermischem und magnetischem Auslöser oder durch Temperaturwächter geschützt. Bei Kurzschluss erfolgt Abschaltung. |
| 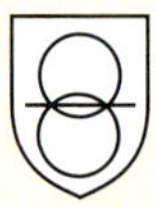 | Sicherheits-transformator | Bemessungsleistung einphasig bis 10 kVA, mehrphasig bis 16 kVA, Eingangsspannung ≤ 1000 V, Ausgangsspannung ≤ 50 V (Kleinspannung SELV oder PELV). Die Isolation zwischen Ober- und Unterspannungswicklung muss so ausgeführt sein, dass in keinem Fehlerfall eine leitende Verbindung zwischen Ober- und Unterspannungswicklung zustande kommt. |
|  | Trenn-transformator | Für Schutzmaßnahme Schutztrennung. Eingangswicklung und Ausgangswicklung sind sicher elektrisch getrennt und so ausgeführt, dass eine Verwechslung oder unbeabsichtigte Verbindung beider Wicklungen unmöglich ist. Ortsveränderliche Trenntransformatoren müssen schutzisoliert sein. Eingangsspannung ≤ 1000 V, Ausgangsspannung ≤ 500 V. |
| 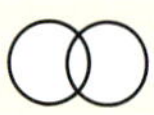 F | Fail-safe-Transformator | Fällt bei nicht bestimmungsgemäßer Anwendung, z.B. Überlastung, bleibend aus, ohne Gefahr für den Anwender oder den Anwendungsort. |
|  | Spielzeug-transformator | Für elektrisch betriebenes Kinderspielzeug. Höchste Bemessungsleistung 200 VA, Ausgangsspannung ≤ 24 V, Ausgangsstrom ≤ 10 A. Ausführung entsprechend Sicherheitstransformator und mit doppelter oder verstärkter Isolierung (Schutzklasse II). |
|  | Klingel-transformator | Ausgangsspannung ≤ 24 V. Höchste Leerlaufspannung 33 V. Ausführung kurzschlussfest als Sicherheitstransformator. Ausgangsklemmen müssen bei berührungssicher abgedeckten Eingangsklemmen zugänglich sein. Bemessungsleistung ≤ 100 VA. |

Der Bemessungsstrom der Schmelzsicherung auf der Eingangsseite eines Transformators muss etwa doppelt so groß sein wie der Eingangsbemessungsstrom des Transformators.

Der **Einschaltstrom** eines Transformators kann den etwa 10-fachen Wert des Bemessungsstromes $I_{1N}$ erreichen. Er ist am höchsten, wenn der Augenblickswert der Netzspannung im Einschaltmoment Null ist und der Restmagnetismus des Kerns gleich gerichtet ist wie der sich aufbauende magnetische Fluss. Der Eisenkern wird magnetisch gesättigt und wirkt dadurch nicht strombegrenzend.

Die **Kurzschlussspannung** wird bei kurzgeschlossener Ausgangswicklung gemessen **(Bild)**. Die Eingangswicklung wird an eine einstellbare Spannung gelegt, welche so lange von Null beginnend erhöht wird, bis in der Eingangswicklung der Bemessungsstrom $I_{1N}$ fließt. Die dabei gemessene Eingangsspannung ist die Kurzschlussspannung $U_k$.

Die Kurzschlussspannung eines Transformators wird meist in Prozent, bezogen auf die eingangsseitige Bemessungsspannung, angegeben (bezogene Kurzschlussspannung).

Entsteht an den Ausgangsklemmen eines Transformators ein Kurzschluss, so fließt zunächst ein Strom, der Stoßkurzschlussstrom $i_s$ genannt wird. Er kann etwa 2,5 mal so groß sein wie der nach einigen Perioden fließende Dauerkurzschlussstrom $I_{kd}$.

Je kleiner die Kurzschlussspannung eines Transformators ist, umso größer und damit auch gefährlicher sind bei einem Kurzschluss der Stoßkurzschlussstrom und der Dauerkurzschlussstrom.

**Wirkungsgrad.** Das Verhältnis der abgegebenen Wirkleistung $P_2$ zur aufgenommenen Wirkleistung $P_1$ eines Transformators ergibt seinen Wirkungsgrad $\eta$. Die aufgenommene Leistung ist um den Betrag der Eisenverlustleistung und um den Betrag der Wicklungsverlustleistung größer als die abgegebene Leistung.

Ein Transformator, dessen Ausgangswicklung unbelastet ist, nimmt in der Eingangswicklung den Leerlaufstrom auf. Da im Leerlauf die Wicklungsverluste vernachlässigbar klein sind, entspricht die Leerlaufleistung der Verlustleistung des Eisenkerns.

Bei der Messung der Kurzschlussspannung fließt bei kurzgeschlossener Ausgangswicklung bereits bei sehr kleiner Eingangsspannung der Bemessungsstrom in den Wicklungen der Eingangs- und Ausgangsseite. Da bei dieser kleinen Eingangsspannung der Eisenkern nur in sehr geringem Maße magnetisiert wird, entsteht kaum eine Eisenverlustleistung. Die bei der Kurzschlussspannungsmessung aufgenommene Leistung des Transformators entspricht der Verlustleistung der Wicklungen.

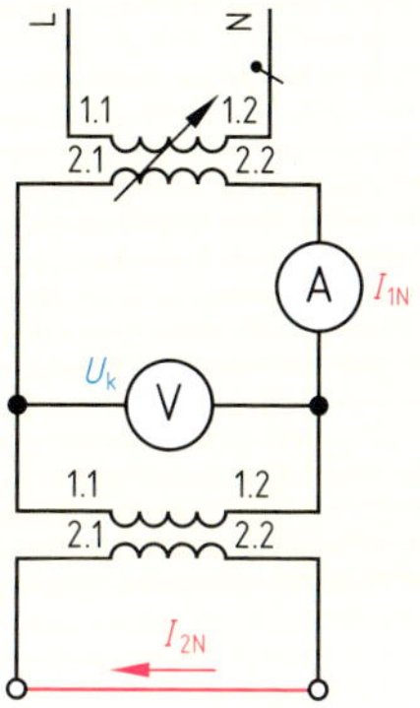


**Bild: Messung der Kurzschlussspannung eines Einphasentransformators**

**Kurzschlussspannung**

$$u_k = \frac{U_k}{U_N} \cdot 100\,\%$$

$u_k$ bezogene Kurzschlussspannung in %
$U_k$ gemessene Kurzschlussspannung in V
$U_N$ Bemessungsspannung in V

**Kurzschlussströme**

$$I_{kd} = \frac{I_N}{u_k} \cdot 100\,\%$$

$$i_s \leq 2{,}55 \cdot I_{kd}$$

$I_{kd}$ Dauerkurzschlussstrom
$I_N$ Bemessungsstrom
$u_k$ Kurzschlussspannung in %
$i_s$ Stoßkurzschlussstrom

Die Kurzschlussspannung eines Transformators ist ein Maß für sein Spannungsverhalten bei Belastung. Transformatoren mit kleiner Kurzschlussspannung sind spannungssteif, Transformatoren mit großer Kurzschlussspannung sind spannungsweich.

## Wiederholungsfragen

1. **Von welchen Größen ist die Ausgangsspannung $U_2$ eines Transformators abhängig?**
2. **Wodurch unterscheiden sich Manteltransformatoren von Kerntransformatoren?**
3. **Bis zu welcher Leistung gelten Transformatoren als Kleintransformatoren?**
4. **Welche Vorteile bietet bei Transformatoren die Verwendung von Schnittbandkernen?**
5. **Was versteht man unter der Leerlaufspannung eines Transformators?**
6. **Welche Arten von Verlustleistungen treten bei Transformatoren auf?**
7. **Wodurch unterscheiden sich spannungssteife und spannungsweiche Transformatoren?**
8. **Welche Bedeutung haben bei einem Transformator die Klemmenbezeichnungen 1.1, 1.2, 2.1 und 2.2?**
9. **Wie hoch darf bei einem Klingeltransformator die höchste Leerlaufspannung sein?**
10. **Was versteht man unter einem Sicherheitstransformator?**
11. **Welche Höchstwerte gelten für die Ausgangsspannung und den Ausgangsstrom eines Spielzeugtransformators?**
12. **Welche Bedeutung hat die Angabe $u_k$ = 5% auf dem Leistungsschild eines Transformators?**

## 16.8.4 Dimensionierung von Transformatoren

**Kleintransformatoren** werden als Serienprodukte hergestellt. Bei einem Wicklungsdefekt wird bei Leistungen bis etwa 250 VA meist keine Instandsetzung durchgeführt, sondern der Transformator ausgewechselt. Dennoch hat der Praktiker zuweilen die Aufgabe, einen Kleintransformator für eine andere Spannung umzuwickeln. Für genormte Kernblechschnitte werden die erforderlichen Wickeldaten Dimensionierungstabellen entnommen **(Tabelle)**.

**Tabelle: Transformatordaten für M- und EI-Schnitte für Kernbleche bei $\hat{B} = 1{,}2$ T**

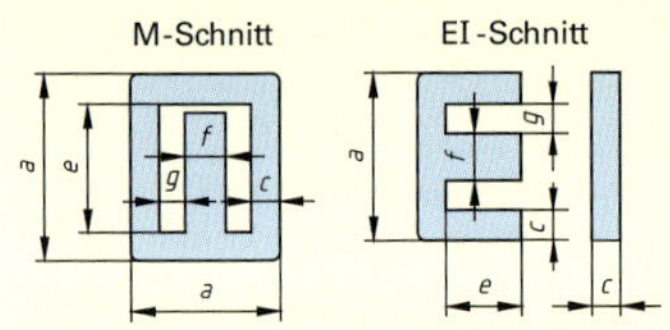


| Transformatorschnitt/Abmessungen | | M42 | M55 | M65 | M74 | M85a | M85b | M102a | M102b | EI130a | EI150b |
|---|---|---|---|---|---|---|---|---|---|---|---|
| | a | 42 | 55 | 65 | 74 | 85 | 85 | 102 | 102 | 130 | 150 |
| | c | 6 | 8,5 | 10 | 11,5 | 14,5 | 14,5 | 17 | 17 | 17,5 | 20 |
| | e | 30 | 38 | 45 | 51 | 56 | 56 | 68 | 68 | 70 | 80 |
| | f | 12 | 17 | 20 | 23 | 26 | 29 | 34 | 34 | 35 | 40 |
| | g | 9 | 10,5 | 12,5 | 14 | 13,5 | 13,5 | 17 | 17 | 30 | 35 |
| Bemessungsleistung $S$ in VA | | 4,5 | 12 | 25 | 50 | 70 | 100 | 120 | 180 | 250 | 500 |
| Spannungsfall $\Delta u$ in % | | 35 | 20 | 14 | 12 | 9 | 8 | 7,5 | 6 | 5 | 4 |
| Stromdichte in A/mm² für Kupfer | außen liegende Wicklung | 6 | 4,8 | 4 | 3,5 | 3,3 | 3,2 | 3 | 2,5 | 2,2 | 1,8 |
| | innen liegende Wicklung | 5,2 | 4,3 | 3,7 | 3,2 | 3,0 | 2,8 | 2,7 | 2,3 | 1,8 | 1,5 |
| je Volt Eingangswicklung | | 19,89 | 11,34 | 7,35 | 5,45 | 4,32 | 3,6 | 3,38 | 3,31 | 3,35 | 2,04 |
| Windungszahl für $U_1 = 230$ V | | 4573 | 2607 | 1689 | 1254 | 992 | 828 | 777 | 530 | 770 | 470 |
| Windungszahl je Volt Ausgangswicklung | | 30,6 | 14,18 | 8,55 | 6,2 | 4,75 | 3,92 | 3,66 | 2,46 | 3,53 | 2,13 |
| Drahtdurchmesser in mm für $U_1 = 230$ V | | 0,08 | 0,14 | 0,2 | 0,3 | 0,35 | 0,45 | 0,5 | 0,65 | 0,8 | 1,2 |
| Anzahl der Bleche | bei 0,35 mm Dicke | 41 | 58 | 72 | 85 | 85 | 117 | 95 | 138 | 96 | 131 |
| | bei 0,5 mm Dicke | 29 | 40 | 50 | 60 | 50 | 81 | 67 | 98 | 66 | 91 |
| Kernquerschnitt $A$ in cm² bei Füllfaktor 0,9 | | 1,6 | 3,1 | 4,9 | 6,8 | 8,5 | 13,7 | 11 | 16 | 14 | 18 |

Die **Bemessungsleistung** eines Transformators ergibt sich aus der Summe der Einzelleistungen aller Ausgangswicklungen. Als Spulen werden Zylinderspulen verwendet, bei denen Eingangs- und Ausgangswicklung übereinander gewickelt sind. Wegen der besseren Wärmeabfuhr ist bei Kleintransformatoren die außenliegende Wicklung die mit dem höheren Strom, bei einem Transformator z. B. 230 V/50 V also die 50-V-Wicklung.

> Bei Kleintransformatoren führt die außenliegende Wicklung den höheren Strom.

Die **Transformatorhauptgleichung** zeigt den Zusammenhang zwischen Kernquerschnitt und erforderlicher Windungszahl. Um den Spannungsrückgang bei Belastung auszugleichen, sind die Windungszahlen je Volt ausgangsseitig höher als eingangsseitig **(Tabelle)**.

Kernquerschnitt und Windungszahlen lassen sich durch die gegebenen Erfahrungsformeln überprüfen (Konstante $K$ **Tabelle 1, Seite 331**). Der aufgenommene Leerlaufstrom lässt erkennen, ob ein Transformator in Ordnung ist oder ob z. B. ein Windungsschluss vorliegt.

> Bei einer Spannung von $U_1 = 230$ V beträgt der Leerlaufstrom $I_0 \approx 1$ mA je 1 VA Bemessungsleistung $S_N$, bei einem 100 VA-Transformator also $I_0 \approx 100$ mA.

**Transformatorhauptgleichung**

$$U_0 = 4{,}44 \cdot \hat{B} \cdot A \cdot f \cdot N$$

- $U_0$ Leerlaufspannung in V
- $\hat{B}$ magnetische Flussdichte für Kernbleche, z.B. 1,2 T
- $A$ Kernquerschnitt in cm²
- $N$ Windungszahl
- $f$ Bemessungsfrequenz

**Kern und Windungszahl**

$$A \approx \sqrt{S} \qquad N \approx \frac{K}{A}$$

- $A$ Eisenquerschnitt des Kerns in cm²
- $S$ Bemessungsleistung in VA
- $N$ Windungszahl
- $K$ Konstante **(Tabelle 1, Seite 331)**

**Trenntransformatoren** mit einer Eingangsspannung und einer Ausgangsspannung werden nach **Bild a** ausgeführt. Bei Transformatoren mit zwei Eingangsspannungen, z. B. $U_{12}$ = 400 V und $U_{13}$ = 230 V, ist die Eingangswicklung mit drei Anschlüssen ausgeführt **(Bild b)**. Diese Wicklung hat aber einen größeren Platzbedarf.

Bei Betrieb mit $U_{13}$ = 230 V ist ein Teil der Windungen nicht genutzt, während bei Betrieb mit $U_{12}$ = 400 V die Strombelastung für den 230-V-Anteil der Wicklung geringer ist. Weichen die beiden Eingangsspannungen um mehr als 5 % voneinander ab, so ist eine größere Bauleistung erforderlich. Für die Eingangsspannungen 230 V und 400 V muss die Bauleistung deshalb um etwa 20 % größer sein als die Bemessungsleistung **(Beispiel 1)**.

Bei einer Bemessungsleistung von 1000 VA und den Eingangsspannungen 230 V und 400 V muss eine Bauleistung gewählt werden, die einem Transformator mit einer Bemessungsleistung von 1212 VA entspricht. Verhalten sich die beiden Eingangsspannungen im Verhältnis 1 : 2, z. B. 115/230 V, so bleibt die Bauleistung unverändert, weil die beiden Wicklungen durch Parallel- oder Serienschaltung voll ausgenutzt werden **(Bild c und d)**.

**Spartransformatoren** besitzen nur eine Wicklung, wobei ein Teil der Wicklung dem Eingangsstromkreis und dem Ausgangsstromkreis gemeinsam dient. Dabei kann die Ausgangsspannung kleiner als die Eingangsspannung **(Bild e)** oder größer als die Eingangsspannung sein **(Bild f)**.

Die Bemessungsleistung des Spartransformators wird **Durchgangsleistung** $S_D$ genannt. Sie wird aus der Ausgangsspannung und dem Ausgangsstrom errechnet ($S_D = U_2 \cdot I_2$). Die **Bauleistung** $S_B$ eines Spartransformators ist stets kleiner als die Durchgangsleistung $S_D$ **(Tabelle 2)**. Beim Übersetzungsverhältnis von z. B. 2 : 1 bringt ein Spartransformator eine wesentliche Verkleinerung der Bauleistung, also des erforderlichen Eisenkerns **(Beispiel 2)**.

**Tabelle 1: Konstante *K* zur Ermittlung der Windungszahl bei Transformatoren**

| Wicklung | Transformatorleistung | Konstante *K* |
|---|---|---|
| Eingangswicklung 1.1-1.2 | bei allen Kleintransformatoren | 38 |
| Ausgangswicklung 2.1-2.2 | bis 25 VA | 46 |
| | 25 VA bis 100 VA | 42 |
| | über 100 VA | 40 |

**Beispiel:**

Welche Bauleistung $S_B$ ist für einen Einphasentransformator mit der Bemessungsleistung $S$ = 1000 VA erforderlich, wenn $U_{12}$ = 400 V und $U_{13}$ = 230 V ist **(Bild b)**?

**Lösung:**

$$\mathbf{S_B} = S + \frac{S \cdot (U_{12} - U_{13})}{2 \cdot U_{12}}$$

$$= 1000\,\text{VA} + \frac{1000\,\text{VA} \cdot (400\,\text{V} - 230\,\text{V})}{2 \cdot 400\,\text{V}} = \mathbf{1212\,VA}$$

**Tabelle 2: Bauleistung von Spartransformatoren**

| $U_1 > U_2$ |  | $U_2 > U_1$ | 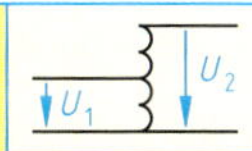 |
|---|---|---|---|
| $S_B = S_D \cdot \frac{U_1 - U_2}{U_1}$ | | $S_B = S_D \cdot \frac{U_2 - U_1}{U_2}$ | |
| $S_B$ Bauleistung | | $U_1$ Eingangsspannung | |
| $S_D$ Durchgangsleistung | | $U_2$ Ausgangsspannung | |

**Beispiel:**

Welche Bauleistung $S_B$ benötigt ein Spartransformator mit der Eingangsspannung $U_1$ = 230 V, der Ausgangsspannung $U_2$ = 115 V und einer Durchgangsleistung $S_D$ = 500 VA?

**Lösung:**

$$\mathbf{S_B} = S_D \cdot \frac{U_1 - U_2}{U_1} = 500\,\text{VA} \cdot \frac{230\,\text{V} - 115\,\text{V}}{230\,\text{V}} = \mathbf{250\,VA}$$

Spartransformatoren dürfen nicht als Kleinspannungs-Transformatoren, z. B. als Spielzeug- oder Klingeltransformator, benützt werden, weil die Ausgangswicklung mit dem geerdeten Versorgungsnetz verbunden ist.

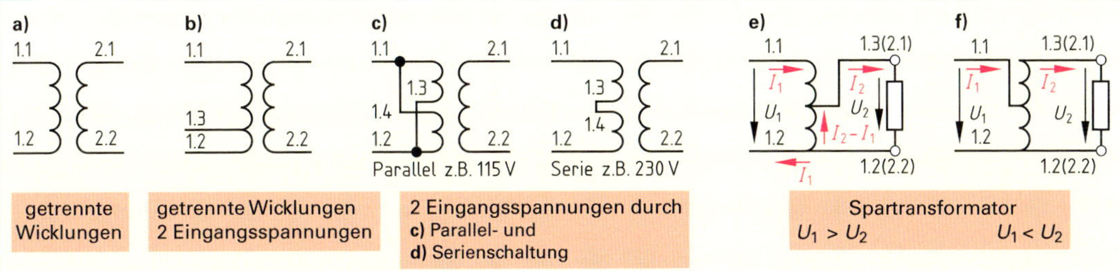


**Bild: Schaltungen von Einphasentransformatoren**

## 16.8.5 Drehstromtransformatoren

Drehstromtransformatoren **(Bild 1)** werden z. B. zur Versorgung von Schaltanlagen und Steuerungen verwendet. Als Verteilungstransformatoren **(Bild 2)** verbinden sie Hoch- und Niederspannungsnetze. Sie haben geringe Verluste und sind spannungssteif. Ihre Kurzschlussspannung ist daher klein.

Die Wicklungen von Drehstromtransformatoren werden im Dreieck, Stern oder Zickzack geschaltet. Die Schaltung der Oberspannungswicklung (OS) wird mit Großbuchstaben (D = Dreieck, Y = Stern) angegeben, die der Unterspannungswicklung (US) mit Kleinbuchstaben (d = Dreieck, y = Stern, z = Zickzack). Je nach Schaltung von Ober- und Unterspannungsseite (Schaltgruppe) ergeben sich unterschiedliche Phasenlagen zwischen den Spannungen **(Zeigerbilder, Tabelle).** Die Kennzahl der Schaltgruppe multipliziert mit 30° ergibt den jeweiligen Phasenwinkel zwischen Ober- und Unterspannung des Transformators.

Die Schaltgruppe Dy5 besagt: OS-Seite in Dreieck, US-Seite in Stern, Phasenwinkel 5 · 30° = 150°.

Drehstromtransformatoren, z. B. in Verteilungsnetzen, werden im Parallelbetrieb eingesetzt.

**Parallelschaltbedingungen** bei Drehstromtransformatoren:

- Gleiche Kennzahl der Schaltgruppe.
- Gleiche Eingangsspannung.
- Gleiche Ausgangsspannung.
- Das Verhältnis der Bemessungsleistungen soll nicht größer als 1 : 3 sein.
- Die Kurzschlussspannungen sollen um höchstens 10% voneinander abweichen.

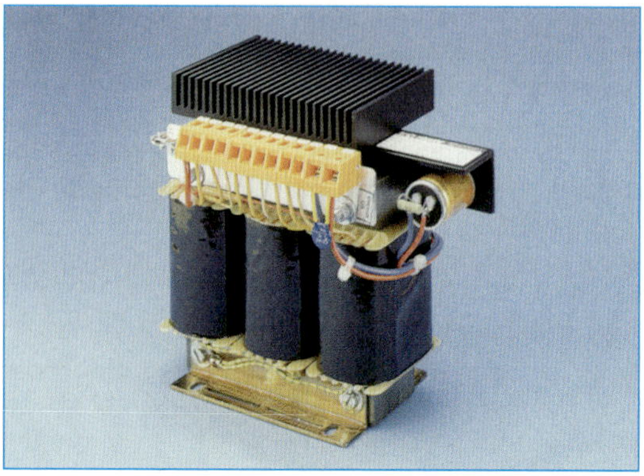

**Bild 1: Drehstromtransformator mit Gleichrichter**

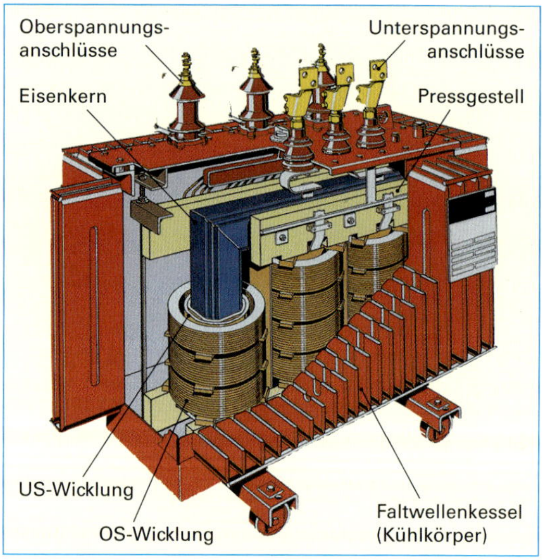


**Bild 2: Drehstrom-Verteilungstransformator 400 kVA Oberspannung 10 kV, Unterspannung 0,4 kV**

**Tabelle: Schaltgruppen und Anwendung gebräuchlicher Drehstromtransformatoren**

| Bezeichnung | | Zeigerbild | | Schaltungsbild | | Übersetzung | Anwendung |
|---|---|---|---|---|---|---|---|
| Kennzahl | Schaltgruppe | OS | US | OS | US | | |
| 0 | **Yy0** | 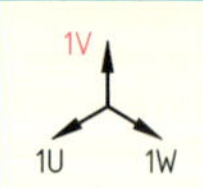 | 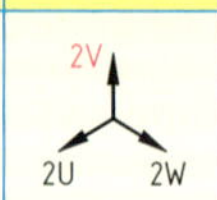 | 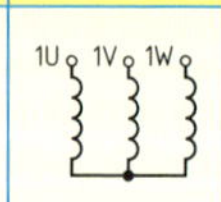 | 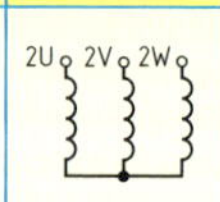 | $ü = \frac{U_1}{U_2} = \frac{N_1}{N_2}$ | Transformatoren für symmetrische Belastung. Sternpunkt maximal 10% belastbar. |
| 5 | **Dy5** | 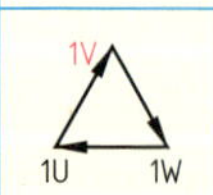 | 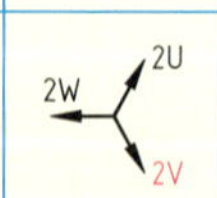 | 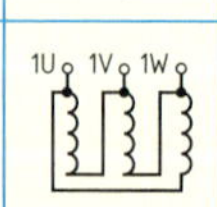 | 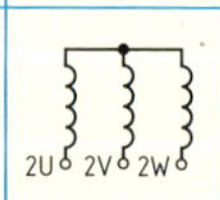 | $ü = \frac{U_1}{U_2} = \frac{N_1}{\sqrt{3} \cdot N_2}$ | Große Verteilungstransformatoren. Sternpunkt voll belastbar. |
| | **Yd5** | 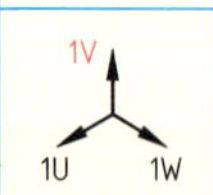 | 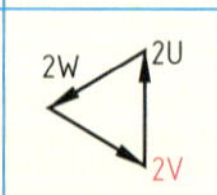 | 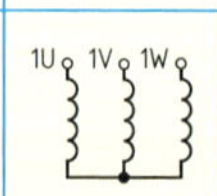 | 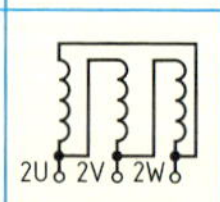 | $ü = \frac{U_1}{U_2} = \frac{\sqrt{3} \cdot N_1}{N_2}$ | Haupttransformatoren großer Kraft- und Umspannwerke. |
| | **Yz5** | 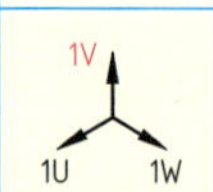 | 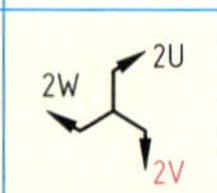 | 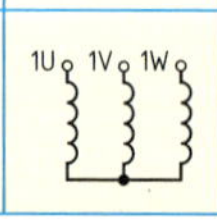 | 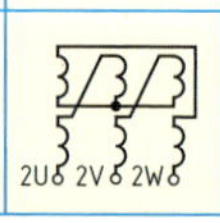 | $ü = \frac{U_1}{U_2} = \frac{2 \cdot N_1}{\sqrt{3} \cdot N_2}$ | Kleine Verteilungstransformatoren. Sternpunkt voll belastbar. |

# 16.9 Wicklungen von Transformatoren und Elektromotoren

## 16.9.1 Wickeln und isolieren von Kleintransformatoren

**Kleintransformatoren**. Für die Wicklungen werden meist Kupferdrähte verwendet, die mit Lack isoliert sind. Kupferlackdrähte haben eine hohe Durchschlagfestigkeit und eignen sich sehr gut für die Verarbeitung auf Wickelmaschinen.

Je größer der Strom ist, den der Transformator transformieren muss, umso dicker wird der Wickeldraht in der entsprechenden Spule. Bei kleineren Strömen werden runde Querschnitte gewickelt. Bei höheren Strömen geht man zu Kupferlackdrähten mit Rechteckquerschnitten über, weil diese rechteckigen Querschnitte den vorhandenen Wickelraum besser ausnützen können als Runddrähte. Die Windungszahl der Wicklung hängt von der magnetischen Flussdichte und dem Kernquerschnitt ab.

**Spulenkörper** für Kleintransformatoren **(Bild 1)** mit genormten Kernblechschnitten werden im Spritzgussverfahren aus Polyamid, einem thermoplastischen Kunststoff, hergestellt (z.B. Pa6 GF30[1]). Die Art des Kunststoffes richtet sich nach der Wärmeklasse.

**Zylinderwicklungen (Bild 2)** werden lagenweise auf den Spulenkörper gewickelt. Bei hohen Spannungen zwischen den einzelnen Lagen wird nach jeder Lage, bei kleineren Spannungen nach jeder dritten oder vierten Lage, eine Lagenisolation aus Folienmaterial, z.B. Hostaphan, eingelegt. Die Isolierstreifen sind breiter als die Wickelbreite der Spule. Sie werden daher an jeder Seite gefiedert, d.h. im Abstand von etwa 2 mm eingeschnitten, um sich gut an die Innenseiten des Spulenkörpers anzulegen. Dadurch wird ein Abrutschen einzelner Windungen in die darunterliegenden Lagen verhindert. Befinden sich Eingangs- und Ausgangswicklung auf dem gleichen Spulenkörper, ist eine zusätzliche Zwischenisolation erforderlich.

> Zwischen Oberspannungs- und Unterspannungswicklung muss besonders sorgfältig isoliert werden, damit kein Spannungsüberschlag zwischen ihnen auftreten kann **(Bild 4)**.

In den bewickelten Spulenkörper werden die Kernbleche eingebracht. Bei streuarmen Kernen wird wechselseitig geschichtet, um einen durchgehenden Luftspalt zwischen Kern und Joch zu vermeiden **(Bild 3)**. Durch geblechte Kerne werden die Wärmeverluste durch Wirbelströme klein gehalten. Die Bleche sind oxidiert oder einseitig lackiert.

[1] **Pa GF30**: Abk. für: **P**oly**a**mid 6 mit **30** % **G**las**f**aser

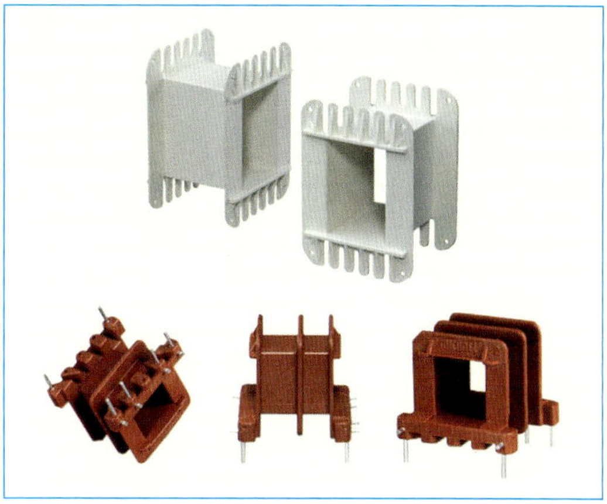

**Bild 1: Spulenkörper für Kleintransformatoren**

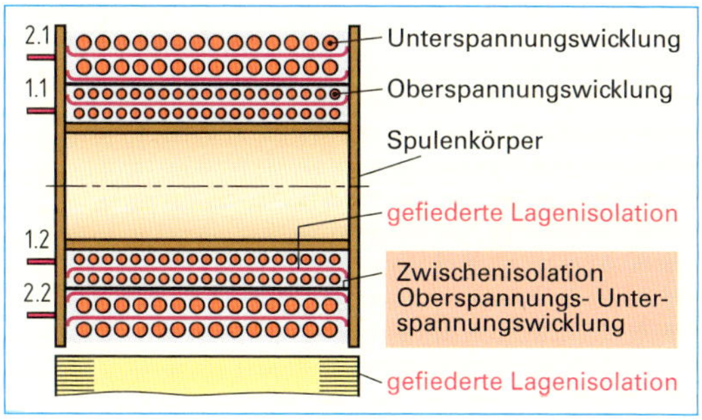


**Bild 2: Zylinderwicklung eines Einphasentransformators**

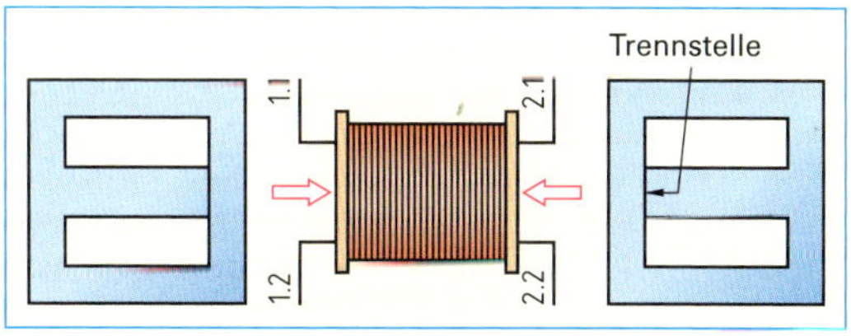


**Bild 3: Wechselseitiges Schichten eines Transformators mit M-Schnitt**

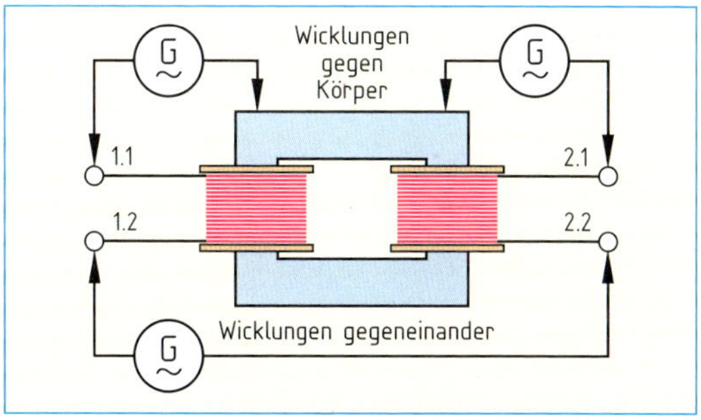


**Bild 4: Prüfen auf Spannungsfestigkeit**

## 16.9.2 Sicherheitsprüfung von Kleintransformatoren

Nach der Herstellung oder einer Reparatur von Kleintransformatoren sind die Wicklungen einer Prüfung des **Isolationswiderstandes** sowie einer **Wicklungsprüfung** zu unterziehen.

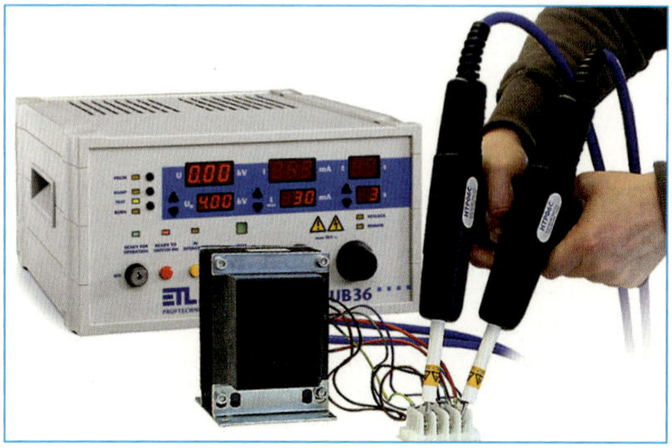

**Bild 1: Wicklungsprüfung mit Hochpannungsprüfgerät**

Weiterhin werden die Leerlaufspannung und damit auch das korrekte Übersetzungsverhältnis der Wicklungen durch Messung überprüft. Die Prüfungen bzw. die Messung können auch im Rahmen der vorbeugenden Wartung durchgeführt werden.

Der **Isolationswiderstand** wird mit einer Gleichspannung von 500 V gemessen. Die Messung erfolgt 1 Minute nach Anlegen der Spannung. Zwischen Primär- und Sekundärwicklung muss der Isolationswiderstand mindestens 5 MΩ betragen. Zwischen Primär- und Sekundärwicklung und dem Eisenkern muss der Isolationswiderstand mindestens 2 MΩ, bei verstärkter Isolierung mindestens 7 MΩ, betragen. Die **Wicklungsprüfung (Bild 2)** erfolgt unmittelbar nach der Prüfung des Isolationswiderstandes. Widerstände, Kondensatoren und andere Bauelemente sind vor der Wicklungsprüfung zu entfernen.

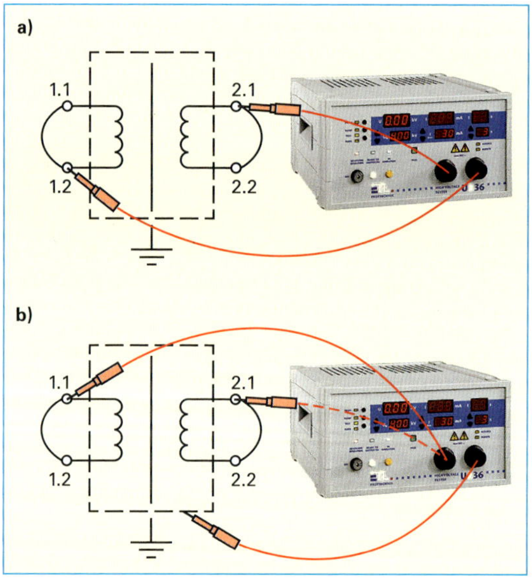


**Bild 2: Anschluss der Prüfstellen bei der Wicklungsprüfung**

Zur Wicklungsprüfung werden Hochspannungsprüfgeräte **(Bild 1)** mit sinusförmiger Wechselspannung und einer Frequenz von 50 Hz sowie einer einstellbaren Spannung von 500 V bis 5000 V verwendet. Bei der Wicklungsprüfung wird die Isolation zwischen getrennten Wicklungen und die Isolation zwischen den Wicklungen und berührbaren Metallteilen geprüft. Bei Transformatoren der Schutzklasse I wird z.B. die Primärwicklung gegenüber der Sekundärwicklung **(Bild 2a)** sowie jeweils die Primär- und die Sekundärwicklung gegen geerdete Teile auf Über- oder Spannungsdurchschlag geprüft **(Bild 2b)** und der Isolationswiderstand gemessen. Bei der Wicklungsprüfung wird mit der halben Prüfspannung begonnen. Die Spannung wird innerhalb von 10 Sekunden auf die volle Prüfspannung erhöht. Dabei lässt man die Prüfspannung eine Minute lang bestehen. In dieser Zeit darf kein Über- oder Durchschlag auftreten. Bei der Höhe der Prüfspannung ist die Schutzklasse und die Bemessungsspannung zu beachten **(Tabelle)**.

**Tabelle: Wicklungsprüfung bei Kleintransformatoren bis 16 kVA, 1000V, DIN EN 61558-1 (VDE 0570-1)**

| Anwendung der Prüfspannung | Betriebsspannung der Kleintransformatoren | | | | |
|---|---|---|---|---|---|
| | <50 V | 150 V | 300 V | 600 V | 1000 V |
| **Schutzklasse I und III** | | | | | |
| Aktive Teile[1] gegen Körper und Primärstromkreise gegen Sekundärstromkreise | 250 V | 1400 V | 2100 V | 2500 V | 2750 V |
| **Schutzklasse II** | | | | | |
| Aktive Teile der Primärstromkreise gegen aktive Teile der Sekundärstromkreise (Basisisolierung) | 250 V | 1400 V | 2100 V | 2500 V | 2750 V |
| Aktive Teile der Primärstromkreise gegen aktive Teile der Sekundärstromkreise (doppelte oder verstärkte Isolierung) | 500 V | 2800 V | 4200 V | 5000 V | 5500 V |

[1] **Aktive Teile:** Sind Leiter oder leitfähige Teile, die bei ungestörtem Betrieb unter Spannung stehen. Dazu zählt auch der Neutralleiter N.

## 16.9.3 Wicklungen von Gleichstrommaschinen

Die Erregerspulen von Gleichstrommaschinen werden auf Schablonen gewickelt, die der Form der Polkerne entsprechen, und danach z. B. mit Baumwollband umwickelt. Beim Umwickeln ist es vorteilhaft, die Spulenanschlüsse jeder zweiten Spule zu kreuzen **(Bild 1)**. Dadurch erhält man bei Reihenschaltung der Spulen kreuzungsfreie kurze Schaltverbindungen. Die fertigen Spulen werden getrennt oder zusammen mit dem Kern imprägniert. Die Läuferwicklungen von Gleichstrommaschinen sind überwiegend **Zweischichtwicklungen**. Bei dieser Wicklung liegen in einer Nute zwei Schichten, d. h., zwei Spulenseiten verschiedener Spulen isoliert übereinander. Befindet sich in jeder Nute je Schicht nur eine Spulenseite, sind so viele Kollektorlamellen notwendig, wie Nuten im Anker vorhanden sind. Der Abstand der Spulenseiten entspricht annähernd einer Polteilung, weil beide Spulenseiten unter ungleichnamigen Polen liegen müssen. Dieser Abstand wird als Wicklungsschritt $y_1$ bezeichnet. Bei **Durchmesserwicklungen** mit ungekürztem Wicklungsschritt ergibt sich der Wicklungsschritt aus Nutenzahl *N* geteilt durch die Polzahl *2p* **(Bild 2)**. Bei **gesehnten Wicklungen** ist der Wicklungsschritt um eine oder mehrere Nuten kürzer als die Polteilung **(Bild 3)**.

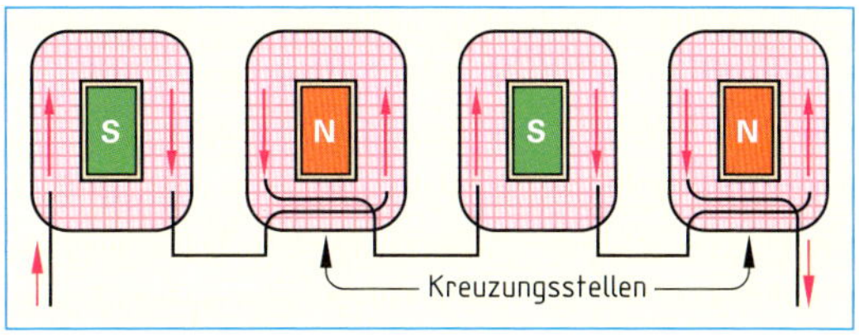


**Bild 1: Erregerspulen einer 4-poligen Gleichstrommaschine (Reihenschaltung)**

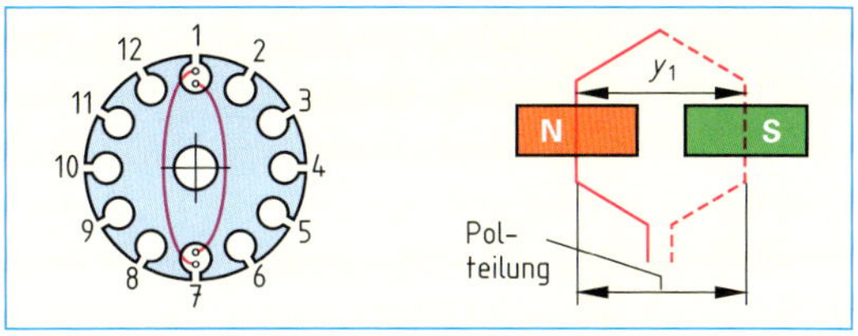


**Bild 2: Ungekürzter Wicklungsschritt (Durchmesserwicklung)**

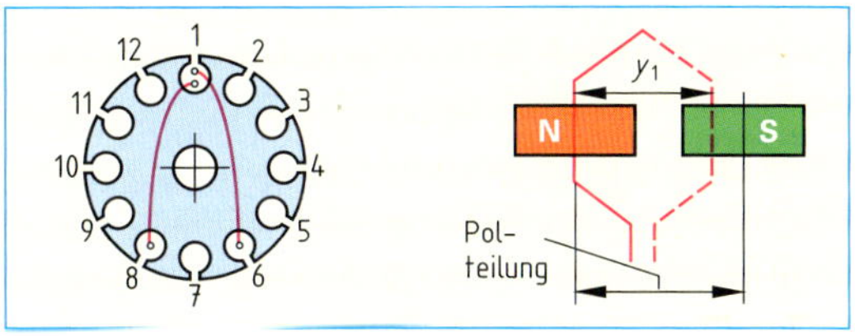


**Bild 3: Gekürzter Wicklungsschritt (gesehnte Wicklung)**

**Wicklungsschritt $y_1$**

- **Durchmesserwicklung:**
  $y_1 = \frac{N}{2p}$
- **gesehnte Wicklung:**
  $y_1 = \left(\frac{N}{2p}\right) - 1$

$y_1$ Wicklungsschritt
$N$ Nutenzahl
$2p$ Polzahl

**Beispiel:**

Ein Anker hat 16 Nuten. Er soll mit einer vierpoligen Trommelwicklung versehen werden.

**a)** Wie groß muss der 1. Wicklungsschritt für eine Durchmesserwicklung sein?

**b)** Wie groß muss der 1. Wicklungsschritt für eine gesehnte Wicklung sein?

**Lösung:**

**a)** $y_1 = \frac{N}{2p} = \frac{16}{4} = 4$

**b)** $y_1 = \frac{N}{2p} - 1 = \left(\frac{16}{4}\right) - 1 = 3$

**Schleifenwicklung.** Werden die Spulen eines Läufers so geschaltet, dass am Stromwender das Ende der einen Spule jeweils mit dem Anfang der nächsten Spule verbunden wird, so entsteht eine Wicklung, bei der alle Spulen in Reihe geschaltet und die entstehende Schleife in sich kurzgeschlossen ist. Eine Schleifenwicklung kann gekreuzt oder ungekreuzt ausgeführt sein **(Bild 4)**.

Bei Leistungen über 5 kW und bei hohen Läuferspannungen werden fast ausschließlich Wellenwicklungen ausgeführt.

Bei der Wellenwicklung wird die erste Spule, zum ersten Polpaar gehörend, verbunden mit der zweiten Spule, die unter dem zweiten Polpaar liegt. Wellenwicklungen sind wie Schleifenwicklungen meist in ungekreuzter oder gekreuzter Schaltung ausführbar.

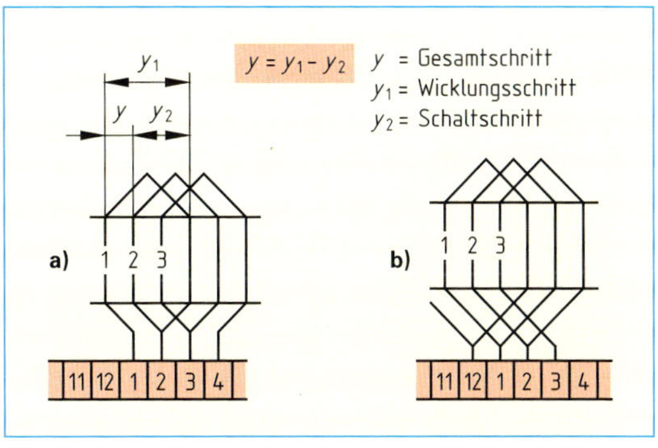


**Bild 4: a) ungekreuzte, b) gekreuzte Schleifenwicklung**

## 16.9.4 Wicklungen von Drehstrommaschinen

Die Wicklungen von Drehstrommaschinen werden als Einschichtwicklungen **(Bild 1a)** oder als Zweischichtwicklungen **(Bild 1b)** ausgeführt. Die Spulen können so gewickelt sein, dass eine Wicklung mit Spulen gleichen Nutenschritts **(Bild 1c)** oder eine Wicklung mit Spulen ungleichen Nutenschritts **(Bild 1d)** entsteht. Man nennt diese Wicklungsart auch Wicklung mit konzentrischen Spulen.

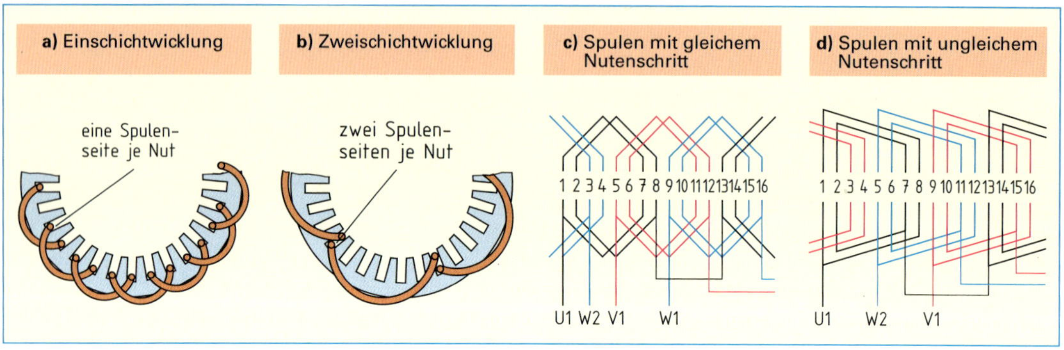


**Bild 1: Wicklungen von Drehstrommotoren**

## 16.9.5 Herstellen von Wicklungen

Ständer- und Läuferwicklungen von Drehstrommotoren werden aus Runddrähten oder Flachdrähten hergestellt. Als Leitermaterial wird überwiegend Kupfer, bei Großmaschinen auch Aluminium verwendet. Als Wickeldrähte werden Lackdrähte sowie umsponnene oder umwickelte Drähte verwendet.

**Träufelwicklung (Bild 2).** Für Motoren bis etwa 50 kW werden die Spulen als Rund- oder Ovalspulen auf Wickelmaschinen vorgefertigt und durch die Nutenschlitze in die Ständernuten eingeträufelt. Beim Wickeln ist zu beachten, dass die Drahtisolation nicht beschädigt wird und die Leiter kreuzungsfrei in den Nuten liegen.

**Formspulen (Bild 3).** Für Hochspannungsmotoren werden Formspulen gewickelt, die im Bereich der Nuteneinbettung bereits vor dem Einbau mit thermoplastischen Lacken getränkt und mit Isoliermaterial auf Glimmerbasis umbügelt werden. Dazu dienen elektrisch beheizte Pressformen. Diese Wicklungen werden als Zweischichtwicklungen ausgeführt. Zum Einbau sind offene Nuten erforderlich. Nach dem Einlegen der Spulen werden die Nuten mit Deckschiebern oder entsprechenden Holzkeilen verschlossen **(Bild 4)**.

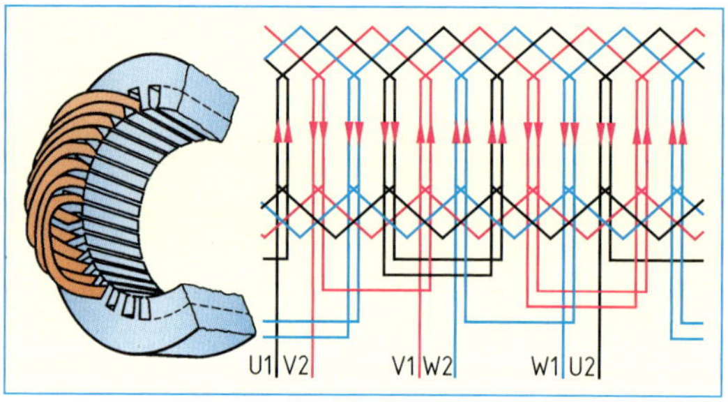


**Bild 2: Zweischicht-Träufelwicklung**

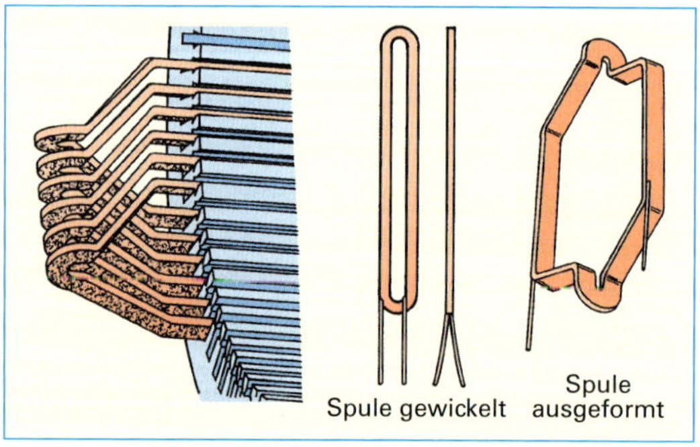


**Bild 3: Zweischichtwicklung mit Formspulen**

## 16.9.6 Isolieren von Wicklungen

Die Nuten elektrischer Maschinen müssen vor dem Einlegen der Wicklungen sorgfältig isoliert werden.

Die Ausführung der Nutisolation hängt von der Art der Wicklung und der Nutform ab **(Bild 4)**.

Das Isoliermaterial muss den auftretenden mechanischen, klimatischen und chemischen Anforderun-

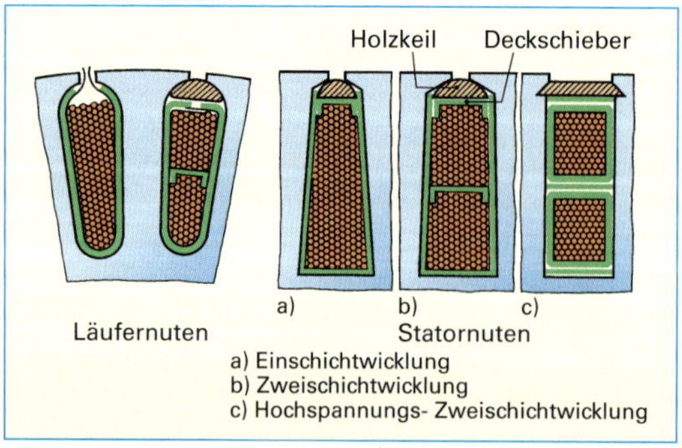


**Bild 4: Beispiele für Nutenisolationen**

gen entsprechen sowie alterungsbeständig und spannungsfest sein. Es muss für die von den Betriebsbedingungen abhängige thermische Belastung geeignet sein.

**Fertigstellen der Wicklung.** Nach dem Einlegen der Wicklung und dem Verschließen der Nuten werden die Spulengruppen durch Zwischenisolationen gegeneinander isoliert und die Wickelköpfe so geformt, dass sie genügend Abstand zu den Lagerschilden haben. Die fertig gewickelten und geschalteten Ständerpakete werden mit lösungsmittelhaltigen Isolierlacken oder mit lösungsmittelfreien Harzen imprägniert. Dies geschieht durch Eintauchen, Überfluten oder Vakuumimprägnieren. Die letztgenannte Methode ist die sicherste, weil so gefährliche Lufteinschlüsse verhindert werden. Nach dem Abtropfen der Ständerpakete werden sie zum Verdunsten der Lösungsmittelrückstände etwa zwei Stunden bei einer Temperatur von 80 °C im Trockenofen vorgeheizt. Dabei ist für ausreichende Absaugung der Lösungsdämpfe zu sorgen. Das Aushärten der imprägnierten Wicklungen erfolgt anschließend bei etwa 130 °C über eine Zeit von 6 bis 8 Stunden. Die von den Lackherstellern vorgeschriebenen Temperatur- und Zeitdaten müssen eingehalten werden.

**Thermische Klassifizierung.** Isolierstoffe werden nach DIN EN 60085 in thermische Klassen eingeteilt **(Tabelle).** Die thermische Klasse (früher: Isolierstoffklasse) gibt die höchste zulässige Gebrauchstemperatur an, für die der Isolierstoff geeignet ist.

**Tabelle: Thermische Klassifikation von Isolierstoffen** (nach DIN EN 60085)

| Thermische Klasse* | Buchstaben-bezeichnung | Isolierstoffe (Beispiele) | Tränkmittel (Beispiele) |
|---|---|---|---|
| 90 | Y | Papier, Baumwolle, Kunstseide, Holz, PVC, Gummi, Polyamid-Faser | Kunstharzlack, nur erforderlich bei Beanspruchung durch Feuchtigkeit |
| 105 | A | Pressspan, Polyamid-Faserstoffe, Holz, Baumwolle, Kunstseide, Vulkanfiber | Kunstharzlacke, Isolieröl, synthetische dielektrische Flüssigkeiten |
| 120 | E | Papier- und gewebegebundene Schichtstoffe, Hartpapier, Acetatfolien, Polyamid-Harze | Epoxid-Harze, Kunstharzlacke, vernetzte Polyester-Harze |
| 130 | B | Glimmererzeugnisse, Fiber-Silikat, Glasfaserprodukte | Epoxid-Harze, vernetzte Polyester-Harze, Kunstharzlacke |
| 155 | F | Glimmererzeugnisse, Glasfaserprodukte | Epoxid-Harze, vernetzte Polyurethan-Harze, Alkyd-Harze |
| 180 | H | Fiber-Silikat, Glasfaser- und Glimmerprodukte | Silikon-Harze |
| 200,<br>220,<br>250 | N<br>R<br>– | Glas, Porzellan, Quarz, Fiber-Silikat, Polytetrafluorethylen, Glimmer | Silikon-Harze mit hoher Wärmebeständigkeit |

* Höchste zulässige Gebrauchstemperatur des Isolierstoffes in °C

## 16.9.7 Prüfen von Wicklungen

Wicklungen elektrischer Maschinen sind nach Neuwicklung einer Prüfung des Isolationswiderstandes zu unterziehen. Der Isolationswiderstand muss bei Motoren mindestens 1 MΩ betragen.

Bild: **Isolationswiderstandsprüfung an einem Motor**

Geprüft werden die Wicklungen gegeneinander und gegen den Körper **(Bild)**. Zur Prüfung werden Hochspannungsprüfgeräte mit sinusförmiger Wechselspannung 50 Hz und einstellbarer Spannung von 500 V bis 5000 V verwendet. Zu Beginn der Prüfung soll die Spannung etwa die Hälfte der vollen Prüfspannung betragen.

Innerhalb von 10 Sekunden ist die Prüfspannung auf den vollen Spannungswert zu steigern. Die anschließende Prüfzeit mit voller Prüfspannung beträgt eine Minute.

In der Serienfabrikation darf die Prüfzeit für Wicklungen auf fünf Sekunden verringert werden, wobei die volle Prüfspannung an die Wicklung gelegt wird. Bei einer Erhöhung der Prüfspannung auf 120 % ihres Wertes darf man bei Serienfertigung von neuen Wicklungen die Prüfzeit auf eine Sekunde verkürzen. Die bei der Neufertigung durchgeführte Prüfung der Wicklung darf mit der vollen Prüfspannungshöhe nicht wiederholt werden. Werden bei einer Instandsetzung Teile der Wicklung erneuert, so ist die Wicklungsprüfung mit 75 % der Prüfspannung für neue Maschinen durchzuführen. Bei Wartungsarbeiten an Wicklungen, z. B. Reinigung und Trocknung, hat die Prüfspannung bei Wicklungen mit Bemessungsspannungen über 100 V den Wert der 1,5-fachen Bemessungsspannung, mindestens aber 1000 V. Bei Bemessungsspannungen bis 100 V ist mit 500 V zu prüfen.

**Bild: Windungsschlussprüfung**

Die Höhe der Prüfspannung ist abhängig von der Leistung $P_N$ und der Bemessungsspannung $U_N$ der Maschine.

**Prüfspannungen nach DIN EN 60034 (VDE 0530) für umlaufende Maschinen:**

- Für Leistungen $P_N \leq 1$ kW und einer Bemessungsspannung $U_N \leq 100$ V beträgt die Prüfspannung $2 \cdot U_N + 500$ V.
- Für Leistungen 1 kW $\leq P_N < 10$ MW beträgt die Prüfspannung $2 \cdot U_N + 1000$ V, mindestens aber 1500 V.
- Für Leistungen $P_N \geq 10$ MW und Spannungen $U_N \leq 24$ kV beträgt die Prüfspannung $2 \cdot U_N + 1000$ V.
- Für Schleifringläuferwicklungen ohne Drehfeldumkehr beträgt die Prüfspannung $2 \cdot U_{L0} + 1000$ V. Für Schleifringläuferwicklungen mit Drehfeldumkehr beträgt die Prüfspannung $4 \cdot U_{L0} + 1000$ V ($U_{L0}$ = Läuferstillstandsspannung)
- Für Erregerwicklungen von fremderregten Gleichstrommaschinen beträgt die Prüfspannung $4 \cdot U_{NE}$ + 1000 V, mind. 1500 V ($U_{NE}$ = Bemessungs-Erregerspannung)

Für die Prüfung von Wicklungen auf Windungsschluss werden spezielle Prüfgeräte verwendet **(Bild)**. Windungsschlussprüfgeräte beruhen meist auf dem Prinzip des Transformators. Die Prüfsonde bildet dabei die Eingangswicklung. Die zu prüfende Wicklung bildet die Ausgangswicklung. Bei einem Windungsschluss hat der Stromfluss in den kurzgeschlossenen Windungen ein Magnetfeld im Eisen des Ständerpaketes, das die Spule umgibt, zur Folge. Diese magnetische Wirkung wird zur Fehleranzeige benutzt.

Bei der Windungsschlussprüfung ist zu beachten, dass parallel geschaltete Wicklungszweige geöffnet sind, z. B. bei der Dreieckschaltung, damit diese in sich geschlossenen Stromkreise nicht als Windungsschluss registriert werden.

Dies gilt ebenso bei polumschaltbaren Wicklungen nach dem Dahlanderprinzip, die in Δ/YY-Schaltung betrieben werden. Hier ist vor der Prüfung die Dreieckverbindung an einer Stelle zu unterbrechen.

## Wiederholungsfragen

1 **Welchen Einfluss hat eine Eingangswicklung für mehrere Spannungen auf die Bauleistung eines Transformators?**
2 **Wodurch unterscheiden sich Trenntransformatoren von Spartransformatoren?**
3 **Erklären Sie die Bezeichnung Yd6 eines Drehstromtransformators.**
4 **Nennen Sie die gebräuchlichsten Schaltgruppen von Drehstromtransformatoren. Geben Sie dazu Anwendungsbeispiele an.**
5 **Nennen Sie die Bedingungen für den Parallelbetrieb von Drehstromtransformatoren.**
6 **Was versteht man unter einer gesehnten Wicklung?**
7 **Wodurch unterscheiden sich bei Drehstromständern Einschicht- von Zweischichtwicklungen?**
8 **Was versteht man unter einer Träufelwicklung?**
9 **Bei einem Drehstrommotor 100 kW 400 V Dreieck ist die Ständerwicklung erneuert worden. Wie hoch ist die nach DIN VDE 0530 vorgeschriebene Prüfspannung für die Isolationsprüfung?**
10 **Beschreiben Sie die Wicklungsprüfung an einem 230 V/24 V Kleintransformator der Schutzklasse I.**

# 17 Primärelemente und Sekundärelemente

Primärelemente und Sekundärelemente **(Übersicht)** dienen der Stromversorgung netzunabhängiger Verbraucher. Sie sind Quellen elektrischer Energie, die durch direkte Umwandlung aus chemischer Energie entsteht.

**Primärelemente** sind nach der Entladung nicht wieder aufladbar.

**Sekundärelemente** sind Akkumulatoren **(Seite 340)**, bei denen der elektrochemische Prozess umkehrbar ist. Sekundärelemente kann man nach der Entladung wieder aufladen.

**Übersicht: Galvanische Elemente (Beispiele)**

- **Primärelemente** (nicht wieder aufladbar)
  - Zink-Kohle-Zelle
  - Alkalische Zink-Mangandioxid-Zelle
  - Zink-Silberoxid-Zelle
  - Lithium-Zelle
- **Sekundärelemente** (wieder aufladbar)
  - Blei-Akkumulator
  - Nickel-Metallhydrid-Akkumulator
  - Lithium-Ionen-Akkumulator

Primärelemente können nach erfolgter Entladung nicht wieder aufgeladen werden. Sekundärelemente (Akkumulatoren) kann man wieder aufladen.

## 17.1 Primärelemente (Trockenelemente)

Primärelemente haben zwei Elektroden aus unterschiedlichen Materialien, z. B. Zink und Kohle, in einer eingedickten Flüssigkeit, dem Elektrolyten. Je weiter die beiden Metalle in der elektrochemischen Spannungsreihe (Tabellenbuch Elektrotechnik) auseinander liegen, desto größer ist die Spannung zwischen den Elektroden (Zellenspannung). Bei der Umwandlung von chemischer Energie in elektrische Energie wird das „unedlere Metall", z. B. der Zinkbecher der Zink-Kohle-Zelle, zersetzt. Um die Gefahr des Auslaufens zu verhindern, haben die Zellen meist einen vernickelten Stahlbecher als Außenmantel. Wichtige Auswahlkriterien, z. B. die Nennspannung oder die Energiedichte, sind in **Tabelle 1** angegeben, die Handels- und Normbezeichnung sowie die Abmessungen in **Tabelle 2**.

**Tabelle 1: Wichtige Primärelemente** (Auswahl)

| Bezeichnung | Nennspannung | Eigenschaften | Energiedichte in W/cm³ | Anwendungsbeispiele |
|---|---|---|---|---|
| Zink-Kohle-Zelle | 1,5 V | Nach Tiefentladung auslaufgefährdet, beschränkt lagerfähig | 0,08 bis 0,15 | Taschenlampen, elektrische Spielzeuge |
| Alkalische Zink-Mangandioxid-Zelle | 1,5 V | Hohe Leistung und Strombelastbarkeit, geringe Selbstentladung | 0,15 bis 0,4 | Kameras, Blitzlicht, Unterhaltungselektronik |
| Zink-Silberoxid-Zelle | 1,55 V | Lange Lebensdauer, konstante Spannung, geringe Selbstentladung | 0,4 bis 0,6 | Uhren, Fotoapparate, Taschenrechner, Hörgeräte |
| Lithium-Zelle | bis 3,5 V | Sehr hohe Lebens- und Lagerzeit, geringe Selbstentladung, teuer | 0,4 bis 1 | Pufferbatterie für RAM-Speicher, Fotoapparate |

**Tabelle 2: Handelsbezeichnungen und Normangaben für Trockenzellen** (Auswahl)

| Handelsbezeichnung | Nennspannung | Normbezeichnung nach | | | Abmessungen in mm | | | | Kapazität in mAh (bis) |
|---|---|---|---|---|---|---|---|---|---|
| | | IEC* | ASA | JIS | Ø | Länge | Breite | Höhe | |
| Lady | 1,5 V | LR1 | N-Size | AM 5 | 12,0 | – | – | 30,0 | 800 |
| Micro | 1,5 V | LR03 | AAA-Size | AM 4 | 10,3 | – | – | 45,0 | 1450 |
| Mignon | 1,5 V | LR6 | AA-Size | AM 3 | 14,3 | – | – | 51,0 | 3500 |
| Baby | 1,5 V | LR14 | C-Size | AM 2 | 27,0 | – | – | 50,0 | 8000 |
| Mono | 1,5 V | LR20 | D-Size | AM 1 | 35,0 | – | – | 62,0 | 20000 |
| Normalbatterie | 4,5 V | 3LR12 | – | – | – | 62,0 | 22,0 | 67,0 | – |
| Energieblock | 9,0 V | 6LR61 | – | – | – | 26,2 | 17,0 | 48,5 | 600 |

* Abkürzungen nach IEC: **L** = Alkalische Mangan-Zelle; **R** = Rundzelle, z.B. **3LR12**: 3 Rundzellen LR12 in Reihe geschaltet

## 17.2 Sekundärelemente

Sekundärelemente kann man nach der Entladung wiederholt laden. Sie werden auch als Akkumulatoren bezeichnet.

> Beim Laden des Akkumulators wird elektrische Energie in chemische Energie umgewandelt und gespeichert. Beim Entladen wird chemische Energie in elektrische Energie gewandelt, dem Akkumulator wird elektrische Energie entnommen.

Am häufigsten verwendet man:
- Bleiakkumulatoren,
- Nickel-Metallhydrid-Akkumulatoren **(Seite 341)**
- Lithium-Ionen-Akkumulatoren **(Seite 341)**.

**Bleiakkumulatoren** haben geringe Energiedichten **(Tabelle)**, sind aber hochbelastbar. Sie werden deshalb bevorzugt als Starterbatterien in Kraftfahrzeugen eingesetzt. Bleiakkus enthalten als Elektrolyt verdünnte Schwefelsäure. Im vollgeladenen Zustand beträgt die Dichte des Elektrolyten 1,28 kg/l, bei entladenem Akku 1,22 kg/l.

**VRLA-Akkumulatoren**[1] (Bleiakku) besitzen keine Nachfüllmöglichkeit und gelten daher als wartungsfrei. Ein beim Laden möglicherweise entstehender Überdruck wird durch ein Sicherheitsventil abgeleitet. Die durchschnittliche Lebensdauer von VLRA-Akkus beträgt etwa 6 bis 7 Jahre.

**Blei-Gel-Akkumulatoren** (SLA[2]-Akku) binden mithilfe von Kieselsäure den Elektrolyt. Das Gehäuse ist vollständig geschlossen, ein Gasaustritt ist nicht möglich. Blei-Gel-Akkus können bis zu einem Neigungswinkel von 180° verwendet werden, sind erschütterungsfest und tiefenentladungssicher. Sie werden z. B. im Motorrad, Boot, Photovoltaikanlagen und USVs[3] eingesetzt.

**Blei-Vlies-Akkumulatoren** (AGM[4]-Akku) besitzen zwischen den Elektroden ein Glasfasergewebe, dass den Elektrolyt vollständig aufsaugt.

> Zum Laden von Bleiakkumulatoren müssen spezielle Ladegeräte z. B. **(Bild 1)** mit unterschiedlichen Ladeverfahren für z. B. AGM-Akku verwendet werden.

**Prüfen von Bleiakkumulatoren (Bild 2)** kann mit einem Prüfgerät erfolgen. Es werden die belastete, die unbelastete Spannung gemessen, der Innenwiderstand wird ermittelt wodurch der maximale Entladestrom errechnet wird. Die Messwerte können mit den Herstellerangaben verglichen werden und geben Hinweise auf den Zustand, z. B. die Kapazität, des Akkumulators.

**Tabelle: Kenngrößen von Akkumulatoren**

| | |
|---|---|
| Nennspannung $U_0$ | Festgelegter Spannungswert einer Zelle oder eines Akkumulators. |
| Bemessungskapazität $K_N$ | Elektrizitätsmenge, die ein Akku unter normalen Betriebsbedingungen abgeben kann.<br>$K_N$ = 88 Ah bedeutet, dass der Akku z. B. 40 Stunden einen Strom von 2,2 A abgeben kann. |
| Energiedichte | Verhältnis von speicherbarer Energiemenge in Wh zum Gewicht des Akkus in kg. |

> Bleiakkus haben einen geringen Innenwiderstand $R_i$. Bei unsachgemäßem Gebrauch, wie z.B. falsche Ladespannung, Tiefenentladung, Überladung oder Lagerung des Akkumulators bei zu niedrigen oder zu hohen Temperaturen, wird der Innenwiderstand immer höher und es kann zu Fehlern, wie z.B. ein Absinken der Klemmenspannung $U_K$ bei Belastung, kommen. Durch einen erhöhten Innenwiderstand ist beim Laden des Akkus der Ladestrom innerhalb des Akkus geringer als der Ladestrom des Ladegerätes. Es kann entsprechend weniger Energie aufgenommen werden, die Kapazität des Akkumulators nimmt ab. Der Akku scheint aufgeladen, hat aber nur eine gerine Ladung aufgenommen und ist im Gebrauch schnell entladen.

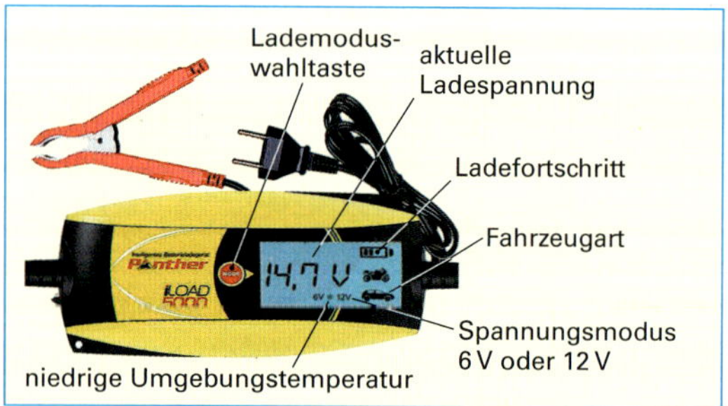

**Bild 1: Ladegerät für Blei-Gel-Akkumulatoren**

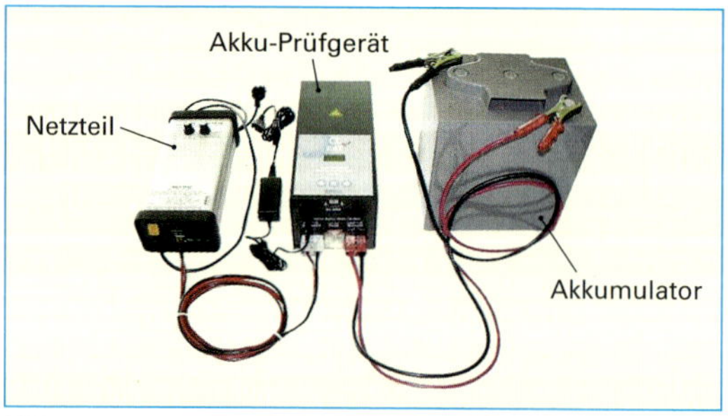

**Bild 2: Prüfung eines Bleiakkumulators**

[1] **VRLA**, Abk. für: **v**alve-**r**egulated **l**ead-**a**cid battery: ventilgeregelte Blei-Säure-Batterie
[2] **SLA**, Abk. für: **S**ealed **L**ead **A**cid: geschlossener Bleiakku
[3] **USV**, Abk. für: **U**nterbrechungsfreie **S**trom **V**ersorgung
[4] **AGM**, Abk. für: **a**bsorbent **g**las **m**at: aufsaugendes Flies

**Nickel-Metallhydrid-Akkumulatoren** (NiMH, **Bild 1a**) ersetzen die aus Umweltgründen nicht mehr hergestellten Nickel-Cadmium-Akkumulatoren. NiMH-Akkus älteren Typs haben eine Selbstentladung von bis zu 1 % pro Tag, neuere Typen haben eine geringere Selbstentladung von etwa 15 % pro Jahr. Durch ihre hohe Energiedichte **(Tabelle)** finden sie bei Geräten mit hohem Energiebedarf, z.B. für Elektrowerkzeuge, elektronische Geräte, Spielzeug oder Leuchten, Anwendung. Neue NiMH-Akkumulatoren sind vom Hersteller meist nur teilweise geladen und müssen deshalb vor ihrem ersten Einsatz geladen werden. Hochwertige Ladegeräte beginnen die Ladung mit einem relativ hohen Ladestrom. Nach etwa einer Stunde kommt es zu einem Temperaturanstieg, sodass der Ladevorgang in die sogenannte Erhaltungsladung übergeht. Ältere Ladegeräte, die zum Laden von Nickel-Cadmium-Akkus verwendet wurden, sind für NiMH-Akkus nicht geeignet, da sie zu einer Überladung neigen und somit zu einer kürzeren Lebensdauer des Akkus führen. Einige Hersteller bieten Ready-to-use-Akkus an. Diese sind vollständig vorgeladen und können sofort in ihrem Bestimmungsort verwendet werden.

**Lithium-Ionen-Akkumulatoren** (Li-Ion, **Bild 1b**) sind gasdicht und können lageunabhängig eingesetzt werden. Sie haben eine Energiedichte bis zu 150 Wh/kg **(Tabelle)**. Aufgrund ihres kleinen Volumens werden sie hauptsächlich in portablen, elektronischen Geräten, z.B. in Digitalkameras oder Notebooks **(Bild 2)**, eingesetzt. Li-Ion-Akkus sollen häufig geladen werden, eine Tiefenentladung ist aber zu vermeiden. Li-Ion-Akkus haben keinen Memory-Effekt[1]. Wegen der hohen Empfindlichkeit auf Überladung, Temperatur und Kurzschluss, welche eventuell zu Brand und Explosion führen könnten, sind besondere Sicherheitsvorkehrungen erforderlich.

**Sicherheitsvorkehrungen bei Lithium-Ionen-Akkus:** Mit einem Sicherheitsventil, einer Temperatursicherung und Schutzschaltung **(Bild 3)** wird ein Schutz gegen Überladung, Tiefenentladung, Überstrom und Kurzschluss realisiert. Ist ein Li-Ion-Akkumulator mit einer Schutzschaltung ausgerüstet, ist es an einem etwas längeren Aufbau und kleinen erfühlbaren Leitungen entlang des Akku-Gehäuse zu erkennen.

Lazy-Effekt: Wird ein Akku geladen bevor er vollständig entladen war, sinkt im Betrieb die Entladespannung erst langsam und plötzlich stark ab. Dadurch treten Leistungsverluste bis zu 8 % auf.

[1] **Memory-Effekt**: Kapazitätsverlust eines Akkus durch falsches Laden

**Tabelle: Wichtige Eigenschaften von Akkumulatoren**

| | Bleiakku | NiMH-Akku | Li-Ion-Akku |
|---|---|---|---|
| Zellenspannung | 2,0 V | 1,2 V | 3,6 V |
| Energiedichte bis | 30 Wh/kg | 110 Wh/kg | 150 Wh/kg |

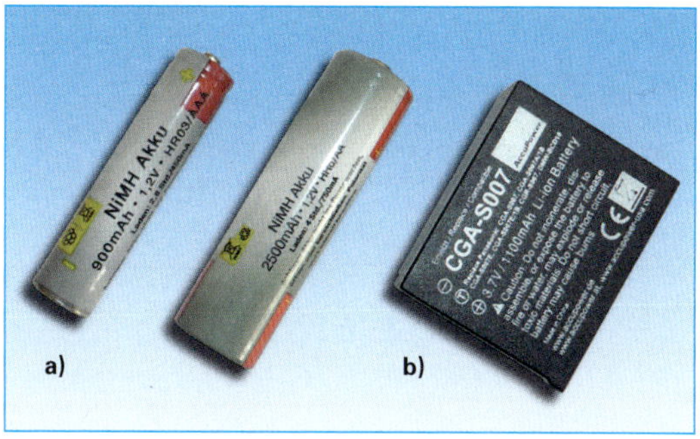


**Bild 1: a) NiMH-Akkus, b) Li-Ion-Akku**

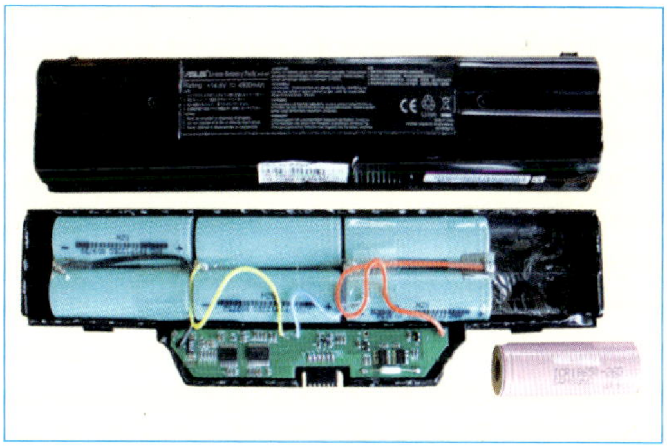

**Bild 2: Notebookakku mit elektronischer Schutzschaltung**

**Bild 3: Schutzschaltung eines Li-Ionen-Akkumulators**

# 17.3 Ladetechniken von Akkumulatoren

Die Ladetechnik entscheidet hauptsächlich über die Lebensdauer der Akkumulatoren. Werden Akkumulatoren beim Ladevorgang überladen, sinkt ihre Lebensdauer. Sie kann dann z. B. nur etwa einhundert Lade-Entlade-Zyklen betragen. Werden moderne Ladegeräte verwendet, kann die Lebensdauer auf über tausend Lade-Entlade-Zyklen anwachsen.

**Laderate *C***

Die Laderate *C* gibt das Verhältnis des Ladestromes $I_L$ zur Bemessungskapazität $K_N$ an.

**Beispiel:** Die Bemessungskapazität $K_N$ des Akkumulators beträgt 1100 mAh.

a) Wie groß ist der Ladestrom $I_L$ bei 0,1 C?
b) Wie groß ist der Ladestrom $I_L$ bei 0,025 C?

**Lösung:** a) $I_L$ = 110 mA b) $I_L$ = 27,5 mA

## Ladevorgang beim Bleiakkumulator

Der Ladevorgang des Bleiakkumulators beginnt mit einem konstanten Ladestrom von 0,1 C **(Infokasten),** bis die Zellenspannung etwa einen Wert von 2,35 V erreicht hat. Danach schaltet der Laderegler automatisch auf Erhaltungsladung mit Konstantspannung von 2,4 V (Gasungsspannung) um. Der Ladestrom verringert sich dadurch kontinuierlich, sodass selbst bei längerer Erhaltungsladung der Bleiakkumulator keinen Schaden nimmt.

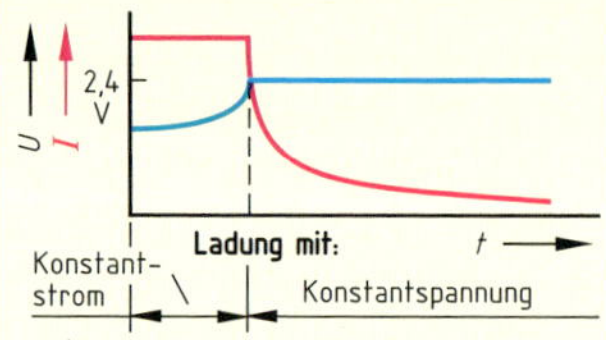


**Bild 1: Ladevorgang Bleiakku**

## Ladevorgang beim Nickel-Metallhydrid-Akkumulator

Beim NiMH-Akkumulator steigt die Zellenspannung mit zunehmender Ladezeit immer mehr an und erreicht im Punkt *P* kurz vor der Vollladung ihren Maximalwert **(Bild 2).** Bis zu diesem Zeitpunkt wird meist mit einem Ladestrom von 0,1 C geladen. Würde der vollständig aufgeladene Akkumulator weiter mit diesem Strom geladen, erfolgt eine starke Wärmeentwicklung, die zur Leistungsminderung des Akkumulators führt. Moderne Ladegeräte erkennen diesen Zustand und reduzieren den Ladestrom auf z. B. nur noch 0,025 C. Dieser Strom kann beliebig lange fließen, ohne dass der Akkumulator Schaden nimmt.

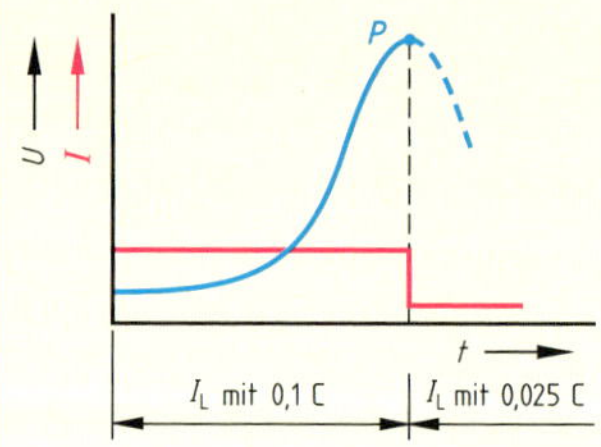


**Bild 2: Ladevorgang NiMH-Akku**

## Ladevorgang beim Lithium-Ionen-Akkumulator

Li-Ion-Akkumulatoren werden in zwei Etappen geladen **(Bild 3).** Zuerst wird mit einem sehr großen, konstanten Ladestrom, bis 5 C, geladen. Das Ladegerät überprüft dabei kontinuierlich, ob die maximal zulässige Zellenspannung von 4,2 V erreicht ist. Ist dieser Wert vorhanden, wird der zweite Teil des Ladevorganges eingeleitet. Mit einer konstanten Spannung von 4,2 V wird weiter geladen, wobei der Strom exponentiell bis auf 0 V abnimmt. Abweichungen der Spannung führen zur Zerstörung oder Kapazitätsverlusten.

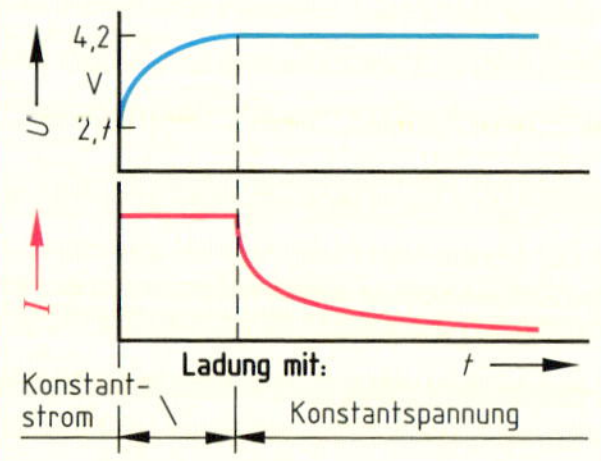


**Bild 3: Ladevorgang Li-Ion-Akku**

Eine hohe Lebensdauer der Akkumulatoren kann durch Einhaltung der Lagerbedingungen **(Tabelle)** erreicht werden.

**Tabelle: Lagerbedingungen der Akkumulatortypen**

| Akkumulatortyp | Entladerate im Monat | Nachladezyklus des Akkumulators | Lagerzustand des Akkumulators | Lagertemperatur des Akkumulators |
|---|---|---|---|---|
| Bleiakkumulator | 5 bis 10 % | Ca. 1 × pro Monat | Voll | 5 bis 15 °C |
| Nickel-Metallhydrid-Akkumulator | 15 bis 20 % (1–2 % LSD) | alle 2 Monate | 40 bis 60 % | 20 °C |
| Lithium-Ionen-Akkumulator | 1 bis 2 % | alle 1 bis 2 Jahre | 60 % | 15 bis 25 °C |

# 18 Projektbearbeitung

Eine wirtschaftliche Bearbeitung von Projekten, z.B. von Kundenaufträgen oder betrieblichen Aufträgen, erfordert eine systematische und gewissenhafte Projektvorbereitung. Eine Gliederung des Projekts, am Beispiel eines Installationsauftrages, zeigt die **Übersicht**. Bei einfachen Aufträgen können Teilschritte, z.B. die Projektdokumentation, entfallen.

**Schritte bei der Projektbearbeitung:**
- aus Kundenaufträgen oder
- aus betrieblichen Aufträgen

| | | |
|---|---|---|
| ❶ Projektanalyse | Arbeitsauftrag analysieren | Erfassen der Aufgabenstellung<br>Fachliche Durchführbarkeit prüfen<br>Informationen, ggf. Herstellerunterlagen anfordern<br>Betriebliche Voraussetzungen feststellen |
| | Arbeitsunterlagen erstellen | Baupläne bereitstellen oder anfordern<br>Installationspläne zeichnen<br>Schaltungsunterlagen erstellen |
| | Räumlichkeiten einordnen | Besondere bauliche Vorschriften beachten, z.B. bei der Installation von explosionsgefährdeten Räumen |
| ❷ Projektplanung | Teambildung durch den Projektleiter | Rollenverteilung bei der Projektbearbeitung bestimmen<br>Aufgabenverteilung im Projekt festlegen<br>Kommunikationsregeln im Team festlegen |
| | Informationsbeschaffung | Informationsquellen:<br>Fachbücher, Tabellenbücher<br>Kataloge<br>Firmenunterlagen<br>PC-Programme<br>Mitarbeiter<br>Internet |
| | Planung und Dimensionierung | Verlege- bzw. Verlegungsarten festlegen<br>Spannungsfall berechnen und Leiterquerschnitte ermitteln<br>Schalt- und Schutzeinrichtungen bestimmen<br>VDE-Vorschriften, Gesetze und Verordnungen beachten |
| | Angebot erstellen | Materialauszüge oder Stücklisten erstellen<br>Leitungslängen aus dem Installationsplan feststellen<br>Arbeitsaufwand ermitteln |
| | Zeitlicher Ablauf | Zeitplan für die Projektbearbeitung vorgeben und abstimmen<br>Termine verfolgen |
| | Materialdisposition | Material termingerecht bestellen<br>Material und Werkzeuge rechtzeitig bereitstellen |
| ❸ Projekt-durchführung | Ausführen der Projektplanung | Zeitplan einhalten<br>Baupläne, Schaltungsunterlagen und Stücklisten beachten |
| ❹ Projektkontrolle | Prüfung | Sichtprüfung<br>Prüfen der Schutzmaßnahmen<br>Funktionsprüfung |
| | Auswertung | Rechnungserstellung<br>Nachkalkulation |
| ❺ Projekt-dokumentation | Dokumentation | Baupläne<br>Schaltungsunterlagen<br>Anlagenbeschreibung und ggf. Gebrauchsanweisung |
| ❻ Projekt-bewertung | Bewertung | Ausführung des Projektes bewerten<br>Eingeschlagene Lösungswege beurteilen<br>Eigenbewertung durch das Team durchführen<br>Projektpräsentation und Übergabe an den Auftraggeber |

# Lernsituation 1: Drehfeldrichtungsanzeiger

## Projektbeschreibung

An der Elektroinstallation einer Metallwerkstatt soll die Erstprüfung nach DIN VDE 0100-600 durchgeführt werden. Dabei werden alle Drehstromsteckvorrichtungen auf Rechtsdrehfeld geprüft. Die Ausbildungsabteilung erhält daher den betrieblichen Auftrag, Drehfeldrichtungsanzeiger nach einem vorgegebenen Schaltplan **(Bild 1)** anzufertigen.

Die Auszubildenden erarbeiten gemeinsam in Teams Lösungsvorschläge und einigen sich danach auf die beste Lösung. Jedes Teammitglied stellt nach dieser Lösung einen Drehfeldrichtungsanzeiger her. Besteht keine Möglichkeit zum Ätzen von Platinen, lässt sich die Schaltung auch auf einer Streifenrasterplatine aufbauen.

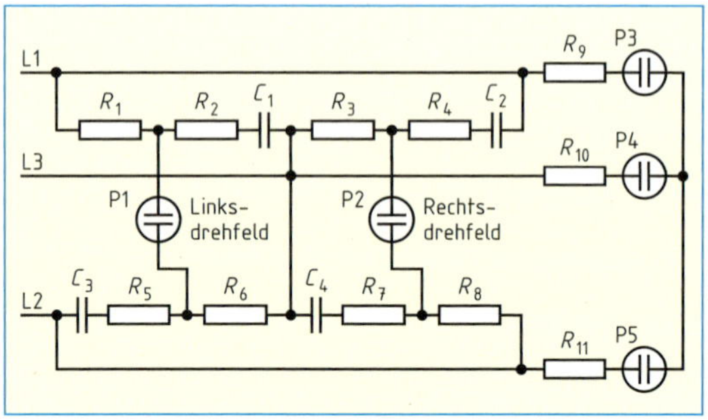


**Bild 1: Schaltplan eines Drehfeldrichtungsanzeigers**

**Tabelle 1: Zeitplanung** (Beispiel)

| KW[1] 19 | KW 20 | KW 21 | KW 22 |
|---|---|---|---|
| 1 2 3 4 5 | 1 2 3 4 5 | 1 2 3 4 5 | 1 2 3 4 5 |
| • Stückliste erstellen<br>• Bauteile und Materialien bestellen<br>• Layout herstellen<br>• Werkzeuge und Ätzgerät bereitstellen | • Platine:<br>– Belichten<br>– Ätzen<br>– Bohren<br>– Lötlack auftragen<br>– Bestücken<br>• Sichtprüfung an der Platine durchführen | • Funktionstest der Platine durchführen<br>• Gehäuse bohren<br>• Platine einbauen<br>• Funktionstest des Gerätes durchführen | • Gerätedokumentation erstellen<br>• Präsentation und Übergabe<br>• Drehfeldprüfung beim Kunden durchführen |

## Arbeitsschritte bei der Projektbearbeitung

### 1. Projektanalyse

- Arbeitsauftrag auf Durchführbarkeit prüfen
- Schaltplan auf korrekte, vollständige Bauteilbezeichnungen durchsehen
- Werkzeuge und Geräte, z. B. Ätzgerät, auf Einsatzfähigkeit prüfen

### 2. Projektplanung

- Teams bilden, Teamleiter bestimmen
- Zeitplanung **(Tabelle 1)**, Arbeitsteilung und Verantwortung innerhalb des Teams festlegen
- Stückliste des Drehfeldrichtungsanzeigers erstellen **(Tabelle 2)** und Bauteilabmessungen ermitteln
- Bauteile und Material nach Stückliste bestellen
- Platinenlayout erstellen
- Kostenermittlung durchführen

### 3. Projektdurchführung

- Werkzeuge und Geräte, z. B. die Ätzanlage, bereitstellen
- Schutzausrüstung zum Ätzen bereithalten, z. B. Schutzbrille und Gummihandschuhe
- Platine belichten, entwickeln, ätzen, bohren, reinigen und Lötlack auftragen
- Leiterbahnen auf Unterbrechungen oder Überbrückungen prüfen
- Platine bestücken und Bauteile einlöten

**Dabei ist besonders zu beachten:**

- Bauteile fachgerecht zurichten **(Bild 2)**
- Arbeitsregeln beim Weichlöten beachten **(Seite 59)**

**Tabelle 2: Stückliste Drehfeldrichtungsanzeiger**

| Anzahl | Benennung | Bauteilbezeichnung |
|---|---|---|
| 1 | Gehäuse P 6000, (L × B × T) 115 mm × 65 mm × 25 mm | |
| 1 | Leiterplatte 100 mm × 55 mm | |
| 4 | Widerstand 220 kΩ, 0,6 W | $R_1$, $R_3$, $R_6$, $R_8$ |
| 4 | Widerstand 100 kΩ, 0,6 W | $R_2$, $R_4$, $R_5$, $R_7$ |
| 3 | Widerstand 270 kΩ, 0,6 W | $R_9$, $R_{10}$, $R_{11}$ |
| 4 | Kondensator 0,022 µF 300 V~, Rastermaß 7,5 mm | $C_1$ … $C_4$ |
| 5 | Glimmlampe, Brennspannung 55 V | P1 … P5 |
| 5 | Einpresslinse Ø 8 mm | |
| 3 | Durchführungstülle | |

Anschluss je nach Ausführung durch Sicherheitsbuchsen oder doppelt isolierte Messleitungen mit Sicherheitssteckern

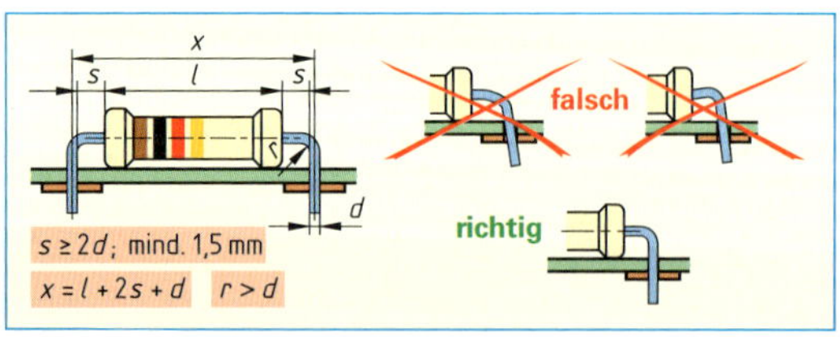


**Bild 2: Zurichten von Bauteilen**

[1] **KW**, Abk. für **K**alender**w**oche

## 4. Projektkontrolle

- Leiterbahnen auf Unterbrechung und auf Kurzschluss prüfen
- Lötstellen auf fachgerechte Ausführung kontrollieren, z. B. flache Benetzungswinkel
- Leiterseite auf Verunreinigungen prüfen
- Einbau der Bauteile, Bauteilaufdrucke von einer Seite lesbar, keine Überdeckung der Bauteile
- Einbaulage und Einbauhöhe der Glimmlampen im Gehäuse überprüfen **(Bild 1)**
- Schaltung auf Funktion prüfen
- Platine in das Gehäuse einbauen

## 5. Projektdokumentation

- Schaltplan, Bestückungsplan und Platinenlayout **(Bild 2)** bereitstellen
- Stückliste mit Bauteilwerten anfertigen
- Funktionsbeschreibung erstellen **(Tabelle)**

## 6. Projektbewertung

- Präsentation der Arbeitsergebnisse
- Soll-Ist-Vergleich von Projektplanung und hergestelltem Drehfeldrichtungsanzeiger
- Bewertung der handwerklichen Ausführung
- Bewertung der erstellten Dokumentation
- Eigenbewertung durch die Teams

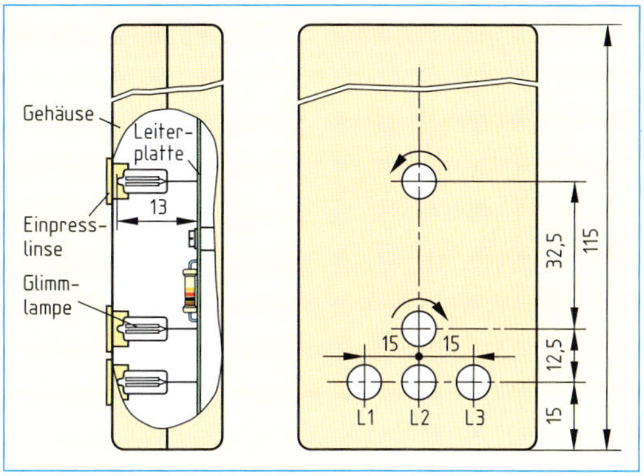


**Bild 1: Anordnung der Glimmlampen**

**Tabelle: Anzeigen des Drehfeldrichtungsanzeigers**

| Anzeige | ⊗↻ | ↺⊗ | L1 | L2 | L3 |
|---|---|---|---|---|---|
| Rechtsdrehfeld | ⊗ (an) | ⊗ (aus) | ⊗ (an) | ⊗ (an) | ⊗ (an) |
| Linksdrehfeld | ⊗ (aus) | ⊗ (an) | ⊗ (an) | ⊗ (an) | ⊗ (an) |
| Ausfall L1 | ⊗ (schwach) | ⊗ (schwach) | ⊗ (aus) | ⊗ (an) | ⊗ (an) |
| Ausfall L2 | ⊗ (schwach) | ⊗ (schwach) | ⊗ (an) | ⊗ (aus) | ⊗ (an) |
| Ausfall L3 | ⊗ (schwach) | ⊗ (schwach) | ⊗ (an) | ⊗ (an) | ⊗ (aus) |

Bei Ausfall eines Außenleiters L1, L2 oder L3 leuchten beide Drehfeldanzeigen mit geringerer Leuchtstärke.

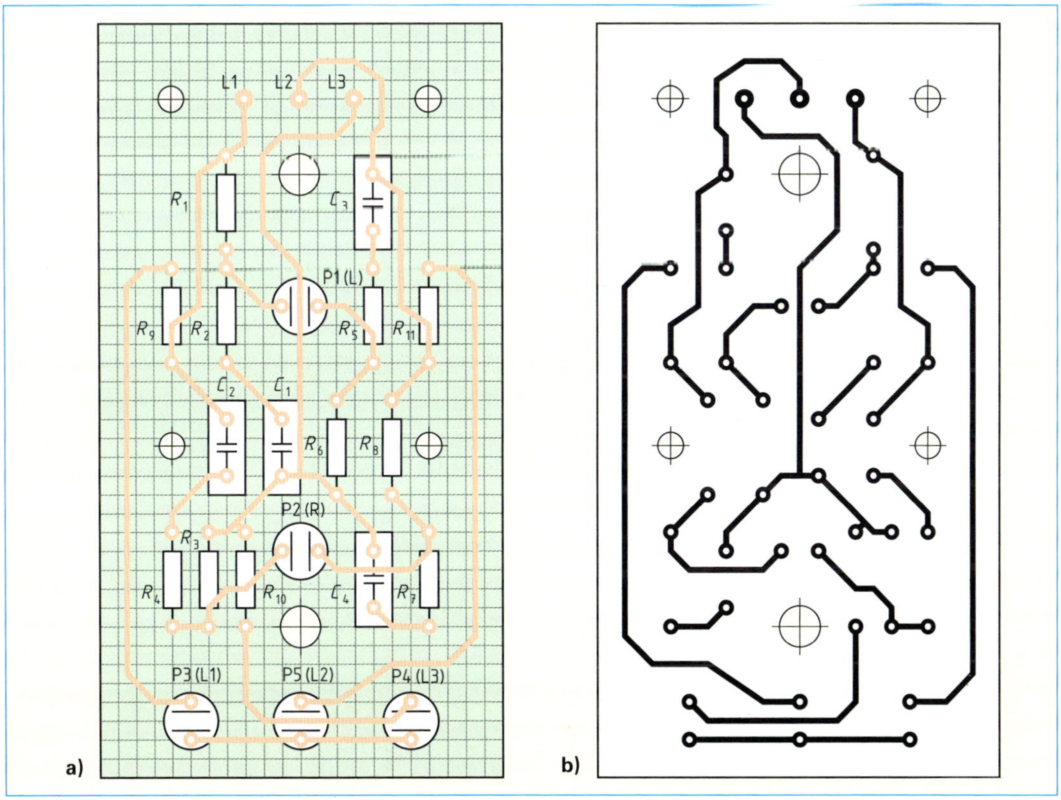


**Bild 2: Drehfeldrichtungsanzeiger a) Bestückungsplan, b) Leiterbild (Platinenlayout, M 1 : 1)**

# Lernsituation 2: Elektroinstallation eines Hausanschlussraumes

## Projektbeschreibung

Mit der Elektroinstallation eines Zweifamilienhauses soll die Elektroinstallation des Hausanschlussraumes **(Bild 1)** nach den Wünschen des Eigentümers ausgeführt werden. Mit der Ausführung wird ein Auszubildender der Grundstufe beauftragt.

**Vorgesehen sind im Hausanschlussraum:**

- Zwei getrennt schaltbare Deckenleuchten und
- zwei Schutzkontaktsteckdosen.

Eine Deckenleuchte soll im Bereich des Zählerplatzes angeordnet werden, die zweite Leuchte dient der Beleuchtung im Bereich der Sanitärinstallation. Zur Stromversorgung bei Wartungs- und Instandsetzungsarbeiten, z.B. im Bereich des Zählerplatzes oder an der Sanitärinstallation, werden zwei einzelne Schutzkontaktsteckdosen angebracht.

## Arbeitsschritte bei der Projektbearbeitung

### 1. Projektanalyse

Die Projektanalyse wird meist vor Ort, d.h. auf der Baustelle, durchgeführt. Sie soll Informationen über die mögliche Art der Elektroinstallation, z.B. Verlegung auf Putz oder unter Putz, liefern. Vor Ort erfolgt auch die Festlegung des Leitungsweges und die Anordnung der Betriebsmittel. Die beiden Leuchten sollen z.B. so angeordnet werden, dass bei Wartungsarbeiten oder bei der Zählerablesung die Elektro- und Sanitäranlagen direkt beleuchtet werden.

**Wichtige Informationen zur Rauminstallation:**

- NB-Verteilungsnetz: TN-C-System
- Ausführung der Decken und Wände: Decke und Außenwände Sichtbeton, Zwischenwände Sichtmauerwerk
- Überprüfen oder Ermitteln von Raumhöhe und Raumabmessungen (Grundrissplan **Bild 2**)
- Versorgung des Stromkreises von der Unterverteilung im Flur **(Bild 2)**
- Kundenwünsche, z.B. die Ausführung der Betriebsmittel (Schalterprogramm), berücksichtigen
- Anordnung der Betriebsmittel festlegen (Eintrag in den Grundrissplan)
- Zeitpunkt der Auftragsausführung festlegen

### 2. Projektplanung

- Die Auftragsplanung umfasst alle für die handwerkliche Umsetzung des Projektes notwendigen Dokumentationen. Aus den vollständigen Projektunterlagen **(Seite 347)** werden Materialauszüge und die Montagekosten für das Angebot an den Kunden ermittelt.

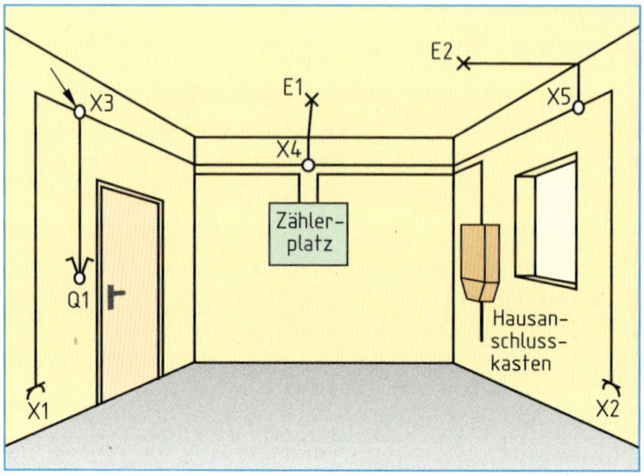


**Bild 1: Räumliche Darstellung des Hausanschlussraumes**

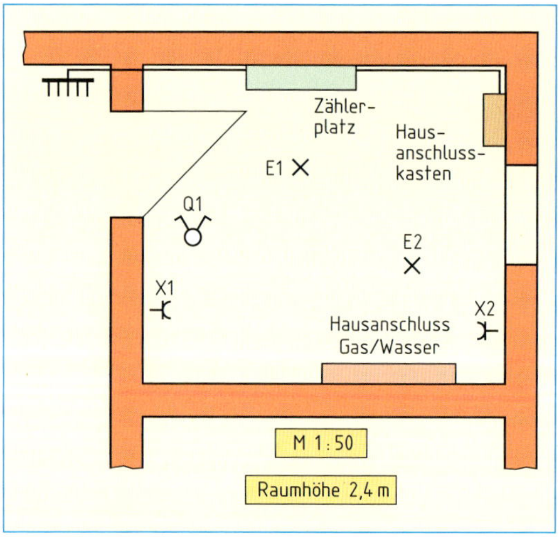


**Bild 2: Grundriss des Hausanschlussraumes**

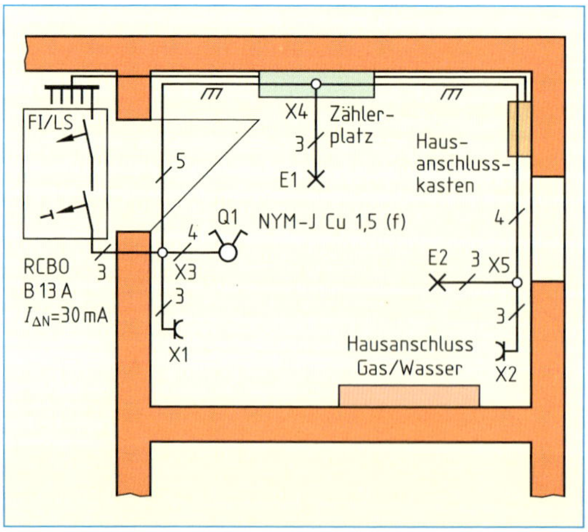


**Bild 3: Installationsschaltplan des Hausanschlussraumes**

## Schaltplanunterlagen

**Installationsplan.** Der Installationsplan **(Bild 3, Seite 346)** wird in den Grundrissplan unter Beachtung der folgenden Merkmale eingetragen:

- Eintrag aller Betriebsmittel, maßstabsgerecht und lagerichtig
- Lagerichtige Darstellung der gewählten Leitungsführung
- Kennzeichnung von Leitungsmaterial, Aderzahl, Querschnitt
- Eintrag der gewählten Verlegungsart

Ein **Grundrissplan (Bild 2, Seite 346),** z. B. im Maßstab 1:50, ist vorteilhaft, da die erforderlichen Leitungslängen aus diesem Plan ermittelt werden. Die Ermittlung der Aderzahlen erfolgt zweckmäßigerweise aus dem Stromlaufplan in zusammenhängender Darstellung **(Bild 3).**

**Übersichtsschaltpläne (Bild 1)** sind eine einfach zu überblickende Darstellung der Anlage. Sie enthalten alle für die Installation erforderlichen Angaben, verzichten aber auf Maßstabstreue und auf lagerichtige Darstellung.

**Stromlaufpläne** sind für die praktische Errichtung der Anlage die wichtigsten Schaltplanunterlagen. In aufgelöster Darstellung **(Bild 2)** zeigen Stromlaufpläne nur die Funktion der Schaltung. Stromlaufpläne in zusammenhängender Darstellung **(Bild 3)** zeigen die konkrete Verbindung der einzelnen Betriebsmittel und geben Auskunft über die erforderlichen Aderzahlen der Leitungsabschnitte.

## Leitungsdimensionierung

Für die Materialdisposition, die Kalkulation und das zu erstellende Angebot für den Kunden ist der erforderliche Leiterquerschnitt zu ermitteln.

**Zur Querschnittsbestimmung sind erforderlich:**

- Die gewählte Verlegungsart **(Bild 4),**
- die Verlegebedingungen und die Umgebungstemperatur,
- der geplante Bemessungsstrom der Überstrom-Schutzeinrichtung und
- die größte Leitungslänge im Stromkreis.

Für die gewählte Verlegungsart, Mantelleitung in Installationsrohr auf Putz verlegt, ergibt sich nach DIN VDE 0298-4 die Verlegeart B2.

Als Überstrom-Schutzeinrichtung ist ein LS-Schalter Typ B 13 A geplant. Die mittlere Umgebungstemperatur beträgt 25 °C, eine Häufung von Leitungen liegt nicht vor. Nach **Tabelle 2, Seite 72,** ist dann für die Leitung ein Querschnitt von 1,5 mm² ausreichend. Dabei darf der Spannungsfall $\Delta u$ an der vom Anschlusspunkt entferntesten Steckdose 3 % der Netznennspannung nicht überschreiten **(Bild 4).**

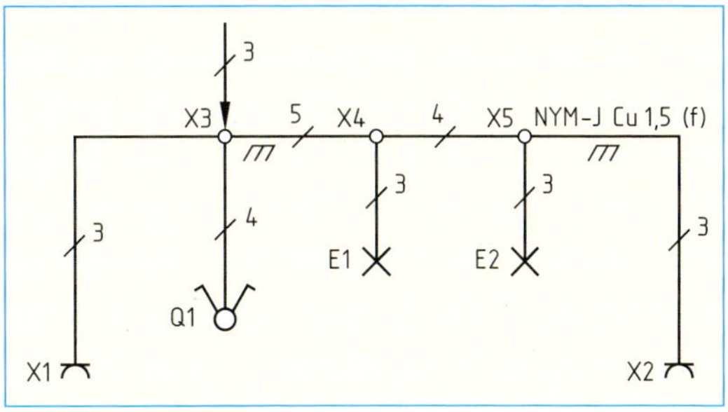


**Bild 1: Übersichtsschaltplan**

Alle Leitungsabschnitte enthalten eine grüngelbe Schutzleiterader (DIN VDE 0100-410).

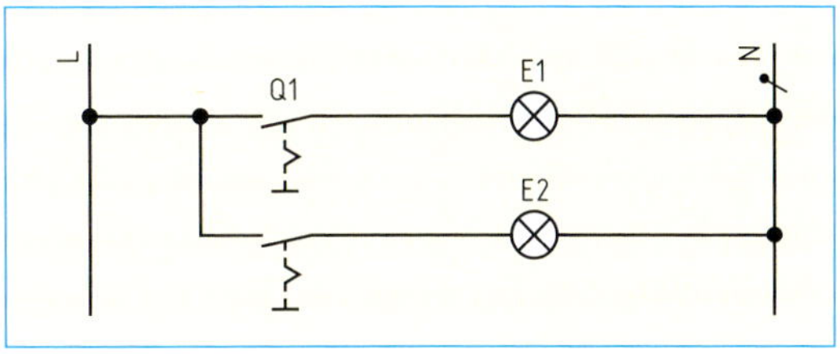


**Bild 2: Stromlaufplan in aufgelöster Darstellung**

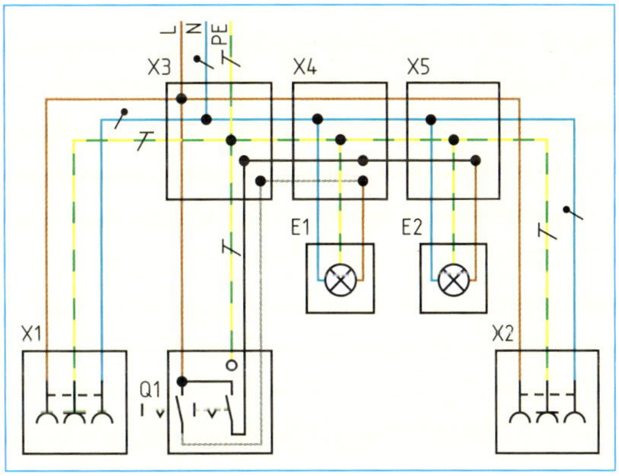


**Bild 3: Stromlaufplan in zusammenhängender Darstellung**

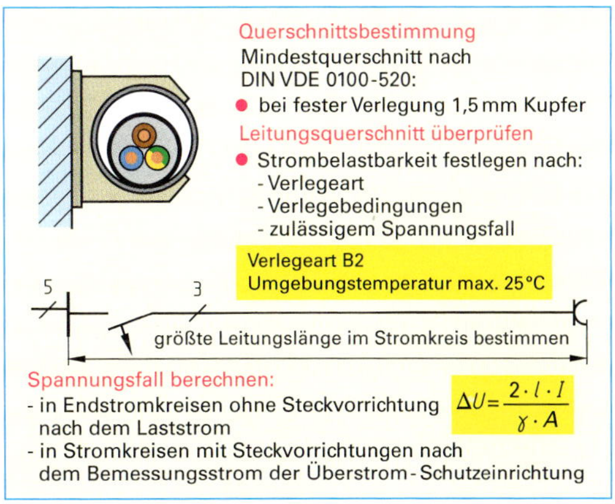


**Bild 4: Leitungsdimensionierung**

## Materialliste und Angebotserstellung

Aus den Dokumentationsunterlagen wird zunächst die Materialliste **(Tabelle 1)** für das Projekt erstellt. Unter Beachtung der örtlichen Bedingungen ist der Zeitaufwand für die gesamte Tätigkeit zu ermitteln. Aus dem Zeitaufwand mal Stundensatz ergeben sich die Lohnkosten. Der Angebotspreis ergibt sich aus den Materialkosten und dem Arbeitspreis, der auch die Lohnnebenkosten und den kalkulierten Gewinn enthält **(Tabelle 2)**.

## Wichtige zu beachtende Vorschriften

- DIN VDE 0100: Bestimmungen für das Errichten von Starkstromanlagen mit Nennspannungen bis 1000 V
- DIN VDE 0105: Bestimmungen für den Betrieb von Starkstromanlagen
- DIN VDE 0100-600 und DGUV-3: Prüfungen und Prüffristen für elektrische Betriebsmittel und Anlagen
- Unfallverhütungsvorschriften

## 3. Projektdurchführung

- Materialbereitstellung laut Materialliste
- Bereitstellung der erforderlichen Werkzeuge und Arbeitsgeräte
- Anzeichnen des Leitungsweges
- Montage aller Betriebsmittel
- Verlegen der Installationsrohre auf Abstandschellen und Einziehen der Mantelleitungen
- Anschließen der Betriebsmittel und Abzweigdosen

## 4. Projektkontrolle

Bei der Projektkontrolle wird durch die folgenden Prüfungen die Sicherheit und die einwandfreie Funktion der Anlage nachgewiesen.

- Sichtprüfung **(Übersicht 1)**
- Prüfen der Schutzmaßnahmen **(Übersicht 2)**
- Funktionsprüfung

## 5. Projektdokumentation

Zeigen sich bei der Projektkontrolle keine Fehler, wird die Anlage mit folgenden Dokumentationen an den Auftraggeber übergeben:

- Übergabebericht
- Prüfprotokoll, ggf. Gebrauchsanleitungen
- Garantiebelege einzelner Betriebsmittel

Das Anbringen der Prüfplakette „E-Check" signalisiert dem Auftraggeber eine geprüfte betriebssichere Anlage.

**Tabelle 1: Materialliste** (Beispiel)

| Anzahl | Bezeichnung | Einzelpreis in € | Gesamtpreis in € |
|---|---|---|---|
| 1 | Serienschalter | 11,30 | 11,30 |
| 2 | Schutzkontaktsteckdosen | 8,80 | 17,60 |
| 3 | Abzweigdosen | 4,60 | 13,80 |
| 2 | Deckenleuchten | 16,50 | 33,00 |
| 11,6 m | NYM-J 3 × 1,5 mm² | 0,17 | 1,97 |
| 4,2 m | NYM-J 4 × 1,5 mm² | 0,26 | 1,09 |
| 2,6 m | NYM-J 5 × 1,5 mm² | 0,23 | 0,60 |
| 11,5 m | Installationsrohr M20 | 0,32 | 3,68 |
| **Summe Materialkosten:** | | | **83,04** |

**Tabelle 2: Angebot** (Auszug)

| Anzahl | Bezeichnung | Einzelpreis in € | Gesamtpreis in € |
|---|---|---|---|
| | Summe Materialkosten | | 83,04 |
| | Kleinmaterial | | 12,00 |
| 9 | Arbeitsstunden | 42,00 | 378,00 |
| | Gesamt-Netto | | 473,04 |
| | Mehrwertsteuer 19 % | | 89,88 |
| **Angebotspreis:** | | | **562,92** |

**Übersicht 1: Sichtprüfung**

- Fester Sitz aller Verbindungen und einwandfreie Beschaffenheit aller Betriebsmittel
- Zuordnung von Leitungsmaterial und Bemessungsstrom des Leitungsschutzschalters
- Durchgehende farbliche Kennzeichnung und Anschluss von Neutralleiter und Schutzleiter

**Übersicht 2: Prüfen der Schutzmaßnahmen**

- **Messen des Isolationswiderstandes**
  zwischen den aktiven Leitern und dem Schutzleiter
  – L und PE
  – N und PE

  Mindestisolationswiderstand $R_{isol} \geq 1\ \text{M}\Omega$

- **Messen der Schleifenimpedanz $Z_s$**
  und Berechnen des Kurzschlussstromes $I_K$:
  LS-Schalter Typ B lösen innerhalb der zulässigen Ausschaltzeit $t_a = 0{,}4$ s aus bei:
  $I_a = 5 \cdot I_N = 5 \cdot 13\ \text{A} = \mathbf{65\ A}$
  Die zulässige Schleifenimpedanz berechnet sich:

$$Z_s = \frac{U_0}{I_a} = \frac{230\ \text{V}}{65\ \text{A}} = \mathbf{3{,}54\ \Omega}$$

# Firmenverzeichnis

Die nachfolgend aufgeführten Firmen haben die Autoren dieses Buches durch Beratungen, durch Druckschriften und durch Hinweise sowohl bei der textlichen als auch bei der bildlichen Ausgestaltung unterstützt. Es wird ihnen hierfür herzlich gedankt.

**ABN Braun AG**
Systeme der Elektro- und Gebäudetechnik
74196 Neuenstadt

**Albert Ackermann**
Fabrik für Fernmelde- u. Elektrotechnik
51601 Gummersbach

**BC-Brandchemie**
63329 Egelsbach

**BEHA-AMPROBE GmbH**
79286 Glottertal

**Berufsgenossenschaft**
der Feinmechanik und Elektrotechnik
50968 Köln

**Bogenschütz GmbH**
Elektrotechnische Spezialfabrik
60003 Frankfurt

**BSD GmbH**
01900 Großröhrsdorf

**Busch-Jaeger Elektro-GmbH**
58513 Lüdenscheid

**C. A. Weidmüller GmbH & Co**
33102 Paderborn

**CMC-I Messtechnik GmbH**
90449 Nürnberg

**Conrad Electronic GmbH**
92240 Hirschau

**Dehn + Söhne**
Elektrotechnische Fabrik
92306 Neumarkt

**Dipl.-Ing. W. Bender GmbH & Co. KG**
35301 Grünberg

**Doepke Schaltgeräte GmbH & Co. KG**
26506 Norden

**Dr. Neuhaus Telekommunikation GmbH**
22453 Hamburg

**Eaton Electric GmbH**
53115 Bonn

**E.G.O Elektro-Geräte**
Blanc & Fischer KG
75038 Obererdingen

**Elektrotechnische Systeme GmbH**
22908 Ahrensburg

**Elektro Thaler**
Mess- und Prüftechnik
93176 Beratzhausen

**ERSA GmbH**
Ernst Sachs GmbH & Co. KG
97877 Wertheim

**ETL Prüftechnik**
70825 Korntal-Münchingen

**Felten & Guilleaume Carlswerk AG**
26954 Nordenham

**Fleischman-Hillard Germany GmbH**
80331 München

**Fluke**
Test- und Messtechnik
34123 Kassel

**Fotolia.com**
Berlin

**Fränkische Rohrwerke**
Gebr. Kirchner GmbH + Co. KG
97486 Königsberg

**Gebr. Berger GmbH & Co. KG**
58567 Schalksmühle

**Gerhard Balluf GmbH & Co.**
73765 Neuhausen/Filder

**GEYER AG**
90441 Nürnberg

**GMC-I Gossen-Metrawatt GmbH**
90471 Nürnberg

**Gustav Hensel GmbH & Co. KG**
Elektroinstallations- und Verteilungssysteme
57344 Lennestadt

**Gustav Merz**
Schaltgerätefabrik
74405 Gaildorf

**Hager Vertriebsgesellschaft mbH & Co. KG**
66440 Blieskastel

**Hahn & Kolb**
Werkzeugmaschinen, Werkzeuge
70173 Stuttgart

**Hailo-Werk Rudolf Loh GmbH & Co. KG**
35708 Haiger

**Hameg**
60528 Frankfurt/Niederrath

**Hartmann und Braun AG**
60487 Frankfurt

**HEA**
Hauptberatungsstelle für Elektrizitätsanwendungen
60329 Frankfurt/Main

**Hegler Plastik GmbH**
97714 Oerlenbach

**Hegner Präzisionsmaschinen GmbH**
78056 Villingen-Schwenningen

**Heinrich Kopp AG**
Elektrotechnik – Elektronik
63796 Kahl

**HELIOWATTWERKE**
Elektrizitäts-Gesellschaft mbH
10627 Berlin

**KAISER GmbH & Co. KG**
Systeme für Elektroinstallationstechnik
58579 Schalksmühle

**Kathrein-Werke AG**
83004 Rosenheim

**Knipex-Werke**
C. Gustav Putsch
42349 Wuppertal

**Mennekes**
Elektrotechnik GmbH & Co. KG
57343 Lennestadt

**Michael Kunststofftechnik**
75031 Eppingen

**Moeller GmbH**
Industrieautomation
53115 Bonn

**OBO Bettermann GmbH & Co. KG**
58710 Menden

**Osram GmbH**
81536 München

**Otto Baier GmbH**
Elektrowerkzeuge
71679 Asperg

**Panther-Batterien GmbH**
49451 Holdorf

**Parat-Werk**
42897 Remscheid

**PARATEX Marking Systems GmbH**
70771 Leinfelden

**Printengel.de**
53424 Remagen

**Prüfrex Elektro-Apparatebau**
90556 Cadolzburg

**R. STAHL SCHALTGERÄTE GmbH**
74638 Waldenburg (Württ.)

**RICO GmbH & Co. KG**
Innovative Tragsysteme
73230 Kirchheim unter Teck

**ROWENTA WERKE GmbH**
63071 Offenbach

**RST Rabe-System-Technik und Vertriebs-GmbH**
49134 Wallenhorst

**SCHLEICH GmbH**
58675 Hemer

**S. Siedle & Söhne**
78120 Furtwangen

**Siemens AG**
91052 Erlangen
80333 München
90475 Nürnberg

**Simon Bäumer blog.mcfoxx**

**STIEBEL ELTRON GmbH & Co. KG**
37603 Holzminden

**Striebel & John GmbH & Co. KG**
77880 Sasbach

**Tehalit**
Kunststoffwerk GmbH
67716 Heltersberg

**Trafo Schneider**
79229 March-Buchheim

**Vaillant GmbH**
42859 Remscheid

**WAGO**
Kontakttechnik GmbH
32423 Minden

**Weicon GmbH & Co. KG**
48157 Münster

**Werit**
Kunststoffwerke
57609 Altenkirchen

**Wickmann-Werke AG**
58453 Witten-Annen

Sachworte

# Sachwortverzeichnis Deutsch – Englisch

## A



## B

## C



## D



Sachworte

## G



## H

## Q



## R



## S

Sachworte

## V



## W



## Z